易學典籍選刊

周易時論合編

上

〔明〕方孔炤 方以智 撰

鄭萬耕 點校

中華書局

圖書在版編目(CIP)數據

周易時論合編/(明)方孔炤,(明)方以智撰;鄭萬耕點校. —北京:中華書局,2019.6(2023.11 重印)
(易學典籍選刊)
ISBN 978-7-101-13866-5

Ⅰ.周… Ⅱ.①方…②方…③鄭… Ⅲ.《周易》-研究 Ⅳ.B221.5

中國版本圖書館 CIP 數據核字(2019)第 076734 號

責任編輯:石 玉
責任印製:管 斌

易學典籍選刊
周易時論合編
(全三册)
〔明〕方孔炤 〔明〕方以智 撰
鄭萬耕 點校
*
中 華 書 局 出 版 發 行
(北京市豐臺區太平橋西里 38 號 100073)
http://www.zhbc.com.cn
E-mail:zhbc@zhbc.com.cn
三河市鑫金馬印裝有限公司印刷
*
850×1168 毫米 1/32 · 44⅛印張 · 6 插頁 · 800 千字
2019 年 6 月北京第 1 版 2023 年 11 月第 2 次印刷
印數:3001-4000 册 定價:178.00 元

ISBN 978-7-101-13866-5

點校説明

周易時論合編，明方孔炤撰，由其子方以智率方中德、方中通、方中履、方中發、方中泰等子侄輩，將其前後書稿編輯成書。因此，本次出版，一改原本僅題方孔炤的舊例，而以方孔炤、方以智父子共同署名。

方孔炤，字潛夫，號仁植，安徽桐城人。萬曆丙辰進士，官至右僉都御史，巡撫湖廣，因得罪楊嗣昌而被捕下獄。在獄中，曾與黄石齋先生討論易學，二人相契甚深。釋歸之後，觀玩環中草堂，折衷諸家之説，三易其稿，著成周易時論。

方以智，字密之，崇禎庚辰進士，授翰林院檢討。他是明清之際的大思想家和哲學家，也是一位著名的自然科學家和文字、音韻學家，又是一位易學家。其自然科學方面的著述是物理小識，文字音韻學方面的著作是通雅，哲學方面的著作有東西均、藥地炮莊、易餘和古今性説合編。還有文集浮山前集、浮山後集、博依集等。

其易學思想則來源於方氏家學的傳統。方以智的曾祖父方學漸著有易蠡，祖父方大鎮著有易意和野同録；其外祖父吴應賓著有學易齋集，其祖父之弟方鯤著有易蕩，其師王宣則著有風姬易溯和孔易衍。方以智主持編撰的周易時論合編，可以説是桐城方氏之學的總結性著作。

周易時論合編乃明代象數之學的集大成之作。此書主要由三個方面的内容組成：一是選録漢唐以來各家的易注，但以方以智曾祖父、祖父、外祖父及其老師的易説爲主；二是其父方孔炤周易時論的解易文字；三是方以智所作的按語和解説。此外，書前附有各種易圖一百餘幅，並作了解説。其解易以象數之學爲骨幹，又分别吸收理學派和氣學派的觀點，實乃從象數學派的立場出發，對漢唐以來的易學所作的一次總結，從而建立起一本體論的哲學體系。由於受當時自然科學知識的影響，該書既講易學，又談物理，討論了十分廣泛的易學與哲學問題，代表了易學發展的新方向。

這次點校出版周易時論合編，以續修四庫全書本爲底本，與其所影印之原本——北京大學藏清順治十七年刻本（簡稱原本）——進行核對，並參考齊魯書社四庫全書存目叢書影印日本内閣文庫藏順治十七年刻本（簡稱存目本）。校勘中，凡錯訛衍奪、漫漶不清者，一般出注予以説明。凡底本漫漶不清而依原本可以核實者，以及一般筆誤、形誤之字，則隨手改正，不再予以説明。需要特别説明的是，限於底本的印刷和保存條件，原書圖表中很多文字無法辨識，只得依原樣複製於此，特請讀者原諒。方氏此書徵引古籍甚夥，其中有原文照録者，有概述其意者，有原文、概述羼雜者，有中間删略者，有偶爾脱落一二文字者等等，情況較爲複雜。此次點校，引文中脱誤之文字，除個别與理解文義關係重大者予以出注説明外，一般不作校理。對引文中由於作者所用版本而造成與通行本之不同，則一律仍舊。書後擇要附録了有關文獻，以資參閲。

整理易學古籍，是一項極其有意義而又十分艱難的工作，受整理者才力學識所限，錯謬疏漏，實所難免，懇切期盼專家學者和讀者同志不吝賜教。

鄭萬耕

二〇一四年五月

目録

上册

方潛夫先生合編周易時論……一
周易時論序……李世洽　二
時論序……方鯤　五
方潛夫先生時論序……余颺　七
方仁植先生每覓易象詩以謝之……黄道周　九
周易時論序……白瑜　一一
跋……方中德等　一三
時論後跋……方以智　一七
周易時論合編凡例……一九
周易時論合編圖象目録……二七
周易時論合編圖象幾表卷之一……一
冒示……二
諸家冒示……五
河圖洛書舊説……一〇
密衍……一三
四象卦數舊説……二九
四象新説……三〇

洪範九疇圖……三三
河洛析説……三八
圖書五行……四六
五行尊火爲宗説……五三
周易時論合編圖象幾表卷之二……五五
八卦橫圖……五五
大橫圖……五六
大圓圖……六〇
八際峙望中分互取圖……六五
合方圓圖……六六
三十六宮合元會圖……七〇
方圖諸象……七五
四分四層説……八四
方圖明堂表法説……八五
日月運行圖……八七
明生歲成納甲氣朔之圖……八九
卦起中孚歸奇象閏圖……九一
九行八卦表……九三
宿度圖……九七
分野星土……一〇三
三天圖……一〇八
周易時論合編圖象幾表卷之三……一一五
父母圖説……一一五
先天八卦方位圖説……一一七
後天八卦方位圖説……一二〇
先天一三縱橫説……一二五
中天四坎四離變衍……一二六
四正四偏統三男三女先後之變……一二八

唐堯朔易圖説……一三〇
天門據始圖説……一三一
三輪拱架幾表説……一三三
十六卦環中交用圖説……一三六
先後天因重説……一三七
啓蒙卦變圖……一四〇
來氏沈氏象傳卦變説……一四一
八宫游歸卦變圖……一四四
游歸綜圖……一四八
元公黄氏衍京變……一五〇
八不變卦顛盪圖……一五三
八盪雙顛圖……一五四
依先天序顛錯三圖……一五八
中石吕氏中交百二十八卦圖……一五九
序卦互見圖……一六一
京變圓圖　應朔望圖……一六二
朱子卦變圓圖……一六三
三互圖説……一六五

周易時論合編圖象幾表卷之四……一六七

啓蒙蓍衍……一六七
邵子十二會策……一七二
大衍蓍原析圖……一七五
大衍千二百乘起圖……一七六
易東丁氏倚九十九圖……一七六
圖書合數……一七七
關子明易傳約……一七九
七其六説……一八二
大衍蓍原三五錯綜説……一八三

筮占 …… 一八八
景元蕭氏考約 …… 一九〇
黄氏卦序演 …… 二〇二
三十六貞悔圓圖方圖 …… 二〇八
野同録序卦 …… 二一一
周易時論合編圖象幾表卷之五 …… 二一三
三易攷約 …… 二一三
京氏傳約 …… 二一五
六十四卦甲子積算 …… 二一七
京邵三層卦氣 …… 二一九
卦氣值日圖 …… 二二三
具爻應廿四氣納虚圖 …… 二二五
太玄約 …… 二二七
洞極約 …… 二二九
元包約 …… 二三一
潛虚約 …… 二三三
邵約 …… 二三五
三十六宫圖 …… 二四三
洪範蔡疇 …… 二四六
五行雜變附 …… 二四八
金精鰲極五行 …… 二五七
玩易雜説 …… 二六〇
周易時論合編圖象幾表卷之六 …… 二六九
五運六氣圖 …… 二六九
人身呼吸十二經卦氣圖 …… 二七五
律吕聲音幾表 …… 二八七
等切旋韵約表 …… 三一四
論古皆音和説 …… 三二一

旋韻十六攝……三三
周易時論合編圖象幾表卷之七……三一七
崇禎曆書約……三一七
兩間質約……三四五
周易時論合編圖象幾表卷之八……三五九
極數槩……三五九

中冊

周易時論合編卷之一……四〇一
周易上經……四〇一
乾䷀乾 坤䷁坤……四〇二
䷀上下皆乾……四〇四
䷁上下皆坤……四四〇
屯䷂彖……四六四
䷂水雷屯……四六五
䷃山水蒙……四七六
周易時論合編卷之二……四八九
需䷄訟……四八九
䷄水天需……四九〇
䷅天水訟……五〇一
師䷆比……五一〇
䷆地水師……五一一
䷇水地比……五二二
小畜䷈履……五三一
䷈風天小畜……五三二
䷉天澤履……五四三
泰䷊否……五五三
䷊地天泰……五五四

䷋天地否……五六四
同人䷌大有……五七三
䷌天火同人……五七四
䷍火天大有……五八三

周易時論合編卷之三……五九三

謙䷎豫……五九三
䷎地山謙……五九四
䷏雷地豫……六〇四
隨䷐蠱……六一六
䷐澤雷隨……六一七
䷑山風蠱……六二九
臨䷒觀……六四二
䷒地澤臨……六四三
䷓風地觀……六五二
噬嗑䷔賁……六六一
䷔火雷噬嗑……六六二
䷕山火賁……六七一

周易時論合編卷之四……六八一

剝䷖復……六八一
䷖山地剝……六八三
䷗地雷復……六九一
无妄䷘大畜……七〇四
䷘天雷无妄……七〇五
䷙山天大畜……七一五
頤䷚頤　大過䷛大過……七二九
䷚山雷頤……七三〇
䷛澤風大過……七四〇
坎䷜坎　離䷝離……七四九

䷜上下皆坎……七五一
䷝上下皆離……七六一
周易時論合編卷之五……七七五
周易下經……七七五
咸䷞恒……七七五
䷞澤山咸……七七七
䷟雷風恒……七八六
遯䷠大壯……七九六
䷠天山遯……七九六
䷡雷天大壯……八〇五
晉䷢明夷……八一三
䷢火地晉……八一四
䷣地火明夷……八二三
家人䷤睽……八三三
䷤風火家人……八三三
䷥火澤睽……八四二
蹇䷦解……八五二
䷦水山蹇……八五二
䷧雷水解……八六〇

下册

周易時論合編卷之六……八七一
損䷨益……八七一
䷨山澤損……八七三
䷩風雷益……八八二
夬䷪姤……八九三
䷪澤天夬……八九四
䷫天風姤……九〇五

萃䷬升……九一七
䷬澤地萃……九一七
䷭地風升……九二七
困䷮井……九三七
䷮澤水困……九三八
䷯水風井……九四八
周易時論合編卷之七……九六一
革䷰鼎……九六一
䷰澤火革……九六二
䷱火風鼎……九七五
震䷲艮……九八五
䷲上下皆震……九八六
䷳上下皆艮……九九五
漸䷴歸妹……一〇〇六
䷴風山漸……一〇〇七
䷵雷澤歸妹……一〇一七
豐䷶旅……一〇二七
䷶雷火豐……一〇二八
䷷火山旅……一〇四〇
周易時論合編卷之八……一〇五一
巽䷸兌……一〇五一
䷸上下皆巽……一〇五二
䷹上下皆兌……一〇六三
渙䷺節……一〇七四
䷺風水渙……一〇七五
䷻水澤節……一〇八六
中孚䷼小過……一〇九七
䷼風澤中孚……一〇九八

䷽雷山小過……一一〇九
既濟䷿未濟……一一二一
䷾水火既濟……一一二三
䷿火水未濟……一一三五
周易時論合編卷之九……一一四七
繫辭提綱……一一四七
繫辭上傳……一一四九
周易時論合編卷之十……一一七五
繫辭上傳……一一七五
周易時論合編卷之十一……一二三一
繫辭下傳……一二三一
周易時論合編卷之十二……一二五九
繫辭下傳……一二五九
周易時論合編卷之十三……一二八五
說卦傳……一二八五
周易時論合編卷之十四……一三二九
序卦傳……一三二九
周易時論合編卷之十五……一三三七
雜卦傳……一三三七
附　録……一三五五
明史方孔炤傳……一三五五
清史稿方以智傳……一三五六
四庫全書總目提要……一三五八

方潛夫先生合編周易時論

上谷李溉林先生鑒定

桐山方氏四世精易，潛夫先生研極數十年，明此「一在二中」、「寂歷同時」之旨。邵、周、程、朱是爲正鐸，而理寓象數，中旁皆通。近代王陽明、焦弱侯、管東溟、郝楚望、孫淇澳、高景逸、黄石齋、倪鴻寶諸先生之説，萬派朝宗矣。一切生成，天然秩叙，元會呼吸，律曆徵幾，通志成務，體用神明，兼該悉備，實造化人事之橐籥，百家九流之指歸也。本坊特懇季蘆先生手授秘本，公諸海内，誠古今之奇書，識者珍之。

□□〔一〕堂藏板。

〔一〕「□□」，原本毁缺。

周易時論序

天地不得不卦爻，虛空不得不象數。乾端坤倪，肇呈龍馬，一部大易，充塞古今，啓鍵開關，要在因時制用而已。用藏後天，即顯先天，但不明先天之理，無以貞後天之用。膠柱之泥時與逃冥之晦時，百謬千差，背馳正鐸。其能會存泯於一原，偕寂歷以共貫，中道措宜幾神明者，難矣。羑里殷周之際，志在明夷；尼山春秋之交，學在大過，豈非其時爲之哉！乃聖人之用，可心悟不可言詮。天不言而歲功成，天何言哉！夫子固全身寫易也。昔人云善易者不言易。雅言三經，曷略羲文？中庸明易之旨，獨贊時中。邵子謂子輿氏深於易，爲能知時用，然而誦其篇章，無或概見，則易之未易名言，安在其不言也耶？潛夫方先生纘承家學，著爲時論，紹聞則祖明善而禰廷尉，集説則循康節而遵考亭，而又精探揚、京、王、鄭、周、程、張、蔡之奧，以匯及近代名儒鉅公、窮經博物諸君子不下十百餘家，綜合全豹，徵幾析義，綱舉目攡，亡慮數十萬言，亦何燦然其明備也。得毋語之過詳，用之或寡要與？不知先生束髮通籍以來，起家循吏，入領職方，出視楚撫，忤璫忤相，大節嶷嶷，晚丁鼎革之運，嘉遯環中草堂，令嗣密之萬里歸省，華表一鶴，猶復埋影雪窟，黄葉棲真，更從廬居阡𡆵中，盡變極研，卒就名山之業！夫先生以其高尚可則之志，堂搆鼓鐘，世出世爲，薪火生平，歷涉九卦，履憂患而濟之艱貞，身親易用莫大乎是，以兹河洛之原委，天人之浩博，洞悉幽微，旁通曲暢，朗日星于午會，屹砥柱以中流，斯編也道未墜地，存乎其人。先生其能已於言乎？且予聞方氏之易累世遹修，門内諸賢同心揚推，皆劭先生所漸，摩皇繼序於有翼。予友人竹西執契蓋十餘年，是爲先生從子，繩其祖德，互相發明，手出秘稿示予，謀授之梓。予憶令皖時曾覿先生之儀範，高山云邈，音徽如存，披玩往復，未嘗不撫卷而三嘆也。海内善讀先生之書者，有言言易易在，無言言易易無不在。苟有得於時用之樞機，忘其筌蹄，思過半矣。竹西子請表章之，遂不辭匙識，因序以行，公諸世之學者。

順治十有七年歲庚子夏五端陽日淮徐兵使者上谷李世洽題於水心堂中。

時論序

河洛既兆，九圖用彰。卦畫已陳，象變斯備。時至事起，數極變生。聖人有微權焉。周文志在明夷，道在小畜，其當殷周之際乎？宣尼服膺斯文，龍潛畏匡，乃志在春秋，行在孝經，豈先後之殊塗哉！兩聖人之時爲之也。易之言時者莫備于乾，而假年學易，庶無大過，乃始喟然于變通趨時。嗟乎！化而裁之存乎變，推而行之存乎通，吾黨之小子不知裁。既有典常，苟非其人，道不虚行，蓋難之也。朋亡于泰，拔茅斯吉；祉離于否，包承則羞，君子赴時能無慎與！吾家中丞公潛夫著易時論，其所撰觀天之道，察時之變，盡人之事，備物之情，發揮旁通，引伸觸類。作易者，其有憂患乎？筮賁愀然，致飾亨盡；窮上反下，復亨剛反；先王閉關以息物，君子齋戒以掩身，因乎其時也。文之序卦，大過終坎離而水火分，小過終既未而水火合，乾坤闔闢，日月晦明，始始終終，物不可窮，知其解者故能爲龍、爲蛇、爲見、爲潛。碩果不食，載之者誰爲留之；包瓜含章，命之者誰爲迎之，際斯時者然後知處時之難也。惟虎有尾，履道坦坦，幽人貞吉；惟龍无首，終日乾乾，與時偕行。盈不可久也，謙乃有終也。物惡其屈，莫測其伸；身隱于蟄，莫測其存。易之爲書也不可遠。噫亦要存亡吉凶，則居可知矣，而況寢食游咏其中者哉！著圖以該其義，設卦以廣其象，别爻以盡其變，祖羲皇而郊仲尼。周道傷于幽厲，舍魯何適，不能去父母之邦。夫亦曰：易象在魯，其可以集厥成乎？潛夫居職方，特效援遼逃將，保任孫樞輔，力爭坐府，與逆璫忤，及入楚主勦不主撫，又忤楊樞輔，其節槩以憂患見其艱貞，故有本也。兹論也道未墜地，傳之其人，後有作者欲考成焉，則是編之爲津梁，功偉矣哉！

龍山方鯤題。

方濳夫先生時論序

自天地以至人物，有一不範圍於易中者乎？則有一不範圍於時中者乎？故易之配日月以成字，而時貫其中矣。古今聖賢未有相因襲者，後之聖人每不憚於改前聖之所爲，創未有之事而不爲奇。即以易論，庖羲畫之，彖象繫詞，三聖人各極其致，各隨其時，添薪傳火，開關啓鑰，不膠先聖之柱，自誠後聖之明，千變萬化，總環一中而止。故不變易無以爲易也，不變易亦無以爲時也。易之爲時用也，大矣哉！且即以學易者論，文王時處艱貞，其卦爲夷；周公時當制作，其卦爲泰；孔子際轍環删述之時，其卦爲睽；孟子當異端邪説之時，其卦爲兑。至若輔嗣、康成連經合象，邵明元會運世之故，程子融理數一源之妙，晦翁闡象變占玩之微，皆因時以覺世，劘切帝王，陶鑄天地，反對交輪，明代錯之至理而已。近代新建、京山、會稽、漳浦擊揚四聖之鐸，剥爛程朱之案，愈出愈奇，迭翻迭顯，總未有紹述三世，貫徹一中，如桐城方濳夫先生時論之爲極深研幾、至大至廣也。先生之學易也，以統有無之中爲極，以河洛爲端幾，而要歸於時用。先生之言曰：「自天地未分而今時矣，今時之天地即未分時之天地也。人人全具卦爻，而時時事事有當然之卦爻。」今又即以先生論，嘉州忤貴爲訟之時，職方忤璫爲壯之時，撫楚忤相爲過之時，至若當蠱之時而以謙爲用，際革之時而以遯爲行，蓋先生無日而不在易中，亦無時而不在卦爻彖象之中。故居方慎辨，憂違樂行，又悉環於代錯持幬之中。觀先生之以易律身，則知先生之以易垂訓，意深慮遠，合於聖人憂患之懷，而盡變極通。山梁之歎時，中庸之時措，孟子之贊聖之時，先生直以全篇括之。蓋歷四聖之時而後有邵朱之時，更歷邵朱之時而後有先生之時也。先生之爲繼易之傳人也，又何疑焉！

莆田後學蘆中人余颺賡之撰。

桐城方中丞潛夫先生諱孔炤，號仁植，萬曆丙辰進士；其父廷尉公大鎮，萬曆己丑進士。易其家傳也。中丞公之嗣爲密之以智，中崇禎庚辰，以己卯出家父之門，天末不受宰相之召，瓢衲以隱，别稱浮山、藥地、愚者。庚子，遣其子田伯中德來□□□〔一〕家父以時論求序云。

蘆中之子余佺謹識。

〔一〕「□□□」，原本毁缺。

方仁植先生每覓易象詩以謝之

古人間關寳古文，寇賊不鋤火不焚。歐黄貫械談尚書，一篇尚書如一君。憶在少年喜易象，束髮危襟日相向。於今忽近六十年，九草七箋未得上。真宰惱人塵務多，韋編不得揮陽戈。文臣秦相各排憤，垂老欲墜將如何？白雲庫中百二日，宛轉呻吟裂血碧。玄黄初寫十二圖，龍馬已嚼三寸膝。桐城方公受此經，苦無部署同批繩。自言詮經家三世，義理象數向雜纏。黄霸杜林亦人耳，豈有朝聞遂夕死？片楮隻字皆收藏，但願生存畢此理。筐籃一日臨吾門，風雨蔽天雷霆尊。回顧白雲不可見，經書皆與蝶驚翻。緬想方公食三嘆，定謂此書終河漢。丁申欲取神鬼愁，恨見數行未一半。嗚呼死生會有時，九原尚有羲文師。龐眉高官人何限，呼理不應如呼豨。膚肉可賈理不奪，自信此心如日月。左手貫鎖右袖書，解鎖寫書尚帶血。淹留北寺五月餘，仰鑽亦已消居諸。二十萬歲出指節，欲斷不斷形摸殊。此書方成未一夜，繾紐又過白雲下。方公握髮來庫門，連釁未施幾聲罷。小臣叩首稱主恩，年來北寺誰能存？已甘垂翼談北目，何欲開眼談乾坤。乾坤開朝水火暮，常恐諸儒爲理誤。繆將水火争炎涼，遂使乾坤鍵門户。方公好學天下無，手捫北斗生觚隅。攔頤已出羲農背，何必覽此增欷嘘。昨日明庭戒吾黨，血肉狼藉爲開講。此道既不存詩書，白心致主更清敞。餘生僅得還茅齋，閉眼緘書手不開。羲前一畫無爻象，啾啾鬼哭何爲哉！

崇禎辛巳六月九日，弟黄道周具艸。

周易時論序

逆知先天而順理先在後中之天，故可以損益，知百世，而藏密於前用之時義焉。天地絪緼，自屯而蠱，男女咸恒，因遯而革，大過小過，共收水火。知憂患者神明矣，知險於易，知阻於簡。卦爻彖象，各極旁通，庖犧羑里，東山尼父，時適爲之，不知畫前；而挈缾者專畫前，而鏤空者但言畫後，即畫前而荒忽防辨者，皆不知時者也。潛夫方子以明善爲祖，廷尉爲父，職方忤璫，撫楚忤相，當屯、蠱、遯、革之末造，觀象順止，蓋於易身服膺之矣。故合數千年之説，於定中知其不定，於不定中決其一定；以河洛卦策通知元會、晝夜、幽明、生死之故，一在二中，要於官天繼善，所謂雜而不越、旁行不流者與！此書也，真學易者之指南也。

崇禎甲申冬龍山白瑜安石題。

跋

不肖德省侍竹關、敝帚粗饘，嗒無今古。德内切割，不敢慰解，老父訓之曰：「三世家學而偷息衹支，罪無逃矣。祖父以朱邵爲飲食，而守雌闇修，所編時論，千載津梁。汝輩爲敦詩書説禮義之人，發憤竭才，自可深造，最要者一毋自欺而已。我自少好詩書，嘗云曠達，行其謹曲，寔自便耳。通籍後，侍西庫者二年，始自猛省刻厲，然好與升庵、元瑞辨考務博，專窮物理。忽當崩裂，甄蘇矢死，又爲仇螫，祖父命我遠游。患難之中，乃以少所受之河洛，深研精入，數蹈白刃，以氣勝之，其甘荼苦如飴，則生平好學自遣已耳。既以覆掖爲大逢，便嘗其味微於宗一先生，有入處匡廬。歸省見逼，遂以煴火爲鐵門，痛錐濺血，於轟雷閃電中過身，此蓋日日在刀頭，感天地之鉗鎚也。忽然爝破黄葉，重歷千差，乃嘆巧於鍛鍊。新建爲將之説然乎哉！易用震艮巽兑之偏，以行坎離之中，即乾坤之純矣。無非卦爻，無非太極也。伊周夷惠，三仁泰伯，其迹不同，其道則一。蠱之『高尚』，孔子曰『志可則也』，豈非萬世治蠱之清涼藥乎！善於服藥，總歸正用，不則蜀粱公旗受紿不反矣。時乘也，時中也，各人各土各時之一爻，皆具三百八十四爻，而不礙其適當此一爻也。我豈慕白椎哉！古人餧虎之願，等于嬰杵，萬世旦暮，又何所望？禮運曰『本於大一而協於分藝』，可知各安生理之聖論，正是百家之會歸。古人不以道名而以藝自食，蓋泯於用光得薪者也。邵子藏一深于表法，陸子推倒智勇，直於開拓心胸，朱子知損益之同時，而爲後世析薪鼓業。人曾知天地之實法即藏無實法之鍛煉乎？無實法之鍛煉總爲受用生成之實法乎？汝等燒不欺之火，以學問爲茶飯，即可悟全身是易矣。』不肖少罹患苦，棗昏無知，念兹家學，惟有戒懼。謹因編次，略記所聞。

不肖中德百拜敬跋。

易本以象數爲端幾，而神明其中，道器費隱不相離也。宋儒惟邵蔡因數言理，而後亦無傳，故膠腐者膚泥，掠虛者襲冒，誰信此秩序變化之符耶？胡康侯曰：象數者天理也，非人力思量之所能爲也。我祖中丞公與石齋先生同西庫，衍此盈虛而研極焉，晚徑通黄公之塞，約幾備矣。老父會通之，曰：虛空皆象數，象數即虛空。神无方，準不亂。一多相貫，隨處天然。公因反因，真發千古所未發，而決宇宙之大疑者也。嗟乎！掠虛易，實學難，貫一切而會通者尤難。世無慮爲枯菀窮通所累，或專守訓詁，或專嗜詞章，或專談經濟。其談道德性命者，非猥庸踐迹則暗癡匿影，非謑髁倍譎則荒空莽蕩矣。好學不厭，目擊幾幾。即費知隱，格明物則，而與萬世享物物无物者，竟无此旦暮遇耶。且目爲象數專門，以隱以遊焉可耳。小子蹇劣，親承家學，不能荷薪，然信此方圓圖爲統類博物之綱宗，則烏敢不以告同志也乎！午會幸甚，自有知者。

不肖孫中通百拜謹記。

浮山聞語曰：新建三間之喻未也。明堂必南面爲天地，理其家事者也。北奧者，守黑者也。騎危者，虛空座也。尊主者曰屋以棟爲主乎？辨實主者曰屋以基爲主乎？兩掃者曰棟與基皆非也，屋以虛空爲主者也。人在虛空，如魚在水，使土其屋中無寸隙焉，人將何如？是虛空者，人所切切不可離者矣。屋内之虛空與屋外之虛空一也，千古上之虛空千古下之虛空一也，非大主乎？ 理者曰人適時乎築基搆棟之屋，藏坐卧焉，風矣雨矣，將享峰頂之虛空乎？ 抑享屋中之虛空乎？ 故曰時乎屋而屋處，不必以橧巢營窟之虛空廢四阿兩下之虛空也。 時乎晦息則奥，時乎誦讀則牖，時乎治事享客則堂，時乎出門而遊四方，方皆寓奥牖門堂之基與棟焉。 竈也、榻也、几案也，穢則洒掃之，漏則修葺之，缺一不可者也。 時其時，位其位，物其物，事其事，是虛空之中節也，是不落有無之屋理也，君子明其當不當耳。 各當其當，斯大泯矣。 未有屋而有屋，必將毁堂奥、撤棟牖、禁修葺與洒掃，而乃還此虛空耶！ 虛空豈患其少而嘵嘵爲？ 知之亦然，不知亦然，貴知夫森森秩秩者之無非虛空也。 容其森森而理其秩秩，乃以適享其洞洞灟灟已矣。 有物有則，即無聲臭。 開物成務，深幾藏神，此惡可以不格不致，而藉不知爲不知以自諉乎？ 虛空之屋主適統御于明堂，是明堂之政乃主中主也。 政府立而統君民矣，傀異不得以充類畸説衒惑矣。 觀會通，行典禮，制數度，議德行，寂歷同時，前用藏密，盡之矣。 時爲士子中士子之節，悦禮義，敦詩書，是士子之明堂也。 季彭山以經世、忘世、出世分之。 經世者，折中之實法也，可以縣象魏、顧言行者也。 忘之云、出之云者，巧奪之無實法也。 説冰欲寒以消其心，及其至也，何世可出，即世是忘，無入不自得之形容焉耳。五世相傳，惟重立志不惑，豈敢漫言從心而執無實法之黄葉，以掃理而荒學哉！所悲无水之澤，有言不信，坎宫之游，儉德用晦，廢權亦无首也。異類中行可矣。自小伶仃，生于憂患，雪地抄録，更媿世昌，然不敢不自終日反復也。

不肖中履伏記。

時論後跋

家君子自辛未廬墓白鹿三年，廣先曾王父易蠡、先王父易意而闡之，名曰時論，以六虚之歸環中者時也。又八年撫楚，以議勦穀城，忤楚相，被逮。時石齋先生亦拜杖下理，同處白雲庫中。閲歲有八月，兩先生脩然相得，蓋無不講易朝夕也。肆赦之後，家君子特蒙召對。此兩年中又會揚、京、關、邵，以推見四聖；發揮旁通，論諸圖説。自晉以後，右王左鄭，而李鼎祚集之，依然皮傅鉤鈲也。至康節，乃明河洛之原，攷亭表之。學易家或鑿象數以言占，或廢象數而言理，豈觀其通而知時義者哉！一有天地，無非象數也。大無外，細無間，以此爲徵，不者洸洋矣。觀玩環中，原其始終，古今一呼吸也。雜而不越，旁行而不流，此時論所以折衷諸家者乎！家君子之于學也，不跡于壇坫，不靡于文辭，通籍數十年。職方忤璫，幾罹不測，武陵一中，幸感天恩，皆怡然處之，安往而不逍遥環中耶？余小子少受河洛于王虚舟先生，符我家學，猶恨爲詞章所廢，周章好博，且曰謹守父師之説，以晚學易，檮昧而文過耳。時乎，時乎，猶恐不及！

崇禎癸未冬日，不肖男以智百拜謹跋於上江小館。

重覽癸未跋，忽忽十五年。老父歸卧環中堂，時論又再易稿矣，時乎，尚何言哉！小子感天地之鉗鎚，刀鍔百淬，瘴徼歸省，復遇煴火，鐵限封關。老父則无不以生死相反復也。不耻衣食，不忘溝壑，所示習坎繼明，懼終始矣。痛此終天，古今皆血。既已剥爛黄葉，緣無所避，合編未竟，遺命諄諄。時當病廢，墓廬碌趚，命兒子德、通、履合前後稿而編録之，自泯薪火而已。嗟乎！環中寂歷，善用惟時，拂迹者膠柱，竊冥者荒蕪，統御謂何，獨立亦未易也，姑曰委化。閟无閟乎？果不可以莊語，而以卜筮象數寓之乎？差別難窮，賴此易準。待好學者深幾而神明之，存乎其人。同時哭笑。

不肖智稽首又跋。

周易時論合編凡例

時之爲言也，孔子題之，子思書之，孟子潢之。張二無言易贊十二時卦，鄒匪石言二十四卦贊時，吾謂六十四皆不息之時也。時時變，中不變者也。伏羲約表，一切生成之象；文王總表，四時藏歲之圖。孔子始影寫一太極之真，而寔歸於順理同患之用。春夏秋冬不可謂歲，欲離春夏秋冬，豈有歲乎？自天地未分而今時矣，今時之天地，即未分時之天地也，是有極即無極也。可信時乘此中，所貴正經前用，使民善用其有極即無極之卦爻而已矣。故易冒天下之道而立仁與義，以宰其陰陽剛柔。政府既立，權統君民。邵子以年、月、日、時徵元、會、運、世，而曰經世者，貴時用也。其道甚大，百物不廢，懼以終始，其要無咎，是萬古之時用也。一元堯當巳末，周孔當午初，今當正午，萬法咸章，雖遘陰至，而陽必用陰。行窩潛老，家學忘食，方悚荷薪，合編今古，亦曰隨時拾薪云爾。

非膠辭訓之名字，則溺洸洋之巧言，告之曰：虚空皆象數也。洋溢充塞，皆所以然之理也，反不信矣。造化同原，此心皆備，隨處表法，俱顯生成。故此編以圖居首，全無文字，而萬理萬變具焉。王虚舟、曹白笴、錢爾卓皆事先祖，虚舟晚窮河洛，白笴、爾卓善析名理。家羽南氏采兼山之近道者，啓蒙之學彰彰矣。百原之宗，善於徵質，朱子表章之功大哉！然五百餘年，罕有知其微者。永叔不耐研極，故不信諸圖，并不信文言、繫詞矣。穆姜所引者，左氏附會填入者也。且夾漈考證左非丘明，乃三晉之文士也。顧以後來之竊拾，而疑聖人之言乎？猶之升庵以「人生而静」四語爲非出于禮記，不知子書僞出，皆後人掇禮記之言耳。近有信後天圖而不信先天圖者，豈知一切生成，處處皆此圖耶？來矣鮮、黄元公止以京變言錯綜，豈知處處皆錯綜乎？中五用三，藏一旋四，此易之準也。先廷尉所云寓圍於範者也。自在西庫，與石齋公論易表法，邵子舉槩而已，細差殊未合也。故衍二十四圖，易歷相追，今十餘年，究之本無追不合者，其有待乎！張二無嘗言淇澳公之旨，與焦、管、王、陶、周、陳諸公，皆冥心泝源者也；高、顧、鄒、馮、劉、鄭諸公，皆敦坤載乾立範者也。癸未，與鴻寶同北道中，深論昭代，獨契新建之所謂將，韅然京山之所謂竊，不深於易，終爲譎智所欺，終身不反矣。易之秩叙，寂歷同時，萬古不壞者也。

何義兆問漳浦先生曰：聖賢言理耳，如落象數，則筭手疇人矣。先生曰：如此，聖賢事天，當廢日星，落日星亦臺官稗史矣。木上云：象數則不同，何思何慮，無不同者。先生曰：如此，學問止於中庸，行事盡於論語，詩、書、禮、樂、春秋何故作乎？吾家最忌籠統，交盤不得。潛老夫曰：本無增減者，聖人與天地皆不憂者也。何必鳴鐘户責乎？藉此匿於雲霧，又能奪人，易藏固陋耳。聖人因人而倫之，因物而則之，因聲而傳之，皆本無增減者也，而能使萬世善用其本無增減者，此所以參贊而統天也。易故自碎其太極以爲物物之卦爻，一貫者，即一是多，即多是一也。真易簡者，動賾皆易簡也。上古未顯之法，易皆表之；後代繼闡之法，易皆具之，兩間皆易之兩間也。以故百家九流，無逃于易準者。五行七曜，六合七尺之故，曆律呼吸，是其徵幾。堯典首言欽天授時，以曆數爲傳道之表，豈容以委化之説荒忽之耶！今各就其法而窮其所以然，爲之删煩成約，使後世學者易明差別，亦自消其飽食之一端也。此編較全書止有四分之一，而所收者十倍，正以前賢各有發明，集之則條理成矣。兩間物物皆河洛也。人人具全卦爻，而時時事事有當然之卦爻，無非象也。卦爻命詞所取之象，此小象也，虛舟最精，向令兒輩受之。今其遺書猶在右錞夏子處，此至通至簡者也。總之，無所非象，而聖人亦時有不取；無所非義，而聖人亦時有不宣。蓋緣爻觸變而會通之，隨人徵理事耳。六虛之位，一爻皆有四千九十六，而仍不礙其爲此爻之象也。以爲心法，皆心法也；以爲治道，皆治道也；以爲涉世之物情，占事之先幾，皆適當也。不可爲典要，而有典常，故爲各正性命之書。

田何分十翼，連經自費直始，輔嗣因之。淳于俊謂康成合彖、象于經，則文言自輔嗣合者也。鄒汝先言吕汲公、王原叔合大象於各卦，而李鼎祚本已如此，知輔嗣先附矣。朱子本義相沿，爲便學者耳。論易自有大源流，自有表法，自有精義，徒欲別異經傳以爲古耶，無謂也。

請示下學，固不可少，然膠泥而不能通類會通，久膏肓矣。此編先叙諸本考異，雖屬亥豕，存之亦足參考也。訓字之義，古多諧聲轉借，必如追擬古篆，何必爾耶！子才以意作篆，別借發揮耳。楊桓所統十半譌矣。此後載諸取象之説，此後方集諸家通説，或言心學，或言治教，或引古今事。拘者必曰四聖人時，豈有漢唐後事乎？

不知易包古今，揔此人心，總此氣運，揔此物理，正當旁引，方令覽者寔徵，豁然全身是易也。姑勿言義易之奇，文周所繫，龍狐魚虎，是道理乎？是政事乎？可以參前，可以引觸矣。時行物生，天何言哉！鳶魚黄鳥，謂皆馬龜之注可也。

全禾全種而日用灌芸，此因二貞一之二即一也。太極渾全汁爲吉凶，皇極終離明於福禍。今護高者諱言慶殃乎？諱言行曜乎？聖人本以蓍龜守易，藏大于小，不礙其爲無所非占，亦不礙其就占言占也。朱子曰：散之在理，則有萬殊；統之在道，則無二致。時固未始有一，而卦亦未始有定象；事固未始有窮，而爻亦未始有定位。旨哉其本義也！就占言占而已矣。後必以此訛朱子者，是自未悟全易之用也。立象繫詞，隨人通解，卦卦爻爻皆有三重義，四舉例，豈相壞乎？故曰：頓漸同門，正變同時。此非三反晝夜、用師萬倍者，執一字名，便疑矛盾，自難信貞一在反對中，有代明錯行之妙。

易惟變所適。本爻所之，乾初之姤是也。有五爻變而本爻不變者，乾初爲復是也。有一二三積變而上者，京氏之變，各卦自爲七變，不獨八宫也。有推變，朱子所列是也。有貞悔變，屯蒙顛對，舊曰反對是也。有互換變，泰損是也。有伏變，屯鼎望對，舊曰正對、錯卦是也。有倚變，横圖相易是也。有疊變，方圖東北與西南迤對之夬履睽革，舊曰綜卦是也。然觸類之幾，以始所之爲端，左國諸占，是一徵也。故石齋與余同此觀玩，若軌革卦影，占事知來，則固全用之矣。聖人以不動之心應萬變之心，亦猶是也。

在此幬中，代錯鼓舞，有開必先，不能違時。巽言巵言，皆此幬中之言也。不收才俊，爲淵敺魚，言性其情，利之自轉，易無棄物，盡入藥籠。聖人摠以天地爲證據，當然條理，本于生成，稱謂一通，何諱之有？學海惕龍，不欺飛躍；官天繼善，時義乘權；萬法俱明，自能化邪歸正。要歸無咎，質俟何疑；他石攻玉，不妨激揚；招歸解縛，弛張並用。愼辨居方，濟之即以集之；井收履旋，容之即以化之。安環中因應之生理，享尊親明察之寂場。精入往來，本何思慮；琴簫革木，異響同和。此編大集，互取兼收，上中下根，隨其所受。共此惕天，篴香感火，受命如嚮，以不聞聞。

少侍先廷尉之側，負牆而已。篴仕嘉州，鋭身解綬，救出一高孝廉，未免自喜。先廷尉示之曰：「謙之平稱，一言而可終身者也。」天啓甲子，以不覆魏良卿之伯，忤璫削籍，禍且不測，始自痛省。先廷尉教之曰：「而知三陳九卦之生於憂患乎？以世道言，後更有甚於此者。滅理以言天，諱善以夸道，人心之幾如此，邪風大行，能毋亂乎？」忽忽廬白鹿之墓三年，重讀祖父之書，述成時論，優游丘壑足矣。賊鋒甚熾，江北爲墟，居鄉守禦，不能毖晦。而危楚之任，倏爾在肩，議勦穀城，失執政之指，以將衂致逮，琅當西庫者兩年，遂與黄石齋摹据，亦一幸也。歸顏環中草堂，且天隤海竭矣。此生憂患，便爲家常。奉北堂以守此山，終老墓側。筮得潛龍，自稱潛老夫，固其時也。衰病之餘，供薪舉火，合編往哲之語，以爲蓍龜。荒鄉僻處，兵燹書殘，遠借甚苦，是以此編未得卒業。惟有農夫幼光右錞及從子□詒〔一〕輩問過徑中，老夫何嘗一語人乎？暮年獨子，悲韓洄崔倫之命，萬里歸省，復緣鑿坎自矢，以雪爲關，鑊湯歸實，不出環中。余書誡之，猶是九卦也。

鹿湖潛老夫孔炤生萬曆辛卯，奄忽六十四卦之歲，且記此以付子孫云。

〔一〕「□」，原本爲壞字，存目本作「建」。

周易時論合編圖象目録

圖象幾表八卷
卷之一
圖書
太極冒示圖説
諸家冒示集表
河圖洛書舊解集
密衍
有極即無極
河圖金火易位除十正陽變成洛書
凡十一圖
四象卦數舊説
四象新説
洪範九疇諸解
河洛析説
朱升七圖
新表矩曲四圖
飛宫禹步
三合四圖
己亥穿圖
三七衡圖
關子明三合
大九九方圖
鄭樵禹貢依生序説

干支維正河圖説
陰符遁甲洛書説附
洛書符
圖書五行諸説
五行尊火説

卷之二

卦畫
八卦横圖
藏三十六宫
大成横圖
八卦積數
十八變參兩數
大圓圖
邵子諸説
八際峙望圖

合方圓圖諸説
三十六宫方圖合元會圖
鄧氏説
方圖諸象
四交十六卦
四層起中
四破各十六卦
十二方環中央
明堂表法
握機表法
旋望錯對
疊對
震巽中交
坎離井字
艮兑邊井字
倒方圖易震巽説

日月運行圓圖
明生歲成納甲氣朔之圖
革節中孚歸奇象閏圖
九行八卦表
宿度圓圖
分野星土
三天圖
先天中天後天

卷之三

八卦

父母圖説
先天八卦方位圖説
後天八卦方位圖説
先天一三縱横圖説
中天四坎四離變衍
四正四偏先後之變
統三男三女先後之變
唐堯朔易圖説
天門據始圖説
三輪拱架幾表説
十六卦環中交用圖説
後天分金説附
先後天因重説

卦變

啓蒙卦變圖
來氏沈氏象傳卦變説
八宫遊歸卦變圖
遊歸綜圖
元公黄氏衍京變

四正四隅正對顛對合文王序位
二老包少中長
二老包長中少
八不變卦顛蕩圖
八蕩雙顛圖
依先序顛錯三圖
中石呂氏中交百二十八卦圖
京變圓圖
應朔望圖
朱子卦變圓圖
三五圖
卷之四
蓍策
啓蒙蓍衍
三微成著
三著成象
四約過揲
六十四狀
邵子十二會策
去三四五六以成九八七六
大衍蓍原析圖
大衍千二百乘起圖
易東丁氏倚九十九圖
圖書合數
用五
二微餘數
關子明易傳約
七其六説
三五錯綜説
漢志三統本易説約

唐志大衍曆議約
七七説
筮占
卦序
景元蕭氏考約
八卦分體合體
元公黄氏卦序演
三十六貞悔圓圖方圖
分六周九周三周
野同録序卦

卷之五
旁徵
三易考約
京氏傳約
六十四卦甲子積算
京邵三層卦氣
直日圖
具爻約虛圖
太玄約
洞極約
元包約
潛虛約
邵約
經世概
元會數
天根月窟圖
洪範蔡疇
石齋黄氏廣填卦三圖
附皇極數河洛理數約

附五行雜變約三式堪輿禄命星禽卜相
所取
玩易雜説
承乘比應
中四爻説
任間卦主説
卷之六
五運六氣圖
人身呼吸十二經卦氣圖
三陰陽圖
律吕聲音幾表
律吕新書
積算約準
八十四調
律娶妻生子圖
黄鍾冪實算約
燕樂論約
邵子聲音解
納音附等切字母
旋韻圖説
聲數諸説
黄帝五位性情圖
八風圖
卷之七
崇禎曆書約
兩間質測
卷之八
極數概
河洛積數概
九六説

參兩說
五合相藏說
併倚
乘倚
除倚
追倚
損益倚
比例倚
商高積矩表
石齋黃氏天方圖說

上下經上下繫說卦序卦雜卦十五卷

卷之一
上經
卷之二
上經
卷之三
上經
卷之四
上經
卷之五
下經
卷之六
下經
卷之七
下經
卷之八
下經
卷之九
上繫

卷之十
上繫
卷之十一
下繫
卷之十二
下繫

卷之十三
説卦
卷之十四
序卦
卷之十五
雜卦

周易時論合編圖象幾表卷之一

皖桐方孔炤潛夫授編
孫中德 中履 中通 中泰編録
潭陽後學游藝再較

朱子啓蒙以圖書、卦畫、蓍策、變占四者約之。序曰：自本而幹而支，自不能已。分合進退，縱横逆順，无往不相值。是豈聖人心思智慮之所得爲哉！張子所以歎秩序之天也。嗟乎！一在萬中，至動賾也。泯有无而約言太極，則冒耳。極深研幾，惟此圖象，爲格通萬一之約本，無言語，無文字，而天下理得，秩序歷然，隨時隨位，開物成務，而於穆其中。此邵子所以終日言而不離乎？謹因楊本，推廣諸家，俟人引觸會通，神而明之。命兒侄輩編録，題曰幾表，謂費隱交輪之幾，難以指示，不得不于時位旁羅之象數，表其端耳。崇禎癸未濳夫方孔炤識。

訓詁習膠，一執名字，則不能會通，雖語之亦不信也。急于破執，因用掃除之權而巧遁洸洋者，又借掃除以掩其固陋已矣。故以此河洛象數，爲一切生成之公證，全寔全虚之冒本末具焉，物物互體互用之細本末具焉，綱維統治之宰本末具焉。聖人隨處表法，因形知影，而隱用於費，知體在用中乎！知至體大用在質體質用中乎！時序則不落而並不落其不落矣。立象極數摠謂踐形，猶之目視耳聽手持足行也。時序之交輪，可得而數矣；事物之節限，可得而徵矣。既不爲文字所膠，而又豈爲洸洋所蕩乎？故作冒示、密衍、極倚諸圖，依然辟喻耳，在研幾者自得之。不肖智記。

冒示

太極圖説

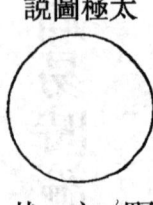

野同録曰：不可以有無言，故曰太極。太極何可畫乎？姑以圜象畫之，非可執圜象爲太極也。中庸曰於穆不已，天之所以爲天也。善哉，子思之畫太極乎！所以然者，倫序于卦爻時位。宜民日用謂之當然，當然即所以然。然不聳之于對待之上，而泯之于對待之中，能免日用不知耶！潛老夫曰：不得不形之卦畫，號曰有極。而推其未始有形，號曰無極。因貫一不落有無者，號曰太極。易教潔静精微，使人深窮反本，逆泝而順理之，不至此，豈信所以然之大無外、細無間乎！微之顯者常無常有，費而隱者即有即無。惟恐人以有爲有，无爲无，又恐人以有无玄蔓，故正告微顯費隱也。諸子各高其幢，情僞日出，因有酷塞以愚民者，因有離畸以詭民者。匿則大惑，學士巧遁，安得不明此不落有無之確徵，使人安天地之當然哉！有開必先，時也。周子合無極與陰陽而明太極，人未親切也。邵子合無極與有象，而明道極爲无體之一，又曰有無之極，又曰心爲太極，而人猶未親切也。程子曰體用一原，微顯無間，有親切者乎！朱子曰自一陰一陽，而五行之變，至不可窮，无適非太極之本然；太極不雜乎陰陽，不離乎陰陽，一而二，二而一者也，有親切者乎！自有而推之于無，自無而歸之于有，此不得不然之示也。然必表寂歷同時之故，始免頭上安頭之病；必表即歷是寂之故，始免主僕不分之病。于是決之曰：不落有無之太極，即在無極有極中，而無極即在有極中。人值此生爲不落有无之有，猶時值日中爲不落日夜之日。聖教惟在善用其當有者。

有物有則，即無聲臭，何容作有無之見乎！故深表兩間之所以然曰太極，而太極之所以然，原自歷然。止菴以一指其中，惜未暢耳。駁者曰：太極即中，而又中其中乎！曰：從對待而顯其絶待，又合絶待與對待而顯其寂歷焉。無統辨而有統辨，主僕歷然，安得不一指其主中主乎！駁者曰：謂主在中，而中不定中，定中則執矣。曰：中不定中，而不得不因中以指之，猶太極之圓，方觚皆圓也，而不得不以圓指之。駁者曰：執生爲性，如謂指是月，外理于氣，如謂水非冰，今猶二之乎！曰：不得二之，不得混之，此合一萬之大一也。正謂一在二中，二中之主僕歷然，則一中之主僕歷然明矣。一樹之根枝歷然，則仁中所以爲根枝者歷然。鳥𣪊之首足歷然，則卵中所以爲首足者歷然。充兩間之虛，貫兩間之實，皆氣也。所以爲氣者，不得已而理之，則御氣者理也，泯氣者理也，泯理氣者即理也。以泯理氣之氣而專言氣，則人任其氣而失理矣。提出泯理氣之理而詳徵之，則人善用于氣中而中節矣。誰非緣而必尊真心于緣之外，誰非氣而必明其理于氣之中。儒者治心治世，一貫始終，正本其所以然之理以正告也。一以貫之，豈奔貫乎！豈奔貫乎！喻以水冰，謂冰是水可，而謂水非冰未嘗不可也。請更喻之。有水一坻，水彌此坻，冰有不彌此坻者矣，水之甘則未有不彌此坻者矣。今當稱水之甘，使人知味，烏可但稱水，而禁人之稱甘乎？甘在水中，無適非甘，非若太極指點也。不得已而指其極在太中，在人會通焉爾。下方所列，揔曰冒示。

諸家冒示

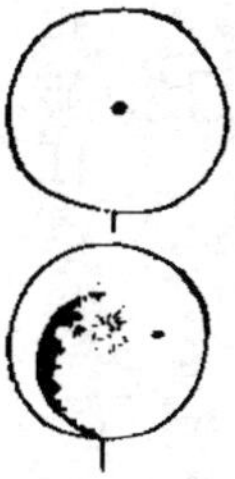

全書所載旋毛有甲无馬鄭漁仲已言之，蔡元定得于蜀山隱者。

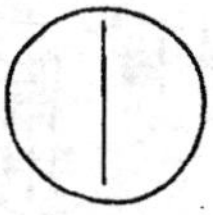

楊止菴示人。

奇偶之兩中節藏參。

奇貫偶中，一縱一衡，即表直極腰輪之象，即表一貫兩端之理，倉帝十字足寓萬法，習矣弗著耳。

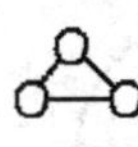

古四聲通，一即有依音，西乾帝目讀之爲依。蓋三因即一之表法也。曐焱淼森蟲众之類皆以三狀多，可悟三爲約法。

此古天字。古氣字作≋，亦以三重狀之，巛則直而曲之，益信非三不顯萬法，惟乾統御。

論聲以◎爲本，今取以象三極之貫。太極在無極有極中，而无極即在有極中。兩間之氣貫虛寔，而凝地之寔以成用人物之神與氣，皆凝精成形，以用中一自分爲二用，而一與二爲三。諸家之圖皆用三立象以範圍之，三即一也。

五行四時，中央四方，以至五聲、五色、五臟、五志、五常之類，皆此配位而流行矣。四破而中五即一也。

四維即×，古五字也。已八矣，加四爲十二，以至无量。

周濂溪示人。

虛舟衍可悟卯酉藏子午晝夜。

兩縱三衡，合二五爲古算字，魏莊渠表之。

爲十者五其五而藏十六方分。

智曰：禮運曰，禮本于大一，分爲天地，即太極兩儀也。自此兩儀爲太極，而四象爲兩儀；四象爲太極，而八卦爲兩儀，雖至四千九十六亦兩儀也。故自一至萬謂之大兩，而太極者大一也。大兩即大一，而不妨分之以爲用。費有三象，隱亦有三象，不落費隱者亦成三焉。兩即藏三，謂對錯之中藏一，而三爲錯綜之端矣。二分太少爲四象，而一即藏于中五矣。此參兩參伍、旋四藏一之旨，所以爲萬法盡變也。故或、之一之×之十之爲太極之寂歷同時，不可畫，畫之不能盡，而姑約指之，使自得耳。旋毛甲圻，尚不知圈點之可通；習見卦畫，則知⚋爲卦畫也。豈知可點可注，可直可曲，可自下而上，可自上而下，可正交，可隅交，可環蟠，可斷續，無非卦畫耶！又豈知費隱理事之皆可點畫約指之耶！聞之南麓老人，觀者深幾，不必膠柱。

河圖洛書舊説

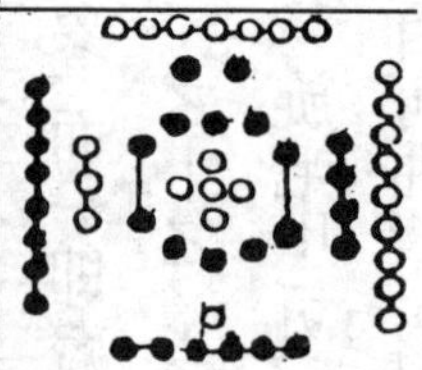
河圖

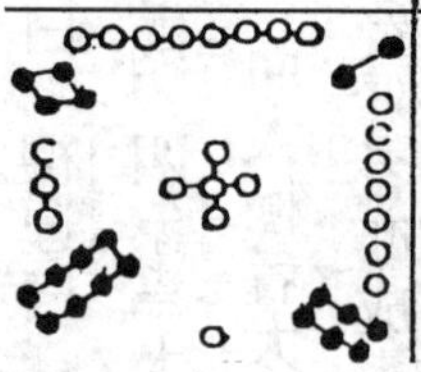
洛書

易曰：河出圖，洛出書，聖人則之。書曰：天球河圖在東序。洪範有錫禹九疇之言。孔安國以羲時龍馬出河負圖，禹時洛龜負書釋之。鄭康成曰：春秋緯云：河以通乾出天苞，洛以流坤吐地符。河圖九篇，洛書六篇。劉歆曰：河圖洛書，相爲經緯；八卦九章，相爲表章。朱子曰：讀大戴禮，其明堂篇有二九四、七五三、六一八之語。鄭注云法龜文也。然則漢人固以九數者爲洛書矣。關子明、邵康節皆以十爲圖，九爲書。劉牧鈎隱圖易置之，言自范諤昌、許堅、李溉、种放，得于希夷；邵子自李之才、穆修，得之希夷。劉所傳混耳。漢前圖書本具，而中間隱晦，至宋乃顯。潛老夫曰：圖書一理，皆易道也。九疇應書，九宮又何嘗非圖之中五四運乎！理藏于象，象歷爲數。易以睹聞傳不睹聞，非待馬龜而具，特因馬龜而觸其徵耳。羲時並見，而禹時重見龜文，未可知也。馬毛甲圻，鄭漁仲載之，蔡元定言之，陽中陰，陰中陽，一毛之中，順逆往來，甲拆之文，單合互藏。自然之理，一語足矣。止菴連紙圖之，不必也。天眼觀之，兩間何者非馬龜、非河洛乎！天一生水，水附土爲五行之始終，下襲即藏上律也。河源遠，故爲圖之體；洛源近，故爲書之用。龍寓于馬，以天行託于地行也。龜者，人用北方之靈智也。即此指之，不躍然耶！繫傳舉五十有五，人以爲河圖也。豈知除十爲洛書，何嘗不具洛書之用乎！乘除圓方，不出一二三四五六七八九十而已矣。

朱子曰一二三四五六七八九十如兄弟，謂其有序也。一生一成，從内至外，如夫婦，謂其有別也。一與六，二與七，三與八，四與九，五與十，是五位相得也。一合九爲十，三合七爲十，而併中五，曰天數二十有五。五爲數主，實係生數，爲陽，故屬之天。二合八爲十，四合六爲十，五合五爲十，曰三十，成數也。是各有合也。相得以五言，有合以十言。天之一三七九，統于中之一五；地之二四六八，統于中之二五，故天地之數皆曰數五也。特以其生數奇，奇屬天，故曰天五爾。古五作×，四交藏旋之象。

邵子曰：圖圓而書方，以圖始四布而未立隅也，書則八方矣。

胡玉齋曰：圖以五生數統五成數，而同處其方，生成相合，交泰之義也。中爲主，則外爲客矣。書以五奇統四偶，而各居其所，陽正陰偏，尊卑之位也。正爲君，則側爲臣矣。

蔡虚齋曰：圖數偶，偶者静，静以動爲用，故行合皆奇。書數奇，奇者動，動以静爲用，故對合皆偶。圖體藏用，書用藏體。圖左旋生而對克，書右旋克而對生。黄疏曰：圖書俱以五爲中數，而内外正隅之數，俱從五推之。圖有十，書無十，細察，數無非十也。河圖中宫十五，外郭四十，而七八與九六，亦十五也。且河圖，一三奇也，位于東北，二四偶也，位于西南，此内象也；七九奇也，位于西南，六八偶也，位于東北，此外象也。内則陽下陰上，外則陽上陰下。已有剛柔相推、順逆相錯之變，非特洛書之飛伏奇也。圖則奇偶對，書則奇偶乘，圖明其正，書明變也。然用變而體不變，故八卦各有不變之世爻。一二三四，五之所包；六七八九，五之所衍。然皆太一之氣，周流九宫而不休，此京易之指也。故圖書之數，始于一，中于五，極于九。九者，氣變之究也。

解曰：嬴十縮九，生克則異，而中五則同。圖偶用奇，書奇用偶。圖之一與六，二與七，三與八，四與九，五與十，合之皆奇，體方用員也。書之一與九，二與八，三與七，四與六，合之皆偶，體員用方也。潛老夫曰：舊説圖法天，故五行順序；書法地，故五行逆施。寔則天因地偶以立體，而地以天奇而致用。圖又法地，書又法天也。

解曰：陽左旋，陰右旋，圖書同。五位于中，一位下，三位左，圖書同。七則圖上而書右，九則圖右而書上。二四六八，圖則同居于正，書則各安其隅。同居正者，以陰從陽也；列于隅者，别陰于陽也。七上九右者，以少從少，故三連七；以老從老，故一連九也。九上七右者，少安其少，讓老居尊也。圖順行，以次相生，至南離，則火克金，不能生也。故位坤火金之間，顧母以生其子，使火不克金而轉生金，是裁造化之太過也。書逆行，以次相克，至東震，則木受水生，不克水也。故位艮水木之間，奉君以制其臣，使木得克土而轉克水，是補造化之不及也。

圖西北之一四，東南之二三，生數五也。一得五而成六于北，二得五而成七于南，三得五而成八于東，四得五而成九于西，五得五而成十于中，成數亦五也。陽數積二十有五，五其五也。陰數積三十，六其五也。全數五十有五，十一其五，乃十二虚其一五也。虚中五爲極，則十其五也。西北之太數二十，東南少數二十，八其五也。以十推之，陰陽相得之數十，相合之數亦十也。一九四六爲二太，其數十也；三七二八爲二少，其數亦十也。内之甲丙戊庚壬，外之乙丁己辛癸，五行之數極于十也。中宫二五合十，内爲陰陽之位，一四二三合十；外爲陰陽之數，六七八九合三十，無之非十。故數以五爲母，以十爲子。

圖之全數，十也。自一至十，則五六當數之中。故生數有五，五爲生數之終；成數有五，六爲成數之始，生成之數始終于五六矣。奇數有五，五中于五奇而爲奇主也；偶數有五，六中于五偶而爲偶主也，奇偶之數樞紐于五六矣。五乘五得數二十五，五乘六得數三十，天地之數也。天干法五，倍之爲十；地支法六，倍之爲十二，干支之道用五六也。又以五六各分之，自一至五前數也，前有五，中之者三，前屬陽，故三亦陽，三而三之則數行矣；自六至十後數也，後有五，中之者八，後屬陰，故八亦陰，八而八之則卦立矣。除十，則五六七八九之中以七爲中，猶之一二三四五之中以三爲中也。

沈全昌曰：一爲數始，圖之五十有五，摠此一也。其始出于北，天開于子，四時始于冬至也。再一則爲南之二，合二以生東之三，合三以生西之四，合四以生中之五，合五合六合七合八合九，則爲北外之六，南外之七，東外之八，西外之九，中外之十。智按北方之一，乃小一也。邵子曰一非數也。合全圖全書，謂之大一，即名太極，不落中旁，不離中旁，而先儒以中之五十指之，正以莫非太極之中，歷然中統旁之表也。

五之前一二三四，五之後六七八九，皆成四象，何以前爲位而後爲數也？蓋以五居中，象太極，太極動而生陽，静而生陰，兩儀具矣。于陽儀上初加一奇爲太陽，次加一偶爲少陰；次于陰儀上加一奇爲少陽，又次加一偶爲太陰。四象之位，以所得之先後言也。七九，陽也，陽主進，自七進九，九爲老陽，七則少矣。六八，陰也，陰主退，自八退六，六爲老陰，八其少矣。七八九六之數，以所得之多寡言也。且一位太陽，所連者九；二位少陰，所連者八；三位少陽，所連者七；四位太陰，所連者六。數與位，豈有一毫相悖哉！九者陽之數終，亦圖之用數，居于外，如天之無不包也。十者陰之數終，亦圖之衍數，居于内，如地之無不載也。九爲九矣，一八、二七、三六、四五，合之皆九所包也。十爲十矣，一九、二八、三七、四六，合之皆十所載也。四時以九爲季，五行以十爲紀，曆以十九成章之始，有出于九與十者哉！

用老而不用少，何也？陽主進，進至九，無可進也，則必變。陰主退，退至六，無可退也，則必化。七則有九可進，八則有六可退，不能變化，故不用也。一九俱老陽，四六俱老陰，不用一四，何也？一四，生數也，生則體未充，故不用。六九，成數也，成則形已完，故可用也。且一得五而成六，故陰以六爲成之始；四得五而成九，故陽以九爲成之終，體在用中矣。以中五推之，陽數含一三，合五成九，故生數之陽盡于九；陰數含二四，合而成六，故生數之陰盡于六，用在體中矣。智曰：本以太極爲體，圖書爲用；究以圖書立體，而以太極爲用。止有善用，即用此圖書卦爻倫常時位之體用也。

中宫之五，環中以應外者也。其下一點生水，是謂天一；上一點生火，是謂地二；左一點生木，是謂天三；右一點生金，是謂地四；中一點生土，是謂天五。既生矣，外各以五成之。升菴引雪花六出，太陰玄精，龜文六稜，以證一六之水。智曰：二七何證乎？蓋圓必圍六也。全昌曰：五行之生，一行具五，而氣始備。如一六合而成水，六之第一點，水之水也；第二點，火之水也；三點，木之水；四點，金之水；五點，土之水；至第六點，而一之水始成，以推火木金土，皆備五行而成。智曰：一物一太極也。五常五志皆各五其五，見未及此，乃執總惡別耳。

陽主生，陰主成，然生數亦有陰，成數亦有陽也。生數陽多陰少，屬氣，故象天；成數陰多陽少，屬形，故象地。象天，故生之始終俱陽，而陰不先陽以生也；象地，故成之始終俱陰，而陽不先陰以成也。

圓圖陽始于北之子，卦爲復，故圖之一居北；長于東之卯，卦爲泰，故三居東；盛于南之巳，卦爲乾，故七居南；盡于西之酉，卦爲剥，故九居西。陰始于南之午，卦爲姤，故二居南；長于西之酉，卦爲否，故四居西；盛于北之亥，卦爲坤，故六居北；盡于東之辰，卦爲夬，故八居東。猶不悟圓圖之妙乎！九，太陽之數也，居西，四爲太陰之位，亦居西；九自西退至南則七也，而少陰之二亦在南，是九以太陽居太陰之位，七以少陽居少陰之位也。六，太陰之數也，居北，一爲太陽之位，亦居北；自北進至東則八也，而少陽之三亦在東，是六以太陰居太陽之位，八以少陰居少陽之位也。太與太、少與少相連者，方以類聚；太不與少、少不與太合者，物以羣分也。

人知流行之相生以土而濟，不知對待之相克亦得土而不相害也。如水克火，中有五則顧火而克水，水不害火，土亦不害水；金克木，中有五則顧土而制金，金不害木，木亦不害土；火克金，木克土，亦復如是。

五行之生克皆有其故。如水生木，以木常克土，是克其克我者，而以恩報之也；水克火，以火常克金，是克其生我者，而以仇報之也。生克之理，惟視己之衰旺，旺則我生者生矣，而生我者亦老；我克者克矣，而克我者亦囚。如木旺則火生、土死、水老、金囚是也。

兌易曰：乾體據金，坤體據土，以金位四，是第二金，非第一金也；以土位五，是第二土，非第一土也。木從水生，因以生火，以木位三，是第二木，非第一木也。第一木必依水居，猶第一金必乘乾作、第一土必倚坤行也。如兌墮地，五官俱完；如花初開，五瓣齊出；五位君臣，一時並立，比之于印，無有首尾起止也，故曰五行之中各具五五。

洛書解曰：洛書統于中五，以五下一點爲水，一進五爲六，故六統于一，六附一而水之用行。五右一點爲火，七退五爲二，故二統于七，二附七而火之用行。五上一點爲金，九退五而四，故四統于九，四附九而金之用行。五左一點爲木，三進五爲八，故八統于三，八附三而木之用行。中一點爲土，五合爲十，故四方之十俱統于五。無不統，斯無不附，故爲水之君，木之臣，火之子，金之母，而土之用无不行矣。又曰：前數主進，故一三云進；後數主退，故七九云退，陰陽之義也。五爲中樞，八方之數一四二三，固合爲五矣。以所列者綜而析之，三其五也。如二四爲六，中有九焉；二六爲八，而中有七；四八爲十二，而中有三；六八爲十四，而中有一，俱三析之，孰非五乎！以所附者合而分之，兩其五也。如九非五也，而與一對，合其一以分之，則五矣。八與七、六非五，而八對二、七對三、六對四，各以其對者合而分之，又五矣。以所連者減而配之，一其五也。如六非五而連一減一以配之，則五矣。七與八、九非五，而七連二、八連三、九連四，各以所連減而配之，又無非五矣。

全論數曰：以中五加六爲十一，加七爲十二，加八爲十三，加九爲十四，加十爲十五，合之得六十五，除一以歸體，餘則卦數也。

總圖之全數而各倍之，則一一爲一，二二爲四，三三爲九，四四爲十六，五五爲二十五，六六爲三十六，七七爲四十九，八八爲六十四，九九爲八十一，十十爲百，合之得三百八十五，除一以歸體，餘則爻數也。

劉雲莊曰：易畫生于太極，其理至精；易畫原于圖書，其數至變，形之於理，必有所依而後立。故不雜乎數，而不離乎數。太極爲理之原，圖書爲數之祖，理數本非二也，合觀可矣。

圖數五十有五，除中五爲五，實則五其十一也。以生數之極，成數之始，五六合之，十一也。班固曰：十一而天地之道畢。從五六中間，自四究于一之前，自七推于十之後，則四七合之，十一也；三八合之，十一也；二九合之，十一也；一與十合之，十一也。即此而一爲數之始，十爲數之極，皆不過十一也。曰一十，曰十一，曰五十，曰十五，互用而迭見也。一六、二七、三八、四九、五十，皆隔五而成也。洛書乃五其九，除中五，則八方爲四十；河圖除中之五與十，則四方爲四十。正曰：凡五行之數，去十則用九，存十則用十一。用十一，何也？土德之終，十十爲百，後加一十，得兩河圖，爲萬物終。九十之御二十，八十之御三十，七十之御四十，六十之御五十，皆得兩河圖，爲五百五十。數以五十五退之，爲五德之序。金九十加一九，爲九十九，以五經之，爲四百九十五；木八十八，經五爲四百四十；火七十七，經五爲三百八十五；水六十六，經五爲三百三十。共一千六百五十。凡五行之成數二千二百，其生數八百二十五，凡三千二十五，爲五十五自乘之數也。智按八百二十五，乃以一二三四五各乘河圖數也；二千二百，以六七八九十乘河圖數也。

極河洛之合數，曰五十五，五其十一也；四十五，五其九也。九與十一相乘，得九十九而會矣。于是九其圖而十一其書，則四百九十五，而圖書之數會矣，是五百而虛五也。圖書自乘爲二千四百七十五；乘五六爲三十，以乘四百九十五，則一萬四千八百五十也。十二乘四伯九十五爲五千九伯四十。倍爲萬一千八百八十，則多具策一通期耳。太衍中之，十八其大衍，而二十其書，則九百而會矣；十一其大衍，而十其圖，則五百五十而會矣；衍用四十九，乘四伯九十五，則二萬四千二百五十五而會矣。除扐四十八，三分爲十六，又三分四伯九十五爲百六十五，以十六乘百六十五爲二千六百四十，于是三之，爲七千九百二十，而十六其四伯九十五，亦七千九百二十也。通期三分爲百二十，乘百六十五爲萬九千八百，于是三之，爲五萬九千四伯，是三百六十與圖書之合數會矣。具爻三分爲百二十八，乘百六十五爲二萬一千一伯二十，于是三之，合數六萬三千三伯六十，是三百八十四爻與圖書之合數會也。

密衍

全書析衍諸圖煩矣，而无體有極之故，易位生成之故，圖書體用之分合合分，終未剔醒也。此豈天地必如此剖合次第乎！理寓象數，衍而歷之，易燎然耳。故因邵子小衍，以虛舟子法衍之，曰密衍。智識。

前衍無極即有極圖。秩叙寂歷冒如斯也。	邵子小衍。
朱子曰：已形已見者可以言知，未形未見者不可以名求。故權立前衍，使人逆而窮之，順而理之。開眼者河洛卦策，處處彌綸，有何虛空非象數，象數非虛空乎？	中五即中一也。可以藏一而旋四用三矣，可用三于一矣。或縱或衡即參矣，或四用半即兩矣。有此无此亦兩也，有无與不落有无亦參也，萬法明矣。
有極即無極圖。秩叙寂歷冒如斯也。	十五是參伍也。一切卦象揔用四周之四十。道家曰古河圖。
北即太陽，東即少陽，南即少陰，西即太陰。隨處一星，即有中五四破，而八卦九宫十二盤三百六十皆具矣。可信象即无象，名即无名，天下理得，成位乎中。	天地之數盡于十五，以五乘十，十乘五，皆大衍也。故全圖皆太極，而不礙以中之十五爲極，又以中五爲極，又以中五之一爲極。一又有旋毛之中，則圈圈皆有太極之正中明矣。

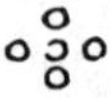

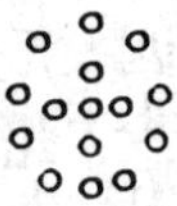

五生數即此十五點

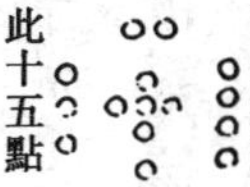

三五分之即五行生數，中一五原不動，而四行乃二五所分也，四象顯矣。

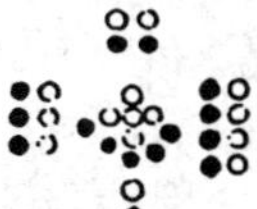

有陽即有陰，微固交汁，而顯亦各分也。冬春陰在外，陽在內；夏秋陽在外，陰在內。

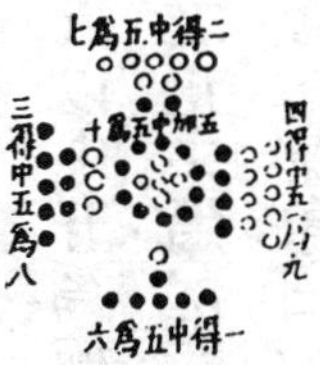

二得中五爲七　四得中五乃九　三得中五爲八　一得中五爲六

陰陽既配，各以中五加之，即各具五行之成數。

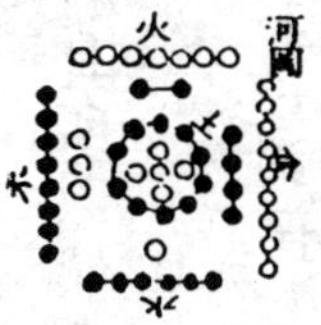

河圖　火　木　金　水

環生對克，矩在西南，巳亥方連，寅申方開，太少應之，四正藏隅，爲十五者四。

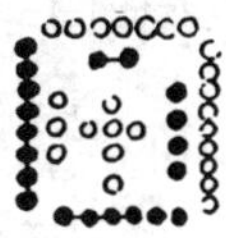

天下之數盡于十而十不用，以九極則十復爲一也。

金　火　木　土　水　不易

水木土不易而火金易者，用先陰也。五行惟金火以陰用陽。詳後。

洛書　金　火　木　土　水

陽居四正，陰居四隅，八方九宮，洛書建極。朱子所云中主外客，正君側臣，聖人扶陽抑陰之道非有一毫造作也。環克對生，矩在歲限，巳亥數貫，左旋數生，合五生隅，半邊亦生隅。爲十五者八，縱横交午皆是矣。

中五之一爲中心，中五連心之四爲第一層，隨中五之地十爲第二層，一二三四爲第三層，六七八九爲第四層，合中一謂之五層可也，猶四方合中爲五方也。書則三層。

虚舟子曰：天下之數始于一，終于十，而五爲中。言五而兼六者，五爲生數之終，而六爲成數之始也。言五與十者，合兩生成之終數也。故五十者數之統也。五與十爲數十五，以一五而合二五也，參伍也。故河洛爲十五者十一。原其始，則五行之生數，十五已足，用九用六，用十五也。即以此作十圓圖，而五在中，已盡其妙。大衍以十乘五、以五乘十而是矣。河圖五十五，虚其中宫之五者，亦適合也。潛老夫曰：一切卦象森羅，皆四旁之四十所爲，而中之十五若不用焉，乃所以用也。智曰：邵子言小衍者，示五而萬備矣。愚者言前衍者，舉一而五具矣，一亦不舉而伍亦具矣，萬亦具矣，知之則全圖皆太極也。知全圖之皆太極，又當知中之十五爲極，十五以中五爲極，中五以中一爲極，一又有其所以然者，則兩間之星星仳仳，皆有太極之正中焉，歷歷常明矣。

集象曰：洛書用九不用十，以陽數自一極于九也。不用十而十寓于一，何也？筭器逢五寄上位，變而爲一；逢十寄前位，變而爲一。玉海曰：一固一也，十亦一也，萬億亦一也。全曰：滿指屈則五矣，伸小指爲六，伸至食指爲九，則一尚在也。即十也，即一也。但生數則爲一而在中，成數則爲十而在外。

虛舟子曰：五行各得中五而成，人皆知之；土自加五，而復倍除之，人不知也。蓋圖既已成，當除十而不用矣，寄王于四，雖無五而五存，正位居體，故建極焉。建極以克制爲生，以扶陽爲經，苟非金火易位，何能左旋相克耶！一水三木五土皆陽，二火四金爲陰，啓蒙所謂陽不易位而陰易位也。成數雖陽，蓋亦生之陰也。于是以陽居四正位，以陰居四隅位，而成洛書矣。陰易位而隅置者，聖人扶陽抑陰，即所以用陰，此千古不易之道也。自朱子、劉長民，胡雙湖亦言金火易位矣，而河圖變洛書之演，使人豁然，則自虛舟王子始，今從而廣之。

洛書之數亦環相生，中五合北一爲六，故左旋西北得六；北一合六爲七，故西方得七；西七合西南二爲九，故正南得九；九合東南四爲十三，除十筭三，故正東爲三；三合東北八爲十一，除十筭一，故正北得一。潛老夫曰：隅何以生之耶？蓋十年而得之，以五合北一例之，五合西七爲十二，除十得西南二；以五合南九爲十四，除十得東南四；以五合東三爲八，故東北得八。又合八一六七爲二十二，除二十得西南二；合六七二九爲二十四，除二十得東南四；合二九四三爲十八，除十得東北八；合四三八一爲十六，除十得西北六。又有妙義焉，一二三與七八九，三合也，而四五六穿亥巳以中三乘兩頭，象限周期，天巧哉！

潛老夫曰：天下之道必相制乃可用。制殺之道先起金方，金火不易位，則永不相制矣，所以但易金火者，正陽以用陰也。五行惟金火之性獨烈，水木不變而金火通變，蓋金入于火，不别于火，火能煉金，乃别其金。妙哉！火用煖光，金主聲氣，人用之最先者也。人身則心肺操呼吸之地，内經所謂膏肓之上，中有父母者也。五味則先制辛苦，言聲則齒舌相通；論音律則林鍾徵與南吕羽爲事物，音相通焉。西南之間坤土本位，而離兑二陰用事之地，故變動從此始。劉牧曰：一三五不易，七九位易者，北東陽始生之方，西南陽極盛之方，陽主進，進極而變也。董天台曰：成隨生數，如子者父之陰，臣者君之陰。

智曰：凡生則始水而用則首金，如人以精始而下地即有聲，此一理也。火有相火，金曰燥金，火爲土寄位所鬱，故以相火足之；金爲燥金，分火體也，此一理也。南方西方，陰而用陽，暑即藏寒，爲萬物之用地，成地坤土居間，故易位在此；以一歲言之，爲四時之中間，此一理也。

又曰：聞之先輩云金生水，五金豈能生水乎？蓋因土中有石，石即金體，金之生于土中也，本一石也；五金八石，土之精也，石則生水矣。此邵子所以表水火土石，而四大之金即地也。古人又云金即天星。史記天官書曰：星者金之散氣。是以星應金，金生水也。又有説焉，金爲氣母，在天爲星，在地爲石，天垂象，地賦形，故石上雲而星降雨。天地氣交，星者氣之精，石者氣之形，精氣合而水生焉。天文志以星摇動而爲風雨之候，石津濕而爲雨水之應，此非金生水爲氣化之義歟！五行以氣爲主，是天地之生數水爲首，而五行之成序金爲首也。金以石爲體，而以火爲用者也。金能生水，而又能出火，陽燧取火，陰燧取水，皆以鑑燧之劑得明水明火之用，豈非有至理乎！火之體，全无而用有也；金之體，半自天半自地也。火由木而見形，依土而附質，遇水而作聲，無體寄體者也。金得火氣，燥堅土中，又得火制，足以制物，故曰火以用无而傳神，金以凝有而用精。乾剛居西北六，以南位用離之九，金火易位，其旨微哉！

既已二七與四九易位，而一坎爲五行，以六奉三德之乾，居天門爲陰陽之始；三震以八讓艮，于人門爲成卦之限。故震以坎三用八政，而艮以八庶徵用五，若所以輔五行，受五福，應五事，符五紀，而徵其極也。五行之一，八政之三，河洛不易，而三德之六明三才之章于六爻也。所易之數，四妙連三，七妙連六，九妙冲一，二妙冲八。八爲易之明用，故立寅方而暗用其九。徵之圖，而生數四、成數四是八也；徵之書，而五前之一二三四與五後之六七八九亦八也；徵之横圖，而乾一坤八合九，六子皆然，是八數藏九也。方圍必九，是八方藏九也。象正曰：四正皆乾，四隅皆坤。智以爲八方皆交錯也。藏于全圖而建于五中者是爲真乾，徵之參兩不用五，蓋无非五矣。

龍江林爾虛作先衍曰：先能生天生地生日生月生人，人惟得其先也。故能衍天衍地衍日衍月，而天地日月各足于人之先，而人莫之知也。始以天上地下日東月西而人中，繼分縱衍横衍，加隅爲九，故有心天心日之衍。潛老夫曰：先在後中，惟知善用而已。

四象卦數舊説

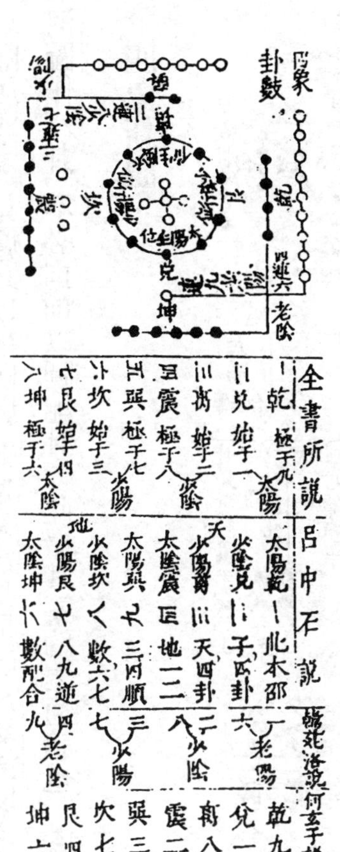

先儒謂虚其中之五與十，太極象也。四周奇數二十，偶數二十，兩儀象也。中五四布，即四象本位也。北爲太陽生位，東爲少陽行位，南爲太陰生位，西爲少陰行位，正對者也。化用則東南用少，西北用太。細分之，則一二三四，四象用位也；六七八九，四象用數也。以用位言，老陽一，少陰二，少陽三，老陰四；以用數言，老陰六，少陽七，少陰八，老陽九。在圖則一六共宗，而太陽又居北一，連西九矣；二七爲朋，而少陰又居南二，連東八矣；三八同道，而少陽又居東三，連南七矣；四九爲友，而太陰又居西四，連北六矣。所謂二老二少，互藏其宅也。用位與本位，亦互藏也。冬春合歲限，夏秋合歲中，與東南合氣闢，西北合氣翕，亦互藏也。卦分如上諸列，各有所取；今所折中，再圖于後。蠡曰：大氐渾而四分，不過以一二三四爲四象，而或以合十之餘配之，或以相得之數配之，亦何不可通，皆自然也。啓蒙曰：析四方之合，以乾坤坎離居四寔，兑震巽艮補四虚，則先天八卦是已。幼清以爲羲觀兩間，无非奇偶，故因河圖作八卦，不必拘拘以圖配卦。此撮其槩約之通論也。既知通論，何礙質核！

四象新説

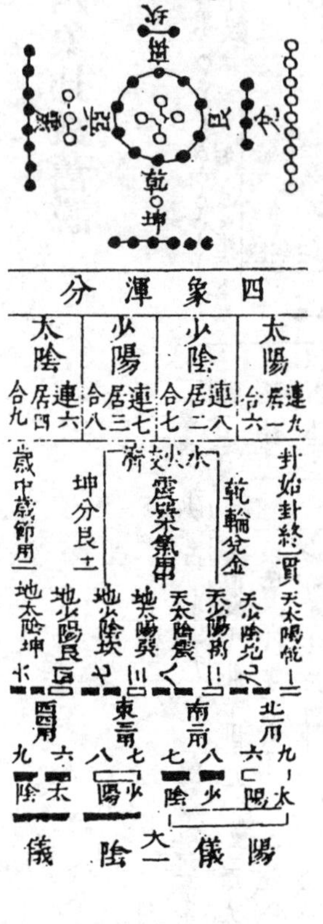

智按：一二三四，天地之陽，故順數；六七八九，天地之陰，故逆數。猶之自左而右，則坤第一，而艮二坎三巽四震五離六兑七乾八，逆數也；自右而左，則乾第一，而兑二离三震四巽五坎六艮七坤八，順數也，適與配數相符。要其至理，陰陽互根，數亦互用，以一六水，二七火，三八木，四九金，環而配之，則四正皆水火，四隅皆金木，而土在其中。通環本水木火金，而二土重于丑未，此更明東南自爲一周，西北自爲一周，而辰戌之二土居其間矣。

乾一水
巽三木
坎七火
艮四金
坤六水
震八木
离二火
兑九金
土

潛老夫曰：一用于二，必分陰陽；中五四旋，必分太少。四正爲象之主，四偏從之，陽儀乾離順數得一二，而陰儀坤坎回數得六七。圖布四方，則乾坤坎離四正卦當南北之極，巽震二長在東，艮兑二少在西，則四隅卦當日月出入之腰輪焉。表以四時，春夏秋正用，而冬爲不用之用，故乾坤主于北，而坎離濟于南。坎水濟于七火，而先天位西對三，故以七予後天之兑；離用二火以熱天一之水，而先天位東，故以八連後天之震。中明本于中剛，故後天乾以一予坎，而坤以六奉乾。乾藏用九于六，而以九予用二之離；離既居九，而以二奉坤養矣。坤連四之艮則以予巽，巽以三讓震，震以八予艮，而震春兑秋遂主二分之用，故外包焉。用巽對乾，用艮對坤，此内運所以合乾坤、補四維也。蓋震與兑夾離，先天乾命之以繼離之明，故曰外包。巽與艮夾坎，先天坤命之以習坎之體，故曰内運。凡此皆足以窮朱子所謂陰陽互根之理，自不必執一訛一也。李一菴曰：後天惟乾一用中五爲六，而處于先天一九之間，故位西北；坎七用乾之一藏坤之六，故位正北；終始在艮，而啓寅方，故倍四爲八，以合震而居東北；帝出乎震，故八付于艮，三取于巽，始得乾參，中分坤半，藏五用三，木表生氣，發水土而生火，居正東方。範布政焉，四陽卦之德也。巽巳乾亥，對司陰陽，加乾之一爲四，而實得坤三分之二也。對震爲兑，本同乾九，而除四之半，以坎之七自居，以所除之二加離，而自東南巽至正西兑，是陰用之首尾也。離適居南，合坎之七，成乾之九，圖惟北東有一八連九，三六連九，而南之二七則自九也，西則明九，而四則與中五合九矣。故南爲正九之位，洪範于此藏十焉。坤若得離之二，而實自藏六之四，倍予分土對衝之艮，藏五之三，而合三四以助克制歸乾之兑。此四陰卦之德也。智按：以數言之，參以兩爲體，九參法也，八卦兩法也，六爻則參兩之始交也。以損益言之，九而三分，倍實爲全六；六而三分，四寔爲全八者也。以序言之，四象尊太陽，而乾兑爲二老六子之始終，宜乾一兑九矣。以德言之，用九无首，乾剛妙于用柔，故藏九于六，先天以九予兑，後天以九予離，離明兑説，皆二柔也。漢人泥乾用九而以兑爲一耳。震艮同八，男之始終，卦反對也。坎兑同七，共西北之水澤也。二老同六，明九六皆藏于六也。巽艮同四，先後共上下之偏維也。巽震同三，二長共東及南之木也。坤離同二，乾坎同一，四正互飛伏，示純中之陽一，用純中之陰二也。五則无非五也。再觀先天八卦，水火四正，金木四隅，可謂脗合。若依舊説，太亂無謂。

洪範九疇圖

朱子曰：九疇之序順而言之，則五行爲始，故五行不言用，乃衆用之所自出；錯而言之，皇極爲統，故皇極不言數，乃衆數之所由該。旁注曰：九疇統於皇極，一與九對，故天之五行與人之福極對，皇極之建，本于造化之五行，而驗于民生之福極也；二與八對，故人之五事與天之庶徵對，皇極之建，修于吾身之五事，而省于天時

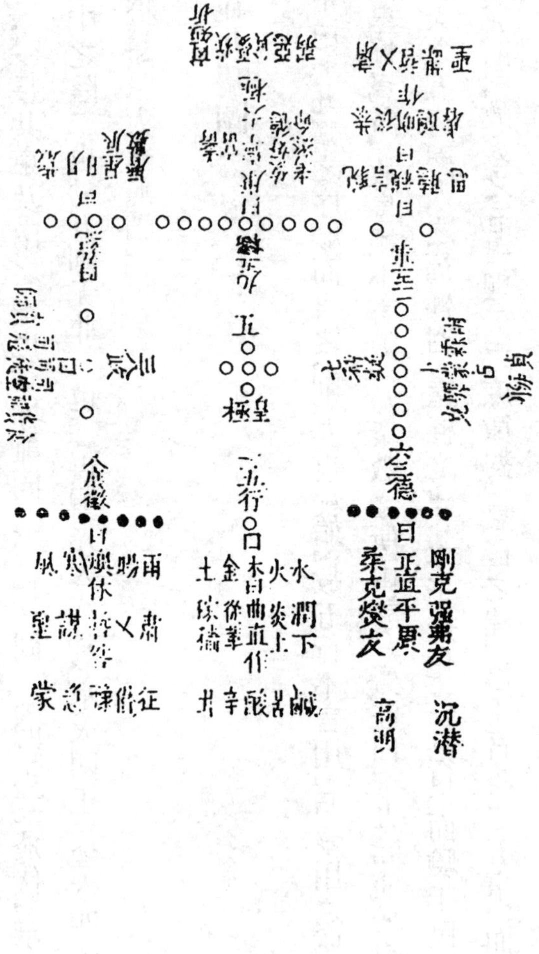

之庶徵也；三與七對，故人之八政與天之稽疑對，皇極之建，明則行諸政事，而幽則聽諸卜筮也；四與六對，故天之五紀與人之三德對，皇極之建，上以五紀順天奉時，而下以三德撫世酬物也。故洪範之樞在乎中五之皇極，實天人之統會，此則其中數

統外數者也。全曰：九疇之細目，五行五，五事五，八政八，五紀五，皇極一，三德三，稽疑七，庶徵五，福極十一，亦五十也。皇極居中不用，爲四十九。圖解曰：疇者因九宫之數，別差等而係之事，此人之所以合天也。初一曰五行，原始也。一六水，潤下作鹹；二七火，炎上作苦；三八木，曲直作酸；四九金，從革作辛；五十土，稼穡作甘。天之五行也。次二曰敬用五事，立人也。貌澤水，恭作肅也；言揚火，從作乂也；視散木，明作哲也；聽收金，聰作謀也；思通土，睿作聖也。人之五行也。次三曰農用八政，養民也。三八原民生，食與貨也；一六享鬼神，祀也；二七主禮教，司徒也；四九典兵刑，司空司寇也；五十奠民居，賓與師也。其五行之生成乎！次四曰協用五紀，明時也。一爲一週之歲次，水之一也；二爲十二月之辰建，火之二也；三爲三百六十日，木之三也；四爲四千三百二十時，金之四也；五則爲無不統之曆元焉，土之五也。其五行之終始運乎！次五曰建用皇極，居于九之中，尊爲八之主，太極也。皇建其有極而君道立矣。次六曰乂用三德，權治體也。太上陰陽合德，平康而正直者也；其次陽克陰，高明而柔克也；陰克陽，沉潛而剛克也。太極而陰陽者乎！平康與沉高二友，亦五也。次七曰明用稽疑，定吉凶也。水兆雨象，火兆晴象，木兆蒙象，金兆繹象，土兆克象。數之不變曰貞，數之既變曰悔，貞悔統于前五者也。次八曰念用庶徵，求觀省也。肅時徵雨，貌澤水也；乂時徵暘，言揚火也；哲時徵燠，視散木也；謀時徵寒，聽收金也；聖時徵風，思通土也。五氣之時爲休徵，五氣之不時爲咎徵，而狂也僭也豫也急也蒙也，各相因而從之矣。其五行五事之符乎！次九曰嚮用五福，時感應也。有得氣之常而爲壽者，有得氣之厚而爲富者，有得氣之休而爲康寧者，有得氣之正而爲攸好德者，有得氣之全而爲考終命者，福也；反之則爲凶短折，爲疾，爲憂，爲貧，爲惡與弱，威用六極，所以申五福也。潛老夫曰：六極終以五福統之，明道之人幾先惟有一吉，安理无咎，禍福所不能論矣。敬農協建乂明念嚮威，皆曰用，而初一曰五行，以無非五行也。人之于天，無非用五行也。八次皆一初也，九疇皆一中也。一中環八方，君也，心也，合天人者也。此九疇八宮天人相對，左天夾人，右人夾天，寔則天錫人範，時乎此人，人即天也。藏十事于九宮，藏九用爲八用，用素于時，時素于位，莫非圜中，之所以圍于範乎！藏十事于九宮，藏九用爲八用，用素于時，時素于位，莫非圓中，而建乎方中，旁行因應互徵中五之宜，時中之用大矣哉！稗編載有辨洪範非洛書者，謂不過九數相應耳。以今觀其天人交應，理位適符，烏有燮理治平之經，不合圖書者乎！但曰書不必專屬之範，範具圖理，以書之即圖理也，易用圖于書者也。就其已成之數列而分之，理則何嘗分乎！

太玄用九，九正取洛書以明易。西山衍九疇之數，正以明易範之合也。易之圍其範，範其圍也。卦以八列體，蓍以九藏用，故四象之策，進退于老陽十二者，立體之統也；三十六者，藏用之統也，爲其二六而四九也。天五地六，合于三十而兩之，爲六十，用三十六則餘二十四，舉二十四即藏三十六矣。此五其十二而乾坤分之也。兩其三，二其兩，爲六爻，而又兩之爲十二，則四分用三之九藏焉。加六爲十八變，則九六之會藏焉。故洛書坤以五事居二，而八予艮衡；乾以三德居六，而四予巽衡；一坎九離，司其上下之極，而所尚者，木三金七之東西輪也。是西北之金而剛者，乾以三兼六而藏九者也。律貴黄鍾之九矣，而林鍾之六，未衝居丑；太簇之八，寅開八卦，曾知人統之統天地爲坤乾之義、夏時之等乎！子雲但法三統之曆，西山止用兩加九位，潛虛惟知用五之尊，而實則五合參兩用九六，但布四六即藏五九。所以然者，一在二中，天用于天地之器體，而无體之道用寓焉。

河洛析説

朱升曰：一數至十，環列爲圖。平衡取而八宮交午相對，則書也；交午取而五位内外相合，則圖也。圓方贏縮，相與爲用，原出于此。

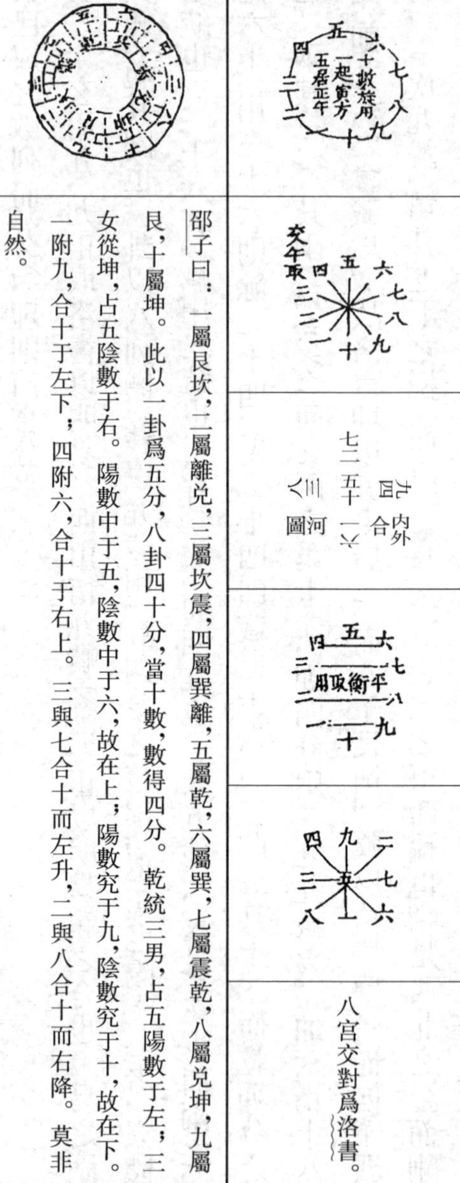

八宮交對爲洛書。

邵子曰：一屬艮坎，二屬離兑，三屬坎震，四屬巽離，五屬乾，六屬巽，七屬震乾，八屬兑坤，九屬艮，十屬坤。此以一卦爲五分，八卦四十分，當十數，數得四分。乾統三男，占五陽數于左；三女從坤，占五陰數于右。陽數中于五，陰數中于六，故在上；陽數究于九，陰數究于十，故在下。一附九，合十于左下；四附六，合十于右上。三與七合十而左升，二與八合十而右降。莫非自然。

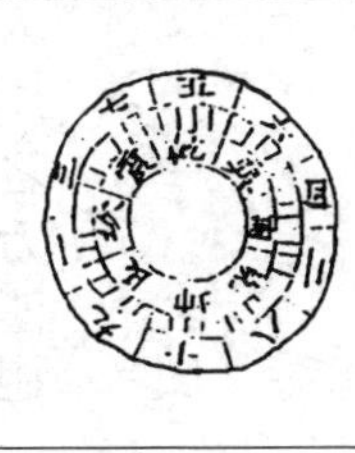

幼清曰：乾正五，坤正十，則雷風以氣附天，山澤以形附地，水火以質居天地間。又父上母下，男女順序，列于左右，法象尤著。

以上七圖朱氏所載。

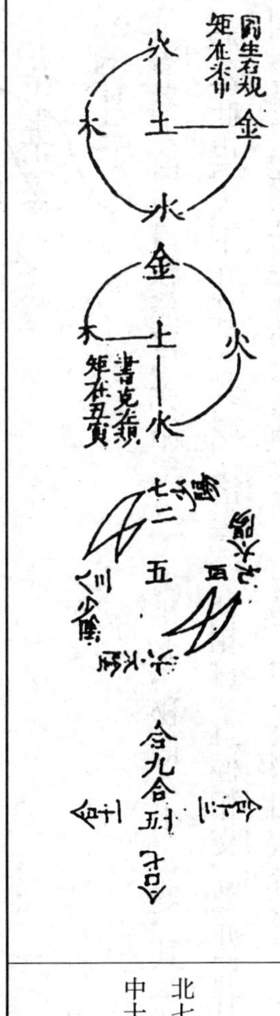

北七南九東十一西十三中十五，每加二。

潛老夫曰：圖生右旋規之，矩在未申。書克左旋規之，矩在丑寅。規生于矩，折中四直，所以挈也。圖内一四合五，二三合五，外一九爲十，四六爲十，六九爲十五，俱西北合；二八爲十，三七爲十，七八爲十五，俱東南合。二太二少亦因之，可知春夏爲陽用，秋冬爲陰用，而夏季與歲限有交籥焉。矩曲之用，天地自然之徵乎！又曰：用生數中圍之東三南二，而合成數外圍之西九北六也，三六而二九，合爲十八。又曰：四季之土，丑未爲職；河漢之維，穿乎坤艮。

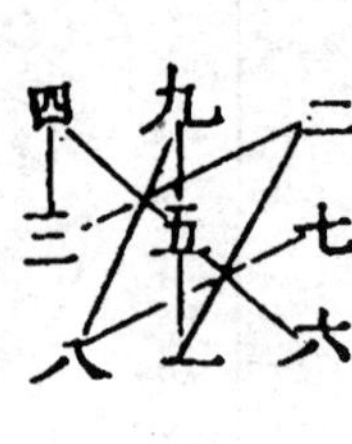

潛老夫曰：書數飛宮，亦循環也。禹步者，秘傳八十一變，其本此乎！三合相用，亦本此也，人不知耳。又曰：洛書一九相貫，直極相交，數亦居其首尾。數一至五則三爲中，數五至九則七居中，故三七爲平用之輪，四六者陰陽之正介也，二八者入用之方體也。

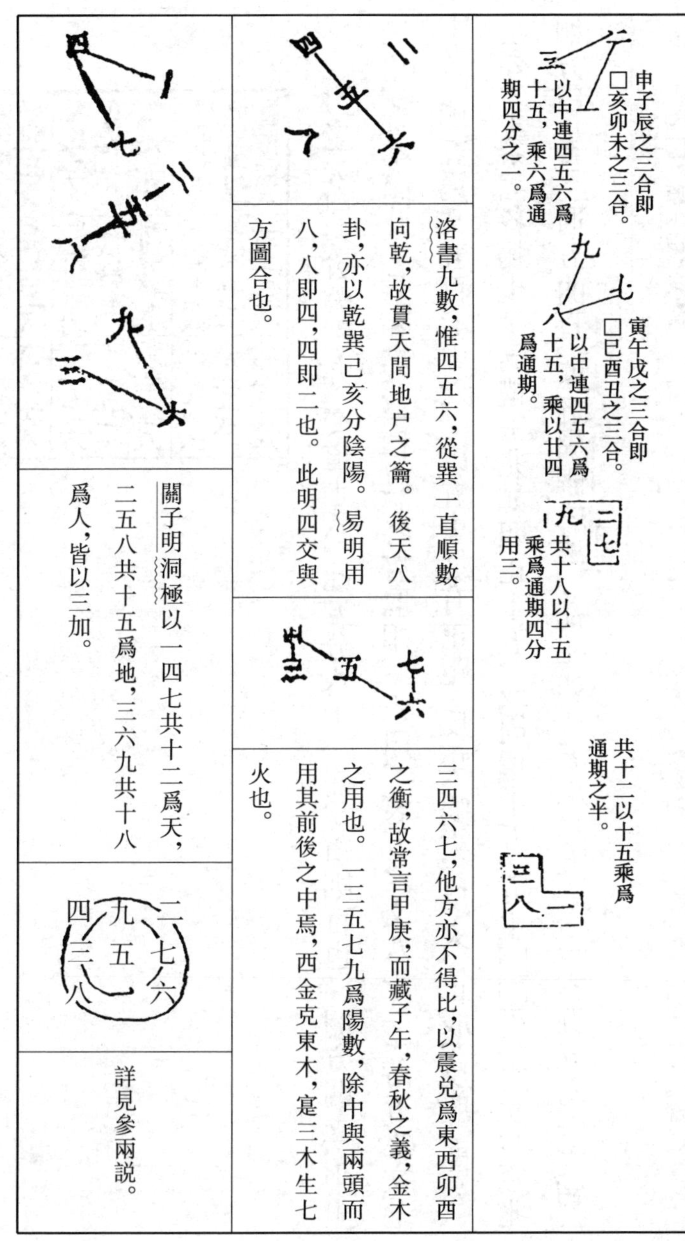

申子辰之三合即□亥卯未之三合。以中連四五六爲十五，乘六爲通期四分之一。

寅午戌之三合即□巳酉丑之三合。以中連四五六爲十五，乘以廿四爲通期。

共十八以十五乘爲通期四分用三。

共十二以十五乘爲通期之半。

洛書九數，惟四五六，從巽一直順數向乾，故貫天間地户之籥。後天八卦，亦以乾巽巳亥分陰陽。易明用八，八即四，四即二也。此明四交與方圖合也。

三四六七，他方亦不得比，以震兑爲東西卯酉之衡，故常言甲庚，而藏子午，春秋之義，金木之用也。一三五七九爲陽數，除中與兩頭而用其前後之中焉，西金克東木，寔三木生七火也。

關子明洞極以一四七共十二爲天，二五八共十五爲地，三六九共十八爲人，皆以三加。

詳見參兩説。

四四	四九	四二	九四	九九	九二	二四	二九	二二
四三	四五	四七	九三	九五	九七	二三	二五	二七
四八	四一	四六	九八	九一	九六	二八	二一	二六
三四	三九	三二	五四	五九	五二	七四	七九	七二
三三	三五	三七	五三	五五	五七	七三	七五	七七
三八	三一	三六	五八	五一	五六	七八	七一	七六
八四	八九	八二	一四	一九	一二	六四	六九	六二
八三	八五	八七	一三	一五	一七	六三	六五	六七
八八	八一	八六	一八	一一	一六	六八	六一	六六

潛老夫曰：方分則九，交道十六，此方分八十一而交道則百也。開方開立，半圭三角，皆本諸此。乘除之，冪積之，各有取用。正曰：衷五之文八十一，游五之文七十二，環五爲文五百七十六。以五衷之有正距、反距、隅夾、反夾、正股、反股、間勾、反勾，主黍固各類也。周禮玉兆如四正十五，或周環十五，方主□□[一]之文；原兆如方田步弓，通五曲直，遠近周髀之法；瓦兆如一五六六五一、一六五五六一之類。

〔一〕「□□」，原本漫漶不清。

以此三兆密御九疇，不用灼而文燦然。故以五行而辨福極，以庶徵而證五事，以五紀而省三德，以稽疑而定八政，亦此意也。

禹之治水治地皆用九爲規，如奠九州、刊九山、滌九川、陂九澤是也。鄭漁仲曰：禹貢九州，法洛書而先北冀，次東北兖，東青，東南徐，南揚，西南荆，乃入中豫，而次西梁，次西北雍。豈非法水木火土金，布四時而用生乎！

荆二 梁七 雍六
揚九 豫五 冀一
徐四 青三 兖八

干支維正河圖

丁午丙 離
未坤申
庚兌酉辛
戌乾亥
壬坎子癸
丑艮寅
甲卯震乙
辰巽巳

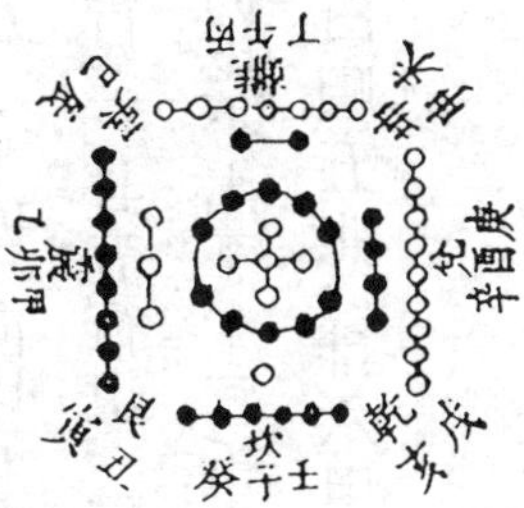

潛老夫曰：劉牧合先後天而十支維之，蜀才謂之遁正用維之圖；熊衮以八卦八干八支用天于地，謂之歸藏之盤，要之本于河圖。圖四布，書八環，二其四也。十二支加八卦，而陽正當一支，陰隅當二支，此三其四也。加隅卦以任維，此四爲十六方也。五其四爲方圖之三層，用河圖外郭四十之半；洛之參兩，外郭四十，亦用半也。六其四爲二十四，向以八干夾四正，而四季藏戊己，則旁羅之經也。環爲八者三，則三合五行，三卦五行也；環爲六者四，則四經五行也。二十四各具陰陽順逆爲四十八局，而摠不出于十二折半之六，圍方之四，相衝相害，相合相破，惟此因二之幾而已。故曰順五兆，排六甲，布八門，推五運，定六氣，要以明地紀，立人極，而成化始也。

陰符遁甲洛書

握奇經曰：八障四爲正，四爲奇，餘奇爲握奇，取象于天地風雲龍虎蛇鳥，即八卦之象也。星家形家曆家皆祖之。震不與巽對，而與兑對，何也？陽以穿于地下者爲專氣，陰以透于地下者爲專氣也。或曰男尊長，女貴少。潛老夫曰：奇門貴陽之奇，而逆據西北天門之乾始。故三白位北方寒凝之地，陽之所生也。東方茁甲而碧矣，東南緑而茂發矣，正南紫則華盛矣，西南之坤役養正盛，而即爲死門，以當黑色，此先幾也。老子曰：萬物並作，吾以觀其復。邵子觀牡丹開，歎其敗，即此故也。兑正西收，故用乾之赤而熟成之，成則果藏仁而復化爲白矣。開休生當北方三白，震初出，即具傷幾，既出必杜之而後用，南方正用，故爲景門。一盛即具死幾，至西歸而始驚，驚則覺，覺則還同不覺而開矣。中無所名，是爲奇統奇偶。術家不知其理，故二遁逆布之説皆訛，今爲正之。蓋取其乙丙丁，而與戊己庚辛壬癸六儀環順爲九也，而甲則遁于六儀中矣。今以丁丙乙逆，則丁丙乙戊己云云豈相續乎！智曰：洛書遁十，而九疇遁一，其用九而初一不言用也。藏十並藏一所以用九，即所以神于用十數中間之八數也，即所以神于用四周之八數也。遁甲者，遁一也。

皇極老人圖，即洛書符也。縱横皆十九行，應一至九之數序，礵菴取之以圖聲。

圖書五行

白虎通曰：行者爲天行氣。水，準也，水在黄泉，養物平均有準。火，化也，陽氣用事，萬物變化。金，禁也，秋時萬物，陰氣禁止。木，觸也，陽氣動躍，觸地而出。土，吐也，土居中央，總理萬物。古以聲訓也。王氏曰：五行者，往來行于天地之間而不窮，故曰行。

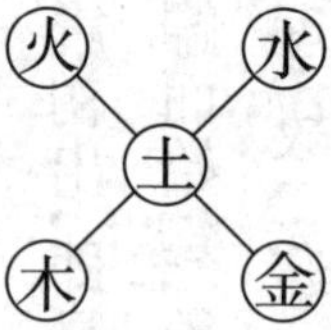

周子此圖，夏火秋金，土在中央；冬水春木，土亦在中央。斜交二行，則所重在夏秋之間乎！水生木，土生金，皆自上生下，氣化也。故水系交木，火系交金，皆有土在中焉。横列三層，則水下系金，火下系木。金生水，木生火，皆自下生上，无待于土矣，形化而藏氣化者也。故先水火，次金木。邵子曰：水者火之地，火者水之氣。火金相守則流，水木相得則然，從其類也。水生于有，故木生于土者亦有；火生于无，故金生于土者亦无，是邵子亦以金木附水火也。蓋一六二七在中五之上下，其氣可以直上直下，三八四九横貫中五，故形相資。横渠曰：水火氣也，故炎上潤下，與陰陽升降，土不得而制焉；金木者，土之華實也，木得土之浮華于水火之交，金得土之精實于水火之際。朱子曰：陰陽之氣，一濕一燥而爲水火，濕極燥極而爲木金。或曰人物始生，亦精與氣耳。精濕而氣燥，精沉而氣浮，故精爲視而氣爲言，究則成精，皆氣所爲也。以氣候言之，則水濕火燥，木温金涼。由此論之，五行寔二行，而二本一也。子瞻曰：五行始一至□□〔一〕矣。六以往者，相因之數也。水火木金，得土而成。故一二三四得五而爲六七八九，得水一火二木三金四而爲十。言十則一二三四在其中，而六七八九，則五在其中矣。大衍五十者，五不特數，以爲六七八九之中也。一二三四在十之中，然而特數之，何也？水火木金，特見于四時，而土不特見，言四時足以舉土，而言土不足以舉四時也。水曰潤下，火曰炎上，木曰曲直，金曰從革，皆有以名之；而土爰稼穡，曰于是稼穡而已，故曰土无定位，无成名，无專氣。又曰：陰陽之始，交天一爲水。凡人之始造形皆水也，故一水。得煖氣而生，故二火。生而後有骨，故三木。骨生而堅，堅者金也，故四金。骨堅而肉生，肉爲土，故五土。又曰：人之在母胎，母

〔一〕「□□」，原本爲壞字，依東坡易傳當作「五足」。

呼亦呼，母吸亦吸，口鼻皆閉，以臍達，故臍者生之根。

朱子曰：太極分儀，一變一合而五行具，質具于地、氣行于天者也。以質而語其生之序，則曰水火木金土，而水木陽也，火金陰也。以氣而語其行之序，則曰木火土金水，而木火陽也，金水陰也。統言之，氣陽質陰也；錯言之，動陽靜陰也。其寔一時俱生俱成，然亦不礙于次第質論也。諸儒曰水火體虚而用常羨，得氣先也；木金體實而用常嗇，得氣後也；土收終氣，故體厚而用博，亦其序也。又曰陰陽上下升降不可見，于五行可見。是故太極動而生陽，陽降生水；陽不自降，交于陰之升而後降，降即水成矣，故其性潤下，所謂天一生水，地六成之也。靜而生陰，陰升生火；陰不自升，交于陽之降而後升，升即火成矣，故其性炎上，所謂地二生火，天七成之也。動而生陽，陽升主發散，即生木；得陰降而暢達，即木成矣，故其性曲直，所謂天三生木，地八成之也。靜而生陰，陰降主收斂，即生金；得陽升而融結，即金成矣，故其性從革，所謂地四生金，天九成之也。土則陽降陰升，陽散陰歛，陽之降而生，即土生，陰之升而歛，即土成矣，故其德稼穡，所謂天五生土，地十成之也。

啓蒙曰：生數陽居下左者，陽始也，生數屬陽，故陽先之。成數陰居下左者，陰始也，成數屬陰，故陰先之。劉雲莊曰：陰陽之數，生數爲主，而成數配之。東北陽方則主之以奇，而與合者偶；西南陰方則主之以偶，而與合者奇。

朱子曰：陰陽无端，而互爲其根，未可截然分也。諸儒曰：雜陰而未純，是謂少陽；陽極而生陰，是謂太陽。雜陽而未純，是謂少陰；陰極而生陽，是謂太陰。雜者必至于純，純者必至于極，極則變，變則又雜，此之謂互根者也。陽自北生，由左至南而止，故木陽，火亦得爲陽也。而陽之根在于水中，水生于金，金性下凝，水未離其體，此陽根陰，生生不已也。陰自南生，由左至北而止，故金陰，而水亦得爲陰也。而陰之根在于火中，火生于木，木性上達，火未離其體，此陰根陽，生生不已也。水一生，木三生，所謂根陽也；而水以六成，木以八成，是陰也，是水木皆陰根陽也。火二生，金四生，所謂根陰也；而火以七成，金以九成，是陽也，是火金皆陽根陰也。徐渭不信數序，是仍執通冒顢頇，而未明離微羅輪之幾。

朱子曰：質曰水火木金土，蓋以相間者言，猶曰東西南北，所謂對待者也。氣曰木火土金水，蓋以相因者言，猶曰東南西北，所謂流行者也。九峰曰：流布四時曰五行，人所取用曰五材，乃質也。舒子溪曰：七政成象于天，乃質之在地者，升騰于上；萬物成形于地，乃氣之在天者，降委于下，此所謂氣質也。潛老夫曰：可見之質皆地也，不可見者皆天氣也。又可指者氣也，不可指者所以爲氣者也。朱子曰：金一從一革互變而體不變也。張子曰：曲直者，能既曲而又伸也；從革者，一從革而不反也，然皆互用。

吕中石曰：水象分，金象合，火象分而合，木象合而分。水雖可合可分，而其原則分也；金雖可合可分，而其質則合也。

仝曰：夏火用事，暑氣酷而火燄滅，火氣盛，火體衰也；冬水用事，寒氣盛而水流涸，水氣盛而水體衰也。木克火，火克金，置金于水火之間則相濟；木克土，土克水，置木于水土之間則相資。

又曰：貪心動則津生，哀心動則淚生，愧心動則汗生，慾心動則精生。心一動而水生，即可以爲天一生水之證。神爲氣主，神動則精氣隨；氣爲水母，氣聚則水生。

又曰：河圖各五十居中，北一與西四合爲五，南二與東三合爲五。北西者金水之合也，東南者火木之合也，皆生數也。外之二其十五皆合乎中之十五也。張子曰：養生家重金水合處，木火爲侶，竊用乎是也。又曰：水之一六者，木之始也；木之三八者，水之終也。所謂木根在水，水至木而盡發也。根者發者，皆從土中來，故術家謂火木土會成一局。火之二七者，金之融也；金之四九者，火之結也。所謂火燄見于金，金至火而盡歛也。燄者歛者，皆從土中過，謂之金火相會而從土。

李希濂曰：土旺四季，惟陽能生。丑戌陰也，辰未陽也，然辰不如未。春木氣盛則土傷，夏火氣盛則土息。夏季土旺，加火尤旺，故能生金而爲秋。安得依黃勉齋生序即行序之説乎！舒梓溪曰：夏火得土可生秋金，冬水得土可生春木。止菴曰：旺四非丑未辰戌也。一年交際在夏秋，兩年交際在冬春，邵子所謂交際之會也，而皆有土，土所以交會也。萬物出機在夏秋間，入機在冬春間，而皆有土，土所以成出入之機也。月令中央、素問長夏，于夏秋間之土見之；天地節而四時成，于冬春間之土見之。

見曰：東北陽方生方也，不惟相生之河圖至此合生，即相克之洛書至此亦不能不生，故知天地之大德曰生也。得中五以制之，不惟克者遂其克，即生者亦濟以克，不克不能生也。此皆用中五以成功也，故曰成言乎艮。

水火一日不交則天地之生機息矣，然非土爲和合則不交。今星家既曰丙戊生在寅，又曰水土長生居申，殊不解所謂。以吾觀後天卦，坤居申方，离火正熾，而申宮之土與水并生，是故火不至于太燥，則土以水氣暗與火交，而火不知也；艮居寅方，坎水猶旺，而寅宮之土與火并生，是故水不至於太寒，則土以火氣暗與水交，而水不知也。水不太寒而物生，火不太燥而物成，則皆土爲之也。潛老夫曰：命術亦分四庫，而土止重于未丑二宮。蓋未丑與寅申合而圖書之二矩曲也，坤補不足，艮制有餘者也。智曰：河圖内連五，外連十，連十五者皆于寅申分際，然而寅生于亥，申生于巳，則辰戌丑未之四附亦未可謂無土也。琴中徽之外，一二角而三爲宮，四五徵而六爲宮，八九商而十爲宮，十一二羽而十三爲宮，腭舌齒唇之忍收聲皆宮喉也，可徵也，無非冲氣也，則無非土也。合觀洛書，四五六之獨順後天乾巽爲門户，而艮坤乃其中分之節也，是之謂乂。

五行尊火爲宗説

夢筆録曰：火爲五行之至神，非同木土金水之成形也。世但知火能生土，不知火能生金、生水、生木。蓋金非火不能生成，水非火不能升降，木非火不能發榮。易稱乾爲龍，龍，火之精也。五行之精惟龍神變，故有火龍、土龍、金龍、水龍、木龍。今之土中、石中、金中、海中、樹中，敲之擊之鑽之，無不有火出焉，則此火能藏神于萬物，而又能生萬物也。或曰坎卦在子宫，所謂天一生水，以陰先陽也。還知坎中一畫真陽爲天地之心乎！表冬至子半者，正以坎中一畫真陽爲天地之根，火之宗也。陽在陰中，即龍宫之在海藏，神龍之潛九淵，所謂陽在下而勿用，即大易寂然不動之宗也。復卦以至日閉關，道家藏火伏火之訣正謂此也。在胎之前，非三緣之火不能結搆；身既生後，非丹田之火不能養成。故百骸、五臟、六腑、十二經絡獨以心火爲君，命火爲臣，始能傳生化食，以資長其骨肉。此火不調，則百病生；此火一散，則百骸廢。人初死時，百骸俱在，獨此煖氣一去，則四大皆潰散矣。所謂法界聖凡同是此心所造，須當辨其邪火真火。能知性空真火、性火真空，則知薪盡爲火傳燈傳爲命續矣。五德有形有神。形也，土分之則崩，金分之則缺，水分之則絶，木分之則折；獨火爲神，愈分愈多，愈聚愈勝，愈與愈有，愈傳愈久，此向上不傳之秘，所以分燈列焰而傳乎！

潛老夫曰：火是陽轉陰風之燥氣，必知其所以然之公理，而適用于中節當然之理，則能轉氣而不爲氣所轉。此有毫釐之辨，何嘗不泯于氣中？而混不能歷然知其處，則此火燎原滅裂矣。

周易時論合編圖象幾表卷之二

皖桐方孔炤潛夫授編
孫中德 中通 中履 中泰編録
宋山後學左銳再較

八卦横圖

八卦横圖

八卦	乾	兌	離	震	巽	坎	艮	坤
	一	二	三	四	五	六	七	八
	六	七	九	三	四	一	八	二
四象	太陽		少陰		少陽		太陰	
兩儀	陽儀				陰儀			
	太極							

數圖書序。右乾一坤八共九，兌二艮七共九，離三坎六共九，震四巽五共九，四九共三十六，即載于此。

啓蒙曰：兩儀之上，各生一奇一偶。奇上加奇者，陽之純，故象太陽。奇上加偶者，陰雜于陽中，故象少陰。偶上加奇者，陽雜于陰中，故象少陽。偶上加偶者，陰之純，故象太陰。潛老夫曰：純在雜中，於穆不已。玄黄天地之雜也，兩儀已不得不雜矣，故曰純統純雜。少適用而老能變，故太包少于其中。朱子又云：以流行之體統而言，則但謂之乾；以動静分之，然後有陰陽剛柔之别也。斯言盡之。

大横圖

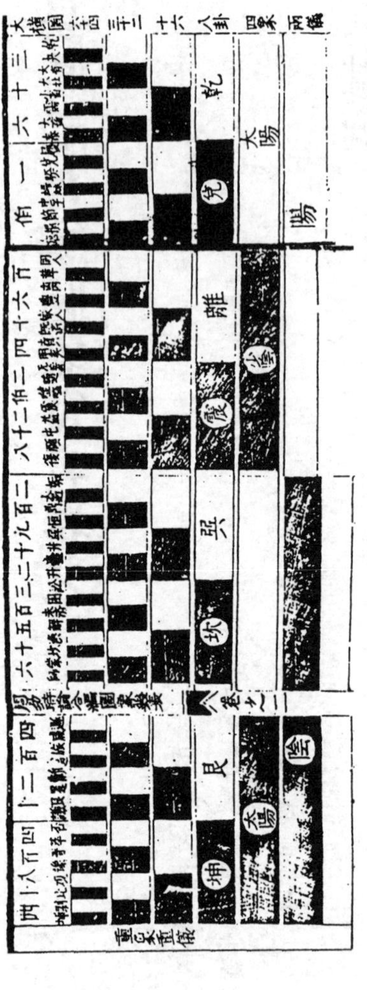

邵子以太極分兩儀，而陰陽交焉。四象陽交陰而生天四象，剛交柔而生地四象，八錯而萬物生焉。一分二，二分四，四分八，八分十六，十六分三十二，三十二分六十四，猶根之幹，幹之枝也。朱子曰：盈天地間莫非太極陰陽之妙，聖人仰俯遠近，固有超然默契于心者。自兩儀未分，渾然太極，而六十四卦之理已粲然于中；分則百千萬億之无窮，雖纂畫若有先後。而渾然之中，不容毫髮思慮作爲于其間。程子謂之加一倍法，邵子所謂畫前有易，洵不妄矣。○纂言因啓蒙而衍爲四畫之卦、五畫之卦，四畫爲重儀，奇三十二，偶三十二；五畫爲重象，奇八十，偶八十。○潛老夫曰：自太極而兩儀，儀爲極，則四象爲儀；四象爲極，則八卦爲儀；八卦爲極，則十六卦爲儀；十六卦爲極，則三十二卦爲儀；三十二卦爲極，則六十四卦爲儀。一陰一陽之謂道，皆儀即皆極也。以重儀爲四畫，重象爲五畫，姑以稱謂便人指耳。積數乾三十六，兑一百，離百六十四，震二百二十八，陽儀共五伯二十八；巽二百九十二，坎三伯五十六，艮四百二十，坤四伯八十四，陰儀共一千五百五十二，合積二千○八十。蓋以三十六爲始，而七加六十四。

十八	二十六萬二千一百四十四		二億○七百四十二萬○四百八十九
十七	十三萬一千零七十二	六爻	六千九百一十四萬○一百六十三
十六	六萬五千五百三十六		二千三百○四万六千七百二十一
十五	三萬二千七百六十八		一千四百三十四萬八千九百○七
十四	一萬六千三百八十四	五爻	四百七十八萬一千九百六十九
十三	八千一百九十二		一百五十九萬四千三百二十三
十二	四千零九十六		五十三萬一千四百四十一
十一	二千零四十八	四爻	十七萬七千一百四十七律参
十	一千零二十四		五萬九千○四十九
九	五百一十二		一萬九千六百八十三
八	二百五十六	三爻	六千五百六十一
七	一百二十八		二千一百八十九
六	六十四		七百二十九
五	三十二	二爻	二百四十三
四	十六		八十一
三	八		二十七
二	四	初爻	九
一	二		三

潛老夫曰：啓蒙已有十二畫之説。焦氏四千九十六林，即其法也。象正謂一卦具四千九十六，即十八變所積之二十六萬二千一百四十四也。凡爻具三變，以初爻二爻當地之六畫，三爻四爻當人之六畫，五爻六爻當天之六畫，此即黄鍾律亥分六萬五千五百三十六，而四之也。律曆損益，盡此通幾而約爲六爻，故雖至賾，理自易簡。

以兩即藏參言之，言兩儀而三儀寓，言四象而六象寓矣。陽奇一也，陰偶二也。八卦二十四爻即三十六爻，十六卦三十二爻即四十八爻，三十二卦一伯六十爻即二伯四十爻，六十四卦三伯八十四爻即五伯七十六爻，則四千九十六爻即藏六千一百四十四爻。引而伸之，觸類而長之，何謂不可以十二爻十八爻引伸耶！六爻自兩儀起，連太極則七也。十二連一則十三也，十八連一則十九也。史繩祖知以三法説易圖，而不知其一切本自如此。

大圓圖

陳東分六層爲六圖。中一而二而四而八而十六而三十二而六十四，觀此更明。

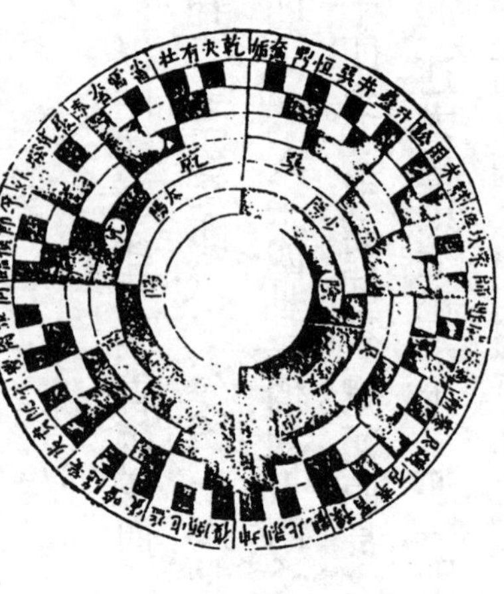

邵子曰：先天學，心法也。圖皆自中起。萬化萬事生于心也。又曰：乾以分之，坤以翕之，震以長之，巽以消之，長則分，分則消，消則翕也。乾坤定位也，震巽一交也，兑離坎艮再交也。故震，陽少而陰尚多也；巽，陰少而陽尚多也；兑離，陽浸多也；坎艮，陰浸多也。無極之前，陰含陽也；有象之後，陽分陰也。陰爲陽之母，陽爲陰之父，故母孕長男而爲復，父生長女而爲姤，是以陽起于復而陰起于姤也。震始交陰而陽生，巽始消陽而陰生，兑陽長也，艮陰長也。震兑在天之陰也，巽艮在地之陽也。故震兑上陰而下陽，巽艮上陽而下陰。天以始生言之，故陰上而陽下，交泰之義也；地以既成言之，故陽上而陰下，尊卑之位也。乾坤定上下之位，坎離列左右之門，天地之所闔闢，日月之所出入。春夏秋冬，晦朔弦望，晝夜長短，行度盈縮，莫不由乎此矣。乾四十八而四分之，一分爲陰所尅也；坤四十八而四分之，一分爲所尅之陽也。故乾得三十六，而坤得十二也。復至乾凡百一十有二陽，姤至坤凡八十陽；姤至坤凡百一十有二陰，復至乾凡八十陰。陽在陰中，陽逆行；陰在陽中，陰逆行；陽在陽中，陰在陰中，則皆順行。此真至之理，按圖可見之矣。坎離者，陰陽之限也，故離當寅申；而數常踰之者，陰陽之溢也，然用不過乎中也。朱子曰：一日有一日之運，一月有一月之運，一歲有一歲之運，大而天地之始終，小而人物之生死，違而今古之世變，皆不外此。止一盈虛消息之理，小變成大，大又變成小。又曰：坤、復之間乃爲无極，乾、坤爲大父母，復、姤爲小父母。此就陰陽之起處而言也。邵子所謂四分一爲陰克者，乾至泰八卦，坤至否八卦，各四十八畫，以四分之，分各十二；乾至泰三十六陽，十二陰，是陽占四之三，而一分爲陰克也；坤至否，陰占四之三，而一分爲所克之陽也。乾固以陽爲主，坤亦以陽爲主也。朱隱老曰：陽行陰中，自第三畫始。第二畫陽，至十六而止；第三畫陽，一斷一續而得十六；第四畫陽，再斷再續而得十六；第五畫，八斷八續而得十六；第六畫，十六斷續而得十六，所謂逆也。陰行陽中亦然。

胡雲峰曰：左自復一陽至臨二陽，所歷十六卦；臨二陽至乾六陽，所歷之卦八而四，四而二，二而一。右之陰亦然。始極緩，終極速。蓋震離生于少陰，乾兑生于太陽，震一陽動而爲復，即其初少陰中之一陽也。陰中之陽，其進也緩，此復之後所以歷十六卦而爲臨也。臨下體兑，自一陽進而二陽，已得其初太陽之陽矣。陽中陽，其進也速，此臨之後所以不越十六卦，而爲泰、爲壯、爲夬、爲乾也。右之陰亦然。又曰：復姤歷十六卦而成臨遯二陰二陽者，以其間有坎離也。坎離雖二陽二陰，未能便至三陽三陰者，蓋離中有少陰而二陽分，必至于兑，則陰在外而二陽合，合遂可進而成二陽之乾；坎中有少陽而二陰分，必至于艮，則陽在外而二陰合，遂可進而成二陰之坤。見曰：坎離得中，不在消長之列，而火炎上，故陽氣附之，上騰而速；水潤下，故陰氣附之，下滲而捷也。

全曰：内體自震一起，外體自乾一起。蓋由内體而生初不得不疎，自合于外體，生極不得不密。蓋天氣在内暗生，恒先時而人不覺，若見其緩，一到成後，則人始得而見，乃曰造化之驟如此，而不知其在内暗生者，固積久而一旦忽然昭著也。潛老夫曰：一陰一陽隔十六而二陰二陽爲臨、遯，故兩象皆言浸長，重之也。重其始過坎、離之限，而陰陽進據内卦之中，司二儀三十二卦之中也。泰、否圓當巳亥，方當寅申，方圓皆八卦而進轉，司四象十六卦之中焉，壯、觀又司八者之中，夬、剥又司四者之中，急驟于盛寒暑之際，而舒徐于春秋之分。董子中和表法，其幾微乎！又曰：有疑巽坎艮坤折半者，此不知八卦非此則不相錯矣。以六爻配十二數，一與七在初爻，二與八在二爻，三與九在三爻，四與十在四爻，五與十一在五爻，六與十二在六爻；若輪之，則七八九十十一十二，自上而下矣。十二律前半子下生未，未上生寅，寅上生酉，酉上生辰，辰下生亥，亥上生午；至午，則先上生丑，丑下生申，申上生卯，卯下生戌，戌上生巳，巳下生子，是後半與前半相折者也。造輪必矩而合之，輪成則无首尾矣。太陰少陰皆在北，太陽少陽皆在南，南故陽多，北故陰多。一在二中，正神于折半相錯，爻爻交準，一毫不容人力。邵子發明之，朱子尊信之，而人猶不悟，總爲執一不肯深幾耳。如此畫出，從中而顯，陰陽交午，歷歷分明，有何疑乎！邵子謂離當寅申者，春秋卯酉，始用于寅申也。陰陽消長，以一而二、而三，而坎離得中氣，故春秋主之。八卦以半際合際，當二至、二分、四立，故復表八際互交圖。智曰：曾知横而八卦，折而六爻，方圓先後，同時俱備耶。由温以大暑，而寒已逆相迎而至；由涼以大寒，而暑以逆相迎而至。若横列寒暑，必以大寒大暑當兩頭，而温涼居中，則呼爲冬秋春夏矣！徒執一熟呼之數耶，則乾九兑一何以稱焉！熟呼金木水火土矣，不許稱水火木金土耶！不許稱木火土金水耶！謂此表前半御後半之理勢，而藏其无前无後之用可也；謂此表半順半逆之理勢，而藏其全逆全順之用可也。請以解郝何二公之疑。

八際峙望中分互取圖

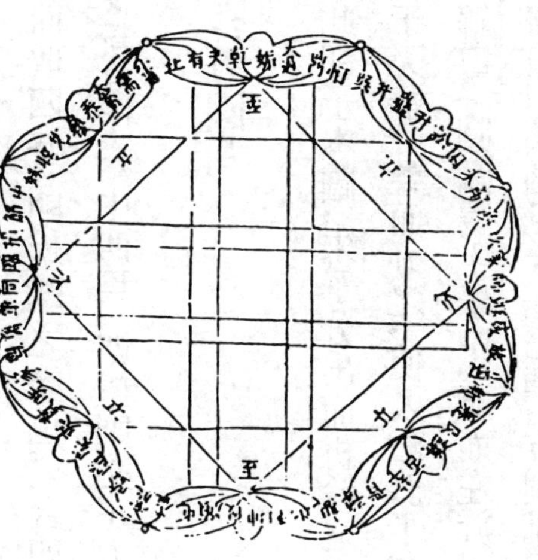

潛老夫曰：凡有一象，必中其四方；凡值一輪，亦旋爲四時。是中旁前後皆有八際之幾，則一卦立而對面左右相望、四射，猶行營之前朱雀，後玄武，左青龍，右白虎也。乾盡西中，而本盪各占寅申巳亥之值，故知正向之各爲八卦，猶四分以坤震二盪，十六卦爲不用之用也。坤、復際冬至，乾、姤際夏至，臨、同人際春分，遯、師際秋分，无妄、明夷際立春，升、訟際立秋，泰、履際立夏，否、謙際立冬，皆乾坤之交也。震、益際小、大寒，巽、恒際小、大暑，壯、小畜際滿、芒，觀、豫際小、大雪，家人、豐際雨、驚，渙、解際處、白，歸妹、中孚際清、穀，漸、小過際寒、霜，皆震巽之交也。當際合六而取四峙，則坎離之交也。合四而取四峙，則艮兑之交也。玩正隅八際之中八，又玩其中六中四焉，四望則必正方，峙則縱横或撱矣。隨人會占，不假思慮。

合方圓圖

此邵子本圖，朱子分出而析論之。横而參之，使人豁然于一本；規而圓之，使人豁然于无端；疊而方之，使人豁然于方之即圓也。

解曰：圓圖陽生子中，順而左旋，象天也。方圖陽生寅丑間，逆而右旋，象地也。何潛齋曰：圓圖見天地之順，方圖見天地之逆。天地之運，不順不行；天地之交，不逆不生。見曰：自一而二，加倍，至六十四，順往也。規圖自外多以至中一，逆來也。

潛老夫曰：半順半逆而陽逆陰中，陰逆陽中，已示全逆全順矣。就象數以爲徵，而至理森然，即其渾然。此張子所以歎天秩天叙乎！方圓卦爻，總一太極，總此秩叙，證知掃秩叙以言太極者，詖邪之偏詞也。

圓圖乾坤在中，天地定位，後以風澤之相錯者附天，以山雷之相錯者附地，終以水火不相射，以水火之相錯者交貫于左右也。方圖震巽在中，雷動風散後，長之以水火之既、未濟，收之以山澤之咸、損，終之以乾、坤之君藏，以天地之否、泰包羅于上下也。陽生于子，至巳而極；陰生于午，至戌而極。其未極也，日增其所無；其已極也，日減其所有。一彼一此，適均而已。故日之一南一北，天道也；海之一潮一汐，地道也；世之一治一亂，時之一得一喪，人道也。或謂治日少，亂日多，不知治有大小，亂亦有大小，合千百年乘除之，適均而已。犹之歲或有餘于氣，或不足于朔，合章閏紀蔀，適均而已。日行南陸而寒，日行北陸而暑，然而西北極陬，六月履霜，東南極島，三冬裸體，人且致凝于寒暑，合宇宙而盈縮之，亦適均而已。智曰：周髀推之極下之國，半年夜，半年晝；赤道下之國，兩度春秋，在天視之，亦適均耳。邵子惟立恒法，即歲差亦三萬年而齊者也。大則自均，然小中之別不壞也。見曰：陰者陽之影也，黑者白之影也，偶者奇之影也。橫圖之影緊相隨，圓圖之影遥相印，方圖之影斜相炤耳。

以序按之，橫圖全順，圓圖半順半逆。右自姤起，五六七八，順也；左自復起，四三二一，逆也。朱子以起復者陽生爲順，起姤者陰生爲逆也。若橫圖由坤至姤，陰盡陽生至乾，謂順可也；後乾漸消至復，陽盡陰生至坤，謂逆可也，是橫圖亦全順全逆也。圓圖自一陽而六陽，自一陰而六陰，皆順也。陽之氣順則陰處後，陰之氣順則陽處後，所謂陽行陽中、陰行陰中皆順，陽行陰中、陰行陽中皆逆，是圓圖總順總逆也。然而不逆則不順。陽逆行于陰中，至坤而逆極矣，而後有一陽之復；陰逆行于陽中，至乾而逆極矣，而後有一陰之姤。是以不重全陰而重一陰一陽之姤、復也，不重順而重逆也。方圖以乾坤居亥巳之方，以泰否居寅申之方，左旋亦逆，右旋亦逆。其左旋也，由六陽乾而退至一陽復，六陰坤而退至一陰姤。是亥子之交，陽極微，而以爲全陽；卯辰之間，陽極盛，而以爲陽將盡也。巳午之交，陰極微，而以爲全陰；酉戌之間，陰極盛，而以爲陰將盡也。其右旋也，復以圓圖之冬至轉爲方圖之春分，姤以圓圖之夏至轉爲方圖之秋分，則自春而泝冬，自夏而泝秋，自秋而泝夏，而泝春也。是以春藏于冬，冬藏于秋，秋藏于夏，夏藏于春也。故曰方圖總逆。

星象以陽干之死爲陰干之生，以陽干之生爲陰干之死，死即逆，生即順也，而特主于陽，以陰無所爲生死也。視陽生而即謂之死，陽死而謂之生耳。

三十六宮合元會圖

三	十	六	宮	合	元	會	圖
一八	二八	三八	四八	五八	六八	七八	八八
一七	二七	三七	四七	五七	六七	七七	八七
一六	二六	三六	四六	五六	六六	七六	八六
一五	二五	三五	四五	五五	六五	七五	八五
一四	二四	三四	四四	五四	六四	七四	八四
一三	二三	三三	四三	五三	六三	七三	八三
一二	二二	三二	四二	五二	六二	七二	八二
一一	二一	三一	四一	五一	六一	七一	八一

乾一至坤八，積爲三十六。蓋四九而六六者，即四十八策之四分三也。鄧綺曰：乾一爲三十六，兑二爲七十二，離三爲一百八，震四爲百四十四，巽五爲百八十，坎六爲二百十六，艮七爲二百五十二，坤八爲二百八十八，共積一千二百九十六，此横數也。以坤縱數一百乘之，得十二萬九千六百，爲天地萬物一元之數。日數三十，月數十二，凡二十四變而符元數。未有太極，已存此數，前無説者，邵子發之。

乾先生天圓，一周徑也。徑一而圍三，重之則六，故爻屬天。乾之命坤，後分地方，兩勾股也。徑一而圍四，重之則八，故卦屬地。蓍圓而神，故揲之則用四十八爻；卦方以知，除四正，則用六十卦。故蓍去一而卦去四，天地之體用也。

邵子曰：圖皆自中起。方圖中起震巽之一陰一陽，然後有坎離艮兑之二陰二陽，後成乾坤之三陰三陽，其序皆自内而外。内四卦，四震四巽相配而近，有雷風相薄之象；震巽之外十二卦，縱横坎離，有水火不相射之象；坎離之外二十卦，縱横艮兑，有山澤通氣之象；艮兑之外二十八卦，縱横乾坤，有天地定位之象。四而十二而二十而二十八，皆有隔八相生之妙。又其中爲震巽者各四，自是而爲坎離者各八，而坎離之上下，四震四巽存焉；自是之外爲艮兑者各十二，艮兑之上下，震巽坎離各四焉；又自是之外爲乾坤各十六，乾坤之上下，則六子又各四焉。以交乂言，則乾坤否泰也，兑艮咸損也，坎離既未也，震巽恒益也，爲四層之四隅。

方圖八卦不相隔而交者，左右各七，如兑次乾，乾與兑即交于其次，如此者凡七。隔一卦交者六，如乾與離隔一卦相交，同人大有亦隔一卦相對，兑與震，離與巽，震與坎，巽與艮，坎與坤，皆然。隔一卦交者五，如乾震隔二卦相交，无妄大壯亦隔二卦相對，兑與巽，離與坎，震與艮，巽與坤，皆然。隔三卦交者四，乾與巽，兑與坎，離與震，艮與坤也。隔四卦交者三，乾與坎，兑與艮，離與坤也。隔五卦交者二，乾與艮，兑與坤也。隔六卦交者一，乾與坤也。不相隔者，其交最多，上下各七；交之最遠者，其交最少，上下各一。西北與東南二隅交，西南與東北二隅不交，无他，東北陽方，西南陰方，西北東南陰陽之交。故二隅其交最密，而經世之數，獨于其交者有取焉。

鄧綺曰：先天八卦，乾坤坎離四正，反復不變，爲萬物之主。生萬物者四維也，故左有兑震，右有艮巽。其兑震互用爲隨，爲歸妹；艮巽互用爲漸，爲蠱；震艮互用爲小過，爲頤；巽兑互用爲中孚，爲大過。乾坤交不交爲否泰，坎離交不交爲既未，凡十六卦，天地萬物體用盡矣。故先天皆相對，後天皆相次也。先天離東坎西，爲日月之門；後天離南坎北，爲陰陽之限。其在圓圖，中孚歸妹在東，小過漸在西；其在方圖，中孚歸妹在北，小過漸在南；圓圖隨頤在北，大過蠱在南；方圖頤蠱在東，大過隨在西，皆自然相對相次者也。邵子曰：圓圖其陽在南，其陰在北；方圖其陽在北，其陰在南。此尤造化之妙處，天地萬物之理盡在其中矣。四正上經，四維下經。乾後八爲泰，坤前八爲否，此天地交不交爲上之中；離後三爲既濟，坎前三爲未濟，水火交不交爲下之終；四維互爲八卦，在上下之後半。四正爲二至二分，屬天；四維爲四立，屬地。又曰：二儀生天地之類，四象定天地之體；四象生日月之類，八卦定日月之體；八卦生萬物之類，重卦定萬物之體。類者生之序也，體者象之交也。推類者必本乎生，觀體者必由乎象；生則未來而逆推，象則既成而順觀，是觀日月一類也。同出而異處，異處而同象也。天變時而地變物，時則陰變而陽應，物則陽變而陰應。故時可逆知，物必順成，是以陽迎而陰隨，陰逆而陽順。語其體則天分而爲地，地分爲萬物，而道不可分也。乾八變而至泰，天在下也；又八變而至否，天在上也。否八變而至坤，地在下也；又八變而至泰，地在上也。夫否泰者，天地之交不交也。故當天地之中，各得其陰陽之半。泰雖行陽，坤實在中；否雖行陰，乾實在中，故否之與泰，長在天地之中也。故乾一統三十六，天陽也；坤八統六十四，地陰也。乾一至泰八凡三十六，其下各有乾之一，故得四十四，上至否亦如之，凡八十八；否一至坤八亦三十六，其下各有坤之八，凡一百，下至泰亦如之，凡二百。故二百八十八者，乾坤之本數也。乾坤生六子，其六子之爻亦二百八十八；每卦八變，八八積之亦二百八十八。自乾一爲三十六宫，至坤八亦二百八十八；倍坤之策，亦二百八十八。於三百八十四爻内除去乾坤九十六爻，爲晝夜之刻，外生萬物者，亦二百八十八。二百八十八，以太陽少陽太剛少剛之數四十乘之，即爲萬有一千五百二十，當萬物之數。

邵子衍義曰：除八正卦外有五十六卦，爲子，乃天地萬物之用數也。自變言之，日數三十，月數十二，總四十二，爲一變，日月十二變即五百單四也。一卦之數皆極於九，五十六卦之極亦得五百單四，當日月十二變之用數也。通期外有五日四分日之一者，乃六十三時也。一時八刻，積得五百單四刻。以三百六十日分之，一日一刻，先除三百六十刻，外有一百四十四刻，通作一千四百四十分；又以三百六十分之，各得四分，每一日當得一刻四分。自一日差一刻四分，三十日即爲五時一刻。每月之節氣但加五時一刻，曆法家皆不知是理。又如月有四大三小，歷代紛紜，以其大小餘有盈縮也，此但知其數爾。且如二十九日半月與日會者，槩也。當會之時盈六時，則會于三十日之初，即月大盡；縮六時，則會于二十九日之末，爲月小盡。

每月上下盈縮十二時，即爲大小盡數，故五十九日而再會，凡一年大小盡，各有六日，陰陽曆停也。故乾坤策成一歲者，槩也。周加五日四分日之一，盈六日則期三百有六旬有六日，縮六日則除六日小盡，故得三百五十四日。一年上下盈縮十二日，消息盈虛之道也。故六十四卦除乾坤坎離四正，凡六十卦，得三百六十爻數，當期之日也。五歲再閏，兼用四正，故得三百八十四爻，以閏成歲也。若言四大三小，即有三百八十五日，又多一爻矣。智故以三小四大徵之。

方圖諸象

邵子曰：天地定位，否泰反類。山澤通氣，損咸見義。雷風相薄，恒益起意。水火相射，既濟未濟。四象相交成十六事。此方圖之文也。

坤	剝	比	觀	豫	晉	萃	否
謙	艮	蹇	漸	過	旅	咸	遯
師	蒙	坎	渙	解	未	困	訟
升	蠱	井	巽	恆	鼎	過	姤
復	頤	屯	益	震	嗑	隨	无
明	賁	既	家	豐	離	革	同
臨	損	節	孚	妹	睽	兌	履
泰	畜	需	畜	壯	有	夬	乾

四而十二而二十而二十八，以四層分，每加八焉。或以中心而人而物而天地包之。

一從四起，次爲四三，次爲四五，次爲四七。故天以二十八宿經之，再圍之則四九矣。

四介分之各得十六，或以天地人物配之，或以春夏秋冬配之。

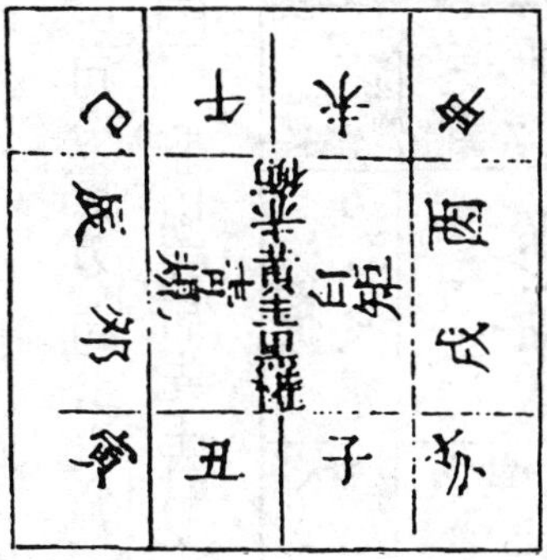

中外分之，中十六卦以四分用一，外四十八卦爲四分用三。若環分十二宮則各四也。可分五方，可分九宮，則井田、建國、明堂、八陣皆寓象矣。

□〔一〕兼山表后先王君子亦一説也。

即以内一外三之環表之，朱子明堂圖正此表法。

〔一〕「□」，原本漫漶不清。

地死	鳥景	天杜
虎驚	握機	龍傷
風開	蛇休	雲生

此以八陣表法。中握機者變化莫測，營陣爲遊，居其北三方者重三白也。

否遯訟姤无同履乾
萃咸困大隨革兌夬
晉旅未鼎噬離睽大
豫小解恆震豐歸大
觀漸渙巽益家中小
比蹇坎井屯既節需
剝艮蒙蠱頤賁損大
坤謙師升復明臨泰

此旋交相望而錯對者也。

乾履同无姤訟遯否
夬兌革隨過困咸萃
有睽離噬鼎未旅晉
壯歸豐震恆解小豫
畜孚家益巽渙漸觀
需節既屯井坎蹇比
大損賁頤蠱蒙艮剝
泰臨明復升師謙坤

此八經卦介于巳亥，其餘西南與東北相向，皆疊對也。疊者，内卦外卦交相疊易者也。總是一切現成，秩敘天然，不容人力，在深幾者觀玩而會通之。

訞无
遯隨
噬嗑
睽遁解恒震豐歸壯
觀漸渙巽益家孚畜
井屯
蠱頤
升復

每卦横盪八而直盪八，此惟方圖可覩。震巽在中，雙交十字，其餘四隅，各爲方九。

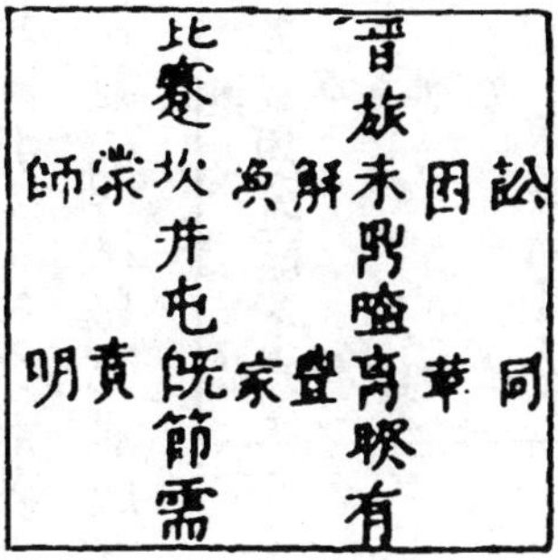

訟同
困革
晉旅未咸噬離睽有
解豐
渙家
比蹇坎井屯既節需
崇賁
師明

坎離井字正交，餘各九方，方爲四卦。二老包六子于中，六子以坎離爲中氣，震巽起初氣，而艮兑究氣成之，故坎離雙交，其分最均。

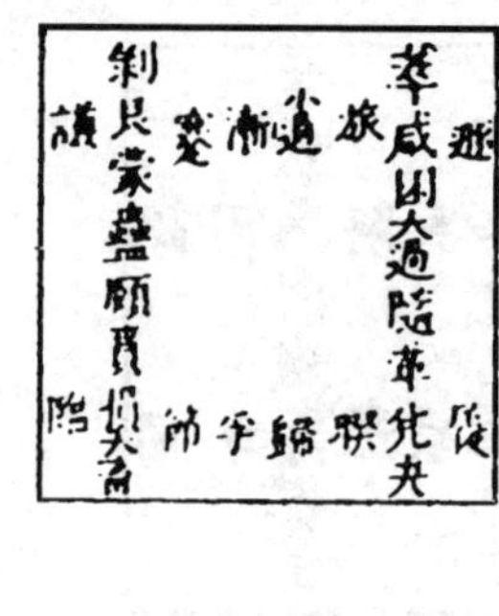

艮兑爲邊。

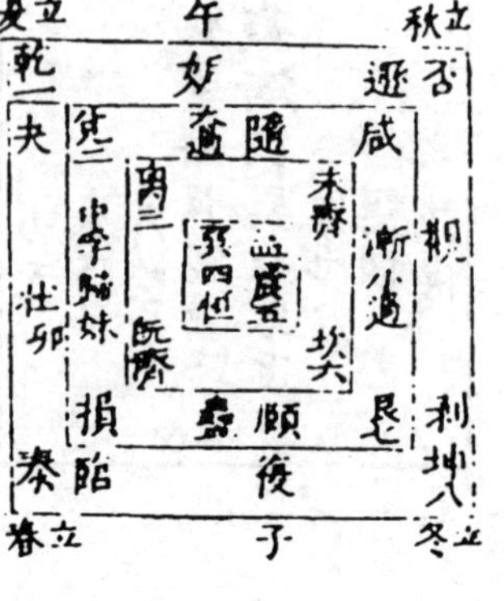

井字　乾坤包之，可不必衍。

張理倒方圖而元公易震巽焉。乾統三女，坤統三男，本鑿度與京傳、元包也。乾位東南，坤位西北；復爲冬至位北子中，姤爲夏至位南午中，且復根于師之坎，姤根于同人之離，水火之交，陰陽氣轉，此河洛宗也。卦氣所行，每間二位，四立交際，兩卦相連，猶四正卦專子午卯酉，四隅卦兼四卦四孟也。乾至坤八正錯卦爲經，泰至否反錯兼顛卦爲緯，循環相接，各以類從，妙哉！乾坤否泰序上篇，震艮巽兑咸恒損益序下篇，隨蠱頤大過次上經末，漸歸孚小過次下經末，坎離居中，交爲二濟，故二篇之化氣終焉。

自坤至乾順也，自乾至坤逆也。易爲逆數，故自乾一左旋以至坤八。京房以震坎艮順乾而行，巽離兑順坤而行，此易震巽，而知兑離巽震坎艮者，乃乾坤逆行之幾也。剥變爲坤，陽盡矣，而坤内一陽自謙三師二以反于復初，于是艮坎震繼焉；夬變爲乾，陰盡矣，而乾内一陰自履三同人二以反于姤初，于是兑離巽繼焉，亦歸根復命意也。乾坤統四時八節之始終，分布爲十五卦，合併爲三十卦，月望月滿其昉于此乎！

四分四層説

易以一用二，二旋分太少爲四，以四因四爲十六；易之八八，四此十六也。此天地人物之數本也。四用而五隱矣，一亦隱矣。圓用于方，圓圖亦方，圖之四四也。故方圓從中起。中何見乎？起于初陰初陽之震巽恒益也。生受天地之中者，人得全靈，坎離得天地之中，環中十二卦，故以象人。此十二卦，以八坎八離之中氣，用四震四巽之初氣者也。物得其偏，艮兑得天地之究，環坎離爲二十卦，故以象物。此二十卦，以十二艮十二兑資四震四巽以受始，得四坎四離以用中，合内外共四十卦，當圖書四周之全數者也。大圍乾坤藏二十八卦，是天地之氣包之也。乾坤各用十六，而六子各效其四純體居亥巳，交否泰，以司寅申，周流洋溢，人物並行不悖矣。通而言之，誰非天地之心而以中爲極，中統四卦，即統三四之卦，統五四之卦，統七四之卦，渾淪之中，秩叙不亂。此人道所以貴用中，以善其動入，安其止悦，亨其君藏也。或以四介分之，西北之十六爲天，以陽儀所生也；東南之十六爲地，以陰儀所生也；東北之十六爲物，西南之十六爲人，以寅方始生蒙昧而象物，申方成役立事而象人也。或以位上位下分之，東北陽生，用陽者質剛而直；西南陰生，用陰者文柔而巧。禮運曰：人者天地之心，陰陽之交，鬼神之會，五行之秀氣也。七尺之身，頂天履地，負北面南，心運于中，得方圖圓圖之全，倫倫常常，天然之理，但靈蠢清濁，氣禀有殊耳。舊言近東多仁，近西多義，北方剛勁，南方文柔，亦其槩也。人直生，獸旁生，植物倒生。旁生者，首西向而背天。禽雖横而首昂，與獸微異。鱗甲毛螺之類，又氣之漸入于地者也。子夏言物，邵子觀物，亦以陰陽類分知之而已。

方圖明堂表法説

戴記曰：明堂九室，十二堂，三十六户，七十二牖。以茅蓋屋，上圓下方。外水曰辟雍。月令施十二月之令。赤綴户也，白綴牖也。二九四、七五三、六一八，法龜文也。夏后世室，殷人重屋四阿，周明堂度九尺之筵，蓋漸文矣。黄帝明堂，中一殿，四面無壁，茅蓋通水，複道有樓，從西南入。則公玉帶所上漢武者也。朱子曰：

意當九室，如井田制。東中爲青陽太廟，東之南爲青陽右个，東之北爲青陽左个，南之中爲明堂太廟，南之東即東之南爲明堂左个，南之西即西之南爲明堂右个。總章玄堂倣此。中爲太廟太室。只是三門九架屋而已矣。康成謂明堂太廟路寢，異實同制；伯喈謂明堂太廟辟雍，同寔異名。陳暘取袁準之辨，殊未盡然。智按廟者貌也。前廟後寢，古以前堂通謂之廟，如後世之呼殿呼廳，皆廷轉聲，霆即電，可證也。後此乃分别宗廟、明堂之稱耳。禮天子無事，不于廟中以朝諸侯，則天子永无南面之日矣。士禮迎于廟門外，即廳事之門外也。所稱漸熟，故各執以爲常，古則猶通稱也。所謂明堂者，表嚮明而治之堂也。齊之明堂，猶行在所，歸然靈光也。由是論之，祭祀之殿亦可謂之明堂，朝會之軒亦可謂之明堂，辟雍教士之宫亦可謂之明堂。四阿九室，自然之理，其制大同小異，隨時增損，何必以考工之五室、大戴之十二室爲疑耶！堂必軒共三楹，而室或夾焉奥焉，則通爲九方分者，何不可各面呼爲三間耶！以八八之方圖合洛書之九宫，其論自確。畫州建國，井地制兵，莫不法之。上棟下宇，取諸大壯。豈有祀帝祀祖，圖治興教之宫室，草草不合表法者哉！月令分居配位，大氐制器尚象之意，非必定如此也。黄帝明堂，中一室，寓藏一也；

樓從西南入，寓巽方也，此即漢説，已證古有八宅之精義矣。今之中極殿大享殿，亦上圓而下方，是其遺也。俗儒泥迹，往往執名虚談通冒，先並精義而荒之。鄉飲偶射，皆有天地陰陽之義，何謂明堂不法洛書！

日月運行圖

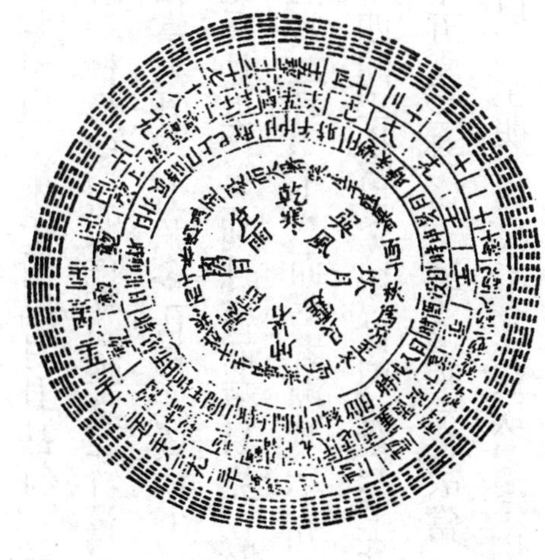

蒙引曰：朱子所貼月卦甚符。所不同者，天行健，故均；月行遲，又多虧少盈。盈纔一日爲望，故當乾；晦纔一日爲朔，故當坤。晦之生明甚難。生至有弦漸盛，故上弦當二卦。上弦多在初八或初七初九間，月惟此數日爲盛，正兑卦之次，邵子所謂兑爲月也。過則月盛而盈易見，故初十至十五各當一卦；望後之虧有漸，故十六十七當二卦；十八而虧者漸減，十九以下各當三卦；至二十三而下弦，或在二十二、二十四間，正當艮次。艮與兑對，上弦盛兑者，至艮而藏；月下虧者，不可見矣。故二十五當二卦，二十六漸晦矣，故當一卦，至剥而終。若以月宿之次言之，則晦正當坤，以漸生明，近艮，上弦在坎；望正當乾，以漸生魄，近兑，下弦在離。圓圖竪立而分南上北下，觀之正如遶地腰輪，陽在上多，陰在下多，此理象顯然者也。潛老夫曰：天用地凝，水火以爲日月，而一陰一陽之道昭然穆然，實則天惟有時，時惟有寒暑，一寒一暑則日用月之所爲也。漢書引星傳曰：月爲風雨，日爲寒温，可知陰受陽感而爲風雨，陽激陰出而爲雷霆，則皆水火日月也。故大傳收之曰：日月運行，一寒一暑。畢矣萬形相禪，各自屈伸，達者一齁，歷其元會。

明生歲成納甲氣朔之圖

全書曰：圓圖冬至日與天會爲復，夏至日與天遇爲姤；方圖冬至月與地會爲復，夏至月與地遇爲姤。今取君藏四七與星次圍旋焉。月率三十，與十二宫相旋，即元會也。舊圖皆依讀者順布，如觀渾天從外視內，若仰而觀之，乃其背也。日月左旋而次宿右紀，故皆取其圖而覆之，如從紙背視紙上之圖，易于省較，理則一也。納甲本以父母包六子，而亦可以月行循先天，然必如此圖之，其象乃符。坎離不用者，十二辟自一陽而二陽三陽。陰生亦然。坎離不與而皆坎離也。乾離坤坎飛伏，故離又用壬，坎又用癸也。

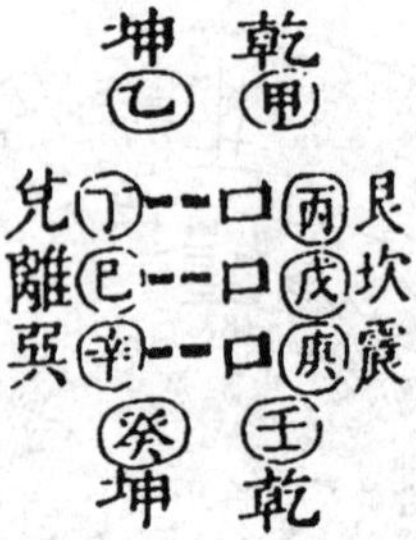

艮　坎　震
乾（甲）　（丙）　（戊）　（庚）　（壬）乾
坤（乙）　（丁）　（己）　（辛）　（癸）坤
兑　離　巽

震巽得初畫，坎離得中畫，艮兑得究畫。父母包之，倫序森然，此渾天納甲也。京氏卦爻用此，形家不納坎離。洪範大五行，離納壬，坎納癸。虞翻取參同配月，道家以坎月爲陽。

卦起中孚歸奇象閏圖

天地革而四時成，其用四十有九。朱子用四分筭法。天地節而四時成，六十卦當期之日。邵子以三百六十爲日法。

潛老夫曰：十九歲七閏一章，終天地之數，則五歲再閏歸奇之象，舉成數也。乾

坤當期，亦成數也。堯典所云六日何在乎？孚過兩濟，亦卦氣之閏法也。卦氣起于中孚，果無謂耶？彖曰四時成者二焉，四十九而天地革，六十而天地節。則藏四以爲恒周，存四以爲納虚，專取四以象閏餘，皆自然之故也。

朱子以四分曆定冬至、氣朔同日一章之歲。古曆法四章爲蔀，至、朔同在甲子日；二十蔀爲紀，至、朔同在甲子時；三紀爲元，至、朔年月日時皆值甲子，謂之曆元。及太玄曆二十七章爲會，月食盡；三會爲統，朔分盡；三統爲元，六甲盡，皆起於閏分之章也。孟氏喜之法，自冬至初，中孚用事。卦以地六，候以天五。五六相乘，消息一變，十有二變而歲復初。四象之變，皆兼六爻，而中節之應備。是以孚過既未，有交周之義焉。日道距赤道二十有四，月道出入日道不踰六度。出黄道外爲陽，入黄道内爲陰，陰陽一周，分爲象限者四。月當黄道爲正交，出黄道外六度爲半交，復當黄道中爲中交，復入黄道内六度爲半交，是爲四象限，限爲七交。凡二百四十九，退天一周有奇，終而復始。此月行之取于四卦也。冬至日行一度强，出赤道外二十四度弱；夏至日行一度弱，入赤道内二十四度强，此日行之取于四卦也。故夏至則月出中孚入小過，冬至則日出中孚入小過，二分則既未濟居焉。此其革于四十九，節于六十，而餘四象爲置閏之統也。

九行八卦表

禮運言和而月生，三五盈闕，人身以驗呼吸。參同以爲丹書，故言變化必以月

表法焉。日行黃道，月出入爲九行。曆家以八卦圖之，深幾者取而玩之，其行必環，其環必交，要不出于二環相交而已矣。故以先後天二環象之。

潛老夫曰：盈息之機，天日表其全，而虛消之象，月星軌其半也。上經陽卦而剥後終六，下經陰卦而豐後終九，陰陽互藏其宅也。乾君起泰而遯，坤藏起否而臨，以泰爲哉生之時，以否爲哉生之魄。乾主望而夕出，坤主晦而日没。六卦居其中，二十八卦包其外，共一百六十八爻。每卦主爻二十有八，太陰之一六，運少陽之四七，舉其成數，凡二十八日而天度一週。積二十九日餘四百十九而日月會朔，凡十二會，得三百五十四日九百四十分日之三百四十八分，與天會爲一歲。其有大盡小盡者，則疾遲盈縮之致也。按先天圓圖，乾歷五位爲小畜，七位爲歸妹，八位爲中孚。三著月幾望之象焉，而君藏二儀，則小畜在上弦之際，歸妹中孚隱而不見，然歷其數，則十四十五正望朔也。夫太陰之從黃道也，有三度焉，一曰平行度，則十三度十九分度之七也；一曰極疾度；一曰極遲度。其遲疾度，各有初末二限焉，初爲益，末爲損。疾初遲末，則過于平行矣；遲初疾末，則不及于平行矣。自入轉初日，其卦明夷，行十四度半强，漸殺；歷七日，其卦大壯，適及平行，謂之疾初限。其積度比平行，餘五度四十二分。自是其疾日損。又歷七日，其卦姤，行十二度微强，向之益者盡損而无餘，謂之疾末限。自是復行遲度，其卦訟。又歷七日，其卦觀，適及平行，謂之遲初限。其積度比平行，不及五度四十二分。自是其遲日損，行度漸增。又歷七日，其卦復，復行十四度半强，向之益者亦盡損而无餘，謂之遲末限。八轉一周實二十七日五十四刻四十八分，遲疾極差，皆五度四十二分。舊曆日爲一限，皆用二十八限，此貼卦之大約也。洪範云：日月之行則有冬有夏，從其常也。又云：月之從星則以風雨，從其變也。夫日行不可指而定也，稽之以月之晦朔；月行不可泥而準也，驗之以星之昏旦；日月之交不可以執而殄也，核之以斗柄之建合。若夫日中星鳥之移而柳也，日永星火之移而氐也，宵中星虚之移而牽牛也，日短星昴之移而奎也，自唐及漢已然矣。小正月令仲春日在奎，比之堯典在胃而異；仲夏日在井，比之在柳而異；仲秋日在角，比之在房而異；仲冬日在斗，比之在虚而異。是則月令之躔次，已差堯典隔一月矣。消息盈虚，豈有極哉！夫月之不敢當黄道也。一歲之中經天者，斜行其間凡十有三次，而四象之交，六出七八，七出六八，凡二十六次，大約一百八十三日有奇，而與日一交者秖二次而已。其食與不食，在乎此也。日月相會爲一月，約二十九半零二十九分。蓋以四百七十分爲半日，以七十八分三釐三毫爲一時也。南北縱謂之度，東西横謂之道。其合朔也，日月之縱同其度，而横不同其道；其對望也，日月之横對其道，而縱不對其度。如其朔而横同，則月掩日；如其望而縱對，則日奪月。凡日過中則疾，凡月弦前弦後，則疾之極而食也有然矣。日月兩道如環，一象其天首也爲羅，一象其天尾也爲計。月行最遲之度爲孛，朔不及中，成閏而閏生炁，凡二十八年于閏而炁一周，是交食之積算也。金水附日，歲一周天；火三月而改，故二歲一周；木一歲而彫，故十二歲爲一周；土博厚不遷，歲填一宿，故二十八歲而一周也；斗分七星，復指七宿以命四時，故二十八舍秉于斗辰，而各居其所以聽二曜五行之旋復。蓋有不盈不虚、不消不息者，而後盈虚消息相推而無已。此坐宿之大約也。

宿度圖

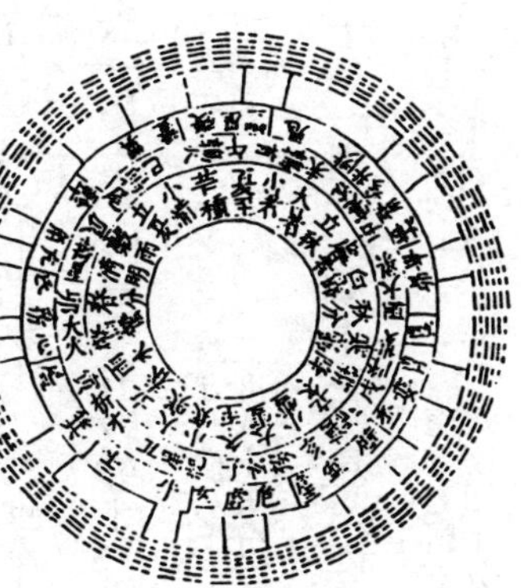

王曰俞曰：萬曆四十年冬至，日在黄道箕三度一十九分一十九杪八十微，赤道箕四度四分二十五微，故内道口在壁一度，外道口在軫初度，距今丙戌歷三十四年，歲差一分三十五杪。則今之冬至，其内道口已不在壁而在室，外道口已不在軫而在翼。潛老夫曰：圓奇必差，約三萬年一週，其黄赤交十二次分，皆歲差同逡。易以方節圓，故以具爻通期爻。貞悔爻，析分以核之，此一幾微也。惜无神明者，難與語此。

赤道宿度王述古授時曆箋

角十二一十亢九二十氐十六三十房五六十

心六五十尾十九一十箕十四十東方七宿七十九度廿分

斗二十五二十牛七二十女十一五十五虛八九十五太

危十五四十室十七一十壁八六十北方七宿九十三度八十分太

奎十六六十婁十一八十胃十五六十昴十一三十畢十七四十

觜初五參十一一十西方七宿八十三度八十五分

井三十三三十鬼二二十柳十三三十星六三十張十七二十五

翼十八七十軫十七二十南方七宿一百八度四十分

黃道宿度

角十二八十七亢九五十六氐十六四十房五四十八心六二十七

尾十七九十五箕九五十九東七宿七十八度一十二分

斗二十三四十七牛六九十女十一一十二虛九分空太危十五九十五

室十八三十二壁九三十四北方七宿九十四度一十分太

奎十七八十七婁十一八十七胃十五八十一昴十一○八畢十六五十

觜初○五參十二十八西七宿八十三度九十五分

井三十一○三鬼二一十二柳十三星六三十一張十七七十九

翼二十○九軫十八七十五南七宿一百九度八分

曰雨水後六日入娵訾次亥起危十二度二十六分十二秒太箋曰六十四分九十一秒磨羯子冬至月建子中小寒丑初初度起箕三

節氣	星次	辰	宿度	宮	中節		道	宿
春分後九日	降婁	戌	奎一度五十九分九十四秒少 七十三分六十三秒	寶瓶亥	大寒 立春	丑中 寅初		牛初
穀雨後十日	大梁	酉	胃三度六十三分七十五秒少 七十四分五十六秒	雙魚戌	雨水 驚蟄			危三
小滿後十日	實沈	申	畢七度一十七分一十七秒少 六度八十八分五秒	白羊酉	春分 清明		内道口	壁初
夏至後十一日	鶉首	未	井九度〇六分三十八秒少 八度三十四分九十四秒	金牛申	穀雨 立夏			婁五
大暑後九日	鶉火	午	柳四度〇〇二十〇秒少 二度八十六分八十秒	陰陽未	小滿 芒種		太	昴七
處暑後十日	鶉尾	巳	張十四度八十四分〇一秒太 十五度二十六分六秒	巨蟹午	夏至 小暑		西	參末
秋分後十三日	壽星	辰	軫九度二十七分八十三秒少 十度七分九十七秒	獅子巳	大暑 立秋		法	井三
霜降後十四日	大火	卯	氐一度一十一分六十四秒太 一十四分五十三秒	雙女辰	處暑 白露			張七
小雪後十二日	析木	寅	尾三度一十五分四十六秒太 一分一十五秒	天秤卯	秋分 寒露		外道口	軫初
冬至後九日	星紀	丑	斗四度〇九分二十七秒太 二度七十六分八十五秒	天蝎寅	霜降 立冬			亢初
大寒後十日	玄枵	子	女二度一十三分〇九秒 六分三十八秒	人馬丑	小雪 大雪	亥中 子初		房三

全曰：地應天以時行，月附日而得會，遇天與日會、地與月會皆同度，即遠近遲速不同而其度同，卦爻即同也。至于一年之冬至，則天地日月皆會于復，是爲一歲之期矣。冬至日與天會，月與地會，爲復，天地皆在坤，故坤不用。春分日在卯，爲大壯，日月皆入離，故離不用。夏至日與天遇，月與地遇，爲姤，天地皆在乾，故乾不用。秋分日在酉，爲觀，日月皆入坎，故坎不用。圓圖冬至日與天會爲復，天在坤，日在頤，始于震；夏至日與天遇爲姤，天在乾，日在大過，始于巽。冬至日出中孚入坎，終于兑；夏至日出離入小過，終于艮。天行進，日行退。冬至日與天會爲復，天丑日子，天寅日亥，天卯日戌，天辰日酉，天巳日申，天午日未，天未日午；夏至天與日遇爲姤，天申日巳，天酉日辰，天戌日卯，天亥日寅，天子日丑，天丑日子。天復與日會爲復。二至者，天日陰陽之交也。日稟天氣而行，月稟地氣而行，然天圓而地方，方者既立，獨天與日月行焉。天包地外，天行于地之中，即地之行，日月无晝夜，以人居地上所見也。故知天无體，日月无方，以地爲之體，爲之方耳。曆家惟以天與日月之行見之。自復十一月歷十六卦爲臨，在先天圖曰春分卯中，在辟卦臨爲十二月，而春分卯中則二月中氣也。謂陽自復而復長于臨泰，至二月之大壯而陽大盛矣。是故臨本十二月之卦，而自此陽長，則爲春分卯中者，此陽也；爲泰之立夏巳初者，此陽也，皆陽浸長者致之也。又自姤五月，歷十六卦爲遯，在先天圖曰秋分酉中，在辟卦遯爲六月，而秋分酉中則八月中氣也。謂陰自姤而浸長于遯否，至八月之觀而陰大盛矣。是故遯本六月之卦，而自此陰長，則爲秋分酉中者，此陰也；爲否之立秋亥初者，此陰也，皆陰浸長者致之也。夏至後井水便涼，涼者寒之變，此乾氣下降之漸也；冬至後東風漸温，温者暑之變，此坤氣上升之漸也。故小暑大暑爲坤暑之中，小寒大寒爲乾寒之終。

邵子曰：天不可測，觀斗占天。斗之所建，天之行也。魁建子，杓建寅，星以寅爲晝也。斗有七星，是以晝不過七分也。日以遲爲進，月以疾爲退，日月一會而加半日、減半日，是以爲閏餘也。日一大運而進六日，月一大運而退六日，是以爲閏差也。日行陽度則盈，行陰度則縮，賓主之道也。月遠日則明生而遲，近日則魄生而疾，君臣之義也。相食數之交也，水火之克也。日隨天而轉，月隨日而行，星隨月而見，故星法月，月法日，日法天。天半明半晦，日半盈半縮，月半盈半虧，星半動半静，陰陽之義也。天晝夜常見，日見于晝、月見于夜而半不見，星半見于下，貴賤之等也。此言星半見于地下也。天官言斗重建，蓋以斗爲綱，四方之宿各七，星家以七曜細配之，豈无所自乎！方圖外圍亦二十八也。十二次舍舉半言周，則謂七襄。襄者，古人所謂旁參也。故衛朴立日襄斗襄法。邵曰斗有七星，晝不過七分，正謂此也。陽主舒長，陰主慘急。日入盈度，陰從于陽；日入縮度，陽從于陰。有物于此，分半而用之，前一半則方用而有餘，後一半則過用而不足。此盈縮之變，亦即舒慘之辨也。以上皆言天地之用，惟此日月運行一寒一暑。

朱子曰：横渠説日月皆左旋，甚是。曆家以退數易算，故謂右行。地本氣之渣滓，聚成形質者，束于勁風旋轉之中，故兀然浮空而不墜。黄帝曰地有憑乎，岐伯曰大氣舉之，則豆在脬中之喻，豈待今日始明耶！仝曰：天與日月左旋，至地下皆右旋。地之山水皆從右發脈，向東南者，皆從天氣至地下右轉，實左旋也。潛老夫曰：以全地之毬如蓏論之，蒂應者極也，其稜理自蒂漸至于臍，其氣皆從地中起。地中正天中也。地氣自旋，而地質不旋，止有四游而已。朱子嘗言唐書有人至海，見南極下數十大星甚明。設使今遇泰西之士，何爲不若孔子之問郯子耶！漢藝文志有海中星占矣，古未信耳。今二圖已合，天河首尾相環，與地自應，但應非一端也，可信二極爲不用之至用。世皆以圓圖爲地平、扁輪耳。當知此爲卯酉日月之輪，即可以此爲子午直極之輪，則復姤亦可象二極也。先天乾坤應極，故六子交午中輪；後天坎離應極，故震兑東西轉輪；巽艮偏東，乾坤偏西，猶今晷測，言北海頂線、林邑頂線也。然應極之間，氣自相交，天以地爲中心，人直立于地毬之上，所在以氣外升爲上，足履爲下，故上下交者，東西旋者，同時不亂。自非神明，烏能信得極乎！

分野星土

分野圖

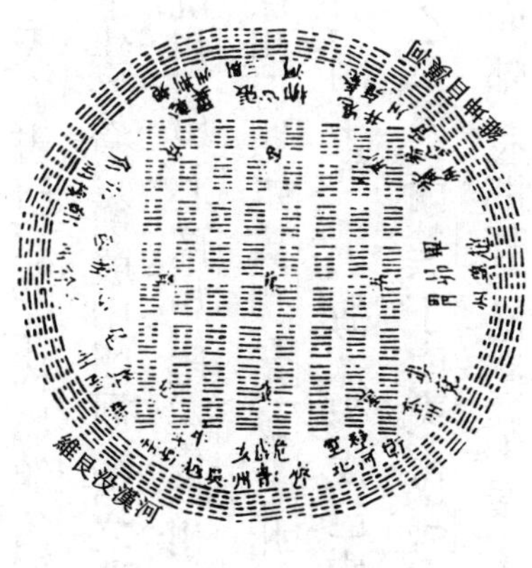

天官書曰：北斗杓攜龍角，衡殷南斗，魁枕參首。用昏建者杓，杓自華以西南；夜半建者衡，衡殷中州河、濟之間；平旦建者魁，魁海岱以東北也。漢志曰：角、亢、氐沇州，房、心豫州，尾、箕幽州，斗江湖，牛、女揚州，虚、危青州，室、壁并州，奎、婁、胃徐州，昴、畢冀州，觜、參益州，井、鬼雍州，柳、星三河，翼、軫荆州。甲乙海外日月不占，丙丁江、淮、海、岱，戊己中州河、濟，庚辛華山以西，壬癸常山以北。一曰甲齊、乙東夷、丙楚、丁南夷、戊魏、己韓、庚秦、辛西夷、壬燕趙、癸北夷；子周、丑翟、寅趙、卯鄭、辰邯鄲、巳衛、午秦、未中山、申齊、酉魯、戌吴越、亥燕代。秦之强，候太白，占狼弧；吴楚之强，候熒惑，占鳥衡；燕齊之强，候辰星，占虚危；宋鄭之强，候歲星，占房心；晉之强，亦候辰星，占參罰。及秦併吞中國于四海内，則在東南爲陽，陽則日、歲星、熒惑、填星，占于街南，畢主之；其西北則胡、貉、月氏、旃裘、引弓之民爲陰，陰則月、太白、辰星，占于街北，昴主之。秦晉好用兵，復占太白，而辰星趮疾，胡貉獨占，其大經也。春秋傳曰武王伐紂，歲在鶉火，歲之所在即周之分野也。許芝曰：文王爲西伯，歲亦在鶉火。王奕曰：星次，黄帝因日月會而名耳。曆者以日行知度，當黄道之星則記之，止此二十八宿，後因據此以距度分野。世紀云：一度爲二千九百三十二里。周天積一百七萬一千三里，徑三十五萬六千九百七十一里。此表影推耳。今南京視北極出地三十六度，至北京出地四十度，地相去二千里，則五百里地當天一度，鳥道計之，則二百五十里也。泰西徵地週九萬里，亦此故也。莊子寓言扶摇九萬里，亦三百六十度之全數也。班固所載與費直周易所列、蔡邕月令所分，次度已自不合，羅經據授時次之，而王述古所攷又異。蓋既有歲差，地亦四遊，宜其各別耳。劉青田分野秘傳皆本晉志，洪容齋謂衛而列涼州，雍秦而列太原、上黨，此豈出李淳風之手乎？由史漢所集三統、甘石之説，古人所用，不執一説，明矣。姑録于後。

角、亢、氐鄭兖州。東郡入角一度，東平、任城、山陰入角六度，泰山入角十二度，濟北〔一〕陳留入亢五度，濟陰入氐二度，東平入氐七度。

房、心宋豫州。潁川〔二〕入房一度，汝南入房二度，沛郡入房四度，梁國入房五度，淮揚入心一度，魯國入心

〔一〕「北」，原誤作「比」，下文「右北平」、「北地」之「北」底本亦誤作「比」。

〔二〕「川」，原誤作「州」。

三度，楚國入房四度。

尾、箕燕幽州。涼州入箕中十度，上谷入尾一度，漁陽入尾三度，右北平入尾七度，西河、上郡、北地、遼西東入尾十度，涿郡入尾十六度，渤海入箕一度，樂浪入箕度〔一〕，玄菟〔二〕入箕六度，廣陽入箕九度。

斗、牛、女吴越揚州。九江入斗一度，廬江入斗六度，豫章入斗十度，丹陽入斗十六度，會稽入牛一度，臨淮入牛四度，廣陵入牛八度，泗水入女一度，六安入女六度。

虚、危齊青州。齊國入虚六度，北海入虚九度，濟南入危一度，樂安入危四度，東萊入危九度，平原入危十一度，菑川入危十四度。

室、壁衛并州。安定入室一度，天水入室八度，隴西入室四度，酒泉入室十一度，張掖入室十二度，武都入壁一度，金城入壁四度，武威入壁六度，燉煌入壁八度。

奎、婁、胃魯徐州。東海入奎一度，琅琊入奎六度，高密入婁一度，城陽入婁九度，膠東入胃一度。

昴、畢趙冀州。魏郡入昴一度，鉅鹿入昴三度，常山入昴五度，廣平入昴七度，中山入昴一度，清河入昴九度，信都入畢三度，趙郡入畢八度，安平入畢四度，河間入畢十度，真定入畢十三度。

〔一〕「度」上疑有脱字。

〔二〕「菟」，原誤作「蒐」。

觜、參魏益州。廣漢入觜一度，越巂入觜三度，蜀都入觜一度，犍爲入參三度，牂牁入參五度，巴都入參八度，漢中入參九度，益州入參七度。

井、鬼秦雍州。雲中入井一度，定襄入井八度，鴈門入井十六度，代郡入井二十八度，太原入井二十九度，上黨入鬼二度。

柳、星、張周三輔。弘農入柳一度，河南入星三度，河東入張一度，河内入張九度。

翼、軫楚荆州。南陽入翼六度，南郡入翼十度，江夏入翼十二度，零陵入軫十一度，桂陽入軫六度，武陵入軫十度，長沙入軫十六度。

星土説

孔子曰：仰以觀于天文，俯以察于地理。邵子曰：圓者星也，歷紀之數，其肇于此乎！方者土也，畫州井地之法，其放于此乎！鄭漁仲曰：河出圖有自然之象，洛出書有自然之理。蓋謂河圖之如星點者，爲諸圖形象之祖；洛書之如字畫者，爲六書文字之宗也。時運之輪象天，列位之方法地。二十八宿當方圖之外圍。星土相占，掌諸職方，文理互顯，方圓互用者也。禹之治水治地，皆用九爲規，奠九州，刊九山，潞九川，陂九澤，固有取爾矣。圖編取中豫、北冀、南揚、東西梁、西北雍、東南徐、東北兗、西南荆，以配洛書，其槩也。唐志山河兩戒之釋星土也，然乎？否耶？今泰西合二圖，補金魚火鳥，天河坤維續參井，艮維續箕斗，首尾相環，此何以分焉！嘗攷地毬之説如豆在脬，吹氣則豆正在中，此其理也，然未言其如蓏有蒂臍，而赤道之腰分南北、東西與二極，爲六合矩也。卵伏必分上下，圓物水浮絲懸，便自定分，三輪五線，證知中國當胸，西乾當左乳。中土以卦策定禮樂，表性命，治教之大成，獨爲明備中正，豈偶然乎！當北極之下者，无用之地也。黄道之下人靈物盛，而中國在腰輪之南。天地人相應，其幾自應地勢符天，全地應之，一方之地亦應之。可以平列，即可以環列，古人因民之所知而列之，惜今无神明，不能重定中土之分野，而猶守隋晉之志，更今郡縣名耳。

三天圖

此全書所載三天圖也。李象山以羲圖先天也；羲序内卦外卦，以乾坎艮震巽离

内圓先天也中圓
中天也外圓後天
也先天中天各以
數言而後天卦坎
則出于文王所序

坤兑序之，中天也；内外皆後天，則後天也。石齋則義易爲先天而三成之；中天則乾巽离兑坤震坎艮爲内卦序，而復以此序加之；後天則震巽离坤兑乾坎艮爲序，而加之，又以兑爲首而序加之。詳具象正。估僤易說：革居序卦之四十九，當大衍之數；節居序之六十，當周天之數，六十卦三百六十爻，一爻主一日。夫上經之三十

卦，始于乾坤，終于坎离；下經三十四卦，始于咸恒，終于既未濟。且乾配甲而起于子，坤配乙而起于丑。故六十四卦，上經乾起甲子，泰甲戌，噬嗑甲申，至离〔一〕三十卦，一百八十日而三甲盡；下經咸起甲午，損甲辰，震甲寅，至節癸亥而終，亦三十卦，一百八十日而年一周，所以京焦用以直日，天地節革，而四時成是也。節後繼以中孚、小過、既、未濟者，所以先坎离震兑四卦，應子午卯酉爲春夏秋冬四時，兩之以爲八節，是爲分至啓閉，每爻值十五日以應七十二候。先儒言卦起中孚，非也。中孚復起于甲子耳。乾爲十一月之卦而起甲子，節爲十月之卦而得癸亥。由是知上經三十卦，是陽生于子而終于巳；下經三十卦，是陰生于午而終于亥，至中孚而陽氣復生于子，故亦爲十一月之卦。自乾起甲子，至節六十卦而終，是四其河圖十五之數，爲三百六十爻，爻當一日，而爲六十卦，一年之候也。中孚起甲子，至未濟四卦而終，是四其六子之數，凡二十四爻，而爻當一氣，爲二十四氣，應一年之候也。四其六子之數者，何也？蓋中孚巽上兑下，小過震上艮下，併既未濟坎离變體爲六

〔一〕「离」，底本原無，據文意補。

子，少陽少陰六子之氣，分布于四時，故四之以應二十四氣耳。亦應四其河圖十五數，而日當一卦，凡六十日，爲二十四氣，一年之候也。

潛老夫曰：五行本位，西方屬金，五行有聲而最清者金，故納音首金，所謂甲子乙丑海中金也。五聲宮商角徵羽，既輪之後，回輪以應天地之生數，則起于西方羽，

與宫相接，而乾居于前爲金。故納音之理起于西，而支干始甲子，則仍起于北，乾統之也。凡氣始于東方而右行，木傳火，火傳土，土傳金，金傳水也。音起于西方而左行，金傳火，火傳木，木傳水，水傳土也。沈存中謂納音納甲皆乾始而坤終也。音始西方起金，西左旋，故金三元終，左行傳南方火；火三元終，左行傳東方木也。自子至巳爲陽，故自黄鍾至中吕皆下生；自午至亥爲陰，故自林鍾至應鍾皆上生。以六十支干應六十律，猶之旋相爲宫法也。按支位隔八相生，分三合三原依序排列，觀天氣倚乎地，則十干順佈，用地支六氣，尊六甲以爲頭，逐地而右轉；察地位負乎天，則十二支逆排，用天干五運，列五子以爲首，隨天而左旋。凡三十名，名當二律，當十日，與七十二卦同旋，直日卦影用之，非僅堪輿家所用遁演也。蓋氣從右行，而聲從左應，時以運轉，而律以音中，皆以徵，自然相應之理也。王逵曰：同位娶妻，隔八生子，此律吕相生法也。五行先仲而後孟季，此遁甲三元紀也。甲子金之仲爲黄鍾商；同位娶乙丑爲大吕商，隔八下生壬申金之孟爲夷則商；壬申同位娶癸酉爲南吕商，隔八位生庚辰金之季爲姑洗商，此金之三元終也。庚辰同位娶辛巳爲仲吕商，隔八下生戊子火之仲爲黄鍾徵；戊子娶己丑爲大吕徵，生丙申火之孟爲夷則徵；丙申娶丁酉爲南吕徵，生甲辰火之季爲姑洗徵；甲辰娶乙巳中吕徵，生壬子木之仲爲黄鍾角。如是左行，至丁巳中吕之宫，五音一終。復自甲午金之仲，娶乙未，隔八生壬寅，一如甲子元法。終于癸亥，謂蕤賓娶林鍾，上生太簇之類。

周易時論合編圖象幾表卷之三

皖桐方孔炤潛夫授編
孫中德　中通　中履　中泰編録

父母圖說

乾☰父　震☳長男得乾初　坎☵中男得乾中　艮☶少男得乾究

坤☷母　巽☴長女得坤初　離☲中女得坤中　兌☱少女得坤究

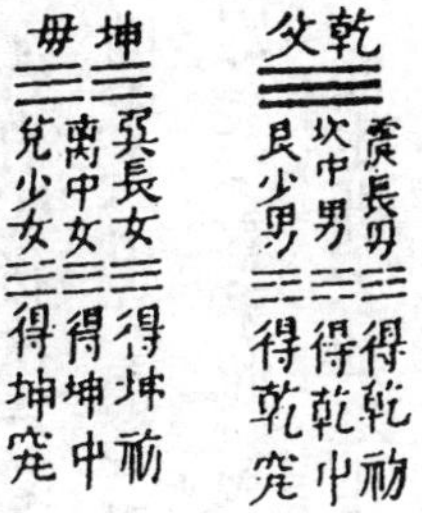

仝曰：⚊⚋即⦶。乾得此丨爲父道，坤得此丨爲母道。三男本坤體，各得乾一陽而成；三女本乾體，各得坤陰而成。謂之索，而陰陽互根益明矣。蒙引以乾坤爲人物始生之父母，存疑以今之生男生女爲乾坤；演教推中陰之索父母，褚氏推陰裹陽爲男，陽裹陰爲女，何嫌于推言乎！朱子曰：竹有雌雄，麻有牡麻，是物物皆有父母男女，皆有先後次序之長中少也。統言天地萬物而惟言人者，天地之性人爲貴，萬物皆備于人也。宗一曰：夫婦者，陰陽之顯者也；陰陽者，夫婦之微者也。是虚空皆夫婦矣。察乎此，天地與我並生，萬物與我同體，復何疑焉！集成曰：物物自爲父母，而生即天地之生也。豈于父母之外，别有天地之生乎！聖教親親長長而天下平，伐一草木，殺一禽獸，非其時，謂之不孝。故仁人事天如事親，孝子事親如事天。野同録曰：萬物同體之體，正在有物有則之顯用中，一必因二，神于倫序。故就人而以父母之名呼之，明倫順序，即天地之孝子也。寧有叛悖矜高，謂之道乎！易爲天下人不知天然秩叙而作，豈爲天下人不茫茫混混而作乎！孔子于卦象首明父母君臣，又特以一章明其稱焉謂焉，正名蓋凛凛哉！

先天八卦方位圖説

説卦曰「天地定位，山澤通氣，雷風相薄，水火不相射，八卦相錯」，即此圖也。

旁羅解曰：陽生于子，極于午，故正南爲乾；陽盡則一陰生，故西南爲巽；陰生則包陽，故正西爲坎；陰長則乾漸消，故西北爲艮；陰生于午，極于子，故正北爲坤；陰盡則一陽生，故東北爲震；陽生則包陰，故正東爲離；陽長則陰將盡，故東南爲兑也。圖解曰：四象最先太陽，奇乾偶兑相連，乾南則兑東南矣。次少陰，奇離偶震相連，離東則震東北矣。次少陽，奇巽偶坎相連，坎西則巽西南矣。最後太陰，奇艮偶坤相連，坤北則艮西北矣。又曰：圖數十、書數九皆樞于五，此八卦之源。即八卦推之，又無不十焉，無不九焉、五焉。論其十，則乾一兑九爲太陽十也，離二震八爲少陰十也，巽三坎七爲少陽十也，艮四坤六爲太陰十也。論其九，乾一與坤八對，老與老合也，畫則乾三坤六，畫亦九矣；兑二與艮七對，少與少合也，畫則兑四艮五，畫亦九矣；離三與坎六對，中與中合也，畫則離四坎五，畫亦九矣；震四與巽五對，長與長合也，畫則震五巽四，畫亦九矣。論其五，則三兩相倚爲主，乾純奇三也，坤純偶兩也，是乾坤之數五也。三交兩，坎之中也；兩交三，離之中也；震巽，兩三之初交；艮兑，兩三之末交，孰有離五者哉！或曰：羲易固本河圖，而卦位自合洛書。乾南兑東南則老陽四九之位，離東震東北則少陽三八之位，巽西南坎西則少陰二七之位，艮西北坤北則老陰一六之位，是洛書也。後天亦合河圖。離當二七之火，坎當一六之水，子午兩卦各當一象，外此則兩卦共當一象矣。故震當三生木于東，巽當八成木于東南，兑當四生金于西，乾當九成金于西北，艮陽土之生，當天五于東北，坤陰土之成，當地十于西南，土寄皆在，故坤艮獨當中宫五十。是河圖也。總之，卦位既成，自然默合，圖書乃天地之靈，而聖人則理所同然者也。潛老夫曰：八卦相錯，妙于陰陽爻爻相錯也。半折爲用即圜全在用半中之理。由横圖一起右而左行至八，不順逆布之，則不交錯正對矣。人身上半下半，亦半折相對也。先生腎，腎生脾，脾生肝，肝生肺，肺生心，以生其勝己者；其次心生小腸，小腸生大腸，大腸生膽，膽生胃，胃生膀胱，膀胱生三焦，以生其已勝者；先從水而上，後從火而下，折半相對也，此子午平分也。三女本乾體，隨父歸東南；三男本坤體，隨母歸西北，此又以寅申平分也。故邵子又以坎離爲寅申，兑艮爲卯酉，震巽爲子午，乾坤爲巳亥，羅盤用兩層相差，天氣先十五度，即此理也。聞語曰：自一至八既列之後，人數之，自右起耳。適自右起，即至理也。陽必分陰以對用，共此陰陽兩儀，而陽中陰，陰中陽，即分太少，一有俱有，俱相對，俱相錯。横列而生之，折半而圓之，亦是觀玩法。豈可執定先横後圓哉！然非此不能盡觀玩之變，即至理也。

後天八卦方位圖說

孔子曰：歲三百六十日而天氣周，八卦用事各四十五日，方備歲焉。故艮漸正月，巽漸三月，坤漸七月，乾漸九月，各以卦之所占爲月也。乾者天也，終而爲萬物始，北方萬物所始也，故乾位十月。艮者止物者也，故在四時之終，位十二月。巽者陰始順陽者也，陽始壯于東南方，故位四月。坤者地之道也，位六月。此以八卦各得洛書之數，以司十二月，而奇方當一，隅方當二，明四維之用也。鑿度又載孔子曰：乾坤，陰陽之主也。陽始于亥，形于丑，乾位在西北，陽祖微據始也。陰始于巳，形于未，據正立位，故坤位在西南，陽之正也。君道倡始，臣道正終，是以乾位在亥，坤位在未，所以明陰陽之職，定君臣之位也。參同契曰：坎離者乾坤之用，天地之中氣也。孤而无偶，水火專王于一宫，兑金震木，皆以乾巽相之，天地之和氣也。董子曰：東和北之起，西和南之養，故用春秋。漢志曰：歷春秋者，天時也，列人事而因之以天時。傳曰：民受天地之中以生，所謂命也。禮以定命，故以陰陽之中制其禮。春爲陽中，萬物以生；秋爲陰中，萬物以成，月所以配分、至也。啓閉者節也，分至者中也。節不必在其月，故時中必在正數之月，以事舉其中，禮取其和；曆數以閏正天地之中，以作事厚生，皆所以定命也。合三體而爲之原，故曰元。經元一以統始，太極之首也；春秋二以目歲，兩儀之中也；于春每月書王，三統之極也；四時必書時月，四象之節也；分至啓閉之分，八卦之位也。故易與春秋，天人之道也。无始有象，一也；春秋，二也；三統，三也；四時，四也，合而爲十成五體，以五乘十，大衍之數也，而道據其一。此數條語最宜合玩。

邵子曰：其得天地之用乎！乾坤交而爲泰，坎離交而爲既濟也。此言先後天皆神于交。乾生子，坤生午，坎終寅，離終申，以應天之時也。置乾于西北，退坤于西南，長子用事而長女代母，坎離得位，兑震爲偶，以應地之方也。坤統三女居西南，乾統三女于西北，上經起于三，下經終于四，皆交泰之義也。乾用九，坤用六，衍用四十九，而潛龍勿用也。大哉用乎！吾于此見聖人之心矣。解曰：陽以在上爲正，陰以在下爲正，震兑反其正，故邵曰交之始當朝夕之位；坎離貫中相間，自上至下無不交者，故曰交之極當子午之位；巽陰原在下，艮陽原在上，皆未嘗交，而以其雜，故當用中偏位；乾坤純而當不用之位，西南半用，西北全不用，槩曰不用，以坤配乾也。朱子曰：震東兑西者，陽主進，故以長爲先，而位乎左；陰主退，故以少爲貴，而位乎右也。坎北者進之中也，離南者退之中也，男北而女南，互藏其宅也。四者皆四方之正位，而爲用事之卦，然震兑始而離坎終，震兑輕而坎離重也。乾西北坤西南者，父母既老而退居不用之地，然母親而父尊，故坤猶半用而乾全不用也。艮東北巽東南者，少男進之後，而長女退之先，故亦皆不用，然男未就傳，女將有行，故巽稍向用而艮全不用也。四者皆居四隅不正之位，然居東者未用，而居西者不復用也。中日用者適用矣，未用者隨用矣，不用者乃所以大用也。

項平庵曰：後天播五行于四時，二木主春，震東而巽次之；離火主夏，故正南方；二金主秋，故兑西而乾次之；坎水主冬，故正北方。土寄旺而坤土居西南夏秋之交，艮土在東北冬春之交。木金土各一者，以形旺也；水火各一者，以氣旺也。坤陰土，故在陰地；艮陽土，故在陽地。震陽木，故正東；巽陰木，故近南而接乎陰。兑陰金，故正西；乾陽金，故近北而接乎陽也。集成曰：先天乾下交坤成坎，襲坤位，故天氣下降而乾位西北；坤上交乾成離，襲乾位，故地氣上騰而坤位西南；先天離下交坎成兑，襲坎位，故離居南爲夏，兑居西次夏爲秋；坎上交離成震，襲離位，故居北爲冬，震居東次冬爲春。後天乾既居西北當艮位，則艮進於東北而襲震位，艮亦震之反也。後天坤既位西南當巽位，則巽退于東南而襲兑位，巽亦兑之反也。

歸藏説曰：圓圖以流行爲用，經以反對爲義。乾純陽，順流于坎，上乎艮；坤純陰，逆流于離，入于巽；震之陽，則由下而升；兑之陰，則由上而降。

象正曰：後天圖之妙非世所窺：河漢首尾垂于斗井，爲兩濟之端；七緯之所出入，坤艮兩土，終始其際，爲地道之綱紀。凡易所稱西南東北，皆以坤艮爲義；先甲先庚，皆以震兑爲義。故以震始者歸之於坤，以兑始者歸之於艮。木生火而還生土，坤土遂生兑金；金生水而水又合土，水土合而生木。震爲青帝之府，萬物嘉生；兑爲文武世室，萬物嘉成。故震雖稱木而雷火出焉，兑雖稱金而水澤鍾焉。體木以用火，故震能兼離，而離不爲獨火；體金以用水，故兑能兼坎，而坎不爲獨水。五行兼備，八卦乃行。故貌出于水而説於兑，言出于火而聲於震，視出於巽而明於火，聽出於乾而辨於水，思則无所不之也。土行於水火之間，折衷於金木，故以恭從明聰，合發其睿。河漢所直，日月五星，所爲向背也。窮理格物，則必自此始矣。出齊、見役、説戰、勞成，孔聖以是治後天之體；敬農協建乂明念嚮威，箕子以是正洪範之用。立義不同，其本於齋戒誠敬以開物成務，則一也。水土平而相協出，得坤者以爲坤，得艮者以爲艮，兑者以兑，震者以震，乾巽坎離則函夏宅土之所同用也。今爲圖，内首震終艮，外首兑終坤，彼此分馳，令加三乘，可悟連山首艮，歸藏首坤，後天首震與兑，又何疑焉！

黄疏曰：後天卦位，非定文王也。庖羲氏以木德王，正人統，而建寅。月令曰：春三月其帝太昊，德在木。帝出乎震，其昉于于庖羲乎！帝舜以二月東巡，然後五月南巡，八月西巡，十一月北巡，所以大法天而象易也。潛老夫曰：天地之理本自如此。先後並用，聖人隨時發明，其制度行事，自然符合，非可執何者爲何聖人之易也。文王發明後天之用，故以歸之耳。舊謂先天主乾稱君，所重在正南；後天主震稱帝，所重在正東。吾謂舉上下以立體，而用則木之生氣主之，明君尊臣卑之體，正所以爲統御安分之用；立仁與義之用，正所以享其陰陽剛柔之體。以統臨則謂之君，以主宰則謂之帝，可執分乎？先天即横圖也，惟震巽之相連于中。先天八卦折而司對起焉，故先天乾連兑，而後天兑終乾始，乾即繼兑；先天坤連艮，而後天坤衝艮爲歲限，即先天之震衝巽也。故後天出震齊巽，巽即繼震。其補横圖之中用，兼方圖之中起乎！坎離之中，先後皆宗之。一東西，一南北，其機一也，其極一也。

先天一三縱横説

先天三縱一衡圖

巽　乾　兌
坎　　　離
艮　坤　震

後天三縱一衡圖

坤　離　巽
兌　　　震
乾　坎　艮

旁注曰：卦畫之對，乾三陽與坤三陰一對也，坎中陽與離中陰一對也，震初陽與

兑末陰一對也，艮末陽與巽初陰一對也，先天後天所同也。先天八卦，乾坤坎離以純氣、中氣居四正，外其四隅卦必兩縱相對，不特陰陽對，亦且長少對，然後二卦合而爲純氣、中氣，而造化進退升降，自然交互之法象著焉。若以交午射角取對，則陰陽對而長少不對，可合爲純氣，不可合爲中氣。若以六子横對，則長少對而陰陽不對，可合爲中氣，不可合爲純氣也。潛老夫曰：先天定體，後天交用。邵子縱横舉槩耳，俱不相硋也。

中天四坎四離變衍

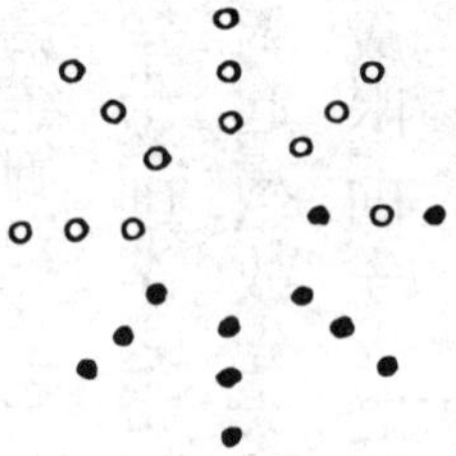

始爲四陽四陰，四陽南正居其盛滿而用起于東，陰北正居其盛滿而用起于西，

以寅申卯酉分儀。

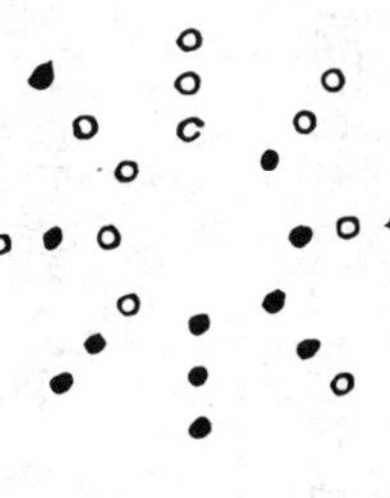

純陰陽當子午爲乾坤，而東西爲日月水火，隅爲金木，旁交六子，即先天八卦。

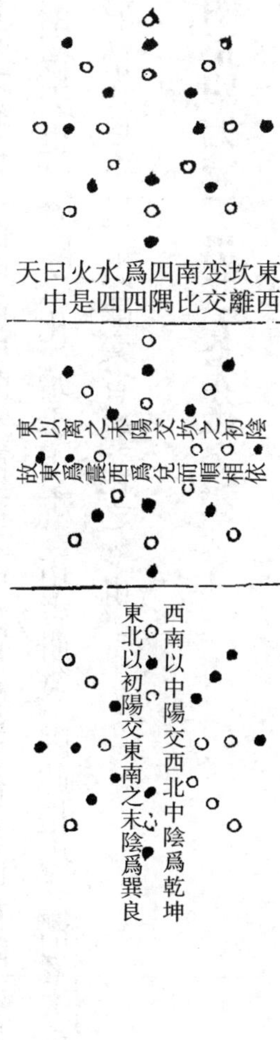

蜀山李老人曰：中天者，明天地之用中，而萬物緣坎離以爲用也。日月水火，運行不息，何非是乎！　乾坤自交子午爲坎離，西南巽之末陽交西北艮之初陰而爲坎離，東北震之末陰交東南兑之初陽而爲坎離，東西本位出入門户，故先天坎離不變，而三縱並化皆水火矣。卯酉水火，直爲子午，而東以末陽交西初陰爲震春兑秋，則二分和平之候也。西南以中陽交西北之中陰爲乾坤，東北以初陽交東南之末陰爲巽艮，則後天也。陰陽生化，始于子午。衍者研幾，因此指出。潛老夫曰：邵子以交泰既濟歎先後天也。微哉交者，變化之幾也。

四正四偏統三男三女先後之變

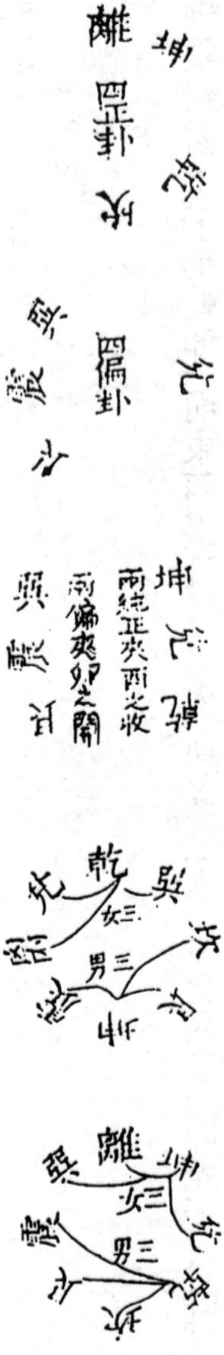

潛老夫曰：先天四正居四方，四偏居四隅，而以純正主南北，以正之用中者主東西焉。後天以二正之用中者主南北，以二偏者主東西，而震兑乃六子之初終也。八卦本六卦，以乾坤坎離四正不易，而四偏顛倒，止二卦耳。故以巽艮二偏夾卯震之開，而以乾坤二統正者夾西兑之收，艮巽即震兑之位，乾坤即艮巽之位，四偏合爲二全而主正以用偏焉，重此出入之門也。先天乾合三女于南而以中者主東，坤合三男于北而以中者主西，其介在乎寅申而坎離以東西平分。後天乾統三男于西北，坤合三女于西南，其介在乎巳亥而震兑以東西平分，重此出入之門也。智曰：四面之坐，禮表法焉。嚴凝始于西南，盛于西北，尊嚴氣也，義也；温厚始于東北，盛于東南，盛德氣也，仁也，是以仁義介僎爲春秋也。大寒大暑，歲不數日，餘皆可以謂之春秋，以其和平也。周髀推北極之下半年无光，而中衡左右，五穀一歲再熟，此天道用腰輪之驗也。人聲旋韻環配四時，惟春秋之真文庚青，和平之氣，聲狀備焉，他則迮矣。董子以二至爲中，二分爲和，豈非中在和之中乎！漢志發明春秋之二，即太極之一，貴前用也。

唐堯朔易圖説

洛二　洛七　洛六
洛九　平秩南訛　平秩西成　平在朔易　洛一
洛四　平秩東作　洛三　洛八

邵子曰：朔易以陽氣自北方而生，至北方而盡，謂變易循環也。隱老曰：平在朔易，此見先天之學始于羲成于堯也。潛老夫曰：堯典欽天授時，表法皆在日用，東南西曰平秩，而北獨曰平在，豈漫然乎！孔子曰：北方，萬物所始也。北方曰朔，月初曰朔。禮運曰：室堂牖户，醴酪麻絲，以養生送死，事鬼神上帝，皆從其朔。朔易者，明天一之無始，而其幾始于北一也。箕子九用，而北曰初一，論五行之終始，智信襲乎水土。故圖書之小一，皆在北方。北極者，天之樞；艮背者，人之樞，背即北也。邵子標堯之朔易，朱子指坤復之間，知其循環，則時時朔易矣。

天門據始圖說

潛老夫曰：環中無非大始，而環十二宮必始于子，子之前則亥矣。兩艮夾坎，天門迎洛書之順數。孔子曰乾祖微而據始，深幾其神乎！自亥至辰之六位，猶子月復至四月乾之六陽；自巳至戌之六位，猶午月姤至十月坤之六陰也。後天之乾，先天艮位，其辟則坤，故曰三代之易在此天門。智曰：孔子曰坤乾之義，夏時之等，吾以是觀之，孔子徵監二于易乎！帝出乎震，三統用于人統，元爲四德之一，而元統四德，是萬古之周易用夏時也。河圖四布，洛書維成，人用于地，分坤艮之二土，以司寅申矩曲，節歲中與歲限，爲天門之左右翼，而地户方藏，轉風制權焉，是萬古之周易用連山、歸藏也。木氣，生氣也。邵子曰：五行之木，萬物之類也。土生四行，受木克而貫木。人身寸口，脈會寅時。地上用九，方圖開泰。艮當寅位，夏首連山即夏時也。太陰艮四坤六，洛書坤以六奉乾，而河圖乾以九合四。乾金艮石，金石同體，石出火而生水，静而託地，物産于山，故隱老曰五行用金而石可隱矣，此明徵也。乾合兑金而剛領四陽于西北，亥衝爲巳而巽起四陰于東南。立夏辟乾，方圖坤藏，戰地辟坤，號爲陽月。應鍾爲陽九之始變，中吕終六間而續變，以衝居亥藏疇極爲黄鍾之忽，此繼變之籥也，明徵也。丑寅地開人統，未申林衝喪朋，漢志言之矣。皇極數用甲己子午九，乙庚丑未八，丙辛寅申七，丁壬卯酉六，戊癸辰戌五，天干已盡而地支獨餘巳亥，故巳亥爲四，此巳亥之不同也。形家貴亥，亦一徵也。十二支究于亥，天數究于九，八維究于艮，艮符洛八，蓋艮本陽畫之究也。後艮之在歲前，猶先艮之在冬至前也。元公于先天易震巽，後天易乾艮，引鑿度、元包、京傳以相徵，總明雷風之合，乾艮之合，重隨維之義也。維皆坤也，坤藏乾也，震藏艮也。建寅之用亥子，猶平旦之用夜氣也。故曰坤乾之義，夏時之等，造化深幾，隨處可玩。

元公曰：考乾、坤鑿度及陰符、遁甲，立坎離震兑爲四正，乾坤艮巽爲四隅，則河圖卦位原與洛書相符，非文王始定也。但兑爲少陰，與震之初陽相對，似與先天卦位不齊。今以震兑豎觀之，則乾坤、坎離、艮巽左右相對，與文王卦序、京氏卦變參同，然後知洛書之妙也。兑爲西方天下山川之祖，乾爲太陽金，坤爲太陰金，夾而輔之，故形家有分金之説焉。孔子謂兑爲日月出入之門，天地之和氣，信矣。今不稱水火木金土而稱金木水火土，其先兑之義乎！智按孫文介衍金精鰲極，亦縱金木云。

三輪拱架幾表説

凡設三輪，水而臬之則知地平，針而丙之則知子午，繩而垂之則知上下。輪皆有先後天，八卦、十二宫、周期之度是爲六合，是爲八觚。此大舜璿璣之始圖約法也。

三輪六合八觚圖

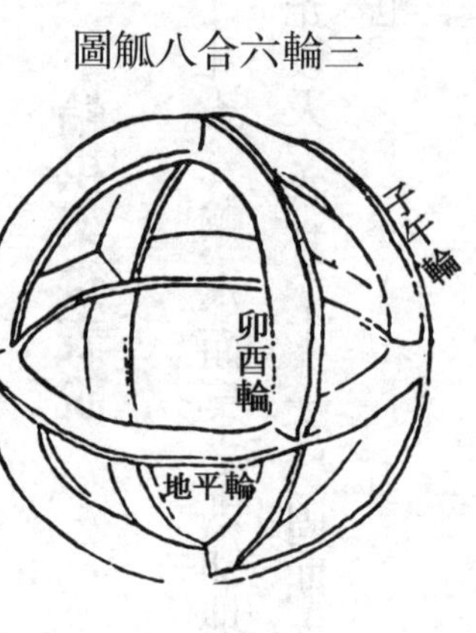

于是出入地平，可定二極，腰旋黄赤，形如雙環，日月交分，經緯皆可距度，四破取一是爲象限，欲求一星，立地可得。今以有徵無中之理，借此彌綸。以世言圓，皆畫毬如鏡之扁圓也，非圓圓也。

潛老夫曰：邵子曰乾坤定上下之位，坎離列日月之門，則先天圓圖八卦當拱架而偝觀之，非但平塡而論南北也。學者觀之，而得雙旋向北之象焉。自乾兑離震而旋左，是向北也；自巽坎艮坤而旋右，亦向北也。故邵子以坤震十六卦爲不用，言四分用三也。後天圖，則日月之腰輪也。以人身水火言，則坎離亦偝圓矣。故曰綫繞而折圜之，枝根而經絡之，無非圓者；一在二中，無非輪，無非交，則何不可縱午平直觀之耶！

見曰：河圖下水上火，繫詞天一地二，畫則一下二上。伏羲顛倒河圖，文王還舊耳。天地交爲坎離，而委蜕退處矣。震兑居坎離之舊位，男重長，女重少也；震兑之舊位，合以艮巽居之。潛老夫曰：禮運曰轉而爲陰陽。神哉轉乎！邵子曰人陽在上而陰在下，既交則陽下而陰上。請暢之。三陽脈在首，三陰脈在足，首上足下，正也。然腎陽在下，心陰在上，既曰負陰抱陽，又曰背陽腹陰，兩間混闢，費隱皆然。天陽本無，而轉以可見之有爲陽實；地陰本有，而轉以不可見之無爲陰虛；體本无而入用立體，反有定位；用本有而正用之時，反無形拘。所可決者，无在有中，无在非極而有北極之居所，不落陰陽而止有一陰一陽之謂道耳。

十六卦環中交用圖說

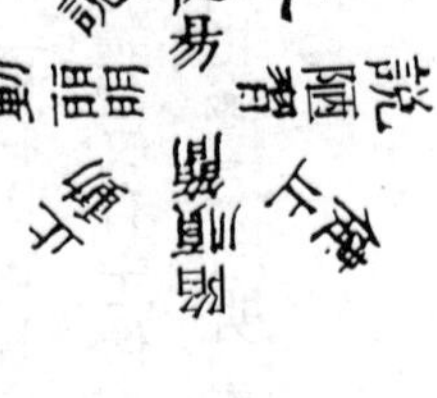

說　險
順入陷習止
丽健易　險
入說明　動止

塞乎兩間，止此健順之理，健中有動陷止之理，順中有入麗悦之理，合而言之，習明自易簡也。以習明爲易簡，自不任其苟且而託言荒忽；本易簡而習明，自不惑于詖僻而滯于紛紜。萬幾萬變，約以先後天之八德，交用而畢矣。譬之鏡焉，兩鏡相照，彼中有此，此中有彼，彼此復有彼此，窮極幻眇，不可殫見，況八鏡先後因重乎！然雖以無萬數之鏡，光光相攝，同時不相硋也。一在二中，錯綜格踐，交用交泯，其象如此，聖人隨卦舉之而皆得也。易前民用，惟在中其時宜之節；發即未發之中，適當無過不及之中，一陰一陽之道，繼善成性而已矣。

先後天因重説

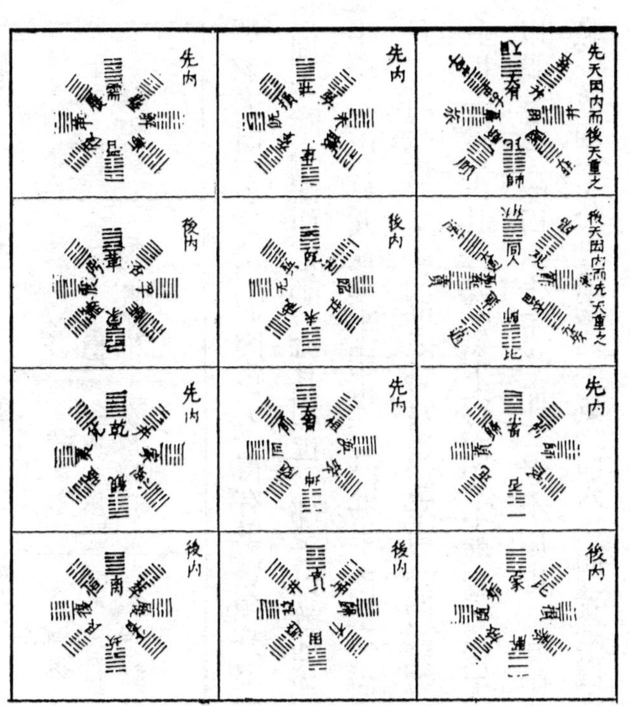

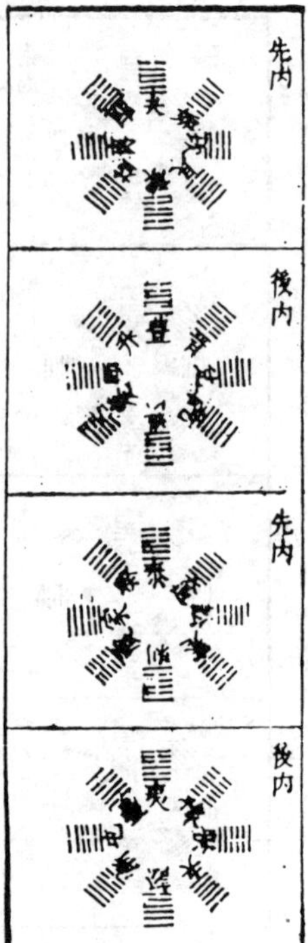

潛老夫曰：先天内而因後天，得有孚豐頤升困遯比，立其體也；後天内而因先天，得同過噬小觀節畜師，流其用也。邵子以乾坤坎離不用也，其始也乾金用之，而坎離半用之，以兑巽艮震半用也；其究也全用之，何也？乾坤者日月之所急，坎離者日月之所緩也。十二辟之爲宫也，乾占其四，兑震占其二，陽氣上行而離不與焉；坤占其四，巽艮占其二，陰氣下行而坎不與焉。後天于是乎取離居天，取坎居地，運其緩以調其急，故曰六十子半而二老不用也。除中男女，積卦四十有八，而以否泰掌其職。故四十八者陰陽之中氣，而六十四者兩儀之完氣也。二十六者，天太陽乾也；三分之倍其實得二十四者，天少陰兑也；三分之四其實得三十二者，天少陽離也；三分之倍其實得二十一分二釐奇者，天太陰震也。二十四者，地太陽巽也；三分之倍其實得十六者，地少陰坎也；三分之四其實得二十一分二釐奇者，地少陽艮也；三分之倍其實得一十四分一釐二毫者，地太陰坤也。四正數異則不相交，四隅數同則頤孚兩過遍行其交也。故曰兑巽艮震半用，而坎離不用也。奇偶之爻各一百九十二，而太少之數共一百九十九分五釐有畸者，卦各餘一分而縮也。故十二卦經之復姤夬剥各六，壯觀臨遯各十五，否泰各二十。則一百二十四卦緯之，八卦經之乾坤坎離頤孚兩過。則五十六卦緯之，極于三千八百四十，包于四千九十六，而先後天一周焉。于是歷旋而推之。

啓蒙卦變圖

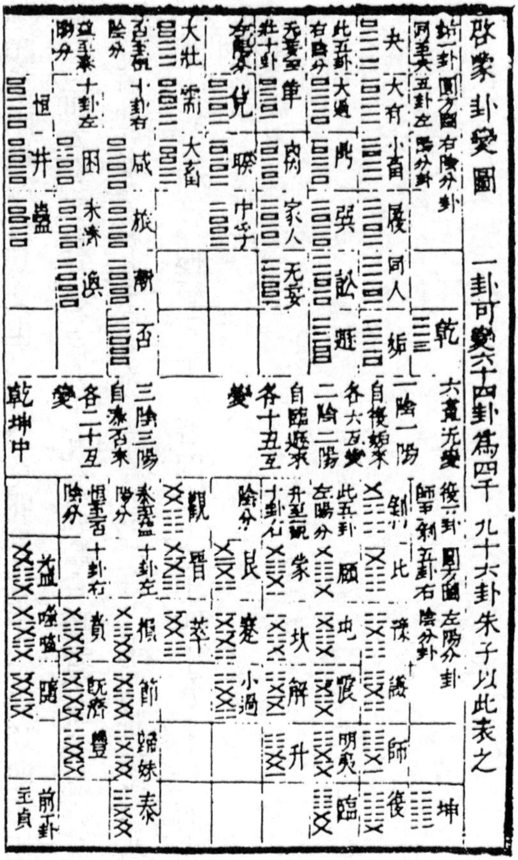

啓蒙卦變圖　一卦可變六十四卦爲四千九十六卦朱子以此表之

始一卦圖乃圖右陰分卦　乾　六畫无變　復一卦圖乃圖左陽分卦　坤

同人至夬五卦左陽分卦　師至剝五卦右陰分卦

夬　大有　小畜　履　同人　姤　一陰一陽　自姤復來　剝　比　豫　謙　師　復

此五卦右陰分　大過　鼎　巽　訟　遯　各六爻變　此五卦左陽分　頤　屯　震　明夷　臨

无妄至革　革　離　家人　无妄　二陰二陽　自臨遯來　升至觀　蒙　坎　解　升

大壯至兌十卦　兌　睽　中孚　各十五爻變　十卦右陰分　艮　蹇　小過

大壯　需　大畜　變　觀　晉　萃

否至咸十卦右　咸　旅　漸　否　三陰三陽　泰至益十卦左　損　節　歸妹　泰

陰分　自泰否來　陽分

益至泰十卦左　困　未濟　渙　各二十爻變　恒至否十卦右　賁　既濟　豐

陽分　變　陰分

恒　井　蠱　乾坤中　益　噬嗑　隨　前一卦至貞

來氏沈氏彖傳卦變說

泰　歸妹　節　損
豐　既濟　賁
隨　噬嗑　旅
觀　萃　升　十卦
升　解　坎　蒙
小過　蹇　艮
萃　晉　觀
蠱　井　恒
否　漸　旅　咸
渙　未濟　困
大畜　需　大壯
中孚　睽　兌
无妄　家人　離　革
遯　訟　巽　鼎　大過
姤　同人　履　小畜　大有　夬
復　師　謙　豫　比　剝
坤　乾
乾坤中爻
四陰四陽
自大壯觀
來各十五
互變
二陰二陽
自大壯來
各六互變
全變
此圖以乾坤衍然即乾坤蓋矣
頤剝觀之即爲後天貞悔變

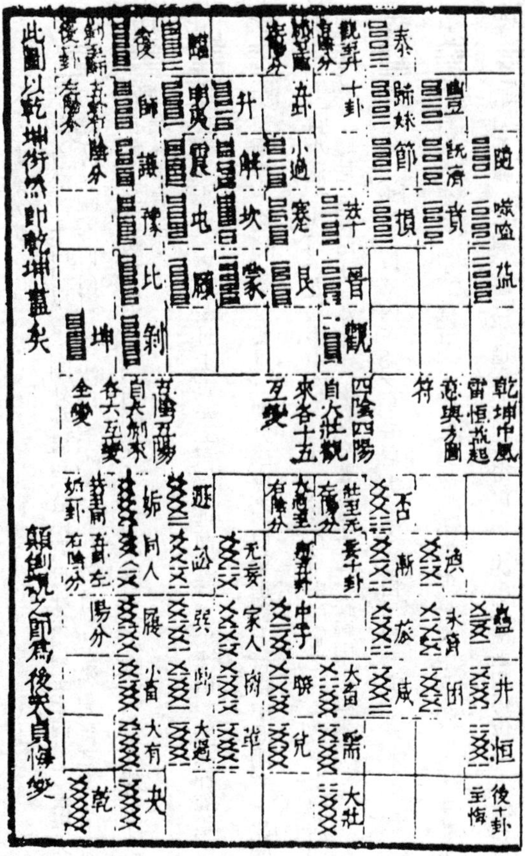

䷅訟舊說自遯變。|來曰：以需九五來居九二，故曰剛來得中。|沈曰：坎中剛居乾下曰來。

泰（否）自歸妹　沈曰：純陽純陰，故曰大小。上卦曰往，内卦曰來，如蠱咸恒皆此類。在乾坤曰大小，在六子則曰剛柔。

隨（蠱 自賁 既濟）自困噬嗑　來曰：隨以蠱上剛來居初，故曰剛來下柔。蠱以隨初剛居上，上柔居初，故曰剛上柔下。　沈曰：隨兑柔上而震剛下來，蠱艮陽上而巽陰下。

噬嗑（賁 自損 既濟）自益　來曰：嗑以賁上剛來居初爲剛分于下，以賁二柔往居五爲柔分于上，曰剛柔分。賁以嗑五柔來居二爲柔來文剛，初剛往上爲分剛上而文柔。　沈曰：離柔本中，特上下殊耳。同有以乾上下，旅以離艮曰順剛，嗑以離居震上曰柔得中而上行，賁以文言，艮剛上離柔下也。分者，即節與嗑之剛柔分也。

无妄（大畜 自需）自訟　來曰：以畜上剛外來居初，故曰剛自外來，爲主于内。大畜以无妄初剛居上，六二進居六五，故曰剛上而尚賢。　沈曰：无妄之主在初，自外乾來，大畜之主在上剛以篤艮而賢也。

咸（恒 自豐）自旅　來以初柔居上爲兑，四剛居三爲艮，故咸曰柔上剛下；恒亦如是，故曰剛上柔下。　沈以震艮剛巽兑柔言上下。

晉（明夷）自觀　來曰：夷二柔進上行至五，曰柔進而上行。　沈曰：離陰坤純陰曰柔而已，離進坤上曰上行。

睽（家人）自離孚　來曰：家二柔進五而九二應之，曰柔進而上行得中應剛。　沈就離柔居五言之。

蹇（解 自升）自小過　沈曰：九坎得中在上曰往，故蹇往得中。解之二陽震在上陽居四入于坤體，曰往得衆；坎在下陽居二爲解主曰來得中，蓋坎在蹇則謂之往，在解則謂之來。

升（萃）自解　來曰：以萃内三爻之柔升居上三爻，故曰柔以時升。

鼎（革）自巽　來曰：革二進五，下應九二，故曰柔進上行，得中應剛。　沈就離柔居五言。

漸（歸妹）自渙旅　來曰：歸三柔進居四曰進得位。　沈曰：漸進四得位也。凡震初離二艮三巽四坎五兑上曰得位，故小畜之四得位。

節 渙自漸　來曰：節五剛來居二而得中，三柔居四而得位，四柔居三而上同，故曰剛來而不窮，柔得位乎外而上同。　沈曰：坎陽在下曰來，以居二曰不窮極也。巽陰在上曰外，居四曰得位。

益 損損六五益六二皆十朋。

姤 夬夬四姤三皆臀无膚。

未濟 既濟既三未四皆曰伐，可徵顛對互取。

潛老夫曰：化裁之變，推行之通，趣時者也。朱子自貞趣悔謂之往，從悔趨貞謂之來，則上下進退槩可識矣。來梁山取反對爲變，而不知本義與反對未嘗舛也。因而廣之，大横圓方莫不瞭然。自乾之坤，往也，退也，下也；自坤之乾，來也，進也，上也。又自復之乾，陽進陽也；自姤之坤，陰進陰也。有卦即有變，即有諸變，自象舉之，而可以引觸矣，況軌革卦影之无所不用，而蓍策應幾如神乎！智曰：沈全昌、何玄子盡廢糾葛而以本卦取義，謂之一説可也。後學苟簡，遂欲廢卦變矣。推變也，顛變也，往來變也，互變也，伏變也，六虛豈有先後哉！不離陰陽，即不離此無窮之變矣。聖人視之無所不可執，如沈言則否何不曰剛上而柔下，隨何不曰柔上而剛下耶？謂近觀貞悔爲捷，則可謂虚轉陰陽爲更捷可耳。

八宮游歸卦變圖

八宮游歸卦變圖　下圖以六爻衍

乾天　天風姤　天山遯　天地否　風地觀　山地剥　火地晉　火天大有

坤地　地雷復　地澤臨　地天泰　雷天大壯　澤天夬　水天需　水地比

坎水　水澤節　水雷屯　水火既濟　澤火革　雷火豐　地火明夷　地水師

離火　火山旅　火風鼎　火水未濟　山水蒙　風水渙　天水訟　天火同人

震雷　雷地豫　雷水解　雷風恒　地風升　水風井　澤風大過　澤雷隨

巽風　風天小畜　風火家人　風雷益　天雷無妄　火雷噬嗑　山雷頤　山風蠱

艮山　山火賁　山天大畜　山澤損　火澤睽　天澤履　風澤中孚　風山漸

兌澤　澤水困　澤地萃　澤山咸　水山蹇　地山謙　雷山小過　雷澤歸妹

兌	震	坎	坤	巳亥	乾	離	巽	艮
謙	井	豐	夬	辰戌	剥	渙	噬嗑	履
小過 蹇	大過 升	明夷 革	需 大壯	卯酉	觀 晉	蒙 訟	无妄 頤	睽 中孚
歸妹 咸	隨 恒	師 既濟	比 泰	寅申	否 大有	未濟 同人	益 蠱	損 漸
萃	解	屯	臨	丑未	遯	鼎	家人	大畜
困	豫	節	復	子午	姤	旅	小畜	賁

上方八宮各八變，自下而上五變，而上世不變，乃下變游魂、歸魂。凡三變後，乾坤震巽艮兑互變，老從老，少從少，不混也；六變後乾火離天，坤水坎地，震澤兑雷，艮風巽山，正錯正，偏錯偏，不雜也。下方爻以六成當十二時圖書中五，故位貴五上爲不遷宗廟，是五十六卦所出也。五爲大宗，上承祖考，五服教親，五世遺澤，皆是義也。四以繼别爲宗者也，是一表法。鄭氏曰：乾進一得姤爲乾一世，姤進二得遯爲二世，遯進四得否爲三世，否進八得觀爲四世，觀進十六得剥爲五世，上爻不變，故三十二數不用，彼三十二陰陽，皆六十四卦上爻耳。遊魂、歸魂亦以八與十六爲法。遊自剥退八得晉，歸自乾進十六得大有，坤亦然。按此横圖言之，以方圓數正隅皆合。孔子曰：易始于一，分于三，盛于五，終于上。又曰：易變而爲一，一變而爲七，七變而九，九者氣變之究也，乃復變而爲一。又曰：有四易，一世二世爲地易，三世四世爲人易，五世六世爲天易，游、歸爲思〔一〕易。八卦以鬼爲係爻，財爲制爻，天地爲義爻，福德爲寶爻，同氣爲專爻。此雖見于京、列，元包宗之，火珠林用

〔一〕依京氏易傳，「思」當作「鬼」。

之，然實易本然之理。内卦一世二世三世亦參變也，外卦四世五世亦伍變也。内外卦，法兩儀也。内外卦各得四卦，法四象也。五世，法五行也。游魂、歸魂，法鬼神也。

元公曰：八純卦爲命宫變卦之祖也，子孫禪也，五行化也。儒言一氣之傳，釋演多身之變，道家九還之丹，皆表之矣。六游八歸則神反于内，而天命還元矣。元命包其祖京乎？横對四縱對四即四正四隅也，而飛于賓卦者伏于上卦，有明有暗，有消有息，造化玄機，咸洩于陰符内矣。且五變之中，三世爲平衡之位，而一變與五變對，二變與四變對，往順來逆，神機鬼藏。子曰知幽明之故、死生之説、鬼神情狀，不昭如乎！七變之中，艮與巽交，震與兑交，乾與坤交，坎與離交，而艮巽與震兑互爲飛伏，乾坤、坎離互爲飛伏，乃信離爲天體，地氣生之，坎爲地體，天氣生之，我之敵體即我之寄體。莊子云萬物皆種，相禪若環，然哉！七變之中，有生有克，有比和順往逆來，敵成親害，而一卦之中貞體四卦，敵體四卦，佐體六卦，又藏正對爲奇、反對爲偶之義，斯神聖心傳也。上爻不動，千變不失，吾宗神旅形而常住明矣。鑿度以上爲宗廟，禮之不遷主也。禮爲之明，易爲之幽。

潛老夫曰：孟、焦所明，儒或外之，然而參伍卦策皆符尚占取焉。納甲之取于朔望也，歸、游之取閏餘也，子父之取于生尅也，卦氣之取于二十四、七十二也，皆屈伸情僞之所必資也。一宫縱七横七，其用廣矣。陽宫五而參以陽宫三，盡脱本宫，收其相錯，而縱横之中三不入焉。乾宫无雷水澤，坤宫无風火山，震宫无天火山，巽宫无地水澤，坎宫无天風火，離宫无地雷澤，艮宫无坎雷水，兑宫无天風山。其不備者，取諸四互而包焉。乾金而有老土，坤土而有老金，震木而有老土，巽木而有老木，坎水而有老水，離火而有老火，艮土而有老木，兑金而有老土。宗廟既立，萬化乃生，先天貴初，後天貴上，虚其六而世其八，典其一而世其七，四變而三交，七變而四遊，五變而對宫往，七變藏九變而本宫歸。歸也者，歸于二五之中也。遊其悔也，歸其貞也。遊于四者兩地也，故再變而用其半；歸于三者參天也，故三變而用其全；一遊一歸總于一交，而雜物撰德備矣。

游歸綜圖

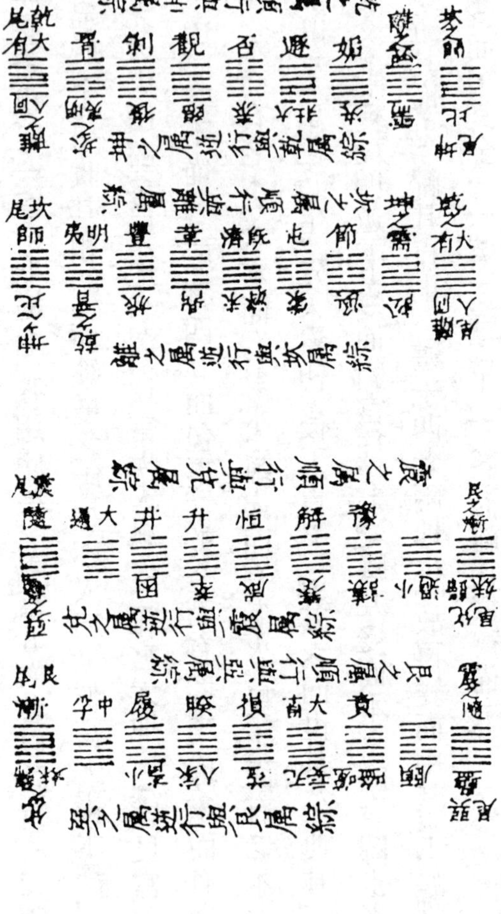

乾之屬順行與坤屬綜

坎之屬順行與離屬綜

震之屬順行與兌屬綜

艮之屬順行與巽屬綜

圖解曰：一變八，八皆一矣。除本世及遊歸，中變則五也。乾與坤對，坎與离對，震與兑對，艮與巽對，即先天四正隅之義也。游歸二變，乾之晉即坎之明夷，乾之大有即離之同人，坤之需即離之訟，坤之比即坎之師。乾坤既爲坎離綜，坎離亦與乾坤綜焉。震之大過，艮之中孚，巽之頤，兑之小過，無可綜也。震尾之隨即巽尾之蠱，艮尾之漸即兑尾之歸妹。震艮與兑巽綜，兑巽亦與震艮綜，爲四正與四正相綜，四隅與四隅相綜。然四正則乾坤之中皆有坎離，坎離之中皆有乾坤，變中無不綜之卦；四隅則震惟一巽，巽惟一震，艮惟一兑，兑惟一艮，而無綜者，各一純雜之體，偏全之用不同也。乾坤至純無可反無可互也，坎離得中雖可互無可反也。故四正本卦俱無反對。一變則本體全藏，漸變漸遠，故卦卦可綜。四隅卦偏陰偏陽，一反則上下成兩卦，必變而偏體漸消，五變而偏體盡，六變而偏者正無可綜矣。震之大過，艮之中孚，巽之頤，兑之小過是也。頤與大過，坎離之似；中孚小過，坎離之複也。惟效法坎離，故無綜焉。文王以坎離終上下篇，又以似坎離者以先坎離之體，以複坎離者先坎離之交，坎離之用大哉！

元公黄氏衍京變

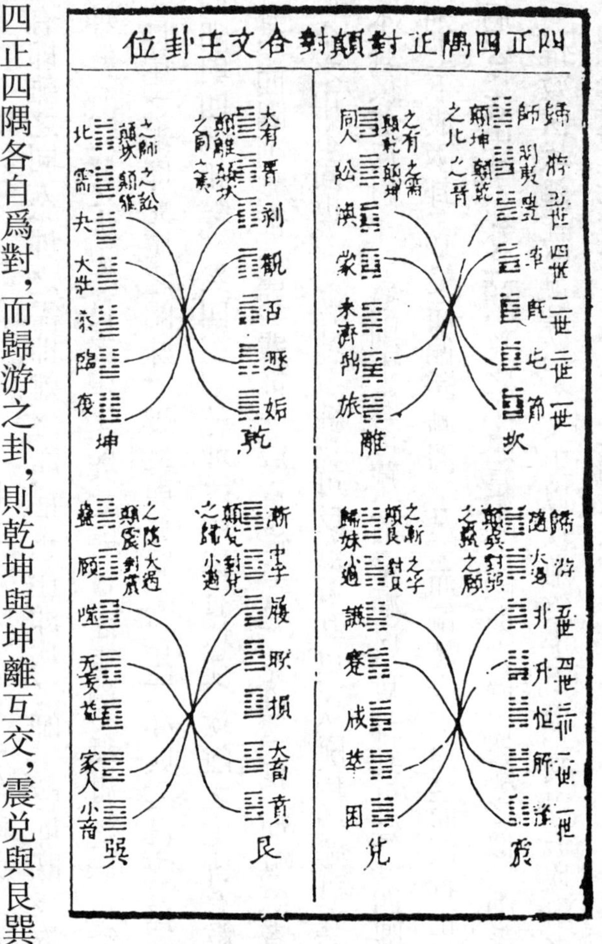

四正四隅各自爲對，而歸游之卦，則乾坤與坤離互交，震兑與艮巽互交。

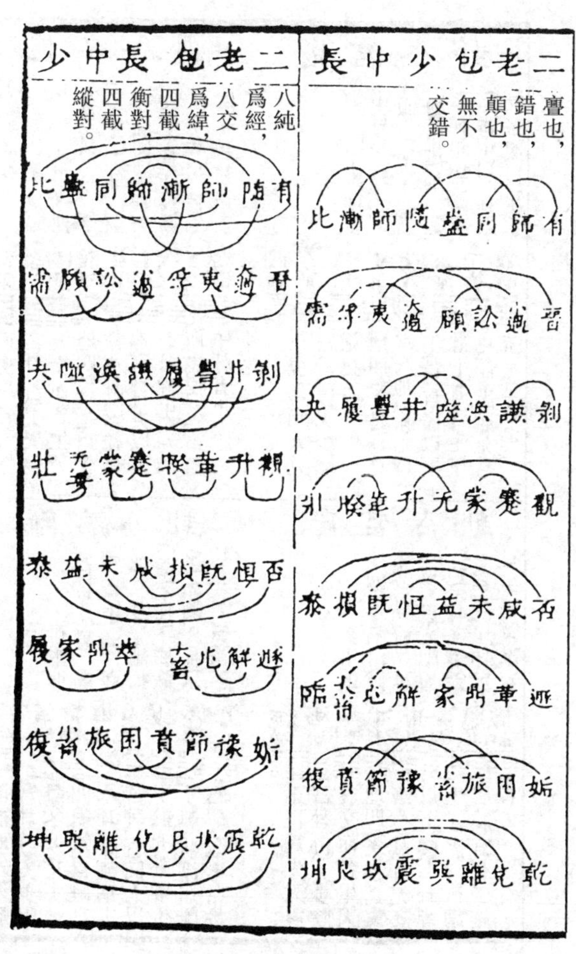

二老包少中長
亹也，錯也，顛也，無不交錯。
二老包長中少
八純爲經，八交爲緯，四截衡對，四截縱對。

八不變卦顛盪圖

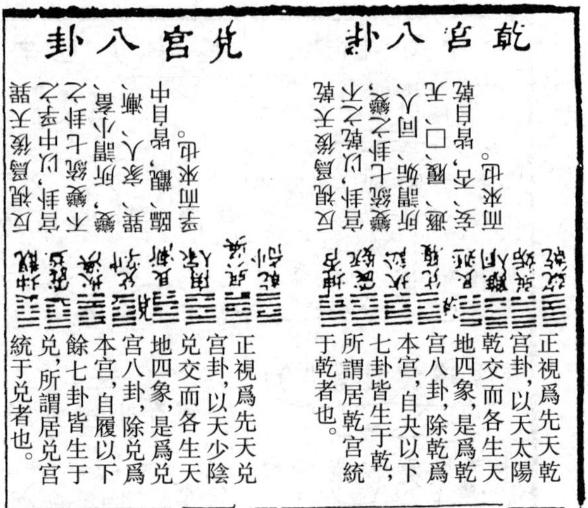

乾宮八卦

正視爲先天乾宮卦，以天太陽乾交而各生天地四象，是爲乾宮八卦，除乾爲本宮，自夬以下七卦皆生于乾，所謂居乾宮統于乾者也。

反視爲後天乾宮卦，以乾之不變統七卦之變，所謂姤、同人、遯、履、□、无妄、否，皆自乾而來也。

兌宮八卦

正視爲先天兌宮卦，以天少陰兌交而各生天地四象，是爲兌宮八卦，除兌爲本宮，自履以下餘七卦皆生于兌，所謂居兌宮統于兌者也。

反視爲後天巽宮卦，以中孚之不變統七卦之變，所謂小畜、巽、家人、漸、臨、觀，皆自中孚而來也。

離宮八卦

正視爲先天離宮卦，以天少陽離交而各生天地四象，是爲離宮八卦，除離爲本宮卦，自同人以下餘七卦皆生于離，所謂居離宮統于離者也。

反視爲後天離宮卦，以離之不變統七卦之變，所謂大有、鼎、旅、睽、未濟、噬嗑、晉，皆自離而來也。

震宮八卦

正視爲先天震宮卦，以天少陰震交而各生天地四象，是爲震宮八卦，自无妄以下餘七卦皆生于震，所謂居震宮統于震者也。

反視爲後天艮宮卦，以頤之不變統七卦之變，所謂大畜、蠱、賁、艮、損、蒙、剝，皆自頤而來也。

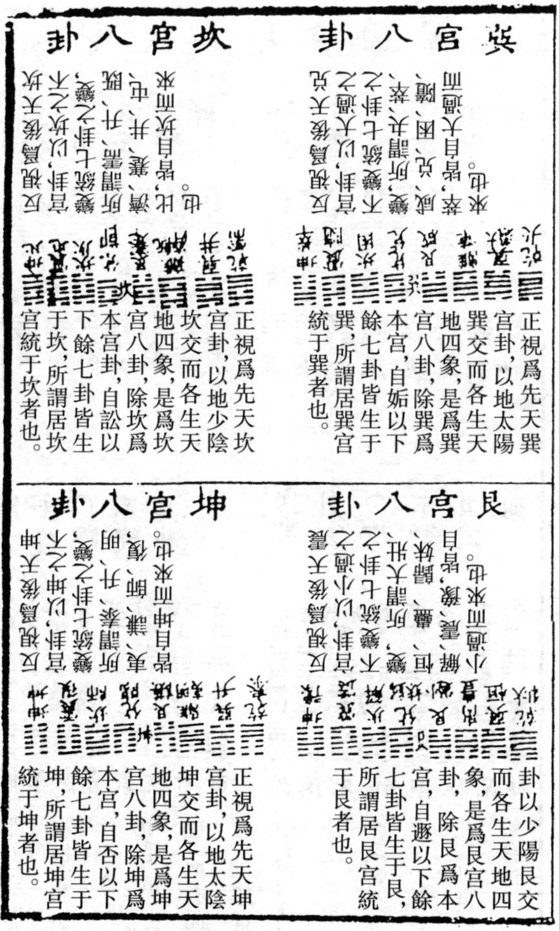

兌宮八卦

正視爲先天巽宮卦，以地太陽巽交而各生天地四象，是爲巽宮八卦，除巽爲本宮，自姤以下餘七卦皆生于巽，所謂居巽宮統于巽者也。

反視爲後天兌宮卦，以大過之不變統七卦之變，所謂夬、萃、咸、兌、困、隨、萃，皆自大過而來也。

坎宮八卦

正視爲先天坎宮卦，以地少陰坎交而各生天地四象，是爲坎宮八卦，除坎爲本宮卦，自訟以下餘七卦皆生于坎，所謂居坎宮統于坎者也。

反視爲後天坎宮卦，以坎之不變統七卦之變，所謂需、升、既濟、蹇、井、屯、比，皆自坎而來也。

艮宮八卦

卦以少陽艮交而各生天地四象，是爲艮宮八卦，除艮爲本宮，自遯以下餘七卦皆生于艮，所謂居艮宮統于艮者也。

反視爲後天震宮卦，以小過之不變統七卦之變，所謂大壯、恒、蠱、歸妹、解、震、豫，皆自小過而來也。

坤宮八卦

正視爲先天坤宮卦，以地太陰坤交而各生天地四象，是爲坤宮八卦，除坤爲本宮，自否以下餘七卦皆生于坤，所謂居坤宮統于坤者也。

反視爲後天坤宮卦，以坤之不變統七卦之變，所謂泰、升、明夷、謙、師、復，皆自坤而來也。

八盪雙顛圖

後天八卦宮變圖

乾宮卦變　○乾不變　其變坤

乾　中孚　離　頤　大過　坎　小過　坤

乾　夬　大有　大壯　小畜　需　大畜　泰

坤宮卦變　○坤不變　其變乾

乾　中孚　離　頤　大過　坎　小過　坤

否　萃　晉　豫　觀　比　剝　坤

離宮卦變　○離不變　其變坎

乾　中孚　離　頤　大過　坎　小過　坤

同人　革　離　豐　家人　既濟　賁　明夷

坎宮卦變　○坎不變　其變離

乾　中孚　離　頤　大過　坎　小過　坤

訟　困　未濟　解　渙　坎　蒙　師

邵子曰：天有四正，謂陽儀中乾、中孚、離、頤也。地有四正，謂陰儀中大過、坎、小過、坤也。今顛轉交互推之，無非此八卦爲關鑰會通。

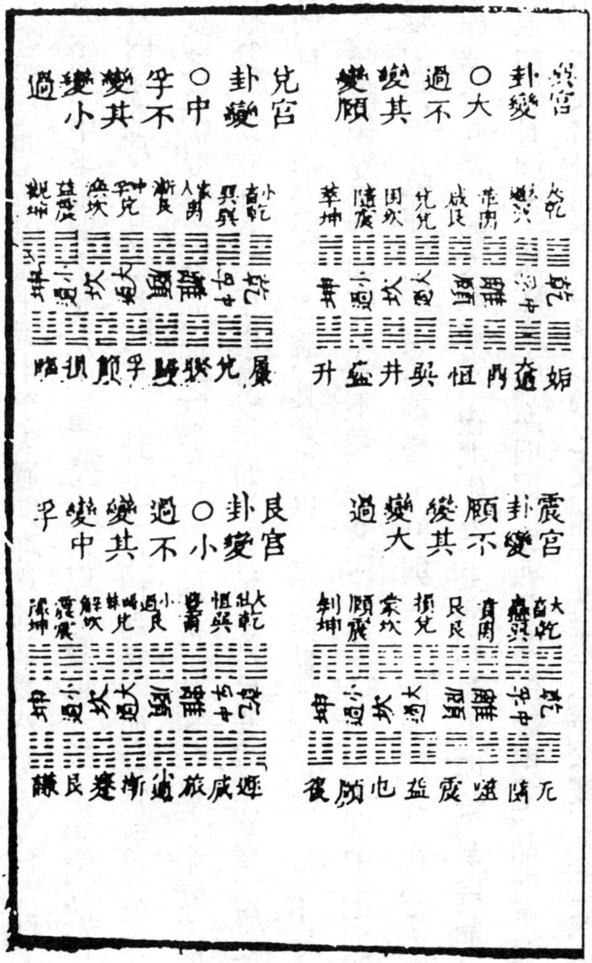

巽宫卦變○大過不變其變頤

兑宫卦變○中孚不變其變小過

震宫卦變頤不變其變大過

艮宫卦變○小過不變其變中孚

此圖八互卦變八宮之卦，皆有乾中孚離頤大過坎小過坤在中，而一本乾一兑二之序，可見周易後天八卦寔本羲易先天而設也。希夷曰：八正卦對體不變，乃死生壽夭造化之樞機。邵子曰：乾坤坎離四正卦不變，故兑震巽艮四維卦半變。是故正視下半爲兑，反視上半爲巽，則大過也；正視下半爲巽，反視上半爲兑，則中孚也；正視上半爲震，反視下半爲艮，則小過也；正視上半爲艮，反視下半爲震，則頤也。故在兑震巽艮四宫，以頤小過中孚大過與坤坎離並爲八卦。又曰：頤爲艮之震，大過爲兑之巽，中孚爲巽之兑，小過爲震之艮，以其變也。後天主變，故以變言。不變之四卦内除本宫一卦不變外，其三卦上下互相爲變。如乾宫離之乾大有變乾之離同人，坎之乾需變乾之坎訟，坤之乾泰變乾之坤否，其類是也。半變之四卦，亦除本宫一卦不變，其三卦上下互相爲變。如兑宫兑之兑兑變巽之巽巽，震之兑歸妹變巽之艮漸，艮之兑損變巽之震益，其類是也。諸卦皆然，獨正體一卦不變，是用大變，陽極變陰，陰極變陽。如乾之乾不變，一變而爲坤之坤，兑之巽中孚不變，一變而爲艮之震小過也。乾坤之交，夬與剥變，大壯與觀變，臨與遯變，復與姤變，而泰否居中，不與諸卦同變；頤大過之變，復與姤變，夬與剥變，屯與蒙，革與鼎三變，而隨蠱居中，不與諸卦同變；坎離之交，涣與節、旅與豐交變，蒙與屯、鼎與革交變，而既、未濟居中，不與諸卦同變；中孚小過之交，節與涣、豐與旅交變，臨與觀、壯與遯交變，而歸妹、漸居中，不與諸卦同變。乾坤坎離八卦變而中不變，屯蒙五十六卦變而中不變，其道也。乾坤兩儀之正位也，故統始終之變。坎離者，兩儀之中也，而中孚爲兑之中，頤爲震之中，交于乾離者也。大過爲巽之中，小過爲艮之中，交于坤坎者也。是故中孚、大過皆二陰四陽，自大壯、遯而來，近于離中而統于乾也。頤小過皆四陰二陽，自臨、觀而來，近于坎中而統于坤也。八卦皆不自變，其極亦變。坎與離變，頤與大過變，中孚與小過變，一同乾坤之變。乾坤坎離之不自變者，體之體也。頤大過中孚小過之不變，其用之體乎！自其以陽變陰、陰變陽言，復與姤變，臨與遯變，泰與否變，大壯與觀變，夬與剥變，乾與坤變也，錯變也。自其以陽變陽、陰變陰言，剥與復變，臨與觀變，泰與否變，大壯與遯變，夬與姤變，顛轉而變也。吕中石曰：乾坤之變，天地所以定位也；中孚小過之變，山澤所以通氣也；頤大過之變，雷風所以相薄也；坎離互變，水火所以不相悖也。

依先天序顛錯三圖

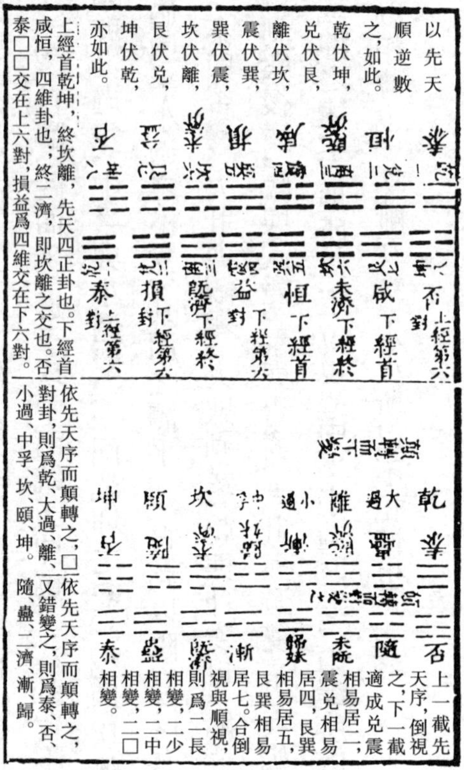

以先天順逆數之，如此。乾伏坤，兑伏艮，離伏坎，震伏巽，巽伏震，坎伏離，艮伏兑，坤伏乾，亦如此。

乾 泰　坤 否 上經第六對
兑 恒　艮 咸 下經首
離 既濟　坎 未濟 下經終
震 咸　巽 恒 下經首
巽 損　震 益 下經第六對
坎 未濟　離 既濟 下經終
艮 益　兑 損 下經第六對
坤 否　乾 泰 上經第六對

上經首乾坤，終坎離，先天四正卦也。下經首咸恒，四維卦也；終二濟，即坎離之交也。否泰□□交在上六對，損益爲四維交在下六對。

顛轉而下變

乾 泰 否
大過 蠱 隨
離 既濟 未濟
小過 漸 歸妹
中孚 歸妹 漸
坎 未濟 既濟
頤 隨 蠱
坤 否 泰

上一截先天序，倒視之，下一截適成兑震相易居二；震兑相易居四，艮巽相易居五，艮巽相易居七。合倒視與順視，則爲二長相變，二少相變，二中相變，二□相變。

依先天序而顛轉之，對卦，則爲乾、大過、離、小過、中孚、坎、頤、坤。

□依先天序而顛轉之，又錯變之，則爲泰、否、隨、蠱、二濟、漸、歸。

邵子曰：天有二正，地有二正，共二變以成八卦；天有四正，地有四正，共用二十八變以成六十四卦。小成之卦正者四，變者二；大成之卦正者八，變者二十八，共三十六。乾坤坎離，三十六卦之祖也；兑震巽艮，二十八卦之祖也。爻止于六，卦成于八，策窮于三十六，而重卦極于六十四也。吕中石曰：正體不變，互體半變。宫變爲源，以先天同盪八卦爲宫。卦變爲委，以内外三爻顛轉互換爲卦變。爻變爲流。以每卦爻變所之名爲爻變。

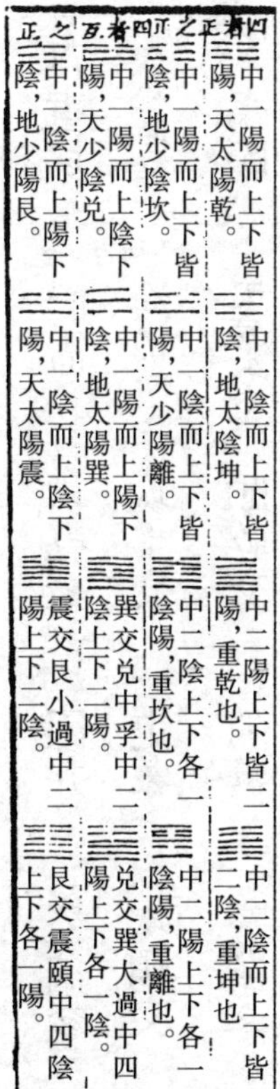

四者正之四者互之正

☰中一陽而上下皆陽，天太陽乾。☷中一陰而上下皆陰，地太陰坤。䷀中二陽上下皆二陽，重乾也。䷁中二陰而上下皆二陰，重坤也

☵中一陽而上下皆陰，地少陰坎。☲中一陰而上下皆陽，天少陽離。䷜中二陰上下各一陰陽，重坎也。䷝中二陽上下各一陰陽，重離也。

☱中一陽而上陰下陽，天少陰兑。☴中一陽而上陽下陰，地太陽巽。䷼巽交兑中孚中二陰上下二陽。䷛兑交巽大過中四陽上下各一陰。

☶中一陰而上陽下陰，地少陽艮。☳中一陰而上陰下陽，天太陽震。䷽震交艮小過中二陽上下二陰。䷚艮交震頤中四陰上下各一陽。

中石吕氏中交百二十八卦圖

重乾自互乾　重坤自互坤
重坎互震艮　重離互巽兑
中孚互震艮　小過互巽兑
大過互乾　頤　互坤

天太陽乾之乾爲重乾　夬姤　乾大過交　有同　乾離交　壯遯　乾小過交

小畜履乾中孚交　需訟　乾坎交　大畜无妄　乾頤交　泰否　乾坤交

地太陰坤之坤爲重坤　否泰　坤乾交　萃升　坤大過交　晉明夷　坤離交

豫謙坤小過交　觀臨　坤孚交　比師　坤坎交　剥復　坤頤交

天少陰兌 地太陽巽爲中孚　履小畜　孚乾交　兌巽　孚大過交　睽家人　孚離交

歸妹漸孚小過交　節渙　孚坎交　損益　孚頤交　臨觀　孚坤交

地少陽艮 天太陰震爲小過　遯壯　小乾交　咸恒　小大過交　旅豐　小離交

漸歸妹小孚交　蹇解　小坎交　艮震　小頤交　謙豫　小坤交

天少陽 離之離爲重離　同有　離乾交　革鼎　離小過交　豐旅　離小過交

家人睽離孚交　既未濟　離坎交　賁噬嗑　離頤交　明夷晉　離坎交

地少陰 坎之坎爲重坎　訟需　坎乾交　困井　坎大過交　未既濟　坎離交

解蹇坎小過交　渙節　坎孚交　屯蒙　坎頤交　師比　坎坤交

天太陰震 地太陽艮爲頤　无妄大畜　頤乾交　隨蠱　頤大過交　噬嗑賁　頤離交

震艮　頤小過交　益損　頤孚交　蒙屯　頤坎交　復剥　頤坤交

地太陽巽 天少陰兌爲大過　姤夬　大乾交　鼎革　大離交　恒咸　大小過交

巽兑　大孚交　井困　大坎交　蠱隨　大頤交　升萃　大坤交

陰本卦八爲百十二卦，連本卦八爲百二十卦，八卦自變爲百二十八卦，重倍貞悔爲百四十四卦。

序卦互見圖

全賜曰：夬剥復姤肖乎乾坤，中孚小過肖乎坎離，陰陽三五見乎上，二四根于下，所謂一與四同功，三與五同功而異位之象皆可知矣。　二必合四，四必合八，八歸于内，其數愈約。本體十六，分爲兩儀，臣輔乾坤，次綈坎離，此大極之所以有四象，二篇之所以爲首末也。

京變圓圖　應朔望圖

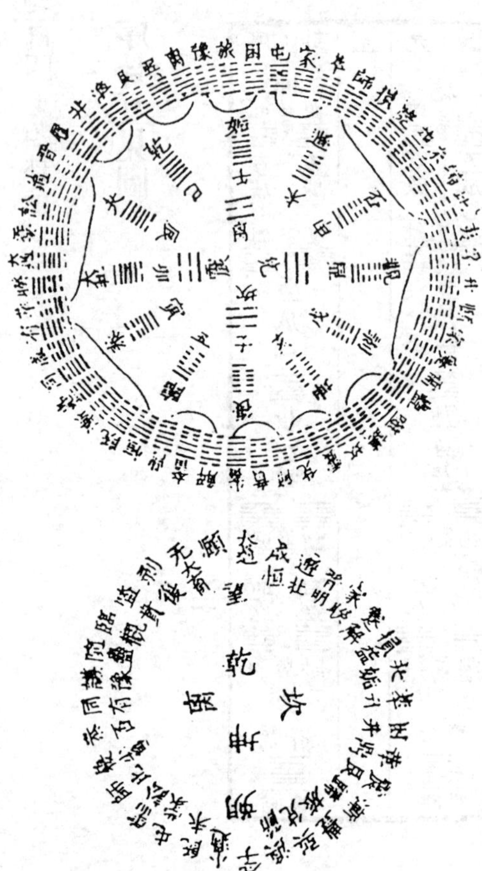

後天用易之法，年月日時无處不得卦爻彖象之用。前圖依卦變而衍，以乾兑離

震一變之卦屬午，爲姤爲豫旅困，以巽坎艮坤一變之卦屬子，爲節賁小畜爲復；又以八卦二變之卦分屬丑未，又以八卦三變之卦分屬寅申，而歸魂之卦各附之；又以八卦四變之卦分屬卯酉，而以遊魂之卦各附之；又以八卦五變之卦分屬辰戌，又以八卦本位分屬巳亥，而從乾坤相對待焉。是十二辟卦各司一月，而一月得一卦之用；每月三卦分主三十日，而一旬得一卦之用矣。寅申卯酉，人之所有事也，故八卦之用皆備也。後圖依卦序而衍，天地覆載，日月運行，中孚小過爲朔，頤大過爲望，實有至理，非臆説也。二十八卦分主二十八日，而一日得一卦之用；反對爲五十六卦，朔望正對者四卦，而一日得一卦之用，一時得一爻之用矣。觀象玩詞者，其法與！日月爲易，此其理歟！

朱子卦變圓圖

右圖如乾自姤至恒、坤自復至益爲三十二卦之前，乾自益至坤、坤自恒至乾爲三十二卦之後，餘放此。益一爻二爻變必在前，則占本卦爻辭；四爻五爻六爻變必

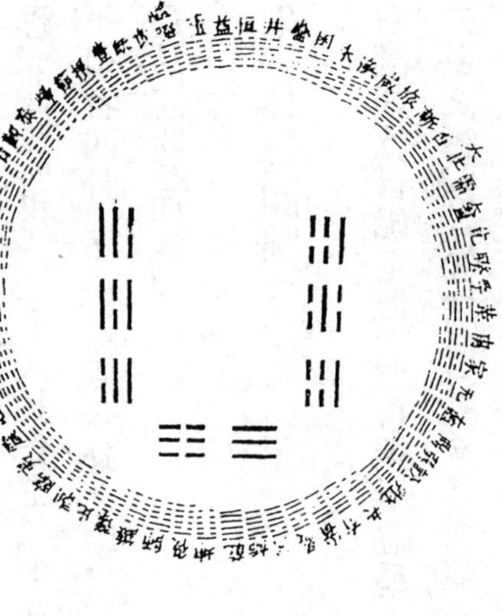

在後，則占之卦爻辭；獨三爻變者凡二十卦，前十卦主貞象，後十卦主悔象。必以三十二卦爲限者，取其中也。

三互圖説

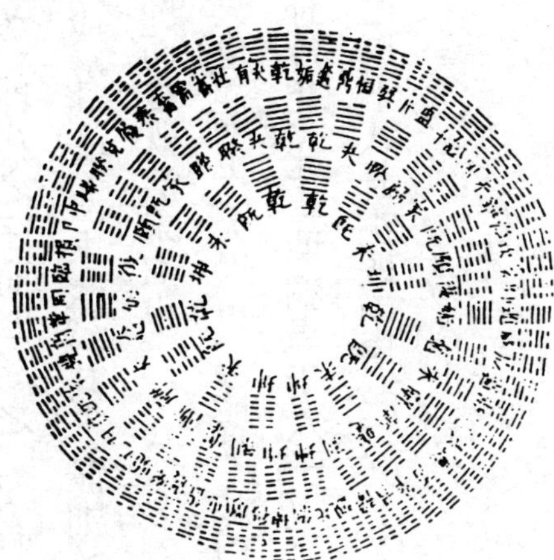

朱子曰：弼破互，朱子發用互。自二至五互兩卦，兩卦又伏兩卦。林黄中推成四卦，四卦又伏四卦。王弼注睽六二曰始雖受困，終獲則助，自初至五爲困，此亦互也。鍾會排互，而荀顗難之，洪邁、吴澄皆言互易，以天然象數徵理，何處不可取耶？

仝曰：雜物撰德，辨是與非，則非中爻不備。中爻者，即中四爻，自二至四、自三至五，春秋傳所謂互體也。今觀所互之十六卦，則以乾一坤八之序而兩比之，上體則以乾一坤八之序而四周之，左右適均也。復以所互之卦而再互之，皆縮四而得一，只成乾坤既濟未濟。其下體則乾離坎坤爲序，上體則乾坎離坤爲序，周易所以首乾坤而終既濟未濟也。

夬也，姤也，大過也，互皆二乾；剥也，復也，頤也，互皆二坤。二乾之卦皆南，二坤之卦皆北，此乾坤獨異于六子也。潛老夫曰：此以徵乾坤二濟所以用坎離也。孔易大過以下八卦正取中層。

周易時論合編圖象幾表卷之四

皖桐方孔炤潛夫授編
侄鶴立竹西兆及蛟峰參訂
孫中德　中通　中履　中泰編録

啓蒙蓍衍

象兩象叁　之初變

三奇　一偶

朱子曰：奇者三，偶者一，言初變之奇有三狀，偶止一狀也。左三則右一，左一則右三，左二則右二，左四則右四，去掛一計之，則五者爲四而奇，九者爲八而偶。潛老夫曰：此三統、大衍所謂易三微而成著也。

二三變之奇　二三變之偶

再變三變，左二則右一，左一則右二，左三則右四，左四則右三，合掛一計之，則三者爲四而成奇，七者爲八而成偶，初掛則除而再三，合掛已寓損益盈虛。

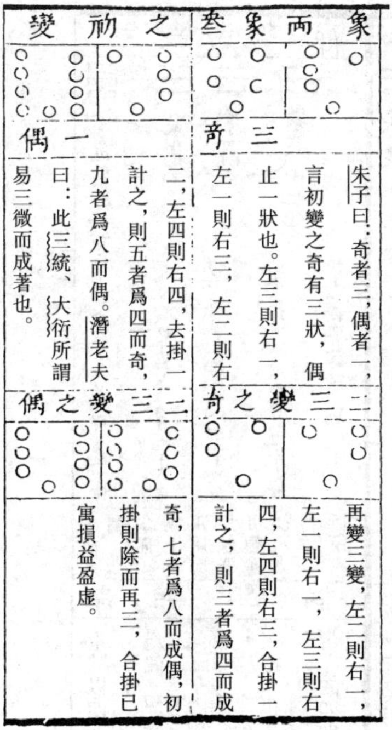

三變成爻即三者而成象

☰ 三奇象乾三十策 初十一會次十會又九會共三十會

☱ 象兌 初十一會次十會又八會共二十九會

☲ 象离 二奇一偶 初十一會次九會又八會共二十八會

☴ 象巽 十七策 初十一會次九會又八會共二十七會

初十一會次九會又七會共二十七會

少而多順也，多而少逆也，正用與用餘皆可順逆往來焉。圖解曰：即一變之微已具太極四象八卦森然矣。

☳ 象震

☵ 象坎 二偶一奇 初十會次九會又七會共二十六會

☶ 象艮 二十策 初十會次八會又七會共二十五會

☷ 三偶象坤二十五策 初十會次八會又六會共二十四會

奇用全偶用半之法

策數以四五爲奇，八九爲偶。初變有五有九，而五去掛，仍四也；九去掛，仍八也。奇用其全，故四即以一爲體，以三爲用。偶用其半，故八僅存四，以二爲體，以二爲用。郭維曰：一行以三少爲奇、三多爲偶最明。

老陽十二過揲三十六

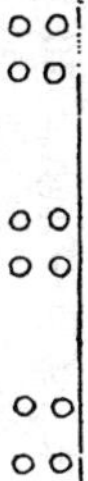

四約三分爲一者三。　本十三策去初掛一止得十二，以三分之爲四者三。凡四爲奇，謂爲奇者三也。

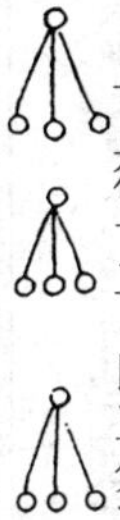

三一各復有三，爲九之母。　于四策中而置一于上爲體，列三于下爲用，三其一即三其三也。

四約得九爲九之子。　四其九而九其四爲三十六，故此過揲者九之子也。以三十六爲母，則三百二十四爲子，極千萬皆子也。

少陰十六過揲三十二

四約三分爲一者二，爲二者一。言爲奇者二，爲偶者一也。本十七策，去初掛得十六。

二一各有三，二二復有二，爲八之母。　二二同前一二，謂于八策中去四不用，于四策中置二于上爲體，以領二用也。

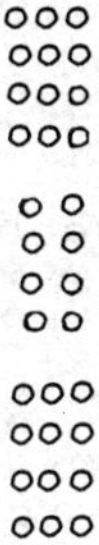

四約得八爲八之子。　四其八而八其四爲三十二，故此過揲者八之子也。以三十二爲母，則二伯五十六爲子。

少陽二十過揲二十八

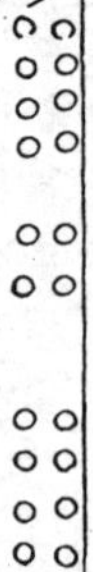

四約三分爲二者二，爲一者一。言爲偶者二，爲奇者一也。本二十一策，去初掛得二十。

二三各有二，一一復有三，爲七之母。二三者兩四八也，逢八去四，于四策中置二爲體，以領二用。

四約得七爲七之子。四其七而七其四爲二十八，故此過揲者七之子也。以二十八爲母，則百九十六爲子。

老陰廿四過揲廿四

四約三分爲二者三。三□八也，爲偶者三也。本二十五策，去初掛得二十四。

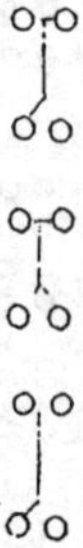

三三各復有二，爲六之母。逢八去半，于用半中以二爲體，領二爲用。

四約得六爲六之母。四其六而六其四爲二十四，故此過揲者六之子也。以二十四爲母，則百四十四爲子。

十八變策六十四狀圖

朱子曰：六十四者，掛扐全數也，皆四十九蓍爲之也。每三變各合八卦，止庵分合圖之詳矣。茲槩其爲六十四狀，以符八卦之數云。

老陽十二狀

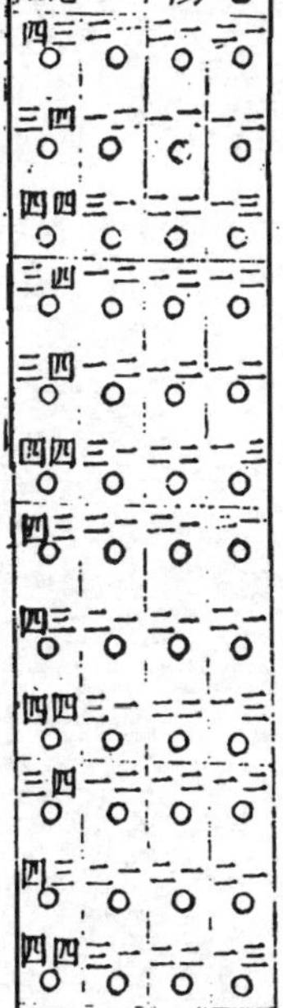

三變皆奇爲老陽，成小三畫乾卦，凡十二狀。

三變皆偶爲老陰，成坤，四狀。

少陽二十　少陰二十八

爻畫由下而上三變，奇偶偶成震，凡十二狀。合震坎艮爲少陽，共二十狀。

偶奇偶成坎，四狀。

偶偶奇成艮，四狀。

奇偶奇成離，十二狀。

奇奇偶成兑，十二狀。

合巽離兑爲少陰，共二十八狀。

乾兑離震各得十二狀，巽坎艮坤各得四狀。蓋減陰儀之四，以益陽儀之四，陽饒而陰乏之義也。取六十四，四分之，每分各得一十六：乾十二合坤四爲十六，長男震十二合長女巽四爲十六，中男坎四合中女離十二爲十六，少男艮四合少女兑十二爲十六，皆造化自然之巧，不可思議。潛老夫曰：陰陽之數，盈縮互用，幾在初之用掛而已，用掛者四十九爲之也。初奇則知十二狀矣，初偶則知止四狀矣。

邵子十二會策

邵子曰：蓍之用數掛一以象三，其餘四十八，則一卦之策也。八卦之爻亦然。四其十二也。去其三四五六之數，以成九八七六之策也。朱子以寡御衆，夏淳安謂老陰則均，然皆互通。今以十二會圖之。

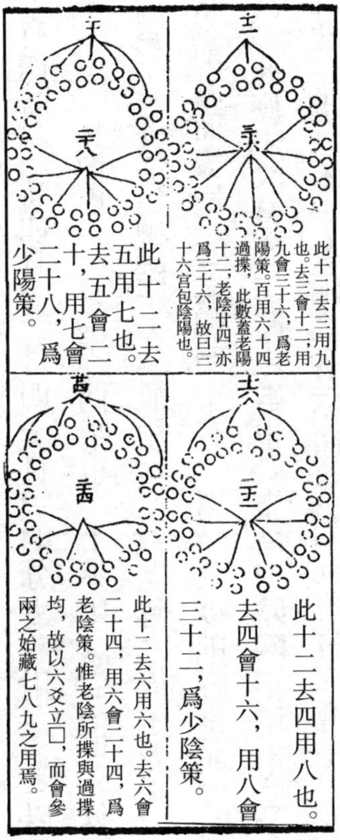

此十二去三用九也。去三會十二，用九會三十六，爲老陽策。百用六十四過揲，此數蓋老陽十二，老陰廿四，亦爲三十六，故曰三十六宮包陰陽也。

此十二去五用七也。去五會二十，用七會二十八，爲少陽策。

此十二去四用八也。去四會十六，用八會三十二，爲少陰策。

此十二去六用六也。去六會二十四，用六會二十四，爲老陰策。惟老陰所揲與過揲均，故以六爻立□，而會參兩之始藏七八九之用焉。

潛老夫曰：乾稱大生，圖稱大衍，大者萬物之盈數也，衍貴用也。聖人之裁成即生成也。奇者倚之而得實，偶者倚之而得虛，進者倚之而得長，退者倚之而得消。倚也者，損益而已矣。其法不外于參天兩地，參猶鼎立也，兩犹權平也。鼎載物用其全，權稱物用其半，蓍之爲道全也而半限焉。太陽十二象，少陰二十八象，少陽二十象，老陰四象，是六十四也。掛扐之數太陽十二，少陰十六，少陽二十，太陰二十四，是七十二也。過揲之數太陽三十六，少陰三十二，少陽二十八，太陰二十四，皆視太陽以遞減，而得一百二十者也。象宮變共得二百五十六，以三乘之得七百六十八，此大衍曆所由本也。圜全用半，貴以方用圓也。太陽純全，故十二者凡十二見；用其三，不用其一，則懸其三奇之一而得九也，九生三十六矣。太陰純半，故二十四者凡四見；八存其四，四用其二，則懸其三偶之二而得六也，六生二十四矣。少陰兩奇一偶，爲十六者凡二十八見，則懸其兩奇之一，一偶之二，而得八也，八生三十二矣。少陽兩偶一奇，爲二十者凡二十見，則懸其兩偶之二，一奇之一，而得七也，七生二十八矣。此所謂奇寔偶虛也。自陰而進陰也，二十四進爲二十八，再進爲三十二，極進爲三十六，是坤之乾掛扐減，過揲增也。自陽而退陰也，十二退爲十六，再退爲二十，極退爲二十四，是乾之坤掛扐增，過揲減也。此所謂進長退消也。皇極曰：天有四時，一時四月，一月四十日；四分去一用三，是以一時三月，一月三十日也。一不用，立極也；二不用，偶半也；十不用，歸九也。數至四其九而止，不至十也。約爲十二其四，總歸二六，故用六八。老陰之倚于老陽，前增而後減；少陽之倚于老陰，前減而後增，二老相距十有二焉。二少則陽進四，陰退四，相距于二老亦十有二焉。此應十二月十二時之數也。智曰：陰陽正用十二，三四相乘也，三五損三而二五益二也。本于參兩之會六而兼之，九不會而會于二九，即三六也，即十八變與十二會之三分損益也。蓍策皆因陽之十二以爲進退，而過揲歸于老陰，乃均分二十四焉。豈非三四之會于二六，而五併叄兩，必以六會參兩哉！六十四狀合爲十六者四，六十四卦之藏四也，除十六分之一而用十五也；大衍之虛一置掛也，除二十五分之一而用二十四也。用四即用五也，用六即用九也。

大衍蓍原析圖

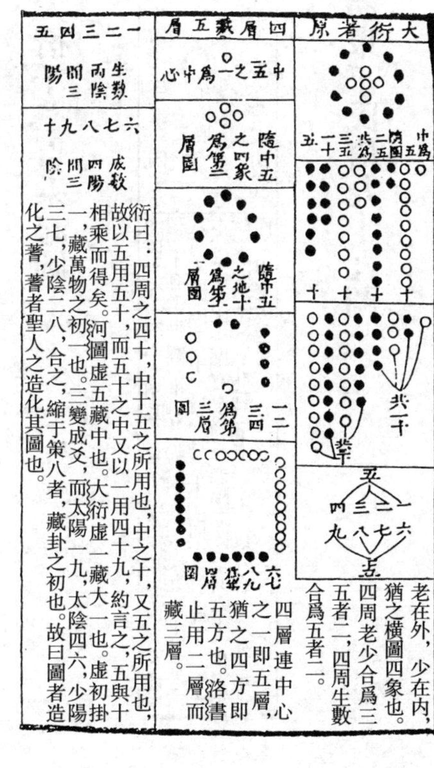

大衍千二百乘起圖

生數　一　二　三　四　五

互相乘

成數　六　七　八　九　十

約以十五，與四十相乘，各六百，故大衍序曰：天地中積，千有二百。圖中十五生數十五，六與九爲十五，七與八爲十五，□六十。倍爲百二十，而十之，此千二百之本，本于六十，應六甲也。故老陽老陰策共六十，少陽少陰策亦六十，以九合三七爲三十，以六合三八亦三十，而六甲之數包焉。

易東丁氏倚九十九圖

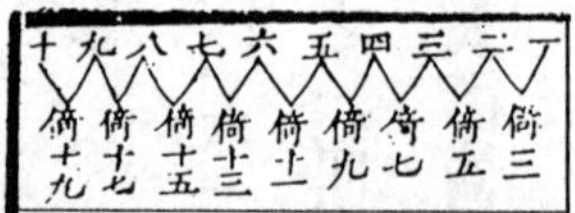

一　二　三　四　五　六　七　八　九　十

倚三　倚五　倚七　倚九　倚十一　倚十三　倚十五　倚十七　倚十九

丁易東曰：共九十九，藏五十，則用四十九矣。一居中者掛一之象，左右同者分二之象，各四位者揲象。除中則左右各二十四。京山曰：純奇之合也，一居中則五退位。以百計之，自然虛一。然此一端也。京山曾知數之所合，一切生成乎？則先天圖何以議焉？智按：河圖十一其五，此十一其九也。一時之中皆有十一時，除一用一之表也，用五藏六、用六藏五之表也。乘除損益，無所非倚，此曰並倚倚，至百爲九千九百九十九，亦虛一也。

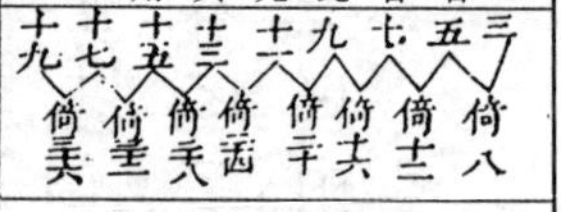

三　五　七　九　十一　十三　十五　十七　十九

倚八　倚十二　倚十六　倚廿　倚廿四　倚廿八　倚卅二　倚卅六

智爲引申之，始于八卦，而揲策過揲之數皆具矣。始奇偶並列，中倚純奇，三層而藏奇于偶，始十次九次八，即虛一去掛之象也。此下再倚皆偶矣，故表此三層爲端，餘詳極數。

圖書合數

河洛合爲一百而方矣，用半即大衍也。圖四布，連中爲五，藏中則爲四，此四五爲奇之象也。書八布，連中爲九，藏中爲八，此八九爲偶之象也。圖書皆重五，而圖十一其五，藏五兼六之用也；書九其五，專示初掛之奇偶也。盈五虛五，即盈虛之表也。故就蓍策，表其用餘之用。

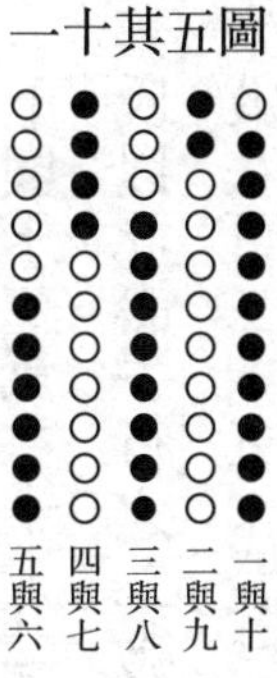

圖五其十一

圖 ○●●●●●●●●●● 一與十
五 ●●○○○○○○○○○ 二與九
其 ○○○●●●●●●●● 三與八
十 ●●●●○○○○○○○ 四與七
一 ○○○○○●●●●●● 五與六

正曰：五行之數，去十則用九，存十則用十一。蓋百加一十，得兩河圖，爲萬物終。九十御二十，八十御三十，七十御四十，六十御五十，各兩河圖；始九十者，兩洛書也。

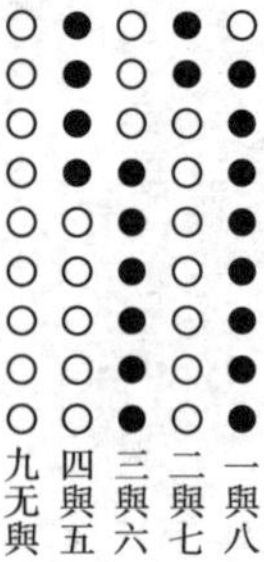

老陽一連九用而一與六合爲七，老陰四連六用而四與九合爲十三，少陰二連八用而二與七合爲九，少陽三連七用而三與八合爲十一。

書五其九

一與八　二與七　三與六　四與五　九无與

合七與十三爲二十，九與十一爲二十。

黎氏以此證一行之二微，五乘八爲四十也。

生數八百二十五，成數二千二百，即圖自乘，一與八、二與七、三與六、四與五，則四象无九而爲三千二十五也。虛天數爲三千，天五地六无非九也。故陽九爲究，用老陽三十六策爲百互乘爲三十。而大衍之爲千五百，即百其三中六十四之餘焉。五十五益陽九則六十四也，五也。又兩之爲三千。蓋十五與三十相乘，各得四十五，損陽九則三十六也。天數二十五益陽七百五十，是古曆所謂天地出符千五百也。九則三十六也，損陽九則十六也。

百中老陽餘六十四老陰餘七十六　共百四十　少陰餘六十八少陽餘七十二　共百四十　以此減五百五十爲通期之四分三，以此減天地中積爲九百六十。

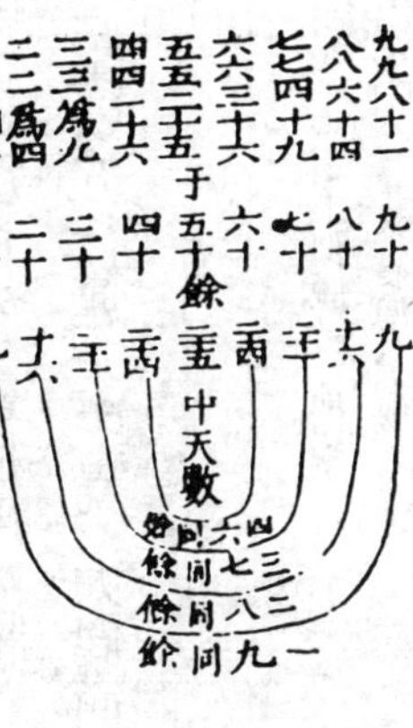

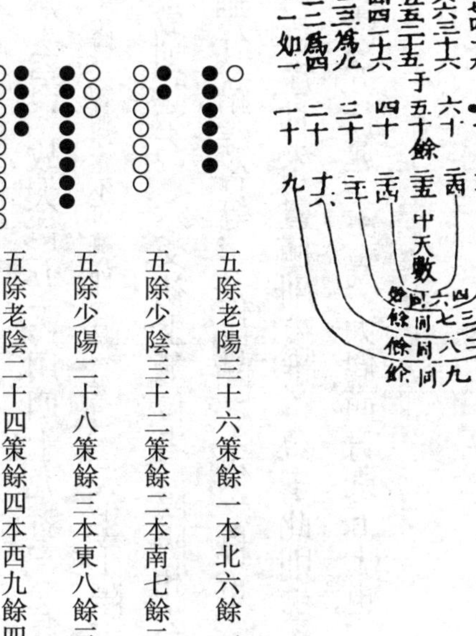

五除老陽三十六策餘一本北六餘一也。

五除少陰三十二策餘二本南七餘二也。

五除少陽二十八策餘三本東八餘三也。

五除老陰二十四策餘四本西九餘四也。

是陽九本用六，陰六本用九也。

關子明易傳約

關子明易傳曰：兆于一，生于二，成于三，此天地人所以立也。衍于五，成于六，偶于十，此五行六爻十日支統于干。所以錯綜也。天一，數之兆也，雖平其兆，未可用也。地二，數之生也，有生則滋，乃可推也。天三，數之極也，極乎中則反乎始，兼兩之義，三極之道也。獨陽不生，獨陰不成。故生必待成，五行皆然。其體雖五而成必六，六者天地生成之謂也，五者參天兩地之謂也。地二天三，合而爲五，其一不用者，六來則一去也，既成則無生也。有生于無，終必有始，五者生數之終，六者成數之始。既有則無去矣。故大衍五十，用四十九者，入有去無之謂也。智按：天地未分之無，即在天地已分之有中，陰陽相轉，寔不可離，即二是一者也。天生于陽，成于陰，陰成則陽去；生〔一〕于陰，成于陽，陽成則陰去。六爻初上無位者，陰陽相去者也。天數以三兼二，地數以二兼三，奇偶雖分，錯綜各等，五位皆□〔二〕衍之極也。問一將不用乎？曰：物有兩大，必曰盈虛。日往月來，晝極則夜進；盈于此則虛于彼，盈于小必虛于大，此用所以不窮也。蓍以五行運于中焉，大偶而言則五十也，小奇而言則五也。凡天地之數五十有

〔一〕「生」字上似脱一「地」字。
〔二〕「□」，原本漫漶不清。

五，奇偶小大具言之耳。若舉大而去小，盈奇而虛偶，則小奇之五，大偶之一，皆盈而不用也。共去其六，故每歲減六日也。問策，曰：三天兩地，舉生成而六之也。三六而又二之，二者倍也，即六六也。故三十六策爲乾；二六而又二之，故二十四策爲坤。三其二十四與二其三十六，皆得七十二焉。三其七十二，乾策也；二其七十二，坤策也。陰陽三五，陽三陰二相參成五也。每一五而變七十二候，二五而變三十六旬，三五而變二十四氣，凡三百六十五，周而復始。日月軌度，積于餘分，謂分度之一也。六十出六，以六五行，所以成閏。三百六十六者，歲功之用也。奇六者，出六者氣盈，奇六者朔虛。虛一之義也。夫生于一，成于六，一六相虛，三五爲用，自然之道也。聖人立策數必舉其三，兩于六，行于五，合于一，推萬而變，無出于此。爻所以著象，策所以推數，象以數五，參天兩地，先三十而六之得一百八十，又二而六之得一十有二，合百九十二。陽每爻三十六策，六爻二百十六，先三十其六，凡百八十爻得六千四百八十；又二其六，凡十二爻得四百三十二，共六千九百一十二。陰每爻二十四策，六爻百四十四，先三之，凡一百八十爻得四千三百二十；又二之，凡十二爻得二百八十八，共四千六百八。合萬一千五百二十。蓋舉盈數而溢之也。萬溢千，千溢百，百溢十，十溢一，溢過算也，謂過虛也。凡過盈爲溢，不及爲虛。問：何爲盈虛？曰：當期之數，過者謂之氣盈，不及者謂之朔虛，故七十二爲經，五之爲期，五行六氣，推而連也。七百二十爲起法，七千二百爲統法，七十二萬爲通法，氣朔之下收分必全盡，爲率。七千二百萬爲大率，謂之元紀：歲月日時皆甲子，日月五行在子位之宿，當盈縮先後之中焉。

七其六說

三十與十二互用

三十者五其六

十二者二其六

四十八餘六

智按：子明曰：象以數五，參天兩地，先三十而六之得一百八十，又二而六之得一十有二，合百九十二。蓋三十者五其六也，十二者二其六也，共四十二，用七其六，于四十八策中餘六焉。百九十二者三十二其六也，全爻六十四其六也，九則四十二其九，則仍餘六也，益知六爲參兩之會。玄、洞、虚、疇，不若此之適矣。觀此七六與八六之盈虚，三十益一六爲老陽，二六益二六爲老陰，半六爲三，倍半爲九，何適而不藏乎！邵子取諸年月日時，以爲元會運世，何謂不同符耶！隱老曰：蓍法六居五後七前，爲升降進退之交也。

大衍蓍原三五錯綜説

子夏曰：一不用者太極也。鄭玄曰：五行減五，大衍又減一。馬融曰：北辰不動也。姚信、董遇曰：五十五虚其六，象六畫也。邵子曰：五十，蓍數；六十，卦數。五者蓍之小衍，故五十爲大衍；八者卦之小成，故六十四爲大成。蓍德圓，七七況天；卦德方，八八況地。蓍，用數也；卦，體數也。用以體爲期，故存一；體以用爲本，故去四。圓者本一，方者本四。劉歆曰：一者乾坤所不用，積三爲九爲老陽，積二爲六爲老陰，少陽七，益一于老陰，少陰八，損一于老陽。朱子曰：河圖中五乘地十而得之。潛老夫曰：此取漢志之説，其理至矣。曰藏五，曰藏一，曰藏六，曰合圖書而半其百，曰衍九十九而藏五十，皆適符之數也。漢志曰：九六之變，登降六體，三微而成著，三著而成象，十有八變而成卦，四營而成易，爲七十二，參三統，兩四時，相乘數也，言九八也。參得乾策，兩得坤策，以陽九之爲六百四十八，以陰六之爲四百三十二，凡一千八十，三其通期亦然。各卦之微算策也。八之爲八千六百四十，而八卦小成。引而伸之，又八爲六萬九千一百二十，即六乘具策也。倍爲十三萬八千二百四十，爲大成，五星會終。觸類而長之，以成章歲，爲二百六十二萬六千五百六十，而與日月會，三會爲七百八十七萬九千六百八十，而與三統會。三統二千三百六十三萬九千四十，而復于太極上元。九章歲而六之以爲法。按九章百七十一而六之爲千〇二十六。太極上元爲寔，寔如法得一陰一陽各萬一千五百二十，當萬物氣體之數，天下能事畢矣。又曰著以爲數，以象兩，兩之又以象三，三之又以象四，四之又以歸奇，象閏十九。及所據一加之，因以再扐兩之，是爲月法之寔。劉歆曰：兩其四十九得九十八，而三之得二百九十四，又四之得一千一百七十六。象閏以所據一，共二十，而加之爲一千一百九十六，兩之爲二千三百九十二。智按：此三統日法，得二十九日四十三分也。

唐志曆本議曰：天地中積千有二百，以五十約之，則四象周六爻也；二十四約之，則太極包四十九用也。二十四其五十。數象微于三四而章于七八，卦有三微，策有四象，故二微之合在始中之際焉。蓍以七備，卦以八周，故二章之合在中終之際焉。中極居五六間，由闢闔之交，而在章微之際者，人神之極也。妙論。千二百揲四爲爻，率三百以十位乘而二章之積三千，以五材乘八象，爲二微之積四十，兼章微之積，則氣朔之分母也；以三極乘之，倍六位除之，凡七百六十，是爲辰法，齊于代軌；以十位乘之，倍大衍除之，凡三百有四，是爲刻法，齊于德運；半氣朔之母千五百二十，得天地出符之數，二之爲四千五百六十，當七精還初之會也。智按：此河圖生數一二三四五與成數六七八九十相乘起耳。又曰：一策之分十九而章法生，一揲之分七十六而蔀法生。一蔀之日二萬七千七百五十七而氣朔定，以通數約之，凡二十九日餘四百九十九，而日月相及，此六爻之紀也。以卦當歲，以爻當月，以策當日，凡三十二歲而小終，二百八十八而大終。又曰：策以紀日，象以紀月。乾坤之策三百六十爲日度之準，乾坤之用四十九象爲月弦之簡，日之一度不盈全策，月之一弦不盈全用，故策餘萬五千九百四十三，則十二中所盈也；用差萬七千一百二十四，則十二朔所虛也。綜盈虛之數，五歲再閏，中節相距皆當三五，弦望相距皆當二七，升降之應，發斂之候，皆紀之以策而從日者也。是皆本易歷天，而因歷明蓍之故者也。然猶一端也。如此而合，如彼亦合，惟在研極明其理、得其幾耳。易無不統，而陰陽象數爲幾，彼徒數者不知也。然又非畏數逃玄者所能知也。聖人隨處表法，隨處深幾，掛扐象閏，豈附會之文乎！以蓍爲占卦之用，就蓍言蓍，而會通藏用可也，竟以蓍止占卦，是日用而不知者也。

漢志引易參五錯綜，而以三辰五星、三統五行、三德五事合舉言之。大衍曆言中積，皆起中之十五，故朱子取五十相乘以爲大衍是也。五十以學易，豈漫然乎！夫四象八卦因重八八，皆四周之數所爲。此中五與十者，天地之中終也。十統于五，大一之樞也。無實無虛之至用也，合爲十五乃三五也。生數也，近周圍一二三四，乃二五也，而統于中之一五，外周圍六七八九，乃六五也，合統于中之三五，此三五之本論也。天以地立方體，而以圓用之，故舉二即藏參矣，布四即藏五矣。約而稱之，六七八九皆一二三四得五而成者也。言一言五而二四在中，參兩在中矣。故曰參五以變，錯綜其數。前儒紛紜，詳繫傳注。即以蓍言，分二象三也，合分二與象三即五也，四揲藏一即五也。凡極數以參兩，而以五紀之，十乃五之節也。老陽以五除而餘一，少陰以五除而餘二，少陽以五除而餘三，老陰以五除而餘四。天地中數五除餘一，鍾律冲穴亦餘一也。時以五除餘二，全候半調亦餘二也。損掛之四十八，以五除而餘三；變十八，而以五除亦餘三也。衍用之四十九，以五除而餘四；全卦全爻與章歲，亦以五除而餘四也。總之，本于河圖六餘一，七餘二，八餘三，九餘四，則一二三四之餘正與一三九七之參、二四八六之兩同爲億兆之幾者也。

蓍用七七，有説乎？曰：素問男以八齓，以至八八，女以七如之，是七數，陰也；大衍以奇爲陽，則七，陽也，此陰陽互根也。除十而九，五爲正中，三爲前中，七爲後中，用七即用三也。術家令人枚數，三之五之七之，言其餘而知其數矣。蓋三五七相會而損一者，即當其數積而百則損五，則衍用藏一之幾也。三與七爲春秋之平衡，七克三木，十干三生七克。洛書一而三而九而七，七居九之後，二四而八而六，六居八之後，故八卦用六爻，而爻連太極則爲七。故周而復始，著七日焉。九以老變用，七以始變用，八定維四之體，六會參兩之體。蓍用也虚一，用之體也；去掛一，用之用也。曰四曰六曰八曰十，皆二倍所律也。九即三法，以三三即九也；五爲中紀，而七則非三所律，必兩三而一二然後得焉，必合三分益一、四分損一而後得焉。何以藏一？曰：無非大一也，是大藏也，且徵中節之小藏一焉。惟七至變，圓而神矣。卦以八用，極八至八十爲滿節，而九九益一，故鍾律玄疇用之；蓍以七用，極七七四十九，而極五十之滿節，則損一焉。百數内之自乘，無此損一益一比者。就七言之，二七爲十四，于三五損一；三七爲二十一，于四五損一；七五三十五，于老陽損一；九七六十三，于卦損一；諸數無與七比者，惟差一之追倚，必滿自乘，餘則皆參兩也，可半會，可觚會矣。引觸偶及一端。

筮占

啓蒙曰：六爻不變，占本卦彖辭。一爻變，占本卦變爻。九爲重，六爲交，以老變也。七爲單，八爲折，不變。二爻變，占本卦二變爻，而以上爻爲主。王太古以初變爻爲貞，次變爻爲悔，韓苑洛從之，占下。易遡從朱子，主上。三爻變，占本卦及變卦彖詞，乃以本卦爲貞，變卦爲悔，前十卦主貞，後十卦主悔。捷法以初變爲前十卦，无初爻變者爲後十卦。王太古曰先變爻爲貞，後兩變爻爲悔。韓苑洛占本卦動爻之上，楊止庵欲用不動之上，易遡定前十卦占本卦動之上一爻，後十卦占之卦不動之下一爻。四爻動，占之卦不動之下爻。苑洛從上用悔。五爻動，占之卦之二不動爻。止庵欲互用。六爻俱動，占之卦之象。季彭山作蓍法別傳，執定四十八策以爲簡徑，是豈知聖人用初掛藏初掛之深幾乎！竟欲改經文之四十有九爲八字，妄矣！但取奇偶雞骨折草可耳，又何用此四十八乎！寧以裁笛有聲而廢黃鍾龠容損益之表法哉！

章俊卿曰：非必揲蓍，然後有貞悔二名也。箕子發之，尚在周初，發明羲易而周易亦同之。朱子曰：貞始悔終，貞主悔客，貞近悔遠，貞則事在我，悔則事在人。蓋貞悔猶之正變也。可以內卦貞，外卦悔，秦伯伐晉，得蠱，曰貞風悔山是也。可以本卦貞，之卦悔，重耳筮得國，貞屯悔豫是也。則屯蒙顛對，互爲貞悔；屯鼎望對，亦互爲貞悔，明矣。

陸魯望曰：季札以樂卜，趙孟以詩卜，襄仲、歸父以言卜，子游、子夏以威儀卜，沈尹氏以政卜，孔成子以禮卜，其應如響，故占者精誠而已。君平卜筮蜀市，以爲卜筮賤業，而可以惠衆人，與人子言依于孝，與人弟言依于順，與人臣言依于忠。關子明之占，必先人事，而後語卦，歸于典禮，用之以道，其善占者乎！聞語曰：聖人因二濟民以爲得失之報，嚮威之用莫逃乎理，師保家諭猶有屑者，不若蓍龜之洋溢，致人之誠而成天下之亹亹也，其要无咎而已。士君子觀玩何所非占，然以卜筮者尚其占，豈忽此三兆八筮就占言占之典哉！故表其法，使後世遵之，而深幾神明，即卦策爲至深矣。至誠如神，不硋感觸。

景元蕭氏考約

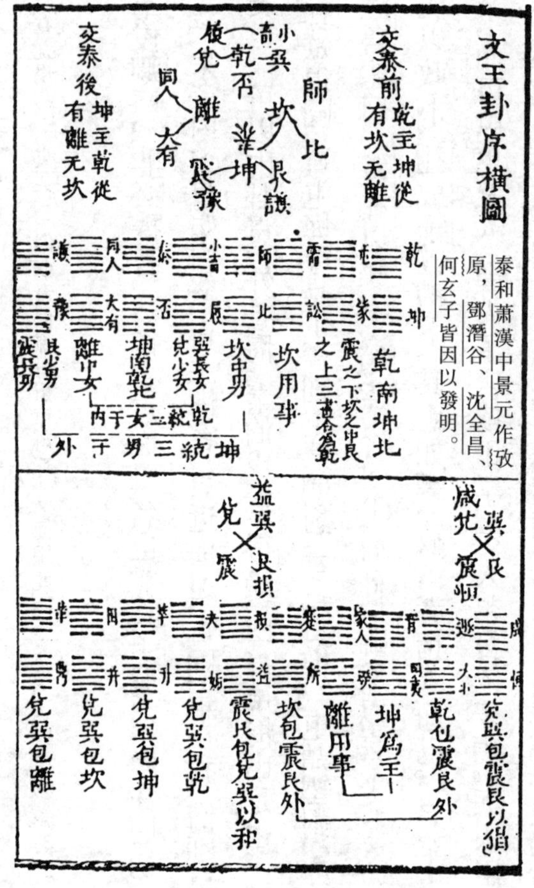

巽蠱艮
兑隨震
坤南故合兑巽
觀巽○艮大畜
臨兑○震乾无妄
乾北故合震艮
大過巽艮頤
兑震

蠱隨　震艮兑巽包括
臨觀　坤偕子外參
噬嗑賁　離用事錯于內
剥復　坤爲主　主分戚　客來變
无妄大畜　乾和終啟下
頤大過　上經之
坎離　經之始

上經乾坤坎離爲主，兑巽震艮爲客，主卦中乾坤爲君。

巽漸艮
兑歸妹震
中孚巽艮小過
兑震

震艮　陽前
漸歸妹　長幼非其偶
豐旅　震艮包離
巽兑　陰後
渙節　巽兑包坎
中孚小過　陰陽不相合
既濟未濟

下經兑巽震艮爲主，乾坤坎離爲客，主卦中兑巽最貴。

序卦説

全昌纂景元説曰：六十四卦以乾坤爲體，坎離爲用。乾坤居上經之首，而交于上經之用，其體全，其用中也；坎離居上經之終，而交于下經之終，其體中，其用全也。震兑艮巽偏體也，宜下不宜上，即下經亦不以之始終者，偏故也。偏必合偏，而陰陽始全，故四子交卦先而本卦後也。上經陽，下經陰，至下經之終，陰之陰也。玄工寂若時，非坎離一交則乾坤息矣；若艮兑震巽，非不各見于上下二篇之末。上篇先艮震之頤，而後巽兑之大過，先陽也；下篇先巽兑之中孚，而後震艮之小過，先陰也。皆陰陽各自爲體，不及坎離之功用也。然則下經胡不以乾坤之交終也？夫乾坤交則乾體入坤，坤體入乾，只成坎離耳。坎離至中而不偏，故上下皆用之爲終。既濟一交，則坎之中體入離，離之中體入坎，依然又一乾坤矣。此下經之復轉而爲上經也。上經陽升而上，故屯以震陽之下達于坎陽之中，蒙以坎陽之中達于艮陽之上，先屯後蒙也；下經陰降而下，故家人以上體之巽陰入于離陰之中，睽以離陰之中入于下體之兑陰，先家人後睽也。

八卦分體説曰：邵子曰用者三，不用者一；朱子曰陰陽之體數適均，用數則陽三而陰一。朱子雖爲揲蓍發，而其義則無不同。適均者均以四計也，四其四爲十六；陽三者用其三，而不用者一也。○乾體十六，用者三，所以十二體居上經；不用者一，餘四體居下經，乾不自用而用陰也。○坤體十六，上經十二，分下經四。蓋陰數用者一，故以四分下，坤所用也；以十二分上經，坤不自用，爲陽所用也。○坎體十六，上經八，下經八。蓋坎體之陽在中，故分卦亦中，他卦偏多偏少，皆不中也。諸卦視坎離爲贏縮，而離又視坎爲進退。聖人于八卦，獨稱習坎，微哉！○震體十六，上經七，下經九。夫震長男也，上篇視坎減一，下篇視坎多一。蓋震雖長，其體偏，坎犹嫡也，故用于陽則震減于坎，用于陰則坎減于震也。○艮體十六，上經七，下經九。震艮俱陽卦也，俱偏體也。上經以坎爲主，震艮爲客，故上篇震艮減于坎；下篇坎減于震艮，客不敵主也。增減各以一者，陽數奇也。此震艮視坎爲贏縮也。○離體十六，上經六，下經十。離坎俱主卦，俱中體，在上俱爲主，而離減二，在下經俱爲客，而離增二。蓋離雖中陰也，陰必效法于陽，故視坎爲進退。減二于上者，以陰體退居坎下也；增二于下者，以陰體進居坎上也。增減各以二者，陰偶數也。上經陽，故坎多離少，坎先離後；下經陰，故離多坎少，離先坎後，一定之進退也。○巽體十六，上經四，下經十二。○兑體十六，上經四，下經十二。兑巽皆陰卦，偏體也。視離之中，已不相及，況上經以正卦爲主，偏卦爲客，故巽兑視離減二；下經則以偏卦爲主，偏卦又以陰爲主，故巽兑皆得十二，與上之乾坤並焉。

乾坤坎離，四正卦也。故以居四正者居上經，而爲上經之主，乾坤又爲主于坎離，而乾更爲坤主也。兑巽震艮，四偏卦也。故以居四隅者居下經，而爲下經之主，兑巽又爲主于震艮，而兑更爲巽主也。故在上經則乾坤十二，遞減而坎之八，震艮之七，兑巽之六，合之共六十體，而乾坤最尊也；在下經則兑巽十二，遞減而離之十，震艮之九，坎之八，乾坤之四，合之共六十八體，而兑巽最貴也。

或曰：乾爲坤主是矣，兑胡以爲巽主也？曰：此自先天圖得之，兑與乾同爲太陽位，相聯于東南；後天同爲金位，相聯于西北，與乾敵體，烏得不爲巽主乎！故上經客卦中，兑居隨之先；下經主卦中，兑爲咸之首也。

乾坤坎離之體正，兑巽震艮之體偏，正則全，偏則不全。惟其偏也，故所用之卦止居下篇，不居上篇。居其下，失其上，偏也。就下篇言之，止居始，不居終。居其始而失其終，亦偏也。乾坤坎離所用之卦則貫上下，該始終，而包其全矣，正故也。

上經首乾坤，天地定位也；下經首咸，山澤通氣也；次恒，雷風相薄也；終既、未，水火不相射也。

上經父母交，六子不交，至下經始交。然乾坤之交居上經之中，而六子之交則居下經之前後，犹父母居中堂，而六子夫婦對列乎堂下之左右也。以一歲論，上經之初，坎震用事，春也；上經之末，離火用事，夏也；下經之初，兑澤用事，秋也；下經之末，坎水用事，冬也。然未濟坎之下體，聖人已屬意于屯之上體矣，上下經循環一氣也。

乾上經十二體此以下言八卦合體 ䷀乾 ䷊泰 ䷋否 ䷄需 ䷅訟 ䷌同人 ䷍大有 ䷘无妄 ䷉履 ䷈小畜 ䷙大畜

以二體成本卦乾，二體合坤成泰、否，二體合坎成需、訟，二體合離成同人、大有。于主卦各以二體合，兼上下也。餘四體，以一合巽成小畜，以一合兑成履，以一合震成无妄，以一合艮成大畜。于客卦則各以一體合，震兑陽在下，故合于下；艮巽陽在上，故合于上，貴陽也。

下經四體與下經四主卦合 ䷪夬 ䷫姤 ䷡大壯 ䷠遯

一合兑成夬，一合巽成姤，一合震成大壯，一合艮成遯。震兑陰在上，故合于上，艮巽陰在下，故合于下，貴陰也。陽不自用，爲陰所用也。

坤上經十二圖　䷁坤　䷊泰　䷋否　䷆師　䷇比　䷏豫　䷗復　䷎謙　䷖剥　䷓觀　䷒臨

以二體成本卦坤，二體合乾成泰、否，二體合坎成師、比，二體合震成豫、復，二體合艮成謙、剥。于陽卦各以二體合，兼上下也。餘二體，以一合巽成觀，以一合兑成臨。于陰卦則各以一體合，巽陽在上，故合于上；兑陽在下，故合于下，貴陽也，亦以陽包陰也。離陰在陽中，故不合離。此坤十二之體不自用，爲陽用也。

下經四體俱與三陰卦合　䷢晉　䷣明夷　䷭升　䷬萃

二體合離成晉、明夷，一合巽成升，一合兑成萃，以巽離兑三女即坤之三畫也，坤自用之四體也。獨不合陽卦者，貴陰不貴陽也。按坤上篇不合離而下篇再合者，下篇陰爲主，故再合之，而非巽兑敢望，亦犹上篇陽爲主，故乾再合坎，而非震艮敢望也。離雖客卦，而坤視爲主。

坎上經八卦　䷜坎　䷄需　䷅訟　䷆師　䷇比　䷂屯　䷃蒙

二體合本卦，二體合乾成需、訟，二體合坤成師、比。于主卦獨不合離者，以離爲之配也。餘二體，以一合震成屯，以一合艮成蒙。艮陽在上，震陽在下，故合亦因之爲上下也。于客卦獨不合巽兑者，合陽不合陰也。其不合之故，則以乾坤交泰，父母之象也。六子不交，依然男女耳，至下篇始交爲夫婦，故咸、恒、損、益、既濟、未濟俱在下經也。

坎之體居上諸卦之最後，而坎之用居上諸卦之最先。

屯蒙二卦，震長男，坎中男，艮少男。上經諸卦，惟此一對具乾之三男，無陰體之雜。

陽自震之下達于坎之中，又自坎之中達于艮之上，陽升而上之序也。合成乾三畫之純陽，此屯蒙所以繼乾坤而用事也。

下經亦八體　䷻節　䷮困　䷯井　䷺涣　䷾既濟　䷿未濟　䷧解　䷦蹇

二體合兑成節，二體合巽成井、涣，二體合離成既、未濟。下經重陰于主卦中，固各以二體巽兑矣。離雖陰，客卦也，亦以二體合者，以離爲坎之配也，六子交也。餘二體，以一合震成解，以一合艮成蹇。震陰在上，艮陰在下，而合亦從而上下者，貴陰也。

離上經六體　䷝離　䷌同人　䷍大有　䷔噬嗑　䷕賁

二體成本卦離，二體合乾成同人、大有，一體合震成噬嗑，一體合艮成賁。夫主不合坤，客不合兑巽，而合震于下，合艮于上，合乾上下兼之，合陽不合陰也。

下經十體　䷢晉　䷣明夷　䷱鼎　䷤家人　䷥睽　䷰革　䷾既濟　䷶豐　䷷旅

二體合坤成晉、明夷，離在上經則合乾，在下經則合坤也。二體合巽成鼎、家人，二體合兑成睽、革，二體合坎成既、未濟，以巽兑俱下經之陰，坎爲離配，故以二體合之。餘二體，以一合震于上而成豐，以一合艮于下而成旅，貴陰不貴陽也。

乾坤體全而用也中，坎離體中而用也全。故乾坤居上經之始，爲〔一〕否、泰，居上經之中；坎離居上下之中，交而爲既、未，居下經之終。

震上經七體　䷗復　䷏豫　䷘无妄　䷂屯　䷔噬嗑　䷚頤　䷐隨

二體合坤成復、豫，一體合乾成无妄，一體合坎成屯，一體合離成噬嗑，一體合

〔一〕依上下文，「爲」字上當有「交而」二字。

艮成頤，一體合兑成隨。震在上經爲客，故無本卦。上經六子不交，故不合巽，以巽爲之配也。下卦倣此。

按上經震與坎艮俱再合坤，親母也，得坤體多也。二卦不敢如坎再合乾者，遜嫡也。

下經九體　䷲震　䷟恒　䷩益　䷵歸妹　䷽小過　䷡大壯　䷧解　䷶豐

二體成本卦震，二體合巽成恒、益。下經六子交，除本卦外，獨以二體合巽。餘五體，以一合兑成歸妹，以一合艮成小過，以一合乾成大壯，以一合坎成解，以一合離成豐。然俱以震爲上卦，以下經貴陰，震之陰畫在上，故合于上也。獨不合坤者，坤在下經只四體，俱合陰卦，坤不合震，故震亦不合坤也。

艮上經七體　䷎謙　䷖剥　䷙大畜　䷃蒙　䷕賁　䷚頤　䷑蠱

二體合坤成謙、剥。餘五體，以一合乾成大畜，以一合坎成蒙，以一合離成賁，以一合震成頤，以一合巽成蠱，而艮皆居上卦，以艮陽在上，故從上也。

下經九體　䷳艮　䷨損　䷞咸　䷴漸　䷽小過　䷷旅　䷦蹇　䷠遯

二體成本卦艮，二體合兑成損、咸。除本卦配卦外，餘俱以一體合之，一合巽成漸，一合震成小過，一合離成旅，一合坎成蹇，一合乾成遯，艮皆居下卦，以艮陰在下也。上經再合坤，下經不合坤，皆與震同義。

巽上經四體　䷈小畜　䷓觀　䷑蠱　䷛大過

一體合乾成小畜，一體合坤成觀，一體合艮成蠱，一體合兑成大過。合主卦則乾坤爲尊，合客卦則惟艮兑，以上經不合震也；合主卦則居上，合客卦則居下，以合巽之陰陽也。

下經十二體　䷸巽　䷩益　䷟恒　䷼中孚　䷴漸　䷺渙　䷯井　䷫姤　䷭升　䷤家人　䷱鼎

二體合成本卦，二體合震成益、恒，一體合兑成中孚，一體合艮成漸。爲其配，故合以二；非其偶，故合以一也。二體合坎成渙，二體合離成家人、鼎。下經坎離各以二體合巽，故亦以二體合之，一體合乾成姤，一體合坤成升。下經乾坤只四體，各以一合巽，故巽亦以一合乾坤也。然上于主而下于客者，亦以合巽之陰陽也。

兑上經四體　䷉履　䷒臨　䷐隨　䷛大過

一體合乾成履，一體合坤成臨，一體合震成隨，一體合巽成大過。巽合兑，故兑亦合巽。兑不合艮，與巽不合震同義。

下經十二體　䷹兑　䷞咸　䷨損　䷼中孚　䷵歸妹　䷰革　䷥睽　䷮困　䷻節　䷪夬　䷬萃

二體成本卦兑，二合艮成咸、損，一體合巽成中孚，一體合震成歸妹，二體合離成革、睽，二體合坎成困、節，一體合乾成夬，一體合坤成萃。除本卦兑及兑與巽易、兑與艮交外，餘俱與巽同義。足見下經之重陰也。

上篇爲陽，下篇爲陰，然則坤何以與乾同居上篇？不知易之陽皆乾之陽，易之陰皆坤之陰，必乾上坤下，偏陰偏陽，豈成造化！從乾居上經者，坤不自用而爲乾所用，坤亦陽也。故坤在下經之四體，惟合兑離巽之陰卦，而巽之下，離之中，兑之上，即坤純陰之三畫也，坤之陰體固隱然見于下經矣。

問：下經之坤，自合兑離巽外，純乎三陰，一無所雜；上經之乾，既合陽卦外，何以又合三陰卦耶？曰：陽得兼陰，陰不得兼陽也。如乾之畫奇而三，坤之畫偶而六，合三六成九，乾用九者陽得兼陰也，坤用六者陰不得兼陽也。故乾在上經，于主卦則各以二體合，于各卦則各以一體合，其所合之上下，皆從陽而不從陰；在下經，又各以一體合下經之主卦，其所合之上下，皆從陰而不從陽。陽之兼陰，又未始無分辨也。

乾坤即陰陽，陰陽總乾坤，固矣。六子之陰陽，豈無分屬！坎陽也，宜居上經，何以離亦居上？巽、兑陰也，宜居下經，何以震艮亦居下？曰：文王分卦，亦本先天圖。圖以乾坤坎離居四正，乾與坤對而乾則尊于坤，坎與離對而坎則右于離，貴陽也。以震巽艮兑居四隅，震與巽對而巽上于震，艮與兑對而兑上于艮，貴陰也。故以四正居上，上陽也；以四隅居下，下陰也。四正在上，乾仍與坤對，坎仍與離對，不相異也；四隅在下，震不與巽對而對艮，兑不與艮對而對巽，陰陽各不相屬而分析之，此又下經之不同于上經，而爲陰體也。

黄氏卦序演

八純卦，正位也，各有所游之十二卦，則八卦之寄位也。八其十五而爲一百二十，與洛書縱横之數符。

黄疏曰：余以鑿度參之京房易傳，始知文王卦序固本于洛書也。陽遁陰中，陰遁陽中，逆順縱横，變幻不測。兵家謂陰符爲詭道，仙家謂陰符爲玄門，信乎文王微示其緘而不告人以故，恐滋天下之變端也。噫！易之神變無方者，正以錯逆爲用者也。然至變之内又有不變之元體者存。古人謂易爲盡性至命之書，有以也。

上篇

䷀ ䷁ ䷂ ䷃ ䷄ ䷅ ䷆ ䷇ ䷈ ䷉

乾　坤　屯震坎　蒙坎艮　需乾坎　訟坎乾　師坤坎　比坤坎　小畜乾巽　履兑乾

周易首乾坤，六十四卦皆從乾坤之變而成，乾坤即太極之元體也。乾坤之後，坎與乾坤相乘，即五行先水之義也。乃始以震艮，終以巽兑，而歸元于乾主天而親水也。序位男先女、長先少，其有正名辨位之思乎！

䷊ ䷋ ䷌ ䷍ ䷎ ䷏ ䷐ ䷑ ䷒ ䷓

泰乾坤　否坤乾　同人離乾　大有乾離　謙艮坤　豫坤震　隨震兑　蠱巽艮　臨兑坤　觀坤巽

天地有交氣。泰否，氣交之中也。泰否之後，離與乾坤相乘，即五行次火之義。而艮在震先，兑居巽後，所以明長少之交也。且隨、蠱二卦震艮與巽兑互交，則洛書之飛伏也。隨、蠱位在歸魂，與師、比相對，文王其祖洛書之變而爲之者乎！乃先之以離，緯之以艮震兑巽，而歸元于坤，主地而親火也。

䷔ ䷕ ䷖ ䷗ ䷘ ䷙ ䷚ ䷛ ䷜ ䷝

噬嗑震離　賁離艮　剥坤艮　復震坤　无妄震乾　大畜乾艮　頤震艮　大過巽兑　坎　離

噬嗑者，何以首也？所以寄明文武火也。乾坤爲萬象之大宗，其子爲火，其孫爲水，故圖書之位，離居上而王南。圖七數，書九數，明火之爲陽氣也。故天水爲訟，天火爲同人。其緯之以震艮，何也？木爲火母，土爲火子也。震離爲武火，震陽木，陽木，火之胎也。火生于木，禍發必克，有用獄之象焉。艮離爲文火，艮陽土，陽土，火之相也。轉生子氣，還以洩藏，賁所以小利有攸往也。火候有得有失，剥復乘焉，且艮土爲火之休氣，震木爲火之生氣，所以艮剥而震復也。震艮交于頤，巽〔一〕交于大過，長先而少後，男先而女後，有兄弟唱隨之義焉。坎離，性命之宫，天地之玄牝也。故上經以乾坤始，以坎離終。易首乾坤。乾坤，易之緼也。乾坤之交，繼

〔一〕「巽」字下當有一「兑」字。

之以坎，而以乾與巽兑終之；泰否，乾坤之交體也，繼之以離，而以坤與巽兑終之，陰陽迭爲用也。屯蒙之先艮震何也？震艮，乾坤之繼體也。乾坤十卦之中，震艮一見；泰否十卦之中，震艮二見；噬賁十卦之中，震艮三見，有積微至著之義焉。自是而咸恒損益十二卦皆先震艮矣。于是乾坤化訖，而父母之事終，震艮之首十四卦也，所以明人子繼父母之道也。

下篇

咸艮兑 恒巽震 遯艮乾 大壯乾震 晉坤離 明夷離坤 家人離巽 睽兑離 蹇艮坎 解震坎

上篇首乾坤，天地定位也；下篇首咸恒，山澤通氣、雷風相薄也；俱以坎離終，水火不相射也。後天之序，其昉于先天乎！洛書卦位，乾坤與坎離爲飛伏，震兑與艮巽爲飛伏。下篇咸恒爲先，損益爲繼，法洛書也。屯與蒙對，坎離之再變也；遯與大壯對，乾坤之再變也。二篇列之第二對中，需與訟對，乾合坎也，而爲坤離之遊魂；晉與明夷對，坤合離也，而爲乾坎之遊魂。文王次需、訟于屯、蒙之後，次晉、明夷于遯、大壯之後，其以寄明飛遁反生之變乎！咸、恒之後即次以乾坤，乾坤，化始也。歷兑巽而坎離，歸藏于坎，而以艮震統其始終，陽爲政也。

䷨ ䷩ ䷪ ䷫ ䷬ ䷭ ䷮ ䷯ ䷰ ䷱

損兑艮　益震巽　夬乾兑　姤巽乾　萃坤兑　升巽坤　困坎兑　井巽坎　革離兑　鼎巽離

損、益何以次咸、恒也？洛書震兑居正，艮巽居隅，咸恒震兑三變之卦，損益艮巽三變之卦也。遯壯則乾與艮震交，夬姤則乾與兑巽交，晉明夷萃升則皆坤也，家人睽則離與巽兑交，困井則坎與巽兑交，蹇解主坎而以艮震緯之，革鼎主離而以巽兑緯之，何卦位之相配也？歷艮震而次坎，歸藏于離，而以兑巽統其始終，陰爲政也。故夬姤之際，聖人憂之。夬姤剥復，乾坤之飛體也，然皆在泰否咸恒十二卦之後。日歷十二時而氣變，歲歷十二月而運變，故曰天地之交十之三。自噬嗑至革鼎凡三十卦，乾坤各居二焉，父母之事既終，六子所以乘權而用事也。

䷲ ䷳ ䷴ ䷵ ䷶ ䷷ ䷸ ䷹ ䷺ ䷻ ䷼ ䷽ ䷾ ䷿

震　艮　漸艮巽　歸妹兑震　豐離震　旅艮離　巽　兑　渙坎巽　節兑坎　中孚兑巽　小過艮震　既濟　未濟坎離

上篇首乾坤，下篇不首震艮而首咸恒，何也？子不敢與父母敵也。故退列十四卦之上，若爲父母繼志述事者然，孝子之道也。巽對震，艮對兑，文王先震艮而後兑巽，明妻不敢敵夫也。且反對爲偶，又示人以陰陽升降之機焉。震艮六卦，震艮爲經而以離緯之，然未嘗無巽兑也；巽兑六卦，巽兑爲經而以坎緯之，然未嘗無震艮也，陰陽互根之機也。上篇需訟頤大過，下篇晉明夷小過中孚，皆八卦遊魂之位也，或繼乾坤咸恒之後，或開坎離既未濟之先，而始乾坤以坎離之伏氣，終以震兑艮巽之伏炁。文王之觀變精矣。乾坤坎離包二篇之終始，乾坤純氣，坎離中氣也。洛書卦位，乾連坎而飛離，坤連離而飛坎，其卦序所自昉乎！震艮巽兑錯列于四卦之中，震巽初氣，艮兑少氣也。洛書卦位，震對兑而飛巽，兑對震而飛艮，四卦所以互爲伏現也。且咸恒損益皆以四卦錯成，未嘗不與乾坤同化，特不敢專成耳。凡首乾坤者終巽兑，若乾坤之受以小畜履，泰否之受以臨觀是也；首震艮者終坎離，若噬嗑之受以坎離，震艮之受以既未濟是也。咸恒損益則震兑巽艮雜然。咸恒則受以蹇解之坎，損益則受以革鼎之離，又未始不以坎離爲化樞也。咸恒先艮而後震，陽卦也則以坎終之；損益先兑而後巽，陰卦也則以離終之，皆先少而後長，化氣必由穉而壯也。

上篇首乾坤，次坎離，分而對也；下篇首咸恒，終既未濟，合而交也。上篇陽先陰後，男先女後，正其位也；下篇陰先陽後，少先長後，通其志也。上篇頤大過二陰二陽俱在外，其氣分也；下篇中孚小過二陰二陽俱在內，其氣合也。易陰陽而至中位則爲坎離矣，故以坎離、既未濟終之。

三十六貞悔圓圖方圖

乾　坤　屯蒙　需訟　師比　小畜履

泰否　同人大有　謙豫　隨蠱　臨觀　噬嗑賁

剝復　无妄大畜　頤　大過　坎　離

咸恒　遯大壯　晉明夷　家人睽　蹇解　損益

夬姤　萃升　困井　革鼎　震艮　漸歸妹

豐旅　巽兌　渙節　中孚　小過　既濟未濟

智曰：周易序上下經各十八卦，何也？天用三三之九。而九不能齊參兩，故倍九而參兩九六齊矣，此十八卦之符十八變也。兩之爲三十六宫，猶三畫卦兼三才而兩之爲六爻也。蓋老陽策爲四營之九，而陰六之自乘也，微哉！

曰：以兩爲節言之，爲二卦者十八節；以三爲節言之，爲三卦者十二節；以六爲節言之，爲六卦者六節；以九爲節言之，爲九卦者四節；以十二爲節言之，爲十二卦者三節，是爲大三周焉。圓此七十二以應天時，方此六六以應地理，何處不可彌綸！問以二十籌圖之，則五四之符也。

圖解曰：合乾坤六子共得三十六畫，此三十六卦乃三十六畫所生，邵子所謂三十六宫也。元公曰：反對圖乃陰陽升降之理，參同契所喻丹書也。潛老夫曰：丹書其一端耳。易之大用，在以陽策三十六統一切用，而八卦陰陽各十二畫，以奇一偶二論之，即三十六也；横圖之數自一至八，亦三十六也；大横圖乾本盪之積數，亦三十六也。七十二候則倍之，百八者三之，坤策四之，乾策六之。具策爲三百二十者三十六，一元爲三百六十年者三十六，人一日之呼吸爲三百七十五者三十六，何非三十六宫乎！乾坤坎離四卦不變，純氣中氣，造化之元也。上終以頤大過，下終以小過中乎。一長一少交體以肖坎離亦不變者，始分而終亦分，始合而終亦合。上經主正卦，故正對六，顛對十二；下經主偏卦，故正對二，顛對十六。其二篇各十八者，三其六而二其九，天數地數，屈伸妙哉！合三十六，而陰應六六，陽應四九矣。乾坤至畜履六，泰否至噬賁六，剥復至坎離六，而乾坤之中氣周矣；咸恒至損益六，夬姤至漸歸六，豐旅至既未六，而乾坤之化事大周矣。虚舟以六貞悔爲乾六爻者此也，用六之序也。乾坤至謙豫九，隨蠱至坎離九，乾坤之中終也；咸恒至困井九，革鼎至二濟九，乾坤之交終也，此用九之序也。又分大三限焉，乾坤至噬賁一限，剥復至損益二限，夬姤至二濟三限，限各十二卦、七十二爻，其應十二月七十二候乎！八顛不變之卦，今以乾乾坤坤環之，而七十二卦、四百三十二爻，十之則時法也。二濟二老，其冬中而開春乎！謙豫隨蠱，其春分而開夏乎！坎離咸恒，其夏中藏秋乎！困井革鼎，其正秋歸冬乎！石齋反復用此曆年，序卦深幾，黔淺自信不及。

野同録序卦

野同録曰：開天地，作君師，首習六險至于畜履，而類辨揚遏，乃所以明泰否也。既明矣，恐以苛察火馳，即處以平施而和樂焉。隨維消蠱，教思觀生，乃以明法，乃以文止，總須過剥復之關而畜無妄以學問也。養生送死惟在競競慎節，即不懼無悶而明常繼矣。此上篇之經綸教養也。造端所以察至，而虚受立方爲出處明晦之權，言行同異惟禮辨之，反修赦宥，泯于禮而化矣。然不以德成而薄視懲窒遷改也。從此施禄施命，用戒用積，入困能通，時革即鼎，不以行高而謝事，不以遘閔而隕心，動静既一，而視曆命之微，常變之難，猶雞鳴風雨也。善俗知敝，古今自無疑獄留滯矣，惟有行事講習，爲斯世收散中節之門庭，乃處豐如旅，過而不留之大道也。立廟敦本，度數皆德行矣，禮樂之節應四時焉。中孚緩死，二過終哀，續中一濟，伐鬼化狐，總是頤生顛死，習明知險，而思患慎辨，以終始其健厚不息之心行已矣。

周易時論合編圖象幾表卷之五

皖桐方孔炤潛夫授編
孫中德　中通　中履　中泰編録

三易攷約

周禮太卜掌三易，經卦皆八，别皆六十四。山海經曰：伏羲氏得河圖，夏后因之，曰連山；黄帝氏得河圖，商人因之，曰歸藏；列山氏得河圖，周人因之，曰周易。姚信云：夏因神農，商因黄帝，周因虙戲。杜子春蓋謂伏羲、黄帝造名，夏殷因而用之，列山即連山，古聲轉耳。皇甫謐言三統是也。子華子謂出一立兩成三，連山呈形，歸藏御氣，大易立數，究可分乎！柴霖傅謂之三墳，曰山氣形，元豐毛漸得之唐州北陽民家，僞也。桓譚新論連山八萬言，歸藏四千三百言。唐志連山、歸藏，司馬脣注。世紀引連山曰：禹娶塗山攸女生余。水經注引連山曰：有崇伯鯀伏于羽山。周禮疏曰：歸藏開筮，堯降女于舜。又見節卦云殷王其國常毋谷。宋中興目晉薛正注：今存初經芥母本著三篇，文多缺亂。書正義引歸藏曰：羿畢三日。爾雅注引兩壺兩羭疏曰：成湯作也。選注引歸藏曰：君子戒車，小人戒徒。又引夏啓爲璿臺。莊注引歸藏曰：穆王子筮卦于禺强。御覽引歸藏曰：白雲自蒼梧，入大梁，女媧筮張雲幕，枚占之曰吉；黄神將戰，筮于巫咸。明夷曰：夏啓乘龍以登天，睪陶占之曰吉。凡此皆託詞，或古語而後人附之。劉炫曾作連山。通志連山用三十六策，歸藏四十五策，周易四十九策。朱震曰：歸藏初經，乾奭坤古作與，此訛也。艮兑犖坎離釐震巽，此二老而少中長也。薛正曰：連山乾始于子，坤始于午。艮震巽离坤兑乾坎，連山序也，周易兼用之。圖解曰：連山以艮离坎坤震巽乾兑爲次，歸藏以坤巽离兑艮坎震乾爲次。余青震曰：六十配甲，自比卦行至乾宫庚戌，是純艮相連也；自五子而五亥，至觀卦終焉。其曰歸藏即辟公侯卦氣也。易攷則取除四正者連山，除坎离震兑者歸藏。潛老夫曰：易自具三統而代分尚之，不獨夏商周也。先天坤子艮亥而乾午主用，後天之艮終丑始寅，坤王五行之中，乾統天門之位。子曰夏時之義，坤乾之等，吾以是觀之。是者周易也。

京氏傳約

京傳：商瞿子木受易孔子，五傳至漢田何子裝，又三傳爲孟喜，而焦贛云從孟氏問易，頓丘京房君明師之。房授殷嘉、姚平、乘弘，遂爲京氏學。孔子曰一世二世爲地易，三世四世爲人易，五世六世爲天易，游魂歸魂爲鬼易。鬼爲繫爻，今作克我爲鬼。財爲制爻，我克。天地爲義爻，即生我父母。福德爲寶爻，子孫。同氣爲專爻。兄弟。龍德十一月子在坎，左行；虎刑五月午在离，右行。五行生死。即今生旺墓例。陽入陰，陰入陽，交互相盪，積算隨卦起宫，天地之内无不通也。乾起巳，坤起亥，震起寅，巽起午，坎起子，离起丑，艮起未，兑起甲。初爻三日，二爻三日，三爻三日，名九日，餘一曰閏餘，三旬成月，積月成年，成萬一千五百二十策。此言每爻三十策，大衍曆用之。分三十爲中，六十爲上，三十爲下，總一百二十。倍六十卦。新新不停，生生相續，故淡泊不失其所，易所以斷理定倫也。晁景迂曰：京傳文字舛訛，余三十四年乃能以象數辨正之。蓋辨三易，謹氣候，以觀盈虚也。進退以幾而爲卦主者，世也；據一起二而爲主之相者，應也；世所位而陰陽轉者，飛也；肇乎所配不脱乎本，以飛何宫之卦乃伏何宫之位者，伏也；起世而周内外、參本數以紀月者，建也；終始無窮以紀日者，積也；會于中，以四爲用，備四卦者，互也。乾建甲子于下，坤建甲午于上，八卦之上乃生一世之初；初一世之五位，乃分而爲五世之位；其五世之上，乃爲游魂之世；五世之初，乃爲歸魂之世；而歸魂之初，乃生後卦之初。其建剛日則節氣，柔日則中氣，虚則二十八，盈則三十六，至于世應飛伏，死于位，生于時，生于時，死于位，則意遺乎言者也。焦小黄變四千九十六，管輅定乾之軌七百六卦，入坤之軌六百七十二卦，知之者將以語康節三易矣。潛老夫曰：陰陽交幾，其端有例，知其消息，何非道耶！而矜言占驗，則流爲術數耳。七變藏九，不變主變，遊魂歸魂，原始反終，誰知之乎！今之術火珠林者，未有能讀京傳者也。余亦十年而後通其解。乾統氣，故虚五而起積，每卦五變，合上爲六，而游歸之變亦虚五而行。四陽卦當二十四，則所餘二十六候也；震坎艮首虚一位，而自乾已巳至艮庚子，則餘二十八也。四陰卦亦然。剛干起月首，故六月得二十六候；柔干中氣，則六月止得二十八候。宿則兩周而交南方七宿加參焉，五星以生爲序，故訂而譜之。

立春秋坎初戊寅　雨水處暑巽初辛丑　驚蟄白露震初庚子　春秋分兌四丁亥

清明寒露艮四丙戌　穀雨霜降离四己酉　立夏冬坎四戊申　小滿雪巽四辛未

芒種大雪乾四壬午　夏冬至兌初丁巳　小暑寒艮初丙辰　大暑寒離初己卯

六十四卦甲子積算

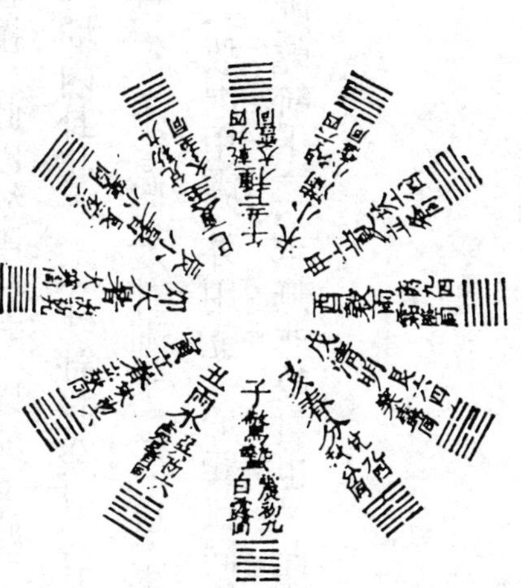

震同。

智按：此以納甲分卦，以爻支應二十四氣。乾内卦起甲子，外卦起壬午，子午與震同。坤内卦起乙未，外卦起癸丑，丑未與巽同。此八卦爲六卦，卦初爻與四爻當兩氣首，每爻一候，六卦則十二氣也，再一周則二十四氣也。内不及坤者，乾震同初子四午，故内用震，外用乾。坤巽雖同丑未，而巽初丑坤四亦丑，故復用巽也。輪建月日，則乾統十二，示無非乾君也。此明本卦、爻支、應氣，示無非坤所藏也。

乾 壬戌 壬申 壬午 甲辰 甲寅 甲子 辛 分氣候 十六

建始甲子至己巳積己巳至起坤宮庚午爲積筭至乙亥小

甲戌積筭起己巳至戊辰 乙亥壬申戌

五星從位起鎮星 與坤爲飛 太白

伏 參宿 位起壬戌 井入辛丑

飛巽

遯 丙 甲午 甲辰 分氣候 廿八

辛未大暑至丙子大雪丙子至乙亥

太陰辰星

鬼降丙午

飛艮

否 乙 乙卯 乙巳 乙未 乙 三十六

壬申立秋至丁丑大寒丁丑至丙子

歲星

柳降乙卯

飛坤

觀 辛卯 辛巳 辛未 乙 廿八

癸酉秋分至戊寅立春戊寅至丁丑

熒惑

星宿 降辛未

飛巽

剝 丙寅 丙子 丙戌 丙 三十六

甲戌寒露至己卯春分己卯至戊寅

鎮星

張降丙子

飛艮

晉 己巳 己未 己酉 己 廿八

乙卯春分至甲申立秋甲申至癸未

太白

翼降己酉

飛離伏艮

大有 甲辰 甲寅 甲子 甲 三十六

戊寅立春至癸未大暑癸未至壬午

太陰辰星

軫降甲辰

與坤飛伏

震 戌 申 午 辰 寅 子 庚 三十六

建丙子大雪至辛巳小滿積算辛巳至庚辰

歲星

角降庚戌

與巽飛伏

豫 戌 申 午 乙 廿八

丁丑大寒至壬午芒種壬午至辛巳

熒惑

亢 乙未

飛坤

解 辰 寅 戊 三十六

戊寅立春至癸未大暑癸未至壬午

鎮星

氐 戊辰

飛坎

恒 廿八

己卯春分至甲申立秋甲申至癸未

太白

房 辛酉

升 辛 三十六

庚辰清明至乙酉秋分乙酉至甲申

太陰水星

心 癸丑

飛坤

井 三十八

辛巳小滿至丙戌寒露丙戌至乙酉

歲星

尾 戊戌

飛坎

大過 三十六

丙戌寒露至辛卯春分辛卯至庚寅

熒惑

箕 丁亥

飛兌伏坎

隨 庚 辰 庚 廿八

乙酉秋分至庚寅立春庚寅至己丑

鎮

計都此南斗也 庚辰

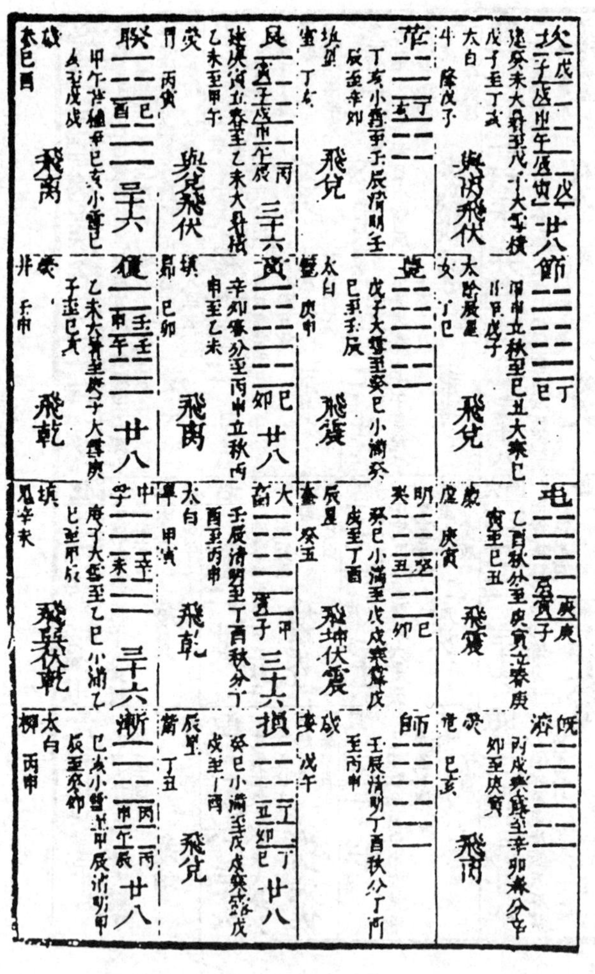

坤 癸亥 癸酉 癸未 乙卯 乙巳 乙未 分節候
坤首起癸亥至丁巳未 二十六
建甲午芒種至巳亥至戊戌
周而復始五星從位起太陰 宮
水星乾飛伏星宿從位降癸亥 某
酉

復 庚 分氣候
乙未起坤大雪至庚子 大
庚子 二十八
積庚子至巳亥
張宿降庚子 飛震

臨 癸 丁 三十六
首癸丑至乙巳
丙申立秋至辛丑大寒 積
辛丑至庚子
熒惑
翼宿降丁卯 飛兌

泰 癸 卯 廿八
丑辰酉子
丁自秋分至壬寅立春 壬
寅至辛丑
填星
軫降甲辰 飛乾

大壯 庚 午 甲
丁 二十六
戊戌寒露至癸卯春分 癸
卯至壬寅
太白
亢降庚午 飛震

夬 廿八
巳亥小雪至甲辰清明 甲
辰至癸卯
辰星
亢降丁酉 飛兌

需 戊 申 三十六
甲辰清明至己酉秋分 己
酉至戊申
歲星
氐降戊申 飛坎伏兌

比 乙 卯巳未 乙 廿八
癸卯春分至戊申立秋 戊
申至丁未
熒惑
房降乙卯 與乾飛伏

巽 辛 卯巳未酉亥丑
辛丑大寒至丙午芒種 丙
午至巳巳
填星
心降辛卯 與震飛伏

小畜 辛 未 子 甲
壬寅立春至丁未大暑 丁
未至丙午
太白
尾降甲子 飛乾

家人 亥丑卯 巳
癸卯春分至戊申立秋 戊
申至丁未
辰星
箕降己丑 飛离

益 辛 卯巳未辰寅子
甲辰清明至己酉秋分 己
酉至戊申
歲星
斗都降庚辰 比斗也 飛震

兌 乙巳小滿至庚戌寒露 庚
戌至己酉
熒惑
牛降壬午 飛乾

噬嗑 巳 未酉 己
丙午芒種至辛亥小雪 辛
亥至庚戌
填星
女降己未 飛离

頤
辛亥小雪至丙辰清明 丙
辰至乙卯
太白
虛降丙戌 飛艮伏震

蠱
庚戌寒露至乙卯春分 乙
卯至甲寅
辰星
危降辛酉 與震飛伏

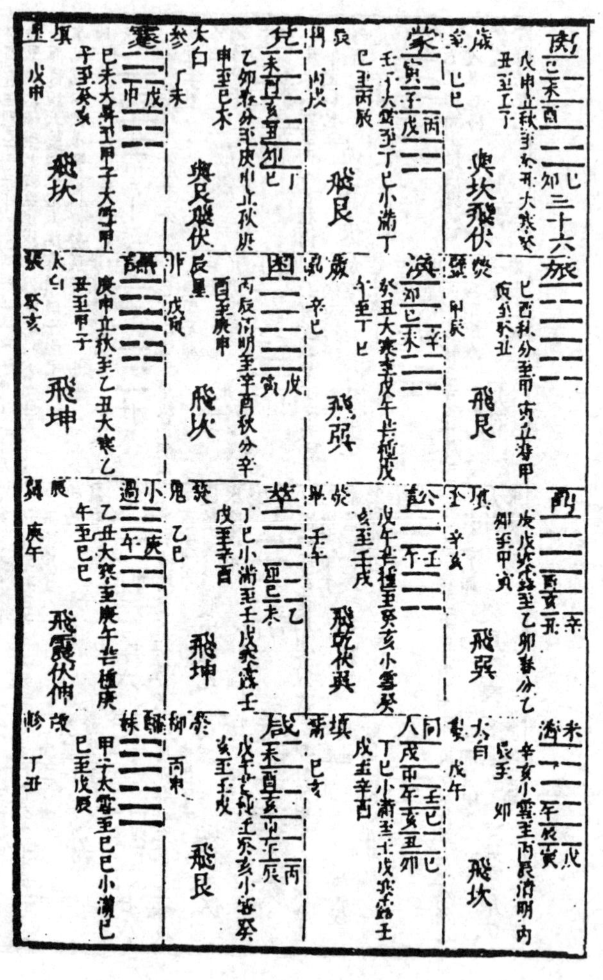

[illegible] 巳未酉 己 卯 三十六
戊申立秋至癸丑大寒癸
丑至壬子
歲 家 巳巳
與坎飛伏

蒙 寅子戌 丙
壬子大雪至丁巳小滿丁
巳至丙辰
張 丙戌
飛艮

兌 未酉亥丑卯巳 丁
乙卯春分至庚申立秋庚
申至巳未
太白 參 丁未
與艮飛伏 辰星

蹇 申戌 戊
巳未大暑至甲子大雪甲
子至癸亥
填 星 戊申
飛坎

旅
巳酉秋分至甲寅立春甲
寅至癸丑
熒 翼 甲辰
飛艮

渙 卯巳未 辛
癸丑大寒至戊午芒種戊
午至丁巳
歲 亢 辛巳
飛巽

困 寅 戊
丙辰清明至辛酉秋分辛
酉至庚申
非 戊寅
飛坎 辰星

[illegible]
庚申立秋至乙丑大寒乙
丑至甲子
太白 張 癸亥
飛坤

酉亥丑 辛
庚戌寒露至乙卯春分乙
卯至甲寅
填 辛亥
飛巽

訟 午 壬
戊午芒種至癸亥小雪癸
亥至壬戌
熒 壬午
飛乾伏巽

萃 丑巳未 乙
丁巳小滿至壬戌寒露壬
戌至辛酉
熒 鬼 乙巳
飛坤

小過 午 庚
乙丑大寒至庚午芒種庚
午至巳巳
辰 庚午
飛震伏坤

未濟 午辰寅 戊
辛亥小雪至丙辰清明丙
辰至乙卯
太白 婁 戊午
飛坎

同人 戌申午 壬 亥丑卯 巳
丁巳小滿至壬戌寒露壬
戌至辛酉
填 巳亥

咸 未酉亥 丙 申午辰
戊午芒種至癸亥小雪癸
亥至壬戌
熒 柳 丙申
飛艮

歸妹
甲子大雪至巳巳小滿巳
巳至戊辰
歲 軫 丁丑

卦氣值日圖

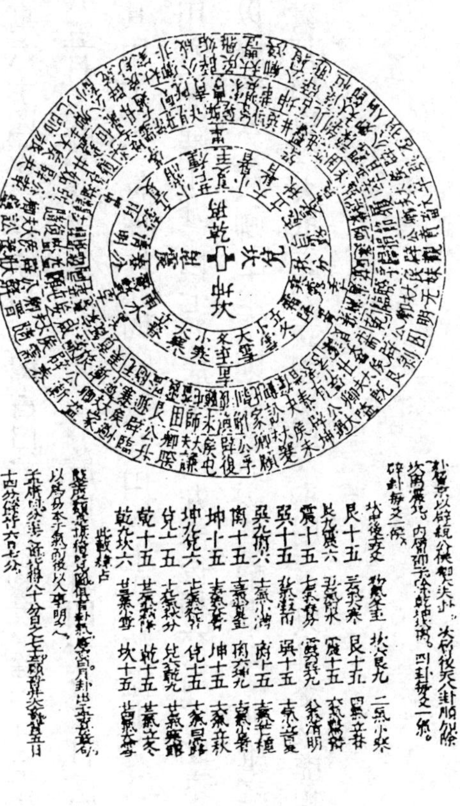

邵子曰：三百八十四爻真天文也。用止三百六十，以乾坤坎离之不用也。不用所以用也，故萬物變而四者不變也。蓋自京氏，亦除四卦以三百六十五度四分度之一，爻直一日，而五度奇，則每度八十分，五日四分度一當得四百二十分，六十卦分之，卦各七分，是所謂六日七分也。止菴謂此最盡天體。智按此京減三統日法之一耳。依邵子法，五度四一當爲一千八百九十分，則十卦卦得三十一分六秒，每兩卦相對，寓六十四藏一之象焉。緯占曰：每六氣後，餘一日三時五十八分有奇，二十四氣共五日三時，歸于氣終。此四分曆以九百四十分爲日法也。後天坎离震兑四正卦，其用十二；乾坤艮巽四隅卦，其用四十八，數盡則交。六九七八合之皆十五，四正用六，四隅用九，以七八居中，六九前後相交焉。此京氏本法。至今卦影用之，其以辟統公、侯、卿、大夫，則太玄取之環配者也。四維之用，所以維四正，故皆主九，貴其用也。大抵先天立體，後天主用，全以具爻納虚相應。原自妙叶，謹衍于後。

具爻應廿四氣納虚圖

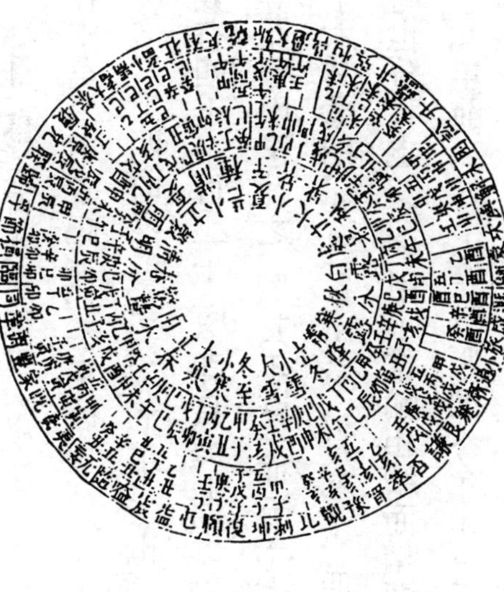

邵子曰：干，幹也。支，枝也。干十而支十二，則陽數中有陰，陰數中有陽也。此言二五則陽而陰，三四則陰而陽也。潛老夫曰：具爻配通期，多二十四爻，今以一氣虛一爻，則二十四氣虛二十四爻。虛者合二爲一，則十二也。故當氣盈朔虛之象焉。四而爲一，則二十四而六也。智曰：凡四肢之節以虛能轉，故納虛之法，納于氣節之間。今曆每氣皆十五日二時五刻，原有餘羸，故羸爻應之。舉一章七閏，閏年四大月三小月，爲三百八十四日；權法十六兩一斤，斤亦三百八十四銖，列其恒法，而盈虛在中矣。甲壬陽孤，乙癸陰虛，五子五丑之類，納一于孤虛之間，則七十二也；納虛爻二十四而以二爲一，亦七十二也。六十律、六十甲子與除四之卦，則其體矣。然歲有四千三百二十時，即貞悔七十二卦之十周爻也。今以通期爻、具爻、貞悔爻三等而與甲子輪之，聽其不齊，而五千七百六十自齊矣。此半其具策，十五閏年。而十六其通期，八卦各兩其三百六十，而九十六周甲子也。别詳全譜。年也月也日也時也分秒也，爻與甲子環輪相續而積閏氣分，盈縮其間，自何硋焉，易真神明之牖。○九年前二月十五日辰，即今年正月初一日辰，爲月九十七，爲日二千八百八十，而四十八周甲子也。此曆家約法也。今五千七百六十，則兩其九年四十八周甲子耳。凡四其九年，合易之具策。

太玄約

太玄宋諱玄作元。楊雄子雲擬。焦弱侯曰：雄孝平時卒。胡正甫、簡紹芳辨之明矣。張平子、韓退之、司馬君實、曾子固皆重之。

天元中中孚周復礥屯閑屯少謙戾睽上升干升狩臨

羨小過差小過童蒙增益鋭漸達泰交泰耎需徯需

從隨進晉釋解格壯夷壯樂豫争訟務蠱事蠱

地元更革斷夬毅夬裝旅衆師密比親比斂小畜彊乾

睟乾盛有居家法井應咸迎咸遇姤竈鼎大豐

廓豐文渙禮履逃遯唐遯常恒度節永節昆同

人元減損唫否守否翕巽聚萃積大畜飾賁疑賁視觀

沈兑内歸去无妄晦夷瞢夷窮困割剥止艮堅艮

成既闕嗑失大過劇大過馴坤將未難蹇勤蹇養頤踦贏

玄三方、九州、二十七部、八十一家。曰首，猶卦也。圜之應天，中首冬至，日□□〔一〕牛初，乃漢曆也。王薦以卦氣著論曰：求其故，□〔二〕歲日至可坐定也。一動一静之間，復見天地之心，數往知來，數起于此，是易理也，即曆法也。雄立踦贏原非牽凑，世无知者，乃多議之。邵子曰：雄知曆理。伯温曰：子雲知易之本。

晁説之謂羨不當準臨，夷不當準大壯。

李氏曰：玄固京法也。止菴曰：雄以六日七分爲曆則是，房以之爲七日來復則非。潛老夫曰：類是謀、稽覽圖言之。緯非聖撰，然陰陽家言原有所自，三統曆以八十一爲日法，京房藏一，豈無謂耶！子雲蓋知易合參兩而兩顯參幽，卦蓍皆立恒法，其密率則在盈虚損益追差之中。故玄特以三法衍之，明圖之用書也。每首九贊，直四日半，九十贊爲四十五日，八其洛書爲通期，益一首爲四日半，益踦之半日爲五日，又益贏爲半日之半，則四分度一也。方圍四則齊，圓圍三則踦贏矣。世非任數失理者，即談虚日之理而遺數者，誰研極而通變乎！子瞻喜淺爽，以玄艱深而遷怒耳。朱子以爲拙可，若病其三，彼不服也。以除四之六十卦，而重二十一卦配之，中具虚一之旨，即具四分用三之旨。方虚谷謂何故子中至辰中爲天，辰中至申中爲地，申中至子中爲人，夫豈知三四爲十二，何異四三爲十二乎！知其故而仍藏參于兩，寓其盈虚者，邵子也。石齋更欲密率推之，可謂攻苦研極。後人因前人之攻苦研極而引觸會通，何爲不善。

〔一〕「□□」，原本漫漶不清，依太玄范望注當作「起牽」。
〔二〕「□」，原本漫漶不清。

玄著三十六策，虛三，挂一左小指中，分餘，以三搜之，并餘于艻，數其餘七爲一，八爲二，九爲三，六算也。智按：此六除而數之也。范叔明曰：十取出一，名以爲艻。蓋虛者三，挂者三，寔用三十策也。解玄者，宋衷、陸績、范望、王涯、宋惟幹、徐庸、章詧、陳漸、張揆、郭元亨、吳秘，司馬溫公合爲集注，許翰作玄歷，晁説之作易玄星紀圖。

洞極約

洞極唐趙蕤注。李邯鄲曰：洞極經，關朗家藏，親受説于林峪峒者。晁氏曰：魏太和中，王虬言于魏孝文，召之，著成筮論。已采具著衍篇下。

一四七天生☰ 焕育乘其一 實育乘其二 興育乘其三 燠資乘其一 茂育乘其二 達育乘其三 序育一資二 和育二資一

二五八地育☷後分 萌生乘其一 華生乘其二 安生乘其三 悖資乘其一 止資乘其二 静資乘其三 息生一資二 紊生二資一

三六九人資☰ 抑生乘其一 用生乘其二 作生乘其三 冥育乘其一 塞育乘其二 平育乘其三 通生一育二 幾生二育一

河圖之文，七前六後，八左九右。聖人以畫八卦，全七之三以爲离，奇以爲巽；兼三才而兩之，故以三爲易之用。言三猶言一也。奇，餘也。全八之三以爲震，奇以爲艮；全六之三以爲坎，奇以爲乾；全九之三以爲兑，奇以爲坤，正者全其位，偶者盡其畫。此猶未見先天圖也。稽洛書爲三象：一，生之一也；四，生之二也；七，生之三也。二，育之一也；五，育之二也；八，育之三也。三，資之一也；六，資之二也；九，資之三也。天地人三極各九變，爲二十七。有本有變有序，此其變也。極數篇曰：天有十二，地有十五，人有十八。即洛書數也。天一地二人三，天四地五人六，天七地八人九，故合一四七爲天十二，合二五八爲地十五，合三六九爲人十八。三十有九則一，除天地人六數外有三十九，歸之于天。蓋爲三者十三也。四十有二則二，除人三數外有四十二，歸之于地。蓋爲三者十四也。四十有五則三，洛書全數歸之于人。蓋爲三者十五。生之策百一十七，凡三畫三其三十九也。育之策百二十六，三其四十二也。資之策百三十五，三其四十五也。按百之爲一日之息。遺其餘當期之日。遺其七六五也。共十八，而三除爲六，正應氣朔，猶三百八十四爻以廿四爻納虚折半以應氣朔。邵子四分用三，通期用二百七十，而陰陽相侵，或六或十八，亦此故也。此書不必關子明，而理自得易中一端之精處，惜不知先天八卦以二四八六立體，則亦何以明洛之維正耶！子明易傳曰：一不可用，二生可推，三極中而兼兩，六來則一去，以三十與十二明蓍，開百原之端。故知洞極非子明手。季氏以其八卦九宫遂寔宋咸之言，以爲壬遁。夫壬遁何嘗不在易中？特術者以占驗取資而不知其故耳。

元包約

元包崇文目：唐衛元嵩作。蓋後周人。武功蘇源明傳，李江注。張行成曰：蘇、李未達數也。理生數而論理遺數，譬作樂而棄音律也。僕學康節，因旁通此。

坤八八 復八四 臨八二 泰八一 壯四一 夬二一 需六一 比六八

兑二二 困二六 萃二八 咸二七 蹇六七 謙八七 小過四七 歸四二

各七十六

乾一一 姤一五 遯一七 否一八 觀五八 剥七八 晉三八 有三一

艮七七 賁七三 大畜七一 損七二 睽三二 履一二 孚五二 漸五七

各六十八

離三三 旅三七 鼎三五 未三六 蒙七六 渙五六 訟一六 同一三

巽五五 小畜五一 家五三 益五四 妄一四 嗑三四 頤七四 蠱七五

各六十八

坎六六 節六二 屯六四 既六三 革二二 豐四三 夷八三 師八六

震四四 豫四八 解四六 恒四五 升八五 井六五 大過二五 隨二四

各七十六 共五百七十六

本以坤乾少仲孟爲序，此雙列也。八卦上爲不變之世，七變而歸魂，十四變而復本卦。百二十八者，八之十六也；甲子百二十者，八之十五也。十五爲運行之數，十六爲生物之數。六爻皆變者，氣之用也；上爻不變者，形之用也，是謂歸藏。包卦六十四，包蓍三十六，共百坤數也。

三十六蓍六用成一卦，合乾策六十四卦計萬三千八百二十四蓍，得先天生物數十之一。智按：此先天數，以具策乘十二，即三統曆五星會終數。

存本數一揲成一爻，每揲先存二十四蓍，一卦計百四十四蓍，通六十四卦計九千二百十六蓍。每卦于乾策中存坤策數，蓋三分用一也。先天存四卦，九千二百十六而開物數，九萬二千一百六十者，六十四卦皆爲用也。包存數亦九千二百十六，而用策二千八百八十者，止用乾坤二卦也。智按：四千六百八之半爲二千三百有四，以六十卦乘之，爲十二乘具策之數，是除四卦也。開物九萬二千一百六十者，即十三萬八千二百四十除四萬六千八十也。

歸奇數三畫卦老陽九，三女十二，三男十五，老陰十八。六畫卦以此交而重之，六十四卦總一千七百二十八。爲六者二百八十八，用策十之，爲二千八百八十，通四千六百有八。析而十之，得四萬六千八十，則易軌所用，四會萬物之數也。泰積之要始于十八，策終五十四，包歸奇起十八，而用數終五十四。

卦策數三畫老陰十八，三男二十一，三女二十四，老陽二十七；六畫以此重之，六十四卦總二千八百八十，則坤策偶之，而又十析之者也。智按：陰陽爻各百九十二，以九乘爲千七百二十八，以六乘爲千一百五十二，亦合二千八百八十，倍之則五千七百六十，爲通期具爻甲子之會數也。四萬六千八十者，四其具策也。

潛虛約

潛虛司馬君實光作。張敦寔釋虛曰：温公三十年，集注太玄，又爲潛虛，其心學也。朱子曰：温公未竟而卒。

今以范仲彪家藏本補成之。

𝍠𝍠水	𝍠𝍡火	𝍠𝍢木	𝍠𝍣金	𝍠㐅土	𝍠𝍥水
𝍡𝍡火	𝍡𝍢木	𝍡𝍣金	𝍡㐅土	𝍡𝍥水	𝍡𝍦火
𝍢𝍢木	𝍢𝍣金	𝍢㐅土	𝍢𝍥水	𝍢𝍦火	𝍢𝍧木
𝍣𝍣金	𝍣㐅土	𝍣𝍥水	𝍣𝍦火	𝍣𝍧木	𝍣𝍨金
㐅㐅土	㐅𝍥水	㐅𝍦火	㐅𝍧木	㐅𝍨金	㐅十土
𝍥𝍥水	𝍥𝍦火	𝍥𝍧木	𝍥𝍨金	𝍥十土	
𝍦𝍦火	𝍦𝍧木	𝍦𝍨金	𝍦十土	𝍦𝍠水	
𝍧𝍧木	𝍧𝍨金	𝍧　木	𝍧𝍠水	𝍧𝍡火	
𝍨𝍨金	𝍨十土	𝍨𝍠水	𝍨𝍡火	𝍨𝍢木	
十十土	十𝍠水	十𝍡火	十𝍢木	十𝍣金	

一原　六委　二熒　七焱　三本　八末　四丱　九刃　五基　十家

始十純，不改其次，降一降二降三降四，最後五行生成，各自爲配。五行各五爲二十五，存十純爲四十五，兩之九十，合純爲百，生成相乘各六百，天地自乘各七百五十，生成積數三千二十五。

謂之性圖者，大性在此性圖中，況之以齊，无其位也。

泯造隆散餘元哀柔剛雍昧十一在北；木容言慮聆覿繇懠得罹耽冓十一在西〔一〕；金蠢訒宜忱喆戛特偶曬續考十一在南；火徒醜隸林禋準資賓戩斁乂十一在西。金昭一土，處報德之維，王丑；郤庸妥三〔二〕，處常陽之維，王辰；范一土，處背陽之維，王未；續育聲興痛五土，處虒通之維，王戌；齊處其中焉。按：虚有五十五名，齊有名而无位。冬至起元，轉而周天，以餘終之。除齊元餘无變，所用自哀至散五十二名，每名七變，猶七爻也，共三百六十四變，以元餘當一變四分度之一，蓍則虚五。潛老夫曰：温公以坤艮丑未，土之本位也，故各分其一。辰爲角起，以三予巽，合西南與東南即四也。戌以步歲，人用起寅終戌，交于天門，故以五奉乾，合東北與西北即六也。七變法律，正以明蓍之用七也。五十二兩之爲百四，七七兩之爲九十八，盈四縮二寓之矣。温公常云圖徑七而圍三加一，故以餘象之。五五二十五，又五之爲百二十五，每變百分，是適一度與四分度之一也。京房之百，即一度四分度之二也。通期之外，以四爲大餘，以一與四分之一爲小餘，不亦當乎！先儒多有執自有反無爲玄虚者，猶未知六十四卦即大潛大虚也。苟明寂歷同時，萬法源委，則雜而不越，旁行不流，作述又何分乎！如寔未明萬法源委而但冒言知本无知，依然執一是不知而作也。

〔一〕依潛虚，「西」當作「東」。

〔二〕依潛虚，「三」下當有一「土」字。

邵約

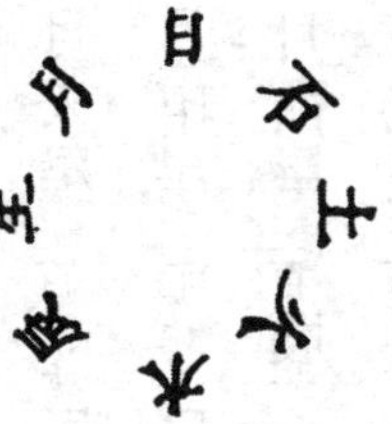

日　石　土　火　水　辰　星　月

潛老夫曰：邵子悟知一在二中，其可言者皆方體適值者也。故一切物且以四破言之，其寔三之皆可三也，五之皆可五也，六之皆可六也。研幾必知適值之象數，乃可通推彌綸，但顢頇曰皆有皆無，此何待說。

太陽日目暑元性皇　少剛石色雷歲木易

太陰月耳寒會情帝　少柔土聲露月草書

少陽星鼻晝運形王　太剛火氣風日飛詩

少陰辰口夜世體霸　太柔水味雨辰走春秋

日甲月子星三十辰三百六十年一萬八百復

月丑星六十辰七百二十年二萬一千六百臨

月寅星九十辰千八十年三萬二千四百泰　開物星之己七十六

月卯星百廿辰千四百四十年四萬三千二百大壯

月辰星百五十辰千八百年五萬四千夬

月巳星百八十辰二千一百六十年六萬四千八百乾

唐堯始皇之癸一百八十，辰二千一百五十七，夏商周秦兩漢兩晉六朝南北隋唐五代宋元明。

月午星二百一十辰二千五百二十年七萬五千六百姤

月未星二百四十辰二千八百八十年八萬六千四百遯

月申星二百七十辰三千二百四十年九萬七千二百否

月酉星三百辰三千六百年十萬八千觀

月戌星三百三十辰三千九百六十年一十一萬八千八百剥　開物〔一〕星之戊三百一十五

〔一〕「開物」當作「閉物」。

月亥星三百六十辰四千三百二十年十二萬九千六百坤

日爲元，月爲會，星爲運，辰爲世。統十二會，三百六十運，四千三百二十世。一世三十年，則十二萬九千六百年。一元在大化，猶一年也。元之元而窮變生生本不窮也。經世但著一元之數，舉一隅而已。

自子至巳爲息，午至亥爲消。開物于月寅星己七十六，猶驚蟄也。開物〔一〕于月戌星戊三百十五，猶立冬也。月巳終爲陽極，陰陽之餘空各六；月亥終爲陰極，陰陽之餘空各六，凡二十四，以當具爻，除乾坤坎离四正卦二十四爻，則所存通期也。但舉恒法而消息盈虚在中矣。堯起月巳星癸一百八十，辰二千百五十七，堯得天地之中數。故孔子贊則天無名之蕩巍焉，楊雄謂法始乎羲而成乎堯，曆數天時人事，若合符節，盛哉！蔡西山曰：一元之歲，一會之月，一運之日，一世之辰，一歲之分，一月之釐，一日之毫，一辰之絲，皆自然不假智營力索也。

邵子曰：圓數一，方數二，奇偶也。六即一也，十二即二也。六則徑一圍三而兩之，十二則徑一圍四而參之。圓數起一積六，方數起一積八，變之則起四而積十二也。六者以六

〔一〕「開物」當作「閉物」。

變，八者以八變，十二亦以八變。兩言八變，地數偶也。八者天地之體也，天體數四，地體數四。六者天之用也，天用數三，地用數三。十二者地之道也。六者三積故爲天用，十二者四積故爲地用。一言體，兩言用，本奇用偶也。天變方爲圓，變十六爲十二，變十二爲九。而常存其一；地分一爲四，分四爲八，分八爲十六，以至八八。而常執其方。毁方則無以爲體。天變其體而不變其用，地變其用而不變其體也。六者併一則七也，十二併四則十六也。陽主進，故天併一而爲七；陰主退，故地去四而止于十二也，是陽常存而陰常晦一也。故天地之體止于八，而天之用極于七，陽常存一，有餘分也。地之用止于十二也。其一可晦，其方不毁。圓者裁方以爲用，故一變四，四去其一則三也；三變九，九去其三則六也。方者展圓以爲體，故一變三，并之四也；四變十二，并之十六也。故用數成于三而極于六，體數成于四而極于十六。又曰：一役二以生三，三去一則二也；三生九，九去一則八也，去三則六也。故二役三，三復役二也；三役九，九復役八與六也。四以一爲本，三爲用；十二以三爲本，九爲用；十六以四爲本，十二爲用。體數具爻，用數通期。有體數之用二百七十，去四正爲通期，去二交十五卦，是通期四分去一。用數之用二百五十二。去乾坎离十八爻之數。二百七十，其百五十六爲陽，百十四爲陰，實用之數百五十二陽，百十二陰。又去六爻數得二百六十四，合陽餘六，爲氣盈朔虚。潛老夫曰：所言皆大二也，即大一也。故邵子曰一非數也。無體之一即不落有無、不离有無者也。然非物則道不顯，故以象數聲數徵其幾焉。元會運世，以年月日時徵之，故知恒法不易，而消息變化藏矣。生死幽明猶費隱形影也，秩叙寂歷同時之理，萬古不壞矣。切事者不知理數彌綸之幾，言道者但執顢頇渾淪之冒，厭差别而以苟簡爲本，依然日用不知耳！安能開物成務，見天下之賾動，如數一二乎！

智曰：邵子言圓一生六，去一則五也。漢書曰十一而道畢，言五六天地中數也。二其六而五其六，關子明已言十二與三十之用矣。陽盈六，陰虚六，皆六不足，五有餘，乃十一之折半相盈縮也。周每餘七，中時虚五共二六也；十二而常虚一，亦五六之間也。天以星度日紀月量，三不齊而齊者也。圓不齊而方齊，氣不齊而歲寔可齊，分秒不齊而甲子直爻可齊。歲差而差亦有週，因差追齊，因交知幾，密法不逃恒法，而人心之幾應焉。適值之數，即至神也。六爻用五，其旨微哉！具爻也，通期也，貞悔爻也，三不齊也；五十也，四十九也，四十八也，三不齊也；三十也，二十四也，三十六也，三不齊也。洛書一四七也，二五八也，三六九也，此其本也。聲叶而數亦叶，足徵氣幾理定而天不違，神明不容思議互幾互差，互爲交輪，不外參兩九六而已矣。要非濁識黠慧所可語此。

時三十分○三百六十秒○一萬零八百絲**日**十二時○三百六十分○四千三百二十秒**月**三十日○三百六十時○一萬零八百分○十二萬九千六百秒**年**十二月○三百六十日○四千三百二十時○十二萬九千六百分○百五十五萬五十二百秒**世**三十年○三百六十月○一萬零八百日○十二萬九千六百時○三百八十八萬八千分○四千六百六十五萬六千秒**運**十二世○三百六十年○四千三百二十月○十二萬九千六百日○一百五十五萬五千二百時○四千六百六十五萬六千分○五億五千九百八十七萬二千秒**會**三十運○三百六十世○一萬零八百年○一十二萬九千六百月○三百八十八萬八千日○四千六百六十五萬六千時○一十三億九千九百六十八萬分○一百六十七億九千六百一十六萬秒**元**十二會○三百六十運○四千三百二十世○一十二萬九千六百年○一百五十五萬五千二百月○四千六百六十五萬六千日○五億五千九百八十七萬二千時○一百六十七億九千六百一十六萬分○二千零一十五億五千零九十二萬秒**大時**三十元○三百六十會○一萬零八百運○十二萬九千六百世○三百八十八萬八千年○四千六百六十五萬六千月○十三億九千九百六十八萬日○一百六十七億九千六百一十六萬時○五千零三十八億八千四百八十萬分○六兆零四百六十六億一千七百六十萬秒**大日**十二大時○三百六十元○四千三百二十會○一十二萬九千六百運○一百五十五萬五千二百世○四千六百六十五萬六千年○五億五千九百八十七萬二千月○一百六十七億九千六百一十六萬日○二千零一十五億五

千三百九十二萬時○六兆零四伯六十六億一千七百六十萬分○七十二兆五千五百九十四億一千一百二十萬秒

大月三十大日○三百六十大時○一萬零八百元○一十二萬九千六百會○三百八十八萬八千運○四千六百六十五萬六千世○十三億九十〔一〕九百六十八萬年○一百六十七億九千六百一十六萬月○五千零三十八億八十〔二〕四百八十萬日○六兆零四百六十六億一千七百六十萬時○一百八十一兆三千九百八十五億二千八百萬分○二千一百七十六兆七千八百二十三億三千六百萬秒

大年十二大月○三百六十大日○四千三百二十大時○一十二萬九千六百元○一百五十五萬五千二百會○四千六百六十五萬六千運○五億五千九百八十七萬二千世○一百六十七億九千六百一十六萬年○二千零一十五億五千三百九十二萬月○六兆零四百六十六億一千七百六十萬日○七十二兆五千五百九十四億一千一百二十萬時○二千一百七十六兆七千八百二十三億三千六百萬分○二京六千一百二十一兆三千八百八十億零三千二百萬秒

大世三十大年○三百六十大月○一萬零八百大日○一十二萬九千六百大時○三百八十八萬八千元○四千六百六十五萬六千會○十三億九千九百六十八萬運○一百六十七億九千六百一十六萬世○五千零三十八億八千四百八十萬年○六兆零四百六十六億一千七百六十萬月○一百八十一兆三千九百八十五億二千八百萬日○二千一百七十六兆七千八百二十三億三千六百萬時○六京五千三百零三兆四千七百億零零八千萬分○七十八京三千六百四十一兆六千四百零九億六千萬秒

大運十二大世○三百六十大年○四千三百二十大月○一十二萬九千六百大日○一百五十五萬

〔一〕「十」，疑當作「千」。

〔二〕「十」，疑當作「千」。

五千二百大時〇四千六百六十五萬六千元〇五億五千九百八十七萬二千會〇一百六十七億九千六百一十六萬運〇二千零一十五億五千三百九十二萬世〇六兆零四百六十六億一千七百六十萬年〇七十二兆五千五百九十四億一千一百二十萬月〇二千一百七十六兆七千八百二十三億三千六百萬日〇二京六千一百二十一兆三千八百八十億零三千二百萬時〇七十八京三千六百四十一兆六千四百零九億六千萬分〇九百四十京零三千六百九十九兆六千九百一十五億二千萬秒大會三十大運〇三百六十大世〇一萬零八百大年〇一十二萬九千六百大月〇三百八十八萬八千大日〇四千六百六十五萬六千大時〇十三億九千九百六十八萬元〇一百六十七億九千六百一十六萬會〇五千零三十八億八千四百八十萬運〇六兆零四百六十六億一千七百六十萬世〇一百八十一兆三千九百八十五億二千八百萬年〇二千一百七十六兆七千八百二十三億三千六百萬月〇六京五千三百零三兆四千七百億零零八千萬日〇七十八京三千六百四十一兆六千四百零九億六千萬時〇二千三百五十京零九千二百四十九兆二千二百八十八億分〇二晐八千二百十十一京零九百九十兆零七千四百五十六億秒十六層積至大元十二大會〇三百六十大運〇四千三百二十大世〇一十二萬九千六百大年〇一百五十五萬五千二百大月〇四千六百六十五萬六千大日〇五億五千九百八十七萬二千大時〇一百六十七億九千六百一十六萬元〇二千零一十五億五千三百九十二萬會〇六兆零四百六十六億一千七百六十萬運〇七十二兆五千五百九十四億一千一百二十萬世〇二千一百七十六兆七千八百二十三億三千六百萬年〇二京六千一百二十一兆三千八百八十億零三千二百萬月〇七十八京三千六百四十一兆六千四百零九億六千萬日〇九百四十京零三千六百九十九兆六千九百一十五億二千萬時〇二晐八千二百一十一京零九百九十兆零七千四百五十六億分〇三十三晐八千五百三十三京一千八百八十八兆九千四百七十二億秒

三十六宮圖

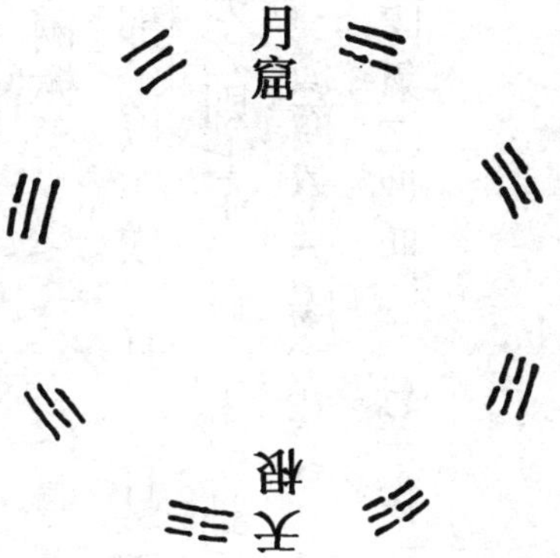

月窟

天根

全曰：邵子所謂一動一靜之間也。坤震之間，陰極而微陽生，天根也。乾巽之間，陽極而微陰生，月窟也。凡草木之甲坼必先根而後萌。坤震在下，象地下乎！天包地外，地下有天，凡根愈深，則萌愈暢，故名天根。月之魄即日之光，其无光處，月之體也。乾巽在上，象天上乎！月望而午，盈極而虧，而月之本體无光者，始微出于北，故名月窟。三十六宫，指八卦之畫也。手探足攝，全體在人，舞蹈無非此理。濯舊曰：春夏動，秋冬静，此化運不已也。天地之心，所以主乎是者，不可以動静言。邵子動静之間，于復姤言之。蓋謂于此可見，非以姤復爲天地之心也，所謂天心无改移也。程門所論未發之中，即一日之間，萬起萬滅，而其心自若。孔子之慟，孟子之喜，中何嘗不自若乎！智曰：邵子弄丸往來，自號无名公，月窟天根原非兩橛。

邵子以一歲之月、一日之辰配一元之會、一運之世，皆十二也。十二月三十六旬，分之則七十二候；十二卦三十六陽，分之則七十二畫。縱而數之，陽與陽皆自一而六；横而數之，陽六其六。又陽一而陰二，三十六陽貫乎三十六陰之中，天地間无非一陽氣之運而已。息于復，盈于乾，消于姤，虚于坤，天行也。

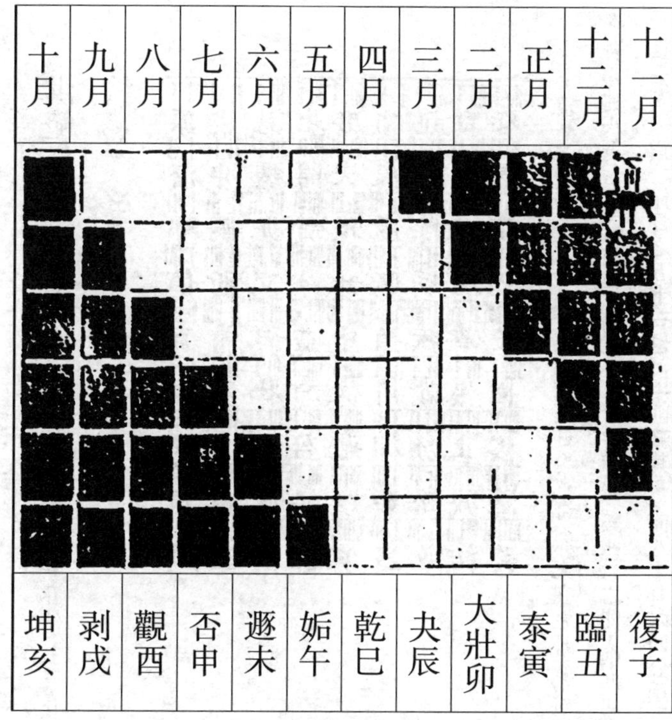
十一月
十二月
正月
二月
三月
四月
五月
六月
七月
八月
九月
十月
復子
臨丑
泰寅
大壯卯
夬辰
乾巳
姤午
遯未
否申
觀酉
剥戌
坤亥

洪範蔡疇

洪範皇極九峰蔡沈著　原一一冬至沖二二立春從三三春分公四四立夏中五五夏至用六六立秋分七七秋分戎八八立冬終九九冬至

原　潛　守　信　直　蒙　閑　須　厲
成　沖　振　祈　常　柔　易　親　華
見　獲　從　交　育　壯　興　欣　舒
比　開　晉　公　益　章　盈　錫　庸
庶　決　豫　升　中　伏　過　疑　寡
飾　戾　虛　昧　損　用　郤　翕　遠
迅　懼　除　弱　疾　競　分　訟　收
實　賓　危　堅　革　報　止　戎　結
養　遇　勝　囚　壬　固　移　墮　終

方爲地，圓應天一也。每數當直四日半有奇，亦太玄之卦氣，而不以餘分爲踦贏。潛老夫曰：每疇之九，則候常虛，故九其八爲七十二候，是以適符。嘗以爲一一與一二之間，則九而適八，猶六爻而適五爻也。重數叶八際而九九、一一合爲冬至，猶之任督之五十一也。用則藏其一，而八十卦之四分用三，依然六十耳。

蓍五十虛一，分一，掛一，以三揲之，一揲爲綱，再爲目。綱一函三，一當三，二當六。以虛待目，目一爲一，以寔從綱。綱二目三，則虛綱一不用，而用綱之一爲三數，又合目三爲六數，如綱一則綱不用。再揲爲一會，八揲四會以當年月日時。前二會爲大綱目，視其壯字爲何疇；後二會爲小綱目，視其壯字下之第幾局。

象正曰：一一一爲乾，一一二爲兑，自領九類；一二一爲离，一二二爲震，自領九類。依此序之，末歸乾統。一疇三疇七疇九疇以陽主之，二疇四疇六疇八疇以陰儀主之，五疇兼用七百二十九卦，五五爲中。其旨以一三五七九與二四六八十，陰陽六爻三五相御，各一百二十五，自乘爲萬五千六百二十五，積六十四卦則萬也。智按：廿五、三十相乘各七百五十，古曆所云天地出符之數十二分之各百廿五。圖體書用去十而行之，極爲五十三萬一千四百四十一，其得萬五千六百二十五者乾也，餘以陰陽自爲贏矣。

潛老夫曰：九峰以易爲象、範爲數，故漳浦因之，其寔易何非數，而範何非象？詎以八八之卦、七七之衍非數乎？易以範圍而藏天于地，即洛書亦環八，而中五本藏也。圖、書一也，貴中一之不可分也。天數自乘爲萬五千六百二十五當百萬之一卦，亦四分三分而餘一不可分者也。圖五十五而兩分二十有七，亦餘不可分者也。

然而二十七候自可旋也，九九于八際，可以虛一，可以虛九，可以虛二十一，故因漳浦合卦于疇之圖而備之。其曰五爲綱紀，剛柔合用。自五五五以上四十象得八卦者五，以下四十象得八卦者五，而五五五中卦寔兼乾坤，于是定曰：何疇非五疇耶！九列之外，别序配卦三變，以明八卦交中，互序爲統皆中統也。洛書建中五爲極，而前用一二三四，後用六七八九，正用一三九七，維用二四八六，依然八卦也。知尊乾矣，先乾正南，後乾西北，乃入御也。所謂乾統乾坤之乾，其在中乎！太極无在无不在，而以中象之，此皇建所以正位通理，隲叙彝倫，徵五行于人事，而南明嚮威，四克自强也。平康正直則四克可忘，四克爲偏黨而乂之耳！今不遽入譜者，猶之等切定音，字隨填入，會通易範本自易簡。

五行雜變附

朱子曰：一落五行，即被氣質拘定，各爲一物，亦各爲一性，而太極无不在也。

潛老夫曰：知其无不在，則因之以爲用矣。兩間有逃于五行者乎！精理致用，不得

[illegible]九	九八	十一	方也	第一	疇各	加一	二疇	各加	二三	四五	六七	八九	疇各	以其	數加	之	
一	一	二	一	三	一	四	一	五	一	六	一	七	一	八	一	九	一
一	二	二	二	三	二	四	二	五	二	六	二	七	二	八	二	九	二
一	三	二	三	三	三	四	三	五	三	六	三	七	三	八	三	九	三
一	四	二	四	三	四	四	四	五	四	六	四	七	四	八	四	九	四
一	五	二	五	三	五	四	五	五	五	六	五	七	五	八	五	九	五
一	六	二	六	三	六	四	六	五	六	六	六	七	六	八	六	九	六
一	七	二	七	三	七	四	七	五	七	六	七	七	七	八	七	九	七
一	八	二	八	三	八	四	八	五	八	六	八	七	八	八	八	九	八
一	九	二	九	三	九	四	九	五	九	六	九	七	九	八	九	九	九
第	一	第	二	第	三	第	四	中		第	五	第	六	第	七	第	八
乾	乾	乾	兌	乾	離	乾	震	乾	中	乾	巽	乾	坎	乾	艮	乾	坤
兌	乾	兌	兌	兌	離	兌	震	兌	中	兌	巽	兌	坎	兌	艮	兌	坤
離	乾	離	兌	離	離	離	震	離	中	離	巽	離	坎	離	艮	離	坤
震	乾	震	兌	震	離	震	震	震	中	震	巽	震	坎	震	艮	震	坤
中	乾	中	兌	中	離	中	震	中	中	中	巽	中	坎	中	艮	中	坤
巽	乾	巽	兌	巽	離	巽	震	巽	中	巽	巽	巽	坎	巽	艮	巽	坤
坎	乾	坎	兌	坎	離	坎	震	坎	中	坎	巽	坎	坎	坎	艮	坎	坤
艮	乾	艮	兌	艮	離	艮	震	艮	中	艮	巽	艮	坎	艮	艮	艮	坤
坤	乾	坤	兌	坤	離	坤	震	坤	中	坤	巽	坤	坎	坤	艮	坤	坤

第五疇之五五五則中也，共七百二十九，不啻黄氏此以横序加卦，第一疇爲乾之乾乾，以至九疇皆然。衍爲九圖，此其約槩。潛老謹衍此配卦三式。

北	一	南	二	東	三	西	四	中五		北	六	南	七	東	八	西	九
乾	乾	乾	離	乾	巽	乾	艮	乾	中	乾	坤	乾	坎	乾	震	乾	兌
離	乾	離	離	離	巽	離	艮	離	中	離	坤	離	坎	離	震	離	兌
巽	乾	巽	離	巽	巽	巽	艮	巽	中	巽	坤	巽	坎	巽	震	巽	兌
艮	乾	艮	離	艮	巽	艮	艮	艮	中	艮	坤	艮	坎	艮	震	艮	兌
中	乾	中	離	中	巽	中	艮	中	中	中	坤	中	坎	中	震	中	兌
坤	乾	坤	離	坤	巽	坤	艮	坤	中	坤	坤	坤	坎	坤	震	坤	兌
坎	乾	坎	離	坎	巽	坎	艮	坎	中	坎	坤	坎	坎	坎	震	坎	兌
震	乾	震	離	震	巽	震	艮	震	中	震	坤	震	坎	震	震	震	兌
兌	乾	兌	離	兌	巽	兌	艮	兌	中	兌	坤	兌	坎	兌	震	兌	兌

此河圖四象也，九疇依序旋之。

北	一	西南	二	東	三	東南	四	中五		西北	六	西	七	東北	八	南	九
坎	坎	坎	坤	坎	震	坎	巽	坎	中	坎	乾	坎	兌	坎	艮	坎	離
坤	坎	坤	坤	坤	震	坤	巽	坤	中	坤	乾	坤	兌	坤	艮	坤	離
震	坎	震	坤	震	震	震	巽	震	中	震	乾	震	兌	震	艮	震	離
巽	坎	巽	坤	巽	震	巽	巽	巽	中	巽	乾	巽	兌	巽	艮	巽	離
中	坎	中	坤	中	震	中	巽	中	中	中	乾	中	兌	中	艮	中	離
乾	坎	乾	坤	乾	震	乾	巽	乾	中	乾	乾	乾	兌	乾	艮	乾	離
兌	坎	兌	坤	兌	震	兌	巽	兌	中	兌	乾	兌	兌	兌	艮	兌	離
艮	坎	艮	坤	艮	震	艮	巽	艮	中	艮	乾	艮	兌	艮	艮	艮	離
離	坎	離	坤	離	震	離	巽	離	中	離	乾	離	兌	離	艮	離	離

此洛書後天位數也，九疇依序統之。

（底本此圖在“五行雜變附”之前，以下標注“原缺”）

不詳，詳則有憚賾動者，有狗賾動者。術數末也，然至理之秘，或存于支離差錯之中，而彼亦不知其故也。談道之士，畫守常習通冒之理，而又不屑此細差别也。于是汨陳五行、迷亂五紀者，反无以折中而服之。其寔止此易之陰陽，藴爲萬變，或位之所適，數之所適，互相錯綜，而統御生克交焉。通者曰此位數適配耳，不知其適配之即至理也。明者以圖書卦策爲準，則萬法齊矣。圖書卦策，安往而非位數之互相錯綜者乎！

漢藝文志：陰陽流二十一家，出于羲和之官，及拘者爲之，則牽禁忌，泥小數，舍人事，任鬼神。五行五十一家，五常之形氣也。書初一曰五行，次二曰羞用五事，言進用五事，以順五行也。五德始終，極无不至，而小數家因以吉凶行世，寖以相亂。故嚴君平、關子明之占，皆先言盡人事而明卦數。

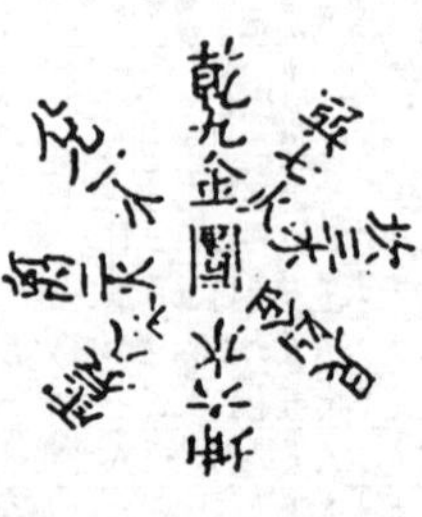

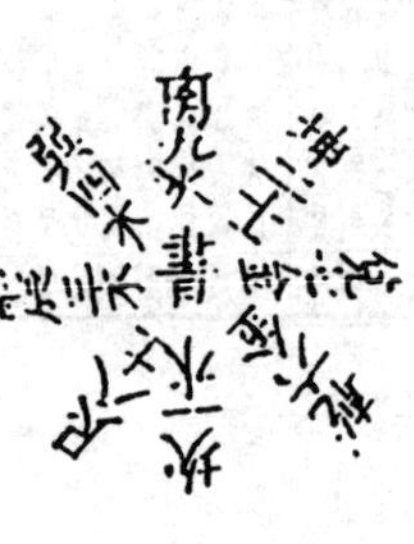

潛老夫曰：生亦克，克亦生也。震木离火乾金，兩天不變。震居离位，离居乾位，乾在天門，以用東南，故震离合明法之卦，而乾合二卦爲无妄、大壯、同人、大有矣。

圖之八行，有因四象數位，而適有差幾；書之八行，因于後天八卦，而水火獨尊，二土和節。姑言其槩。

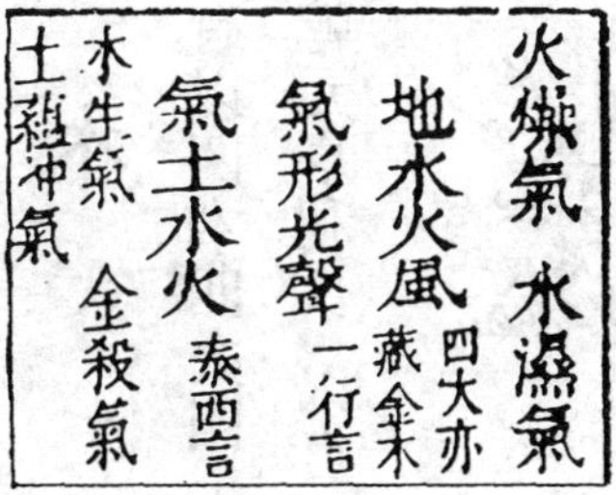

火燥氣　水濕氣
地水火風　四大亦藏金木
氣形光聲　一行言
氣土水火　泰西言
木生氣　金殺氣
土緼冲氣

智謂俱是氣，俱是所以爲氣，但分凝形、藴光、發聲之氣，與未形、未光、未聲之氣。蓋氣自分爲三者，而自以一分共爲四也。

金

火水土

木

有以四木四火四金四土而八水者。乾鑿度以土居水位，五常以信居北，以智統之。乾元亨利貞，以貞司北，蓋水土一五相環也。

中五四列，倍四爲八卦，加四爲十二宫，三其四而二其六也。或易乾艮，故丑寅屬金，戌亥屬土。

五音配之，故子又屬土，寅丑屬金，酉又屬水。〇二其八爲十六，而三其八則二十四向矣，即兩其十二也。三合本于洛書，而生于前四，旺于中四，衰于後四，旋理盡此。其以三八分者亦然。東一卦，西一卦，南北共一卦，亦三八也。

每小五之中各爲五行，此世所略也。五六衍干支爲六十，以應藏四之八八卦，蓋五其十二也。各加虛即七十二，故八八全列而納虛應天，自然適合者也。律呂也，卦氣也，納音也，皆本諸此。

五運以對數化土金水木火相生也。　六氣有二火。

七音有變宫變徵。　納甲有三説。

貴人陽起子，陰起申。　别有圖説。

貴人无對，對者曰天空。

太乙以十六起，六壬以十二起，奇門以八起。

淨陰淨陽五行　乾坤坎离四正得一三七九，皆奇數，故屬陽。　艮巽震兑四隅得二四六八，皆偶數，故屬陰。　乾甲坤乙，離壬坎癸，爲陽，而寅戌合离，申辰合坎，皆陽也。　艮丙巽辛，震庚兑丁，爲陰，而巳丑合兑，亥未合震，皆陰也。形家以四正無化氣，四隅上下二爻皆陰陽相配，乃合沖和，有化生之機，故爲四龍天星。

天卦五行　寅甲卯乙辰巽巳丙屬木，爲東一卦。　申庚酉辛戌乾亥壬屬金，爲西一卦。　子癸丑艮屬水，午丁未坤屬火，水北火南共一卦。　又曰三卦五行，蓋三其八也。　東卦西卦兩相錯而南北爲極以綜之，合觀十二將，子癸同宫曰玄枵，亥壬同宫曰娵訾，以至一百二十分金俱以子癸同宫分布，此重干也，故曰天卦。

地卦五行　一曰三合五行　乾甲丁　亥卯未屬木。　坤壬乙　申子辰屬水。　艮丙辛　寅午戌屬火。　巽庚癸　巳酉丑屬金。　陽生陰死，陰生陽死。　從此三合順逆，共四十八局。

雙山五行　乾亥　甲卯　丁未木。巽巳　庚酉　癸丑金。艮寅　丙午　辛戌火。坤申　壬子　乙辰水。　即三合而以兩位陰陽雙行也。无土者无非土也。

四經五行以子午卯酉爲四正，寅申巳亥爲四生，辰戌丑未爲四墓，乾坤艮巽爲四維，而甲庚丙壬乙辛丁癸八干以次隸之。

子寅辰乾丙乙，屬金爲父。　午申戌坤辛壬，屬木爲母。　丑卯巳艮庚丁，屬水爲子。　未酉亥巽甲癸。屬火爲孫。　總以中運四方而四行藏土，謂之四經。　乾西北者，北子之維也，而用東南；　坤西南者，南午之維也，而用西北。　艮東北者，東卯之維也，而用西南；　巽東南者，西酉之維也，而用東北。　乾維子寅辰，乃陽支間一順數也。　水木土，北東也。　乾維干丙乙，則南火東木，與乾金三合也。　故乾維五位謂之金。　坤維午申戌，乃陽支後半間一順數也。　火金土，南西也。　坤維干辛壬，則自坤而西金北水，亦順數也。　五行以木爲生氣，而坤土受克，即以生之；　乾金加克，即以生之。　故坤維五位謂之木。　艮維丑卯巳，亦陰支間一順數也。　土木火，東南也。　艮維干庚丁，則西金南火，與艮三合也。　以其終北而合金火，以始東用。　故艮維五位謂之水。　巽維未酉亥，亦陰支後半順數也。　土金水，西北也。　巽維干甲癸，則自巽而東木北水，亦順數也。　巽領南西，以終西酉秋成。　故巽維五位謂之火。　是乾艮二陽卦維北，坤巽二陰卦維南，故兩半相次也。

玄空五行　丙丁乙酉，火。　乾坤卯午，金。　亥癸艮甲，木。　戌庚丑未，土。　子寅辰巽申巳辛壬。水。

丙丁乙酉屬火者，五行惟火勢最炎，丙丁隸于南離，上下兩陽自旺，故不變也；乙爲柔木，生丙火，則氣泄于丙，不能自立，而從子化也；酉之頑金，非火煅不成器，故制于火，從官化也。乾坤卯午金者，乾爲金體，純陽至剛，有君父之道，宜不變也；坤爲地母生金，順從子化，卯則長男，聽父命，而從官也；午則离鍊父金，而從財也。亥癸艮甲木者，木居東爲五氣發生之始，而甲爲十干之首，故甲不變也；亥癸陰柔不能自立，乃生甲木，從子化也；艮爲兄制，從官也。戊庚丑未土者，二四寄而丑近艮，未近坤，戌火庫，乃土母，俱有本氣旺相而不變也；庚之變土，則以金爲世用，隨地變易，故近于坤，隨母化也。子寅辰巽申巳辛壬水者，壬子近乾得乾金，天一所生，居于旺地，故不變也；寅乃木之初氣，受水之生，巳乃火之初氣，受水之尅，皆弱，從人之生尅而已；申爲水之長生，辛爲水之次母，故從子也；辰爲水之墓庫，近巽，尅制而從官也；巽陰木，居水庫，是水多木弱，依于母也。

洪範五行　子午卯酉四正卦不變，寅申辰戌化水。巳化木。亥化金。乙未仍土。乾坤不變，艮化木。巽化水。納甲論干。甲辛化水。庚癸化土。乙丙壬化火。丁化金。

乾納甲，乾與坤交，以坤上下二爻換乾上下二爻成坎，故甲隨坎化而屬水。坤納乙，坤與乾代，以乾上下二爻換坤上下二爻成离，故乙受离化而屬火。艮納丙，艮與兑對，以兑下爻換艮下爻成離，故丙存本性爲火。兑納丁，兑與艮對，以艮上爻換兑上爻成乾，丁受乾化而屬金。震納庚，震與巽對，以巽下爻換震下爻成坤，庚受坤化而屬土。巽納辛，巽與震對，以震上爻換巽上爻成坎，辛受坎化而屬水。離納壬，離與坎對，以坎中爻換離中爻成乾，壬受乾化當屬金。原因納离，火焰金銷，不能自立，故退离原宮而屬火也。坎納癸，坎與离對，以离中爻換坎中爻成坤，癸受坤化而屬土也。乾坤不變者，以金土爲陰陽之宗祖，衆卦之父母，退身休明，若亢而變，寔不變也。坎离震兑四正不變者，以子午卯酉專旺四時也。艮巽用變者，艮土易位于震坎東北之界，處身于衰丑病寅之間，思欲更相代立，自然成山而化木也；巽木易位于震离東南之界，處身于衰辰病巳之間，不能自立，而隨水庫化也。亥本屬水，因金以生，乘金之病，代金之位，故屬金。寅木屬木，因水以生，乘水之病，代水之位，故屬水。巳本屬火，因木以生，乘木之病，代木之位，故屬木。申本屬金，而爲水土長生之鄉，水遭土剋，則金必生水而助之，故申屬水也。辰戌丑未四季，甄陶造化，爲厚載之質。其氣運行以生萬卉，即爲水；水動土静，辰戌，陽之動也，故屬水；丑未，陰之静也，故屬土。潛老夫曰：八千納卦之變，乾坤用上下爻交坎离，坎离用上下爻交乾坤者，取象否泰，天地定位也。震艮用上爻交巽兑，巽兑用下爻交震艮者，取象咸恒損益，雷風相搏，山澤通氣也。坎离用中爻交乾坤，乾坤用中爻交坎离者，取象二濟，水火不相射也。上古天皇鰲極等書，安知非漢志所載陰陽家黄帝諸目乎！要其理取化氣，用在交合，无不本乎三易九疇者。坎變而离火不變，以成乾坤之用。故干无化木，以所用皆生氣，而有艮主之；支無化火者，以嚮明而治四旺，有离主之。此智信仁義見用于禮，五生五成極九藏十之故歟。

金精鰲極五行

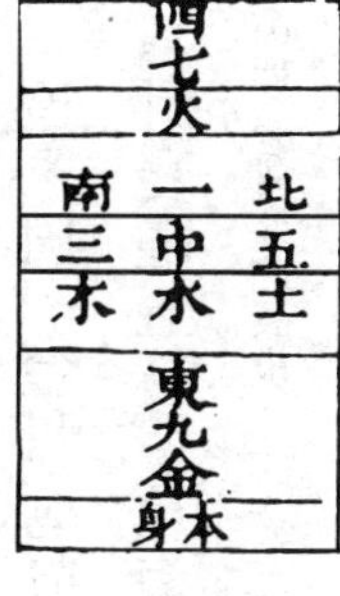

皇極數序云：五子居庚，故鰲極四方以金爲主，次木次火終土中水，金正穿水火

也。未言其甲，先言其庚，乾金至剛，祖微據始，故大地无非金也。金輪即地輪即天輪也。道家曰：金丹，言其陰凝陽氣也。故堪輿取之，孫淇澳著論明之。

八卦變曜五行　貪、巨、禄、文、兼、武、破、左輔、右弼爲九星，輔弼爲一，亦八也。起北斗加杓外二星蓬任衝輔英芮柱心禽亦此故也。

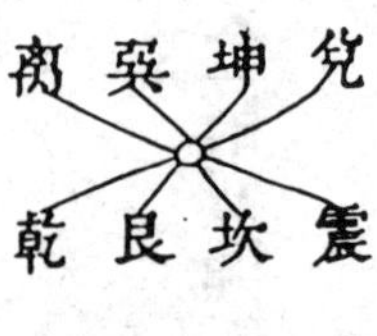

乾與兑對，离與震對，艮與坤對，巽與坎對，以乾一變末爻爲兑，兑二變中爻爲震，震三變初爻爲坤，坤四變中爻爲坎，坎五變末爻爲巽，巽六變中爻爲艮，艮七變初爻爲离，离八變中爻爲乾。潛老夫曰：此以一二三四居兩頭，而以五六七八居其中焉。四陽居下，四陰居上，四正與隅相間，非无故也。

都利聿斯經十一曜命五行　人生之時，加太陽所臨宮，順數遇卯安命，以帝出乎震也。蘇子由有説，在藏爲宿曜經。

配位以日當午，月當未，以上律也。土當子丑，以下襲也。天道左旋，寅當春木，卯當夏火，辰當秋金，巳當冬水；地道右轉，亥木戌火酉金申水當之。　壬子寶瓶癸丑磨羯艮寅人馬甲卯天蝎乙辰天秤巽巳雙女丙午獅子丁未巨蠏坤申陰陽庚酉金牛辛戌白羊乾亥雙水此因西域譯名。若玄枵之子則以子癸分宮，娵訾之亥則以亥壬分宮，故過宮女二與箕三不同。　四餘者，日月交道也。赤黄相交處，自内出入曰陽曆口、曰羅喉，亦曰龍頭；自外入内曰陰曆口、曰計都，亦曰龍尾。月所行極高極遠則行遲體小，曰月孛。其曰紫炁者，或謂生于閏餘，或謂土木相會。王子晦曰：土木火諸星交孛，何不推之。〇木炁廿九年周天，水孛九年周天，火羅土計十八年周天。〇其術論宮主、度主，喜恩忌難，然不可執一也。晝生視命度主，夜生視身度主，或以太陰爲身星。

角木蛟亢金龍氐土貉房日兔心月狐尾火虎箕水豹斗木獬牛金牛女土蝠虚日鼠危月燕室火猪壁水㺄奎木狼婁金狗胃土雉昴日雞畢月烏觜火猴參水猿井木犴鬼金羊柳土獐星日馬張月鹿翼火蛇軫水蚓〇謂之演禽，是氏以爲鮮鶚經，堪輿星命皆用之。約以木金土日月火水，配四方七宿而已，非可執也。耶蘇有一法，雄經曜行高行交者，爲近理云。

珞琭三命五行　李虚中論之，吕才稱起于司馬季主，而建禄室亡、勾絞驛馬之類，才已譏之。晁氏曰：小運之法本于説文，空亡之説本于史記，叢辰日苑蓋亦有自來矣。人溺禍福反不安命，聖賢雖在陰陽中，豈陰陽所得而制哉！俗糊口而已。子癸丑己辛癸寅甲丙卯乙辰戊乙癸巳丙戊庚午丁己未丁乙己申庚壬戊酉辛戌丁辛戊亥壬申。此八干合四孟四仲，而戊己分四季，又因夏生中央，而戊己復隨丙丁也。子午卯酉四正，故乙丁己辛癸移寄四季，六壬所用是也。甲陽木生于亥，乙陰木生于未，即木庫也。〇丙陽火生于寅，丁陰火生于戌，即火庫也。庚陽金生于巳，辛陰金生于丑，即金庫也。〇壬陽水生于申，癸陰水生于卯，辰水庫也。土亦生申而庫辰，故二戊屬之。

玩易雜説

承乘比應

仝曰：周易二卦之交取闔闢往來，一卦六爻取承乘比應，皆兩卦之二體、一卦之二體相交之象也。〇乘者自上乘下，承者以下承上，比者近而相比，應者隔三畫而應也。〇以全體言，有以一爻爲卦主而上下五爻皆應者，大有五爻皆應六五，同人五爻皆應六二，比五爻皆應五，曰上下應；大畜皆應，指上九；小畜皆應，指六四，此皆以一爻主卦，所謂順感之義，不與三爻正因應同也。〇每卦以二五相應，三四相比，初上相承乘爲多。而所謂相求者，大約以陽倡陰和爲得所求；謂乘者，則柔乘剛，剛承柔，多未善也。邵端簡曰：如無正應，則于乘承有相取之道焉。賁之二乘初爲賁其須，復之二乘初爲下仁，此亦所謂相得者也。又曰：觀變動者存乎應，應遠者也。陽倡陰和是爲相得，故遠而相求，如睽之初四難而相待，屯之二五變而相待，同人之二五艱而相遇，皆是也。象傳以應爲有與、无應爲无與。○辨順逆者存乎比，比近也。而苟焉以求相得，可乎？故曰近不必比，遠不必乖。項氏曰：陽剛陰柔，近能相得，比之正，吉之大也。有和比者，謂之近比；又有舍其正應而惟于近比者，凶害悔吝矣。○李衡曰：志同相應，然事多變動，在乎因時，故應與无應各有得失；夬九三以應上凶，剥六三以應上無咎，時位使然，不可槩論也。彖辭二五剛中而應者凡五卦，師臨升二以剛中應五，無妄萃五以剛中應二也。○如謙豫之初上，損益之二五，既未濟之三四，皆二卦闔闢往來，其辭皆同，而其象則當取本卦爻之承乘比應也。○八純卦不言正應，以上下二體剛柔爲應，謂同德相應者也，而獨艮稱敵應，以艮止故也。○陰陽相求，其中有爲間之爻，則兩求尤切。

導應論曰：爻莫重於應，然不可拘。訟有並剛亦以應者，二五是也，非兩造不成訟也。睽有合不在應而在無應者，二遇巷三無初，有應者，合反難也；初自復，四交孚，無應者，合反易也。咸六爻皆應其義無取，以虚受人也。小畜初與四應，不受其畜，不入其黨，復自道也。師之衆，比之親，陰皆應陽，陰之分也。同人之通，大〔一〕之尊，陽皆應陰，陽之願也。坤應取諸乾，乾衣也，五曰黄裳；即上亦應乾，亢戰類也，而龍同，地道無成也。鼎下體之應，不利於上體，初趾也，四曰折足；故五别應上，金玉類也，而鉉同，鼎顛則悖也。往者上應之辭，求苟在下，不嫌言往，屯四從初，求以初也；來者下應之辭，主苟在上，不嫌言來，需三之上，客于上也。升以見大人爲義，六五當之，應者用禴，承者用享，不必言升也。解以去險爲義，六三當之，承者田，乘者解，應者射，三居險極也。遯以二陰成卦，初二不著小人，槩以遯世之事明之，共居遯之中也。大有上爻因五取義，履信思順而上賢，居有極而乘五也。參五求之，其義見矣。

中四爻

仝曰：二三曰剛中柔中，寔貴剛；三四曰重剛重柔，寔貴柔。○二以柔中爲善，五以剛中爲善，而易于諸卦，乃因九五剛中而併取九二之剛中，因六二柔中而併取六

〔一〕「大」字下似脱一「有」字。

五之柔中，蓋以二五之中也。三以重剛爲善，四當以重柔爲善，乃夫子于乾九四而併以九三爲重剛不中，于小過九四而併以九三爲剛當位而不中，蓋因三四之不中也。然觀其重二五之剛中，未必深取於二；重二五之柔中，而未必深取於五；至於三以剛居下之上，四以剛居上之下，皆不中也。蒙引釋小過之辭曰：下體之剛不居二而居三，上體之剛不居五而居四，皆失位也。○凡二五兩爻有一得正者，其未正者亦以得正者之應爲正也。如乾九二中正指五言，見二五相應之善也。九五以剛居陽而得中，故曰中正，曰位正當；九二以柔居陰而得中，則曰位中正；或以剛居之，亦曰剛中，重中也。雲峰曰：泰益二三曰中行，蓋指五上之中而行乎下，二下之中而行于上，故曰中行。○柔居陰位，剛居陽位，皆爲正；全體諸爻皆不正，此一爻獨正，乃爲正當，或曰當。大抵九五正當爲多，其不正當者皆以此爻爲主，或他爻皆正，獨此一爻不正，則曰不正，或曰不當。卦爻每以三四爲上下二體交界之間，謂之介，其辭多悔吝，故曰憂悔吝者存乎介。

任間　卦主

任謂當任也。在初三四上四爻内取一爻爲言，若相應，位皆得主，不言當任。

乾坤二卦不言當任，屯蒙下皆有任爻。○間爻亦取于初三四上四爻之内。○凡言時義即當任，大抵承五與成卦之正。爲間者，不從五，亦不從卦主，惟三畫卦震巽主初爻，坎離主中爻，艮兑主上爻，六畫卦有二主爻，則用其尤重者，遇乾坤則不用，乾坤已退居也。○如離卦則以所麗二剛取一爻爲主，噬嗑主九四，豐主九三，賁主九三，旅主九四，睽主九四，家人主九三，鼎乘下體主九三，革承上體主九四，此其遇震艮兑巽爲然。若與坎遇，則于既濟主上體之四，未濟主下體之三，以坎爲主也。兩離相遇，則主二。遇乾坤，則主三畫中之柔爻。○巽主則初與四，然初不善而四善；兑主則上與三，然三不善而上善；震最重初九，九四雖主上體，亦以初爲成震主也。○六爻成質，六位成體，其異其同，皆由乎時，故曰卦者時也。時者，卦主爲之也。文言所謂時用、時義，指此也。

陰陽之位時成不易，而剛柔之質往來居之則有不同，是其剛柔之過不及者，當有以變化之；即二五得中，亦當于中正變化之；乃于諸爻之過不及者，相與而後相得，不然則不相得也。此吉凶悔吝厲所由生也。

野同録曰：諸家守舊説而不會通者，執一矣；其偏作通冒之語而不論卦爻之情者，更執一矣。朱子曰：陰陽闔闢便是易。天地陰陽之變未嘗停息，如磨既行，齒都不齊，不齊故生萬變。物之不齊，物之情也。邵子曰：泥空終是着，齊物到頭争。故易中只言反復往來上下，是則朱子何嘗執耶！莊生强欲齊物，仍是不齊齊之耳。聖人善于因物之理以理其物，非委之忽之，而漫曰不齊齊之也。

陳希夷曰：羲皇始畫八卦，重而爲六十四，不立文字，使人觀其象而已。其後觀象之學不傳，卦象難明，人以爲筆畫而已。然其學雖不傳，而寓其意于筆畫之間，即畫而求其理，亦可推者。羲之象在圖爲太極，爲兩儀，爲四象，爲八卦，以圖示人而使觀之者，即觀此象也。文王更置卦位，而亦以象之著見者，爲闔爲闢，爲往爲來，變通爲象，而推究其象之所自闔而闢，闢而闔，往而來，來而往，所以爲闔闢往來者以示人，而使人觀之者，即觀此象也。象本于理，以此理措乎日用，即制器也，是象之顯設也。制器尚象，皆謂觀象之學。程子曰：理見乎辭，則可由辭以觀象。後世能據其詞以明象，則易道可興，但不得其辭者衆，此易象之所以雖存而難知也。○辭者所以言乎象，尚辭即象，玩辭即明乎象也。○文、周彖爻之辭，何有性與天道之説乎？而其取象之意，則假物與事之辭，以明乎性天而已，故曰尚乎辭。而玩之者正以其辭而得其所以爲辭。所以爲辭者，即性與天道也。

全曰：說卦〔一〕曰爻象動乎内，吉凶見乎外。此内外以二卦言，内爲正卦則外爲反卦，内爲反卦則外爲正卦。爻象變乎内，而所值之吉凶即在于外，甚矣變之不常也！而每于動者觀之，人不動，何嘗有差，只是一吉而已，動可不慎乎！

先儒曰：變者必有不變者在，觀其變而得其不變，是知變者也。又曰：聖人以蓍法教人明理，理則不疑，所謂決疑也。先儒謂明得理，即法得事。〇理一而已，順則吉，逆則凶。吉者理得，即心之安處；凶者理失，即心之不安處。悔吝在順逆間，于理有純疵，即心安不安之界也。後世不知吉凶悔吝係于理，而以禍福之未來者當之，則以福爲吉，以禍爲凶。夫吉凶則致禍福，而不可以禍福即吉凶也。如其順理心安，則福固吉，禍亦吉；理不順，心不安，則爲禍固凶，福亦凶也。蓋禍福不能自免而理則至定，此心可以順之也。先知而順之，止焉者聖神，次焉者君子。孟子所謂順受其正，不立巖墻之下者，占之道得也。曰：先儒謂學易在知時，時即學易極處，

〔一〕「說卦」當作「繫辭」。

即時中也。崔後渠曰：一曲之見難與共學，既主一見，又主先入之見，以此直談横議而不知時，即拘一曲矣。

林栗易説嘗辨邵子而朱子闢之，蓋包之生之同時具備，言生則有秩叙之幾，言包則渾然矣。然合秩叙即是渾，非廢秩叙以爲渾也。野同録曰：太極所以然之理，即在各時各位之理中，所謂舍歷無寂者也。偏上喜言一太極胞則包之説也，流爲荒一，誤世不小。栗後敢于吠朱，皆挾此見。

張理圖説以乾兑離震坤艮坎巽序布，乾盪以乾爲首，兑盪則以乾居次位，而以序周其本盪之八，餘皆退一位而序之。其中方横列者，以朱子卦變一陽一陰者居上下，二陽二陰者居次，三陽三陰居中，共爲五横列焉。内變通則以乾坤反覆相推，陽以次而左升，陰以次而右降。其圓倍乘，則以乾起北而兑離震從西而南，坤艮坎巽由北而東而南。其方因重，則以方圓覆之，乾居東南，坤居西北，泰居東北，否居西南，即黄元公之所取也。何燕泉易約以外循環、内變通爲一圖，内方因重、外倍圓乘爲一圖。

周易時論合編圖象幾表卷之六

皖桐方孔炤潛夫授編
孫中德 中通 中履 中泰編録

五運六氣圖

先天近取諸身

乾首 巽股 坎耳 艮手 坤腹 震足 離目 兌口

艮爲鼻，艮其背，可悟自心生乩之籥，可悟止息生息之消息矣。咸艮取人身，頤噬取口，觀取目，鼎取耳目，亦隨處取義也。邵取別詳。

後天六氣

離　少陰君火
坤　太陰濕土
兑　陽明燥金
乾　太陽寒水
坎
艮　少陽相火
震
巽　厥陰風木

舊配説詳于後

五運約圖

河圖十數配干，旋而相對，先從甲己化土起而順生以化，即所云五種氣交亘于兩間，漢交坤艮，是一徵也。謂三月建辰以龍主化者泥。○岐伯曰：太過者其數成，不及者其數生，土常以生也。此本河圖以一二三四五爲生數，六七八九十爲成數。

王硃曰：土旺四季，不得正□〔一〕；天有九宮，不可至十，故土止言五，今歷□〔二〕運氣所紀是也。其曰災一宮、災三宮、災七宮、災五宮者，本洛書也。

五藏肝心脾肺腎。陰也，六府膽胃三焦膀大小腸。陽也。首陽身陰而水陽下、火陰上，負陰抱陽而背陽腹陰。陽中陽心也，陽中陰肺也，陰中陰腎也，陰中陽肝也，陰中至陰脾也。形藏四，一頭，二耳目，三口齒，四胸。神藏五，心藏神，肺藏魄，肝藏魂，脾藏意，腎藏志。又曰脾藏意與智，腎藏精與志，謂七神。是曰九藏。手陽足陰，腰以上陽以下陰。

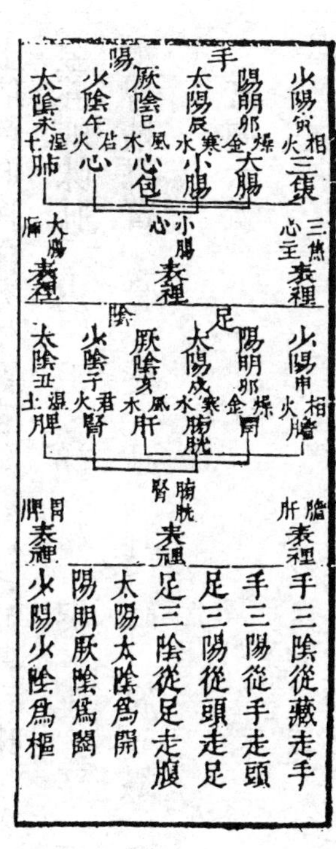

〔一〕「□」，原本不清，存目本作「方」。
〔二〕「□」，原本不清，存目本作「年」。

木仁魂臭肝　筋　爪　淚　目　呼　臊　酸　怒
火禮神色心　脉　色　汗　舌　言　焦　苦　喜
土信意形脾合肉榮脣液涎竅口聲歌臭香味甘志思
金義魄味肺　皮　毛　涕　鼻　哭　腥　辛　憂
水智精聲腎　骨　髮　唾　耳　呻　腐　鹹　恐

五運六氣

鬼臾區曰：土主甲己，金主乙庚，水主丙辛，木主丁壬，火主戊癸。岐伯曰：臣覽太始天元册文，丹天之氣經于牛女戊分，牛女在子癸，火氣自子癸至戊分，故火主戊癸。黅天之氣經于心尾己分，心尾在甲，土氣自甲至己分，故土主甲己。蒼天之氣經于危室柳鬼，危室在壬，柳鬼在丁，故木主丁壬。素天之氣經于亢氐昴畢，亢氐在乙，昴畢在庚，故金主乙庚。玄天之氣經于張翼婁胃，張翼在丙，婁胃在辛，故水主丙辛。是曰五運。主運甲爲干首，故先土運。其運行自首丁壬木，每年木火土金水，各七十二日零五刻，運位相次，萬年不易也。客運如甲己年土運，土爲初運，金爲二運，水爲三運，木爲四運，火爲五運，以相生序，乙庚年金，則金初，水二，木三，火四，土五，各七十二日零五刻周流，每年一遷者也。○五陽干之年大過也，五陰干之年不及也。太過以大寒前十三日交，曰先天；不及于太寒後十三日交，曰後天。平氣之年正大寒日交，曰齊天。〇天以六爲節，地以五爲制；周天氣者六期爲一備，終地紀者五歲爲一周。君火以名，相火以位，五六相合而七百二十氣爲一紀。凡三十歲千四百四十氣，凡六十歲而爲一周，不及太過斯皆見矣。

子午歲少陰君火司天左太陰右厥陰　陽明燥金在泉左太陽右少陽　大寒至驚蟄初氣風木

丑未歲太陰溼土司天左少陽右少陰　太陽寒水在泉左厥陰右陽明　春分至立夏二氣君火

寅申歲少陽相火司天左陽明右太陰　厥陰風木在泉左少陰右太陽　小滿至小暑三氣相火

卯酉歲陽明燥金司天左太陽右少陽　少陰君火在泉左太陰右厥陰　大暑至白露四氣濕土

辰戌歲太陽寒水司天左厥陰右陽明　太陰溼土在泉左少陽右少陰　秋分至立冬五氣燥金

巳亥歲厥陰風木司天左少陰右太陽　少陽相火在泉左陽明右太陰　小雪至小寒六氣寒水

主歲者紀歲，在天三年一降，五年遷正司泉，泉而天亦然。問氣者紀步，以六十日八十七刻半有奇爲一步也。如子年君火天，金地則地左間太陽水爲初氣，天右間厥陰木爲二氣，司天君火爲三氣，天左間太陰土爲四氣，地右間少陽相火爲五氣，司泉金爲六氣，左升而上，右行下旋，而復于中。六氣，風初，熱二，暑三，濕四，燥五，寒六，此每氣六十度有奇者，萬年不易之主氣也。年支定司而左右紀步者，每年一遷之客氣也。

岐伯曰：寒暑燥濕風火，天之陰陽也。地三陰三陽上奉之，木火土金水火，地之陰陽也。天生長化收藏，下應之地爲下乎？曰：地，人之下，太虚之中也。馮乎？曰：大氣舉之也，風寒在下，燥熱在上，濕氣在中，火遊行其間，寒暑交焉。故虚而生化。先天者太過，則制己所勝而侮所不勝，命曰氣淫；後天者不及，己所不勝則侮而乘之，己所勝則輕而侮之，侮反受邪，命曰氣迫。

平氣木曰敷和，火曰升明，土曰備化，金曰審平，水曰静順。

太過	木	發生	赫曦	敦阜	堅成	流衍
不及	木	委和	伏明	卑監	從革	涸流

	司天	在泉	司氣	間氣
厥陰	風化	酸化	蒼化	動化
少陰	熱化	苦化	君不主運	灼化
太陰	濕化	甘化	黅化	柔化
少陽	火化	苦化	丹化	明化
陽明	燥化	辛化	素化	清化
太陽	寒化	鹹化	玄化	藏化

歲直木運臨卯之類與歲會

天符土運上見太陰之會與天會

太一天符之會戊午乙酉巳巳未巳丑天會歲會運會三合爲治

天符爲執法，歲直爲行令，太一天符爲貴人。〇氣生運曰順化。〇氣克運曰天刑。〇運生氣曰小逆，曰相得則微。〇運克氣曰不和，曰不相得則甚。運同四孟月曰支德符。○太過運加司地之氣曰同天符。○不及運加司地之氣曰歲會。○各以氣運加臨爲勝負之差。○亢則害，承乃制。五運相克爲承。地氣制己勝，天氣制勝己；天制色，地制刑。天氣不足，地氣隨之；地氣不足，天氣從之。運居其中而常先，惡所不勝，歸所同和，隨運歸從而生其病。六氣之勝，乘其至也。感于邪而病，乘年之虚則邪甚，失時之和亦邪甚，遇月之空亦邪甚，重感于邪則病危。○時有常位而氣無必也，初氣終三氣，天氣主之，勝之常也；四氣盡終氣，地氣主之，復之常也。有勝則復，無則否，復已而勝，勝至則復無常數，衰乃主耳。○復至則不以天地異名，皆以復氣爲法。

人身呼吸十二經卦氣圖

手太陰肺起于中焦中府穴，下絡大腸，其支者從脘後直出次指内廉，出其端少商穴，卯時注大腸。

手陽明大腸起于次指之端内側商陽穴，循指上廉，其支者缺盆上頸貫頰入下齒中，上挾鼻孔迎香穴，辰時注胃。

足陽明胃起于頭維穴，鼻交頞中，下循鼻外入上齒中，其支者入大指間，出其端厲兑穴，巳時注脾。

足太陰脾起于大指端隱白穴，循指内廉側白肉際，其支者從胸別上膈天包穴，午時注心。

手少陰心起于心中極泉穴，出屬心系下脇絡小腸，其支上目系直者出肺上腋下肘内掌後小指端少衝穴，未時注小腸。

手太陽小腸起于少澤穴，小指端外側上腕，其支入耳中別上頰至目鋭絡于顴，申時注膀胱。

足太陽膀胱起于目内眥睛明穴，上額交巔，其支者膊内別上循京骨至小指外側至陰穴，酉時注腎。

足少陰腎起于小指下斜趣足心湧泉穴，上屬腎絡膀胱，直者上貫肝入肺中，循喉挾舌，本支者從肺出絡心，注胸中俞府穴，戌時注心包絡。

手厥陰心包絡起于胸中天池穴，出屬心包下膈絡三焦，支者出脇下腋，循臑内行太陰少陰之間，入肘中，出中指端中衝穴，支者掌中循小指次指出其端，亥時注三焦。

手少陽三焦起于小指次指之端關衝穴，循手表腕至目兑眥耳門穴，子時注膽。

足少陽膽起于目兑眥瞳子髎穴，入小指次指之端岐中竅陰穴，丑時注肝。

足厥陰肝起于大指聚毛大敦穴，上蹢足跗上廉，上入肺中期門穴，寅時注肺。

人身呼吸合天地卦氣説

人身即天地，誰不云然，然非徒冒言其通理也。試質析之。行于骨節間者氣血而已，氣爲衛，行脈外，血爲榮，行脈中。血實統于氣，而流行氣血于十二經十五絡者，皆脈也。八奇經，别脈也，冲氣統之。肺爲氣門，寸關尺浮中沉之候，平旦也。寸口其大關鍵乎！難經曰：寸口者，五臟六腑之所終始。本清曰：候脈者必取平旦。雖云陰陽未動，陽氣未散，飲食未進，經脈未盛，脈絡調均，血氣未亂，然此其梗槩，而習矣莫之察也。其實脈行十二時中，寅則注肺，百脈會焉。寸口肺經也，每日從寅至申屬陽，從申至寅屬陰，人目動則行陽，目合則行陰，寅乃陰之盡，陽之初，故百脈變見于寸口。診法取決于寅時，一歲十二月，一日十二時，經脈各有所注，陰陽升降與天地應，醫家誰究心乎！　音出于丹田，而字滿于商，亦肺所司也。噫！人生于寅，子輿謂平旦之氣，雞鳴而起，豈特可以察脈已哉！　聽聲知病，聽聲知吉凶，猶有先此者。

經絡共長十六丈二尺：手三陽之脈從手至頭長五尺，五合六爲三丈。手三陰之脈從手至胸中長三尺五寸，三六一丈八尺，五六方三尺，合二丈一尺。　足三陽之脈從足至頭八尺，六八四丈八尺。　足三陰之脈從足至胸中長六尺五寸，六六三丈六尺，五六方三尺，合三丈九尺。　人兩足蹻脈從足至目長七尺五寸，合一丈五尺。　督任各長四尺五寸，合九尺。　共長十六丈二尺也。人一呼一吸行六寸，十息脈行六尺，百息行六丈，二百七十息脈行十六丈二尺。氣血周身一度也，漏水下二刻焉；至明日寅時，周身五十脈行八百一十丈，共萬三□□□〔一〕息，漏水下百刻焉，日行二十八舍也。　往見石齋先生，以易追息不得，智在

〔一〕「□□□」，原本漫漶不清，存目本作「千五百」。

天雷苗中，豁然圖之用書，因知息數，洛書數也。洛書三其三五，是九其五也。二刻而二百七十息氣血一周，則三十其九，而六其洛書也。凡九十息脈行五丈四尺，而又五分之則十八息，各爲丈八寸，此象限百八之小率也。一日夜周身五十，而萬三千五百息，則爲九者千五百，而三百其洛書數也。六十四日爲八十六萬四千息，則與萬二千五百二十之策會矣。此七十五其具策，而百五十其五千七百六十也。五千七百六十者半其具策，而三百八十四爻，通期、甲子、聲數皆會者也。以日法爲萬，二十七日而二十周，即會矣。其始從中焦注手太陰陽明，而注足陽明太陰，而注手少陰太陽，而注足太陽少陰，而注手厥陰少陽，而注足少陽厥陰，循環注手太陰，總屬陰陽，陽陰周而復始，氣主呴之，血主濡之，脈在其中，爲樞紐也。春秋分晝夜兩停，脈行五十度，合乎正數也；冬至後晝四十刻，夜六十刻，陰多陽少，則氣血凝澁而脈道遲，止行四十度；夏至後晝六十刻，夜四十刻，陽多陰少，氣血滑利而脈道疾，反行六十度。若天氣暴熱，脈行亦疾；天氣暴寒，脈行亦遲。喜怒亦寒暑也，呼吸聲氣亦如之。心平氣和，發未發之中節，一天地矣。

呼爲陽而應天，呼出心與肺，吸爲陰而應地，吸入腎與肝，而任督應之，十二經應之，蓋天五之氣始自中，原播于諸脈，而任督猶爲陰陽之海。任在前二十四穴，督在背二十七穴，督陽三九，任陰四六，自任之會陰，爲二陰間，道家秘之以爲坎离門，關之至也。督之斷交與任之承漿相合，分之爲二，當合口呼吸則爲一，是則二十四、二十七，共五十一，而實五十也。會陰爲天地根，斷交承漿爲天地門，内事言積氣七七日，上下唇動，非此理乎！口爲天地門以出呼吸，而本于脾之丹田，故呼出心肺，吸出腎肝，而皆丹田所運轉也。扁鵲曰：人受天地之中以生，所謂沖氣也。聲音用此，一聲去而復來，即一小生死之輪也。

會稽馬蒔始悟營衛各有行，而猶以宗氣與營同。潛谷曰：宗氣自主呼吸，與營衛爲三隧也。人生氣海在胸，即八會之氣會于膻中也，謂之宗氣。飲食而宗氣充行于上焦，主呼吸而行脈道，此爲一隧，人所以爲命也。營氣乃宗氣陰精之氣，太極之分而爲陰也，由中焦而生，故曰清者爲營；行于脈中，一日夜脈行八百十丈，此一隧也，營之言運也。衛氣乃宗氣陽精之氣，太極之分而爲陽也，由下焦而生，故曰濁者爲衛；行各經分肉之間，此又一隧也，衛之言護也。營氣出于太陰肺，行陽脈二十五度，行陰脈二十五度，爲五十度，周于身，復會于手太陰，所謂太陰主内也。衛氣出足太陽膀胱，行于晝二十五度，行于夜二十五度，亦五十度，周于身，復會于足太陽，所謂太陽主外也。

按：内經言平旦盡陰陽氣，出于目上頭而下背足，别于目鋭，以至上耳、入掌、入足心等云云，復合于目爲一周，此言腑也。其言腎注于心，心注于肺，肺注于肝，肝注于脾，脾復注于腎而合于目，從五行相尅而注，此言臟也。其寅會寸口者，十二經脈也。故或言榮衛而不言脈者，正以榮衛行陽止行周于諸腑，行陰止行周于諸臟，而身脈則出入臟腑循環無已者也。身脉五十度，周身與榮衛俱始會于寅，辟如自鳴鍾之機輪，輪各自轉；百川之流或合或分，或伏或見，而自不相亂也。大端不出於呼吸陰陽。夜半陰隴爲重陰，夜半後而陰衰，平旦陰盡而陽受氣矣；日中陽隴爲重陽，日西而陽衰，日入陽盡而陰受氣矣。目動則行陽，目合則行陰，即太極動而生陽、静而生陰之理也。參同契以乾坤坎離爲宗，而以六十四卦配日數，每日用二卦，一月而六十卦周。其言曰：月即有五六，經緯奉日使。兼拜爲六十，剛柔爲表裏。朔旦屯直事，至暮蒙當受。晝夜各一卦，用之依次序。既未至晦爽，終則復更始。日辰爲期度，動静有早晚。春夏據内體，從子到辰巳。秋冬當外用，自午訖戌亥。賞罰應春秋，昏明順寒暑。父辭有仁義，隨時發喜怒。如是應四時，五行得其理。麻衣子卦畫圖乃明陰陽升降之理，即參同契所喻丹書也。按：京、邵皆藏四卦以合通期，此適符之理也；以納虛旋具爻，此亦適符之理也；以貞悔卦旋三十六宫，此亦適符之理也。參同主月以寓變化，總之不離陰陽，自然配合，周天周身，何往不叶！

十二經循環，乃分陰陽晝夜以相應，而四時周歲，則肝心脾肺腎乃正分也。醫家一月肝，二月膽，三月包絡，四月三焦，五月脾，六月胃，七月肺，八月大腸，九月腎，十月膀胱，則十一月、十二月乃空之邪，此即四時五行以一表一裏配之也。空心與小腸一表裏者，心爲君主，無所不統，心不用而用小，心包絡司火而正火合，土居中，故人身之木火土，有時相制相合之妙；用則多言甲庚，故金木爲用，甲生于亥，庚生于巳，猶春秋即冬夏也。其不言十一月十二月者，猶周禮六官冬爲司空而不與衆同職也。論四時之定局，當以五行均之，而以六氣旋五運，則三陰三陽配定矣。醫經配十二江河之水，乃借象耳。子足少陽，午手少陰，一圖專言水火手足陰陽之位，乃自子至巳爲足，自午至亥爲手也。愚者故爲合圖以明表法，無處非心而寓于此籥，豈獨呼吸聲氣云爾耶！

道藏曰：三月先生右腎而爲男，陰包陽也；先生左腎則女，陽包陰也。其次腎生脾，脾生肝，肝生心，以生其勝己者。腎屬水，故五臟由是爲陰。心生小腸，小腸生大腸，大腸生膽，膽生胃，胃生膀胱，膀胱生三焦，以生其己勝者。小腸屬火，六腑由是爲陽。其次三焦生八脉，八脉生十二經，十二經生十二絡，十二絡生一百八十絲絡，絲絡生一百八十纏絡，纏絡生三萬四千絲絡，絲絡生三百六十五骨節，骨節生三百六十五大穴，周天合焉。四月形像，五月筋骨成，六月毛髮，七月則遊其魂，兒能動左手，八月遊其魄，兒能動右手，九月三轉身，十月分解，延月生者貴，不足日月生者貧薄。生後三十二日一變蒸，生腎氣，六十四日二變蒸，生膀胱氣，屬水，一也。九十六日三變蒸，生心氣；一百二十八日四變蒸，生小腸氣，屬火，二也。一百六十日五變蒸，生肝氣；一百九十二日六變蒸，生膽氣，屬木，三也。二百二十四日七變蒸，生肺氣；二百五十六日八變蒸，生大腸氣，屬金，四也。二百八十八日九變蒸，生脾氣；三百二十日十變蒸，生胃氣，屬土，五也。一期歲齒生髮長，齒者腎之餘也，髮者血之餘也，爪者筋之餘也，神者氣之餘也。智按：毛竅八萬四千，乃七其十二百倍之秒數也。藏言九十九萬者，河洛百數倂倚之表也。邵子曰：神統于心，氣統于脈，形統于首，形氣交而神主乎中，三才之道也。四支各有脉，一脉三部，一部三候，應天數也。此言手足各三陰陽，而三其經絡也。天之神棲乎日，人之神發乎目，寤則棲心，寐則棲脈，所以象天晝夜之道也。智按：息通寤寐，得用之全；瞬通寤寐，得用之半。故神棲于腎，寄息于鼻，寐則目不用而耳猶用，熟寐則耳不用矣，鼻則何時而不息乎！口目横而鼻耳縱，耳縱而居偏，鼻縱而居中，中者貴也。艮爲鼻，艮其背，可以悟矣。内經以息行脉度，與天符焉，自然而然，無所不叶。所謂息者，自心生死之籥也，止息生息之消息也。盡心養氣，孟子一之；陰平陽秘，黄帝尚之。復闗隨息，震省艮時，利用安身，以崇德也。脉與氣血，各分魂魄陰陽，而統于任督，豈可離耶！雖曰神統于心，氣統于脈，其寔神藏氣中。禮曰：地載神氣，乾分坤以立體而成用，坤皆乾也。胎息煉形，非無其故；蜣丸蟆白，非無其候。聖人恐民廢事逃倫，偏重則惑，故罕言之，而時行物生，逆知順理，易象自無隱也。希夷麻衣，適還天地之常；大人四合，是謂自古以固存。月窟天根之環中，潛飛一也；息踵者，無息之深幾也。豈矜飛舉爲世諦哉！

潛老夫曰：人生之貴也，三才奉焉，八卦周焉。經世曰：千千之人爲細人，一一之人爲巨人，誠哉巨矣！顧乃邪辟其範，戲豫其靈，不亦大哀矣乎！先天之顯象而隱性也，無生者會之；後天之晦震息兑居坎辨離也，長生者會之。歸藏順其腹，連山止其手，而大衍元其首，五官百體具從之矣。夫是元首也，明起則治之，叢脞則亂之，乾之尊也，何如哉？然不于其尊卑而必于其交也。内經表之矣，木火土金水，地制也，乃以五運天統之；風熱暑濕燥寒，天節也，乃以六氣地司之。天地交而人受之以中，則呼吸通焉，通乎晝夜之道也。萬三千五百息一呼一吸，六爻環焉，凡三其九十而一週，凡五十而會寅，凡二十有五而陰度陽度交，蓋通身一易也。呼吸爲宗氣，四海之要會于膻中，上焦主内而不出，故吸清吐濁，真人之息以踵也。呼三吸一者，與人爲徒；吸三呼一者，與天爲徒也。清者爲營，爰有營氣，生于中焦，腐熱水穀，主亦内而亦出〔一〕，宗氣之陰精也。濁者爲衛，爰有衛氣，生于下焦，濟必别汁，主出而不内，宗氣之陽精也。衛宜陰而反陽，營宜陽而反陰者，氣交也。得陰陽之中者，宗氣也。曇氏證空，志壹動氣；老流凝逆，氣壹動志；聖人洗于誠敬，既持志，無

〔一〕下「亦」字似當作「不」。

暴氣，所謂威儀定命、宥密基命者乎！天運貴其化，化也者，紀歲也。地氣貴其間，間也者，紀步也。化有正對之分，間有左右之别，運氣皆用主迓賓，借賓助主，以施調燮焉。大過者勿令其淫，制己勝也；不及者勿令其迫，侮所不勝也。天制其色，地制其形，窺其勝復，察其微甚，理其升降，争其邪正，歸于亢則害，承乃制而已矣。男女盛衰介乎七八，府藏幹營聯乎五六，兩腧循乎六十一；春規夏矩，秋衡冬權，脉絡流乎二十七，部候徹乎三九；如霧如漚如瀆之竅節，布乎三百六十有五。喜怒哀樂之微，淑慝剛柔之著，無往而不與天地合焉。先天之數，曰首腹等其象也，賢愚所同，其盡性至命，聖人所獨也。後天之教，曰八德所以脩道，而動與陷，非聖人不能造焉。故以震歸風木，坎歸寒水，尊君火于無爲，而置相火于成終成始之際。夫如是者，運不憑仰，氣不隨俯，負陰抱陽，保中致和，民無夭扎，物無瘥癘，非他也，三才之道待人而至矣。

智曰：六氣配八卦，醫經圖之，而不得其解。嘗一推之，八卦本六卦也，五行行于水火，而或六或四，要歸于一用其兩已矣。六氣寔寒暑燥濕四者，而偏多以風、熱之二，何耶？邵子曰水火動而隨陽。岐伯曰水爲陰，火爲陽，五行尊火，動静歸風，人身以動物載静理，故以火爲生死。病人者火也，所以生者即火也。庶徵五若，以風屬思，□□□[一]以風火爲動用之幾。隨陽者火也，水木之氣，悉從土而攝于火，火分南北，北用于南。故經曰火遊行其間，又曰壯火食氣，少火生氣。道家藏丙火于腎壬，而用丁火巳土，可知六氣以風、熱乘權，而風爲首矣。六氣八卦，虚坎震者，陽使陰用，用即偏陰。四正惟夏秋爲用之最盛，以巳亥爲鍵軸，而自巳至亥陰方也，主用也；自亥至巳陽方也，主不用之用也。惟以一艮藏根于寅，而暗輸于坤申，此脾土爲心腎之養，而志能帥氣之風輪也。此亦陽一陰二之説也。

律呂聲音幾表

律娶妻，吕生子，以辟卦證之始明。詳後。

宫與商、商與角、徵與羽，相去各一；角與徵、羽與宫，相去各二，則音節不和。故角徵間收一律近徵，比徵少下曰變徵；羽宫間收一律，少高于宫曰變宫。自宫九寸，三分損一爲徵六寸，徵三分益一爲商八寸，而不可分，故止三統。乃

[一]「□□□」，原本漫漶不清，存目本作「天地間」。

律應卦气相生圖

析七十二分，生羽四十八，至角六十四，則三分餘一，故止五音。乃析一爲九釐，爲五百七十六，三分損一得三百八十四，生變宮；三分益一得五百十二，生變徵。三分餘二，此變聲所以止二也。曰和曰繆，故不爲調。約以寸法則黄、林、太得全寸；約以分法則南、姑得全分；約以釐法則應、蕤得全釐；約以毫法則太、夷得全毫；約以絲法則夾、無得全絲；至中吕之寔，十三萬一千七十二分，三餘二，律之終也。變則旋起。凡數始于一，成于三，此後則兩而一變。

黄鍾實九寸　子一分。數起子得一也，合計之，此一即當九寸。黄鍾以九紀度法，九絲爲毫，九毫爲釐，九釐爲分，九分爲寸。以三分損益爲生法，以三歷十二辰得一十七萬七千一百四十七爲黄鍾之實。其十二辰所得數，在子寅辰午申戌六陽辰，爲黄鍾寸分釐毫絲之數；

子爲黄鍾之律，寅爲九寸，辰爲八十一分，午爲七百二十九釐，申爲六千五百六十一毫，戌爲五萬九千四十九絲。在亥酉未巳卯丑六陰辰，爲黄鍾寸分釐毫絲之法。亥爲黄鍾之寔，酉之一萬九千六百八十三爲寸，未之二千一百八十七爲分，巳之二百四十三爲釐，卯之二十七爲毫，丑之三爲絲。徑圍之分，以十紀法，天地之全數也；相生之分，以九紀法，因三分損益而用天之奇數也。孟康曰：黄鍾律長九寸，圍九分。以圍乘長，得積八十一，用十度爲八寸一分。

林鍾實六寸　丑三分二。三其法爲三分，兩其寔爲二也。此則一當三寸。三分子之實，得三，以爲法，黄鍾下生，倍其三法，得六寸，爲未之林鍾，取衡居丑。子析三分，每分五萬九千四十九，丑于三分得二，是一萬八千九十八數，爲林鍾六寸。以八十一而三分損一爲二十七者，三取其二爲五十四，生徵。管子三分益一爲百八，生徵，半之即五十四也。鄭玄、杜佑云：下生，倍其寔，爲十八，三分十八爲三股，得一股亦六寸也。十度爲五寸四分。

太簇實八寸　寅九分八。三其法爲九分，四其寔爲八也。此則一爲一寸。三分丑之寔，得二，以爲法，林鍾上生，四其二法，得八寸，爲太簇。以子一分析爲九分，每分一萬九千六百零八十三，寅于九分之中得八，爲十五萬七千四百六十四，積八寸爲太簇。三分丑數，每股三萬九千三百六十六，加此數于丑數，一十五萬七千四百六十四也。五十四而三分之，爲十八者三，益十八于五十四，爲七十二，生商。管子三分百八，損一生商，亦七十二也。鄭云：上生，四其寔，得二十四，爲法，三分二十四而用一股，亦八寸也。十度爲七寸二分。

南呂實五寸三分　卯二十七分十六。三爲一寸，一爲三分。三分寅之實，得二寸六分，以爲法，太簇下生，倍其法，得五寸三分，爲酉之南呂，取衡居卯。三分寅數，每股五萬二千四百八十八，卯得二股，爲一十萬四千九百七十六算。七十二而三分之，爲二十四者三，損二十四于七十二，爲四十八，生羽。管子三分益一，爲九十六，生羽。半之亦四十八也。鄭云：下生，倍寔，得十六，爲法，而二其一得三，以分其法，乃用十五，得三者五，爲五寸，餘一爲三分寸之一。十度爲四寸八分。

姑洗實七寸一分　辰八十一分六十四。九爲一寸，一爲一分。三分卯實，得一寸七分，爲法，南呂上生，四其法，得四寸二十八分，内收二十七分爲三寸。合計七寸一分，以爲姑洗。三分卯數，每股三萬四千九百九十二，辰益一股，爲一十三萬九千九百六十八算。四十八而三分之，爲十六者三，益一，爲六十四，生角。管子以三分九十六，損一生角，亦六十四也。鄭云：上生，四其寔，得六十四，爲法，而三其三得九，以分其法，乃用六十三，得九者七，爲七寸，餘一爲九分寸之一。十度爲六寸四分。

應鍾實四寸六分六釐　巳二百四十三分一百二十八。二十七爲一寸。○三爲一分。○一爲三釐。三分辰之實，得二寸三分三釐，以爲法，姑洗下生，倍其法，得四寸六分六釐，爲亥之應鍾，居巳。三分辰數，每股四萬六千六百五十六，巳得二股，爲九萬三千三百一十二算。六十四，三分餘一，故五音止五。乃以一爲九釐，爲五百七十六釐，而三分，每股一百九十二，損一爲三百八十四釐，生變宮。鄭云：下生，倍其寔，得一百二十八，爲法，而三其九得二十七，以分其法，乃用一百八，得二十七者四，爲四寸，餘二十爲二十七分寸之二十。　十度爲四寸二分六釐。

蕤賓實六寸二分八釐　午七百二十九分五百一十二。八十一爲一寸。〇三爲一分。〇一爲一釐。三分巳之實，得一寸五分二釐，以爲法，應鍾上生，四其法，得四寸二十分八釐，内取十八分，爲二寸。合六寸二分八釐，爲蕤賓。三分巳數，每股三萬一千一百零四，午益一，爲一十二萬四千四百一十六算。變宮三百八十四釐，而三分之，每股一百二十八，益一爲五百一十二，生變徵。鄭云：上生，四其寔，得五百一十二，爲法，而三其二十七得八十一，以分其法，乃用四百八十六，得八十一者六，爲六寸，餘二十六爲八十一分寸之二十六。　十度爲五寸六分八釐。

大吕實八寸三分七釐六毫　未二千一百八十七分一千二十四。二百四十三爲一寸，二十七爲一分，三爲一釐，一爲三毫。三分午之實，得二寸八釐六毫，以爲法，蕤賓上生，四其法，得八寸三十二釐二十四毫，内收二十七釐爲三分餘五釐，又收十八毫爲二釐餘六毫。合之爲丑之大吕，居未。三分午數，每股四萬一千四百七十二，未損一得二，爲八萬二千九百四十四，又倍之，作十六萬五千八百八十八算。變徵五百一十二釐，分三股，股得一百七十而餘二，此變聲所以止于二也。若析釐爲九毫，得四千六百零八毫，而三分之，益一股爲六千一百四十四毫，生大吕。鄭、杜云：上生，四其寔，得二千四十八，爲法，而三其八十一得二百四十三，以分其法，乃用一千九百四十四，得二百四十三者八，爲八十，餘一百四爲二百四十三分寸之一百四。十度爲七寸五分七釐。

夷則實五寸五分五釐一毫　申六千五百六十一分四千九十六。七百二十九爲一寸，八十一爲一分，九爲一釐，一爲一毫。三分未之實，得二寸七分二釐五毫，爲法，大吕下生，倍其法，得四寸十四分四釐十毫，内收九分爲一寸餘五分，又收九毫爲一釐，餘一毫。合爲夷則。三分未之原數，每股二萬七千六百四十八，而以八萬二千九百四十四益一股，爲一十一萬零五百九十二算。以六千一百四十四毫而三分之，每股二千〇四十八毫，損一股爲四千九十六毫，生夷則。鄭、杜云：下生，倍其寔，得四千九十六，爲法，而三其二百四十三得九百二十九，以分其法，乃用三千六百四十五，得七百二十九者五，爲五寸，餘四百五十一，爲七〔一〕二十九分寸之四百五十一。十度爲五寸〇四毫。

夾鍾實七寸四分三釐七毫三絲　酉一萬九千六百八十三分八千一百九十二。二千一百八十七爲一寸，二百四十三爲一分，二十七爲一釐，三爲一毫，一爲一絲。三分申之實，得一寸七分七釐六毫三絲，爲法，夷則上生，四其法，得四寸二十八分二十八釐二十四毫十二絲，内收二十七分爲三寸餘一分，又收二十七釐爲三分餘一釐，又收十八毫爲二釐餘六毫，又收九絲爲一毫餘三絲。合爲卯之夾鍾，居酉。三分申數，每股三萬六千八百六十四，酉損一得二股爲七萬三千七百二十八，倍之爲十四萬七千四百五十六算。三分四千九十六毫，每股一千三百六十五而餘一，乃析毫爲九絲，得三萬六千八百六十四

〔一〕「七」下疑脱「百」字。

絲，分三股，得一萬二千二百八十八，酉當益一股，即得四萬九千五百五十二，生夾鍾。鄭云：上生，四其寔，得一萬六千三百八十四，爲法，而三其七百二十九，得二千一百八十七，以分其法，乃用一萬五千三百九，得二千一百八十七者七，爲七寸，餘二千七十五，爲二千一百八十七分寸之二千七十五。十度爲六寸七分二釐。

無射實四寸八分八釐四毫八絲　戌五萬九千四十九分三萬二千七百六十八。六千五百六十一爲一寸，七百二十九爲一分，八十一爲一釐，九爲一毫，一爲一絲。三分酉之實，得二寸四分四釐二毫四絲，爲法，夾鍾下生，倍其法，得四寸八分八釐四毫八絲，爲無射。三分酉之原數，每股二萬四千五百七十六，戌益一股，爲九萬八千三百零四算。三分四萬九千五百五十二絲，每股一萬六千三百八十四，損一股，爲三萬二千七百六十八，生無射。鄭云：下生，倍其寔，得三萬二千七百六十八，爲法，而三其二千一百八十七，得六千五百六十一，以分其法，乃用二萬六千二百四十四，得六千五百六十一者四，爲四寸，餘六千五百二十四爲六千五百六十一分寸之六千五百二十四。○十度爲四寸四分八釐。

中呂實六寸五分八釐三毫四絲六忽　亥一十七萬七千一百四十七分六萬五千五百三十六。萬九千六百八十三爲一寸。○二千一百八十七爲一分。二百四十三爲一毫〔一〕。○二十七爲一毫。○三爲一絲。○一爲一忽。三分戌之寔，得一寸五分八釐七毫五絲六忽，爲法，無射上

〔一〕依上下文，「毫」似當作「釐」。

生，四其法，得四寸二十分三十二釐二十八毫二十絲二十四忽，收十八分爲二寸，又收二十七釐爲三分，又收二十七毫爲三釐，又收十八忽爲二絲。合爲巳之中吕，居亥。三分戌數，每股三萬二千七百六十八，亥損一得二股，爲六萬五千五百三十六，倍之爲一十三萬一千零七十二算。○三分三萬二千七百六十八絲，每股一萬零九百二十二而餘，乃析絲爲九忽，得二十九萬四千九百一十二忽，而三分之，每股九萬八千三百零四忽，亥益一股，即得三十九萬三千二百一十六忽，生中吕。若順而極之，爲二十六萬二千一百四十四，爲黄鍾之變。此即十八變倍爻之數也。再三分餘一，故十二藏千三而中吕爲極數，若縷析之六十律可也。○鄭云：上生，四其寔，得十三萬一千零七十二，爲法，而三其六千五百六十一，得一萬九千六百八十三，以分其法，乃用十一萬八千九十八，得酉參者六，爲六寸，餘萬二千九百七十四爲析寸之分。按：鄭注于午上生，四其寔，蓋四其一百二十八，爲五百十二矣。未又用上生，四其寔，爲二千四十八，申倍之爲四千九十六，酉四之爲一萬六千三百八十四，戌倍之爲三萬二千七百六十八，故亥復四之爲十三萬一千七十二也。更從亥上生，四其寔，爲五十二萬四千二百八十八，爲法，而三其萬九千六百八十三，得五萬九千四十九，以分其法，乃用四十七萬二千三百九十三，得戌參者八，爲八寸，餘五萬一千八百九十六爲析寸之分，合生黄鍾之變。○蔡以三分亥之寔，得二寸一分八釐七毫一絲五忽，爲法，中吕上生，黄鍾之變，四其法，得八寸七分八釐一毫六絲二忽。蓋蔡本太史公法，而以釐毫絲忽約之者也。○十度中吕爲五寸九分六釐。

第一宫　黄正　林正　太正　南正　姑正半　應正　蕤正

第二宫　林正　太正半　南正　姑正半　應正　蕤正半　大正半

第三宮	太正	南正	姑正	應正	蕤正	大半正	夷正
第四宮	南正	姑半正	應正	蕤半正	大半正	夷半正	夾半正
第五宮	姑正	應正	蕤正	大半正	夷半正	夾半正	无正
第六宮	應正	蕤半正	大半正	夷半正	夾半正	无半正	中半正
第七宮	蕤正	大半正	夷正	夾半正	无正	中半正	黄半變
第八宮	大正	夷正	夾正	无正	中正	黄半正	林變
第九宮	夷正	夾半正	無正	中半正	黄半變	林半變	太半變
第十宮	夾正	無正	中正	黄半變	林變	太半變	南變
第十一宮	无正	中半正	黄半變	林半變	太半變	南半變	姑半變
第十二宮	中正	黄半變	林變	太半變	南變	姑半變	應變

朱子曰：律吕有十二，用時用七，若更插一聲，便拗矣。旋相爲宫，若到應鍾爲宫，則下四聲都當低去，所以有半

聲。亦謂之子聲，近時所謂清聲是也。舊曰四清聲本立以避陵慢，其寔理勢不得不如此。以七聲而爲一調，以五調而當一曲，凡十二曲六十調四百二十聲。其正者，以正律全聲應也；其半者，以正律半聲應也；變半者，以變律半聲應也；其變者，以變律全聲應也。陽律爲宫，則商角皆陽，至變徵則變而爲羽；陰徵爲陰，至變宫又變而爲陰也。韋昭注國語七音，就黄鍾一均言也。餘律準此。淮南曰：應鍾爲和，蕤賓爲謬。孔安國注禮運旋宫，止以十二辰五聲爲六十聲，蔡氏增二變二十四聲，合八十四。自唐以來，法皆如此。楊升菴以安世詩七始即此。漢志引書曰：予欲聞六律五聲八音七始詠，以出内五言，女聽。隋志鄭譯曰：周有七音之律。鮑業曰：旋宫以七聲爲均。譜曰：以變徵之聲，循環正徵；以變宫之律，迴演清宫。變徵以變字爲文，變宫以均字爲譜。唯清之一字，生自正宫，倍應聲同，終歸一律，雅樂成調，無出七聲。約曰：宫商角變徵羽均，其清則合宫聲也。

史氏曰：正律下之半聲，即正律之變聲，所謂變也。○變律下之半聲，即變半之變聲，所謂變半也。

黄鍾空圍九分圖説

三分益一

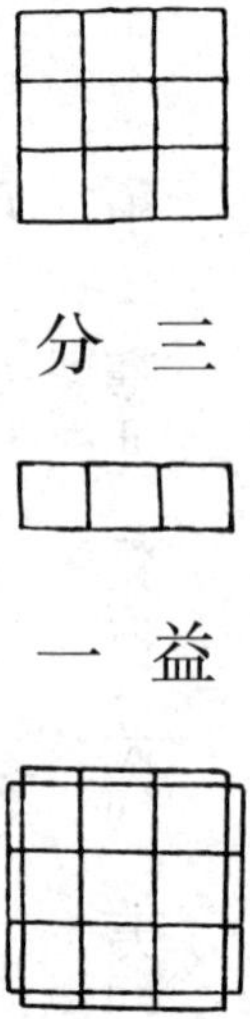

以一分割□□□□〔一〕釐五毫，貼于四面。

徑三分五釐如此圖。

〔一〕「□□□□」，原本漫漶不清。

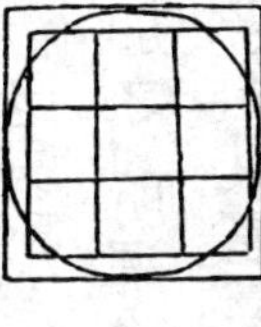

以前三分五釐取三分四釐六毫徑，以徑四面所餘補四角，如此圖。

此則空圍九分圖也。

依蔡氏多截管埋地中，候驗冬至有氣應者，取而計之，以此管爲九分之寸，合八
十一終天之數，用以三分損益由此。又以此管作十分之寸，合天地五位終十之數，
乃以十乘八十一，得八百一十分，配九十分管，知此管長九十分，空圍中容八百一十
分；即十分管長，空圍中容九十分；一分管長，空圍中容九分。凡求度量衡由此，乃
以此管面，空圍中容九分，以平方羃法推之，知一分有百釐，釐有百毫，毫有百秒，秒
有百忽，即計一平方分，通有面羃一萬萬忽；九平方分，通有面羃九萬萬忽。乃以此
九萬萬忽，依算經少廣章所載，宋祖冲之審率乘除，得圓周長的計十分六釐三毫六
秒八忽萬萬忽之六千三百一十二。又以圓周求徑，計三分三釐八毫四秒四忽萬萬
忽之五千六百四十五。又以半徑半周相乘，仍得九萬萬忽，內一忽弱，通得面羃九
平方分也。黄鍾之廣與長及空圍內，積寔皆可計矣。故面羃計有九方分，深一分，
管則空圍內當有九立方分，深九十分。管計九寸，則空圍內當有八百一十立方分，

此即黄鍾一管之實。其數與天地造化無不相合。

黄帝使泠綸取嶰竹，斷兩節吹之，制十二筩，以聽鳳鳴，雄雌各六，文五聲，播八音，而樂和矣。葭灰緹素，以候十二月之中氣，而時序矣。度量權衡皆以此準。舜典所謂協也，同也。故曰黄鍾爲萬事根本。伶州鳩曰：律所以立均出度也，紀之以三，平之以六，成于十二，六律六間。漢志曰：天之中數五，五爲聲；地之中數六，六爲律。黄鍾天統，律九寸；林鍾地統，律六寸；太簇人統，律八寸，象八卦。子爲天正，未衝丑爲地正，寅爲人正。三統相通，律皆全寸。五聲流于六虚矣。黄鍾爲宫，則太簇、姑洗、林鍾皆以正聲應，無有忽微，不復與它律爲役者，同心一統之義。黄鍾至尊，無與並也。函三爲一，三統合于一元，故因元而九三之以爲法，十一三之以爲寔。夫律陰陽九六，爻象所從出也。五六者，天地之中合，而民所受以生也。故日有六甲，辰有五子，十一而天地之道畢。

潛老夫曰：史記云子一分，丑三分二，寅九分八者，上層奇數以三歷十二辰，皆三倍加之，所謂律參也；其下層偶數，所謂律兩也。史記云下生者倍其寔，三其法；上生者四其寔，三其法，不過陰位以倍、陽位以四而已。倍即三分損一也，損一即倍其寔也；四即三分益一也，益一即四其寔也。六陽辰當位自得，六陰辰則居其衝。其林鍾、南吕、應鍾三吕之數在陰方，無所改；其太吕、夾鍾、中吕三吕之數在陽方，則用倍數，方與十二月之氣相應，蓋陰從陽也。子寅辰午申戌爲陽，丑卯巳未酉亥爲陰，而子至巳又爲陽方，午至亥又爲陰方也。故志以六陽下生，六陰上生，而鄭蔡之法，自蕤賓午生大吕丑，則目爲上生，正此故耳。知戌數爲黄鍾之絲，則知範疇之五十三萬一千四百四十一，乃黄鍾之忽數也。自八十一而參分損益，至中吕生子，爲二十六萬二千一百四十四，既適符律兩之四，又適符倍爻十八變之數，豈偶然哉！漢志詳言九六之義精矣。鄭康成□史記所説不同。西山曰：鄭氏之言分寸審度之正法也。太史之言，便于損益而假設之權制也。李□利三寸九分之説，瞿九思更之，其疑氣升與日準，何□〔一〕加乎？此言是也。然三分損益九九於十二言天也，聞之一法也。吾謂自然之理，自然之數，一合無所不合，既可如此取之，亦可如彼取之，權制即至理也。惟聲難定，而聲之所協，數即符之。故因數以考其聲焉，而所中之數度，即爲開物成務之矩，即寓制器尚象之宜，非徒爲諸管設也。參天

〔一〕以上三「□」，原本漫漶不清。

兩地，其能外乎！故邵子以聲定物數，學者當知聲數之理。極數知來，聽樂知德，亦無所能外于天地之自然也。

律歷志言律娶妻，吕生子，以易證之，隔八乃隔七也。既生之位，乃隔八耳，七日來復，正可互徵。凡爻極于六，周而復起爲七。晝夜寒暑陰陽，盡以六位相旋，至六則極，至七則變。故子月一陽生，四月六陽，而五月又一陰生也。十二辟卦配十二月，律吕攷以乾坤，十二爻配十二律，則知黄鍾之子與蕤賓之午，一陽交一陰而生二陰，是爲林鍾；二陰交二陽而生三陽，三陽交三陰而生四陰，以至生十二，皆如之。曰律娶妻，吕生子者，姑就其始言之也。

八十四調，循環之宫，參兩相乘，損益之數，司馬遷、班固、吕覽、淮南、京房、蔡邕、鄭玄、錢樂之、何承天、沈約、劉焯、梁武説各紛紜，陳暘樂書以孟堅爲精密。建陽蔡西山新書，朱子賞其求聲氣之元，因律生尺，多近代之所未講，而楊蔦猶謂律吕算例，熊朋來謂正變倍半，算家命之耳。祖冲羃率，本自然也。黄帝斷竹兩節，間聲出三十九分，吹曰含少，合其無聲者四十二分，則全律八十一也。此子聲自中吕變律，四寸三分，音則律法九分爲寸，正度以十爲寸，則三寸九分也。班固謂天地氣合生風，風氣正而律定。緹室候氣，以木案加土理律，其爲氣所動者灰散，人及風動者灰聚。存中曰：冬至，陽氣距地面九寸而止，惟黄鍾一管達之；正月，自太簇以上達也。截管雖多，要有定尺，古取諸身，魏漢之取帝指，豈其然乎！韓邦奇言車工尺，去二寸，合矣。車工尺不同，則不利載，孰使之哉？温公尺見家禮者，亦誤以爲十寸。銅龠尺，晉前尺也，一尺一寸五分八釐。郭守敬則一尺三寸六分，新書亦誤以晉前一尺爲十寸耳。愚謂就今俗調低二試之，更考候氣尺可也。此有易簡之原數，亦有易簡之原也。

六律四鍾三吕，黄鍾其根本也。夾、林、應、大、中、南鍾與吕相間相對，六律之間，復自有陰陽者。納音之法，申子辰巳酉丑爲陽紀，寅午戌亥卯未爲陰紀。亥卯未之位，上曰夾鍾、林鍾、應鍾，陽中之陰也。黄鍾者，陽之所鍾也；夾、林、應，陰之所鍾也，故皆謂之鍾。巳酉丑之位，曰大吕、中吕、南吕，陰中之陽也。吕，助也，能時出而助陽也。故皆謂之吕。陰陽相生，自黄始而左旋，天道也。自子至巳爲陽律陽吕，自午至亥爲陰律陰吕。巳方之律謂之中吕。伶州鳩曰：三間中吕宣中氣，言陰陽至此而中也。中吕當讀本字，作仲者非。至午則謂之蕤賓。陽常爲主，陰常爲賓，蕤賓者，陽至此而爲賓也。納音之法，自黄鍾相生至于中吕而中，謂之陽紀；自蕤賓相生至于應鍾而終，謂之陰紀。蓋中吕爲陽之中，子午爲陰陽之分也。

七音二變，在先天爲乾坤艮巽之位，在後天爲坎離乾坤之位，本之孔子乾據始、坤正終之説。南方正用而坤以成之，北方正始而乾續終始之際。故乾當應鍾變宫，以轉黄鍾之坎；而離當蕤賓變徵，以交林鍾之坤；兑爲金商而列位配羽，以接乾坎變宫。土託亥子，以簇商洗角，同歸二火。離坤之用，豈非徵至之幾乎！至其旋用不據本位，八卦亦旋用不據本位者也。

字母來日曰二半。陳礦菴以日附宫，來附徵。智以十二律圖證之，有自然之符。來爲泥餘，日爲孃餘，商徵之宫收也。

史愚甫曰：律吕之數，往而不返。黄鍾不爲諸律後，所用七聲皆正律，無空積忽微。自林鍾而下則有半聲，大吕、太簇一半聲，夾鍾、姑洗二半聲，蕤賓、林鍾四半聲，夷則、南吕五半聲，無射、應鍾六半聲，中吕爲十二律之窮，三半聲。自蕤賓而下則有變律，蕤賓一變律，大吕二變律，夷則三變律，夾鍾四變律，無射五變律，中吕六變律。皆有空積忽微。故黄鍾獨爲聲氣之元。雖十二律八十四聲皆黄鍾所生，然黄鍾一均，至純粹矣。八十四聲正律六十三，變律二十一。六十三者，九七之數；二十一者，三七之數。

正變倍半之法，通典曰：以子聲比正聲則正聲爲倍，以正聲比子聲則子聲爲半，如黄鍾管正聲九寸，子聲則四寸半也。當上生而所生者短，則下取此以爲用，然以三分損益法計之，則亦適合下生之數，而自此律，又以正律下生則復得其本法，而于半律又合上生之數也。此惟杜氏言之，他書不及。蔡氏曰：今按蕤賓以下，中吕上生之所不及，故無變律，而惟黄、大、姑、林、南、應有之。計正變通十八律，各有半聲爲三十六聲，其間又有八聲，雖有而無所用，寔計二十八聲而已。杜氏又言變律上下相生，以至中吕，則是又當增十二聲，而合爲四十八聲也。今雅樂俗樂皆有四清聲，其原蓋出于此，然少八聲，且無變律，則法又太疎矣。漢志言黄鍾不爲他役，謂他律爲宫，則黄鍾以變律應而不用正律也。日辰由天五地六而生，律吕由九寸損益而生，至數之戌，則日有六甲，辰有五子，爲六十日，與律吕之六十調若合符節，所謂調成而陰陽備也。京氏之生六十律，豈無謂耶！以黄鍾用九，紀陽不紀陰言之，六律五聲究于六十，亦三十六爲陽，二十四爲陰，五聲流于六虚，用六即用九也。七音以奉五音，八音以奏五音，用七八亦用九六也。宫商角三十六調，老陽也；徵羽二十四調，老陰也。以八十四聲言之，則老陽用奇，老陰用偶矣。一陽一陰之中，又自有陰陽焉。元氣元聲中和之宰，然亦不能不制數度以裁成中節，可漫言通冒云爾耶！

邵子聲音槩論

邵子聲音之學本受之天叟先生，及至百源研極華山秘傳，乃始豁然藏一于四，藏六于五，用天于地，以十二與十六損益，三十六與二十四損益，而天地間之理畢矣，非世之專以掃二見一爲權奇者比也。惟以聲音表法最屬微至，千古未有解者。伯温、西山、隱老皆曰：太陽少陽太剛少剛之數四十，陽數一衍之爲十。太陰少陰太柔少柔之數四十八。陰數一衍之爲十二。以四因四十得一百六十，日月星辰相因爲十六，以十因十六亦然。以四因四十八得一百九十二，水火土石相因亦十六，以十二因十六亦然。以一百六十因一百九十二得三萬七百二十，是爲動植之全數。細分屬動以百九十二因百六十爲植。于一百六十內去陰柔太少之體數四十八，得一百一十二；于一百九十二內去陽剛太少之體數四十，得一百五十二，是謂動植之用數。以一百一十二唱一百五十二得一萬七千二十四，以一萬七千二十四唱一萬七千二十四得二萬八千九百八十一萬六千五百七十六，是謂動植之通數。物有聲色氣味，可考而見，以類推之，一感一應，惟聲爲甚。故知聲音之數，而萬物之數覩矣；知聲音之理，而萬物之理得矣。智曰：天聲唱，地音和，不外乎一在二中而已矣。十用七，十二用九，不外乎四分用三而已矣。地音於上去全用者，夏秋用時，舌齒滿也。所謂正寤在心，天之大寤在夏也。其曰多良千刀妻宫心開丁臣牛○魚男乃外轉也；禾光元毛衰龍◎回兄君○龜烏○乃内轉也。天皆韻也，古黑安夫卜東乃走思，口黄口殳步兑内自寺，坤五母武普土老草口，口吾目文旁同鹿曹口，乃切母也。四因四十去四十八，四因四十八去四十，是爲天唱地之用音，地和天之用聲。蓋四用三之侵數也。一百五十二者，八其七、八其十二之合數也；一百一十二者，七其九、七其七之合數也。天有千六十四者，七其百五十二也；地平千八者，九其百十二也。地上去三百四十四者，十二其百十二也；地八五百六十者，入止五聲，五其百十二也。天韻無家麻者，古家麻與烏阿合也。

沈存中曰：十二律並清宫當有十六聲，今之燕樂止有十五聲。蓋本樂高于古樂二律以下，故無正黄鍾聲，只以合字當大吕，猶差高，當在大吕太簇之間。下四字近太簇，高四字近夾鍾；下一字近姑洗，高一字近中吕；上字近蕤賓，勾字近林鍾，尺字近夷則，工字近南吕，高工字近無射，六字近應鍾。下凡字爲黄鍾，清高，凡字爲仲吕清，下五字爲太簇清，高五字爲夾鍾清。法雖如此，然此調殺聲不能盡歸本律，故有偏殺、側殺、元殺之類，雖與古法不同，推之亦皆有理，知聲者皆能言之。蔡西山燕樂書曰：黄鍾用合字，大吕、大簇用四字，夾鍾、姑洗用一字，夷則、南吕用工字，無射、應鍾用凡字，各以上下分爲清濁；其中吕、蕤賓、林鍾不可以上下分，中吕用上字，蕤賓用勾字，林鍾用尺字；其黄鍾清用六字，大吕、太簇、夾鍾清各用五字，而以下上緊别之，緊五者夾鍾清聲，俗樂以爲宫。此其取律寸律數用字紀聲之略也。一宫二商三角四變爲宫，五徵六羽七閏爲角，五聲之號與雅樂同，惟變徵於十二律中陰陽易位，故謂之變；變宫以七聲所不及，取閏餘之義，故謂之閏；四變居宫聲之對，故爲宫；俗樂以閏爲正聲，以閏加變，故閏爲角，而寔非正角。此其七聲高下之略也。聲由陽來，陽生于子，終于午，燕樂以夾鍾收四聲，曰宫、曰商、曰羽、曰閏，閏爲角，其正角聲變聲徵聲皆不收，而獨用夾鍾爲律本。此其夾鍾收四聲之略也。宫聲七調曰正宫、曰高宫、曰中吕宫、曰道宫、曰南吕宫、曰仙吕宫、曰黄鍾宫，皆生于黄鍾；商聲七調曰大石調、曰高大石調、曰小石調、曰揭指調、曰商調、曰越調，皆生于大簇；羽聲七調曰般涉調、曰高般涉調、曰中吕調、曰平正調、曰南吕調、曰仙吕調、曰黄鍾調，皆生于南吕；角聲七調曰大食調、曰高大食角、曰雙角、曰小石角、曰揭指角、曰商角、曰越角，皆生于應鍾。此其四聲二十八調之略也。馬貴與曰：燕樂律本出于夾鍾十二兼四清，而夾爲最清，所謂靡靡也。二十八調，萬寶常謂非治世之音，俗又于七角調各加一聲，流蕩忘返，而祖調亦不獲存矣。智曰：古今皆時爲之也，聲音之微，難以辭顯。鄭譯訪七音，以蘇祇五旦而知之，萬寶常譏其聲大高，非譏其七調之法也。寶常改絃移柱變爲八十四調、百四十四律，終于千八聲，試令爲之，應手成曲，其聲雅淡，不爲時好耳，豈爲七音四清可廢哉！今之簫笛皆存七調，所謂尺上乙五六凡工也。尺生六，六生上，上生凡，凡生乙，乙生工，工生五，五生尺，輕之重之，如十六之加清聲。此則可高可低，六字輕即合字，五字輕即四字。每一調則閉二字，閉凡上二字則爲平調，閉尺乙則謂正調，閉五尺則爲梅花調，閉六尺則爲絃索調，閉五工則爲淒涼調，閉乙工則爲背工調，閉六上則爲子母調，是七正爲五用也。陳氏以爲駢枝，何殊蘇夔之駮耶！且如周禮圜鍾之樂無商，唐宋二十八調無徵，何耶？果如康成祭尚柔商堅剛耶？果如存中云商中聲不用耶？段安昌雜二十八調，有上平聲調則爲徵聲，又曰商角同用，宫逐羽聲，此可漫然耶？樂典曰：合奏之羽比于角，徵流于商，宫羽中聲爲清角，商羽中聲爲流徵，移宫换羽，角必反宫，豈不徵哉！琴瑟設而不作，以不知節，誤解合止柷敔，遂守六聲，泥習説者，大氐然耳。徵以易準，八九相藏，七八相藏，六七相藏，五六相藏，四五相藏，總之陰陽高下旋用而已。人自有中和聲，但不知節而奏之，故堂上之歌以琴瑟爲和，均鍾以絲，絲可數也，緩急易調也。如謂無準，不妨截管候氣。

或問琴徵表法可聞乎？曰：琴者，今音審今心而任之者也，雖謂之禁可也。尚宫卦離，故大琴曰離，絲麗木若薪火，因所生也。長象期日也；上下音合七十二象候也；五分其身，以三爲下，參兩也；朱雀象翅，翅八寸，象八風也；腰四寸，象四時也；十三徽，月藏閏也。姜夔以一至四暉曰上準，四寸半，象黄鍾子律；四至七暉曰中準，九寸，象黄鍾正律；七至末曰下準，一尺八寸，象倍律也。每一絃各具三十六聲，宋分濁聲、中聲、清聲，即此也。朱子以唐人紀琴管色合字定宫絃，乃下生徵，徵上生商，終於少商。下生者隔二絃，上生者隔一絃。其調也，散聲隔四而合二聲，中暉得四聲；八暉隔三得六聲；九暉按上隔二得四聲，按下隔一得五聲；十暉按上隔一得五聲，按下隔二得四聲。逐絃之五聲，自東而西相爲次序，一與三，角與散角應也；二與四，徵與散徵也；四與六，宫與散少宫也；五與七，商與散少商也，皆十暉也。三與五會于十一暉，羽與散羽應也。其三圖，一尺寸散聲之位，一按聲之律位，一泛聲之律位。文武者，言聲也，桓譚以爲文王，釋知匠以爲文王、武王加，非矣。陳暘則謂人溺于二變七始之説，七絃有害古制，則有所不知矣。樂工指法，中暉一絃黄鍾按上爲大吕，二絃太簇按上爲夾鍾，三絃姑洗按上爲仲吕，四弦蕤賓單彈之，五絃林鍾按上爲夷則，六弦南吕按上爲無射，七弦爲應鍾，按上爲黄鍾清。歌聲應節，以此爲準。

崔遵度泛弓弦亦十三徽，因箋琴曰：易起于一而成三重六，其應也一必于四，二必于五，三必于六，六而三耳。琴應亦然。氣節相召，丈絃具之，尺絃亦具之，豈人力哉！劉貺謂爲夏至聲。智謂樂貴堂上，以絲爲君，琴以中徽爲君，要以無聲爲大君。所貴其用者，聲宫音哀，立廉立志，聽思忠義，彼能斷續離合以隨人聲，兼八音之音焉。蓋天地人之器，用黄鍾于蕤賓之夏，故君子不徹也。

從臨岳至龍齦平分爲中，即第七徽，君徽也。從臨岳至中徽平分之，爲第四徽，下半之十徽亦然，此四分也。臨岳至四徽又平分之，即第一徽，下半之十三徽亦然，此八分之一也。首尾有不用之位，猶之八卦用六卦，四分而用三也。乃以此大四分一者，即臨岳至四徽也，約而三之，去一不用，自臨岳順一徽下而盡之，爲二徽；别以大四分一者分之爲五，去四不用，自四徽向上盡之，爲三徽；復以大四分一者分之爲三，去二不用，自四徽比盡之，爲五徽；復以此分而五之，去一不用，自三徽比下盡之，爲六徽。定後六徽，猶前六徽也。可知全琴全中，而必以藏一用閏之徽爲中；君徽至臨岳以中呂爲中，中呂至臨岳以太簇爲中。其夾鍾、姑洗、蕤賓、林鍾四徽用泛調取定，下半如之，自此之外，不復有聲。蓋四徽以上屬天，十徽以下屬地，中之二分屬人，以人用寬，猶之十二辰，人居地用，自寅至戌之九也。一徽以上乃天之天，十三徽以下乃地之地，此不用者也。總而言之，皆不用之用，用之不用也；聲非木與絲，皆木與絲也。以三百六十度爲琴身，合三百八十四全爻測之，臨岳至一徽得四十八爻，而度則四十五也；一徽至二徽得十六爻，而度則十五也；二徽至三徽得十三爻，而度則十二也；三徽至四徽得十九爻，而度則十八也；四徽至五徽得三十二爻，而度則三十也；五徽至六徽得二十六爻，而度則二十四也；六徽至七徽得三十八爻，而度則三十六也；八徽至十三，猶之七徽至一也。天統地統各用四十八爻，共九十六，而人統專用一百九十二，以徽内言之，則正用四分之三矣。通期亦然。餘五度四之一，則九十度内加一度半而縮耳。以八分之一者分爲三分，分得十五，爲一至二徽之節，故損三分而爲三徽，益六分而爲四徽；又益十二爲三十，則五徽也；損六爲二十四，則六徽也；又益十二爲三十六，則中徽也。曰三十六、曰二十四、曰三十、曰十八、曰十二、曰十五，皆數中節合之至要者。琵琶三絃皆用十三，簫笛皆用十二之半，音與數適當其叶，豈非自然之符耶！十二律損益，亦自然聲數中節也。但九寸自起，猶之丈絃尺絃皆十三徽七泛耳。愚者歎曰：氣有五音而不見，以絃按之而節表矣；口有經緯而不知，以字切之而節表矣；性有常而不覺，聖教以事物由之而中節矣。六十卦之節以制數度，先于議德行也。微哉！天地節而四時成，先以此教德行，即以此泯德行矣。

問：八音八風配卦有説乎？曰：五藏于八之例也。金聲尚羽，聲舂容而音鏗，卦兑時秋，其風閶闔；石聲尚角，聲温栗而音辨，立冬卦乾，其風不周；土聲尚宫，聲含弘而音濁，夏秋卦坤，其風涼；革聲一而隆大，其音讙，卦坎冬至，其風廣莫；絲聲尚宫，聲纖微而音哀，卦離時夏，其風景；匏尚議，聲崇聚而音啾愁，冬春卦艮，其風條；竹尚議，其聲越，其音温而濫，春分卦震，其風明庶；木聲一而茂遂，其音直，春夏卦巽，其風清明。此陳暘本之伶州鳩語及傳注也。

音起于西，寔用坤之土氣，而發乾之金氣，故聲振始終之金奏，以金爲主。禮曰内金示和也，合外内之和也。石固土之近金，而藏水火者也。堅實不動，詘然而止，故貴之，與琴瑟在堂，戛擊鳴球是也。土則埏埴而沖氣出焉，亦石類矣。土之沖氣寓磬而清者，奉乾金矣；寓鼓而濁者，伐坎坎之北聲，此宫君子位者也。革去故以爲器，而羣音首焉，鼓無當于五聲，五聲不得不和，其聲洪而不裂謂之隱雷，其衆器之父歟！革與絲皆取動物之餘也，絲則火附木也，音能離合而不混，拊合堂上，常御琴瑟，合坎離之道也。絲爲君，用南方也。匏爲母，象植物之生焉。竹節直而有制，心虚而通，此利制之音所由出也。匏竹之合清濁，即艮震之司冬春也。衆音皆兼曲折，惟簫笙琴瑟能隨人聲委悉，而竹聲尤爲流利不斷。國語曰匏竹尚議，其此乎！古義宜和我同聲，詩經、漢碑可考也。蓋音惟此與人合宜得義制而和也。木屬柷敔一直之音，能讓衆樂，而能節衆樂；巽居中吕巳位，故常止于陰陽常行之中也，風主之節八風乎！此其槩耳。用以合調，各輪五音，寧拘拘耶！三才言之，中虚無竅者天也，中寔者地也，有竅者人也。天地之聲無多變，而人聲萬變，琴瑟則天地人之合也。金石皆地，故用爲始終，而柷敔爲樂中之節奏，以其地聲節天人也。古人但言琴瑟尚宫，金尚羽，石尚角者，舉三天而包地也。利制即商徵也，又宫用于角羽而商用于徵也，樂典所云合奏之羽比于角，徵流于商也。宫羽中聲爲清角，商羽中聲爲流徵，移宫换羽，角必反宫，豈不徵哉！即以切言，喉爲天之天，腭爲地之地，唇爲天之人，三陽以動屬人也。齒爲地之人地，舌爲地之人天，二陰以最動屬天也。唇舌牙齒喉，有單舉脣宫舌商者，以言語惟此主用也。事也、物也、理也，自然輪配，自然流通，更翻變化，原不相硋，拘執者膠柱而鼓矣，不研極者以爲附會矣。

問：柷敔六聲何言節奏？曰：誤三千年矣。木聲清直，不爲諸噪繞鏗鏘所掩，故能按拍以節奏衆樂之緩急，猶今十番之板魚也。州鳩曰革木一聲，又曰革木以節之，非若今言鼓板乎！非能一衆聲者乎！荀子以拊柷控揭爲似萬物，而陳氏譏之，豈知拊節樂，此亦節樂者也。又一證矣。向因注膠合止柷敔爲始合終止耳，曾知合而止之乃節奏之字法歟！板儭木魚中分細儭，故有春牘、拊相諸器，春官教春牘如柷小春，謂之應，以應大春所倡之節。又云牘以應柷，則柷非三聲而畢可知矣。

牘以竹爲之，殺聲使小以節樂，敔背亦用竹，取其聲脆。此又一證也。房庶辨李照、胡瑗説曰：金石鍾磬也而變爲方響，絲竹琴簫也而變爲箏笛，木柷敔也貫之爲板，由今之器寄古之聲皆可也。此又一明證矣。貴與亦編九拍版、六版于柷敔之後，胡以代抃唐名樂句，宋以檀若桑木爲之，豈亦柷敔之變體歟！是亦疑之矣。琴有入慢，正爲節促、轉拍，今不入樂不知板也，獨操之琴，猶清度也。板中長短，豈可聽乎？琴歌樂録與箏歌同桓伊令串合是也。音樂之節，即四時之節、緯曜之節、卦策之節，皆出天然，而人適中之。寧容絲毫强耶！神明會通，皆表法也。樂不中節，不能成聲；人不中節，能成人乎！

等切旋韵約表

管子謂五音出于五行，此初配位圖也。王宗道以牙爲宫，温公以四時序配横圖，故以喉爲羽，韵會依之，章道常又改其半。智按：漢書羽聚也，爲水爲智，樂書曰聲出于脣而齒開吻聚，此爲確證。今徽傳朱子法，以河圖生序脣舌腭齒喉爲羽

木角肝　火徵心　木羽脤　金商肺　土宮脾

腭　舌　脣　齒　喉

見溪羣疑端透定泥幫滂並明精清從心邪曉匣影喻來日

知徹澄孃非夫奉微照穿牀審禪

徵角商宮，律生之待黃鍾上旋，南呂回旋，自然符合，即鄭漁仲所明七音韻鑑也。宮如翁，齒如抵，羽如補。古讀底，底提匙通用，可證。究竟五音之用，全不拘此等切字頭端幾係焉。初譯之時，取中土字填之，孫炎反切，與婆羅門書之十四橫貫適相符通。呂介孺曰：舍利定三十字，守温加六反，紐序神珙撰，内言沈約。升庵云珙在北魏，何引約耶？既無知者，相沿守訛，真空玉鑰，見前人反切不合，增立門法，豈知各時之方言異乎！洪武正韻改沈約矣，而各字切響尚襲舊注。智因作例明之，詳見聲原。

端幫精三列皆兩層，而見曉二列止一層，故置兩頭又從開激而至含口，如華嚴始俠、悉曇始迦、耶蘇始了也。了義初排人未明其故耳。首腭終喉列一層，舌脣齒列二層者，舌齒相通，腭脣喉相通也。疑泥明心皆喉，其猶土旺四季乎！天一生水，三生木，五生土，三陽同類，故腭脣喉相通。地二生火，四生金，二陰同類，故舌齒相通。此槩也。聲無非喉，而脣爲總門，腭爲中堂，故宜其近齒爲中門，舌爲轉鍵，獨能出入靈動與齒相切。來日二變，實符蕤、應，來乃泥之餘，口乃禪孃之餘，此徵商之究宫也。徵商會于知而宫角羽會于疑影。徵脣司開閉，舌爲心苗，沖氣輪于丹田，而上竅于鼻。宫徵羽爲三統，出角比羽而清終，夾鍾以折攝之二用五，以三統之參用兩，實以一用六也。河圖變金火爲洛書，吾以悟金聲風火之橐籥矣。愚者智記。

見君公剛光孤于今
溪羣空康匡枯看琴
疑云□〔一〕昂王吴菴唫
端顛　知折珠真張
透定　徹澄除嗔昌
泥能　孃攝殊神商
幫賓　非
滂並平　夫奉
明芒　微萬物

〔一〕「□」，原本漫漶不清，依形似作「齦」。

精尊租　照專逐諄莊

清從粗　穿牀觸春窗

心邪蘇　審禪熟純霜

影喻翁依　舌上正齒相通，縫脣會宮角羽。

曉匣烘稀

◎唵恩遏

來离　共二十六母，不用非◎則廿四也，合知照則廿一也。

日兒如辱

發送收三聲，啌嘡上去入五聲，定論也。中土用二十母足矣，外域知七音，而不知啌嘡上去入，金尼亦言入中土乃知之。即古韵亦平仄互通者也。細別知以舌卷舐中腭，而照乃伸舌就上齒内而微縮焉，智謂若氈專之類也。孃則嘗穰之間耳，疑喻之分調疑用力靳腭聲横牙間，而喻影但虛引喉，與腭無涉也。儀禮疑立即凝立，故儗嶷從之。如真是以存影，然疑凝則同泥矣。其以角收轉爲宮發乎！智攷孫陸于安恩咢昂等俱用五字，烏字作切響，而今半作腭聲，果占未精，但趨近似耶！吴音呼照如皂，呼床如藏，則同精從矣。度譜曰：知字真吹切，之字舌不抵齒，枝字舌抵齒而顫聲，既已有此別音，即當存此音狀。

徵穿對較，當是折徵攝與穿拴之別。

◎爲喉根而非微乃外唇最微者，非夫皆送氣聲以非最輕，標外唇之起耳。微用最少，惟萬物無文問味等，中原人多讀深喉影母，吴人或切焚扶，又混夫矣。智按：萬物至微，故取此聲，無與靡設莫蔑轉。漢書規撫即模，可證也。

縫唇無初發聲，深淺喉無忍收聲，惟商用啌收而嘡發不用，此一理也。今表◎爲折攝中輪，非爲外唇風始，故存二十六切，寔二十四，若通知照則二十一也。直法二十母，以影喻合疑，而以曉居夫微之初，此如琴徵取其響者紀法也，琴徽空度有不得聲者詎廢度乎！平上去三十六韵，而入止得十八韵，然歸入皆可重呼，今欲分知照者亦可重呼也。

議增母者，爲迮狀粗細不同也。今分注其下，因決曰：真嗔神諄春純，張昌商莊窗霜，則知母之粗細狀耳。商徵之間是一中聲也，剛康昂光匡王。角有二狀，何不二列乎？它韵更迮如東之中專改知狀，蕭之超銜改穿狀也。

不聿謂筆，於菟謂虎，終葵爲椎，俠累爲傀，軒轅爲韓，柰何爲那，何莫爲盍，合音古矣。然切叶之道今日明備，聖人禮樂甚精而叶切用渾時也。後人詳之時也，詳而訛謬，不得不更詳定之時也。有開必先，聖人留象數律歷呼吸翕闢爲徵，亦已明矣。書鏤棗，紙搨扇，絮木棉，飲芥露，詩至長律，書至行草，皆闊闊緬志之源江河，金魚火鳥之補天漢也，何必定以古人掩後人乎！

()開 啌平 枰

◡承 噇平 平

(轉 上 品

)縱 去 聘

⌒合 入 匹

平上去入以一統三，則曰平仄仄無餘聲。聲皆平也，平中自有陰陽。張世南以聲輕清爲陽，重濁爲陰；周德清以空喉清平爲陰，以堂喉濁平爲陽。智故以啌噇定例，便指論耳。◯郝京山以四聲後轉一聲爲五，何如此乎？西儒謂之清濁，上去入故曰翁叜公東綳五聲也，開承轉縱合亦五聲也。陰陽清濁輕重留爲泛論，權以枰爲細聲，烹爲粗聲，兵爲發聲，枰爲送聲，闊則大人，尖則童子。◯本以無聲爲陽，有聲爲陰，用則聲發爲陽，發則開陽闔陰，字頭陽而尾陰，宮商角陽而徵羽陰，宮角羽陽而商徵陰，又宮陽而餘皆陰。陰陽互根則全陰全陽矣。

見 溪解并 疑影喻 端 透定 泥孃 幫 滂並 明 精 從清 心邪

知照 穿徹澄牀 審禪 曉匣 夫非 微 來 日

知照第二層互用。孃讀穰同，日讀嘗同。審吴幼清、陳晉翁、熊與可、趙凡夫皆欲加母，以迮狀不明也。吕獨抱、吴敬甫皆廢門法，張司業定二十字，李如真有影括二十一，謂平有清濁，仄唱不用，故以清兼濁。此即指啌陰噇陽也，但未明前人何以訛耳。蕭尺木取張説也。

初發聲幫羽　發端徵

送氣聲滂羽　送透徵

忍收聲明羽宮　收泥徵宮　收餘來商徵合宮

發　見角　發精商

送　溪角　送清商

收　疑角宮深宮　收心商宮

轉發送曉淺宮　發知徵商合

送　夫宮羽合　送穿徵商合

收　微宮羽合　收審徵商合宮　收餘日商徵合宮

◎略近恩翁而唇舌腭齒俱不動。

既爲聲本，即爲聲餘。

智初因邵入，又于波梵摩得發送收三聲，後見金尼有甚次中三等，故定發送收爲横三，啌嗤上去入爲直五，此天然妙叶，不容人力者也。是名優佗南是。風觸七處，中土不用◎而無不用，所謂折攝鼻臍輪也。

論古皆音和説

切響期同母，切上一字。行韵期叶而已。切下一字。今母必粗細審其狀焉，粗奔細兵，粗登細丁，狀則公干于見，烏恩于影也。韵審啌嗐合撮開閉焉，合如翁烏，撮如春全，開如哇當，閉如侵監。又有偈阿如鍾光、舌抵如支珠之類。舊以德紅切東，則紅嗐矣。宜德翁切端，翁當公皆可。指南于切母一定者反通其所不必通，于行韵可通者反限定于一格，且自矛盾，不畫一也。詳攷經傳史漢注疏，説文沈孫，以至藏釋，皆屬音和，但于粗細不審，而舌齒常借，唇縫常混耳，此各填其方言，或各代之口吻然也。吴越子紙、專氈不分，南康匡腔反用，麻城以荒爲方，建昌勸鏸爲一，江北都兜不分，齊秦率帥不分，山西分風反稱，廣中頭桃、留樓、元完不分，閩中尤缺然，古已有之。如砥柱音止，孟子作「周道如底」，字家分底厎，鑿説也。提音題，而「好人提提」與「朱提縣」音時，方旁無模之相轉，則以諧聲譯語知之。灌夫傳「首鼠兩端」，西羌傳、鄧訓傳皆用「首施兩端」，注「猶首鼠也」，則今之吴語也。詩「混夷兑矣」，即「昆夷」，而又作「串夷」，如此之類甚多。存舊法，攷古今可也，豈守其混與借以立法哉！日月燈與字彙四法仍爲前惑者也。二十門纏繞無論，且以類隔門言之，謂以端母切知○母切端，如都江切椿字，丁恭切中字，濁甘切談字，陟經切丁字。此不過因孫愐椿字一切也，然四切已違其三矣。唐韵椿都江切，而中則陟弓切，談則徒甘切，丁則當經切。都江切椿，非古讀，都如諸則訛耳。者古音者，故諸蕘等諧聲如休屠音除。蓋中國以所習字譯之，譯時不作休除而作屠，以當時讀屠如除也。曹子建有都蔗詩，六帖云張協有都蔗賦，林下偶談曰甘蔗亦謂諸蔗，相如賦諸柘巴且，則證知古都有諸音。又旁推之詩「酌以大斗」，鄭玄音主，古文易「日中見主」。凡字從詹、從單、從亶皆有舌頭、舌上二種之聲。攷說文椿啄江切，韻會椿株江切，非確證乎！椿從春聲，說文春書容切，韻會初江切，以狗軌旁春之鑾音窗也。古江如工、降如烘，後漢謠「江夏黃童天下無雙」，則此韻亦後轉也。至于陟經切丁，則尤可噴飯。詩「伐木丁丁」，陸德明釋文「丁，陟耕切」，蓋讀如錚也。指南乃以丙丁之丁附此門法，冤哉！

孫叔然以來即有經堅丁顛等轉法，指南鄙之，豈知其理乎！聲爲韵迮，其狀即異，惟真溫庚青一韵，聲多于翕闢嘻縫撮偈忍送之狀，字字皆備，其次惟先天之韵，然已不如溫亨之盡矣。旋韵真青正當春秋二分之候，故其聲和平自然相應。以此調唱其竅自諧春秋之用，豈人力可思議者哉！先天本從真轉，古通一韵，今中和立南北之極，而旋元適以先天合和，亦用三餘一之符乎！何謂真先通？曰：國策陳軫，史作田軫，陳敬仲世家作田敬仲；荀子田仲、史鰌即陳仲子；詩「應田縣鼓」，宋書引作「應𨍭縣鼓」；左傳「渾良夫乘衷甸兩牡」，陸德明音甸，之證反，說文顛蹎闐以真爲聲，煙陻以甄爲聲，馴紃以川爲聲，詵駪以先爲聲。孫堅謂甄井同名，後乃呼甄。

華嚴字母第八列因年天文並列，可知西音亦然。又如沈韵元與鬼痕爲一，漢志同並縣並音伴。智按：古有讀半爲笨者，吴元滿滿音猛，𬤊音門，亦足證矣。

何謂迮狀？曰：呼見母于東韵則爲京翁合。而無其字，故成公呼見于寒韵爲干，呼見于魚韵爲居，呼喻于逶韵爲伊，呼喻于汪韵爲昂，呼風于侵韵則無聲矣。惟唱真青諸狀不迮，是故平仄以平爲名。身心性情之靈形于聲音，以韵爲輪，可不知所以平乎！

旋韵十六攝

邵子曰：韵法闢翕律天，清濁吕地。先閉後開者春也，純開者夏也，先開後閉者秋也，冬則閉矣。唧凡冬聲也。晁公武曰：一行撰五音新書，以人姓五音驗八山也。卦影用之，心幾之徵乎！竹西曰：元會、呼吸、律歷、聲音，無非一在二中之交輪幾也。聲音之幾至微，因聲起義，聲以節應，節即有數。故古者以韵解字，占者以聲知卦，無定中有定理。故適值則一切可配，縷析而有經緯。故旋元則一切可輪。因此表之，原非思議所及。

切母各狀　宮倡羽角總曰宮　商和徵商總曰商　脣腭激喉多用鼻轉舌齒折攝止用腭穿

奔　兵幫細　喉腭脣以脣最動，故領宮倡。　登　丁端細　○舌徵以舌最動，故領商和。

烹　平滂細　騰　汀透細

門明粗明　能泥粗寧

庚見粗京　肱見粗君角宮四狀　倫　零來細　○來乃泥之餘。

阬溪粗輕　坤溪粗羣　尊精粗精

恩疑粗因　温疑粗云腭收　㞼清粗清

亨曉粗欣　昏曉粗熏即爲喉發　孫心粗心

氛非　分夫　諄知粗真

文微無粗狀○脣起脣收。　春穿　嗔徹○知照徹穿二列止有真諄。

醇　申二狀

㤇如狀人曰無細狀，而有人如二狀，乃禅之餘。

舌齒用喉穿外爲一類

二十二狀

脣腭激喉在中爲一類

二十五狀

七風六用五音二變槩也，約爲宮倡商和而已。凡音在脣腭中皆謂之宮，音穿齒外皆謂之商，無非鼻竅也。而羽角合宮，用鼻爲多，無不自臍也，而徵商交用，自臍穿出。嘗玩河圖三陽二陰分類，互根其始，幾乎！列則以生序、輪序言之，今譜則天倡地和，分類辨之，特合真文庚青一韵，而指其各母之異狀焉。大略皆有粗細二狀，而見溪疑曉則有四狀，舌齒之合約爲徹穿，來隨泥後，日隨禪後，皆自然不可强之序也。

調唱者若以腭喉四狀分爲四種，而復分開口合口，則每韵八聲矣。聲爲韵迮，多無其字，並不得聲，逼紐太窘，從而併之，取所用者表之，此即前用之理也。學者先調啌嗤上去入，次明發送收，次明粗細迮狀，次明翕闢穿撮，皆有清濁輕重焉，思過半矣。

周易時論合編圖象幾表卷之七

皖桐方孔炤潛夫授編
孫中德　中通　中履　中泰編録

崇禎曆書約

易無體，而寓卦策象數以爲體而用之，聖人惟言天地日月四時，而於穆其中矣。故致理以象數爲徵，而曆律幾微，正盈虚消息之表也。堯之首命，欽天授時，曆數受終，在齊表焉。相沿爲臺官之學，而言理者忽之，故其器法遂爾汩淹。漢三造曆，唐七造曆，宋十八造曆。自洛下三統，大明綴率，一行大衍，而郭守敬折中之，可謂精密。明仍元曆，宋濂等較正，嘉靖初華湘奏歲差三度五十二分五十秒矣。萬曆中，有歐邏巴人利馬竇，浮海歷諸國而至。其國重天學，所云静天即於穆之理也。九重天包地球，如脬氣鼓豆，其質測也。子曰天子失官，學在四夷，猶信禮失而求諸野，不亦可當野乎！天啓辛酉、壬戌間，歲差議起，徐玄扈請設專局，集成崇禎曆書。其法槩可互明，而研極者觀此引觸，可以闡明至理，徵建開成。夫天九重，地如球，自黄帝素問、周公周髀，邵子、朱子、沈存中、吴幼清，皆明地爲浮空不墜之形，大氣舉之，則其言皆中國先聖先賢所已言者。有開必先，後來加詳，直綴線算，不出句股，特少張衡、祖冲之輩之殫精耳。崇禎曆書徵攷近核，故約其槩，以便觀察。鹿湖潛夫方孔炤識。

圜中

黄帝素問曰：立于子而面午，立于午而面子，至于自卯望西，自酉望卯，曰北面；立于卯而負酉，立于酉而負卯，至于自午望南，自子望北，皆曰北面。自子望北，言北方之北，尚有北也，可以知地之圜。岐伯曰：地爲人之下，太虛之中也。帝曰：何憑乎？曰：大氣舉之。大虛之中即是太虛之下。圓物中之重者在乎中心，則中即是下之處。今以豆入脬而吹之，豆正在脬之中。周髀曰：春分至秋分之夜，日内近極，極下常有光；秋分至春分之夜，日外遠極，極下常無光。趙君卿注曰：北辰之下，春分至秋分，六月見日爲晝；此後六月，不見日爲夜。又曰：北極之下，其地最高，滂沱四隤。而下，三光隱映，以爲晝夜。天體亦然。故日運行處在極北，北方日中，南方夜半；在極東，東方日中，西方夜半；在極南，南方日中，北方夜半；在極西，西方日中，東方夜半。晝夜易處，四時相反，北極左右，夏有不釋之冰，此陽微陰彰；晝夜分歲，物朝生而暮穫，中衡左右，冬有不死之草，此陽彰陰微。故萬物不死，五穀一歲再熟。按此益證地之圓，而北極應地。地如瓜焉，有蒂有臍，蒂應北極、臍應南極者，皆如軸中，乃其體也。體必貴用，用在腰輪，腰自爲東西南北，而腰輪之南爲心胸，即中華也。其喻如鉦，以其不定而有定也。人受天地之中以生，各以所在爲中，而北極之南，正當中和用地。豈依崔浩執北極之下爲中國乎！是與執混沌爲平泯而賤天地之分别者同一執一矣。

曾子語單居離曰：天之所生，上首；地之所生，下首。上首之謂圜，下首之謂方，如謂天圜而地方，則是四角之不相揜也。嘗聞之夫子曰：天道曰圜，地道曰方。可知方言地道而非地形也。韓子曰：東西易面而人不知，以其迤也。束晳曰：人之視天，旁方與上方等，旁視則天體存于側。故日出時，視日大也。日無大小，而所存者有伸厭。按：日初出有水土之氣浮于地上，故其影大；至高度則水土之氣清，故其形小。今以盤置錢，使人遥望之，不見錢也；以水注盤，則人見錢矣，以水光之浮錢出盤面也。

邵子曰：天惟不息，故閣在中。使天有一之或息，則地陷矣。程子曰：氣莫非天，形莫非地。朱子曰：天形圓，朝夕運轉，極爲樞軸，其運轉者亦無形質，但如勁風之旋，升降不息，是爲天體，而實非有體也。地則氣之渣滓，聚成形質者以其束于勁風旋轉之中，故得以兀然浮空而不墜耳。觀此可知中華之說本明，學者不學，聞地在空中則駭矣。

宗動天，其最上者，列宿而下，土木火日金水月相次，故名九重。宗動天一日一周，列宿天二萬四千四百年一周，填星天廿九年百五十五日廿五刻一周，歲星天十一年三百十三日七十刻一周，熒惑天一年三百廿一日九十三刻一周，日輪天三百六十五日二十三刻一周，太白天、辰星天俱隨日周，月輪天二十七日三十一刻一周。此以氣限分重，非有形隔也。

天包火包氣，而水土合爲一丸，即地也。火輕揚，故升于九重天之下；土重濁，故凝于天之中；水輕于土，故浮于土之上；氣承水土而負火，智按：氣貫一切實，充一切虛，此質測家據已凝形爲形論，故專指虛旋爲氣耳。元火附天，極淨甚炎而無光，一遇外物衝擊，則發光矣，俗所云天裂流星是也。又分上中下三域，上域近火，故大熱；下域近水土，爲太陽所射，故發煖；中域上下隔絶，故大寒。然廣狹不等，二極之下，寒冷域廣；赤道之下，熱煖域廣。地海合丸，渾天中之一點，謂地爲方，乃語其性也。以度分天即以天度分地，自北而南爲帶，言圓者三輪六合乃明，故南北稱謂易混，智每以圓瓜喻之，北極如瓜蒂，南極如瓜臍，此以中國地平，二極斜倚，故呼蒂爲北。一帶在晝長短二界之中，其地甚熱，近日故也。即赤道衡。二帶在北極界内，三帶在南極界内，兩處甚冷，遠日故也。即本蒂瓜臍之地。四帶在北極界、晝長界之間，五帶在南極界、晝短界之間，兩處不冷不熱，日輪不遠不近故也，謂之正帶。赤道以北爲北極所主，赤道以南爲南極所主，則中華屬北極。然天頂直線，不當北極下也。故崔浩論中國非中，不知天以腰輪爲用，而中華當心胸之前，不直蒂之頂爲中也。或問腰輪時旋，何以定爲正面耶？曰：卯而伏之，圓物浮之，必有上下，無定分而有定分，故中華當南也。南用地也。泰西譏南贍之説，日月繞須彌之説，彼寓言耳，以地爲扁，則其所未詳也。

燕京在赤道北四十度，則北極高四十度；大浪山在赤道南三十六度，則知南極出地三十六度也。金陵赤道北三十二度，大東洋瑪八作赤道南三十二度，正相對也。

地周九萬里。地厚二萬八千六百三十七里零二十五分里之九，半徑一萬四千三百一十八里零九分里之二，每度徑得二百五十里，每分徑得四里零六分里之一，即六十步。凡積十四秒二十四微爲一里，積二分二十四秒爲十里，積二十四分爲百里。但自赤道至北極，緯度漸狹，然天體高圓不異，則經緯隨處皆然也。

月距地中心，四十八萬二千五百二十二里餘。辰星距地心，九十一萬八千七百五十里餘。太白距地心，二百四十萬六百八十一里餘。其光有消長，如月然。日距地心，一千六百零五萬五千六百五十零里餘。熒惑距地，二千七百四十一萬二千一百里餘。歲星距地，一億二千六百七十六萬九千五百八十四里餘。四周有四小星，繞行甚疾云。填星距地，二億五百七十七萬五百六十四里餘，形如雞卵，兩側有兩小星。日徑大于月，六千五百三十八倍又五分之一。此下皆以徑論。地大于月，三十八倍又三分之一。地大于辰星，二萬一千九百九十一倍。地大于太白，三十六倍又二十七分之一。熒惑大地，半倍。日大于地，一百六十五倍又八分之三。歲星大于地，九十四倍半。填星大于地，九十倍又八分之一。經星距地，三億二千二百七十六萬九千八百四十五里有餘。此外即一日一周之天，又高一倍，所謂宗動天也。經星之體大者六等，皆大于地，以遠，故望之小耳。天漢乃細星稠密，若白練然。天下寒暑日景五截。赤道下四時煥，二分爲甚，二至稍減。二分表日中無景。一年兩春兩夏，兩秋兩冬，草木一歲再榮、再枯。故自赤道南北各二十三度半之域立表，每歲東西南北日影俱到也。日行南北二道之下，其地每歲一極寒，一極暑，而正相反。過此二界，則黃道之所不至，日不經天頂過矣。其地四時皆寒，周圓皆有日景，而以半年爲晝，半年爲夜，草木朝生暮死。故自赤道南北各六十度至九十度一帶，爲二極界内之地。晝夜長短偏勝之極，惟黄道與南北二極之中間，沖和之氣鍾焉。自距赤十九度至四十二度，正當其處，此外皆偏氣矣。智按：周髀曰：春分日之夜分以至秋分日之夜，日内近極，極下常有光；秋分日之夜分以至春分日之夜分，日外遠極，極下嘗無光。故春秋分之夜分，日所照，適至極，陰陽之分等也。冬至夏至者，日道發斂之所生，晝夜長短之所極也。趙君卿注曰：北辰之下，春分至秋六月見日爲晝，自此六月不見日爲夜。又按：隋志言北方有煮羊脾而天明者，正將近北極下之地也。由此觀之，北極之下偏枯如此。天以蒂應地體，而天用正在腰輪，所在各定地平，而子午之針不易，則中國之常爲心胸，亦如丁殺所製錘爐之心，外雖轉而彼不動也。

大都今順天府。北極出地四十度太强，夏至晷景一尺三寸四分，日出寅正二刻，入戌初二刻，晝六十二刻，夜三十八刻；冬至日出辰初二刻，入申正二刻，晝三十八刻，夜六十二刻。

北京即大寧，極出地四十二度强。上都開平府，極出地四十三度少。東平極出地三十五度太。益都極出三十七度少。登州極出三十□〔一〕度少。高麗極出三十八度少。西京即大同，極出四十度少。太原極出三十八度少。西涼州即甘肅，極出四十度强。興元即漢中，極出三十三度半强。安西府極出三十四度半强。

〔一〕「□」，底本原爲空缺。

成都極出三十一度半强。大名極出三十六度。南京即今開封，極出三十四度太强。河南陽城在今汝州西，極出三十四度太弱。平陽極出三十五度少。夏至影一尺五寸。揚州極出三十三度。鄂州武昌，極出三十一度半。雷州極出二十度太。瓊州極出一十九度太。吉州江西，極出二十六度半。南海極出一十五度，夏至景在表南一尺一寸六分，日出卯初二刻，入酉正二刻，晝五十四刻，夜四十六刻；冬至日出卯正二刻，入酉初二刻，晝四十六刻，夜五十四刻。衡岳極出二十五度，夏至日在表端無景，晝五十六刻，夜四十四刻；冬至反是。岳臺極出三十五度，夏至景一尺四寸八分，日出寅正三刻，入戌初初刻，晝六十刻，夜四十刻。和林極出四十五度，夏至景三尺二十四分，晝六十四刻，夜三十六刻。鐵勒極出五十五度，夏至景五尺一分，晝七十刻，夜三十刻。北海極出地六十五度，夏至景六尺七寸八分，日出丑正初刻，入亥初三刻，晝八十二刻，夜一十八刻；冬至日出巳初三刻，入未正初刻。

以上郭守敬所測。

洪武間，金陵測得夏至日出寅正四刻，入戌初初刻，晝五十九刻，夜四十一刻；冬至日出辰初初刻，入申正四刻，晝四十一刻，夜五十九刻。

大圜〔一〕天地總名也。水附地以成球，而天包氣數，岐伯所謂大氣舉之，朱子所云兀然浮空不墜是也。度數經緯天地相應，聖人之裁成即生成也。

周天縱橫皆三百六十五度有奇，北極爲天樞，與南極相距一百八十二度半强；赤道帶天體之紘，距兩極各九十一度少强；黄道斜絡于赤道。冬至日躔黄道，距北極一百一十五度有奇，在赤道外二十三度太强；夏至日躔黄道，距北極六十七度有奇，在赤道内二十三度太强；春秋二正日躔距兩極各九十一度少强，乃黄赤道相交之處也。赤道分周天之列舍，而黄道則識太陽之經行。二道度分不齊者，斜正廣狹，勢使然耳。古今歲差日躔退移，則經星亦異矣。人處地球，以天頂而分，有東西南北，亦界爲三百六十餘度，以期合于天行。東西謂之經，南北謂之緯。求經度者於赤道上測之，求緯度者於子午線測之。隨方用儀，測極出地，每南北弦直行二百五十里，則差一度；東西離三十度，則差一時，所謂里差也。

〔一〕「圜」，原本不清，依曆體略，似當作「大圜」，存目本作「大圜」。

覆三。照三者，巳午未也；不覆三者，亥子丑也。此正鐵勒、北海北極出地六十五度之晝夜刻也。

周髀曰：冬至晝極短，日之出入，照三不覆九；夏至晝極長，日之出入，照九不覆三。照三者，巳午未也；不覆三者，亥子丑也。

醫家五運起于月初，各節氣是也；六氣起于月中，各中氣是也。晝夜漏刻古曆有用百二十者，不須發斂，即得加時；西曆六十分爲度，即此法之半也。

二曜 著明莫大乎日月，而日爲君，天得爲天，歲得爲歲，日而已矣。不明軌度，何以授時？

日循黄道右紀，三百六十五日有奇而周天。黄道起箕、斗間，北距赤道二十三度九十分，迤邐東北，至壁一度，入赤道北。又東北至參十度，則南距赤道亦二十三度九十分。遂折而東南，至軫初度，出赤道南。又東南旋于尾、箕，周而復始，長三百六十五度二十五分六十四秒。其與赤道交也，自南入北曰内道口，自北入南曰外道口。二交之口，隨歲差移。冬至前後，日行一度零百分度之五有餘，曰盈段；其前其後各十八日，日損一分有奇。春秋分日行一度無盈縮。夏至前後，日行百分度之九十五不足，曰縮段；其前其後各十八日，益一分有奇。約一歲間截盈補縮，日得一度。歲行黄道三百六十五度二十四分二十五秒，不及周天一分五十秒，是曰歲差，約六十六年八閱月而差一度。萬曆四十年冬至，在黄道箕三度一十九分一十九秒八十微，赤道箕四度四分廿五秒。故内道口在壁一度，外道口在軫初度，距今丙戌歷三十四年，歲差一分三十五秒。冬至測其内道口，已不在壁而在室；外道口已不在軫而在翼，蓋隨歲差移也。

月循日道右紀，白道半出黄道外，半入黄道内，相距遠者六度零二分，兩環相交，如赤道之于黄道也。其相交處，自内出外曰陽曆口，世謂羅睺；亦名龍頭。自外入内曰陰曆口，世謂計都。亦名龍尾。羅計逆行黄道上，每十有八日五十八分五十二秒九十四微五而移一度，月行一交，移一度四十六分四十一秒八十微四。羅居午，計居子，則月道出黄道東，古謂青道；羅居子，計居午，則月道出黄道西，古謂白道；羅居酉，計居卯，則月道出黄道南，古謂朱道；羅居卯，計居酉，則月道出黄道北，古謂黑道。各分内外，是曰八道，並黄道爲九，實一道也。月行十八年而遍九道，執謂春行青道、夏行朱道、秋行白道、冬行黑道者，妄也。月行二十七日五十五刻四十六分八十八秒而疾遲一周，又行一日九十七刻有奇，共二十九日五十三刻零五分九十三秒而與日會，則爲合朔。其遲疾一周也，名轉終，折半爲轉中之日。其轉終前後月行疾，日十四度七十一分五十四秒；轉中前後月行遲，日十二度零四分六十二秒；終中之間月行平，日十三度三十六分八十七秒半。每一轉終，行三百六十八度三十七分零五秒五十八微，七五折半爲轉中之度，所在名曰孛，月行最遲處也。合朔以後，月夕西見遲疾不一，或有差三日者，有三因焉：一因月視行度，若視行爲疾段則疾見，遲段則遲見；一因黄道升降有斜有正，正必疾見，斜必遲見。一因白道在緯北，凡在陰曆疾見，陽曆遲見也。三因之外又有極出地之不同，以及朦朧分與炁差諸異。月行二十七日二十一刻二十二分二十四秒爲交終，折半爲交中之日。每一交終，行三百六十三度七十九分三十三秒一十九微，六一折半爲交中之度，其交終前六度一十五分三十四秒曰正交，交中後六度一十五分三十四秒曰中交，正交近羅睺，中交近計都。月離其度而與日遇則日食，與日對則月食也。日月行二十九日有奇，東西同度，月視行在于黄道近交，人適視爲同經同緯，則人目與月日相參，直月魄正隔日光于人目，是爲日食，非日失其光，月魄掩之耳。太陰距太陽一百八十度，而正與之衝，月行近于兩交，地球居日月東西之中，體影間隔，則日光不能照射于月，人目視之，若月失其光，是爲月食，非月失其光也，地影隔之耳。然必日月及于正交或中交，爲同度則食，餘則不能食也。

五緯

木曰歲星，其行約十有二年一周天。法夕伏合伏，各一十六日八十六刻，各行三度八十六分，晨出東方，疾遲，共一百一十二日，行十有七度八十四分，留二十四日；晨退夕退，各四十六日五十八刻，各退四度八十八分一十二秒半，復留二十四日，遲疾，共一百一十二日，行一十七度八十四分，則又夕伏而復見，爲一周云。以卯年居卯宫，建卯月，與氐、房、心夜半見東方；辰年居寅宫，建辰月，與尾、□[一]夜半見東方；巳年居丑宫，建巳月，與斗、牛夜半見東方；午年居子宫，未年居亥宫，申年居戌宫，酉年居酉宫，戌年居申宫，亥年居未宫，子年居午宫，丑年居巳宫，寅年居辰宫，各以其年之月與其宫之宿夜半見東方。凡五星之行，贏縮與日同。

火曰熒惑，其行約二歲一周天。法夕伏合伏，各六十九日，各行五十度，晨出東方，疾遲，共二百八十有四日，行一百六十六度，留八日；晨退夕退，各二十八日九十六刻四十五分，各退八度六十五分六十七秒半，復留八日，遲疾，共二百八十有四

〔一〕「□」，原本不清，依曆體略，當作「箕」。

日，行一百六十六度，而又夕伏爲一周。其疾也，日一度有半。

土曰塡星，約二十九歲一周天。法夕伏合伏，各二十日四十刻，各行二度四十分，晨出東方，疾遲，共八十六日，行七度六十五分，留三十日；晨夕退，各五十二日六十四刻五十八分，各退三度六十二分五十四秒半，復留三十日，遲疾，共八十六日，行七度六十五分，而又夕伏爲一周，或名地候。

金曰太白，其行先後太陽歲一周天。法晨伏合伏，各三十有九日，各行四十九度五十分，夕出西方，疾遲，共二百三十一日，行二百五十度五十分，留五日；夕退一十日九十五刻一十三分，退三度六十九分八十七秒，夕退伏六日，退四度三十五分。其合退伏如夕退伏，其晨退如夕退，留五日，遲疾，共二百三十一日，行二百五十度五十分，而又晨伏。其行也，晨先日出東，謂之啓明；夕後日入西，謂之長庚；以辰申爲界，晨見於巳位，夕見於未位。

水曰辰星，其行亦先後太陽歲一周天。法晨伏合伏，各一十七日七十五刻，各行三十四度二十五分，夕出西方，疾遲，共一十七日三十一度五十分，留二日。夕退伏合退伏，各一十一日一十八刻八十分，各退七度八十一分二十秒，晨留二日，遲疾，共二十七日，行三十一度五十分，而又晨伏爲一周云。凡五星在歲行極遠之所，必合於太陽，其行爲順而疾，其體見小。凡在歲行極近之所，其行爲逆而疾，其體見大。若土木火三星行逆，則衝太陽，金水二星行逆必夕伏而合，行順必晨伏而合。其各星之順行而轉逆、逆行而轉順之兩界中爲留。留者非星不行，乃際于極遲行之所也。留段前後，或順或逆，皆有遲行。按小大諸星，各有距太陽若干度分，以爲見伏之限。此限度新舊二法各異，如太陽在降婁宫初度，或歲星在十五度即謂見限，然未必也。諸星有緯南緯北之分，黄道有正斜升降之勢，各宫不同，何能泥此以定公法？今崇禎曆書各星見伏之限，惟以地平爲主。緣地平障蔽日光，能使星爲見與不見耳。今夫日之下于地平也，其光漸淡，所謂晨昏。此晨昏之久暫，四時各各不等，即冥漠矣。而星見時刻又自不等，所以太陽繇黄道而下于地平，或有十度或十五度，甚至有三十餘度爲限者。總之，星在黄道南必多數度，若在北必少數度。故統論其因有四焉：一曰太陽下于地平，一曰星在緯之南北，一曰極出地高，一曰黄道升降斜正。凡此數者，諸星伏見之大端也。

按曆有四餘躔度，或曰孛生於月遲，紫生於月閏，日者論之，其實無此星也。羅即白道正交，月自南遡北，交黄道之處，羅之對即計矣。孛是月行極高、極遠之處，其行最遲，其體見小，烝有謂土木相會者。宋景濂有監譯西占一書，中言土木二星同度，爲世運之大限云。

日數 一 二 三 四 五 六 七 八 九 十 十一 十二 十三 十四 十五 日

節氣	度	分	節氣（倒書）
春分 秋分	○○一一二二二三三三四四五五五度	一四二三○二四一三五二四○三五十 四八二六○三七一五八二五九二五分	驚蟄 白露
清明 寒露	六六七七七八八九九十十十一十一度	一四○二五一三九二四○二四○三十 九二五八○三五八○二四六七九○分	雨水 處暑
穀雨 霜降	十一十二十二十二十三十三十三十四十四十五十五十五十六十六度	五一三五一三五一三五一二四○二十 一三三三三三三五二一○入七五三分	立春 立秋
立夏 立冬	十六十六十七十七十七十八十八十八十八十九十九十九十九廿度	四五一三四○二三四○一三四五一十 ○七四一七三九四九四八二六九分	大寒 大暑
小滿 小雪	廿廿廿一廿一廿一廿一廿一廿二廿二廿二廿二廿二度	二三四○一二三四五○○一二三三十 五七九○一二三二一○九七五二九分	小寒 小暑
芒種 大雪	廿二廿二廿二廿三廿三廿三廿三廿三廿三廿三廿三廿三廿三廿三廿三度	四五五○○一一一二二二二三三三十 六二八三七二五九二四六八九○○分	冬至 夏至

日數 十五 十四 十三 十二 十一 十 九 八 七 六 五 四 三 二 一 日

太陽之出入于赤道也，南二十三度半而冬至，北二十三度半而夏至，內外不異而往來有漸，茲著二十四氣。每日所躔，九服準之，可以知所在赤道高低，因以推所在之北極焉。中通曰：今穆公測至距赤道上二十三度一分，蓋謂黃赤相距遠近，行多歲而遠，又行多歲而近，固其理也。

勾陳第三星入壁二度。距北極三度，赤道北□〔一〕十五度太。閣道南第二星入壁六。距極三十六半，赤北五十三太。天綱入壁七太。距極一百〇二，赤道南二十半。奎左北第五星入奎三。距極六十二，赤北三十四少。天倉右第三入奎七太。距極一百〇二，赤南十三太。大陵入胃三太。距極五十三太，赤北三十九半。天船西三入胃五太。距極四十一太，赤道北四十七太。天囷東一入胃八少。距極八十五太，赤北二少。昴距極六十八少，赤北二十一太。畢大星入畢二。距極七十五太，赤北十五太。五車右北畢八太。距極四十五太，赤北四十五。參右足畢十二太。距極九十八半，赤南九度少。參左肩參五少。距極 十一太，赤北六少。狼井八少。距極一百〇六少，赤南十五太。北河中井十六半。距極五十八少，赤北三十一半。南河東井二十少。距極八十四少，赤北六少。北河東井二十少。距極六十少，赤北二十八太。星星初半。距極九十七太，赤南四半。

〔一〕「□」，原本漫漶不清，存目本作「八」。

軒轅大張三少。距極七十五太，赤北十四少。軒轅南三張三半。距極六十八半，赤北二十二少。北斗樞張十五半。距極二十五太，赤北六十二太。璇張十五少。距極三十一少，赤北五十九。太微西上相翼三。距極六十六半，赤北二十二太。北斗璣翼十三。距極三十三少，赤北五十七。權翼十三太。距　廿九太，赤北六十少。太微帝座翼十三太。距極七十一太，赤北十七少。衡軫十少。距極三十一，赤北五十八少。角南初。距極九十八半，赤南八少。開陽角一少。距極三十二，赤北五十七少。搖光角七太。距極三十七半，赤北二十八太。大角亢一。距極六十八，赤北二十一太。招搖亢六。距極四十九少，赤北四十半。氐右南初，距極一百〇四，赤南十三半。氐右北五赤南七。貫索大氐四太。距極五十六少，赤北二十八太。市垣梁房五。距極九十一太，赤南二。心中心二。距極百一十五少，赤南二十四太。市候尾二太。距極七十六少，赤北十三少。市帝尾七太。距極七十四太，赤北十五半。天棓大箕四。距極四十少，赤北五十二少。織女斗十八少。距極五十一太，赤北三十八太。河鼓中斗二十半。距極八十三太，赤北七少。天津右北三女二少。距極四十七少，赤北四十三太。天鉤大星虛二少。距極三十太，赤北六十太。壁壘虛三少。距極百九太，赤南十八太。危北星初太。距極八十七少，赤北七少。室北星初。距極六十半，赤北二十五。室南星初一。距極七十八少，赤北十二太。羽林大星室九太。距極百六太，赤南十八。北落師門室十。

兩間質約

或問天地之實形。潛老夫曰：黄帝明大氣舉地之説，朱子明地爲浮空不墜之物。北極之下，半年無光；赤道之下，五穀再熟。蓋自周公周髀言之矣，士子不學，而忽聞西儒脬豆之喻，乃驚耳。鄒衍以瀛海環大九州外，藏經分四洲，文長謂水際天，是皆以地爲扁土，陋哉！謬哉！兩間皆氣也。所以爲氣者，且置勿論。論其質測，氣貫實中而充塞虚廓。濕者爲水，燥者爲火，火出附天，水浮附地。天地之間分三際焉。有凝形之氣，有未凝形之氣。水土之塊，太陽蒸之，是成煖際；真炎同天，是名熱際；中間至冷，名爲冷際。金石則地之堅氣，木則地外之生氣也。故邵子止言水火土石，而後乃分五行之用焉。氣無不旋，旋則爲風。人所覺爲風者，其鶩于地上者也。故合王柏、張文饒之説與熊三拔之説而明之。

問海。曰：火氣好上，故鬱之則在下，沖出則在上。日光所蒸，復生火于土中。故木、石、海、井、人、物莫不有火，是火主升而生于土，水主降而浮于土也。虚氣積于天下地上，而水氣凝質，稍輕于土，附地居焉。惟地形最重，凝結水下，萬形萬質莫不就之。水既在地，地之圓形如胡桃然，有凸有凹，海則地之胡桃凹也，故百川匯焉。

問：水之下全爲土乎？曰：惟火至純，不受餘物而能入于餘物。水土與虚氣，則皆相容相受者也。海水夜明，燒酒能爇，是水有火分也。水體同重，爲酒則輕，是水有氣分也。積雪消之，沙土下凝，是水有土分也。雲氣上升，激成雷電，是虚氣有火分也。陰霾晝晦，黄霧四塞，是虚氣有土分也。雨露雪霜，虚升實降，是虚氣有水分也。地中最重，自心以至地面，虚竅甚多，皆水氣火氣與虚所行。虚氣與水火，皆相接無際而能相化者也。地中之氣與水接，水隨氣到。即水所不到，而土情本冷，氣遇其冷，亦化爲水，故地中皆水也。日光徹地則生温熱，温熱入地，積成燥乾，燥乾之極，乘氣爲火，積火所然，土石爲燼；復乘氣出，共成炎上，隔于雲雨，鬱爲雷霆，升于晶明，上成彗孛，此二物者，火之精微。別有洞穴上通，全體俱出，則爲西國火山。蜀中火井，若遇石氣滋液發生，則成硫礜；泉源經之，即爲温泉；火道所經，填壓不出，則爲火石，故地中有火也。氣水在地，皆因空虚，雖居洞穴，終是地上，實亦未嘗離其本所。火在地中，非從本所而降，蓋由熱生以成濟萬物，因緣上升，仍歸本所者也。

問：海何鹹？曰：鹹者生于火也。火然薪木，既已成灰，用水淋灌，即成灰鹵，燥乾之極，遇水即鹹，此其驗也。地中得火，既多燥乾，燥乾遇水，即成鹹味。鹹者之性，尤多下墜。試觀五味辛甘酸苦，皆寄草木，獨是鹹味寄于海水，足徵四味浮輕，鹹性沉重矣。今蜀道鹽井，先鑿得泉，悉是淡水，以筩隔之，更鑿數丈，乃得鹵焉。又鹽池雨多，水味必淡，作爲斗門，洩其淡水，下乃鹵焉。鹹重淡輕，亦其證也。海于地中爲最卑下，諸鹹就之，積鹹既多，淡入亦化。海中山岳，或悉是鹽，豈獨水乎！

問：鹹既因火，火因于日，日遍大地，大地之下悉鹽乎？曰：蜀道鹽井，三晉鹽池；西國有海，名曰地中，實不通海，而是鹹水；西戎北狄多鹽澤，彼以鹹故，悉名爲海。足徵大地之下，無不有鹽。

問：鹽下墜，故蜀井必深，乃今鹽池、鹽澤何淺也？曰：火自分深淺也。平原澤國，火不地見，鹽不地出，惟是高山峻嶺，上多亢陽，下多洞穴，地中有火，即成鹹矣。今蜀中鑿井求鹽，或得火井，覆之則火滅，投火則隨而上焉。是則井火在下與水同深，遇水成鹵，不遇成火矣。晉中河曲，乃有火石，火石恆熱；大行河西，亦産硫黄，可見晉中火淺。故晉有鹽池，亦在淺土。又有小鹽，刮地作之，略如硝鹻也。西地中海，其水亦鹵，周數千里；彼其側近，遂有火山，高數千丈，其上火穴，徑千餘步，厥火炎上，古今不絶。足徵鹽之與火，相切則成，亦復相視以爲淺深也。

問：水火成鹹，何以不熱？温泉由火，何以不鹹？曰：鹵水不熱，向言之矣。火炎成燼，水經其燼，因而得鹹，故忘其熱。然而海水不冰，亦具有熱性矣。火在地中，助于土氣，發生萬物，五金八石，及諸珍寶，皆由火煉而成，自餘諸物不可數計。諸物中最近火性者，無如硫黄，水過其上，則成温泉，用療冷氣與硫同治，故作硫氣。其不作硫氣者，有所隔别，如重湯煑物，非别有朱砂礜石也。此能説也。愚謂礜石温泉則誠有之。

問：鹹既火生，何不炎上？火所在上，何故遏居地中耶？曰：鹹能固物，使之不腐，卻能斂物，使之不生。地中火煖，多所變化。□〔一〕火與鹹，俱在地上，則動植

〔一〕「□」，原本漫漶不清。

之物皆泯矣。蓋日光生熱，因熱生火，旋用水土壅閼，恒使在下，助生萬物，間一發見，即歸本所，不得一時游行地上，偶一遊行，目爲災異矣。因火之鬱，下者生鹹，亦令性重，恒居在下，歸藏于海。爲人作味，鹹水生物，美于淡水，故海中之魚旨于江河之魚。鹹水厚重，載物則强，故入江河而沉者，或入海而浮也。海月入江，驗痕深尺；石蓮試鹵，成則蓮浮。可見鹹能載物，浴則膚赤，或至皴裂。蓋有躁動之情，故比凡水爲稠密云。

問潮汐。曰：月爲陰精，與水同物，凡濕潤陰寒，皆月主之。既爲同物，勢當相就，如呼吸然。潮長之時，江河以及盆盎無處不長，長則氣入，水爲之輕；潮降氣出，水復故重。今人以缾盛水，每日權之，輕重不等，則潮升時輕，潮降時重耳。獨小水之處升降甚微，人所不覺也。水族之物皆望盈晦縮，故月虚而魚腦減，月滿而蚌蛤實也。草木資潤，無不應月，月滿氣滋，月虚氣燥。故上弦以後，下弦以前，不宜伐竹木爲材，是者易蠹，生氣在中也。邵子曰：海潮者，地之喘息也。所以應月者，從其類也。隱老曰：潮非水之體，乃地之氣也。月麗卯酉，則潮應乎東西；月麗子午，則應乎南北。有入海采珠者，爲潮所中則病。蓋采者入海，必及底而止，不幸遇潮，則水湧起，其底虚焉。潮高十丈，下所虚亦十丈，以水則虚，以氣則實。地氣奔騰而上，如火之熛，則水跳而起，如鼎之沸，中人則病。地之喘息，寓息于風，生氣也；寓潮于水，死氣也。

問：海水入大火如益膏油，何也？曰：海鹹本從熱乾而生，亦自具熱乾之性。灰水作鹹，本從火出，人溺亦鹹。蓋由身中具有火行，積溺所成，絶似硝鹻，故鹹者火情也，溺鹹猶海也。火盛煎逼之汗亦鹹，猶鹽井、鹽池也。

海復爲江乎？曰：江河入海，而海不溢，故知海水之下，地脈潛通，復爲江河也。

問江河清淡也。曰：水本無味，鹹從外合，可合者即復可離，海水入地，經砂石土，滋液滲漉去矣。今用鹻鹵之水，如法蒸之，所得餾水，其味悉淡。海蒸成雲，雨亦淡水。足徵鹹性就下，不隨淡升矣。又水向下不可上，其上者日温隨氣上騰，月攝因時而長，當其上時，皆如蒸餾。山出泉以成川，而江河之底亦隨處出泉，不盡由山也，掘井泉眼可徵。

問山泉。曰：凡物之情，皆欲化異類爲己同類。兩物相切，弱者受變。凡山皆以石爲體，石中多空，空處氣滿，穴中最寒，氣情本煖，煖氣遇寒，變成水體，積久而洩，亦有洞穴深長，潛引地脈通海者，故曰山澤通氣，山下出泉。

王柏曰：陰凝陽于内而不得出，則激搏爲雷。陽在外者不得入，則周旋不舍而爲風。陽與陰夾持，則磨乾有光而爲電；陽氣正升，爲陰氣所乘，則相持而爲雨；陰與陽得助其蜚騰，則颷而爲雲。和氣散則爲露霜雪，不和而散則爲戾氣霾曀。陰干于陽而氣薄，不能以揜日，則虹見。陽伏于陰而氣結，不能以自收，則雹降。月星布氣，陰感之則肅而爲霜，陽感之則夜而爲露。風不宜温而温，則雨凝而爲雪，陽縱而陰翕之也。雷不當出而出，則雪霰交摯，陽褻而陰乘之也。將雨則□□〔一〕而礎潤，既雨則氣散而土晞。又曰：山氣暮合而爲風，水氣朝□□〔二〕爲霧。熊氏曰：日射地温而水土蒸爲濕氣，氣情本煖，煖者欲升，復得日温，鬱隆騰起，是有火行。火颷如煙，復挾土體，相輔上行。氣行三際，中際甚冷，氣升至此，因于水土本情之冷，濕結而爲雲，是雲體中具有四行也。凡物體具四行，及將變化，勝者爲主。雲至冷際

〔一〕「□□」，原本漫漶不清，存目本作「氣溢」。
〔二〕「□□」，原本漫漶不清，存目本作「降而」。

而濕情勝，即化爲水，水既成質，必復于地。正如蒸水因熱上升，騰騰作氣，雲之屬也，上及于蓋，蓋是冷際，就化爲水，雲之行雨，即此類矣。若水土濕氣既清且微，日中上升，即爲風日所乾；迨至夜時升至冷際，乃凝爲露；夜半寒深，氣升稍重，故晨露尤繁；夜有烈風，亦受風損，故大旱之天，夜并無露。

問：雲不雨，何也？曰：氣升不等，四行偏勝，或爲霾霧，或爲雷霆彗孛，風是熱乾，與此同本，不得直升，則横鶩爲風耳。雲升化雨，其常也，暵時氣多燥乾，雲起直上，無濕相助，或遇風散，或泯其濕，但存燥乾，上爲奔星而已。所以晴日雲高而反不雨，旱雲山屹行復散失，徒見流光。若氣升之温性多，雲起遇濕，遽化爲水，此雲近地而得雨者也。高山之上俯瞰雲雨，下視震雷，如水發漚然。

雪與雨同理，將雪必先微温，不温氣不上升也。冬月冷際甚冷，氣升變雪，猶露之爲霜也。

雪花六出者，□□□〔一〕方以八圍一，聚圓以六圍一，此定理中之定數也。水居

〔一〕「□□□」，原本漫漶不清，存目本作「凡物聚」。

空中在氣體内，氣不容水，急切圍抱，不令四散，水則聚而自保，故成圓體，此定理中之定勢也。雲遇冷而爲雨，初圓甚微，重則點滴。冬時氣升，成爲同雲，遇冷凝冱，悉是散圓，及至下零，欲相歸併，不可大合，聊相依附，以六圍一即成花矣。平湊即合，直湊即離，以空中氣體隨天旋也，正如濕米磨粉，易令作片，成摶則難。大抵日蒸地氣，挾有火情，其勢壯猛，土之精者亦隨而上，故雲中具有四行，時有偏勝，水勝爲多耳。間或火土合氣，水情絶少，力勢既盛，土之次分，亦隨而上，遇冷際而力稍微，土之次分復歸于地，則成霾霧。若火土自升，水雲復盛，上阻陰雲，逼迫不容，火土之勢，上下不得，亦無就滅之理，則奮迅決發，激爲雷霆。電是火光，火迸上騰，土經火煉，凝聚成質，質降于地，是劈歷之楔矣。就其陰雲之中，亦有火土二體，上遇冷際，氣變成水，火情挾土，能在氣中，與之俱上，是則土之上妙者也。熱燥輕微與火爲體，火性炎上，初隨氣升，氣既變水，水將就下，火土二體，不復從之。如蒸水成氣，氣至甑蓋，化而爲水，仍歸釜中，若其熱性，自透甑而出矣。既與雨分，火土相挾，決起而上，亦有火土自升，不遇陰雲，不成雷電，凌空直突者。此二等物至于火際，火自歸火；挾上之土，輕微熱乾，略似炱煤，乘勢直衝，過火便燒，狀如藥引，夏月奔星是也。其土勢太盛者，有聲有迹，下及于地，或成落星之石，與霹歷同理焉。若更精厚，結聚不散，附于火際，即成彗孛，勢盡力衰，乃滅耳。

雪雲甚冷，土微不能遽上，凝雪而土亦與焉。故雪水化之，中有沉滓，仍作燥乾之味，此明徵也。

雹何也？曰：三際中爲冷際，冷際之中乃爲極冷，二時之雨，三冬之雪，蓋至冷之初際而零也。冬月氣升，其力甚緩，非大地同雲不能扶勢，故雲足甚廣；二時雲足亦闊，雲生緩即雨徐，皆冷之初際也。夏月鬱積濃厚，決絶上騰，力專勢迅，故雲足促狹，隔塍分壠，溝會旋盈，以其入冷深也。升氣愈厚，即騰上愈速，入冷愈深，變合愈驟，結體愈大矣。遽升入極冷之際，驟凝爲雹；雹體小大，又因入極冷之深淺；雹中沙土，更多于雪；雹體中虛，以其激結之驟，包氣于中也。器盛冰雪，外成温潤，非極冷與外氣相激之徵乎！

如此則災占多事乎？曰：天官書云，暈適雲風，天之客氣，發見亦有大運，然其與政事俯仰，最近大人之符。氣幾心幾，二而一也。陰陽之氣，人事之變，各自爲幾，而適與之合。歲有寒暑風雨，而蟪蟃與蝸蠋當之自災，可取譬矣。儒者求端于天，天人相與，甚可畏也。静深明理之士，觸其幾而知之，然不欲盡洩，至于聖人，則不爲陰陽所轉矣。時愆氣沴，孱夫則病，壯夫則否。周王龜焦蓍折，劉裕竿壞幡亡，又何硋乎！焦、京、管、郭、崔浩、戴洋，一端之中耳。關子明之如響，舉人事與天道消息之，此中論也。邵子觀其深矣，用三餘一，豈思慮所能測度乎！

四行五行何紛也？曰：因世間可見之五材，而隱表其五氣之行。氣分其氣以凝爲形，而形與氣爲對待，此一之用二也。土形居中，而水火二行交旋其虛實之氣焉，是土爲形主。水形流地，火形緣物，而水火寔爲燥濕之二氣也。金木之形因地而出，其爲氣也，列于東西以爲生殺，故舉南北之水火，而東西之金木寓矣。氣藴于温，而轉動則爲風，吹急則爲聲，聚發則爲光，合凝則爲形，是風聲光形總爲氣用，無非氣也。而今又專言氣，與水火土并舉者，指其未凝形之氣也。實則五材之形，五行之氣，二而一而已矣。就氣以格物之質理，舉其所以爲氣者以格物之通理，亦二而一也。費而象數，隱而條理，亦二而一也。合費隱而言之，分費隱而言之，亦二而一也。自非神明，難析至理。

此格物乎？曰：一端也。問：朱子、新建孰是？曰：大學之天下國家，所格之物也。身心意知，能格之物也。以能格之物格所格之物，即以所格之物格能格之物。隨其交用，本自兩忘，代明錯行之所以於穆也。或分物理之學，性命之學，曾知性命亦一物理耶？今所言者，一氣之質測也，所以爲氣者即在其中，不得已而理之，前民用而表之，倫倫常常，舞蹈而踐形矣。聖人之作易也，一若撮天地人事于前，數此卦策而物之；一若陳卦策于前，數此天地人事而物之。徵之皆造化也，用之皆成器也，通之皆表法也，會之皆心量也。舉天地未分前，以格天地已分後，知此已分後之天地即未分前之天地。一在二中，彼此互格，即無彼此。生死也，呼吸也，有無也，體用也，一也。冒格既明，惟有時宜，其細格而已矣。易是一部大物理也。以道觀天地，天地一物也。以天地觀道，道一物也。以物觀物，又安有我于其間哉！一法不明，一法受惑。朱子以窮理盡至爲存存之門，未致乃磋磨也，已致乃飲食也。新建之致良知，是上冒也。其言格去物欲，則偏説也。道不域乎聞見，亦不離乎聞見。防人浮鶩，逼其切己，閉内捕影，危熏更甚。將謂學問多識，爲長傲遂非之資乎！本空獨尊，冥悍不顧，其爲長傲遂非也，尚可言乎！合外内者即多是一，析薪泯火，此無妄所以時于大畜也。象數條理，不可膠柱，將欲避之，逃洸洋耶。生此天地中土之時位，君民政教皆賴士風，世即出世，惟有在世言世，觀會通以行典禮，制數度以議德行，不能博約明察，何由知聖人之財成天地而時措宜民哉！以畏難暱便之情，襲偏上末流之説，爲糞除之黄葉所詆，而顛頤迷浚，動掃考亭，杜撰狂談，掩其固陋，羣廢開物成務之實法，朝野職學均何賴焉，是人牛浪死耳。

周易時論合編圖象幾表卷之八

皖桐方孔炤潛夫授編
孫中德 中通 中履 中泰編録
子堉曹臺岳再較

極數槩

潛老夫曰：參天兩地而倚數，極其數，遂定天下之象，是數之理在象先，而人心之幾，因倚乃極也。邵子曰：大衍其算原乎？不過方圓曲直也。乘數，生數也；除數，消數也。系述曰：數者，道之運也，理之會也，陰陽之度也，萬物之紀也。定于幽而驗于明，所以成變化而行鬼神也。張行成曰：理生數，而論理遺數，是作樂而棄音律矣。黄石齋曰：學者動卑象數，故天道不著。聖人示人條派，如司徒蒐狩，致衆旝下，晝知其物色，夜呼之，名號不失。曆律象數，聖人所以剛柔損益之具也。余同西庫而信之。歸學邵學，殫力不及，以命子孫。智曰：聖人體道而遯于開物成務之用中，深幾變化，非數何徵乎？故六十之節曰制數度，議德行，此言數本天之度也。一二三四五而萬理備矣，大一大二亦奇貫偶中之冒也。畏數逃玄，往往執冒，曾知官骸倫物之數度即元會鬼神之數度乎？大小幽明一也。音律甲子，數用天地之中，發聲章色，莫非天地之中也。律取冬至之中氣正聲，此樂之從中出也；曆取至日之午景正色，此禮合外内者也。聖人知聲未始聲，色未始色，故制律曆禮樂，而數度中費隱之節焉，聲色不大，而聲色皆德矣。虚舟子曰：律曆禮樂，即河洛之秩叙，不容思慮者也。物皆數也，數皆理也。聖人不違物理，故天不能違聖人。極數知來，如屈其指，然聖人至此罕言，因數付數，猶因物付物耳。一切物數，信其理自如此，豈徧數毛孔而知之乎？河洛百點，周公九章，實天之節度也。老父歷年，别有折中，兹謹先述其數度之理。次兒中通知算，因命學之。通少遭難失學，偶以流寓西堂，略知算術，後讀周髀，而知泰西之爲郯子也。因侍老父，知此理之出于河洛，皆秩叙也，皆至道也。别爲極數一編，詳則太繁，謹録所聞，以俟研極。不肖中通跽識。

河洛方百數母　加至千萬皆加兩也　兩天兩地相合共一百十一

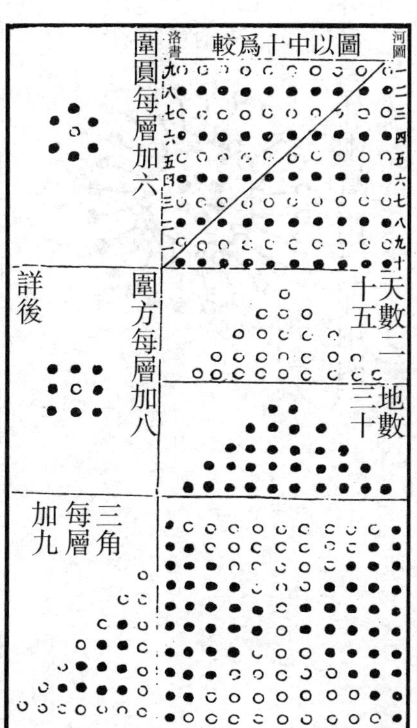

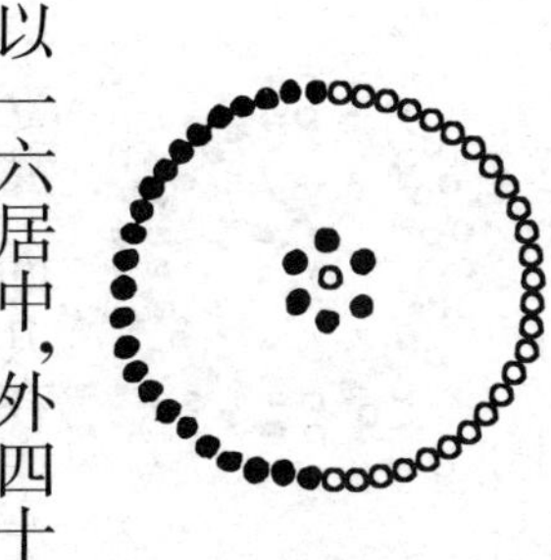

以一六居中，外四十八，陽陰各二十四。用九用六而用六爻者，六爲十二之半，

惟六以立體，而九在中矣。九自以天半兼地之半也。

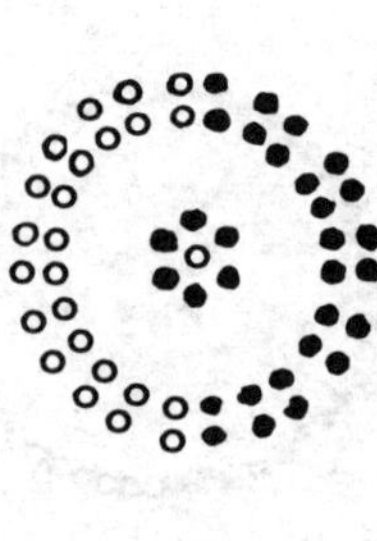

分十二堆，即十二時也，廿四即氣也。子午陰陽半，可以知蓍法會策之妙不出此矣。

暗寓兩法

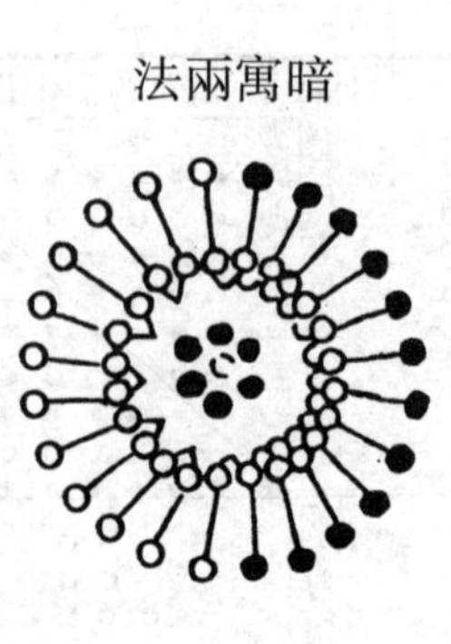

分爲内外兩層，用二即用四。

暗寓參法

巳陽先隔六換戌陰，卯陽換申陰，丑換午陰。

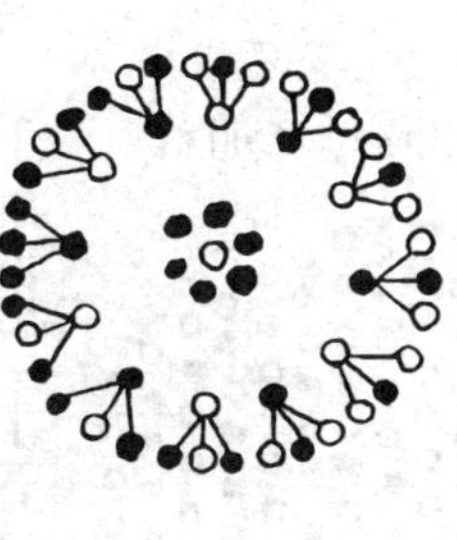

此陰陽互交也。圍一層爲六，圍二層爲十二，圍三層爲十八，圍四層爲二十四，圍五層爲三十，圍六層爲三十六，圍七層爲四十二，圍八層爲四十八，是此乃八層圍六之數，而合中之一則九層也。

二篇之策萬有一千五百二十，河圖除一六在中，餘四十八爲圍。每一當二伯四十策，以四爲一會，則每會當九百六十策。每會内二爲體，外二爲用，則每一當四伯八十策；每會以一爲體，一生三爲用，則一當三伯二十策。○一元十二萬九千六百年，環四十八，每一當二千七伯年；環十二會，每會萬八伯年；環二十四，每一當五千四百年；環三十六，每一當三千六伯年。以萬三千五百之呼吸言之，分爲十二時，每時當一千一百二十五息；二十四分，則五百六十二半；三十六分，則三百七十五。

若加之每圍加六

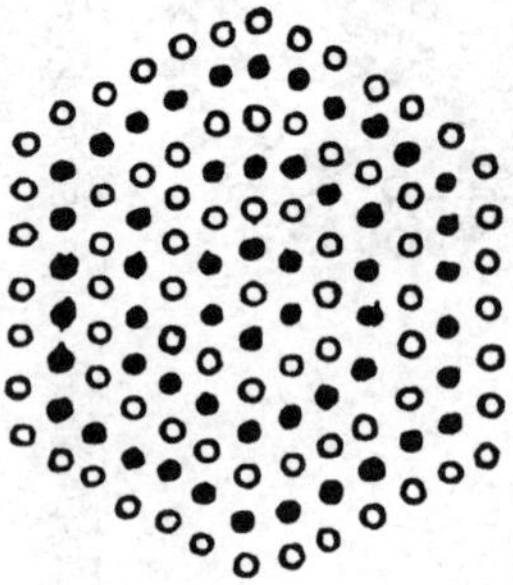

圓一于中，圍則必六，六而七也。方一于申，圍則必八，八而九也。朱氏衍爲七七八八，今更爲衍之。

中一圍六，二圍十二，三圍十八，四圍廿四，五圍三十，六圍三十六，共一伯廿六。本中一焉，以一爲七則八，伯八十二連中加七。

若加之每圍加八

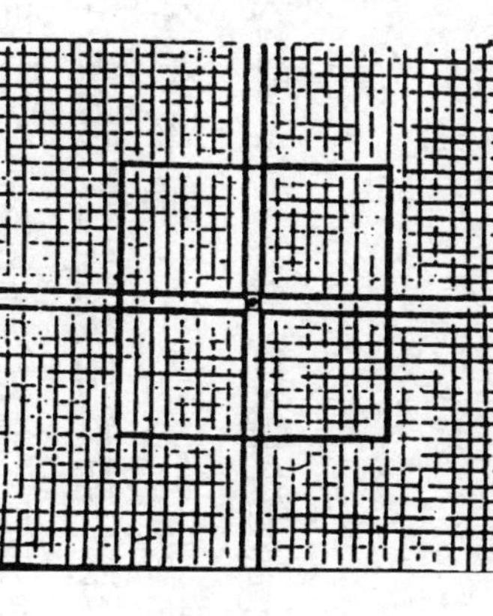

中一圍八，二圍十六，三圍二十四，四圍三十二，五圍四十，六圍四八，七圍五六，八圍六四，九圍七二，十圍八十，十一圍八十八，十二圍九六，十三圍百四，十四圍百十二，十五圍百二十，十六圍百二十八。

内八層共二伯，外八層共四伯，合爲六伯。本一中焉，羃積方分十六，其八八爲千二十四。加十字六十四，又加中一爲千八十九，交道則千二伯廿五，猶之十八開方則十九交道也。

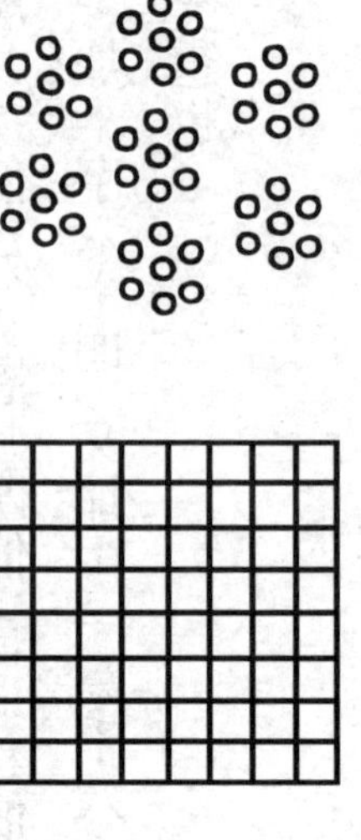

方分則六十四，交道則八十一。

内以六十四成方，外圍以八加之，加三十六，加四十四，加五十二，加六十，共一百九十二。合六十四，共二伯五十六。每一各得六十四，則爲一萬六千三百八十四。其方即四其六十四之大方分，而旁徑一伯二十八者也。若以七七之圓實之，亦可芻童勾股。漢志曰：算法用竹徑一分，長六寸，二百七十一枚，而成六觚爲一握。今以一圍六至六層，則一伯二十七也。圍七層加四十二，圍八層加四十八，圍九層加五十四。合計九層之羃，實爲一伯七十，加中一則算枚數矣。

九六圖説

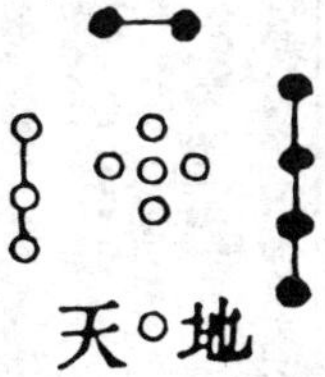

地二合六

天三合九

潛老夫曰：河圖成六之用在北，成九之用在西，故西北爲太陽太陰。洛書參天由北一東三而極爲南九，兩地西南起二而四而八而六，是陽用第三之九，而餘第四之七，含包第三之八，而用第四之六。若坤逆旋，西南二即至西北六，以六奉乾，此用九所以藏于用六爻也。

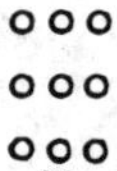

乾三連。

坤六斷。

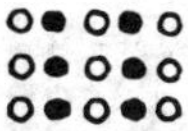

此寓參伍之象，即寓天貫地中而包乎地外之象。以卦言，爲乾三，爲坤二。

横視之，爲六離三坎。

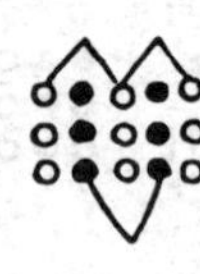

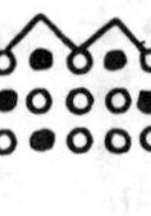

中乾不動而旁交，則爲二坎二離。

再變則爲震巽艮兑。此兼山説。

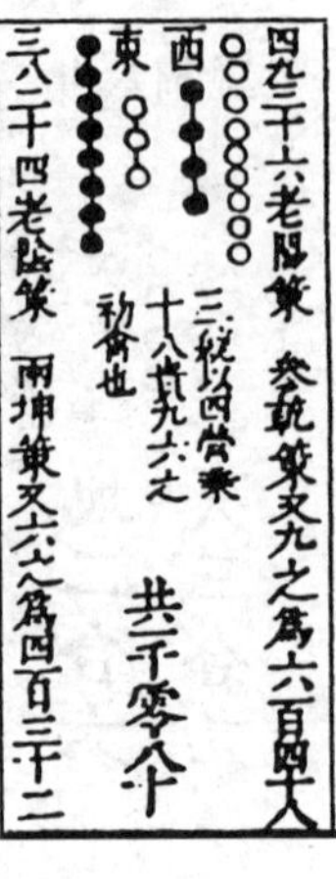

朱子曰：一畫即具三段，而析之爲六。朱隱老注邵子暢其説，以乾中一分當坤之虛，是乾得六、坤得四而虛二。

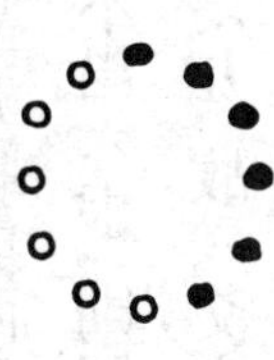

陽六陰六，而每日以寅至戌九時屬日，以亥子丑三時屬夜，地上見天分數亦然，是陽侵陰之三也。

䷀可以兩□〔一〕九六玩之，可以兩其九參其六

䷁玩之。

䷡三陰三陽之卦爲九六明象。

〔一〕「□」，原本漫漶不清。

䷗一陽卦之九寓十一，是餘二也。

䷁一陰卦之六寓七，是餘一也。

䷒二陽卦之九寓十，是餘一也。

䷠二陽〔一〕卦之六寓八，是餘二也。

潛老夫曰：凡陽皆謂之九，陰皆謂之六。以惟變所適言，則九六變而七八不變也；以象言，則九六之合數著于圖中，一九俱老陽，四六俱老陰，然一與四主生而未實，六與九職成而已堅，故用九六也。六子皆乾坤之畫，故于乾坤表之，通而觀之，萬變不出六虛，則用六即用九也。六神于用一，以一含五而爲六；九神于用四，以含五而爲九，故六爻之位又合二爻爲一爻，則六爻藏九爻焉。十二律參法，次之皆三倍；兩法，則一次倍之，一次四倍，二四并用，所以用六，蓋參兩之會也。

漢志曰：天數紀三，故置一得三，又二十五分之六。凡二十五，置終天之數得八十一。以天地合終于十者乘之，爲八百一十分，應歷一統千五百三十九歲之章數，

〔一〕「陽」，疑當作「陰」。

黄鐘之實也。由此起十二律之周徑。地數起兩，故置一得二。凡三十，置終地之數六十，以地中數乘之，爲三百六十，當期之日，林鐘之實。又曰：黄鐘初九，律之首。因而六之，得林鐘。初六，吕之首。上生六而倍之，下生六而損之，皆以九爲法。九六，陰陽夫婦子母之道也。五聲流于六虚，天地之中數也。泠州鳩曰：紀之以三，平之以六，成于十二。潛老夫曰：十二用七，所以虚五；十二虚一，所以用十一；用五六而知畢于十一矣。黄鐘以子一，歷參其十一，皆此幾也，用九六而知畢于十五矣。藏十五于十二，依然以九爲法，而行其倍與四而已矣。十二即六虚也。

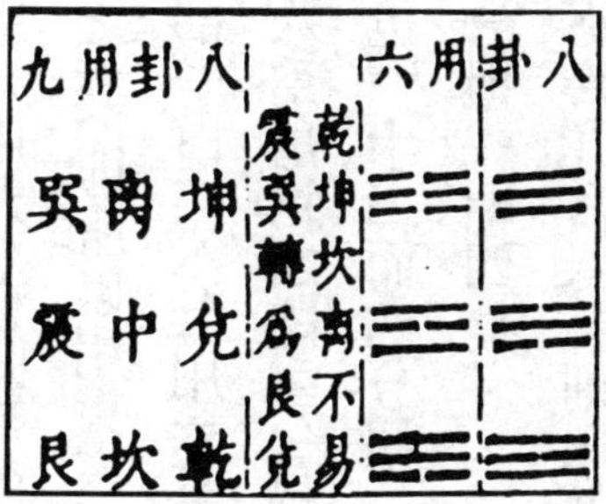

八卦用六

乾坤坎离不易，震巽轉爲艮兑

八卦用九

坤 离 巽
兑 中 震
乾 坎 艮

用九用六，在圖爲西北二太之象。九之生數爲四，而六之生數爲一，是用北一西四之五，即所以用東三南二之五也。

邵子曰：八卦用六卦，四分用三也。小成卦不易者四，反易者二，是以六變成八變。八爲萬物之體，六爲三才之用，故曰用九于六中。夫六者兩其三也，十二者兩其六也。十二而四分損一即九矣，九而三分損一即六矣；六而三分益一即八矣，六而三分損一即四矣。

洛書九宫八卦則用九于八中，是用中于旁輪者也。河圖用中于旁輪，兼四隅之空，亦八藏九也。

參兩説

智曰：天三合九，地二合六，圓一圍三而用全，方一圍四而用半，此本説也。蓋嘗借泰西爲問郯，豁李長者之表法，反復卦策，知周公、商高之方圓積矩，全本于易，因悟天地間無非參兩也。參兩者，所以用九六也。九六爲十五，十五爲三伍，三伍歸一五，五即一也。邵子之旨，一役二以生三，又役三而役二也。以二生數，二其天三爲六，而六止用五，五歲于用半之四，常維四而八而十二而十六者，載上天以爲用也。四恒立而用三于四中，盈虛在手矣。參兩實用，見于洛書。前此三千年未有發明者，故列其槩云。中統四生四成之河圖，既變中應四正四隅之洛書，則一極三而爲九，三九二十七，三其二十七爲八十一，極晐秭無出一三九七者，此以四正之陽參天也。兩一爲二，兩二爲四，兩四爲八，兩八爲十六，兩十六爲三十二，兩三十二爲六十四，極晐秭無出于二四八六者，此以四隅之陰兩地也。七六數少而後于九者，先三極之，而以四爲歸，歸于兑乾爲終始也。蓋因算黄鐘律而得之，因辟卦之七十二藏百八而得之，因八卦之二十四藏三十六而得之，則八卦亦十二卦也，六十四卦亦九十六卦也，三十六卦亦五十四卦也。河圖四周自乘爲八十，而北則不加，南減三五之一，獨用也；東二十四，西三十六，乃平用也，即老陽老陰策也。二少則不會參兩矣。十數以内惟六會參兩，故易止用六爻，兼三才而兩之，則參兩也。偶倍二四而八，中不及六，猶之四隅之參兩不敢及五也。三倍三而爲九，中亦不及五七，故卦留七七爲蓍用，五則無非五也。董銖所云，兩二一三爲七，兩三一二爲八，則十數之中無非參兩矣。且就適用之節舉之，琴徽爲天地人正聲之合，故絃具周天。七泛十三藏閏之度，尺絃具之，丈絃亦具之。一徽至十三，乃四分用三分也，八洛書而首尾空二洛書也。一徽至二徽爲十五度，二至三爲十二度，三至四爲十八度，四至五則倍十五之三十也，五至六則倍十二之二十四也，六至七則倍十八之三十六也。七爲中徽，後半如前半，非此三等數之幾徽哉！十二者，六之兩也，四之參也，九而三分益一也。十八者，九六之會，而卯律參之三分損一也。十五者，圖之中三五，書之交午十五也，三五之會也，進退一而進退三之樞也。任其參兩而旁羅，歸于五與十者，紀之以十爲成，五爲中也；猶一月三十日，氣候之一中一節也。五六者，十數之中，生成之終始也。月法爻策半甲，其會也是十其參，十五其兩，而六其五矣。此三十之繼十二，爲元會日時之大用乎！陽尊九而九不會，兩其九爲十八而會；易尚八而八不會，參其八爲老陰策而會；猶之十數以內，兩其三、參其二爲六爻，而天下之變盡矣。由兩其六、參其四之時法十二而推之，兩其十二爲二十四，而參其八亦二十四也，此四六合節，而二十五之天數藏一也。參其十二爲三十六，而兩其十八亦三十六也，此四九、六六之合而環宮主陽者也。兩其老陰之二十四爲四十八，而參其十六亦四十八也，此六其八而四其十二之合也。兩其老陽之三十六爲七十二，而參其二十四亦七十二也，是八其九而六其十二之合也。參其南方二七之十四爲四十二，而兩其三七之二十一亦四十二也，此七其六而洛藏三之合也。兩其三十、參其二十爲六十，此五其十二而十其六之合也，甲也，律也，除四之通期卦也。參其三十六、兩其五十四爲一百八，北象限也，十二其九而十八其六之合也。兩其七十二、參其四十八，此坤策百四十四也。兩其百八、叁七十二，此乾策二百十六也。叁其三十二、兩其四十八，此全爻四破之九十六也。叁其三十、兩其四十五，通其四破之九十也。兩其九十六、叁其六十四，此陰陽爻平分之百九十二也。兩其百三十五、叁其九十，此邵子所嘗言四分三之二百七十也。百三十五者，三其四十五也。或損十八、或損六而用之，則二百六十四、二百五十二，皆參兩可分者也。兩其百四十七、叁其九十八，是三分通期益二十四之二百九十四也。百四十七者，三其四十九也。叁其二千三百四十而兩其三千四百五十六，爲六千九百十二者，三十六其百九十二也。叁其千五百三十六而兩其二千三伯四十，爲四千六百八者，二十四其百九十二也。以至叁其四萬三千二百、兩其六萬四千八伯者，一元之十二萬九千六百也。從此無量，安有出于參兩三五錯綜者哉！

言三五者，十數之中約用生數止矣，至一得五而六，二得五而七，三得五而八，四得五而九，五得五而十，即一二三四五也。十不用而大一不可見，小一不能加乘，故止用二三四五，而言二即具三矣，列四即具五矣。一切數度，因地立體，而天用之，以天數統地數，故但舉三五而已。

宓山曰：數之用，皆以一與一相倚而用者也。有併倚焉，一與二爲三，二與三爲五，如大衍九十九是也。有乘倚焉，三乘八爲二十四，九乘四爲三十六是也。有除倚焉，河圖以九除之餘五，以五除之則盡是也。有損益倚焉，黄鐘三分損益是也。有追差倚焉，九六相差，至十八而追合是也。日差天，月差日，相追歲閏，即以歷之，一切徵幾皆在乎此。有方圓倚焉，天方圓十八重是也。有方立倚焉，如三開方爲九，立爲二十七是也。有比推倚焉，如兑二離三爲五，除乾之一，則後震爲四。是勾股三角，弦弧圭黍，冪積切線，皆在方圓開立比推中矣。皆本于圖書卦策，故略舉其原委。

參天一極三而九而二十七而八十一，千萬無出一三九七者。

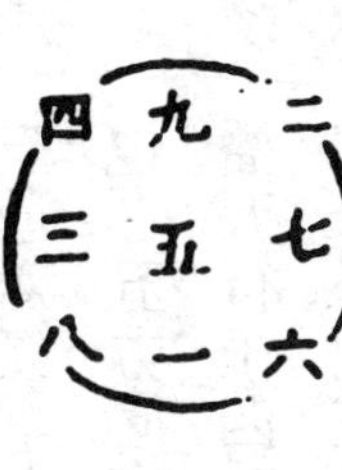

兩地二而四而八而十六而三十二而六十四，千萬無出于二四八六者。

五合相藏説|智曰：用此即藏彼，故作互藏説。舒而萬億，縮而一二，即此而已。一六、三八、二七、四九，皆互藏也。一九、二八、三七、四六，皆互藏也。一十、二九、三八、四七、五六，皆互藏也。

九十藏　天地之終數也。以通期爲四分度之一，則九十也，地以成天也。十九爲一章閏，則天以成地也。河圖中五配五，而加五因倍除其十，而爲洛書，十統于五也。十數極于用九而十變爲一也。

八九藏　方圍必八而後方，併中一則九也，八卦併中之象也。此圖之四正所以必用書之一環八也。横圖乾一與坤八相對乃九也，兑二艮七亦九也，離三坎六亦九也，震四巽五亦九也。圖除中之十五，不過生數四，成數四，亦八也。書尊中五，五前之一二三四，與五後之六七八九，亦八也。用八之方，即用九之圓也。

七八藏　八卦五行，一水一火，二木二金，二土。運氣論君火相火，五方玄武爲龜蛇，帝爲玄冥，乃少昊之二子。人有二脈，是二水也。二水二火而木金土各一，則七也；五音加二變，亦七也，水土合用而與火對也。此卦用八八，而用蓍之七七也。一二三四五則三爲中，六七八九十則八爲中，除十而以五六七八九言，則七爲中也。七八所以應三之用也。

六七藏　五行分中土爲二，五音七調，必用六律。干用于支，以十二折半則言六，而周則言七，邵子所云餘分必七也。六爻加太極一層亦七也。七在六中。

五六藏　五運六氣、五色六章、五子六甲之類，所常言者，周禮六官而虛司空，皆是也。五方必有六合，故挈三輪之矩。

四五藏　播五行于四時，邵子一切四列，而五在其中。

三四藏　四分必用三餘一，以一用三，故上下常貫爲一，而止用左右交輪。一行以三四爲始中，七八爲中終，蓋一二三四五六言，則三四爲前中；以五六七八九十言，則七八爲中後。

二三藏　叄兩互用。

一二藏　一在二中，二即是一。析言則用七九處皆用三五，即用一也。統言則一二

三四五六七八九十，總用一也。

四象八卦適值數位

河圖成數自乘之數	橫圖連算儀象	策	圖策相乘	具策分除	萬三千五百息分除	一元分除
九九八十一	太陽陽十七陰十五	十二三十六	二千九伯一十六	爲三百二十者三十六	爲三十六者三伯七十五	爲三十六者一當三千六百年
八八六十四	少陰陽十六陰十六	十六三十二	二千〇四十八	爲三伯六十者三十二	爲三十二者四伯二十一半而餘十二	爲三十二者一當四千〇五十
七七四十九	少陽陽十六陰十六	廿廿八	一千三伯七十二	爲二十八者四伯十一而餘十二	爲廿八者四伯八十二餘四	爲廿八者一當四千六百二十八年餘十六
六六三十六	太陰陽十五陰十七	廿四廿四	八伯六十四	爲四伯八十者二十四	爲廿四者五百六十二半	爲廿四者一當五千四百年

河圖四象	九	一	二	八
	太陽		少陰	
自右而左横序數	一乾	二兑	三離	四震
洛書	六	七	九	三
小成奇偶	三畫	四畫	四畫	五畫
大成奇偶	六	八	八	十
圖十數分卦	九	四	二七	三
邵四十度八卦分十數	七五	八二	二四	七三
各盪積數	三十六	百	百六十四	二伯廿八
各盪陰陽畫數	三十六陽十二陰	廿八陽二十陰	廿八陽二十陰	二十陽廿八陰
横積數	四十四	五十二	六十	六十八
文序	一	五十八	三十	五十一
邵十二與三十相乘數	乾一至泰五萬五千九百八十七萬二千	起履十二　兑一伯四十四至臨六十七萬一千八百四十六萬四千	起同人三伯六十　離十二萬九千六百明夷二千十五萬五千三百九十二萬	起无妄四千三伯二十震千八伯六十六萬二千四百復二萬四千一伯八十六萬四千七伯四萬

三	七	四	六
七	三	四	六
少陽		太陰	
五巽	六坎	七艮	八坤
四	一	八	二
四畫	五畫	五畫	六畫
八	十	十	十二
八	一六	五	十
四六	三一	一九	八十
二伯九十二	三伯五十六	四伯二十	四伯八十四
廿八陽二十陰	二十陽廿八陰	二十陽廿八陰	十二陽三十六陰
七十六	八十四	九十二	一百
五十七	廿九	五十二	二
起姤十二萬九千六百巽一伯六十七萬九千六伯十六萬　升七十二萬五千五伯九十四萬一千一伯二十一萬	起訟一伯五十五萬五千二伯　坎二萬四千一伯八十六萬四千七伯四萬　師八伯七十萬七千一伯二十九萬三千四百四十萬	起遯四千六百六十五萬六千　艮二伯一十七萬六千七百六十二萬三千三伯六十萬　謙二千六伯十二萬一千三百八十八萬三百二十萬	起否五萬五千九伯八十七萬二千　坤三萬一千三伯四十五萬六十六伯五十六萬三千八伯四十萬

商高積矩圖説

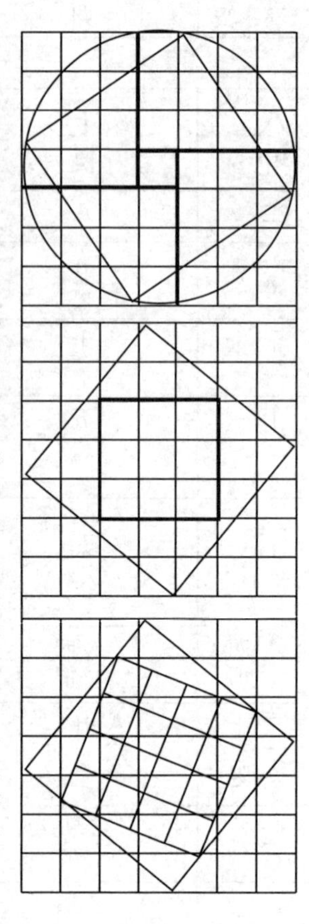

周公問商高曰：包犧曆度數安從出？商高曰：數之法出于圓方折矩，勾廣三，股脩四，徑隅五。環盤三四五，是謂積矩。禹之所以治天下者，此數之所生也。偃矩以望高，覆矩以測深，卧矩以知遠。環矩以爲圓，合矩以爲方，方數爲典，以方出圓。笠以寫天，青黑黄赤，裁制萬物，惟所爲耳。陳子告榮方日竿周髀，趙君卿、甄鸞、李淳風所注，三圖其槩也。愚者益以歎大衍矣。三四五，十二也。勾股開方，實二十五也。三四五之開方，實五十也。積矩之圖爲四十九，以中黄藏其一焉。以五五之實居中，則外周二十四也。四其十二，則中黄如單井闌干之十字焉。除中交之十字，則四各九交，用中道則爲十六，以介數之，亦八八也。象即有數，即具五方，何往非圖書引觸，獨算經哉！

方分各二二則一伯九十六也，除中黄則一伯九十二也。勾六實三十六，股八實六十四，弦十實一伯。各三三則四伯四十一也，除一則四伯三十二也。勾九實八十一，股十二實一伯四十四，弦十五實二伯二十五。各四四則七伯八十四也，除一則七伯六十八也。勾十二實一伯四十四，股十六實二伯五十六，弦二十實四伯。各五五則一千二百二十五也，除一則一千二伯也。勾十五實二伯二十五，股二十實四伯，弦二十五實六伯二十五。各六六則一千七百六十四也，除一則一千七伯二十八也。勾十八實三百二十四，股二十四實五伯七十六，弦三十實九百。各七七則二千四伯一也，除一則二千三伯五十二也。勾二十一實四伯四十一，股二十八實七伯八十四，弦三十五實一千二百二十五。各八八則三千一伯三十六也，除一則三千七十二也。勾二十四實五伯七十六，股二十二實一千二十四，弦四十實一千六伯。各九九則三千九伯六十九也，除一則三千八伯八十八也。勾二十七實七伯二十九，股三十六實一千二伯九十六，弦四十五實二千二十五。三開方則九也，三開立則二十七也。析其三之一，則十八爲長方立，而邊條立九也。又横析三之一，則角立三也，兩邊各立六也，方立者十二也。四開方，十六也；四開立，六十四也。析其四之一，則四十八爲長方立，而邊條立十六也。又横析四之，則角立四也，兩邊各立十二也，方立者三十六也。五開方，二十五也；五開立，百二十五也。析其五之一，則百爲長方立，而邊條立二十五也。又横析五之一，則角立五也，兩邊各二十也，方立者，八十也。七開方，四十九也；七開立，三伯四十三也。析其七之一，則長方立爲二伯九十四，而〔一〕條立四十九也。又横析之〔二〕則角立七也，兩邊各四十二也，方立者，二伯五十二也。約言爲自乘，積多奇餘秒，賾難析耳。加方圓其中，即天方圖也，其法則盡于此矣。六十四卦人知其扁一層也，彼亦具開立之理焉。扁有縱横兩盪，立又有縱横兩盪，乾除其兩盪而用七子，則猶之除邊一也，除乾坤猶之除邊二也。積以起數陰陽可得而針黹剪補之矣，用以爲羃積芻童圓容之量，其一端也。大禹、周公神矣哉！

〔一〕「而」字下似脱一「邊」字。

〔二〕「析」字下似有脱文，疑「之」當爲「七之一」。

大衍序曰：乾坤之策三百六十爲日度之策，乾坤之用四十九象爲月弦之簡，象正月四十九年而退一月，四十九章而退一閏。一曜逆行與蓍相比，歲得之以爲月，

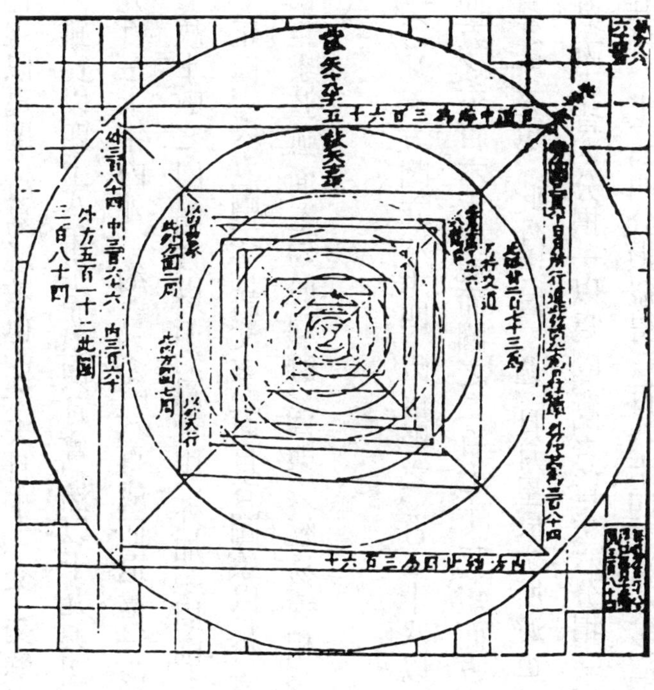

易得之以爲閏，故易逆數也。按天月十三交，交餘六十刻强，故四十九年退一交月也。雖實以四十八年半而退與月會，然以十九與四十九相因而交終閏終，通得相會在九百三十年内外。約言交終六百歲而退盡一歲之月，雖有盈縮，而天道大準如斯。故十數之内，開方以七七爲奇用，外加一周則九九矣。

正曰：天方圖无言語文字，而自有圖象以來，言語文字皆從此出。其徑圍積實方田圭黍弦弧面冪勾股周髀，皆與天經易緯相爲表裏。詳見三易洞璣，此具其略云。

〇凡天方圖立六十四，因倍豎之，百二十八以爲徑率。規而圜之三百八十四，矩而方之三百六十；規而圜之二百七十三，矩而方之二百五十六。此内方圓七週，卦實之所充也；此外方圓二週，日月星辰之所遊也。凡方圜九成，合十八變，而歸於極，其方者皆四分損一以爲圜，圜者皆十六分損一以爲方。大方四周一百二十八，爲五百一十二，四分損益得三百八十四。弧矢之冪，十九餘强，則外周之弦抵於次周之背；圭黍之稜三分有半，中間空道，實得三分，則外圭之邸託於内邸之圭。自平極而上四十有八，減三爲五，爲四十有五，以八乘之爲通基〔一〕之日道。是天地自然，非可强鑿爲智也。三分之道截於八圭，日月所遊在一分四釐而上，故得三百六十五日二分五釐。次層弧背，因復浮上，爲二百七十有三；其次層徑率，只得九十，以三圍之，二百七十。其浮爲二百七十有三，猶圜分之浮爲六十有五也。揉方就圜，每減十六分之一；徑三圍一，每不及圭黍之分。故日月交食，每在二日六分八釐上下，折之爲一日三分四釐。是日月交既食甚之限，皆在圭黍半折之中也。外方四八三十二方，只得方圜兩周，弧背弦矢十九與十三相次，并不得餘分。内方四八三十二方，共得方圜七周，以十六分爲兩際，外際二八十六方，得方圜兩周，内際二八十六方，得圜五周，弧背弦矢九與七相次，亦不得餘分。自是又空圭黍二分，爲三十二卦之遊道，以二八分爲兩際，外際一八得方圜兩周，内際一八得方圜三周，弧背弦矢以四年三半相次，雖有餘分，而四分中極表影俱盡矣。故參兩倚數，易之所致用也；規參而矩兩，倚而察之，以得圭黍衝食之路，乾坤兩濟之所從交也；二七、二五、二三極

〔一〕「基」似爲「期」之誤。

於一兩，是三分損益之所從出也。道未有出於三分損益者也。潛老夫曰：恒法立體而圓有奇餘，餘盈即藏餘虛，久之自差而合，故聖人止表恒法。此易所以範于圍，而範其圍也。專綴嘗言納虛泛差，亦用灑派命商之法，取其急近得細節耳。温公算律圍徑七分而圍二十二，此天方徑百二十八，而圓圍寔四百，以每方贏六，故贏二十四也。中方三百六十，則十分損一也。

期甲具爻之會五千七百六十。○此十五周三百八十四，而十六周三百六十也。八其七百二十而九十六周甲子也。○減半爲二千八百八十，即九年前二月十五日辰爲今年正月初一日辰也，爲月九十七而四十八周甲子也。○又減半爲一千四百零四，此十五其九十六，而十六其九十也。○又減半爲七百二十，此十五其四十八，而與十六周四十五相追齊者。○如甲子冬至日子時爲復初爻，則至丙寅雨水節盡，約一年零四閲月，而爻與時與甲子俱齊此槩耳。大約一萬七千二百八十爻，而與四千三百二十時齊矣。凡四十五周具爻，而四周四千三百二十時，是四十八周三百六十，而二百八十八周甲子也。倍爻齊時爲三萬四千五百六十爻。又倍之，爲六萬九千一伯二十爻。六乘五千六十爲三萬四千五百六十。九乘五千七百六十爲五萬一千八百四十。

人息具策之會八十六萬四千。○人一日萬三千五百息，蓋十五其九十爲一千三百五十，此乃三百其洛書也。○萬三千五百者，十八其七十五也。七十五者，三伯之四方一分也。萬一千五百二十具策，十八其六十四也。追至四千八百，則七十五與六十四交乘而齊矣。以日息乘具策爲一億五千五百五十三萬，是爲七十五者，二百零七萬三千六伯也；爲六十四者，二伯四十三萬也。今但以七十五乘一千五百二十，又以六十四乘萬三千五百，俱得八十六萬四千，即以齊矣。三百之四分一與具卦會爲四千八百。凡六十四日，而人息與具策齊。

通期乘具爻爲一十三萬八千二伯四十。二十四乘三十六爲八伯六十四。相乘爲九十三萬三千一伯二十。

貞悔乘通期爲一十五萬五千五伯二十。三十乘三十六爲一千○八十。相乘爲六十二萬二千○八十。

貞悔乘具爻爲一十六萬五千八伯八十八。三十乘二十四爲七百二十。相乘爲七十七萬七千六伯。

四十九與五十相乘爲二千四百五十。此與二千三伯五十二相乘爲五十八萬○五伯六十，此與二千四百相乘爲五十八萬八千。四十九與四十八相乘爲二千三百五十二。此與二千四伯相乘爲五十六萬八千八伯。四十八與五十相乘爲二千四百。二十四其五十，而二十五其四十八，則爲一千二伯。

二十四自乘爲五伯七十六。乃八其七十二也。八其五伯七十六爲四千六伯〇八。三十六自乘爲一千二伯九十六。蓋十八其七十二也。四其一千二伯九十六即爲五千一伯八十四。三百六十自乘爲十二萬九千六伯。即進十之數。七十二與六十四相乘皆四千六伯〇八。乃十六其二十四，而三十二其三十六也。七十二自乘爲五千一伯八十四，六十四自乘爲四千〇九十六。具策乃百八十周六十四，而三十二周通期也，半爲五千七百六十，又半之。二千八伯八十，又半之。一千四伯四十，又半之。七百二十。與具爻甲期之數八分之一觚合。此三十周二十四，而二十周三十六也。

五其三十，而六其二十五，爲百五十。五其二十五爲百二十五，自乘爲萬五千六伯二十五，以六十四乘之爲一百萬。二十五與三十相乘爲七百五十。

五十五自乘爲三千二十五。四十五自乘爲千八伯四十五。

九乘圖，十一乘書，爲四伯九十五，而圖書會矣，是五百而虛五也。圖書自乘爲二千四伯七十五。以三十乘四伯九十五則萬四千八百五十，以十二乘四伯九十五爲五千九伯四十，倍爲萬一千八百八十，則多具策一通之數。大衍與書會于九百，十八其大衍，二十其書。大衍與圖會于五百五十。十一其大衍而十其圖。衍用四十九，乘圖書會數爲二萬四千二伯五十五。四十八分三爲十六。又三分四伯九十五爲百六十五，以十六乘百六十五爲二千六伯四十。于是三之，通期三分爲百二十，乘百六十五爲萬九千八伯，于是三之，爲五萬九千四伯。是三百六十與圖書之合數會矣。具爻三分爲百二十八，乘百六十五爲二萬一千一伯二十，于是三之，爲六萬三千三伯六十。是三百八十四爻與圖書之合數會矣。四十五與五十四會，爲二伯七十，即邵體數之用。貞悔爻與通期會，爲二千一伯六十。爲七千九百二十，而十六其四伯九十五亦七千九百二十也。

貞悔爻與通甲具爻之五千七百六十會，爲八千六伯四十。四百三十二爻之十六觚，觚爲二十七，倍爲五十四，是八稜之一也。通期之四十五亦稜也。五乘五十四爲二伯七十，而六乘四十五亦二伯七十也，則五其貞悔爻，六其通期，亦二千一伯六十也。二千一伯六十，乃兩其一千〇八十也。八其二伯七十，亦二千一伯六十也。比通具之五千七百六十之半，爲二千八伯八十，則縮七伯二十耳。是二千一伯四十而合矣。倍八千六伯四十爲一萬七千二伯八十，則三其五千七伯六十也。六十，乃三周七伯二十也。三周二千八伯八十，而四周二千一伯六十，則爲八千六倍一萬七千二伯八十爲三萬四千五伯六十，而三周具策之萬一千五伯二十，亦爲三萬四千五伯六十。

氣候老陰陽策之會爲二千一伯六十。七十二爲二老策會，而一千〇八十者，則十五其七十二也，三十六其三十也。爲四十八者二十二周半也，爲二十四者四十五也，至二千一伯六十，則三十其七十二也。爲三十六者六十周，爲二十四者九十周，爲四十八者四十五周也。

三統曆以八十一分爲日法。京房周八十分。一行大衍以三千四十爲日策，三百〇四爲策分。七十六周，四揲也。四章爲蔀，亦七十六。朱子所算九百四十分，乃四分曆也。授時曆用萬。太乙用一萬〇五百。泰西用六十分。依邵子當用三百六十分。此隨人分而今用萬，易積算也。晁公武曰：唐曹氏小曆萬分本天竺曆。授時歲寔三伯六十五萬二千四伯二十五分，萬即日也。十九年得六千九伯三十九萬六千七十五分。邵得二千四伯三十分。六日餘二百七十分。

十六周貞悔爻直日，得六千九伯一十二，尚餘二十七日。

十八周全爻得六千九百一十二，尚餘二十七日。

十六章之二十七合得四百三十二，是十六章當一十萬一千〇二十四日，乃二伯五十七周貞悔爻也。

四十章共二十七萬七千五百六十日，乃四千六伯二十六周甲子也。一章追甲子，則餘三十九日。以京邵除四卦之爻追之，當七千七百一十周三百六十爻也。以餘分言之，四十章曾益二十四日多。

以三伯八十四乘六千九百三十九得二伯六十六萬四千五伯七十六日，其餘爲二百三十三萬日也。二千八伯分，于年爲七千二伯九十六年，乃六千九伯三十九周貞悔爻也。

十二年三伯六十五日。爲甲子日者七十三，外餘積三日。二伯四十年甲子整日一千四伯六十一。二十七章共得十八萬七千三伯五十三日。

以常法言，十二周三伯五十四日共四千二伯四十八日，加七周三伯八十四日，共二千六伯八十八日，總合十九年，共得六千九伯三十六日。于各法短三日。

授時法　轉終二十七日五千五百四十六分，不及朔策一日九千七伯五十九分九十三秒。朔策二十九日五千三伯五分九十三秒。

十三交得三伯五十八萬二千〇九十八分。每一歲十三交贏朔策三萬八千四伯二十六分八十四秒。

十二朔策三伯五十四萬三千六伯七十一分一十六秒。

象正：二十七日三千六十即三分六毫。縮二伯廿五分七釐一毫二十九日五千六伯三十一。

邵子法　月與天會二十七日一伯九十九分八秒。

月與日會二十九日一伯九十一分。

月與天會不及月與日會七伯一十一分五釐五毫七系〔一〕四忽八微，乃一日三伯五十一分三釐五毫七系四忽八微也。

每日五億五千九伯八十七萬二千忽。

聲數

推聲與數，易、律、曆不能離也。畫一而三倍而六自初至五爲中位，用則取中于此，六則亢而遇于潛矣。策每爻三，故十八也。方州部家用三法，則三四、五六用之固同符也。一律應辟卦六爻，三月爲十八爻，三月之日則爲十八者五矣。土寄旺于

〔一〕「系」當作「絲」。下同。

四季各十八日，則五行各得十八者四。一時得六爻者十五，五行各得六爻者十二。一歲之日乃六十其六爻，一月之日乃五其六爻也。六甲五子亦合六十，六十其六爻與六十律同法，五其六爻猶五音之用六律也。干支之會六十，猶參兩之始會于六爻也。平聲陰陽爲啌噇顯然者也，仄聲則上爲陰，去爲陽，此前所未發也。仄聲之極而收者入之，抑聲爲陰，起聲爲陽，論韵則上去自與平叶，詩餘詞曲所用可證。入聲則不叶，必轉紐以叶之，此以知入爲極聲而非與上去同類者也。故論平上去入，則粗以二十母乘三十六韵爲七百二十，以五聲乘爲三千六百，與易策元會皆符，舉以命曆積分消閏無不可者。二十四乘三十六韵爲八百六十四，以五聲乘爲四千三百二十，以五聲輕重爲八千六百四十，則與貞悔爻、具爻、通期、甲子會矣。二十一則三八損三，正參兩也。原于兩，三參二爲六，而六乃九之三分損一。兩九參六爲十八，至百二十六而三七者會矣。六其廿一，而七其十八。倍爲二百五十二，七其三十六，而六其四十二之會也。邵曰坤以六之一與半奉乾，是侵數也。倍爲五百有四，七其七十二，而六其八十四也。八十四調四其廿一，而七其十二也。調法會矣。曰三六、曰三七、曰三八、曰六六、曰七六、曰七九，皆互用也。倍爲千有八而四之，則通期辰法也。三百七十八，則半調之九周差于通期者十八耳。二其百廿六也，即十八其廿一，而九其四十二也。八乘爲六千四十八，則八十四調乘七十二韵之會也。倍三百七十八爲七百五十六，則廿一其三十六，而十八其四十二。倍七百五十六爲千五百十二，則爲八十四者十八，爲廿一者七十二，爲三十六者四十八也。倍千五百十二即合。萬一千三百四十縮半期而大會矣。此七九六十三乃全易虛乾姑洗析分之端也。六其六十三即贏通期十八者也。二十其三百七十八，而廿一其三百六十，則七百五十六也。廿其七百五十六，而廿一其七百廿，則一萬五千百廿贏。易策十通期焉，退三千七百廿則廿一者百八十，故比策縮半期也，是爲百廿六者九十，爲廿一者五百四十，爲三百七十八者三十，爲七百五十六者十五，爲三十六者三百十五，少策者五周三十六也。三十一年之曆爲一萬一千三百十日四十五分，是縮今數一月之數而弱也，別積合之。四伯三十五萬四千五百六十則韵策聲數大會矣。三百六十其六千四十八爲二伯一十七萬七千廿八，而倍之，即三百七十八其易策也。

律參者，黄鐘參法也。亥一十七萬七千一百四十七爲黄鐘寔，參之爲疇極之數。律兩者，兩法也。亥分六萬五千五百三十六，此極爻二十六萬二千一伯四十四之四分一也，中吕之寔即律兩之倍。邵法一歲寔分則贏四伯十八者也。方其律兩即三乘十八變之爻，以易策周二十三，則爲二十六萬四千九百六十。蓋爲六十四者四千一伯四十而贏三乘十八變爻者，四十四其六十四也。若二十二周，則縮千七百零四，是一伯三十其六十四也。五百八十九萬八千二伯四十具策與律兩之會也。律兩起參以九爲法，又十之，九十其六萬五千五百三十六，而五百一十二其具策也。五百一十二乃八其六十四之午分也。午爲用數而亥當更轉，洪範極五十三萬一千四百四十一者十二轉，黃鍾之參尊一不用猶十二也，十八變爻亦尊一不用者也。七百二十九，午數也。八十其午數，而八十一其具策之卦觚，則五萬八千三百二十而會矣。黃鍾分三寸爲五萬九千四十九，戌數也。卦觚十六之一也。五萬八千三百廿止戌數，縮一午數耳。二百四十三其午數，是黃鍾全寔也。參五萬八千三伯廿于亥，縮未之二千一伯八十七，是縮三其午也。五其具策爲五萬七千六百，縮午律追卦觚之七百二十參之，爲一十七萬二千八百，縮律寔四千三百四十七也。四十六其具策爲五十二萬九千九百二十，縮律疇數一千五百二十一，倍十八變之大象，則赢五千六百三十二矣。七百二十其午律爲五十二萬四千八百八十，縮律疇九其午也。是縮申數六千五百六十一也。二十億四千零七十三萬三千四百四十，則皆會矣。是易具策乘律寔也。

邵法者，時三十分，分十二秒，歲實十三萬一千四伯九十分。一伯五十七萬七千八百八十秒。朱子用九百四十分，即四分曆也。四分爲二伯三十五分，即邵子之九十分也。授時曆萬爲日法，其歲寔三伯六十五萬二千四百二十五分，而天周三伯六十五度二千五百七十五分，則互移也。蓋四分度之一縮百股中之三股，邵法則得七十□〔一〕分二秒八釐。依黃法二十八，是六伯二十五其四而得十八其四也。邵法于九十分少二分七秒六釐矣。今以整積算而後通消之。蓋三伯四十四一周具爻三伯八十四爻曰具。而餘百六十爻也。六十四年爲八百四十一萬五千三百六十分，一億○○九十八萬四千三伯二十秒。乃二萬一千九百十五

〔一〕「□」，原本漫漶不清，似作「大」，又似作「六」。

周具爻也。倍之，四萬三千八百三十，則千四百六十一周具策也。易萬一千五百二十曰具策。六十四年之分爲七百三十周策而縮半，故百二十八年而分策齊，又倍而聲數齊。十六蔀得六十四章，爲一億五千九百八十九萬一千八百四十分，一千二伯一十六年。乃四十一萬六千三伯八十五周具爻也。一章六千九百三十九日，十八周具爻，十六周貞悔爻，皆得六千九百一十二，皆餘二十七日。十六章當十一萬一千零二十四日，則二伯五十七周貞悔爻也。四十章共二十七萬七千五百六十日，乃四千六伯二十六周甲子，而七千七百一十周通爻也。四其八紀爲七千二伯九十六年，則三伯八十四章而全爻齊矣。依朱法，一章即氣朔分齊而至朔同日矣。章算二伯零六日六百七十三分，七閏四大得百二十日，三小每月縮一日八十九分，則月止得二十八日八伯七十一分，故氣朔齊。若以三大四小，小月得二十九日百四十八分二十五秒，亦合二伯零六日六百七十三分無餘。以萬法合閏章，則餘積四章當多閏一月矣，一百蔀而餘分盡矣。章月二伯三十五而七閏在內，三大四小用日六千九百三十二，而歲寔十九年爲六千九百三十九萬六千零七十五分，依萬法除去用日，尚餘七日零七十五分。積四章七十六年爲一蔀，得餘分三十萬零四千三伯分，又增一月而餘矣。一百蔀四百章七千六百年餘分三千零四十三萬分，以萬法除，得三千零四十三日，加七千六百年之二伯七十七萬二千八伯日，共爲二伯七十七萬五千八百四十三日，而餘分盡矣。象正之旨，卦得四千九十六爲二十六萬二千一百四十四，即智所謂律兩之方數也。舉六十年之曆歲四千三伯二十周甲得二十五萬九千二伯，無餘縮；天三千七百八十，每歲縮六十三，一月縮五辰二分五釐，與日分準。

又以四十九歸之爻象，每歲天行不及爻象者十三而强，爻象不得干支者四十九年而弱，此六十三之納虚所始也。三伯一十二辰而納虚一度，分辰四十九際。凡行十五歲而歷卦十六，以朔御氣，以氣御甲者也。與疇極則倍象追者也。五十三萬一千四百四十一爲百二十一年又六月之歷歲歷紬九者也。象追疇積差七千一伯五十三，以七乘倍象爲三伯六十七萬一十六，範爲三伯七十一萬九千六百四十七日，月積差共八日五分六釐六毫三絲耳。蓋八乘五百十二而六乘七百二十九之法也。五百五十去十而乘八爲通期之辰，七伯二十九虚一而乘六爲日辰之交會，大象之辰四千三百六十九，大數之辰四千三百七十四，此與體用十六圖參兩通寔互用者。三統、大衍皆與易符，黄公謂其不密其目邵不如太玄，亦謂槩也，深心矣。然以按今八線分奇均灑，何不可析耶！邵之分秒本乎自然，算家難于積除耳。交侵已發其端，以天進三退兩而損益之，則氣朔委悉皆中也。通寔互□〔一〕，羸縮相追，數之神神于損益，而言者先舉其恒法也。凡差之端差至不差即成一法，道若不相關而氣候自應之，人事即應之，此易之妙幾而理之不可思議者也。老父但以具爻、通爻、貞悔爻并旋甲子，而氣朔閏差自有策分與之盈虚，此非至易簡乎！蓍變三用以用三，等爻已自生侵交之數矣，猶之聲數相極而餘聲不礙其通變也。無萬數之皆太極也，無萬聲之皆寂然也，何容説乎！

〔一〕「□」，原本漫漶不清，依上下文似當作「用」。

易學典籍選刊

周易時論合編

中

〔明〕方孔炤 方以智 撰
鄭萬耕 點校

中華書局

周易時論合編卷之一

皖桐方孔炤潛夫論述
孫中德 中通 中履 中泰編録
廣昌後學揭暄再較

周易上經貞悔十八卦

柴氏曰：周从用口，古圍字，用从卜中。蓋天以周爲用，用即其體。鄭康成曰：易道普周，無所不備。孔仲達曰：代名也。安知非代名適叶而文王以藏其義乎？古人寓象，觸處皆然。易具三統，帝王繼有所尚而實合用也。遠古不詳，三代爲著，今覩連山、歸藏之名，其義昭然。周易寧以代名而廢其義邪！説文：易本蜥蜴。秘書説日月爲易，參同契亦然，虞仲翔主之。趙凡夫謂周伯温所定，非也。

蜥易之物，亦以此聲名此小物，必在後耳。升菴引羅泌云：散于日下爲易，日上爲曶，相對爲明，對虧爲昒，西曰昒谷即昧谷，史記昧爽作昒爽，班固用昒昕。智按：易即陽字，古四聲通轉，旁響亦通，如亨享一字是也。陽自分爲陰陽，而互用之，陽即一也，陽即至變易者也。易从日月，而一自統二，日自統月，且一之聲即易之聲，則易陽通聲明矣。後分别之，加自爲陽，加一爲昜。鄭厚謂止有一，以一包之爲㊀，因有二，而以一包之爲㊁，合㊀㊁則易字也。孔子曰：陽三陰四，位之正也。上三十，下三十四，蓋奇一不用，而用參之全，偶二圍四，而用其餘數也。舊分上經天道，下經人道，其實天人一致，分即是合。六十四卦而藏三十六宮，非深幾之表法乎！經者典常之名，加二于水曰平，加三畫爲巠，巠乃後變也，加糸取經以貫緯之義。

乾䷀乾　坤䷁坤

程子曰：物无獨不對。通反對之義，而天下之能事畢矣。文中子亦取老子反者道之動。野同録曰：氣爲陰陽，象爲天地，數爲奇偶，而貫者與之同時同體，故孔子嘗言往來，以用二者即一也。潛老夫曰：絶對待者在反對中。羲止畫其對待之陰陽，而皆乾皆坤藏之矣。景元曰：乾坤定矣，言周易定于乾上坤下之一對也，乾主坤從者也。垂衣裳取諸乾坤，取諸此也。序説詳前。敬仲曰：乾者一畫之坤，坤者兩畫之乾，吾謂六十四皆坤也，則皆乾也。邵子以天爲用，地爲體，先天因用生體，後天因體生用，所謂至體者乃無體之體，實止有一用耳。醒之曰：陽統陰與陽，一統一與萬，然二即一之中，又何得不分列之，以交盡其細變邪！用六畫者，一極三而兩之也，十二之半也，參兩之會也。藏九于六，即藏五于六者也。宗一曰：顔子乾，仲弓坤；曾子坤，孟子乾；守黑者坤，南冥者乾。遡曰：乾道奮迅，徑情則非，故過危即微之關，而必以乾惕；坤道柔順，繞指則屈，故通文在中之理，而必本直方。智曰：姑分言之，静塞者坤也，圜應者乾也。順其序別，坤用也；神于變通，乾用也。成物立體者坤也，無體而隨物寓體者乾也。其實專直翕闢，兩交一貫，而不得不互析以研之，若執見相高，則偏言乾偏言坤，皆病矣。謂可見之乾皆坤，不可見之坤皆乾可也，執不可見以爲乾，庸非病乎！藏密之道，乾在坤中，而與人隨卦言卦，隨爻言爻，數度德行，統御同時，適還其安生食力之乾坤而已矣。隱後知先，即无先後，覩聞不及，深入會通，此逆幾也。無先後者先後歷然，適當時位，措宜中節，此順理也。

䷀上下皆乾

止菴楊氏曰：八純卦皆古字。篆始羲畫，蒼頡以作六書。吳仁傑謂卦畫即名，朱子然之，何燕泉申之，余故從之。潛老夫曰：羅泌謂古有倉帝作書，頡特黄帝史耳。鑿度泝古畫不始羲，羲時著此六十四也。荒古無稽，此貴自信，一有俱有。説文乾上出也，从乙，物之達也。从乾，有光明音。仝曰：天古作[篆]，以人指其中爲[篆]，訛爲一大矣。日行一度，適得上下之中爲[篆]，陟遥切；旁[篆]天半體，乃日行[篆]過天一度之形也；乙即一也，曲其筆耳；體因、體先二切。按古真先通韻，易辭天皆叶人，天乾通聲，後乃分别也。文王繫詞于卦曰彖。升菴曰：彖，茅犀也，即豨神，善知吉凶，象獸希見，故想像之。孔疏曰：卦是懸杙，爻者交疏之窗也。一窗之孔六十四，六窗則具爻也。智按：彖古豚字，歸藏遯卦作遂，戴逵兄遂取名是也，因豚而轉吐亂切之音。彖言全體，爻言分體也。爻交爻列，即肴也，後加肉作肴耳。何子元、郝京山皆主之。魏子才作彔，从巳亥立意也。升菴解卦字曰：圭聲，卜義。造律量以六十四黍爲一圭，應六十四象，總名卦也。古文圭音挂，本挂字從手。智按：古皆來韻，皆合齊微韻，則卦亦讀圭明矣。説文从王刿上作尘，字説作圭，象挂形，乃分立耳。其實古从二土爲圭。乂者五也，二乂爲爻，猶二土也，一用二之義也。土圭測景轉爲懸挂之義，二五之爻轉爲交肴之義。此編有質詁，有通論，有隨舉，首因見例。

乾，元亨利貞。

程子曰：以形體謂之天，以主宰謂之帝，以性情謂之乾。邵子文曰：無所不主謂之天。揆曰：天其體，乾其用，聖人教人法天之用。朱子語録以六位分象，初二謂元，二三謂亨，四五謂利，五上謂貞。以三四爲介，此一端也。易道代錯同時，不礙四句訓之，亦不礙大通而利在正固訓之也。周子曰：元亨誠之通，利貞誠之復。張子曰：乾之四德終始萬物，迎之不見其首，隨之不見其後。明善公曰：艮坤貴體，而乾則大用藏體者也；用坤成物，而始終以艮，此四時周天，所以用三統乎！易意曰：一必用四，邵子闡之，四用三而不用者一，即以一用三，此貞之所以終始也。北水屬智而以貞表之，以乾知統之，鑿度位信于北，可豁然知行之一、誠明之一矣。潛老夫曰：水土羽宮之徵，已詳圖説矣。天播五行于四時，象天環時，以四係一，文王不溢一辭，尼山注之，即注萬世之我也。智曰：以元亨爲利貞，即以利貞爲元亨，體貞而用三，即體乾而用四，即體四而用乾矣。有元之四，有亨之四，有利之四，有貞之四，大元會，小呼吸，皆此交輪幾而一貫者也。四時行焉，百物生焉，天何言哉！

初九，潛龍勿用。蔡墨曰：在乾之姤，言此爻變也。□□〔一〕曰：獨變巽爲姤，獨存爲復。

集象曰：馮椅以爲象。韓宣見易象與春秋，曰：周禮盡在魯矣，吾乃今知周公之德，與周之所以王也。周公繫爻，以此爲證。朱子曰：天氣從地透出，故畫自下起。龍鱗九九，陽數也，以春秋分爲升降。藏一曰：四靈取東方之龍爲象，易貴用也。潛龍不言所在，无所不在，若有所在，不得名潛。五行志引京房易傳曰：潛龍勿用，衆逆同志，至德乃潛，厥異風行，謂變巽也。石齋黄氏曰：天行之健，晝夜各

〔一〕「□□」，原本漫漶不清。

六，永促雖殊，其爲十二辰則一也。六爻者，晝夜之半也。反復而知之，初爲姤復之通例。邵子曰：復之一也，已見爲用，聖人于此養其用焉。包四十有九者，一之一也；動乎六之下爲潛龍勿用者，二之一也。鄧綺引邵子言，六位，天地之定位也。初上无位，除天地之本而生萬物也。故初九勿用，上九无位。天地用六爻，乾坤主之也。六爻用四位，坎離主之也。黄元公曰：法界緣起，自下上升，下者初地也，時位所乘，各有分量。陸佃引賈子曰：潛龍入而不能出，故易曰勿用。東溟管氏曰：堯已得舜，許可持瓢；孔筆斯文，顔安陋巷。然許潛而亢，顔潛而見，彼體潛而用亦潛者，不以可法可則之迹示諸人，其言動亦難爲準矣。孔子曰：隱而未見，行而未成，是以君子弗用也。不用不足爲潛龍病，而正令必訶蟠窟之龍，時宜則得矣。其發中未發之潛，則何處何時不是邪！王文成曰：作一人看有顯晦，无優劣；作六人看有貴賤，无優劣。抑龍而潛，可稱勿用，非龍而潛，農商盡然，安所稱勿用哉！依然有優劣矣。爾卓錢氏曰：乾，卦始；初，爻始。周公之潛，即文王之貞，即夏商之艮坤也。初爲龍首，初潛即羣龍无首矣；勿用，藏諸用也。智曰：大潛即大密也。就爻位而論之，初是未入事之潛。

九二，見龍在田，利見大人。上「見」音現。獨變離爲同人。積變爲遯。獨存爲師。

集象曰：二于三才爲地位，陽氣發動見于地上，田象。龍在田，田資龍雲雨也。變離目，利見象。二五爲内外卦之人道陽中，故稱大人。聖人時雨，天下文明。褚張同康成，以爲利見九五之大人者，泥矣。東溟曰：顯君道者，不敢自有其君德，故聖如堯舜，而猶有師臣；顯師道者，不敢自有其師道，師道歸于天下之大人，故聖如尼父，而不敢當作者。淇澳孫氏曰：二五不分陰陽爻，皆剛中，皆陽也。分爻陰陽，以三男三女之卦。爻從中起，二生三，三返初。陽卦三爻俱陽，二爲陽，三爲太陽，初爲老陽，陰亦如之。此乾二爻即陰陽合德之易，故曰龍德而正中。潛老夫曰：隱老注邵子，以四維之四中，則地以其正奉乎天者也。先中，次孟，次季，天常去一，地常存一。此有微理，與孫説相參，非可以初二三之序爲硋。

九三，君子終日乾乾，夕惕若厲，説文作「夕惕若夤」，淮南、班固、張衡皆引作「厲」。无咎。「无」象天氣，後加茂密，以蕃無代之。从无非，无音既。獨變兑爲履。積變爲否。獨存爲謙。應爻。歸幾七變藏九變者也。

孔子曰：三世四世爲人易，而歸魂大有下卦全歸，轉幾在此。乾上爲不變之世，則三爻爲應。乾九三爲六十四卦人道盡心之首，故著君子，所謂人其龍也。干令升云：晝夜平分六晝，天行日周而過一度，三則日終向夕之候。兩乾出入曰乾乾，文言屢用乾道，皆從二體交處點其睛也。之卦履虎，惕象。玄同曰：乾坤中四爻，變伏皆坎離也，坎惕離亦惕者，皆心也。程傳曰：雖言聖人事，苟不設戒，何以爲教？作易之義也。朱子曰：厲多是陽爻說。蘇子瞻曰：上下之際也，潛見躍飛，皆待于三，使三不能處此，則乾喪其所以爲乾。象正曰：乘龍履虎，書凛朽御。君子者，六龍之御也。見曰：无咎始于此爻，惕深于潛，其深體憂患乎！揆曰：惕信心从易，信起此心，與日月同運。潛老夫曰：知夕惕則知旦氣之源矣，知日乾則知夜氣之源矣，此通乎晝夜之道也。智曰：輔嗣以純修下道則上德廢，純修上道則下禮曠，故乾乾。此謂滯下則不可爲龍，偏上則不可爲人，兩不得中，是慎獨之心法。

九四，或躍在淵，古文作「困」。无咎。變巽爲小畜。積變觀。獨存爲豫。游魂爲晉。

集象曰：或亦人位也。正當心思之位，心幾乃或者也。淵則躍所自，應初象，始離下卦，爲乾道乃革。賡之余氏曰：孔子以三不在形容此一在字，可謂善于遮表。莊言九淵，而壺子舉三淵，性猶海也。處此上空下洞不測之淵，則轉身有餘地矣。

繫言深幾，深幾在乎轉關。臣北曰：三，下卦之天，則曰日；四，上卦之地，則曰淵。東溟曰：惕而曰若，在有無間，聖學之幾微也。元公曰：乾乾，天性也，賢人終日惺存，猶有失之昏夜者，聖學寤寐一如。孫文介曰：四躍在淵，晦之于人所不見之地，而後可爲用；初潛勿用，藏之于己不容心之地，而後得吾體。象正曰：小畜可止而或躍，躍可進而或畜之，猶密雲可雨而不雨，其殷周邪！易意曰：潛無處所，喜怒哀樂之未發也；至四而始見其淵躍者，行健不息之真精，奮百世之上乎！然人得而意之，終不得而窺之。潛老夫曰：三稱君子，龍而人之；四稱或躍，人而龍之。蓋二爻居一卦之中，而轉不停幾之際也。智曰：北溟水激三千里，其或之乎？語學問者，喻點額焉，不獨拘進禹退益之事。

九五，飛龍在天，史記作「蜚龍」。利見大人。獨變離爲大有。積變爲剥。獨存爲比。

集象曰：五于三才爲天，上卦爲人，是天人也，故象飛，堯舜當之。藏一曰：天一之水産自淵中，乘之而飛，離日比晉，空行無礙，則變化愈神。孫文介曰：龍與虎，均贊之五爻中，使人以虎之火，騰龍之水，正也。王昭素對宋太祖曰：臣等占之，則陛下爲飛龍在天，臣等利見也。學者玩占悟此，怒而飛乎！朱子曰：自天子至庶人，自聖人至愚不肖，義皆有取，專推爲聖人而六位則進退也。位有高下，德无淺深。荀慈明曰：飛者，无所拘也。元公曰：淵淵其淵，性海静深，不可測也。浩浩其天，法界廣大，不可窮也。易意曰：飛者，羽翼下垂之象。乘雲氣負青天而培風者，謂上不絶上，而時時覆下，因下之厚載也。

上九，亢龍有悔。説文作「忼」，本户唐切，頸也。今去聲。獨變兑爲夬。獨存爲剥。世爻。

幼清吴氏曰：喉骨剛而居高也。絶下爲亢，盈窮則悔，盈虚消息，事有適然，未可爲俗人道也。鄧綺曰：上九一爻近逼夏至。日中則昃，凡物以中爲界，少過則偏也。以卦位論之，三爲中極；以爻位論之，六爲中極。過中則變，故六變而十二也。玄同曰：亢悔皆聖人事，放伐亢也，以濟蒸民；曰余恐來世以爲口實，悔也，以維名教。龍不能亢，蚓也，不悔則不惕之龍矣。惟其時也，時則乘之，究不可居。又曰：誓師以三千當不億，而曰必往；畏匡，藜羹不糁，而曰匡人其如予何，非時乎亢邪！智曰：知至知終之學，必以亢潛得幾，此時乘之大用即體也，故特著二用。

用九，見羣龍无首，吉。

集象曰：蔡墨稱乾之坤曰見羣龍无首，是以六爻皆變爲占也。王介甫嘗欲繫用九于亢龍有悔之下，而程子非之，以爲六爻皆用九。朱子曰：百九十二爻通例，此首發之。蠡曰：乾爻不言吉，惟乾之坤曰吉。玄同曰：龍神物，而升降不離于陰陽，雷雨行而功用顯，人不可見，見者見其尾而已，故取此象。以數言之，陽數无尾，陰數无首，乾用坤，故无首也。乾坤二用相劑也。此會六爲一者，會十二爲一矣，會三十六爲一矣，會四千九十六爲一矣。東溟曰：六龍不分首尾，猶天行不分旦暮也。人心一毫未化，即非天德，見以爲首矣。惟不見其首，而以時乘之，則觸處可以爲首。時潛而潛爲首，時見而見爲首，人見以爲首，羣龍實未嘗有首也。无首无不首，止乎分之當然，行乎時之不得不然，此之謂天則，雖聖人亦不知其然而然也。象正曰：乾坤用爻，至屯蒙以下不用，何也？曰：簡六子之權以統于乾坤，言後之爲六子者，乾坤是統也。又曰：常人不見也，聖人見之，所以能用。揆曰：用九之數，以表陽之德；不盡九之位，以善陽之用。潛老夫曰：九六用河圖之生數，此本論也。葉石林陽用極、陰取中之説，支矣。九六七八，蓍分老少，爻以九六當陰陽者，重老變也。乾奇三畫而坤偶六畫，坤自用坤而乾兼用坤，以十二各六言之，乾用九而侵坤之三，此九之神于用六乎？以全變占此爻者，其一端也。全易皆此二用。朱子曰：六爻无淺深，此統語也。其曰剛而變柔，乃人世適用之吉道，安得徒標統語而忌諱善世切用之言邪？智曰：邵子曰蓍以七者，并其餘分也。一八爲九，裁之爲七，故知京房以七變統九變。六爻加用爲七，凡輪時旋律者，盡六而周則爲七。六月息者，舉半即歲也。七日復者，周而復也。六畫自二儀始，若連太極，當有七層，太極一層不用，則用爻即太極也。知太極第一層不用者，知无首之旨矣。倪文正以此爻言閏道，知言哉！故曰極三而兩其三爲六爻，則備矣。十二之半當有贏餘，如琴之藏十三也，故于乾坤二卦示之。知此矣，則凡六爻用五而上，即藏閏道矣。此惟知者可語。

彖曰：玄子云：當作「彖傳曰」。大哉乾元，萬物資始，乃統天。

楊慈湖曰：物即乾元，而曰物資元以始者，以人滯于物。故導人思其所始，使忽覺焉，則乾在我矣，无所不通矣。天即乾元，而曰統乎天者，以人執乎天。故導人因天，思其所以統之者，使忽覺焉，則天在我矣。黄疏曰：萬物爲天所包，天爲乾所包，聖人贊乾元之大，贊乾也。乾有元，坤亦有元，元所同，乾所獨也。天爲乾之所統，故聖人體乾之德，即能乘六龍以御天。統天者乾之用，御天者大人之用也。潛老夫曰：大學言格，乾坤言資，乃歎統天御天即一大資格矣。即終始无終始，是統御之大資格矣。惟真見畫後森然者，乃是真知无始者。六位時成，萬形隨踐，而不溷不亂，各循其道，此聖人之統御同時也。

雲行雨施，品物流形。

仲翔曰：乾以雷雨流坤之形。朱子曰：亨也。潛老夫曰：因形而知元始，即知舍流形无元始矣。大一之中氣，至精爲水，故萬物資雲雨之氣以生其胎。天一之初氣而流轉無窮乎？品物者，函三爲一而品其形也。

大明終始，六位時成，時乘六龍以御天。

侯果曰：時乘者，言乾乘六氣而隨時變化，陶冶四時。乾鑿度曰：日月終始萬物，是其義也。朱子曰：此聖人之元亨也。令升曰：雲雨者，坎也。大明者，離也。文介曰：變化爲震，各正爲艮，保合大和爲巽兑，六子爲乾用，而坎實始焉。揆曰：位曰成，規之矩之，有定分也。龍曰乘，左之右之，无滯迹也。黄疏曰：不言始終而言終始，以徹始徹終爲大明也。乾金乾剛，初心後智，一貫矣。智曰：無終始者即在終始中，猶無子午者即在子午中。以巳亥明子午，而以卯酉用晝夜，環爲十二時，折半言六，表法本明也。可以知六位時成之當前大明矣，時乘猶舞蹈也。故明大始，必明小始；欲明其始，必明其終。子爲寅之始，而亥乃子之始，所謂源之源即流是矣。就卦爻之終始而明之，生死元會，寧有二哉！以時位言，雖道全德備，所乘不過一龍，而一龍之中，六龍具足，所謂敦化川流，即六是一者也。龍德无成心，時乘无定格，不可爲首即在素位之時中。若諱言時位，而冒言荒統，自非聖人明易之旨。

乾道變化，各正性命，保合太和，乃利貞。

蘇傳曰：不可得而消者，堯舜不能加，桀紂不能亡，非性哉！性之至者，无以名之而寄之命也。器之于手，不如手之自用，君子于用是至是者不二，亦如手之自用，莫知其然而然矣。性至于是則謂之命，情者性之動也。泝而上至于命，沿而下至于情，无非性者。性之與情，非有善惡之別也，方其散而有爲，則謂之情耳。命之與性，非有大人之辨也，至其一而无我，則謂之命耳。其于易也，卦以言其性，爻以言其情，情以爲利，性以爲貞。鄧綺曰：邵子云天以始生言之，自下而上，命出性也；以既成言之，自上而下，性反命也。剥知性，復知命，八純卦世爻俱在上，謂八卦之性已成也。仝曰：終而復始，始在于適中之所，則所謂天地之中。見曰：乾元統天，无終始也。大明終始，明其即終即始也。乾元始而亨，亨者始也。聖人釋元亨急接以終始，以爲始者終之始也。利貞者，終事也。聖人釋利貞，即繼以首出，以爲始即在于終也。首尾相銜，始終一貫，時成時乘，所以無首。又曰：天道西南皆屬坤事，而坤不離乾，故提出乾道結以乃利貞，明坤之事皆乾之所爲也。招隱曰：乾戰後坎水最淫，非艮土制之，則生氣泄于冬，而來年之生機不足矣，故丑寅之交，寒沍轉甚。月令曰水澤腹堅，則艮之爲也。保合太和，艮事也。無生之忍，忍而貞之也。

首出庶物，萬國咸寧。

潛老夫曰：无首首出，垂衣之勳、華也。飛潛錯用，愓亢兼資，淵田互宅，各正所以時成，乘御所以元統。朱子以大明與首出屬之聖人，而止菴更其經文，則不必矣。

象曰：當作「象傳」。天行健，君子以自强不息。晁氏「健」作「乾」。趙氏輯聞云：集韻「乾」或作「𨺫」。

蘇傳曰：天豈以剛故能健哉！以不息故健也。流水不腐，用器不蠹，故君子莊敬日强，安肆日婾，强則日長，婾則日消。黄疏曰：天運不積，環流萬古，氣化日新。君子，天之繼也，故終日乾乾。詁曰重卦取重象，此獨言天行而已。或曰：自强象内乾，不息象重乾。象正曰：乾盛陽，長夏之軌也。宅土中而視之，兩極距百八十，益以北極出地之三十六，爲二百十六，南面之治也。兩極之間九十餘一，各衷二十四爲南北陸，日月出入四十九道，分于天中，聖人所手揲以得經緯也。凡日行餘分，嬴縮不及，大衍視于氣朔，以爲閏端，一舍之度，槩嬴三十。故長夏日行出寅入戌，中歷七舍，晝長二百十六，則夜短百四十四，徑周行度，自然而然。故日法天，君子法日，寢興明發，體道不息，變化萬物，而還守其極。故彖簡而義可通，象備而詞不費。聖人之辭彌漫天地，皆可按象而求，循實而指也。徐巨源曰：一度當二百五十里，九萬則周天也，其遊也所以不息也。潛老夫曰：日不及天，天健矣。言九天者立静天，言其非九天而即九天也。有至健而羣健不及者，皆天之健也。以天主卦，以終日主爻，大象不稱乾，獨以乾乾主之君子。舍日無歲，舍時无日，曰時成，曰偕行，曰偕極，即天運時行之象，而所以健者可知矣。象也理也心也，一也。

「潛龍勿用」，陽在下也。

此小象傳也。胡雙湖曰：小象曰陽在下，曰陰始凝，陰陽之稱始此，而動静、剛柔、健順、進退、往來之稱由是而著。在下，潛之至也。爲百谷王者，處乎人之所惡，其庶幾乎！孫文介曰：陽在下，自上而徹下，直包乾坤之外，握旋轉之機者也。

「見龍在田」，德施普也。

意曰：德不可見而物自被施，則不偏上下而普矣。元公曰：陽氣發陳，好施而不積，入壓普度，其在田之象乎！智曰：天下歸仁，莫普于禮運之田。

「終日乾乾」，反復道也。陸德明「復」亦作「覆」。

藏一曰：一乾已終，一乾又始，易之變化于一二上下分合中，用在反復也。游定夫讀如翻覆。潛録曰：在下一陽，終古不息；復之初體，發則施普。君子反復以德凝道，以道行德，則勿用與施普，皆其終日之用矣。可進可造而盈能无首，正其乾乾反復也。智曰：反復莫密于晝夜，從晝反夜而夜復用晝，從晝夜反乎无晝夜而復于晝夜。君子日乾即是夕惕，依然反復于以日統夜之道而已矣。德以道用，而化日普矣。陰符三反，非刻畫此爻者乎！

「或躍在淵」，進无咎也。

能反復者轉身有路，特許其進，而三四人位之无咎，合于一躍矣。蓋曰如此而進，斯无咎云。

「飛龍在天」，大人造也。劉向父子作「聚也」。

張子曰：成性則躋聖而開天，乃大人自造之地位，若夫受命首出，則所性不存焉。

易意曰：非造則飛爲掠空。

「亢龍有悔」，盈不可久也。

易意曰：言盈則藏虚矣。大人用天，天道忌盈，盈者德之處于太進者也。上德不德，是以有德；下德不失德，是以無德。進德而不知退德，是昂其首以懼人也，故總結之曰不可爲首。

「用九」，天德不可爲首也。

敬仲曰：能用九者中虚无我。見曰：操縱在我，時乘六龍，是用九也，不用則首見矣。

文言曰：周文王之言而傳之，當作「文言傳曰」。元者，善之長也；亨者，嘉之會也；利者，義之和也；貞者，事之幹也。

孔子申文王之言而紀綱人極也。令升云：道義之門在此，猶春秋之備五始也。彖五字，即命即性，而盡性在人。君子行此四德，而乾德乃成，舍四德无乾，猶舍四時无太歲也，故總申五字焉。元公曰：四皆善而元爲天命之初，故長之；而元曰善，亨曰嘉，利曰義，言其體也；貞獨曰事之幹，理可頓悟，事未可頓融也。天下皆知善之爲善，而不知善之有不善，不擇至善，何以見性而歸元哉！嘉會，會乎元也。和爲元氣，萬物樂而利之，易爲利用之書，未嘗諱利也。孟子崇義黜利，憂天下知自利而不知利人也。故以義正之，利物則萬物各得其所，非以利妨義，而正以利和義矣。貞下起元，萬事終始，本身爲幹，堅固不動，其君子法身乎！元、亨、利，理法界也。貞者，事法界也。貞又爲理，三又爲事，人之君子即天之君子也。曰理以幹事，事即理也。潛草曰：繼之者善，元事也；成之者性，亨利貞事也。一陽二陽爲剛長，三陽爲道長，不有所以宰其長者乎！高忠憲曰：善自資始以來，而元亨利貞繼之成之，元特善之長耳。

君子體仁足以長人，京、荀、董遇俱作「體信」。**嘉會足以合禮，利物足以和義，**京、荀、陸績俱作「利之」。**貞固足以幹事。**

文中子曰：元亨利貞運行不匱者，智之功也。善長，形而上也；嘉會，形而下也；利義，化裁之變也；貞幹，推行之通也。朱子曰：貞于人爲智。鑿度曰：五氣五常，仁義禮智信是也。萬物出于震，陽氣始生，受形之道也，故東方爲仁。成于離，陽正于上，陰正于下，禮之序也，故南方爲禮。入于兑，陽用事而萬物得其宜，義之理也，故西方爲義。漸于坎，陰氣形盛，陽氣含閉，信之類也，故北方爲信。四邊統于中央，乾坤艮巽位在四維，中央所以繩四方行也，智之決也，故中央爲智。故道興于仁，立于禮，理于義，實于信，成于智。由是論之，則坎爲信卦，故曰習坎有孚。智居四德之先，環中而運乎！虞求徐氏曰：大德曰生，是體仁也；聖人正位，是嘉會也；聚人曰財，是利物也；正辭禁非曰義，是貞固之事也。中通理，旁通情，惟事合之。潛録曰：冬終也，即始也。天一水，天五土，陽自首啣尾也；環四一貫，而四各有五，徵之表法，此理歷然。智曰：天道義利爲一，人道以義爲利，鄉飲四方，但分仁義，繫傳崇廣，智禮爲門，集乾之四時五義而大成矣。邵子言孟子深于易，以其知時用也。固而達者，知又焉有倚乎！無倚者依仁執中，皆无倚也。

君子行此四德者，故曰：「乾，元亨利貞」。

潛老夫曰：行此四德即乾知也；不知知行之一，而又貶人尚行者，皆不明乎善而遠人廢事以爲道者也。故此文言首表一善，終表幹事，表善即已化惡，以此利之即以此貞之，則一元包之而亨其无善惡可言之至善矣。專標曰无，則人將恃荒乾而爲惡乾矣，何以長人行事乎？易要无咎，總貴善用耳。元如人首，其用爲圓，亨者通而享用之也。聲義皆通，利如刃刈禾，順而從也。天干即幹，木氣直體以爲用者，古人當名，俱非无謂。

初九曰「潛龍勿用」，何謂也？子曰：龍德而隱者也。不易乎世，不成乎名。釋文无「乎」字。遯世无悶，不見是而无悶。樂則行之，憂則違之，確乎其不可拔，潛龍也。

陳希夷謂十二肖生皆不能遯，惟龍能遯。訂曰：設問答以明人道也。石隱高隱智隱癡隱皆獨行也，唯聖而隱若神龍然。泗山鄒氏曰：憂樂在心，鬼神莫測，所以爲潛。淇澳曰：潛者，逸民也。勿用，則聖人无可无不可之義也。龍不可見，勿用則并潛亦不可見。見曰：不見是而无悶，名心盡處也，遯如龍蟄耳。不見是者，爲魚爲蛇爲蝘蜓，不得以龍目之矣。藏一曰：仕止久速惟其時，是爲大潛，非四无而絕四无者，孰幾之。本説曰：潛之時，不以易世之憂而换遯世之樂。易，治也。智曰：不易乎世，言雖以天下終不與易也。樂行憂違，至人任性，天地覆墜，曾不變色，故曰確。聖人之㡚屣，不礙其爲深山、爲垂衣也，時乘皆確也。

九二曰「見龍在田，利見大人」，何謂也？子曰：龍德而正中者也。庸言之信，庸行之謹。閑邪鄭有「此」字。存其誠，善世而不伐，德博而化。易曰「見龍在田，利見大人」，君德也。

子瞻曰：凡可閑而去者，皆邪也。邪盡去，則其不可去者存矣。東溟曰：□〔一〕人與天地合德，亦與百姓同德，言中倫，行中慮，德行學□□〔二〕通天下人心之公，或不當事任，亦何敢自任作師之道，但□□〔三〕庸言行而已。後世高標絶學，導浮啓僞，殆隱怪也。元公曰：□〔四〕有邪，陽亦有邪。邪蠱人心，常自妄語始，故以庸言

〔一〕「□」，原本漫漶不清，存目本作「聖」。
〔二〕「□□」，原本漫漶不清，存目本作「術俱」。
〔三〕「□□」，原本漫漶不清，存目本作「依于」。
〔四〕「□」，原本漫漶不清，存目本作「陰」。

先之。藏一曰：道正乎中，中寓諸庸，乾言誠，坤言敬，乾言仁，坤言義，皆于下卦之中表之。儕雀趙氏曰：中庸，易道也。君子以變易濟其不易，小人則竊變易以自肆而已。然則中庸小人之利器也，故言閑邪而乃能善世。潛録曰：稱龍甚奇而真龍甚庸，善世人行，其雲雨也，子思之著中庸，于此寤乎！口無擇言，身無擇行，正擇善之博化也。不踰矩即不踰閑，閑非以去邪爲酷吏，明其閑而邪自化矣。荒潛悍亢，竟欲壞閑，以自矜高，故以善世不伐爲正中之龍德焉。

九三曰「君子終日乾乾，夕惕若，厲无咎」，何謂也？子曰：君子進德修業。忠信，所以進德也；修辭立其誠，所以居業也。知至至之，可與幾也；知終終之，可與存義也。是故居上位而不驕，在下位而不憂，故乾乾因其時而惕，雖危无咎矣。

朱子曰：忠信即誠，必言忠信始有安泊。東溟曰：有開必先之謂幾，聖人不動念而動幾；惟變所適之謂義，聖人不存幾而存義；可與幾則存者神，存義則過者化。天地无終，萬物无終，聖學安得有終！此知終聖人一貫也。以因言之，知至亦知終矣。宗一曰：知至，泝而上之性命最初，所謂根本智也；知終，沿而下之事業究竟，所謂後得智也。六十四卦發揮一幾。易意曰：庸必表其德，中必見于業，故修辭以立其忠信，此聖人之聲教，所以惕萬世之日夕也。彼詖邪之巧辭，與荒陋之僞默，皆壞中庸之法者也。乾知也，乾乾即行矣。居上不驕，下位不憂，是行事因時之實證也。豈許顛倒偏鋒，騁不誠不修之辭，遺落世故，尊出位荒業之知哉！郝京山曰：論語括二十篇而會于知，承天立教，化民成俗，立言垂訓，三者盡天下之道矣。是爲誠明知行合一之學。

九四曰「或躍在淵，无咎」，何謂也？子曰：上下无常，非爲邪也。進退無恒，非離羣也。君子進德修業，欲及時也，鄭本无「欲」「也」二字。故无咎。

崔憬曰：无常无恒者，跡也，君子之自信者心。東溟曰：南巢牧野，人謂之行權，實聖人日用進修耳。元公曰：无常无恒，正其幾用，導曰故无咎者，所謂有伊尹之志則可。

九五曰「飛龍在天，利見大人」，何謂也？子曰：同聲相應，同氣相求；水流濕，火就燥，雲從龍，風從虎；聖人作而萬物覩；本乎天者親上，本乎地者親下，則各從其類也。

秦淮海曰：南方熱生火，北方寒生水，西燥生金，東温生木，中濕生土，是知水者寒之形，濕者土之氣。水之于土，妻道也，夫從妻所好，故水流濕；火之于金，夫道也，妻從夫之令，故火就燥。或以陰求陽，或以陽求陰也。管公明曰：龍陽精而居于淵，陽中之陰，故興雲；虎陰精而居于山，陰中之陽，故運風。張璠云：龍起必雲，虎出必風。如蟻徙必雨，乃雨氣感蟻；蜥蜴聚必雹，乃雹氣感蜥蜴。夫子蓋倒語成文耳。元公曰：聖人同天，故能同物。東溟曰：聖人與愚夫婦相同之聲氣，亦惟是庸言庸行耳。揆曰：中庸「莫不尊親」正注此章。

上九曰「亢龍有悔」，何謂也？子曰：貴而无位，高而无民，賢人在下位而无輔，是以動而「有悔」也。

遡曰：五貴位而統民，上躐五而在外也。下應爲陽，相亢不合，故无輔也。明卿陳氏曰：後世人臣處亢，至于爲蛇爲虺，有位有民有輔，而龍德遂亡，非聖人焉能獲此三无乎！此周公之亢也。東溟曰：貴而无位，尹辭阿衡是已。高而无民，甘盤遯荒是已。賢在下位而无輔，伯夷首陽是已。悔何也？世皆尹，則難乎其爲嗣君；世皆盤，則難乎其爲帝師；世皆夷，則難乎其爲天吏。聖人不忍以一時之危行而掩天下萬世之通情，安得无悔！

「潛龍勿用」，下也；

前小象傳以陽氣言，此專以人事言。易意曰：文言問答，詳言心學也。此以六位時成言，而位即是時，陽氣一迴。以時乘六龍言，而時即是位。末重成德見行，總歸知而不失其正。先詳問答，後歸德行，則不舉用九，用在其中矣。

「見龍在田」，時舍也；

項平甫曰：時寓于田間也。一曰聖人當勳、華而位不配德，謂時所捨耳。智曰：聖人不蟠龍窟，自捨其身，以學問普施，爲斯文立極也。

「終日乾乾」，行事也；

事外无道，道外无事，行无事者必有事，進德修業非空惕也。

「或躍在淵」，自試也；

貴自信于心耳，能不珍重！

「飛龍在天」，上治也；

不大聲色而民自化，故曰上治，治自上乃順。易意曰：聖人不講自受用之學問，必以治世爲上。

「亢龍有悔」，窮之災也；

窮則必災，達人逃之，畸人月之，小人昧而倖之，聖人知之而時其時耳。

「乾元用九」，天下治也。

慈湖曰：非乾元則豈能用九而不爲九所用！元公曰：上九爲乾世，故不知變而災。夫不變者體也，變者用也，易主變化，故再指其用言之。洛書之飛宫换氣，陰符之神機鬼藏，皆乾坤之用也。

「潛龍勿用」，陽氣潛藏；

此四釋爻，以天道言之，莫微于氣，並氣亦藏。

「見龍在田」，天下文明；

世界如此，龍斯見矣。李鼎祚曰：陽氣上達而草芽物出，故文澤而光明。

「終日乾乾」，與時偕行；

建寅之月，三陽用事，乾乾者，同天時也。損益亦著此語，可知至之終之，總此盈虚損益之因時而惕也。

「或躍在淵」，乾道乃革；

乾道運而不積，非革或幾乎息矣。然革惟其道，故曰革而當，其悔乃亡。

「飛龍在天」，乃位乎天德；

天數中乎五，過是則悔。玄子曰：蒼龍盡于大角，故辰稱龍焉。其卦夬，猶有上六，所謂知退而歷階不盡一等者也。爾公曰：位本實字，實者可虛。天德本虛字，虛者可實。

「亢龍有悔」，與時偕極；

易簡録曰：既危其災，示亢非君子之經，又神其德，曰與時偕極，偕極即偕行也，此表亢乃君子之權。導曰：偕極非大魄力不能，偕行猶射之中也，偕極猶射之至也。

乾元「用九」，乃見天則。

易意曰：用之神也如此，然止是天之則也。三乃字警。

「乾元」者，始而亨者也；

彖傳統贊之，而表性命；文言四釋之，歸重君子，此貴知始則知性情，而美利不言矣。仲翔曰：乾始開通，以陽通陰。

「利貞」者，性情也。鄭作「情性也」。

輔嗣曰：不爲乾元，何能通物之始？不性其情，何能久行其正？元公曰：前二段兩揭乾元，明乾元之用在六爻也。此乃總收彖爻也，故先贊乾元之大，後贊乾之大。性情即天氣中之真元，所以重歸元也。卦言性而包情，爻言情而顯性。

乾始能以美利利天下，不言所利，大矣哉！

易意曰：逆知始而順以通之，因天下之情以顯性，即以性天下之情矣，莫利于貞矣。大在不言所利。

大哉乾乎！剛健中正，純粹精也；

此贊時乘者，乾之大也。淇澳曰：剛健中正，諸卦贊爻而乾獨贊卦，發揮旁通，六爻皆中正之情也。全曰：純如一絲之出繭，粹如萬粒之同春。揆曰：六字贊之而總謂之精，周子言太極之真，二五之精，妙合而凝，老子「其中有精，其精甚真」是也。發揮旁通，總謂之情，中庸中節是也。羽南曰：情中節即性。

六爻發揮，陸一作「輝」。**旁通情也；**

張子曰：旁通不獨六爻，蓋徧被六十四也。藏一曰：單言爻之通情，以見全易之性，貴時乘之貞其用也。海雀黄氏曰：情與理錯，理有不可正言者，得其情而反復發揮之，可以參互，而乾理皆達，故曰旁通，中旁相通者也。郝京山曰：爻情即人情，夫子贊易，亦祇發揮人道。

時乘六龍，以御天也；雲行雨施，天下平也。

易意曰：止有時乘，即是時成，故重舉之。知始而不言所利者，亦在乎御之而已矣。各通其情，各平其天，則各正其性命矣。乾道變化，從亨處見，雲雨狀陰陽之交通，惟通則平，故終之曰天下平也。此乾之大德業也。

君子以成德爲行，日可見之行也。□□爲□〔一〕贊六爻之兇。「潛」之爲言也，隱而未見，行而未成，是以君子「弗用」也。

易意曰：此復申言成德，以日見之行事，非冒言渺論也。潛是初幾，而高夸藏垢者，借逃迹以逃心，及□〔二〕善世之教。故畸隱之行，不顧立範，君子善世學問，自知勿用之用，而終弗用偏潛也。曰尼山聞譏議近死之論，歎以爲龍，而歸即筆削

〔一〕「□□」「□」，原本漫漶不清。
〔二〕「□」，原本漫漶不清，依形似「厭」字。

無所避，此弗用其潛遯之迹，而善用其潛遯之神也。位于守雌，蟠泥棲巢耳。

君子學以聚之，問以辨之，寬以居之，仁以行之。易曰「見龍在田，利見大人」，君德也。

慈湖曰：學不可以不博，不博學則偏而孤。夷惠惟不知博學審問，故不免偏清偏和。然亦有造廣大之境，未盡其妙，輒止溺于静虚，而无發動之仁者，故貴仁以行之。如代明錯行，雷電風雨之變化，而後可以言仁。揆曰：陽性躁，故居之欲寬。□〔一〕曰：兩贊此爻，兩引爻辭，兩稱君德，尼山之情見矣。道以德凝，而繼善成性，兩從四合，其在師道之統天御天乎！禮運曰：人情以爲田，禮樂學問，是君子之播種也。邵子以寬告伊川，此正痛癢天下之耕鑿也。

九三重剛而不中，上不在天，下不在田，故「乾乾」因其時而「惕」，雖危「无咎」矣。

東溟曰：五行道，一明道，羣宗之矣。初潛，人所遺；上亢，人所外也。三四介于相軋之衝，道在我，位不在我，賢豪不相師而相夷，又不能離其羣也；凶人不相容

〔一〕「□」，底本原爲空缺。

而相制，又不能決其藩也。將潛則以立異詆之，將見則以干譽議之。弗援弗推，猶忌其以立德名世；不尤不怨，猶虞其以得志加人。此皆重剛不中之變態也。遁世不可，治世不可，媚世不可，憤世不可，執經扞格不可，離經自廢不可，然舍進德修業，亦无他法也，故夫子諄諄焉。

九四重剛而不中，上不在天，下不在田，中不在人，故「或」之。「或」之者，疑之也，故无咎。

詁曰：以乾壓乾，亦曰重剛。憂所當憂，故究无憂；疑所當疑，故究无疑。文介曰：非惟使人不見爲躍，抑亦使人不見爲龍，所以爲用九。

夫「大人」者，與天地合其德，與日月合其明，與四時合其序，與鬼神合其吉凶。先天而天弗違，後天而奉天時。天且弗違，而況于人乎？況于鬼神乎？

慈湖曰：无思无爲。天吾之高，地吾之厚，日月吾之明，四時吾之序，鬼神吾之吉凶。其謂之合也固宜，其謂之勿違也又何疑！易意曰：大人心通天地之先，而用必後天；事起天地之後，而智必先天，非可銜一先天之名于後天之上，別立一宗也。深徹幾先，則無先後矣。四與字中，即造造化，豈徒聽之造化已耶。

「亢」之爲言也，知進而不知退，知存而不知亡，知得而不知喪，其惟聖人乎？王肅本作「惟愚人乎」。知進退存亡而不知失其正者，其惟聖人乎？

孫文介曰：亢惟聖人，常人患得患失，瞻前顧後，旋轉樞機，已先亂矣。夫不知退云云者，有一念无二念也。悔者，聖人知之所燭也。應吉應凶，應悔應吝，皆易道變化所必趨之勢，故六十四卦爻爻皆吉，惟其先見則轉不善而善，故謂之吉也。又曰：亢亦還爲潛躍，孔子老于轍環，亢也；反魯正樂，潛而躍也。陳眉公曰：孔明亦知進不知退者，留鄴亦知不失其正者。揆曰：詳玩爻詞，无不辭亢悔之意，六龍无轉身之地，而上九一爻乃死句矣。放伐，則乾道乃革時事也。亢者，无位无民无輔，而以湯武當之乎！東溟曰：以時位言，惟二五稱利見大人，初上與三四俱處危疑悔吝之地，今古聖人變態，俱在六龍義中矣。潛雖勿用，標龍德以首之；見實時舍，舉君德而歸之。亢不以有悔而掩其聖人，惕躍不以不中而劣其德業，實萬世聖學提綱也。今人能以巧説圓六龍之義，不能以深心盡一龍之性。□〔一〕

〔一〕「□」，底本原爲空缺。

曰：潛之爲言，亢之爲言，此始終之幾也。藏密同患，故末揭一知而收以一正，貞元之無先無後，明莫大于此矣。

時論曰：尊卑而定之者，位其天地而德其乾坤也。文王以五字圍之，文言以四句翼之，無贅詞焉。天何言而春夏秋冬乎，地何利而西南東北乎！明表此仁禮義信，而人人易知者也。四德具而六龍遊，統天御天而大用見，乾知即乾行矣。統也者，先之用而弗違也；御也者，後之用而奉時也。二老能用不自用，顯其七八，藏其九六，用九即八，用六即七，變變不變，首出即无首矣。六子皆用二之用，三百八十四總繫二用之辭焉，曷用之？惟乾乾之君子能用之。先卿易意曰：君子通晝夜而知，不越一心乾乾而已。見羣而无者，用姤、復，用同、師，用履、謙，用畜、豫，用有、比，用夬、剥，分乎六時，而時中各有十二時者也。且有積變歸游焉，且有往來交易焉，惡往而得其首哉！潛勿用，姤亦勿用；復閉關，亦勿用也，天人之始幾也。見龍爲在下之中道，乘六之用，以見用之，同人用衆，文明學問，遯于臨矣；三履伏謙，且歸際而否泰之關也。君子日夕行事，在乎辨定而已。惕若者，乘龍亦乘虎也。旋視而平稱之，履田乎，履淵哉！乾道乃革，游而進，或躍之，亦密雲之候也。豫則壯、觀，自由矣。進而夬、剥，飛空何硋，兩從一本，二親四合，聖人作，大人造，玅哉！以從數爲造作，而與之論聲氣也。伏顯比而大其有矣，何容贅言无乎！天也，田也，淵也，龍无所不在也。飛之中正，無得而名焉，窮上則亢，猶逆鱗也。知其亢而施下以決之，厚下以安之，悔而底无悔矣。初无積變，上積全反，其所之仍五之積也。故曰初上无位。此以乾爻例之，元會亦然，歲運亦然，日夜亦然，呼吸亦然。六人可論，一人可論，六事可論，一事可論，六十四卦各具，而不必具論者也。程子曰：六爻，聖自有聖用，賢自有賢用，衆人有衆人用，君有君用，臣有臣用。一行曰：乾盈九，隱乎龍戰之中，故不見其首；坤虚十，以導潛龍之氣，故不見其成，皆言時也素也。一龍各具六龍，而乘一即乘六也。周海門曰：問其龍不龍耳。時論首歎之曰：道大矣！不言善長，不言德業，則曰太極并無龍不龍也。無不可者，非曼汗之病首乎！故統天惟明御天之法，法必與民明其時中之位，素者无咎，而無入不自得之龍，時乘六六之六虚矣。管東溟以君相師友四格槩六龍，不龍而處，惟潛无咎，惟友可潛，寧處友道，不處師道。吾惟聖人之教，終以學問爲庸田，潛于倫物雅言，是真潛也。不則以潛于垢汙、荒掃學問爲大潛，而鄙夫與鄉狂，藉口壞教，故曰庸而不中，則亢庸已甚之説，爲葬人之田坑；亢潛已甚之説，反蕪天下之田種矣。

蠡曰：乾道變化，其易宗耶，而歸于元。善長之元，即大哉資始之元，永貞大終，終此元也。元始貞終，如環無端，孰見其有？天大于元，聖大于明。萬物必資于元，一元各正于物。流而分之，則形也；各正而合之，則太和也。統天之綸自彌，雲雨莫識其端；御天之輪在轡，品物利見而轉；統五官御四體而潛飛者，誰知之乎？行此四也，無非一也，衆善無非至善也，合和有事無非元也。變自無而有，化自有而無，盡性至命，踐形而無上下者也。要以窮理好學爲飲食，雖曰豢龍可矣。龍德之行于世也，隱之時多，見之時少，隱之用一而見之用五，勿用已耶。勿用爲用本，故確。樂則行之，首出庶物之用也；文明之運，隱怪奇衺之所託焉。龍至奇靈，必寓諸庸，君德不以變化而廢閑也。上下之間，敢曰恃天而惕日乎？敢曰朝聞而夕不可乎？來復之幾，天下歸仁，猶之履端于始也；存存之門，兩無曰義，猶之歸餘于終也。不驕不憂，豈不日夕千古哉！忠信成言，而萬世之德業惕矣。雖欲不及時，其可駐足乎！上亢而下潛也，進飛而退惕也，爲邪則離羣矣，見羣龍又何邪焉？飛則聲氣主也。水流火就，坎、離也；從龍從虎，震、兑也；親上親下，艮、巽也。六十四之應求，有不類于天德天位之並造者乎！南華三推未始有，是老言混成，無爲天地之始，有爲萬物之母，是玄門之元始也。藏歲于時者，是乾門無終始之元空門之元始也。元始而亨而利而貞，藏一于四，藏歲于時者，是乾門無終始之元始也。曰資始，曰明始，曰元始，曰乾始，昭昭乎始不自始，而亨而利而貞，莫非始也。時行物生，天何言哉！陸公紀曰：乾發揮旁通于坤，坤來入乾，以成六十四卦，何旁而非中乎！不言所利之利見，二大人，一君子，一聖人，皆以不可見中見之矣。後天即先天之中，有三天焉。由潛而見，先天之根也；由惕而躍，中天之幾也；由飛而躍，後天之極也。先後皆中之中，又有中不中焉。三且危，四且疑，人位心位，際此上下，賢人發之則閉，聖人發之則通，小人當之則天下傾，大人轉之則天下平。二三曰誠，三四曰進修，是見龍之學問，以惕知幾，而飛躍皆潛，天淵皆田也。知天且弗違者，知即不失其正矣。何中何旁，而必告中正，此所以德其四時也。蠡曰：大人以賢立法，以聖爲用，不見易簡之理，歸賢人之久大乎！制之而容以化之耳。百物不廢而道以德凝。衆人，生性也，情其性也。聖人，成性也，性其情也。知生其生者，知所以藴乾坤之門；知存其存者，知所以標道義之門。

智曰：不能名言而巛之曰天，因而聲其天聲曰乾；不能名言其天知，而曰乾以易知；不能名言其天行，而曰天行健。論語兩呼蒼天，是尼山之全身講易也，時行故物生，天果何以爲天乎？時而已矣。庸之曰行此四德，所以貫文王之四時也。統之曰時乘六龍以御天，所以點周公乾乾之龍睛，而龍其君子以飛躍萬世也。君子之知至知終，聖知進退存亡，有二知乎？乾内卦贊中正，坤外卦贊文中，有二中乎？乾蓋統中旁以爲中者也。超四六而知一，始可謂之行四乘六；粹一于四六中，始可謂之精一貞一；一彌四六而彌于四六，知乾所以命六十四卦之性矣；四六綸一而綸于一，知乾所以性六十四卦之情矣。乾乾于上下之間，自然亨此；無上無下之元，學問寬仁以確君德，自然貞此；無内無外之利，聖人用易善世，以乾首出，此所以无首也。善學乾者，以知時爲消息，自不息矣。

䷁上下皆坤

易意曰：凡畫皆坤，所以然皆乾。六斷者，其中存乾之虚明也。六畫之坤，即藏十二畫，藏十八畫，藏三十六畫矣，統指之曰：乾在坤中，貫虚于實。説文从土从申。鄧綺曰：物生于寅，出陽土也；成于申，入陰土也。陰生于午，午未申，三陰足，而萬物中堅養成矣。乾坤皆角聲，天地皆徵聲。

坤古作「巛」，歸藏易作「真」。**元亨利，**輔嗣連下，伊川斷句。**牝馬之貞。君子有攸往，先迷，後得主。**虞仲翔、王介甫、吴幼清、俞玉吾、郝楚望、王虚舟皆以「後得主」爲句。**利西南得朋，東北喪朋。安貞吉。**

楊誠齋曰：坤三德同乾，貞則獨指一事。鄧潛谷曰：四時天行，四方地維。張二無曰：四方之中僅得其兩，陰用半也。孔疏所云喪朋者，象人臣離其黨而入君之朝，女離其家而安夫之室也。元公曰：乾表智，坤表行，智慧以金剛爲體，而諸行必從柔忍修煉，故至人以柔爲用，常處天下之牝而守其雌。龍馬獅象，可以知表法矣。太玄云：陰氣方精，陽藏于靈，物濟成形。深得坤旨。遡曰：先天無可説，聲臭即後天。有易而後天即先天矣。後天始有方位可言。陰爲偶，有朋象焉。以圖書合後天取之，南西之土坤，東北之土艮；艮爲閉塞之土，坤爲生息之土。夏秋得朋，冬春喪朋。此得喪之勢也。得喪所以迷，而得喪安貞，即所以得主也。乾爲馬，坤配乾曰牝馬，安從乾而已矣。施下之曰巽離兑，其類也，從乾主以用坎艮震，此剛柔交克而順常有度也。幼清謂主在卦終，故後乃得之，此一端也。四爲西，三爲南，初爲東，上爲北，亦一端也。藝經：揖悶三不能比兩者，孔子所造，布十干于其方，戊己在西南，其殆斯義乎！此亦一端之象也。明善公曰：坤四德而申言利貞，朱子連讀利牝馬之貞，不從程子者，以後有分明之義也。易意曰：君子體天地之道不容歇足，故申言利貞者，明後天即先天之用也。一落氣質，必用迷以醒迷，安于得主，而得喪皆安矣。乾不表吉，而用九爲乾之坤，則表之，坤安无首之貞，故以象著大終之吉。玄同曰：文王退歸藏之坤以配乾，而象之以牝馬，明乾行而坤與之俱行也。復退兼山之艮以配震，而象之以行庭，明震動而艮與之偕動也。易爲作用之書。又曰：丹家謂朋象雙月，有金月水月之分。金月，震庚兑丁乾甲，屬西南，故得朋；水月，巽辛艮丙坤乙，屬東北，故喪朋。復援以論蠱、巽，謂先後甲是明滿前後各三日，所以終則有始；先後庚是生明前後各三日，所以无初有終。彼明進退火候耳。朋篆作[illegible]，古鳳作鵬，非从二月，或作二貝，皆後附會。見曰：天道先東北而後西南，坤以後爲利也。坤任事于西南，而遜功于東北，安坤之分也，貞也。坤在西南，則離火生之，故利；在東北，則震木克之，故不利。夫居東北制坎水，而受震克者，非艮不能也。坤不能成，而讓成于艮，此所以安貞也。潛老夫曰：巽、離、坤、兑，西南類行矣，何能不歸于乾、坎、艮、震乎！坤宫之壯、夬、需，喪乾于東，坎代坤宫而喪坎于北，自東而南，復歸于北者也。河圖坤一在北，洛書坤二在西南，乾用二土，互爲終始者也。自北東而南西，順也；自西南而東北，逆也。物先得而後喪其所得，乃爲常得；先迷于得而後得其不迷，誰知其主乎！得固所以喪，喪即所以得，一熱一寒，消息自爾。君子能喪其腹中之朋，即能腹天下之朋。執得固迷，執喪更迷；安其得喪之貞，自忘得喪，而順大常之永吉矣。

象曰：至哉坤元，萬物資生，乃順承天。

東坡曰：坤之爲道，爲人用而不自用，可爲和而不可爲倡，故君子利往，往求用也。

朱子曰：萬物資乾以始，更資坤以生，同時者也。慈湖曰：乾坤一道，坤元即乾元也。易意曰：有謂程子但從坤元起見，安能達天者，豈知舍坤元別无乾元哉！玄同曰：孔子贊乾以大，贊坤以至，贊堯以大，贊泰伯、文王以至，大者无外，至者至而及之，无歉于大也。儒者剛用柔，故曰大人；道家陰秘陽，故稱至人。潛老夫曰：氣始形始，更有始者乾元已流形矣。乾乘坤承，不貳所以不測也。中庸合之曰悠久无疆，可謂善贊大至者矣。

坤厚載物，德合无疆；含弘光大，品物咸亨。

張子曰：效法自光。漢上曰：坤光即乾之光。鄧綺曰：冬爲含，春爲弘，夏爲光，秋爲大。蠡曰：形不可以及物，及物者性量也。聖人觸物之流形，而明天地之性。有見曰：坤生物，實載物也。其存乎中者，坤不過載之而出耳。含弘，載之事也。有餘于物，乃能含而載之。陰之氣常費于陽，而不見其費，此坤之原也。

「牝馬」地類，行地无疆。柔順利貞，君子攸行。

程子曰：行地无疆，健也。坤非健，何以配乾？未有乾行而坤止也。其動也剛，不害其爲柔也。景逸高氏曰：乾知用于坤能，君子躬行爲天下法。

「東北喪朋」，乃終有慶。「先迷」失道，後順得常。「西南得朋」，乃與類行。

漢書曰：黄鐘天正，林鐘未衝丑爲地正，太簇寅爲人正。三正正始，地正適其始，紐于陽，東北丑位。易曰東北喪朋，乃終有慶，答應之道也。慈湖曰：君爲臣主，夫爲妻主，後即得之，利莫大焉。易簡録曰：大迷大醒，是尋路者，非差路者。孫文介曰：大人與天地同德，地即天也，資生即資始也。陰溟溟若迷，无路可尋，惟乾精入而得爲之主，是坎一也。初之霜，是物也。又曰：造化非有兩氣，行即陰，所以行即陽，氣行處方分陰陽。元公曰：易言朋，皆與陰爲類也。乾六陽而不謂之朋，奇獨无對也，坤始有其朋矣。今以終慶與之，豈植黨乎！需上有不速之客，不从朋稱，乾内也。咸之朋從爾思，猶有感陰之懼乎！損、益十朋，皆互坤體，然益我者无意，故或之，大其无所比也。熊南沙曰：方其在西南則安于西南，及其往東北則安于東北，无入不自得，所以安貞。遡曰：坤陰土，宜殺，何以生？艮陽土，宜生，何以克？蓋生不生于生，死然後生；死不死于死，生然後死。己柔得朋，戊剛歸命，君子擇交敬友，正以慶其慎獨。正曰：得朋類行，坤所以成己也；喪朋終慶，所以成物也。潛老夫曰：朱子謂天貫地中，而包地外者也。不可見之陽已凝爲陰，而就坤以行乾，則凡形氣之屬陰者正名爲陽，而陰反退于空虚者然，故先迷失道。蓋物有氣質，自應失其无名渾侖之道，君子所貴，後順得常。智曰：陽即與陰爲朋矣，乾至坤中而始名其朋類耳。得朋而喪朋，喪朋而終慶，隨類朋來，何非无得无喪而順安其貞者乎！

安貞之吉，應地无疆。

潛老夫曰：人君法天當法其元，人臣法地當法其貞，貞即元也。德合无疆，天道也；行地无疆，地道也；應地无疆，人道也。我心既已，君臣道合，則止有臣盡其職而君垂拱矣。知此萬物皆備之我，即在反身强恕中，反其應反，强其應强，是以安貞。

象曰：地勢古作「埶」。**坤，君子以厚德載物。**

郭象曰：形分止，勢分行。洛書之數，形象祖之；禹師其變，以奠高山大川。元公曰：天曰行，地曰勢，從陰陽之變氣言之。玄子曰：若非體厚，則高者墮，下者陷矣。易意曰：以天行知地勢，以地勢知天行，故上律天時，下襲水土。此知安敦之學，萬世爲土，固厚載之勢也。潛老夫曰：語地勢者，黄帝大氣舉之之説明矣。大地之六合亦分兩戒，此土之一面亦分兩戒。一行以漢應分野，出入艮坤之維，天行即地勢也。即以脬豆之喻徵之，圓卵亦有上下，自瓜蒂以流于瓜臍，陽面之稜如此，陰面亦如此。故可以勢言之耳。地无行，以六子爲行，而地藏其勢。禮曰：地載神氣，風霆流形，庶物露生，無非教也。豈逃于勢哉！亦曰厚載而已。尊德而无物，皆薄道也。君子安貞之應，履卑而旋高。

初六，履霜，堅冰至。獨變震爲履。獨存爲姤。

九家曰：霜者乾之命，堅冰者陰功成也。京房曰：陰雖柔順，用則堅剛。令升曰：姤五月時陰氣動于三泉之下，則必至履霜，履霜必至堅冰，言有漸也。參同契注曰：姤始紀序，履霜最先；井底寒泉，午爲蕤賓；賓服于陰，陰爲主人。此夏至之用也。藏一曰：夏以沸瓶水入井則成冰，此可證井底寒泉矣。下畫多取履象，霜冰皆陰類。坤行重履，復禮法地；乾亢无首，坤視脚下。觀玩此象，寒戰頓生。潛老夫曰：乾言潛淵，天豈離地乎！坤初稱霜，乾居九月，霜降時也，乾又爲冰，冰至時亦日至，有復象焉。月令復候，水泉動，天地皆水爲始。蓋天一生水，地六成之。霜雪皆六出，冰之結解，必遇南風。天地之交幾也，寒變物情，暑冰清疾。

聖人何處不欲人善用之耶！子瞻曰：始微終著，陰陽均也。此獨戒者，陰弱易入，易以陷人，子産所云狎玩多死者也。易簡録曰：乾雲雨，坤冰霜，以冰霜之心成雲雨之事。象正曰：乾初取林鐘以爲姤，坤初嫁黄鐘以爲復，律吕交相取也。初爲坤之復，是林鐘而可謂黄鐘也。見曰：陰不凝則物不成，一陰至凝之始也；冰澤履堅，凝之至也。中庸言至德凝道，邵子言天根月窟，根鼓出機，窟鼓入機，故坤以凝爲道。

象曰：「履霜」「堅冰」，舉正无「堅冰」二字。魏文帝紀太史許芝引此作「初六履霜」，亦无「堅冰」字，朱子從之。陰始凝也；馴致其道，至堅冰也。

遡曰：陰陽皆道，而聖人即以揚遏宰之，如坤初憂陰進，坤上喜陽生，復以七日明復難，臨以八月明消易，其旨一也。訂曰：勿用即復關，欲君子之難進也；堅冰即姤戒，妨小人之易長也。心易曰：造化人事，各有所取，原不相礙，而今喜陰幾毒語者，便惡扶抑之正言，何不並孔子積善辨早一節删之乎！人心好陰，殃必至矣，嗟哉！

六二，直方，大不習，无不利。獨變坎爲師。積變爲臨。獨存爲同人。

易遡曰：直方爲句，叶履霜、含章、黄裳、玄黄韻。大不習爲句，孔子象傳可證，猶之後得主之證坤彖也。陳第有易韻，古人亦隨口叶之，非若後之拘也。柔則曲刓，六二之方，本乾之直，故特贊曰地道，言全不習无不利也。乾二學問，坤二不習，後得主而坤順乾也，可知時習即不習之習矣。元公曰：二之不習，安行之聖也。直方從動名之，未動之先安可名耶！地有形礙，而山川之氣升爲星辰，誰知其光乎！正曰：水行于地，舍阻而就順，性也，非習也。君子體善而動，仁不近名，義不近利，柔不爲怯，勇不爲武，故二爲坤之師。潛老夫曰：中握奇而制四方，履霜始而戰血終，同人之師直矣。地道含容而不知有容，是不習之習也。

象曰：六二之動，「直」以「方」也。「不習无不利」，地道光也。

招隱曰：諸爻言静，二獨言其動，爻當朱明，離火用事也。智曰：以，用也。乾之直動，用坤之方也。坤之不習，本體也；乾之學問，所以善用也。乾體坤用，轉爲坤體乾用。一部易皆爲善動前用，止有後天，並無先天。知止其所不知，即不習之先天矣，則知之中皆不知者也，習之中皆不習者也，何容贅計一先天乎！乾坤合于二爻表之者，内卦之中，蓋下學而上達之表法也。

六三，含章，可貞；或從王事，无成有終。獨變艮爲謙。積變泰。獨存履。歸魂比。

象宜曰：坤爲文而三乃章、五乃文者，剛柔錯而章生，位陽爻陰，陽氣坤形也。終此下卦，章自能含，猶五之文中也。六二至性，無待言貞，三居下之上，爲坤應爻，可以利其貞矣。三位諸侯，故從王事，在下故无成。艮終萬物，與謙三同，陰數起二終十，此无首有終，先迷代終之義也。易意曰：三爲内卦，坤之全體，故時發直方之光，而含謙、履之章，從王事而所有，非隱遯也。鄧綺曰：乾之章美，坤可含之；泰之生長，否可貞之。曰三爲天地交際之處，人身屈伸之轉，無往非否、泰也。雖在下教學，一室傳心，皆王事也，所貴不居其功耳。乾四坤三，暗交用之，故皆或之。

象曰：「含章可貞」，以時發也；「或從王事」，知光大也。

程子曰：義所當爲，以時而發，非含藏終不爲也。潛老夫曰：含艮山而成謙終，所以伏履也；有王主之，不墮无事，所以歸比也。智曰：知發之未發者，直方之光即發即含。用乾之知，終乾之大，永貞惕位，是以可之。

六四，括囊，无咎无譽。獨變震爲豫。積變大壯。獨存小畜。游魂需。

一一曰：章蘊全坤之光美，囊具全坤之載量，以人爻也。坤上爲兑，兑口故含；坤下即巽，巽繩故括。處純陰上下之介，故三表一无一有，四則直表二无。遡曰：含者婦道，括者母道。東坡曰：處上下之交，非安地也。乾三以未至上爲危，坤四以始至上爲危，故三猶可貞，四則殆矣，必自結括以求兩免。出乎咎必入乎譽，脱乎譽必罹乎咎，甚矣无咎无譽之難也。儕雀趙氏曰：道德之廣，無術可以求全；宇宙之大，无地可以逃毁，君子盡其在我而已。毁譽者，君子之風雨也。玄子曰：莊子爲善无近名，爲惡无近刑，竊此反衍而遠害耳。

象曰：「括囊无咎」，慎不害也。

易意曰：无咎无譽之詞，使人慎獨而已。執求兩免之術，此又聖人憂其害教者也。故著之曰无咎，而藏其无譽。象正曰：坤之豫也。可知建侯行師，括囊之大者，伐國不及于左右，建子不及于婦人。豫者，早也。其惟不言，言乃雍。括囊也，豈獨臣道哉！而謂之臣道者，不密失身，在臣子爲最著耳。易簡録曰：括囊是孔子述而不作之宗。熊魚山曰：不必黜聰反照爲慎，即仰觀俯察，綜覈見聞，而淵冰不釋，皆其慎之時也。潛老夫曰：慎則囊可括也，簪亦可盍也，血亦可去也。曰：无所逃于天地之間，是以大戒爲囊而括之者也。處此好忌險阻之世，怵然爲戒，善刀而藏，有知漆園之慎獨者乎？吾願善莊者先問囊中耳，勿謂不學不修，而以櫟樗感恩暴棄也。

六五，黄裳，元吉。獨變坎爲比。積變夬。獨存大有。

謝疊山取乾衣坤裳之説荃曰：周禮掌后六服，其曰鞠衣，注黄裳也。不敢以臣象，又嫌于敵乾，故示配乾爲后象，謹君臣之辨也。遡曰：帝王恭默在宥，皆坤用也，豈必后乎！郭雍曰：柔不害其爲君，猶乾二有君德，不害其爲臣。衣裳古爲一製，貴合用也。圖、書五爲中土，于色爲黄，離二得之，亦曰黄離元吉。易意曰：乾爻不著吉，亦不著元，獨于坤五著元吉焉，蓋舍坤无乾，舍人无天，人生貴安貞而順天也。二與五同得坤中，而二居下，守内者也。五居上，當中央之五數，居本无定，旺寄四時，而極自建皇，體自正位，故乾之元美皆藴此中之文，而光被四表矣。子建曰：南蒯叛，李氏筮坤之比，子服惠伯斥之，則史爲暗斥穆姜之隨甚明也。

象曰：「黄裳元吉」，文在中也。

干令升曰：成昭之主，周霍之臣也。全曰：赤舄几几，文在中矣。霍光不學，故有衍山之禍。子瞻曰：文生于相錯，若陰陽之專，豈有文哉！慈湖曰：曾子與子貢俱入廄修容，子貢先入，閽者曰：告矣。曾子入，卿大夫皆避位，公降一等而揖之。曾子之文自中，而子貢之文自外也。易意曰：圖書卦爻，人猶不知其文，而況能見其在中之文乎？

上六，龍戰于野，其血玄黄。獨變艮爲剥。盡變乾。獨存夬。世爻。

管子曰：時冬氣寒，寒生水血。玄同曰：血者，孕也。未離其類者，未生也。一陽生子胎亥，坤陰用事之月，即帝戰乎乾之月，于時相遇，絪緼曰戰，感而化醇曰血。子半陽生，長男爲震，震猶在血而未娩，謂之玄黄。易象坎爲血，取其中實；離爲血去，取其中虚。需上體坎曰需于血，言需時者，猶孕之從容无强也。小畜之四互離，故血去；再觀漸三五互坎曰婦孕，五互離曰不孕，血之爲孕，甚明矣。玄子曰：陰陽互藏其宅。二之日鑿冰，達微陽也。主于戰者陽也，故以陽言。朱子曰：乾无對待，只有乾而已，故不言坤，坤則不可无乾。在卦外曰野。仲虎以此悟敗茅戎、狩河陽之書法。兒易曰：以戰得位，以潛奉時，各有其理，不必爲典要也。

象曰：「龍戰于野」，其道窮也。

詁曰：道即馴致之道也。初陰之微，故怵其長；上陰之極，故著其窮，皆馴致使然也。易意曰：消息不能不窮，聖人不得不時宜其窮。

用六，利永貞。

仲虎曰：乾之坤，剛而能柔；坤之乾，雖柔必强。玄子之師曰：藥物熟用之活人，學術亦然。易道剛柔相易，欲變而熟用之也。兒易曰：一歲既成，三年有閏，用六用九，聖人治閏之事也。閏者，餘也。餘生于日月，日月之餘，有大有小；乾坤之用，有九有六。合乾、坤二用爲三年之閏，合二閏兩宮治閏之半，乾九治陽，坤六治陰，陽半揲前，陰半揲後，前閏旬五，后閏旬五，前閏无首，係首先月，故曰見羣龍无首。後閏无終，極終來月，故曰利永貞。野同録曰：用九无首，惟利上根；用六永貞，則中下普利矣。此君子之學，所以藏乾于坤爲大終也。以數言之，六畫之用統十二之用。以用半即全圍也。用九起于三，而兩其三依然六也；六其六則三十六宮，而四九亦藏之矣。

象曰：「用六永貞」，以大終也。

隅通曰：內卦貞，外卦悔，惟乾善悔，惟坤善貞。易見曰：大者陽也，十月純陰，即爲陽月，故曰坤道无成。夫乾无首，乾爲坤矣；坤以大終，坤而乾矣。智曰：陽數至九而極，有始无終；陰十以終之，而十仍爲一也。一爻曰初，六爻曰上，藏天之六一也。五六爲天地之中，必六爻者，六以終五，而藏十二十八也。是終而无終，所以大也。六十四卦皆用六，即六十四卦之用九矣。无非事也，无非物也，坤即乾之事物也。乾坤迭用于坤即乾之事物，猶混闢細交于閉闢之晝夜。故利永貞，貞即是元。冒言以夸大者，豈能以大終其條理哉！

文言曰：釋文无此三字。坤至柔而動也剛，至静而德方。剛方叶韻。鄧綺句非。

子瞻曰：畜而不發，其極必決，故曰沉潛剛克。夫物圓則好動，故至静所以爲方也。言主静者，是從坤道入也。誠齋曰：臣道一于順，故欲柔静，不順則莽、卓；臣節病于順，故欲剛方，順則張禹、胡廣矣。陽符曰：方生于圓，而規生于矩。智故謂方法之方，出于方圓之方，始知方即是圓，則乾、坤之永貞，爲統常變之大常矣。

後得主而有常，

足證彖句。得主則迷亦不迷，可謂利矣。劉存宗曰：乾知大始，故重元；坤作成物，故重貞。元知善長，貞合信智，聖人于後天表先天而常之，此萬世所以得主而有常也。

含萬物而化光。

見曰：凡物生有光，所以光者陽也，光之可見者陰也。一切草木之華，鳥獸之羽毛，皆陰爲之。陰聽乎陽，不知其然而然，故曰先迷。逯孝曰：人生如火，遇物即迷。聖人以道養之，即以道貞之，且有迷于復者，黄中通理，不以光明化物，豈能使之安貞乎！以薪化火，火即含光，謂之火迷薪，火得薪，皆可也。必迷失而後得之，其勢也；得主有常，貴安貞而已矣。窮理盡性，其含萬物而化光乎！

坤道其順乎！承天而時行。

易意曰：時乘時行，歸于時中而化光矣。至順即大順也。仝曰：坤柔二句言貞，後得主句言利，化光句言亨，承天時行言元，蓋逆輪以明其順。

積善之家必有餘慶，積不善之家必有餘殃。臣弑其君，子弑其父，非一朝一夕之故，其所由來者漸矣，由辯之不早辯也。易曰「履霜堅冰至」，蓋言順也。程傳作「順」，本義「順」「慎」通用。

孫文介曰：春秋无冰、隕霜不殺菽，皆書以爲異。夫弒逆生于不順，不順生于盈而无上、張大而不知歛耳。坤不履霜，即人生无立命處；惟辨之早，方知人之善惡，家之興衰。有不在一身而推之世世者，三代之興，三季之衰，歷歷可見。楚望郝氏曰：馴至不覺之謂順。象正曰：乾、坤中分，爲月有六，陽動于子而言潛龍，陰動于午而言冰霜，不患其言之太早也，聖人之仁也。同録曰：乾用坤五，惟著一吉，而尼山于初爻發慶殃之戒，若是其危哉！不辨陽之統陰，則造端混矣。人尚知有父乎？森然首在上足在下，而欲廢其冠履，君非贅乎？凡申表其森然分辨者，皆爲君父也。語積善者，爲天地理家事也。荒則輕，輕則弒矣。孟氏所以履萬世之霜也，高標頓宗，則厭言積善而不惜荒之，禍世爭伐之神奇，孰與善世不伐之迂闊耶！衣食周孔，自肩理學，而專作急口，護無分別，豈非冤枉敬謹之臣子，而陰祖叛倫滅理之毒鋒耶！若曰甕難逃鱉，則聖人此語不多事哉！痛矣。元公曰：善莫大于陰，惡亦莫大于陰，陰德致祥，陰謀胎禍，故聖人于坤初發之。坤之利在順，其病亦在順。見曰：以陰順陽則吉，以陽順陰則凶。潛老夫曰：上言理，下言敬義，順理則善，逆理則不善。智曰：平旦之公好惡，即夜氣之直心。寂歷同時之體，即在歷然之用中。今欲執寂壞歷，是竊偏權以莽蕩招殃者矣。開眼未全，盲引衆盲，宜其痛也。

「直」其正也，「方」其義也。君子敬以直内，義以方外，敬義立而德不孤。張倫本有「易曰」二字。「直方大，不習无不利」，則不疑其所行也。

程子曰：敬義夾持，直上達天德，自此義形于外，非在外也。朱子曰：徹上徹下，敬義只是一事。慈湖曰：无意則不疑。易意曰：惟此敬義，即是无意，彼説无意者非意耶。直其正也，言安貞也。正即是敬，不必如鄒志完之改也。合通内外，兩立而中不孤矣，正當其所安而已矣。正當臣則安其臣道，正當子則安其子道，人生正當人則安其人道，何疑之有！豈用矯輮過激之習乎！見曰：中无回互則外或徑率，外守矩法則内多拘牽。直與方，兩相妨也。内外如一，直方兩忌，不習不疑，一直而已。此乾合坤之六也。文介曰：直内无可名狀，奮迅未免孤峭，敬以行義，隨時運用，天地同春，故曰不孤。象正曰：德不孤，雖喪朋何疑焉。玄子曰：凡强爲大者，必曰无町畦耳。聖學乾二言博，大也，而從謹信始；坤二不孤，大也，而從直方始。李子思云：誠敬仁義，皆此乾坤，乾進止五，坤退止二，則仍五

也，中也。畊岩曰：直心是敬，敬不待習，又何所疑？離虚，故初著「履錯」之敬；坎實，故曰習坎。

陰雖有美，含之以從王事，弗敢成也。地道也，妻道也，臣道也。地道「无成」，而代「有終」也。

董子曰：風雨者地之爲也，地不敢有其功名，必上之于天命。訂曰：弗敢者非才有不足，于分有所不敢也。升菴曰：不言子道者，子有時而爲父，妻无爲夫者也。揆曰：亂臣賊子惟此敢之一念，老子所謂勇于敢則殺也。代者善繼也。易意曰：各盡自己之道即是天道，有而不與，不自滿假，君道亦然。弗敢者惕也，闇而日章矣。

天地變化，草木蕃；天地閉，賢人隱。易曰「括囊无咎无譽」，蓋言謹也。

呂伯恭曰：人與天地萬物同是一氣，泰見否隱，猶春生秋落，氣至即應，間不容髮，初不待計較也。文介曰：變蕃則春夏即秋冬之成，閉隱則舍藏即用行之義。洗心藏密，即此用世。豈得以秋冬全用殺機，閉隱單處亂世！易簡録曰：乾道變化，此曰天地變化，至四而坤重并力承乾也。賢人是天地開闢啓鑰之人，亦天地緘縢扃户之人；聖人闔之斯乾，闢之斯坤。易意曰：三四天地之交，故著天地而疊言謹慎。

君子黄中通理，正位居體，美在其中，而暢于四支，發于事業，美之至也。

朱子云：冲漠之中，萬象森然已具矣。荃曰：洞然事理渾一，更无疑滯，謂之中通。元公曰：道家黄中，昉坤五也。黄心在中，萬物通徹，五官各正其位，以宅乎體之所安，則形全而性盡矣。見曰：黄中則未發也，通理其中節之和也。易意曰：北辰居所，真君存焉。復命于天，順性御氣，黄理即玄理也。歸藏而正皇極之位，萬應無非垂裳之體，西南東北猶四支也，六十四卦皆事業也。聖人使萬世之臣子，各體其冰霜，各大其敬義，各含其文章，各慎其咎譽，而始終在早辨其嫌疑，此各安生理，所以享乾坤暢發之美利也，通此黄中之理而已矣。潛老夫曰：易貴善用，正其用中之體，自然中其時位之節，有物有則，即天則也。

陰疑于陽必「戰」，姚信、蜀才「疑」作「凝」。爲其嫌于无陽也，「嫌」鄭玄作「謙」，陳士元云鄭作「慊」，董虞陸作「嗛」，荀作「兼」。故稱「龍」焉；猶未離其類也，故稱「血」焉。夫「玄黄」者，天地之雜也。天玄而地黄。

元公曰：疑者，戰之始機也。臣弑君，子殺父，皆起于一念之疑。意曰：九家云无陽亥地也，爾雅云十月曰陽，此稱龍之特書也。世間有形皆陰類也，聖人告民，以日爲陽。邵子曰：陽來則生，陽去則死，可信掌持天柱地維者全憑陽德。智曰：陰陽本交汁也，亦自輪爲主客體用，不以交而壞其輪也。直方之體，有何疑乎！用則疑生嫌矣。胥月之中，水火喜怒自相制勝，則兩間之成壞，歲氣之盛衰，五行之生克，莫不與人事同幾。即可以人事之嫌疑而嫌疑之，即可類其無情造物之嫌疑而化有情之嫌疑矣。玄黄之血，純粹之精，雜二爲一，類自合離。陰能凝陽，陽即用陰，皆消息也。學問之幾，惟從坤元得乾元之消息焉；人事之幾，惟從陰偶得全圍之消息焉。純坤之月，即是天門，剥、復出帝，尚經陰止，戰戰冰霜，始終皆血，誰迷而得主乎！

時論曰：上天之載，不可見矣。可見者地也，卑而上行，所以載其無聲無臭者也。四德同焉，而先後失得有其方矣。彖繫君子凡四見，文王先以之主坤，周公先以之主人爻矣。主何主乎？乾乾者將何往乎？先後迷覺之幾，主賓義利之介，得喪安危之間，君子辨之，不疑而安之矣。坤盡復者也，復先則迷亦必得；坤交泰者也，泰後則富祉有命。天時地利，干加于支；西南東北，維其職矣；圜用于方，知必成能；道在效法，代終即始。文王以坤自處，乾不息于坤中者也。螽曰：後安其分，利安其德，得喪安其位，非乾乾之君子，其孰能之！天以動爲静而致專于地，地以静爲静而致闢于天。地之柔也，西南雖可得，東北亦可喪，陰用其半也。地之剛也，東析南因，西夷北隩，均而平，叙而秩，陽用其全也。惟其德以居方，故其方以辨德也。地道之分先後也，彖見于蠱，爻見于否、同、巽、旅，皆坤所索也。文王起而後其天，即後其地，以爲先在後中。西南之土，東北之土，門户闔闢，爲物主也。此歸藏、連山之皆乾也，此二十二乂之爲卦爻也。有主乎衆變者，而衆常乃役焉，雷常發，風常撓，火常燥，水常潤，澤常悦，山常止。以圓圖、横圖擬之，則位居八；以月卦稽之，則候居亥，莫非後得也。夫先之與後，含之與發，非有貳也，行不踰時也。乾變而坤化，乾明而坤光，非化非光，則孤陽不生，孤陰不成，安貞之順，大元至元，豈有分乎！三才之合也，統于中，繼于善，素于位，生于積，極于雜，介于疑，密于代，藏于隱，從于類，而始終慎辨之，則有理焉。由中達外，有事焉。臣子者事業之始，玄黄者事業之終，慶殃者事業之餘，而敬義者通理之本也。通理則無旁非中矣，中旁皆通，則常變皆常矣。繫傳窮則變，變則通，取諸乾、坤，以其有大常也。合微顯名實而就事切用以指之，正君父之位，通忠孝之理，順其理則善，逆其理則不善。辨之蚤則殃消而慶長，辨之不蚤則其漸者在身，而其餘者及子孫後世。初之于家而上之于野，家之于弑而野之于戰，危哉！蓋理欲其辨也。君子法地以禮，故先辨善，又辨敬焉，又辨義焉，又辨其中通焉。曰敬，則無放宕以爲善者；曰義，則無畏葸以爲敬者；曰中通，則無膠泥以爲敬義者。取象于圖，則内直外方，而皆圓者也。事業貴于曲成，而主敬無害直養；事業崇于圓神，而徙義不踰方智，復何疑乎？乾三惕終，坤三代終，乾四躍而无咎，坤四隱而无譽，其不疑一也。無非事業也，無非文也，無非含隱也，無非理也。坤善奉乾之智，以辨乎八八之方，以坤一位承乾六虚，而黄中之理通矣。觀象者曰河圖一龍馬，而乾坤分之乎？乾龍乘坤馬乎？立象而通理，可无疑矣。河圖變洛書而去十之五，爲皇極正位居體矣。五事庶徵，理無疑矣。以相尅爲相生之用，理无疑矣。休徵陽道，咎徵陰道，陽无疑而陰有疑矣。狂戰肅，潛戰乂，豫戰哲，急戰謀，蒙戰聖，未離其類則恒若矣。從其類而賀戰勝，則時若矣，長子生矣，六龍化爲一龍矣，從此人間皆玄黄之雜血矣。君子以中理旁，以純理雜，故曰純亦不已，雜亦不已。

智曰：乾繫四詞，藏一而已；坤繫西南東北，足耳，何長言耶？曰先後矣，曰得喪矣，重列兩利兩貞，而以安爲吉矣。有知安之道者乎？天地主矣，是六十四卦之通理，而于坤中暢發之者也。天自凝地以凝諸法象，而自爲之用焉；乾自爲坤以立體，而自爲之用焉。坤皆乾也，乾豈能一息離坤哉！天尊地卑而即曰卑高以陳，此以歸藏爲藏知崇于禮卑之易用也；動静有常，此藏時止時行之連山于歸藏者也。子曰吾得乾坤焉。伏羲畫卦，堯舜授時，周公成文武之德，祖憲具千聖之法，皆用乾于坤而旋轉天地以爲泰者也。積辨敬義，是資生之常也，以迷爲專而後得主，亦在乎正體通理而已。主中之主，大常豈有失乎？乾終標不失其正，而坤乃詳著其迷失與得常焉，直方者豈能逃此先後耶！知得失而不疑，即以厚載其無得無失者矣。一无首，三无疆，安哉順乎！

屯䷂蒙䷃

玄子何氏曰：天地開而雲雷見天用，山水見地質，猶之天先地也。男卦先而震始交者也。屯貞震，故初主君道以亨坎；蒙貞坎，故二主師道而艮成；中皆互坤，君師爲統衆也。元公曰：始交而震坎艮相連，昉于圖書之位，坎天一也，先震後艮，序也。潛老夫曰：屯、蒙首用三男，而實坎離二宫之卦，廣成子于屯、蒙運行日月，得寓象也。以三貞悔之十二節言之，此與乾、坤爲第一限，重政教也。智曰：屯、蒙一對，治教即心法也。貴習乎險，而即動以止于不動；貴正其初，而以明養其不明者也。經綸有本，當知建侯而難亨者，爲主宰造天之光明；果育有源，當知順巽以應包者，乃盡發擊接人之正法。石塘子曰：君全貴師教，師全用君道，不明主宰以造天，則芒芒昧昧，無將兵將將之權，而難長矣。膏之以賢人之理水，此小貞吉也。遽以無可無不可之極則施之，此大貞凶也。天地方以利欲爲大險坑、大桎梏。開需市，置訟獄焉，不以順巽者果而育之，以時中者養而止之，又何能包之乎？包而不以實接之，乃于倫常之外穿鑿深隱，以離岐之，童蒙不已漓乎？不知因二之即貞一也。錮其混沌以爲一，而用總殺之酷刑暴禦，則瀆困之蒙且横，而謂已甚激佷，非邪法乎？建侯克家之正始也，倫之即知止矣。以邪正立萬古蓍龜之刑，而修省之教事即經綸矣。此君師習六坎，而懿文旋履之中正法也。

䷂水雷屯

説文：屯，難也。象草出地。屮讀若徹。全曰：混沌加水，或爲渾敦，或爲昆侖。徒昏切、專真切皆通。智按：旾从屯。禮曰：春之爲言蠢也，産萬物者聖也。法言曰：春者木之芚。古以音通相訓。淮南子曰：坤屯⿰牜斗⿰牜修。張衡靈憲注曰：坤屯不分。爾雅：子曰困敦，韻書作倱伅，皆混沌也。證知古以坤屯二卦連呼之而轉變耳。

屯，元亨利貞。勿用有攸往，利建侯。

始交而生長子，伏鼎主器；初震上承五而互坤國土，建侯象；互艮勿用象。乾、坤外具四德者五卦，祇有餘詞，便與不言所利異矣。重耳筮得貞屯悔豫皆八，司空季子曰：文武具，厚之至也。震長曰元，順嘉曰亨，内有震雷，故利貞。車上水下必霸，小事不濟，壅也。故勿用有攸往。一夫之行也，衆順而威，故利建侯。古人隨意解繇耳。開闢立君建籓是第一事，故以初震五王象焉。震動習險，勿用所以用也。西伯專征，亦自道夫。遡曰：武王甫下車，即封堯、舜、禹後于薊、陳、杞，誠有不容緩者。又曰屯以承乾、坤而具四德，蒙則不言元，隨、革爲上下經之中，臨主教思，而无妄本體也。孔子於四德具者咸釋爲大亨，避乾、坤也。惟不兼利貞者仍用元亨。文象具元亨者十一卦，陽爲主爻者七，傳皆釋大，大者陽也；陰爲主爻者四，傳皆曰元亨，蓋言剛用柔之化也。象正曰：冰霜之後戰血已盡，龍起雲興，萬物逡逡然得春矣，故謂之屯。其夏正乎？易猶春秋之義也。貞下起元，王者行事法天地，合萬物，故屯交于坤，日南至而春之。元成曰：乾初爲爻始而曰勿用，屯居諸卦首而象曰勿用，二老二用明以用教，而復以勿用教用，是莊子所歎无用之用也。

象當作「傳」。曰：屯，剛柔始交而難生。動乎險中，大亨貞。

易意曰：爻即交字，不爻安有三才乎？習險自動，貴慎其動，始交難生，天地豈得已耶！大亨以分判其元，而因以貞其元矣。貴賤婚媾皆以慎交爲貞動也。藏一曰：屯難蒙險，原于鴻荒，故贊稱草昧，詞係童蒙。大哉乾元，始而即亨，萬物之生，生即是難。人生之難甚于始生，故孟子以生于憂患亨之。

雷雨之動滿盈，天造草昧。宜建侯而不寧。鄭讀「而」作「能」。

子瞻曰：物生必得雷雨，然其作也，使物不知其所從，若害之而霽見功焉。屯世務往以求功，争功則愈亂，故曰勿用往。然我不往而天下之往皆是也，故利建侯。見曰：屯用屯道曰盤桓，曰不字，曰不如舍，曰小貞，曰班如，皆屯道也。晉文昭烈，備歷險阻，不受人豢以隳其經綸，惟慎重不輕發者乃百折不撓者也。草昧建侯，以係人心，非利之也。志不在侯，故建而不寧。更始諸將，縱飲長安；陳涉才數郡，而高居若帝，志可知矣。故不寧之志，即定於勿往之時。玄同曰：雷雨滿盈，此天所以理人而泯其欲也。不寧者，虞廷之克艱，文周之翼心，孔子之轍環，皆動乎險中，以大亨予世者也，宜而已矣。故曰：義之與比即是一無，三達則五達矣，用達則禮達矣，是謂至誠經綸。

象傳。曰：**雲雷，屯；君子以經綸。**鄭、陸作「論」，荀作「倫」。

藏一曰：雲者雨之未究，泉者水之方動，始生而穉之象。易意曰：古鼎多作雲雷綰綽之象，藏經綸也。雲雷盤鬱，絲縷雜錯，屯結綢繆，而陰陽不紊，此君長婚媾之大經正，而居常幾明之倫具包矣。大人之造天造也，始于絪緼，肫肫淵淵浩浩，形容經綸，莫如子思之手！見曰：滿盈而雨則解矣，未解則騷動如絲棼，挈其端緒，井其條理，在君子矣。玄子曰：以絲法治之，大綱既正，萬目畢舉。經總而分，象雷之自斂而分；綸理而合，象雲之自散而合。

初九，磐桓，「磐」一作「盤」。馬、鄭作「槃」。**利居貞，利建侯。**獨變坤爲比。

朱子以初爲成卦之主。遡曰：主卦每與彖同辭。馬季常以盤旋釋盤桓，與下邅如正合；張横渠以爲柱石，如磐石、桓表、桓楹之稱；朱子不取，而楊與何取震大木塗地下柱石之象。智按：漢張表碑有「畔桓利貞」之語，管子「洀桓」，詩之「伴涣爾游」，東京賦「天馬半漢」，皆盤桓音義也。劉向傳「宗族磐互」，谷永傳「百官磐互」，可證古人通用。依説文當作「般桓」。象曰雖盤桓，則馬説近之。象正亦謂才足御諸侯，而悚然恐不足建一邦。盤桓不寧，周誥極卒寧王圖事，自謂不寧則寧者至，此全屯之道也。畢萬筮屯之比，辛廖曰安而能殺，公侯卦也；孔成子立衛靈，亦遇此，史朝曰嗣吉何建，皆寓不寧而貞動之意。

象曰：雖磐桓，志行正也；以貴下賤，大得民也。

陸公理曰：江海處下，百川歸之。君能下物，萬人歸之。范希文曰：光武以禮下子陵，是屯之初以貴下賤也。遡曰：一貞者大居正也。志在行正，民饑猶已，遹求厥寧，而日昃不遑，其文王之盤桓乎？可知以貴下賤，皆雷雨不寧之志，所以行正也。

六二，屯如邅如，乘馬班如，鄭作「般如」，説文作「驙」。匪寇婚媾。古作「昏冓」，馬、鄭作「婚冓」。女子貞不字，十年乃字。變兑爲節。積變坎。坎宫世。

遡曰：觀象遇屯，即見五王初侯，坎震車馬，乾坤相索之婚媾當前矣。匪寇婚媾凡三見，五行克我者夫，雖寇而夫婦矣。東木西金，震體變兑，有此象。馬融以重婚爲媾，許慎循之。國策講皆讀媾，可知古通，因中冓通媒問名也。陰陽不遽配，爻故隔三，此爲世爻，故以常著之。震馵足，坎輿眚，屯邅象，二陰爲女，應五婚媾，乘初剛而中正反常，故有此象。坎爲寇。十，坤數也。易意曰：分治其土，代天示公，陽貴陰賤，陽君陰民，尊陽之常昭然矣。而以能下之貞著體民之正焉，草昧欲免禽獸，則天造在有別之端矣。女子能堅不二之心，則男子礪節矣。此開天經綸也。藏一曰：如此人而俟之，即大得民；如此女而字焉，即反常道。盤桓邅如，正經綸不寧深心，武皓皆十餘年，靡且四十年，知常而已。玄子曰：初二異操而皆許者，太公濟世爲仁，伯夷惇倫爲義也。象正曰：天道虧十，貞女苦老，君子不以患難易素屯之節也。見曰：初之盤桓，欲得人望，則民心附矣。下賤者，好士也。二應五而知初之傑，故待初事成而後往就五，其子房送漢王出關，乃依韓王成乎！彭越歸漢而楚即敗矣，竇馬向東而囂即敗矣。收天下在乎得人，勢也！智曰：不寧之道宜此迍邅，無可柰何，乃能傷心入髓，而立命即有出路矣。虞稷曰：評十九首者，謂古人深心君臣朋友之間，而託言夫婦男女之際，玩易歌詩，信此血性，吾不知有二也。

象曰：六二之難，乘剛也。「十年乃字」，反常也。

子瞻曰：乘者，濟屯之侯也。二知有五而已，異于五則寇矣。潛老夫曰：誦張籍之還珠吟，亦杜林之漆尚書也。伏生、桓榮，其亦顧協之伉儷乎！

六三，即鹿无虞，虞、王「鹿」作「麓」。惟入于林中，朱鬱儀以爲「誰」，訛。君子幾，不如舍，「幾」，鄭作「機」。往吝。獨變離爲既濟。積變井。

坎爲狐、豕、叢棘，震爲竹、箭，艮手即之，互坤變險，无驅禽之虞官，禽挺入林，人惟陷耳。人位爲君子，艮上爲舍。遡曰：重離中四爻互大過，二巽顛倒象網，約之肖坎，故坎離坤皆象田。秦失其鹿，天下共逐，羽貪而亡，陳嬰智保。陳琳諫何進召外兵曰：易稱即鹿无虞，諺有揜目捕雀，此一幾也。塞曰崔逞、張礪之從禽，豈不可歎！

象曰：「即鹿无虞」，以從禽也。郭京作「何以從禽」。君子舍之。「往吝」，窮也。

易意曰：從禽者，且委身適志矣。嘗歎孔文舉不能爲張竦、徐庶，又不能爲賈詡，何獨悲田橫乎！非不知幾，不能舍其座上之酒客耳。智曰：惕位與幾，首濟屯難，知至在乎一舍。浮雲者，君子之括也。野王二老對光武曰：此中多虎，臣每即禽，虎亦即臣，辭而去。

六四，乘馬班如，求婚媾，往吉，无不利。變兑爲隨。積變大過。

卦二陽各應，故兩言婚媾。變兑爲隨，故四獨許往。藏一曰：爻于三示幾，傳于四贊明，欲人明審居往之幾，利于正也。正曰：屯之隨非隨人也，時也。水動爲澤，雲雨已降，龍馬賁于下，婚媾成于上，霖雨先後，明于隨時者也。逯孝曰：爻止六位，而可以百世之事會值之。二，馬援也；三，杜林也；四，鄧、耿也。釘椿搖櫓，則難與語。

象曰：「求」而「往」，明也。

玄子曰：知己不足，求賢自輔，而往翼戴，可謂明矣。易意曰：奸雄招致人望，豪傑濡足權門，惟明幾者可免。

九五，屯其膏。小貞吉，大貞凶。變坤爲復。積變恒。

遡曰：膏爲雨。詩曰：陰雨膏之。五屯膏于諸陰之小，侯之能建，彼且膏之；若屯膏于初陽之大，侯之不建，勢必不安而凶矣。俱曰貞者，草昧慎擇，俱不失爲貞也。谷永傳引此曰：小貞，臣也；大貞，君也。君吝則凶，臣吝嗇則吉。淇澳曰：小貞以慎重吉，大貞以吝嗇凶。魏崔山以周禮大貞謂大卜，如遷國立君之事。羽南氏曰：此時利有二之小貞，不利有初之大貞，將以巽位光乎？此空外之人，所以鼠思泣血也。導曰：以此爲主藏則可，豈居上治世所宜？正曰：屯，雲雷也；復，冰霜也。此其道不可大，時不可久也。易之大者曰元曰運，小者曰歲曰日。貞者，冬也，窮也。小貞可爲，大貞不可爲也。野同録曰：屯時明告貴賤造端之分，以爵禄婚姻親天下則吉；若閉關高拱，以玄穆爲還元，而鄙屑理財選賢之事則凶。所謂以精失士、太高不祥者也。曰：時位各有其宜，初之震陽動，故利貞；五之坎陽陷，故吉凶并焉。天造經綸，要以不寧爲危微之宜。

象曰：「屯其膏」，施未光也。

直達光明，施命班爵，此亨屯之經綸也。下動宜慎其體，上陷宜豁其用。

上六，乘馬班如，泣血漣如。變巽爲益。

宜曰：柔處屯極而下无應，泣盡繼血，宜也。身液皆水，坎水爲血。正曰：鄭公子忽辭婚于齊，而因以失國。秦穆曰：今之謀人，姑將以爲親，屯之泣血其悔乎！以是而求賢，推陳發滯，亦猶可感也。導曰：同一班如，有應則可往，寓宙何可一日无人？逯孝曰：五爲鉅橋鹿臺，則上爲顛隮泣歌矣；五爲印刓不予，則上喉而疽發矣。

象曰：「泣血漣如」，何可長也。

訂曰：子思答費子陽曰：以一人之身，憂世不治而泣涕不禁，是憂河水之濁而欲泣清之也。新亭藉卉，周顗中坐，相視流涕，王道變色而言戮力。嗟乎！大不如前灑淚時，此聲亦雷雨矣。揆曰：田横似之。

時論曰：三男繼乾坤凡六卦，彖繫四德凡五見，屯、隨、臨、无妄、革。而屯首六子，以承四德，故封建立焉。以不寧者開屯，以勿往者善動，有始幾矣。地天交則爲泰，剛柔交則爲難；天氣下地，地遇險，未上通也。初剛破積柔，是坎宫之再變也。交始于初，難生于動，難以亨難，雷從中起，所謂充滿潰亂，澒洞勃健，若將害物而物以之亨者也。天地謝亢而以造之權予君師，乾坤息戰而以造之權先予侯矣。盈天地之間者，惟草昧之萬物。盈天地之間者，非貪淫之坎窞乎？故以習信之權託剛中，而以顛互開成之權託震艮也。景元曰：屯、蒙十二畫，包震艮于其中，經綸法震，行正法艮，故曰大亨貞。君子本自造屯，而尊權曰天，致其恐懼曰宜。其始交而之比也，爲比民也。盤桓以立基，婚媾以聚類，膏血以施下，乘馬以匪寇，見幾以爲取舍，求明以善往來，侯居貞乎！志則行矣，以屯治屯，勿用正所以用也。貞不字者，知節不出門庭者也。侯方立萬古之常，豈私圖網羅以强士者乎！屯而濟則小人勿用，屯而未濟則涉川其汔矣。即鹿入林之難，虞之有機，動之微也。文祖能舍，孰謂丹、均非泰伯耶？三仁夷望，皆各以其幾而各舍者也。豈特竇融、錢俶云云乎！舍之于三，求之于四，乘馬在十年乃字之後，婚媾在三年伐鬼之先。天下隨時，求有必獲，在道以明，得賢得民，經綸所以行乾四德也。誰是作君以養民者，而屯其膏乎？求車賜胙，其澤不下；鹿臺鉅橋，徽纆厥身。事外知幾者悲膏盡而繼血，復何益乎！識時務者在乎俊傑，以貴下賤，風雲相從，逐鹿策馬，猶之飛龍之聲氣也。君子以不寧居貞，天下之心自歸，天下之財自理，天下之難自免，而天地以大造斯民之責奉之矣。納以雷雨，任以水土，皆有天下不與者之光施也。易意曰：居屯者獨與建侯，不獨君擇臣，臣亦擇君，一貞四明，則難中可常可往矣。初之居貞行正，得出震藏艮之學也。

智曰：天作之君而君不建侯，是私富貴矣。婚媾無常，是無父矣。此開闢經綸之綱舉目張也。聖人爲天地條理之，故作易正以經綸，經綸必别必序，而酷以絶物輐斷爲冷汰，或專標無别無序爲渾淪，豈屯見蒙著之義耶！漳浦曰：始交難生，不果不育，以爲亂賊。屯、蒙繼乾、坤而合鼎、革，微微章章，所以防朝帶竊舍也。當問曰春秋始平、隱，怵此夫婦父子兄弟之難生，故凛冰霜而不寧耳。經綸之天在民視聽，而視聽之天實无聲臭，惟此不寧，是屯、蒙之心法也。

䷃山水蒙

仝曰：☶峙上，☵源下，源爲山峙，包固其中，有沕穆洞達之形。後人改☵作工作永，又作澒，因通作鴻。自有永鴻字，古䷃名字不傳矣。蒙本篆，魏莊渠精蘊祥之。[illegible]即鴻蒙二字。智按：古雙聲分合，如鴻蒙、廟貌、麤觕、等埒諸例，合用爲雙聲，分則通用有之矣。冂即蒙，説文作冃，加一于中；即冐也，加豕而冃之，以豕無知之物也。豕與亥近，亥屬豕，孩提從亥，其義也。冡當從豕轉聲。古鍾鐘穜種聲通，潼關即衝關。漢書引詩烔烔即爞爞是也。則冡蒙爲一明矣。蒙唐，蒙草也。濛幪，後分加耳。故爲蒙昧、蒙茸之義。東韻羽脣聲。

蒙，亨。匪我求童蒙，童蒙求我；馬作「來求我」，陸作「僮」。初筮告，再三瀆，説文作「黷」。瀆則不告。利貞。

遡曰：治以教化，君重師道，不教則終草昧之獸矣，不尊師則狎瀆而天下之心愈放矣。二在内爲主。禮有來學，來必一誠，瀆則不告，所以善繼其志也。坎陽，我體也。少男，童蒙也。外至爲求，陽明破暗，坎疑爲筮，筮言神明也。使童奉師，交神明矣。坎再索、艮三索爲瀆，中虛肖口爲告。古三人占從二人言，不以三筮襲卜爲瀆，而以一事屢詢爲瀆也。比之筮象坎再索，故曰原。蒙筮革占，少陽七少陰八，自乘合蓍卦也。潛草曰：屯、鼎交取二長二中，乃四象之中也。蒙、革交取二儀之中，從外加中，而二老二長不與也。故爲筮占，蒙第四以當四揲，所以藏屯參乾坤之兩也；革四十九，以當蓍策而鼎足大衍也。比第六，以當六爻，爲坤之歸，而伏離乾之大有，故原筮也。離爲龜，頤肖離，故初象靈龜；損、益以人道應天之否、泰，故象朋龜；屯、比、鼎、有、蒙、損、咸、革，皆峙也。漳浦謂蒙之教學，其究爲革知曆數。聖人作易以斷天下之疑，發天下之憤，貴使天下不蒙昧其所疑，則筮告者所以養天下之初體也。

彖曰：蒙，山下有險，險而止，蒙。

蠡曰：人心惟危，連呼險險，立師教以止之，而童真可養矣。故欲發其蒙，而即養其蒙。元公曰：蒙者根本无明也。我山既高，而又有血氣之險，止而不進，則是未有修治之功也，故又曰蒙。

「蒙亨」，以亨行時中也。「匪我求童蒙，童蒙求我」，志應也。「初筮告」，以剛中也。

「再三瀆，瀆則不告」，瀆蒙也。蒙以養正，聖功也。

慈湖曰：物非蔽我，我蔽物耳。天有四時，無非教也，達此則不蒙矣。利貞者初不高遠幽深，事親長而已，忠信與物而已。蒙不言元，蒙即元也。老子曰：明道若昧。呂伯恭曰：應生于感，非亢不與學者接也。子瞻曰：時其可發而發之，不可則置之，所以養其正心而待其自得也。荃曰：至理不容擬議，强爲之告，彼將入于意想卜度矣，是瀆蒙也。文介曰：首提時中，乃六十四卦之中也，故諸卦无復言時中者。序傳曰物生必蒙，可以知人生之初皆可以爲聖人。野同録曰：先父謂弟子出孝入弟一節，小學即大學也。時當開闢，與民分判其貴賤造端，爲克家之正法，而渾侖之元，即在此應求之志養之矣。故蒙不言元，而直曰蒙亨。王文成所謂精一之節目，不過司徒五教，無有聞見記誦之煩，詞章之靡濫，功利之馳逐，故易于成德。又況鏤空吹影，皆臧三耳之類，无故而穿鑿其知見，煉狠以逞尊哉！故曰蒙以養正，聖功也。以節目表精一，即以節目養精一。民可使由，不可使知，三風十愆，具訓蒙士，此伊尹所以教萬世之蒙，而養萬世之蒙也。所以然者，何必瀆告乎！聖人知之猶无知也，聖人之无知即夫婦之與知也。□[一]曰：立象无隱，告即不告，藏罕于雅，是養其不告之正法也。淵泉時出，功即是體，時乎羲則畫，時乎文則係，時乎孔則贊，全易無非教學，無非聖功。坎習兑講，臨思觀設，皆亨行養正也。

象曰：山下出泉，蒙；君子以果行育德。

周子曰：山下出泉，静而清也。易圖曰：自冬至之坎，至立春之艮，山水蒙也；立夏之巽，夏至之離，風火家人也。不曰山下有水，而曰出泉，蒙爲屯之反，冬至之坎，月令所謂水泉動也。隅通曰：離火生土而擊石得火，火所生者生火也；艮土制水而山下出泉，是克水者生水也。師法也。意曰：果者順其流而決以正之也，育者包之接之而養之也。以行包知，以德順道，野人不異以爲育，若決江河以爲果，是聖功也。不錮蒙，不苟蒙，則果育全在告者，豈可粗視克家之功而精言玄秘乎！智曰：愚嘗言源分而流合，其所以一者在地心，發于山頂則已分矣，故分即

[一]「□」，底本原爲空缺。

是合。以亨利貞藏其元者，果育之象也。

初六，發蒙，利用刑人，用説桎梏；「説」音脱。以往吝。説文作「遴」。變兑爲損。張祖□〔一〕以「用説」爲句。

宜曰：發者近陽也。坎律爲刑，穿水矯輮而震足艮手連之，桎梏象，兑毁脱象。慈湖曰：昏昧束縛，發時痛掃除之，如我无正法，則我猶未免于桎梏，安能脱人？三一稿曰：權立頓宗之機，其言敲枷鎖者，皆增一重枷鎖者也。曾知自刑自説，而執此酷吏以往乎！因邪撥正可耳。邇曰：初刑上擊，弼教之微權也；中言納婦，王道本諸袵席也。意曰：損慾則伏咸虚，痛之束之乃能感發，故二用時行，一往則吝。神武不殺，一張一弛，聖人自洗其心，與治教之正法，惟在用初而後能包耳。張畫子曰：不徒刑之正法也，猶宜以講説導之，若桎梏以往，則初之幼蒙何罪焉！

此別一説。

象曰：「利用刑人」，以正法也。

〔一〕「□」，原本漶漫不清。

一曰：時中正法，貴善用刑人耳。禮曰政者，聖人所以藏身也；今曰法者，聖人所以養蒙也。羿不爲拙射變其彀率，法當慎之于始。蒙刑師律，皆在初爻；圓圖蒙、師，正位秋分。漳浦曰：屯，春也；蒙，秋也；秋者天地所以告斷也。

九二，包蒙，吉。鄭當作「彪」，陸作「苞」。納婦，吉；子克家。變坤爲剥。積變頤。

一曰乾坤俱爲包萬物者，泰、姤所取也；二亦變坤伏乾，而坎爲中胞伏離藏明，故有納婦克家象。家艮象，爻見三男，故云子克家；巽見三女，則史巫紛若矣。易意曰：道必因二，以一統一。兩間之理，皆造端之所包也。乘時者貴，子爲政而太上皇安享矣。元公曰：君者天之宗子，師者天之肖子也，故孔、顔、曾、孟皆以子稱。

象曰：「子克家」，剛柔接也。

易意曰：養童蒙之天，而理其家事，此下學而上達者之時中也。智曰：必用桎梏而必説桎梏，此剛柔接也；明倫立法而阿翁痞聾，此剛柔接也；教學半，此剛柔接也；統別同時，此剛柔接也。虞稷曰：夫子具克家之才，鮮在陰之和，故于柔接有餘慕焉。逯孝曰：範德以平康正直與剛克柔克爲三，克即正直矣，接即平康矣，以乾三德用坤五事，是接也。中庸合内外以和用中，大學慊好惡以格至善，是接也。

六三，勿用取女，虞作「娶女」。見金夫，不有躬，无攸利。變巽爲蠱。積變賁。

宜曰：河圖南北論君臣，東西論夫婦，金夫木婦，二得乾之金體也。艮反躬曰不有躬。郝解曰：三水性下陷，見坎滿者爲多金之夫，舍應下比，變巽風而蠱男，行不順，故不言蒙。象正曰：醫和曰晝選男德，宵静婦德，言穀與蠱之共爲飛伏也。屯之節，女貞不字；蒙之蠱，勿用取女，得南指矣。

象曰：「勿用取女」，行不順也。

易意曰：好貨財，私妻子，聖人憂其不孝，而況誨淫縱欲乎！蠱之相隨，惟女與金，信誓賄遷，亦失利矣，忍厲階耶！此克家者所以嚴勿用之戒，而不偏言隨順一切也。□〔一〕曰：艮方庶徵，蒙恒風若，蠱惑之勢，急如瀑流，陽必用陰而陽必制陰，月窟一陰之勿用，蒙先惕之，所以顔子既聞歸仁，猶事其目，彼不問行順不順，而瀆告自由者，是蒙、蠱之風也。

六四，困蒙，吝。獨變離爲未濟。積變離。離宮世。

〔一〕「□」，底本原爲空缺。

竹西集曰：方圖蒙東困西，與二濟坎離並峙，故有此象。易意曰：此正不知下學上達之寔，而掠虛不告，竊混沌以困人者也。四世初應，故皆係吝；人生必困，實貴懷刑，故著之曰獨遠實也。不克家者，雖離已離人而別矜其獨，乃以獨尊爲桎梏耳，困而實學，即慎獨矣。

象曰：「困蒙」之「吝」，獨遠實也。

陸子曰：千虛不博一實。仝曰：下遠于二而上遠于上也，陽實也。

六五，童蒙，吉。變巽爲涣。積變同人。

艮少男爲童蒙，順巽見互。楊誠齋曰：高宗自以德爲勿類而學于傅説，武王自以不知彝倫而訪于箕子，皆晦而養以蒙者也。詰曰：五于二，學焉而後臣之。正曰：古之聖人，蓋童蒙自求也。衛武公九十而儆曰爾毋以老耄舍我。畊嵒曰：五受教于二，成王虛心當之，太甲從怨艾入者也。導曰：二以父親上，故自爲子；五以師處臣，故自爲童。元公曰：孟氏赤子，老氏嬰兒，函雲氏曰童女轉男，童子南詢，即此表法也。萬法萬行无逃于易，京山謂之竊與其拳廷，何如克家。

象曰：「童蒙」之「吉」，順以巽也。

易意曰：大人不失赤子之心，言其體也；教學以大其赤子，乃爲大人之用。舍用无體，故蒙以克家之陽中，用正法，而體自順巽矣。

上九，擊蒙；馬、鄭作「擊蒙」。**不利爲寇，利禦寇。**「禦」，荀作「衛」。變坤爲師。

艮手震動，擊象；艮止，禦象。誠齋曰：擊者攻其包之所已窮，三苗三監，蒙而爲寇者也，禹周擊而禦寇者也。訂曰：自棄者以不肖而包之，亦教誨也；自暴者頑冥驕梗，不擊則亂我家法矣。三既牆穴穿窬，不可惑其正應而縱其爲寇也。嚴距之，庶窮而返乎？孟子之闢，正冀其來歸耳。正曰：周宣公欲得國子以訓諸侯，樊仲曰其稱乎！乃命孝公于夷宮，所謂蒙之師也。鬻拳則近寇矣。見曰：時中而擊，是禦寇也；不時中而愈擊愈毒，是爲寇也。易意曰：棓聖縱盜，則反擊禦寇之師；絶物鑿空，則先壞克家之法。此皆反戈爲寇者矣。故聖人于童蒙之上更著此象，惟敦艮者以時用擊，不以包廢禦。八八卦爻皆爲寇禦寇之情狀，而包蒙克接之方法也。元公曰：六爲賊媒，自劫家寶，故上九爲童子禦之。

象曰：「利」用「禦寇」，上下順也。

告以禦寇之法，則踐下者順，蕩上者亦順，而亨行時中矣。始終發擊，而巽歸于順，正所以爲包也。荃曰：初蒙自二發之内障也，三蒙自上擊之外障也。揆曰：互鄉之見，初筮也。未嘗无誨，包蒙也。伯禽之抗，納婦也。不言何述，見金夫也。故進之，困蒙也。夢求訪落，童蒙也。闢楊、墨，禦寇也。

時論曰：草昧故蒙，任之則禽獸矣。君必作師，而化乃神于治教中，表其繼善之生機，以安其異于禽獸之生理，是爲天地克家養正者也。无學則荒，浚深則鑿，忽司徒之木鐸而駭叩鯨鐘，豈不瀆乎！棄晨昏之飲食而逼餌丹膏，豈不吝乎！邪法横擊，因欲錮童，執愚民反朴之激語，則廢五教，灰六經，而乃還洪荒之童蒙矣，豈知亨行時中之貞哉！大法既正，應病予藥，鄙夫問我，兩端竭焉，告不告，非執一也。先卿曰：善教繼聲，貴通天下之志，豈以我驕哉！蒙何故昧，求自不時，使之盡心，即以安心。習險也，教思也，神道也，講習也，皆所以養克家時中之正也。家以庸養中，筮以誠養明。初筮者聖體也，發之擊之，无非包之，教學相長，豈舍卑邇有高遠乎！豈舍功而有體乎！山風振育，山泉果育，混混盈科，不讓土壤，淵泉時出，實有源流。萬世爲家，君子理其家事，初發懲窒，中接剛柔，以順倫爲正法，以損欲爲朴刑。有童蒙焉，有蒙婦焉，中行爻位，以陽包陰，使陰之安陽宅也。克家者，乾乾乎？政府之奉天君焉，外内合治，其志應矣。童身之寇，最難禦者，莫溺于女，莫惑于金，此逆聖而阻師，蠱之道也。童心滋長利欲之桎梏則柔困，童心誤中狠勝荒狂之桎梏則剛困。困而學，則艮之實光；困而怠學，斯掠虚而遠實矣。安得震用伐鬼，時行正法，因困亨困耶！涣居汗號，申命有終，赤子大人，何遠而不近乎！蒙雜著而變師克，禦寇利也，爲寇可乎？中男少男，坤之所索，二象順焉，彼不順者，與巽順者之兩類，吾皆順以止之，將合同而化矣，故曰上下順也。觀象至此，歎曰：蒙伏革而離宫之五變也。法貴明，乃養正也。守正法者不明萬法源流以集化之，故正源反爲邪人所竊，而正人竟爲邪流所抑，將欲革面，而彼以蒙面爲高，師如市販矣。且縱世人詈理義爲桎梏焉，意在驢世以奪市魁。而又暗媚詭才者，使以脂滑之偏鋒，護之曰此激權也。又冒之曰皆正皆邪也。噫！

智曰：教多術矣。大冒大激有之，以無明法者故爲偏竊者所惑而不能統之用之耳。邪法刑人，欲人之正。敬仲此語然矣。幸人常性終不磨滅，故謂之良；良不致，則不果不育之蒙也。鑿告之是喪童矣，無告以感其初筮是暴棄童矣。將毁器廢冶以護鑛乎？蒙、恒風若，亦曰蒙以養正乎？女金之桎梏，立意見以縱之，是盜曳之寇也。偏果太甚之法行之不順，亦桎梏也。樹艮門以發險機，是隱伏之寇也。然有脱桎梏以速功而實爲寇者，有不廢桎梏而實脱之者，亦在亨行時中耳。豈定執草昧之盱睢教周孔以後之童蒙耶！剛柔交接，隨流見源，則發擊之權奇，又何不可虚利之，險用之，而出困以歸實乎！

周易時論合編卷之二

皖桐方孔炤潛夫論述

孫中德 中履 中通 中泰編録

需䷄

鄧潛谷曰：需貞乾，所造者天；其坎，天德之孚也。訟貞坎，所繇者人；其坎，天德之陷也。玄子曰：上古弱肉强食，人鬬智力而已。自有聖人而後滋生安生，故與天地參。莊生羇獸窺巢，快其説耳！物生必蒙，胎卵苞甲，爲其穉而護之，天地之仁也。人生而蒙，早慧非福，暴長非壽，不養不可動也。故漸飼食以長其體，漸教訓以正其智，必以需焉。郝解曰：屯、蒙言男女，需言飲食。男女之禍屯聚不明，飲食之禍需求无厭，安得不訟！聖人即以需道需之，而訟歸无訟矣。潛老夫曰：方圖需、訟在西北，近否、泰之三；師、比在東南，近坤之三。需、訟是天地泰、否之關，而師、比以地道治之也。需伏晉而不進，自昭則光亨矣；訟伏明夷而不親，晦明莅衆則得中矣。明天于下而敬義者，孚所以光亨也；恃天好上而爭勝，則孚窒乃險埸矣，故師、比以文武治教之。懿文辨禮，豈得已哉！智曰：上經終明習坎，而首即習六坎矣。屯、蒙以震艮主君師之道，師、比以地制立文武之法，此需、訟一對，託天而生者也，即隱伏此緩急喜怒之患難矣。喜則飲食，怒則爭訟；緩則怠懦，急則隙成，日日如是，至瑣至常，然以剛中處之，即師、比也；表中正而節之，即畜、履也。言任天者欲以消其貪爭，而任天者必貪爭，反用其貪爭，亦因天制天之勢也。名利至險，苟貪後事之吉，則退一步而讓矣；苟爭爲讓，則自訟而光明矣。此險阻即易簡之人生大幾也，明此幾乎？血也寇也，可壺飡矣；逋也褫也，蝸兩角耳。小有言之災患，以中聽而无訟矣，以需窒之而利涉矣。

䷄水天需

全曰：復人作需，而䷄不傳矣。智按：需爲遇雨不進止須者，許慎説耳；徐鉉從雨從天，乃李陽冰之説也。古染擩擱輭通聲，攷歸藏以需爲溽，可證音轉，濡需爲一，明矣。今音須，以需須皆撮唇也，儒从之；以舒徐順序爲聲義，以遲緩須待爲需。

需，歸藏作「溽」，李陽冰作「雨天」，鄭玄讀「秀」。有孚，古一作「甹」。光亨，貞吉，利涉大川。

郝解曰：穉養受需，此造化自然之候也。天地以需運，人物以需壯，道德以需成，水以一滴需江河，土以一塵需泰山，浮操不可致遠，急促不可令終，此聖人所以貴需也。揆曰：健莫如乾，需亦莫如乾，非有過人力量，未有能堅忍寧静者。遡曰：坎中實爲孚。高明内景，天水相涵，故光。乾健坎通，爲亨。知險利涉，坎水兑澤離舟，涉大川象。通言之則陰陽相間，即山川間之也。水弱而險，生成最先，人世風波，每寓意焉。野同録曰：夬在有、壯之先，需在二畜之間，此乾盪後半之中也。五爲卦主，繼六坎之中正也。相須共濟，善繼乾父之健，故傳以不困窮之義告之。屯君蒙師，推心置腹，起死回生，總此義爲湯飲。

彖曰：「需」，須也。險在前也，剛健而不陷，其義不困窮矣。

朱子曰：後世策士但言出奇應變，聖人不然，當需則需。楊誠齋曰：德與位合而後可需，无位而需者，伯夷避紂也；无德而需者，秦未亡而陳涉先亡也。天位正中而涉功者，文武須暇是也。鄧綺曰：乾亥知始，東行以一入坤爲坎，北方養陽之所也。陽必須上下二陰養之。邵子曰：天不息于冬春不得生物，人不息于晝夜不能辦事，息冬含陽皆含坎之維心也，一須二也。淇澳曰：飲食所須而生者而可以生人，可以殺人，蓋觀鹿鳴嘉魚，而知太平不易享也，險在前也。智曰：須，面毛也，借爲相須，許慎以頾别之。凡内與外相須，剛與柔相須，有用與无用相須，猶飲與食相須，皆一于二也。禮曰：西北天地之尊嚴氣也。右義偕藏，藏用也。後天乾始用坎爲需。聖人曰義不困窮，怨尤盡消矣，時命亦濫語耳。爾公曰：立仁與義，配義與道，何不渾渾噩噩而自破析之，以言與乎？可知道必相須而用矣。

「需，有孚，光亨，貞吉」，位乎天位，鄭、虞作「莅乎」。以正中也。「利涉大川」，往有功也。元公曰：遇變而持重者，中心實有主張，故有任事之孚則不爲小喜所動，有證道之孚則不爲浮緣所動。玄子曰：有需於人者，有爲人所需者，五也。往有功，乾有功也。玄同曰：需即是功，人不見也，于其往乃見之耳。易意曰：爲人所需即爲天所需，能養人自相須者，真儒者矣。見曰：需亦事賊，所貴者光亨耳。剛健之人明幾不動，亦不介懷，故惟光亨方宴樂也。賭墅其矯乎！飲醇近之矣。□□〔一〕曰：寇萊公之飲博勝于平陽，文潞公之游宴豈同山簡？君子須者義耳，而功即具焉，非荒也。

象曰：雲上于天，王肅作「雲有天上」。需；君子以飲食宴樂。

干令升曰：坤主饋職游魂，爲爨腥和味之象。弱侯取釀酒爨食之象。項氏曰：飲食以養陽，宴樂以養陰。易意曰：飲食入胃，游溢精氣，上輸于脾，脾氣散精，復歸于肺，通條水道，下輸膀胱，此飲食之取于雲上天也。正曰：君子爲飲食以下逮于民，爲宴樂以上逮于神，精魄旁敷，禮樂鬱興。詩曰神嗜飲食，小大稽首，是需上下逮也。淇澳曰：飲食而至宴樂，有妙義焉，王者非平治不能歌在鎬，士夫非承平不能歌伐木，小民非安居不能歌擊壤，此需所以爲正也。智曰：各具盌竈，斟酌飽滿，教事分藝，皆含哺也。君子信蔬水之恒餐，即醍醐之異味，終食之頃，无非涉川，謂之宴天地于簞瓢，浮大樽于溟浪，不爲分外。

〔一〕「□□」，底本原爲空缺。

初九，需于郊，利用恒，无咎。變巽爲井。

薛仁貴曰：郊遠難，沙近難，泥涉難。兑爲常，常即恒。訂曰：卦中四畫象國中，初上象郊，故需初同人上皆象之。不後一度，不先一度，健而順行，故曰恒。變巽進退究躁，故戒之。藏一曰：郭有道不爲危言激論近之，訂引太公待清，爲其應爻也。賡之余氏曰：横圖震、巽爲中，天地之恒也。屯二傳言常，需初爻言恒，傳仍以常釋之。人好奇異，則失天地之中矣。管寧之爲潛龍語惟經典，利用恒矣。豈患小有言耶！

象曰：「需于郊」，不犯難行也。「利用恒，无咎」，陸无「无咎」二字。未失常也。

智曰：不安于恒常者，非難近人，人自犯難行耳。陸通曰：禍重于地，莫之知避可悟浮雲之蔬飲，即是郊外。

九二，需于沙，鄭作「沚」，孟喜作「沙衍」。小有言，終吉。變離爲既濟。積變蹇。

□□[一]沙瀕水而遠，水已流衍在中矣。虞、荀謂水中之剛稱沙，沙能決水，又約不

〔一〕「□□」，底本原爲空缺。

濫。升菴云：衍，寬平之地也，如昌衍鄘衍，皆以此名。需互兑，訟變兑，皆爲口言。需互在外爲人言，訟變在初爲自言。正曰：公父文伯之母曰祭養尸，饗養上賓，何鼈之有，而使夫人怒也，是需而有言也。隨會聘周，疑王室之有折俎也。王使原伯告之以禮，士季歸而爲軌秩之書，是小言而終吉者也。非是則亂，故吉與亂相濟也。蛟峰曰：或謂王仲淹慢楊素，王曰使公可慢則僕得矣，使公不可慢則僕失矣。邴原始以言爲公孫度所忌，後終歸鄉。衍在中者，謂有餘于中矣。

象曰：「需于沙」，衍在中也。「衍」，古作「羡」。「小有言」，以吉終也。

輔嗣曰：近不逼難，遠不後時，履健居中，以待其會。晁曰：志需者每以言之小不忍而中敗其志者矣。衍在中則非小言所動也。

九三，需于泥，致寇至。鄭爲「寇」作「戎」。變兑爲節。積變比。

仲虎曰：需、漸皆有待而進。郊沙泥，由平原而水際，非人所安；于磐陸，由水際而平原，非鴻所安。三危地，需遇坎曰致寇，剛不中也；漸互坎曰禦寇，艮能止也。无學嘗試，止以速禍，顧厨標榜，罹災必矣。然七國不削亦反，可罪晁乎？敬體互離，乾三之惕，離初之敬。朱子曰：敬大慎小，自不陷矣。玄同曰：需爲天民，達可行于天下而後行之，若謂此時不需，必啓争攘以示必需之意耳。

象曰：「需于泥」，災在外也；自我「致寇」，敬慎不敗也。

玄子曰：狎水者勿咎水，致寇者勿咎寇，自我至之也。正曰：羊羹弗斟，宋師以奔，庖有肥肉，則死士不附。需而節，亦有爛泥乎？□〔一〕曰：獨漉獨漉，水深泥濁。不知敬慎而入水和泥，避迹迹生，能免外之災乎？知其自我，即蹈淵履冰矣。

六四，需于血，出自穴。變兑爲夬。積變萃。坤游世爻。

九家曰：雲從地出升天，莫不由穴。四處坎始，居穴者也。血卦能憂，故見幾而順聽。出穴者，避陽也。正曰：雲雨者，天地之膏血也。需未出也，夬則決矣。趙无衈使伐翟而勝，尋飯有恐色，曰非德不當雝，雝不當幸，吾是以慎。夫簡子即戎而有告邑之心焉。玄同曰：出穴者，望君子用而有以庇我也。

象曰：「需于血」，順以聽也。

〔一〕「□」，底本原爲空缺。

順天命以聽三陽之進也。智曰：坤宮游魂之世，血性自不忘初，今徒欲驕無事窟中，其不能需于血明矣，何自而轉身出穴乎？

九五，需于酒食，貞吉。變坤爲泰。積變晉。

坎酒兑食，水在火上，一變爲泰，直少需耳。玄子曰：禮速客之辭，主人需矣。三陽方來爲客，五爲主人。具酒食以需之，明其爲主也。處險不憂而竢同德之援，光亨利涉矣。困二需五皆象酒食。需正所以處困也，集其人，修其具，機定而樞闔，須時而發，役不再舉，勿謂需于酒食爲易事也。□□〔一〕曰：鄭泰之宴客，顧榮之忘憂，士嘗以此免于困窮，又況蓼蕭之厭厭、杜蕢之揚觶、大風之佐飲、藝祖之柸酒乎？君子以素位爲醇醪，以六經爲肴蔌。倪文正曰：是可以五帝三王之道博奕飲酒矣。

象曰：「酒食，貞吉」，以中正也。

智曰：祈招愔愔，刑民而无醉飽之心，以中正也，豈謂酒池肉林亦温克乎？新序

〔一〕「□□」，底本原爲空缺。

引師曠對晉平曰：管仲斷割之，隰朋煎熬之，賓須齊和之，羹熟奉之，而君不食，誰能强之，亦君之力也。此貞吉之酒食，合天下以爲烹飪，若中衢而置尊矣。

上六，入于穴，有不速之客三人來；敬之，終吉。變巽爲小畜。

慈明曰：須道已終，雲當下入穴也。詁曰：四外卦之初，出尚有可之；上外卦之終，出无可之矣。藏一曰：入即雲霓俟望之人，知君子之必來，而安居以俟之。三人，三乾也。五當正位，爲能召致之客。客以五來，非由上速也。敬取離，又取坎。洪範：「貌：水作肅，肅故敬。」未大失也。總見三陽宜敬之故，陽知險而需，陰知敬而避，緣不論順逆，皆有出身之路。在人處之何如？正曰：夬則出，畜則入，密雲不雨，文德就矣。而豐功未著，猶有酒食而不敢享也。庸、蜀、羌、髳、微、盧、彭、濮，猶之不速也。詩曰：肆戎疾不殄，烈假不遐；不聞亦式，不諫亦入。是敬不速客者也。非文王而誰乎？淇澳曰：致寇，是三自反義；不速之客，是召公戒旅獒義。揆曰：君子以需得遂其進，小人以需得安其所。

象曰：「不速之客來，敬之，終吉」，雖不當位，未大失也。

舊以陽居陽、陰居陰爲當位。六三稱不當位者十，履、否、豫、臨、噬嗑、睽、震、兑、中孚、未濟也。師五謂使不當，亦指六三。九四位不當者五，晉、夬、萃、豐、小過也。又解九四稱未當位，困九四稱雖不當位，旅九四稱未當位。六五稱位不當者一，大壯也。六四稱當位者一，臨也。又蹇六四稱當位實，賁六四稱當位終。九五稱位正當者四，履、否、兑、中孚也。又涣九五稱正當，節九五稱居位中。此合例者也。需上六稱雖不當位，困上六稱未當，噬嗑六五稱得當，何耶？潛老夫曰：邵子謂初上无位者也。噬五象爻合觀，則得矣。易不妨例，而不可以例拘，革而當，是何例乎？聖人觀象而取其義焉耳。

時論曰：此天一生水之卦也，在屯爲雲，在蒙爲泉，在需爲雲上，在訟爲水行矣。大象涉川凡八，需、訟、同、畜、涣、益、孚、蠱。而需居其首。雲天泉地，未成大川之時，可以待之而涉；其與天違行也，大川已成，不可争涉矣。需、訟之險，聖人濟之，豈逃之哉！天道光明，地道光大，最初生水，抱其光于内景，是光之有孚者也。習坎孚亨，乾晦于下，坎孚于上，則晦者明矣。孚貞者，光與利之本也。天實生險，不自用險。混沌初開，以險予屯，制之以動而勿往；君師設教，以險予蒙，制之以止而不告；及至需而天出其健德以制之，則涉矣。動而止，猶妨其陷也。剛健而位天位，則化險于夷，涉之利矣。險非在前，涉而非健，豈知中正之酒食，神行于人世之波濤哉！涉後之立功，皆需前之立德也。君子曰：天地之欲竇，先此口哉！乳爲貪根，而孚窒爲訟，故頤寡其過，爲明習之終；而君師首需之莫險于飲食宴樂，而即以飲食宴樂爲經綸果育之方焉。須義者曰：世之治也，鹿鳴、湛露、既醉、鳧鷖，皆藉宴樂以彰光亨之盛。及其衰也，饕餮沉湎，三風十愆，郊沙泥穴，載胥及溺，而大失其常矣。人心以喜爲生幾，故因其所需而恒之，變巽得恒之半。防于言，慎于寇，出于順，終于敬，而中正當位，是日用之茹吐也。一變井養，再變濟思，三變節制，用恒者改邑不改井也。知言爲風波，而勿逐即得矣。致寇者，不節若之嗟也。郊遠于水外，沙衍于水中，泥阨于水下，非剛健孰能不敗哉！健若畏險，而有功之往實功；險若拒健，而敬慎之聽愈乎。四決可出，五收泰祉，上且畜客，而出入終敬矣。意曰：坎欲其善事諸陽也，坤宫之交泰而遊需也。犯難之情，伏于至順；災外之位，尊于至健。一穴也，可以決之而悦出，亦可以畜之而巽入，何客而非寇乎？何寇而非客乎？不觀需盪一畜之間乎？何謂泥沙之郊非熙熙衎衎者乎？躋堂介福，單厚蠲饎，敬慎威儀，是光亨正中之雲天也，即窪樽土鼓之享矣。豈必以茹毛飲血爲反朴乎？豈必以辟穀奪食爲大丹乎？智曰：莊子畫呂梁之性與醉車之天，蹈淵乎？陸沉乎？其利涉也，有以異乎？教必先養，民之質也。需于酒食，所以浞其忠信之波也。中庸知味，可以君師爲柸罤矣。一須二，二須三，天地間無不相需者，有後而先，不用爲用。曰險曰位曰功，此人間穴之不速三客也。恒初敬終，以吞吐正中之義，君子蓋宴萬世而樂之矣。

☰☵天水訟

全書卦以一字擬之。智按：古雖形聲相因，卦名多以義取，就名論義而已。屯、蒙教養，惟慮此飲食言語之生事耳。飲食必訟，惟口起羞，故聖人以公言名卦，使自訟焉。毛晃曰：訟，言之于公也。言即公之視聽矣，公即分別其厶公者也。徐玄引毛詩雅頌作訟，而頌容通用，可知古合平仄也。商，齒聲。

訟，有孚，窒。馬、鄭作「咥」，馬讀爲躓。惕中吉，終凶。利見大人，不利涉大川。係辭不分險宜曰：坎有孚在上則通，不通故窒。坎加憂，故習坎者惕中則吉也。

健，惟以孚窒而訟；惕中則直，內自訟已；利見大人，則使民无訟矣。乾五大人，互離利見，離舟巽浮，本可涉也。三剛在上，舟重遇風，則入于淵，故不利。玄同曰：卦下當論爻虛實，鼎初以陰顛，井初以陰漏，革初以陽鞏。訟下虛，虛則陷，故不可涉也。胡允曰：中吉，虞、芮相遜也。終凶，雍子納賂，蔽罪邢侯也。元公曰：人生有血氣之險，而又載之以强陽，訟所起也。陰陽相争而不解，則風霾水旱之訟興焉。易意曰：公性寓于獨性中，而人不能知其始也。飲食争勝，剛柔使氣，惟口起患，全身憑生，不通中理，則愈自信而愈窒矣。惟以人爻之惕惕之，以能惕之大人聽之。卦蓍者，傳惕中之命也；春秋者，其拆斷之案也。但提中吉，即化終凶。

彖曰：訟，上剛下險，險而健，訟。

朱子以制伺彼己言之，其內險外健，則自一人之情言。

「訟，有孚，窒。惕中吉」，剛來而得中也。「終凶」，訟不可成也。「利見大人」，尚中正也。「不利涉大川」，入于淵也。

誠齋曰：物有作之而止、止之而作者，民之遜與争是也。訟者争之尤也，故聖人止之。誠而无詐者，必无訟；窒隙无仇者，必无訟；惕厲懷刑者，必无訟；履中蹈和者，必无訟。吉者非訟之吉，无訟之吉也。朱子謂剛自遯來居二，朱升以辟卦起變言，來氏以貞悔言綜，玄子取東坡乾來化坤之説，易遡主貞悔，蓋不過互換而已。胡艮思並列而末以京變言之，爲取剛變柔、柔變剛也。潛老夫曰：一也。易者，衆法分合同時者也。詳圖説。

象曰：天與水違行，訟；君子以作事謀始。

遡曰：小横乾一坎六，後天配洛坎一乾六，故曰違行。誠齋曰：仲尼聽父子之訟，而咎上教之不行。甘陵南北部之禍，始于其徒之相非；牛李朋黨之禍，始于其進之相傾；吴越世仇之禍，始于一矢之相加。曷爲始？曰心也。故君子訟心。元公曰：洛書乾與坎連，然乾飛離而不飛坎，其氣不親也，故天與水爲訟，天與火爲同人。蠡曰：乾坎順行爲需，乾坎倒行爲訟。正曰：訟之興其于結繩之前乎？天與水違，墮也；從淵視天，疑也。□〔一〕曰：可言之天，一氣而已矣。天一生水，

〔一〕「□」，底本原爲空缺。

氣凝形者下流，未凝形之氣則上騰，違行矣。若論其始，則所以爲天水者何嘗違乎？統形氣者與分形氣者，皆一也。陰符曰：天之至私，用之至公，出口入口，人即是我，平心至此，又何争訟之有！君子曰民不見理而見事，作事始知依違因其謀而善爲謀之謀于作事之始耳。女子争桑，吴楚連兵，羊斟争羊，宋師敗績，衣冠聚訟于廟堂，幢席聚訟于壇坫，鬭諍堅固，其勢滔天，逞剛設險，機械日生，不如公言，就事斷始。始何心乎？然後知申韓之爲末憯，而偏言黑塞之反伏亂機也。時惕天下之自訟而中正矣。主治教者審所尚耳，故曰尚中正也。

初六，不永所事，小有言，終吉。變兑爲履。應爻。

宜曰：諸爻乃質成于五而被其德者，不待訊決而心自平，故初不訟。二歸三從四復終訟者，上九耳。初以孚窒，小辨則已，故更訟曰事，傳不可成舉大義也。此不可長，在事端也。正曰：見訟而若躡虎，詩所云不敢暴虎者也，魯叔孫穆子、昭子用之矣。明卿氏曰：人主不可不決小言，人臣不可常構小言。

象曰：「不永所事」，訟不可長也。雖「小有言」，其辨明也。

詁曰：明于正應而不昧于所從，爲離遊之意也。易意曰：華門主賓，明者自勝；

鼠牙雀角，自辨即消。君子豈以小言忽之而不辨耶！觀古今，察倫物，皆以格物爲聽訟者也。

九二，不克訟，歸而逋，其邑人三百户，无眚。變坤爲否。積變无妄。

遡曰：二以敵五，而訟以剛中安禮，故不訟而逋去之。小邑，以待察也，周公居東也。水爲物歸，隱伏逋象。變坤，邑户象。坎眚變坤曰无眚。三百，坤合乾策，舉成數也。智按：大衍曰天地中積千二百，揲四率三百，凡奇用屬乾，成數屬坤。正曰：諫有五，吾取諷焉。以姬公鴟詩竄于東山，古人猶謂之誚，故訟用否德，歸而自守。玄子曰：三百，下大夫制，駢邑可證。見曰：爲同體，二陰應四上，而激成訟也。不克訟爲兩剛近君，不敢齒路馬之義也。待罪下邑而已。

象曰：「不克訟」，歸逋竄也；自下訟上，患至掇也。鄭作「惙」。

□□[一]曰：自下訟上，反言以明二所以竄伏之故。嗟乎！患之至，皆人自掇拾耳。

[一]「□□」，底本原爲空缺。

六三，食舊德，貞厲，終吉；或從王事，无成。變巽爲姤。積變同人。

子瞻曰：食而忘之，不報，猶食言也。宜曰：舊德，天水一氣之始德也。三上卦成，正違行處，故食白水之盟，龍蛇之誦，非訟乎？我有德于人，不可不忘也。不忘而訟彼以貪成功，豈從王者之義耶！介推可耳。荃曰：此坤三无成之舊德，六十四皆乾、坤之變故也。正曰：匪教匪誨，時惟婦寺。富辰曰：以翟女間姜任，且棄舊也。既而王黜翟后，翟人入周，食舊德，襄王无有焉。從王事无成，富辰之謂矣。史懷曰：郅惲上書王莽，令還位劉氏，幾枉虎口，及爲漢將陳俊請禮授以軍政，所向有功。惲耻以軍政取位，始終以教授自處，有李通、鄧禹之高識，而不與共功名，鴻冥龍變近之矣。

象曰：「食舊德」，從上吉也。

玄子曰：舍其二之舊德，以從上九之正應則吉。

九四，不克訟，復即命，渝，安貞吉。變巽爲渙。積變家人。離游世。

宜曰：變巽伏，故不克訟。此離游魂，以世爻乾變巽爲復，與小畜初同，反變重巽爲命，變而互震，渝象。四爲近臣，有違于君，即渝而請命，命而改，故吉。正曰：

訟，渙可利涉矣，然訟者津市之道，非可假廟也。元咺之訟，晉將戮衛侯，王曰不可，乃復衛侯。魯獻十穀焉，以衛侯歸，是亦不失矣。

象曰：「復即命，渝，安貞」，不失也。

玄子曰：不失其所有，指初也。石塘子曰：反復之道，幾在初陽。六貞悔之首，著三復于二卦焉。二在乾盪之中，一在坎盪之首，方圓外圍，復至小畜六卦，又至訟九卦，用九用六之義也。在畜者復自道，與牽復，在訟者復即命，蓋畜當巳，訟當申，爲申命也。即之云者，能反復陽始者即是天命也。初爲下卦之始，四爲上卦之始。知復而渝，亦不失矣。

九五，訟，元吉。變離爲未濟。積變賁。

宜曰：大人也。利見者皆无訟，故曰元吉。猶矜片言折獄，非元矣。玄同曰：爻宜陰陽應，訟五以不應吉，見主者之无私。爻宜內外比，而豫二以居間吉，貴高人之不染。正曰：書云「各設中于乃心」；詩云「靖共爾位，正直是與。神之聽之，式穀以女」。人者，質成者也。鬼神，聽訟者也。無曰不顯，莫于云覯，衛武之自訟乎？

象曰：「訟，元吉」，以中正也。

潛老夫曰：正則濡尾，亦元吉也。迹熄詩亡則束牲載書，不可得而絶矣。天地予物以口，即聽人之訟而公斷矣。惟其聽訟而无訟，所以爲元吉也。欲高无訟之大同，而焚春王正月之刑書，其可乎？

上九，或錫之鞶帶，王肅作「槃」。終朝三褫之。鄭作「三拕」。變兑困。

宜曰：或者，三也。錫附命見。離中虚帶象，終朝乾象，隔三位三褫象，變兑毀褫象。鞶帶，革帶也。康成作拕，謂不勝其矜，三拕以夸于人。晁以道、吴幼清從之。玄子以解冠爲褫，雪賦亦云褫珮解紳是也。則康成意近，而拕不必改。正曰：惠王之入，錫鄭厲公鞶帶，是无爲貴錫也。厲之受賜，不拜而出，是无爲貴褫也。晉將與秦論成，叔向召行人子員、子朱三爭之，撫劍相就，叔向拂衣，師曠曰：公室卑矣，其臣不心競而力競。夫三褫自耻，則猶有訟心焉，不如未濟之貴也。

象曰：以訟受服，亦不足敬也。

帶所以束服，互明之也。賡之氏曰：夸悦于人，乃以自悦，衣繡夜行之意，往往如此。聖人曰：亦不足敬也，哀鉞之刺，甚于赭衣。荃曰：古一命受爵，再命受服，二即受禄。令升居三，當受命服。上以應來訟而争之。

時論曰：居戰勞之交者訟乎？乾職戰而既旋于西北，坎職勞而流注于東南，先天乾一坎六，後天坎一乾六，相違而行矣。三才始天，五行始水，本至順也。順則氣合，違則形分，陰陽且然，況人事乎！有訟之違，更復有師之順。需者揖讓之終，訟者征誅之始也。上下相猜，彼已相敵，内外相助，而吉凶並陳，利不利並見，是則險乎健，健乎險，險窒健，健窒險，相持相角，无已時也。將謂非造化之信乎？造造化者謀曰，即以訟之道，惕其自訟而得中矣。惕中，剛道也，終凶亦剛道也。人心險于山川，難于知天，出乎天即入乎淵，水流不盈而成川，激之湍之則深暗成淵，淵謀何若天謀之有終乎？作事貴初，自終吉矣。需二互兑，訟初變兑，言其小者既有違行，亦有違言；其辨明者，履之辨上下定民志也。上不訟下，訟自下始，下烏敢訟上哉？遵禮則不永所事矣。剛來自遯，惟其歸逋，邑衆隱伏，皆所以避患也。此知匪人而歸者也。三食其舊，遇王事而從之，无成也，未牽也，豈非飽德靡争耶！遇時而守舊者也。四從涣而復遊于乾，天命在焉，安貞奉順，故不克訟，此散其羣而安命者也。聽訟者先立乎光明之地，然後能照幽暗之情，必也使无訟乎？中聽不偏，正斷合理，不欲其濟勝也。元吉則有親矣，然健之極者，訟不勝不止也。勝而錫，終不勝而褫，訟胡可成哉？鞶帶宗廟之服，上居宗廟之爻，大憝元惡，争鬭于廟堂之上，福澤降淫，或有錫之者，不下帶而困存焉。書曰訖富，是謂終凶，由其孚窒于堅剛任性之説，而終則倒行逆施不自惕耳。君子上觀天，下觀淵，而我處其中，得不法乾乾，免憂患耶？内訟无訟，是謂格物。

智曰：向疑聽訟章知至爲錯簡，不知乃格古今、格天人、格人我之大險關也。事始于言辨，而終于褫奪，兵戈不得不起，貴圖太平，故畜禮爲重也。人非過此自訟之關者，能食舊乎？能復命乎？尚謂知事始之幾而謀之乎？善謀者莫如大學。

師 ䷆

李仲永曰：古兵民一道，聚之爲伍兩卒旅。地上水聚，聚則師，散之爲比閭族黨；地上水散，散則比。將在下，故主二；統在上，故主五。旴江曰：六師之命，軍无二將；六合之命，士无二主。遡曰：五從一之謂特，此下二對，乃特卦爻也。元成曰：六坎有序，天將雨，必雲雷上作，山泉下應也。俄而雲上天，俄而違行，天自在上，而水已及下矣。下而地中有水爲師矣，地上亦有水爲比矣。此盈科而進之坎道也。潛老夫曰：用尅，則坤禪坎子而起師焉；用生，則坎承坤母而比成焉。先後合環，則同、有在南，師、比在北，故雜卦以繼乾、坤。智曰：老父謂需、訟近泰、否之三，師、比近坤之三者，乾以君之，則平盪六爲需，直盪六爲訟，是泰、否關前後四分之三也；坤直盪三爲師，平盪三爲比，是剥、謙輔坤于巳方，居四分之一，而師、比進居三，以用三分也，坤以藏之用也。君神于藏，神于用衆，爵禄與衆共之，郡縣與衆安之，若善行其畜親，猶井田封建之意也，故明告之以懿文辨禮。

䷆地水師

全曰：帥本[illegible]字，今用帥。帥訛作帀，而説文乃以帀解。智按：古篆[illegible]即獅形，趙宧光故作帠，曰石鼓文具在也。借爲威衆，齒聲。

師，貞，丈人吉，子夏作「大人」，幼清從之。按太玄衆首擬師，而贊曰「丈人摧孥」可證。**无咎。**

康成云：險道而順行，師義也。司馬主兵而曰掌邦政，貞之謂也。兵寓于農，軍伍會于司徒，軍禮掌于宗伯，軍禁狥于士師，四時有田，六鄉皆將，此師貞之道也。宜曰：貞固屬冬藏也。湯武之師，貞下之元，聖人以用兵非一元生育之事，故不言元，況亨利乎？彖係丈人，指伏乾，即二爻之王也，天也，大君也，六五執言而使長子其人也。爻係長子，指互震，則剛中而應，在師中之二是也。見曰：用事久爲丈人。論衡曰人以一丈爲正。按：丈，篆作𠀋，從老人持杖形也。玄同曰：易吉凶論理，故有吉无咎、元吉无咎、大吉无咎、凶无咎之占詞，非術數衍禍福也。嗟夫！後代功成免咎者難哉！詩歌吉甫、方叔丈人乎？趙充國、曹彬近之。郝解曰：一卦占，則九二爲師，五陰皆從；以各爻占，則一爲師衆，二爲主帥，三、四爲偏裨，五爲臨敵，六爲賞功；以上下卦占，則二爲將，五爲君。易者變也，象未可以執一論。

彖曰：師，衆也；貞，正也；能以衆正，可以王矣。

易意曰：乾贊中正各正，坤贊正位直正，屯言行正，蒙言正法，需以正中，訟尚中正，而師重著之曰貞者正也。傳曰能左右之曰以，君師之理需訟，志在正天下而使衆正也。豈徒出之有名乎？此王伯之分也，兵法其一端耳。能以衆正，是曰握奇。

剛中而應，行險而順，以此毒天下而民從之，吉又何咎矣。

宜曰：惟丈人以懷萬邦之心而命將，惟長子體怀萬邦之心而帥師。臧律正邦，能以衆正，此命將者之所以可王也。功成在乎王將，不剛則怯，過剛則暴，一非五應，師變坎矣。險毒象坎，順從象坤。郝仲輿曰：周禮瘍醫以五毒攻之，師曰毒，可知不得已之意。大黄烏頭，良醫非其病不用；君不向道，而曰我善戰陣，尚忍言乎？崔憬曰：亭毒也。毒毓育通。

象曰：地中有水，師；君子以容民畜衆。

陸績曰：坎在坤内，坤中衆者莫如水，穴地輒水，故以地中言。易意曰：水能生人殺人，可藏其大半而用之，朱子謂藏至險于至順，盡之矣。遂溝洫澮川之上，爲徑畛涂道路，井田之明容畜也。无事爲比閭族黨，有事爲伍兩卒旅，井田之暗容畜也。管子所謂内政寄軍令，妙于寄矣。戰國牛田通糧，猶其意也。鄴侯欲復府兵，保甲鄉屯，未可斥爲末法，貴得丈人耳。潛老夫曰：井田兵法皆出洛書。方圖中一環八，此八陣也；井而田之，握奇猶公田也。九州九野，猶此例也。先後合師、比于北，此下襲水土，用地辨方之大道也，故終六坎。聖人以政藏身，豈虚談性命乎？小畜懿文于履，大畜新其无妄，下襲水土，所以上律天時。象表畜，爻表律，可以知公容矣。

初六，師出以律，否臧，凶。晁氏云：「否」多作「不」。變兑爲臨。

知莊子引此曰：執事順成爲臧，逆爲否，否臧則律竭也。遡曰：水易取平，黄鐘起北，九家坎爲律。六韜云：夜半遣騎至敵壘九百步，持律管當耳大呼，有聲應管。武王吹律，推孟春至季冬，殺氣相并，而音尚宫。師曠曰：驟歌北風，又歌南風，南風不競，多死聲，楚必无功。皆其法也。然律始于聲，而此則言紀律也。成功視乎始出，以律而否臧者不用，小人辨矣。待賞功而辨小人，不已晚乎？初陰亦陷陽者，故戒。郝解曰：甲可乙否，而衆否其上之所以臧也。

象曰：「師出以律」，失律「凶」也。

古人不得已而用師，仁義之師也。奇謀詭道，否臧即失律矣。導曰：初者誓師也。出以治軍，歸而振旅，經之以五事，較之以計而索其情，皆律也。

九二，在師，中吉，无咎；王三錫命。鄭作「賜命」。變坤。積變復。

周書曰：天道尚右，日月西移；地道尚左，水道東流；人道尚中，耳目役心。吉禮左還，順地以利本；武禮右還，順天以利兵；將居中軍，順人以利陣。人有中曰參，无中曰兩，兩爭曰弱，弱和曰疆。在師中吉，此之謂也。荃曰：惟在師中則吉耳。否則有專擅之罪，錫命正見將之得專，皆出于君。宜曰：以彖之吉无咎，予二主卦也。自五至二歷位三，三錫三驅，皆此取象。王命以對同人之乾巽取，錫附命見。

象曰：「在師中吉」，承天寵也。王肅作「天龍」。「王三錫命」，懷萬邦也。

郝解曰：无王命則爲專制，書仲翬帥師，惟其无君命也。藏一曰：傳申懷萬邦慮，或不明三錫之義，疑其志于殺也。天寵即王命，猶春秋王必稱天也。

六三，師或輿尸，凶。變巽爲升。積變明夷。坎宮歸。

程傳曰：輿尸，衆主也。古語百人輿瓢，瓢必裂。凡言輿論，輿爲衆也。師旅當專，二有其任，更以衆人主之，凶道也。朱子謂撓敗輿尸象。宜曰：古以車統衆，互坤爲輿。尸，主也，伏乾象。三乘剛而欲逃險，喜幸私庇，如趙穿之撓臾駢，欒黶之違荀偃，或有之矣。南沙謂監軍中制，玄子謂義復五爻，宜作偏裨，然可通論。玄同曰：世應者，卦之幾也。師三歸魂自坎，險故輿尸；晉四遊魂作離，躁故貪進，大有之三歸魂自乾，乾吉而伏陰爲小人是也。

象曰：「師或輿尸」，大无功也。

雖曰或者，然一營敗而全軍必无功矣。若執衆主之訓，則弟子輿尸亦可曰弟子衆主乎？揆曰：抗兵相加，哀者勝矣，人知有功爲功，不知有功之爲大无功也。遂孝曰：弟子任事，出入軍國，猶輿一死尸耳。

六四，師左次，无咎。變震爲解。積變爲豐。

宜曰：老云吉事尚左，凶事尚右。八陣天前衝、地前衡在右，天後衝、地後衡在左。詩云宛然左辟。凡讓而避必于左。左傳師三宿爲次。古紀律之師，屈人以不戰，薄其都邑，猶退舍以待其自歸，不歸乃伐之，文王之是致是附，桓公之師退召陵也。震塗坎退舍象，震亦屬左，來氏曰乾右坤左，夷之左腹，豐之左肱是也。同曰：凡坤在上則隤，左次象；或執偏將軍居左，謂退聽于一，與左次不協。正曰：之解，緩也。春秋書次者六，齊桓三次陘最矣，聶北及匡未爲悖也。韓厥次鄗，叔孫豹次雍榆，无咎乎？得解之意，以用左次，何緩之有？全曰：軍法以殿後爲左。

象曰：「左次无咎」，未失常也。

意曰：彘子既敗，而隨士會以上軍殿，晉伐原以示之信，楚退舍以與宋平，君子許之，以其未失常道也。淇澳曰：左生氣，然左次而用必從右，以死方克生方也。師營曰止，暫待曰次，以吾頃刻不意，以繞以衝也。牧野攻其後以北，前徒倒戈，所謂繞其後者也。城濮原軫以中軍橫擊，所謂衝其中者也。

六五，田有禽，徐作「擒」。利執言。郭作「執之」。長子帥師，古作「率師」。弟子輿尸，貞凶。變坎爲重坎。積變革。

班孟堅云：禽獸通以禽言，爲人所禽制也。坤坎皆田。遡曰：師五前爻實，象合圍之田有禽；比五前爻虛，象三驅之田无禽。變坎中肖口，而具艮手。虞仲翔曰：長子謂二，弟子謂三，同坎體其弟也。震既侯屯，坎以嫡子爲長子矣。玄子曰：秦皇、漢武，窮兵以索禽獸矣。五非好大喜功者，患在弱而多疑。程子曰：任將不專而致敗者，荀林父邲之戰、郭子儀相州之敗是也。意曰：魚朝恩一觀軍容，豈惟喪九節度，唐卒以此例亡國矣。宰相握將將之命，而中侍握宰相之命，后世明鑑覆車，而猶然蹈其故轍，是可痛也。

象曰：「長子帥師」，以中行也；「弟子輿尸」，使不當也。

蠡曰：使不當，見非中行者之辠也。一使字，係民命之生死如是。農父曰：慶鄭殞韓，惠公同凶；先軫殉箕，襄公之過也。□□〔一〕曰：裴度請勿置監，而淮蔡以平；李德裕請罷監軍，而三鎮皆定。然贊皇矜忮，未爲丈人，而晉公則終不勝鏄、异、逢吉之諸小人弟子矣。夏曰：謝萬撫順荒餘，殷浩用違其才，然即使爲令僕，亦輿尸也。

上六，大君有命，開國承家，小人勿用。變艮爲蒙。

仲翔曰：同人乾爲大君，巽爲有命。令升曰：正開國承家之命於宗廟之爻也。國坤象，家艮蒙。遡曰：師上坤變艮曰承家，損上艮變坤曰无家。卦多陰曰小人勿用。艮，止也。司勳掌六師賞地之法以算其功。王功曰勳，國功曰功，民功曰庸，事功曰勞，治功曰力，戰功曰多。正曰：丈人畜衆，小人喜功。胥臣曰：童昏不可使謀，亂可待也。未見君子，寺人之命，蒙之所以終也。心易曰：蒙三曰勿用取女，師上曰小人勿用，何其斷耶！世偏好狙詐之術，而更高譚无別以容畜之，必

〔一〕「□□」，底本原爲空缺。

亂而已矣。

象曰：「大君有命」，以正功也；「小人勿用」，必亂邦也。

子瞻曰：師慎始終，慎小人也。出嚴其律，還正其功。小人所由用事，先自不以律始，或能奇勝。夫能以奇勝者，豈可與安居哉！見曰：敗而冒功者，即暗投君寵者也。大臣奉君命論功行賞，則寧拂君命，正在此時，豈惟功臣灰心，後憂大矣。野同曰：乾坤始著小人勿用，此周公之揭書也。孔子必之難平君侈，自謂无妨，必反厭大臣之執持者。逢迎是以根深，銷鑠是以易入，傾輈繼路，載胥及溺，欲正君命，誰格君心。權德輿曰：西漢亡于張禹，東漢亡于胡廣，而不罪莽、操。崔羣曰：亂非在天寶十五年，自開元二十五年，罷九齡，相林甫，此亂本也。

時論曰：井田封建，自相表裏。廢阡陌未爲毒，而棄灰驅戰乃毒；改郡縣未爲凶，而无首之後夫愈凶。井田封建而以小人匪人爲之，能免毒凶乎？聖人有不忍言者矣。聖人固如小人匪人何也？衆亦忌之，輔亦忌之，故曰「師，貞，丈人吉」。淮南曰：善用兵者，用其自爲用也；不善用兵者，用其爲己用也。温公曰：治衆而不以剛，慢而弗振，用剛而不獲中，暴而无應，于君則身危，所施弗順則衆怒。傳曰：師衆以順爲武。吉无咎者，丈人福也。君子曰：水行地中，衆藏民中。兵之名其可耀乎？容之以三時勸農，畜之以一時講武，斯即萬法四之一表法也。師取軍五之一，旅取師五之一，軍取五萬中四之一。六軍之一猶五也。五中爲一，則倍四爲八，此八陣握奇之始也。聲律紀律，兵械尤重。師之容畜，臨之容保，以生道殺民，有教思焉。意曰：師出則正其律，師休則正其功。險于外猶淺，險於内獨深。起訟興師，皆内險也。聖人憂焉，戒以否臧之凶。

程子曰：臣道无專，惟閫外之事則專制之。初師既出，二師在中矣；三錫璽書，示專任之皆天寵也。此我王之懷萬邦也。萬邦懷天，即懷王矣。師，升而勿恤，則抱虚邑之悲；師、解而來復，則孰得朋之信。記曰：陽道律順而左旋，四比初律，故曰左次。最痛輿尸，因此柔險掣曳之弟子，參撓長子者，則柔猜聽熒之君也。比之時禽在前，當開三驅之綱，而神武在乎不擾師之時禽在田，當申三錫之命，而師出皆懷王德，執言之利，審所將而已矣。五變入坎，重險防凶，師之所忌，陽用其人而陰有以變之，故曰使不當也。上功成矣，豈使蒙昏亂之乎？始命有律，是以終命有功，小人勿用，凛凛哉。

嘗就易辭論之，師所重者錫命剛中也。剛居三爲謙，居四爲豫，剛初閉關，而迷之者以其君凶。天地交泰，未能免告命乎？師含于水而發于火，則離上之首嘉，兩濟之伐鬼，上下經大業存焉。炫明則晉止伐邑，明夷則南狩爲一大變矣。師以雷豫，亦以雷□〔一〕，是益極招損也；師以山謙，亦以山寇，是蒙極往屯也。萃除戎器，夬戒暮庭，解寇因蹇，需致訟爭，人發殺機，爻盡情僞，何往而非師乎。所最切者，師轉爲比，文武交濟，錯伏同人，類辨乃所以容畜也，終賴大君有命。危哉兵乎！容畜法壞，秦鞅自斃，而三户開流賊之鋒矣。郡縣傳舍，料民太疎，名分實併，疊耗䀿畝。三代以下，皆流民成賊，土崩瓦解，旄頭乘之，哀哉！漢南北軍，唐府兵，宋廂兵、禁兵、民兵，明京衛、外衛、邊衛，始未嘗不分穊異蓑；刀犢母驚，後能免望屋飛食耶。容畜之似者，屯田也。軍田世及，而二三世無審編，則兼并詭射矣。民以躬畊措年例諸餉，而急更取諸召募以害畊。括民豢兵，縱兵殺民，掠地攻城，亂自内出，由夫吏殘將虐，綱紀不張。政府命制文武，而貂璫潛制

〔一〕「□」，原本爲壞字，存目本作「擊」。

宰相。士夫高談，鄙屑經濟，貪稱麟鳳，畏讚韓范；賢者建牙，便恚失職，臺省氣食，噏舌怙權。偶得二三人疏附奔走，而彼已未亮。成敗争于芒芴，中朝且執一切文法，絆繩周内之，既任督撫，而御史監之，中貴人禁旅壓之，復命閣學統之，即有知兵者，手足何措耶？苟晞之牛，哥舒白駝，彌縫而已。是以興發萬萬，委諸泥沙，建置頻頻，位如草芥。厮養之役，縣金印；窮奇之族，胙土茅，豈其中無一丈人長子耶？顧無如弟子小人何，痛哭亦何及矣。

智曰：乾、坤定位，而同人與師相對，司春秋焉。天道克乃能生，人心克乃能復，誰戰勝乎？消息貴出政府，而機權旁落則亂矣，家親作祟心亦有監軍之否焉。遂欲並掃臧否，毁其正律，不能類辨。烏乎同人！以毒攻毒之機，反爲小人所竊用，豈不殆哉！貴將將者，知將而用之耳。

䷇水地比

鄺氏曰：一人反從爲北，二人相背爲比，此亦後分，古蓋一字。離則南篆之訛，加烏爲離耳。比爲羽唇聲。智按：先後天合師、比在北，同、有在南，鄺説亦有闇合處。卦名字名，有以形取聲取者，有直以義取者，止菴作注，何拘也。

比，去聲。吉。原筮，元永貞，无咎。不寧方來，後夫凶。

宜曰：師二爲五，衆陰順從，故吉。君在體元永之即貞，一再審而知其爲乾德之君，則亟比之，勿後也。玄同曰：漢祖興而絳、灌之屬多故人，義若田横猶然不免，先後之故可思已。馮厚齋曰：比、萃義同，第萃有分權之四，故元永貞在五；比无分權之陽，故元永貞在彖。原者再也，猶周禮原蠶、左氏原田、漢書原廟也。蒙剛中在內卦則初筮，比在外卦故再筮。不寧反坤象，故射示諸侯不朝貢者，爲不寧侯。比之世，不寧之侯亦方來。方，竝也，坤象，故亦作堃。仲翔曰：後指上，夫指五。上位艮背後，今以夫爲通稱。正曰：臣不如君，反師而勝，君盈于上，臣比于下，能无慮乎？故比之有不寧，寶龜之遺告也。先事誡之，推本究之，泝其方來，圖其終永，是可吉矣。

彖曰：比，吉也，本義疑衍。比，輔也，下順從也。

玄子曰：書曰惟天生民有欲，无主乃亂。一家必有主，況天下乎？有比則吉，所以吉也。坤坎爲輿，是以言輔。意曰：孤高无輔，下不順從，自非吉祥善事，故又曰比輔也。淇澳曰：先王之比，自比民也。不寧者，急求輔也。「原筮，元永貞，无咎」，以剛中也；「不寧方來」，上下應也；「後夫凶」，其道窮也。楊廷秀曰：商以離德亡，周以同心昌，故曰比吉。太公避紂，以待文王，馬援舍隴歸漢，曰非但君擇臣，臣亦擇君，故曰原筮无咎。酈生説田横以天下後服者先亡，故曰後夫凶。意曰：永貞，坤用也。夫子曰：此坤永其乾之貞元也，故以剛中著之。

象曰：地上有水，比；先王以建萬國，親諸侯。

子夏傳曰：地得水而柔，水得地而流。莊子曰水之守地也，審正比象也。藏一曰：象言陰比陽，象言陽比陰，親侯所以親民，對師取象。意曰：乾、坤後，以一陽居五位，統五陰，惟比而已。坤宫之歸，大有相伏。師以伍起制，民亦以五家爲比。終六坎爲第八卦，象制八方，以貞悔言，則第五卦也。中五建極，外列八方，河圖全用洛書，封建與井田表裏，故有建萬國、親諸侯之象。智曰：天一生水，天五生土，生數之始終相襲，智信合焉。下襲水土，莫親于水土矣。氣即是水，水藏地中爲師，水顯地上爲比，正以承流宣化，原屬一氣。明德親民，顯安人心而已。

屯初建侯，此言衆建，賈生之少其力，殆所以親之乎？雖改郡縣而能講明親，則承流宣化，猶是一氣也。德曰：荀子法先王，不如法後王，正爲置三皇而法三代也。張江陵引之，貴法漢唐，以其事勢近也。知法此卦之旨，則柳子厚封建論，起莘亦不必争。

初六，有孚比之，无咎；有孚盈缶，終來有他，古作「它」。吉。變震爲屯。

宜曰：特卦之爻皆與特應，不以遠近異也。變震而來，比之最早，故再言有孚。震爲缶，雷雨滿爲盈，凡物惡盈，孚則必求其盈。正曰：君子始任，必享其禄，致之不祈其爵，故謂之有他也。天下之失生于飲酒，其孚生于不薦。比之屯見難多虞，易以之始；未濟之解患過少蕪，易以之終。故盈孚濡首，初終異義。它吉虞燕顒若殊致，辨四有孚者，盡其旨矣。見曰：初純誠信，无所觀望，故所效雖微，而必獲厚酬。魯之分地于齊，以先至而多受地是也。

象曰：比之初六，有他吉也。

訂曰：以五非正應稱他吉，故提出初六；若六二，則言内矣。

六二，比之自内，貞吉。變爲習坎。積變節。

宜曰：貞内悔外，内比者心比之，外比者身比之。二疎遠而四親近也，俱貞吉者，原筮之而永貞也。正曰：聽睹内者，其外引絶，乃與衾影自爲婚媾。世見其淵静，以謂之内險；見其卬須，以謂之多援，而君子无有也。傳曰：禮義不愆，何恤人言。

象曰：「比之自内」，不自失也。

慈湖曰：人心自明，逐外則昏。乾曰自强，謙曰自牧，復曰自知，晉曰自昭，比曰不自失，皆以明人心之自靈自明也。玄子曰：五乃二所自有。通曰：居下之道，不自失而已，不必問顯者之待我何如也。

六三，比之匪人。王肅本有「凶」字。變艮爲蹇。積變需。坤歸世。

同曰：三雖間位，與在比中，衹以陰柔碌碌，其比則是，其人則非，故吉凶不著。意曰：師終乃著小人之名，比三始著匪人之名，持世變蹇，偏言順應。凡不以人治人而高夸最上者，皆匪人也，以非人道也，古人所謂不祥之人。正曰：陰近險而委體從之，郤至入周，王叔生見而悦之，召桓公曰陳叔必咎。白公之入，子西主之。葉高曰姦人嗜其疾味。

象曰：比之匪人，不亦傷乎。

一一曰：隗囂不聽文淵，乃其命盡；二唐于莽，是可傷也。蛟蜂曰：宋璟在途，不與楊思勗語；李鄘耻由承璀入相而力辭，爲此傷也。楊收與楊玄价同宗入相，以請託不盡從而賜死，鄘不愈耶。

六四，外比之，貞吉。變兌爲萃。積變夬。

玄子曰：位在四上，故曰上；剛中，故曰賢。賢上皆指五。遡曰：陰爻皆曰比之。正曰：十家五耦，過之必下，謂或有賢人存焉，又況于衆萃者乎？叔向見司馬侯之子曰：而父歾，吾蔑與比而事君矣。藉偃曰：君子比乎？向曰：君子比而不別。比德贊事，比也；引黨封己忘君，別也。君子内比不違其親，外比不遠其讐，喜怒以衆，刑賞以國，故曰觀其所聚。

象曰：外比于賢，以從上也。

意曰：外比于賢，内外一也，合諸賢人以事上也。聖人觀象，會心人事，不必苦泥象家之甲乙刻舟也。

九五，顯比；王用三驅，鄭玄作「敺」。失前禽，邑人不誡，變重坤。積變壯。吉。

訂曰：九五莫盛于比，衆陰皆伏也。先王以四時之畋不可廢，故爲三驅之禮，驅逆之車，驅出禽獸，使就田也。禮，天子不合圍，惟禽獸順而來者取之。五正象，坎爲馬、爲弓矢，坤爲輿、爲衆，互艮爲黔喙，皆驅禽象云。初三四皆比，爲三象，上爲後夫，邑人指二，坤爲邑，二人位，乃五之應也。宰孔舉湯祝網，可當此象。元公曰：比者私也。初乎二四貞，其情私，其道公也。九五大其心以接物，于羣陰若不相涉，可謂顯矣。遡曰：王田不令民，大司建旗國中，井邑各以其賦至，曰不誡田。王者无外，向者舍，背者誅，示可比而民自比，非令之使比也。三苗防風，不能不取，王者何容心焉。正曰：洪範曰人无有比德，惟皇作極。詩曰克順克比，比于文王，惟其厚載。故顯比吉也。

象曰：「顯比」之吉，位正中也。舍逆取順，「失前禽」也；郭京倒失前禽，舍逆取順也。「邑人不誡」，上使中也。

訂曰：此以不偏爲善，故云正中。逆順以向背言，上六乘陽爲逆，下陰承陽爲順，是倒解古文法，不必泥郭京也。邑人不用告誡，則上之中實使之，二五同德相應也。

上六，比之无首，凶。變巽爲觀。

六位初先上後，六體初尾上首。此以上下言爲无首，以始終言爲无終。玄同曰：上變巽爲觀，觀之顒若，乾陽之首在上也。比陰在上，无首象。正曰：觀者，宗廟之道、墟墓之位也。瀆神之與瀆民，其敗一也。陰柔在師保，而天子不制，又以黨比罪其臣民，是教亂也。當衆順之時，而高位是循，主孤于上，民惑于下，君子憂之。元公曰：五陰比人，九五比于人者也。上處比之窮，自外王化，五自不誡前禽之失，上自難免後夫之凶。

象曰：「比之无首」，无所終也。

野同録曰：專鳴圓通而託言无首之道者，此比之不可不觀其生者也。五之顯比，是光明正大之心學也。嚴人禽之辨，而萬物各得其所，豈以垂裳而廢三驅之禮哉！彼窃太上高論以廢三驅之禮者，是比之匪人也，匪人即禽矣。

時論曰：師，坎宫之歸也。地歸于水，則兵由將統。比，坤宫之歸也。水歸于地，則侯以國親。大象稱先王始此，釋師之憂慶、比之樂也。周禮三卜，一曰原兆。基命、定命，大相東土，卜惟洛食，比吉原筮者也。膺命撫夏，畏力懷德，元永貞无咎者也。列五分二，建賢任能，不寧方來者也。防風後禹，譚子後齊，後夫凶也。建之親之，豈惟藩垣屏翰耶？代天食地，與衆共之，此一部周禮之元永貞乎？周公成文武，在師後之比于畜、履矣。筮仕之初，雲雷盈缶，他吉之來，四來應初，以比于五也。二之坎，三之蹇，四之萃，皆思以下應上者。周官建百，內揆岳，外牧伯，匪其人，惟爾不任。是則入告于內，順之于外者，一則曰貞吉，有不失其信之義焉；再則曰貞吉，有觀其所聚之戒焉。夫顯比之世，未嘗无匪人也。匪躬則完，匪人則傷；比肩同朝，往來蹇蹇，惟反身耳。比之元永貞也，坤之元永貞也。天一洋溢，文理土中，蕩無反側，正此寶位。豈不顯哉！四方既平，王國庶定，時靡有爭，王心載寧，三驅有焉。徒御不驚，大庖不盈，之子于征，有聞無聲，失前禽有焉。民之質矣，日用飲食，不識不知，順帝之則，邑人有焉。夫師藏至險于至順猶謂之毒，此實主險以臨至順，而六爻无險之用，乃曰舍逆取順焉。此乾用坤道，文武之成也；於變時雍，堯之執中使之也；柔遠能邇，舜之用中使之也。輔嗣曰：乾剛惡首，比吉惡後，上下犯之矣。初能比，故終來；上无比，又何終乎？不觀其生，乃无其首矣。初從他，二從自，三從人，四從賢，從之路不同，從之心則一。

初、二、四皆吉，三亦不凶者，匪人亦邑人也。驅之不誡，亦容畜也。智曰：君師皆用一武一文之法，故師、比爲習坎之終。顯比者，畜、履交泰之建極，而顯即是密者也。三驅失前，非邵子所云四分三之天道乎？以一用三，以三用一，故三誡一舍，不妨三舍一誡，而全驅不誡之乾坤，總此中矣。旁窺全驅不誡之意而恃之，遂以圓通苟且爲比之无首，而窃託羣龍之无首，豈不終凶？周、孔著之，此則不誡之大誡歟！

小畜☰☴

希夷曰：履以陰踐艱危，致小畜之富安，臣事也。无妄以陽踐災眚，致大畜之利吉，君事也。鄧綺曰：麻衣言履當在小畜之前，蓋一柔自姤變同人，而變履，而變小畜，而變大有；一剛自履變師，師變謙，而變豫，而變比也。謙既在豫上，則履不當在小畜下也。且以大畜反无妄而居下，則知小畜反履而居下，无疑矣。章本清曰：師、比二卦以一陽統五陰，小畜、履以一陰間五陽。陰上爲風行天上，于此觀文；陰下爲上天下澤，于此觀禮。懿文德，即陽剛之中而有運旋者存，郁郁其文，自不可掩，陰含其美也。辨定民志，即陽剛之内而有節制者寓，秩秩其等，自不可踰，禮由陰制也。剛應柔而其文著，柔履剛而其禮嚴，陽中有陰，剛中有柔，博文約禮，非强合也。潛老夫曰：先天豎圓，乾尊位上，右巽左兑，故六坎交乾、坤後，巽、兑交乾以爲序。後天巳亥，乾巽司軸，而自巽至兑以爲用。智曰：師、比之後，乾始合巽、兑而互離，故有文章節目之用，以成六六一輪之終。一陰之上下，皆在人位，懿文旋禮，其用悦人以奉天也宜矣。

☴☰風天小畜

畜，篆作蓄，滋息也，止蓄也，聚養也。省爲畜。小者直中而分之也。訂曰：自乾、坤而下，屯、蒙、需、訟、師、比皆三陽，陽卦用事，至此方見巽之一陰用事，而以小畜名焉，尊陽也，亦美陰也。淮南玄田爲畜，玄月田畢而藏乎？智按：省文隨舉耳。畜爲舌上穿齒，或取玄聲。古與育孝通，陳氏引歸藏作育。祭統曰：孝者畜也，順于道不逆于倫謂之畜。援神契曰：庶人之孝曰畜。孔子閒居「以畜萬邦」，注：孝也。

小畜，敕六反。古本一作「蓄」。歸藏「小畜」作「毒畜」，陳應城引韻注：歸藏作「育」。亨。密雲不雨，自我西郊。

玄同曰：二畜皆肖順，宜從康成訓養。乾在內，天德也。乾合巽德，入而藏其盛，其養小；乾合艮，往而大止，萬實輝光，其養大。象傳俱云畜德，止畜即所以養也。先儒謂文王志在明夷，道在小畜，包容養育，正所以善處商紂之世也。象澤氣上蒸于天得坎半體，陰在天上爲雲，陰爻陰位曰密雲；巽風颺而離日見爲不雨，不雨者，雨未達之天下；自西郊，西郊雨矣。文王以天下爲度也。朱子曰：文王演易羑里，視岐周爲西方，兑象。揆曰：艮二陰力分，故陽進與上九合，爲何天之衢；巽一陰位正，故陰進而與九五孚，爲施行之雨。

彖曰：「小畜」，柔得位而上下應之，曰小畜。

訂曰：六四柔居柔，得位也，成卦之主。體无二陰以分其應，而應之之義亦各不同。上應指五上二陽，助其畜者也；下應之指三陽，受其畜者也。淇澳曰：大小畜者，乾畜處力有大小，非謂艮巽能畜乾也。巽柔卦，故以九五爲柔，此别一説也。智謂兩端无不相入相畜，善觀玩者隨處觸會，不必執一。

健而巽，剛中而志行，乃「亨」。

慈湖曰：小畜以臣畜君，不健不能有爲，不巽或至犯難，君臣未深相知，志何由行？伊尹于太甲自怨自艾，然後志行。天未雷雨，成王未執書泣，周公之志終不得謂之行。詰曰：剛中指五，志行指四，四力尚微，藉九五助畜，于是贊陽出滯，陽所以致亨也。見曰：陰畜衆陽，自耻倖臣，欲結正中人自樹，而君又羅致士大夫與友也，不降其志健巽能之。王毛仲召客，宋璟中席推疾而去，亦剛中志行之一節矣。智曰：小畜圓圖峙巽，而衝交豫、震；方圖峙壯，而衝交豫、觀。九卦起履終巽，正以健巽志行也。巽司八風，望乾以鍵巳亥，而兑以秋成返乾，以此陰卦收陽，終六貞悔之首輪，有以夫。

「密雲不雨」，尚往也；「自我西郊」，施未行也。

遡曰：陰陽相求，陽得陰而化育也。陰行善而衆歸之，上下應，其天人之交與乎？有畜必施，畜猶未施耳。君子以是知周之德與所以王也。藏一曰：巽以行健，猶巽紂之合志耳。

象曰：風行天上，小畜；君子以懿文德。

子瞻曰：畜己而非其人，則君子不可有爲，獨宜雍容講道，如子夏在魏、子思在魯可也。訂曰：天无處不在，姑以人目所及而分上下耳。風无形，故行其上也。鄧伯羔曰：懿讀爲抑。國語衛武公懿戒自儆，韋昭注大雅抑之篇也。抑，密也，遏也，攝其威儀，畜之義也。元公曰：有形之力小，无形之力大。水大勝地，火大勝水，風大勝火，無形也。人心无形，其力最大，故于小畜之巽明之。巽爲風，風者天之劫也。造化之文，皆巽風所變，故君子尚之。鄒德溥曰：風者天之命令，風行天下，令猶未下，天下有風，則以誥命四方矣。詩曰「矢其文德，洽此四國」是也。蓋指詩、書、禮、樂之文也。淇澳曰：不專其迅往而爲雲不爲雨，其小心卷藏非至德能然乎？大畜以自畜，故六爻皆克己事；小畜以畜人，故六爻皆乎人事。自畜无不可必之功，故其德全，而極之多識；畜人有不可必之施，故其德歛，而約之懿文。正曰：吾自修文焉耳。羽南氏曰：文不在兹乎？何其懿也！意曰：文取離明，巽居巳方，吹接二氣于南薰也。雷間一用，風則時時。人人揆文奮武，師、比互用，而柔萬世者必此文德，懿文所以辨禮也。

初九，復自道，何其咎，吉。變重巽。巽宫世。

遡曰：彖取畜德，爻取小人畜君子，非貌取以收名，即迹縻而託重，石顯用貢禹，李訓起裴度是也。初、二遠四，皆以復貴初爲世爻，據已變之乾，則健進而應，四還未變之巽，斯退伏矣，故曰復自道。玄子曰：復與復卦同義。地氣降必復升，天氣升必復降。仲翔云：乾稱道，即升降不已之道。高誘吕覽注云天道運轉爲乾，初得其位，周匝復始，故曰復自道是也。見其畜而後返，不肯由他途以進也。未嘗不應，而不受畜耳。正曰：畢命克勤小物，衛武九十而自謂小子，仲山甫有大功而自訓小心，詩曰不大聲以色，自道之謂也。意曰：陽之反復道也，復禮也。石塘曰：訟四畜初，詳陽復之説矣，此又有義焉。地雷爲復，巽乾爲小畜，皆小横圖之中交二老也。姤、復相伏，而小畜特姤之疊卦耳。方圖泰至坤而復在中，猶泰至乾而小畜在中也。帝出之震，陽先復于北方也。智曰：道自道也，復而已。何其咎，特書也。

象曰：「復自道」，其義吉也。

一曰：外能用陰，而復禮由己，故夫子著其義焉。

九二，牽復，吉。變離爲家人。積變漸。

宜曰：初從巽復，二從初復，巽繩也，一巽再巽而繩相引曰牽。合上下應以觀二自見，自作主不漫應也。玄子曰：三陽同也，故曰牽，故夬卦亦曰牽。變離麗初而牽復。正曰：止于外，閑于家，名利寫于外，則簟席怡于内。君子之學，若取諸宮，非以爲功也；若寄諸鄰，非以爲人也。

象曰：「牽復」在中，亦不自失也。

易意曰：著其中焉，又著其自焉，樂取于人以爲善。

九三，輿説輻，古亦作「輹」。夫妻反目。變兑爲中孚。積變觀。

宜曰：三近四而體交，三夫四妻也。公養際可也，不能正室，責備賢者之詞。九家曰：妻乘夫爲不正，中四爻互睽，反目不相視。反離目見巽，巽多白眼，知反目也。輻輪也，坤方象輿，乾圓象輪，兑毁象脱。若大畜之輻，則輪旁所係之直木，用以輔輻而行。脱之易，係之亦易。卦中乾坤爲輪輿，初上兩陽爲輹，輹在輪輿外爲脱，脱而可設，有待而行，非不行也。此輻輹之辨。詁曰：輻車轑，輹伏兔。正曰：非家人而家人之，其信猶存焉。季武子取卞，公欲以楚伐魯，榮成伯曰：楚若克魯，諸姬豈獲鬩焉？夙何敢不悛？醉而怒，醒而喜，何怪焉？取鄆之役，楚執穆子，既歸，武子勞之，日中不出。魯皐曰既免大耻，不忍小忿，賈而欲羸，而惡囂乎？乃出見之。故畜而中孚，猶可以正室也。君子之道不信于國人，猶信於尹賡。

象曰：「夫妻反目」，不能正室也。

慈湖曰：以道事君，初安汝止，二爲過失已形，而牽復之，三則矢力直諫，上不能堪而乖矣。□〔一〕曰：室雖色不及于市，短轅長塵，與不能制霍衍者有間乎？是反目者猶知其義也。

六四，有孚，血去，惕出，馬云「血」當作「恤」，晁以道云古「血」作「恤」。无咎。變純乾。積變否。應爻。

宜曰：主巽，位正，爻虛，與五同體，交孚无異，不行其私，善補過者也。上合志指五。玄子云：卦得坎半體，坎爲血加憂，然純乾則坎全亡，爲血去惕出象。京房曰：小畜之四，三陽連進于一，危也；外巽體，陰柔道行也。因曰：血，陰物也，惟血去則雖陰而絶无陰之累；惕，乾惕也，惟惕出則非乾而終日皆乾之思。五雖欲

〔一〕「□」，原本漫漶不清。

不孚信之深，其可得耶？　正曰：畜之血疑也，乾之惕斷也。魯僖之雩也，逐佞臣七而雨如注；桑林詰及女謁苞苴，夫以敬躋之朝而有昌讒乎？　不疑不斷，小腆大戒，一龍之漦，而洒旣五百年，周頌曰桃虫維鳥，知此爻則可以无咎矣。

象曰：「有孚」「惕出」，上合志也。

慈湖曰：六四巽體畜君，故相信而和。　夫臣進言于君，至于乖忤者，由臣未能无私，或好己勝，不與上合志也。　竹西曰：風教全係志力所轉，畜所以合，疑亦所以合，陽明責志，志自道也。

九五，有孚攣如，子夏作「戀如」。　富以其鄰。變艮爲大畜。積變晉。

宜曰：五與四同體，實與三陽同德，故應四化四，而富以其鄰。　變小人爲君子，斯之謂志行。　象取巽繩艮手，離麗攣如。　凡並列曰鄰，虛亦曰鄰，不獨巽近市也利三倍曰富。　鄰指四，以則九五左右之力。　正曰：晉文公學于胥臣三日，曰吾不能行也，咫聞則多矣。　胥臣曰：聞而畜之，以待行者，不益愈乎？　由余、郯子學于戎翟，而行信于秦魯，故惟學而行之爲有鄰也。　民曰：作小人畜君子解之，謂使上九皆自託于四，故曰鄰。　哀貴董賢，使過孔光私第也。　上九陽而受畜，如孔光奏殺王嘉，以侯董賢耳。

象曰：「有孚攣如」，不獨富也。

一一曰：以剛用柔，而即以柔化諸剛，是公天下以爲富有也。

上九，既雨既處，尚德載；晁氏曰：卜、京、虞皆作「尚得」。婦貞厲，月幾望；卜作「近望」，孟、荀、一行本作「既望」。君子征凶。變坎爲需。

訂曰：畜極必變，不雨者雨矣，尚往者處矣。變坎爲輿，長女婦象，此陽而謂之婦，明其實陰也。巽納辛月，又坎月離日相望象。中孚言從乎陽，歸妹言應乎陽，此則抗乎陽也。幾望者，乘其未盈而爲之戒也。荃曰：此文王三分有二之象。遡曰：蠱上，微子；訟二，周公；豫二，范蠡；小畜之上，關漢壽以之。漢壽解白馬、申報效、封府庫而即去，是以免婦厲之凶也。誠齋謂鬻拳趙盾，諫至兵逆，豈人臣之願哉！

象曰：「既雨既處」，德積載也。「君子征凶」，有所疑也。

訂曰：君子不幸處疑陽之地，尚敢以所處者爲是，而放意直前，不反顧乎？凡毒鋒翻案之詖詞，皆小畜之極，陰疑征凶者也。郝解曰：義象皆非一端，畜君者好君，六四近九五，如尹訓甲，旦輔成，論道而君心自正者也。至如喜、妲、褒姒，禍延宗祉，陰之累陽，夫豈在多，存乎人自占耳。子見南子，以至平、勃、狄、張，分量不同，皆小畜也。

時論曰：陽止陽曰大畜，陰入陽曰小畜。小者柔而得心位乎，大者不辭上下應矣。小過密雲，彼我之勢已分；小畜密雲，自我之權尚往。雨之爲物，雷過則止，風强則散，在天則滂沱應月，在人則貌澤應血。應夫妻乎？應上下乎？雨不雨之間，君子之所未敢征也，將終于不征已乎？大畜貴止，小畜能懿，懿者善也。善用其陰，乃無茹吐。本清於此觀博文約禮之象，愚亦于此觀畜文姤章之象。藏遇含章，此亦文在中之德也。蠡曰：健巽剛中，有其德兼有其文矣。能令自我之志得行，又能令自彼之志得合，雖曰施者未行，其行也必矣。自我西郊，後天之象。風含雨意從巽向乾，西伯自道也。風從下生上者，品物咸章；風從上生下者，性命藏用。是君子斯文密理，懿畜成德之時，而相遇申命，皆本此爲素履矣。君子象之，初二懿于道義也，三四懿于出反也，五上懿于德鄰也。畜以居身，先逢其吉；畜以涉世，後避其凶。意曰：在陽利乎能復，在陰利于能乎。巽宫之初，即變乾以主其卦，則陽復而陰剥，陽牽連而陰孤脱，陽反而陰出，陽孿而陰惕，陰即孚信而陽猶有所疑耶。二牽復于家，言行與初相守也。三則近四而得敵，逼一索之輿，麗交互之目，而厲婦居前，雖成既雨，我猶在郊之西也。敢曰在室之正乎？夬一陰則惕號，畜一陰則惕出，乾三居惕而四出之，亦教以上合志之道，合之則雙美矣。所望剛中之五，化風成山，化小成大，其志曷志，則孿如之志也；其行曷行，則富鄰之行也。趙汴水曰：小畜九五，進賢之主；大畜六五，養賢之主，豈獨富乎？需而上，既雨既處矣。脱輻之輿至是積載，反目之室納以婦貞，君子猶疑之而不征也。先正謂文王道在明夷，志在小畜。焦何意曰：巽无意制乾而不得不制乾，婦行夫事，臣行君事，去來順逆，時或非常，彤弓專征，寧容不受。祖伊之告，微子之奔，月幾望矣。小心懿恭，以臣道終，此所以爲文也。君子征凶，周公亦追狀其危心乎！

智曰：易之卦名，四大二小，而乾盪有三大一小焉，小畜居其中之半際焉。需又轉泰之半際焉。此畜、履、夬、姤、謙、豫、剥、復，所以亥巳君藏也。臨思大壯而升積大畜，遯浸知觀而萃聚无妄，所以暗轉于寅申也。皆五轉一而應六者也。

文畜以遇品制禮，多畜以教思升高，乾蓋懿大于小，而以履終陰陽之三十畫焉。故不從麻衣坤變之例耳。乾具三大一小□爰首用龍而陰卦大小過，由夏收秋，圓圖小過之□□方圖履位，亦欲大頤小宜者也。正以无小无大之□元，□□□□大之文禮，以畜大小之過，而非禮弗履之大壯，履□□□之大有〔一〕，皆壯而知非，有而不與矣。

☰☱天澤履

全曰：履从尸音致，與㞕同；从復，復行必進也，轉意爲踐履。説文改从舟彳，尸聲。智按：釋名曰：履，禮也。餙足以爲禮，禮者體也。許慎云：禮，履也，示重祭。豐，其器也。礼，古文禮，本于大一也。蓋理、禮、體、履聲義本通，來母喉舌，蕤賓之用也。尸者，象所依也。孔子特曰：物畜然後有履。因其伏謙，曰謙以制禮，非禮勿動，故于乾盪之中，以大壯著非禮弗履之象焉。

〔一〕自「三大一小」下之「□」，至「之大有」上之「□」，原本均不清。

履虎尾，不咥人，亨。

遡曰：先天乾、兑同太陽，後天乾、兑同金。倫常一體嚴和内外，是禮所以一陰陽也。又曰：聖人觀象，隨意皆合，如羲合和嚴名履，而彖主守禮，爻主維禮。守禮者君親至嚴勿犯，此羑里意也。維禮者衡行勿縱，此周公制禮意也。彖虎指君，爻虎指三，不礙其異也。九家艮爲虎，此取乾嚴，及乾、兑西方白虎也。虎首趨前，上口不開，故不咥也。人生危幾，而柔能茹剛，是亨道也。説應從戒慎中出，凛凛虎咥，而禮始行。仲虎曰：易之詞危，莫危于履虎尾矣。九卦以履爲首。或曰艮陽虎，居寅而生物；兑陰虎，居西而殺物。故履虎畏咥，頤虎養人。元公曰：聖人无死地，兕无所投其角，虎无所措其牙，致柔之用也。老氏、子房以之。揆曰：履不處而未嘗忘處者，履道也。

彖曰：「履」，柔履剛也。

易意曰：天地分而人履其中，何微而不危耶？柔能制剛，剛必用柔，此物理也。履帝位者，亦辨此柔履剛之物理，而天下定矣。

説而應乎乾，是以「履虎尾，不咥人，亨」。

訂曰：三與五同功，故言應也。莊子曰：虎與人異，而媚養己者。順也涉世多危，不爲所傷，學術乃見。關子明曰：履之而不處者，其周公乎？

剛中正，履帝位而不疚，陸績作「疾」。**光明也。**

荃曰：乾居上者不一卦，獨履言帝位，蓋履辨名分，雖以六三陰而名卦，其實臣也，下也。上有九五之君在焉，六三其敢僭諸。嚴君臣也如此。正曰：菀柳尚惕之詩乎？以甚惕之臣，事甚蹈之帝，不媚必咥，何以已之，其亦惟禮乎！

象曰：上天下澤，履；君子以辨上下，定民志。

慈湖曰：變化云爲，无非典禮，決非一干清虛浄寂者之所能盡。此老易之分也。柴廣進曰：水洄曰澤，大爲海，海從洄環得音者也。元公曰：天澤一氣，乾、兑同體，此以明禮所自始。訂曰：不云天下有澤，澤在天下，必曰上天下澤，所以嚴大分也。賈子曰：勢明則民定，而出于一道，故人争爲宰相，不姦爲世子，非宰相尊、世子卑也，不可以智求力争也。尋常之室，无奥標之位，則父子不相別；六尺之輿，无左右之義，則君臣不明，而況其大者乎？君子所細辨者，路馬不齒、疾行不弟之類也。天冠地履，豈待辨乎？心易曰：末世託言无首无足者，方欲翻天地，龔帝王，以混人禽，何惜一冠履耶？聖人著此象，早辨其幾矣。易意曰：郤詵云：限以勢之不得不止，則不期靜而自靜；縱以勢之所不得不趨，則不期動而自動。畏志定志，同此養辨之幾，而末季狂波，偷襲禮爲盜首之反語，標无别之高幡，而講學者乃效其荒冒，鄙屑步履，豈非飲人狂藥，責人正禮乎？荀子曰：水深則表深，表不明則陷。禮者表也。禮運言禮本天殽地，得之者生，失之者死，危哉微哉！生死即此辨定矣。旋高之視，離明夬決，此所以收乾、坤首十卦之節，而交天地也。

初九，素履，往，无咎。變坎爲訟。

宜曰：履不處也，故往。絲帛未加染色曰素。兑西方白。應巽中爻爲繩，爲白，所謂白地受采。素正禮之本也。易意曰：糗草玉食，陋巷廟堂，皆素履也。然時當履下，自以淡素爲獨行。自上視下，下即上也，考旋其初而已。觀我氏曰：不羨富貴，不畔富貴，三素皆然。羨畔兩忘，則四位五達皆吾素也。玉峽公曰：吾心淡素之體，原无富貴貧賤夷狄患難，而位之所遭也，君子視如浮雲，自然輕淡。羑里不求自白，而繫象明易，死生不入于心，是真素履。

象曰：「素履」之「往」，獨行願也。

竹西曰：無此願力，則素而不往，乃死水也；无此獨行，則往而不素，早知其變塞矣。龍之潛于六十四卦也，惟此素位而已，詎謂乘龍非乘虎乎？ 野鹿標枝，世忘之矣。 然素其忠信以往者，雖撩頭編須，虎猶鷗也。

九二，履道坦坦，幽人貞吉。變兑爲无妄。積變否。艮宫應。

宜曰：衆取特，虎主三。 初、二居虎後，初遠二近，不坦則見疑，不幽則見忌。 幽人非枯隱也，體悦行中，在事而若无情者，所謂平行无礙者也。 震足大塗，履道坦坦象。 幽對明言，離明在上，則下爲幽，且无應也。 訂曰：惟九二爲履道。九四以懼免，九二以不懼免，諺言虎畏不懼己者。

象曰：「幽人貞吉」，中不自亂也。

正曰：申繻曰變怪之生，則人之精燄以取之。 邪慝動于中，則靈爽亂于上，三辰之災眚，于是或攝之矣。 故中則无眚，幽庭舒步，猛勢之所不搏也。 齊書曰：夜行者獨有。 郝解曰：文王憂勤，有海濱之二老；孔子周流，遇荷蓧之丈人。 然文孔中不自亂，皆幽貞也。 若憤世嫉俗，披髮佯狂，自以爲幽人，則亂矣。 履所以貴中也。

六三，眇能視，跛能履，履虎尾，咥人，凶。武人爲于大君。變重乾。積變遯。

訂曰：眇，一目小也。離目互見，不中不正，爲偏象。兑變震，足之中畫，足跛也。仲虎曰：歸妹初跛，不中也；二眇，不正也。此並書之，惡不中且不正也。互倒兑，乃五咥之也。變剛巽躁，有所作爲于大君之象，閎夭行賂出西伯，賜鈇鉞是也。遡曰：爲，治也。三陰柔而志剛，欲統諸陽，視履不全，計必恣于吞噬，故見治于大君也。邵子以當五霸，歎之也；淇澳以當周公，爲其苦心也。然制禮以息邪爲正義。郝解曰：楚熊虔所以死于乾谿也。揆曰：巽春夏交，故畜象曰文；兑秋冬交，故履三曰武。

象曰：「眇能視」，不足以有明也；「跛能履」，不足以與行也；「咥人」之「凶」，位不當也。「武人爲于大君」，志剛也。

誠齋曰：聖人于六三，憐其志而恨其才焉。其武人而欲有爲于吾君，履天下之至危，夫何罪哉！正曰：鼎鑊滿堂，桂薪无光，動則以爲不祥。

九四，履虎尾，愬愬，馬融作「虩虩」。終吉。變巽中孚。積變巽。

一一曰：居前故曰尾耳，是以老子貴後。君牙曰：心之憂危，若蹈虎尾，涉于春冰。獨漉曰：虎欲齧人，不避豪賢，念此愬愬，終不忘初。曰行願，曰志行，真相應矣。

象曰：「愬愬終吉」，志行也。

正曰：寵利者，殺身之務也；堂陛者，岸谷之路也。范宣子過言，文子杖之；子服它繆諫，孟獻子囚之。賢父兄教天下之事君，而後可以行志，非獨爲緩死也。

九五，夬履，貞厲。 變離爲睽。積變艮。艮宮世。

遡曰：謙以制禮，以履之全體皆實也；夬以治履，以履之上下易位也。在履而當夬位，由五爲禮教之所從出。犯而必誅，權在則然，猶有厲者，勝以武耳。故詞係貞，贊正當，果其不疚，厲亦光明。

象曰：「夬履，貞厲」，位正當也。

訂曰：使人謂己虎可也，而自虎不可也。天之立君，豈縱暴于上哉！禮樂征伐自天子出，亦不必皆有道也。秦皇、漢武，不傷于所恃乎？然臣子當知分定无逃，退之作文王拘幽操，曰臣罪當誅兮，天王聖明，深知聖心矣。

上九，視履考祥，一作「詳」。其旋元吉。變重兑。

遡曰：上與三應，德足服之矣，不夬三而以德化三，必至之符，考旋感應；五搏虎而上訓虎，履和而至，故元吉也。天貞觀，應離日，視考象。天圓旋象，變兑和悦，祥象。武王履銘曰行必慮正，視履所以正行也。荃曰：初往上旋，而履象見矣。踐无不由志爲邪正者，蓋所自處如此，則志可知矣。履不能離視，離視者冥行耳。世謂學貴躬行，而不必知者，何哉？高先生曰：孔子鄉黨篇動容周旋中禮，赤子能乎？百姓能乎？故曰大其赤子，乃以不失。視履旋元，民志乃定。

象曰：「元吉」在上，大有慶也。

慈湖曰：舜禹有天下，勞勤萬物，而曰不與者，在上而旋也。孔子志立不惑，知天命，而曰「吾有知乎哉？无知也」，是在上而旋也。野同録曰：在上旋下，蓋禮教總以下學藏上達也。无可无不可，峻極于天矣。而優優經曲，惟與萬世絃歌飲食，辨分而定志焉，是考旋也。彼未至上而旋者，其視小也。鬬總殺之啞鋒，是不祥之眇跛也。踞最上而不考者，是不祥之獸荒也。曾知禮運乎，運者旋也，元者環中也。苟不敦厚崇禮，而與萬世視之，安能大有慶哉！履曰：忘世出世之標，首上首耳，歸實惟履禮運之田，即履是忘矣。廢學修而夸見地者，是以視而廢履、廢考、廢旋者也。豈非盲虪。

時論曰：履以先天之體履後天之用者也。先天乾統兑爲履，後天兑轉乾爲夬。履在大圓，先乾八卦；夬者履中之一端也。當四陽壯時，聖人斷之曰非禮弗履，況五陽之履帝位者乎？秉剛中正以成光明，必先去其亂者，嘉其志願于行禮者，視其禮之吉祥者，然後上下乃辨，民志乃定焉。定位通氣，上下豈待辨哉！天澤正名，其辨自定。帝畏民志，禮禁亂所由生。使川安澤，所以坊川也。合外内以格踐，而履無非夬矣。冠婚喪祭，車服器用，分别等差，莫敢僭越；事天至高，惠澤不匱，禮之所以有養有辨也，粗迹皆大本矣。履、泰望謙、否，升、訟望无妄、明夷，此四立也。履爲春入夏之用首也，初敦素位，西色爲白，繪後知素，謀始而内自訟，人所不及知也，獨行其願耳。有素位之不願，而後有素履之願。君柄其明，臣詣其幽；武人則的，幽人則闇。禮門義路，不託巧邪，坦坦之貞也。鋪張在外者，淆亂必在内，一抱厥中，無耕獲菑畬之心焉，自不亂矣。同一悦也，同一毁折也，歸妹則跛眇受賞于幽人，履則咥凶受刺于武人，非以三變剛而志乾乎？假如不能謂能，或以堅僻雄悍，決絶不反，駕天吼地，而敢作敢爲于大君之上，滅屑帝王，豈非禮之賊乎？秩叙之世，羣戴一尊，即大臣論道，尚愬愬然敬謹之至，乃以黠知半見，賤僭狂逞其間，安得不決之乎？如其知禮，則以葵丘踐土當之，亦一説也。三四之交，虎尾在焉，彖取亨予卦，而爻取凶予三，取終吉予四，何咥不咥數變也？卦，天履澤也；爻，下履上也。下惡敢履上乎？要之，戴天履地，處以剛疏之志，焉往不凶；處以孚信之志，焉往不吉。而大君覆載，亦不貴其悻悻決人也。艮宫從睽得履，猶未嫺于禮讓者，位正則決之才，位當則決之權，凌厲驕矜，不無大過。意曰：尊君抑臣，而同心一德渺矣。聖人所以保其禎祥，消其乖戾，必底于旋元者不敢不辨也。三能眇視乎上，上亦正視乎三者，明作哲也。素者，坦者，愬愬者，莫不存乎攷績之中焉。彼夫見蔽于天，自謂虎視而厭薄禮教者，皆高而不知旋元于操履者也。夫乾元者，旋而元也；帝位者，周旋中規，折旋中矩，吉事有祥，禮莫大焉。詩云率履不越，遂視既廢，是禮教大成，神人以和之大慶也。三志剛，四志行者，未有臣志不定而民志先定者也。人臣而知禮，則民自无貪亂之志，而豈有壞教叛倫之憂哉！

智曰：乾直即履，序卦所謂物畜有禮者也。故平中在北之壯、畜，以履禮、懿文表之。坤直即謙，九卦所謂履以和行，謙以制禮也。故平中在南之觀、豫，以樂薦、觀設表之。表南北之旋卑藏崇者，觀會通以行典禮也。復、升、姤、无妄，東西之會通也。故畜藏復卦，履藏夬卦，復自知升，而觀生由豫矣，遇能決行而无妄、大壯矣。達天履地，幾深于旋，旋所以玄，玄所以神，而視攷之志始于能辨，辨則定矣。故君師禮樂之教，貴乎致知。

泰䷊否

景元曰：上經二老交，下經咸、恒、損、益、二濟交，六子也。繹曰：首乾、坤，象天地位也；中泰、否，象天地交也。屯、蒙而下，卦全于八，天五爲紀，地六爲制，積之六五合陰陽各三十畫，二氣各平以盈，而天地交。潛老夫曰：辟卦分十二，實乾、坤也，而泰、否爲人道之關。除乾、坤外，上經泰、否、臨、觀、剥、復三十六畫，陰多陽者十二；下經遯、壯、夬、姤二十四畫，陽多陰者十二。蓋加乾、坤而上具八辟，下具四辟，上統三分之二，侵其半也。泰、否陰陽之交，猶乾、坤也。上經申否七月、西觀八月、戌剥九月、亥坤十月〔一〕、子復十一月、丑臨十二月、寅泰正月相連，而獨孤巳乾四月爲首；下經卯壯二月，辰夬三月，午姤五月，未遯六月，皆以夾乾。然先遠後近，以乾巳爲中吕之終律，而生變之始也。上經則泰、否爲終始，以夾坤于天門。天門，正乾位也。乾在坤中，下爲上用。上經合秋冬用春夏，財成天道之藏用；下經分春夏藏秋冬，財成人事之顯仁，則成輔相左右，即此可徵矣。智曰：政在立春立秋之際者，謂方圖之泰、否，在寅申之二矩曲，與辟卦律應也。圓圖則否在亥初立冬，泰在巳初立夏，可知全陰全陽，而又逐節可財，朱子所謂截段之説也。豈漫漫然无所徵質者乎？深幾入神，可與言此。

䷊地天泰

仝曰：泰，篆作𣴎，見禹碑。流通无滯也。智按：説文泰，滑也，與汏通，伯棼射王汰輈是也。又與夳太同。史籀複篆作夳，因而作太，本同大音。漢書横泰河，即

〔一〕「亥坤」，原作「坤亥」，依上文文例乙正。

大河也；秦收泰半之賦，大半也。後加水作泰別之耳。舌徵送氣聲，故天地交而以通泰名。

泰，小往大來，吉，亨。

關子明曰：闔闢往來，天地降躋，亦若東西之視，作易者其闢君子之道而通小人之闔乎？　孔仲達曰：泰而四德不具者，物既泰通，多失其節，所以象曰財成輔相。董因迎重耳，得泰之八，何不濟之有？　玄子曰：八静也，占此彖詞。　石齋曰：此即乾之坤，以坤屬先横第八也。

彖曰：「泰，小往大來，吉，亨」，則是天地交而萬物通也，上下交而其志同也。内陽而外陰，内健而外順，内君子而外小人：君子道長，小人道消也。

朱子曰：人言君子小人相半，不可治急，急却爲害。殊不然。舜、湯舉皋、尹，不仁者遠，自是小人被君子所革面耳。　子瞻曰：泰不及大壯、夬之盛也。聖人安于泰者，小人不可勝盡，迫窮則争矣。　君子居中，常制其命，而小人在外，不爲无措，此泰所以安也。　六初馬氏曰：後世因而談調停以便容禄養交矣。　孫文介曰：内君子，外小人，此用人玅術。　天下君子不數人，小人亦不數人，觀望向背者滿目皆是。君子居内，士氣争奮，小人不得逞，反樂爲用矣。此四之鄰，初之茅也。左忠毅曰：地可見，天不可見；天在下，所以託地也；天在内，所以宰地也。隅通曰：外之不能，乃決之耳。小人道消，易詞也；小人道憂，難詞也。玄子曰：消乎浸乎，消者化小人爲君子也。魏文靖事宋穆陵，進講泰卦，曰在外而心腹是寄，不爲外；在内而情意不親，不爲内。易意曰：天地可名，則君子小人可以名矣。泰卦並舉而揭書之，健順表其德，内外表其位，惟正名以教之，而萬世消長在此衮鉞之裁成矣。玄同曰：消長係乎自心，自心公則泰，故不曰君子長，而曰君子道長也。

象曰：天地交，泰；后以財成天地之道，「財」，荀爽作「裁」，本才也。達財、成材一也。魏其傳「財取爲用」，注：「裁」同。酷吏傳「上財察」，漢書作「財察」。輔相天地之宜，以左右民。

康成曰：財，節也。以者，取其順陰陽之節，以成物助民也。朱子曰：造化儱侗相續，聖人裁之，如一年一周截作四時之類。鄧綺曰：二至二分，四正屬天，圓裁方也；四立四維屬地，方成圓也。廷秀曰：自乾、坤開闢屯、蒙以後，需，結繩之世，訟，汲泉之世乎？畜、履，書契之世乎？泰，堯舜之世乎？古无聖人，則人類滅矣。訂曰：渾而全者，天地之道，裁成以品分其一本；截然而分者，天地之宜，輔相以曲全其萬殊。全者分之，分者全之，亦交通之意也。熊南沙曰：陰陽各三十而泰矣，乾☰也，坤☷也，左右之，使无過不及矣。前之懿文履禮，後之類辨揚遏，皆道皆宜也。潛老夫曰：爻交也，至泰而著交，遂著后焉；復藏后，姤顯后。泰在二圖，司春夏之立，兩稱天地，一稱民，重民用也。

初九，拔茅茹，以其彙，古文作「蒷」，董遇本作「夤」，又傅氏注云「彙」古「偉」字，實當作「㚔」。征吉。變巽爲升。

宜曰：乾實巽，坤實震，故象茅茹根也。一説蝟集須才，則以彙爲蝟也。實是草木㚔孛之貌。正曰：茅，藉自上者也。茹，緼自下者也。以薦鬱鬯，亦各其彙者也。南征升吉，義不退也。

象曰：「拔茅」「貞吉」，志在外也。

訂曰：相安則小人可化，相激則君子亦傷。初志在外，以陽感陰，故四爲坤首，以陰從陽。

九二，包荒，古作「苞荒」，説文作「巟」，虞本同。鄭玄讀爲「康」，云虚也。用馮河，「憑」、「馮」通。不遐遺；朋亡，得尚于中行。變離明夷。積變謙。

玄同曰：包荒，明夷用晦包陰也。馮河，言剛中也。陰陽交通則朋亡，遐无所遺，合天下以爲類矣。有君子則人人皆中行，而得所尚矣。泰、否包象天地，荒坤象；變坎爲河，五隔河，故用馮；乾健，利涉象。幼清以荒爲盎血，二包祭天之血，是又一説。正曰：用晦而明，聖人屢試，觀于多士多方，而知周公之懃也。包荒，仁也。馮河，勇也。不遐遺，知也。朋亡，義也。元公曰：五爲中行之后，二以包荒善其用，或有疑其心，故象推其光大以明之。

象曰：「包荒」，「得尚于中行」，以光大也。

朱子曰：以其中行，方能如此。易意曰：非以光大，則納汙突梯，曖昧藉口，安能得尚中行乎？二五交爲離明，保泰保豐，惟此光大之中耳。

九三，无平不陂，无往不復；艱貞无咎，勿恤其孚，于食有福。變兑爲臨。積變坤。坤世。

宜曰：三近坤曰平陂，地勢也；在乾曰往復，天時也。臨消不久，乾即藏遯，艱貞仍是包荒憑河而已。食猶饗也，兑口象。三四天地交際，故孚。孚以交，正泰之福也。正曰：食福者，猶農社也。胼胝而春，刈穫而秋，風雨晴潦，无不恤也。訂曰：小畜自上畜下，孿如之孚，五下四孚也；泰自下進上，于食之孚，三上孚四也。

此際交則交泰矣。

象曰：「无往不復」，天地際也。釋文作「无平不陂，天地際也」。

邵國賢簡端曰：復，其見天地之端乎？泰，其見天地之際乎？循環而反，及其始曰端，而環未嘗絶也；引繩而適，當其中曰際，而繩未嘗絶也。知无端際者，可與言端際。玄同曰：泰之食福，君子獲饗于小人；否之離祉，小人徼衷于君子。□〔一〕曰：自任之賢，未免頫面，最難者此包荒之量、不盈之平也。但能豁然一際，而平陂往復，如霆逝蓬飛矣。坤宫持世，爲坤轉幾，艱則自貞，恤即是福。君子一觀造化，即心量與之同然，有貞夫否泰、剥復之一者矣。故易爲畫出其消息。

六四，翩翩，古作「偏偏」，釋文作「篇篇」。不富，以其鄰，不戒以孚。變震大壯。積變豫。

訂曰：小過飛鳥，四變有小過之半象。宜曰：有包荒者，而羣陰翩翩矣。才展庶位，虚實相泯，君子忘小人，小人亦忘君子矣。翩翩亦震象，介命戒與富鄰，皆震反巽象。

〔一〕「□」，底本原爲空缺。

象曰：「翩翩不富」，皆失實也。郭京舉正作「反實」，全書從之。「不戒以孚」，中心願也。

遡曰：往外爲失實，四爲陰首，率羣陰往，爲以其鄰，蓋資富實于陽者也。見曰：六四向爲九二所包，志未嘗不同，及至陰氣漸盛，而四之臭味，不戒以孚，時勢使然，九三亦何用恤之哉！故曰皆失實也。易意曰：三四爲心位，以交際而各得其中心之願，此所以泰也。使小人自孚其小人之中心，則雖失陽之實，而總爲君子之包矣。君子豈欲小人之實爲陽壯哉！

六五，帝乙歸妹，以祉元吉。變坎爲需。積變萃。

荃曰：治泰之事，九二主之，六五獨享其成而已。故二爻言事而不及福，五爻言福而不及事，尚如舜尚見帝，歸如帝女釐降，其交如此。仲翔云：震爲帝，坤爲乙，甲陽乙陰也。左夏子曰：宋伐鄭，晉趙鞅將救鄭，筮泰之需曰宋方吉；宋、鄭，甥舅也；帝乙之元子吉。此就姓氏斷耳。緯書孔子曰：易之「帝乙」爲成湯，書之「帝乙」六世王同名。京房傳乃有湯歸妹之詞，荀爽對策，張説作銘，亦皆因之。其實古人明理觸象，而事不必刻舟也。王昭素曰：商王以干名。此陰爻，故曰乙耳。郝解曰：周公作爻詞，據文考時王爲象，則紂父也。訂曰：三四易成歸妹，中互本然，歸妹之傳，與泰相反，寓歸妹于泰者，陰陽之合也。湯以乙生嫁妹，本天地，正夫婦，夫婦正則王教興矣。潛老夫曰：泰以際交爲人道之損，故歸妹居于宫中層，圓圖之泰與歸妹相去三卦，主日出物長之方。八卦大歸，歸于歸妹，五行甲嫁乙妹以配庚，故易言金夫，或言東西鄰。凡君臣朋友之交，嘗以伉儷寫之，陰陽造端之表法也。鄧氏曰：泰、否，先天之中也。否、泰之二五，天地之中也。交不交爲二濟焉，故泰獨表其交象。

象曰：「以祉元吉」，中以行願也。

正曰：君忘其貴，士忘其賢，國不驕其家，婦不驕其夫，願行矣。轎曰：中心願者，報國之外，不知其他，臣之分也。中以行願者，集思廣益，太阿獨持，君之權也。自是臣主交盡。

上六，城復于隍；子夏作「堭」，姚信作「湟」。勿用師，自邑告命，貞吝。變艮爲大畜。

宜曰：坤爲積土變艮，故稱城隍。溝无水曰隍，有水曰池。師邑坤象，震主口兑口爲告，否巽爲命，復與无往不復相應，對否而取。王介甫曰：小者擅命，故曰自邑告命。東坡曰：上失其衛，下思擅命，此周東遷也。荃曰：泰極生否，于三見端，于上要極，警戒也。即消長之理也，守正自保，則止于吝，未必逃亡也。句踐棲會稽用此道。

象曰：「城復于隍」，其命亂也。

慈湖曰：果能翻悔，暴過以誠，亦感天人，亂亡之主喜于文過。天命无常，人道亂，則天命亦亂矣。元公曰：泰上之命，否四之命，皆天也。天有治命，有亂命，而人謀之盡者能移之。

時論曰：四時係乾，往來消息係泰，一變而交，翻車旋下，此六六再輪上經中首也。聖人易簡之詞，他卦曷敢望乎？易意曰：上下欲交，陰陽欲交，健順欲交，惟君子小人凜凜不欲其交，實以君子化小人，而交裁之，交成之也。天之氣周于地之氣，常先三候而到焉；當其透黄鐘，出太簇，徵諸草木，茅茹萌焉；斗柄東指，萬物咸春，君子亦有檬柄焉，同志是也。君子小人初無定象，君子指小人爲小，小人亦指君子爲小，其究小常勝大。六十四卦更端互轍，無非爲君子計。聖人曰：人之處小人，不若天處小人以搘著，則投桃報李，薪櫍皆可茹也；人之愛君子，不若天愛君子以光大，則楨幹下蔭，内外皆同包也。消之與浸，有拔有包，誰非裁成耶？

道不可見，而法可以表，司天地者惟后，通天地者惟志，宜天地者惟民，授時教養，盡于懿文辨禮矣。司木鐸之君子，皆司后之道者也。初之志，惟慮在外之小人，猶有嫌焉，何以拔茹而允升之乎？征吉而南，是彙材之時也；二之光大，用晦而明也；茅茹之後，草木蕃蕪，荒也者，羣小所託處也。河滔滔矣，四方遐矣，朋類聚矣，意見自亡而中行自尚，非侈泰而捐輔相之法也，惟拔之而包之，自能馮之而尚之矣。三四天地之際，蓋難言也。以言乎泰，則臨前壯後，其際雖平；以言乎否，則臨凶壯喪，其際乃陂，奚待城隍而後恤其命哉！后克艱厥后，臣克難厥臣，此其際也。天道環中，政在立春立秋之候，于食有福，耕獲生成之福也。夫陽之壯，常戒其壯，若陰之壯，則不戒以孚矣；陽之鄰，常得實而富，若陰之鄰，則失實而待富矣。猶幸其際，三孚而四亦孚，初志在外，而四心在中，翩翩可復也。泰、否之中互漸、歸妹。泰表交象，二五中行，是帝祉也，是乾、坤之元也。鄰哉富哉，食哉福哉，過此而亂，必其命先亂之，而後亂自邑始，邑恃城乎？山上之天衢轉而地上之隍復矣。否之泰則有命離祉，泰之否雖告命而亂不免焉。尚中行願者，以立極爲告命，非聽之也。

智曰：文王于坤彖著君子之往，于泰彖著往來，而孔子則著消長焉。周公于乾三著君子，于師上著小人，而孔子于泰彖并舉之，則是旋天轉地，權在君子化小人而已矣。分别内外，此春秋日月也。茹才之道在乎包荒，我自命君子，使人無以自容，而怙才角黨，豈光大中行者乎？然遂有委蛇脂韋，以爲中行者矣。故包荒之中，有馮河之自强行健焉。包睹聞之荒，而馮不睹聞之河，左右逢源，造化在手，豈有小人往來角立之波耶？故曰告命。所以立命，貴在知命〔一〕。

䷋天地否

乾、坤十變方泰，何其難？泰一變即否，何其易？惕矣。淇澳曰：紛紛趨亂不止，以君子之貞自恃也。貞者進退有法，利害禍福不計耳。然必包承而後謂之大人，漢冲、桓，宋哲、徽時，正氣日塞，君子不能静固默挽，角力雌黄，卒以否亡，君子之貞不利，豈小哉！玄同曰：委蛇以覆其貞，乃能羣小人以化小人，不則小人

〔一〕此下原本缺一頁。

疑而君子遠，化何由乎？然惟確乎不拔者乃能如此。可歎人自匪耳，于否何尤。

象曰：「否之匪人，不利君子貞，大往小來」，則是天地不交而萬物不通也，上下不交而天下無邦也。内陰而外陽，内柔而外剛，内小人而外君子：小人道長，君子道消也。

慈湖曰：人君生長崇高，難知治亂情狀，聖人於是告之曰：上下不交，即爲無邦。張子曰：直至天下無邦，止有隱耳。蔡伯静曰：象傳言陰陽者，惟泰、否而已。泰言健順，則乾、坤之德；否言剛柔，則其質也。誠齋曰：不交之病非一，君臣相猜，猶不交之外者也。德宗言盧杞姦邪，朕殊不覺，此耳不交于目也；二世笑趙高之鹿馬，而信其言，以關東盜爲无能爲，此目不交于耳也。一身之中，耳目不交，否可知矣。

象曰：天地不交，否；君子以儉德辟難，不可榮以禄。虞作「不可營」。

訂曰：坤，嗇儉象，自處嚴密，人不得而榮之。乾，高象也。化書曰：儉于心，可以出生死。淇澳曰：人謂儉德爲避世，不知是處否安天下之極則。李存我曰：老聃儉德者乎？幼安元亮得之矣。□〔一〕曰：潛于轍環之龍，皆儉其疏水之德者也。深山大麓，同此不焦不溺之藐姑，然豈許擅根雞豕笑簾市爲藏拙耶！故斷之曰不可榮以禄。有此確本，方言藏用。

初六，拔茅茹，以其彙，貞吉，亨。變震爲无妄。

宜曰：爻皆爲儉德之人謀也。遯退而否進者，否勢已定，正有隨時勸導之用矣。否貞吉者，時猶可用貞，二三則用權矣。正曰：棘始生而爲荔，桃三歲而爲苅；匪人之始進，无以別于君子也，與氣相漸而鴽鼠易貌矣。見曰：泰勉其征，否戒以貞，蓋小人始進，本无壞天下之心，及至仕宦久而熱中深，不得已而爲之也。誠以君爲志，則宦情輕矣。

象曰：「拔茅」「貞吉」，志在君也。

初貞應四，而偕四以承君。

六二，包承，小人吉；大人否，亨。

〔一〕「□」，底本原爲空缺。

宜曰：楊龜山以「包承小人」斷句。否亦進而道難直遂，大人于此變化通之。玄同曰：包荒法天，包承法地，人心必同天地，乃能用小人。易惟乾、否之二五稱大人，不磷不淄者也。子文、甯武、平、勃、梁公近之。郝解曰：孔子不爲已甚，蒙難愈亨。世以孟子泰山壁立，觀其所以與王驩、與稷下諸人者，世以爲貞，而愚以爲包之至也。元公曰：當訟、否、蹇、困，皆以大人予之，乃知世衰道微，乃吾黨樹品之日。幼清以爲包胥謂苞苴也。三爲加食，别自一説。

象曰：「大人否，亨」，不亂羣也。

虞仲翔曰：此入獸不亂羣也。遡曰：投烈火者必真金，惟大人能之。豈以入鳥不亂羣之語，亂鳥獸不可與同羣之質論邪？郝解曰：孔子與季桓子共事，所謂入羣不亂也。見曰：君子每受小人之承順，不覺入其牢絡，爲大人者守吾否可也。小人害君子，必先亂君子之羣，使自相參差，惟安于否，斯羣不可亂矣。各自立訓。

六三，包羞。變艮爲遯。積變乾。乾世。

遡曰：以坤含垢納污取羞，是大人衾影中情，褫裘唾面，正其苦行，若小人且爲得計矣。淇澳曰：大人之光大，猶泰也。否亨爲體，而用在包羞，彼方有以自容，而我乃可以徐俟矣。訂曰：以三成否，所謂匪人也。不言凶咎者，凶咎總在羞中，聖人以耻心動小人而善收之耳。郝解曰：自非大人，烏能包承小人而使之知羞哉！

象曰：「包羞」，位不當也。

遡曰：君子處此不當之位，惟有儉德俟時而已。正曰：微子不顧行遯，君子禍敗，至包羞而痛矣。彊力忍詬，伊尹之行也；湛毅長慮，伍胥之行也。然不當其位，則可以辟難，不可以濟否。

九四，有命无咎，疇離祉。變巽爲觀。積變小畜。

宜曰：互巽爲命，乾爲天，疇即儔也。有善包之大人，精誠之極，天亦應焉，衆類皆受四五之福矣。泰、否二五交則爲離，三四交亦互離，疇離者，中類也。訂曰：過中則交矣。人處通時，未有念命，艱難則念命，或以命慰，或以命冀，或以命決。九四之有命，聖人所以鼓君子之氣也。疇，同類也。離，麗也。蔡介夫曰：九四有命矣，然必无咎而善類，乃蒙福焉。石介、君實尚未能盡是道也。

象曰：「有命无咎」，志行也。

□□〔一〕曰：濟否在志，志至此而得行。或謂祉因命見，未是實事。夫志行即實事矣。

九五，休否，大人吉；其亡其亡，繫于苞桑。馬、荀作「包桑」。變離爲晉。積變大畜。

遡曰：乾圓，故休暇也。或曰人依木息曰休，五居巽上象。李鼎祚曰：艮山坤地即田，田上有木，莫過于桑，叢生而植曰包，變坎叢象。京氏曰：桑有衣食之功，君有覆載之德。陸宣公曰：邦君杌隉，若包桑綴旒，此言危也。訂曰：泰弗如否，否有大人否亨者，休息之以觀其會，而戒心常存者也。光武置二子于度外，休否也。以十年爲遠而惓乎黄石，存包桑之戒心也。易意曰：其亡其亡之休，是危微之心學也。

象曰：「大人」之「吉」，位正當也。

程子曰：不居正當之位，雖有大人之道胡爲？獲麟之泣，情見乎詞矣。淇澳曰：國家當大壞時，君子反有地步，如蹇則蹇蹇，明言貞吉。惟否時形勢未見敗壞，小

〔一〕「□□」，底本原爲空缺。

人諂訕，常人悠忽，而大人以爲危亡且立至也。二否五休，深見遠識，不止君子之貞，所以爲大人。

上九，傾否；先否後喜。變兑爲萃。

程子曰：易亂爲心，必有陽剛之才，故否上則傾，屯上徒泣。宜曰：傾，貞悔象；喜，兑悦象。傾從休來，喜自懼出。元公曰：泰終致吝，否終至喜，天地之機微矣哉！又曰：否害氣而夫人之力能休之，人能强天，毋自弱也。

象曰：否終則傾，何可長也。

泰、否相還，故又戒之曰何可長也。誠齋曰：否已傾矣，上九猶有懼心焉，制其喜而不敢先。馮異曰：願陛下毋忘河北，小臣不敢忘巾車，得之矣。郝解曰：傾否存乎其人，苟委之天命，喪亡且至，何可長如此乎？亦爲之而已。泰、否中互歸妹、漸，二中又互既濟，二中又互未濟，未中又互既，以至无窮，皆自然之象數也。

智按：三互圓圖，四立之三十二位，皆互二濟，惟泰、否當巳亥耳。

時論曰：先天乾上坤下，似否而反其類成泰；後天坤上乾下，似泰而反其類爲否。初皆曰彙，後必復傾，否、泰亦循環之常耳。四聖于泰象深慶氣數，而六爻策勉人事，于否象歸罪人事，而六爻扶贊氣數，則是否之來也。人定勝天，可畏孰甚？卦自漸來，弑君弑父，非朝夕矣，斷之曰否之匪人，何其嚴也！比之匪人，人即比也；否之匪人，人即否也。天命之否可回也，人心之否不可回也。醜正惡直茂惡究訩，豈利君子貞耶？蠡曰：无邦者上下不交，雖有朝廷，猶亡國也。泰嘉健順，否嘆柔剛，通書所云柔惡剛惡，體質已具，不復與論健順之德矣。象曰小人道長，象曰何可長，小人終何利焉？意曰：象以内外取義，常悼小人之在内；爻以上下取義，猶幸君子之在上。陽爻故吉，陰爻亦未凶者，挽其志以尊君，散其羣以歸大人也。依附之流，穢情深重，詐善獲上，僞順信爻者有之；其黠者，託于無善無惡，以悍然不顧爲冥應，不如是不足以飽其名利，藏其富貴耳。大人而輕譚機用，謬託委蛇，往往亂于其羣而不之覺，及其羞惡盡喪，頑鈍無耻，且招摇黨與而收納之，吮癰哺醊，包承且見鄙，豈可以忍辱之行藉口乎？志與位不可逃也，故公容之而又乾惕之。否時之茅，自泰初而已然矣。天下雷行，時育萬物，芝蘭吐芳，鉤吻亦出甲，固并行不絶也。聖人爲君子謀者，亦有變焉。初則進之以无妄之術，使其慕君；二則避之以歸逋之途，相安無眚；三則待之以不惡而嚴，廓然無所係也。天地之際，有命存焉。三陽並列，大觀在上，泰有祉帝，否有祉臣。祉也者，上疇下，下離上，轉不交而爲交也。初志在君，四志乃行，轉不同而爲同也。九五休矣，聲色不事，翕張在手，非基命宥密者有此作用乎？小來者休容之，大往者休息之，其亡其亡，自昭之心也。危之自平，易之自傾，所以明于失得勿恤也。知命者否終傾，故萃齎咨而後喜焉。包荒如天覆，包承如地載，帝妹以坤道保泰，大人以乾道出否，究竟一交而已矣。六爻勗大人以開通，大象勗君子以泯塞。世情莫奢于干禄，莫戚于梯榮。君子既儉厥德，復儉厥身，因屋舂市，不避奚待。雖曰真儉德者不落聖凡，唾面褫裘，無之而非儉乎，然不指之曰不可榮以禄，則苟且爲明哲者比比矣。

智曰：泰、否皆曰包者，胞與之也。人即天地也，量同天地乃能挽迴天地。萬物一體，有誰非胞與乎？天地恐君子之不悟也，故以否難爲鑽鎚。蠻貊可行，九夷何陋？塞北一瓜牛也，東籬一鐵限也，彼其一室一聲，皆包天地者也，況乘冥權入異類，以傾萬世之否者乎？孔子避難于乘桴，而以韋編馮滔滔之河者也。孟子避難于從車，而以牖屨包兩間之荒者也。然和光同塵之包，將混汙不辨耶！則堂之春秋，與投閣之太玄等乎？常樂老豈得比醉草勸進者哉！鄉之闇然，皆國之常樂老也。是故鳥獸非羣，必燒同人之天火；不朝則野，必涉族物而馮河。屈平傾否而化爲漁父，曰滄浪之水，濯纓濯足，是漁父之包荒馮河也。

同人☲大有

景元曰：交泰之後，有離無坎。胡氏曰：需、訟、畜、履互離，至同、有見離，凡六離之用，與坎等矣。繹曰：同人明而誠也，達天德而仁；大有誠明成性也，體天道而化。體仁長人曰同人，弘天生民曰大有。遡曰：特爻當位，與師、比同。三錫爲元戎，三驅爲英主，陽統陰而主武也；明宗爲天德，交如爲王道，剛用柔而主文也。易簡録曰：乾在上，離之所同也；乾在下，離之所有也。潛老夫曰：先天乾統離爲同人，後天離代乾爲大有，天歸于火是同火也，火歸于天是有天也。有者應天，同者應乾。智曰：此天用日以宰天，而日即天之表法也。同人中直文明通天下之志，故專表乾之利貞，大有徽柔用剛，順有而不與之命，故專表乾之元亨。不同爲同，不有爲有，可信幾深，神自速至。

䷌天火同人

全曰：同从冂象天，口象地，人在中，省爲同耳。按：説文从冃口，合會也。徐鉉引太保受同爲爵名。漢人分詷，此古徵送氣也。人象形，牛喉舌，日母也。同通一聲，人仁一聲。天地既交之後，以同人名卦，微哉！

同人于野，古作「埜」。亨。利涉大川，利君子貞。

玄同曰：圖書一六起北，退亦相依，故天與水同；二七起南，退亦相依，故地與火同。迨天地位定，而火在天。水有體，故以形與天分而爲訟；火无體，故與天合而爲同。同曰人者，人稟天地之强陽真火，人同天也。廣莫無垠，上光下土，四通六達，心量所同也。乾坤之龍戰于野，而人之同人亦于野。離伏坎，乾伏坤，覆神于載矣。象主爻在地位，離目見天，四無障碍爲野，伏坎水互巽舟，應乾健爲利涉，得中應乾爲貞。淇澳曰：同事尚易，同道實難；患難之臨，胡越如手；久要勿渝，有幾人乎！

彖曰：「同人」，柔得位得中而應乎乾，曰同人。

宜曰：履、畜、同、有皆主柔卦，其濟皆以乾，此知大始而得主有常之義也。不曰上下應，不曰與五應，而曰應乎乾，此特筆也。瞿九思曰：六十四，無言應乎坤者，无言坤行者，獨同人曰應乎乾，曰乾行，震爻亦曰震行，以先天乾、兑、離、震皆屬陽儀，故獨離、兑可曰應乾。元公曰：柔能同人，惟中應乾，舜之善與人同也。隅通曰：一陰卦六，而三云得位，陽卦不云得位也，舉其異者相告。

同人曰：郭京删之。「同人于野，亨，利涉大川」，乾行也。文明以健，中正而應。「君子」，正也。唯君子爲能通天下之志。

子瞻曰：野者，无求之地也。不援不拒，是以得其誠同。天非同于物，天非不同于物也。又曰：無所不比爲比，有所不同爲同。揆曰：人人乾知，一室千燈也。而火性無我，寄于諸緣，則或邪或正，惟正則通，通則同。野同録曰：申以同人曰：珍重同人也。吾筮得同人于野，吾從野人種文明之田而已，天下歸志焉。通即應也，正即中也。知乾行之用柔，水火燥濕，亦各從其類耳。

象曰：天與火，同人；君子以類族辨物。

宜曰：火有氣無形而炎上，與天同類。洛書乾與離爲飛伏，氣所親也。祭天燔柴以此。然天陽火陰，非類而類，故帝釐下土別生分類，禹別九州任土作貢。男女別姓，上下辨禮，士辨志，官辨事，此不妨彼，彼不妨此，此以成彼，彼以成此，若晏子和同之論是也。意曰：理一分殊，各物其物而已。乾坤交後，同、有始用離明，天道用于人道也。玄子曰：族，屬也。法天之大，羣族并包，以其同者同之；肖火之明，隨物區別，以其異者同之。正曰：否之匪人，不利君子貞，至于同人，乃利君子貞，貞者，君子所甚用也。伯玉、平仲所謂君子也。孫蒯逐君告伯玉，伯玉出近關；密喜納君告伯玉焉，伯玉亦出近關。伯玉似以貞爲不利，而利其近于幽人者。崔杼之難，平仲端委而立于門外；欒高之難，平仲亦端委而立于門外。平仲似以貞爲利，而利其近于女子者。子孔爲載書，國人弗順，子產請而焚之；及子產作丘賦，國人弗順，子寬以告子產，則不改也，曰苟利社稷，生死以之。范宣子爲政，黷賄諸侯，子產寓書以砭之；及子產鑄刑書，叔向亦砭，子產不毁，曰僑不才，不能及子孫，吾以捄世也。故子產之同人而貞，不可能也；其不同人而貞，亦不可能也。觀我公曰：肌肉親于毛髮，筋骨親于肌肉，親親不得不殺也；金玉貴于鉛錫，鉛錫貴于土石，尊賢不得不等也，是所以合親疎貴賤而同之也。戴敬夫曰：鳥親天，多羽化，飛至高極之界，其熱風如火則化矣。熊氏曰：地中含土之雜氣，上衝至熱界而然，則氣薄者望如流星，氣厚者望如孛彗天裂耳。足證天火之同人。智曰：夜火乃見，而正用日中。五行尊火，用物而辨。孫登曰：用光在乎得薪，有物有則，正是玄同，伏羲之類情，乾五之從類也。詎謂田野廢宗族，以快其夷岳而填壑哉！齊物論所謂以明者即知止其所不知者也。天以不明，用日之明；聖人法日，以辨天下之天；法天，以柔天下之日。天即日，日即天也，其與也一矣。

初九，同人于門，无咎。變艮爲遯。

遡曰：野无藩籬，而同人必有發端歸省之地。發端自門始，門以内倫常具焉。于此不同，未有能同人者，故傳加出字以贊之，郊則歸著地矣。郊返于門，建之天下，合之家庭，而毫無益焉，夫是之爲遠道。變艮門象，初九即震帝物所出，出門象。易意曰：門必限焉，踰此一步，千里一室矣。然室中即與古今諸公往來，未嘗少離，豈必壞門限乎！

象曰：出門同人，又誰「咎」也！

繹曰：門内之治恩揜義，以易辟也。出門翛然，萍梗江湖，百爾同人，如出于門，咎安所生，可以知仁矣，夫子故加出門。稷曰：郭太、仇覽皆游大學，仇曰豈但使人遊譚其中，高揖而去。桑蓬之事，必在四方，況乎出世俗之門而同上觀千世、下觀千世之人哉！

六二，同人於宗，吝。變重乾。積變姤。

遡曰：本支同出曰宗。乾、兑、離、震同出陽儀，故同。睽係宗爻皆離中者，離麗而陰專，一也。或取乾飛離，則睽不叶矣。學有以宗而入既宗而野，又何吝哉！伏爲内姤，拔之轉難；攻爲外氛，驅之不易。咷笑同時，大師克遇，而終不廢師、同人之望對也。東坡言媾爲外應，宗爲同體，郝解以離麗二陽爲宗，而又引孔子去魯之遲遲曰吝亦道也。易見曰：卦惟六二一陰，五陽皆欲同之，二無所宗，則交濫矣。五、二之宗也，志在于五，故吝。吝亦交道也。昊老曰：二是百折不回之道，其時位不得不吝耳。

象曰：「同人于宗」，「吝」道也。

一曰：執宗執野，皆吝。野不壞宗，以宗用野，則吝亦不吝矣。

九三，伏戎于莽，升其高陵，三歲不興。變震爲无妄。積變訟。離宫歸。

遡曰：三四皆求同于二者，三忌五五曰伏升，四忌二曰乘墉，然其出于中直則一也。三以勢不敵五而不敢，故僅免凶；四以義不克二而不爲，故猶獲吉。師與同人，圓圖春秋分望對也。天火地水本合，日月烏兔互取者也。象取伏坤曰野，坎曰川；爻取師之坎曰戎，震曰莽、曰升、曰高陵，坤曰墉；即師亦取同人之乾，爲丈人、爲王也。乾爲歲，自三至五頻遇，剛敵爲三歲不興象。正曰：征苗三旬，修德而干舞；密須不恭，周京以一旅覘之而來歸，禹文之无妄也。

象曰：「伏戎于莽」，敵剛也；「三歲不興」，安行也。

曰敵剛，恐人誤以爲攻二也。安分而行，即四反則之意。同人以理通天下之志，則三四危疑之位，皆安義矣。

九四，乘其墉，鄭玄作「庸」。弗克攻，吉。變巽爲家人。積變涣。

乘三之墉，以啚二而弗克攻。幼清曰：晉文勝楚，諸侯自從晉，三欲如此而非矣。晉悼伐鄭，而楚自不能與争，四欲如此而非矣。幸有春秋之義在焉，自反則安矣。

象曰：「乘其墉」，義弗克也；其「吉」，則困而反則也。

恐以力弗克攻，故曰義。郝解曰：變家人反上伏下成困，故云。仲虎曰：文十年書晉人納捷菑于邾，弗克納，穀梁曰弗克納，其義也，得此書法。見曰：莽自伏墉自乘，大師克而陰阻平，可言同人于野矣。正曰：周用犬戎，祭公作色；晉先鄍莒，惠伯厲聲。夫豈无則而爲之乎？曰：門牆立法，如設險守國，正以困萬世之伏攻者而反則也。人人自反則大同矣。

九五，同人，先號咷而後笑，大師克相遇。變爲重離。積變蒙。

遡曰：火聲无常，故爲咷笑。離先，故先號；變互兑後，故後笑。旅反之，故先笑而後咷。卦望師曰師克。虞翻曰：二至五體始遇也，故相遇師克，正象之利涉乾行也。淇澳曰：大師克，即同人于宗之心。凡克非徒自克，兼欲克天下。惟天下歸仁，始謂之相遇，謂之通天下之志。李子思曰：出與人同，至易簡也，而乃如此。故易中必知險，簡中必知阻。玄岳鄭氏曰：師莫大于君心，而兵革爲小；克莫難于小人，而敵國爲易。

象曰：「同人」之「先」，以中直也。「大師相遇」，言相克也。

二五中正相應，其理直也。大師相遇，衹言其克，克武非必用師也。智曰：知本无咷笑時，則知先矣；知咷笑同時，則知相克之即相生也。語默出處，知心自同；戰勝而肥，全在一克。

上九，同人于郊，无悔。變兑爲革。

初出自内曰門内，上返自外曰郊。易郊，恐混野也。志未得者，轍環不遇，在陳思歸，同野之志乎？子瞻曰：以其無所苟同，則可以无悔；以其莫與共立，則志猶未得。弱侯云：六二同於人，而上九乃不見同，此二之吝，非上之傲，故无悔。淇澳曰：大師之克，四勿之辨也。物有黨有仇，不歷異之辨，不知同之常，志之所激，相累相煩，而不以爲悔，故曰未得也。若東漢諸賢，分别甚則傷明，矯抑至則傷健，操持峭厲則傷中正，非君子之貞而涉川，何利焉？易序同人于否之後，其爲世道計固切，其爲君子計者尤遠。

象曰：「同人于郊」，志未得也。

一一曰：出世乃可以同世，人而極上，則可以同世而仍爲出世之同人耳。至此則志終无所得，猶卦之終未濟也。

時論曰：天人大同而人各私其同，一明其本然乎？小大往來，自爲消長，而天下之志常通矣。天與火者，天與人也。火無體，心亦無體，即物即心、即辨即同者也。卦無水象，何利涉乎？經曰火辰不撫則火氣弱，而水賊乘之。又曰火在北爲水，通志者蹈水蹈火猶平地也。于野、于門、于宗、于郊，母乃畛乎？大野，无人无我之地，門則人我所共由者，宗又人我所分處者，郊似于野，豈无□〔一〕人？爲莽、爲墉，則人我之敵也。莽墉興則大師起而號笑生，莫毒于師，非中正者能直道而戰勝乎？先進禮樂，野人也。无人无我之地，寥廓大通，不硋差別，從吾所好，類辨所以爲包容也。志通天下，臣道應乾，集衆思，廣忠益焉。善與人同，豈以門限分町畦耶？然在下因不失親，吝亦道也；在上太阿獨攬，讒賊蔽賢，此終古所難類辨，而終不寤矣。乾離之中，其動也直，書曰其弼直，丕應徯志，不以號笑，易我荃宰，誅殛放流，震驚朕師，乃彰斷金之利矣。大同之世，不宜有戎，而戎即在户牖之間。郊原之内爲伏、爲升、爲攻，術亦多矣。伏以敵五師，升以瞰二宗，攻以乘三莽，此則三之妄災，而非四方之富家也。書曰同力度德，同德度義。四度其力則乘墉，度其義則弗克，義者族物之則，而類辨所自反矣。初與上，山澤

〔一〕「□」，原本漫漶不清，依形似作「居」。

通氣也。一爲出門之志，近者不親，不敢交遠乎？是同之尾也。一爲于郊之志，離羣而索居，亦已久矣，是同之變也。先廷尉當魏璫時，筮得同人于野，因勒之巖曰：無心之同，從類而通，惟野可涉，藝蘭其中。

智曰：非明也，又安知誠者、誠之者之一乎？故天地交後，伏坎于離，同此一者，即類辨而是一矣。通天下之志，所以明包荒之量也；利涉族物之川，所以明馮河之用也。君子消長知命，而咷笑師遇，有所不免種此文明之田，用同人之水耕火耨焉。以春秋同其天地，而萬古之薪自傳光矣；以絃歌同其鼓舞，而萬古之波平于灌溉矣。

䷍火天大有

全曰：有从又右也，月生若无，漸漸而有。智曰：月以有无變化，故以從右見月爲有。右，表用也。大有，則有而无有矣。有屬深喉宮聲。

大有，元亨。

野同録曰：天地交而著同人、大有，用離明而在上，此乾坤之全盛照用大同者也。

故六十四卦，惟此獨係元亨焉。人道直天地開闢之有者也。天地未分前之无，即亨於此中矣。同人類辨而順其當有之遏揚，則大有矣。知否、泰後之同人、大有，即剥、復之无妄、大畜乎？何容更于大有之外贅言無哉！輔嗣曰聖人體无，无又不可以訓，故不説也。老子是有者也，故恒言其所不足。介甫老子論曰：無出于自然，人力可以無與也。治車者知治其轂輻，而不必及于无也。轂輻具，則无必爲用矣。是无之所以爲車用者，以有轂輻也。无之所以爲天下用者，以有禮樂政刑也。廢轂輻于車，而坐求无之爲用，則愚矣。履曰：入門辨主，可信大有揚善即貫有無。若斷之于無，是死貫也；逃無混有，是荒貫也。

彖曰：「大有」，柔得尊位大中，而上下應之，曰大有。

潛老夫曰：剛用柔而柔泯剛，則陰陽相轉，而天正用柔。此乾歸大有，所以獨尊也。中在和之中曰大中。

其德剛健而文明，應乎天而時行〔一〕。

〔一〕此下脱「是以元亨」四字。

仲翔曰：四時也。卦與比通。初動成震爲春，二兑爲秋，本離爲夏，比坎爲冬。智按：天之大痻在夏，故冬煉三時，而夏爲四時之亨嘉。南方嚮明，禮合内外之位也。是曰應乎天而時行。鼎有相峙，故曰元亨。通曰：大中非但中，大有即玅有。應天時行，非逢時也。

象曰：火在天上，大有；君子以遏惡揚善，順天休命。

朱子曰：自不照見，則有无不可知，何名爲有？明善公曰：大明中天，全賴繼善官天之君子，不遏不揚，乾坤毁矣。顧端文曰：今倡无善无惡之説，則善可不爲而惡可横行矣。離有而無，則善且不屑，可以高抗地步，爲譚玄説玅者樹標榜；即有而無，惡且任之，可以放寬地步，爲恣情肆欲者決隄防，宜乎樂便而趨之矣。高忠憲曰：無善無惡之説，以之明心性者十之一，以之滅行簡者十之九。今論患執，執善則拘，執無則蕩。蕩之與拘，倍蓰无算，故曰不足以亂性，而足以亂教。覿我氏曰：執善惡俱息，是告子也；執善惡不分，是无忌憚也，立意見以縱嗜慾者也。吴日生曰：論有意之必欺，則无君子；論獨之必不可欺，則无小人，故慎在擇善。其僞善者即善也，其不能僞善者更善也。黄藴生曰：知爲善，然後優入至善。野同録曰：遏揚之休命具于先天，而聖人表之。人情樂肆，苦爲正理所束而不敢越也，聖人即以克艱者，利之而无害矣。黠猾之流，忽睨充類已甚，總殺總赦之宗，于是掊擊聖賢，專詬名教，以自取奇高之名；巧以无善无惡，藏身冥應，而不學无行，皆拭其汗，篾裂帝王，草介君父，荒之曰一倏而已。夫一倏率獸，非萬古而率獸耶？賢者終身奉法，尚不能免，而一旦入此鴻洞委蛇，謂之絶待，名利巧飫，今而後雖禹、皋秉法，亦不能使之安分而善俗矣。痛哉！彼且逆知好新便捷、惡理怠學之人情。雖有正士斥我終不勝穎才偏鋒之士，内憐而曲護之，故曰此無忌憚者，乃媚萬世之巧鄉願也。幸有聖人之揚以遏之，必不避名，用中以教，守先待後，命之君子，出則治世，處則訓俗，而揜著之天不死，生理之火自傳，萬古順天之休命矣。誰敢奸之！潛老夫曰：惡遏而善不自名，謂之至善。此无可名之善體，即在遏惡揚善之善用中。遏神于揚，天地之機也。荀子曰：尊天而頌之，孰與制天而用之。黄元公云：無非天命，而賞善罰淫，乃天之休命也。君子順天治命，不順天亂命，故天卒聽乎人。此可以醒執一者矣。

初九，无交害，匪咎；艱則无咎。變巽爲鼎。

一曰五主大有。誰不相交，孤子成病，无交亦害，然非咎也。所處之地則然，惟有艱難勤力而已。變巽隱伏，故不交。郝以爲民无交納貢賦則害，此一端也。全曰：初九无交于四進五，故亦无害于四也。張畫子曰：无交則无害，果能克艱，雖日與世接，何妨乎？

象曰：大有初九，无交害也。

易意曰：害從不知艱而生，非從交而生。初九能慎之于始，又何咎乎？孤迥執一，而與物絶交，此大有之暗癡也。揚艱所以揚善也。

九二，大車以載，子夏、蜀「車」作「輿」。有攸往，无咎。變重離。積變旅。

一曰乾輪用于坤輿，從晉而大有，則伏坤取象也。望比亦然。吕伯恭曰：震撼，擊撞，欲其鎮定；辛甘燥濕，欲其調劑；盤錯棼結，欲其解紓；黯闇汙濁，欲其茹納，此大車以載也。楊誠齋曰：蓋軫輪輻不良不厚者非大車，文武常變之用，不運不博者非大才。惟伊周乎。遡以初在下，二爲士，初試大夫赤茀乘軒之象。

象曰：「大車以載」，積中不敗也。

易意曰：君臣道合，妙于臣之任職；學問廣運，妙于積中。彼諱積漸而好言超頓者，必敗車而害世者也。揚大載，揚積中，所以揚克艱之善也。

九三，公用享于天子，古「亨」「享」一字，聲亦如七陽八庚之相轉。小人弗克。變兑爲睽。積變晉。乾宮歸。

宜曰：三當侯曰公，當食時見兑口，饗象。小人歸以伏取。凡卦九三多具二義，以上下之際也。遡取公奉玉帛以享天子，而時修其歲事云。卜偃爲晉文筮大有之睽，曰天爲澤，以當日，天子降心以逆公，大有去睽而復，亦其所也。按：復者言歸卦也。周禮上公入朝，饗禮九獻，食禮九舉；詩曰飲酒温克，小人驕則不能克矣。見曰：因朝會而黜陟之，典寓之。此揚功成歸主之善也。

象曰：「公用享于天子」，小人害也。

一一曰：居公位而際大有，善用則享，否則害矣，故戒之。正曰：桓公受胙，隕越下拜；文公受享，進而請隧，夫文則自爲公也。而同異不晰，雖未有害，猶之弗克也。

九四，匪其彭，子夏作「旁」，虞作「尫」。无咎。變艮爲大畜。積變剥。

集曰：彭，盛也，離火而變大畜也。匪者，積變剥而艮止也。玄同曰：二士夫，三公侯，皆天子所有，以左右斯民者。四乘三比五，其類彭盛，知爲寺宦宮闈寵戚之倫。此屬不能不有，而不與于政事，故匪之。郝解曰：大有時，四爲掌財賦之貴臣，明于公而无私，則无咎矣。此揚有大不盈之善也。

象曰：「匪其彭，无咎」，明辨晳也。

□□[一]曰：明乎匪之不自有者，衛青不進賢亦可，裴晉公私第見客亦可，郭令公、李西平尚明此道，況感風雷者，吐哺豈不晳哉！明其志，辨其理，晳于事勢也。匪彭應匪咎，艱乃能明耳。

六五，厥孚交如，威如，吉。變純乾。積變觀。

宜曰：特爻无不孚，无不交。威，火象。應天時行，是孚交也。遏揚順天，是威如也。子瞻云：柔而能威者，以其无備，知其有餘也。夫備生于不足，不足之形見于外，則威削。成季之生，桓公使筮，遇大有之乾，曰同復于父，敬于公所。此揚陰陽合德之善也。

〔一〕「□□」，底本原爲空缺。

象曰：「厥孚交如」，信以發志也。「威如」之「吉」，易而无備也。

輔嗣曰：无利于物，物亦公焉；不疑于物，物亦誠焉。以我之誠信發彼之誠信也，以我之易和徹彼之周防也。訂曰：伏波之論光武是也。見曰：分則君臣，誼同朋友，故曰交如。

上九，自天祐之，吉，无不利。變震爲大壯。

集曰：五爲變乾伏坤，故其德全。上爲壯觀，藏利貞而神之，宗廟之中，歌其福而已矣。子瞻曰：信順尚賢，皆六五之德也。上特履之耳，是以不見致福之由。遡曰：上爲師傅，武王尊箕子，受洪範，受天祐也。智曰：傳繫三引此爻，謂以大有之潔淨元亨，用大壯之潔淨利貞也。大學之揚止至善也，是禮運之大順矣。

象曰：大有上吉，「自天祐」也。

易簡録曰：大有羣心皆應未足爲大人，能尊賢乃爲大也。曰上吉者，明關全卦，非止上也。如師上之大君指五，小畜之婦亦指四也。易意曰：始終稱大有，以始艱貫終也。自天者，人心即天心也，而必揚其自天者，正于歌頌之中，遏人心不艱不積之幾焉爾。

時論曰：既以剛克收柔正之同心，即以徽柔發衆剛之信志，天之祐也。習坎、畜、履，天地既交之文明，至此而信順者也。一曰應天，一曰順天，一曰自天，三稱天以大之，彖稱元亨以大之，正以遏惡揚善，順天休命，建天地大有之極者也。説象者曰：乾、坤之歸，自晉來也。留五一位而内體三才，全化君道，玩易者明此乎？伏習伏比之飛龍，被四表，格上下矣。伏習，伏坎也。伏比，伏坤也。是四正之會極，即費即隱者也。天凝爲太陽，當午，而自碎爲受光者，以光皇極，此夜用于晝、天泯于日之公徵也。聖人繼善立法，與萬世同人之心相見，克愛克威，時揚時遏，豈非一在二中，傳天中之火乎！聖人曰：非我命之，天實命之。詩曰：畏天之威，于時保之。秉彝好德，惟命之休。即怨艾放流，亦惟命之休。與人爲善，是真无爲，原不廢授時命官之法典也。聖人憂後世，必有偏上害政，託言無善無惡，以壓掃揚遏之正法者，非荒命耶，故大象著之。傳曰：善鈞從衆。三卿爲主，可謂衆矣。然則爲害爲敗，不明不辨，私昵黨與，主勢大孤，可恃大乎？慎初惟終，無交害矣。克艱有四義焉，因鼎而從出否之貴，因離而進柔麗之明，因睽而聯噬膚之宗，因畜而篤輝光之德。爲人臣者無以有己，積此中而不敗矣。是黄離乘四望之車，而共轂轉上天之載也。典曰時亮天功，即聖讒說殄行。夫天下雖有道，安能一日無小人哉！小人害公，公不害小人；天子享公，而小人亦化睽而歸彭矣。周官立三公，官不必備，惟其人用享之道，即遏小人之道也。立政任人咸歸吐哺，彭彭盛矣。天子委重大臣，臣豈可自有其震主之功哉！信者，人君之大寶也。豐之離曰有孚發若，有之離曰信以發志，繇其中虛故交、文明故發也。天助不外人助，大有所以大壯乎！聖人贊君德必原于天，聖人贊天祐必原于尚賢，一則曰大有初九，一則曰大有上九。窮變通久，取上九以贊堯舜，大矣哉！書曰無疆惟休，亦大惟艱。順天休命，有不克艱始者乎？祐不可倚，艱即信順，蕩蕩大有之天，有而不與之天則也。

智曰：陰陽剛柔，豈善惡所可言乎？聖人新人生富有之業，故揚善名以正告之，所以宰其陰陽剛柔也。森然善統惡者，即寂然無善惡可言者也。大其有矣，安容所謂有無之説哉！

周易時論合編卷之三

皖桐方孔炤潛夫論述
孫中德　中履　中通　中泰編録

謙䷎豫

蕭氏以主客觀序矣。胡庭芳曰：同、有後坤，乃長少二男之從母也。訂曰：上下互觀，亦爲母統三男之卦。潛老夫曰：特主之在爻中，師、比、同、有之當飛見是也。特主之在卦中，則履、畜、謙、豫之在惕躍是也。特主之在初上，則剥、復、夬、姤之顛潛亢是也。人爻最切，故立夏立冬之轉巳亥，當深玩焉。謙、豫之越五轉冬，猶履、畜之越五轉夏也。此指方圖。智曰：横圖震中坤終，豫乃折半之交也。艮、坤同爲太陰，謙乃太陰之自交，而豫亦在太陰八卦之中者也。故陰符黄老皆主謙道，以後爲先。豫知大隨，而兵幾藏焉，聖人知之，故和禮以樂，而動止皆順矣。上經至豫，亦折半之中也。

䷎地山謙

智按：謙兼嗛歉慊，古皆通用。蓋从兼得聲，齶之發送也。用中貴乎兩端，兼者用兩也。古今也，陰陽也，費隱也，人我生死也，能兼則能平矣。泰、否著君子小人，同、有類辨善惡，而恐其角争矜餙，故謙以制禮，歸于平稱。記曰：禮時爲大，順次之，體次之，宜次之，稱次之。是禮以稱用其時，稱所以平，平則己自克復矣。稱者，時爲大之有終也。孔子曰：易先同人，後大有，承之以謙，不亦可乎？九卦于上經取履、謙、復，豈偶然哉！

謙，歸藏作「兼」，子夏作「嗛」。**亨，君子有終。**說苑引「君子有終，吉」。徐鍇云謙猶嗛也。藝文志引易之嗛嗛，即謙謙也。可證大學謙慊聲義本通。

康成曰：自損下人，艮堅固，坤厚順，乃能終之。語曰：饑馬在廐，漠然無聲，投芻其旁，争心乃生。不終如是。仲翔曰：君子謂三，艮終萬物象。程子曰：達理，故樂天而不競；内克，故退讓而不矜。野同録曰：謙者，克己復禮之柄也，成己成物之制也。亨嘉之會，卑牧勞終。苛刻之名法，竟雄捭闔；倍譎之機鋒，鬬狠火馳，豈知君子之終乎？

彖曰：「謙亨」，天道下濟而光明，地道卑而上行。

箋曰：凡一陽卦，彖傳皆以剛指之，復曰剛反，師曰剛中，豫曰剛應，比曰剛中，剥曰柔變剛，惟謙不然，謙不貴剛耳。宜曰：以艮一陽之天道，光明于坤之地也。坤居艮上，是卑而上行也。神曰：高而不卑，无忌憚之小人；卑而不高，待文王之凡民。意曰：易以乾剛反復往來上下于坤之柔中耳，故以上達藏于下學。

天道虧盈而益謙，「虧」，馬作「毁」。地道變盈而流謙，鬼神害盈而福謙，「福」，京房作「富」。人道惡盈而好謙。謙尊而光，卑而不可踰，「君子」之「終」也。

永叔曰：日食星變，孔子未嘗道其所以然，曰天地不知，爲其可知者人而已。天見其虧盈于物，地見其變流于物，鬼神見其禍福者矣。人則可知者，故直言其好惡。張畫子曰：一者盡，三者在其中，人心即天心也，又何疑？智曰：盈不可久之旨，於此惕之。卑牧用于鳴勞，而撝則不妨征伐，是謙乃所以善用其盈虚也。

象曰：地中有山，謙；君子以裒多益寡，稱物平施。鄭、荀、董、蜀本「裒」作「桴」。字書引易「掊多益寡」。張揖云「掊，減也」。

劉景升云：山本地上，今居地中，降體之象。子瞻曰：物過然後知有謙，使物不過，則謙者乃其中也。洹詞曰：山各有脉，其形起于地上，其根發于地中，地中之山與水，猶人身中之骨與血也。神曰：謙者泰之根，一陽正處于三爻乾乾之位；剥者否之根，一陽孤立于上爻亢龍之位。玄同曰：嵩、華、泰岱，遠則隱矣。君子不以山自恃，而以地自平，乃知聖愚各有長短，祇得其平。目不以能見加于耳，手不以能持加于足，有齒无角，一夫之智而色矜氣侈，不亦恧乎？元公曰：我山最高，摧則不見。潛老夫曰：謙與剥爲山地、地山之損益，謙正用剥以裒之，稱之以名，而名稱其實。詭僞者、逃迹者皆无所用其貢高，此同人、大有之神權乎？惟稱其平，稱自因物，因物即施，復禮行恕，平天下之宗也。舍物之稱而言平施，必有以截鶴續鳧爲平者矣；離物絶施而云本无多寡，必有以土甴頑石爲平者矣。君子學問不過一平，而妙于稱施。勞民以禮，服民以則，但言忠恕，心志自平，此所以天下太平也。豈以荒委言平！

初六，謙謙君子，用涉大川，吉。變離爲明夷。

宜曰：卦謙爻下曰謙謙。乾乾夬夬，重剛也。坎坎，重陰也。蹇蹇，前互見重坎也。涉川坎水，震木離舟，象利涉者，其才其時也。用涉則用此以涉，見用謙之有成勞也。莊子曰惟道集虚，謙者虚谷也。至人牧心，如牧牛然，養性之純，人牛不見，虚之至也。張敬夫曰：牧人馴擾，不加箠策而自无抵觸矣。

象曰：「謙謙君子」，卑以自牧也。

正曰：君子處治世如服耒耜，任重負焉；處衰世如畫貍首，以游決拾之内。齊閭丘來盟，閔馬父笑子服景伯曰：正考父較商頌，以那爲首，其輯之亂曰：自古在昔，先民有作。温恭朝夕，執事有恪。先聖不敢專，而稱曰自古，曰在昔，曰先民，今吾子戒曰陷而入于恭，甚矣子之滿也。

六二，鳴謙，貞吉。變巽爲升。積變泰。

姚信曰：二體震爲善鳴，二上比應，故曰鳴。遡曰：謙、豫有小過之飛鳥。謙之鳴同，而心志有得不得者。二鳴于无事，爲比德之和聲；上鳴于征伐，以謙繩不謙而致討，非謙者之本心，志所以未得也。郝解曰：二以谷虚應而鳴，上以雷出地而鳴。袁臨侯曰：二鳴由中達外，上鳴則踞上矜尊矣。正曰：趙衰讓卿三辭，可謂鳴謙。

象曰：「鳴謙貞吉」，中心得也。

詁曰：六二與三，非勉强唱和也。□[一]曰：平懷之士，銜口妙叶；曾子桑戶，聲滿天地，非中心得而能之乎？故曰貞吉。退之曰物不得其平則鳴，鳴則固已平矣。此即聖人容民之大物理也。

九三，勞謙，君子有終，吉。變純坤。積變臨。

宜曰：坎勞卦謙必有可謙之實，故推致其身而要其吉。初、三之君子即一人也，六爻皆其終也，涉川征伐皆其勞也。桓寬曰：禹親其勞，澤行路宿，簪墮不掇，冠挂不顧，謨止載其勤儉不滿假而已。胡仲虎曰：乾三君子，坤三有終，謙三兼之；勞艮乾惕，謙即含章也。陽君陰民，萬民象。坤順服象。正曰：仲尼觀于五德，吾爲土乎？所其無逸，知稼穡之艱難；勞謙有終，聖賢所自與也。以公孫段之汰也，

[一]「□」，底本原爲空缺。

相鄭君敬而得州田；以季孫宿之專也，拜莒田讓加籩，而晉重其好貺。故管仲辭上卿之禮，子産辭六邑，蓋此志也。

象曰：「勞謙君子」，萬民服也。

潛老夫曰：舍身與民同患，即功名而无功名矣。即勞是安，慎終如始，豈如偏高放達，以自受用，爲守雌謙退之谷王哉！上係以此爲七爻之中，有以夫！

六四，无不利，撝謙。「撝」，鄭讀爲宣。變震爲小過。積變歸妹。

撝，通作麾。坤衆合艮手，互震動撝象。撝，好上者使知下牧也。不違則者，物物之則，即順帝之則也。益與施則謙勞，稱與平則謙不過，而繼以征伐用涉大川之實事也。慈湖曰：以柔居柔，聖人教之撝去其謙。荀爽曰：衆陰欲撝三使上居五，萬民服之。非也。趙汴水曰：下三爻謙善其身，皆言吉；上三爻謙善天下，皆言利。

象曰：「无不利，撝謙」，不違則也。

正曰：非手提之，言示之事以抑自命，是撝謙也。智曰：平施无我，而物物有則者也。世爲天下則者，不違民之視聽，即不違天之視聽矣。不自滿假，撝其功能，揮斥八極，豈作聖解者乎？管輅諷何晏，正以謙、壯並論。

六五，不富以其鄰，利用侵伐，郭京作「征伐」，王廙作「寢」。无不利。變坎爲蹇。積變兑。兑宫世。

六五即離體也。坤衆而用離之戈兵于震塗坤國之間，又二以上肖師卦，侵伐象。謙輕豫怠，容有因輕以肆侮者。不富以其鄰，則鄰不巽于道，有可伐之罪也。震反巽象。朱子曰：老子云抗兵相加，哀者勝矣。孫子言始如處女，敵人開户；後如脱兔，敵不及距。則謙自是用兵之道。誠齋曰：虚心納天下，天下歸之。漢高自以爲不如三子，故能有三子。爻見兩利字，見侵伐猶利，况興事集功乎？正曰：以鄰者，方伯連帥事也。湯于韋顧，文于崇密，以天子之德而行諸侯之事，何謙如之！

象曰：「利用侵伐」，征不服也。

慈湖曰：萬民咸服，而有不服者，天下所共怒也。人攻所共怒，其利孰禦？若徒以私怒而征之，則適足致禍，故兵非得已也。

上六，鳴謙，利用行師，征邑國。鄭、荀、馬、陸无「邑」字。變純艮。

宜曰：鳴謙如是，而志猶未得，故可用行師耳。侵伐則近，行師則遠。五内上外之辨，或謂邑之在國中者。上公所征止于邑，如墮費墮郈之類。上爲宗廟爻，禡師受脤，亦其象也。勞細柳營，述蔡鄆書，可謂鳴謙者乎？薛更生曰：五之不富，追美西伯專征也；上之鳴謙，公自傷哉！玄同曰：謙，收歛之道也，而發舒之用即在收歛中。是故心愈小，功愈大，藏愈密，感愈神。民不易撝，不怒而威；國不易伐，我戰必克，則以謙能得衆，衆得而惟所揮霍矣。淇澳曰：撝侵俱是先人上人事，此聖人之善言謙也。无伐无施，顔有志焉，而夾谷之會，不動聲色，坐歸彊侵于指顧間，聖人之謙也若此。心易曰：孔子之沐浴請討，孟子之望能言距者，皆鳴謙也。

象曰：「鳴謙」，志未得也；「可用行師」，「征邑國」也。

訂曰：志未得者，如益贊于禹，滿損謙益之意。郝解曰：謙兩曰鳴，以二與三比，上與三應也。二未離牧，故適志而鳴；上思反牧，故未得志而鳴。反居豫初爲鳴豫，是得志矣。潛老夫曰：凡極上者，志正不可自以爲得。知同人之未得，則知大有之自天矣；知謙之上未得，則知何可長冥矣；知隨之上窮，則知蠱之志可則矣。此上經之中所以表時義也。

時論曰：履、謙和行，制禮之望對也。德言盛，禮言恭，贊謙者莫盛于禮矣。蠡曰：不順曰傲，順而不止曰象恭，順合于止，道斯光矣。禮運標本于天地之先，易卦綜謙于禮之内，是踐形之履，即空空之履也。禮端于謙，終于謙，後世繁文盛而真意衰，天地神人不相享格，虧變害惡之妖孽雜見于冥昭，益流福好之禎祥消亡于矯誣，聖人憂焉，推原其意曰：地謙可見也，天不可見也，氣機已非形象，而大原更出于先。下濟而卑，謙道之資始也。光明上行，謙道之有終也。君子得之矣。謨曰滿招損，謙受益，時乃天道。法天者地，法地者君子。地中有山，平陂多寡之故，觸目易礙，舉止常顛，人如地，我如山，性如地，情如山，甚矣稱物之難也。登臨遠覽，則居高狹下之槩頓生；坦道周行，則含垢納污之想俱曠。君子鋤不足之山，處有餘之地，安得不以裒益平稱爲德柄哉！變坤勞坎，三主謙矣。稱君子稱有終，兼乾坤也。周公戒伯禽曰：易有一道，大守天下，中守其國，小守其身。勞謙之謂與？其曰禄位尊盛，守之以卑者貴，三也；德行寬裕，守之以恭者榮，初也；博聞强記，守之以淺者智，二也；土地廣大，守之以險者安，四也；聰明睿智，守之以愚者善，五也；人衆兵强，守之以畏者勝，上也。周公自訓之矣。初夷其明，謙而又謙，前行互險，自牧者大地平沉，可浮渡也。意曰：謙之體藏于自牧，謙之用顯于服民。自牧之體徵于得志，服民之用彰于征伐。自是而二之升聞，皆用涉以往事矣。詩曰聲聞于天，二之鳴也，是以中心得。書曰我則鳴鳥不聞，其有能格，上之鳴也，是以志未得。四之辭山而入地也，哀貫恭儉之中，身居勞臣之上，而奉富君之下撝者，忘也。五蹇互師，朋來有鄰。五利用侵，上利得行矣。虞舞兩階，文遏徂旅，何富何鳴，自有勤勞大順者，萬民服矣。而猶有不期之會，賑廟誓社，雖曰鳴之，其志欲然，揖讓征誅，皆稱物平施之謙也。三盃一局，豈抱震矜之色哉！可用而未終用，是謙之止也。

智曰：謙、否介亥以立冬，履、泰介巳以立夏。巳本于天門，夏始之發用，本于冬始之刊落忍仁也。是伏乾而兑悦之五變也。成東南之仁，裁西北之義，而內煉乾勇，中藏坎之智信者也。兼坤艮二土以言謙，而天道濟明以成終焉。君子法之，履其禮，體其理，而多寡一矣；撝勞牧服，終同有之聲教矣。惟一兼二，二即以一兼一，是禮本于大一之運也。執兩乃所以用中，此稱物平施之兼道也。藏山于地，藏高于卑，蓋藏智于禮，而知止于禮運之大順者也。大學以恕讓慎爲平天下之明明，始于自謙，即爲自慊。旨哉旨哉！惟毋自欺，故平；惟平，故能稱。

䷏雷地豫

説文豫，象之大者。賈侍中説：不害于物，常行安舒。晉書河南曰豫州，言稟中和之氣，性理安舒也。爾雅解豫爲叙，待暴取豫，豫備者有叙，聲相取也。以喜隨人，作樂殷薦，言悦豫也；謙輕豫怠，言佚豫也，皆因安舒而轉，後分立預耳。从予，深喉之宫聲也，莫豫于予矣。帝出而率土，疊復而謙轉，震宫之第一變也，上經之中也，四九之首一終也。故以表禮樂，具刑政，建中和之極，示知幾之神焉，知此則豫矣。

豫，利建侯，行師。

一曰屯建侯，謙行師，豫兼之，兼坤震也。震侯而坤坎行師也，順動所以行也。鄧綺曰：先天圖除坤逆行，四變至豫；除復順行，四變至震。蓋觀、比、剥、坤、復、頤、屯、益八卦，乃陰中之陰，无數也。天順行，以震爲首；地逆行，以豫爲首。重耳筮貞屯悔豫，皆八。石齋云兩筮也。韋昭注曰居樂，母在内也；出威，震在外也。

象曰：「豫」，剛應而志行，順以動，豫。

四爲卦主，五陰應之，勞謙者當四，而志大行矣。

豫順以動，故天地如之，而況「建侯行師」乎？

郝解曰：知時則知豫，因時則能豫，如即豫也。意曰：天地如聖人，以聖人即天地也。心平而後用兵，人和可以一戰，此有大能謙之必得也。

天地以順動，故日月不過而四時不忒；京作「貸」。聖人以順動，則刑罰清而民服。豫之時義大矣哉！

子瞻曰：子重問晉國之勇，欒鍼曰好以暇，故惟暇者能用師。正曰：謙，禮也；豫，樂也。地制以艮，天作以震。禮樂者，刑罰之抵也，禮樂不作則刑罰不清，而斧鉞鐘鼓皆敝矣。訂曰：司空季子以爲母老子强，今觀惟四一陽逼近六五，君柔臣重，侯伯之卦也。動而順則爲桓文，動而逆則爲曹馬，故夫子惓惓焉。四時不過以晷刻言，不忒以氣候言。潛老夫曰：此言聖人時行，自中節也。贊時義用之大者凡十二卦，此爲上經之中，其幾微哉！

象曰：雷出地奮，鄭作「需」。豫；先王以作樂崇德，殷薦之上帝，京、殷作「隱薦」，或作「麋」、作「鳫」。以配祖考。「配」，漢書作「亨」。

康成曰：王者功成作樂，文作籥舞，武作干舞。豫，喜也，作樂餙喜，合天下之懽心，以崇先祖之德，即崇天地之德，思文之詩美稷，我將之詩美文也。孝經云：郊祀后稷以配天，宗祀文王于明堂以配上帝。公羊曰：自内出者无匹不行，自外至者无主不止也。祭于南郊曰天，明堂曰帝，謂冬至南郊配天以配祖，季秋祀上帝于明堂以考配。康成説也。朱子曰：以主宰曰帝，帝即天也。朝覲享祀莫不用樂，然郊祀上帝乃大合樂而奏之，此舉其大者。易言享帝，即是祭天。歷代異制，明堂乃廟屋耳。或言冬郊，春明堂，春禘秋嘗，名皆通用，各以義起也。豈必如後世之争議六帝、合享殿哉！野同録曰：天地間皆聲氣也，陰陽旋轉皆律吕也，八卦皆音節也。帝出地上，而奮由天作，故有樂象。樂正所以象禮之和，禮樂所以冥政刑而洋洋如之者也，何徒拘坎律艮庙之取象耶？兒易曰：復見天地之心即人之心，言心則知其中矣。人心本徵而曰宮，亦猶黄鍾爲宮而本羽。心氣及喉九寸，則知地氣及管其元必九寸也。豫以作樂崇德，先王之德即樂之德，言德則知其和也。德不可一端名，亦猶聲不可一音舉。聖人之德配四時，則知其氣周十二律也。是故復心曰見，灰之必歕者也；豫德曰崇，聲之必縱者也。又曰：倫治律以鳳鳴，夔治樂以獸舞；復之治律以地雷，豫之治樂以雷地。鳴者氣至，舞者聲通，雷蟄地爲氣，雷奮地成聲也。故以其下一奇爲之宫，以其上五偶爲之地，而以雷吹之，則无灰不飛矣。一以其中一奇爲之元，以其上下五偶爲之調，而以雷播之，則无音不作矣。其在于人，未鳴爲氣，噎于喉下，是復之初；既宜爲聲，韃于齶表，是豫之四。復曰出入无疾，朋來无咎，反復其道，七日來復，則知其氣自五月以還，歸陽漸降，由地中行，一入一出，得朋而來，乘灰即出者也。豫曰利建侯行師，則知其聲爲者功而作，兵興之會，慘結沴生，非樂不解也。元公曰：乾闔鼓琴，大地起舞，可與雷奮作樂同參。

初六，鳴豫，凶。變重震。

康成曰：寵辱貴不驚，而初應四鳴乃鄙夫也，非盍簪之朋也。見曰：是誦功德之流也。集曰：應震變震，決躁善鳴象。謙、豫皆以陰和陽鳴，而鳴謙則心得，鳴豫則志窮，心志之間其幾嚴夫！

象曰：初六「鳴豫」，志窮「凶」也。

誠齋曰：志窮者，狡志而肆其欲者也。暴公以讒鳴，伊戾以諛鳴，儀、秦以説鳴，髡、衍以辨鳴，晁錯、主父以謀鳴，江充、息夫躬以詰鳴，王叔文以治道鳴，李訓以大言鳴。鳴乎下，應乎上，凶在其中。石塘曰：又况加以爲我、冥應之鳴，別墨倍譎之鳴乎？意曰：人不文之以禮樂，則偶有半見，即不禁其鳴豫得志偏宕放言，以爲遂初率性矣。豈知其窮凶乎？鳴謙則可。德曰：與人和歌，非平心静氣不能，是絃歌中節，聖人所以平人无窮之凶志也。興詩立禮成樂，信知學記未發之豫。

六二，介于石，古「介」作「砎」，馬融作「扴」。不終日，貞吉。變坎爲解。積變歸妹。震宫世。

宜曰：兩間爲介，介于石，如石之開，截然分斷也。學記曰：禁于未發之謂豫。遡曰：坤直方則介，石艮象；乾終日，坤不終日，反象。與四不應不承，上交不謟也；初、三比近而不與同，下交不瀆也。變離知幾，故静則如石；去不崇朝，以中正明所由然也。人不可與共安樂，而皆不能舍安樂，范蠡其似乎？元公曰：光明露頂，直下不染一塵。淇澳曰：介石，方也；不終日，圓也。方圓生殺，用之同幾，禮樂刑罰所自出也。常日中耳。兒易曰：石爲衆音所依，故書稱搏拊，詩曰平和，舉一以總七也。石以立辨，故曰介。雅音有度，故不終日也。郝解曰：不遷怒，介于石也。不二過，不終日也。正曰：豫之解，萬物甲坼，建侯行師，皆不可不夙也。故介于石，未解之物也；不終日，已解之時也。雷霆破山，不避金石，堅冰不鑿，一宿頓銷。君子立子不謀于左右，不謀于婦人，出師不宿命于家，不漏言于親。詩曰不留不處，三事就緒。伊尹曰：先王昧爽丕顯，坐以待旦。夫非知幾豫、解之能如此乎？見曰：二四共成豫而不附四，金日磾與霍光並受顧命，而不受秺封，不納女後宫，其近乎！

象曰：「不終日，貞吉」，以中正也。

蘇傳曰：以晦觀明，以靜觀動，則吉凶如黑白矣。介于石，果于靜也；不終日，果于動也，以中正也。意曰：不以中正，則介石爲冷灰頑浸，知幾爲智算權謀矣。二不以豫爲樂，而以豫爲憂，神在一知，知決于中正而已。我心匪石，不爲物轉，此中庸之豫立，即易之豫順也。故係詞以四知斷之。

六三，盱豫子夏作「紆」，京房作「汙」，姚信作「盱」，引詩「盱日始旦」。悔，遲有悔。變艮爲小過。積變大壯。

宜曰：張目曰盱，即震視矍意，近四而驚之象。驚則徘徊觀望，期染指焉，是以遲而有悔也。盱變巽，白眼象。上震起也，无下係意，三將求豫而辱，故悔。坤性疑遲，故戒之。蘇傳曰：據靜觀物者二也，乘動見物之似者三也。物之似福者誘之，似禍者劫之，我且睢盱而赴之；既而非也，則後雖有誠然者，莫敢赴之矣。故始失之疾，其終未嘗不以遲爲悔也。正曰：臧文仲獲地于重館，夙也；子太叔施幕于晉庭，遲也。速敗者多，然豫而又遲之，是重悔也。周官曰畜疑敗謀，怠忽荒政，言盱悔也。

象曰：「盱豫」「有悔」，位不當也。

意曰：出見紛華，不無交戰，豫知此物幾矣。不見異物而遷，則當矣。顧雜處近羶，而責以攖寧之學乎？曰位不當，蓋言人當知所處也。

九四，由豫，馬融作「猶豫，疑也」。大有得，勿疑朋盍簪。古「簪」作「貸」，一作「栽」，京、蜀作「撍」，馬作「臧」，荀作「宗」，虞作「戩」，陸希聲作「捷」，李鼎祚曰「舊讀作攢」。變純坤。積變泰。

宜曰：由以卦主取，震大塗，艮徑路，由象。玄同曰：易凡言得者必坎，此言大有得，坎言求小得；凡言得喪者必離，晉言失得勿恤，睽初、震二、旅五、既濟皆先喪後得，即睽三之无初有終，大有四之匪，皆象離。又加隨上肖坎，則有得有獲；下肖離，則係一失一。此无他，坎陽在陰中，猶一男挾二婦，理無不得；離陰在陽中，世必无兩夫並麗之婦，是以有得有失也。坎疑朋陰也；盍，合也，坤象；簪，連也，震象。簪即攢，人衆而争先也。然則曷疑乎？爻主豫，逼近柔主，此皆應陰，无同德之助，嫌疑易生，其惟家視王室，憂樂同人，精白一心。殆周公之自道乎？郝解曰：士喪禮爵弁服簪裳于衣，謂聯也。簪以聚髮，震一奇横而衆偶聚之。此威權震主，首止踐土之事也。訂曰：鹽鐵論神禹治水，遺簪不顧，即弁服之笄也。

象曰：「由豫，大有得」，志大行也。

訂曰：齊桓誠心尊周，周豈復弱乎？夫子于四曰志大行，于五傷其乘剛，可知矣。

意曰：學問由己，天下歸仁，然必以禮爲目焉。恐以由己之説荒政壞教，故聯朋來于禮樂嘉會，表盍簪于乾衣坤裳，乃爲志大行也。

六五，貞疾，恒不死。變兑爲萃。積變需。應爻。

宜曰：疾，坎象；恒，合伏象；不死，艮象。虞翻取坤死震反生象，或云坎病受震東方生氣象。玄同曰：聖人以樂樂人，不以樂樂身，五陰柔而由豫于四，其瘋痪乎？人生憂患而死安樂，非分之豫，豫甚于疾矣。德慧術智，存乎疢疾，詎謂貞疾非所以保豫耶？自非然者，君若贅旒而大夫張，向戚溴梁，所以歎也。訂曰：劉後主初年似之，然知任武侯而不知貞疾，亦終于死而已。正曰：禮樂之中有奇疾焉，萃而不戒，不有夷難，必有子禍，申生召戎，伯服召翟，國醫所歛手者也。揆曰：頤之由在上九，故六五不可涉大川；豫之由在九四，故六五貞疾恒不死。野同録曰：齊爲陳氏而景公聞言彗徙，甘露既變而文宗歲減毬會，其貞疾不死乎？高洋之晦疾，宣宗之不惠，將愈之耶？終死于豫耳。

象曰：六五「貞疾」，乘剛也；「恒不死」，中未亡也。

慈湖曰：中未能亡，故爲正道之疾；執義堅剛，意終不死。竹西曰：作意做總殺耳，不協卦爻，强扭聖言。此言二五正應，五能貞疾，二之介石所感也。良心不死，貞疾何咎？謙禮豫樂之中道，不欲人狃于豫而已。心自本无不必以訓，故大學止言誠正。豈得厭事例象徵，而專尚浚恒冥語乎？淇澳曰：五貞不死之心，即夕死之心也。

上六，冥豫，成有渝，无咎。變離爲晉。

宜曰：卦至上而成坤迷，故冥。震動，故渝。成而能渝，則不冥，故无咎。何可長者，見若不渝，貞者且疾，能免咎耶？蘇君禹曰：貫朽粟紅，未嘗不想其豫盛，而土木甲兵，征輸望幸，紛然交作，至于煩費騷動，然後知聖人之慮深哉！爻于三之悔，則欲其速圖于始；于上之渝，則幸其改正于終。是故輪臺之詔，君子猶有取焉。正曰：冥，晦也，晉昭也。楚子三年不聽政，樊姬諷之，一日而舉孫叔敖，霸于諸侯；齊侯委國于左右，三年不治，一日而烹阿大夫，遂强其國；魏文侯遠太子擊于中山，趙倉唐牽狗載鴈以獻，誦晨風之詩，于是歸之。發其衣裳，盡皆顛倒，可謂冥豫有渝矣。張獻翼曰：趙簡子問羊殖，成博曰：其爲人數變，每變益上。

象曰：「冥豫」在上，何可長也。

郭子章曰：易稱冥者二。太玄曰出冥入冥，新更相代。是以豫成有渝，升貞不息。何可長者，明當渝也。智曰：終則必反，故曰何可長。況上極而冥乎？冥與明，猶日與夜也。酷明非可享豫，偏冥則歸于亂豫而已。此道當變于圓成之後，而空外亦可免世途之鳴。功成身退者，時當閒散者，蜀市之簾，柴桑之醉，蓴鱸之思，轂城之石，其升南冥乎？終知此幾，廢而中權，雖不免于隨蠱，聖人不責之矣。

時論曰：屯、豫、比、晉，候取得地，而建則雷象也。雲雷之候勿往，以貴下賤，在乎不寧；雷出之候利行，先憂後樂，在乎順動。屯初與象同詞，豫四但言大得，其志行則一也。刑罰禮樂合而成豫，此天地日月四時之義乎？乾、坤讓君師煉世間之險，需、訟次以文武，乃能懿德而定志以禮；天地交命君子包小人之名，同、有歸于平施，乃始標時義而崇德以樂。遂性反命，冲陰合陽，先王作樂之元也。府修事和，尊天親人，是薦上帝配祖考之義也。且就樂義而精之。一陽卦六，自復至豫，其侯始奮，躍微成著而樂作焉。出而灰符度表，則四其權也。互坎律也，黃鍾生林鍾而成卦。震起子，坤起未，而生太簇，爲震出，是三統也。自震至坤，先天隔八，圓圖北冬十六卦相并者也。方圖震起中亥，坤收外巳，震六十八，坤百合之，乃倍其八十四調也。貞悔序卦，豫終首九，黃鍾九法也。大横圖豫當六十，猶文王之序節也。甲律也，謙、履、豫、畜，禮樂之源。圓豫居亥而方居午，此禮樂刑政之成治也。且以六爻之樂表之。子夏論音始，最妨其害志，初震一奮而嶋鳴先揚，豫恒燠若，志可滿乎？太平無事，葬人久矣，況倚奥援而窮奢甘凶者哉？滯伏之氣，二爲解之，譬堂上之擊拊，石音詘然，金聲貴玉振也。變藏坎離，至靜明習，決不停幾，猶之審音矣。三小過而觀美昡乎？九四由豫，坤樂大終來格來儀，盍簪又何疑乎？子曰：暴民不作，諸侯賓服，五刑不用，百姓無患，天子不怒。如此則樂達矣。崇德至此，由之也已。五萃有位，其鑄無射聽而震乎？如其病病，疾而貞矣。上處豫極，而晉反成冥，單穆子之説乎？成而有渝，治教尤謹豫怠，勿執至人之冥以病天下也。樂記曰：禮樂刑政，其極一也，所以同民心而出治道也。吹律知師，聽樂知德，特贊二以知幾，蓋言微也。知幾尚在由豫之先，至于大得時，已伏疑而慎盍矣，何況譎張于盛滿，睥睨于權勢，射贄于疢毒，躭縱于長夜者乎？意曰：樂以天下者公也，樂以一身者私也。嗚吁疾冥，自受用之私也；四兼善，二獨善，皆有關于天下，雖樂亦公。

智曰：盱江曰雷天氣，澤地形；出奮者性，樂由天作；上下者形，禮以地制。智以上經天道之中，禮樂之嘉會也。仁近于樂，而顯贊時義之大，率神居鬼，故獨舉薦配之典。樂記所云節和以同人心，刑政總歸一極，即此旨乎？蟠地極天，豫全收矣。樂極則憂，禮粗則偏，故以順動訓焉。橫槊作樂府，琵琶傷宮聲，即此知建侯行師之動，果順乎哉！故曰惟自由者主豫，惟憂天下者能樂，周公其大有得乎！

隨䷐震下兑上

邵子曰：卦不交于乾、坤，則交于泰、否，泰盛而蠱，否傾即隨。遡曰：三陰陽卦從否、泰變，否、泰具乾坤之體者也。隨、蠱乃初上換爻者也。鄧綺曰：兑震爲隨，震兑爲歸妹，艮巽爲蠱，巽艮爲漸。天地始終萬物，此四維之卦居于先天也。郝解曰：隨、蠱，商周之事也。隨上六，文王所以事紂也；蠱六五，武周所以承先也；上則不臣周者也。文之服事，自盡其隨而已。商日壞而爲蠱，武王以子幹父，固非文心，武王豈得已？天運終始，先甲後甲，即甲子昧爽之象也。卦本乾、坤，隨乾上來坤初，爲君之純臣，故官功在道，孚嘉而不改用享之節，臣道也。蠱坤上來乾下，是爲父之肖子，故承考幹裕而不奪義士之守，子道也。潛老夫曰：隨者，否初終之反也。蠱者，泰初終之反也。否、泰反其類，于換爻而益明矣。以乾一索合坤三索，兼未濟而分困、噬者，澤雷也。以坤一索合乾三索，兼既濟而分賁、井者，山風也。雷歸魂于澤，風歸魂于山，官有功而維用享，意承考而高尚志，誠世道人心之雷聲風力乎？又曰：圓圖隨、萃、豫、震在北，蠱、大畜、巽、小畜在南，皆相峙也。豫、隨時義，由冬而春之候乎？故豫必有隨，喜隨有事，直連舉其義焉。智曰：謙、豫、隨、蠱、困、井、革、鼎，上下經之中也。貞悔爲九者四，此次九首也。二濟二老爲冬春之際，銜尾无首者也。謙、豫、隨、蠱爲春夏之際，隨風生蠱者也。坎、離、咸、恒爲夏秋之際，咸用悦利者也。困、井、革、鼎爲秋冬之際，剥忍變造者也。

䷐澤雷隨

智按：易以三陽三陰爲中，故泰、否爲綱領，而隨、蠱寓咸、恒、損、益之消息焉。上下相易，隨則上剛來隨初也，故以隨名之。説文隨从辵，隋聲，而惰从陊省，裂肉音隋。一曰隨古作攵。履後復夌从之。一曰从髓省聲，髓隨人身骨血而來者也。

今爲商齊齒聲。

隨，元亨利貞，无咎。

蠡曰：四德不全予，予猶多危辭焉。今全予隨，而又係之无咎，言人生隨天地開闢之時，而大其義也。筌曰：履以履其後爲義，隨以下隨上爲義。隨无咎者，上下本无事也。遡曰：雷天地長子，出號令以鼓萬物，動于澤下則將出，即萬物與俱出，而震宮歸隨；動于澤上則將入，即萬物與俱入，而歸妹爲八宮之大歸焉。震卯兑西，隨自卯而西，爲晝，爲春夏，陽明而發育；歸妹自西而卯，爲夜，爲秋冬，奄伏而沉藏。圓圖隨在立春前一卦。鑿度孔子曰：隨者二月之卦，隨德施行，藩決難解，萬物隨舊而出，謂兑秋雷藏聲者。一端之説也。洛書兑與震交，龍虎從，木金應，養氣家重之。揆曰：君子轉物而物自隨我，非使物得以轉我而我反隨物也。意曰：豫必有隨，言當動隨時義也。西山之維，即出門之功矣。豫、隨爲上篇之中，世則太平之世也。若以人言，則順動不知晦息，失身必且蕩維，故節豫慎隨，爲天下之大義焉。

彖曰：「隨」，剛來而下柔，動而悦，隨。

竹西曰：謂泰、否來，即從蠱顛轉上而爲隨初也。謂乾上轉而來坤初可也，是初上主卦也。朱子舉困、噬、未濟，細就其畫變而言之，變因畫具，一然俱然者也。後倣此。

大「亨貞，无咎」，而天下隨時。王肅本作「隨之」。

子瞻曰：時者上之所制也，不從己而從時，其爲隨也大矣。誠齋曰：時出于聖人，天下隨聖人；時成于天下，聖人隨天下。訂曰：必先有聖人之隨而後有天下之隨。觀我氏曰：揖讓也，革命也，事狄也，逃父也，負扆也，作春秋也，出常情而天下安之，異前聖而後聖信之。君子曰是庸德也，是時中也，期于心之无我而已矣。黠者睨而竊以自與，特患夫戒慎之不利于我也。乃逃町畦之外，以爲見性率性，隨順任之，雖窮玄極微，袛滋驕泰，故貞在无咎，而大揭隨時之義焉。郝解曰：謙、豫、隨相因而幾在乎時，无可无不可，隨也。當理措宜，素位中節，隨之義也。无忌憚者謂之詭隨。意曰：不言元者，隨即藏元也；不言利者，大亨貞即利，而貞在无咎。此天下隨時之義，所以利物和其中也。時乎羲、禹！時乎周、孔！時措之宜，一中而已。雷雨出雲，有開必先，豈能剖斗折衡，而錮民于混沌哉！以小康目三代，而欲從先進之野人，時也。郁郁監二代，今用之，吾從周，時也。

隨時之義大矣哉！王肅本作「隨之時義」。

程子曰：此贊隨時之義大，與豫等諸卦不同。心易曰：隨可時也，不可係也。爻取隨時而動，象取隨時而息，動息不違其時，此隨時之義所以爲大。

象曰：澤中有雷，隨；君子以嚮晦入宴息。「嚮」，王肅作「鄉」，又作「向」。

全曰：雷出地奮，下起直上，若物礙之，則衝激成形，如木如石如斧之類，值之者傷。澤乃地之虚處，雷之形氣至此隨散，其聲遂息。諸儒或言兑秋月令雷始收聲，木王于春遇金則廢，此取四時一節言也。幼清以龍雷一也，靈湫喧汙，輒興雲雨，其一理也。熊南沙曰：暘谷昧谷，自震嚮晦之象；互艮，息象。意曰：彖以動言，象以静言。豫位正冬，先言出奮；隨已當春，即具秋收。蓋謂隨静知其動，隨動知其静也。法離向明爲外王，體隨向晦爲内聖。晦不屬冥，息未嘗滅，惟慎獨者知之。正曰：乾乾終日，法天之道也。嚮晦冥息，隨日之義也。同人而不流，獨居而不憂，以從于天下，猶之宴息也。心易曰：心自有息，息必歸心，綿綿若存，爲天地根。外若滅息，内自生息，微矣。見曰：三更不睡，血不歸肝，故以嚮晦象伏雷。畫子曰：宴，安也；息，生也。安其形，所以生其神；退藏于密，六用旋元也。智曰：全動全静，必用于細動静。養動之根，自入而息，夜氣以止，息爲生息也。

人寐則目先不用，耳次不用，鼻息則寐亦不息者也。自心鼻祖，爲形聲折攝之輪，猶不悟淵默之雷乎！知動息同時者，謂之寤寐一如。南視北斗，日午三更，何時而非息邪！逯孝曰：隨乃所以復，復乃所以節，語上止言復，語中下但言節，隨則不語也。隨上中下而語之則復節，乃大隨也。因爻隨變，因時隨候，皆隨其當然之義，使人中節而已。

初九，官有渝，蜀才「官」作「館」。**貞吉；出門交有功。**變坤爲萃。

全曰：主其事之謂官，渝猶豫成之渝也。遡曰：隨東西對而主賓立，震兑交而言行乎，故象朋友。求之鄉國天下則出門，求之詩書則尚論，故有遠取之象焉。初隨上也，不渝則中益而訑訑拒人，即出門何益乎？貞以渝見，執一不更則非正矣。官渝，震象；門，艮象。意曰：心之官則思。禮運曰其官于天也。天下時而已，時者用而已，用莫大于官，官必隨交而貞之。貞于渝中，故不失也。正曰：豫終冥豫，隨初出門，則方旦也。渝者，陰陽之交變也。爾止曰：此門達道所由，投足最初宜慎，故以晦息嚴之。見曰：官有渝，如韓信、陳平事羽，不能其官，而事漢高。此自一說。

象曰：「官有渝」，從正吉也；「出門交有功」，不失也。

慈湖曰：官各有守，今渝焉，隨時也。然事可渝，貞不可渝也。正曰：大人守道，不以出門典一官，居常慮變，不以无功墜厥事。精誠所交，衆志隨之，故隨而萃。全曰：初交四以進五。宜曰：交上。集曰：從上爻而變初，主隨，因渝二三，應四交五以有功，而正應本不失也。揆曰：一二三四互艮門，出門交五，故曰渝。智曰：隨其所渝，而精隨時之義，自不失正。出門豁然，何難舍己從人！

六二，係小子，失丈夫。變重兑。積變困。

揆曰：二係三失五，三係四失二，小子丈夫，陰陽之辨。觀、漸初六稱小子厲，則陰爻爲小子明矣。二比三不能越三，而三比四易于舍下就上也。宜曰：六二中正，非必果係彼失此也，三亦非真見四之爲丈夫也，而親之以近比故，適遭之耳。弗兼與，明事勢也。隨義所在，不論小大得失，故不言吉凶，卦三陰爻皆言係。野同録曰：有謂係小子爲不失赤子之心者，强扭就臆説耳。聖人因二貞一，隨義與比，即兩无也。周公著小子丈夫于隨，猶孔子著君子小人于泰，貪洪荒耶，何謂隨時！

象曰：「係小子」，弗兼與也。

玄子曰：二亦中正者，人之所隨，得正則遠邪，從非則失是，无兩從之理，故戒之曰弗兼與也。穆姜筮艮之八，是艮之隨，乃隨五爻變而二不變也。姜舉文言，知史諷而掩飾也。且左傳爲三晉文人筆，掇文言措詞耳。筌曰：里克之中立，鄧析之兩可，終于邪而已，非隨之善也。見曰：二之係，其夷吾係子糾，魏徵係建成乎？孚于嘉，則桓公、太宗也。□□[一]曰：亞父發疽，馮衍閉門，自歎其係失也。龐公不比管樂，徐庶廢于漢魏，其知隨乎？知弗兼與之義，則可以隨兩端而用中矣。

六三，係丈夫，失小子；隨有求得，利居貞。變離爲革。積變大過。震宮歸世。

郝曰：震初索于坤母，故二三坤體，視初猶子。蠱初爲子，亦此象也。三近四爲夫，故爲係夫棄子之象。不必拘正應爲説也，此隨時也。二係初子，而母所失者，子所必欲得也；三係四夫，而母所係念者，亦子所終必往也。故九四大有獲以此。宜曰：震往則未，艮手則得。又巽市利象。居，艮止象。利居貞，爲詭隨苟得者戒

[一]「□□」，底本原爲空缺。

也。正曰：隨之革，水火相滅，非貞不得。孫伯宗妻謂其夫得畢陽，庇其子州犁焉，得所求矣。海鶴曰：龐參、柳津之失其子乎？凱風、笳拍之失其子乎？子卿還漢而通國終來，是兩不失也；袁紹因子病誤事，而卒殺田豐，是兩失也。宋太祖明知之而傳太宗，是貞于係失者也。

象曰：「係丈夫」，志舍下也。

訂曰：三係四志，僅舍初而已，孰知四之亦當舍而不當係乎！

九四，隨有獲，貞凶；有孚在道以明，何咎！ 變坎爲屯。積變井。

幼清曰：四居陰，故或與六三；九體陽，故能交初九。四三非應，故曰義凶。孚道得應，則四明哲之功也。遡曰：四五皆孚，孚比凶，孚應吉。以神迹辨有心曰得，无心曰獲，然四凶于三者，陰或不得已求陽，陽而狥陰，即非明白正大之相與矣。陽道象，艮光輝明象。正曰：與人同功，必與人同過；與人分福，必與人分禍矣。子犯還璧請亡，而重耳矢河，異日叔向舉似范文子，文子愬其未仁，失子犯之明，豈不及豎須、勃鞮乎？隨人而患多矣，惠公之入，里、丕之黨，有存者乎！意曰：有獲之心皆私也，然不明其道，則自快其无所獲，亦凶也。

象曰：「隨有獲」，其義「凶」也；「有孚在道」，明功也。

潛老夫曰：得者失之門，不作小大得失之見者，明體矣。然不隨小大得失而以道孚之，豈能明功乎？君子内竭忠誠，外明分誼，不棄初交之官，能隨遠近之應，謂之善處功名，身係安危，何非道乎？

九五，孚于嘉，吉。變重震。積變升。

蕖義集曰：震巽中正而遠近皆孚，莫非嘉之會矣。揆曰：四曰有孚，五曰孚嘉，蓋隨從否變，四五同乾德而遠近内外隨之，隨時之主，豈私一人哉！幼清曰：有孚者，彼孚於此；專言孚者，此孚於彼。筌曰：二本中正，昵于近其迹耳。負俗之累，賢者不免。在明主釋猜捐迹，而嘉會成矣。正曰：公孫同與負羈之妻皆知晉文，以從者皆國相也。

象曰：「孚于嘉，吉」，位正中也。或作「位中正也」。

意曰：位中則不偏不倚，善隨天下之交係求獲，而各以其嘉者孚之，所以爲時中之尊親洋溢也。四五皆曰孚，陽同德也。

上六，拘係之，乃從維之；王用享于西山。「享」「亨」同。變乾爲无妄。

玄同曰：享西山者，无情亦格；孚初九者，終始相聯。拘係從維，聯固狀也。拘係，巽繩也。維取四方，震兑坎離俱見也。王自文王追王言。文興于西，附兑見，升卦同。諸侯祭境内山川，分也。初上互换，窮上返下，始終共貫者也。野同録曰：隨時未可以象喻也。變乾爲无妄，而伏冥升之不息；萬物收于西成，而乃享義利之乾坤。依然從此四維，以貞天下于无咎而已矣。隨天下之係，拘天下之求，而明交功之道、正中之位焉。天下皆享其隨時之義，而不知其所以然，是乾之元亨也。所以然，則嚮晦而息之矣。

象曰：「拘係之」，上窮也。

潛録曰：小子丈夫，本無增減，是豈愁其不隨乎？專言太上，則不能隨時與民同患，而勢且縱人蕩維，蠱此天下矣，是偏上而窮也。不落上下，猶暗痴也。窮上返下，止宜隨天下之講下學，而何下非上乎？智曰：知隨時之貞于无咎，則隨其窮上，而即以上者拘係之矣。此集大成之義，而奏金玉以宴息者也。德曰：卦圖以隅爲維，以廉稜四方之節維圓也。國有四維，本法此象。

時論曰：雨暘燠寒風來備曰時，非一家一國之隨，天下萬世之隨也，所以隨者時也。畊鑿壤衢，忘于作息，祁寒暑雨，泯于怨咨，象之隨時而動也，象之隨時而息也。震納庚，寄魄于兑先；兑納丁，生魄于震後，嚮晦宴息之象也。天道立昏中，君子存夜氣，龍見淵聲，一身之澤雷也；出作入息，一世之澤雷也。意曰：三陰并有係者，係不可以言隨；九四獨爲隨者，隨不可以有獲。係，昵也；獲，貪也，聖人弗與焉。陽一君陰二民兼者，臣也。丈夫志交，小人志係，帥小子者丈夫也。隨丈夫小子以從王享者，大丈夫乎？非以時義明道，其能維而息之乎？識時者傑其官于天乎？傾否隨初，變萃伏畜，闔户不覿爲過，闢户一笑爲功，出門隨帝，從正所以善變也。初則不失，二三失矣。雖然，此失彼係，誰較勝耶？二弗兼與，三求有得，其在志乎？蓋三與四隨所交出革而進屯也。革征則凶，隨居則利，屯明而求，隨明而孚。初四相應，其功何在？亦在乎秉道隨時而已。孚嘉之君，震中有漸；官渝求明，咸、萃于下。遠近皆孚，嘉會合禮，不獨私于二之變悦也。獲情近私，獲義蠹公，夸者死權，驕吝可不戒哉！上之拘係也，隨時因革之大權也，所謂從欲風動而安教洽化者也。西山者，周家丕丕基也。省山拔兑，德化荒之，禮樂康之。无妄之極，悦以先勞，上窮下通，維繫固結而不解矣。知最上之極則，而用亨貞之中道，必以義爲西成之享。天下各拘其所係，而維不可壞，隨即隨其維焉。若執偏上，教治反窮，隨時之義豈不大哉！服牛乘馬，取諸隨。牛馬，天也，可服可乘亦天也。聖人因天用天，是時義也。人不識隨時之義，而曼言無彰無癉之大隨，其異于禽獸者幾希。

智曰：上經坎贊時用，頤、大過贊時，惟二九中間乃贊時義；下經遯、姤、旅贊時義，睽、蹇贊時用，解、革贊時，而隨獨贊曰隨時之義大矣哉，此特例也。聖人深心見乎詞矣。六十四皆時，皆乾之時也。始終用坎，使乾乾其心以隨之，雖有治亂，大義中天，民心不死，孚維此四德矣。執太上爲大隨，而不知隨時之義，則私係蕩維，蠱能幹乎？利物和義，西成以合坤乾。君子曰此義以爲質，行禮達仁，以全信智之大表法也，幾在息者知之。惟其息也，乃可以環應其交與求獲之宜，而天下隨此中矣；惟其上也，乃可以窮上反下，周四維而隨无妄之所之焉，中道亨矣。人情樂縱，卑者靡，高者僻，脱者放，羣閭巷皆知言隨時矣，誰知隨時之義乎？比義之无適无莫，此正不落兩者也。義即宜也，然不正告之曰義，則時宜之流爲脂韋，猶夫隨時之流爲脂韋也。天地已分名可避乎？可名之義即不可名之宜，與其訓宜，不如訓義。莊子憤假義而巵言激之，是仆而罪路也。无首六龍飛乎上下者，誰可許哉？故言第二義，即是弟一義。孟子之集義贊時，深于讀隨時之易者也。莊子知隨而已，真隨固不易也。言義者或不知真隨，而況偏隨者乎？故末季藉其巵言自解蕩義，而不顧其蠱矣。此聖人所以深憂之，顯著之，而預防之乎？文王于乾，五言而已矣，表歲之四時而已矣；隨則終之以无咎，此繫詞者維萬世之義也。

䷑山風蠱

左傳皿蟲爲蠱，穀之飛亦爲蠱。潛虛曰：百毒之聚，勝者爲蠱。朱子曰：器中毒蟲自併之象。邵子曰：蠱者風之旋也，蠱以風化。地犯風則多蠱，虫入木則易壞。蠱鼓同音，牙喉滿唇之聲氣也。故具敗壞淫惑之意。智曰：飲食男女，是蠱種也。師毒隨蠱，以藥治病，以藥治藥，惟巽制權，惟風所轉。以道德止之，以先後治之，即民事以鼓其志意，要明乎甲庚生克之消息，使其易入易止已耳。

蠱，元亨，利涉大川；先甲三日，後甲三日。

集曰：宴息喜隨，而竟不事天下之事，則蠱矣。知蠱之幾，而巽權以飭治之，則元亨矣。初至四肖坎互澤，而巽木乘風，利涉象也。先後甲三，諸家紛然。智嘗作甲庚説曰：康成本子夏，作新辛、丁寧、癸度之説，朱子因之。程子曰：甲者事始，庚者變更之始，戊己爲中，過中則變也。他如鼎祚所集遠矣。子瞻以干五支六而復，所云六甲六庚之先後，明陽之生子盡巳，陰之生午盡亥，夫人而知之也。先甲三日，子戌申也，申盡于巳，而陽盈生陰；後甲三日，午辰寅也，寅盡于亥，陰極陽生。蠱无九五以幹之，故窮變而終則始。先庚三日，午辰寅也，盡于亥；後庚三日，子戌申也，盡于巳。故曰无初有終。胡仲虎曰：先天甲在東離，逆數離、震、坤得艮，爲先甲三；順數離、兑、乾得巽，爲後甲三。文王發先天于蠱象，周公發後天于巽爻，巽艮前後三卦，其方爲庚。巽本无艮，以五變即艮，巽之蠱也。吴幼清則謂爲筮日之占矣。熊朋來以納甲論之，蠱、隨相伏，初變則内爲乾，先甲也；至四五變則外爲乾，後甲也。乾納甲也。重巽伏震，先庚也；五變則三至五互震，後庚也。來矣鮮因季常，而以先後天明之，曰後天艮巽，夾震木于東，言巽先于甲，艮後于甲也；先天艮巽，夾坎水于西，言巽先于庚，艮後于庚也。五變即艮矣。獨言甲庚者，卦皆乾、坤也。甲居寅爲泰，庚居申爲否也。焦弱侯因輔嗣申命而引浹日，甲木仁，示寬令；庚金義，示嚴命也。復始曰甲，申命非更則續。庚，續也，更也。事變至蠱，則當復始，故曰甲。甲日首，事始也。巽變蠱，蠱即始事，巽又申之，故于五爻言。智按：説文賡，古續字，而相沿讀庚，是其證也。玄子曰：六甲始甲子，終甲寅，北西東南，始義終仁也；六庚始庚午，終庚申，東南北西，始仁終義也。甲爲陽更，庚爲陰更；甲居干端，庚居干中。陽更與干端，開創迅烈之意多，故始義終仁；陰更與干中，修補調和之意多，故始仁終義。蠱則變而從新，巽則修舉廢墜而已。故終則有始，取甲之始也；无初有終，取庚之中也。象正曰：六甲是帝出之終始也，道未有周六甲而不變者也。巽之治辛，艮之治丙，皆于六甲取之。甲取辛丁，庚取丁癸，義亦互起。古之爲日也，左而尚柔，右而尚强。吉日庚午，吉日維戊，右事也；上辛祀帝，祭用丁亥，左事也。然則武王克商，以甲子昧爽，先三日而誓師，後三日而畢事。既來自商，大告武成，以庚戌柴望，先三日而祀廟，後三日而分封，故蠱用振民，巽用申命。庚申之義起此乎？曰詩、書、易象相爲表裏也。戊午師逾孟津，己未誓師，甲子又誓，癸亥夜陳，會朝清明，故戊癸甲己，周師之所取合也。周以火德王，戊癸之合，朝步自周，陳郊卜洛，烝祭皆戊也，未有用己者。自戊而已，乃畢厥争矣。克商之歲，日至己未，日月星辰會于北維，越六日而受商命；卜洛之歲，甲寅而成位，甲子而用書。夫是六日則必有合之者矣。乾甲而震庚，震甲而兑庚，或論德，或論位，甲己從化，乙庚同氣，易間取之。此旁義也。元公曰：道家殺三尸虫必守甲子庚申，故蠱象巽爻取之。東方甲木，西方庚金，中央己土，革乃天時變候一歲之中，故曰巳日乃孚也。智曰：諸家各有闇合，而或有執此復疑彼者，或有信後天圖不信先天者，蓋未全悟虛空皆象數、一合皆合者也。若謂圖數不可信，則六合之日月，七尺之經絡，應叶之律曆，周旬之支干，皆不可信矣。橛虛者，執皆有皆無之影事而荒之；循庸者，執宰治質分之訓詁而疑之，誰肯研極精義邪？子瞻所云，甲庚先後，陰陽相反，易以寄治亂之勢，此定理也。矣鮮所云，往來泰否，天地之道，不過如此，此定理也。弱侯、玄子之言，甲仁庚義，更端始中，此定理也。特未暢一在二中、叁兩用六之所以然耳。古人小事，必有義尚，幼清筮日之占，非無謂也。古人以韻訓義，辛丁之説，庚革同聲，非無謂也，特其顯密大小，同時並用，而儒者遂執一説，蓋欲淺白示民而已。易簡録曰：先天巽位西南，後天坤來居之，是巽肩坤母之責；艮位西北，乾來居之，是艮肩乾父之責。六十二卦俱幹乾、坤之事，于蠱見例，蠱遂兼乾、坤二元。玄同曰：後天乾、坤退位，是父母蠱象；艮、巽受之，即能幹之，故合艮巽名蠱。智按：孔子曰陽祖微而據始，坤臣道以正終，蓋謂先天用于後天，圖變書而分陰居四維也。一用二，二倍四，二四爲八，三四爲十二，于盤于支，則十二分值八卦，陽一而陰二也。四正當子午卯酉，四維乾當戌亥，艮當丑寅，巽當辰巳，坤當未申，此四維之乾、巽、艮、坤交幹也。北冬三位，乾首于亥，艮輔于丑；南夏三位，坤終于未，巽起于巳。故艮以歲限，與坤司方圖之泰、否；巽轉風而終律，與乾司圓圖之泰、否。四月純乾，巽尤居陽陰之闢，長震木之氣，申命行事者也。干支六十，約以六旬，以旋六律，每三十度爲宫，環十二宫而用半爲六爻，此一切見成者也。巽五著變者，藏六于五也。分六而兩言三日，以九侵六，以六損九也。四分十二，而用一分之三也，猶十二用九之爲四分三也。但言甲庚者，萬法不過反對，而舉東西輪也。老父曰：冬夏用春秋，子午用甲庚，以其生于亥巳，猶之四用半也。盡之矣。蓋謂或舉水火，或舉金木，或舉仁義，總之是陰陽代錯而已矣。邵子曰：十二宫，自寅至戌九時爲日，亥子丑爲夜，猶歲用三季而餘冬也。寅至戌，甲至庚，天干之餘三，猶地支之餘三也。鄧綺謂甲起明夷庚終謙者，用四十八卦而餘十六也。雖用三而實用二，二自爲交輪耳。不見鄉飲酒之圖乎？仁屬春夏之僎主，義屬秋冬之介賓。聖人制度表法，何處不然？禮曰：教者，民之寒暑也。記治亂之事曰春秋者，酷寒酷暑日少，與民用和平之旨也。春生于冬，甲生在亥之符也；秋生于夏，庚生在巳之符也。東震木合巽，以暢離火，成坤土；西兑金合乾金，以歸坎水，終艮土。生克互用，恩刑交施，盡古今費隱無出此者，豈特巽五變蠱互震木曰甲，蠱五更巽互兑金曰庚乎？程迥曰：完顔亮入寇，筮蠱，迥占曰，惟巽發剛，利武人貞，至四則有獲矣；外變隨兑毁，隨自否來，斷乾之首，墜于地下，當殺亮。

彖曰：「蠱」，剛上而柔下，巽而止，蠱。

宜曰：從泰變也。魂飛魄降也。户樞不蠹，用器不蛀，天下欲各事其事，巽而止，宜其蠱矣。

蠱「元亨」，而天下治也。「利涉大川」，往有事也。「先甲三日，後甲三日」，終則有始，天行也。

子瞻曰：蠱非一日也，以喜隨人，溺宴安也。父養其疾，至子而發也。以天下無事而不事事，則後將不勝事矣。此蠱所以有事也。而昧者乃以事爲蠱，則失之矣。宜曰：爻惟二五應，是利往者。傳言天行者三，剥、復爲消息盈虚，此爲消息中變，所貴乾惕天行知幾事事，豈委之循環乎？賈誼曰：厝火薪上而謂之安，先甲也。杜預云：平吴後當勞聖慮，後甲也。

象曰：山下有風，蠱；君子以振民育德。

宜曰：風在天上、地上、水上，皆行而無阻；山下有風，鬱而不暢；穴自生風，長木穿土。風字從虫，形家以風知虫，巽風尤爲生虫之害氣。三蟲攢血，尸癆相傳，動静歸風；風爲百病之首，莫神于風，亦莫賊于風，故爲蠱象。振取風木之聲，育取山土之養。明乎甲庚，一生一殺；知風之目，一張一弛，是君子之事也。蠱以宴安，綱紀以弛，法網拘牽，養道必失。

初六，幹父之蠱，有子，考无咎，厲終吉。變乾爲大畜。

一曰除上爻外，皆稱父蠱无所委也。訂曰：乾坤體壞，父母亡，男尚幼，而長女當家也。女弱何辨？必有陽剛之子補救之，而考乃无咎也。厲乃操心之密機嫌疑之際，自初幹旋至終，乃吉也。晝子曰：由泰變，則上爻爲父矣。初上二爻，成卦之主，始終予之，幹必旋乾象也。元公曰：蠱爲食志之虫，傳尸而不已，非毒藥攻治則禍延子孫。

象曰：「幹父之蠱」，意承考也。

訂曰：因弟之幼以承當父事爲心也，豈必緹縈乎？正曰：厲者爲子而行臣妻之道也，多識、畜德，必有以用之矣。宗一曰：三年無改于父之道，非无改其蠱事也，故曰意承。末世以富貴爲繼志，是鄙夫其父而世濟熱中耳，豈謂善繼？

九二，幹母之蠱，不可貞。變重艮。積變賁。

宜曰：幹母蠱者，貞則傷恩，故必巽以行權。鄭莊失之誓泉，蒯聵失之顧劍。凡蠱之深幹之難者，皆幹母蠱之象也。□□〔一〕曰：嬴政、高緯與漢惠、哲、旦等耳，皆隨維先壞而後蠱乃深。向使戚姬不思奪嫡，則人彘之禍自不激傳禄産；太宗不

〔一〕「□□」，底本原爲空缺。

留巢妃，則高可不蒸，玄可不報，先以隨維之禮幹之矣。東漢黜吕后于太廟，是中道也。柬之不盡暴罪，亦一道也。後人責柬之，亦一幹也。尹起莘曰：聖人扶陽无兩大之理，故父在爲母期而武氏、韋氏再改之，玄宗又□[一]服嫁母三年，宜其亂也。幹母之蠱不可貞，聖人預幹之矣。兒易曰：堯不子丹，舜爲之子；舜不子商均，而禹爲之子；雉不可母漢，而陳平爲之女；曌不可母唐，而仁傑爲之女。舜禹之誅殛隨刊，男子之才；陳狄之委蛇卻曲，女子之容也。

象曰：「幹母之蠱」，得中道也。

玄子曰：如舜泣田不敢家也，號旻天耳，不取于人也。得中道者不從合亦不傷恩，易望人貞而曰不可貞，非謂可不貞也。可舉其凡，不可悉其目，難與世之狥形迹、好功名者談。□□[二]曰：閔損、王祥之感，惟此中道，考叔、茅焦且能旁感後人，以責魯桓、唐中，迂遠矣。

〔一〕「□」，原本漫漶不清。
〔二〕「□□」，底本原爲空缺。

九三，幹父之蠱，小有悔，无大咎。變坎爲蒙。積變頤。巽宫歸。

子瞻曰：三與二同德而不知所以用之，二用以陰，三用以陽也。意曰：其匡章乎？宜曰：蠱幹而親之失彰，故悔；子之道盡，故无咎。爻由體孝子之心傳直揭幹之之道。玄子曰：三之幹，上實諉之也。

象曰：「幹父之蠱」，終无咎也。

潛老夫曰：三爲歸世，當半而即知其終。

六四，裕父之蠱，往見吝。變離爲鼎。積變噬嗑。

宜曰：重陰體艮，故裕當幹而不忍幹。以小孝爲大孝，遷延歲月，漸積以往，其失乃見，故曰往見吝。與往有事正反。見曰：四懲三之小悔，不幹而裕，以爲不必有爲也。此宋紹述之説。□□〔一〕曰：漢成之于元也。

象曰：「裕父之蠱」，往未得也。

詁曰：四裕徒以稚耳，豈得遂執此道以往哉！

〔一〕「□□」，底本原爲空缺。

六五，幹父之蠱，用譽。變重巽。積變无妄。

程子曰：德在臣譽歸君，如是幹矣。郝解曰：其周公追王上祀乎？安石白氏曰：行道揚名顯親，孝經所以通無終始之神明，以爲萬世之争子也。此用譽，豐慶譽，旅譽命，皆五位陰爻，貴合德也。□□[一]曰：仲虺之誥，吉甫之誦，用譽也。四皓數語，亦譽幹也。德宗不用盧杞，李泌曰堯舜不逮矣。此譽幹也。

象曰：「幹父」「用譽」，承以德也。

意曰：聖人因天地之生機，即以喜隨爲消蠱之道，但表天地之理而名之，便爲君父教臣子，便爲臣子幹君父矣。故尚論帝王，稱述詩書，皆所以幾諫諷諭使之巽入易承也。褚賁、李璀惜不能早用譽耳。

上九，不事王侯，高尚其事。變坤爲升。

仲虎曰：蠱以父子言，至上言君臣，故君子在事中，盡力，行巽之權在事外，潔退，法艮之止。玄同曰：上爻以去爲幹，微子是也。以幹爲幹，其心易明；以不幹爲

［一］「□□」，底本原爲空缺。

幹，其心並不求明矣。泌之衡山，乃其所以感人主、服左右也，尚曰好談神仙爲世所輕，史之寃人志者豈少哉！處四侯五王外，不事象。艮山震林合高尚象。又曰：世有孝子，必不以家庭无蠱而遺志事之思；世有聖人，必不以乾坤无蠱而弛裁成之責。蠱之幹，通乎不蠱而義始備；必待蠱而幹，非善繼善述者也。導曰：皆云父母，此曰王侯，未委贄之詞也。淇澳曰：不事王侯，亦其不妄爲世用，恐貽父母之辱。

象曰：「不事王侯」，志可則也。

野同録曰：宴安酖毒，始于志在温飽，而後甘蠱家國，譽挂瓢者所以幹天下之不讓也。民到如今稱餓夫者，所以幹千駟之蠱者也。故不妨存烟霞之痼疾，作羶熱之冷風，其事不必可行，其志固可則矣。

時論曰：先後天皆巽上艮下，而蠱倒之，巽艮幹乾坤，已具象矣。傳云風落山女惑男也。乃曰元亨天下治者，天行之終，人事之始乎？非蠱中之元亨，乃蠱後之有事也。徒以終不事事爲隨，何日涉川亨此蠱耶？甲庚，大用也。冬夏用春秋，子午用甲庚，以其生于亥巳，猶之四用半也。乾納甲，先甲者，子從父也；震納庚，先庚者，妻從夫也。甲屬震而巽伏震，巽艮又夾震。先天巽處坤甲，巽木歸魂，于蠱變在丑爻，故二卦以甲庚之例取象。甲始事而庚更治也。終則有始，甲起子而貞元也。无初有終，庚不得起子，終子也。旁通論之，庚以七克秋成，乾包金體納音用金起子，鰲極居金于木，不可以互徵乎？夫以巽交甲庚，是舍陰而從陽也。父蠱已終，子幹伊始，資父事君，臣道宜然。振民者作其尊親之氣，育德者培其忠孝之心。意曰：天下容有不事王侯之臣，未有不事父母之子。幹道有二，一曰厲，厲非危殆之謂，而憤發之謂也；一曰譽，譽非阿諛之謂，而委曲之謂也。名教所以爲君父委曲也，顯揚所以爲孝經發憤也。初承考意，五承父德，二五交爲艮巽，雖交蠱而漸可幹矣。母而不可貞，父而用譽，亦漸道也。詩云母氏聖善，我無令人，二事也；我心寫兮，是以有譽處兮，五事也。三四同幹，何悔吝耶？更張无序則剛氣覺傷，怠裕自寬則柔質多阻，是三亦見金之蒙，四亦覆餗之鼎矣。勉之曰往即未得，終乃无咎，知其意與德而已。初爲幹始，一索還乾，勉之曰有子，是多畜篤光者也。不欲傷厥考之意，而克蓋前愆，抑若事與意違者，不無厲焉。堂搆菑播，其肯曰予有後，弗棄基，此初所以婉轉承考意，而五所以贊揚承考德也。冥升艮山，此不息之志也。有事未成則志釀于意，有事既就則意表于志，豈論迹乎？高尚非必隱士也，然天下之旣總此富貴之根，故必以高尚風之。

智曰：天地蠱混沌，萬物蠱天地，生生即蠱蠱也。生予以欲，欲莫大于富貴，而又不得不隨隨而維之，隨必蕩維，而執理者不能以制變矣。故以父子之親言。因情轉情，以變定變，曰不可貞，曰小有悔，曰往見吝，曰用譽，非四種方便耶！隨、蠱爲否、泰互换之卦，初上最重，此則初重有子之擔當，而上重高尚之超越也。人知舜禹之幹蠱，而不知其以擔當道法即治蠱之正方也。孝經一書爲利涉之經權，天行之終始，人知之乎？上之冥升，奇方出格，許由、泰伯，是治蠱之熊丸冰水也。王侯尊而愎矣，有志不事者則敝屣爲凉藥矣。雪山標解蠱之高醫，而壁雪無門，遂傳以毒攻毒之大事。嗟乎！盡天地無非毒藥，三百八十四各具隨時丸散，但飲絶韋枕肱之水以下之，而萬世之蠱消矣。

臨☷☱觀

玄子曰：十二辟，惟此一對暢泰、否之君子小人消長。臨進則泰，故與其吉；觀進則否，僅止无咎。遡曰：順陽之式臨我曰臨，仰陽之觀法我曰觀。重二五類聚之陽爻也，若陰類聚于二五曰遯、壯，祇以陰陽消長名矣。臨全肖震，震爲侯，故以有國臨民爲象。觀全肖艮，艮爲廣闕，故以享神賓王爲象。潛老夫曰：臨、觀與求，陽施與乎陰也，故教思及民；陰仰求乎陽也，故設教言神。陽長則務民之義，陰長則敬鬼神而遠之，易之敬也。智曰：上經二陽之卦屯、蒙、臨、觀、頤，二陰之卦需、訟、无妄、大畜、大過也。臨、觀之辟處剥、復、否、泰之中，故雜卦著與求，而二象著教思焉。以全肖震、艮，而澤習風聲爲觀感也。刑罰繼教者，亦以離明合震艮也。

䷒地澤臨

全曰：品，古匩字，人臨之。說文監，臨也，从卧品聲。酈氏曰：吅字堆起耳。臨，今閉口來母矣。以上涖下，因轉爲監臨、交接、親至諸義。

臨，元亨利貞；至于八月，有凶。

徐氏以上下相與爲臨。野同録曰：臨當丑月，鍾吕偕行，既收歲限，以先夏正，北方亥子丑成始成終矣。全卦肖震，一陽咸臨。圓圖臨主春分，自復歷二八而著二陽，故臨、遯著浸義焉；此後三陽四陽倍速矣。是故二爲卦主以五應之，與大有同。臨者大也。中庸言至聖之足以有臨，統四足之十六德，蓋體此也。少陰數八，月西出，臨主兑，故曰八月。少陽數七，日東出，復主震，故曰七日。王介甫、程沙隨皆言之。剥六陰至復初凡七位，七數爲陽，于象爲日；臨六位至遯二凡八位，八數爲陰，于象爲月。此仲虎説也。謂一陽復歷八月爲遯者，臨、遯相伏也；謂自建子十一月至建酉八月爲觀者，以臨、觀貞悔也。鄭玄、蜀才以建丑之月歷八月至否，玄子以爲文王從殷正而取之，論黄鍾隔八下生林鍾而用之于大吕丑宫，一理也。西宫南吕羽與宫相啣，而逆轉羽徵角商宫，即生數也。羽即金商之八音，首用，此一理也。郝解曰：月主陰，日主陽，豳風七月五月言陰也，一之日二之日言陽也。兑秋金旺，潮汐方盛，澤泛地上，故爲八月之象，主夏正也。八月，兑正秋也。就文王序卦言，以觀爲切。正曰：日從甲庚，月從律吕，甲與己化，則爲六日矣。庚甲互始，故謂之七日。臨爲大吕，大吕丑也，夷則申也，丑之距申，相去八月。故八月者，律吕之所從生；七日者，甲庚之所從始也。而獨見于臨、復者，以日月紀天道，以剛柔別人事，剛柔不當則吉凶雜生，故剛而授之以損，柔而授之以益，律吕干支，聖人所教爲損益剛柔之具也。莫爲之損而待其自消，莫爲之益而待其自富，是則委化之事，非聖人所爲道也。范蠡之言兩節，是用柔者也。以柔賊剛，幸而近于道，不幸而近于賊。

象曰：臨，剛浸而長，説而順，剛中而應。大「亨」以正，天之道也。「至于八月，有凶」，消不久也。

陰符經曰：天地之道浸。列子曰：一氣不頓進，一形不頓虧。遯亦曰小利貞，浸而長也，此志喜矣。兒易曰：易以浸爲道者也。爻不浸而至三不敢稱卦，二不浸而積小不敢稱大。惟浸故生生，生生故日新。靈曜曰地常動移，人莫之覺。董子曰日長加益而不知。此皆以其積漸微曲，使物无愕者也。聖人雖甚獎陽，亦必欲其有序耳。全曰：由復而浸進内卦之中，則陽不孤而五應之，故臨以方盛言大。意曰：四德亦藏元利，无妄言命，與此道互相明。甫喜浸長而即曰消不久也，爲君子戒也，與泰、否、剥、復之言消長相應。

象曰：澤上有地，臨；君子以教思无窮，容保民无疆。

一曰水氣潤澤土中，故周禮載天下之浸，因崖岸相臨，故稱地焉，實无非地也。取兑講習以言教，取坤含弘以言保，而曰教思曰容保者，洪範思主土，臨位丑，伏艮土以用坤土也。思曰睿，所以用思官天也。惟容乃公，地用天道，咸臨感人在教，此思所以容保其无思乎？

初九，咸臨。貞吉。變坎爲師。

詁曰：陽臨陰而在陰下，有男下女之象，故皆曰咸。潛老夫曰：圓圖春秋二分，四卦互用，又太陽兑與太陰坤爲臨，太陽兑與太陰艮爲咸，二者用稚氣之道也。大全曰：咸者，徧也，大也，公也。即此貞吉。正曰：容畜以爲教思也。管子雖未得古，然其道不竭澤。

象曰：「咸臨貞吉」，志行正也。

輔嗣云：以剛感順，志行其正。筌曰：有守正，有行正，臨初正與屯同，與靳靳自守者異。

九二，咸臨，吉，无不利。變震爲復。積變爲坤。坤宫世。

宜曰：臨本訓至，全肖震，四復互震，故四曰至臨。至在四而初二皆咸感在家修命，未施于天下，故曰未順命，至四其順命矣乎？意曰：全體肖震，而自二以上互復，故二主卦世而應知臨，知屬上達，坤伏乾命，知天命而惟以下學爲教思，非徒言委順也。故有未順命者，乃所以爲大順也。

象曰：「咸臨，吉，无不利」，未順命也。

郝解曰：五以上臨下，二以陽臨陰，上臨下爲順，下臨上爲不順；又命自主出，五爲爻主，三爲兑主，以二承應當臨之時，皆有未順命之象。又曰：初貞則二自長，二无不利，初貞培根也。咸九二亦曰順不害，彼順陽，此順陰也。熊南沙曰：六五在二陰間，雖曰知臨，其命未必皆當；二體兑説，嫌于舍我所學以從上，然本剛中而應，故有都俞吁咈焉，因曰但知順命非二之事也。轙曰：李籓批勑，陽城壞麻，亦此爻位。

六三，甘臨，无攸利；既憂之，无咎。變乾爲泰。積謙。

宜曰：成兑互坤，水土和而生味矣。然甘口説言，所當憂也。玄同曰：甘臨即干禄，少加炫燿即實學，亦甘臨也。易甘以憂，斯闇然之真修矣。郝解曰：本泰三艱貞，故憂。玄子曰：節五變臨亦曰甘節，然彼以中正甘則吉，此以不中正爲甘，言媢悦，故无攸利。若能知剛進不可遏，而變媢斂藏，則可无咎。此聖人折小人以扶君子也。互震恐懼。項平甫曰：此見二陽之難説易事也。

象曰：「甘臨」，位不當也；「既憂之」，「咎」不長也。

意曰：甘言日飫，當思滿槩；生于憂患，咎自不長。悦順悦健，合謙、泰之德，在此關矣。

六四，至臨，无咎。變震爲歸妹。積變小過。

宜曰：分茅胙土，出身加民，必至外而始臨，理勢然也。有望在未至之先而不厭在相臨之際，過之斯化，感通素矣。仲翔曰：至下也。下至初應當位有實，故无咎。説文至，鳥飛從高至地也。郝解曰：親臨正在此應地，深入澤底，臨之極至也。水土相依，順悦相承，求與相接也。坤在兑後，兑反向坤，遇坤來有至象。正曰：泰之冰判，臨之室處也。饑渴燕喜，是漸、歸之已至者也。精誠所格，雷雨從之。

象曰：「至臨，无咎」，位當也。或作「當位實也」。

一曰：上下相與之交，故著當不當焉。揆曰：不云正當者，歸大亨之正于剛，不予陰也。

六五，知臨，大君之宜，徐作「智臨」。吉。變坎爲節。積變咸。應爻。

宜曰：二陽進至五即夬，五曰大君，暗承夬尊之象。乾贊四德，言仁義禮信，不言智，知光大言于坤。此曰知臨，五常之德，知藏于内也。野同録曰：坤藏乾之知而通理也，乾君宜于坤藏也。知臨行中，子思於此悟時措之宜矣。積變爲咸，合剛柔之寂感，是咸臨之時中也。元公曰：以天下之耳目爲視聽，則无不見，无不聞，故管子以飛耳長目爲大明。

象曰：「大君之宜」，行中之謂也。

子瞻曰：柔尊應下，方其未足，乃收之，可使爲吾用；有餘而柔之，可使懷吾德，此智也。天子以是服天下之强則可，小人以是畜君子則不可，故曰大君之宜。大君以是行其中，小人以是行其邪。淇澳曰：蘇未盡也。人主當務聰明之實，四目四聰，舜稱大智，立賢无方，湯稱執中，乃知陰陽消長，其權全在人主而不在天。正曰：泰憂甘，節戒苦，是臨長之宜中也。物已甘，則蠹生之；已苦，則人不享也。

上六，敦臨，吉，无咎。變艮爲損。

麯糵鹽梅劑其甘苦，以爲民極，夫非知臨而能教思乎？

宜曰：爾雅云覆敦，江東呼地高堆爲敦。按：敦臨、敦復、敦艮凡三見，非體坤即變坤，安土敦仁之義。敦臨，即久道化成之臨也。吉且无咎，寧有加于大君之知哉！子瞻謂如復之六四，見己應物，六五又從而附益之，曰敦復也。楊誠齋曰：有志而得位可行，无位亦可行，上六以至德長者无位而能以樂善之志從二陽之君子，吉孰大焉！祁奚免叔向，在請老之後；呂彊庇黨人，无寵任之柄，君子病无志焉。

象曰：「敦臨」之「吉」，志在内也。

元公曰：内指心，所謂黄純于潛，即教思之思也。意曰：志在内之二陽者，卦象也，處事外而默衛善人者也。上統智用而敦于不覩不聞之内，此卦意也。五積變爲咸，上獨存爲咸，此象外意外之咸臨也。訂曰：十二辟卦中，惟臨无小人，故聖人以臨道予君子而大之。初二曰咸臨，猶泰之内君子而言上下交也。知咸、臨交泰之義，則知陽剛化陰柔之道矣。

時論曰：剛浸而長，是以四德潤澤天下者也。臨同損、革爲東中，猶遯、師、蒙、咸爲西中也。咸、臨表二陽，隱遯而揚其咸也。凡言七者，十二之半，得其中交貫終始也。凡言八者，十二之參，中舉其兩也。蠡曰：浸長慮消，是在正人教思耳。意曰：二陽具浸長之勢，不以怒而以悦；四陰處在上之位，不以忤而以順，上下各安其分，陰陽不拂其情，臨之善道也。感人和平，莫妙于咸。惟君子能感小人者，爲无心之咸；小人能感君子者，爲有心之甘。我感而和，彼和而至。人臣之感，遵無陂之義；大君之感，本灼知之心。不惟咸者敦，而甘者亦敦矣。臨世之君臣，發揮其大者，以與人相浹洽，命至順也。即有未順命，無非順也。豈論君臣事迹之依違耶？初二臨之主也，律中地統，有容民畜衆反復其道之象。二咸于初，是天道之休命也。書曰咸有一德。浸長氣機，不疾而速，初二相併，内以悦施，外以順應。運即交泰候，而三當其際，所宜艱貞孚恤者，惜陰柔耳。然小人據位以臨君子，亦習爲孔甘之言餤亂于君子而速其咎。夫咸臨君子難悦而易事者也，憂勤惕厲可矣。初臨四而至此，不愆其期，位當下賢，永終行正之志乎？大君有命，知人則哲，臨至此而咸宜，甚矣行中之大也。記曰：齊其教不易其宜。其甘有節，左右宜之，日月行天，江河行地，欽明濬哲，曷以過焉？臨止矣，弗損无家，猶夫艮之敦其上也。内陽外陰，君子之志也。行中之君，行正之臣，其志交矣。何虞八月耶？觀于地澤而益見教思養氣之爲大臨也。周官教十有二，保息有六，至詳也。禮有來學，悦在官思；詩歌保定，如川如阜。乃知水澤腹堅，已臨于東風解凍矣，是天之先保以申教思也。洪範思風，即建皇極，臨、觀之用天于地也，微哉！智曰：圓圖觀北而臨東，方圖臨東而觀南。臨，肖震也，其帝出乎？教思之道以咸爲敦，以憂爲甘，以至用大，以智行仁者也，以恐懼而悦順其民思者也。明即誠也，觀則知生之風教，而神北于南者也。神道之設，肖乎敦艮，以天下爲身，而順入其民生者也。誠即明也，老父提思風之範，所以徵睿智之足以有臨也。乾以知統四德，子思以知彌四綸，用天于地，此易所以圍其範乎！

䷓風地觀

觀从雚，大鳥擊喙有聲，高巢知陰晴；大風大水，土人以其望；及其居徙占災，加目或見，爲觀察之義。周禮飌亦从之。許慎曰：觀，諦視也。穀梁曰：常事曰視，非常曰觀。本去聲，後轉平，且古見看觀通轉，皆牙音也。遠視上視曰觀，近視下視曰臨。又有形而質象以相見曰臨，无形而意象若見之曰觀。通言之，則臨汝亦神道也。

觀，盥而不薦，有孚顒若。或作「禴」，季作「禴」，王肅作「盥而觀薦」。

王逵曰：天氣通于目，上動下静；地氣通于口，上静下動。觀巽風動而坤土静，故曰觀；頤艮山静而震雷動，故曰頤。遡曰：觀卦全肖天覆，人仰則觀天，天曰貞觀以此。古人立廟以巽方，祭享必置洗于巽位，盥而後行事。艮闕也，艮手巽潔盥也，坤牛大牲也。智曰：觀寄日以爲感，而實存乎神明，文王形容其无爲而化之象焉。奏格无言，飫歌飽德，皆不薦也，顒若也。夫祭神之觀，上下之觀，一也，豈必待懸器始趨、規象始摹哉！顒，頭端直貌，二陽象。康成曰：貢士必以禮賓之，主人盥而獻賓，賓盥而酢主人，設薦俎則弟子也。考古无據，因鄉飲而附會賓興耳。玄子取之，而詆言祭象者，則又執矣。京山以灌祼古通，以鬱鬯酒，灌大賓，无籩豆之薦，將立飲乎？凡象不必執也。愚謂洋洋如在，神道之大表法也。出門如見大賓，使民如承大祭，並舉以言仁，尚不悟乎？

彖曰：大觀在上，順而巽，中正以觀天下。

一曰物大然後可觀。子路使子羔，子皮使尹何，豈如曾點、雕開之見大意乎？學一先生之言而爲師表，一問而窮矣；小道必有可觀，致遠恐泥耳。故大德不官，大道不器，大信不約，大時不齊。此云大觀在上，潛谷所謂二陽既老，德成而刑也。二陽曰大觀，四陽曰大壯，論其德而已，德則中正以觀天下，其神明湛然，光被廣運者乎？以天下爲我，猶指掌也。

「觀，盥而不薦，有孚顒若」，下觀而化也。

野同録曰：無非神明之所化也。相臨而觀，必緣聞見而入；感通内外，形迹自忘，聖人作而萬物覩。千秋之下，且盥于羹牆，況親炙之者乎？朱子嘗言聖人所作，從不犯手，此盥而不薦之神道也。

觀天之神道而四時不忒；聖人以神道設教，釋文无「以」字。而天下服矣。

一一曰：誠觀天乎？孰主張是？孰綱維是？不謂之神道得乎？其變而不變，无如四時之不忒矣。時行物生，天何言哉！卦蓍禮樂，聖人之時行物生也。就天下神天下，就天下觀天下，就天下服天下矣。

象曰：風行地上，觀；先王以省方觀民設教。

集曰：風最善入，八風周環而巽司之。地有五方，各成風氣，先王省方設教，禮從其宜，各安其俗。凡以順土風而施號，采詩觀俗，一道同風，有神于其中者矣。封肇五巡，舜之所以无爲也。

初六，童觀，小人无咎，君子吝。變震爲益。

玄同曰：觀全肖艮，艮爲人爻，故以人象。曰童曰女，曰我曰生，曰賓曰君子，皆人也，由艮體一陽象首，二陰象四肢也。又生人之寅在艮，建寅爲人，正以此。大觀在上，初惟童，二惟女，亦得被其餘光。小民但知耕鑿嬉遊，紅女但知蘋蘩藴藻，神道設教之妙，无人不陶鑄于中正之内矣。初下體陰曰小人，伏乾曰君子。

象曰：初六「童觀」，小人道也。

意曰：童蒙則天下人之公體也，童觀則教小人之道也。士夫守此則羞吝矣。

六二，闚觀。古亦作「窺」。利女貞。變坎爲涣。積變中孚。

宜曰：陰在坤闔户中，女闚象。慈湖曰：子夏好論精微，孔子没，以有若似聖人，欲事之，獨曾子不可。若曾子，斯免闚觀之醜。仲長統有言，中世選三公，務于清慤謹慎，循常習故，乃婦人之簡柙耳，焉足居斯位哉！見曰：辛毗女識丕衰，陳嬰母識漢大，闚觀亦毒矣。人主一身爲天下所觀，雖婦人童子不能逃也，可不中正乎？此是别提。

象曰：「闚觀」「女貞」，亦可醜也。

元公曰：童子之見不真，婦人之見尤不廣。玄子曰：丈夫志在四方，宇内事乃吾分内事，又得君應，不能明陽剛中正之道，但覘朝美一班，于形似之粗，此女子之見耳。

六三，觀我生進退。變艮爲漸。積變小畜。

幼清曰：生者人之神明，所得以生者即自體也。非内心自復，不能識我生；非本體常醒，不能觀我生。遡曰：生，平生也。三則具君子丈夫之觀者，觀我生平，參之世運，退足修道，進足行道，夫何失焉？三介上下而見巽，故曰進退。來矣鮮以爲觀正應之上爲我生，何玄子以觀四爲我生，謂陰生至四而成觀也，五之我生則云觀下四陰。揆曰：觀五之生，以卜進退，進則剥矣。取象則可，通論勿執。

象曰：「觀我生進退」，未失道也。

意曰：處臨、觀上下之介，雖超于童子婦人之見，然未免進退，惟其反觀我所以生，則進退不果，亦未失道。

六四，觀國之光，利用賓于王。變乾爲否。積變乾。獨存爲泰。乾宫世。

宜曰：五自觀則曰生，四觀之則曰光。禮樂刑政，燦然穆然，光被四表，平章昭明矣。左傳陳敬仲生，筮觀之否，論六四爲公侯，知賓于天子者，元侯也。以羣陰逼陽之勢轉爲諸侯朝王之象，大觀而化，正在此爻。

象曰：「觀國之光」，尚「賓」也。

宜曰：尚，上通，言上進以朝貢于王而見賓。坤國五王，艮光，賓則陰陽接也。鮮于子駿曰：如二王之後，作賓王家，助祭宗廟也。意曰：以賓爲尚者，道用于交二以爲一也。

九五，觀我生，君子无咎。變艮爲剥。積變大有。

遡曰：五曰我生，上曰其生者，五有位而出身加民，當觀其出身者何如，故曰我生；上无位而居室，考應違于千里，則曰其生。子贊五以觀民，謂舍民无以觀我；贊上以志未平，謂志難自信，不容不觀之民也。皆言君子无咎者，一陽將剥道大福小，其勢危也。象不係王以此。訂曰：唐武宗之時，内之宦者，外之牛黨，皆欲攻李德裕，但以武宗剛明在位，故仰視而不敢動，一日事變，萬事去矣。元公曰：

神明之德洞視十方，其内照之光乎？

象曰：「觀我生」，觀民也。

郝解曰：觀我所以生者，何在乎？天爲民作君，王者以民爲天，得之則存，失之則亡，是我所以生也。意曰：觀我生，是返照自心之學，而曰觀民者，君子以天下爲我不敢圖自受用也。

上九，觀其生，君子无咎。變坎爲屯。

一曰上在位外，觀其生指下諸爻言，不曰我者，避五也，一若從旁觀之耳。孫文介曰：臨、觀之義容保疑與而非洞悉真，則何以與省方若求，而非愷怛至則何以求，總是天地帝王生生之意流注，故皆曰生，不得分孰爲我孰爲人。漢成時，黄霧四塞，封王鳳弟等爲五侯，哀帝時亦然。楊宣引京房傳曰：觀其生，言大臣之義貴觀賢人，知其性行，推而言之，否則謂聞善不與，厥異黄，厥咎聾。

象曰：「觀其生」，志未平也。

訂曰：見異剥者多一陽耳，故上九惓惓，助九五以觀民設教，以羣陰方進，陽德甚孤，其志未能帖然安平而憂患也。郝解曰：危哉九五！羣陰觀望于前，彊陽窺瞰于後，文于二陽致悔過之辭，象發未平之義，其戒深矣。上九果君子耶，則爲周公弼成王，居高思危，志未平也。若小人而觀其生，則爲莽、操之黯干天位，又如沛公、項羽縱觀秦皇，且欲襲而奪之矣。其未平之志，又何可言？此噬嗑所以繼後也。□〔一〕曰：極觀最上而憂民生，恐神設傳訛，必明法以文治之。

時論曰：陽消之卦，聖人教之尊陽。艮，廟立焉。壯，禮伏焉。萃、涣，禋祀之開元也。觀，駿奔之在宫也。七廟觀德，徧覿班瑞，大觀在上，而中正下化者何如乎？洋洋一如可以洗手而洗心矣。嗣輔曰：王道可觀莫盛宗廟，宗廟可觀莫盛乎盥，吾謂盥祭之始也，不必灌也。奏假靡争，亦臨亦保，其盥而不薦乎？神无常享，享于克誠，其有孚顒若乎？三才言之，五上爲天，天遇乎地，自風始，風行地上猶天行也。意曰：聖人設教，豈以異術駭天下之觀耶？直以我心之神孚而化之。天下之服聖人，非緣聲色之大也，亦繇民心之神孚而化之。風之靡草也，四時之行也，莫之爲而爲者，聖人之神道也。大象以君求乎民，六爻以民求乎君，五者君

〔一〕「□」，底本原爲空缺。

民之互觀，上者君師之反觀，授其權于二陽也。小人之視聽，必待君子以爲景從。君子居下，立順地爲萬夫之望；君子居上，申巽風樹四國之儀，不然君子而視小人之履，亦奚能大作耶？下觀而化者，使初化益，二化渙，則童蒙戴施生之德，女子瞻廟見之儀，閨門上國皆此風也。丈夫自有生平，闚乃醜耳。傳曰世亂則人聽于神，世治則神聽于人。聽于神者童子婦人，最先易炫；聽于人者明德惟馨，備物典策，非昏昏而已也。三將入巽爲進退，四已出坤爲國光，三如漸征而在陸之意多，四乃有命而疇離之祉近。夫臣子而至于用賓也，輝映乎赫濯之朝，豈復有神人雜居，祭而諂，祀而黷者！然天子尊嚴若神，民雖愚而亦神，上下觀化之際，必有本矣。書曰皇建其極，歛時五福，用敷錫厥庶民，觀我生也；惟時厥庶民于汝極，錫汝，保極，觀民也；曰予攸好德，汝則錫之極，時人斯其惟皇之極，觀其生也。子曰：未能事人，焉能事鬼。是則人鬼之關，不外知生，而我生之關，不外順巽中正，聖學聖政盡于五上矣。陰一剥而闚視之女，貫以宫人；陽一變而後夫之凶，竟成匪比，吾能不觀其微哉！蠱上不與天下之亂，故曰志可則；觀上必求天下之治，故曰志未平。彖，神道而人者也；爻，人道而神者也，大觀止矣。

智曰：觀與謙爲太陰之卦，謙居艮首而觀居坤中，横圖末四卦之首，猶中孚領小過二濟爲閏也。聖人尊五上之陽于太陰中，故以仰觀之天神其顒若耳。象告精流，不可思議，懸者不待言説，仰者不落聲聞，洋洋如在之神與寂然不動之神有二乎？用目乎？用神乎？萬世之上，萬世之下，相觀而化。凡有生者，皆同盥而不薦者也。觀我生與觀其生有二乎？二者相觀，一必用二，二即一矣。教主風聲，神自速至，使萬世之自然謙、履者，天即是一廟貌，地即是一盥盂也。

噬嗑䷔

蕭氏云：離自交乾爲同、有，即交震艮爲此一對。袁臨侯曰：此以初上换否、泰之二五而用離明，故主刑罰。玄子以隨、蠱至末，除坎、離卦皆遥對，而嗑、賁、剥、復居中者也。元公曰：屯、蒙，震艮與坎交；噬嗑、賁，震艮與離交，坎離陰陽之性命也，故屯、蒙爲乾、坤之繼，噬嗑、賁爲剥、復之先。揆曰：食色，人情所不免，動而明則无思于食矣，明以止則无思于色矣，故君子不謂性。潛老夫曰：教必用刑罰，而法必用文，此大周之首一周終，而中周交剥、復之際也。智曰：李鞲云乾、坤經七卦制禮，又五卦而作樂，又四卦而象刑；智以六貞悔而制禮，九貞悔而作樂，十二貞悔而明刑，蓋自乾、坤戰後，屯難蒙寇，訟凶師律，履且咥矣，皆先殺而後生也。六九爲限，即其節也，聖人制作中乎時宜，九爲陽滿，故刑罰清而作樂焉；十二爲二六，陰陽參兩之中和時盤也，以文法終風教，而以剥、復、无妄、大畜明其心，使之學焉。但曰唐虞禮樂分而兵刑合，三代禮樂合而兵刑分，便薄耄荒之書，詆子産之鑄，豈知天道即此春秋，而春秋之並用乎？聖人布易雖有次第，而用則六十四卦同時，同時亦不礙次第也。特因象提之以示人耳。

䷔火雷噬嗑

仝曰：古噬作㘭，即古齒字，字書加止作齒耳。爾雅云：盍，合也，从血从大，以覆爲義。翼以合訓嗑，蓋古通也。噬，今讀商齒忍收聲；嗑，今讀淺喉聲。臨、觀與求之後繼以明刑，可觀而後有所合，以人必觀感于教法而後合節也。全屬陽儀小陰之卦。

噬嗑，亨，利用獄。

宜曰：天地之生，萬物之成，皆合而後能遂。凡物不合，由有間也。獄者刑之未成，所以治間而求其情也。故大獄不決，則和氣不洽。意曰：天下羣觀而有作梗負固之徒，非加懲創則釀亂矣。不得已而著之曰利用獄，君子懷刑，懼以終始，民志不畏，豈能使其不苟合以壞法邪！

象曰：頤中有物，曰噬嗑。

元公曰：頤體中虛常以靈龜之不食爲貴。學在自養，功在養人，頤中有物，則梗化者當以噬爲養矣。因四取象。

噬嗑而「亨」，剛柔分，動而明，雷電合而章。柔得中而上行，雖不當位，「利用獄」也。

宜曰：謂噬必合而後亨也。剛柔分如膚則柔，乾胏則剛，腊肉乾肉則柔中剛，剖別之也。動明以問刑擬罰言，雷電以致刑行罰言。昔五侯僭逼，罪壯顯明，成帝得于親目，非不明也，乃不能致之法，則雷不與電合；趙、蓋、韓、楊之死，宣帝非不斷也，然皆罪不當死，則電不與雷合矣。得中上行，哀矜畏志，柔居五，剛居四，雖未當位，然用獄則利，何也？有九四之剛，奉雷電之威，苟其君又剛，則慘虐矣。卦互坎爲法律，爲刑獄。或云一陽居中，因象，爲頤中物。種惡之根，得情不易，然分論之，則中爻各象所噬之物也。淇澳曰：噬取飲食，不茹不吐，人情之調，我調之也。飲食以爲生也，而不知其殺我；刑罰以爲殺也，而不知其生我，先王惟以飲食生之之心爲刑罰殺之之事。揆曰：獨以吉予四，以去間也。

象曰：雷電，蔡邕石經及李鼎祚本皆作「電雷」，程、朱從之。**噬嗑；先王以明罰勑法。**

艸廬曰：既開爲電而有光矣，又合爲雷而有聲，猶噬之而使開者合也。電先見而雷乃出，故明其罰，所以敕其法。聖人爲刑，不掩物于所不避，不慢令而與之死。噬嗑、豐，皆火雷。大象皆象獄重明斷也，其悔卦賁无敢折獄，旅无留獄，俱反貞卦，彂其明斷之意。玄子曰：豐震在明前，故重在折獄致刑；噬嗑明在震前，故重在明罰勑法。罰即一時所用之法，法即平日所定之罰。明象電光，勑象雷威，從石經便矣。錢國端云：泰曰天地交，此亦例也。如須曰：上經中輪之首尾，其重天地之分，明帝出齊之序以立法乎？象凡言君子，通稱之辭；先王以立法者言；剥言上，合上下以明消息也；離言大人，位南向明也；泰、姤、復稱后，其三陽五陽一陽之幾乎？

初九，屨校滅趾，陸作「止」。**无咎。**變坤爲晉。

遡曰：噬嗑即市合，古戮人於市，故象獄。互艮爲人，坎爲耳。人下有物，屨校罪輕；耳上有物，何校罪重。子言不行不明者，震行而艮止之，離明而坎暗之，上下互分之象也。周官掌囚下罪桎。桎，足械也。械亦曰校。足械之制，周圍其脛，如納屨然。械木遮掩其趾，故曰滅趾。

象曰：「屨校滅趾」，不行也。

詁曰：所以止惡于其初也。係詞懲戒，取此終始。

六二，噬膚滅鼻，无咎。變兑爲睽，積變未濟。應爻。

宜曰：卦兼二象，惟噬嗑、豐爲然，分觀而義自明，牽合則拘矣。膚，豕腹下柔軟无骨之肉。古禮別實于一鼎曰膚鼎。二在互坎下，象滅鼻；互艮，象劓也；與滅趾、滅耳皆自罹刑者言之。朱子曰：噬膚而滅其鼻于器中也。郝解曰：獄以初訊爲本，二象獄正，三象士師，四象司寇，五象王，三訊无疑而後獻于王。自下而上，震合離也；二當初訊，法不深求，曰噬膚；五獄達王，噬乾脅肉，還其不深求之初而已；三四執法，務得其情，故有腊胏之噬。同是一獄，自初訊再訊以達于王，情有淺深，獄无難易。淇澳曰：中庸致中和，獨揭飲食知味而終不賞民勸，不怒威鉞，故君子觀調身之法，可得調天下之法。元公曰：用刑之卦取象于食肉，蓋爲治獄者傷也。不能肉人之白骨，而至于噬人，豈民父母哉！

象曰：「噬膚滅鼻」，乘剛也。

誠齋曰：初與四爲應，四于卦爲梗，二能絶其應而不通，則四自孤而無與矣。故吴濞非楚則反不決，燕旦非上官則謀不發。膚者患之淺，鼻者氣之通。屯震六二以乘剛爲厄，此以乘剛爲利。

六三，噬腊肉遇毒，小吝，无咎。變重離。積變鼎。

宜曰：腊正作㫺，肉之晞于陽者也。假借今昔，乃加肉爲腊。周禮腊人以免之薨爲腊鼎，田獵所獲野物，或獸或禽，全體乾之通謂之腊。遡曰：腊肉云者，悉兩造之端委无遺情也。如此而切哀矜之痛，則无毒而遇毒；如此而蒙失道之羞，則非吝而亦吝。曾子之告陽膚者，此爻備之矣。腊應離象，毒取坎象。五行志云厚味實腊毒。腊，久也。味厚者爲毒久，七命甘腊毒之味是也。

象曰：「遇毒」，位不當也。

誠齋曰：三□□[一]惡，視二更難矣，遇毒不亦宜乎？百揆非舜，則去四凶以安民，祇以危民；司寇非仲尼，則誅少正卯以治魯，適以亂魯。□□[二]曰：以毒攻毒之方存乎其人。

九四，噬乾胏，子夏傳作「脯」，荀、董同説文作「□」[三]。得金矢；利艱貞，吉。變艮爲頤。積變蠱。

宜曰：離爲乾卦，四五體離，故曰乾，骨帶肉而又乾之。爻剛象，艮手得象。卦三陽而四中，同乾中畫，借象金。五則直以變乾象金。鐵亦金也。王肅曰：金矢所以得野禽，故食之反得金矢。矢離象。周禮獄人鈞金束矢，乃聽之。此漢儒説。其實金取剛，矢取直也。

象曰：「利艱貞吉」，未光也。

誠齋曰：金剛矢直，猶利艱貞，非正而固，則必敗于怯，漏于疎。訓之色變，怯也；蕃之宣章，疎也。有强梗者，天下之不幸；去强梗者，聖人之不得已，故曰未光也。

[一]「□□」，原本爲壞字，存目本作「之去」。

[二]「□□」，底本原爲空缺。

[三]「□」，底本原爲空缺。

六五，噬乾肉，得黄金；貞厲，无咎。變乾爲无妄。積變巽。巽宮世。

宜曰：離得坤中曰黄，市合有得貨之象，故四五皆曰得。得金矢者，肺石以達平民，入矢入金，從容待之，期民之自平，是以艱貞而吉；得黄金者，古刑不上大夫，在八議之科者猶然聽贖，仁也。郝曰：取黄中也。五得金无矢，金利矢殺，大君所以平恕，異于司寇也。獄至五而生殺定，天子三宥不得而後刑，故爲貞厲，雖刑无咎也。訟方争而求辯，非剛中之君不能畏其志，故曰利見大人。獄已斷而行刑，非柔中之君不能恤其情，故曰利用獄。然恤之于終不若化之于始，此六五之无咎，何如訟九五之元吉耶！離初故未光，終故不明，中故得當，柔中居尊，于用獄則得當云。

象曰：「貞厲，无咎」，得當也。

意曰：祥刑惟貞厲亦无咎，雖不當位，亦得當矣。立教斷古今之獄，貴明當而已矣。通曰：盡法无民，舊例難執，若不就事斷理，明當不當，何以處分？尼山故開通例。

上九，何校滅耳，「何」，古作「荷」。凶。變重震。

幼清云：首械圜項，木厚掩耳，滅耳象。荃曰：六爻皆主治獄者，若以初上爲受刑之人，則以滅趾爲无咎，不通矣。上猶怙終，至加賊刑，謂非人上所致不可，故凶。於此見泣罪之心。

象曰：「何校滅耳」，聰不明也。

元公曰：有耳皆有聰，滅耳非罪其不聰，罪其聰之不明也。野同録曰：係詞兩舉此卦之初上，以初易蕩于步趨之趾，而上更蕩于廢法之耳也。勑法以耳勑口，以覩聞勑不覩聞，故春秋爲大獄，震萬世夫婦之耳。

時論曰：求與相觀而合，安得不明其法乎？因訟而刑，因刑而獄，刑輕而獄重也。刑惟輕，故于蒙可發，于豫可清；獄惟重，故于賁則不留，于旅則不敢，于解則宥，于中孚則緩，惟明克允而已矣。厭動忌剛，所以勑也。禮司刺曰斷中，士師曰受中，小司寇曰登中，書刑期于无刑，民協于中。夫惟中也，剛柔動明，雷電合章，无所不利矣。當其雷鼓于下，電掣于上，雖有怙惡，恐懼莫逃。天照天怒，其物爽然喪矣，其間翻然合矣。意曰：惟聽訟乃能无訟，治心治世皆然。人一身中，无往而非陷阱也：趾以步之，屨踊雜焉；鼻以臭之，宅居別焉；耳以判之，善惡聲焉。三者我勝則滅彼，彼勝則滅我，不并存也。物之有于頤中也，膚至脆焉。肉熯于日中，少堅矣，腊肉木鹵而火炙，進于堅矣，乾胏强于骨矣。種毒每伏于一臠，消毒必須于兩合。聖人設獄，如口食毒，豈得已哉！去其鯁吾喉舌者，而後達聰明目，使民措手足耳。周禮束矢鈞金，禁争噬也。後世反其道，舞文周内，以獄爲市，梗陽之賄還，而樂鮒之車來，可耻亦難掩矣。得情哀矜，痛癢則一，惡有捐頂趾，毁耳鼻，劓骨肉，而喜見物情者乎！物情之隔絶疏通，不外金矢黄金而已矣，誰中誰直，誰當誰光，戒之哉！噬非炰烋然噬也，以頤養之道合之也。物情最艱，吾亦用艱；物情最厲，繇頤而後；疾消勿藥矣，繇頤而前。初合晝日，中合遇巷，三上離震互交，貞明乃能合章，與其不明于終，曷若不行于物耶！繫傳倍申初終，以懲福成名，爲天地明名教，而小人自滅于夢魂矣。象用重典曰獄，象用輕典曰罰，先王之亨道，亦第明之勑之，象刑無犯焉爾。雷電至不測也，故畏之如神，使日轟轟焉求天下之人而擊之，威且未遍，不已褻乎？

智曰：口有梗，牙嚙之；國有梗，刑斷之，豈貪刑措不用之曼詞，而諱五服弼教之實政耶？舜矜禹泣，所貴監于慈祥而大畏民志耳。神武不殺，君子懷刑，冷齋智證，惟取噬嗑。知噬嗑之食者正命食也。天下即易之獄也，蓍莢爲皋陶，而无咎垂拱矣。折獄者，破單詞爰書而得其情者也。律設大法，禮順人情，艱貞哀矜者，何得不茹吐耶！彼好煆煉周内，以申商之酷斷飲食之喉者，雖棄灰黥傅，令速行乎？普世遇毒矣，若恃口本自嗑，惟其所噬，以齕吞銅爲鐵券，不顧先王之明飭者，是何校也。

䷕山火賁

賁从水蟲，有雜文如錦者，皆蟲也。加卉以畜藏之。智通雅攷賁有十四音，而此爲彼義切，發脣聲。古三墳與文通轉，古文尚書「黑墳」作「黑賁」，穀梁「地墳」作「地賁」是也。文隨分聲，因備諸義，故轉音備，莫備于費而隱藏之。

賁，亨。小利有攸往。郭京作「不利」。

子瞻曰：直情而行謂之苟合，禮以飾情爲之賁。苟則易合而相瀆，故易離；賁則難合而相敬，故能久。幼清曰：執贄受幣，乃成相合。表記曰：无辭不相接也，无禮不相見也，欲民之无相褻也。野同録曰：上經三周中以文法收泰、否，而乃表剥、復、无妄、大畜之道，則孔子得賁，而愀然者可思矣。大其心以任道，必細分别之以入用，故曰小利往。此離明艮止之所以亨嘉也。賁離明夷以立春，而艮收謙以立冬。四方八卦，四分用三，寅戌之用，天人同之，烏可不察！

象曰：賁，亨。柔來而文剛，故「亨」。分剛上而文柔，故「小利有攸往」。王加「剛柔交錯」四字。天文也。文明以止，人文也。觀乎天文，以察時變；觀乎人文，以化成天下。

程子曰：質必有文，自然之理；一不獨立，二則爲文。非知道者孰能識之！天文者自然之文，非必依王弼加剛柔交錯于其上也。意曰：隨諸家之言變，皆不出乾坤陰陽之變也。柔來文剛，文以賁質，質爲主也。秦宓曰：虎生而文炳，鳳生而五色，豈自刻畫哉？天性自然也。不止則爲周末之淫靡，憤激則爲棘子成之鞹矣。故以小用大，以分用合，往來而止于无往无來，是人文即天文也。文皆質也，是謂份份。又曰：星氣變異自有大運，而與人事默得其幾；曆象璣衡，與時敬授，而配位推變，即以表法爲範圍焉。一一曰：三統五達，禮樂刑政，猶時行物生也。不察時變，何貴于觀天人？即終日言化，化又豈能成哉！无聲无臭，即此覩聞，故孔子四教首文，四民首士，終以志事託于斯文而已。

象曰：山下有火，賁；君子以明庶政，无敢折獄。

郝解曰：合章互坎艮，而電火得水愈焚，故爻象腊胏乾肉皆燥勝也。山下之火傳于薪而已，山隱其光，互坎沃焦，故爻有車馬載塗濡如之象。正曰：獄亦庶政也，而敢心則殆矣。周政五申之曰庶獄庶慎，文王罔敢知于兹。夫以文王之聖而不敢與蘇公争折獄，蘇公之智過于文王乎？文王明于用人，而蘇公明于折獄，故曰敢折獄，明主之大戒也。淇澳曰：大禹文命之敷，下車泣罪之心爲之也。意曰：山下有火，有木以用光而上炎，然有山即止而不過。能明庶政，則聽斷无寃；哀矜勿喜，則文乃无害。是故聖人以學問善世，使之明其所明，而又令其无敢，庶免尊知火馳、鹵莽鬬勝之餤，然後知文之爲道，正所以分而柔之也。詁曰：賁外止内明，故无敢折獄；旅外明内止，故明慎用刑而不留獄。

初九，賁其趾，古一作「止」。舍車而徒。鄭、張本作「舍輿」。變重艮。艮宫世。

宜曰：賁下體離明，嫌于過飾，初之舍車，任質也。徒即徒行象。在坎車下爲徒。眚車故舍，車乘正與四馬應。正曰：斧鉞縲紲生於車服，舍車而徒，則其去刑獄也遠矣。意曰：桓榮、董徵陳其車服，夸以高會，何其陋耶！馮良、譙玄之壞車，各有其義，所貴士君子之步趨者，不爲軒冕所動耳。

象曰：「舍車而徒」，義弗乘也。

人文之化成，成以義也。艮宫持世，義在乎初。郝解曰：奉命求賢，舍車山下，躬造賢者之廬。此又一説。

六二，賁其須。變乾爲大畜。積變蠱。

宜曰：二互坎變乾，合水天之需爲須，必待可文者而後文之，不須文者不文也。玄子曰：二四五上互頤，二在頤下爲須。須，陰也，柔文剛也。二必賁其須以從三，五必賁于丘園以從上，聖人右質左文之意見矣。或曰賤妾也，天官有須女，離無正配，故取其象。元公曰：有須者，貴五官之文采也。離藏胸爲心，竅面爲目，附喙爲須。喙，艮象。郝解曰：須旂之旒與車馬束帛同意。

象曰：「賁其須」，與上興也。

誠齋曰：如賈誼知易之賁，未知賁之須也。遡曰：文明當與上之篤實俱興。履曰：漢武重學而文翁化蜀，六經中天而魏元皆不敢改，相須而興，時化必然。

九三，賁如，濡如，永貞吉。變震爲頤。積變蒙。

宜曰：三四剛柔維離艮交，故俱曰賁如。濡，坎水象。離成文盛，恐爲所溺，故勉以永貞。郝解曰：坎輪當險，六轡如濡，震雷坎雨，有車馬載塗遇雨之象。上與艮主敵應，爲山高車不進之象。蓋見賢者抗節幽貞，高山仰止，所以爲永貞不可陵也。

象曰：「永貞」之「吉」，終莫之陵也。

□□〔一〕曰：周黨嚴光，雖徵致之，而終莫能以尊爵陵之。

六四，賁如，皤如，鄭、陸作「蹯」，荀作「波」，董音槃。白馬翰如；「翰」，一作「寒」。匪寇，婚媾。變重離。積變未濟。應爻。

郝解曰：皤，大腹也。左傳曰皤其腹，坎滿象，馬在車前震也。檀弓曰：殷人尚白，戎事乘翰，上卦艮白也。寇指三而初與四應，本婚媾也。三爲坎，主隱伏，故疑爲寇。知之則合矣，爲共濟上達之象。

象曰：六四，當位疑也。「匪寇婚媾」，終无尤也。

〔一〕「□□」，底本原爲空缺。

意曰：謹其初所以厚其終也。疑所以慎也，終无尤則非苟合矣。上體篤實，文之以禮而已。

六五，賁于丘園，陸德明引黄穎作「世于丘園」。**束帛戔戔，**子夏作「殘殘」。**吝，終吉。**變巽爲家人。積變訟。

宜曰：古之得賢，舜可甥，尹可師，説可相，藹若家人，情殷禮略；後世循通帛之族，束帛先焉，方之于古，戔戔吝矣。以其尊德樂道，故吉也。五變巽有剛明之德，而巽于賢，故象聘士，此所以有喜也。艮山震林，艮丘震園。婚禮納帛一束，束五兩，注十端爲束，以帛從兩頭卷至中，以十端成五兩用聘女，因以聘士。子夏傳：五匹爲束，三玄二纁，象陰陽也。五，陽位；六，陰畫，故有陰陽象。坤爲帛，而二陽束之，束帛象。訂曰：莘畊版築，賁光所以映商邦者，五以禮上九之賢，受賁于上九也。郝解曰：賁以五象丘園，謙以五象侵伐，易未嘗定以五爲君也；泰以六二象君，謙以九三爲主，未嘗定以君居五也。

象曰：六五之吉，有喜也。

意曰：賁莫大于禮，禮莫大于敬賢，此天地交泰之喜機也。

上九，白賁，无咎。變坤爲明夷。

一曰乾坎艮爲白而艮爲成終，大學明明要之于止。質其文，文其質，采以白爲地，白心素位，此无色之色，所以爲至色也。此知質統文質者也。郝解曰：來則成乾，天地所以交泰也；往則爲止，人文所以增光也。

象曰：「白賁无咎」，上得志也。

潛老夫曰：曠然太古之逸，無緇塵纖墨之染，雙超无累，自得己志，惟其獨上也。小往實大心矣，南華之寫藐姑射，非藐此乎？通乎剥、復、无妄、大畜之道者，陋巷與删述，深山與垂裳，同一白賁也。

時論曰：子讀賁，而愀然語子張曰：非正色之卦也。丹漆不文，白玉不琱，質有餘不受飾也。既白非正色，又曰賁无色，何耶？自无色而玄黄，玄黄即无色也。天地之色寄于日火，山表地理，火燦天文。民竇日用，以明藏幽，南離相見，登高視遠。心本火也，以見爲緣，能見文理止于文理，知止者見其所不見矣，色色者未嘗色矣。小利攸往，細分而慎之也。曰分剛，曰剛上，尊陽而統之也。後天離代乾南，乾代艮西北。天文起乎離宫東方，而賁爲艮宫初變；圓圖位乎寅方，一剛來離中而二柔成文，一剛分艮上而二柔成文，此一端之象也。以泰交易，皆乾坤之文也；三陽交錯，是三白雜文于六色也。況一在二中之無所不文、無所不通變耶！天文于地而无文于有者也。日剛月柔，星剛辰柔，暑剛寒柔，概也。節候星土燥濕有宜，生剋制化體用相資，任其无曆无律而莫爲之明止，則天經荒矣。君剛臣柔，父剛子柔，夫剛妻柔，概也。一人之身茹吐相資，一法之立張弛相用，僭忒偏宕，而莫爲之明止，則人倫斁矣。雖曰文者末也，止者本也，然縱其率陋，豈能止其熱焰？惟以文明止之，而薪火自相適矣。此聖人所以全末全本，上察下化，有濟而无損乎！君子之賁天下，貴止賤動，而常因動以爲止。事業之極文明者，莫光輝于尚賢。而賁相望于道者，車馬也，車馬閒馳，卷阿思吉，介以媒妁，被以玄纁，質有其文矣。乘也者，君子之器也。揆度斯義，初雖徒步，繼必上興，亦將立綏濡轡而從翰矣。初艮其趾，不羨車服；二輻可脱，須亦可執；三觀所養，和樂且濡；四柔麗剛，艮變之應也。輔嗣曰：欲進則失初之應，欲進則懼三之難，疑生則寇，疑亡則媾，若是乎致飾亨盡之時，紛華之爲大敵，而朴素之爲佳耦也。素絲良馬，相因束帛，有家勿恤，志存丘園，表裏式間，盛世之大文章也。雖偏吝嗇，五終吉矣。上之明夷，吾道用晦，白有何色，而五采之祖也。意曰：皎皎空谷，艮體終止，從先進矣。以无咎爲萬世之大喜，此化成之志也，非上而能得乎？象曰明庶政，恐其執總惡别，不分條理也；曰无敢折獄，恐其恃智刻深，充類寃賢也。彖贊賁，爻慮賁，乃所以善享文法之天地歟。

智曰：噬嗑伏井而疊豐，勞勸井井，宜照天下而法明矣。賁伏困而疊旅，苟能知命而旅處之，豈有文滅質、禮滋僞之憂乎？晦息明用，陽雜陰文，不得不即此日章者養其闇然也。賁、革居方圖坎、離井格之下，文炳文蔚，非所以因革而化成哉！易之卦圖可謂至文，可謂无色，是明即止而賁自白者也。

周易時論合編卷之四

皖桐方孔炤潛夫論述

孫中德　中履　中通　中泰編録

剥䷖復

章本清曰：艮止震動於離上下爲噬、賁，艮止震動於坤上下爲剥、復，離之一陰，坤之機乎？初之不遠，即上之不食，一上下而異耳。剥曰順而止之，復曰動而以順行，君子於陰陽消息之間，未嘗一毫不以順也。繹曰：一貴陽也，一者貴也，母從子也。宜曰：人心不爲剥亡，不爲復存，機有往來，體無增減。兕易曰：聖人懼否而尤懼泰，懼剥而尤懼復。復者還也。病既愈之曰還，病癒而又還之曰死，天下之病愈于復，天下之人死于復也。故申否而係之曰亡者，保其存者也，則知存者之不保亡矣；申復而係之曰知之未嘗復行也，則知又有復之害復者矣。否終則喜以傾否，復終則凶以迷復，以其否故傾否，復故迷復也。天下皆歸命于泰，終之曰城復于隍；天下皆待盡于剥，終之曰碩果不食，此慮君子之力未必蕩邪，亦度小人之才不能滅正也。夫處否、剥則君子甚完，處泰、復則君子必鎼。否、剥之世必得君子，泰、復之世必失君子。否、剥之世小人用事，而君子逃責；泰、復之世君子乘權，小人抵巇也。聖人觀世，危泰而微復，是故殷道之泰終于帝乙，乙而後无泰，是泰之危也；孔門之復幾于顔子，顔子而外无復，是復之微也。易簡録曰：克己之克者以爛入手，復禮之復者以反得力。潛老夫曰：是六貞悔之第三輪首，而三其十二之中輪首也。世之治亂，心之危微，於此乎消息焉。人能自反，知真心有必不喪盡者，見天地心，間不容髮，此在凡不減，在聖不增者也。今人但恃天地之心本无增減，便自任放，此則至日牢關，實未嘗合符，亦未嘗棄繻耳。未復而迷，與守此關前匃食者，其迷復之凶一也。智曰：是辟中特主之顛復消息也。圓圖介于子中，以伏午中之夬、姤，天根係復，實在剥也，全體艮震而順其行止者也。聖人知无在无不在之大本，而必于此際扼其幾焉。剥、復疊爲謙、豫，此方圖坤巳之用南也。乾在坤中，即逆是順矣。

䷖山地剥

全曰：剥从刀从彔，謂刀削木上之爛也。許慎从刀录，言录录割剥也。闕唇聲。郝解曰：文勝必敝，賁飾剥褫，故受剥也。剥者殺牲體解之名，故爻象爲牀。牀，几案也。因有膚魚果核陳設之象，自噬以來皆殺也。賁雖文而虎賁用事，白賁在山，王侯不能下，時事可知，是以剥也。智曰：剥爛然後復反，仁爛乃生，天行九月，萬物剥落，成坤而復，震艮合離又合坤，火轉土中，全妙坤藏。

剥，不利有攸往。

一曰一陽孤存，羣陰極盛，故觀象即順止矣。不往非絶世之謂，謹身晦跡，孫言待會，不惟免于剥，轉剥爲復之道自寓矣。潛老夫曰：此太陰自合之卦，君子以安夜氣之宅焉。

彖曰：「剥」，剥也，郭京作「剥，剥落也」。柔變剛也。

一曰因消息剥落之時，而以刀剥之名釋之也。曰柔變剛，使人毛聳。否言匪人、言不利君子貞，則名義尚存，剝則名義蕩然。杜門投老，尚恐爲人蹤跡。宜曰：剝從乾變，故曰變剛。夬之名正言順，則曰剛決柔矣。小人謀君子，萋菲浸潤，使之日消月鑠，故曰變。

「不利有攸往」，小人長也。順而止之，觀象也。君子尚消息盈虛，天行也。

宜曰：君子包于姤，嘉于遯，休于否，大觀于觀，以五君位，君心未剝，道猶可行，剝至五不利攸往矣。順止如夜静以俟晝，冬安以俟春，非以冬與夜爲不可往而遂逃也。肖觀曰觀象，隨入自得，怨尤兩泯。順止顯于外曰觀象，順動涵于中曰見心。

象曰：山附于地，剝；上以厚下安宅。

宜曰：陰起于地上爲山，卦互皆坤，地氣多山，特附之耳。此大學問，賢當厚愚，不獨君當錫民也，故以上下言。意曰：白賁之上得志，惟厚下學以安之，知彌高，行彌下，剝落枝葉，所以歸根也。老子曰：高以下爲基。正曰：若跣弗視地，厥足用傷。百姓者，君子之地也。

初六，剝牀以足，蔑貞，凶。荀爽「蔑」作「滅」，无「凶」字。變震爲頤。

京山、虚舟以蔑斷句。一奇偶載爲牀。初爲足，以足蔑，言牀足剝落不見也。陽受剥而守此，其凶可知。牀下足，其面辨，即平也。尚書平章平秩，史記作便，索隱云今文尚書曰辨，故知平辨聲通，辨上則人。子瞻曰：君子于小人，不疾其有丘山之惡，而幸其有毛髮之善，故剥足及辨猶未爲凶，至蔑貞則凶。此與荀慈明解合。羽南曰：兩言蔑貞，著小人之敢也。

象曰：「剥牀以足」，以滅下也。

幼清曰：先從下剥，漸及于上，以此闡其蔑貞。

六二，剥牀以辨，古作「分」。蔑貞，凶。變坎爲蒙。積變損。應爻。

孔仲達云：謂牀分辨之處。程子曰：牀之幹也。吾固知剥人者之凶，必无異于受剥者之凶。兩爻重言之者，傷之深也。

象曰：「剥牀以辨」，未有與也。

丘行可云：與，應也。幼清曰：至三始有應與，蓋傷有與之不早，而僅能存一陽也。

六三，剥之，无咎。陸无「之」字。變重艮。積變大畜。

集曰：成坤而與上應，无害陽之心，故特異其詞。程子云如東漢之吕强是也。

象曰：剥之无咎，失上下也。

詁曰：所失者，上下之陰也。坤以喪朋而有慶，剥以失上下而得无咎，聖人恐其係戀同類，故斷以勸之。

六四，剥牀以膚，京房本作「簠」，謂祭器。凶。變離爲晉。積變大有。

崔憬曰：膚，薦席也。郝解曰：牀上之具，有膚魚果焉，切割肉也。四寸曰膚。艮手坤釜柄，有切肉之象，无宰割之才，依无足之牀，切四寸无骨之膚，有糜爛塗地而已。

象曰：「剥牀以膚」，切近災也。

切近災甚，壯其危耳。

六五，貫魚以宫人寵，无不利。變巽爲觀。積幾乾。乾宫世。

胡廷芳曰：聖人于觀四，别取觀國義；于剥五，又取率羣陰以受制于陽爲利焉，其扶陽抑陰之意每如此。郝解曰：魚陰物也。禮魚十五爲俎，在牀之象，貫者穿之。春秋傳曰，梁亡魚爛而亡，由中也。五位本龍，龍今爲魚，柔變剛也。五位朝廷禮法之所，而以寵宫人，即漢、唐、宋末年播遷，惟左右宫妾相隨耳。宜曰：變巽爲魚，下連數巽爲貫魚，陰尊象，下象。宫人寵者，五上陰陽交也。三以身應而失上下，且許无咎；五尊位力大，率羣陰以聽于陽，自許其利矣。以暗爲君子之心，託爲二小人之策，此正厚下處。丘行可云：遯畜臣妾，則教陽以制陰之道，權猶在陽；以宫人寵，則教陰以從陽之道，權全在陰。

象曰：「以宫人寵」，終无尤也。

子瞻曰：聖人教人，容其或有而去其太甚，如責之以必无，則彼有不從而已矣。

上九，碩果不食，君子得輿，京作「德」，董作「德車」。小人剥廬。變純坤。

何玄子之師曰：碩果不食，此君子之秋也。所謂一不爲少，夫觀有二君子焉，洛蜀牛李之黨所自起也。五之見消，未必非此。仲虎曰：君子守道固窮，人亦无如之何。或曰民之望也，不可殺，或曰不足殺，及乎事成，又不可得而殺，是以常在。天若祐晉，則爲謝安之止桓温，而天下皆得所載；天不祐漢，則爲王允之死于傕汜，而小人亦相隨亡，故此爻不言吉凶。筌曰：召平、董公、四皓，魯兩生之徒，士不以秦而賤伏生、浮丘伯，經不以秦而亡，萬石君之家俗不以秦而變。宜曰：天地元陽終无可滅，純陰即純陽之藴也。剥至上，將爲坤，即上九亦變爲陰。不食云者，渾身藏于坤六之中，人見以爲變，而陽正于此完固，辟之果爛而仁獨存。君子尚盈虚消息，惟是順止，守在中之陽耳。易簡録曰：剥言碩者，欲人知感通前蚤有一步寂然不動安止之聖功也。元公曰：萬物以天爲廬，无天何覆乎？君子，民之天也。玄同曰：天地皆生生之氣，終不可剥，故冰雪中有生物，沍寒時有晚芳。人即陷溺，夜氣常存，皆此不食者留之。在象則艮之陽果陰蓏，陽大爲碩，剥從乾變，上九爲不變之命根，碩果即乾象也。五陰載一陽爲輿，一陽覆五陰爲廬。復爲天根，以一陽也。在剥即爲碩果。信知此樹之果即他樹之根。

象曰：「君子得輿」，民所載也。「小人剥廬」，終不可用也。

宜曰：得輿自不食來，民所載者在亂思治，匪風下泉，所以居變風之終。剥廬自小人長來，終而後知不可用，吁！晚已。艮爲宫門，小人不足以當之，故變文言廬者，殿中直舍也。厚下是教君子容小人，剥廬是戒人害君子，委曲扶抑之意。兒易曰：獨陽居上，必至于剥；獨陽居下，猶可以復。故世道之喪，皆由有君无臣；吾道不已，所恃賢人在野也。象正曰：剥，爛也，時之已過，君子不能留也。君子失于君，順而求之民；小人失于民，逆而求之君，故坤者君子之輿，剥者小人之廬也。德曰：徐穉子胤、袁閎、鄭玄、孫期、任旌、胡昭、華秋、司空圖，賊皆不犯其廬，民且依之以免，豈非忠信爲輿耶！君子有此安宅，何處不可盤根！

時論曰：聖人未嘗憂剥，而憂姤、遯，至否則曰大人亨，觀則崇以安廟，剥則奉以輿廬，曰小人何能剥君子乎！君子觀象，尚天行矣。陽如不消，陰必不得長，无如消息盈虚有天存焉。窮上反下勢有必然，上以厚下安宅，理所素定。君子順于剥而不違，亦止于剥而勿動，何也？上下分定，厚安之情，仍在君子，不在小人也。

意曰：陽雖微，猶爲民心所共載；陰雖盛，猶必託陽而後安。小人无日不薄君子，然不肯自奪其所厚，亦无日不危君子，然不肯自墮其所安。牆高基下，雖得必傾，皮去毛空，无號何地？小人道中，原未有厚安之一術，不得不歸附于君子。曰吾且順時而止之，消自有息時，虚自有盈時，天行固然，不遠將復矣。姑爲小人謀焉，可乎？三者應上艮，分定隨緣，禍亦不棘也。三曰吾從衆人黨邪害正，然取滅亡；吾内失初二，外失四五，翻然自斷，无僉列之咎矣。君子豈遂汩汩耶！小人即多，不多于民，對小人則君子孤，對民則小人更孤。民之所載，君子得輿；民之所去，小人剥廬，何也？厚安坤道，君子載之；乾留碩果，豈惟人不得而食之！抑且歸根復命，含實滋芽，長造化以无窮之福矣。小人之得時也，不過男女飲食，牀第屋廬，交相比附爲用耳。從來傾危濁亂巧通植根，艷妻煽處，寺人之令，極其機算，利藴孽生，卒未有不覆敗者。蔑貞之凶，彼輩自身受之。説文曰人勞則蔑，然君子勞耶？民勞耶？小人勞耶？君子以其下而蔑之，則君子之失也；小人之滅君子，亦必先從其下滅之，則小人之得也。君子而未有與，則其勢衰；小人而未有與，則態亦善變矣。詩言生男寢牀，室家君王；生女寢地，酒食是議。牀也者，陰陽之所分也。牀以足，元龜宅也；牀以辨，納婦宅也；牀以膚，碩鼠宅也。牀之屢剥，宅甚不安，朵頤淫瀆，貪噬莫厭，情狀盡矣；切近之災，玉石焚矣。五而闕觀，有貫魚之道焉。子瞻曰：寵均則勢分害淺，用陰順陰，用陰止陰，安天下如宮人之宅，終无尤也。不利攸往，藏其果也。輿即宅矣。小人待君子而化，君子亦以小人爲藥。山附于地，乃以厚安；學必剥爛，乃能復反。危哉！微哉！

智曰：人止于復言學問，豈知不剥不復之故耶？雜卦傳曰爛也反也，善于圖畫碩果之仁，浸長其乾元之幹者也。仁必克核而芽出反生，則仁爛矣。發而參天，全樹皆仁，豈非顯諸仁乎？仁者人也。人者，天地之心。邵子曰寒變物之情目之曰天根，風雪冰霜乃以落葉反本而忍其仁焉。塞兩間之盛德大業，此天地之果也。具此仁元中矣。剥象但著上下，其旨精哉！宅廬本安，牀輿自在，觀象知幾，順止貴乎厚下，故君子以世變阨難爲天地霜雪之恩。

䷗地雷復

全曰：復，古文从𠂋从夂，天與日月同度也。許慎曰：復，往來也。何安曰：歸本曰回。智按：復之爲聲，羽風旋宫之轉入也。

復，亨。出入无疾，朋來无咎。京房作「崩來」。反復其道，古一作「反覆」。七日來復。利有攸往。

集曰：朱子云發生惟此一陽，位有消長耳。陽之消處便是陰，故一陽謂之復，言本來也；一陰謂之姤，言偶遇也。意曰：周子以利貞爲誠之復，伊川就動處言復，復爲貞下之元，是復即元，元即亨矣。出者剛長，來者剛反，臨、泰諸陽皆朋也。漸而不遽，自无疾咎矣。七日者，主陽而周爻度也。智按：貫此混闢之往來，无非一在二中之旋四倍八也。參其旋四爲十二，則十二宫、十二舍、十二時、十二月、十二爻、十二會皆是也。舉其半爲六爻，而周復之則爲七，隨人就爻、就日、就月，何不可乎？隔坤六爻成七，猶倒剥六爻成七也。自子至午成七，猶姤月至復月爲七也。隨以他一端徵之，建破以七日更，黃道日行七舍；醫以七日傳經，十二經與時轉，自心午至膽子亦七也。熊南沙曰：抱一者，用四十九日而聖胎成，人生四十九日而七魄全，死四十九日而七魄絶，此來復之數，陰陽之極也。或曰復在蠱七卦之後，震在巽七卦之先，既濟在巽七卦之後，皆曰七日，亦一端耳。今或執爻則詘日，執日則笑歲，執心而病冬至之説者，皆未悟无往非表法也。六月之息，游此七篇，一指四顧，周行七步，曾知之乎，元會與呼吸一也。交輪之幾，惟時日律曆始能細剖，故以冬至象焉。誠通會之，天地之心即吾心矣。知陽統陰陽者，出入朋來，自无疾咎，而來往皆利矣。正曰：日月紀象，星辰紀歲，紀歲則曰七歲，猶紀日之爲七日也。歲候七十二，體用交積相乘之爻三萬一千一百四，以七歲之辰除之，餘分律益五百十一，而日分乃盡，故七日之積分與七歲之積辰正相值也。不礙半年爲六爻六日，亦不礙六十卦一爻當一日也，亦不礙月分七日爲四分之一也。象言舉大槩耳。

彖曰：「復亨」，剛反。動而以順行，是以「出入无疾，朋來无咎」。

一曰窮上反下，消息本然，復見其端，而治亂理欲之幾於此徵焉，故聖人志喜耳。

象旨據古讀剛反動爲句。隅通曰：植物根先生，動物首先生，其生皆反，故取象于小成之震曰反生，于大成之復曰剛反。反即是動，以順行，斯无疾咎。天行也，見无不復之陽，亦无驟長之陽。見曰：出入是陽氣得出而轉入，不肯一往遽出也。藏之極固，然後發之始暢，故无疾。草木之甲乙，折轉而向下反生，是其入之驗也。朋者坤也，朋來謂陰此時正盛而陽宜安養于下也。

「反復其道，七日來復」，天行也。「利有攸往」，剛長也。

意曰：反而復其故道，即能反復，知天行之所以然。復之天行猶剥之尚天行也，知此即知乾之不息矣。神曰：七日者，地二生火，天七成之，冬至子半，水冷木枯，便是水温木發之機。乾、蠱、剥、復皆曰天行。天干始于甲，甲胎于子，先甲三日爲辛，克木也；後甲三日爲丁，克金也。克盡始生，其幾至微，故曰克己復禮。或修金剛，或修木炁，直以專復致之耳。□□〔一〕曰：五行尊火，天七所以用二，兩問七曜貴日，自是至理。全曰：剛反是方復之初，剛長是已復之後。泰言往來，而復止

〔一〕「□□」，底本原爲空缺。

言來，微陽安静不與陰争也。

復其見天地之心乎！

邵子文曰：儒見一陽初復，遂以動爲天地之心，乃謂天地以生物爲心。噫！天地之心，何止于動而生物哉！見五陰在上，遂以静爲天地之心，乃謂動復則静，静復則止。噫！天地之心，何止于静而止哉！爲虚无之論者則曰无心。噫！一歸于无，則造化息矣。蓋天地之心不可以有无動静言，未嘗有无動静，亦未嘗離乎有无動静者也，故于動静之間有以見之。然動静之間間不容髮，豈有間乎！惟其无間，所以爲動静之間也。慈湖曰：天地之間，何物、何事、何理非天地之心，明者无俟言矣。啓從其端，則于窮上反下復生見之。視聽言動，仁義禮智，變化云爲，何始何終？一思既往，再思復生，思自何來？歸于何處？莫究其所，莫知其自，非天地之心乎？萬物萬事萬理，一乎？三乎？此尚不可以一名，而可二乎？宜曰：因質論以教人，則不妨二之三之，皆天地之心也。張子曰：復言天地之心，大壯言天地之情，心微情顯。正曰：情兩心獨，惟精惟一，蓋言獨也。宗一曰：人心者，一之顯諸仁也，故危而察上察下；道心者，一之藏諸用也，故微而不睹不聞。危微剥、復，皆天地之心，即人之心，而必于復見之。揆曰：剛柔皆天地之心，而剛反則見天地之心；動静皆天地之心，而動以順行則見天地之心。藏一曰：一念知反，頓還本來，是爲獨陽无陰。

象曰：雷在地中，復；先王以至日閉關，商旅不行，后不省方。

集曰：先天坤震在下，陽氣亥子爲端，此首銜尾處也。以坤闔户，伏巽商旅，用震陽之至日。至者，陰陽氣之極至也，始至也。近溪曰：雷潛地中，即陽復身内，幾希隱約，本難以情求智索也。商旅行者，欲有所得也。后省方者，欲有所見也。不行不省，情忘識泯，人盡天完而復純矣。淇澳曰：人以復對姤，以爲冬夏兩時，不知正一時也。一陽之藏便是一陰之遇，聖人于陽之藏欲其善藏，于陰之遇欲其善遇。禮云樂由陽來，禮由陰作，收斂便是復禮，以此固陽即以此遇陰，是一念非二念也。正曰：閉關反照，出入自知，象魏布和，乃告以時。元公曰：后乃心王也。閉關全一，六用不行。揆曰：致知曰夢覺關，誠意曰人鬼關。□□〔一〕曰：人

〔一〕「□□」，底本原爲空缺。

者，天地之心；閉者，天地之關。過關然後知之，過小關則知大關矣。天地之心隨舉即是，萬古皆冬至，轍環皆静坐矣。莊子曰：静非静也，善固静也。輔嗣所謂静非對動者也。閉關以養陽，而闔坤正所以閉關，來復入與天俱，既復出與天遊，淵默雷聲，何往而非天乎！必過小關始知大關，既過大關重立細關，與天下安其出入，即謂之无關可也。辟之冬至爲一周，則知元會爲一大周，又何硋一月五候之細分日夜，與民中日作夜息之節邪！

初九，不遠復，无祇悔，「祇」音支，適也。王肅作「禔」，云：妥也。九家易作「多」，音支；又作「𢻱」，與「多」同。元吉。變純坤。坤宫世。

宜曰：復初即乾，曰貞而元，无斷續也。方窮于上，即返于下，曰不遠復。張子由剥之與復不容線，適盡即生，更无先後之次。一歲則轉關于子月而月月有陽，一日則轉關于子時而時時有陽，在轉關處見此一陽爲主而形色皆天矣。郝解曰：聖人寂感順應，心本无心，于何有悔？是謂元吉。恒人之復生于悔，於是有但悔終不復者；二之休復，悔而復也；三之頻復，悔不勝復矣。敬仲曰：意起爲過，不繼爲復。人心自善，自神自明，應酬交錯，如鑑中萬象，鑑不動而萬象森然。意起即過矣，微過即覺，覺即泯然无際，如氣消空不可致詰，是謂不遠復。象正曰：初爲復之坤。書曰若有疾，惟民其畢弃咎，疾者君子所不自解免也。病加于小愈，禍生于寇去，故坤而復，君子致慎；復而坤，君子致順。順者，天地之序也。顔子退然以克復請事，則知无過不怒之難也。雷奮于地，日食于天，蓋時數而有之也，必曰未嘗不知，未嘗復行，恐顔子自謂未能。

象曰：「不遠」之「復」，以修身也。

近溪曰：反身而求，鞭鞭在肉，方復得來。元公曰：以法爲身，寧有去來；安求玄妙，去之愈遠。郝解曰：聖道以修身復禮爲本，所以化民成俗，維世立極，豈墮泡影悖倫之已甚耶！意曰：大學有所忿懥等以身指之，蓋以心治身，即以身治心也。智曰：心其天地，即身其天地矣。

六二，休復，吉。變兑爲臨。積變師。

筌曰：不遠復合下即是仁體，顔子當之。曾子親炙其虚而不校之學，亦進于仁。休復，下仁者也。文中子曰：學莫便乎近其仁。遡曰：二爻論陰陽，則陰將退，陽不勞而已克禮復矣。爻曰休，贊曰下仁，休則自復，下仁則天下之歸仁也。六十四卦惟此稱仁，知復者仁也。仁遠乎哉！休矣。

象曰：「休復」之「吉」，以下仁也。

王肅曰：下附于仁，就象言也。意曰：知大本則全樹皆仁，而休息于震動之中，正以能下乃見仁耳。

六三，頻復，古作「嚬復」，鄭玄作「卑」，當是「顰蹙」之「顰」。厲，无咎。變離爲明夷。積變升。

宣曰：許慎云：頻，水涯也。人所賓附頻蹙不前而止有躊躇煩燥之意，故其象爲數爲急爲連。三所謂日月至者，惟一之學，何待頻邪？二是從容休心者，三是急躁致力者。

象曰：「頻復」之「厲」，義无咎也。

一曰：聖人恐人狃頻復无咎，故以厲呼而震醒其義焉。

六四，中行獨復。變重震。積變恒。應爻。

一曰中雖以五陰之中與三四之中取象，實則以應初，而著其行，解相應爲時中也。獨者，離人離己而立于獨也，中行從道之獨，則合天下爲大獨者也。世有但倚无心圓應而遂忽略行履者，豈聖人所許中行哉！鄧氏曰：坤、復之間有大極，天地之中心也；復之初九，又爲中之中者也。夫復之一卦，獨有六四下應初九，蓋自中而行者也。象正曰：易之言中行者四，其二則皆遷善改過也，益之三四是也。三以改過用凶而有孚，四以遷善從公而利用，皆以中行歸之。泰之九二，秉其四德以尚中行；而此以中行獨復稱，復者自知之道也。有善而自知遷不以人遷，有不善而自知改不以人改，顔子庶乎此也。熊魚山曰：惟獨不可離。又曰：不特聲希味淡爲獨，即艸木禽魚，參伍耳目之官，皆其獨之地也。

象曰：「中行獨復」，以從道也。

意曰：見天地之心，是見獨也；出入朋來无疾咎者，是中行也。豈舍初之修身别有道哉！智曰：畔羨俱忘，遠近皆泯，四當思位，乾不息于坤中，舍身從道，是從心不踰之大順也。

六五，敦復，无悔。變坎爲屯。積變大過。

一曰復當五位，全地是天；安土敦仁，以黄中通天之理者也。初所謂无祇悔者，五直已无悔矣。五爲正中，上則窮上爲閏位，反而復，復而反，故著凶焉。

象曰：「敦復无悔」，中以自考也。

敬仲曰：中以自成，无俟行而自成也。考，成也。宜曰：復重初心而猶以中道爲至，純坤之中自考所以獨復，道至神聖亦不廢克己復禮之言，故于四五致意焉。

上六，迷復，凶，有災眚。鄭「災」作「裁」，陸作「災」，本一字。用行師，終有大敗；以其國，君凶；至于十年不克征。變艮爲頤。

至五而復道成矣。上窮必反剥，則忘其震主，失其本初，故凶。坤衆乘震，行師之象。國，坤象。陰極反剥，大敗象。君指初九，震爲帝也。由復五陰歷剥五陰，遇艮陽上止不剥，爲十年不克征之象。十者，地數之終也。意曰：賢智之過，執總殺以掃天下之學問，是爲迷復之凶。故知先迷後得主，則用迷以爲藥；若執迷而終，則言動即不動者，尤爲此世之災眚，即恃无妄而横行，亦爲眚矣。並其初心之作主者，皆成鹵莽傲悍之凶。眚者，目不明，貴自知也。近溪曰：是在復而迷不是終迷，不復終迷，尚有復時；在復而迷，則侮聖任智，明叛義理之不恤，故凶。□〔一〕十年則終有可復之日，一陽漸進以至于夬，則決而成乾，此上六復之日也。導曰：

〔一〕「□」，底本原爲空缺。

由初觀上，于復爲遠，大惑終身亦物理也。淇澳曰：恒自以爲迷，退藏之極也；凶有災眚，迷之慮也。此自別提耳，終與聖人語氣不洽，必執此論以倣毒鼓，亦迷復也。玄同曰：二氣乘除，不極不止，復至上而五居坤土，坤衆皆消于暗中，肖師无將，故有敗凶。終有者，馴致乃見也。眚宜象離，歷考象爻皆震，由吉凶悔吝生乎動，故眚也。災亦震者，上變即離，木火相因故也。世无不止之動，頤動而止，故上吉；復動而不止，故上凶。心爲天君，未復貴反，復則不可反；傳于剥上曰民載，指衆陰之爲民；復上曰君道，表一陽之爲君，扶抑之意嚴矣。剥、復皆天行也，道之廢興皆天命也。然易爲君子謀耳。成十六年晉楚遇于鄢陵，晉筮遇復，曰南國蹙，射其元王中厥目，正謂上變肖頤、肖離；南國蹙，中其目，正指上爻也。游吉料楚，引復之頤曰：迷復凶，楚子將死矣。

象曰：「迷復」之「凶」，反君道也。

意曰：窮上之迷復，未嘗不亢高自是，屑越帝王，然正以其反君道而用屠剿濺血之師，徒凶眚耳。故繼之以无妄、大畜。

時論曰：一陽而已，陽分其餘爲陰而役之，自往自來，自入自出，復周其所從來，故謂之復。不得已而以時運之周、天象之周徵之，帝出乎震，氣先入于坤，天充地而又週于地者也。六曜行多遲疾，而太陽出入无疾也。冬至行一度多，漸減以及夏至而漸增，反復如之，通觀何遲疾乎！呼吸亦然，心豈有呼吸遲疾乎！陽氣本自如此，特不可見耳，以顯知隱，復之出入可知矣。坤喪東北之朋，得西南之朋，至于復，而其朋偕來。觀帝出之圖，則乾、坎、艮之朋來；轉月卦之輪，則臨、泰、壯、夬、乾之朋來，可以知樂朋之无咎矣。十二纏次，黄赤反復，舉半言六，該之于爻，故稱其周必言七焉。自太極而上，名其卦亦七層也。六爻加用亦七也。閏也，琴藏閏于中徽亦七也。邵子曰：天見乎南而潛于北，極于六而餘于七，以用三成六而加餘分，故有七也，六限之開七分是矣。時約子午，月卦姤、復，數七皆然，不月而日者尊陽也。此天地生成之表法乎？其所以然，誰見之乎？孫淇澳謂康節子半猶言用始，不知體始，然不知至體无體，其始不可見，若有即是无，則處處是始。故曰天地无心，以中爲心。何在非中，而必徵其幾焉？乃於此親見之耳。玄中首曰：陽氣潛萌黄鍾之宫，信无不在其中。而以周準復，子之半也。沖氣之起也，順而弗動，不見也；動而不順，弗見也。見天地之心，聖人自見其心也。

先王養微陽于天下，則閉關商旅不行；后養微陽于一身，則不省方矣。天道見于表法，通知觀玩者即此順其天理，猶岐象數虚无而二之，豈能自見其心即天地之心哉！夫子心其天地而傳顔子，一日即七日也。出入朋來，目所有事，震坤反復，初四相從，可无請事耶！剛反者復以前事，剛長者復以後事，頓漸不相壞也。初修其身，四見其獨，二下其仁，五中自考，三厲其義，上反其君，皆修身之所以體元也。中行不泥，元吉无冰，其則不遠，獨出羣陰，自心相應，中以爲行，此從道者之所以還元也。坤震以内爲臨爲夷，如否五之休從四而往，復二之休從初而上，上能下仁，所以剛長也。三雖頻復，亦覺頻失，其中夷晦，亦不可疾，日至月至復義亦力矣。震坤以外爲屯爲頤，安五之土，敦二之仁，同初无悔，比四中行，經綸小物，復之君也。全體肖震，上變爲頤，動極顛拂；執坤之迷，先迷則可，執迷則凶。不知不戰服人，而酷師以逞，國喪君危必矣。无妄之藥不可試，而毒藥可飲食乎？惟初惟中，仁禮天下也。

智曰：此潛龍冰霜勿用之用也。論從心之極則，身何待跛挈乎！而聖人與百姓同此過日，招天下之朋來，故時時列冬至之關焉。中行之獨，藏此萬古，狹路无門，必一翻身，黄宮真宅，豈戀窟乎！故曰復以自知，曰復小而辨于物，不貴顢頇大語也。

无妄䷘

玄子曰：剥復、艮震交地也，无妄大畜交天也。復者賢學。无妄聖學。姜居之曰：大畜尚賢，非聖學耶！正惟聖能尚賢，彼好爲掊擊聖賢之説以侈无妄者，大妄人也。遡曰：无妄，誠也。大畜，誠而明也。性以動顯，學以止畜。潛老夫曰：艮震貫天地而天貫乎地，豈可分乎！分亦可徵，而非徒一分之所能徵也。天貫乎地，惟有時耳，即時之節可以徵矣。復之冬至，无妄之交春，皆以節徵之者也。細節細徵，一呼一吸，皆有冬焉，皆有春焉，何謂雷起雷行，不可以指節掐之耶？□□[一]曰：无妄伏升疊壯，故任情者必好高；大畜伏萃疊遯，故多識者必積聚，皆疾也，皆藥也。言无妄，即可以剥爛矣；言大畜，即可以復反矣。

〔一〕「□□」，底本原爲空缺。

䷘天雷无妄

止菴謂妄从亡。⿵冂子，古女字也。人在⿵冂子内而亡去，乃心不在神明之舍也。智按：亡，古廡字，通爲有无之无、存亡之亡，其義則傳舍也。心動而交物則妄生，故莫妄于見女，此固鉛汞陰陽之物理，而天人剥、復之危微，見於此矣。震艮从地，而必從天者，剥、復皆天行也；所貴處乎剥、復之中者，无妄而大畜也。天人本无妄也，所貴適乎天人之間者，正用之而无眚也。

无妄，史記作「无望」，康成、子雍皆云「妄」猶「望」。元亨利貞。其匪正有眚，不利有攸往。

程傳曰：震，動也，動以天爲无妄，動以人欲則妄。易簡録曰：復小而辨于物，此是坤道静翕主人；剛自外來而爲主乎内，此是乾道動直主人。其匪正者生于有眚，病目視之若有也。筌曰：捏目生華，原非實事，若因有所動，是无妄之中自生妄也。玄同曰：甘食悦色，好生惡死，人與禽獸同者，陰靈也；四端五常，油然勃然，人與禽獸異者，以陽光用其陰靈也。陰靈隨其生質，而陽光統此陰陽，正用即得，知乃无眚。古合道心人心論執中，而後士但標兩无以破執，於是任之，則无妄以眚而災矣。古德云：莫道无心云是道，无心猶隔一重關。野同録曰：大畜，時也。无妄，災也。有妄不得謂之災，无妄，故謂之災耳。復上以災眚信執迷之凶，无妄之彖專提有眚，蓋災不礙正道，而眚目豈云知天！今知動以天者之无妄，曾知恃天動者之爲妄乎！曾知舍人而求天者之爲妄乎！不言日用之何以得正，不言使天下之何以各正，但曰人即天也，妄即誠也，則堅銲之流反奪正人之席，漫汗之語即貴天下而成横災矣，故惟大畜以學問而後時措之宜。智曰：專論至體，非真妄所可言也；必無離日用之體，惟正用之，乃无眚耳。宗一曰：繼父者必孝子，是謂明善，是謂正用。

彖曰：无妄，剛自外來而爲主乎内，動而健，舉正作「愈健」。剛中而應；大「亨」以正，天之命也。「其匪正有眚，不利有攸往」，无妄之往，何之矣？天命不祐，釋文作「佑」，馬作「右」。行矣哉！

慈湖曰：道心无内外，外心即内心，惟人心馳逐，始設内外之詞，覺則復而爲主于内，不覺則放而爲客于外。邇曰：震初即乾，從坤索得，故曰剛自外來而爲主于内。有爲主者，非以内爲主也。剛來于内，方可以往于外。天行有剥有復，天命有正无邪，彰癉好善之公，正是理數之一切見成，必諱言之而專標於穆，則必以眚爲无妄而放行矣。訂曰：人之妄也，儆以天而不懼，故震之。東方情怒，天之變象也。震夷伯之廟，以戒展氏之慝；啓金縢之書，以彰周公之德，非徒此也。君子誦无妄之詞，砰訇駐耳。中庸之不睹不聞，皆雷行也。□□〔一〕曰：通晝夜而知天地之雷聲，有何内外乎？通知而與天下正用之，則无内外而不硋分内外外内也。地静則蟄，天動則啓，蟄則爲復，動則无妄，不明乎此，安能免眚！

象曰：天下雷行，物與无妄；先王以茂對時育萬物。

詁云：雷行物與斷句。物之蟄者无不從雷驚起。雷无私震，物无私與，先王茂對天時，養育萬物，无私而已。胡旦曰：物物相與以應雷行，茂對時即時措時出也。洋洋優優，三重寡過，皆育物也。郝解曰：莊生以儵忽喻人心，亦雷行之義。急迫則真性發見，宴安則迷失本初，乍見孺子入井乎？計及妻妾宫室乎？復則自知，妄不妄矣。无妄所以象雷行也。

〔一〕「□□」，底本原爲空缺。

初九，无妄，往吉。變坤爲否。

宜曰：无内外中，内爲外主，剛來于内，故可往外。初所以吉，无二念也。人以營魄載神明，神内伏而六鑿之牖外受，是以動與眚俱。聖人隨動，無非道心；君子擇執，用其初念；牿之反覆，併初心亦不可用矣。筌曰：剛實也，當位也，不係應也，初九三者皆全矣。九五、九四有其二，六二、上九有其一，三以比于二四，如人上有嚴師，下有良友，雖中材可進于善。

象曰：「无妄」之「往」，得志也。

□□〔一〕曰：得志者，自得其所之正也。直心而行，不失其初，得無所得矣。此豈震世勳華，所可勝其志哉！

六二，不耕獲，陸云或依注作「不耕而獲」，下亦然。不菑畬，禮記此下有「凶」字。則利有攸往。變兑爲履。積變訟。

郝解曰：隨寓自適，可食不必耕，可藝不必田，爲不耕穫不菑畬之象。彼偏用之

〔一〕「□□」，底本原爲空缺。

者，樹下一宿，日中一飡，皆君親棄常業，以爲施捨，是毫釐千里之眚，无妄之藥不可嘗試，正以此。宜曰：此非不耕菑也。盡日用之所當爲，即謂之前念不生後念不起矣。无獲與畬之心，一似併耕菑原不曾有耳。易簡録曰：不耕獲透過功利關，行人得牛透過災禍關，勿藥有喜透過生死關，初之往吉，三關俱不待言矣。象震于稼爲反生，中互風雷之益，乃觀象以製耒耜者，見艮手震足胼胝在田位，耕獲象，肖離火焚牛耕，菑畬象。田一歲曰菑，三歲曰畬。子瞻曰：不必充操爲蚓也，于義可獲；不必其所耕，于道可畬；不必其所菑，不害其爲正，而可以通天下之情。玄子曰：不方耕而即望其有獲也，不方菑而即望成其畬也。農最樸民，農之業爲本業，以其无妄心也，故以爲象。

象曰：「不耕獲」，未富也。舉正作「求富也」。

一一曰：恒情以自有爲獲，以私分爲田，是富之也。六二虛中不滯，澹然屢空矣。

六三，无妄之災，或繫之牛，行人之得，邑人之災。變離同人。積變姤。

宜曰：失牛非妄，不知得于行人而必責之邑人乃爲大妄，是爲不妄之妄。筌曰：无妄致災以繫也，繫雖正而亦妄，得非真得，失則真失矣。災取離，牛亦象離，艮鼻巽繩，繫牛象。上爻乾健行曰行人，二爻坤安土曰邑人。敬仲曰：三非邪，特未能不作意耳。无得則无失，覺則六通矣。三一曰：无所得者，入空入有之方便也。執此以爲不失乎！更是一眚。

象曰：「行人」得牛，「邑人」災也。

智曰：楚人遺弓，楚人得之，進而至于得之失之，進而至于无得无失，而仍不妨于楚人得失也。聖人之道，貴使行人邑人各安其所而已，得者災者各因以雷行其无妄矣。履曰：劉寬、劉虞、朱沖、王延皆解牛與人，真忘得失乎？猶以爲名乎？

九四，可貞，无咎。變巽爲益。積變巽。

宜曰：初爻動于天，二近初，四應初，猶之爲无妄也。象正曰：謂可貞似猶有不可者焉，而後可之。可之，謂不利往而利往者也。虢之會，楚人將以穆叔爲戮，樂王鮒求貨于穆叔，叔曰：諸侯之會，衛社稷也。我以貨免，魯必受師。召使者裂裳帛而與之。翼之會，晉人執昭子，范鞅使請冠焉，取其冠法而與之兩冠，曰盡矣；吏人請其吠犬，將去，殺而享之。是亦一道也。臧會竊龜而卜曰僭吉，穆子夢饜而旦號豎牛，是妄吉妄凶也。然固有其吉凶者，龜牛馮之，不知其固有而益以未始有，故臧會有其妄吉，穆子有其妄凶也。

象曰：「可貞，无咎」，固有之也。

孟子曰：非由外鑠我也，我固有之也。正曰：一貞也，易慎用之，曰利貞，曰小利貞，曰利女貞、利艱貞、利幽人之貞、利武人之貞、利君子貞、不利君子貞。貞非君子不能也，而猶有利不利焉，故曰可貞，亦聖人之所慎與也。

九五，无妄之疾，勿藥有喜。變離□〔一〕噬嗑。積變蠱。巽世。

遡曰：周公之不智，孔子之黨君，妄即不妄矣。慈湖曰：五，中也，意或微動而過差。此疾既小，不藥自愈，如加藥焉，其病滋甚，故不可試。若治此疾，則于意上生意，疾中加疾，此蒙養聖功也。孔子哭舊館人而脱驂，非過于哀乎？孔子不加藥焉，子貢不知也。變坎心痛曰疾，艮石震木巽草曰藥，乾健則勿藥，喜象附見。野同録曰：充類致盡，心爲病根，有心是疾，无心亦邪。掃天地而還混沌，混沌亦大疾也；以自然爲天而任之，天亦是疾矣。聖人盡而又盡，故曰有餘不敢盡，既已

〔一〕「□」，底本原爲空缺，依例當作「爲」。

爲此時之人矣。有必不免者，有可以免者，有與人言免而免免者，貴善用之則正矣。豈曰皆免皆不免，而執本自不動之急口，以荒忽之乎！如以爲疾，寧害明倫好學之疾，轍環韋編，至老不休，即此飲食，即此爲藥，即此爲勿藥，豈矜其禁方而比屋嘗試乎！智曰：老子曰惟其病病，是以不病。室中卧榻可以互參。此一勿藥之藥，惟善用藥、善辨藥、善製藥者知之。不可試，非謂廢其藥也。

象曰：「无妄」之「藥」，不可試也。

玄子曰：告子之冥悍不思，偏真之遺棄世故，皆妄試藥者也。

上九，无妄，行有眚，无攸利。變兑爲隨。

野同録曰：純乾何妄乎？硜硜矻矻，崖岸廉隅，眚猶可言也；尊標本空不受而絶學訶修，不惜縱人詭隨，眚之災世不可言也。欲尊其標則先必驅耕夫之牛，奪饑人之食，以惑亂天下爲得計，而以本自无真，安得有妄之語，藏其身焉？莊生所謂決絶流遁之行，别墨死人之行，豈不自謂无妄乎！終身不反，正以嘗試窮上迷亢之藥耳。今理學家不知其眚，而襲以爲奇，是可哀也。京山曰：无妄中正而已，聖人不思勉而中，從心不踰矩，无可无不可，而言行庸謹，是无妄之正也。以任放爲自然，以禮法爲牽纏，徑率曠宕，自謂天真，似无妄而非也，將謂何正何不正？此天地聖人之所不憂，而又何煩教人誣天乎！故曰摩崖登峰，還處平地，一不住一，必以大畜之時免无妄之災。

象曰：「无妄」之「行」，窮之災也。

一曰：惟眚故災，偏上故窮。恃无妄而横行者，甘災以爲固窮。聖人恐其惑民目也，故碎其太極，而以嚮威之二用，明皇建之正中，建正中而无中邊之圓中，隨時安亨矣。

時論曰：无妄，先天也。圓圖起乾終復，以震之一動爲真氣；方圖雷從中起爲真心，勞出一周爲真序，雷乃發聲，春生萬物爲真生，此之謂復則不妄矣。雜卦之災之也，直以剛内爲无妄，剛外爲有妄乎！剛无内外，乃爲真剛。莫爲而爲，莫致而致，元亨利貞，寂然一乾矣。而曰匪正有眚何耶？易无體，以感爲體，守約之小寂然，不容偏説，冥隨之大寂然，尤不容偏説者也。惟一動而天地之心見，惟一動而真妄之介分，感物任動，剛主能自保乎？理有未窮，性有未盡，命不可得而至也。貴无妄者，爲其行之而无不利也。无妄而不能行，行且有眚，則自謂我本无妄，而不反復分合窮理之過也。理性所在，一觀乎物，一觀乎人，乃知其天。物也者，无情之无妄也。人也者，有情之无妄也。天也者，包有無之无妄也。雷雨一作，穀草甲坼，物與之以无妄，純乎天不雜乎人者也；茂對時育，以耕獲菑畬，勤乎人以還天者也。艱食乃粒，必有訟争，故謀食之途百妄集焉。食中之妄不已，必生疾；疢疾中之妄不已，必資藥餌。人事之誠實以育身者无如藥，物類中之誠實以育百穀者无如牛，故取象焉。誰善牧乎？誰製藥乎？乃有行人，撥學自恣，蹊田奪牛。邑人其以爲妄人乎？邑人援非望以自解矣。人將以譎智夸激功乎？倉箱自祝，具聱卒荒，鄙夫之田，災亦福也。聖人觀之，害亦並育矣，而必戒奪焉、勸耕焉、恤災焉、復厲志焉。學者勿繫此得失也，何如未富之二，依然得初之志乎！來主于内，利攸往矣；體天可貞，勿藥可矣。然一往亢上，勢必罪藥喔耕，不則槁木也。不行亦眚，不窮亦災，況不自知眚，不顧犯災，往何之耶！故曰无妄災也。否可拔茹而履自坦坦也，同勿升高而益自固有也，噬乾肉可以得當，而隨之上窮，宜從維矣。意曰：自无生有，動而妄矣；執不動、執无有者，亦妄也。疾生疾滅，災來災過，終不免眚，惟學乃能正行无眚，故受大畜。

智曰：文王于剥、復後不曰真卦而曰无妄，豈非妄既已消，真亦不立者乎！古貞即真，許慎登天之説妄也。君子言其復仁之幾可小辨者而已，其本无真妄者，學修所不及也。以蒙寓之，豈容言乎！專言本自无妄而恃之，恃即妄矣，恃必恣矣，必至以恣爲无妄矣，必至反罪學問者爲妄矣。此无妄之藥，所以更不可試也。故以大畜之學，實而新之，正其利害得失疾災，而時育即天祐也。天自祐其天之四德，而人人享其本无真妄之命矣。

䷙山天大畜

畜爲兹田，詳見小畜。沈存中專以大小畜、過論易，不能不過，故不得不畜。智謂動即妄矣，竟不許動，亦妄也。反復其无妄之震，而正用于動中，則耕菑之牛，牧放隨時，食在天下，无所非藥。此畜天于山中之大學問，所以荷天之衢乎！畜禮、畜養、畜牝牛而已矣。

大畜，歸藏作「奞」，古一作「蓄」。利貞；不家食，吉；利涉大川。

子瞻曰：乾健艮止，其德天也。物相服者必其以天，魚畏鶂鶥，畏其天也。物在乾上有忌乾心，今艮自知有以畜乾，不忌其健而許其進，乾故受畜爲之用矣。輝光者，兩相磨而神明見也。鄒泗山曰：懼其過鋭或躁，過剛或折，過大或簡，故畜焉以裁之，此聖人陶鑄天下之幾，可心會不可言盡也。表記曰：不家食吉，言必大畜君子受大禄也。艮家變爲坤國，故有不食于家而食于國之象。利涉大川者，可以濟天下之險也。乾健涉澤，見互震于兑前，涉川象。揆曰：士大畜而後可大用，人主大畜士而後得大賢。潛老夫曰：有无妄然後可畜，非徒曰天地未分，此體具足□〔一〕爾也。十室之邑，必有忠信如丘者焉，不如丘之好學也，則有□□忠信者矣，有忠信而不好學者矣，不得以无别之語曼之也。聖人立教善于分明，无妄表體，大畜表用，止有下學即藏上達，孟子博詳即是反約，是故厲之、脱之、艱之，歷煉牿牙之喜慶，乃畜極而荷天衢焉。寧許頓超而廢學乎？大正立法，體天養才，以賢化愚，以多用一，始令萬世各安其言行之食，而共享其无妄之天，此集大成所以爲大畜也。將以多識博名乎？將以言行干禄乎？將苛責昔賢、盡掃古轍以自便，

〔一〕「□」，此及下二「□」，原本漫漶不清。

而博超達之名、干善巧之禄乎？皆天地之所衢畜而聖人之所閑畜者也。家食而溺庸潦，不家食而蹈危波，其災不同，其眚一也。多識一貫，所貴无眚，不求知而不避，不踐迹而不逃，聲氣胞與，隨時應天，大其有，大其畜，自然有而不與而无大過矣。

彖曰：大畜，剛健篤實輝光，日新其德。康成、公明以「其德」屬下句，玄子從之。**剛上而尚賢，能止健，大正也。「不家食吉」，養賢也。「利涉大川」，應乎天也。**

一曰乾剛健，艮篤實，兩化則輝光。朝旦爲輝，日中爲光。艮居戌爲一日之終，乾行一周，此萬古常新之象也。道无新故而温故知新，大畜日新，自然不厭矣。乾盪需夾二畜而終于泰卦，以上止爲主，三爲健極而應之，知止而善用其健，特曰大正其揭書乎！以多識藏一貫，以尚賢藏兩忘，此所以三根正食而无弊也。尚而養之，盛世之事歟！君子以萬世爲家，以古今爲川，前言往行莫非食也，學問經濟應之而天不違也。以德疑道，道自大行；多即是一，畜而不滯。道不域乎見聞，亦不離乎見聞，民視民聽，言行无可逃之天。詩書禮樂，輿衛甚備，惟其尚之，乃能公容；惟其識之，乃能薪傳；惟其畜之，乃能大成。然在聖人，祗是隨日新日、因天畜天而已矣。

象曰：天在山中，大畜；君子以多識前言往行，以畜其德。

乾鑿度曰：山含元氣，自地而上，皆氣則皆天也。氣聚則隆拔高卓而藏其深沉，故因人間之睹聞可及者表天在山中之象。小藴大，費藴隱，山中之天與山外之天有二天乎？德表于言行，心寓于見聞，於穆藏于法象，君子多識前言往行，所以大畜其无妄而用之也。子夏曰：博學篤志，切問近思，仁在其中矣。子瞻曰：論乾九二之德，曰君子學以聚之，問以辨之，是以知乾之患在于不學。又曰日知而月无忘，豈掠虚乎！今設械以待敵，有急則推墮滉漾不可知之中，如是而已矣，是以飽食誑語爲道也。乾惕集曰：學于古訓，事不師古則師心狂蕩，故生知之聖必好學，而好學之士可入聖。若云何必讀書然後爲學，則吾夫子之佞季路謂何，誠恐以其學術誤天下後世也。景逸高氏曰：姚江誤看朱子窮理，立論偏重，遂使學者謂讀書是狥外，空疎杜撰，一无實學。宗一氏曰：剥爛古今，直開天眼，正謂之讀書人。夏彝仲曰：物滯而以无物消之，益飄蕩而不返，故使格物，恐見其一而不見其一也，恐從小視大者不盡，而從大視小者亦不精也。黄陶菴曰：安則萬變不必卻，而物常有以養心，未有本膠末折而獨智獨仁者也。野同録曰：先父藏陸于朱，以毋欺而好學爲鐸，正所以大畜其良知也，大畜即所以格致也。大學知止至善，不廢事物；易貫寂感，必言功用。觀天在山中之象，即知虚在實中，一在萬中，德在言行中。故尼山不鐸悟而鐸學，曰我非生而知之者，好古敏以求之者也。蓋有不知而作者，我无是也。多聞擇其善者而從之，多見而識之，知之次也。學而不思則罔，思而不學則殆。子思曰吾嘗深有思而莫之得也，于學則寤焉。聖人知鑿空之弊百倍于拘循之弊，故身居其次，藏罕于雅，是真悟也。根本易得，差別難窮，既知由己，又明萬法，一法未明即爲一法所惑。心以聞見爲緣，今以往古爲鑑，本身徵民，建考質俟，編韋發憤，至老不休，所貴時措之宜，適當其言行之用，足爲法則，以善萬世之言行也。知即无知之體，原不憂其缺少，豈必毁事物之當然，廢日星之紀度，以錮洪荒哉！雄陸排朱，則便肆餙陋者動以皋、夔、稷、契讀何書爲解，不知上古之仰觀俯□[一]，六合七尺，四時百物，莫非精入深幾之書，聖

[一]「□」，原本毁缺，存目本作「察」。

人繼起，表之以前民用。羲軒在今日之午會，亦必誦讀尚友，參證古今，時爲之也。學之爲言也，兼參省言行之謂也。道寓于器，即費是隱，聞見滅，斯文滅，天地滅矣。士風三民，文傳四教，然士有泥訓詁者，溺詞章者，膠玄理者，故塞其睹聞，使自得于不睹聞。究也糟粕即神奇，玄妙盡黄葉。士生此時，詩書禮樂猶飲食也。神明默成，乃知味耳。將閉口辟穀以夸味乎？内外本一，分即是合，多識即默識也，師古即從心也，制數度、議德行即不思不勉之從容也，知之次者即无知之知也。周公才藝思兼而不驕吝，孔子博學無成名而集大成，真大畜之時，所謂制天而用之者乎！歐陽本論謂禮義明則勝邪，禮義載于六經，明于講學，而倍譎之流圖衒高幡，利于黑路總殺，以輕六經，壓禮義，則人受其愚弄耳。士君子誦法先王，明體適用，出以濟世，處以訓俗，心迹互治之薪火，足以供萬世之炊爨，各安生理，無所用遁上遁下之詖邪，乃反助秦焰而自撤宫牆乎？故異外高崎亦能充類无妄。專執大一以揮斥天地，賤壓帝王勢必任妄爲真，先犯六蔽，至乎大畜時中，則苦獲者、鬼窟者、縱脱者、玄勝者皆永不得而假借矣。此下學即上達之正經，所以爲天地之宰也。□□〔一〕曰：多是一中之多，一是多中之一，博約同時是大畜也。身如椰子，藏萬卷書，真智内智外智，曾知不可離否？芥山乎？洞天乎？隱弁耳，卮寓耳，止有一實。鄉里蠻貊，步步天衢，簾卜毫端，何妨輿衛。脱輻不犯，時哉時哉！餬口四方，不嚼一粒，又何繡犧牢筴之足歎耶！然非推山破天，烏能語此？

初九，有厲，利已。變巽爲蠱。

子瞻曰：小畜順以畜乾，故終反目；大畜厲以畜乾，故終亨。君子愛人以德，細人之愛人以姑息。宜曰：不獨仕進也，矜勝露才，犯天災矣。曾子終身不涉世，而曰臨深履薄，不犯災之戒也。郝解曰：司徒教士有六禮七教八政，簡其不帥者，移郊移遂，屏諸遠方，初爲離經辨志，而往試則厲矣。大成畜德以知止爲始，此亦止之之條例也。小學大學，總是川流，總是敦化。

象曰：「有厲，利已」，不犯災也。

〔一〕「□□」，底本原爲空缺。

意曰：顧涇凡嘗笑講學者，縉紳惟明哲保身一句，布衣惟傳食諸侯一句，可見畏災太甚，歸于楊子爲我，然名教考祥，幾先止有一吉。世又有悍然恬禍之流，煉北宮黝之術以相雄逞，豈大畜之學乎？故君子既明其素，又明其位。智曰：邴原聞潛龍之訓即還鬱州，文中獻策不用即歸河汾，見微即止，早是急流，敝屣未能，難言不犯。

九二，輿説輹。古作「轝説輻」，「説」音脱。變離爲賁。稍變艮。艮世。

遡曰：説以乾輪兑毁取，亦以變坎多眚取。此言輹爲輪外伏兔，止則脱不行，小雅所謂无棄爾輔，員于爾輻。輹即輹也。小畜之輻爲輪輳，老子之三十輻共一轂也。訂曰：脱輻不進，自畜以待價者也。通言之，舉一切勝心、英氣、情識、見解而悉脱之矣。意曰：輹可脱而不進，亦可員于爾輻，與墮解脱深坑者自別。

象曰：「輿説輹」，中无尤也。

小畜以一陰畜五陽，四主畜三，故反目；此以六五之君止畜九二之臣，以時中而自安，又何尤乎！或曰高初九一籌矣。災厲俱无可説，然尤之所在，賢者未易可免，彼釣渭者、還衡者，其中何如？介推因禄，舅犯要盟，則尤之甚矣。

九三，良馬逐，鄭玄、姚信作「逐之」。利艱貞。曰閑輿衛，鄭玄作「日閑」。利有攸往。變兑爲損。積變剥。

郝解曰：司徒論選士升太學，大樂正論大學之造士，造于王升于司馬之時也。士爲國家干城羽翼，故閑輿衛。卦象二五互變爲坎離，弓輪戈兵，四牛五豕，皆坎離也。遡曰：震馬前，乾馬後，三陽并進，逐象，艮阻艱象，作曰者兑象，作日者乾象。初四、二五正應，故應其止而以進爲戒；三上敵應，故不受止而以往爲利。蓋健成人位，培養已久，積畜已多，于時可行，故稱良馬逐焉。考工車六等，戈人殳戟矛軫皆衛也。天子十二閑，邦國六閑，卿大夫四閑，閑以序辨，亦以習名也。來矣鮮曰：輿任重也，衛應變也。以德爲車，以樂爲御，忠信爲甲胄，仁義爲干櫓，待時而動，閑也。意曰：莫優游于艱貞矣。時乘六龍，惕即閑矣。艱則不佚，閑則組舞，樂哉今日之騶乎！莘野隆中當之。

象曰：「利有攸往」，上合志也。

一曰：上欲畜之以成其德，三亦忻自畜也。隱居求志，天人交合，天衢在陋巷中矣。四代之體樂，固孔、顔之輿衛也。初九見地高，九二撤手早，九三願力大，天衢之亨，夫豈偶然！

六四，童牛之牿，廣蒼作「撞」，説文作「僮牛之告」，九家亦作「告」，陸績云「牿」當作「角」。元吉。變離爲大有。積晉。

遡曰：離大腹，牛豕象。童未角，艮少象。郝解曰：郊天用童牛角繭栗，先三月施横木于角，以止其觸。又牢禮重牛，天子適諸侯，膳用犢，童牛以祀上帝，饗天子，爲名世大賢之象。又曰四當造士，養之在早，舊説畜初。筌曰：牿，牛馬圈也。書曰牿牛馬。

象曰：六四「元吉」，有喜也。

一一曰：四能畜陽，四之喜亦三陽之喜，此以歆陽，恐以疾夫牿也。智曰：絡馬首，穿牛鼻，達士逃畜耳；不絡不穿，安取馬牛而用之！裁狂狷，文禮樂，早忘其穿絡矣。蠢穢如豕，亦必牙之；龐公所噫，聚僂不免。

六五，豶豕之牙，鄭讀爲互。吉。變巽爲小畜。積否。

説文豶，劇也，豕去其勢。爾雅曰豕子，豬豮豶。豶者，豕子也。埤雅曰牙者，所以畜豶豕之杙也。今海岱之間以杙繫豕謂之牙。玄子從之。行馬列于牙門，止行人，可知其稱矣。郝解曰：六五居尊，士所傾嚮，下應九二脱輹潛修，材器已就，士皆含牙礪角以待用。豶墳通，大也。二變坎爲豕象。遡曰：莘野隆中至再至三，夷然不屑，聘願待用，其自衛者禮也。四五所以尚賢者，薦之于天，釁之祖廟乎。四用郊天之童牛，五用享廟之騂牡，剛鬣體薦，太烹亦具，故取象焉。

象曰：六五之「吉」，有慶也。

一曰：畜士有成，英才濟濟，社稷生靈之福，所以有慶也。喜在一人，慶在天下，剛柔相濟，故贊喜慶。喜其正位之下交，慶其中理之調衆。艮以二陰柔内之三陽，四全其用，兼大畜小畜之位，故獨稱光吉。五合中以享衆，不用大牲，是以四之元爲其元也。潛老夫曰：童牛之牿，四以純正，養賢者之和順也；豶豕之牙，以柔居剛，兼制小人之蠢悍也。賢士才德養成，故有喜；小人安分者衆，故有慶。

上九，何天之衢，梁武帝作「荷」，靈光賦亦用「荷天衢」，蓋古「何」即「荷」。亨。變坤爲泰。

一曰艮背象荷，四達曰衢，之泰爲通，乾天艮路，路在天上矣。畜極而亨，人盡天見，六通四闢，翱翔天路，畜以成之，豈憂覂之駕、廣開賢路之道也？野同録曰：山頂摩霄，背上足下，無非天也。學問至此，得忘其得，而並忘其无所得，隨行而皆是矣。負青天，御六氣，其從此寫意耳。子曰道大行也，非自受用已也。厲脱艱閑而喜慶畜之，各才其才，各食其食，使之馳驅，使之鼓舞，浴乎風乎，飛乎躍乎，依然删述，依然絃歌，依然曰賢人之德業，依然曰多識前言往行，以畜其德而已矣。必將建鼓天衢，禁絶聞見，訶學訶修，扼塞賢路，偏責本无，適得怪焉，何道之大行乎！

象曰：「何天之衢」，道大行也。

一一曰：全卦是學，全卦是道，備于身謂之德，達于世謂之道，幬覆代錯，集大成矣。故以頤養寡過、習教繼明終上經焉。浮山聞語曰：京山曰物可養而後可止，虎豹不可止，爲不可養耳。騏驥伏櫪，然後責千里，苟不食芻豆，安得良馬用之！爵禄，人主之芻豆也，因材而教之，程器而用之，任使之，黜陟之，尊禮之，士所以砥礪而應其求，大畜之治道也。愚者歎曰：老子悲天地以萬物爲芻狗，易何乃以人間之賢豪爲馬牛豕乎！聖人之畜百家也，猶明王之畜才能也。厲之、脱之、艱而閑之，皆所以牿之牙之，皆所以衢之也。有就其才而以喜畜者，有反其才而以艱畜者，有災于此而畜彼者，有尤于彼而畜此者，各使自喜其才能，自慶其分藝，自衛其德業，而大道泯矣。大泯即大行矣。呼牛呼馬乎？驅豕入山乎？遯世剛骨，厭入阜棧，或欲飛身天上，或欲曳尾放牿，亦撥閟耳。果其无閟，不爲此語；果其大畜，閟亦畜之。蒼天蒼天！

時論曰：大畜時也，所以時其无妄而用之也。天下不謀家食，則涉險以謀傳食，不蹶于躁競，則喪于萎蕭，因有竊食賤耕、諱疾忌醫之學，巧掠虛空以掩固陋。言謬行穢，曰本无妄也，質古今而不知，曰天何言哉！先罪繩轡，不許鞭策，則天下皆无用之牛馬，而封豕且食人矣。不講學問之弊，遂至是乎！聖人定之曰尚賢，曰多識前言往行以畜其德，此乃所以自强不息也，乃所以動静不失其時也。山能畜天光以應其時，天能畜山光以新其日，君子能含蓄古今之天，表其山望而具其時乘，應天者應時也。繼善之沆瀣，洋溢兩間；分藝之田園，膏沃萬世。摩霄即谷王也，車馬皆虛舟也。登山涉川，不亦龍遯乎三五達之衢哉！舊曰內三爻難進而易退，賢所自養也；上三爻畜極而大通，賢君所以賢也。小畜之時，小人用巽術以厄君子；大畜之時，君子亦用止術以厄君子。同道相忌，入宮相妬，其志弗合，其尤弗中。吾曰知正而應天者，即以巽止自畜，即以巽止畜天下矣。小畜之初，以巽入巽，復自道也；大畜之初，以艮止巽，有厲，所以不犯也。二之脱輻，亦賁而不往也；三損所以致一，此乾之良馬也；善逐而能艱，蓋日閑其輿衛矣。自重其用，愈艱愈閑，多識以爲載，而健篤以爲轂者乎？三上不應而能合者，志也。養賢之典，招之以車馬，牽之以栓牢，不家食之時也。童牛設其輻衡，護藟栗也，佐大烹也，羣賢大有彭彭矣。若夫五居尊位，用柔止健，寧復攣如畜小耶！豕之爲物也，蹢躅于姤，負塗于睽，妨賢病國之孽也。事勢自有機牙，未可以力勝之，批竅導□〔一〕，運牿牛之枝，而富豶豕之鄰。既有喜復有慶者，上懷篤實之心，下遇剛健之佐，四靈爲畜，何礙茁葭發豝耶！詎視初二爲牛豕乎？上九畜主，天地相交之泰衢也，明君哲相，欲養賢才以化天下。若不令天下講大畜之學問，亦安所貴帝王哉！時乎删述之後，六經爲天衢矣。士惟在艮背以荷之。

智曰：先天爲一，則今時爲多，舍多无一，舍今時安有先天□〔二〕！則今時多識

〔一〕「□」，原本爲壞字，疑當作「窾」。
〔二〕「□」，原本爲壞字，疑當作「乎」。

之大畜，即先天一貫之无妄，甚燎然也。无妄曰茂對時育，而大畜止言日新，不言時也。時新其日，温故知新，山中畜天之時，豈犯无妄三上之災耶！多識前言往行，是合古人天地之心以畜對時之命，眚疾盡入藥籠，山川可供吞吐，篤實即空空也。豈徒捃摭漁獵，矜豪于牛欄豕圈，以爲足免家食之陋乎哉！

頤䷚ 大過䷛

玄子曰：頤、大過肖象，啓坎離之先；分男女，成咸、恒之交；更置之爲中孚、小過，二經囊括矣。遡曰：頤取中虛，大過取中實，不以陰陽名，而取中之純體也。潛老夫曰：四偏卦而肖坎離，中互乾坤，則二老六子俱用之卦，中孚、小過肖坎離而用六子，不具二老，故收下經。智曰：時其艮震于地天，而可以逍遥生死矣。頤養生也，大過送死也。始下動，終上止，陽向爲生；下内入，上外悦，陰背爲死。石齋公所謂頤養不節而生疾疢，時命將顛而有大過，節慎之而无懼悶，是習明之心法教事也。

䷚山雷頤

頤，説文曰頷也，古篆作𦣝，象口車輔食物之形，後加頁作頤耳。或以爲側口，或以爲笑口，其聲開口穿齒。凡陰陽頤養，同爲深喉，故曰頤者，時宜其養也。爾雅東北隅謂之宧，李巡謂東北陽氣所生，育養萬物。艮震相連，可證古人聲義合取之故。

頤，貞吉。觀頤，自求口實。

全曰：下動上止中虚口象，肖離觀象。元公曰：人以食爲命，凡夫識食，聖人智食。□□〔一〕曰：頤中虚，故當于未受物之先，擇其所養，觀所養之正不正，而吉凶判在自求耳。有物噬嗑，貴于動而後合，今中虚而下猶動，爻故動體凶，止體吉。孔子稱禹首菲飲食，論學惓惓，食无求飽，不耻惡食，毋乃過類谿刻乎！恐以口腹喪其心志，不得不教人自觀所養，自求其實。孟子曰：官思則得，考其善不善，

〔一〕「□□」，底本原爲空缺。

于己取之而已矣。意曰：物畜然後有禮，物畜然後可養，上序兩申之。禮好其養，又好其辨，養正者禮也；禮所以時止其動中，而虚其實，實其虚也。大畜以止天而正无妄之天動，故頤合止動，著懼節之經焉。觀所以爲辨，靈所以爲觀，知止即正，而靈自由矣。既具大畜之實學，則養妙于用虚，外實中虚，虚實相養，格物踐形，皆所以自求口實也。玄同曰：言以養辯，禄以養廉，其養同也。自觀之未言未禄之先，求則得矣。

彖曰：頤「貞吉」，養正則吉也。「觀頤」，觀其所養也。「自求口實」，觀其自養也。天地養萬物，聖人養賢以及萬民。頤之時，大矣哉！

郝解曰：善養者以不養養。谷神不死，谷者虚也。唯虚可以養生，大過實則死。宜曰：飲食必需，而聖人爲天地全養道者，養正則吉也。觀自則知所矣。書曰食哉惟時，應時而動，非時則止。天地聖人之道，時而已矣。黄山谷曰：養虎者不以全物予之，牧羊者鞭其後，是謂觀其所養。庖丁之解牛，痀瘻丈人之承蜩，是謂觀其自養。所養盡物之性，自養盡己之性。賡之氏曰：功施及物，非虚願塞責也。食必已饑，飲必已渴，一切塵羹塗飯，何裨緩急，而況尺寸之膚！左忠毅曰：黄石教留侯取履者，畜道也；漂母與淮陰進食者，頤道也。黄石仙矣，人知漂母之爲仙乎？

象曰：山下有雷，頤；君子以慎言語，節飲食。

宜曰：雷聲于震，蟄于乾、坎、艮。艮東北而冬春之交，雷藏其下，收聲養氣。頤當慎節之象，雷之聲象言語，山之養象飲食。彖傳舉養物養民，象傳舉言語飲食，已得其養，然後及人。禍從口出，病從口入，曲學偷快，偏詞流傳害政，干禄不過升斗，遂以殞身，危哉！顔質卿曰：粱肉生病，嗜慾殺身，貨財殺子孫，學術殺天下。後世之人心皆已顛拂，巧圖利養，頤之用大，節慎之用大也，故頤繼大畜受大過，而終以平缶畜牛。

初九，舍爾靈龜，觀我朵頤，京房作「揣頤」。凶。變坤爲剥。

宜曰：位下不當養人之任，而靈知自養，本具足也，初震以應，故不免動心于外耳。子牟心在江湖，心懸魏闕，雖曰重傷，已受誚矣。聖人之養萬世也，先以羞惡養之，垂涎于人，人必吐棄，爾我之聲色相加，庸能靦乎！肖離爲龜，下陽可灼，故有靈龜之象。損、益互頤，故亦象龜。此喻人心本靈，欲動即昏，養正慎節，即在初矣。遡曰：黽伏氣而善噎，不志于養，故簠簋皆爲黽形于上，而大臣以貪墨廢者，曰簠簋不餙云。朵取震仰開象。我者，上自我也。淇澳曰：靈龜朵頤，養心養氣之别名，朵頤之觀，是求慎與節于氣者，告子之學也。孟子持志无暴氣，自然睟盎，所謂上施之光。郝解曰：朵垂也，人視不自見頤，曰朵頤。靈龜謂上九，爾謂六四。初體從動，四體從止，故初自矜得養，教四舍靈龜，觀我朵頤。蓋上志在養人，初志在自養，大道本一，而二陽所尚之道不同，故其象如此，因以戒焉。凡圖自受用者，不惜人見而笑之，其實内省難欺也。正曰：滎夷公好專利，芮良夫曰王室卑矣，子常見鬬且問蓄聚，且曰如見餓豺狼焉。

象曰：「觀我朵頤」，亦不足貴也。

一曰：觀之而獲，尚不足貴，況于徒觀，雖自矜服氣長久，自恃昭昭靈靈，君子以爲不能養賢以及萬民，猶之飲食之人耳。然籍口養之及民，而巧遂其温飽者，其去乞墦昏夜、驕人白日者幾許耶！齊人曰：我寧乞墦間之食，必難觀顯者之頤。

六二，顛頤，拂經子夏作「弗經」。**于丘頤，征凶。**變兑爲損。積變蒙。

遡曰：陰柔不能自主之謂顛，擯陽于外之謂拂，乃有或顛或拂之異者，二四重陰過柔故顛，三五陰不重故拂；又有拂頤拂經之異者，南北爲經，東西爲緯，五南二北，君臣之位分，三東四西，陰陽之方别。三非經，故拂頤；二五爲經，故拂經。又坤不顛陽，震之而顛；乾不老陰，形之而老。以陰陽相擯中外異德論之，中爻顛拂同而吉凶異者，陰以頤止，能慎且節，猶可言也；陰以頤動，不慎不節，不可長也。大言无當，如酌孔取，東坡所謂拖舌掠虚，使公卿饋拜，咎必及之，何用丘頤爲乎！漢高呼大嫂爲丘嫂，丘即大也。顔師古曰，空也，亦大也，空轉爲孔，孔亦大也。本從聲轉。正曰：此頤損也，親戚類聚，无故而節縮；服政辨官，无故而自閉，不有乾餱之愆，則有誦言之醉矣。與其矯虔，不如自然。

象曰：六二「征凶」，行失類也。

一曰：或從下，或征而上，皆爲失類。若能轉動爲止而不行，則聖人言外之所許矣。

六三，拂頤貞，凶，十年勿用，无攸利。變離爲賁。積變蠱。

宜曰：伊川、敬仲皆以拂頤貞爲句。有凶无利，雖貞不免，震成動極也。其王伾文八司馬之徒歟！十年坤象，初之凶失在觀，二之凶失在行，四麗正、五居正故吉，此則正乎凶矣。三拂而頤則悖道，上施而光則有慶，動止異也。野同録曰：頤不在自養其口腹而在養人，有不自養而責養于人者矣。況專奪人之食，而自以枯槁爲教乎！大悖于民矣。是莊子所謂天下不堪者也。正曰：復之頤，十年不征；頤之賁，十年勿用，可知順動不止固天地之大戒也。

象曰：「十年勿用」，道大悖也。

潛老夫曰：不中不正，以拂爲貞；極菲極刻，不顧民用，徒自利于行其胸中一往，是以悖也。

六四，顛頤，吉。虎視眈眈，其欲逐逐，子夏作「攸攸」，蘇林音迪，漢書作「浟」，荀爽本作「悠」，劉瓛本作「跾」，云遠也。說文跾音式六反。无咎。變離爲噬嗑。積變鼎。巽游世。

宜曰：艮爲虎，虎无項，行常垂首下視地，地初位也。變離爲視。眈眈，視近志遠貌，志遠則欲逐矣。四入艮則止，應初則動，躁而能持，斯欲逐而不動云。上主頤養天下，以光明之性施于同體，四先被之，故吉。巽宮由噬嗑而轉遊持世，既去頤中之物矣。意曰：初繫龜，取服氣不妄食；四繫虎，取遠類不妄交。四本應初，而以止從上，此顛而得正吉者也。豪貴知止而用遠覽者，鄭莊、鄭太好客不衰，王述足自當止，庾敳以家財與越，此在上施光而用之。昔楊綰相，而黎幹減騶從，子儀減音樂，李泌言聽，而韓滉貢不絕，韓弘且入朝矣。和嶠亦有錢癖，寇準所過燭淚成堆，世遂以王戎之會計比于信陵之飲醇，是爲鄙夫生色耶。哀夫！見曰：陳宮謂呂布曰吾謂曹公養將軍如養虎。韓信、陳平，高帝以此御之，故四之眈逐，上之所利也。若如三拂，以枯槁爲教，上何賴焉！

象曰：「顛頤」之「吉」，上施光也。

上九施光明之道，四同上體，故養而吉。

六五，拂經，居貞，吉，不可涉大川。變巽爲益。積變姤。

郝解曰：柔尊不能弘養，以致二三四皆拂五位之經，往依上九，而五居中，體艮，居貞不動，處頤順上則吉。苟五不安其居，則六往居上，九來居五，艮變坎爲大川，成屯膏矣。意曰：上爲伊周則由頤矣，不則六五乃漢元、成、唐文宗矣。□□〔一〕曰：五恭儉高拱則吉，君道養賢，振綱磨鈍，未能也。雖欲拂經行權，而太阿旁落，

〔一〕「□□」，底本原爲空缺。

宋神宗不如不任安石，猶爲居貞吉耳。

象曰：「居貞」之「吉」，順以從上也。

蘇君禹曰：養得其道，則若顛而可以相濟，似拂而可以相成，不然則亂道也。正曰：言語飲食不可益也，頤之損、益，皆爲拂經。

上九，由頤，厲吉，利涉大川。變坤爲復。

一曰成頤者艮，藏坤致養，以大止容天下之動者也。知止有定，克復由己，而張弛安頓，善使天下由之，各得所養，故曰由頤。然厲不可忘也。郝解曰：位高責重，惕厲則吉。極上必變，山當爲澤，卦反爲大過。上九堅艮之節，足濟大過，故有利涉大川之象。嗟乎！由頤而利涉大川，亦危矣，所以取于觀而尚靈龜也。

象曰：「由頤，厲吉」，大有慶也。

識法者懼，上而不蕩，天下被慎節之化，而共由之矣，故與履上同曰大有慶也。野同録曰：直養无害，塞乎天地，生死來去猶之寒暑由己者，頤道也。而自由者又厲幾也，惟静虚足以養剛大，而時止足以成始終。死而不亡者壽，是仁者之壽，豈長生家之長生乎！竊此易而小用之，旋氣不散，是老而不死謂之賊也。況无聚不散者乎！守戶鬼窟，皆拂頤者也。因貪生而誘以免禍，少逐名利則幾矣。遊魂巽入，口腹累人，前噬後蠱，豈有極耶！

時論曰：張口而伸大腹，頤所以名也。故戒之曰養正也，養大體者貴求其實耳。聖人觀變復、剥，而知天地養萬物也；觀變益、損，而知養賢及萬民也。觀之義求也。古人嘗恐來世以爲口實，人能自求而計爾我乎。頤中之口實，必自初四始矣，道合經權，其由上乎。初上二陽，人身之大經也，陽一日不盡不死，陰一日不盡不生，經正而後口實吉也。内經惟初而二則拂，外經惟上而五則拂，經雖拂乎，然自養與養人異也，地異時異，則居吉征凶亦異。意曰：以上養下，以陽養陰，頤道之經也。夫人涉塗而好高，必生顛倒矣，終食之間，顛沛存焉。顛而求養人與拂而求養人，顛而求人養與拂而求人養，其吉凶之異明矣，其失類大悖之道則難明也。或以求養人爲自養計，更以求自養爲養人地，或貪之以不死，或駭之以死後，或曼之以不生不死，其説皆可拂經顛翻，以唖慎節之訓，然實則邪也。故曰觀其所養自養也，節飲食，先當慎言語矣。頤象上下爲首足，四五之心近虚，二三之腹不實，從上而順，從上而施，天地聖人同此時也，得此類也。豫一陽而由在四，頤二陽而由在上者，艮成終也。龜虎外陽，非全象乎。後天成艮而出震，虎視冬交，龜起春蟄，初動而害龜，四止而馴虎，二五之損、益，亦有龜朋，而其類互有得失，革虎而變，履虎而咥，頤虎而視。龜服氣乎？頤養虎乎？斯二物者，養生之要也。三賁乃餙説也，四噬乃當食也，初上剥、復，何由與朶之相懸乎？是人道口實之分，而貫乎貴賤者也，酒池之口實豈如瓢飲之口實耶！糗草玉食，則慎節自由矣。山以藏雷，絃韋泯其罕雅；雷殷山下，飲食驚其七箸。君子細之嬉笑怒駡，巨之號令文詞，約之饘粥饔飧，博之軍賓祭享，莫非觀其所養焉，致虚充實，觀其養之主矣。

智曰：天地生人以口，即以此口殺人者也。循牆之命，金人之緘閻没之諷屬饜，德公之噫雞豕，總爲口腹累人，孟子以墦間畫朶頤，豈徒笑刺肥歎鼠者哉！聖人以不耻惡食爲靈龜，莊子以適得而幾爲虎視，不能自求，安能自由乎。酒膈之辭，恐成溝壑，相繇之首，必食九山，後必有以倒倉刳腸醫之者矣。已饑已渴，是自求口實之大藥也。要當以簞瓢發憤爲甘露烹此藥耳。

䷛澤風大過

過从咼从辵，骨之歷歷皮裏見咼，从个轉聲，冎乃从骨省耳。加辵以經過爲義，因以此歷彼，生過不及之差，因有過差之義。智按：過歷、過差皆以天度表法，人生之事、人心之機皆過也。邵子六爻用四爻，收上下經皆四陽四陰，而頤、大過尤爲四陰四陽之在中者。養生歸于送死爲大事，過歷、過差莫著于此矣，故名大過。

大過，棟撓；利有攸往，亨。說文作「棟橈」。

一曰人以陽生，以陰養，陽太實失養則大過而死。郝解曰：時過不及，猶所謂大行大歸，送死之卦也。大過自頤來，如人期頤衰老，故爻象枯楊，老夫老婦，序卦謂不養不可動，皆老死之象也。小過自中孚來，如鳥孚初成，又以少男象祖父妣，皆初生之象也。小過木動土上，生氣也，故爲杵臼之利以安生；大過木滅澤中，死氣也，故爲棺槨之利以送死。大抵事物之理不及猶可待，小過未即殃，至于大過未有不亡者。食本養生，過飽即災，故窮餓致死者常少，而醉飽傷生者常多。人心亦然，至愚心虛猶可教，而志滿則難移。涉世亦然，柔弱者常自保，而强梁者必遇敵。所以易尊陽而貴无首，大剛必折，大實必裂。陽雖實而下无基上无繫，故象棟橈。幸陽行巽悦之德，雖上下无附，終不萎爾无用。如湯、武不遇主，周公遭流言，孔子上下无交，危而明道業，大過之事有大過之才，自利攸往。然終非聖人本願，蓋造化无孤陽獨行之理，天下无有君子无小人之世。治道去其泰，疾不仁而甚，亂也。孔子聖之時，不爲已甚，故曰五十學易，可以无大過矣。意曰：巽而悦行，適來適去，死即不死矣。志士不忘在溝壑，君子以礪獨立之骨，莫亨于无悶矣。轘曰：坎爲棟，肖象，四陽推變大壯爲始，五初换爲宫室之棟，兑毁撓象。是合四爲一而習坎者也。

象曰：「大過」，大者過也；「棟橈」，本末弱也。「弱」一作「溺」。剛過而中，巽而説行，「利有攸往」，乃「亨」。大過之時，大矣哉！

宜曰：本末皆木也，一陽藏下而根株回煖爲本，一陽散上而枝葉向榮爲末。上下皆陰，故弱，剛過不必爲大過歉也。剛過而中，巽而悦行，所以往，所以獨立也。乃亨者，難詞也。非大過之人，能當大過之時耶！時也者，其有過而不過者乎！舍四岳而明揚側陋，舍有位而惟肖傅岩，不可尋常守轍也。邵子曰：大過本末弱也，必有大德大位，然後可救常分。有大德大位，可過者也，伊周也，不可懼也；有大德无大位，不可過者也，孔孟也，不可悶也。

象曰：澤滅木，大過；君子以獨立不懼，遯世无悶。

宜曰：巽在他卦爲風，在澤地水木之中皆曰木。水本滋木，然井流水上于木而木氣通，此止水上于木而木氣絶，爲滅。水本天一陽數，至滅木，陽大盛，大過象。神曰：澤滅木，木无生意，木生于水，反受其傷，其爲過也大矣。但知順生，不知其反克，鮮不以凶爲吉，以亡爲存也。獨立如木，不懼如水，巽則能遯，悦則无悶。野同録曰：生與滅之適如此也，猶陰陽潮汐也，而況利害毁譽哉！獨處是立，即世爲遯，不懼即无悶矣。以陽盛而意氣標榜，以擯陰而坐失權藉，行无餘地，累重自頽，非惟不能遯之過也。中立時乘之龍頭出頭没于斯世，而无人知者，豈以絞直暴挺爲死橛枸耶！潛老夫曰：知首出之潛，即知獨立之遯矣。不懼非惟根深，實能應變。風波卷地，心中寂然，生平學問，以磨煉爲逍遥；天下之傾，咸蒙覆幬，常人視之以爲過，聖人視之以爲常。履曰：范孝敬、司空圖皆入宴壽藏，以曠消懼，亦一遯法。

初六，藉用白茅，无咎。變乾爲夬。

宜曰：在下曰藉，合巽白與陰木曰白茅。柔不忤，潔不污，繫詞取其過慎之意，蓋見无小物不可用也。慎小于初，尤爲切用，而恃剛者跨之忽之，過矣。白茅之用，古祭祀縮酌沃灌，薦牲薦黍稷，皆藉以茅。既夕禮云茵著用荼，盛之以囊，納壙底藉柩禦濕，亦其象也。

象曰：「藉用白茅」，柔在下也。

以下承剛而用柔，谷工之道，以善處下也。以剛藉剛，則摩碎矣。

九二，枯楊生稊，鄭作「荑」。老夫得其女妻，无不利。變艮爲咸。積變家。

陸德明曰：稊，秀也。訂曰：禾成穗曰秀。柳亦有穗，唐詩所謂柳線，夏小正正曰柳梯，注曰發孚也。郝解曰：楊无根而反生，喜植澤邊，稊蘖也，枯老也。二五變咸，恒，下卦巽伏震長男遇兑少女，上卦兑伏艮少男乘巽長女，故有此象。遡曰：二五舍棟論過，二老而俯初之少，爲稊爲女妻，生機猶在，故利；五老而仰上之少，爲華爲士夫，生機已息，故僅无咎。夫妻以俯仰辨可也。初既切比于二，二復无應于上，剛柔互宅，在外與初，故當過以相與。彖曰大過之時，謂時過也。

象曰：「老夫」「女妻」，過以相與也。

子瞻曰：大過之時，患在亢而无與，人情夫老妻少，則妻倨而夫恭，故臣難進而君下之，斯无不利。張子曰：剛中下濟，亦有獲助。

九三，棟撓，凶。變坎爲困。積變隨。

遡曰：三四棟而初爲之藉，上爲之頂。初之藉，棟之礎也，茅雖弱，猶託地以不傾；上寄也，寄則君之孤卿，棟之梁拱，豈可虛乎！初无咎而上凶，固其所也。卦合言棟撓，而三四居中，變坎堅木，以其所應所位分隆撓焉。四應初，救其本于未過之先；三應上，救其末于已過之後。三困四井也。誠齋曰：撓者初上也，而三獨凶，蓋三志過鋭，力過勇，將輔上之棟而適壞之，仲舉似焉。子瞻曰：初上非棟也，棟之所寄也，所寄在彼，而隆撓見于此。

象曰：「棟撓」之「凶」，不可以有輔也。

一曰：撓者用别木以輔之，九三重剛，震之游魂下壓，故不可輔，四則以剛居柔矣。

九四，棟隆，吉；有它，吝。變坎爲井。積變屯。震游世。

子夏傳曰：非應曰它。三既撓矣，四又比之，將過剛而折，故吝。遡曰：乾體故隆，兑毁則有他，隆之謂堅，它之謂不堅，在棟耳，藉何與焉！欲一茅而支大厦之顛乎！

象曰：「棟隆」之「吉」，不撓乎下也。

爻曰隆，傳曰不撓，明三與四異也。□□〔一〕曰：楚莊王赦絶纓，秦穆飲盗馬，周亞夫喜得劇孟，霍光嘗符璽郎，不撓下之妙也。或以蕭引不聽李蔡囑，李峴叱中宫榻爲不撓，又以李吉甫不銜陸忠州，陸遜薦淳于式爲不撓。

九五，枯楊生華，老婦得其士夫，舉正作「夕夫」。无咎无譽。變震爲恒。積變復。

宜曰：五以剛居剛，上以柔居柔，皆過極在卦終，故无咎无譽。傳懼人之頑鈍以自解，故醜之。見曰：老夫女妻，高宗于張九齡、玄宗于李神童乎？不及用矣。不如宋太祖以張齊賢贈太宗，我太祖以方孝孺貽建文也。老婦士夫則霍光于昭、宣時，咎不可有，譽尤當避矣。不必以申叔取夏姬，衛青尚主乃爲切象。

〔一〕「□□」，底本原爲空缺。

象曰：「枯楊生華」，何可久也。「老婦」「士夫」，亦可醜也。

一曰：趙威后、齊君王后亦能支持，何可久乎。後此事女主者亦不幸矣。漢武筮此，太卜曰匈奴破，不久乃遣貳師，敗降，武帝咎卦，此太卜之告不明也。

上六，過涉滅頂，凶，无咎。變乾爲姤。

玄同曰：上爻不論末弱，别從涉世之過立論，蓋大過之世，人忘邦殄，君子砥柱貫虹，亦无悶之遯也。野同録曰：安石、了翁嘗言伯夷无首陽之事，屈平未投汨羅，此自愛惜其死以埋没古人耳。漆園激口，以跖辱夷，遂有以殺身成仁爲非聞道者，故聖人斷斷曰不可咎也。其曰死事易，成事難者，論事宜審，論人則苛。

象曰：「過涉」之「凶」，不可咎也。

浮山曰：過此牢關，何有咎譽？世人刻論，掊克聖賢，總爲□〔一〕濁流而自解耳。凶不可咎一語，胥濤横島，且爲生風，況歌丁令洋之詩乎！

時論曰：學易无大過，過能无乎？吾玩大過伏姤，顛轉陰儀，此所以遇夏而悲秋

〔一〕「□」，原本漫漶不清，依形似「媢」字。

乎。遇大過之時，有大過之才，可濟大過之事，本末並重，可无憂乎。陽多而无所藉无所與，則誠過矣，恃大而不知其過多而反獨，所貴自慎其獨也。本末既弱，能不縮而懼、鬱而悶耶！過之棟，猶壯之棟也。象傷其撓，而爻言其隆，涉不礙利，君子自信爲天地之棟而已。豈一木之支乎？獨立不懼，遯世无悶，是本末之大木也。養古今之口實，習人間之水火，大過之亨，可不立哉！意曰：爻惟三四當棟之任，三撓四隆，三居四下也。三所應者，滅頂之上爲之輔；四所應者，白茅之初可藉爲用也。是棟誠難也。聖人勉之曰，初上夬、姤之機，操陽伏奪，如是其微也。吾當以人勝之，二五恒配也，用陰用偏，亦有過不過之分焉。五陽爲老夫耶，男下其腓，亦可過也。昭烈贅孫，李泌命婚，是其象也。吾[一]陽爲士夫耶，不能制義，即无咎譽，亦可醜也。世皆緣合，騎屋棟乎？曲逆梁公，未易藉口，吾當以憂患勝之。三辨困乎？何爲末撓？四有井地，應以本隆。然藉爲它用，竟保其不撓耶！二五不云棟而云枯楊，楊而枯，非棟之任也。稊與華亦分矣，榮枯也，生

[一]「吾」，疑當作「五」。

滅也，得失取與也，久暫好醜也，雖四陽合比，位遇各別，所貴者離己離人而立于獨也。全獨則全用是體，豈分陰陽乎！初則藉其薄而用吾之重，用茅錯地決不污也。終則蹈波如地，滅頂靡它，靈均秀夫，遇也，亢潛龍也。人情恤死，必有以理障償節咎之者，聖人揭書曰，斷斷不可矣。獨立之志直塞兩間，自垂善生善死之統，繼由頤者伏艮震，龍德本无悶矣。巽木兑毁，萬物凋落，陰包陽外，故取棺槨；頤後懼以滅木，爲人死于安樂也。京山曰頤養生，過送死。吾亦曰死以立生，顛乃知決。聖人觀于兩過，以取水火，危哉微哉！天人之間。智曰：聖人大贊頤與大過之時，正以觀過而用坎繼離也。大過全體象坎，顛之而不變者也。先天不能不後天，此已過矣，況口實有情者耶！惟過乃以捄過而使之平，執平言平，安能平乎？故治教以小過爲經，生死以大過爲權，莊子以刀養生，此其所以慎獨也。雜卦後語更端，譽大過以繼訟焉，惟其顛而不變，斯能正養男女于漸、歸，遇二濟而一決矣。可以无大過者，過而无過者也。五十，天地生成之中終也，不自用其聰明而寓之于蓍策，不自昵其易簡而以險阻爲家常，豈非遯于兩間，立其大獨者哉！

坎䷜　離䷝

全書曰：坎、離乾坤之交，既、未坎離之交。乾坤未交前，坎離爲日月之體；乾坤既交後，坎離爲男女之用，故以終上經而開下經之始。左忠毅曰：坎先天居西，後天居北，水外陰中陽，乾根也；離先天居東，後天居南，火外陽中陰，坤根也。取坎塡離，爲中剥、復。五行止是一水二火，日月者，先天之水火；水火者，後天之日月。李子思曰：坎中實爲誠，離中虛爲明。離陰中含明爲日，日陽而陰神也。坎陽中受明爲月，月陰而陽神也。繹曰：先坎，先陽中耶，乾坤後，主坎爲誠明之性；後離，後陰中耶，交泰後，主離爲誠明之教。隅通曰：以作息論，日之光照，功大于月；以生成論，水之滋育，功大于火。玄子曰：乾上坤下，定體也，如首上足下也。雜傳曰：離上坎下，南北奇偶，夜半日中，陰陽之精氣，互藏其宅，如人心上而腎下也。郝解曰：頤、大過，坎、離，生死晝夜之象也。頤似離，離中互大過；大過似坎，坎中互頤。流下則平，故坎五不盈；炎上則憂，故離五嗟若。坎初上凶，水外暗也；離初上吉，火外明也。陽歛則陰在外，陽開則陰在内，翕闢而已矣。淇澳曰：鯤鵬表坎、離也，離騷登天入水亦表坎、離也。徐巨源曰：北魚南鳥，即是水火，鵬運而鯤不運，用陽而不用陰也。鯤化鵬而不復者，變至陰爲純陽也。總是以坎填離耳。潛老夫曰：陰陽互體互用，而又自爲體用，遂自爲陰陽，實則全陰之一即全陽之一也。物物有水火，物物是坎離，如心火腎水，而水正是丙火，心乃丁火也。火乃陽性用陰，故炎上；水陰性藏陽，故潤下。此知陽无體，成體爲陰，實陽凝之，故體用皆陽主也。世人但執可見者爲陽，此一端耳。虚舟言坎在上下經皆八卦，而他卦不得比。元成所云坎最用事，而未濟火下終之以水，二十四氣首雨水，七十二候終水澤腹堅，易尊坎之用中爲始終也。智曰：關尹子言水精无人，火神无我；道家以坎爲命，離爲性，故魂魄見識皆可分屬，而水膏魂魄，火冥魂魄，坎離之中各有坎離。生人之水精即真火也，人用之性火即理水也。冒論之爲无陰陽皆陰陽，實則體陽用陰，而體轉爲陰，用轉爲陽，直下止有一用，即貫陰陽而交坎離矣。故聖人惟立明即誠之教，而誠明雙泯其中，舍下學安有上達耶！是以二卦著常習繼明之象焉。

䷜上下皆坎

全作委，鄘氏作㳻。升菴曰：灘磧相淒曰㳻，音子。魏子才以㳻即委。按坎坑欠同爲閉口脣聲，旋韻適轉北方。鄧綺曰：習从二月加日，習訛爲羽耳。項平甫曰：重卦之序，坎先六子，故加習焉。遡曰：重嫡也，貴中也。野同録曰：易以象數徵理，比爲二人，从初从朔，平在朔易，蓋月與日會亦二也。五臟有二脤，玄武爲龜蛇，四時之帝水爲玄冥，乃少昊二子修、熙也。揚雄以罔與冥配坎，乾彖終貞以信兼智，可知一在二中，舍二无一，水其始徵乎！洪範合五行于子水之位，三鍾三吕統于黄鍾，而黄鍾應鍾以二鍾合于亥子。處處表法，聖人會心，豈得執近熟之詁而疑散殊引觸之神解哉！造化之大一，見端于北方之初一。元陽造陰陽而謂之命，元氣貫虚于實而生水，大心貫身而爲人心，真若一陽陷于二陰之中，危哉微哉！論語不言性而首言時習，易于二篇之中著此習坎，蓋謂性在習中，舍習无性，猶一在二中，舍二无一也。專言學修不及之性，則所謂无性之性、无體之體，剔出而形容之耳。莫險于有形有身之世，處此憂患，惟有孚而心亨，行貴有尚，常習有事，以人事即天道也。不習之習，在此習教事之中矣。

習坎，歸藏作「犖」，劉瓛作「欿」，本或作「埳」，郭京加「坎」于「習」上。**有孚，維心亨。行有尚。**

朱子曰：人心虚則生驚，實則有主，主則寧静，无入不自得。此言坎中陽爲心亨，二陰爲心病也。正解曰：坎陽也，而陰配月，何也？陰不得陽不能爲水，陽化陰爲水則浸淫不得出，陰自不能舍陽，如人精液聚而成形，神氣凝而成知，液形爲陰，知氣爲陽，知宰形，形累知，知欲離形，脱然升舉而未能，故曰坎陷也。險自不平不信，天下至洶湧不測莫如水，以其能爲坎也。然至平不失信，亦莫如水，以其能習坎也。高下曲折，宛轉便利，深淺方圓，各肖其形，先後不争，得平則止。天下習坎忘險，孰有如水者乎？操則存，舍則亡，出入无時，莫知其鄉，可不謂險乎！心爲萬事萬物之本，涉世如水行坎，何非坑陷。故教以困衡憂患之道，如乾之易知而知險。維其心亨，何險不平！意曰：逝斯不舍，混源盈科，多取于水。水□〔一〕

〔一〕「□」，原本毁壞，存目本作「與」。

天地相終始而不已者也。各因其所流而習平其心，有尚□〔一〕以亨孚，有孚即能亨行，此即兩坎相習之道。道行于德，理亨于事，亦在乎熟之而已矣。

彖曰：習坎，重險也。水流而不盈，行險而不失其信。「維心亨」，乃以剛中也。「行有尚」，往有功也。天險，不可升也。虞作「天巖」。地險，山川丘陵也。王公設險，以守其國。險之時用，大矣哉！

野同録曰：有志于道者能履初險，而至于重險則難。有世味情欲之險，又有學術意見之險；有世間最下之險，又有出世最上之險；有有心有事之險，又有无心无事之險，可見遠近无可避之地，智愚无自脱之人，惟水能習之而孚耳。夫坎者言水所行之坑坎也，故重以水呼之，言水本不險也。子瞻曰：物之窒我者有盡，而是心无已，則終必勝之。不以力争，故柔外；以心通，故剛中。慈湖曰：人心遇險而懼，懼而甚則亂，亂或失其信，其心安能亨，故言習坎。黄疏曰：流者，氣之生而不積者也，故不盈。土聚則填，木聚則鬱，其體重不能自流。水者天之初氣，形而未

〔一〕「□」，原本毁缺，存目本作「即」。

形，故與澹蕩之氣同流。訂曰：百折必行，行則出險有功，人勿謂處險爲不幸也。□明其時用，且爲吾助，天地自然之險，王公因而設之，守國與維心同一用也。□□〔一〕曰：心能轉險，豈復爲險所轉？心因險有，險因心有，流故不盈，用乃自信，故真擔當即真解脱。習而忘之，謂之无世可涉，何者爲能涉爲所涉耶？古人設險以守其法，三百八十四爻皆大險關也。懼以終始，其要无咎，勿令无事，勞之乃安。在此水中即用此水，洗心藏密，所以洗心之險即洗世之險，即洗設法之險，而常可以時洗時設矣。故曰時習其所當習，即習是忘，離習求忘，激顙而設險耳。人而求免于習，猶水求免于濕也，是知時用之大。學言時習，不必言忘，是曰忘忘。

象曰：水洊至，京作「臻」，干作「薦」，爾雅作「薦」。習坎；君子以常德行，習教事。

歐陽永叔曰：險可習，則天下之事无不可爲，此戒人之習惡而不知，當習善而不倦也。宜曰：水流行无間，常象盈科後進。習象，重洊而至，源源而來。五常之德，

〔一〕「□□」，底本原爲空缺。

日用有事，不則空言一心，无有科分徵驗，而行險鬬很者，自雄其不懼矣。坎心亨，又爲心病，可无所尚而行乎？可无勞乎？可不列而之事乎？此學誨不倦，所以不舍晝夜而漸漬之也。正曰：弦魄潮汐，子午重習，差而平之，分于卯酉，究于巳亥，故陰德者，洊至之道也。德行有常，教事有經，過化而天下信之。

初六，習坎，入于坎窞，凶。變兑爲節。

解曰：陰居重坎之下，其坎最深。窞，闞陷，處偶象也。始習生疎，故凶。宜曰：全卦初上爲險，二三四五皆陷險中者，故初上爲凶，皆曰失道。其行險以徼倖而陷阱不知避者乎！正曰：君子信心而行，不以爲名，懸溜之出山，束阨之赴海，磅礴相激，非其好也。德有常性，道无奇節。傳曰旣不好不能爲旣。習坎入坎，非旣而何！

象曰：「習坎」入坎，失道凶也。

輅曰：教事以平正告，初聞設險逼人之奇，而遂狂冒深入，則墮于瀑流之潭矣。

九二，坎有險，求小得。變坤爲比。積屯。

子瞻曰：坎世可與同處患，不可與同處安。初上自挾其險外，而中四爻相得不叛者，以同患也。郝解曰：九二坎險求得，如門人聞一貫，私問曾子，亦未了然。六四似曾子，九五似夫子。導曰：坎矣更有險，人不能備然求小得，亦救一半。畫子曰：「求」當作「來」。

象曰：「求小得」，未出中也。

變坤比順，求小得矣。然與五敵應，而不爲大援，故未出中。當險之時守，中亦未爲得也。

六三，來之坎坎，險且枕，古文作「檢且沈」，九家「枕」作「玷」。入于坎窞，勿用。變巽爲井。積既濟。

訂曰：二坎之間，故稱坎坎，上往亦坎，下來亦坎。震木横内而艮止，枕之象也。下有二險，且枕其上居陽位而奮出，才不剛，位不正，亦終入于坎窞而已。戒曰勿用，欲别求出險之路也，不則鮑焦、申徒狄是從井耳。畫子曰：險求速出，是益險也。无可柰何，安之若命，且以險爲枕，任其來之坎坎，而我心无坎。曰勿用者，惕之潛也。喜其變巽而得井，通時用之道也。

象曰：「來之坎坎」，終无功也。

智曰：不得時用之道而來之坎坎，徒勞罔功。幼安竟居塞北，子卿自分死人，是以勿用爲大用者。

六四，樽酒簋貳用缶，納約自牖，陸績作「誘」。終无咎。變兑爲困。積革。

訂曰：天子大臣出會，諸侯主國，樽捬簋副是也。坎酒巽木震足，樽酒象。震竹又主祭器，簋象。以此貳之，一奇二偶也。爾雅缶盎。風俗通云瓦器節歌，詩坎其擊缶，離中虛而鼓缶，此互變離也。程子以貳斷句，以象傳證也。牖亦中虛象。四以柔承五。剛中險難之世，君臣交通，故終无咎。來矣鮮曰：世故多艱，无繁文也。麥飯不以爲簡，雪夜可至臣家，彼修邊幅之公孫，宜其井底矣。逊以爲圓扉通食之象，羑里納牖行此道也。正解曰：樽簋交際，牖取旁通，坎水貨殖，憂樂相倚，故二求得，三且枕，四酒食，皆坎中象。四甫出坎，君臣相得，貳以承樽，□〔一〕以思終，故有納約。以學言之，助我知十之領悟，即期于大成也。

象曰：「樽酒簋貳」，剛柔際也。

智曰：以四五之際言。湯曰藥食嘗于賤乃致于貴，藥言致于上乃行于下。變兑爲

〔一〕「□」，原本不清，依形似爲「懼」字。

言，困之徐徐，必有委婉傾倒者矣。險阻之時，非剛柔交際，其有濟乎？白頭翁教臣誦黄臺瓜詞，得此道也。

九五，坎不盈，祇既平，「祇」，説文、京房作「禔」，鄭玄云當作「坻」。无咎。變坤爲師。積解。

朱子曰：坎水止是平而不滿。祇者，猶言適足也。坎惡下流在上之中，正體乾剛，變坤有常，互艮爲止，故水不溢出，適與坎平。道以平爲至，不盈則虚。老氏曰：上善若水。莊生曰：平者水停之盛也。正解曰：滔天與安流本一水，所争平與未平；多聞與默識本一心，所争悟與未悟，而皆以不盈爲則。中未大者，處險之用也。文王、孔子多難既平，而其心愈小，雖演易開成萬世，删定垂法來兹，豈中自大而爲此乎？皆兢兢業業，憂憤而作也。文王若盈，則不能與四友約而興邦于多難；孔子若盈，則不能與七十子約而明道于亂世。從心不踰矩，不盈祇既平而已。淇澳曰：坎二五是一部易之樞紐，二有險，小心不忘本，爲習體；五不盈，大心不居，爲習成。

象曰：「坎不盈」，中未大也。

一一曰：惟中，故不自大；未大，故不盈。以卦象言之，上六變則爲涣，猶未涣也，五可自大乎？世固多舉頭天外之狂士，而未歸禮樂之和平，流爲獨尊横行，詬厲信謹，悍頑不顧平地荆棘矣。

上六，係用徽纆，寘于叢棘，子夏「寘」作「湜」，劉瓛作「示」，姚信作「寔」，鄭玄作「置用」。三歲不得，凶。變巽爲涣世。

一曰三股曰徽，兩股曰纆。變巽長繩獄垣負棘，司寇圜土，教罷民，能改者三年而復。坎伏離，又第三爻三歲象。險極窮上，伏入以終。此陰險大過而能陷陽无忌者，故先王定左道奇衺之刑，儒者闡平正距放之教，繼以離明，使安五常，而習日用當行之事。設險守國，守此人心而已。坎上著獄，離上出征，豈得已哉！易簡録曰：坎上示人窒慾，離上勉人懲忿。

象曰：上六失道，凶「三歲」也。

野同録曰：陰獨踞上而反以譎智陷天下，非庸人也。祇爲不平心以講常習之道，故與初之兑毀者同失而凶也。可悟險之時用是爲利器，必就教事與衆明之，然後使民各安咸恒之常，而寡過不犯法矣。是爲洗心，而吉凶與民同患。

時論曰：卦名取德不取象，惟坎取象不取德。坎者地中之象也。水之德宜取下取潤，未嘗險也，惟遇坎而成險；坎未嘗陷也，惟積水而成陷。聖人知生憂患，故名習坎。小心翼翼，獨任中陽，豈非天一生後而隨流在中？再索得剛而時節乃中乎？圖生書□〔一〕一習始此，習者勞之，人貴用也。水不習于地而習于坎者，入險出險皆習也。帝王心法，允執厥中，中者陽也，故心亨。貳爾心□兩陰也，故心病。六十四卦之心見于復，獲于明夷，薰于艮，而□于坎，時用大哉！汎濫滔天，有害无功，君子善于取尚，故以流□不盈見乎行之功焉。江海舟航而溪澗褰裳，險可行矣。盈虛應月，潮汐應星，不失信矣。險者天地山陵之所共，而水未嘗專焉。王公所設，法无非心，心不亨者不知也。德行教事，吾道之至平，而无尺寸之險者也。即世途之險，以習還其本心之平，誰肯信乎？忠信篤敬，蹈蠻貊之波濤也。下象入險，上象出焉，教之以小得，教之以不盈，所貴平耳。平惟未大，能允其中，信此无咎，所尚大矣。剛柔交際，其知終乎？二五剛中，變得比、師之道，易習也；三四惕躍于顛沛，一勿用，一无咎，未易習也。栢孝直之習圍城乎？謝

〔一〕此與下三處「□」，原本漫漶不清。

良佐之蹈危堦乎？往來井井，亦坎坎也。井遷困通，習而常矣。酒食通于缶牖，以柔際剛，酌獻温克，節歌傾誠，旁通納約，終此耿耿，其得心亨之委曲乎！初之習坎，猶過四之棟撓，一爻任一象之事。水當節而不節，爲苦上之徽纆叢棘，習盜而常加憂；冰當涣而不涣爲血，兩爻失道，所謂心病者乎？不得已而治心，大不得已而習險，習之中有不習者在也。因有苛刻毒勦以雄掃者，因有偏主任便而云心本自治者，皆凶窞也，皆纆棘也。先明善曰：古人觀水輒歎禹功，吾歎曰滌源會同，既平之不盈也。神哉禹也！生寄也，死歸也，不自滿假，其習險于龍乎！智曰：生于憂患，不忘溝壑，宗一先生與先廷尉所以合習坎之教也。教必有事，德行惟常，莫險于鄉國之陷阱，莫險于人情之泆激，莫險于學術之輮盜，莫險于文字之風波。誰非窞乎？誰非棘乎？安則自出，定則知牖，中則自平，惟有忠信蹈之而已。孔子曰蹈水之道无私，此邵子所以賞至理之言乎！

☲上下皆離

全作炎。精蘊曰火于五行，獨以神明，萬物用之則爲炅氣，是故炎克而炅和。潛虚以内火爲熒，外火爲焱，合内外曰[illegible]。俗作離。离乃山獸，隹乃短尾鳥，相見飛走。説文離，倉庚也。借爲離别、附麗二義。來母半喉舌，與兩丽之聲相轉，南方蕤賓附林鍾者也。集解曰：坎中之奇，即天一之真陽；離中之偶，即陽洩之虚陰。陽施則陰闢，陽見則陰藏，故畜離必以坎，習坎必以離。氣始化濕，濕烝成煖，水資始，火資生，水化氣而凝精，火化形而藏神。火者兩化也，其先天地者所以爲水火者也。奇離成偶，偶麗成離，生滅无體，緣无自性，空中有火，虚乃生明。故火一星離爲千炬，遇物皆焚；人一心離爲萬應，隨感皆通。虚能離也，又謂之麗者，古作丽加鹿，鹿旅行善麗也。離者兩之分，麗者兩之合。火息于空，光丽于薪，神潛于寂，知寓于物。離薪爲火者，妖火也，不可以烹；離物爲明者，邪慧也，不可以知，故曰致知在格物。易貫寂感，明物察倫，聖人所以先覺也；離而不能麗，飛揚燥擾，恒人所以昏迷也。魂魄南北，日夜誠明，互藏交輪，乾坤之中氣，才三用二之幾，不極深者烏可語此！

離，古一作「离」。利貞，亨；畜牝牛，吉。

野同録曰：六十四皆離。兩而麗之，可知天地間皆以用爲體，皆即物爲畜者也，故離終上經而開下經。用主分別，必明邪正，故利貞乃亨。不言元者，分別即渾淪，知畜即貞元矣。遡曰：文王以坤配乾曰牝馬，以離配坎曰牝牛。順静以動莫如牝牛，坎化離神發于外，勿使熱中焚和，故以此象之。坎命離性，玄牝牧牛之説，皆本此表法也。潛老夫曰：上經首貞悔，收以畜禮；末貞悔，明剥、復之消息；而大畜其无妄，明頤、大過之生死，而以坎畜離，初復著履象焉。此畜離者，合畜禮畜養，而大明終始以相繼者也。

象曰：離，麗也。日月麗乎天，百穀草木麗乎土。說文、王肅作「地」。重明以麗乎正，乃化成天下。柔麗乎中正，故「亨」。古本作「明以麗乎中正，故亨。重明以麗乎正，乃利貞」。是以「畜牝牛吉」也。

野同録曰：太虚之體莫非明也，不麗形氣則明无所發越。火麗物而後見，人生水精火神，合氣成有，而散則泯无。道用不可以有无言，而離丽本一也。但訓離丽者，言合即藏分矣，並藏分即是合之旨矣。觀之天地，何物不然？皆以不睹聞丽睹聞，即睹聞以泯不睹聞者也。人者天地之心，目能視，耳能聽，謂之莫非明焉可也。然不能不用，用于正，則明物察倫，好學濟世，用于不正，則詭詐奸妄，害政亂俗。故習坎以教事而明繼明以麗正爲本。然好善惡惡正矣，而以便己、狥情移其好惡，則未爲正也；反視收聽正矣，而廢事物以假混沌，則淩蔑帝王以驕言性命，更不正矣。故明于内而不明于外，明于總而不明于別，明于无内无外之一而不明内内外外之二即一，明于不用制用，用即不用矣，而不明于用即不用之不可以訓，皆非重明也。非苟刻名法而不知張弛，則洸洋執一，而悖于日用，何能化成天下乎！故知剛必用柔，柔乃養剛。先天之坤統三剛，即後天之坎合三剛爲體；先天之乾統三柔，即後天之離合三柔爲用。理水以膏性火，北智用于南禮，則柔丽乎中正之亨道也。此剛柔陶鎔後之柔也。飛潛相合而見龍正中，黄裳在中而通理正位，則内卦黄离，外卦戚嗟，何謂非亨道耶！坎實離虚，養之于无實无虚、即實即虚之中，浩天露地，水草隨分，優游禮運之田，是善畜牝牛吉也。

象曰：明兩作，離；大人以繼明照于四方。

仲翔曰：乾五之坤成坎，坤二之乾成離。作，成也，故明兩作離。子瞻曰：火得所附則一炬可傳千萬，明得所寄則一耳目可以盡天下。天下之續，吾明者衆矣。郝解曰：君身日新又新，麗也；繼體以賢象賢，亦麗也。吕東川曰：天縱之聖，亦藉學問；日月有常，不廢庭燎。經筵日講，所以善繼啓沃，交明一德者也。潛老夫曰：无兩不成易，易者日月也，日上月下爲易，日左月右爲明。羲皇結繩之治，首取諸離；帝出南面而聽，獨取諸离。蓋畜以爲用，顯仁即藏用，兩所以繼也。陰符曰：機在目，予人兩目即寓兩耳，回光返照，虚受无窮。言作即寓息，即寓无息。二曜即成歲朔，三光即藏燈火，明貫明晦，照用同時，舉在此矣。繼从五絲而分別以續之，用二交網而貫五爲一之象也。中統四方，即統四隅，即方隅而爲中，照始著四方焉，照即泯中邊矣。離微鄰虚，无不徹上徹下矣。六十四卦惟離稱大人，與乾二五相應，聰明睿知，照臨時出，至人之體，高人之奇，達人之才，賢人之法，凡人之分，皆畜之矣。此所以幬覆代錯宰天地之政府也。

初九，履錯然，敬之，无咎。 變艮爲旅。

□□〔一〕在下爲履。日出民興事起，故交錯然也。平旦即夜氣，坤敬即乾惕，通朝夕者敢不敬乎！五行火爲禮，禮主敬。淇澳曰：人知離爲心，初指一敬，方知所

〔一〕「□□」，底本原爲空缺。

以爲心，方知君子所以求中處。初之履錯，所以養未發也。正解曰：突、焚者以炎上也，初敬即韜光矣。遡曰：重離二象，曰日曰火，日之用下燭，下卦取之；火之用上炎，上卦取之。早歲敬履，聞不日亡；晚歲優游，歌又何憾！二則德崇業廣，天下共仰之時。

象曰：「履錯」之「敬」，以辟咎也。

正曰：武王至黄陵坂，韈解而自結之；周公親執贄，而見七十二人。可以旅處者幾乎？智曰：緩步以當車乎？絶塵而瞠後乎？皆无所避，敬以直內即藏其方外矣。曰辟咎者，以身明範爲世惕也。畜即是敬，不硋歌嗟。此乃起死回生，錯然珍重。

六二，黄離，元吉。變乾爲大有。積鼎。

淇澳曰：離之中虛即坎之中實也。坎曰未出中，未濟坎遇離亦云，可見坎之中至離而出，故二直曰得中道也。意曰：黄道周天是大表法，黄中通理，正載時乘，文足以經天下而稱其質，明足以鑑天下而養于虛。二所畜者，緝熙宥密矣，空虛无象，不硋萬象發揮。通晝夜者，必以日輪當午爲正位之象焉。奉三无私，中心无爲，离之大有，是當其无有有之用也。太玄曰：黄心在腹，白骨生肉。其造福之原乎？

象曰：「黄離，元吉」，得中道也。

□□〔一〕曰：皆中也。水流下，故五既平。火炎上，故二元吉。坎以上出爲功，離以内明爲貴，不特坎五離二當位也。

九三，日昃之離，説文作「日厢」，釋文作「吳」。不鼓缶而歌，鄭作「擊缶」。則大耋之嗟，京作「大經」，蜀才作「咥」。凶。古文及鄭、薛无「凶」字。變震爲噬嗑。積未。

□□昃過中象。缶燒土爲之，以節樂，坤在火中之象。八音以琴瑟位離，以缶塤位坤，以鼓位坎，故奏皆曰鼓。雅歌則絃歌，朴野則缶歌，火聲故爲歌嗟之象。古詩「晝短苦夜長，何不秉燭遊」，至三而昃，偷樂暗傷。八十曰耋，卦畫奇偶共八也。悲樂相因，恒人之常，聖人朝聞夕可，不知老之將至，而陶情絲竹，嘆老嗟悲，又何及哉！子雲言莊生憤言生死，其畏死之心甚乎！歐陽讀李翺文曰：使當時

〔一〕此及下五處「□□」，底本原爲空缺。

皆易其歎老嗟卑之心爲翱憂河北之心，唐豈亂哉！在位而不肯憂，又禁他人使不得憂，可歎也。

象曰：「日昃之離」，何可久也。

□□曰：憂死，情也。憂之无益，人生原不可久，知其可久者而悲樂原自隨時。世儒定責人以无悲樂之情乃爲聞道，豈其然乎！嵇、阮非不嗒然，遂爾頹放不羈，以爲亂世避禍之術，終何可免，免亦何可久，況後世絶无知嵇、阮之所以歌嗟者，而又效之耶！君子知生即知死，依然繼明履敬，爲其所當爲而已，終不以放達爲知命。傅燦曰：梁商上巳宴洛水，歌鬣露，周舉以爲哀樂失時；袁山松道上行殯，卒于滬瀆。

九四，突如其來如，焚如，死如，棄如。變艮爲賁。積蒙。

□□外離之始，日已暮而復出，故爲突如來如；下乘九三重剛烈焰之上，故爲焚、死、棄如。离三四剛居陰内，與坎初上柔居剛外者同凶，内景外景之分也。火乘風突，木巽火焚，艮生而兑反之，故死焚成灰而棄于山下。此不得火之明，而獨受火之烈者也，益歎初辟咎之明矣。來矣鮮曰：暴秦似之。古占法載隋煬江都筮此爻，乃以離宫爲寺，名曰山火，在揚州灣頭。張華不聽其子，王思遠勸王晏，皆此類也。

象曰：「突如其來如」，无所容也。

□□曰：三炎不敢反，五尊不敢犯，上下皆无所容矣。心本明覺，人皆有之，一念静正則斂輝蓄用，爲初九之履敬；一念躁動則膏火焚和，爲三四之猖狂。蓋火能降則濟，好上則凶。知白守黑，十法成乘，无非本于易中設方便耳。淇澳曰：四以不恤利害爲用明本，返初以儆惕爲明本，如是方爲重明。畫子曰：突來者燥妄心不化，焚死棄者斷滅相不忘，非世不能容四，還是四不能容世也。許身爐治，何擇其火，水下缶上，火上缶下，坎、離相反處即其交處耳。智曰：儵忽如風，本大火聚，窮則必變，即用此以當機。

六五，出涕沱若，古一作「沲若」，荀作「池若」，古作「[illegible]」，當是「砻」。戚嗟若，子夏「戚」作「嘁」，集韻作「伬」，荀「嗟」作「差」。吉。變乾爲同人。積涣。

仲虎曰：九三之嗟，以死生爲憂者也；六五之嗟，居君位而能憂者也，故吉。易簡録曰：善養心者必以真水制火，水即沱若之涕是。訂曰：肖坎水爲沱象，離目出涕象。幼清曰：繼明嗣位，不以位爲樂，居諒闇而百官聽，冢宰之象也。筌曰：明主洞燭民隱，惻然痌瘝乃身。正曰：聖人有事而致嗟者，刑也，兵也。火交于金，液出而悲；兩兵相交，哀者必勝。湯禹見罪人下車泣之，保衡曰弗俾厥后，惟堯舜愧若撻市，一夫不獲時予之辜。古之致其悲戚如此。

象曰：六五之「吉」，離王公也。鄭作「麗王公」。

□□曰：五離王公之位，自當憂王公之憂，況近四同體，世難之所爲突而來者，原自不測如火乎。五王與上公相麗，勢也，理也。

上九，王用出征，有嘉，折首，獲匪其醜，玄子「匪」作「非」。无咎。變震爲豐。□[一]世。

慈湖曰：此甲胄戈兵之象，備離明之變也。洪範八政，師居其末，離上居卦極，不得已而用之。郝解曰：司馬爲夏官，九來居五爲有嘉折首，歸功于君也。九四死，六五戚九三之禍離王公，可弗討乎！上九以師保元老，上與九三敵應，王用之出征。獲匪其醜，獲三也；三非五上同體，故非其類，以明四之爲類也。訂曰：王嘉

[一]「□」，底本原爲空缺。

上九之丕績出征，而折取魁首，脅從罔治，故曰獲匪其醜。此爲正解，劉向引此可證也。淇澳曰：人生難破者生死也，三歌而不嗟，明于一身；世道所最不可爽者邪正也，上出征折首，是明于天下。乾大明終始，无非保任坎中一陽，至離九乃明徹耳。合坎離以見心體與盡心處，危微其坎乎！精一允中其離乎！

象曰：「王用出征」，以正邦也。

楊誠齋曰：此成王閔予小子，卒平三監而吉也。京山曰：周公无殺管叔之事，以壁書蔡仲之命誤也。公爲宰，管叔監武庚，武庚與奄、徐挾管叔叛，而流言毁公，公避之東。王與太公、召公謀獲管叔誅之，公自作鴟鴞詩貽王，及風雷之變，王啓金縢，乃悟，而泣迎公歸。公乃討武庚，滅其黨奄、徐五十國。以離象言之，上，東征也；五，成王也；四，管叔也；三，武庚也；二，微子輩；初，箕子輩。觀棠棣之詩與此卦爻，蓋有慟焉。野同録曰：征，正也，正天下之不正而後安享其各正矣。坎、離以上爻持世而主兵刑，既未之征伐，其坎、離之交乎！皆陰陽，皆坎離，皆生克也。蒙、需、師、泰、同人、謙、豫、復、離、晉、明夷、解、益、夬、萃、既、未取兵象，噬嗑、賁、豐、旅、中孚取獄象，皆以設險用明，致衆制剛取之，然不出克以爲生，謂六十四卦皆生克之兵刑可也。道心在人心中，不用是死人也，用則必分邪正，必尚正以治邪。聖人當午乘權，明其時宜中節，各安生理即是兩忘，張弛用中即是絶待，豈得雄已甚之黑愚，偏充類而廢法，遂使尊知火馳，滅理鬬狠，浪任歌嗟，突棄正教耶！故定坎、離維心善世之表法，必言明兩之貞一，不許匿于壞兩之混一，則時習之學幸甚，幾希之存幸甚。

時論曰：邵子以縱横舉先後，蓋曰體用之間有變存焉。本无體用而體任用中，冬用于夏而歲无冬夏。習坎繼明，北入南之大用也；既濟而未，南而北之大用也。惟明乃濟，離居正午，繼之變化大矣哉！坎、離先横後縱，繼乾、坤以立極，當日月之交道，而離嚮明南治，天火同歸，故終上經焉。象言臣道，象本君道，實則君臣道合也。離内外十六卦，取火象十三，取電象二，此取繼明者，尊日而統月也。天明則日月不明，而必用日月者，爲其麗乃可用也。柔麗中正，豈獨本卦黄離乎？言誠明者，知代明之於穆不已乎？兩作已合剛柔，重明即藏暗天，人知乾明終始即坤通黄中乎？但知黄爲中色，土位黄中，抑觀懸象而知黄中之表法乎！二陸當復、姤，二分當震、兑，而黄道貫之，月九行于黄内外，是非自然之黄離象乎？內卦初日出，二日中，三日昃，外卦爲對日暗虚，而中四爻有坎象爲月，互巽爲辛，月旁死魄互兑爲庚，月哉生明，二四之間，赤道交焉。觀兩作之表法，而繼照四方之道可知也。日月大矣，猶有交觸，脩德省刑，能无戚嗟！史遷所云發見有大運，而與政事俯仰，近大人之符者也。上九繼明矣，文明之始，敬授人時爲大；盛明之敝，出征折首爲功。意曰：初敬則明常存，不致倉皇失履于始；上斷則明常用，不致因循釀亂于終。化成之本，二五中正矣。二麗初則天祐積中，敬用五事以答天者也；五麗上則大師克相遇，敬勝則吉以憂人者也。坎用缶而約，離鼓缶而歌，惟敬乃可久也。俾晝作夜，噬毒其能久乎？坎來之險枕，離來如死棄，惟敬乃可容也。具禍以燼，致餙何所容乎？明明其在初矣，履若錯然，得无旅進旅退耶。履端朝徹，懼以終始，所貴貞明辟咎，非避事也。大人以敬用明，得中善繼，生死哀樂，電逝雲遊，正邦立法，以四方爲喜怒，兵刑歸于禮樂，旦旦光華，其戚其嘉，豈爲一己哉！昔嘗歎文以讓始，武終用征矣，嗟乎！卑服之敬止也，丹書之敬義也，皆大人之以畜牝爲繼照者也，時也。

智曰：上經之終，上下之中也。全易皆天道人事，而此又天道人事之交幾也。

乾明終始，貴重明以繼之；所教非所事，常習不愈亂乎！故常變統性習而貫明晦者，必以明爲正也。易表日月，日月麗天，天在明中，繼照四方而中可知矣，无非表法。故即世事教世事以繼其世，即心行教心行以繼其心。尊日月而治水火，因魂魄而正性命，繼善貞一之道也。以北水洗南火以立命盡其性，禮樂以嘉魂魄，盈虚以通日月，何非繼乎！何非畜乎！初以履敬折顛頊之首，而上以王用正四照之邦。生死電光可以鼓日昃之缶，疾焰焚如亦可出人間之涕。黄離中土，享其天經，午會文章，皆牧牛之歌也。柝薪傳火，安縠草之分也。斯大人所以執兩用中，善乾、坤之濟，而性咸恒之情乎哉！端家叶治日在牽牛，浮山之孤以智謹識。

周易時論合編卷之五

皖桐方孔炤潛夫論述
孫中德　中履　中通　中泰編録
莆田後學余佺再較

周易下經貞悔十八卦

咸䷞

上下之首，四正四隅，詳圖説矣。李子思曰：巽艮爲蠱，震兑爲歸妹，惟咸二少恒二長相配爲陰陽氣等，故首下經。鄧汝極曰：山通澤潤，敷産毓物，而地體盡于此；雷鼓元氣以生物，風通八氣以阜物，而天用妙于此，動止入説而百物情性盡此矣。感受无跡，天氣通焉；動撓有時，地材興焉。虛受无失其圓神，方立无失其方智，此四隅卦所以善通四主卦之變也。元公曰：乾咸寧，坤咸亨，乾恒易，坤恒簡，乾坤之咸恒也。咸化生，恒化成，咸恒之乾坤也。潛老夫曰：乾、坤六輪，畜、履開泰、否之交；咸、恒六輪，夬、姤顯損、益之交，則貞悔之樞紐也。上篇二老，分以立體，乾、坤、坎、離皆分治；下篇二少，合以成化，咸、恒、既、未皆交治，此造端之察至也。先天兑從乾而艮從坤，後天坤代兑而乾代艮。定位通氣，故咸續坎、離焉，乾兑同一太陽，故尊兑于艮上焉。智曰：乾以統正性命爲元本，以旁通性情爲大用，他卦无言之者，獨下經咸、恒言天地萬物之情可見，壯、萃亦言之，而壯止言天地，則萬物有情之情，何如天地之情乎！深幾曰：圓圖壯、恒爲南夏八卦之始終，咸接秋分，萃接立冬，而春不言情，正如幼至成人，其情無累，自壯至老，情萬變矣，故乾以正大首治之。方圖皆二四者，動悅也。恒、咸與益、損爲寅申之迤交，而壯、萃爲君藏之上下，其皆統于乾之半者，天因人也，因而理之，即以節之。咸者溥寂之場，恒者動定之門。

䷞澤山咸

説文：咸，皆也，从口从戌，悉也。智按：萬物終戌而交亥，亥爲陽始，故戌口爲咸。至今咸感皆閉口韻，咸以宫聲首尾，聲義微哉。仲虎曰：先天象。説卦兩言之，惟通氣不改。此二少合以首下經也。野同録曰：道用二交以爲一致；坎、離著上下之中，即以二少著三才之端。此與知能不知能之周徧咸也。損言化醇，咸言化生，繫詞連舉一致致一，豈非通氣二化，乃所以一哉！

咸，亨。利貞。取女古「取」亦作「娶」。**吉。**

遡曰：隨取友，咸取女。隨悦而動，動故友今未足，求之古人。咸悦而止，止故從一而終，禮无瀆亂。咸、恒不言元，咸、恒即元也。以天地萬物爲一體。咸者人也，六爻皆應，故以人身取象，貴貞其人事而自亨利矣。執一則偏，是元亦病，故以交二言。易簡録曰：往言咸、恒配天地，不知一咸已配天地，故序卦不言咸。子思之造察以此。京山曰：不透此關，將大道知能作情識窠臼，貪戀執迷，一墮坑塹，萬事瓦解；苟能于此不惑不溺，如天地咸、恒，无心有别，則戒懼中和至察矣。

以申屯、蒙貞字納吉之禮義也。若荒之以爲无心之咸，人豈知有父乎！潛老夫曰：言道費隱，它氏頗混同，言造端則踏矣。見曰：下經序卦重舉天地以正造端，所以峰岡爲牡，溪谷爲牝，山澤亦陰陽之形，故曰虛空皆夫婦。然正當以此信倫理，豈以廓論藐倫理乎？人倫天倫即心之倫，偏宗掃法，廢心之言太勝，流于麈貉，以任爲平，此令升所以恨清譚，歐陽所以作本論也。

彖曰：咸，感也。柔上而剛下，二氣感應以相與。止而説，男下女，是以「亨，利貞，取女吉」也。

遡曰：加心爲感，去心爲咸，此一端也。心以无主而虛，亦以无主而蕩；以有主而窒，亦以有主而神。有無不落，尚屬曼語。易以感爲體，故易无體。咸，感也，所以注寂感之藴也。揆曰：悦歸于止，即性其情，不則妄感客感已矣。意曰：剛柔言艮兑，二氣言乾坤。艮兑爲太陽太陰之交，咸爲太陽太陰之内合。方圖咸、損、艮、兑立三圍之寅申巳亥，艮、咸相峙，皆取人身。艮曰上下敵應不相與，咸曰二氣感應以相與，當合觀焉。痛誅之則念起即淫，全赦之則聚麀任縱，何如授綏三周之禮爲止而悦、即悦而止乎！□□[一]曰：上下以乾坤二體言，以否、泰之交言，一也。

天地感而萬物化生，聖人感人心而天下和平。觀其所感，而天地萬物之情可見矣。一曰天地聖人總此一幾，因二相感，心以情見。蓋心統性情，而情用即心性之用也。復言天地之心，咸言人心，于此自見，一耶？二耶？中節曰和，適中曰平，太玄以應、迎當之。

象曰：山上有澤，咸；君子以虚受人。

黄疏曰：不以雷風之氣明感，而以山澤之形明感，蓋山澤形實而氣虚也。胞有重闐，心有天游，其深于虚受乎？程子曰：虚者无我也。子瞻曰：咸以神交，將遺其心，況于身乎。在卦者咸之全也，爻者咸之粗也。爻配一體，自拇而上至于口，當其處者有其德，德有優劣而吉凶生焉。合而用之，則拇據腓行心慮口言，六職並舉，而我不知，此其所以爲卦也。玄子曰：舜无爲，虚也。九官四岳，深山野人

[一]「□□」，底本原爲空缺

何所不受？顔屢空，虚也。自門牆之請事，至孺子之詠歌，何所不受？

初六，咸其拇。子夏作「蹞」，荀作「母」。變離爲革。

宜曰：艮爲指，初在下而動爲拇，足將指也。人行必先舉一足，而拇又先之，静躁所係，跬步正神光也。

象曰：「咸其拇」，志在外也。

□□〔一〕曰：與四正應，拇雖未行，慎獨在此矣。郝解曰：四爲心志，拇受命于志，志在外而感在初，神欲行而官知止，所以爲咸。人身在下，動莫如足，其不動而動者惟拇與腓與股，故以象爻之悦而止。内三象仆，故見拇腓股；外三象仰，故見心脢舌。

六二，咸其腓，荀作「肥」。凶；居吉。變巽爲大過。積變大。

腓足肚，説文所謂脛腨也。五脢，喉骨也。居无事之地，五不能應，二不當爲感，故未交則凶，能居則吉。然人身腓脢乃無心順應者，止不枯槁，悦非貪逐，故象二

〔一〕「□□」，底本原爲空缺。

五之中。

象曰：雖「凶，居吉」，順不害也。

訂曰：二五正應，恐其比三致凶耳；順理静守，則不害也。宜曰：惡動求静，亦病也；順應，則與本體何害乎！

九三，咸其股，執其隨，往吝。變坤爲萃。積變兑。兑宫世。

宜曰：初二，陰，陰主應。三，陽也，陽當職感，不職應。君子爲風不爲草，今上感而三隨，則倒置矣。以此持世，君子吝之。元公曰：執隨自是一流學問。隨緣順應，不著思惟，自謂處矣；而不知亦不處也，病症甚微。

象曰：「咸其股」，亦不處也；志在「隨」人，所「執」下也。

訂曰：上三爲兑艮主，隨二則執下也。揆曰：僕妾役耳，進而士，其環中乎！潛老夫曰：九三倒艮爲震，向兑則爲隨。世有託老子隨人處後之學，而倒行下流，自謂无執，其執甚矣。自此下流，豈止孔光、胡廣而已乎！

九四，貞吉，悔亡；憧憧往來，京房作「憧」，云：遲也。陸作「僮僮」。朋從爾思。變坎爲蹇。積變節。

野同録曰：上下之交當身爲心，以其主咸爲乾之中畫也，獨不言咸，不言心，而直言貞，貞者无心之正體也。子瞻曰：其朋則從，非其朋則不從也。筌云：不特心无其心，并感无其感矣。莊生曰：天機不張，五官皆備，前後際斷，則蟠極皆其變化也。毛璞曰：易言悔亡，自此爻始。精義入神，即是何思何慮，日月寒暑之往來，二即一也。正曰：人生其多難乎！夏臺之聖，无所致其勇；羑里之仁，无所騁其智，屈蟄而已。咸，知性者也；蹇，知命者也。呼谷而應，建溜歸平，猶未知也。

象曰：「貞吉悔亡」，未感害也；「憧憧往來」，未光大也。

潛老夫曰：感自往來，狥感憧憧，禁往來則愈憧憧矣。曾知心自本無乎！彼專夸心自本无者，與執隨者等耳。此分别影事之未光大也。感不害心，唯貞則一。

九五，咸其脢，无悔。變震爲小過。積變臨。

施下之易信曰：五居心上口下。陸農師曰：脢，喉中之梅核是也。思必宣之以言，欲言不言，輾轉喉吻間，志在口末而不輕發，故无悔。玄子曰：今謂之三思臺，動而迎飲食以嚥，有它思則噎。脢與頰舌最爲比近，脢不能言，必頰口以宣之。舊解背肉不合。

象曰：「咸其脢」，志末也。

郝解曰：惟四貞而後二五得居吉无悔，故傳皆言志也。□□[一]曰：內經五藏各志，而實一志也；一志帥二氣，而志氣一矣。以虛受之，圓成一實，攝末歸本，攝本于末，一也。然全本全末，即在明本明末之中。當中五之位，而不明倫御世，徒然隨喙囁嚅，將以列子之廢心任形爲踐形乎？猶之志末也。

上六，咸其輔頰舌。孟喜作「俠舌」，虞、荀「輔」作「酺」。變乾爲遯。

宜曰：輔以輔牙，頰口旁也。輔在內，頰在外，舌動則從，三者相須以言，兑象。意曰：道不載于語默，而人生以聲氣相與，言爲心苗，豈必以閉爲感耶！然在上者以此容悦快口，遂開尊知火馳之病，則鏤空狎侮，壞天下之和平必矣。倚口以感人，巫覡之道也。

象曰：「咸其輔頰舌」，滕口説也。「滕」，九家作「乘」，鄭、虞作「媵」，徐作「騰」。

一曰滕，水超涌也。踞最上者知之易，勿言難。神明默成，藏罕于雅，此所以與世

[一]「□□」，底本原爲空缺。

相忘于和平之感也。撲曰：諸爻歷數其非，不一指其是，心固不可言歟。時論曰：蔡伯静以乾、坤氣化，咸、恒形化，形化即氣化也。余謂氣化形化，皆歸理化者也。聖人所以補救天地者，表禮以理其情也，而情即性矣。郝京山謂十玄之竊權跆于造端，然哉！卦辭係女者四見，咸、家人、姤、漸。而咸居其首，女不壯，男不躁，陰陽和平，山澤關睢，可以知風氣矣。董子曰：東方和北方之所起，西方和南方之所養，起之不至于和之所不能生，養之不至于和之所不能成，生于和，成必和也。人能一觀天地，固已平心而和矣。萬物資始于乾，而艮爲東方起元之始；萬物資生于坤，而兑爲西方代貞之終。一致也，同歸也，即化生之和平見之矣。陽兩其陰八，陰兩其陽七，天癸小通，生育氣完，聖人爲天地别之妁之媚之，以咸利而貞之，此身世生理之吉也。無始之絪緼，非兩少之因應乎！心而无心矣，止而説，感本正也；山滙澤，感本虚也；心主而思臣，感本寂也。聖人爻象其兩間，則虚空皆男女也。張子曰有主則虚，周子曰無欲故静，書曰從欲以治，陽明曰循理則静，吾合而咸之矣。四當心位，思本無思。五居喉間之脢，出入罔覺。三居心下之股，上不害心，下不害腓，自謂隨緣而執猶在也，拇不隨不執而外不能免也。

志能强其不外，非加害乎！三陽之責甚重而三陰從之，九四一陽之責獨重而兩陽從之，此乾在坤中之朋情，不言而喻者。易意曰：心官則思，思本虛也；己虛受人，朋又何憧憧乎！何思何慮之原，即來往屈伸之極，百慮殊途，神化不棄，然安身致用，必親本于静虛之門，而全静全動、即實即虛者咸之矣。尺蠖龍蛇之感山澤也，土寒水沍，寂然不動；君子墮體黜聰，獨抱元化，天機不張，五官皆備，不獲其身，何朋可見！非可倚心自本無之普通，而不觀屈蟄親切之物候也。誠與天地萬物同情，則朋從皆和平之神聽矣。宜此順此，神化即此從之而未之或知者也。知之易，勿言難，滕口何爲乎！以變觀之，祖妣感諸已往，枯梯感諸方來，或革其故步，或遁于口舌，朋從本不免也。股隨自萃陰朋，以此持世，將免嗟乎！四澤通水應初之火，以蹇蹇忘憧憧，亦交濟也。合而咸之，往屈來伸，在心官一轉耳。

智曰：下經舉四情以性乾之情，則用情治情，惟在思官之貞耳。周公以咸、艮表身，以惕躍之爻表心，圓圖位于秋分後立冬前，方圓雙峙于第三層，巳申之轉，豈无謂乎！言屠勦者説火欲熱耳，恃此私通車馬，則反蕩矣。故聖人始終以和平相與之貞利之，任其往來皆何思何慮之天下也。復所以貞之，復見者見天地之往來，即无往无來者也。孔子連指日月寒暑示叙感之藴，而令以精入致用爲行止之屈伸，誰虚受而悟旨耶！艮三居下之上，故列限危熏；咸四居上之下，故貞吉悔亡。此下學而上達者，所以惕萬世而躍之，使善用其思即无思而已矣。智嘗笑告子雖終身不反，然孟子度後世之告子不少也，今亦並無告子耳，有則必感屈信往來之恩矣。假使告轉爲孟，更見思大難酬。

䷟雷風恒

精藴作㔾，俗作恒，言立心如一日。智按：説文从亙，謂舟竟兩岸，謬甚。戴合溪因如月之恒，从二从月，左忠毅從日，其聲爲亨之陽喉。自坎、離以一中明男女，咸以三少明夫婦，恒以二長明克家，盡古今無非一交合一之咸即有恒於咸中者，反覆其咸，則知恒矣。

恒，亨，无咎，利貞，利有攸往。

宜曰：咸可大，恒可久，常亨者无咎也。貞即久也，所以爲恒者也。恒非固執不變也，有變變而不變者，冒言本自不變，而荒其日用之節，則恒即有不貞者矣。巽外之浚、振者，執一不變，亦自謂恒，惟其始擇不明，則理非其理，事非其事，无理无事，是咎藪矣。意曰：震巽反伏艮兑，四隅相旋，以亨乾坤坎離之正，咸情見於始，恒情見于終，即利往而藏來矣，往而不息者也。

彖曰：恒，久也。剛上而柔下，雷風相與，巽而動，剛柔皆應，恒。「恒，亨，无咎，利貞」，久于其道也。天地之道，恒久而不已也。「利有攸往」，終則有始也。

一曰上下，恒分也；二長，恒序也；雷風即山澤之氣相與者也。恒氣也，内巽以承外動，行事自恒順矣。咸亦皆應，而惟恒則安，故曰恒。皆以卦象求之。恒亨无咎，言人安倫理，當久于其道也；申言天地，徵其不已。道者，發即未發而變化中節之統名也。利有攸往，言道在人事中，人當各事其事也。終則有始，正言事事之所以不已，而變化皆恒也。倫而五之，不易方矣；報國則忠即孝，處家則孝即忠，不易方也。賢者恒言其理，而愚不肖終歸化成，不易方矣；不無愚不肖之亂，而不能易賢者之理，不易方也。故曰久由其道，乃得爲恒，道外无恒。布帛菽粟，何者非於穆耶！子瞻曰：恒非不變，能及其未窮而變耳，及其未窮而往，則始終相受，如環無端。陽至午，未窮也，而陰已生；陰至子，未窮也，而陽已生，故寒暑之變人安之。意曰：恒理恒事猶寒恒當絮、暑恒當葛也。蘇言知之，則預事其事而已。立法者，使由者，皆此不已也。

日月得天而能久照，四時變化而能久成。聖人久于其道，而天下化成；觀其所恒，而天地萬物之情可見矣。

□[一]集曰：天地之道何可見乎？日月四時而已矣。孰運日月乎？孰旋四時乎？又非掃日月四時，而言得天之變化也。飄風迅雷，此不恒也。風之自雷所起，可易知乎？雷發有時，風起有候，誰不知乎？聖人知恒非一事一時，萬變不息者也，然不礙因時而候之，因事而安之，此化生所以恒於化成也。如此親迎，如此克家，亘古不變，神化自成，情即道矣。豈如後世之新奇衒人者，專離事物以言道，而又滅理任情以爲恒乎！

象曰：雷風，恒；君子以立不易方。

〔一〕「□」，底本原爲空缺。

一一集曰：山澤流峙，各得而以爲感；雷風倏忽，无常而以爲恒。聖人深見天地萬物之情乎！一切皆壞而所以然不壞，所以者不壞則一切皆不壞，此通論也。氣充兩間之形氣，而聲无來去之可尋，則曰有形必壞而聲氣不壞，故取象雷風爲恒，而風雷爲益，他卦咸則損，泰則否矣，此質論也。故曰萬變本自不變，此冒恒也。制義以宜其情，立處中節，此因用見則，方方不易者也。冒恒必用于細恒中，隨物具理，總此不易之理，立不易方，乃所以爲圓也。立可與權，立方即大權也。尊親有别，得王有常，豈壞規矩而浚恒、振恒乎？正曰：烈風雷雨弗迷，象蓋取此。

初六，浚恒，鄭作「濬恒」。貞凶，无攸利。變乾爲大壯。

元公曰：初六鬼幽，上六鬼躁，病陰也。野同録曰：道在當前，本無淺深，所恒用者，天下家國之身心也。必欲别搜玄勝，以深駭人，勢必鄙掃綱維，禁革飲食，幽沉黄泉，乃死水也。吹毛索瘢，先寃賢者，民智力竭，以僞相矜矣。荀子曰：中則可從，畸則不可爲，匿則大惑。陳傅良曰：形道太高而絶禮法，是子夏所謂誣也。

象曰：「浚恒」之「凶」，始求深也。

集曰：聖人亦深以通志而藏頓於漸，何必始求之急，而一鍬浚井，以握爲方乎？正曰：道太清則無徒，水太深則寡游。峻行厲聲，君子之所罕也。

九二，悔亡。變艮爲小過。積變家人。

宜曰：壯二解初及此，皆不著其所以然，蓋以爻明之，故傳著九二。正曰：下經稱悔止十三，而恒爲之主。恒，治内者也。元公曰：浚乃隱怪，二乃依中庸者乎？

象曰，九二「悔亡」，能久中也。

□〔一〕集曰：恒之内中悠久自固，中庸不可能而不礙其成能也。淇澳曰：顔子之不違仁也，復曰不遠復，恒曰能久中。

九三，不恒其德，或承之羞，鄭作「咸承」，非。貞吝。變坎爲解。積變震。

□集曰：初象巽入，三象巽躁，雷風相成，摶勢故然。處乾中晝而逞剛不思，自謂變通無礙，鄙屑德行，淩夷恒法，藉口任天，遂成惡空，依然此感應情理之世，何所逃乎！承羞必矣。既謂異類中行，悍然不顧毁譽，而復附會浚、振之説以自解，

〔一〕此及下「□」，底本原爲空缺。

即揜著之恒性也。

象曰：「不恒其德」，无所容也。

筌曰：既不安處於巽，又不仰承乎震，進退皆无所容。玄子曰：夫婦易位，安所逃羞？正曰：優施從里克飲，教茲暇豫事君，里克知君將殺共世子，曰：中立其免乎？稱疾不朝，三日難成。爲臣如此，不罹无恒之羞，得乎！

九四，田无禽。變坤爲升。積變泰。

集曰：初求四者太深，四以決躁夬、姤，而反無以應初，則弋獵雞鳴，難以歌矣。其藉無所得之説爲荒忽之恒者乎？象爲坤田而應柔，无禽。

象曰：久于其位，安得禽也？

一一曰：九四以陽居陽，咸、恒同也。咸、恒易位，九四易止爲動，失位久矣。宜曰：楊、墨之仁義，外不足成物，内不足成己，徒勞罔功。智曰：不言素位，而動欲絶物以爲高，安得禽乎？獵犬守枯樁，飽鷹颺去矣。

六五，恒其德，貞，史記作偵。婦人吉，夫子凶。變兑爲大過。積變屯。

宜曰：一悔亡而五德，其位中也。君子于此，宜有變化之宜，經權之玅，乃守此以爲貞耶！通于夫，而君父可知矣。揆曰：伯姬、申生、尾生似之。潛老夫曰：言恒順无爲者體也，執此爲用，則濡弱之宗，銷人骨性。夫豈知義之與比，則莫亦无莫，適亦无適乎！世有詆武侯不諫取劉璋，光武二于更始者，是婦人之恒也。

象曰：「婦人」貞吉，從一而終也；「夫子」制義，從婦凶也。

正曰：齊桓不如晉文智矣，桓得管仲，仲歿而齊衰；文公得趙衰、先軫、狐偃，又有郤縠、欒枝、箕鄭、胥都、狐毛、先都、先且居〔一〕諸臣，故文公没而晉再伯，則是管仲之智亦不逮趙衰之智也。浮山聞語曰：北齊婁后致位高演而孝琬百年殄，宋杜后致位匡義而廷美德昭殲，況唐之高、中、玄、肅乎。漢武雲陽似越高祖矣，然不以此許求將之吴起也。言莽、操女有憐之者，言竇毅女有憤者否？楚昭之母，孫翊之妻，從一而制義者乎？爲男子者當何如？

上六，振恒，虞、張本皆作「震恒」，説文作「揗桓」。凶。變離爲鼎。

〔一〕「先且居」，原作「先居且」，据史記晉世家改。

□〔一〕集曰：應三不恒，執柔亢上，乃以委順平等之説寬之，隨其妄動以爲寂樂，是敗教壞俗之恒風也。

象曰：「振恒」在上，大无功也。

集曰：夸最上者，必掃事功乃可縱脱，故聖人以大无功爲證斷學術之案。子瞻曰：合而爲咸、恒，離爻而觀，見此而不見彼，則所以爲咸、恒者亡矣，故咸、恒无完爻。郝京山以全恒爲婦道，則以全恒爲臣道可也，咸爲聖人之天道，恒爲聖人之人道。

時論曰：咸不言圓而恒言方，咸不言中而恒言久中。方圖從中而立，西南應咸，圓圖恒、壯、益、觀峙南北之八位，非禮弗履，遷改設教，此久中不易之象也。方生于圓，圓用于方，知舍方无圓者，知久于其道矣。後天出震齊巽，變化其相薄，而四時相與，震司二分，發聲收聲，巽司八風。恒三陽九、三陰六而一至，是天地周期之幾即元運之幾，即呼吸之幾也。氣靈于形而發則爲聲，故知聲氣不隨形滅。此

〔一〕「□」，底本原爲空缺。

理貫乎形氣，嘗以聲宣，方方中節之不易，即所以然之不易也。王文成統言耳，統不壞別，象即有義，人有恒言，必道恒事。請以人事言之，風皇制儷皮之禮，民始不瀆，故序卦著夫婦之久，藏咸于恒，禮義有措，重申天地，此恒之象不標而于五爻著義焉，著其剛柔之中在上者不可過也。婦道過恭，爲二可也；夫道過撓，五則醜矣。立法之初，義在履禮，浚之求深，則犯壯趾之窮；成家之終，義在養餁，振之動極，則失主器之節，豈有不可處家常者而强欲化成天下者哉！月令奮鐸曰：雷將發聲，有不戒容止者，生子不備必有凶災，重始雷也；置翳餧藥，毋出九門，無殺麑夭，柔風方來，省婦事，禁爲容觀，重始風也。不恒自解，佚而可羞；非位求升，荒而无禽，非恒情乎！傳曰冬雷夏雹，氣之賊也。刑德易節，賊氣乃至。三失德以從上之振，四失刑以隨下之浚，非恒情乎！太柔母斷，親愛易僻。蒙風之流爲恒風，蠅聲之漸爲牝晨，非恒情乎！末世有好離義以言道者，流風必且任恒情矣。聖人憂之，故明制義于中五，而表立方于大象，坤翼曰方其義也。禮以義起不知制義，豈知禮乎！豈知方方立處，有不可易之禮義乎！咸以感人心言情，恒以制義言情，制有巽權，而震在修省。試玩二五之應，迭更兩過；咸上恒初，壯、遯藏幾，終則有始，化生貴乎化成。不知此而一生玉帛專奉齊眉，是優孟之禮也，三亦羞之；不知此而厭惡淫濁，廢倫獨槁，是土木之道也，久非其位矣。意曰：天覆地載，不易方也；日晝月夜，不易方也；四時接序，不易方也；聖人之教尊親有別，制義從一，不易方也。有方位，有方法，情義折中，心跡相準，素此卦爻，化成禮樂，所以然者，久在此雷風之聲氣中，恒易恒簡復何逃乎！然則谿刻甚深之說，便于略其常規者，遯乎浚以掩羞耳；悍然奮迅謂可一切不問者，遯乎振以得禽耳。故繼以嚴禮辨遯、壯之進退明晦焉。

智曰：至人無情，無不近情，所感即所恒也。不易方，有不從恒情者，久于其道則恒情即道矣，得天變化皆其方矣。布帛菽粟，饑食寒衣，但立家常，終不可易。聖人亦曰極深，而非始求深之浚也；亦曰振民，而非踞上以振矜高者也。

李去華曰：楊墨之仁義，子莫之執中，豈不曰自立乎？意見一錯，不恒則孟浪一生，恒則禍天下矣。出此入彼，恒無吉爻，危哉！

遯䷠大壯

郝解曰：咸、恒繼坎、離而首下篇爲至道，遯、壯繼之，猶屯、蒙之繼乾、坤也。屯、蒙，人物之始造；遯、壯，君子之始修。道莫大于進退，退以義，進以禮，斯君子矣。象正曰：咸静以與心，恒定以與人，虚以受人難于遠小人，立不易方无以觀禮之通，故遯、壯言禮以修，即以禮爲遠也。潛老夫曰：咸、恒之後即交乾坤，此一對爲陽而肖體則艮震兑巽也，再一對爲陰而四爻肖體仍艮震也，互坎而顯離者也。感立見于出處，而歸于用明者也。雜傳言止退，以止退爲進者也。大小皆利貞，而小利貞者，尤徵虚立之微幾焉。智曰：静虚立定，惟此進退明晦，爲言行同異之驗，反身自嚴，赦宥外寬，而損益合時矣。進退之關最明，而其幾最微，明理自由者，履天地萬物之情場，其飛矣乎！

䷠天山遯

説文豚，善走也。智按：古蓋以團爲腯，所謂牲牷肥腯也。腯本作盾，謂其全藏，加辵爲遁諧聲，通用爲遯。遯古作遂，舌頭徵聲。玉藻圈豚行不舉足，亦謂襜圍團欒，藏步不覺也。宙合篇曰豚豚乎莫得其門，猶之團團也。團者渾淪善藏，故與遯之聲義通轉。

遯，一作「遂」，又作「遁」。**亨，小利貞。**

宜曰：盛名之下難久居，得意之處勿再往。物不可久居其所，故變遯退。夫婦老爲父母，亦退位也。全肖巽爲進退，康成以爲逃去之象。世固有覥面而遯，人莫之知，如子見南子遇陽虎者，陳仲弓不忤中人，徐元直不爲操畫計，可知危行言遜，皆小利貞者也。進退出處，士君子感受立方之大消息也。訂曰：臨對遯，大壯反遯，皆曰利貞，爲君子謀也。遯小利貞，其欲化小人爲君子乎！兒易曰：遯十二卦而升，猶屯十二卦而豫也。六月陽盛而觀時知幾，蓋深責人難進易退也。

象曰：「遯亨」，遯而亨也。剛當位而應，與時行也。

玄同曰：君子包承以治否，豈于二陰時而去之，第此時病症未分，雖有和、扁，不得不待其勢定，有待而治，非不治也。遯者，正自治其足以傾否之學也。正曰：否可持，遯不可持。否之小人陰盈且敗，邪正已別，持之尚易；遯之小人陰節方厲，厲而進，邪正不別，持之害矣。故君子舍遯无術。諺云退一步，行安樂法。不獨出處然也。元公曰：富貴場中著著有出身路，如堯之無名，舜之不與，孔子之无知无能，皆遯道也。意曰：遯即乾初之潛龍遯于六十四卦中者也。大過以生死之關中，明遯世无悶之象，子思折中隱怪半塗，而以遯世寫真，與時行也。

「小利貞」，浸而長也。遯之時義大矣哉！

集曰：浸與臨浸相應，本平泯也，而聖人爲君子歎若是深乎！圓圖一陰一陽至二陽二陰皆十六卦，從冬夏至而春秋分也；過此則八卦爲泰、否，四卦壯、觀，二卦夬、剥矣，故于二進時言浸長以慎之。□□〔一〕曰：利禄不入于心，即能宛轉善世。子支父曰：能无以天下爲者，乃能以爲天下也。傾否碩剥，皆本于此。

象曰：天下有山，遯；君子以遠小人，不惡而嚴。

宜曰：積陽爲天，積陰爲地，山起于地，有似陰長，遥望山若連天，登而天遠若遯去者，故有此象。神曰：天在山上，見山不見天，此遯法之祖。凡人就水見天，入空

〔一〕「□□」，底本原爲空缺。

則明，一實則塞；道家就山見天，化實爲空，化塞爲明。故山天大畜，學而聖；天山遯，學而僊。先天所謂山者，後天所謂天。黄疏曰：君子與小人絶遠者，地步高也。

初六，遯尾，厲，勿用有攸往。變離爲同人。

意曰：艮爲狗虎在下，故爲尾象。方圖遯、謙、履、臨四峙，遯尾厲，猶之履虎尾也。以禮臨物，不惡而嚴，謙以退處，世路自寬。厲，潛龍之勿用者在其始矣。正曰：遯之同人，委蛇和光，亦曰救也。救之不可，終亦必遯，是遯尾矣。智曰：顧榮何如張翰。龐德公曰：謂豕斯突，何取于縛，吾寧曳尾于泥中！

象曰：「遯尾」之「厲」，不往何災也。

一一曰：張[金存]、胡昭，孟德不强屈之，文舉復戀大中大夫，此自往取災也。尾不爲天下先，其申屠蟠乎！司空圖已厲矣。

六二，執之用黄牛之革，莫之勝説。音升脱。變巽爲姤。積變乾。

宜曰：姤陰已壯，遯厲可知，二陰既厲，執當愈固。二偶亦坤，曰牛曰黄。艮亦變坤，下陰曰膚，上陽曰革。執與莫脱，艮手象。或謂二比三而應五，陰陽相得，致款誠以挽其去志也。筌曰：剥，陰剥陽，而取宫人之寵以順上；遯，陰驅陽，而取黄牛之革以留賢。老氏云：聖人善救人，是以无棄人。揆曰：二陰爻浸陽也。

象曰：「執用黄牛」，固志也。

一曰：以遯道言之，堯已得舜，由可挂瓢；光武已治，嚴可垂釣。士各有志，君子亦以爲疾固，而彼自固執，亦无傷也。

九三，係遯，訂詁作「繫」。有疾厲；畜臣妾吉。變坤爲否。積履。

集曰：三與上乾同德，然比陰與同體，艮成德止，見爲陰不我害，宜遯而繫，艮手巽繩之象。然二陰浸陽，施由三始，駸駸疾厲逮之，然三乾所以得避二陰之長，以九三止之，畜臣妾吉，畜陰也。初艮下，二巽下，爲臣爲妾，閹寺亦臣妾象。上下易爲大畜，畜象。錢国端曰：姤二包有魚，遯三畜臣妾，否四疇離祉，觀五觀我生，剥上得輿，此可明待小人之道。玄子曰：絳侯、梁公之畜吕、武也。正曰：有遯心而旹者，臣妾則不逮矣。夷、齊之逃也，手不齎糧；公子鍼之亡也，有車百乘。臣妾者，天下所爲係畜也。易見曰：臣妾最不利士君子之遯，士君子不能遯，正爲臣妾顔面耳。

象曰：「係遯」之「厲」，有疾憊也；「畜臣妾吉」，不可大事也。

潛老夫曰：古人有託疾以爲遯者，傷唐虞之往，發廣武之歎，閉户經月，出哭窮途，是以疾憊爲遯者也。信陵近婦人，唐文末年亦類之，況士負才，而處于陰長之世乎！蓋歎翟公書門，尚未悟瘖聾之道。

九四，好遯，君子吉，小人否。變巽爲漸。積乎。

宜曰：初應四，交好而遯，小人不能也。按：乾剛无係，愈進愈吉，從吾所好，好遯也。傳申之，暗點三係，則變否耳。燦曰：吉則容迹皆朝隱，否則終南亦捷徑。

象曰：「君子」「好遯」，「小人否」也。

正曰：君子三讓而進，一揖而退；小人惡退，則以遯爲棄婦也。兩无正非歟，曰救遯者也。周公乎三年徂冬，亦未爲退也；七年制作，亦未爲進也。

九五，嘉遯，貞吉。變離爲旅。積損。

筌曰：五以禮自藏而與之應，潛消其嫉陽之心，詣陽得以周旋其間而不去者，五之爲也。見曰：嘉禮也，及相信時以禮而退，其二疏乎！玄同曰：出處遠近同爲歸潔，稷、契皆巢、許也。益歎留鄴之志，遯乃爲嘉。正曰：所謂伊人，于焉嘉客，萋且之追琢，亦古人之所貴也。

象曰：「嘉遯，貞吉」，以正志也。

郭子和曰：隨而不流，无執也，无係也，无好也。不事于外，正其在我之志而已。意曰：遯必藏于中和，而傳則表其正志。

上九，肥遯，用修云古「肥」作「𩇕」。或作「蜚」。按：九思、易、張衡、曹植皆用「飛遯」，證知古通。无不利。變兑爲咸。

箋曰：四皓、魯兩生也。正曰：山澤之癯而以爲碩人。玄子曰：此特遺世耳，惟孔子无可无不可當之。劉牧曰：處不逃名，遯而不遯；出不榮禄，不遯而遯。

象曰：「肥遯，无不利」，无所疑也。

宜曰：三猶疑于所比，四五猶疑于所應也。智曰：真至不疑之地，騎日月乘雲氣以遊矣。履曰：崔銑謂陶靖節潔身如嵇康而安，遜保如孫登而平，放志如阮籍而法，履謂君平以孝順爲肥，安道以禮度爲肥，玄晏、雲禎皆以篤學爲肥，安往而不得吾肥乎！貴正志耳，又何所疑！

時論曰：陰長之卦，自姤至剥。彖莫不憯懲氣運，厥談攸灼；而象爻爲君子闢坦途，並未與小人以徑路，三十爻中僅以否初二予小人一吉，乃其最盛時小大平分之世也。過此觀反不取陰長之訓，剥且直斷其篾貞，標存碩果矣，況前此陽尚未衰而君子悻悻避匿，不亦果哉！非也。真遯者，非人所覩聞也。剥之順時止以觀象也，遯之與時行以正志也。非當位則跬步即躓，非剛應則轇轕皆偏矣。易意曰：遯非隱高也，匡救嚴焉；偕行非苟容也，自立嚴焉。遇虎簡驢，何其峻而寬乎。司寇客卿，蓋亦環轍後車矣。何也？聖賢之志正于内，聖賢之行合于時也。剛志遯于柔時，非首出无首之龍乎！止與時行，有行天山之外者，去位超然，對治之嚴也；有以素位爲天山者，嘉之、好之、畜之可，而大事不可也。革亦可用也，尾亦可厲也。鄉國枯菀之場，君子之天山僑寓也。地步高矣，何時而不嚴耶！雖然，藏天下而不得所遁，彼無忌之小人亦且窺之，而巧于固位乘權矣。君子以龍遯，小人非如豚善遯耶。遯之前爲姤，則躑躅豕涉矣；遯之繼爲否，肯弭耳而供庖羞耶。彼且不爲我畜，而登峰者苦矣。蓋有畜臣妾之道焉，固其順性，消其厲災，一用一不用，君子有禮以用易。彼雖浸長，如白日中天之法，何哉？彼雖以大地同壞自解，而見在之鄉國屋漏，爲君子所嚴，此終不能自解也。疾至否而

□□〔一〕，此君子小人之介，天地所嚴，亦必不壞者也。四遯于初乎？五遯于二乎？小人終爲自受用所畜，而君子能畜其受用；絶黠之小人終求自解，而君子无容自解，此潛龍之志所以无疑也。若在疑信之交，則君子受僨于小人矣。遯固君子以小人爲藥者也，果如上之遠乎！齊小大，乘雲氣遊乎塵中，不可得染，是真不疑者，其泯古今以爲肥者乎！然君子亦不以此廢萬世之嚴也。

智曰：遯道潛于六龍，人處咸、恒之世，固遯埸也。世已爲吾隱矣，何庸更買山哉！是則是矣，聖人恐人恃此大遯障苟容之面也，故于此象著不惡而嚴之劑焉。末世動以柳下、梁公藉口，豈知柳下不睹不聞之龍遯于介乎？梁公不識柬之，則錢癖之遯藪耳。赤松、衡山啞爲吊□〔二〕，釣臺、黽池將以終南徑之耶！是不容天下有山矣。摩詰之歎淵明即淵明之遠摩詰也，下望之自言鄙吝即其遠清譚也。王曾劾嗣宗，豈能遠放誕乎！故君子陋巷飲水而樂，即遠貪競者

〔一〕「□□」，原本不清，存目本作「止乎」。
〔二〕「□」，原本毀壞，存目本作「詭」。

矣；爻象禮樂爲娱，即遠鄙倍者矣；孟子提出大舜之敝屣，即遠萬世之分香賣履矣。不睹不聞之龍，萬世所共睹聞者也。麒麟之手目，遯于春秋，蓋以觸萬世之揜著也，其嚴乎！故大壯示之以禮。

䷡雷天大壯

壯从爿土。爿，半木也，土生木而析用其半也。字書以爿爲牀，土爲士，取士人居室同息意，更迂屈矣。智按：牀藏壯莊同聲，商徵之通聲也。古反身爲臣，戈以自衛。藏即臧矣，加艸别之。牀所以藏人也。壯，藏諸用也。因有盛壯之義，聲氣極天而遯于禮以爲藏用者也。

大壯，利貞。

□[一]曰：反遯爲壯，實本无妄而四陽連進直遂，故曰大壯。玄同曰：大壯之陽至四始壯，道心微也；姤之陰于初已壯，人心危也。然四陽已壯而不可用，五陽爲夬

[一]「□」，底本原爲空缺。

而猶未夬，其精一乎！仲虎曰：復、臨、泰陽長于内，皆言亨；大壯陽自内而達于外，亨不待言，獨云利貞。天地之道，浸大以漸而壯，是之謂正。禮者貞之矩也。輔嗣云：世未有違謙越禮能全其壯者，故曰大壯則止也。

象曰：「大壯」，大者壯也；剛以動，故壯。「大壯利貞」，大者正也。正大而天地之情可見矣。

意曰：兩呼大者，正名定義，責成愛惜，言外俱見。四陰四陽之卦不言長，觀曰大而大壯曰正，一貴用四之道也。宜曰：壯以氣言，正以理言，大自无不正，君子正所以成其大，故又以正大合言。雷在地中，生機初動，故曰見心，而揚其辭；雷在天上則生物之心盡露，故曰見情，而決其詞。萬物之情終以天地之情正之。潛老夫曰：不正即非大，便與天地隔絶。六十四卦中獨大壯專得乾之利貞，无餘詞焉。此明天地之情以正咸、恒進退之情。

象曰：雷在天上，大壯；君子以非禮弗履。

宜曰：天无上下，以人所不覩聞處爲上。禮者天所秩而用于人，乾在下而雷行在上，履象。處高而呼，聲非加疾，而聞者遠，故君子置身高地，步天路以爲行。横渠曰：克己復禮，壯孰甚焉！野同録曰：禮本于大一而分爲天地者，即本天殺地，列事協藝者也，故履辨其志。此著其禮，禮以制情即以用情，節文適安，而微顯交泯矣。諸子言心亦入玄微，而標天地正大之情，以人倫履禮爲教，則惟聖人正大无漏，它氏反以无漏成偏畸矣。顔聞由己而必請其目，聖學貴博學詳説之約，不以滅爲約，不以荒爲約也。正曰：夾鍾者，日月所由中也。夾與應應，應與林應，故林遡而夾壯三鍾者，陰陽所爲條達反根而致末也，聖人因以制禮樂。潛老夫曰：三十六宮分爲三周，卦中四大于首周著大有，于中周著大畜、大過、大壯，故大有予以元亨，而大壯予以利貞。

初九，壯于趾，古作「止」。**征凶，有孚。**變巽爲恒。

宜曰：卦肖兑爲羊，羊喜觸鬬，壯象。初爲羊趾。遡曰：此卦事權在四，初之有孚，教之孚四待時也。意曰：全剛之初。剛克踐跡，硜硜步趨，而未有博文約禮之學問，以遡于咸、恒之世，則雖忠信一往，其孚亦窮。

象曰：「壯于趾」，其孚窮也。

心易曰：君子以誠感人，不徒以趾取信也，況趾高乎！固知東漢處士、宋太學生，聖人戒之矣。近日之奮挺上坐販聞道者，信步之乎，窮何如耶！

九二，貞吉。變離爲豐。積小過。

宜曰：大壯過剛而二四以柔濟，故皆貞吉。九二貞其剛于己，俟其動于四，正大之情藹然可見。意曰：合二克者，時中之平康也。

象曰：九二「貞吉」，以中也。

筌曰：九二貞吉者三，此言以中，解言得中道，未濟言中以行正，意實相類，但各叶耳。正曰：上經貞吉十三，下經貞吉十二，而大壯爲之中王，上下貞吉之所取中也。

九三，小人用壯，君子用罔；貞厲，羝羊觸藩，羸其角。「羸」，王肅作「縲」，鄭、虞作「纍」，蜀才作「累」，張作「虆」。變兑爲歸妹。積變豫。

宜曰：三四變兑，五互兑，上全兑，皆曰羊，壯爲羝。陽在前爲藩，陰在上爲角，角出藩前，見兑拆爲羸，纏纍也。上陰虛亦繫藩者，由震體變離，震竹葦而離目，織竹葦成目，則藩也。大者壯屬君子，小人因乘而用之。九四爲藩，一防陰之傷陽，一閑陽使不輕進，三觸而往，其罔視小人亦甚已。揆曰：罔者，冥行不明事幾也。

意曰：勢不可用，一用則反施倒置，而敗反在君子矣。小人如羝，計在必觸而怒及于藩，君子恃其不中之貞，則蜀、洛且自相觸。可欺不可罔者，今必至用罔以爲壯矣，反令无憚之旁觀，笑爲蝸角，而盡壞禮法以快其縱横，豈不哀哉！

象曰：「小人用壯」，「君子」「罔」也。

子瞻曰：陽壯則輕敵，陰窮則深計，小人以是爲壯，而君子以是爲罔己也。文介曰：驕陽矜氣，歛之若无，故曰罔也。是大壯克治全力。潛草曰：真小人必詆君子爲僞，必煉鬬狠之鋒，夷、跖並掃而君子遂无法以處之。夫心學名教不分精粗，禮義悦心即消客氣，荒既以包而養好其辨，故于泰、否、遯、壯皆辨君子小人。遯四壯三，以上下之際也。

九四，貞吉，悔亡；藩決不羸，壯于大輿之輹。一作「輻」。變坤爲泰。積變坤。坤宫世。

集曰：四乘乾爲震主，居柔不用壯，故與陰遇而時動无阻，爲藩自決角不羸之象。坤爲大輿指五，輹車下輔軸木，四震于輿下大塗，兑決也。遡曰：大壯三四爲輹，輹在輪輿中，故壯。大畜初上爲輹，輹在輪輿外，故脱。乾輪坤輿，以二畫之約象言之，他爻言壯不言大，此獨言之，成卦主也。

象曰：「藩決不羸」，尚往也。

一曰：前遇陰虚无所阻格，故宜上往，此動固禮也。四不爲觸，則五不爲藩，四戴五，五容四，斯爲善處壯。

六五，喪羊于易，舉正作「喪牛」，陸績作「埸」，鄭爲「佼易」。无悔。變兑爲夬。積萃。

郝解曰：時在陰則陽自失，不待藩也；時在陽則陰自消，不待觸也，得中自无悔矣。五不用上六設藩用罔之計，應二乘四，惟平易以俟之，而剛柔自交；五失其兑，有喪羊之象。蓋謂因時順禮，我无違則，人自不争也，在聖人如堯、舜、禹相禪。若三上，如范睢之傾穰侯。淇澳曰：君子蚤圖，喪其无益之强陽于易，故能收有用之易于舉世難爲之地，是貞也。潛老夫曰：當六爻中，亦可作一人一事歷之，不必拘四陽爲君子，二陰爲小人也。漢高謝羽鴻門，昭烈聞雷失箸，非喪羊于易乎！

象曰：「喪羊于易」，位不當也。

玄子曰：五在四陽之前，必爲陽所勝，故稱位不當，非謂六居五也。

上六，羝羊觸藩，不能退，不能遂，无攸貞；艱則吉。變離爲大有。

朱子曰：畢竟有可進之理，必艱乃吉耳。筌云：凡人處事以爲易則不詳，知其詳无不詳審者，故曰艱則吉。子瞻曰：未有羊羸角而藩不壞者。淇澳曰：人情巧于趨避久矣，羝羊之觸，亦甯武之愚也。三過不入，四載是乘，何非聖人之壯乎！正曰：進一人而使之不可退，退一人而使之不可進，壯中藩外，自謂不疑而不詳者比比矣。

象曰：「不能退，不能遂」，不詳也；「艱則吉」，咎不長也。

宗一曰：人能于兩不能處，一憤竭之，自有能出處矣。艱乃所以詳之。

時論曰：卦中有四大，祐于有，慶于畜，撓于過，而罔于壯，顯仁會壯何過乎，而誡之曰利貞。三居惕位，尤嚴君子小人之辨，斷之曰君子罔也。詩云人之降罔，維其優矣，君子罔則其餘皆優于罔。人用罔以觸我，則有趾有角，有進有退，相馳于憤驕之途；我用罔以觸人，則有征有羸，有喪有難，有厲有悔，有決而藩與輿，則君子小人所共用，惟貞正者得之。貞而不奸，正而不頗，惟守禮者得之。壯于氣者大罔也，壯于禮者大壯者也。意曰：禮者衛道之藩，居身之輿也。不吐不茹，剛柔互用，則轍環矣。壯時戒鬭。三十壯，四十强仕，先伏于三陽時，及泰而壯，氣不無過，小人勇盜，君子勇亂，斯其候也。人無不鬭，而鬭必不可用也；好鬭于内，而鬭必不能往也。鬭智之壯于鬭力也千百，君子曰鬭智者罔念之狂，標宗以相鬭者非克念之聖也。書云不迪則罔，罔非禮也，吾无隱乎履，履即禮矣。惟否爲人禽之關，故曰匪人。匪于否前，則孚于豕，執于牛；匪于否後，則設于神，貫于魚，戰于龍，以无往而不用壯也者。陽道則不然，來于復，養微也；咸于臨，思保也；際于泰，平陂也，似无往而足用吾之壯者。遯、壯所之，俱地火風澤也；遯多吉，壯多凶者，彼止而此動也。嗟乎！三藩對樹，兩角互牾，雖其間君子得輿，亡羊再易，而輿輹居中，輿趾在下，舉高心蕩，交淺求深，將不勝爲咎乎？抑舍車徒乎？初壯用風不可以履恒也，其用火乎？內火吉而外火艱也。二居中可以履豐；上居不祥之地兩不能而艱吉，可以履有也，其用澤乎？內澤凶而外澤平也。角既□〔一〕不可以履歸，易既喪乃可以履夬也，其惟四乎？天一初動而變泰焉，禮卑法地，往尚坤輿，君子所履小人所必□〔二〕也。內揆兩用，外審兩能，

〔一〕「□」，原本不清，存目本作「羸」。

〔二〕「□」，原本不清，依形似作「祝」。

爻戒壯，象善壯，壯用天上，雷乃天行。一陽復者，一善服膺；四陽壯者，四勿時矣。復禮之大壯也如是。

智曰：遯與大畜疊轉，大壯與无妄疊轉，即多識是一貫，即雷行是勿藥。故知禮者以不覩聞履覩聞，而以萬世之覩聞履一室之不覩不聞者也。無所不可而必與生民同德，共復共由之路，心跡互治，即已心跡雙泯矣。豈玄士之以不覩不聞逃乎！大成之畜異端外道也，大人之畜一才一能也。雖曰臣妾，以禮畜之，聽其專精，而禮能食之，則無所施其狂駴矣；獎其才能，而禮能利之，則彼已歸吾範圍矣。履禮者，對時日新，以畜其無妄爲大壯也。恃无妄而行，曰何禮之有，非用壯之眚乎！是故心跡之間離而合之，晉以自昭然後許稱龍遯耳。故聖人表之曰：正大而天地之情可見矣。此面南八卦之首，不言萬物者，表天地之情，節萬物之情也。

晉䷢

潛老夫曰：易遡以分治亂，象正以分仁智，吾謂晉、夷一對，爲明晦交參之學，明此學而治亂皆不變矣。本大壯之禮而旋高履卑者，知窮上反下之幾也。晉摧不食，此獨行之義，所宜時時策人也。不明晦之晉角，此無天無地之剛折，不宜告人者也。明貫順中，則志也、意也、福也、則也皆不息矣。智曰：晉晝則明夷爲夜，人因地而有晝夜也。天豈有晝夜乎？君子之用明用晦也，養日于夜之道也，用明晦而總歸一明，藏天于地之道也。于自言昭，于衆言晦，故衆人不知耳。遯所以晦咸、恒之情，乃所以明乾、坤之性；禮所以明大壯之无妄，即所以晦大壯于大畜。有明此者乎！天下一家而異即是同矣。

䷢火地晉

晉古作晉。王明齋曰：子生日益不同，故从二子日長，會意。按説文作𣈆，日出萬物進。徐鍇曰：臸，到也，隸作晉。以進同聲義，進雋省，正齒音也。日以二至而用明之度，地上見矣。二陸二至也，晝夜卯酉之明晦亦二至也。一進于二即盡于二，虚立進退之故，可以自明矣。

晉，本作「𣈆」，孟喜作「齊」，用修曰躋亦進也。舉正此下有「亨」字。康侯用錫馬蕃庶，晝日三接。

宜曰：坤臣道，日君象。坤瞻離日，日照坤土，有諸侯朝享天子禮接之象。遡曰：康侯即周禮之寧侯。張侯大射，祝曰毋或如不寧侯，則抗而射汝。書曰康功，即民功也。屯、豫之侯取震，晉取坤，坤有土有民也。錫如納錫大龜、禹錫玄圭之錫。覲禮奉束帛匹馬，九馬隨之。離馬坤衆，蕃庶象。離日晉晝也，艮手相接也。方覲延升，一也；覲畢致享，升致命，二也；享畢見勞，升成拜，三也。大行人三饗三問三勞，皆王接諸侯也。離數三，坤爻皆所禮接，亦三接也。意曰：强仕壯進，禮著朝端，乾宫之游晉歸有，天用于地，是人道之極盛乎！然内卦不免摧愁，而上四在君旁，非貪即擅，安得不講用晦之明以成善遯之壯。

象曰：「晉」，進也。明出地上，順而麗乎大明。柔進而上行，是以「康侯用錫馬蕃庶，晝日三接」也。

黄疏曰：離在乾上下曰火，離在坤上下曰明，火者日之氣，明者日之光。乾稱首出，豫稱雷出，震稱帝出，晉稱明出，出者立乎萬物之先者也。宜曰：日明于晝，晦于夜，以地上之見者言之，日何嘗有晝夜乎？人道貴用，順麗貴大，惟言晝統夜而已矣。訂曰：柔進指六五，晉、睽、鼎皆然。離所以離者柔也，南面而聽取之。

象曰：明出地上，晉；君子以自昭明德。

□〔一〕一集曰：人立地上以用天，天之大寤在夏；後天繼乾用離，即明出以藏其无出无入者。下學而上達，秉教而經世，此人生日用表法也。莫睹聞于不睹不聞，自昭其本明者當晉之時，君子豈以聲華浮榮耶！龍溪曰：慊曰自慊，復曰自復，明曰自明，皆非有待于外也。良知即明德，致良知，昭德之學也。正曰：詩、書所論明德備矣，以帝堯之明德而猶難于知人，三接康侯，何鑑而憑之？曰我自昭明也。詩曰爾德不明，以无陪无卿。故己德不明，則視天下皆无賢人矣。

初六，晉如摧如，貞吉；罔孚，裕无咎。變震爲噬嗑。

玄同曰：晉初即巽，巽隕故摧，摧即離，離恤故愁。三即兑，兑悦故允。摧愁俱覲時寅畏意。罔孚者，初于五爲間爻。裕寬也，即豐旬日義。集曰：四互坎艮以生蹇，雖初正應而爲之憂，故有此象。初當始進，其順未孚，寬裕以需，自可无咎。

象曰：「晉如摧如」，獨行正也。「裕无咎」，未受命也。

〔一〕「□」，底本原爲空缺。

□〔一〕集曰：獨行正者，不求通于權門也；裕无咎者，在下未受其禮命也。優游由己，豈世途之可摧耶！郝解曰：孔子、陽貨是已。

六二，晉如愁如，貞吉，受兹介福，于其王母。變坎爲未濟。積睽。

二指五爲王母。遡曰：承剥五來。以宫人寵，王后也。剥變晉而五位之陰不變，前卦之王后遂爲後卦之王母矣。坤爲上，胙土之君爲侯，初二三俱受福之康侯，而二應五，故于二言受福。温公于宣仁后足以當此，竇章于竇太后時，亦善愁者乎？正曰：君子之受寵命，如避之而不獲也，此愁如之福也。

象曰：「受兹介福」，以中正也。

一曰：獨行而未受命，是自昭也；中正而受介福，是自昭也。

六三，衆允，悔亡。變艮爲旅。積有。

一曰：坤爲衆而德信衆，允象。初二貞，反之身也；三衆允，徵之民也。郝解曰：玩象康侯似爲九四表者，故云摧如愁如。伐邑皆以四之故。六五文能附衆，

〔一〕「□」，底本原爲空缺。

明能知人，故燭鼠竊之奸，集康侯之衆，以對賊臣。六三以方伯率諸侯勤王，衆允受命，與上伐邑，鼫鼠伏辜，所以有蕃庶之錫，勤王之功也。

象曰：「衆允」之志，上行也。

一一曰：不暱四而從四，上麗大明之君，是衆志所同，矢上行之志則衆信矣。位雖不中正，而處順極晉麗，是亦自昭也。

九四，晉如鼫鼠，子夏作「碩鼠」。貞厲。變艮爲剥。積變大畜。乾宫游世。

集曰：坎隱艮鼠，互爲蹇難以阻其晉，己貪而妬人，故有此象。詩所譏也，玄子非之，亦非也。智按：説文誤以鼫鼠爲五技而窮，故張揖、崔豹遂曰螻枯一名碩鼠，邢疏亦謂蔡邕合之，而後人遂誤以鼯鼫爲一物矣。爾雅鼫爲鼠屬，于鳥篇則曰鼯鼠夷由，則非一物明甚。陸璣曰：河東大鼠人立。或曰：雀鼠即拱鼠也，鼯曰飛生鼺。此取象貪，直謂大鼠可也。正曰：莒僕殺紀公，以寶來奔，宣公欲與之邑，季文子流之是也。

象曰：「鼫鼠貞厲」，位不當也。

一一曰：人爲貪根，不在富貴之位，猶爲王法鄉黨所明防也，能自摧愁，則地上之實學足順麗矣。太倉鼠歎，便伏上蔡黃犬之悲，時位相湊，貪心益長，況乎寃賢鉗世，巧據捷收之學術，小廉曲謹，笑爲理障，圓通受用，餙其鄙夫以夸見地者乎！此時未必至此也。聖人防之曰：不待終來衆伐，厲可知矣。倘使飲河適腹，何傷于貞！是不當以畜貴之、位陷之也。初之摧，其傅嘏之疎何、鄧乎？二之愁，德宗令泌避元載乎？咸、恒、遯、壯所戒者貪，世值順明，貪寵尤甚，口昭明德，自便其私，恃有失得勿恤之君，善包容處置之耳。

六五，悔亡，失得勿恤，孟、馬、鄭、虞、王皆作「失德」。往吉，无不利。變乾爲否。積小畜。

邇曰：失得皆離象，麗則得，不兩麗則失。旅五一矢亡，即不兩得之意。仲虎曰：用其明于計功謀利之私，則明反爲累矣，故失得勿恤，明道也。繹曰：比顯而失禽不誠，晉亡而失得勿恤，所以往有慶也。郝解曰：高明柔中，何悔之有！四雖攘下竊上，勿憂其失，衆志不允，亦終得也。由此而往，以明伐罪，則鼫鼠伏辜；以明賞功，則康侯承寵矣。

象曰：「失得勿恤」，往有慶也。

□[一]集曰：大明之世，君以徽柔藏明，虚中兩麗，善用薪火，與衆明之，故因天下之名利即消天下之名利，清者加進于禮樂而忘其廉隅，濁者自進其才能而化其鄙悖。勿恤者，慈母之保赤子也，而爲衆父父之道寓之矣。

上九，晉其角，維用伐邑，厲吉无咎，貞吝。變震爲豫。

孔仲達曰：西南隅爲角，日經此而昃。程傳曰：伐邑，内自治也。意曰：坤方自然有角，而勿恤則圓之矣。宜曰：上諸侯有功，進爲方伯，而專征伐者瀆則凶厲，不瀆則无咎，先文德而後武功之義。郝解曰：牝牛之上有角象，東方之宿亦曰角，天問曰角宿未旦，曜靈安藏是也。離甲胄，故用伐，鼯鼠有罪當問，與五同體，是爲私邑，四在地上有邑象。動兵邦内，故厲；君正臣罪，故吉无咎。雖得正而不能化貪，故爲明世之吝。

象曰：「維用伐邑」，道未光也。

集曰：五雖明而錫恩有餘，運感不足，諸侯賓服而君側有不掉，是未光也。晉貴乎

［一］「□」，底本原爲空缺。

明，苟知位不當與道未光，即知所以自昭，非必以伐邑之厲爲非慶也。反而爲明夷，且有征誅，寧與明德有二哉！淇澳曰：維用伐邑，純臣之道，墮三都也。曰道未光，未行于天下也。郝解曰：或疑大明之世不宜四爲貪權，然爻以一剛梗純坤，當五位之前，互坎險艮徑虧明順之體，其象昭然。或曰上剛居外而伐之，然道未光，非指互坎壞離者而誰歟！智曰：易无典要，不可執一；與民同患，故盡情僞。咸、恒、遯、壯之人情，正歎此一貪根。而鄙夫據非據之位，但護大同之皮，昧治教之實，周旋卦名，不達反因，則後世之鄉愿，與无忌憚合而爲一，盡世皆狼鼠矣。失得勿恤，君道也，即本體也。然不礙有摧愁上行伐邑之事，正所以自昭也。

時論曰：火歸天、水歸地者也。上經五卦爲水天需，先天所起也；下經五卦爲火地晉，後天所繼也。故坤遊需，乾遊晉，伏對輪也；火天大有，火地晉，歸轉輪也；火地晉，地火明夷，旋轉輪也。凡測圓必三輪，候氣必三際，平約表景，在乎二至，三明于兩，止有晝夜而已。夜用于晝，晝以日明，故晉表明出地上，晝日三接之象。離曰繼明，乾曰大明，乾、離同位也。乾曰大明，晉亦曰大明，天地同繼此日也。日之明無晝夜，而因地上見之，有出入也，是大明乃通晝夜者也。帝王法之，用在地上。變從觀來，貞觀在上，千百君侯化焉。上行進離，南面相見，嘉禮恩錫，交接尊親，文王此繫，寫被格之圖乎！君子曰：晉之君如晝則親賢寶善，三饗三勞，朝覲會同，以頒毛馬之典；晉之臣如晝則不遑日昃，同類共升，勿負首鼠之譏，自昭明德，非待于外，豈借暉竊照者乎！然依末光者不乏矣。人亦自有静躁之懷，廉貪之趣，憂喜殊遇，福德異致，衆寡各别，總在乎明主覆容，失得同觀可也。意曰：大有與晉皆剛而用柔之主，威信天下而公用亨，厚容天下而康侯用錫，得天地文明者也。五之休否，明于危安，錫衆類矣。初趾不行，二輪尚曳，而内裕憂勤，皆以摧愁在明世之宥，初命未受，猶之二受福也。獨行于下者自忘其苦，中道表衆者福介于兹。尼山不讓于在兹，塗山不忘于釋兹。生黄道之地，伏文明之田，吾受賓餞之福，中正而敬時矣。如保之誠，故言坤母，明親之表也。三敬其時，主伯亞旅以趍平秩。罔孚者信矣，摧愁者行矣，與衆同志者也。四剥膚，上冥豫，非不明也，彼恃一得之明而謂鼠竊角觸爲无妨者也。自處若穢者敗箴，矜高不下者蔽黨，不自昭而耀人，安得不至操戈入邑，覆隕景運耶？傷哉！殆天所以煉君子夫！

智曰：天地主日，五行尊火，火象惟離與晉稱之曰明，而雜卦曰晉晝也，貴人道之用也。禮以辨爲養，君以照爲臨，康侯三接，履于朝端矣。自昭者，禮運之順實也。行正于獨，福受于中，志允于衆，皆朝端之優優，風天下之屋漏也。失得勿自恤矣。雖有貪逞，其能掩衆辨乎！衆辨而沍衆，可以用晦矣。方圖之大有、晉互相南北，此二陸之日表也。日夕之惕，惟離繼之，故必觀明夷，始信易圖、洪範爲君子通晝夜自昭之學。

䷣地火明夷

全曰：夷本乂字，从大从乂，謂人力治土則平也。説文从大弓，鄭氏以爲弛字，从也从弓。弛迆通聲，遲徲雙用，古呼圓庳爲鴟夷，即遲徲也，因有平夷、荑夷、誅夷諸義。淺喉爲支微，皆來之餘聲。卦取晉反，而夷傷其明耳。

明夷，利艱貞。

野同録曰：進必有傷，故知明必用晦，晝必以夜養之，此生克互用之旨也。仁人君子傷盡天地之心，正志平行反能傷物，而物不傷焉。生于憂患，惟利艱貞，咸、恒進退貞于□[一]晦之一而已。宜曰：離游變四，上既掩日，水下滅火，明所以傷也。火旺于南，坤中而司西南以接之，即以因之，有受傷之義。彖多言利貞，貞在艱內；明夷利艱貞，特書也。

彖曰：明入地中，「明夷」。内文明而外柔順，以蒙大難，文王以之。「利艱貞」，晦其明也；内難而能正其志，箕子以之。鄭、荀、向作「似之」。

野同曰：古人爲善世而教人正志，必引故實以徵之，繫詞引伏羲、黄帝、堯、舜，明夷引文、箕，革引湯、武，驚心中古，故危其詞焉。其實卦卦爻爻皆天道，皆可人事徵之也。一經三對傷之矣，明受其夷道不可以直用，仁者藏其心，知者藏其則，故傳以事當之。初見幾，是伯夷、太公也；二離主承坤，文王也；三明極當暗交，與上敵，武王也；四居暗下，乘明之際，應初比三，歸周之微子也；五居坤中承暗主，箕子之艱貞也；上，紂也。時貴艱貞以身傳道，故不及比干。聖人能保身，而保身非聖人事。中五艱貞，歸箕子者，箕更難于文也。文因衍易，箕因傳範。聖人患

[一]「□」，原本漫漶不清，存目本作「明」。

難，自繫斯文之會，有天意焉。

象曰：明入地中，明夷；君子以蒞衆，用晦而明。

正曰：日行艱貞在于宵夜，歲行艱貞在于秋冬，君子禍不改素，阨不變志，日夕考德，火滅乃敬，雖有宵夜不廢學問，曰是出入昧暘者，日月之序云耳。智曰：以殷、周之事指之，亦一端也。請以文、箕、周、孔之學指之。初則礪志集義，憤竭忘食不顧主人之言者；二則拯馬順則，欲用而傷心者；三則大得，遊南用北之權，而不以迅疾自矜者也；四則出門庭而變通者，兩言左，左藏右用，屈即是伸也；五則建範以用變易不息之明；上則不落明晦矣。然終以建範爲用中之極則，而太上單言不落者，反執一而失則矣。向上一路，千聖不傳，千聖不然，君子曰非斯人而誰與！會天下以爲己，慎獨即蒞衆也。乾、離飛伏，全入于坤、坎，天在地中，可立可權，非用晦之明，豈能極明明之用耶！

初九，明夷于飛，垂其翼；君子于行，三日不食。有攸往，主人有言。變艮爲謙。

一曰五爻皆著明夷，惟上不言。莊叔筮叔孫穆子之生，遇此爻，楚丘曰：日之謙當鳥，日動日行；當三在旦，曰三日不食；火焚山山敗，敗言爲讒。實按離爲鳥，晉反而夷矣，角高者翼垂矣。卑遠之臣義無可留，以不苟去者自爲，而以悻悻窮日。明三日不食者，遺主人以口實，主人之過分矣。古人去國不潔其名，往往若此。明乎遠遯不由軌路，故狀之曰于飛；驚弦墮地，故狀之曰垂翼。震塗艮徑，行象。三日離象。坎爲食，變艮反兑，不食有言象。主人指上。郝云往則依二，二爲離主。

象曰：「君子于行」，義不食也。

一一曰：亂邦不居，豈食其食！於忽操曰：吾于饑而後噫。

六二，明夷夷于左股，子夏作「睇于左股」，京作「眱」，馬、王作「左般」，姚作「右槃」。用拯馬壯，吉。説文、子夏「拯」作「抍」。變乾爲泰。積變升。

宣曰：咸以三爲股，取巽取序，此以坎爲股。股即尻也。左位陰，二四同。坎馬曰壯，非老非少，則壯矣。二外臣曰左股，内四臣曰左腹，夷股猶淺，故用拯救。羑里夷左股也，用泰顛、閎夭拯馬也，得專征伐而吉矣。初易飄然，二在勢中，義難可去，天下事尚有可爲。聞雞起舞，鼓楫中流，亦其類也。

象曰：六二之「吉」，順以則也。

意曰：隨順常易失則，順以則，是用晦之可法者也。詩歌文曰順帝之則。

九三，明夷于南狩，得其大首，不可疾貞。變震爲復。積師。

宜曰：三離成而位牧伯，以明治暗曰南，坐坎田而肖師征曰狩。大首指坤所伏之乾，喻君側之奸不可以不除者也。如湯伐韋、顧，文滅崇、密皆是，不獨指武王。不疾則從容中節，无齒馬投鼠之嫌矣。武以不疾爲貞，箕以利艱爲貞。

象曰：「南狩」之志，乃大得也。

訂曰：除暴救民，時乃大得。孟子曰有伊尹之志則可。初曰義，二曰則，三曰志，皆以一字明之。意曰：湯武之志但可言得，文箕之志始可言正。得者即犯不可疾之貞，正者乃存不可息之明。

六四，入于左腹，獲明夷之心，于出門庭。變震爲豐。積解。

宜曰：變巽入坤爲腹，四心位，門庭，坤户象。反艮爲出象，坎游持世也。初，異姓之臣也，四在門庭内，故不曰行曰出。玄同曰：四曰獲心，心必如是而後盡；能入左腹，所以能出門庭。醫書心在左腹，謂左爲血也。一曰離居坤左，氣右故入象。

正曰：四爲明夷之豐，日月之光未有食者，或蔀之而憂生焉；日之不食于月，猶明之不傷于地也。月退而入日之左腹，則日出而明于月之右庭；日進而入地之左腹，則地退而日出于東方矣。故明而不傷，明夷之心也；用晦而明，明夷之意也。豐蔀之宜中，明夷之宜出，君子所以敬慎而不懼也。

象曰：「入于左腹」，獲心意也。

玄子曰：孔不以去貶仁，仁之權也。孔子去魯以爲燔肉，以爲女樂，皆未入其腹也。蓋自成之不墮，而夫子之去志決矣。稱彼婦者，以是覆桓子，義不可絕，不必聞于鄰也。于是十四年不反，後以康子歸，歸亦不仕矣。後世若申公之去，亦所以全楚元王也。一曰：舜之陶漁，季札之遊，皆以出門庭爲左腹者也。

六五，箕子之明夷，蜀才作「其子」，「其」即「箕」。趙賓作「荄滋」。利貞。變坎爲既濟。積困。

一曰箕子，紂諸父。商禮兄終弟及，箕子嘗勸帝立微子，不聽，竟立紂；及比干誅，微子去，天下望屬一綫，故紂忌極矣。坎獄心病，爲奴佯狂之象，卒以免禍，傳洪範于周，内難正志，以陽明用陰晦，而萬世之學明矣。正曰：易有箕子何也？周公之學蓋多得之箕子也。

象曰：「箕子」之「貞」，明不可息也。

浮山聞語曰：箕子激而爲比干，則洪範之學絕矣。皇極不建，則太極亦渾侖誤人，誰明道法以證易乎！古人云死易，立孤難，節烈以成艱貞易，而艱貞以明天人之學難。此二五爲中，文、箕所以當之也。窮上而言明本不息，不明不晦，必至失則，而乾坤或幾乎息矣。

上六，不明晦；舉正作「至晦」。初登于天，後入于地。變艮爲賁。

郝解曰：坤極爲日没于地之象。詩云殷之未喪師，克配上帝。紂以失則而亡，此爻爲夷主也。宜曰：六二受人之傷，以順則全明；上六傷人之明者，以失則入地。反晉爲夷，亦物理也。□□〔一〕曰：以用晦而明之至體言之，謂之不明不晦可也，謂之无天无地可也，然體在用中，必以出入當明之則，就世間之象，相傳不息之火而已。

象曰：「初登于天」，照四國也；「後入于地」，失則也。

訂曰：文順則而興，紂失則而亡。楊用修云：文王明夷，則主可知矣；仲尼旅人，

〔一〕「□□」，底本原爲空缺。

則時可知矣。關鍵曰：入地，无明也；登天，无无明也。野同録曰：則者□□〔一〕，圜在範中矣。老子專取用晦以言黑齒，而流至以苟且全身爲明哲，則失則矣。深推一不明不晦之大身，而流至荒蔑倫物以自受用，聖人能无憂乎！洪範五行坎北，而五福六極在離南爲正用；巽五紀，艮庶徵，以兩天道夾震八政之人道于東；乾三德，坤五事，以兩人道夾兑稽疑之天道于西。要之，以善化惡，因二貞一，與易證明爲人君止于仁，爲人子止于孝，此一切見成之則也。周、孔之尊箕也以範，考亭之有功周、孔也亦以範，故繼家人以言行範家，睽以同異範事。

時論曰：明之在天本无夷時，而曰明夷，誅也，何耶？律中夷則，言陽氣退以平而申賊萬物也，太陽不能振美于辰而爲陰所申堅也。地居外凡八皆吉，今居悔而成夷；火居外凡八皆亨，今居貞而反夷，總之舍火取日，思晉傷明。日一北而萬物生，晉象也；日一南而萬物死，夷象也。離交天爲大有、同人，離交地爲晉、明夷。同人，朋友之親；明夷，君臣之誅也。明體宜出而掩之使入，則世傷其闇，高敢不

〔一〕「□□」，原本毁缺，存目本作「範也」。

局，厚敢不蹐，初二當之。火性炎上，入而蔽之使下，則土傷其鬱，百川沸騰，山冢萃崩，上五當之。雷與電，合章之氣；雷與日，來復之候也。電光失曜，一陽式微，則傷及于雷；震電不寧，日微孔哀，三四當之。文王翼翼然曰利艱貞，周公以五引箕子，而當時寓之；孔子贊文與箕，而興亡寓之。臣子之艱可嘗顯引，君父之變間以寓言。夫上曷爲乎明夷主也？上之賁，殷人尚白之運終矣。三復而南狩也，誓及于三，孟津十有三載，不可疾也。我周文明大器，固蘊結于晦時矣。内卦，文、武十亂之事；外卦，商紂、微、箕之事。内周者，勞謙之有終，大來之交志，出入之无疾也；外殷者，夷主之豐蔀，殺牛之禴祭，致餙之亨盡也。于飛垂翼，則飛廉、惡來；飛而擇肉，而羑里之服篸也。于行不食，則天棄汝不有康食，而周召畢散，我亦多瘠也。攸往有言，釋西伯矣。左股，内文明也；用拯馬壯，外柔順也。戡黎遏密，豈剪商耶？三分有二，馬則壯矣。以服事殷，天王聖明之則也。四處夷之一間，可入亦可出也。祖伊之奔告乎？膠鬲之觀兵乎？少師之咈耇乎？未也。拔壁焚櫬之是獲乎？抑抱祭器之是獲乎？心意果獲，則明不可息者所獲同也；不見身世，則捐身存身其心同也。微、干一去一死，何礙亢躍？而箕子獨以範合文圖，皆演文明于商之末世，以正萬世之志，此其所以當中五乎？通易之變能轉天地矣。乾至明夷三十六卦，暗符六六之數，故文王彖艱貞，周公舉箕子，孔子並舉之，前聖後聖一心，文不在茲乎？嗟乎！知天下之莫宗而晦于韋編，雖不逮十三祀之訪，而萬世爲土，烈于朝鮮矣。曾子固且以箕子比玄，而百原皇極遂無訪者，抱道不遇知己，皆屬明夷，不在禍亂也。徒死禍亂，亦曰失志。

智曰：明夷與无妄介于冬春，此帝出之關也，即憂惕之場也，惟危乃微而无妄日新矣。易與洪範並明于商、周患難之中，非天地所以造中土之心學乎！彖曰文明，象曰莅衆，知在患難無所苟避，惟以斯世自煉其生死而已。履曰：汨羅之騷，柴桑之詩，時乎明夷而傳于世；朱虛之經典，鉅鹿之琹歌，時乎明夷而不傳于世。中倫中權，無可不可，較然不欺其志，皆箕子也。貴知易、範之所以然，而中其當然耳。汗牛充棟，愈益其非；不落一字，巧藏固陋，以語文明不息，遠之又遠。

家人䷤睽

闢子明曰：明乎外者物自睽，明乎内者家自齊。孔子以外内言之，明晦之用具矣。遡曰：中四爻一陰一陽爲夫婦，下再陰再陽爲父母，上下爲家象。悔則陰陽再見而相乘，乘則乖，故睽也。訂曰：外疏之也，故二女有二心；内戚之也，故一家如一心。潛老夫曰：二對俱有離，景元所云坤統三女，坤主離用事者，吾因曰此下經首六之中二對，表四明之法也。亨則明溢于外，塞則明藏于内。智曰：禮合外内，雜卦顛之，豈无謂乎！ 禮辨異而詳用合敬者也。同異者，言行之辨也。

䷤風火家人

戴侗以家从宀从众，閦以众得音，蓋古族字也。魏、王從之。説文从豭省，謬甚。伯琦曰：家與牢同意，牢牛屋而借作牢獄，家畜豕而借作室家也。急就章家伏几也。合考古篆，有从豕、从犬、从身者，古家麻歸魚模韻，讀家爲姑，即吾字之聲義也。

家人，利女貞。

文中子曰：明内齊外，故取家人。郝解曰：傷外反家，文王釋羑里爲西伯，敬止緝熙，刑于寡妻，至于兄弟，化暨江漢汝墳，二南作而周道興，卦位東南，巽離亦其象也。孔子教伯魚以二南，人道齊乎家，相見乎國與天下矣。火以安薪，風以轉教，知所自而言行尠其有矣。遡曰：毛裏天屬，義無可解，婦姑人合，易至勃谿。自昔城傾家索，恒基女德，姑姑婦婦，由我各正，巽上離下之序也。神曰：木能生火，火能焚木，一家之人互相生克，知和而和咎矣。意曰：人倫以明別爲風火，不貴闇沕，非可混沌，其咸、恒而高言用晦也？六卦之後詳舉家法，心跡互治，微顯乃平，故以反身爲本。

彖曰：家人，女正位乎内，男正位乎外；男女正，天地之大義也。家人有嚴君焉，父母之謂也。父父，子子，夫夫，婦婦，而家道正；正家而天下定矣。

一集曰：文王曰利女貞，孔子曰男女正位乎内外，觀厥刑於二女，此唐、虞危微之心法，而定天下之治法也。序卦斷自天地，故表天地之大義即未有天地前之所以然。有物恒有則矣，中節恒中和矣。父中父之節，子中子之節，夫婦中夫婦之節，即物則也。一用于二之道也，聖人𧈧于圖書之奇偶定其分矣。朝廷義勝，不期嚴而嚴，故言交泰下濟；家庭恩揜，不期狎而狎，故曰有嚴君焉。家道莫惡于忤，故貴巽；男女莫惡于亂，故貴明。既患無嚴君，而尤患无嚴母。芘子弟之惡，養家衆之奸，父所不及察者，惟母嚴而後家无隱慝。故曰家有嚴君，父母之謂。至哉聖訓乎！幼清云：上九居一卦之上位，象父母。陽象父而亦象母者，儀禮饋食篇妣配考同位，不别設位也。

象曰：風自火出，家人；君子以言有物而行有恒。

邵子曰：火自風，風者火氣之所化。李西溪以爲槖籥之火。野同録曰：五行惟火無體，二土合水火皆氣也，氣皆風也。大地皆風所鼓，人身皆氣所凝，而所以爲氣者即所以爲心者，故心如風，一切風教風力皆從人心轉。聖人知風之自，火必用薪而明，明其名分，而言行始安。故以家閑其人，人反其身，以有物有恒定言行，而萬世之夫婦，公視公聽，巽入此命，即足轉其无方无定之心，而閑天地之家矣。圓圖家人、漸、婦妹、解四峙，方圖恒、巽並峙于中，故有此象。茶即當名爲茶，飯即當名爲飯，此言有物之類也。父坐子立，男女有别，此行有恒之類也。修武曰：

道與德爲總名，而仁與義爲實用，此物其言而淫詖无因入矣。孝經曰口无擇言，身无擇行，言孝則終身之言行滿於天下，皆孝道也。此恒其行，而奇衺无因亂矣。

初九，閑有家，悔亡。變艮爲漸。

宜曰：初上皆剛，域中爻于内，初防閑，上信畏，序則然也。閑在大畜體艮，家人變艮，艮爲門閑，爲門閾，于文門木爲閑。初有家者，有物有恒之妙有也。聖人教人有其當有之家，即是无思无爲之寂感，何容贅言无乎！

象曰：「閑有家」，志未變也。

程子曰：閑之於始，家人志意未變動之前也，變而後治則傷恩矣。詩刺敝笱，特書祝丘，因變以閑萬世之家，豈可少乎！　正曰：莊公娶齊而丹楹刻桷，匠慶非之；哀姜且至，公命大夫宗婦覿用幣，宗展辭焉，慶、展知所閑矣。

六二，无攸遂，楊震傳作「由遂」。在中饋，貞吉。變乾爲小畜。積巽。

宜曰：卦主陰爻，故二吉。四大吉无攸遂者，婦順也。凡進食於尊長曰饋。鼎火烹飪于外曰享帝養賢，家人火烹飪于内曰在中饋。蘋蘩祭祀則饋事之大者。二中象，坎酒食饋象。彖利女貞，惟六二之中正當之。蒙五變巽，事師之道；漸四體巽，事君之道；此應巽，事夫之道。象正曰：古者公侯夫人與于賓祭，詩曰君婦莫莫，爲豆孔庶，爲賓爲客。又曰諸宰君婦，廢徹不遲。故舍中饋無復遂事也。周公之衰也，用舍予奪，比謀于婦人；十月之詩，首述卿士、司徒，而終以豔妻煽方處，是則卿士而下，皆豔之方煽者也。瞻仰之詩曰婦无公事，休其蠶織。蠶織之與中饋，適相佐也。爲君子不通詩義，必有女禍，蓋謂是歟。

象曰：六二之「吉」，順以巽也。

離得坤之中，順應巽之制，即飯食中亦自有節制在。

九三，家人嗃嗃，荀爽作「確確」，劉瓛作「熇熇」。悔厲吉；婦子嘻嘻，張揖作「嬉嬉」，陸績作「喜喜」。終吝。變震爲益。積變焕。巽宫世。

集曰：説文：嗃嗃，嚴酷貌；嘻嘻，太多之聲。玉篇：嘻嘻，和樂貌。韻會以爲嘻笑，欸欸即嘻嘻，以喜爲聲。玄子取宋王回，謂重剛卦无嘻笑理，拘矣。震之初九重剛，亦以震來虩虩，笑言啞啞爲象。此爻變震，故亦酷狎同舉，即彖表嚴正之義也。子瞻曰：以陽居陽過於用剛，人見其悔且危也，而矯之以寬，則家敗矣。故告之以終吉，戒之以終吝。

象曰：「家人嗃嗃」，未失也；「婦子嘻嘻」，失家節也。

一曰：太嚴太寬，兩皆非中，然嚴終未失而太寬則失節矣。特著家節，以明持世恒物之終。上九威如終吉，與此正應。

六四，富家，大吉。變乾爲同人。積變訟。

宜曰：四五陰陽之尊者，于家爲堂上，于國爲王后，然王后與臣庶之家一也。巽入而陰嗇，故有富象，諸卦四爻无吉于此者。慶衍螽斯，履綏樛木，何加于順哉！牝晨家索，非富明矣。故曰善富家者不寶珠玉，四之富非富而富也。父子兄弟各順其位，而不相踰越，所謂家之肥即天下之肥也。

象曰：「富家，大吉」，順在位也。

二之貞吉曰順，四之大吉亦曰順，婦道盡矣。小畜九五稱富，泰六四、謙六五稱不富，以陰虛也。此能翕受陽之實，而又不以自有，順歸之陽者也。位即象正位之位。□□[一]曰：父主教化，母主貨財。儀刑表率，父道也；收藏謹節，母道也。

[一]「□□」，底本原爲空缺。

故王言假家，四言富家，父母之道也。

九五，王假有家，「假」音格。勿恤，吉。變艮爲賁。積未。

玄同曰：萃王假有廟，此王假有家，知承祧裕後，神明合莫，王道之本也。訂曰：舜格於文祖，公格于太廟，格假互用可證。初閑有家，家道之始；五假有家，家道之成。變艮有各正其所之象，正家而天下定，故不待憂恤而吉也。

象曰：「王假有家」，交相愛也。

子瞻曰：假，至也。王者以天下爲家，家人之家近而相瀆，故嚴推別遠，以存相忘之意；天下之家遠而易忘，故簡易勿恤，以通相愛之情。此稱其德，論天下之家焉。君臣欲其如父子，父子欲其如君臣也。楊廷秀曰：以文王爲君，大姒爲妃，王季爲父，太姙爲母，武王爲子，邑姜爲婦，其無交相愛乎！无憂者，文王勿恤也。彖言嚴，此言愛，嚴能生愛，禮中有和，此之謂家道正。

上九，有孚，威如，終吉。變坎爲既濟。

集曰：孚則人自爲閑，初齊其家而上則家齊矣。人信其家如信其身，豈以无所事事而遂弛其反身之威如哉！正曰：既濟終亂，患生于忽暱也。君子之敬其妻子婢媟，皆如其始至焉。

象曰：「威如」之「吉」，反身之謂也。

子瞻曰：上之所信者三也，兩剛相臨，是以終身不忘畏也。傳曰畏威如疾，民之上也。故畏人者人亦畏之，慢人者人亦慢之，此之謂反身。仲虎曰：嗃嗃之嚴，有悔而吉；反身之嚴，終吉无悔。野同録曰：反身謂何？言有物行有恒之謂也。威如謂何？不睹不聞之謂也。身中亦有家焉，反則知之。人必不免于家，家必不免于身，身必不免于心，心必不免于身家，猶火之必不免于熱，風之必不免于吹也。聖人著反身齊家之道，即以身家泯身家矣。彼矯枉已甚，以泡電舍之，勢先泡電其帝王之家法，而終歸于不堪，豈中道哉！別路激反，如蠱上者，猶當論其志焉。

時論曰：乾坤之家，長中女合爲家人、鼎，中少合爲睽、革，長少合爲過、孚。長能率中，非難率少，蓋巽德勝于麗悦，而巽必用明也。明晝夜之道者，家人乃最親切之晝夜也。觀其位置，凜曰嚴君，潔齊相見，巳午合禮，唱隨嫡庶，蓋天地之大義截然有制者也。陰者陽之助也，家人貴女正，本于男正，内不出，外不入，可和不可亂也，可交不可瀆也。天位外，地位內，日主晝，月主夜，家有天地焉，身有天地焉。初秉家督而上師義方也，二婦五夫也，三兄四弟也，家天地位矣，身天地嚴矣。火生于木而焚木，風出于火而滅火，善用則交愛而享利，不善用則交攻而煽害。君子于言行嚴之，嚴夫議論驚四海，而妻子或窺隙也；事業掩大庭，而夢寐或愧屋漏也。意曰：嚴君非聲色也。人各有家，豈有不知閑者？然閑于末何若閑于初，閑于外何若閑于志，閑于變何若閑于未變乎？威于貌何若威于孚，威于人何若威于身乎？雞鳴櫛笄，雍肅之端，女婦漸吉，閑始此矣。大夫无遂事，臣道也；无攸遂，妻道也；奉天養役，地道也。奉訓長女，資其巽畜，以事所天，酒食是議，內則之命在焉，閑之威之，多起于奧內嬉笑之細矣。梟鴟厲喈，嘻嘻始之，抱子提命，毋寧嗃嗃爲有益乎！借耰之色，勢必誶箕，怨起分財，蕭牆戎莽，三事即修，同人一志。父母在不私財，所以順嚴君也。真富家者天下肥矣。交愛在乎勿恤。慶此文明，思齊其王假之頌乎！既濟知節，終此乾坤之咸、恒。堯以釐降觀刑，夫子以二南訓伯魚，孚威而各正也。嚴父傳家，反身終矣。世一家也，心一家也，誰不在此家中？所貴聖人爲天地治家耳。但云家本自治，而又掊擊治家者乎！無不離有，故有物有恒，有閑有節，後世嘻嘻以自便，而悍掃坊表，偏匿畫前之無分别者，將以知母不知父之洪荒爲道耶！且唾奠雁而麀之矣，率獸女禍，神人妨此午會，豈無故哉！

智曰：咸、恒造端，止表身心畢矣，而閑家之法，復著于履禮昭明之後，禮不厭詳也。羑里之易衍，而關雎之樂奏，則易與樂皆履于禮矣。釋論申齊家之五僻，親愛爲首，威克厥愛，可不嚴乎！煽處家國，勢必揚燎，而綺詞滅禮，助播恒風。凡言自嚴其心君者，正以肅比屋之嚬笑者也。其如曲逆累騎之言行，陀須解嘲，學士艷之，灰壓郤冀、石奮之面，何哉？言有物，行有恒，聖人之神于用迂闊也。

䷥火澤睽

説文：睽，目不相視也。从目癸聲。止菴以癸从𣥠從亐，步不相同也。智按：十干之終曰癸，故有揆度之義。或以爲兵器，加目爲睽，射乖違之意，遂爲睽違雙聲。退之曰：萬目睽睽。凡規規、瞿瞿、睽睽，皆聲通也。

睽，小事吉。

宜曰：真火真水爲坎離，相濟有成，故不射。離兑合則離死火，兑死水，於是始相射而有睽、革之名，睽不交，革相息。卦二皆女，而睽之中少序，子故曰不同行；革之中少反，子故曰不相得。元公曰：二女同居，三陰合卦皆然。然巽兑合以孚、過名，離巽合爲家人、鼎者，木樂火而金畏火也。或曰易象不著兑金，以避乾金也，非廢兑金也。冬水春木夏火轉土以生秋金，播五行於四時，不廢後天圖則不廢兑金，明矣。意曰：家道窮必乖，反家人成睽而先睽後遇，爻以應論以同而異，事不厭小，正所以細窮差別，詳咸、恒進退明晦之情於小事也。睽，外也；家人，内也，心内自一而用之于外事自分，知其分即是合，有何不吉？玄子曰：小事吉者以柔爲事也。睽以九四无應，介離兑兩主爻之交，使三五不得應二上也；三五柔體，惟不汲汲除四，徐徐馴擾，則自不終睽矣。馮元成以平交勃，實吊讓，子産賂伯石，皆是也。

彖曰：睽，火動而上，澤動而下；二女同居，其志不同行。説而麗乎明，柔進而上行，得中而應乎剛，是以「小事吉」。

宜曰：火澤先天一氣，以動之上下而睽；二女後天同居，以志不同行而睽。女以嫁爲行，兩陰莫適爲主，革猶姊妹，睽則嫡庶，妬不免矣。説麗明，則自下而上合反對；家人柔上應剛，則自上而下合兑悦柔中，皆以小心行柔道者。革剛居五，柔居二，故大亨以正。睽反是，故僅小事吉也。易無樂乎柔主，而離居外體者獨稱焉。大有柔得尊位大中而上下應之，旅柔得中乎外而順乎剛，離柔麗乎中正故亨，噬嗑柔得中而上行，晉柔進而上行，睽鼎皆柔進而上行，得中而應乎剛，未濟柔得中也。離爲日，君象。知臨大君之宜，爻雖不正，必貴之。

天地睽而其事同也，男女睽而其志通也，萬物睽而其事類也。睽之時用大矣哉！

意曰：先原其小事，後究其大事。事多貴小，理則至大。小大一致，睽無不合，天地男女萬物，皆兩者之合爲用也明矣。天地萬物以事言，男女以志言，又尊男女於萬物，此即睽之時用也。

象曰：上火下澤，睽；君子以同而異。

子瞻曰：人苟惟同之知，若是必睽矣；人苟知睽之足以有爲，若是必同。宜曰：彖傳睽中之合，化睽之方也；象傳同中之異，不苟同之學也。秉懿則同，將同俗之失乎？同人類辨，貴異，所以同也；睽同而異，因異而貴異也。武侯曰：違覆而得中，是棄瓦礫得金玉也。傳言睽，物性之定分；爻言睽，物我之相嫌也。郝解曰：樂同而八音異乃叶，食同而五味異乃調，因異爲同，以同劑異之道也。睽，窺也。火高而澤深，火明而水暗，有疑而窺視之象。君子不能天下皆知己，亦惟其同而異也。意曰：君子不苟立異以好奇，亦不冒言大同以自解。姚有僕曰：男子而不卓然異乎流俗者，口口大同，實鄙夫耳。

初九，悔亡，喪馬勿逐，自復；見惡人，无咎。

宜曰：初四敵應，坎離馬象，睽而上出，喪而悔矣。初悦剛正，敵四无求，故勿逐。始睽終合，自復悔亡。震與既濟之二皆變兑，皆曰勿逐。得四互坎盜而處離燥，故象惡人。兩離交相見曰見。聖人教人見惡人，即教以見惡人之法，惡人可順誘而難逆規，道在作合以來之，招好去惡以示之。我无心焉，彼或意喻情移而不覺矣。

象曰：「見惡人」，以辟咎也。

一一曰：以見爲避，時用最奇。謝安笑指桓温壁後置人，李抱真酣眠王武俊帳中，是其類也。

九二，遇主於巷，无咎。變震爲噬嗑。積晉。

宜曰：主指五，應則遇。二以五中虛象巷，五以二變噬嗑象噬膚，交取也。玄同曰：人有品同地隔之不相知，偶有見聞，遂成莫逆。子産以堂下言得鬷蔑，林宗以匡坐得茅容，以墮甑得孟敏，皆相遇於隱微，非貌合也。王注出門同趣，不期而遇，又何咎耶！仲虎云：納牖遇巷，坎險睽乖之時，委曲相求如此。正曰：于門于庭于野猶有避也，巷則无所避矣。負俎載鹽，飯牛鬻羊，豈詭遇耶！

象曰：「遇主于巷」，未失道也。

一一曰：遇巷跡疑，故以未失道明之。道心行之，无非道者，有意冒此以自解，即千里矣。□[一]曰：酈食其衣褐見，彭羕上龐統床，李元忠酌酒會高歡，亦英雄巷遇法。

六三，見輿曳，其牛掣；子夏作「契」，説文作「觢」，鄭玄作「㸷」，荀爽作「觭」。其人天且劓。「天」，楊桓

〔一〕「□」，底本原爲空缺。

作「耏」。「劓」，説文作「𠜾」，王肅作「臲」。无初有終。變乾爲大有。積旅。

宜曰：睽從損變，變在四三。當未變時，艮之人、艮之鼻、坤之輿牛无恙也；及四變，而人以離燥曰天，鼻以兑毁曰劓，輿牛以坎眚曰曳掣。過門不入而復面目可憎，若婦之疑夫然，俱指上。人情懷疑，意見横生，皆非實事，故无初有終。朱子以天而篆文相似，刑去鬚曰而，今作耏，耏劓以坎刑離戈取。揆曰：刺鑿其額曰天，又剠也。郝解曰：車中之人倒首向天，天之爲言顛也。玄子曰：位之不當，以鄰四也。睽以四成牛輿，爲四所曳掣。人指四，天指上也。四欲奪三而上，肯容之乎！

象曰：「見輿曳」，位不當也。「无初有終」，遇剛也。

剛指上應。德曰：伯樂于尹鐸，蘇正和于蓋勳，怨亦非怨矣，表其爲公也。

九四，睽孤，遇元夫，交孚，厲无咎。變艮爲損。積艮。

宜曰：合言兩爻曰睽，單論一爻曰孤。離明剛躁，故四上係睽孤；若五中陰下悦體，不言睽孤矣。初以四爲惡人，惟四敢于爲睽；四以初爲元夫，惟初不忘于爲睽。睽孤則厲，交孚則无咎。二陽非偶而偶合如是，睽之時用大矣哉！

象曰：「交孚」「无咎」，志行也。

一曰：志不同行之睽而志行，故見睽之時用。□[一]曰：孟德于胡昭，范升于周黨，正使各行其志。

六五，悔亡。厥宗噬膚，往何咎。變乾爲履。積觀。

宜曰：二尊五爲主，分也；五親二爲宗，情也。二易五難者，必君求賢而後賢從之，故五當先往。往何咎，快詞也！同陽儀爲宗，決如噬膚之易也。二變噬嗑取象。

象曰：「厥宗噬膚」，往有慶也。

決其下交。通曰：道生知必往，德操勸三往，徑路隔，風雲通，皆君之往也。

上九，睽孤，見豕負塗，載鬼一車，先張之弧，後説之弧；古一作「壺」，一作「壺」。匪寇婚媾，往遇雨則吉。變震爲歸妹。

集曰：上三四互坎，上以四疑三，象其行汙餙詐，則坎豕負兑澤爲塗，坎鬼駕乾車爲載，象其害己未能，則坎弧以乾圜張，以兑毁脱，又若夫疑其妻然。雨坎象，陰

〔一〕「□」，底本原爲空缺。

陽和也。有見則諸境現前，疑亡則諸妄消殞。元公曰：相火感心，遂生幻見。然下兑爲金，金火相守則流，得坎水以濟之，金火始不相克，故有遇雨之象。□〔一〕曰：公沙穆、阮德如見鬼而能定矣。凡此之類，從何而傳耶？實亦疑見耳。

象曰：「遇雨」之「吉」，羣疑亡也。

玄同曰：初四睽于品，二五睽于地，三上睽于意見，皆務合者。易通天下爲一家，无行路之人也。元公曰：疑情之積，常起于情之相悦而好用明；若不相悦之人，則无所致疑而不見其過矣。□曰：楚恭王疾，曰：管蘇犯我以義，當爵之朝。左雄薦周舉，舉劾雄不當用馮直，雄曰韓厥矣。崔暹于邢邵，王旦于寇準，皆古人之善遇雨也。

時論曰：卦中有兩動者，火炎上，動則愈灼；澤潤下，動則愈壑；相遇則革，不相遇則睽，目不相視，宜其象矣。卦中有兩同者，男女同則合，二女同則異，家人不異者統于長也，内外相反，家道窮必乖矣。離南火盛，澤西金流，其間老母方役，

〔一〕此及下「□」，底本原爲空缺。

即爲死門，萬物以消，各争其盛，此未申之矩曲，天之睽闢而睽用也。知小中之大用者，何不可以有事？同必生異，異即是同。子夏曰：聖人用天下之物，成天下之事，取異物相制相合，其類多矣。時用之大責在君子，説明也，柔行也，剛應也，出此三物，知所以用其同異之時矣。斯時也，元夫惡人比肩，巷宗一路，馬豕齊驅，牛鬼等猜，弧輿比力，膚劓合鄰，婚寇相應，疑乎兩函，喪復並機，初終均遇，誰謂梃與楹、厲與西施不相因哉！家人治内也，睽治外也，近而不相得，凶或害之，君子調之至近，達之至遠，故家齊而治平因之。家人所内，睽反諸外，其究外内一也。五出中饋之家而噬膚，三無嗃嗃之節而曳掣，然其變也大有用享而履定自辨矣。初四志同剛也，吐多茹少，自疑厥類，三輿横曳，馬雖喪而濡尾不逐矣，遇而復矣。公山、南子何異諸塗，陸機悟戴淵，子儀見葛羅是也。陽明曰：舜不格姦，待自復而已矣。二五應也，鄰見天劓而我之應，將噬膚滅鼻耶！幸有巷在，委曲可道而頤自嗑矣。是初二苦三之柔進，而三亦苦初二之剛，乾馬已復而見爲輿曳，離牛未孤而見爲或掣，吾自有終而見爲五姤已也。掩袖鼻割，天乎首耶？是本同而失于意見者也。四損睽情，足治外矣，治外得人則去疾還喜矣；解狐可舉，奚祁不謝矣。季布遂爲郎中，陳琳仍使草檄，李陽賜以甲第，曲城之田舍翁，必不殺矣，況本无咎者乎！麗明之主，衆悦景從，畫室召光，延英信泌。詩曰君之宗之，主尊宗親，厥宗之膚，慶何如也。去污醒迷，衣終敝矣。鉤檻兩忘，牛車傾蓋，泯廉、藺之負荆，合房、杜之謀斷。載歌彤弓，霖雨天下，吉何如也。先祖曰：君相士民不同，是大同也；元夫惡人不妨不交，是大交也。君子以同而異，既得其養，又好其辨，此即小事中之參贊大事也。

智曰：禮本大一，森森然者本一也，豈必混涇渭以荒同哉！齊物論不齊齊之，此之謂以明，亦非任之而已也。晏子論和同而曰惟禮可以已之，荀子憂臧耳非馬之辟稱，亂吾恒物者也。然不明其同異之所以然，豈能服詖遁于苙乎？是故事其事而小之，小乃盡其差別焉。有質論通論之互異，有費隱相奪與無費無隱者之互異，皆馬豕牛鬼之疑人者也。情變盡，理變亦盡，而天地之經義家喻大同矣。出爲包荒類辨之藥籠，處明四教百家之細惑，狂簡可裁，過門無恨，不襲古人之跡，亦不避古人之名，不以洸洋藏身，亦不以毛疵責世，不欺而好學，因物而分藝，此睽之時用也。

蹇䷦解

玄子曰：屯坎上行爲雲，解雲下降爲雨矣。蒙水始出爲泉，蹇泉沛發水矣。屯、蒙化機，蹇、解感遇，天人各有主也。潛老夫曰：䷦䷠䷢爲第七之三，䷤䷦䷦爲第八之三，而蹇、解在中，猶遯、壯也。景元所云乾居艮震外與坎居艮震外，爲乾統三男于外者，故爲進退往來之幾。此又下經首九之中一對也。智曰：文序屯、蒙至蹇、解，中隔三十六卦；蹇、解環至屯、蒙，中隔二十四卦，此陽四九陰四六也。老陰老陽之策主變，故相沿以陽九陰六爲難限。

䷦水山蹇

說文：蹇，跛也，寒省聲。智按：寒亦以冬塞爲寒也，塞从𡍮工合手塞室也，加足爲蹇。蹇寒之聲轉，猶咸感之聲轉也。腭發聲。

蹇，利西南，不利東北；利見大人，貞吉。

一曰乖難受蹇，目不相視爲睽，見險能止爲蹇。睽，雙離目也；蹇，艮目見也。然已自西南而東北矣，故教人濟蹇，當利西南之用。新論曰：蹇利西南，就土順也；不利東北，登山逆也。遡曰：西南東北之義，坤詳之矣，順所以濟蹇，利西南，尚往也。蹇、解无乾坤之體而有相索之情，乾索坤，從迷而得主，彖故明其利西南而爻亦喜其得朋，是以有朋來朋至之繫。又屯、蹇四卦，三男合，爻象俱取乾索坤；家人、鼎四卦，三女合，爻不取坤索乾者，男可以下女，女不可下男，聖人本人情而作易也。隅通曰：先後天坎皆正，艮皆隅，水行地之中，山處地之偏也。莫險于水，莫阻于山，後天乾順數坎艮，故知險；先天坤逆數艮坎，故知阻。玄子曰：坤有西南无東北，蹇有東北无西南。有之爲卦用，虛之爲卦主，坤虛東北之剛明者以爲主，蹇虛西南之平易者以爲主。郝解曰：坎，坑也；艮，狠也，故東北爲蹇。坤，順也；離，麗也，故西南爲晉。造化物理爲平易，爲可近。野同録曰：蹇合險阻，以習北成終之艮止而知之，知止故可往來而利濟矣。利濟玅於用，用莫玅於坤，坤具地勢，人情物理亦一勢而已矣。四時表於四方，四方即十二宫，而用半表爻，則六爻外卦爲西南爲用，内卦爲東北爲體，猶之槩舉寒暑，一用二也。虞翻以坎月言之，亦以生西南而終東北，猶之一用二也。易貴時用，用即是體，而用時專守一體，坐斷寒岩，有何利乎？故當往見大人。卦象以剛中之五爲大人，通舉其理，則以前用爲大人。

彖曰：蹇，難也，險在前也；見險而能止，知矣哉！「蹇，利西南」，往得中也；「不利東北」，其道窮也。「利見大人」，往有功也；當位「貞吉」，以正邦也。荀、陸作「正國」。蹇之時用大矣哉！

宜曰：蒙貞坎則中晦昧而蒙，蹇貞艮則中光明而智。需險在前，乾恒易知，故不陷；蹇險在前，艮篤實光輝，故能止。智矣哉贊其止，實取其觀變時用也。元公曰：禍機所伏，肉眼不知；知之矣，又躁不能止。艮具兩義，故詞特予之。當位貞吉，實主艮；觀六四當位，實專指九三，其義著矣。子瞻云：君子必安其身以觀難之所在，勢之可否，而後犯之，是以往則得中。玄子曰：利西南，勉五也；不利東北，戒三也。三五同功，故往有功。爻重當任，解、蹇爲然。當位得中，指五也；三反下連上合往以就大人，故爲時用之大。筌曰：蒙險而止，德之穉；蹇見險而止，德之壯。屯動險中，難之生；解動而免乎險，難之平。屯、蒙其始，蹇、解其終也。

揆曰：老子云善攝生者，陸行不遇兕虎，入軍不避甲兵。所謂无死地，即轉身法。

有是時，起是用，若委无柰何，坐受其敝，豈時用哉！意曰：反身中節，思、孟發明此時用耳。屯動乎險，每利居貞；蹇止乎險，每言利往。動以貞止，止以善動，豈二道乎！

象曰：山上有水，蹇；君子以反身修德。

意曰：山上有水，百折始通。反其不獲之身，取艮之背；修其常習之德，取坎之心。陽止于外，回顧其内；陽在于中，流而不盈象。忠信篤敬，固所以平蠻貊之山水也，何往來之不利用耶！

初六，往蹇，來譽。變離爲既濟。

宜曰：易往來不窮之謂通，蹇爻四言往來，便不窮而通。爻皆先言往蹇，正是竭力經營處，來正所以爲往計，故來反者就二，二爲王臣，就二即就五；來連來碩者就三，三與五同德而當任就三，所以就五。九五朋來，正諸爻所謂來也。玄同曰：否、泰以下卦爲來，蹇以助五爲來，初助五獨早，故譽。宜待者，待四之連三也，變離爲口譽象。郝解曰：天下之事，不在其位則不與其難，初不當用位，故宜静以待濟，則共濟不濟，難亦不及，與遯初六不往何災同艮，其義一也。是以君子居不辭下。

象曰：「往蹇，來譽」，宜待也。

意曰：班彪之著王命論，隆中之自比管、樂，皆宜待之來譽也。漢末大難，汝南月旦，德操冰鑑，皆品藻不失；亮、瑜相料，劉曄、郭嘉在許，皆能不爽，可信待時無不知人者，來譽正是時用。

六二，王臣蹇蹇，匪躬之故。變巽爲井。積需。

□〔一〕集曰：應五曰王臣，互坎應坎曰蹇蹇。艮不獲身，匪躬象。三五不繫往來者，君臣不蹇，無他諉之義也。韓愈之竟走王庭淒營，辛讜之出入泗州圍，非匪躬而能乎！艮背之學，益信爲濟世之故，非僅自高也。

象曰：「王臣蹇蹇」，終无尤也。

一一曰：言蹇而又蹇，終不尤人也。

九三，往蹇，來反。郭京據王弼本作「來正」。變坤爲比。積節。

遡曰：蹇非陽不濟，三居間，感二之忠誠而助二，許遠令睢陽，張巡代之居守是也。

〔一〕「□」，底本原爲空缺。

陽性上，不上而就二曰反，艮反身象。

象曰：「往蹇，來反」，內喜之也。

一一曰：二在內喜其來也，春秋書季子來歸，以其爲國人所喜也。或以藺相如當之。宋子建曰：相如前不能諫馮亭上黨之事，後不能諫趙括代頗之事，何徒以一璧一缶爲能！

六四，往蹇，來連。變兑爲咸。積兑。

一一曰：四近五而柔，乃連三于五，共爲五明。鄒汝光云：連桓公、管仲之交者鮑叔也，連簡公、子産之交者子皮也。

象曰：「往蹇，來連」，當位實也。

陽實陰虚，指三五也。

九五，大蹇，朋來。變坤爲謙。積歸。

□〔一〕集曰：遺大投艱，大蹇即是處蹇之道，當位貞吉者中也。使天下之濟蹇者朋

〔一〕「□」，底本原爲空缺。

來取節，皆以五之中爲中，功何得言？燕昭買骨而千里馬來，敬輿改詔而河北皆服，然則少康得靡而斟尋同奮。杖策岸幘，同時響合，亦在乎帝王之推心中節耳。

象曰：「大蹇，朋來」，以中節也。

一曰：正邦之功歸於反身之中節而已矣。反身中節即是時用中節。

上六，往蹇，來碩；吉，利見大人。變巽爲漸。

郝解曰：以六居上乃坤之終，是西南之鄉，六爻始出險外，故吉。利見大人者，九五居中，背坎向離，大難已平，人共見之。

象曰：「往蹇，來碩」，志在内也；「利見大人」，以從貴也。

智曰：上无所復往，下應九三，同志在内以急君也。蹇時君道貴于師道，故上雖居外卦，必覩聖明，以明貴賤一尊之義。嚴光、周黨亦來京師，華山墜驢，何妨効申公之善對乎！庾冰定出世人致敬人主之禮，正所以平萬世虛憍亂分之蹇也。

時論曰：上經三男任事爲屯、蒙，下經三男任事爲蹇、解。屯難起于洪荒，惟長男主于開創；蹇難生于顛覆，惟少男謹于中興。後天勞坎成艮，自東南而西，陽大有爲之日，故利；自東北而北，陰盛陽伏，猶然山水之蒙也，故不利。始交之難難貴動，在前之難難貴止，動以出險，止亦以濟險也，人患不能止耳。墮落機阱，且攖大害，止則見定，確乎不拔，湛然當前，行止同時矣。將求地利而正功乎？負固非地，權勢非功，飾修非正，不識大人，豈識時用乎？大人何所本而往哉？反其天下之身而已矣。山上生水，反而沃山，濯其荒蕪，激其瑾瑜，至高之山，淵泉修焉。君子曰一往不反者，必中無所知而冒焉常試者也。艱難困苦，身備嘗之，則其德信而不懼，動而寧靜，智者不獲其身矣。險在前而不避，何患聲氣桴鼓，不共往來報國耶！五之謙，蹇主也。謙主三而六爻吉，蹇主五，必收三爲羣賢之倡，底于上而後吉。初至五不言占，所以勵蹇臣，來而必往，即往成來也。意曰：憂其往而喜其來，爲九五也；三反來譽，四連來碩，皆匪躬爲之招焉。故諸爻有往來而六二獨無往來，二豈徒恃勞勸之材乎哉！鞠躬盡瘁，死而後已，成敗利鈍，非能逆覩，此寧澹之學問，所以蹈淵若陵者也。初之既濟，懷初吉而慮終亂，其養望待時者乎！三之比，不寧方來，鄰于匪躬之臣，而介于匪人之邑。初二雖陰，其內相善，山化而險平，反身以反人，无不來矣。四與上，左右大蹇，連合待喜之朋，共見從貴之業者也。咸則和平感實，而漸則羽儀用碩矣。喜內志內，皆以君國爲內者也。屯初以貴下賤，蹇終以賤從貴，蹇大人之發而中節，乃如是耶。歐陽公曰：舜臣五人爲一朋，武臣十人爲一朋，大蹇亦大來也。夫蹇所由醞釀者，千百小人積成險世。及至大蹇，玉石俱焚，亦不復見小人之亂羣矣。小人得利哉！利見大人貞吉，彖爻所以撥正也。故解象赦宥，而爻必解小人。

智曰：坎水險，艮山阻，恒易簡者知之，因歎險阻之在人足下也。坎已入險，困已受困矣，蹇難在往來之際，未陷而爲趨避所陷，安往而非塞翁之馬、縠豹之養乎？極贊之曰智矣哉，賞時用之中節也。上經以天道之始難習坎，故屯之經綸在人造天；下經以人情之睽乖習坎，故蹇之反修，即以天止人。君親之人間世，何所逃乎！無行地難，知蹇之時用者，不擇地而蹈之，是反修即經綸也。有何波濤嶔巇，非平坦素履乎！

䷧雷水解

説文解从刀，判牛角，會意，止菴謂以个解牛觸。鄺氏曰：刀乃人訛，言人解之耳。蹇解同爲腭發聲。

解，利西南；无所往，其來復，吉；有攸往，夙吉。

一一集曰：蹇難急迫，舒緩則解矣。雷動雨降則鬱結解，人動乎險外則險難解。蹇不利東北，反蹇故利西南；不言不利東北者，解時即用東北，亦西南也。无往，坎來得中象，往艮轉震象。夙，早朝也，震初象。无所往要解之成，來復以安靜爲吉；夙吉，善解之用。錢國端曰：解甲拆一陽生坎中爲戊土，主生萬物出于震，震坎相重，便是生信之已孚，故拆。革巳日一陰生離中爲己土，主成萬物成於兑，兑離相重，便是成信之已孚，故革。董子曰北産陽，物始動，得東方之和而生；南萌陰，物始養，得西方之和而成，可以明西南東北之義。玄子曰：堯不去四凶，以罪尚未形，所謂无所往，其來復，吉；舜刑當罪，又當其時，所謂有攸往，夙吉也。周公使管叔、誅管叔亦然。時當无事則坐鎮之，有事則早圖之，去其泰甚而已。

彖曰：解，險以動，動而免乎險，解。「解，利西南」，往得衆也；「其來復，吉」，乃得中也；「有攸往，夙吉」，往有功也。天地解而雷雨作，雷雨作而百果草木皆甲坼。馬、鄭、陸作「甲宅」，音譜作「乇」。解之時大矣哉！

野同録曰：動而免，盡天地間之解道矣。寬則得衆。坎震本坤體，動而變，正用其坤之西南也。來復得中，坎復居本位也。大蹇朋來者，正貞吉之獲三也。震初往夙，敏則有功也。天地順時達用，解寧有心耶。屯草穿地而未申，解則分用而芽出，形隨氣解也。雷雨以破萬物之體爲功，君子以破小人之奸爲功。不言用者，蹇以解爲用，而解仍以蹇爲用。若著爲用，則人樂縱弛矣；若著爲義，則總赦壞法矣。惟時中者知之。

象曰：雷雨作，解；君子以赦過宥罪。京作「尤罪」。

神曰：雨在雷上則屯聚于天，雨在雷下則解散于地；不屯不解，不解不屯，无雷无水，无水无雷，化工之玅真不可測。淇澳曰：自古多難既解，翻成多難者不少，赦過宥罪，正所以化同異，安我安人，爲調劑剛柔之本。野同録曰：律設大法，禮順人情，拘牽者不知張弛之旨，刻執死法，吹毛索瘢，則天地間永无可治可教之人矣。然小人之最叵者，本欲自藏，而又好言大宥平等，鄙掃法制，以縱人之蕩、便己之逞，則萬世之隼與掎也。故君子必赦過宥罪，又必射隼解掎，故曰春秋者，所以赦宥也。通曰：赦罪以射隼，惜王允不知此。

初六，无咎。變兑爲歸妹。

程傳曰：解初宜安静以休息之，故不言所以，蓋无爲爲得也。

象曰：剛柔之際，義「无咎」也。

一一曰：八十无咎，此爲特詞。泰、坎之際皆以三四言，此其以蹇、解反因之際言乎？初解則此處下之陰柔无咎，甘任解之事，出而有應，則爲拇爲狐矣，故表其義乃无咎焉。郝解曰：此无□□〔一〕，即來碩也，故以隼拇狐歸之六三。

九二，田獲三狐，得黄矢，貞吉。變坤爲豫。積震。

朱子曰：卦四陰除五君，餘爲三狐。意曰：處初時爲暗容，處三時爲巧鄙，處上時則鷙悍矣，謂爲一人可，謂爲一種時流可。郝解曰：指六三爲三狐也。九二來復猶在坎中，與四互離，制三以獲之。雷雨春候，蒐田解害，坎弓離矢，設網爲田，初外應而三被獲也。遡曰：六五之陰即坤即離，離矢坤黄，二乃得之，是五以中正擊射之權畀二，故得行其志焉。堯用舜，舜用皋，法化並施之中道也。畫子曰：坎來復，得中于一，故知獲三者即坤之三柔爲用也。

〔一〕「□□」，原本毁缺，存目本作「咎者」。

象曰：九二「貞吉」，得中道也。

誠齋曰：狐，妖也，恭、顯也。隼，鷙也，憲、冀也。拇，賤也，通、嫣也。負乘，僭也，莽、卓也。此通論耳，不必泥爻。廷秀曰：田者力而取之，矢者我直則壯也，黄者中而不過也。去小人而不力不直不中，雖行必格，雖勝必亂，故得中道者貞吉也。不然，鄭朋得以入望之，封倫得以入太宗矣。

六三，負且乘，致寇至，貞吝。變巽爲恒。積豐。

宜曰：噬嗑以耳上有物爲荷，此以耳上有物曰負，在輪上爲乘，賁初以在坎下爲徒。筌曰：三无正應而慢不能承，四反欲據二而乘之，暴亦甚矣。遡曰：變巽爲工曰負。郝解以在蹇四能連結陷人者，即解時之妖如狐、疾如隼、行如寇盜、賤如趾拇者也。揆亦曰：解三之拇。

象曰：「負且乘」，亦可醜也；自我致戎，本文作「寇」。又誰咎也。

一一曰：此小人方自以爲全赦之學，无所不可，故揭而醜之。鮑通直復是何許人，而作如許耶？寇指上六，敵應相猜，勢利所薰，轉面不識，酈況紿吕，吕布刺卓，傅瑕納鄭厲而厲殺之，然正幸而有此。

九四，解而拇，荀作「母」。朋至斯孚。變坤爲師。積夷。

宜曰：二四兩陽當任而四偏二正。震爲足，有拇象。二四同功，故以二爲朋，猶蹇五三之朋也。孚其剛中，因而解拇。玄子曰：初陰无能爲難，拇指三，二雖以黄矢獲之，猶慮四與之暱，故告四曰必解汝之拇，而朋斯孚矣。未當位，不幸與三比也。郝解亦以六三爲拇，借爻以歷事變情僞，非可膠柱。

象曰：「解而拇」，未當位也。

郝解曰：小人以當位而夤緣，因不當位而解散，此四所以得脱然上行也。蹇連結上下，由中四爻皆當位，而六四適在兩實之間，今居三乘負兩陽，位皆不當，小人思納交，而支離疎闊，勢自不得不解。此言未當位，以反蹇之當位，小人之情態盡矣。浮山語曰：絳侯之袒樊噲在外，李石秉政，澤潞一言，與上有遥應而解射之象。

六五，君子維有解，吉，有孚于小人。變兑爲困。積既。

遡曰：五不任威而任德，故不曰王曰君子。由雷雨作解，膏澤已流，黄矢之威，去其太甚，非以養奸也，孚小人而化之也。筌曰：一意解散蕩滌與偕大道，此其真誠，所以孚于小人而卒令枉者直。玄子曰：五與三陰本朋，安能解？惟于二四相維，推誠委任，斯解之而得吉。巽繩維象。君子指陽，小人指陰，獨于五言之，君當辨也。

象曰：「君子」「有解」，小人退也

畫子曰：君子維有解，六五惟此一念，而小人自无不退者矣。

上六，公用射隼于高墉之上，「墉」，徐作「城」。獲之，无不利。變離爲未濟。

集曰：隼，鷙屬，高墉之上，城狐社鼠，非公，孰得而射之？遡曰：鷙鳥迅疾，震象。變離墉居上高，乃悖而不解者。二當任應五曰公，所射即黄矢，穴處者狐，木處者鳥，震故象隼象雀。觀泰之翩，賁之翰，皆象震陰，震之爲鳥明矣。郝乃以三爲隼，上當解終，正西南坤位也。

象曰：「公用射隼」，以解悖也。

訂曰：至解終而未解者，悖亂之極者也。野同録曰：張温不聽張玄而卓、傕倡覆，五王不射三思而復成韋禍，解悖知時，豈不難乎！正曰：是春令也，鷹化爲鳩，則隼可射矣。又曰：小人在上位，去之甚難，射狐三驅之下无所疑也，射隼高墉之上則有所疑也。待時而動，其公子友之去慶父，子産之戮子晳乎！

時論曰：解，治蹇者也。治難以易，治棘以緩，治滯以夙，治過以赦，治罪以宥，惟小人在所必解，六爻不遺餘力焉。方其多故役詐使貪，今既清平，宜申正命，明其亂本，而小人之尤者，投身國器仍行其蠹亂前人之故智，黄瓊所謂粉墨雜糅，赦宥日廣，必去此奸，乃所以成其赦宥也。圓圖蹇居西北，故言利不利；解則本居西南也，西南者，坤成利用于陽方也。帝出以後，條達暢茂，雷動雨潤，天地生物且然，況于人乎！夫子之言動而免乎，盡人間世矣。意曰：以盪滌解散爲動免者，得中之夙復也。无往有往，何耶？兩陽者二之豫，干羽兩階，來復吉也。四之師，七旬苗格，夙吉也。詩云徐方不回，王曰還歸。復言反也，還其本有之安也。不留不富，三事就緒。夙言早也，消其久擾之患矣。解以得衆有功，而衆豈易得乎？君子進矣，而小人不退，暫緩滋蔓，衆人解體，失時矣。故反復叮嚀，盡其解小人之道焉。君非盡人而解之也，任相而已；相非盡人而解之也，得朋而已。小人之細爲拇，未嘗不效指臂，迫乎手足誤人，傷及心膂，然後恨決蹯之弗早也。寇則弓矢制之矣，狐則蒐苗羅之矣。四居相位，延攬招徠，而駢拇即陰附之，可不悟耶！夫險情難免，醜亦難免，内和敦弓，外結干城，合赦宥解退爲處分者，當而可矣。

二知幾矣，介石豫立，宜羣狐之化跡也。上謂解已濟乎？憂患生于宴樂，悖逆伏于柔濡，隼在高墉，意何爲者？成器而動時也。五之困有諂媚之悦，而妨劓刖之傷，衆方公道去邪，而我優容兩可，其謂聞言不信何？斷之曰維有解，以小人必退而乃孚衆也。光武却湖陽而賞董宣，唐憲出承璀以相李絳，是綱目所予者。初當解始，如娣跛者，陰不爲垢，此蹇、解往來剛柔之際也。三之不恒，未有不自嗟者。嗟乎！君子果能勝小人耶！易定此解小人之案，則凡竊位者自受千古之矢，此聖人所以化小人，即以孚小人也，固已赦宥之矣。解拇射隼之道，誅其亂本，即可槩赦，或先使人知君子之宥，然後巨奸乃可不括耳。後世君子不學易，解復蹇者比比也。老夫因誠齋而歎曰：學問之路亦有妖鷙賤僭之四魔焉。若但言包容平泯，而不明主宰以決之，則委化之説，釀禍正大，有蹇、解復夙之功，而後損益益損，可爲咸、恒之茶飯酙酌矣。

智曰：爻之解小何嚴，而象之赦宥何寬也？此夙復之張弛同時乎？蹇、解以朋情交感之義利屯、蒙君師之法者也。一轉在碩見之志，故義見于初際焉。夫子之所謂義，夫子之所謂免乎？貞悔象限，圖環四時，蹇、解爲西南秋成時之九中，則頤上義初其際也。絶後重甦，豁然在宥，用免何爲？吾知吾免蹇伏睽、解伏家人，此家即无家，而享王法者也。故解獨贊時不贊用，蓋即合睽、蹇以爲用，而歸于損、益矣。

易學典籍選刊

周易時論合編

下

〔明〕方孔炤 方以智 撰

鄭萬耕 點校

中華書局

周易時論合編卷之六

皖桐方孔炤潛夫論述
孫中德 中履 中通 中泰編録

損䷨四六

東坡曰：自陽爲陰曰損，自陰爲陽曰益。胡仲虎曰：上下經陰陽各三十六畫，然後爲泰否、損益。咸交而變損，則不交；恒交而變益，則不交。聖人于泰、否言消長，于損、益言盈虚。鄧綺曰：乾坤先後天，東西南北是天地盛衰之極，全見者也。否、泰西南東北，是天地盛衰之始，半見者也。半者天地之中道也，故泰三陽出地上，便交坤之上六而爲損，衰之始也；否三陰出地上，便交乾之初九而爲益，盛之始也。是天地損益皆中道，豈至太過不及之時方云損益乎？神曰：三陰在内，一陽在下，二陽在上，以象天包地也。損亦三陰在内，但二陽在下、一陽在上不同。益得之復，損得之剥，不剥不損，不損不復，不復不益。元公曰：諸卦以乾剛坤柔爲體，剛柔推盪而變化行，或損焉，或益焉，時也。丘濬悟損、益二卦能知未來，明于天地盈虚之數也。繹曰：咸、恒、損、益，四主卦之交而不淆者也。咸，人道之交，情之性也，從之則損；恒，人道之經，性之命也，立之而益。然不損不虚，懲窒則速；不益不實，遷改益久。虚舟曰：互换之陽爻，重藏富于民也，俱以下名。咸合而究損，合者損之基；恒分而究益，分者益之本。野同録曰：山澤形，形之生物有盡，且秋冬斂藏，故損；風雷氣，氣之生物无方，且春夏長養，故益。於穆之至體，本无增減，即在此可減損可增益之用中，君子明其當損當益者，與時偕行而已。潛老夫曰：否泰、損益，上經成數之交，而下經再交者也。六貞悔，則下三輪之首一終也，本泰、否之再交。泰、否用人，損、益理財，理財還歸用人而已。智曰：圓圖恒居夏以轉巽，益居冬以轉震，咸居秋以接遯，損居春以接臨，此與觀、壯、蒙、革交倚者也。方圓損、益、恒、咸以濟、泰、否爲寅申之線道，與正八卦爲亥巳之線道交倚者也。冬春先夏秋，益中損外，交寅爲人用之始，故損益者，天人之徵幾也。律曆用以徵幾，學問治法與天道盈虛，此真知消息者。

䷨山澤損

備攷曰：員，古運字，凡財貝珠玉布帛從手運之，或持不定，即有所失，象損。説文減也，从手員聲。智按：員何聲乎？因口貝而爲圓，圓古作○，加員爲圓，以取茂美。古元云同聲，圓者善墜，故加𨸏別之爲隕，因隕通聲也。今定爲齒收聲。

損，有孚，元吉，无咎，可貞，利有攸往。曷之用？二簋可用享。蜀才作「二軌可用亨」，説文作「𥁕」，戴侗作「𥁕」。

一集曰：解緩則驕惰生而損失因之，失復求得，故損益爲大權，而減損傷損之義分焉。能寡欲清心之減損，自不至毀廉喪節之傷損，故卦以損下益上爲損，損上益下爲益。物先不足而後有餘，事先簡而後繁，故先損也。民用盡然，國用最大。彼悦非强，此止非貪，自然有孚，求少易足，元吉无咎，守正利往。凡不可損者，爲欲用之耳。二簋雖薄，可薦鬼神，羞王公，所貴在乎，奚以多爲！ 在象，兑口震足，互坤爲腹，頂踵實而腹虛，有簋象。簋外員内方之器，合規矩以爲聲，从竹也。震四兑二，下用半也。門闕帝出，二奇下實爲二簋用享之象。野同録曰：泰易三上爲損，故孔子以人道化生表致一焉。男損其精以爲人，損益之在陽也。人爲欲根，生貪不止，此最傷損人者也。能止損之則致一矣，勿爲不肖則聖賢矣，勿傷生即善養矣。此懲窒之達道，所以可貞也。御世不諱理財，什一原非得已，此心信于天下，貴著可貞之經法焉。亦有自損太甚者，不可貞之損，不可繼也。故聖人偕時，以勤儉爲治教之本。

彖曰：損，損下益上，其道上行。損而「有孚，元吉，无咎，可貞，利有攸往。曷之用？二簋可用享」。二簋應有時，損剛益柔有時，損益盈虚，與時偕行。

誠齋曰：國奢示儉，國儉示禮，故曰簋應有時。强弗友剛克，燮友柔克，故曰損剛益柔有時。不然，凶年不祭肺，施之豐歲則隘；平國用中典，施之亂國則弛。宜曰：損道上行，道即所謂時也。筌曰：文王示人損所當損，故舉二簋用享以見例，言不可概損也。子復三稱時焉，見非定如此也。曷之用？見損益之爲大用，而合乎時之爲中也。盈所以致損，虚所以致益，損益盛衰，不能平等，乃其所以太平也。卦皆乾、坤來，而損、益中互純坤，故曰損剛益柔有時。可信乾在坤中，體在用中，無損益者在損益中，知偕行者，天道人事，國法心學，用其可貞而已矣。聖人因損而知盈之必虛，不能圉其時之去，能爲不盈；因益而知虛之必盈，不患其時之不來，患其欲速。

象曰：山下有澤，損；君子以懲忿窒欲。「懲」，鄭、陸作「徵」，蜀本作「證」。「窒」，鄭、劉作「懫」，孟作「恎」，陸作「瘠」。「欲」，孟作「浴」，一作「慾」。

遡曰：山下有澤，則氣洩，故損。然亦有以流惡而疏穢，故法以懲窒。正曰：損人以與天，損己以與禮。野同録曰：忿爲烈火，故言懲。欲爲漏巵，故言窒。苟如程子之觀理思義，即自忘矣，何礙于陸子之所謂知學乎？不知損益張弛之時行，而苛浚懲窒之酷令者，固也。一味放言，聽其自然，畏説修省，最爲禍世。蓋上根以浩淵之言消之，正所以巧于懲窒也。苟志于仁矣，无惡也。是擔當即解脱也緣生偕來者，不可絶而可節也。言懲言窒，則固已節之矣。常人就事就末，安可不講？

初九，已事遄往，「已」，一作「以」，虞作「祀事」，荀作「顓往」。无咎；酌損之。變坎爲蒙。

遡曰：損以三名，其損在下，究損于下，初實先之。初應四，四德上，故已其奉公之事；初德悦，故上不能止，而遄往以赴公家之急。此時君仁臣義，且然酌損。悦動遄象，變坎酌象。意曰：遄往血性，原不能忍，量己度人，全交免辱，在此二簋用享之一酌矣。指困麥舟，有以合志行者，范丹還六斛麥，則未可爲酌也。上三爻受人益，不欲其受不正之益；下三爻損己益人，不欲爲不正之損。

象曰：「已事遄往」，尚合志也。馬作「上合」。

四遄有喜，與遄往合。士以合志爲尚，乃可斟酌。郝解曰：謙後爻吉，未有如損者。處盈莫如謙，多難之後莫如損，皆以止爲本，故大學知止，養心養身不違此。

九二，利貞，征凶；弗損益之。變震爲頤。積剥。

筌曰：二弗損，初酌損者，初剛居剛，二剛居柔也。玄子曰：貞者守其正額，往者佐其急需，如後世進羨搜括，故凶。无政事則財用不足；以義爲利，故有弗損之益。意曰：卜式輸財，自陳不欲官，巧于投武帝矣。其後欲烹弘羊，則其欲已遂，而巧以爲地步者也。士子修身即益國，故貴中以爲志。

象曰：九二「利貞」，中以爲志也。

正曰：損之頤貴得其所養耳，故以言語飲食爲足以害人而損之，與以言語飲食爲足以利人而益之，皆未得其正者也。中以爲志，自節慎矣。潛老夫曰：棄家損身以爲懲忿窒欲，毁法廢學以爲損之又損者，豈九二之中志乎？

六三，三人行則損一人，一人行則得其友。變乾爲大畜。積艮。

一一曰：此三即一、一即三之表法也。三主損，故爻極贊損之精義；上受損，故爻極論損之成功。乾、坤各三，損一合二而乃以致一，男與女也，君與民也，道與法也，渾然與森然也，皆此舉一明三，而究止有一實之道也。在象則需乾爲三客，此乾爲三人，三，人位也。自三往上曰行。正曰：定大疑，濟大險，莫不由此精一。

象曰：「一人行」，三則疑也。

釋曰：目兩以視一而明，足兩以布一而行，兩以致一，天下畢繇。禮户外二屨，言聞乃入，毋往參焉，離坐離立，孰非天哉！潛老夫曰：參兩相用，不得不三以明之，執三則疑矣。世或造疑以損益奪人者，明此何疑乎！

六四，損其疾，使遄有喜，无咎。變離爲睽。積旅。

遡曰：初已事而四損疾，止皆在君；初遄往而四遄喜，悦皆在民。因其好勇好色，而遄有發政施仁之喜矣。變坎疾，互兑喜。正曰：忿疾當身，毫末皆大；忿疾去身，天下皆小。元公曰：虚則補，實則瀉，此良方也。揆曰：損初之疾，即以益四。郝解曰：四本止體得正，故自損其疾，不受初酌。潛老夫曰：洞酌彼行潦，挹彼注兹，諫象床而得寶，孟嘗猶知標之；屬饜以腹比心，獻子能辭梗陽。四知有疾，初固已酌之矣。

象曰：「損其疾」，亦可喜也。

朱子曰：過不喜規，諱疾忌醫。子路可謂百世之師。子産容國人以議，亦可謂難。智曰：東坡初作書曰：上之人務爲高深不測之度，所以損其疾也。神童見張曲江，不召嚴挺之，曰：亦喜軟美者乎？是所以損其疾也。大臣而賴下友之切磋，不可喜乎！有喜狀其心，可喜揆其事。

六五，或益之十朋之龜，弗克違，元吉。變巽爲中孚。積遯。

侯果曰：朋，類也。神、靈、攝、寶、文、筮、山、澤、水、火凡十類。子瞻曰：龜之益人非有以予人，亦效其智而已。集曰：肖離爲龜，互坤數十，以陰用陽，故有朋象。意曰：四臣足照千里，九齡嘗獻金鏡，以善爲寶，有元吉于神明藏密者乎！治則垂衣，學則坐照，一多相攝，博約同時，君臣道合者也。宜曰：損之二，益之五，皆以无損于己者益人，而受其益者皆獲朋龜之錫，法施之爲最上，明矣。

象曰：六五「元吉」，自上祐也。徐作「佑」。

一一曰：損損三益上，而五受其益，故曰自上祐；益損四益初，而二受其益，故曰自外來。言或者，非實語也。艮止于上反中順受，寶鏡湛然，無所不照，非有所增加也。

上九，弗損益之，无咎。貞吉，利有攸往，得臣无家。變坤爲臨。

宜曰：上蓋所行之一人，主陽言也。止體上成，自无容損。艮家變坤臣爲得臣无家之象。曷之用乎？用莫大于得人也。

象曰：「弗損益之」，大得志也。

黄疏曰：上與二同德，□[一]以志稱，皆弗損以益人，而二貞凶上利往者，二制于三陰之下，上乘三陰之上也。以應言之，三得友，上得臣，同行以成致一之交，无家之象也。智曰：君道无爲，能容天下；臣道有爲，爲天下用。得友得臣，則洋溢于

〔一〕「□」，原本不清，存目本作「並」。

用中，此損益時行之中轉也。徒尊君道，乃綴旒耳。通曰：皇甫謐云，居不薄之真，而立乎損益之外，不亦全乎此，正以其博綜百家者，爲無所損益也。

時論曰：損澤之陽，益山之陰，變其泰矣。西兑底東北艮，金凋寒沍，歲限轉焉，此盈虚之門也。自賦貢式功而損下之道行，雖曰什一，猶冀愷悌乎之，信而後勞。二簋用亨，則溪澗羞薦，无謟瀆矣，使以時而孚矣。傳曰備有未至而設者，有至而救者，可先而不備，謂之怠；可後而先之，謂之召災。可先則貞也，未至而設則酌也，已至而救則喜也。即以理財之職占之，二非大府乎？邦中四郊，家削邦甸，邦縣邦都，是山澤之義于焉中也，賦均式節以弗損爲益者也。初則關市未征，幣餘帑餘，王之羞服賜予、取之，所宜理紀其事，斟酌者也。四則内府外郊，亟繚棼絲，重傷宿痏。管子云：天生財有時，民用力有倦，君有欲无窮，度量不立，將無以給，而上下相疾，税畝譏宣，丘甲譏成，田賦譏哀，疾亦甚哉！法裕于財，毋寧裕于人，以下遄往而上遄喜耶。上與三，則大小司徒，均地恊征之數也。三十年之通制用者，上之事也。家七人而可用者三人，若五用其二人者，三之事也。用二父子離，用三民有殍，故大事致民，大故致餘，子致一人而羨，則守望友助也。上弗損爲益者，不料民而料臣也。冢宰以歲抄入穀致用，司會司書，職内職幣職歲，廪人倉人均人，族師司市，主无濫費，民无濫供，得臣豈有家耶。五也者，龜貝錢市金刀，惟王不會之極也。禹以歷山金鑄幣，贍民厄；湯以莊山金鑄幣，贖民之无糧賣子者；太公立九府圜法，權輕重，通有无，其奉時弗違者乎！法在用人，取人以身，徒諱言利而不知時道，皆未悟懲窒之先幾，而志尚疑也。五孚二頤，互易爲益；養賢孿如，日進无疆。大畜无得友之疑，敦臨保得臣之志，蒙可發而酌往，睽相遇而遄喜，皆于其志論用而已。忿慾真奢虐之門，懲若弛山，窒若塞澤，不悟時道，豈能得志！人亦曾疑象山之言乎？然君爲天下善俗理財，師爲萬世教學理財，其道必以此鐸，非可聽本無損益之曼詞，恃之任之，暴棄天下之才也。

智曰：泰三天地之際，交上成損，人道之始也。故繫情表化焉，何思何慮，不嫌往來。此三一一三之可疑者，疑而悱之，舉一反三，必喜而得志矣。象山曰：懲窒全無，猶未是學。學者須明理，後知懲窒，與常人懲窒不同。楊氏曰：雖已得道，而不懲忿窒欲，是謂知及之，仁不能守也。入道泝源，必先澹泊，滚園一澄一流，其知日益日損之槖籥乎？飲水忘食而視浮雲，登泰山而小天下，是神于摧山乾海者也，并浮雲其澹泊矣。

䷩風雷益

益从水在器皿而益，後加作溢耳。凡物可積累，雖增不知，惟水稍增必流于外，在圓則圓，在方則方，因應之一，莫過于此。故益以一易，同深宫之聲。

益，利有攸往，利涉大川。

損、益從否、泰之乾坤變而名，自下分。向秀所謂明王之道志在惠下，故取下謂之損，與下謂之益，而上之損益不與焉。元公曰：損内益外曰損，損外益内曰益，體用之分也。故聖學貴存心，以萬物爲一體，益下所以補元也。宜曰：上既益下，而上下均益矣。上施而巽，下益而動，上下樂利，故利往；生理各通，故利涉。引曰：涉濟皆言同也。三互皆乾坤二濟，故三陽陰卦，皆可二濟也。泰三上換爲損，否初四換爲益，損初四換爲未濟，益三上換爲既濟，一也。三陽推二十卦，益居其中，益爲習坎之器，全體中虚爲舟，長裕不設，故有利涉象。意曰：先損自益，損爲磋磨，而益乃受用也。損以克矜上之己，而益以復下學之禮，利用厚生，即以勞而教之，帝出而王享，合卦而中行。震巽木道，肖離明而行坤順；風雷遷改，寓觀省而成頤養，故文王著二利焉。

象曰：「益」，損上益下，民説无疆；自上下下，其道大光。「利有攸往」，中正有慶；「利涉大川」，木道乃行。益動而巽，日進无疆；天施地生，其益无方。凡益之道，與時偕行。

□〔一〕曰：損下，民亦悦從，不若益下之説无彊；上行，固以其道，不若下下之道大光。本坤爲民乾濟大明，此正贊其帝出施生，入民善動之時行也。四既益初，大作于下，二五之中，正受慶矣。震巽皆木，帝出而齊矣；動至巽時，學之日益可知矣。震巽初氣長物，益莫大焉。乾下施，坤上生，蓋无處非施生之洋溢也，皆時爲之。君子順時觀省，惠心周流，講學立法，善世歸仁，豈徒以分財爲益乎？子瞻曰：木道者雷厲風行。郝解曰：卦自上下，下爻自下能上，自震往巽亦順也。故自初而上，有王者順時省行之象，互觀也。惠心在五爲君，而震主來自初，進而上

〔一〕「□」，底本原爲空缺。

行于坤順，故三四稱中行，所謂木道日進往涉也。畫子曰：易言木道者三，皆取諸巽以其才能行權也。肝主謀慮，膽主勇略，木之才能，該仁勇，弘濟博施之具。正曰：學有損益，共相起也。損静而師天，益動而師人；師天者退，師人者進。意曰：舍日无歲，知歲用時。德性之施生，總此學問爲耒耜，日損日益，要謂之日進而已。

象曰：風雷，益；君子以見善則遷，有過則改。

訂曰：六子皆益水火山澤，惟能結聚，散之動之，然後能增長，故益歸風雷。風入最微，故片善不遺，纖過必别；雷發必速，故遷无留念，改无停機。震巽陰陽之始，則初幾也。汝中曰：恒、益相取，不能體常，不可與適變；不能盡變，不可以處常，君子自立以達權之謂也。郝解曰：損如顔子之四勿，益如曾子之三省。野同録曰：聖人正防充類已甚之巧于文過，故惟以民視民聽之善用告之。生此有君有父之時，厚事即惠心也，生理即天德也。禹以不自滿假爲神遷神改之帝則，即以克勤克儉爲不自滿假之善經。生寄死歸，泯于勤儉，此迂闊語，是真風雷。高夸本无善之可遷，本无過之可改，而盡掃勤學節儉之法以荒逞者，是帝王之所首用風雷者也。智曰：觀損益之盈虚而心平矣，心平始能全見，全見始能善用。若決江河，豈有阻滯哉！人爲忿欲鈎鎖，誰能虚公？故方圖以動之散之，從中説起。

初九，利用爲大作，元吉，无咎。變坤爲觀。

遡曰：益下四爻爲四事，初佚道使民，二善道教民，所以益之于安平；三恤荒告賑，四遷國圖存，所以益之于患難。五則原本君心之惠德，而上以恒益箴之也。馮奇之云：用享帝，用凶事，用遷國，皆大作之事，故益以興利。益從否來，乾交坤爲震動，自當大有作爲。損殺其盈，故損三；益培其本，故益初。郝解曰：震爲帝出，益下之主，初當省方休助之象。

象曰：「元吉，无咎」，下不厚事也。

一曰：下民愚賤，彼不能自厚于所事。非陽剛自上來，大作而爲之所，則下何賴焉。故必元吉而後无咎。宜則曰：民不可輕使也。子瞻則以損上爻較之，上有爲也易，下有爲也難，功則歸上，罪則受責，故元吉乃可无咎，以所居者非厚事之地也。

六二，或益之十朋之龜，弗克違。永貞吉，王用享于帝，吉。變兑爲中孚。積涣。

二曰：善道教而不迷，吉凶嚮威，以善爲主，此永爲萬世之貞鑑者也。遡曰：古人祭天，掃地行事。二爻當地上之位，見出震齊巽之帝，即損五之象也。人道立下以承天休，故于益二中正爻，著享帝之盛事焉。意曰：損、益肖離爲龜，以北方之靈，灼南方之火，以死知生之道也。損用艮兑，益用巽震，而二五實坎離也。中皆互頤，頤之龜以静養動之道也。易用蓍，而王者舉大事動大衆，巡守祭告，必用龜卜，亦以蓍龜用損益也。

象曰：「或益之」，自外來也。

自外來謂自外卦。益初，而二從中受其益也。潛老夫曰：合外内者，外皆是内，天下之善歸之矣，非執本無可益而固陋横傲也。□□〔一〕曰：或益或擊，視爲外來，則可以隨時應用而不惑；凶事視爲固有，則可以安分順受而不驚。君子永龜享帝，惟此齋戒靈承而已矣。

六三，益之用凶事，无咎；有孚中行，告公用圭。王肅作「用桓圭」。變離爲家人。積巽。

〔一〕「□□」，底本原爲空缺。

遡曰：益既象耒耜而爲震，反生之稼，三變而坎濟離旱之災，見爲凶事，猶言凶饑之事也。大司徒以荒政十二聚萬民，遺人縣鄙之委積以待凶饑，鎮圭以恤凶荒，是知有儲即發，无儲則出鎮圭以請糴于鄰國固有之者。天災流行，國家常有，凶事之備不可緩也。孚即五之孚惠。震諸侯，故三四皆曰公。圭震玉象，肖離口象。郝京山亦以帝巡、東出、南行、賑濟、建國爲大作。

象曰：「益用凶事」，固有之也。

筌曰：二有外來之益，曰或益之；三守固有之益，曰益之。令升曰：矯命濟世，桓、文之流。子瞻曰：損四爻，于初損其疾以益之；益三爻，于上用凶事以益之。君子之遇凶也，惡衣糲食致穀以自貶，使上自損，彼不樂也，故六三致穀以自貶，然後能固而有之。圭所以致信也。誠齋曰：位剛動極，見有益天下者，決然自吾爲之，聖人故以五語戒之，曰惟危難不得已而用之；曰惟誠則可，不則行詐以益亂矣；曰中行勿過甚也；曰必告之君也；曰用圭，動以禮也。象復嚴其一曰惟凶事，則固有是舉耳。正曰：孝子貞婦，至性所命，或以爲偏至一往者，聖人以爲中行，謂中理而行之，无所復損，則皆可益矣。桐宫金縢，或以是諱譚，而聖人若家人之嗃嗃，不爲誕也。淇澳曰：人定不能无凶，即凶定自有益，知凶之益，乃可與言益。智曰：益以此爻持世。世多凶事，人生所固有也。能以此爲風雷，則增益其所不能也多矣。

六四，中行告公從，利用爲依遷國。變乾爲无妄。積姤。

遡曰：恒以震巽立不易方，自此疊轉爲遷善改過，爻著遷國，亦其象也。且移初于四，去坤得坤，去土得土，亦遷國象也。損益之疑信喜告，正于人爻惕之。震四巽五，居八卦之中；六三六四，順于一卦之中；益從中起，故曰中行。告者臣，從而依者君，遷以爲民，豈强民耶！郝曰：以益民之志，告之先公，神謀協從也。訂曰：太王遷岐，曰不以養人者害人；盤庚遷殷，曰視民利用遷，皆爲益下之志。正曰：依遷者亦古人所謂凶事也。春秋遷國有九，聖人无一取焉。無公劉、太公之智，而依盤洛之事，亦寶龜所不告矣。□[一]曰：爲國厚民，始不是陳氏厚施故智，亦可免相國爲民請囿之禍。

[一]「□」，底本原爲空缺。

象曰：「告公從」，以益志也。

有告者，有從者，志已益矣。潛録曰：東周之遷，黍離以詩告之，而誰從乎？婁敬脱輅，子房一告，而益志矣。桓温議移鍾簴，張浚議遷建康，知益志否。

九五，有孚惠心，勿問，元吉。有孚惠我德。變艮爲頤。積鼎。

郝解曰：至五而益道備矣。合復、觀以取象。自初以來，无一非惠民之實心，心爲政本，有是心即勿問其事可也。大作厚下，總此誠心，故初與五皆爲元吉。君有惠心，民自信孚，謂惠我以德，非分財之惠耳。

象曰：「有孚惠心」，「勿問」之矣；「惠我德」，大得志也。

訂曰：五四三相聯，從其告而不必請，五亦不必問。汲黯矯詔發倉，武帝復何言哉！畫子曰：惠心惠德，神感神應也。其所以得志處正在勿問，問則有期必之意在。智曰：不大聲以色，不長夏以革，不識不知，順帝之則，是以耕鑿惠天下者也。列子故作堯遊康衢以聞此謠，將寫化身乎哉！不則堯多一問矣。

上九，莫益之，或擊之，立心勿恒，凶。變坎爲屯。

□〔一〕集曰：風雷恒而上反之爲不恒，恒之不恒在三，益之不恒在上，巽之究躁也。巽爲長高利市，求益无厭，故爻警之。正曰：中叔豫引觀起以損蘧子馮之八人，晏子曰益邶殿足欲故亡，子産以禮辭韓宣子之求環，可謂恒心莫益者矣。君子觀損之上九而知益之將退也。范武子將老，召文子曰：喜怒以己亂也，弗己者必益之。武子請老，以位益郤獻子，獻子以是擊齊，亦以是自擊也。

象曰：「莫益之」，偏辭也；「或擊之」，自外來也。

一一曰：益之擊之，皆自外來，見人皆得益之擊之也。執一窮上之偏心，則必爲偏詞以奪下，而不知終以自擊耳。履曰：向平讀損、益而大悟曰，乃知富不如貧，貴不如賤，但未知死何如生耳。嗟乎！死生一如，何有富貴貧賤之偏詞自問乎？嗟乎！又孰知今之立心勿恒者，冒言死生一如，以拒善諱過乎？是不如向平之偏詞百倍矣。故君子隨時寡民之過，恒用偏詞以爲風雷。

時論曰：盛衰之始誰幾乎？出震齊巽，春夏長益，方圖益在中寅，以應泰寅，與時

〔一〕「□」，底本原爲空缺。

偕行者也。耒耜之取益也，表法也。孟春農祥晨正，瞽告協風，至行祈穀籍田之禮；太師吹律，廩于籍東南；稷乃協功，曰陰陽分布，震雷出滯，土不備墾，辟在司寇，農夫大作，司救所以凶事，時也。天之施，地之生也，其任土任民之大經乎？井田有川以達于瀆，皆耒耜之用，盡力溝洫，皆木道利涉之本也。民悦大光，禹、稷之中正乎？禹涉大川，爲艱食也。庶土交正慎賦則壤，納錫大龜，玄圭告功，其益之十朋，王用享帝者乎？成、周則郊祀后稷以配天也。子曰后稷之祀易富也，其辭恭，其欲儉，其禄及子孫，立我蒸民之極也。其惠心惠德，中正有慶者乎？五與初俱稱元吉何也？土田爲天，元德爲民元命，而初乃經野之始也。司稼東作可不厚其事乎？農師一之，至于宗伯九之，王大狗耜，民用震動，初之所有事，大作也。三與四，則暮春社卜之候也，中行告公之交也。夫益道之大作者，無如凶事與遷國矣。凶事者，喪荒弔檜恤所餙哀也。中行則旱乾水溢，民无菜色，用圭示信，勞而不怨矣。洛誥曰：卜惟洛食，予其明農。盤庚曰：惰農自安，不服田畝，越其罔有黍稷。中行告公從則各設中于乃心也。周公曰作周恭先，自時中乂是也。成、周惠德勿問而卜其元吉者，以千八百國之君養九州之民，上有餘財，下有餘力，而頌聲作焉。秦田租二十倍于古，人役三十倍于古，舉千八百國之民自養，而土木神僊，聲色狗馬，閭左長城，立心勿恒之狀不能當涉、廣之一擊矣。夫同心也，无恒者擊，有孚者惠，同此外來，上則來凶，二則來吉，豈待十朋之龜分靈攝寶而筮之乎！意曰：益大于惠，惠深于心，心惠萬世矣。其之也，初即觀光，二孚和矣。大作一神道也，龜享一鶴縻也。三家人，四无妄，孚其言行而對時矣。五頤拂經，仍可居也。上屯泣漣，其知遷改耶！自非以遷改轟此萬世，烏能惠萬世哉！孔子讀至此而喟然曰：自損者益，自益者缺，學彌益，身彌損。商避席而遷改乎？風力雷聲，豈有息乎？張子曰：風雷有象，不速于心。時益爲損，時損爲益，日進其當損當益，而无損无益者，孚利其中矣。故天道人事之幾，交重于損益，律數叶化，總此心徵。損益不精，何由知物則而時宜乎？非豺橫，則蝸高耳。

仲虎云：泰、否言消長，損、益言盈虛。智謂：盈虛者，定消長之幾也。即以盈虛定天，而天莫能違；以黃鍾損益定氣，而氣莫能違；以卦爻盈虛定世，而萬世莫能違。即費是隱，故即象數而知无象數者不差也。性命何盈虛耶？聖人以倫物分藝定之，而性命乃能各正，將顢頇道聽委之乎？无疆无方之開物成務者，自以表法損益而時措之已矣。聖人无大過，尚有過乎？竟无過乎？不見日月之遷改乎？盈虛而不變者也。薄蝕有跡，風雷无跡，時行物生，是聖人之風雷也；不睹不聞，是子思之風雷也；益之蓍龜，是萬世奏鼓馳走之風雷也。

夬䷪姤

景元云：下經兑、巽之體十二，猶上之乾、坤也。自夬至鼎四對，皆兑巽包乾坤坎離也。故爲下經之中節。正曰：三才之等，六尺四寸，自四尺二寸，入于下際。乾、坤至剥、復，人身之上際；剥、復至損、益，腑臟之中際；夬、姤而下，股膝屈向。交于北政，兩濟、乾、坤，頂踝始終。按：六尺四即六十四也。繹曰：夬，危之微；姤，微之危。上經天道，剥、復見天地之心；下經人道，夬、姤嚴天人之介，故危其詞焉。下經主震艮巽兑，遯、壯，乾合震艮也；夬、姤，乾合巽兑也。四卦合而乾不復見經。吁戲！達天難，而五運之勝復正反，凛其亟矣。易簡録曰：夬，果之也，危詞以慮終；姤，駭之也，危詞以謹始。潛老夫曰：六六分之，則夬、姤爲下經中輪之首；以三周分十二，則夬、姤爲末周之首。曰遇曰決，猶之不食剛反爲陽幸也。智曰：先天巽兑輔乾，兑同乾居太陽，而巽乃少陽之首，故下經主之，而中段專事焉。名爲陽幸，而實望陽之制陰用陰也。南方轉午，天地正用。責在君子，明君師之道法以澤之風之，特爻天地之位其用更切。書契決事，誥命成章，中古以後陽雜陰文，必然者矣。豕魚牽羊，施之包之，即所以遇之而決之也。

䷪澤天夬

説文夬从工，又手決之。爾雅肉勝好曰璧，好勝肉曰環，肉好一曰玦。左傳賜環則還，賜玦則決。是夬即玦也。鄺氏曰：夬決卦快規矩，同爲腭聲相轉，孔子訓決，則古分決之義甚明。

夬，揚于王庭，孚號有厲；告自邑，不利即戎，利有攸往。

一集曰：未有增益盈滿而不潰決者，夬繼益即消息也。三月姑洗，萬物決辨于辰方，角聲揚號矣。以君子小人論剥、復即決矣，非私智權力決勝也。故大壯戒用壯，夬戒用決。天澤交而將復，陰自无違矣。夬利攸往，欲其爲純乾；剥不利往，不欲其爲純坤。遡曰：因大壯宮室，變五爲王庭。揚、號、告皆兑象。陰倚君上，從來危厲，不利即戎，修文告邑，但能自儆，時往有利。一曰小人揚于王庭，孚五號三，九二志在急君，告自邑中，使戒備也。伏坤，邑象。揆曰：揚爲小人，孚號君子。見曰：以五陽夬一陰而難者，以衆孚號，反爲人主所疑；而一无號者，仍爲人主所信也。六初馬氏曰：德宗有李泌、陸贄而終思盧杞，憲宗有裴度諸賢而終任鎛异，真可痛惜。意曰：狐鼠據難去之勢，雖衆陽同志不勝危懼。所謂先自治而治人者，仲舉與訓注不同，敗事一也。勢不制而爲袁紹、崔胤，豈不痛哉！潛老夫曰：使張玄、孫堅之策得行，爲人臣乎？亦終无安身處，安得不危乃光！

彖曰：「夬」，決也，剛決柔也；健而説，決而和。「揚于王庭」，柔乘五剛也；「孚號有厲」，其危乃光也；「告自邑，不利即戎」，所尚乃窮也；「利有攸往」，剛長乃終也。

朱子曰：世皆以君子不能无小人，不可盡去，觀剛長乃終之言，聖人豈不欲小人之盡去耶，但決之有道耳。敬仲曰：剛柔決未嘗怒也，未嘗私也。覆載一體，小人不可居上，天道也。決而去之，何私怒之有？宜曰：決如決澤，因勢利導，健悦則不忿激，決和則往中節。三曰乃者，儆君子也。易于剛乘柔不書，柔乘剛則書，志變也。復曰剛長，夬曰剛長乃終，爻曰終有凶，孔易終決君子小人。以象數證之，天圜決于地方，用半即以圜全。因二貞一，以正化邪，正是絶待，不必諱邪正之名字以言絶待也。時中聖人，正名決教，表圓圖正午之政府，此天地之所以一切生成也。扶陽之義凛凛，豈私毫强設哉！自有破名象者，已甚總殺之毒權，不惜奪壓天地之正經；偏高利于巧伸其宗，而實非帝王聖人之所利也。充類掃二以見一，則掃天地以顯於穆；究竟時乎開闢，則開闢即於穆也。毁開闢以竊混沌者，詖詞駭人，以激奪藏身耳。執名象之病拘，破名象之病蕩，雙掃而棲心无寄，其病非死則荒。聖人反復至此，所以宜時中節，與民前用，必制度數以議德行，決于各安生理，易簡適當倫常分藝，即泯性命，是所謂森穆同時者也。決人生所當決而不可言者，有餘不敢盡，此大決也。别傳權立頓宗，歸實于治世資生，一乘不悖，由中道行。今參悟者未開全眼，尚迷黄葉，以訛傳訛，況午會周孔，爲天地正宰，誦法者反欲撤王庭號獸窟乎？邪見之小人揚之，偏見之君子格致未精，動爲所惑，何怪无見之庸人乎？但得兩可不決，亂民耳目，藉口疑人，則彼已得計矣。所以後世忌理，若犯家諱，遂爾縱盗寃賢，榜禁道學，至謂宋儒禍宋，比于清談亡晉，而士林猶樂道之，偏贊小人之无號，苛罪君子之孚號，人盡可赦，獨于理學有餘嫌焉，以不便于己也。其根起于不明易道，不證表法，至使假偏上之玄勝，升跖呵夷，作善惡不分之言，滑稽不決，而君子徒壯頄趾，竟爲所蹣，烏能決之？悲夫！顧、高二先生決合朱、陸，有功姚江乎？吾鄉魯岳、觀我兩先生決合于鹿湖、環中堂，學者何其幸耶。

象曰：澤上于天，夬；君子以施禄及下，居德則忌。

宜曰：雲上天則需，澤上天則夬，不居也。其解陰蕩濁則有決小人之意，而天下乃被其澤。雨已成而必澤，造化不以爲功；禄既聚而必施，王者不以見德。見德之謂居，非所以惠下，故忌之。管子曰：見有之德，幾于不報，四方之歸，陰行者也。故上德不德。正曰：爵禄之在王庭，予之不敢思，奪之不敢怨，去小人而有怒氣，畀君子而有德色，是君子所甚忌也。羽南曰：此所謂下，與剥之下相應。潛老夫曰：君子每自相忌而小人乘之，由于德不凝道，而往往自居，由于不知危乃光也。肯以忌人之心而自以居德爲忌，亦可謂善用忌矣。通曰：陳實于縣吏，韓安國于田甲，華恒于任讓，吕蒙于蔡遺，可謂施及下矣。然居德未易忘，不居德以爲德，更未易忘也。

初九，壯于前趾，荀作「止」。往不勝爲咎。變巽爲大過。

宜曰：夬由大壯變，且肖之，故初三言壯。初爲趾，前者往決意，變巽踈象。毛伯玉云：勝在往前者，兵法也，必往之道也。往不勝爲咎者，遠慮也，所以戒其善往也。徐子與曰：虞去四凶，周誅三監，藹藹賢才，貞勝何憂決矣。

象曰：「不勝」而「往」，咎也。

潛老夫曰：胡允以京房、劉蕡爲不勝而往之咎，嗟乎！天子不能夬履，而爲所勢挾，蕭望之以帝師，尚爲所斃，況京房乎！劉蕡憤而于對策言之，令裴度无以藏用而次且焉，然而止于不用，未爲咎也。裴度直言鏄异，尚不能勝，此時旌蕡，亦宋申錫耳。

九二，惕號，翟玄、荀爽作「錫號」。莫夜有戎，勿恤。變離爲革。積咸。

宜曰：爻主夬陰，然以不夬爲善夬。二之惕號，自治也。但小人自知惡大罪積，不可久居其上，而甘心退屈，故莫夜有戎勿恤。周亞夫軍中夜驚，亞夫堅卧；魚朝恩害子儀，至掘其墓，而子儀借事自責，皆是道也。變離惕恤象。彖號厲不利即戎，合五陽言。此指二陰，戎謂上坤三陰皆象夜，初早夜，中中夜，上暮夜。兑陰在上，故曰暮。正曰：熠燿宵行，蜉蝣出陰，朝宁小人，不保其无，但曰夜行而已。君子不能使小人絶類，能使小人信志。莫夜之惕號，非曰怨憎，亦以自警也。周農父曰：闞子明爲王彦布卦，得夬之革，知百年之故，二紀女禍，爲其變離也。朱子載王子獻占此爻，後有兵權。唐明宗時，路晏見厠盜匣劍去，董賀爲筮此爻，曰但守中正，請釋憂心。可信陰陽總以理決。

象曰：「有戎勿恤」，得中道也。

一一曰：誰不言中乎？不恃剛而能惕，即大壯之以中而得之矣。一曰韓魏公、張魏公遇刺客，皆曰取吾首去，客皆不忍；蔡元定竄道州，猶聚徒講學，曰禍非墐户可免也；歐陽歙亂，蕭引曰管寧、袁涣但安坐耳，皆有戎勿恤之道。

九三，壯于頄，鄭作「頯」，蜀才作「仇」。有凶。君子夬夬，獨行遇雨，若濡有愠，无咎。變重兑。積萃。

宜曰：乾爲首。頄者，顴類間骨也，陽居乾上象。復獨復，此獨行，處陰陽之中而應，違衆獨立之象。上成兑之主，雨者和于兑之象。遇，言其適然。爻位所值，遇雨疑于濡，故曰若濡。若濡，則必有慍之者矣；慍，離象。王允之于董卓，温嶠之于王敦，顔杲卿之于安禄山，皆似之。此與壯三，皆有不中之失，又有得正之美，故兼二義。玄同曰：乾乾坎坎，象重卦，此无二夬而云夬夬，遲留不決之意。由陰在上自消，三五憫其消而不夬，却而計之，曰：是可夬耶？否耶？夬不夬之間，故夬夬也。三以應上行之，濡不恤，慍不辭，超然自信，不徇俗而飾非，曰獨行。五以比上行之，近承其敝，功可坐收，猶且容之，天地之仁也。是謂未光之中行。

象曰：「君子夬夬」，終无咎也。

潛老夫曰：志夬之而濡慍，終決于理而已矣。白樂天于元稹，韓退之于子厚，亦其道也。然貢禹、楊時，亦將以其薦用者而慍之，況張鎬受衆中之辱，馬融受朱穆之斥乎！

九四，臀无膚，其行次且；古一作「趦趄」，馬、鄭同。古又作「恣睢」，或作「欧跙」。牽羊悔亡，聞言不信。變坎爲需。積比。

宜曰：變坎象豕，臀无膚，羸豕也。行次且，躑躅也，狀四之跦而欲夬上也。然越五而夬上，五必不從，不若與五同其栽植，教之牽羊隨五，而又逆知其不信，蓋夬至四而陰將夬，功名之念容有排五而欲自爲功者，挑釁在此，渾濬可鑒也。于象兑爲羊，羊之性護前，牽羊者讓而先之，而牽制其後，欲逸則繩約在手，欲止則鞭策在手，陽順之而陰實制之，不激不隨，牽羊正駕馭之法。坎耳病塞，故不信。全曰：四因五以牽上六，上六聞四言而不信也。正曰：周公出師于畢，龜焦而不進；陳師于牧，雨至而決戰，周公之獨行也。文王伐密，密下，伐崇，崇降，然七年大勳未集，是文王之次且也。時而已，雖不用聰明可也。

象曰：「其行次且」，位不當也；「聞言不信」，聰不明也。

元公曰：聞言聰也，而終于不信，則心地未明也。意曰：時當次且，亦可忍辱，聖人恐後世託此瘖聾，不當其位，故與噬嗑之上爻同戒詞焉。四與説同體，故疑不決。傅燦曰：桓範勸㹠犢，不信宜矣。敬暉勸桓張，亦不信耶。

九五，莧陸古一作「莞陸」，項作「莧」。夬夬，中行无咎。變震爲大壯。積坤。坤世。

集曰：莧，黎也，古曰莧陸，今曰灰莧，貴者所不食，故以爲不夬之象。埤雅云：莧，莖葉皆高大而見，故字从見。夬三月卦，莧始生，取莧，猶姤五月卦，瓜始生，取瓜也。謂地之高平，非所生而生，喻易夬而可夬也。項平甫云：莧，山羊也。

陸，其羣行之路，猶鴻漸之陸。説文：莧，山羊細角者，从兔，足首象形，从羊之角也。目，羊之目也。莧音丸，故古本一作莞。按：見與官同母，古時粗細不分，則相轉耳。説文中部有莧，孟喜注莧，胡見切，漢人久作草矣。

象曰：「中行无咎」，中未光也。

九五時位所屬，恐其私昵于近比，又恐其已甚于芟除，故戒之以中行，而贊之以夬夬象，復盡其義云，中未光也。朱子曰：微茫之間，意有未斷，可見去小人非難，難于去君心之小人。

上六，无號，終有凶。變重乾。

宜曰：无號，陰自喪也。或云應三號三，比五號五。彖所謂孚號者，今皆夬夬无所號矣。終有凶，幸之之辭，辟之垓下，非无勝也，而終已矣。仲虎云：辭于剥則易，于夬則難者，君子難進易退，小人易進難退故也。安可以易心處之！玄同曰：世有温泉，陰受陽施也；无寒火陽，无所受于陰也。陰有所受于陽，故剥陽；陽无所受于陰，故陽不剥陰，自決而已。

象曰：「无號」之「凶」，終不可長也。

一一曰：時至數窮，陰雖欲長號據上，自不可得。九五雖欲悦上不決，亦不可得。所貴聖人者，處此消息中，而決定以正勝邪之理，斷其可不可耳。以勢決之，君子少，小人多，陽一陰二邪若巧勝，而以理決之，則邪終不勝正也。使萬世之民皆歎君子少，小人多，則固已勝之矣。

時論曰：大圓正午，以之輔乾；過遇濟決，以之終雜，其義精矣。象于四氣，金之決而斷也；象于五行，水之決而流也。小正曰：時雨將降，下水上騰，修利隄防，道達溝瀆，開通道路，毋有障塞，達天澤之亹亹，故水不災。夫兑與乾處西北之地，而月氣應東南之天，以悦戰之神行齊見之用，剛長乃終，豈待問耶！聖人斤斤慮尚窮而危之，正以柔乘五剛，柄惡遇衆，未易除也。一姤二同，四畜五有，皆收陰之義也，惟三履與上夬，敢言去之。然上天下澤，艮宫少陽有權，履之甚易；澤上于天，坤宫老陰不動，夬之實難。六龍之位，無如此怙終之一物，扼吾亢而伺吾戰，其敢閉門獨處，不告而興戎耶！正義曰：非和小人也，吾黨自爲和也。意曰：決，斷也，不徒決去也。天下之能決和，必其能危光者也。危則不輕尚，光則不趍窮矣。王庭者，城狐社鼠之窟；自邑者，門户畛域之奥。呼號則同仇衆棄之難齊，即戎則執訊獲醜之難服。書曰問爾四國，揚也；肩有辭，號也；爾惟和哉，爾邑克明，告也；爾尚不忌于凶德，不即也。詩云用戒不虞，慎爾出話，惕號也；但聞其聲，不見其人，莫夜有戎也；既克有定，靡人弗勝，勿恤也。初天之風，恐其本弱；二天之火，明于革變矣；三天之澤，來兑于上，有不並者，能无夬夬乎？我將剛呼，彼且柔濡，五陽雖衆，我則獨行。麗澤娛媮，非其本懷也。五近孤陰，我固大壯，彼未喪也。啓寵之人，伏夫肘腋，夬懌如疇，夬夬无咎，非中行孰勝之。莧陸生于三月，治眩治瞖，助光象也。初過四需，相應而相咎悔者，壯趾且以爲鋭身，牽羊，抑知隨其後乎？求勝者躁，自居者姤，吾黨吹疵，先多齟齬，甚矣決和之難也。趾頄臀膚，皆不免矣，惟惕得危光之道焉，中行豈易光耶！上而復乾，其天道乎？危之所以幸之，施之所以安之也。大象曰天必施澤，澤不居天。天施則普，澤居必涸。施禄并可及于小人，居德必投忌于君子，及下者猶是剥之厚下也。將決而急爲下之地者，所以全上之天也。知此則書契與結繩同乎矣。

遡曰：一五皆九，惟乾、夬、姤三卦。勿取與相遇之義並行，此時義不可一端盡，故曰大。

象曰：天下有風，姤；后以施命誥四方。「命」，魯恭傳作「令」。「誥」，鄭、王作「詰」。

神曰：天无氣，以風爲氣；天无動，以風爲動，但于空處，即氣即動。此金木相交于无形之處，得此理可以乘風登天矣。宜曰：觀爲地上之風，旁行通歷；姤爲太虚之風，自上而下。風行天下，无物不遇者也。白虎通曰：風者天之號令，風爲教主，熏于南方。施，乾象；命，巽象。野同録曰：夬著明察書契之象，姤當文章命令之時。夏至之養，與冬至同謹，而施命誥四方者，以夬、姤輔乾，南方向明當正告也。四方示用中也，惟離與姤著之。馮元成云：施命豈得已哉？上世言德不言化，言化不言命，以命誥四方，不能无虞也。勿用取女，命誥之謂也。淇澳曰：闔門風教之原，象以天風而后施命誥。内則曰：后王命冢宰，降德于衆兆民。易之誥命不一而足，故曰易以道陰陽，非爲幽遠不可見之陰陽，乃切近顯設不可渝之陰陽。志不舍命，則切近即幽遠也。羽南曰：屯、蒙已著貞字包納，咸、恒、家人以漸終之，姤則駭其乍遇矣。人心之妄欲即女也，不可任，不可絶也。遇有當不律，從卦謂之陰令。君子肅于陰令以察夏至，謹其起居，无有不恪，節嗜欲，尚澹泊，屏息歛身，以待陰陽之自定于是，而有佚志怠色，則其蕃育不備，賦命苟薄，神人所酬獻不從焉。君子治其房闥以棲神明，早服夜息，如御賓客謹姤命也。揆曰：此女后之象。

彖曰：姤，遇也，柔遇剛也。「勿用取女」，郭京作「女壯勿用取」。不可與長也。天地相遇，品物咸章也；剛遇中正，天下大行也。姤之時義大矣哉！

宜曰：卦本以剛遇柔得名，而曰柔遇剛，則柔之敢于遇之，正見其爲女壯。是可與之長乎？姤建午月，蕤賓，則陽固爲之賓矣。小畜乾内，故巽女可妻可婦；姤巽内，女爲主，故勿取。爻包魚，正不欲諸陽之見而娶之也。凡以人世之用爲情累耳，適得其所當用，何用不善？何時不相遇耶！咸章大行，此天地萬物之本然也。執定勿用，豈能斷情而求性哉！咸、恒、壯、萃之情，于夬而姤後聚之矣。以用善用，以遇善遇，時義豈不大哉！朱子云：是好時節，而不好之漸已生于微。子瞻曰：姤者，乾之末，坤之始也。自九二之亡而後爲遯，則無臣；自九五之亡而後爲剝，則无君。姤時上有君，下有臣，君子欲有所爲，无所不可，故曰天下大行。

姤，古作「遘」。鄭玄同。馮掎云：王洙改作「姤」。女壯，勿用取女。釋文作「娶」，无「女」字。彖同。

一一集曰：決遇反夬。聖人不能絶陰，而不能不愛陽，幸其去曰夬，而驚其來曰姤。剥、復夾坤于北，夬、姤夾乾于南。易貴用者，用以勿用爲深幾，故姤著女壯，勿用取女之象。遡曰：邵子履霜之慎在此，知慎者知月窟矣。復見天地之心，姤亦見天地之心，所歎者，理難持而欲易恣也。相遇之時有義焉，姤不期遇而遇爲適然，復止還其本然者而已。然陽雖本有，積中乃能發外；陰雖適然，一動于念，駸乎難遏。此陽至四乃壯，陰初即壯之旨。陰漸長故壯，一陰遇五陽尤壯，勿以惡小而爲之，勿用取女之義也。箋云：齊桓公七年始伯，十四年陳完奔齊，亡齊者已至矣。漢宣帝甘露改元，而王政君已在太子宫。唐太宗即位，而武氏已生于前二年。宋藝祖受命之二年，女貞來貢，而宣和之禍已伏。林甫相而唐禍，丁謂進而宋危。極深研幾，故謹于微。隅通曰：壯者長也，六子莫長于震巽，乃雷必壯于天上，風必壯于天下，蓋雷愈高則愈威，凡夏雷必高；風愈低則愈猛，凡冬風必低。龍溪曰：姤乃日月合璧之象。姤雖暗，如復交姤而始遇復，則姤全體光明矣。如月雖陰暗，日交月而月遇日，則月全體光明矣。正曰：是蕤賓之卦也，從律謂之陽智曰：明察取夬，即天澤之辨，而澤天爲更決焉。扶陽用陰，可禄可包，□〔一〕人豈可盡去而快哉！惟以春秋決之，則萬世小人自无號矣，獨懼邪僻者專藉圓變冥應以亂其號，所謂別墨倍譎，至今不決者也。知幾者憂午會之女禍邪教，而決理者以午會之文法決夫婦之魂魄而治之。民志決辨，王庭決揚倫常之號，決然相信，莫夜之惕，決不至死，則不知父之麀場女傳家之狸俗，萬無憂矣。孔子故于雜卦末後表之，而終以夬曰：剛決柔也；君子道長，小人道憂也。正恐後世愛不決之新奇，而斷斷決之，始能令萬世無大過耳。

䷫天風姤

全曰：姤，古篆作[篆字]，从[篆字]，[篆字]在前，[篆字]在後也。説文：偶也，从女，后聲。按：后象屋後，故爲反司，以勾喉叩口而聲也。遇亦從偶得聲。偶从禺，猶句之勾，古通轉也。故相沿以偶然邂逅遇之爲義。

〔一〕「□」，原本毀缺，存目本作「小」。

當焉，時義決此而已。君子觀于姤而頓知漸教之善也。姚康伯曰：必有賢智絶欲之過，而後愚不肖之羸豕无膚，少免耻焉。孔門單傳一嗣，即自脱然，連叢路女，安得不辨以爲誥也。潛老夫曰：天地相遇，不能不用，夜必用于日中，一元用于午會，曾知上古之洪荒，更亂于中古有誥命之日哉！決其時義，與愚夫愚婦明而安之，是景風也。

初六，繫于金柅，子夏作「鑈」，蒼頡作「栮」。晁以道曰：蒼頡作「柎」。王肅作「柅」，蜀才作「尼」。貞吉；有攸往，見凶，羸豕孚蹢躅。古作「蹢𨂽」，一作「擲躅」，一作「躅」。變重乾。乾世。

六曰金柅，謂二乾金也。説文：柅，籆柄。籆即絡絲籆，柅其柄也。子夏傳作「鑈」，云絡絲趺是也。通作稱。巽爲繩，故取柅象。馬季長以爲柅者，在車之下，所以止輪，令不動者，先儒多從之。一陰始生，勢必盡姤諸陽，聖人憂之，詞具兩義，繫于金柅，則從一而終之爲吉；苟不能繫，必往而他姤之爲凶。巽體本伏，往則著見，往見象。又巽進退而躁，故且繫且往。坎爲豕，巽半坎體，无肉有骨，爲羸豕、牝豕也。陰質而恣慾，牝豕特甚，蹢躅不静也。李茂欽作彳亍，言一步一往也。玄同曰：姤凡數象，體陰爲魚瓜，二對豕爲柅，對瓜爲杞，二四對魚，皆爲包。

豕柅喻姤，包魚喻爭，杞瓜喻斷，譬羣淫爭而五斷之，還其始姤之二而已。還初于二，是初安于二，不炫燿以他適耳。終于二成果實，而自落自天云者，姤不及五，其隕高也。

象曰：「繫于金柅」，柔道牽也。

牽，連也。初與二連，二得而繫之。

九二，包有魚，「包」，古作「庖」，荀作「胞」，虞作「苞」。无咎，不利賓。變艮爲遯。積同。

宜曰：包容于內使不得逸于外，不利賓正所以包之，故義不及賓，專其責于二也。初應四，本四包中魚，二有則四無，有者主則無者賓。包魚包瓜，繫豕同義。自古小人亂天下，往往君子激之也。包有魚則彼私有地步，獨得先容，知有爲善遠罪之樂矣。不激不弛，正象勿取之作用也。五之以杞，用二包初，使李愬牽李祐，使田弘正制劉悟，武鄉使蔣董制黃皓，皆可此象占之。正曰：女子尸祭，不及賓客，爵弁在門，不顧內厨。記曰：彼婦之口，可以出走。見女壯而思遯者，夫亦伊徵之心乎！

□□〔一〕「包有魚」，義不及賓也。

□一曰：二最近民，遇即包之，待其及賓，則已遲矣。物之始遇，必專其恩乃篤，是亦義也。潛草曰：四陰利用賓，巽觀艮止也；一陰不利賓，巽獨近也。

九三，臀无膚，其行次且；厲，无大咎。變坎爲訟。積无妄。

夬四和而不肯決，姤三牽而不能上，故同此象。筌云：坐則臀在下，故困繫初；行則臀在中，故夬姤繫三四。坎豕巽股，取柔爻爲膚，剛爻爲无膚，柔道牽也。誠齋曰：二最近初而先遇，三争之則傷，故欲進不進，雖不得魚，无後災。行未牽者，幸其不牽于魚，而必進也。孔明言中原爲操得，吴不可圖，而可與爲援，此次且而无大咎也。淇澳曰：无膚男之耻，羸豕女之耻，實男之耻，知耻即能行未牽。

象曰：「其行次且」，行未牽也。

郝解曰：夬四悦上牽羊而前，此三入下，行未有牽，而上者係戀醜矣。訂曰：三却步不前，猶未與柔相牽連，故无大咎，能以重剛自惕也。潛老夫曰：賈充必生婁

〔一〕此及下「□」，原本爲空缺，應爲「象曰」二字。

豬，張華不知此命，而董養、韋忠早歎其无膚矣。李勣不知田翁之命，而許敬宗早无膚矣。嗣宗卧側，不能扼仲容之累騎，而韓熙載輩无膚矣。故惟厲乃无大咎，不則行未牽而志已牽矣。自矜得髓，而不顧皮面，與止讓一皮而中委土木者，非无膚之俑耶！

九四，包无魚，郭京作「失魚」。起凶。變重巽。積益。

遡曰：臀无膚者，婁豬未定，正以蹢躅之孚，必及三，不以姤二已也。四之无魚，非不姤也，已姤再姤，賤而可棄，龍陽之前魚耳，四故疾之甚而无之。起凶者事在今，災在後，正病其疾之已甚，必至于遠民也。左三山曰：策士以狗骨相牙料戰國士，君子不明勿用取女之義，其免于起凶，難矣！李晟、張延賞爲一營妓，卒且僨事，況功名富貴，何者非魚乎？子瞻曰：姤者主求民，非民求主之時，既已失民，爭之何益。

象曰：「无魚」之「凶」，遠民也。

訂曰：初爲民，二近四遠，故无魚，而起爭心則凶矣。初非順民，使其得志上進，四寧有幸乎！

九五，以杞包瓜，子夏作「匏瓜」。含章，有隕自天。變離爲鼎。積頤。

□[一]集曰：五本飛龍之主，而初潛變爲羸豕，五自无所不包含，而又能用人以包之。以合象言，瓜生于陰月，巽木用事。一陰麗于陽，而含其章美，方夬于上，忽姤于下，若隕之自天然，是九五之文命，風行下國，无遠弗訖也。杞美材，指九二。瓜指初六。初承二似艮爲瓜。以，五以也。巽木高長，故自初上達于五。五爲姤主，一民莫非其臣，非如四之遠民者比也。后不必親與海隅蒼生遇，而以其志寓諸文章，播揚下國，窮陬僻壤，罔不率俾。光武一札十行，第五倫曰此聖主也，一見決矣。以其德言，恭己无爲，勳華之包朱均，棠棣之包懿親，含之又含，人無得而名焉。宜曰：瓜不得附則攀援而求，幸遇喬木則雖抑之不可得。五知柔道所牽，盡姤乃止，故援以九二，含章不露，杞可大用，瓜則歲蔓，言以道德包才能也。

象曰：九五「含章」，中正也；「有隕自天」，志不舍命也。

子瞻曰：陰長消陽，天之命也；有以勝之，人之志也。君子不以命廢志。誠齋

[一]「□」，底本原爲空缺。

曰：君臣相遇之盛如此，一小人雖壯，何足慮乎？堯先下舜之側陋，以杞包瓜也；舜遇堯爲天人之合，有隕自天也。何憂驩兜？何畏孔壬？君禹曰：不有天根，孰爲之顯？不有月窟，孰爲之藏？陽陰相遇之時，義不可不抑也，不可終絶也。故凛凛冰霜之防，而休休藏納之量，毖于式訓者，不必引繩批根也。干七十二君，未嘗已甚而絶之也。意曰：聖人以善世爲志，即天命也；勿用取而又包之，即无適無莫之時義也。見曰：留、平、勃者，其將有以包之乎？武帝則夬履矣。

上九，姤其角，吝，无咎。變兑爲大過。

孔疏曰：角，上象。角非所安，與无遇等，故吝。然不與物争，其道不害。敬仲曰：窮吝，言窮而少通也。泄柳閉門，干木踰垣，是謂姤其角。見南子，從佛肸，變通之道也。誠齋曰：晉其角，角在己；姤其角，角在彼。正曰：鹿之感陽，麋之感陰，時至而角解，解而不交。君子遇窮而顛，顛而不復遇，吝則吝矣，夫亦其時也，何咎之有！大過之滅頂，姤之姤角，義不相遠。

象曰：「姤其角」，上窮吝也。

一一曰：角則觸矣，上則窮矣，小人雖不能合，君子亦无自入焉。夬之趾角，兑羊之象也；姤之臀膚角，皆自夬來。

時論曰：異哉六龍之世，牽于一豕，而起于雙魚也。龍潛此地，豕亦孚此地；龍見此地，魚亦包此地，可不畏乎？彖傳嘉美柔剛之遇，豈非書契決事，命誥轉風，爲陽用陰之時義哉！陽必至四乃壯，陰始生一即壯，蕤賓之風吹于无射之天，是謂夏行秋令果實早成，乃多女災，女壯勿用，聖人警微也。幾深乎！月令以夏至施命令，與冬至閉關相應，而藏冬于夏，全章全闇，故又曰：是月也，君子齋戒，掩身毋躁；正聲色，毋或進；薄滋味，無致和；百官静事无刑，以待晏陰之所成。何其遇陰至斯耶？遇而章也，所貴剛中正以遇柔也。董子曰：天常置陰空處，稍取以爲助，而非所用也。天之成功，少陰與太陰不與，故陽爲經，陰爲權也。羊之羸者，其角空觸而无力，故四陽易之；豕之羸者，其蹢躅善走而莫禦，故五陽亦難之。一陰負五陽，剛鬣也。繫于金柅，初亦自以爲乾也。君子以龍包魚，其將以類親之乎？二近而有魚，四應而遠矣，近者曾知不惡而嚴乎？物有維時而包之。淮南曰善爲魚者，不求己上，故不及待賓耳。得無私之耶？意曰：小人害國家，必先比一君子，階之進身，如丁謂于寇公，蔡京于温公，秦檜于張魏公，並爲所牽，而使及賓，遂受其禍。君子知其所遯，是其義也。三之訟，則從王事而无成也。夬四姤三，其臀惟肖，一宜決而次且，一宜遇而次且，則弗遇者勝，故曰行未牽也。初無所不牽，而三不牽，初雖无膚而食舊矣。四遠民而起争心乎？抑惡其羣姤而起遠心乎？爲其見凶而甘起凶乎？將待剥而魚貫乎？四當重巽，不能中命，而五則鼎烹凝命者也。詩以瓜瓞喻民生，瓜初小而莫大以杞陽包陰瓜，至蕃衍也。象咸章，爻含章，陽感陰含，爲我之用。昊天上帝，則不我遺，夫物亦自包自章而自隕耳。君子于小人，善安頓之，即以化之。君相造命，豈以命廢志哉！志不舍命，所行皆天行也。龍神无首，何至相遇而角觸乎？上窮則大過矣。觀象曰：乾巽司天門地户，風轉陰陽之交，景門薰風，萬物順伏。乾能遇巽，陽施陰從，后誥四方，正告此陽統陰之命也。

智曰：知陽統陰陽者，全陰全陽矣。決遇施閉，可同時矣，賁文起寅，畜文在巳，姤章當午，轉此風力，播告以入人心。易表三后，復、泰遇時，施命于南方，以書契之告章顯其仁，其君臣道合之時義乎！文章即性道，而文章之弊生矣。文章雖弊，而載道之語言，傳道之講習，象魏之縣命，鄉里之讀法，必不能一日不相遇也。一堂八荒，羹牆千古，皆相遇也。勿用之龍，惕于潛飛，而豕魚自包，臀角无吝矣。

萃䷬升䷭

玄子曰：萃以五爲大人，升以二爲大人，聖人重陽也。下經坤首合離爲晉、明夷，此合巽兑而坤不復見經，故以斷夬、姤之後。易簡録曰：上經交泰後，莫盛于同、有，天道光焉；下經損、益後，莫美于萃、升，地德章焉。潛老夫曰：施禄施命爲南方之政，而用戒不虞，克勤小物，乃爲政之要也。智曰：南方決遇而物自萃升，地勢也。圓圖升在未方，而萃交戌；方圖正屬坤藏，升在卯而萃正在未。此一對以坤統之，四情終焉，二用著焉，正表致役成物之教養也。健于決遇，順于聚高，是剥、復、大畜、无妄相伏之學問也，故以患難艱勞歷之。

䷬澤地萃

全曰：萃，古作桒。米，古卒字。本乂十兩字會意。小篆改米作萃。説文從艸，卒聲。卒，衣之成也。子虛賦翕呷萃蔡，吴都賦橚矗森萃，皆取齊齒之聲，因爲聚會之義。左忠毅曰：萃義爲祭爲聚，从艸从卒。人命如艸，有始有卒，散而不聚，魂魄漸耗，死而不祭，精氣无憑，故曰假廟孝享。

萃，亨，馬、鄭、陸无「亨」字。王假有廟，利見大人，亨，利貞；用大牲吉，利有攸往。

□□〔一〕集曰：遇聚順悦，而禮樂之化成矣。本孝相親，戒備不亂，誠悦而後可治，咨嗟而後可保，此乾、坤各正性命，溥咸、恒之情，大壯、履禮表正大之情，而終于萃天下之情也。致役乎坤，説言乎兑，夏秋之候，萬寶告成，決遇本天，萃、升用地，此其序，此其象也。人本乎祖，廟貌孝享，所以一微顯，合洋洋也。萃、渙立廟，聚散同時矣。孝經曰：聚萬國之懽心以事先王。聖人以爲全易莫非孝也，于萃表之，以精神遇覿聞而後聚也。五剛中正，大人爲王，合觀、臨、比，其道益備。子瞻曰：易言薦盥禴祭，皆有寄焉。用大牲吉，猶言用大利禄云爾。鄧綺曰：祭義春禘有樂，秋嘗无樂，因雷聲之收發也。故豫奮作樂，而萃收止用大牲。元公

〔一〕「□□」，底本原爲空缺。

曰：鬼神以陰爲身，巽兑陰卦，且巽有用史巫紛若之象，而兑又爲巫，故隨、益、升、困、鼎係祭享，從所主也。肖坎，隱伏，象鬼，故既濟有禴祭之文。遡曰：五王艮廟，坤牛爲大牲。或謂古王者立廟，必于國東南之奥，巽之方，故萃、涣二廟皆有巽象。用大牲者，王以格廟者格天下，使民如承祭也。天下即以格廟者格王，凛元后于神明，往何不利。

象曰：萃，聚也。順以説，剛中而應，故聚也。古作「故亨也」。「王假有廟」，致孝享也；「利見大人，亨」，郭京有「利貞」。聚以正也；荀「聚」作「取」。「用大牲吉，利有攸往」，順天命也。觀其所聚，而天地萬物之情可見矣。

輔嗣曰：但悦而順，則邪妄也；剛而違于中應，則强亢也。何由得聚？順悦而以剛爲主，剛而履中，中以應，故得聚也。致孝盡志，致亨盡物，下三陰隨九四以利見大人，聚得其正矣。聖人作而萬物睹，人知天命之有歸矣。王者應天，時中即命，禮以時豐，功以時建。天子假廟而損用二簋，是數米而饗三軍也。大人利見而儉德避難，是當暑而服裘褐也。造化之理不外人情，人情即天地萬物之情，惟剛中而應之順悦，合天下以孝治，知説指掌，行在孝經，是學覺之歸諸實事者也。

通言之，泝而上，至于命，沿而下，至于情，情之真處即命。蘇語然矣。徐子與曰：天地萬物，高下散殊，咸則見其情之通，恒則見其情之久，壯則見其情之正，萃則見其情之同，不于所聚觀之，情之一者豈可得而見乎！揆曰：事親事君皆受命于天，不可得逆者也。事親如事天，是爲順以假廟；事君如事天，是爲順以攸往。莊子曰：子于親，命也；臣于君，義也，无所逃于天地之間者也。命即天命之性，情即中節之和。

象曰：澤上于地，萃；君子以除戎器，戒不虞。「除」，一作「錯」，又作「治」，荀作「慮」。

集曰：不言澤在地上，而云澤上于地，水方聚也。水聚則決，必有以防之，水乃瀦。輔嗣曰：聚而无防，則衆生心。子瞻曰：類聚羣分，聚必有黨，黨必有争，萃者争之大也。大人因其所萃而安暇聚之。神曰：國之大事，在祀與戎，其實一理一氣，兑金象戎，坤土象祀，故曰戰則克，祭則受福。器久則敝，除者去舊取新之謂，非右武也，特不虞耳。丘行可云：秦銷鋒鏑鑄金人，唐議銷兵則非，然漢武好大喜功，可謂戒乎？正曰：大衆所聚，不得禮樂，必有戈矛，曰羽籥干戚，兩者相爲救也。詩曰君子至止，鞞琫有珌，猶之盛明也；而韎韐珌琫，及于君子。故知俎豆軍旅互爲用矣。

初六，有孚不終，乃亂乃萃；若號，一握傳民作「渥」，鄭、陸、蜀本作「屋」。爲笑，勿恤，往无咎。

變震爲隨。

遡曰：萃卦吉而爻以名教儆焉。八卦乾坤至尊，兑至卑，夬以兑承乾，彖係孚號有厲，名分猶存；萃以兑乘坤，彖无險辭，名分斁矣。于是翻爲不吉，若四進逼五耦至争民者然。爻中號嗟咨洟，不一而足。初曰號，三曰嗟，明萃四之非也；二曰引禴，明萃五之是也；乃四亦云大吉无咎者，代君萃民，粹然出于至正可也。四以近臣之位萃民，而五復以大君之位萃四，永貞元德以臨之，四我萃，而所萃之民又焉往哉？上在卦外，旁觀萃聚之幾，而憂好上之必亂，故以齎咨涕洟終焉。比、萃初皆孚五，萃有分權之四，不得終萃；五兑反艮，終象。亂，坤迷象。號，兑口象。握者，四手援初而接之。艮，手象；笑，兑悦象；恤，肖坎憂象。潛老夫曰：笑則爲同升之僎，爲馬周召見；亂則爲班固、谷永之依權臣矣。

象曰：「乃亂乃萃」，其志亂也。

一一曰：不知天命則志先亂矣。吾願天下士之明理而不望其感恩也。

六二，引吉，无咎；孚乃利用禴。蜀才作「躍」，劉瓛作「爚」。變坎爲困。積兑。兑世。

子瞻曰：六二不急于上進，五引之而後從。元公曰：兑宫世爻。引者自靖，以引君于道也。來矣鮮曰：引者坎弓離矢象。中正應五，猶射者之專心鵠中，乃中也。揆曰：牽引上下以萃于五，易中下卦二爻多引其類，如泰、小畜之二是也。四時祠礿嘗烝，周禮以禴夏享先王，从龠，樂之竹管三孔，以和衆聲也。變坎律象。一曰禴者，夏之薄祭，瀹菜而无牲。兑爲巫，享神象。

象曰：「引吉，无咎」，中未變也。

郝解曰：初與三皆不中而有異志，二中正，不與初三變也。

六三，萃如嗟如，无攸利；往无咎，小吝。變艮爲咸。積夬。

集曰：三爲間而應齎咨之口，倒兑向内，發而爲嗟，比四而四自有應，故无攸利。然既與四聚，往亦无咎；非應而往，小有羞吝耳。正曰：陰合敵應，告難興嗟。詩曰衆穉且狂。湨梁、虎牢、翟泉之會是也。

象曰：「往无咎」，上巽也。

全曰：往則上連四五成巽。□□[一]曰：萃之咸情，聚感同然。有頮宴樂，輒歌死喪，輪奐聚族，祝哭于斯，以哀儆樂，亦巽道也。

九四，大吉，无咎。變坎爲比。積需。

集曰：此與元吉无咎、吉无咎俱危辭，陽據坤上得衆之象。正曰：大臣比附以成威福，得衆致疑，震主致嫌矣。潛草曰：爲君萃人，非私人以自封殖也。李絳用同年，崔祐甫用多士，大臣論其心，豈徒不薦一士爲得計哉！有事而開閣廣益，吐哺可也；无事而闔門授經，亦所以風士也。

象曰：「大吉无咎」，位不當也。

一曰必大吉乃无咎，以其非君位而萃天下也。象著利見大人，欲衆知有五耳。

九五，萃有位，无咎；匪孚，元永貞，悔亡。變震爲豫。積泰。

集曰：四收人而二孚五，餘非盡孚也。惟以比德顯之，則並四之有位者而萃之，悔自亡矣。

〔一〕「□□」，底本原爲空缺。

象曰：「萃有位」，志未光也。

一曰萃有分權之四，不如比一陽之无猜矣。天王駕馭桓、文，豈云光乎？貫珠者曰王賞田單，則單之惠皆王之惠也。

上六，齎咨涕洟，虞、李作「齎資」。无咎。變乾爲否。

揆曰：居外萃窮，不安于乘五，此羈臣靡室靡家者也。宜曰：自鼻出曰涕，自目出曰洟，兑澤象，互艮鼻象。古本作齎資，因財物而致孝享也。禮曰：祭之日樂與哀半，饗之必樂，已至必哀。事死者如事生，思死如不欲生，故有悽愴之象。一曰有客至止助祭其悲涼乎！正曰：萃而得否上下動色，大衆齎嗟，神將與謀矣。

象曰：「齎資涕洟」，未安上也。

訂曰：富有四海而祖考已亡，雖用牲祭，常若未安。全曰：未安于上，欲羣陰之萃五也。智曰：虞廷吁咈，湯凜朽索蜡賓生歎，懷禮運也。大風歌泣，思守四方，禁中拊髀，遺詔有餘思焉。孝經曰：在上不驕，高而不危，無忝所生，守其祭祀。此未安上之心法也。

時論曰：此後悦之候也，萬物養實翕性會萃之方也。王者以孝聚廟，以正聚人，以天命聚物，蓋萃萬世于追遠反始。而後世猶有不視朔，不告廟，鼷鼠食郊牛者，猶有麵犧者，猶有人犧者，皆志亂也。意曰：比義自下輔上，萃義自上聚下，明有君父，幽有祖宗，從其本以召之，則聯結而難解神明之聚，一聚而不復散者也。然非制以禮儀必亂必嗟，其神弗格矣。天子諸侯大夫士各有分焉，聚以正也。灌迎牽麗，薦俎合奠，敬也；禄爵慶賞，成諸宗廟，順也；貴賤輕重，王者示其所用，即以萃之，發抒忠孝，是天命也。豈爲是蕭膋柴膟，定羹正熟，以餙説也哉！資敬在中，下不敢變，嚴父配天，當殷薦之位矣。請以祭象言之。五用大牲，二臣用禴，順之至也，四則宗伯也。吉禮十二事神鬼祇，大吉而無殀伏也。初則太乙蓬萊，碧雞金馬封禪天書之象也。非鬼諂祭，不享其祀，祝執明水火而號之，亂庶遄止耳。三之嗟，所謂父不祭于支庶之宅，君不祭于臣僕之家，王不祭于下土諸侯，往而吝矣。郊祀后稷，商周之假廟也；宗祀文王，我周之有位也。灌往不觀，其未光乎？神禹郊鯀，則齎嗟涕洟而未安者也。子曰：孝無終始。徹知生死之前後而合事人事鬼之誠，萃與知不知之志，惟盡禮而已矣。生事而死葬祭，生一而死二也，葬短而祭長也。故萃道始終于祭祀，昭明焄蒿悽愴，結于齎咨涕洟，洞洞漆漆，兩間塞焉。初隨號笑，志不可亂也。孚論引君，困自通誠，咸股執隨嗟亦能謹身矣。夫孝終立身，通于神明而中于事君，誰不萃此豫君乎？比無四間，萃以權分，雖貞疾者未光，而四能比賢順上，自大吉无咎矣。大臣有此不敢當之心，乃天下聚散之根也。萃極傾否，上其以菲惡自居，爲儉德乎？賈誼痛哭，袁安流涕，未爲過矣。荀爽曰：夏後封東樓公于杞，殷□□〔一〕微子于宋，臣服異姓，以延其孝，此亦一萃道也。國之大事惟祀與戎，萃時始亂中嗟終而涕洟，不以物力聚集而弛其備，乃保萃也。受脤獻馘，飲至策勳，必造于祖奠，豈無謂哉！

智曰：李季辨云：宗廟人心所係，武王伐商，載主而行；高帝初興，立漢社稷。程子云：萃、渙皆立廟，因其精神之萃而形于此，爲其渙散，故立此收之。玄子以渙初立廟而萃則假廟也。智謂假者至也，格也，大也，暇也，神與人皆來格駿奔矣。萃、臨、升、觀皆互明教思，此坤藏所以轉風潤澤者也。見象生心，神于觀感，雅頌詩歌，各稱神格，盤庚洛誥，呼其祖父，此知咨嗟號笑之中皆孝享矣。

〔一〕「□□」，原本不清，存目本作「後封」。

子曰：戰則克，祭則受福。其所以萃人心而臨之者，見情順命，殆未可測度也。

䷭地風升

仝曰：□，古氣字；□，古柔字，合爲□，後用升。説文龠也。智按：合十爲升，即以十轉聲，而以鼻音申之。十者坤土成數也，木狀寓之，生氣總表東方之木，暢于南方，以收于申方也。凡物仝則用十，十加□耳，因爲長進上升之義。

升，鄭玄作「徑昇」。元亨，用見大人，古或作「利見」。勿恤。南征吉。

子瞻云：巽之爲物，非能破堅達强者，幸而遇坤，故能升。仲虎云：晉、升皆取進義，明出地上，故不假言亨；升則木方生于地中，故元亨。揆曰：由根而幹而華，升進之象。无妄對升。陽生之氣，自北而東；陰成之氣，自南向西，故升。彖前曰元亨，爻後曰利貞。元公曰：震宮後半之卦，帝齊乎巽，致役乎坤，木氣盛行，而土氣胎于此矣。遡曰：後天巽離坤爲南三位，萬木夏榮，升之巽坤拱離，故南征吉，以萃五之大人而慶九二之南征也。試以升勿恤、豐勿憂論之。六十四卦世應包坎象者，獨升、豐二卦，君道貴明，憂恤坎離之暗，破暗用離，此升以南征爲吉，而豐以日中爲宜也。野同録曰：聚上爲升，孟言拔萃，道在用人，故反萃爲升，意不相反以順積也。文王于屯、姤著勿用，損著曷用，噬用獄，晉用錫，萃用大牲，而升獨改利見大人爲用見焉。天地人物，顯南藏北，即以良能冥良知者，聚升之用也。乾、艮、巽、坤謂之四維，泰、否、二畜，姤、遯、蠱、漸，謙、剥、觀、升屬之，而自巽轉坤，用南三位，故南征吉。用不能全無弊，聖人貴前民用，但言積漸不息，則餘勿恤矣。此巽坤之包離爲大冥也。

彖曰：柔以時升。巽而順，剛中而應，是以大亨。「用見大人，勿恤」，有慶也。「南征吉」，志行也。

宜曰：柔巽爲高，故以時升。巽而順，剛中而應，則得其可升之時，故大亨。筌曰：萃剛中在上，其衆必萃；升剛中在下，其勢必升。故萃以五爲大人，升以二爲大人。用見者，六五也。下見上則快覩曰利見，上見下非虚心下士不能，故曰用見。勿恤南征，主九二言，君臣一德，相得益章，故有慶而志行也。九二歷三以入于坤，則經過南離，南征象。揆曰：勿恤者，慮巽柔不果，故掖而進之，即九三象詞无疑之意，慶即二之喜，志行即五之大得志也。不實不能升，故初允二升；不虚不能升，故三虚四享；循序即冥，故五升階而上不息矣。郝解曰：獲上治民，必從巽。夫子論在下位，本于信友順親。蠡曰：聖人冥升不息，此志學也。巽從乾心，不踰坤矩，則志行矣。此无非時中，而各素其時之道也。

象曰：地中生木，升；君子以順德，積小以高大。王肅作「慎德」，姚作「得」，徐作「以成高大」。

訂曰：風行地上，不入地中，于水澤亦然，故大過、升、中孚以木象，不曰木生地中，而曰地中生木者，坤順能遂其長也。卦象小謂初，高大謂二三。荀子曰：積微者歲不勝時。敬仲曰：據于德者實得于道而可據，順是養正，自漸至于高大。循名失實，是章句儒，而揠苗則試无妄之藥矣。朱子曰：因其固有之理而無容私者，順也。積則進德也。孰禦？洹詞曰：暴行凌節，則未能升，而困隨之矣。正曰：樹蓺拱把，不見其益，有時而長，故考德論業，稽古達務，君子所爲高大也。神曰：風從地起，上升于天，天无氣以地爲氣，故借木氣以爲生。淇澳曰：地中生木，升之不可見，君子順德亦然。王文成曰：但有下學即是上達。意曰：切而辨之，有詳舉治教實用之下學，有偏言上達之下學，究止有即下是上之學，頓掃積漸，流爲荒高夸大，則壞教害政之尤矣。□□〔一〕曰：種核而生木，則仁爛而枝葉皆仁矣。然而除蠹也，護伐也，灌根也，時不可廢者也。

初六，允升，說文作「粇升」。大吉。變乾爲泰。

揆曰：巽初信二而從之南以征，是以大者而得吉也。訂曰：信其必能升也，梁棟始基，起版築而霖雨矣。

象曰：「允升大吉」，上合志也。

上合志，合五也，或主二，或主四。筌云：下三爻同于求升，上三爻同于容其升，允謂二，初得二之信，從而升于五，所謂上合志也。五大得志，五以應剛爲志，應二之禴孚也。初之允升，信于二也。意曰：畢命克懃小物，君陳特言三細，允升于大猷，順積自初之乾始矣。智曰：卦表坤養，土德主信，初成巽入，變乾應坤，是以向上合志而不息也。志學入門，惟重一信。

九二，孚乃利用禴，无咎。變艮爲謙。積夷。

〔一〕「□□」，底本原爲空缺。

箋云：主升之君弱，當升之臣剛，天下之所疑也。孚而明禴，鬼神質疑。凡升在下，未有不自獲上始，南征所以吉也。正曰：雖無旨酒嘉肴，晏嬰、范燮皆用之矣。禴通神明，衆志已格，三讓而升堂，百拜而受享。升、謙豈以爲福？免咎而已。

象曰：九二之「孚」，有喜也。

□〔一〕一曰：殷高于説，以夢相感；周于吕望，以卜著神，豈必曰臧丈人耶！逯孝曰：孔戣以諫淡菜升，白居易以樂府升，亦具類也。

九三，升虚邑。變坎爲師。積復。

訂云：下卦漸至三將入坤矣，三之陽剛其才也。正而巽者，其德也；進臨坤者，其時也。黄葵軒云：虚邑非空虚無人之謂。禮讓之國，推賢讓能而無嫉妬傾陷之風，九三值之矣。遡曰：中邑之罷爲虚，虚邑山階，坤象。晁以道曰：四丘爲邑，四邑爲虚，虚，大邑也。玩象无謂。正曰：升虚而望，羣動瞭然，以觀衆則得其辨，以用衆則得其利，伊尹之升陑，衛侯之望楚也。

〔一〕「□」，底本原爲空缺。

象曰：「升虚邑」，无所疑也。

智曰：升之二陽，二實三虚，剛合見惕，而順入无人之境，步步實地，而絶跡无塵矣，更何疑乎！

六四，王用亨于岐山，「亨」即「享」字。吉，无咎。變震爲恒。積震。

訂曰：四勢已近君，而柔正小心，象文三分有二，侯度益謹，惟祭境内之山川止耳，故贊曰順事。震宫二變，四爻持世，柔以時升者也。變震有百里主鬯象，互兑爲西，二達曰岐，偶象。神曰：風后以木德帝于東。文從羑里演易，地天交泰，轉向西方；周公係爻，益曰享帝，隨曰享于西山，升曰享于岐山，皆西方神也。得其陰之靈者爲神，得其陽之靈者爲帝；帝入而爲神，神出而爲帝，在氣化轉變間耳。易以象寓理，何不可説！

象曰：「王用亨于岐山」，順事也。

揆曰：隨太王之始，升文王之終。意曰：尼山稱周之至德，即此順事，以言心法，詩贊先登順帝之則，又何事而不順耶！

六五，貞吉，升階。變坎爲井。積隨。

遡曰：古土階三等，坤二當中，中天下而立，象升階即建極正位凝命之升也。訂曰：二之升至五，人君升進賢人，與共天位之象，非六五之貞信于二，何以至此？大得志，大指九二，象所謂有慶、志行者也。元公曰：我无爲而自化者，升天下于泰階也。

象曰：「貞吉，升階」，大得志也。

潛草曰：都俞一堂之南薰，辟雍明堂之楨幹，升之井而大得志，是以井井階級，養萬世之生理者也。

上六，冥升，利于不息之貞。變艮爲蠱。

慈湖曰：發憤不息，而曰无知、蒙以養正，悠久无彊。訂曰：處世戒冥升，而學道利不息。道味愈深，世味愈淺，不驚愚而爲怪，起居无異，異即息矣。蓋自天下有好進者，而後知足知止稱焉；有輕生者，而後養生稱焉；有重生者，而後无生稱焉。聖人則大常而已。正曰：上爲升之蠱，日夜消息而後不息者見焉。聖人以其有極引于无極，亦曰幹蠱貞甲而已。揆曰：九三自巳而申，盈變爲虛；上六從中入亥，虛變爲冥，此乾居西北之時也。消息對待，本不富也。貞復起元，坤終即乾始，乾坤至萃、升而終，後此乾坤不復見矣。南征盛夏，久則木凋，然土木之氣自升，人不見耳，所爲冥也。冬貞而春復元亨，故彖不言利貞，而于此著之，許其不息。鐵菴文氏曰：順積森然，本自如此，所謂大冥也。恐人以息滅爲冥，故又曰利于不息之貞。

象曰：「冥升」在上，消不富也。

心易曰：冥其積累，澹然若虚，此不富也。自恃爲无事人，而壓侮褕亨升階之志事，則非貞矣。富有日新，皆冥升也。消其不富之執，猶云無亦無也。宗一曰：江漢以濯之，而秋陽以暴之，所以去濯也，並四毋而絶之矣。野外録曰：以不厭不倦爲茂對，養與知不知之大本，不息悠久，冥升神化，非襲柱漆，守半橛者，徒以偏空但中而獨尊者也。利于不息之貞，豈委之草木乎！智曰：无妄與升當立春立秋，猶泰、否之立夏立冬也。邵子玩圖不過于一消一息中，知其不息耳。藥樹碩果，所以積升爲時育者，生生本不覺也。恐溷此貞，則平地上死人無數矣，故又繼以困、井、革、鼎，爲下經人事之中。

時論曰：升者下向上達之象，成材造士之典也。積小高大，頓在漸中，先令其無凌獵，而萃乃不亂矣。下自塾庠，九年大成，大樂正簡而進之王，升諸司馬，然後論官辨材焉，治道也，即表法也。易意曰：物之升也，齊見致役，各有其時，不疾不徐，順其自然。柔以時升，而見安坤之大人，非善藏頓漸者乎！南征者繇巽而離，相見亨嘉之會也。木自下而上，初天爲根，四當甲坼，内水容之，外水養之，山内卑而上行，山外振落，而大地皆全本矣。其干霄也，本于柔條，及至高大，而消息分焉，君子觀于木而得學矣。全仁全樹，而不出乎滋根護幹者也。肇自象勺灑掃，暨乎博學無方，通明强立，居高大之業，宗廟美也，百宫富也。尼山轍環，道升世降，故伐木削壇，不覩澤宫辟雝之盛，歌青衿，刺城闕，何日而想見其南征耶？周家之自西而南也。大學兼用夏、殷，升士之禮咸備明堂左个，大人作之君也。米廩庶老，東膠國老，瞽宗樂祖，大人作之師也。鎬京辟雝，四方皆來，禮樂髦蒸，可觀而升，是坤土成南，巽風薰動之嘉會乎？升所以善萃而藏困、井之教學也。初之允升也，聲氣之合，出于天性；泰之茅茹，皆菁莪也。古人往往多遊學者，志可合矣。二之孚禴也，謙光積實者乎？萃禴上聚，升禴上格，祼瓚亞璋，可以芃芃樸棫爲興矣。初柔木而二三剛木也。三虛邑，坤師也，知險而集虛者也。無以天下爲者，于天下又何疑焉，非楨幹乎？四能恒立，故享岐山。南征之始階也，其香始升，上帝居歆，是木升繩直，土載縮版，而作廟之翼翼也。隨以維享，升以順享矣。五升堦，是登岐山之堦，享虚邑之奉也。收渫冽之美，而合萋萋之藹，得志莫大焉。震宫四變得升，在恒、井之間，上出而不窮矣。上冥升，則峻極有不可見者，如木已出地上升，則其滋息反本，冥冥在下，而無上下矣。豈徒蠱之高尚乎？允也，禴也，虚也，享也，階也，冥也，元亨在乎无疑，利貞在乎不息，知時升者，萃志而已矣。

智曰：升在方圖之東，而轉于圓圖之西南，正坤役養之地。黄圖言明堂在西南，與靈臺辟雝爲三雝，亦表法也。用北于南，故象南征。智以禮崇，故曰用見。治惡越分，教惡獵等，勤小所以大也，故曰順積。好掃積漸以言冥者，荒冥也；允乎虚享升階之不息也，乃大冥也。聖人自叙六語，孟子由善至神，非不息之貞乎？造士也，造心也，其升一也。以坤之安貞載乾之不息，而乾、坤用悦入之學畢矣。

困䷮井

遡曰：换爻卦，困二上互换，井五六互换。訂曰：雜傳以通與遇對舉，則遇爲相抵之象。鑿井深浚，夏則冽寒，人入股慄；冬乃煖氣迸出，雖沍凍而不冰，通也。人之與人心，或隔于九嶷，遠之猶可，遇之必否，其爲葛藟蒺藜不可一二名狀。然則氣類相應，浚井可通，苟非其類，同堂胡越。伍員流，萇弘碧，孝己逐，匡章悲，存乎遭而已；陳侯説敦洽讐麋，使楚而見代，君子曰不宜遇而遇者必廢，此困相遇之説也。潛老夫曰：繹云下經坎始合震艮爲蹇、解，此合兑巽爲困、井，而謂蹇、解之德不如困、井，則不必也。蹇、解爲九限第三之中際，此之一對，則限之終也。蹇先難而困則窮通，解言宥而井貴通變，故繼之以革、鼎。謝君直曰：困有未濟，井有既濟，三十六卦爲終，四分用三，則二十七貞悔，以困、井爲二濟矣。智曰：困、井、革、鼎爲下經之中，而井爲通變之候，故曰井德之地也。又曰井以辨義。則困之窮通，所以爲井之用，而井已兼困德矣。方圖全用地道，畫爲洛書九方，則坎離雙縱雙衡，正如井法。建國師律之象，皆從此出。井田行道，一義也。五祭祭井者，祭行也；溝澮之上，人所通行之道也，故以德之地稱之。震巽縱横，亦在中交；艮兑縱横，則近外廉；乾坤君藏，則在周圍，皆有至當對峙通變之妙。別詳圖説。約言井地之象，取其縱横相交，以畫通之，均平三三之方分，爲一切通用者也。困取圍困，閉塞之使發生焉。古綑字也，方圓圍中，往來井井，非所以困人辨義者乎？序卦至此，取乾坤周悦入之後，以坎用悦入，盡窮通之變也。困安命，井盡性，仲虎二語盡矣。井亦所以安命，困亦所以盡性。

䷮澤水困

困古作朱，小篆圍木作困，蓋綑也，因爲困窮抑鬱之義。説文故廬，非本義也。升而不已必困，升、井俱以木取，人用生氣，首仁先木，故木囚爲困象，角送氣聲。

困，亨；貞，大人吉，无咎；有言不信。

一一集曰：由升得困，塞乃能通，此物理也。先言亨，後言貞，困貴心亨，乃能正耳。自兑適坎爲節，自坎適兑爲困，猶蹇自艮適坎，逆行不順也。屯、蹇，險猶在外困盪；訟與未濟之中，内坎，上見兑毁，非猶解、涣得雷風，蒙、師得山地也。兑缺坎陷之世，不容不困，不容不以道亨困。子瞻曰：不見侵而見揜，陰有以消陽，陽無以制陰，其害深矣。習坎爲説，内明外晦，慈明所謂從容乎羊腸，而應變不失其正者也。學問之門，困衡得力，即此困衡，出天下于困矣，大人二五象之。正曰：君子畜義揚聲，无所利于身，而天下疑之，故言不見信，君子之所謂困也。郝解曰：陽困爲酒食、金車、朱紱，陰困爲木石、蒺藜、葛藟，皆天所以玉成君子也。

象曰：困，剛揜也。「揜」，馬作「掩」，虞作「弇」。險以説，困而不失其所，「亨」，郎顗傳引此无「亨」字。其唯君子乎？「貞，大人吉」，以剛中也；「有言不信」，尚口乃窮也。

意曰：歎剛揜者自礪其志，自不失其所亨矣。凡言大人，爲其盡變化之用也。重歎君子，稱其大人之貞體耳，故釋之曰貞大人吉，以剛中也。剛則不撓，中則不躁，窮然後見君子，故曰困德之辨也。德辨心亨，豈用言免困乎？

象曰：澤无水，困；君子以致命遂志。

子瞻曰：水在澤上則居，在澤下則逝，君子不得其時，猶澤之无水也。元公曰：人所以處困而徘徊者，總是命根不斷耳。致命直行，生死无礙，何逆境之可憂哉！淇澳曰：窮盡天命，方不失己之命，求自遂志，則命无不合矣。正曰：澤无水，漏澤也。盛水則无澤，盛澤則无水；遂命則不見志，遂志則不見命。郝解曰：士平居孰不言命？至于困窮極致其命，不負生平，雖危必濟，雖死得所，一毫未盡，猶匪正命，其不遂志，將誰尤也？或謂致者，委而棄之，則是告子之不動心矣。野同録曰：死生禍福何待營爲？不以命貳志，即能以志立命，此正委順也；一委之命而遂謂无不可爲，此邪委順也；一委之命而遺落其當爲，此荒委順也。視死如鼻端，則告子亦麻沸也。君子窮理致命，即是遂志。

初六，臀困于株木，陸德明作「朱木」。入于幽谷，三歲不覿。變重兑。兑世。

宜曰：象曰剛掩，爻則剛柔互掩。訂曰：柔掩剛非正，柔亦自此困矣。木入土曰根，土上曰株，一在木上爲末，下爲本，在中爲朱，含陽于内南火所自藏，故借爲丹朱。株，木身也，无枝葉之謂也。初欲困二，剷落其枝葉，故象株木，而不知其臀即傷于株木。人行則趾在下，坐則臀在下。水注曰谷，北坎陰幽，互見巽入離覿，應四而隔于二，凡歷三爻爲三歲不覿象。郝解曰：小人不險則不能陷人，陷人必先自險。受陷者，剛貞以爲進德之資，彼機械陷阱，反以自憊耳。

象曰：「入于幽谷」，幽不明也。郭京作「不明也」。

浮山聞語曰：初爲卦變之主，有自愛其幽深者，坐而不行，此暗痴耳。列子曰：吾處也若橜株駒。李熙曰：橜，豎也。株駒，樹木也。吴王曰：今日吾譏晏子，猶倮而訾高橛者。古人皆以拘執爲橛株之稱，可參取象。死水頑石，皆心不明理不信中節之言，而爲无實法之充類所困，以此遂志，夸其尻輪，盲誤盲矣。退之曰：胸庨豁，劚株橜，可謂明者。

九二，困于酒食，朱紱方來，鄭作「朱韍」。**利用亨祀，征凶，无咎。**變坤爲萃。積隨。

宜曰：坎酒兑食，故未濟與坎皆言酒，需互兑，兼言酒食。筌云：二五剛中之君臣，困于險阨，未可處動，止可需酒食，供祭祀而已。朱紱、赤紱皆祭服。左傳云政由甯氏，祭則寡人，言政不在己之意。以其剛中有爲，終能濟困，得中相應，君臣同德，曰有慶，曰受福。朱子云：以一身之勞瘁，貽天下之福慶，正所云貞大人吉，以剛中也。詩朱紱斯皇，君芾也，指五言；赤紱三百，臣芾也，指二言。白虎通曰：天子朱芾，諸侯赤芾。紱，韠也，蔽膝之服，以韋爲之。古作市，通作芾，亦作韍。鄭玄云：冕服謂之芾，他服謂之韠。爾雅一染縓，再染赤。論語疏纁入赤汁則爲朱。鄭云朱則四入。幼清曰：朱者赤黄之色，紅則艷也，然古亦通稱。遡曰：葵靈侯之見執，係之以朱絲；秦王子嬰之降軹道，自係以赤組，是則侯王之係用朱赤，不與庶人之黑縲同也。此困于富貴之象。三互離，離朱雀，則曰朱；五體乾大赤，則曰赤。周禮妣祖曰享，地祇曰祭。妣祖在天，仰而享五，臣自靖也；地神在下，俯而祭祀，君求賢也。正曰：樊豐敗而後祀楊震，宦者敗而後祭陳竇，遼水敗而祀魏徵，禄山反而後祀九齡，思之晚矣，然亦未爲晚也。

象曰：「困于酒食」，中有慶也。

郝解曰：甘之傷人毒于苦，豢之難持楚于痛；文王不難于羑囚，而難于三分有二之日；瓢飲緼袍，知酒食朱紱之中慶者也。

六三，困于石，據于蒺藜，入于其宮，不見其妻，凶。變巽爲大過。積革。

宜曰：進則戴食，退則坐刺，有傷而進，無交而求，剛位之柔撩剛者凶矣。兑爲剛鹵，又伏艮石，指四；坎爲叢棘，爲蒺藜，指二；巽入坎宫，離見兑妻，坎男成而在宫，兑女往而上出，不相應。坎爲宫者，古人陶復陶穴，坎有穴也。繫傳言死亡者，三變大過，棺具焉。遡曰：中爻互家人，家人之二爲妻象，言乘剛，言掩二不見妻矣。□□〔一〕曰：諱善偏无，則親者背之。自以爲掃待喪偶，據此困人，而不知奇行偶中之道，此君子所謂不祥也。

象曰：「據于蒺藜」，乘剛也；「入于其宮，不見其妻」，不祥也。

一一曰：聖人最惡不祥之流，故繫詞以名教申之。陳文子爲崔杼娶棠而斷曰風隕，變巽也。

九四，來徐徐，子夏作「荼荼」，翟子玄同，王肅作「余余」。困于金車，古作「輿」。吝，有終。變重坎。積既。

筌曰：四初正應，特以在困，不能即來，故稱徐徐然。其志未嘗不在下，居大臣之位，不能援賢拔滯，徒爲富貴所困，豈不爲吝！此不當位所致也。志既有在，卒能脱下之困，故稱有終，稱有與。若世之竊位者，又于此霄壤矣。程子曰：寒士之妻，弱國之臣，各安而已，擇勢而從則惡之大者。瞻曰：配之所怨，剛之所與也。徐徐巽進，退不果象；金車，坎得乾金爲輿象；終，變艮象。揆曰：待二五相通，

〔一〕「□□」，底本原爲空缺。

則四可拯初矣。遡云：困于金車，才弱任重，故求與助。伯略瞿氏曰：來非孟浪，以逸待勞，則困我者自絀。徐徐正其不遽不亂，以量相勝也。

象曰：「來徐徐」，志在下也；雖不當位，有與也。

訂曰：志在初應，而比五可與也。浮山聞語曰：戴憑拯蔣遵之困，楊政救范升之困，朱家免季布于廣柳，王裒免門人役安丘者，亦各有其志與焉。

九五，劓刖，荀、王、陸作「臲鼿」，鄭玄云：當作「倪伔」。説文「刖」作「劊」，晁氏作「梲杌」，考異曰舊作「鼿劊」。困于赤紱，乃徐有説，利用祭祀。一作「享祀」。變震爲解。積夷。

程子曰：享祀，人臣竭誠事主之象。祭祀，人主致敬御下之象。子瞻曰：見捽而爭以力，則刀鋸有不足；將懷之也，則酒食有餘矣。困于酒食，懷小人也。九五劓刖，輕用其威，威窮而物不服，故求助于二。蓋説于未困則説小，説于己用則説重。祭祀者，人之求神，而享之者神也。遡曰：劓刖，徐説困然後解，處仁遷義，猶齋心祓志以承大祭也。爻見飲食巫祝，故象。郝解曰：缺上爲劓，缺下爲刖，謂上與三也。赤紱指四，四將往初，而阻于二五，欲得二而隔于四，然中直之主，將上平六，下除三，變困成姤，以二包初，皆遇矣，故曰困相遇也。導曰：周禮招梗禬禳以除疾殃，蓋修省之象。訂曰：劓刖在初，三艮爲鼻，九二下連初六，少艮一畫，是劓初之鼻也。震爲足，九二上連六三，少震上一畫，是刖三之足也。赤紱指二，禮再命赤服黝珩，三命赤服葱珩，困于赤紱者，言五爲九二而困，勤于拯二如此。徐即四之徐徐，既不疾初，徐來悦五，三陽同心，所以亨困。正曰：赤紱之與劓刖，互相掣也。詩言神聽正直，介爾景福，非用祭祀者乎！

象曰：「劓刖」，志未得也；「乃徐有説」，以中直也；「利用祭祀」，受福也。

淇澳曰：直中爲心，而吾之志與天之命毫髮不違矣。君子所謂精意以享之，徐説以通之者也。

上六，困于葛藟，古作「虆」。于臲卼，説文作「劓黜」。曰動悔；有悔，征吉。乾變訟。

子瞻曰：葛藟，柔牽巳之三也；臲卼，剛難乘之五也。上六謀全之過也。郝解曰：五巽木而上居木末，惟藤蔓能困之。兑秋居高而柔有臲卼，動摇不安之象。自言曰勿動，動則悔，是終于困耳。自言，兑口象，所謂尚口窮也。下與三應，藤蔓蒺藜交相係累，不欲變，然處臲卼而求不動，得乎？所以必有悔也。困極自通，一變而姤體見，困斯遇矣。正曰：未有困而不訟、訟而不悔者也。

象曰：「困于葛藟」，未當也；「動悔有悔」，吉行也。

宜曰：安之以悔，乃變小人爲君子之道。二征凶，貞困也；上征吉，改行也。□〔一〕曰：古人之不遂志，即曰窮愁，非必貧賤。虞卿著書，遂其捐相之志；子長忍死，以史遂父志，亦吉行也。

時論曰：困、井，塞通之心法也。子不曰塞而曰困相遇也，微哉！姤之遇陽爲政，故勿用女；困之遇陰爲政，而陽亦自爲政，故大人吉。身雖困，心則亨也。細人之困，幽谷骫卼，原其自取，松柏豫章，霜雪可得而凋耶？險以説自不失矣。意曰：困多路矣，困于彊臣者，魯季、田陳也；困于婦寺者，妹、妲、姜、風也；困于與國者，晉惠、楚懷也；困于戎者，驪山、陸渾也；困于暴横者，晉欒、宋魚也；困于學術者，楊、墨、駢、慎也。非據而據之卦爻，後世皆一轍也。大人以斯世爲爐冶，則窮通猶寒暑矣。孔子陳、蔡語弟子曰：三折肱成良醫。湯困夏臺，文王困羑里，困之爲道，從寒之及煖，煖之及寒也。惟賢者獨知而難言也。易曰：困，亨貞，有言

〔一〕「□」，底本原爲空缺。

不信。人不信大人，且信細人矣。兑宫一變爲困復之重兑，澤漏木稿，高岸爲幽谷矣；三棟且撓，石蔾塞宫矣。不覿不見不明不詳，將以幽暗揜光明，柔暗揜剛直，爲得計哉？上亦欲揜五而悦體自訟，或錫或褫，葛藟蔓之，鼿𪇩宜矣；株木蒺蔾，蒙谷緣石，謂揜三陽而卒不能揜也。細人見大人之處困，蓋亦翻然動悔矣，二萃而孚禴之時也。書云飲惟祀，德將無醉，流言之不信也。豈崇飲荒腆之云乎？二用享，上饗君父乎？五用祭，下祭地坎乎？二承五，則天子之朱紱來；五乘二，則大夫之赤紱困。温飽薰灼之陷人甚于窮阨。君子自遂其所學，一念集木无忝，則富貴即清凉矣，豈必絶榮逃俗而後免于困耶！前劓乎葛藟，而後刖乎金車，五維有解耳。書曰朕之愆，不啻不敢含怒，乃徐悦矣；太甲惠于阿衡，上下祗肅，利祭祀矣。四變重坎，有約牖之通焉。初覿四，四來初，初之酒簋何與乎？朱紱日來，金車自終，志之所與，不限下爲不中也。四徐妙于援人，五徐妙于自振矣。書云：愼厥初，惟厥終，終以不困。韓子曰，惟乖于時乃通于天，惟其貞也，大象表澤水之相無也。曰致命，則造化不能違；曰遂志，則鬼神不能奪。豈猶長生者之葛藟於煉形，而超生者之鼿𪇩于福果乎？成仁取義，死生不困于其心，無入不得。終古此素也，寧待造次顛沛而後知耶？孟子「生于憂患」一語，誠萬世中直亨貞之神丹也。

智曰：世本困場，車紱酒食之羶熱，陷人極矣。逃之窮谷，而或雄壁枯；絶待喪偶，而自甘毒藥，皆蒺葛株木也。困上反下者，志在我，命亦在我。伏困者賁，疊困者節，白賁安節，自致自遂，以德性爲飲食，以剛中爲享祀。獨來獨往，非尚口以望知也；兩徐兩用，非徒塞口以苟避也。削跡伐木，懼邪轉風，皆困中絃歌，成萬世之福慶焉；相遇窮通，有冥權矣。知命者，勿以困、井、革、鼎二視也。

䷯水風井

古作丼。説文云：八家一井，象構韓形，中乃罋也。伯益始作井。智按：雙交爲四十，河圖外圍也。方圖三三而分九區，區藏各四，共三十六，故畫野經路，井田營兵，皆具此象中。而木水取井，乃民用最切者也。水爲天一之精，故精井同爲齒聲。説文之韓，爲井幹也，或疑瓶汲，康成以爲桔槔。升菴云：北方井制如此。郝京山見古井皆以木交午如井字，層累而上。漢武立井幹樓，以其積木若井韓也。桔槔縣瓶，止在井上耳。通論其理，得水之精，盡水之情，莫如木。朱子曰：木根下著土膏，引水精液，以上行于枝葉，所謂巽上水者，天一升降之本旨也。

井，改邑不改井，无喪无得，往來井井；汔至，亦未繘井，羸其瓶，鄭玄作「虆」，蜀作「累」。凶。

野同録曰：貞悔義皆反因，而井通困相遇，則義甚順也。人用以就下爲安，困上反下，此其所以通遇也。卦象往來順逆，莫備于困、井。序卦至大衍之數，三九貞悔，遇革而通，故井爲德地，表民用之大經焉。五行起北水用木氣，而帝齊乎巽，下卦乾變，上卦坤變，泰初易五爲井，是一陽升此坎水也。坎諸體惟井六爻无險象，至上愈吉，以水上出能養人也。水出下流而泛濫，故以險喻。元陽在内，井氣冬溫，得水之真性，而全收中和之用者，其惟井乎？井文畫方藏圓，刑創從之。黄帝創百物始作井，立邑相泉，市井鄉井，皆取象焉。田取四分之象，而井取八一之象。四井爲邑，仍以九宮藏于八卦，而八藏于四焉。井四交而八支，所以爲方也。此混混源泉，全在井井條理之用中也。故玄以井爲法。遡曰：改邑不改井，乃以剛中也，剛指五；由全震四變得升，五變得井，升之坤，爻之所謂虚邑也；升變井而坤邑改，曰改邑。此後大過、隨再變，而井之中陽不變，中陽爲井泉，故曰不改。地氣廢興，有舊有修，而所以爲泉者原不移也。希夷曰：坎水，乾水也，氣也，井是也。坎從坤索，變坤爲坎，得喪无與于己，往來一任之物，故曰井居其所而遷。困之剛柔，往來成井，是往來象。汔，幾也，近也。繘，汲綆也，巽繩象。瓶，離大腹象。羸，兑毁象。井道以上出爲功，汔至者水幾至上而未出井，井未嘗有得喪，繘井之爲功，羸瓶之爲凶，在汲者耳。通而論之，淵泉時出，本无得喪，而必講慎得戒喪之善用焉。井養不窮，一任往來，若徒知而任之，必羸瓶矣。陸斗南曰：事有變而理不改，本體自如，應用不竭，此井道也。井德之地，禮卑法之；羸瓶之凶，不敬之故。筌曰：初二巢、許，三四孔、孟，五六堯、舜、伊、周。潛老夫曰：初乃以蒙自委者也。二乃在下旁通而藏身散人者也。三，具時措之宜待用者也。四，全修不舍者也。五，持法善世者也。六，大成并包者也。包則包泥漱矣，而井以辨義，必貴汲甃而食收焉。惡人執瓶而羸之，反詬戒人羸者，豈不凶哉！

象曰：巽乎水而上水，井；井養而不能窮也。「改邑不改井」，乃以剛中也。古文作「巽乎水而上水，井；改邑不改井，乃以剛中也；无喪无得，往來井井，井養而不窮也」。郭京「改邑不改井」下有「无喪无得，往來井井」八字。「汔至，亦未繘井」，未有功也。「羸其瓶」，是以凶也。

一集曰：非木巽水下則水不上出，非木巽火中則火不能自傳，井、鼎，水火之大用也。困而井，革而鼎，兑巽之合坎離也。下經重兑，與乾同太陽，故兑同乾金而象秋之泛澤，困而通之，革而鼎之，皆所以養也。泛水有盈有涸，即江河之泛不盈涸矣，而有利有害，獨井能困其水勢，通其泉源，革其濁滓，以新其可繼之澤。静深不險，酙酌何窮？五伯有及物之澤，而不可語井者，泉不潔也。乃以剛中，乾交坤中爲坎也。先天巽即後天坤方，後天坎即先天坤方，環爲四時，勞齊役三合也。穿土中而得水上木，皆天一陽之用也。以功明凶，正善用井之道，豈徒恃无得无喪之井體哉！

象曰：木上有水，井；君〔一〕以勞民勸相。

集曰：巽木穿土，坎水上出也。丁易東、楊止菴曰：安知古不以木爲瓶乎？北斗象杓，瓢飲久矣。坎爲勞卦，巽以申命，田里樹畜，教藝安生，使之各勞其力，自相爲勸，而養不窮矣。豈人人而濟之耶？元公曰：風行水上爲渙，風行水下爲井，

〔一〕「君」下脱「子」字。

則井泉之逆上，亦地風所吹乎？五德用事，水木相通，故當閉藏之時，則木氣入于水下，而井爲温，及發生，木氣出于井上，而井爲溢。木氣之出入，惟井可見。而坎之爲卦，自巽而成，故曰巽五坎六，此木上有水也。正曰：井閲瓶多矣，然而繘者不疑，羸者无怨，謂瓶可改而井不可改也。君子爲憲布于象魏，時事或違而更令易人，不爲恡者，亦主于誘掖勸助而已矣。故謹于用人，慎于用法，君子之志也。用人而不終，用法而致更，君子之不獲已也。君子之敬慎，不敬慎于瓶，而敬慎于繘之者，井不廢爨，情不廢法，其究爲勑法。隅通曰：水風名井，火風名鼎，皆取乎風也。聞鑿井于近海有山之地，其及泉之日，必視風之所在，西風則爲山泉，久之味淡；是日東風則爲海泉，久之味鹹。若鼎以烹飪，置火其中，匪風不發，或爲之橐籥以鼓之，則火風之説乎？羽南曰：水在下者爲泉，蒙坎之泉在山下也，井之坎在巽上也。泉者水之體而上出爲用，泉已化爲水矣，豈復有泉體哉！不知泉雖下，而其精英實聚于上。本草以平旦第一汲爲井華水可以愈疾，終日役役不休，則衆體隱焉；平旦息而復生，則泉體現焉。必取第一汲者，非精英之聚在上哉！

初六，井泥不食，舊井无禽。變乾爲需。

輔嗣曰：最下井底，上又无應，沈滯滓穢，久井不見渫治者也。宜曰：井虚而泉實，故爻于三陽爲泉，三陰爲井。子瞻曰：泉者所以爲井也，動也，實也。井者，泉之所寄也，静也，虚也。易以所居爲邪正，在潔則清，處穢則濁。君子受于天者，養之則日新，泥而不食則廢矣，其始无人，其終无禽。淮南子八方風至，浚井取新泉，四時皆服之；管子鑽燧改火，抒井易水，古人蓋以未浚未易水之井皆稱舊矣。楊升菴曰：方言井之幹爲禽。訂曰：杜詩鸊鵜窺淺井，此言井廢，禽亦不飲其水耳。易言禽皆坎，師、比皆坎，恒肖坎，此上坎下體巽深，鳥自高飛，故无禽。在互兑外不食之象。正曰：瓶者，井之禽也。不甃不渫，州里棄之，羸瓶亦不集矣。以養民之時而需棄井之功乎？皋陶曰：率作興事，慎乃憲。

象曰：「井泥不食」，下也；「舊井无禽」，時舍也。

意曰：困上反初，高人遁下，亦有知時自舍而託于泥者矣。然有好言井无清濁，而偏訴渫甃，則訶學教荒者也。

九二，井谷射鮒，荀作「耶鮒」。甕敝漏。鄭「甕敝」。變艮爲蹇。積既。

宜曰：二實爲泉，然剛中无與，則汲引无人。象以井言，則谷射鮒；以汲升言，則甕敝漏。谷水從上注下，井水以下給上，上无應與，反下與初，猶井谷也。缺甃之崖，僅容小魚而已。射，注也。巽爲魚。鮒，潛泥中鯽也。坎下變艮小石爲谷，互離太腹爲甕，互兑敝也，下坼漏也。

象曰：「井谷射鮒」，无與也。釋文作「无與之也」，徐作「則莫之與也」。

正曰：井之蹇，必有旁漏四射，不任其事者矣。宜曰：人皆可與爲善，但无誘掖汲引者，則下達矣。二高士也，時則人无與者。

九三，井渫不食，史記「渫」作「泄」，今石經作「渫」。爲我心惻；可用汲，王明並受其福。變重坎。積屯。

宜曰：淘而清之曰渫。巽潔象，未離下體則不食，兑伏艮象，惻變坎，明互離，王則五也。孔子曰：明王不興，天下其孰能宗予？非明王能知賢才而惻之乎！

象曰：「井渫不食」，行惻也；求「王明」，受福也。

子瞻曰：明人之惻，而非我之自惻也。揆曰：行道之人惻，此可用汲而不用也，豈三有所求哉！正曰：渫者井也，汲者繘也。繘腐井深，谷射甕敝，雖有行人，洞酌莫從，故上不求賢，下不貢士。王者所致辟也，舜舉十六族而升于大位，行父逐一莒僕而五世食福。王明並受，何疑之乎？

六四，井甃，无咎。變兑爲大過。積隨。

集曰：甃，甎壘井也。馬融曰爲瓦裏下達上也。象離火燒坤土爲瓦甓，居得其位，四旁皆修，井无泥无漏矣，蓋四井地也。誠齋曰：日新之功也。泉至于四，溢而欲出，所患修有不至耳。

象曰：「井甃，无咎」，修井也。

丘行可曰：三渫井内，以致其潔；四甃井外，以禦其污。渫甃皆人事，故于人位見之。内外交修，淵泉時出矣。正曰：先王之法，一敝不修，必以所養者害人矣。

九五，井洌，寒泉食。變坤爲升。積震。震世。

一□〔一〕曰：乾爲寒，坎得乾中，洌從冰清而冷也。月令仲冬水泉動，其本體之象乎？居兑口上食象。聖學盡人盡物，惟盡此性，功利不足言也。敬仲云：寒泉

〔一〕「□」，底本原爲空缺。

洌，然无喪无得，寂然不動也。中正之道自不動，自有及物之功。意曰：澹泊爲本，足爲中衢之尊，此洋洋酙酌飽滿也。

象曰：「寒泉」之「食」，中正也。

正與九三同，所以食者中也。正曰：五爲井之升，賢人得時，汔繘有功。夫當冰堅之候，潤谷沍陰，水泉不鳴，而井獨以是薦其寒泉，使喪者有所得，惻者可以食，非汲繘之能而誰乎？齊得夷吾于叔牙，秦得由余于蹇叔，楚得叔敖于子文，皆非井之能而繘之能也。

上六，井收荀作「井甃」，俞琰作「汲」。勿幕，干寶作「罔幕」。有孚元吉。變重巽。

集曰：上爲井口，水至口，在瓶之水所當收也。偶畫在上，有鹿轤雙柱對立之象，旋坎輪以收巽繩，謂之收。說文：幕在上曰幕，覆食案亦曰幕。勿幕，偶畫開而不掩之象。上出爲功，故井收以送往；坎口不掩，故勿幕以待來。无喪无得，往來井井，有孚者如是。井、鼎四以下不言吉，五上吉，易貴用也。他卦上爲窮極，惟井、鼎大成，故元吉在上。此大臣師保之地，耕耨收于田野，佃魚收于山澤，是弗損益之之惠也。勿羃刀圭于圜府，勿幕金粟于帑庾，是上下之光也。訂曰：巽爲行權，德乎天下而可與權，故能養而不窮。此井、巽相繼，所以居九卦之終乎！

象曰：「元吉」在上，大成也。

仲虎曰：六爻始末揭上下，見井之用在上也。正曰：下民難與慮始，可與樂成，彼羸者不巽之故也。意曰：巽風在上，即繼革、鼎以中正之食，收渫甃之才德，而泥漏又安往乎？勿幕者，即無不覆幬之謂也。此井井條理之大成也。收即集矣。

時論曰：天一生水，穴地出泉，上應西北之宿，下充民用。傳曰井衍沃，牧隰皋。因有九夫爲井，而爲邑丘甸都；因有耜耦甽遂，而爲成洫同澮。井法本方圖，而營國治兵皆從此出，故曰井者養也，通也，辨也。水從風而結，亦從風而融，故可涣可井，木道行也。後天坎來代坤，巽往而坤代之于不用之地，土中得泉，有改坤之邑，往來井井之象。坤有得喪，二子代坤齊而勞也。五行之用，金木火土皆有得喪，而井泉則源源混混，不舍晝夜，无泛濫之害，亦无川澤之饒。代坤而脱泥谷，遇巽而聽繘瓶，故无得喪者也。此亦表法也。必辨而通，必通而養，困後自知之，自安其所養矣。人事之得喪，安得而不分乎？井，天也；井之，人也。聖人知人即天，而不任天之天，故食之用貴，而用汲者之用尤貴。制器以善用汲，勸其渫甃以善待用，此聖人之收功不窮也。豈以地自泉而不巽木，豈料繘羸瓶而遂廢繘瓶，曰无得无喪哉！坎食者，三代以上之則壤經邦也；巽不食者，亡秦以後之阡陌也。舊井廢而蒐苗之制衰，則田禽遂失；井谷窮而并吞之風棘，則涸鮒嗟生；里選荒而登明之典昏，則奥渫无汲。太史公曰：王之不明，豈足福哉！賢人在下，行道心惻，至有自廢棄者，反驕而勸人矣。誰食寒泉而掃蔽賢之幕乎！惟大成者則無所不收其勞勸也。寒洌慶中正之淵泉，而渫甃兼内外之清潔，殫極綆縻，无虞朽索，桔槔之用不怨陶工，小鮒不厭于沫呴，時禽相忘于步飲，泥蕩谷開，國器維幹，幕宏邑集，巨細兼收，非元吉在上，曷以與此？其辨于時位之變也，泥則需之天也；敝則蹇之反也；渫則水之習也；甃澤，上之棟也；寒泉，出地之階也；勿幕，隨風之散也。合辨困、井之義，困正所以養之，養正所以困之。能致遂者無待勞勸矣，然勞勸之功，勿幕者廣。勞民者，勤勞之而即以慰勞之；勸相者，勸其相資爲理，不待逼而自風行者也。

智曰：蘇君禹痛欲竇世味之失其淵源也，然矣。九仞及泉，志在見本，渫自内濬，甃無外淆。洌而食，性不加盈；惻不食，性不加損。禹、稷、顔子同此源流者也。上世與民爲生，中世聽民自爲生，末世民无以爲生，致有奪民之生以爲大幕者矣。夫寒泉之食，所以對治温飽之疢也，曳泥者，抱甕者，皆所收也。至言泉本自養而笑掘者爲望洋，詆渫甃爲沽市，非惡桔槔而羸其瓶乎？羣飲狂泉窘逃智□[一]，皆不知勞民勸相耳。溥博淵泉而時出之，子思開大成之幕以收往來之汲矣，猶欲抔飲，豈不固哉！

[一]「□」，原本漫漶不清，存目本作「經」。

周易時論合編卷之七

皖桐方孔炤潛夫論述
孫中德　中履　中通　中泰編録

革䷰

全書曰：革，火金相革爲去故；鼎，木火相生爲取新，乃朱子之意也。鄭合沙謂離火鑄兑金，從火革也，鼎則金鑄成器。訂曰：下經離始合巽兑爲家人、睽，易置之爲革、鼎。火遇澤而革，其性異耶；火巽木而鼎，其性同耶。性同，故家人與鼎皆以著其合；性異，故睽與革皆以表其違。潛老夫曰：四分用三餘一，即以一用三，此四九貞悔而末一輪之首也。前三九爲二十七貞悔卦，四十九卦爲藏一之衍，此一九爲十六卦，乃四方之四損一，則河、洛之十五也。損、益用數，其幾在革。智曰：通變成天地之文，而象事知器；極數定天下之象，而占事知來，于革、鼎得其端矣。革以數，故治曆；鼎成象，故正位。此改命凝命之幾。

䷰澤火革

全作更。智按：更革同聲，更之入即革，古不分四聲也。管子山權篇：丁氏歸〔一〕，革築室，賦籍藏龜。注：革，更也。吕覽曰：子，肉也；我，肉也，尚胡革求肉而爲？魏策曰：吾已許秦不可革矣。俱與更同。更從丙而攴革之，十干半于巳，而庚亦更革之聲義也。説文：革治皮去毛，革更之。从三十，言一世而道更也。腭角發聲。井道不可革，則水必火革物之義也。

革，巳日乃孚，元亨利貞，悔亡。

京傳曰：革上金下火，金積水而爲器，火變生而爲熟，禀氣于陰陽，革之于物，物亦化焉。後漢志曰：金火相革之卦，曰順天應人，離夏兑秋，戊己爲土，所以調金火

〔一〕「歸」，原作「婦」，據管子改。

之交，故曰四時成。十干後五屬陰日者，謂甲與己合，正以甲己相對者也。鄭合沙、蘇子瞻、朱子發皆取之，後儒暢之曰：金曰從革，兑秋庚革之時。後天離兑之間，乃坤土也；先庚一日爲己，或曰離納己，取納甲，彖以離兑皆陰，故舉己之土。郝解曰：革物莫如火，革火利用因，革水利用革，隔水火惟土與金，水在釜，隔火則成味。兑者，金水之會，而爲土于澤者也。澤爲水上之合，而土冲和之氣，能燥濕潤枯，含藏金氣，快利爲悦者也。故金水從革，土之力也。卦以兑互乾，皆金也；兑伏艮，乾伏坤，皆土也。水得金助，而火不能焦；離互巽木，火得木助，而水不能濕，革道所以成也。日者離象。土位居中，季夏物各成己，己爲心，心爲離，故道家以己上爲意。五常信爲土，即己也。土合水火，信孚上下，火之革水，得土而内外相息；聖主革道，得信而上下相安。或曰巳日，浹日也。曇瑩謂十二辰至巳，陽極當變，又一説也。或曰器成而知火之利，故信于巳革之日。農父曰：道家言因戊就己，而去戊留己，皆此變革用鼎之象也。訂曰：井道不可革，古禮立秋浚井，改水也，革其壞常者也。潛老夫曰：有執兑爲澤而詆諸儒之金者，執一矣。洪範初一即著五行，禮運播五于四，易藏五于八卦九宫，而旋四爲十二，用半爲六以明之。兑正秋也，安得不爲金乎？乾爲金，何故多稱天乎？邵子一切四之，故不列金，以土石之堅氣即金也。秋爲泛澤，土以金氣堅潤，載而不漏，冬則金氣斂而收水矣。孔子因井受革，以火革水，故以兑澤稱水，又豈拘坎水乎？四時序土，以生金水木火而位夏季者中也。金木即水火也，易在陰陽中，一有俱有，一符永符，惟以象數徵理而後舉近民之大義以告之，豈廢諸家言陰陽五行之至理者乎？既已徵象明理矣，然後繫詞曰天命已至大事既已之日，乃孚于天下，是具四德、備四時者也。信在其中，順應適當，悔乃可亡耳，是大義藏微言也。革乃大權，自決遇聚升，必賴明治，有困辨井養之德，乃可以革故鼎新，出震敦艮，譬取井水，温以火而升之鼎耳。卦互同人、大過姤命，而明説以奉中乾，乃可孚于上下。

彖曰：革，水火相息；説文作「熄」。二女同居，其志不相得，曰革。

蠡曰：繼井而以火革水，故以兑冒坎耳。二女无生息之理，而朱子合滅息生息言之，微矣哉！合解曰：井水流澤，澤土盛水，火蒸其下，水火相生，燥濕往來，如人之息。卦位由離之兑，坤藏其間，乾隔伏坤，故曰革。

「巳日乃孚」，革而信之；文明以説，大「亨」以正，革而當，其「悔」乃「亡」。天地革而四時成；湯武革命，順乎天而應乎人。白虎通作「民」。革之時大矣哉！

宜曰：不合然後變生，故傳取不合之象釋革。革而信之，謂至是然後人信之。革自非常，貴乎徵信。離則明理非妄，合宜非强矣。大亨以正，屯、隨、臨、无妄，同藏元利，而革則總決之以當，此所以文明以説也。信雖强致，時非倖邀，革者什九，當者什一，一事干革，便身入悔中，亡甚不易，乃者難詞也。以天地四時明湯、武之志，見時之所極也。四時代錯，皆革皆成，而春夏爲陽，至離交兑，而秋冬陰矣，此一歲中間大變革之象也。天人之幾，何以自信信人耶？時大矣哉！後世有言食肉不食馬肝者，豈知孟子發獨夫之義以革萬世之昏暴乎！蔡子木曰：不可以徇心隨，不可以妄心革。

象曰：澤中有火，革；君子以治曆明時。

程子曰：澤中火，非有形之火。澤津潤之氣，中含温煖，升已復降，略无停機，隨造化以更革。幼清云：澤中有火，消乾其水，如海尾閭，名爲焦釜之谷，水入其中，如沃焦釜，消乾无餘。水能息火，反爲澤火所息，非事理之常，乃名爲革。洹詞曰：彭蠡雲夢，北方大陸，歲久暑不雨，外水不至，下爲火氣所蒸，白地出焉。丹鉛録云：素問澤中有陽燄，如火烟騰起水面者，海賦陰火潛然，山林藪澤之間野火生焉，此一端也。易簡録曰：天時推遷，无不以火爲候，火出于震，藏于兑，夏秋之交，陰陽之大分也。隅通曰：四時相代若父子，獨秋革夏代，即所仇則號令大變矣。正曰：甲己乃合，其用十五，宵日之中星四十五日而更次可别矣。五運之革，金爲其始，四九三百六十年。九六七八互相爲合，各百三十五，九乘十五亦百三十五，參之四百有五。火灼其中，二十有七。水火木土各以從革爲師始也。又曰：堯、舜不可遇，湯、武不可事，當其中持，扶危扶傾，則賢者之務也。不幸而值末際，雲泉岩石矣。鹿湖潛草曰：火入兑澤，時當仲秋，大火西流，星度應之，乾合秋之金藏于水土之澤，金石同體，而黄者嘗在沙石中，石故生水，此以質徵之也。天地爲金輪，以其堅象言之也。播五行于四時，兑爲秋金，此以氣運言之也。日者火之真精，星者金之散氣，月與潮息相應，細細差移，以因爲革，以革爲因，聖人法之，故以治曆明時爲首政焉。日莫威于離火之時，月莫朗于潮泛之候。候日短者，歷明于日永，萬物皆作也；候日中者，歷明于宵中，月爲量，星爲紀也。歷以所歷度數而知其時，年月日時，時最易更。而當明者，一歲則爲四時，大之則爲章蔀紀元之時。知革乃能歷物，則元會之寥廓，呼吸之微隱，皆歷歷也。天道人事，盡于四時表法，法莫明于曆，故堯以曆數傳舜，子以夏時語淵，豈曰度數爲末哉！于革而益知曆法之時革矣。考歲之差，始明古今，一行本大衍，洪史示革數，尚未有明其故者，烏能以理定數，而合此時之日月星辰乎？先天兑二離三爲參兩之五，後天兑七離九爲十六，十六者八八之四分一也。七七四十九，衍減一也。九九八十一，律本也。金火相易，河圖變書，時變時革，法不執一，而必无逃于參兩七九，以用損益四分之一，其槩徵也。聖人之引觸精矣，有神明者，終必以易正曆。法容齋、史繩祖皆發明乾至革爲四十九卦，一行以之候月而命大衍曆。

初九，鞏用黄牛之革。變艮爲咸。

宜曰：黄牛離象，初剛在外。革未剥者爲皮，已剥者爲革，亦變易之義也。黄牛之革屬二，舍二係初，辨在鞏用，鞏外束内也。初用六二之中，順自束也。離明于幾，變艮爲止，象遯在二，故曰執爻。殆三分服事之時乎！

象曰：「鞏用黄牛」，不可以有爲也。

革非得已也，初不可妄動，故鞏守二之中，未可先時自用也。初至五互同人，天人交乎，離爲革主，文明中正；二爲離宗，處革之時。初可不包二乎！

六二，巳日乃革之，征吉，无咎。變乾爲夬。積大過。

一集曰：離火正位，故蒙彖詞，夏秋之交，巳丨和之，巳陰入離，亦其證象也。舉大事以時爲本，初不及時，二中得應，當自爲之時，其尹就湯、望歸周乎？内三爻所以爲革，外□〔一〕爻或稱改，或稱變，則巳受離之革矣。

象曰：「巳日革之」，行有嘉也。

一一曰：巳爲人，日爲天，天人交會，乾道下濟。自□〔二〕至上互大過，自二至五互姤。大過之才，遇不得已之行，牛可爲虎，何爲不嘉？正曰：文王无革命之事，而有受命之功，不必孟津也。意曰：温公變法，亦用柔嘉。揆曰：二乃議革之臣，必待于征者，出命在五，布命在四也。易以陰陽相合爲嘉。

九三，征凶，貞厲；革言三就，有孚。變震爲隨。積困。

〔一〕「□」，原本空缺，似當作「三」。
〔二〕「□」，原本空缺，似當作「二」。

仲翔曰：將革而謀謂之言，革而行之謂命，命議革而後孚，四既孚而後革，深淺之序也。宜曰：三介上下，每具二義，故言征凶，又言有孚。離成剛過，征者自恃其貞，自有其孚，故厲而凶。兑言象，離三象。王者誥誓曉令當世，至再至三，斯革言三就之當乎？

象曰：「革言三就」，又何之矣！

筌曰：蹉動固凶，守貞亦厲，又當進革，无所可避，雖凶且厲，有不暇顧，又何之矣，決之詞也。郝曰：革至三既成就矣，更何所求？聖人去其太甚，遏劉定功，詩所歌矣。正曰：革隨火而益以木，其勢必革矣，革、鼎相爲用也。

九四，悔亡，有孚，改命吉。變坎爲既濟。積坎。

宜曰：正當革夏爲秋之時，革之盛也，故以彖詞悔亡予之。湯曰慚德，武曰无良，天下信之矣，故悔亡。互巽爲命。

象曰：「改命」之「吉」，信志也。

潛草曰：孟子言湯非富天下，天下信之，即此信志之義。

九五，大人虎變，未占有孚。變震爲豐。積師。

左忠毅曰：兑離西南卦也，此虎變與乾飛龍，坤利西南一也。子曰雲從龍，風從虎，已合言矣。遡曰：乾五之大人曰飛龍，革五之大人曰虎變，堯、舜、湯、武時此乎而已矣。兑爲西方白虎象，山國虎節，琥禮西方，古取，非无謂也。天下集命，動成變化，焕乎有竟，不疑何卜？豈待占決而後信從哉！凡獸在夏，其毛希革，仲秋毛落更新，其文炳者。二五相應，文明之氣，由内達外也。革伏蒙，蒙初筮，革未占，人情賢蓼卜之意。玄子曰：史諷穆姜之拯隨，子服策南蒯之將敗，二人者得凶固凶，得吉亦凶，則无定之易，皆一定之理矣。未占有孚，聖人爲世之口實湯武者，防易之通例也。

象曰：「大人虎變」，其文炳也。

虎文踈炳而明，豹文密蔚而理。

上六，君子豹變，小人革面；征凶，居貞吉。變乾爲同人。

陸公理曰：兑之陽爻稱虎，陰爻稱豹。揚子雲曰貍變則豹，豹變則虎，善言革之情物矣。宜曰：虎有文而神，豹有文而不能神。豹文具五行八卦，澤霧七日而變，未爲不神也。文炳、文蔚皆應離。然三乃離之外畫，與中爻不同也。豹變非徒安國承家、列爵分土之謂。君之神理寄于經綸，臣之道術布乎法令，當革之三就之時已有孚矣，此小人所以革面也。兑反艮背爲革面，斯時復何求哉？功成則事損，損則无爲，若復有所往，則躁擾而凶矣。意曰：居貞吉，其陸賈之十二篇，鄧禹之教子習經乎？君禹曰：革難言已，慮不顧後則爲烏喙，計不便民則爲絲棼，聖人懼而明以審之，説以順之，亨貞以成之，時當持久則鞏不嫌固，時當變通則改不憚煩，三就不厭詳，已日不求速，然後制作炳蔚，觀其成焉。盤庚之遷，頑民之告，示以祖父，要以明神，懼以要囚，引以迪簡，汲汲乎以言柔之，至于保釐既成，有改置之實，而天下不知其變。後世商君、安石之革，令行于棄灰，利竭于手實，輕變速禍，可勝悔哉！

象曰：「君子豹變」，其文蔚也；「小人革面」，順以從君也。

正曰：震雷皆火，乾兑皆金，革三以震火革兑金，三就乃孚；革上以離火革乾金，革面而已。甚矣，革之難也。以鳴條之勳而退有慙德，以妹土之監而屢迪不靖，周公其猶豹變歟！多士則猶之商金也。潛草曰：中古以後，非詩書禮樂不足以柔天下，象魏讀法，所以重其信也。又采詩陳風，以暢悦之。自漢表章六經，教化實行；唐宋既定之後，且令天下士大夫編書博學。既以潤色鴻業，即以收拾聰明，消悍梗之風草，誠恐設科不足盡人才，惟有斯文變化氣質，蔚然足相鼓舞，爲汲澤薪火之鼎養也。既革其面，即革其心，巳日乃孚，因火熱金聲之會，而用中土睿思，以時風之，即因爲革，其大順乎！兑爲講習，善繼離明，天子重經筵，士夫皆講學，是文明以悦之實事也。

時論曰：新故之交，天行莫大于治曆明時，皇極莫大于正位凝命。夫子述堯曆數，致歎夏時，表革命，歎革時，詎以餘分閏位當在齊之天乎！四時交皆相生，惟夏克秋得土，所謂二明兩和者也。十干戊己至尊，納己隔八而生兑丁，是克中有生，生中有克，故取兑離相合之卦，水火相息，必滅熄，乃生息也。澤本无水，故遇坎即涸困，遇離即鑠革。書曰金作革，此五行之新故也。劉子曰：易，春秋者天時也。春秋□〔一〕于平王己未，與易革之巳日合。象正曰己未爲曆元，以□□〔二〕改命在戊申己酉，此一端也。占

〔一〕「□」，原本不清，存目本作「始」。

〔二〕「□□」，原本毀缺，存目本作「洪武」。

象詳之。自乾至革四十九，大衍法也。吾以三十除之，則十九章閏也。以洛書除之，則三統也。以河圖商之，則餘六爲盈虛也。革後至未濟乾爲十五，則河、洛之中用數也；連革爲十六，則具爻減通期方圓相倚，十六分損一之用數也。除革本卦爲四十八，四陽爻二陰爻，陽九陰六亦四十八，與此數符，則置扐之策也。貞悔以九周之，用三周餘一周，則固秋冬之交也。革乃太陽少陰之交，在陽儀之中，兑二離三，表參兩參伍之端。睽亦離兑，而革則順數，從右而左，從上而下，故獨當治曆明時之象焉。一行曰：易始三微而生一象，離陽包陰，南正主之，文明于八月，離運終焉。仲秋陰形于兑，始循萬物之末，羣陽降而承之，極于北正，天澤之施窮，兑宫究焉。故陰八之静始于離，陰六之動始于兑。京房公革，候在穀雨，亦甲己相對之宫也。初黄牛者，考咎立表地也，堯時南至在牽牛也。二之巳日，中央黄道也。三之三就，歲差三統之交也，皆治曆之政也。四之改命，易正朔，復紀元也，如堯冬至虚一度，及明冬至箕四度，聖人起而正之矣。文炳文蔚，明時之政，表法之學，人有知其當者乎？朱子曰：革莫大于四時之變。先卿曰：莫信于四時之變。元亨利貞者，春夏秋冬之時若也；悔亡，亡其恒若也。坎宫五變，乾道乃革。禮曰：放伐時也。聖人舍身救民水火，時不敢先後也。象傳著之曰時，又著之曰當，凛凛哉！順天應人，必以明道説道行之，行乾四德者，乃无咎，乃悔亡也。初咸當固，二當決矣；三當隨時，四當濟矣；終日戒孚，悔亡符象，天人信之矣；五豈來章，上同文矣。三上征凶者，内外極地，當審轉也；二征吉者，已值夏秋，當勿恤也。上革常定而復往，則躁擾矣。爻有三孚，明于巳日，則惟當修文而已矣。龍馬乎？虎豹乎？一也。以文藏質，以曆藏數，午會之革而當者也。嗟乎！牝雞封豕，能免横竊耶？聖人以麒麟之文革萬世之面，斯則龍馬虎豹所共託命于蓍龜者乎？

智曰：天以日月星之變成時。曆者，歷也。天日月星互相差以成歷，故歷以正差。歲差，其最微者也。於穆之天何差？而於穆之天在表法之天中，不得不差，不得不歷；歷亦不得不差，差則不得不治，治必明時。若荒忽之，則神堯首欽曆象，敬授民時，爲外道矣。心何差而人用不得不差，因以法治人之所曆，曆差而法亦差，因而明之。此所貴大衍之明時者，亦將荒忽不治而守虎豹之鞹耶！故全有全无之大冒，原不憂其缺少，民用正在差别，後天即先天也。革、鼎新故，貴前民用，明時治心□□[一]歷矣。

䷱火風鼎

柴氏作冈，魏吴以爲丙。卦取鼎象，丙鼎同韻，古作𡆵。説文：鼎三足兩耳，和五味之寶器，易象析木以炊也。籀文以鼎爲貞字。序卦至困、井、革、鼎，極五氣升降之變，時當秋成，以器享道，故井、鼎舉象，困始而革居中，井生而鼎熟矣。初偶下峙爲足，五偶中虚爲耳，二三四奇爲腹，上爲鉉，足以承，腹以實，耳以行，鉉以舉。

鼎，元吉，亨。

胡經曰：伏羲氏興神鼎一象一統，黄帝作寶鼎三象三才，禹鑄九鼎象九州，武王命南宫括、史佚展九鼎，奠于洛邑，故人君撫大寶位以此象之。在德不在鼎，有凝鼎之命者也。意曰：鑽燧教烹，生民以此成器利用。二卦互乾在中，天命凝焉，主此

〔一〕「□□」，原本毁缺，存目本作「當歷」。

器者調元贊化之道也。在人身以木氣意土用水火，修私命者因爲丹鼎烹煉之説焉。士君子養身養德，濟人利物，皆此井、鼎之道，必困遇而井通，必革故而鼎新也。聖人畫卦設象，通其故而已矣。

象曰：鼎象也；以木巽火，亨飪也。說文作「孰飪」，馬作「亨飪」。聖人亨以亨上帝，而大亨以養聖賢。郭京无「而大亨」二字。巽而耳目聰明，柔進而上行，得中而應乎剛，是以元亨。

集曰：凡卦皆象，惟鼎象器，器莫重于鼎。制器尚象，故鼎獨以象釋。白虎通曰：南者任也。亨享古通。由東南巽目而用南方之離，則范金、合土、汲水，歸于鑽火熟食，故曰飪也。午會聖人制度禮樂，以烹養萬世之聰明，是天地之鼎任也。祭祀烹犢以格天，賓客薦體以敬人，此鼎用也。以巽言火，猶言文武火也。巽隱離虛，而耳目聰明，官止神行，内外一矣。巽來上進，與貞悔同；五下應二，是木氣上蒸，火氣下濟也。明達巽稱，協于上下，合天下以爲聰明，自无剛扃煬竈之虞，調爕大化，斟酌元氣，爲正位凝命之主，是以元亨。關鍵曰：巽而耳目聰明，以見兑之反而離如故也。二進于五，可見主革者即其主鼎者也。初至五疊坎，爲重耳。意曰：凝目于耳，凝耳目于中虛之實，凝乾于木火之中，藏決于大有、大過之中，總收以在上之剛柔，節而已矣。

象曰：木上有火，鼎；君子以正位凝命。

野同録曰：離得坤之正位居體，虚中以凝乾之命。君位即心位，木巽火，鼎熟物，離明出治以養天下，道在安重凝承，即心是鼎，天人命享矣。井、鼎皆以生氣爲命，井木上有水，津液自木出，鼎木上有火，英華自木生，无生氣則水火无根。觀井、鼎而盡養民自養，各正性命之道矣。正曰：鬼神正向在乎東南，人生之資用木處其七。井、鼎前民用，鼎則貴，家人竈也，鼎之託家人猶子之託于妾也。震亦稱木，而雷火宅焉。聖人治家國經綸在鼎矣。揆曰：離屬神，巽屬氣，寧神以息氣，人所以凝壽命也。中心无爲以守至正，君所以凝天命也。火光在木上，而命藏于木，木盡則火亡，火不調則炎燥而急焚，故正心盡性所以至命也。浮山語曰：因風發火，火發風生，可不知續火乎？孫登曰：用光在乎得薪，惡煤棘爆，使人癲惑，君子居正，思不出位，其以學問爲桑薪乎？不則又以鬼窟爲凝命，誤此鼎矣。

初六，鼎顛趾，利出否；得妾以其子，无咎。變乾爲大有。

一曰鼎取新，初顛趾，于无實時去故乃能納新，故利。初弱巽跛顛趾象，初應鼎口出否象，互大過爲顛象。頤之顛與大過反對也。訂曰：禮祭先夕，溉鼎滌濯。沈存中云：古鼎中三足空，所以容物者，所謂鬲也。煎和之法，常欲清在下，體在上，則易熟而不偏爛，及升鼎則濁滓皆歸足中。顛趾出否，謂否濁在下，須先瀉而虚之，九二陽爻始爲鼎有實。今京師大庖釣羨，其遺也。白沙曰：鼎次革，習染除已，猶著出否之戒，所謂夙生暈血未除。云得妾者，附與之象。爻見二陰，五貴初賤，妾象。與歸妹同體，巽反震主器者，伏子象。生子爲後，母以子貴，故待之以母道，猶鼎足在下而顛上者，爲瀉惡納新也。子瞻曰：擇之太詳，求之太備，天下必无完人。從其子之爲貴，則其出于妾者可忘也。慈湖曰：老氏云既知其母，復知其子；既知其子，復守其母，可謂易外別傳。元公曰：真人之息以踵，初之顛趾，鼎始基也。正曰：未有生而貴者，顛趾以去故，得妾以其子，言舍其舊飪，薦其新烹，則聖賢樂從矣。

象曰：「鼎顛趾」，未悖也；「利出否」，以從貴也。

一曰：轉習爲善，倒革成鼎，故曰未悖。一曰顛趾，較折足爲未悖也。曰胡纂、管邈，其父皆出革命之鼎否矣，從貴何悖焉？亦別象也。

九二，鼎有實；我仇有疾，不我能即，吉。變艮爲旅。積離。

宜曰：二甫受實，實在未熟，以不食爲吉。有疾不食之喻陽曰實。仇即逑，二五正應，爲好逑也，相隔故不即。五以下肖坎，肖大過，于卦不吉，故諸爻有顛趾、有疾、行塞、覆餗象。訂曰：仇指初，嘉偶曰妃，怨耦曰仇，近比非正應也。疾即否。蓋鼎烹以亨以養，苟有不善者存，則善與不善皆烹而並熟，而善者棄矣；及未有實而顛之，以出其不善，則善者可全。此慎所往之道也。終无尤以此。

象曰：「鼎有實」，慎所之也；「我仇有疾」，終无尤也。

見曰：仇，五也。自三至五，互兑金爲木之仇，克我爲夫也。意曰：醫有相反者，我仇有疾，所以儆二之慎也。潛草曰：王孫滿一對，楚子寢謀；臧孫伯一諫，納郜補過，聽其藏疾，亦何害焉！

九三，鼎耳革，其行塞。雉膏不食；方雨虧悔，終吉。變坎爲未濟。積嗑。離世。

宜曰：三則食熟可食，時應上而上見鉉不見耳，有鉉无耳，同乎革塞，失其義者。舉鼎在耳，行道在君，三越五應上，是失其事君之義矣。然此時雉膏已熟，方將合其五味，期无憾而食之。訂曰：九三，木之盛也；上九，火之盛也，木火迅烈，鼎沸耳熱，則革而行塞矣。三重剛而承乘皆剛，此人臣有才德，過于激烈以自塞者也。陽陰和爲雨，火須水濟，炎勢息，鼎沸平，則失其悔而吉，既不患失應，又不至病五矣。鼎耳安鼎腹上，鼎上三當安耳處，不與五應，耳革象。自革來，故言革。變離雉坎膏，居兑口下，雉膏不食象，變坎互兑雨象。筌云：下體有足而无耳，故耳革；上體有耳而无足，故折足。元公曰：乾金離火，相守則流，故以雨潤之。正曰：重耳之食五鹿，困于衛、曹、鄭，去齊、楚，乃入秦。秦者，晉之雉膏也。

象曰：「鼎耳革」，失其義也。

一一曰：井、鼎上下，本一而二，此處不明，則失其義矣。凡物行以足，鼎行以耳，耳革矣，不失鼎之義乎？子曰：不仕无義，重内太過，則洗耳不知比義矣。耳革，病在上；折足，病在下。

九四，鼎折足，覆公餗，馬作「粥」。其形渥，鄭、虞作「刑剭」，元載傳引之。凶。變艮爲蠱。積頤。

一集曰：足，應初也。餗，糝也，八珍之膳，鼎之實也。三爲公位，故曰公餗，覆則其形沾濡。輔嗣説也。受實必有餘量，加之不辭，必溢而覆矣。郝解曰：鄭玄誤解周禮屋誅矣，蓋同姓不即市而戮于甸師隱處也。古刖兀剭通用。意曰：譏其容禄養交，不知耻也，程子以爲赧汗。正曰：鼎新蠹壞，世有樂用新器而敗者矣。以新人而操新法，其不覆餗者幾乎？ 主鼎足者之咎也。

象曰：「覆公餗」，信如何也。

揆曰：素餐且覆矣，六五聰明如何而信之。訂曰：向決必覆之理而人不信，今如何耶？ 潛老夫曰：以信詰之，愈加赧汗，食萬錢乎？ 戀棧豆乎？ 蠅集乎？ 拂鬚乎？ 獨歎匡衡聞王尊，張禹聞朱雲，其形之渥如何耶？ 觀繫傳之引此，而不愧其形，更難言矣。

六五，鼎黄耳，金鉉，利貞。變乾爲姤。積益。

宜曰：鼎之五上見食而吉，猶井也。 五耳上鉉，並于五言之者，鉉舉耳，耳非虚无以受鉉，耳虚而鉉實，鉉之實，耳之虚，中受之。 黄者中德，變乾伏坤。 金鉉指上九，舊謂九二，象傳所謂應剛也。 一謂五之鉉，兩耳之鉉，上則金鼎之鉉，鉉上爲玉，中則爲金，金玉皆乾象。 自巽入微，目化成耳，聖學耳順，言中旁之通也。

象曰：「鼎黄耳」，中以爲實也。

正曰：世爲烹飪來者，不皆聖賢也。 精質以堅舉物不失其任，變物不失其節，无畔援，无歆羡，是不驕不諂之實也。郝解曰：黄耳貫鉉，實乃可薦；享帝養賢，明德之馨，豈和羹之虚文耶！

上九，鼎玉鉉，大吉，无不利。變震爲恒。

宜曰：玉鉉有舉鼎之義，而非用之以舉鼎者，孔子言奂若瑟若，理勝乎勝。此所以貴玉也，乾震取之。子瞻曰：在炎不灼者，玉也。遡曰：金鉉則羞王公，玉鉉則薦鬼神。五正位，上宗廟位也。或曰：金剛物，玉堅剛而有潤，金畏火，玉不畏火，在離上象，體剛履柔，能舉其任，應不在一，則靡所不舉，故大吉无不利。

象曰：「玉鉉」在上，剛柔節也。

訂曰：水火冬夏寒煖，皆剛柔也。周禮食羹醬飲之齊，即節也。馮元成曰：井鼎，水火之用也。水貴通，火貴節，收以上水通之，玉以鎮火節之，二卦之上，所以言元吉大吉也。正曰：金鉉，質也；玉鉉，文也。天道之革，一文一質，質濟以文，虎豹金玉遞爲令也。揆曰：井欲其盈，鼎概其滿，而皆以上貴者，水火致養，上出爲用也。關鍵曰：嫡革于三，嫡子舉鼎于上，妾顛趾于初，妾子覆餗于四，鼎乃天命，繼之以震，貴恐懼修省，乃能凝命耳。野同録曰：自損、益以兑巽歷艮震，而夬、姤、萃、升歷乾坤，困、井、鼎、革歷坎離，每對必先兑而巽者，兑與乾同太陽，而西收交乾以講習之悦，乃教化之汲亨也。故舉六十卦通期合暦之節，而和此井、鼎之剛柔，反收二濟之濡首焉。中庸聖教，所以不容異外假竊者，以中節正時中之命也。德曰：孫思邈云心爲君，欲小；膽爲將，欲大。行者地象，故欲方；智者天象，故欲圓。聖人既言不懼，又言冰淵；既言有物則，又言无聲臭；不夷不惠，又聞二風，正以剛柔二克中平康之節耳。

時論曰：象事知器者知道矣，備五行而因風革物，莫此具焉。小之百姓飲食，大之上帝聖賢，自生火生薪有口有腹以來，皆烹飪之義也。水火寄木，天自生風，木巽水而上出，木巽火而上進，木用究上，火用究終。乾金鼎腹，兑澤氣蒸，而爲膏爲雨，或顛或渥，歸實黄中，剛柔適節隨其烹矣。享國者國爲鼎，養身者身爲鼎，養心者心爲鼎，誰不在此天地之鼎中？當何以節之乎？革明時節，鼎養亦貴節也。柔進咸章，遇恒在上，是黄流玉瓚之命也。上柔密巽已行，施命既中節矣，下柔巽變，大有順命，艱亦節也。鼎既有實，人世自應仇之，一慎之如處旅，已中即次之節，資灌鄩者豈爲寒害，負鼎俎者何妨接履，終无尤焉。鼎三革四，新故之交，去故則否可出也，取新則行不可塞也。四蠱已覆，三安得不戒未濟乎？妻棄玉璜，先同買臣；五鹿乞食，何異瀨上。其耳革矣，膏澤霖雨，塞自終合節也。乃有薄夫謀大任重，藉口以蠱幹蠱，逞其罔兩，起穢沾渥，爲公餗中一戮人，豈可仍説公容而不一明節之耶？大養聖賢，即享上帝，而五上藏目于耳，炊金薦玉，有自然之節序焉。離宫之鼎正應前位之旅，養賢燕賓，下資旅賓，中相節也。在上合互大有，圓圖鼎、有正峙，不易之恒也。反嚴君之身，濟雲雷之膏，潔齊相見，南面行乾，嚮明制禮，以隆不顯之光，是真吐哺好士、圭璧格天者之中節乎？柄用有鉉，通材有耳，奠基有趾，鼎道乃全，而初應四蠱，故覆而顛。蠱初有子，鼎初以子，子道不同，一變承乾，則上之剛柔節者不第節三，且節初矣。意曰：鼎以虚爲體，以實爲用。木功善繼，火候已熟，惟在正位凝命者運此金玉之禮器，節天下耳。

智曰：命不論改不改，皆貴有以凝之。圓圖鼎與大有峙，順命即凝此命也；方圖鼎與井峙，井養亦此鼎養也。南方先後爲乾離之位，巽先後輔之，此虎豹之革有文，必重金玉之鉉在耳也。離虚而曰中實，正以剛柔之節節此虚實，因革以爲養也。爲金爲玉，乾之德也。天地之器，乾離主用，可以凝震艮矣。元公以損、益至此十卦爲節，與景元兑巽包乾坤坎離之節相合，下此起震、艮爲領十四卦，智以鼎爲十五，而貞悔此對又統末輪，正表其損益盈虛之節也。

震䷲艮

景元以此後爲陰中之陰，震、艮、巽、兑四卦始具焉。震、艮陽出，故先，陰由此入，故巽兑居此中，而二濟乃交收，與震、艮遥映，是六子之區分也。繹曰：戒懼震也，于其所不覩者而艮視于无形；恐懼震也，于其所不聞而艮聽于无聲。動无動，止非止，敬德以爲經學達天之省括也。潛老夫曰：先天震艮輔坤，而後天乾統三男。父與中男皆以艮震爲用，而帝出焉；自春卒歲，而帝入艮矣。震在初，故初吉；艮貴終，故上吉。又曰：凝命者必震、艮凝之，此後不見乾坤，而此即潛飛之龍、无彊之馬也。□□〔一〕曰：雷聲甚聞而内乃攝也，因耳故以洊心；山色甚見而内乃馳

〔一〕「□□」，底本原爲空缺。

也，因目故以兼心，故曰聞聞者不聞，見見者不見。知此者可言無爲無無爲、無我無無我。

䷲上下皆震

回即雷也。震取其聲，从辰，角亢東方之次，爲天行起處。樂府「冬雷震震」，以平聲讀。柴氏曰：辰从正，以東南之半圍示之。止菴曰：震以聲就耳聞，故取雷本象；艮以見就目見，故取艮爲象，亦取耳目對待也。歸藏以震作釐，乃雷之細聲。古皆隨聲填字耳。

震，歸藏作「釐」。亨。震來虩虩，音𡭴。荀作「愬愬」。笑言啞啞；音厄，以惡亞厄齷古同轉也。全書從古文，无此二句。震驚百里，不喪匕鬯。

一集曰：主器受震，在繼體爲長子，在萬物爲生命。帝出乎震，生氣以宣，威惠相成，春秋交輪。天道功用，皆在西南，踰兑至乾，休息于東北而復出，故震兑東西相對，中分南北，南則巽離坤動而悦，北則乾坎艮戰而止，故木氣之行成于兑，金氣之凝止于艮。笑言啞啞，震道乃成。笑言者，兑象也。孔疏曰：陽氣迸開，萬蟄俱動爲震。程傳曰：震陰而達陽，即輔嗣所謂威駭懈怠，肅整隳慢也。震來者，未來常若震之來也。朱子曰：人常震來虩虩，便能笑言啞啞，即震驚百里時，亦不喪匕鬯矣。此震之所以亨也。吴因之云：震之爲懼，猶乾之爲惕也。酈炎曰：陽九三十六，陰八三十二，震一陽二陰，故曰百里。遡曰：雷聞百里，侯封亦百里。乾爲君，坤爲土，分乾之一以主坤土，諸侯象。伏巽廟而見坤匕，艮手知其謹侯度以永孝思，肅然凝命也。虩猶虩，以虎聲取，與諧韻耳。或云蠅虎，取其跳梁類驚，故驚曰虩虩，兩善鳴者相見。後天向西望兑，曰笑言啞啞。時然後言，樂然後笑也。多陰爻者言祭，祭求諸陰之義也。祭祀之禮，先烹牢於鑊，既納諸鼎，而加冪焉。震承鼎見坤牛象，將薦乃舉冪以匕出之，升於俎上，匕用棘木，取赤心義，長三尺，利柄於末，詩云有救棘匕是也。坎爲棘，坤爲柄，小而直方象。匕鬯皆有柄，故象坤。鬯者，香酒。説苑：鬯，百草之本也。暢天暢地，故天子以暢爲贄。震蕃鮮，坎酒醴，象艮手執之，故不喪。祭禮陳薦甚多，然上牲體薦，鬯酒，人君所自親也。此之謂主器。意曰：不動心爲主，時中爲用，是爲動而无動。虩虩者，精神常新也。啞啞者，中節之和也。震驚百里，天下歸仁矣。无入不自得，始是不喪匕鬯耳。智曰：

天心之復，在乎初幾；聖人戒懼，即无爲也；生機，即神武也。曰動定，曰攖寧，皆本諸此。

彖曰：震，亨。「震來虩虩」，恐致福也；「笑言啞啞」，後有則也。全書亦略此四句。「震驚百里」，驚遠而懼邇也；舉正有「不喪匕鬯」。出古文无此字。可以守宗廟社稷，以爲祭主也。

集曰：震醒人情，因其所喜，内經以恐勝喜，易以恐即喜也。放行一笑，嘗致荒蕩，曰後有則，而乾乾素位，中剛柔之節矣。驚遠懼邇，通天下于一室也。帝出乎震，不覩不聞，質鬼神，俟百世之中和主也。揆曰：知此真主，守一身，守一家，守天下，一也。

象曰：洊雷，震；君子以恐懼修省。

隅通曰：雷，動物也，隨之晏息，復之閉關，不法其動而法其息。雷，怒物也，屯之經綸，豫之作樂，不法其怒而法其喜。恒之立不易方，大壯非禮勿履，不法其躁而法其慎。无妄茂對時育，解之赦過宥罪，不法其殺而法其生。惟重震象恐。柴氏曰：洊，古濺字，猶雨點也，潮滚也。意曰：以北方之恐制喜，以中央之思勝恐，震本坤静，而乾索以出，則以東方之怒使其省矣。圓圖震合北坤而兼後天之坎，帝出東方而居先天之離，雷雨雹相隨而洊，猶恐怒思相隨而懼以修也。郝解曰：人心溺于晏安，昏迷不省，何以進德修業？震无咎者存乎悔，震動之道用之修省最宜，動不極則悔不深，悔而能復，則順理心安，不失于和。若以震動之心應天下事，不勝喪失之咎矣；若以動心爲咎，并廢修省，則告子之不得勿求矣。德曰：夏侯玄霹柱不變而不得其死，劉曜震樹不變爲暴逆魁，故正鐸在乎戒懼修省，而不在煉狠爲作主也。孫思邈曰慎以畏爲本，故重三畏。

初九，震來虩虩，後笑言啞啞，古作「笑語」。吉。變坤爲豫。

子瞻曰：震以威達德，可試而不可遂，初九試而不遂者也。惟其威不常用，故知其震非害之，欲其恐而致福也。意曰：所以爲震者初也，故蒙彖詞加云後者。彖言震兑春秋之象，懼喜同時之體，此言先難後獲之功，痛自猛省之始也。震峙豫而初爻變豫，此張、鄧所言虚北方八卦而環轉者。

象曰：「震來虩虩」，恐致福也；「笑言啞啞」，後有則也。

通曰：以福導人者，因情還性也。晏然之後，正合帝則，以時中節，豈縱脱耶！

六二，震來厲，億喪貝，古「億」作「噫」。躋于九陵，古「躋」作「隮」。勿逐，七日得。變兑爲歸妹。

積解。

集曰：爻二陽，初始雷，四洊雷。諸陰變震同而遠近異，二五近一變始來之震，一變往來之震，情復異焉。神者人之大寶，故象貝。二猝驚而神喪，九陵七日，去百里矣，其去遠也。驚定神復非從外得，故勿逐。二之中正，正于勿逐見之。十萬曰億，猶云萬分喪也。五爻傳曰大无喪，猶云萬分无喪也。幼清云：既有墮甑弗□〔一〕之達，則當有去珠復還之喜矣。貝，介蟲，古者以爲貨寶從此，亦其聲也。肖離龜蚌象，震足躋象，艮山陵象，陽九象，離日象。卦位有六，七乃更始，事既終，時既易矣，勿逐得矣。變兑悦象。正曰：佐饔者嘗，佐鬬者傷，九陵七日，未爲遠也。郝解曰：初帝出也，二至巽，則春夏交，雷怒之時也。三至離，四至坤，五至兑，上至乾，木氣藏而帝出，歲且終矣。七反下復初爲坎，八復至二爲艮，故曰七日。又曰九陵，二至四爲九，互艮也。大抵八卦盡周天之運，至兑則震功畢，至乾則長子遇父，至坎艮還而歸北，天運自然也。野同録曰：恐懼修省，爲困、井、革、

〔一〕「□」，底本原爲空缺。

鼎凝命之實事。喪貝，又恐懼修省之實事所最珍惜戀護者，一震而嗒然喪矣。此後善用家珍，是後則之笑也。

象曰：「震來厲」，乘剛也。

初剛爲主，雷始大作，故曰來厲。五時震既來而將往，故曰往來厲。厲者震本體也。二五虚中柔濟，故動而不括，不則有所恐懼，有所忿懥，反不得其正矣。

六三，震蘇蘇，震行无眚。變離爲豐。積恒。

宜曰：蘇即甦，甦則神生而定。位不當者，謂去初遠，不當震懼之位也，故无眚。

李子思云：陰爻被震必須逃避，故二躋三行，躋行亦只遷善改過之意。變離故能明于避如此。正曰：有道刑戮不及，君子震之，豐勿憂之矣。天地之尊，雷霆不時，天地自爲不祥之令，而況于王者乎？

象曰：「震蘇蘇」，位不當也。

介于上下震之間，故宜行而避之。

九四，震遂泥。荀作「隊泥」。變坤爲復。積升。

宜曰：一陽直動，四則陷坎，坤土坎水，泥象。初自艮出其力全，再動其氣虧，是以君子貴初幾也。初怒中節，四遷怒則泥矣。元公曰：第一念真，第二念則雜。正曰：柔主强相，威戮屢試。霖雨不作，□□〔一〕泥，亦福也。潛老夫曰：太宗于高麗，豈如平王賓；憲宗于庭湊，豈如平淮蔡；田單横帶，豈如出莒；寇準再相，豈如澶淵，則陷陰之未光也。

象曰：「震遂泥」，未光也。

三一齋曰：以震喝電拂而遂生波嘗試，遂泥必矣；以静止自塞而滅裂不通，厲熏必矣。震四猶艮三也。上下之幾道在光明，不在動静相奪也。

六五，震往來，厲；億无喪，有事。變兑爲隨。積井。

一一曰：初震往，洊雷來，五當震往來之時，故厲然柔中有主，萬分不喪匕鬯矣。常以有事之心臨事，則隨嘉兑和，乃香鬯福酒也。慈湖謂恐懼修省即何思何慮，吾以爲有事在中。

象曰：「震往來厲」，危行也。其事在中，大无喪也。

〔一〕「□□」，原本毀缺，存目本作「震遂」。

危與行會，虩虩亦啞啞矣；其事在中，震所不能震矣。此致福之後則也，豈墮无事之悦乎？郝解曰：人主如天，威如雷霆，能肅肅雍雍，不失執匕之意，則雖生殺獨運，終不傷天地之和。士君子危言行而不失温恭之節，則與天地相似矣。豈在以嚴厲爲方正之泥乎？

上六，震索索，視矍矍，征凶。震不于其躬，于其鄰，无咎。婚媾有言。變離爲噬嗑。世。

集曰：索索猶縮縮也。上變離爲電視而目矍矍，雷電俱也。上遠四隔五，故震不于躬于鄰；既去四遠，猶然震索視矍，中自亂也。上復何往，征自凶矣。能畏禍之及鄰，而先自戒躬，則无咎之道也。震至此而終，故爲婚媾有言。揆曰：上與初雖非正應，而陰陽相與有言，正與笑言相應。乾索坤矍，剛柔始交，皆婚媾也。征凶者，之其所畏敬而僻也。

象曰：「震索索」，中未得也；雖「凶」「无咎」，畏鄰戒也。

一曰：神氣消索。瞻視周章，由其中无土，未得五之在中者耳。老子曰爲之于未有，猶若畏四鄰。六爻皆恐懼修省，故无凶詞。意曰：主器救顛，懷刑反躬，即動而知止矣。

時論曰：人隨天動，而有不動之天存焉。聖人命之曰主器長子，尊之曰帝出，此象于其出而尊爲宗廟社稷，祭主也。先天之雷居于山位，蟄土鄰春而冬已復矣；後天之雷居于離位，接火鄰夏而時出焉。初雷陽來，再雷往來，其洊皆大地之聲也，其厲皆天地之心也。冒言之，則程子云雷從起處起耳。虩啞同初，而初言後者，即初而知後之則也。得喪同時，喪然後得，二喪五无喪者，有事之力大也。君子知先後之一則，超得喪而有事，恐懼修省，自凝主器之命，非徒以恐懼爲脩省，且以笑言爲脩省矣。烈風雷雨弗迷，其虞帝之有事于大麓乎？大雷電風，禾偃木拔，其周王之有事于鴟鴞乎？福不可徼，惟恐致福。天人相與之際，非徒口理貌恭而已也。手持足行，必有所根，誰作主而不喪匕鬯乎？以二陽言之，初豫乃爲福先，四復乃爲泥滯，激于事勢，迫于中途，而動者豈若初之光耶？以四陰言之，二五危行在中，雷所歸者雖喪而得，雷所隨者无喪而有事也。來固億，往而來亦億。天之降也方多方大，人之敬也乘亦安、行亦安矣。意曰：喪貝者脩省實政也，无喪有事者脩省實心也。君子厲之，喪貝即心法也，有事乃政府也。雷之澤，雖厲而安；雷之火，雖行亦極。蘇蘇者，豐所以折肱；矍矍者，噬所以滅耳。戒之哉！自謂折肱聾耳，我躬不閱，可以遺落世事乎？日中尚憂其眚，雹合自爾征凶，主器詎能保哉！平日荒于講學，而儼然最上，一旦震來，束手无策，求免不得之狀莫艮于睟矣。幸而變還明體，震鄰知幾，所親或非笑其過計，然惟如此，乃可鞠躬于此世耳。

智曰：人動物也，動于至静之天而人不知也。天不落動静，而時此動幾，非以動動之，則罕有知至静之幾者矣。先天艮居後天之乾，而後天艮居先天之震，文王序卦又以震統下經之末十四卦，明人道奉天之終也，明後之用先也。得也喪也，往也來也，言也事也，躬也鄰也，皆有先幾焉，能不失先天之匕鬯者誰乎？

中衍曰：敦而虩之，人惟因循于齊見役説之後耳。試一觀天門戰勞以成此帝之一出，非文王之霹靂乎？有倚柱作書如故者，吾猶未許動上不動之旨也。與其强顔啞啞，不若直立蘇蘇。

䷳上下皆艮

卦象人身取名曰艮。説文作皀，狠也，上目相匕不相下也。合溪从反見爲艮，止菴从目下九。精藴曰：目乃漏泄之總，人心緣感出入，非目則感不成。注云斂目无所見，即反見之義。艮見同聲，古限恨从艮，天門人門、天根歲限之故。古人聲義，可以推矣。

艮其背，不獲其身；行其庭，不見其人，无咎。

程子曰：性定者静亦定，動亦定，无將迎，无内外。朱子曰：止于其所當止，是不有其身矣；雖行于有人之地，而不見其人矣。象山曰：不獲其身，无我；不見其人，无物。子瞻曰：聖人非貴其静而不交于物，貴與物皆入于吉凶之域而不亂也。止菴曰：北堂爲背，對庭更明。天之北辰，不動之所。玄子曰：五藏係背，背乃身心總會處。揆曰：不獲其身，非无身也；不見其人，非无人也。静无静，動无動，在吉凶悔吝之外，故无咎。三一齋曰：人心一動，意見徽纏而身與人角立矣；退藏而忘，止其本然，則何處爲无見之見，而況見乎？因而巧其語曰吾喪我，因而曰見見非見。見猶離見，見不能及，因而曰三心不可得，四无相，尚是乍見驚喜之急口耳。敦艮者，不作如此語也。野同録曰：鄧綺謂先天艮在西北，後天艮在東北，四方之北，四時之冬，人之背一也。此邵子之指也。四分用三餘一，以一藏三，而共爲无體之一也。二人相背爲北，後加月以别之。天地不二，无北无南，而即此北藏南以南用北者也。聖人于无動静中，指其乾索坤之静極而出震者，因指其反震而爲艮者。先天艮坤交震，後天震歷一周而反艮，冬春歲限艮居震位，可知貞悔之震艮矣。此根極退藏之門，文王恐人墮于主僕无别之影事，故正之以无咎。尼山以時合行止，正所以免人之咎也。

彖曰：艮，止也。時止則止，時行則行，動静不失其時，其道光明。艮其止，古作「艮其北月」。止其所也。上下敵應，不相與也。是以「不獲其身，行其庭，不見其人，无咎」也。

周子終四十章，曰：其惟時中乎？艮道深矣。程子曰：各止其所，父子止于恩、君臣止于義之謂。艮其背，止其所不見也。慈湖曰：面之所向如背，則應用交錯，未始不寂然也。知止而不知行者實不知止，知行而不知止者實不知行，知行止之非二而未能一一皆當其時，未爲光明。代明錯行，後爲易得。止其所，止无所也；无所則无止，无止止，真止矣。易蔡曰：有心以止，艮其心也；无心以止，艮其背也。若曰必艮其背，則已見背矣，且得言不獲乎？故傳不曰背而曰止。不在心，不在背，節節皆心，節節皆背。陽明曰：惡動之心非静，求静之心亦動。筌曰：无方所之所，思不出位之位，豈有定體之可言哉！仲輿曰：位无定而位位自定，所无方而所所有方。大學惟能知止，未有不明善而能誠身者，定慧襲此。揆曰：動失時者，擾亂之惺惺也；静失時者，无記之寂寂也；敵應者，相與于无相與也。元公曰：敵應其无相相乎？潛老夫曰：卦不得不以動静示人。人生皆動，故教之止，乃對治也；恐人以沉窒守寂爲止，故曰不失其時；又恐人以總殺總赦爲荒止，故曰所曰位。程子曰：動静合理，不失其時，乃其道之光明也。正恐離二途而三不得，棲心无寄，或瞎无事，而以皆是皆不是爲脂韋遮奪之黄葉，不惜誤人，況迅陗争高而教成陰賊譎智者乎？反不如老子之不見可欲使心不亂爲切己也。聖人曰時，所以中剛柔之節；曰理，所以明適當之則。何其上下光明哉！是以直貫无咎，所重者无咎也。□□〔一〕曰：秋冬剥落而後春夏長養，不得執天之所以爲天而混言无冬夏也。教人觀未發，豈以静坐爲道乎？暫息焉耳。五官各止其所，即感是寂矣，知止即光明矣，素位即時，時即敦矣。然非恐懼喪貝之霹歷，誰肯迸

〔一〕「□□」，底本原爲空缺。

破而知止乎？大學艮震，中庸震艮，誰不背負庭趨，其如當面蹉過何耶？

象曰：兼山，艮；君子以思不出其位。

玄同曰：變連山爲兼山，明内外前後之皆止也。彖言時，象言位，時位即道也。時敦于用中，中敦于兼，兼則兩忘矣。龍谿曰：著于有思爲逐物，著于无思爲空寂，此兼掃也。吾謂何思何慮之天下，與思无邪之一言，兼即一矣。隅通曰：洪範思屬土，易以思屬艮土，不出位者睿作聖也。訂曰：知止无定位，位一止也，素即不出矣。心迹非判爲二事，應而不留，聖人之學也。視思明，聽思聰，是爲不出位之思。行非對待，思與无思，豈屬對待？

初六，艮其趾，荀作「止」。**无咎，利永貞。**變離爲賁。

宜曰：趾，動之先也，艮其趾，可與立矣。咸上仰下仆以感取。艮六爻俱从背後視之，在下視足，踵趾皆見，踵趾總謂之止，止即古趾字。元公曰：舉足即道場也。按指海印發光，曾知之乎？正曰：世有不行其庭，嘗見其人者矣。噬、賁、咸、壯、夬趾，凡五申之，以趾命趾，不如以趾命身之爲止也。

象曰：「艮其趾」，未失正也。

一一曰：世之高狂好訛步趨之學，故聖人決之曰：未失正也。

九二，艮其腓，古一作「肥」。不拯其隨，釋文作「不承」，一行作「不抍」。其心不快。變巽爲蠱。積大畜。

宜曰：隨指二陰隨陽，猶腓隨股動也。二不能拯而隨之，由三主卦，未肯退聽于二，故心不快。訂曰：心欲止乃猶隨而動者，所謂氣一則動志也。泗山曰：欲以柔中拯三之過剛而隨之，乃權也。莊生曰彼且爲嬰兒，亦與之爲嬰兒，此隨之説也。達之入于无疵，然後快。

象曰：「不拯其隨」，未退聽也。

一一曰：學術一誤，終身不反，三豈退聽于二之柔中乎？元公曰：家賊未肯退聽。意曰：告子牟以重傷，是未退聽也。

九三，艮其限，列其夤，鄭作「臏」，説文作「胂」，荀作「腎」。孟喜「列」作「裂」。厲韓嬰作「危」。薰心。公羊及虞氏作「閽心」。變坤作剥。積損。

遡曰：限夤者，人身上陽下陰，腰當陰陽界限中，謂之限；夤緣也，夾脊肉也。緣以俯仰，緣以轉側，皆腰之用，不可艮也。艮則機關廢而不用，同乎決裂。心且爲之薰灼，此强制之酷法也。又藉口曰：何妨以告子逼人，而後歸之中和耶？實則貪奇駭迅以捷轟其隱怪耳。肖離象薰。

象曰：「艮其限」，危「薰心」也。

光令曰：强矯過當，刻厲焚和，本欲无心，而危乃如此，故申其詞而曰危。

六四，艮其身，无咎。變離爲旅。積睽。

揆曰：爻各指身之一處，四心位，无所不統，而心不可見；身爲心之區宇，以心治身，即以身治心，故曰艮其身。心結儀一，温恭定命者乎？淇澳曰：顔子是復，曾子是艮。正曰：心被于天下，天下皆主也；游于天下，天下皆旅也。七尺之骸，萬里之舍，神明所經，客于晝夜，知主人者艮其身矣。

象曰：「艮其身」，止諸躬也。

宜曰：恐人以爲正面，故以躬釋之。躬从吕，背膂也。伯厚曰：傴身爲躬，不見面也。慈湖曰：身者伸也。躬，屈也。幼清云：身謂股以下，前腰股，後腰膂，所在處乃生身之由始，故以此爲身。呼吸之根，氣所從生也。止其身則氣住而神亦住。四以柔居柔，蓋專氣致柔者。揆曰：一三身位而曰其心，曰薰心，四心位而曰身，可悟身心合一。

六五，艮其輔，言有序，虞、李作「孚」。悔亡。變巽爲漸。積履。

曰[一]：在上而偶曰輔，象頰之兩旁也。咸言其面，故并見頰舌；艮取背象，故獨言輔。但見其兩輔，則知其言之必有序矣。庸言之謹，止至善者也。艮反兑口，艮輔象；艮在言行上見，趾腓象其行，輔象其言。元公曰：言出于風，最无定性；艮輔有序，則輔得文字矣。正曰：登于介丘，必祀其輔，此艮之漸、物之序也。意曰：頓知本體依然在漸序中。君子發言，以止天下之非僻，可廢序乎？言而无序，悔安得亡。

象曰：「艮其輔」，以中正也。

程子以得中爲正，朱子以韻衍正。揆曰：初僅未失正，五以中爲正。古庚韻亦與東通。

上九，敦艮，吉。變坤爲謙。世。

集曰：敦，厚也。爾雅丘再成爲敦，亦厚意。羽南曰：爻象人身，上獨不言而曰敦

〔一〕「曰」上疑有脱字。

艮，所謂不獲其身，不見其人者歟！大止者，各止其所，止于无所止者也。行止動静之惟時，安于止矣，即敦其輔、躬、限、腓、趾而已矣。艮居上八體皆吉。

象曰：「敦艮」之「吉」，以厚終也。

揆曰：震艮，聖學之始終，造化之起止也。此即坤之厚載大終，終乾之知而成終成始也。潛老夫曰：上當爲頂，而不言心，不言身，亦不言頂，蓋推倒高峰而旋視平地，无上无下，而安土敦厚者也。坤含弘光大，地象，曰大終；艮篤實光輝，山象，曰厚終。坤艮二土節限四時，天人之範圍止于此矣。

時論曰：艮，止也，而象乃訓行敵止，訓動敵静，明乎卦序震、艮，後圖艮震，不聞不覩，兼行止動静矣。人先止于家，而身先止于心。庭、背者，身所具之位也；輔、限、腓、趾者，心所别之位也。震曰出，凡宗廟社稷皆設教施政之塗也；艮曰不出，凡背與庭皆塞向墐户之所也。臟絡係背，艮位東北若堂背然，内艮若内庭然。君子内省于不見，必自爾室始矣，其有所媿于屋漏者，大患以有身也。明夷獲門庭而出，則用晦爲貞；節不出門庭而凶，則失時已極。時止止，時行行，何動静而非時哉！不獲矣，而艮其背者誰何？不見矣，而行其庭者誰何？有背有庭矣，而不獲不見者誰何？其非塊焉枯株、放焉罔窅也，明矣。北辰居所，可以共也；井居所，所以遷也。由出而見而説而勞，四方之所也。艮于時中，即敦于所中時，敦即不獲矣。純卦皆敵而艮表之耶。内見我則敵緣于外，外見物則與起于内，患在出位不在敵與也。中孚得敵而鼓罷泣歌，莫能自主者，未思兼也。艮敵應而庭背兩空，身人雙遣，思不出其時位者也。心官則思，相與于无相與，其道光明。豈汶闇之謂哉！匪思也，謂之土偶；匪位也，謂之洸洋。貌言視聽，无非睿聖，知何思乎？知思兼之即何思乎？此從心所欲不踰矩者也。聖人以此立人極，而後世猶有迷尊空影不知素位者，其亦未徹兼山矣。凡人抱陰負陽，而腰膂限之，伸之爲身，屈之爲躬，屈伸相感，操履最急。初賁于趾，非壯趾也；永貞不失，欲其慎終如始也。謙亨有終，自然敦厚矣。山下風生，在乎内中作主，消其陰蠱，而敵山剥宅之地，轉際尤爲難持。三乃艮限，上下列絶矯制酷塞，薰心甚危，今所謂毒門皆販告子者也。二腓亦隨三限，而三既不肯退聽，我何從之？夷拯貴退，涣拯貴進，今不拯乎？其隨乎？我心所以不快也。四免三危，而旅心亦未快也，視身猶旅，蓋亦反光近用矣。要吕之間，善自屈伸，全形處世，躬躬如也。震躬乎？

蹇躬乎？止諸躬也。五漸有言矣，有序而不陵節，罕雅時矣。從背視之，其象如此，合而敦之，不知有身，又安知有背乎？口斯言，趾斯行，言行當時，不快猶快也，不獲其不獲也。寧有呰步趨唾脩身而號敦艮者哉！時止之訓敦于序中，艮宫歸漸，故繼以漸。意曰：咸、艮皆心學，然不言咸其心，亦不言艮其心者，心本至神，无方无所，不必單提其名而後顯者也。周子曰：看一部藏不如看一艮卦。華嚴之廣表其心也，楞嚴之徵空其心也，皆不獲之影也。歇心止觀，艮之危限半塗也；反一守黑，艮之偏真攣位也。少室安心，五宗浪翻于大定，苦于執總廢別，護毒而不知時，流而詭激，蕩而鹵莽，愈矯愈支，益壞无咎之庭矣。兩艮夾坎成終，限歲矩曲，人生寅方，有知此者乎？不墮洸洋而後震无非艮，則謂六十四皆艮震也可。

智曰：生今日而時其言也，有離名法事物者哉！以忘言言，則急口空影而已。象爻之象，幾何非急影耶？況象外耶？欲研極者，悱三竭兩耳，要其序自歷然也。且以動靜序之，有顯動靜焉：夜息靜也，日用動也；坐靜也，行動也；默靜也，語動也；无事靜也，云爲動也。有密動靜焉：未生前靜也，生後動也；動中之静，静中之動，皆是也。有彌動静焉：亘古此一動，即亘古此一静也；亘古此動静之一，即不落動静之一是也。顯密皆綸也，知此三動静，彌在綸中，則合時中節，素位光明，而三易之指趣，惟吾分舉合舉、正舉偏舉矣。歸藏、連山，二土也；周易以乾立天門，而用寅申之二土，艮爲人而震出開已者也。坤行地，艮行庭，皆健行之不息也。言體者，反小本也。易无體而隨處寓體，此天之大用即大本也。然知大本者，先反小本以固之，而後可達，達此乃知无動无静而貫乎動静之中。

漸䷴歸妹

繹曰：咸、恒首經矣，損、益權于經矣，而氣化錯揉，不正不時者，何多耶！故以漸、歸妹正之、永之。正曰：隨、蠱、漸、歸妹，易之大際也。隨以教弟，蠱以教孝，漸以教順，歸妹以教慎，四者仁讓所由興也。潛老夫曰：咸、恒、損、益之道，知乾坤坎離之悦入人情，而夬遇萃升，歷于窮通變正，故可以時震時艮，而安其漸歸矣。聖人詳于漸教，而包容其歸；陽一陰二，用必配合，故道之容諸法術也。亦有元配側室之分焉，晚路寵奪，亦猶高、玄之悦新異也。守待者之提撕正義，豈可一日少耶？易原云：漸、歸妹與中孚、小過遥對。乃巽艮震兑之交，與巽兑震艮之别也。智觀方圖，漸、小過、歸妹、中孚居第三圍之正南北，圓圖則歸妹、中孚居冬至日出之地，漸、小過居夏至日入之地。仲尼此一對，收入雜卦之亂章；遊歸以此對總結八宫之魂變，可不察乎？

䷴風山漸

説文漸，水名，漸江即今浙江，借爲漸次。柴氏曰：漸洊浸漬，聲義同轉，嶄乃諧聲。

漸，女歸吉，利貞。

京傳云：少男終極陽道，則柔道進，漸爲艮之歸魂，巽不見艮。意曰：知止則進，循序有節，所以止也；從容漬沁，所以進也。天道人事，藏頓于漸。艮之敦不可見，而中五之序可見，故以漸受艮。山上有木，木高困山，止體順用續前升、井、鼎之木象，以木藏風也。動静洊省兼思之位，莫著于人道之造端，故咸、恒著取女而明感理，漸著女歸吉而明其義焉，正家正邦善俗之真實時位也。歸貞進正，家邦之善動不窮矣。

彖曰：漸之進也，「女歸吉」也。王肅作「利貞也」。進得位，往有功也；進以正，可以正邦也。其位剛得中也。止而巽，動不窮也。

輔嗣曰：「之」非衍也。闕子明曰：萬物无不漸。漸，其聖人之進乎？全曰：止巽者不遽進，與晉進不同。元公曰：漸從否變，進三之柔以成巽體，此漸所以名也。長女後嫁，漸歸之象。漸進之道，造化人事皆然，不止君臣之際已也。正曰：序貴序齒序賢皆序也，聖人所以教弟也。序賢恐爭，故又弟以致其順。詩曰受爵不讓，至于已斯亡。知漸則可以善俗矣。遡曰：漸、蠱同體，蠱以山風爲父母，漸以風山爲士女。二卦相承，女歸待父母之命也。蠱子從父，故上艮；漸女從母，故上巽。六禮備而後歸，可謂漸矣。咸取女，取主夫；漸女歸，歸主婦。咸遥應，漸體交，取歸之辨也。訂曰：漸吉矣猶利貞者，三四主卦，雖皆當位，然相比而歸非正應也，惟二五相應爲正。卦初四三上无應，初守正以待時，上孤貞以著節。二五則女歸之經也，三四乃權也，故戒又曰進得位，指九三。往有功，往與四比則有配合之功。蓋艮男止於内，有浩浩乎水之歌；巽女長于外，有其實七兮之嘆。若拘常守故，則將廢人之大倫；因比而合，若舜之不告而娶者，權也。進以正則得中，五與二中正相應，可以正邦也。傳因主爻相合之非，經故借二五以明利貞之義，不拘卦之男女也。人能廉静无求，自能相時而動，往不窮矣。郭青螺曰：尸子曰鴻鵠之鷇，羽翼未全，而有四海之心；博物志云鴻鵠千歲，皆胎産，以配六龍可思。

象曰：山上有木，漸；君子以居賢德善俗。郭京作「善風俗」。

更生曰：地中生木，其升以冥；山上有木，其居以漸。自利利人，皆取于漸，无取于頓。野同録曰：變動不居之神，神于居賢德善俗而已矣。正位居體，所以居業也。修省思敦，惟在善俗。高言頓超，掠虚易捷，平心自盡者，千不得一，而屑越威儀，鄙唾名義之狂風大發，先受亂俗之禍矣。震五无喪有事，所以笑言；艮五言有序，所以敦厚。聖人藏罕于雅，漸、歸之薰風也。

初六，鴻漸于干，小子厲；有言，无咎。變離爲家人。

宜曰：大鴈曰鴻，木落南翔，冰泮北徂，往來有時，先後有序，漸之義也。婚禮用鴈，取不再偶，故爲女歸之象。本水鳥而乘風以飛，下卦艮止而有坎水。干、磐、陸皆鴻漸進而止于水際者也。上卦巽爲風，爲高木、陵、逵，皆鴻漸進而飛于風中者也。子午以東爲陽，西爲陰，由艮達巽，陽氣之地，故立春以後鴻鴈來。號曰陽鳥，以隨陽也。干，水涯，山水之間象。古間干通聲。言，離象；小子，艮象。玄同曰：未有室家曰小子，懼失時曰厲，通媒妁曰有言。未言則有失時之懼，已言則飲食以需之，衎衎而樂，何咎之有？王伯厚曰：清議所以維風俗也，有言固義也。

訂曰：元□〔一〕初不苟，特以不堪躓厄，受衆多之言，遂改途而妄進。

象曰：「小子」之「厲」，義「无咎」也。

潛艸曰：漸序之初，惟此義以自厲。子産作慧，國子叱之曰：童子何知！范燮三掩人于朝，士會杖之折笄。夫此有言以厲小子，即以厲成人也。

六二，鴻漸于磐，漢武紀引作「般」，裴龍駒注云水涯堆也。楊用修取之。飲食衎衎，吉。變重巽。積小畜。

宜曰：用修訓堆者是，鴻固不棲石也。禽俯而啄，仰而四顧，一或驚心，則飛而去

〔一〕「□」，原本漫漶不清，依形似「積」或「禎」。

之。衎衎和鳴，何其適也。箋云：觀五之三歲不孕，知二爲未歸而待時者，中正涵養，豈甘豢養而妄應乎！

象曰：「飲食衎衎」，不素飽也。

赤城氏曰：飽食終日，無所用心，鮮有不思東家食而西家宿者。潛老夫曰：士之可比孟光者，貴在素其井□〔一〕耳。居常有食无求飽之畜，自然有委蛇退食之巽。禮耕學耨嚌茹道真，三旬不火，而聲滿天地，以浮雲爲潤胖，豈謀稻粱者乎！

九三，鴻漸于陸，夫征不復，婦孕不育，荀作「婦乘」，一作「娠」。凶；利禦寇。變坤爲觀。積中孚。艮歸世。

宜曰：高平曰陸，艮變坤象。詩言鴻飛遵陸，毛傳亦謂陸非鴻所宜遵也。遡曰：三夫四婦，三互離見坎，火上炎則征，見水則不復。四互坎見離，坎血則孕，離虛則不育。不復者不能娶，不育者不敢嫁，不嫁則不育，以禮自守，猶五之三歲不孕也。坎爲寇而下止上隕，爲寇奔象。剛止于外，下蔽三陰，同舟遇風，仇如兩手，

〔一〕「□」，原本漫漶不清，依形似「眷」。

相保則己順矣。

象曰：「夫征不復」，離羣醜也；「婦孕不育」，失其道也；「利」用「禦寇」，順相保也。三四論卦主則正，比則不正，故夫醜其婦，往不復返，婦亦抱踐蔡之懼，孕不欲育，是以凶。丁易東云：此爻本以三四得位，兩无應，與有夫婦象不復不育，反言之也。訂曰：无以非應相合爲嫌也。怨女曠夫，不爲夫婦，无以相保，誰與禦寇者乎？正曰：觀而不歸，强敵在外而悉索從之，是于役、陽陽所由作也。浮山聞語曰：麒麟畫而生妻去帷，青盲洗而淫者下地，利禦之順矣。黄昌、徐孝克之伉儷皆去而復還，亦相保乎！

六四，鴻漸于木，或得其桷，无咎。變乾爲遯。積履。

宜曰：四入于巽，故象漸木飛過其上也。淮南子云：曲木不可以爲桷，木中桷之用者曰桷木，中梁之用者曰梁木。謂鴻得平柯，皆息也。女子過時不嫁，不得已而託一夫之庇以終身，得于或然，非常然也。桷者屋椽，坎宫象。筌云：順以巽也，全是許之之詞，非乘剛不安之說。

象曰：「或得其桷」，順以巽也。

一曰：羅隱依錢鏐，龔壯于成李，亦桷也。

九五，鴻漸于陵，婦三歲不孕；終莫之勝，吉。變重艮。積巽。

宜曰：變艮爲陵，婦指二，坎爲孕。二四所阻，歷三位而後至，曰三歲，未偕故不孕。五之漸陵，非不安也，不苟安也；二之衎衎，非不孕也，不苟配也。中正相應，惟二五堪勝此也。正曰：陵不若澤之樂也，然網□〔一〕相謝矣。君子无所勝于人而人樂于勝君子，故有遠人之志者无近人之禍。宋公子臧、吴公子札、衛公子鮮行或優劣，而遠禍於莫之勝則一也。安心止居，饑渴不阻，瑗惠之行也。雖有磐食，不謀之矣。

象曰：「終莫之勝，吉」，得所願也。

一曰：人有中正之本願，誰能勝之。

上九，鴻漸于陸，胡、程皆云作「逵」。其羽可用爲儀，吉。變坎爲蹇。

集曰：上則于歸後，宜室宜家。羽可用儀，詩所謂「刑御家邦」者耶。羽特就鴻言

〔一〕「□」，原本爲壞字，依形似作「羅」。

之耳。一謂此貞不字，有「漢廣」「江永」之風者。敬仲云：人心爲進退得失所亂，則貪進不克退；巽能退，必其心不爲進退得失所亂者也。淇澳曰：九三南陸，入于人中，故多凶；上九北陸，爲冰泮北歸之陸，超于天外，故无患。鴻若失偶，至死孤飛戛然長鳴，志不可亂。玄子云：鷹揚之烈，不偉于二餓夫；徂擊之功，不加于四老人；麟閣之勳，不宏于一客星。心易曰：漸極多趨事功，故表此遠俗高翔而不可亂者，潯陽卧龍、襄陽雙鹿可爲儀矣。

象曰：「其羽可用爲儀，吉」，不可亂也。

郝解曰：中孚翰音之凶，以知上不知下也，漸則吉矣。君子觀鴻象，有倫有序，順禮審時，何往不吉。故夫躐等欲速者，士林之祥柔；剽悍急疾者，人類之鷹隼，此漸所以居賢善俗也。野同録曰：以學言，初爲疑殆討論，二爲日用飲食之好學者，三四爲亢激從權，五爲先難後獲，上則雲路高標。朱子謂不爲无用，豈可得而亂哉！聖人貴于切用，高不離卑，豈如後世之以无别亂中庸、冥應亂无首耶？頓不過頓知耳，頓知此頓在漸中，不漸則亂，依然岌岌乎？講漸教而已矣。

□□〔一〕曰：鶡鵬之南北乎？鴻鴈之春秋乎？倫序往來固漸也，冥化培飛亦漸也。入鳥不亂羣，正其神于善俗也。豈以海凫毛惑亂者乎！

時論曰：漸取妻而歸妹買妾也，人道通常盡之矣。教學必藏頓于漸，而以動悦鼓舞爲大歸，心法通常盡之矣。心法歸人道，人道歸造端，故就夫婦而象之義之。不漸則爲否，所以漸者吉；不歸則爲泰，所以歸者凶也。女巽于歸，而少男先下焉；妹悦于歸，而少女先下焉。聖人善漸，故以士女同箴。歸妹知敝，故專著少女之戒也。孔子曰：艮漸正月，巽漸三月。此知陽一陰二之用隅，巽艮爲歲限轉風之會矣。後天自艮向巽，其風上行；自巽轉艮，其風下降。山歸風則風氣疾而山壞其高，故爲蠱；風歸山則山體厚而風紓其勢，故爲漸。乾居艮，坤居巽，而出長女少男以宣化也。漸女歸吉，士亦猶是矣。巽之變艮則紛若之忱止于食衎，艮之交巽則輔序之猷入于終勝。蓋艮宫之卦成言乎此。艮固止，巽亦止也。三觀四遯，終漸歸于順巽。初之家人，言有物矣。上而遠蹇，其來顧矣。女正家，士正

〔一〕「□□」，底本原爲空缺。

邦，豈有二焉？歸功于夫，歸功于君，所以中也。六鴻進翮而關雎之化顯，六鷁退飛而麟趾之義衰，聖人感矣。冰泮北徂，鴻向艮地；霜降南翔，集于巽天。水族之孕，眸子不運，視風而化也。陽鳥攸居，隨陽而已。居賢善俗，孰有神于陽統陰之禮教者乎！女歸本指，二則吉矣。有以三四爲琰□□〔一〕者，不可以憐才而亂貞俗也。无網鴻離，三何以觀于羣醜乎？三變而坤，與四其兩順矣。意曰：六禮奠嘉，磐石象乎？鴻進于磐，而飲啄得時也，非猶鵜梁之誚也。君子不求安飽，可以歌河干矣。五立求賢撫民之願，而爲三四所間，勞來安集，能不以漸勝之？肅肅其羽，劬勞于野，爰及矜人，哀此鰥寡。鴻其離羣而陵乎？正應合羣，終得所願，舉案齊眉，三顧魚水，此可以相比矣。夫士君子進正而奉其贄，得位而列其序，可以丈夫之出處而不女子若乎？嗟乎！君道奏于臣道，聖人範以賢人。末流夸頓，鄙唾漸教，使人藏匿于圓通悍潑，以緣飾其滅理任情，頓悟周姥不爲此禮，猶可言也。閭巷頓悟聖塈之宗，不可言也。其不敝中和之俗者幾矣。

〔一〕「□□」，原本爲壞字，存目本作「爲卓」。

智曰：震、艮之後，以漸爲道法之常，統理其人情。巽入于止即能止萬世于大止，而動悦皆得所歸焉，是震省艮思，漸善歸義，乃所以終咸、恒天地萬物之情者也。欲感貪進果于爲亂，且得不果，亦可漸止，故近嘗不能正之而遠則可以儀之。内逼其利則反窮，而外觀其儀則善感。道在法中，内外交化，漸浸風俗，必以禮樂爲羽儀，因頓知本无内外者，止歸于進退得失當位之用而已。夫之化妻妾也，妻即助夫安室家矣；君之化臣民也，臣民即代君安職分矣；心之化事物也，事物即養心以安生理矣，一也，皆以剛得中而正之者也。陰符以陰浸勝其陽，大易以陽漸用其陰，究也不知其然而然，是漸功實頓功也。世言頓者皆助長耳，故知藏頓于漸，即藏其本无頓漸者，而天道人事同此大止、同此大歸矣。

䷵雷澤歸妹

仝曰：歸从止从刅，謂刅而得所止也。妹者，取少女未過期之意。許叔重云：歸從婦省，謂嫁曰歸，𠂤从土也。是陰歸陽之義也。與圭鬼同角發聲。京傳曰：漸爲艮歸魂，乾終也；歸妹爲兑歸魂，坤終也，故曰天地大義，人之終始。八卦之變，歸妹爲終，故曰大歸。鄧綺曰：萬物出乎震，説乎兑，故坎離南北，陰陽之消長也；震兑東西，萬物之生成也。陽終乎震，陽之始也；陰盡于兑，陰之終也。從此代終于乾矣。雜卦曰：歸妹，女之終也。後天乾兑相次，先天乾夬相次，自然之道也。故曰震兑生物，歸于兑妹，而後成。謂乾坤六子之變，自長男至少女，六子之功盡矣。

歸妹，征凶，无攸利。

宜曰：妹以兑取，娣象亦然。聘則爲妻，奔則爲妾。此以三爲女自内而外，象夫家未定，一朝自内而外適；漸以爲四女自外而内，象夫家久定，徐自父母家而歸也。彖惟臨、井言凶，否、剥言不利，歸妹兼之者，婦居陽位，夫居陰位也。元公曰：歸妹自泰變三剛往四，四柔來三，不得其正位也。泰五帝乙歸妹，此五亦曰帝乙歸妹，二卦皆天地之交，但交有當有不當耳。震眚兑毁，皆凶象。郝解曰：妹者昧也，女少无知，故稱妹。見欲而昏，越禮亂序，誰不知此敝耶？周公作酒誥，謂紂邦爲妹邦，以此女而歸妹，幼无知也。士而歸妹，將若何？訂曰：隨、蠱、漸、歸，少長不敵，與咸、恒異，皆夫婦之變。然長女惑少男爲蠱，少女説長男爲歸妹，女下于男，女爲主，故凶；長男先少女爲隨，長女適少男爲漸，男先女，男爲主，故吉。

象曰：歸妹，天地之大義也。天地不交，而萬物不興。歸妹，人之終始也。説以動，所歸妹也。馬作「所以歸妹」。「征凶」，位不當也；「无攸利」，柔乘剛也。

纂言曰：父亡，長兄嫁少女，此一義也；五行書曰：甲木以乙木嫁庚金，此一義也。神曰：妹，女弟也。生男不生女，則陽亢矣；生女不生女弟，則陰孤矣。一陽二陰，配以嫡庶。泛澤之氣，鬱雷虹蜺雜射，雨則濟矣。楊賜引中孚經曰：蜺之比无德以色親。虹貫牛山，管仲諫桓公无近妃宫，可不慎哉！遡曰：天地大義不發于咸、漸而著于歸妹者，後天東震西兑爲春秋終始，又或壯女不孕而少女續嗣，亦大義也。孔易歸妹女之終，則謂女雖妾媵，終于從一，无二歸之義也。意曰：震木兑金，順首相伏，平位春秋之分，金母木公，陰陽交合。聖人知欲根不可斷不可任，因出震之生機歸西成之喜悦，故名其倫理，而節以通之，以權歸陽，此天地之大義也。慕少艾，人情也。西之陰金反克東之陽木，百鍊化爲繞指，情迷其性。隨動而悦，歸妹悦以動，上下懸殊，歸妹于是病矣。位不當者，兑主居三，性極媚而成躁，震主居四，情因動而易溺。近而相得，三求四而四爲所惑，故征凶。爻于三訓其須，于四勉其遲，亦戒征也。柔乘剛，以三乘初二言。此其歸可知矣。以悦動陽而陽溺於愛，色升亡血，五倫穢禍，誰是好德如好色者乎！順人之大寶，而正始維終，莫如禮，无禮而任情，則人豈得如禽乎！故以兑之朋友講習，永恐懼修省之終。此名教所以爲樂地，安其漸、歸則咸、恒矣。

象曰：澤上有雷，歸妹；君子以永終知敝。

宜曰：泛澤易蕩而虺虺陰雷，君子觀象曰世未有合易而能永終者。否然後同人，將恐將懼，寘予于懷也。且然大師克而後遇，漸至五始合。歸妹，初即歸矣，終之不利固宜。筌云：物生必終，有以永之則不終；事久必敝，有以知之則不敝。咸必恒而漸乃歸，以震之修省防兑之毁折，乃不昧耳。而猶許薄禮義，竊混沌者之封羊踞上哉！淇澳曰：向晦晏息，修之身者，當有不愧屋漏之思；永終知敝，防之人者，當有愠于羣小之懼。

初九，歸妹以娣，跛能履，征吉。變坎爲解。

筌曰：娣之爲言第也，言以次第進御于君。古天子一娶九女，諸侯一娶三女，同姓媵之，穀梁傳云一人有子，三人緩帶是也。初居下，无正應，娣象也。陽剛非跛，自嫌並嫡，能履而託之乎跛，故彖征凶，而此征吉。邇曰：娣姪之從嫡也，皆妾也。商人親親重娣，周人尊尊重姪，易仍商法，故舍姪言娣，且兩有帝乙之係。跛眇與履同，而能履能視異。謂姪娣雖賤，事夫育子則一，履視不以跛眇廢也。初在外，不嫌耦嫡，故征吉；二應五，嫌于耦嫡，故有幽人之戒云。

象曰：「歸妹以娣」，以恒也；「跛能履」，吉相承也。

郝曰：以少媵長，是以常禮行也；娣承正室，如有所仗而行也。正曰：君子而隨人，亦媵也。歸妹者，隨人而貴者也。始仕无位，或進或退，潔身而下不疑，引過而上不罪，是伊尹、膠鬲氏之行也。

九二，眇能視，利幽人之貞。變重震。積豫。

一集曰：下兑以三爲主，而初與二皆娣；上震以五爲主，而四娣也；二不言娣，自不欲受其寵也。行不踰域，窺不出户，亦跛眇義。幽人猶静女，詩故稱士女。正曰：君子不見色于人，不見聲于人，人知之不揚，不知之不懟，故窈窕者，鍾鼓之所爲樂也。衛將軍文子三仕矣，而猶爲下卿；展季公族也，老于卑位；仲氏任只，其心塞淵，是幽人也。

象曰：「利幽人之貞」，未變常也。

德曰：不以幽貞爲利，保不變乎？陶、翟、梁、孟即謂釣名，聖人許之。楚江漁父，仍是眇者。阮孝緒之上傳，爲中篇畫法身耳。

六三，歸妹以須，幼清云荀陸作「嬬」。考異云作「㜷」。反歸以娣。變乾爲大壯。積小過。兑歸世。

筌云：賤妾爲須，指三不中正，居初二上，妾之侫媚而上僭者也。歸妹而用須以從，豈所宜哉！不若反而歸之，惟用初二之娣。未當也，言從嫁當以娣，不當以須。天官須女四星，賤妾之稱，又亞于娣者。

象曰：「歸妹以須」，未當也。

娣即初二道也，三四比悦以動，聖人故引禮以節之。遡曰：古諸侯之媵，幼而未即行者，待年父母之國，俟及笄而主國迎之。須，待也，待年反歸，五下有需之象。若三即所歸之妹，則反歸爲黜矣。妹在五，三亦娣，故五單係歸妹。還璞曰：退之送董邵南序，時遊燕，不欲其事諸鎮也。

九四，歸妹愆期，遲歸有時。變坤爲臨。積謙。

遡曰：過時未歸曰愆期，則年已及而所歸之國阻他故而失將近也，然歸終有時矣。三四主卦而情悦動，其歸宜急，一反一遲，則二爻之陰陽戾，内外睽，情奪于勢，象則然也。家語霜降多婚，冰泮殺止，故詩云士如歸妻，迨冰未泮。震則冰泮而猶未歸，故曰愆期。四變而坎日離月皆變象，震東兑西相隔甚遠，四時循環，自相遇矣，故曰有待。

象曰：「愆期」之志，有待而行也。

有待皆禮所許，无待則荒。正曰：仕必黄、虞，歸必京師，則三代无浚明，姜子多不嫁矣。夫以學爲不足，不敢言仕者，漆雕開、公明宜之行也；以仕爲无益，不復言學者，申徒狄、介之推之行也。

六五，帝乙歸妹，其君之袂不如其娣之袂良。月幾望，荀作「既望」。吉。變重兑。積蹇。

一曰六五有柔中之德，貴而賢矣。下應九二，象帝女之釐降。然三近得二于下，有緑衣黄裳之嬖，彤管有煒，人情數然，故視君之袂不良，視娣之袂良。然正嫡小君終爲敵體，如月之望，得日之光。其位在中，降屈以從禮尚德不尚餙，正以貴德行耳。禮夫人稱小君。堯降二女，後世一稱湘君，一稱湘夫人，其君即帝乙之妹。

五三皆陰，君娣之別。袂，袖也，所舉斂以爲禮者。乾象共三爻而君得一，娣得二，良不良分焉。誠齋曰：假衣以明其人，身貴志謙，文帝自謂不如賈生也。正曰：君自謂不如臣者少矣。管仲之娣亦未有良于管仲者，故楚令尹之賢，樊姬之所竊笑也。玄子以六五爲帝乙，三爲妹，謂帝乙爲其妹製，尚德不尚飾，妹歸而容其娣之飾袂勝於己，德之盛也。幾望，言其謙而不盈也。元公云：中德在心，自然富貴，自生王子，此爻象之。

象曰：「帝乙歸妹」，「不如其娣之袂良」也；其位在中，以貴行也。舉正上句无「也」字。

一曰：自尊大者内不足也，所貴者在中，安見外物之良乎？故曰以貴行。

上六，女承筐无實，鄭作「匡」。士刲羊无血，无攸利。變離爲睽。

箋曰：兑女震男不應，不成夫婦，故言士女。上六陰虛，約婚而无納幣之實，故三承其虛筐。三亦陰虛，徒承上之虛約而不來，式食庶幾，故士刲其死羊。震爲筐，筐上无物則无實。兑爲羊，羊上无物則无血。始合不正，後无終矣。象凶无利原指六三，然三以與上无應，故從四悦以動，是自上六貽之，上六乃敝之所終也。晉獻筮嫁伯姬于秦，史蘇所占。虞稷曰聞許負言納薄姬，劉焉以相者言求吴壹妹，筐有實乎？

象曰：上六「无實」，承虛筐也。

意曰：禮教所以實之也。生三代後而偏上輕禮，則是恨已治之關雎而麃之也。披髮祭野，聖人早憂，耿天台歎大寂樂，然哉！故漸、歸繼之以豐，貴明也。淇澳曰：爻中娣須，俱不曰婦，不以婦道混言，正爲色升之戒。揆曰：妾媵之微，諄諄示戒。齊桓公凶終内寵，趙主父胎禍吴娃，故曰美女破舌，哲婦傾城，可不畏哉！晟曰：魏齊牝晨，皆飾塔廟，金輪聖母，頒大雲經，皆虛筐也。

時論曰：悦動與止巽别矣，巽在外而歸内，兑從内而征外，其始未正，其終安永，豈待其終而知敝哉！後天震東兑西，以雷歸澤則順序而宴息，以澤歸雷則倒行而敝終，故隨開丈夫小子之端，而妹究嫡庶娣媵之禮也。咸、恒、家人、姤、漸、蒙、畜偶舉女義，惟歸妹專發之大義也，終始也。是少女之歸魂也，絶之不可，節之尚難，任之則不堪，且有賞任爲得天，而惡禮教之分别者，則演揲之大寂樂，其聞道乎？鴻鴈之禽，且不若矣。聖人憂之，故永之常之而終之。卦以四歸三妹，爻以五統衆妹，而剛德柔德之分，互見貴賤，分部常變，中斷承乘，平酌虛實焉。意曰：

五君夫人，餘爲媵妾，相承則恒，獨征則變。自初至四皆處五下，不變相承之體，惟上居五上，自蹈獨征之凶。夫悦者陰所忌也，動者陽之常也，然兑初多吉，震上多凶，箕帚未必戾始，琴瑟每有躁終。試觀二五震兑重交之象乎？江漢、汝墳歸化之道，豈不始于宫幃耶？京房引帝乙歸妹之辭曰：无以天子之貴乘諸侯，无以天子之富驕諸侯，是其謙讓淳朴爲何如者，袂讓娣良，樛木之逮下也。娣則君夫人所進，諸姬所同推，而初亦夙往相承者也。五悦而衆娣亦不自居其良，二動而幽人亦不悲其變矣。眇跛勿爲武人，當爲幽人，合此象也。欲其履禮，乃適得其恒常之義耳。三之大壯，妹胡可用壯也？須則賤而需于人，反則卑而還其類，不敢自當也。兑秋至于震春，大會姅合之期，其時未臨也。四之臨可待年矣。禮宗廟君親割牲，夫人親承筐，非妾媵所得干也。考宫獻羽之僭承，而葛履牆茨之毗作。筐之无實，女則先之；羊之无血，士負塗矣。瀆而辱者，窮上變睽，意掠虚篋禮而蕩義也。龍漦童孕檿弧，裂繒一笑寶火燔，禚莒譙祝彭生車，祭肉食犬新城雉，新臺瀰瀰伋壽奔。聖人知敝，還以詩書捄之。俗不尚賢，女禍承筐，人心忌理，士竟无血，豐、旅懷刑，申命講習，庶幾揜著日中，護其血色耳。

智曰：造端之天地，即欲竇之天地也，不可斷而可節。留焦芽之斷者，亦所以風其節也。跛眇之義也，酷不容鍼，私通車馬，旁□[一]者達惡而荒蕪之，是虚筐无血者也。尼山始得一嗣而脱然此累，三世相承，得母故略其刑于之化而砥扶剛之義耶。康節、漳浦推午會之姤，極歎女禍，豈不辟辟然羞男子哉！人之緣心，亦姹女也，亦泛澤也。知此漸、歸之義，半消淫泆，譬之河流，不知所以永之，即能總塞，所謂大決所犯，傷必多矣。此有别之大義，統之于陽，所以終始財成天地也。

豐䷶旅

遡曰：泰二四換爲豐，否三五換爲旅。訂曰：噬嗑明罰，賁无敢折獄，盡明慎之慮于先；豐折獄，旅不留獄，極明慎之用于後。易凡言刑獄，皆取離，惟明克允也。

潛老夫曰：此六貞悔之末輪首，而三周之末中也。豐疊噬嗑而伏涣，旅疊賁而伏

〔一〕「□」，原本漫漶不清，依形似爲「睨」。

節，皆言明慎，而渙、節正所以明慎，可通觀也。智曰：易原謂兑、巽居下經後一段之中，而豐、旅、渙、節在其左右。智以六貞悔收場，而九貞悔亦以兑、巽爲中。以參言之，亦以巽、兑爲中，而先倡之以豐、旅，後輔以渙、節也。下經末六之一豐一旅，猶上經末六之一剥一復也。以旅處豐而渙其入物悦物之蔀沬，即安其行事講習之通節矣。

䷶雷火豐

仝曰：半屮盛而豆从之，山大亦名豐，文王所居也。智按：𡴆从二丯，豆上豐滿，禮器之大者。禮，古作礼，从一直屈書之，以器作禮，非豊豐有二字也。郝解曰：六畫象豐字，鄉射禮設豐，置罰爵也。豐形似豆，取滿飲。尚書顧命有豐席，蒲艸也。艸茂曰豐，年穀登亦曰豐。豐大之時，奸宄潛伏，亂艸害穀，不可不除。離爲兵戈，有刑獄之象，即勿憂宜日中之義。昧其歸而遇明，禮法貴明也。

豐，亨，王假之；勿憂，宜日中。

宜曰：雷電交作，萬物發生，盈滿天地之間，鼓暢幽結，宣通蓄庶，此豐之自亨也。

晉以述職曰康侯，豐以巡狩曰王假，豐无王，援革五之陽爲王。王不言所假而言假之，知其向明於動，視朝於外廷也。古天子未明求衣，設廷燎以待諸侯，于時日尚未出于東方，故卦體離日在震下。易之即噬嗑，噬嗑在日中，常明常照，豐亨之景運也。勿憂見升。遡曰：北斗爲天綱，爲帝車，斟酌元化，以建四時，猶王者執八柄以御區宇。四仲斗杓指處，即古天子巡狩處。豐上震象斗，下離象午，斗貞午，于時雷電行天，王者南巡。日喻其照臨也，斗喻其握柄也。蔀喻覆幬，沬喻恩施也。而雷電之威隱然寓而不露矣。訂曰：天地既平，勢必極盛，不憂其不至而憂其已至也。導曰：當豐能憂，已无好大喜功之見。此曰勿憂，更進一步。魯陽揮戈，羲和弭節，曾知此人定勝天之妙用乎？澹庵曰：以日中爲尚，即以日中爲戒，中即昃矣。宜照天下，宜用其中之照耳，非日之必于中也。

彖曰：豐，大也；明以動，故豐。「王假之」，尚大也；「勿憂，宜日中」，宜照天下也。日中則昃，孟作「稷」。月盈則食；一作「蝕」。天地盈虛，與時消息，而況於人乎？況於鬼神乎？

崔景曰：明則見微，動則成務，故能大，大正以其明也。尚之言猶也，大而未過，尚猶爲盛大也。能常如日中之時乎？日方進於中，則謂之宜，若進于中則昃，不謂之宜矣。故宜乘其未消未虛而圖之，若委于氣化，无爲貴王者。子瞻曰：豐者至足之詞也，足則餘，餘則溢。聖人處之以不足，而安所求餘？離日見兑西昃象，坎月見兑毁食象。重以造化乘除，一番惋惜，以此思憂，憂可知矣，勿徒憂也。未昃未盈，宜争先著時措之宜，惟此上下信志，安名教之慶譽，是宜日中之照天下也。日中則明，雷電則暗。王之假，朝萬國而向明；蔀之豐，息羣動而處暗。爻具二義，分解始明。輔嗣謂大闇曰蔀，小闇曰沛，沫即昧，闇甚則明盡而見斗，未甚則明微而見昧。來梁山謂沛則雨作而沛然，沫則雨集而流沫也。雷電故雨。諸爻二體暗，而四蔽于重陰，雖陽亦暗，故見斗之係同。三重陽，比陽則不暗，第曰沛曰沫。初上在外，初嚮晨，尚昧爽，暗不在翳，故一以蔀沬繫；上當暮夜時，屋即是豐，家即是蔀，雷電愈高翔而屋愈暗，嚮晦故耳，與日中之暗異，故无見斗之文。五當陽之主，故不言暗。遡曰：王向明而五等各以章服至，曰來章；裳華、蓼蕭之詩，所以歌慶譽也。下爻二四比應爲諸侯，初遠在下爲附庸，附庸藉大國以終歲事，與以身受命畢事旬日問者異，是以雖旬而无咎。配數也，同類而亦主二四是也。二猶在道，自其摧如愁如謂之疑，精誠格主謂之孚，終蒙慶賞謂之發；四則在王朝而與夷主遇，夷主指五，爲衆所共戴之主，孚之遇之，是皆有事于朝宗者。三居閒位，无當于二主，即无與朝宗之事，非侯非附庸，同廢疾之不用矣，侯非其罪何咎？上居局外，于位則民同大有之匪交；于時則天旋將畢，在補助休豫後乎？

象曰：雷電皆至，豐；君子以折獄致刑。

雷電皆至，威燄盛大，豐象。筌云：噬嗑動先于明，猶慮未尚，故曰明勑；豐明而後動，刑可施矣，故曰折致。真西山讀書記曰：理明矣，雖申、韓書亦有得。蔡介夫云：明勑以立法曰先王，折致以用法曰君子。折象電炤，致象雷威。惟世道大亨之時，正百弊叢生之會，故孟子曰：國家閒暇，及是時，明其政刑。所以去因循苟且之習也。正曰：盛陽噴薄，則山川從之，故盛明之時多疑情，盛文之時多疑詞。

初九，遇其配主，鄭作「妃主」。雖旬荀爽作「均」，劉昞作「鈞」。无咎，往有尚。變艮爲小過。

舊謂初四明動相資曰配主，卦主也，言初所配乃外卦之主也。十日爲旬。康成云朝聘之禮留十日爲限，旬之外爲稍久。或援震納庚，離納己，自己逆數至庚凡十日。往而與合則可，因四以遇五，明良會而功業成，故有尚，過旬不遇則災。郝曰：由初至四，大衍其數爲十也。二合五爲配，二爲離宗，故稱主。正曰：易之貴用，未有過旬也。甲，旬也；己，六日；庚，七日也；丁辛癸，三日也。

象曰：「雖旬无咎」，過旬災也。

揆曰：卦以三十日配六爻，一爻爲五日，二爻爲十日。謂由此至二爻與四共尚于五，則明動相合而成中天之章，越此則昃矣。四視初爲夷，降上就下也。夷即左傳夷于九縣之夷。

六二，豐其蔀，鄭、薛作「菩」，云小席。日中見斗，孟喜作「主」。往得疑疾，有孚發若，吉。變乾爲大壯。積恒。

宜曰：豐值大夏見巽象。五天位，日麗中天，故二三四皆言日中。斗爲帝車，運乎中天，指五也。震仰虛象，斗陰畫，魁一陽柄也。震數七，亦合。疑疾，坎象。孚言應也。初陽往則有尚，二陰往得疑疾。

象曰：「有孚發若」，信以發志也。

一曰：因疑發信，總此志耳。正曰：二爲豐之大壯。豐蔀者，蔽府也。夫其君有逸志，臣有厲心，而年穀豐熟，鮮可五稔。日中見斗，何往乎？煬竈之言興，而雷電之用至矣。然是盛時也，陽德未衰，羣陰不凝，冰霜雨雪則猶未至也。夫其廟社有靈，鍾簴多福，則左右蒙蔽，或撤而去之矣。

九三，豐其沛，古或作「沛」，子夏作「芾」。日中見沬；子夏、鄭、馬皆作「昧」。折其右肱，姚作「股」。无咎。變重震。積解。

字林云：沬，斗柄後星。子夏傳云：星之小者。薛云：輔星。服虔云：日中而昏。公羊傳：草棘曰沛。應劭云：沛，草木之蔽茂，禽獸所蔽匿。孟子沛澤多，亦蔀義也。宜曰：斗指五，輔星指上，此權臣之在君側，煬竈蔽明者。肱變艮象，右陽位。折兑象，重剛而與五互兑。自以陽横于六二孚發之前，如折右手，何可用乎？然以所應之柔上而不足爲援也。能明于不可大事之心，而安處動下，以勿用爲用，亦无咎也。

象曰：「豐其沛」，不可大事也；「折其右肱」，終不可用也。

蘇傳曰：沛，施也，蔽之不全也。沬，小明也，明暗雜也。君子不畏其蔽而畏明暗之雜，以爲无時而發也。爲之用乎則不可，不爲之用乎則不敢，故折其右肱，以示必不可用而後免也。言外之旨也。正曰：三爲豐之震。寇賊姦宄，何代无之？耳目未墜，心膂未失，即股肱損折猶之震驚云耳。不言悔何也？是亦方中之日也。逸豫則多禍，震戒則多福，震驚折肱，夫亦有荓蜂之心乎？野同録曰：先天震居離右，曰折其右肱，用明不用動也；後天坤居離左，曰入于左腹，用晦不用明也。郝解曰：沛，雨也；沫，泡也。互兑似坎之象。九三過剛恃明，遇震主而昏，茫昧之見，豈可爲尚大之事乎？所應柔上，毁重離以爲震，終不可用爲應援也。大知閑閑，小知間間，膏粱之子，居豐則明，慮患則昏，處多故之時，與肉食者謀，宜其折肱矣。浮山聞語曰：泰二四換爲豐，故二係配主，四係夷主。三處其間，似以梗阻，爲折右肱象。易善因時，故无咎也。相如善病而愛閒居，史遷受刑而遂父志，陳湯不詘申而能料萬里，羊祜折臂而能安角巾，不見支離之針綳，詎非善用其不可用者乎哉！

九四，豐其蔀，日中見斗，遇其夷主，吉。變坤明夷。積師。

宜曰：夷，常也，與涣匪夷同。或作夷傷。主指二。離主，或指初，皆非。四比五，二應五，故同見斗。以五爲暗主，幽不明也。解曰：成震之主，乘離日動極傷明，與初敵應，所謂旬災。老子曰視之不見曰夷。五爲豐主，動欲資明，蔽于三四，不見其配，猶明夷之主也。離之八盪明夷與豐，各主半也。以位不當，一動即蔽，然二來升日而震上行，則就明而吉。

象曰：「豐其蔀」，位不當也；「日中見斗」，幽不明也；「遇其夷主」，吉行也。郭京作「志行也」。

正曰：四爲豐之明夷。夷主傷我者也，而曰吉，何也？月之食日，則未有所損也。經緯相值而輝儀掩焉，去數千里望之，安知非晉也。且是□□[一]也，昧而見斗，亦不移時則已矣。疑行危行，何傷乎？配主，日月之合也。一旬之日各有所合，合之不必咎，傷之不必凶，憂盛者不危，明危者不窮，夫亦各當其時也。夷配皆何主歟？曰：日中爲主，雷電爲客，當其時則皆爲主，不當其時則皆爲客。導曰：少納牖遇巷之用耳，然能來初，以人事君，故曰吉行。智曰：金商悽悽，洪範狠狠，皆吉行也。

[一]「□□」，原本爲壞字，存目本作「日中」。

六五，來章，有慶譽，吉。變兑爲革。積坎。坎世。

一集曰：人君以天下常豐爲慶，慶以天下，故吉；以慶藏譽，故獨讚慶。陰之美曰章，臣有其美曰含，王受其美曰來。五以柔中暗藏其明，即天下人之明以爲明，此太平聲教之名即无名也。揆曰：以震之中來離之中，明動相資，君臣道合，猶謂爲暗主乎？

象曰：六五之「吉」，有慶也。

豐亨中道，惟此名教，有譽之吉，焕乎來章！潛老夫曰：人主之尊，何所不可？故必以禄位名壽，爲天命人心之符，乃能使其納諫而來章焉。後世動以沽名阻忠直之臣，而反頌聖爲慶譽，口口堯舜，豐蔀喪亡而已矣。

上六，豐其屋，説文作「寷」。蔀其家，闚其户，説文作「窺」。闃其无人，孟「闃」作「室」，姚作「閴」。三歲不覿，凶。變重離。

訂云：深居簡出，距人千里，因鬼見帝，有三歲不得一覿者。天際自尊，適自絶于人耳。子雲曰：炎炎者滅，隆隆者絶；觀雷觀火，爲盈爲實；天收其聲，地藏其熱；高明之家，鬼瞰其室。凶可言乎？左傳鄭公子曼滿與王子伯廖語，欲爲卿，伯廖告人曰：无德而貪，其在周易豐之離弗遇之矣。間一年，鄭人殺之。豈獨富貴爲然！人以見地自高，而大其障蔽者，初之自視，亦足翱翔天表，終至人莫敢親，而猶自以爲人莫及者，何以異此？深居少人，草生覆曖，豐屋蔀家象。徐鍇云：按易窺其户，闃其无人。窺，小視也；昊，大張目也。言始小視之，雖大張目亦不見人也。窺昊覿，皆離象。

象曰：「豐其屋」，天際翔也；「闚其户，闃其无人」，自藏也。

浮山語曰：豐極爲旅，亦消息也。翱翔天表之見，究以高蕩藏身；胡蝶金翅之毒，爲破雞鶩之家耳。若安亨鳶魚，定須矐却頂門眼，時宜之鄉約，曰非屋奚居，非户奚由，非人奚與。白日中天，何有此等見乎？

時論曰：豐、旅乃人生世故，一大消息也。繫詞之聖，當三周之末中，能无重歎乎？豐者，西周定鼎之極盛而東周多故之將衰也，三王虛消而五霸盈息也。禮天子巡狩，視斗柄所指。自震至離，□□□□〔一〕爲豐大；自離至艮，還國寄生爲

〔一〕「□□□□」，原本不清，依形及周禮似當作「巡狩述職」。

羈旅。反旅而豐，政自諸侯出；反豐而旅，政自大夫出。長子加于日，方伯之象也；少男加于日，陪臣之象也。聖人繫王于豐以尊天，繫日于王以照地，繫勿憂于日中以儆人，此盈虚消息之門也。横同少陰，而先天加于後天，起于東方，是日初雷電而望日午耳。意曰：至盛伏衰，至明伏闇，雷電皆至，天地晦冥，故戒豐曰亨以尚之而大耶。大可憂矣，豐亨以日而中，憂之而中，照之而中也。照一日不在天下，而豐多故矣。五之革，則盛滿而更變之朝也，二壯不可用也，五二柔比而兩剛間之，惟此名教憲章，足以維天下也。暗則天下得以因疑相疑矣。初陽之過也，三陽之震也，四陽之夷也。狎主齊盟則有夷，胥命附庸則有配，交惡質詛則有折。而二陰之壯也，怙終厚崩則有疑；却夷歸田，寢襚征茅，則有發。夫惟二之日中，有以合五之照于天下也。豈惟二日中乎？三四皆日中而明闇分焉，闇同也而甚不甚分焉。三下明之盡，四上動之端也。斗者御陰之柄，而沬沛者霾虺之鄉也。三負震上之威，矯命雄行，燃上鬱下，緼爲沬沛，不亦傷乎？四有晦明之宜，平交等夷之國也。初離之過，配于□□〔一〕大國，覲修歲事者，禮朝宗之典，无過旬期，初離過而未□□〔二〕，尚何災矣。不期而見曰遇，不期而闇曰蔀。諸侯夾輔王室，權勢太隆，漸成淹蔽，是賴二之信志，積發羣蔀，而彰王者无外之大明乎？上震之離，明動已極，家蔀户闃，適得不明，日且夕矣，斗綱倒矣。三歲不覿，忽翔忽藏，可曰消息盈虚云爾乎？贊易至豐、旅，而象言刑獄者憂矣。弑君三十六，滅國五十二，所宜服上刑者，然日明在下，火照不遠，麗辟罔中，天柄旁落，討罪之悲，一沐浴其能雪乎？觸象于日昃月食，而鄭重乎天地鬼神，蓋廣其悲也。使萬世懷刑焉，是吾之勿憂也。

智曰：一部易，惟泰、否言消長，損、益言盈虚，而深歎盈虚消息者，惟剥與豐也；深歎天地鬼神者，惟乾、謙與豐也。上經贊乾語中曰：盈不可久也。下經咸象曰：以虚受人。盈虚並舉，正在以虚用盈。觀豐象之「皆至」，而盈虚之消

〔一〕「□□」，原本爲壞字，存目本作「四之」。
〔二〕「□□」，原本爲壞字，存目本作「過往」。

息更危微矣。知消息，而休息生息皆不息矣。曰勿憂者，休息之不息也；曰宜照者，生息之不息也。

䷷火山旅

仝曰：篆旅作㫃，从人行而止也。舊以軍旅，从衆人在旗下。智按：古文作㫃，亾即廡字，人在其下也，因爲羇旅之義。從離而撮口呼之。此卦外離内止，離其故土而麗于别山也。

旅，小亨，旅貞吉。

野同録曰：窮大失居，故受之以旅。男子事四方，王者事四裔，大道用才藝，皆豐、旅聚散之義。沙丘幸蜀，失居者也，故憂勤惕厲所以保豐，而旅正所以憂勤惕厲之。卦從豐反，二五皆陰小，故曰小亨。若通論之，大道寓于日用，能爲小亨，文明柔順以止于下，則小而大矣。素位而行，惟貞是吉，故曰旅小亨即曰旅貞吉。

彖曰：「旅，小亨」，柔得中乎外而順乎剛，止而麗乎明，是以「小亨，旅貞吉」也。旅之時義大矣哉！

集曰：順釋亨，止麗釋貞。離從乾變坤之一柔，得上卦之中，而順乎乾之二剛。色舉翔集，盛德若愚，處旅之道也。歷外而麗柔中，即疊貴而伏節，貴乎知止之明，行藏皆旅，審時合義而已。桓寬引孔子曰：詩人疾之不能默，丘疾之不能伏。東西南北，七十二説而不用，退修王道，天下折中焉。玄同曰：人生天地間，忽如遠行客，誠知性命爲天地之委和，則性命旅也；子孫爲天地之委蜕，則子孫旅也。堯舜知其旅，是以輕禪受；孔顔知其旅，是以安貧賤；曇柱知其旅，是以外身世。大旅用小亨，其貞吉者時義也。不知時義，則漚生電拂，又爲荒逞之資。

象曰：山下有火，旅；君子以明慎用刑而不留獄。

集曰：火在山上，逐草而行，勢不久留，旅象。王制曰：刑者，刑也，成也。一成而不可變，故君子盡心焉。獄非可久留之地，明如火，慎如山，不留獄如山不留火，蓋恃明則不能慎，知慎則遲疑而易留。慎在明先，所以善用其明；明在慎先，所以精其慎。古今是非皆獄也，豈待酷殺而後免于沾滯耶？故貴中節之時義。淇澳曰：魯昭之亡，季孫束身歸罪，竟徘徊不決，隕于乾侯，是留獄爲患也。

初六，旅瑣瑣，斯其所取災。「斯」，郭京作「厮」。變重離。

訂曰：風俗通怪神篇云：凡變怪，皆婦人下賤，何者？小人愚而善畏，欲信其説，數復禆增，文人亦不證察，與俱悼慴邪氣乘虚，故速咎證。易曰其亡，斯自取災。今文无此語，未知即引此否？箋云：斯，分析也，即詩「斧以斯之」之斯。離爲分析，又爲火災。郭京作「㒋」。漢書「位斯禄薄」，斯，賤也。瑣瑣，艮小石象。遡曰：少男无位而食於外，爲旅。旅從否來，三五賓主相易，二猶仍貫，三始與人，四甫得而未安，五安居而席祉，初上則旅人之失，偏柔偏剛也。

象曰：「旅瑣瑣」，志窮災也。

意曰：流離之中，志窮即災。旅初即豐上，天際翔而反爲瑣瑣，則又窮矣。揆曰：豐上遠二，明窮于外動矣；其居旅初遠五，明窮于内止，而爲自取之災。□□〔一〕曰：延篤貽劉祐以如愚，士安以瘖聾爲玄守，理遣情恕，皆感于旅瑣瑣之取災耳。以天地爲縣寓，用浮雲爲灑掃，是固廓志之資斧一矢也。

六二，旅即次，懷其資，古一作「資斧」。得童僕貞。九家「童」作「僮」。變巽爲鼎。積離。離世。

〔一〕「□□」，底本原爲空缺。

宜曰：野宿爲次，約坤客土爲即次。或取在艮門内象，互變皆巽，鼎實慎之，雖旅猶无旅也。資，齎也。聘禮問幾月之齎，行用也。巽市利象。遡曰：資即資斧，巽水上見離戈象，巽伏在中間，坎實懷資象。艮小子曰童，閽寺曰僕。用中依止，何者不得，此處旅之正道。初不正，故災；二正，故无尤。訂曰：外卦旅人，内卦旅主，重耳出奔，楚與齊秦或享，妻之資之，以適他國，即次懷資也。腹心有子犯、子餘，股肱有魏犨、賈佗，秦以紀綱三千，得童僕也。孔子主顔讎繇及司城貞子，貞也；使主癰疽、彌子，尤矣。樂克餔啜，能免麾乎？

象曰：「得童僕貞」，終无尤也。

一曰：即次，懷資，得僕，三者旅善貞矣，故喪焚不及，而終以譽命。温良恭儉讓以得之，終无尤而已矣。

九三，旅焚其次，喪其童僕，貞厲。變坤爲晉。積睽。

宜曰：喪失取换爻，艮門近火，知其焚；變坤則无艮之童僕。易知其喪，未嘗不當位，故貞與二同；過剛不中，故厲此爻也。訂曰：削迹伐木似之。三以旅與下，上以旅在上，皆以過剛病之，故傳言柔止之義親寡旅也。東野曰：童僕手中病，徒爲蟲鳥音。誰爲李元之李善，祖逖之王安乎？壯哉！雀鼠而望其愛博奥耶。

象曰：「旅焚其次」，亦以傷矣；以旅與下，其義「喪」也。

一曰：安其義者即安其喪。人世安得无與？與正時義所在。履曰：諸彦回遭焚不避，亦安喪矣。而後腰扇受譏，是不知義者也。

九四，旅于處，得其資斧，子夏、諸家作「齊斧」。虞喜、志朴曰：「齊」當作「齋」。後遂訛定爲齋戒受黄鉞之典故。**我心不快。**變重艮。積損。

宜曰：于時處處，于時廬旅，則旅與處不同，處對出言，蓋旅將有爲也，得所爲則快矣。于處未得位，此季、孟之待，孔子行；中國授室，孟子去也。遡曰：五始得中主旅，四在旅經始時，百堵劬勞，所以不快，坎心憂也。訂謂四旅于初之處，初得四之資斧，彌子將以賣重，豈但資斧已哉！

象曰：「旅于處」，未得位也；「得其資斧」，「心」未「快」也。

畫子曰：四爲心位，在三五之間，故不快，猶以資爲累耳。旅反豐而易賁，今離上艮下，以剛居三，而失初之應，是爲以旅與下，其義喪也。以離居上而成旅，上不當位，故曰以旅與上，其義焚也。正曰：旅之艮猶寓臣也。書社七百，又何快焉。

六五，射雉，一矢亡；終以譽命。變乾爲遯。積乎。

趙汴水曰：王者无外，不可言旅；獵者一出即返，非離其家室者也。故象離爲雉爲矢，有坎弓射象。離炎上，出亡象。一矢不亡則不煩二矣。譽兑象，命巽象。王者居文明之位，射求賢人旅進于朝，以成文明之治，故曰旅之時義大也。一矢亡，求无不獲也，或謂旅則失位，天王出居。春秋傳之，此爻不取君象。然少康逃虞思之國，宣公匿召公之家，是一旅也。謙柔自牧得位順剛之象，或以真宗澶淵似之。易簡録曰：解二坎中一陽，故云得矢；旅五離中虚，故云亡矢，皆實象。

象曰：「終以譽命」，上逮也。

訂曰：以臣言，則譽命者君所予；以君言，則譽命者天所予，皆從上而及者也。揆曰：豐之慶譽，由二著之于五，故曰來章；旅之譽命，在二亦繫之五，故曰上逮。二曰終无尤，五曰終以譽命，兩終字應。野同録曰：惟心主喜，天地生機，教必正名，辨當前用，正所以忘諸邪見而治教畫一也，非獨盧子家之説也。名不可得而好，亦不可得而避，君子去仁，惡乎成名，貴自盡其實耳。龐士元曰：不美其譚即不足慕企，而爲善者少矣。拔十得五，而可以崇邁世教，使有志者自勵，不亦可乎！故知讀法教學，月旦清議，誠轉俗之斧矢，不得以總殺總赦使人先苦其不堪，而後流于荒誕也。彼專以好名排突賢者，乃好名之甚而巧耳。甚言欲求人謗，犯公非而悍然不顧，此則徒爲无忌憚者，敢于藐帝王之法耳。故知終以譽命，即誰毁誰譽之直道也。聖人終六貞悔，于豐旅之中五表之。命者，天也；譽命，人而天也。於穆之命，在名教中，下學上達，安得不申命講習，而涣之節之乎？

上九，鳥焚其巢，旅人先笑後號咷。喪牛于易，凶。釋文作「喪牛之凶」。凶〔一〕。變震爲小過。

宜曰：離爲朱雀，變小過飛鳥也。科上槁爲巢，不在人位曰旅人。同人親，故先號咷而後笑；親寡旅，故先笑後號。象見前。貞悔轉而前之坤牛震場皆不見，謂之喪牛。牛所以駕車行道者，故旅取之。鳥高飛而不知息，人蕩遊而不知歸。上尼焚車噉牛，剛上悖柔，止之義矣。牽大車裂，不足言喪。漢成帝引此言，君不恤民如鳥自焚。揆曰：大壯四五易，五失其剛曰喪羊；旅五上易，上失其柔曰喪牛。羊狠可喪，牛順不可喪也。

〔一〕此「凶」字當爲衍文。

象曰：以旅與上，其義「焚」也。一作「宜其焚也」。「喪牛于易」，終莫之聞也。

意曰：窮上必焚，故曰義焚。蓬轉浪跡，不反故鄉田地，好上自放，終莫之聞道矣。

訂曰：既窮大而失居爲旅矣，譃浪笑傲，驕倨輕脱，爲窮大以益之行盡如馳莫知所止，哀乎！尼父周流列國，晚賦歸歟；孟氏所如不合，退而著書，蓋明此矣。蠡曰：豐明外蔽而上以暗翔，所以蔀家也；旅明外炫而處上不反，所以焚巢也。全曰：上九獨言旅人，則在高位之時已有終身爲旅之理矣。衛莊公示戎州以璧而不受，胡亥請爲黔首而不得，旅何可得歟！一曰：陸士衡不聽顧戴之勸還，卒爲孟玖所焚；顔魯公耄年不歸臨沂，卒爲盧杞所喪，此旅上與三敵應之禍機也，誰聞之乎？猶望因焚喪而聞之，□〔一〕聞即此義矣。

時論曰：上古旅事不知矣，少康逃竇而以二斟興旅也，平王東遷猶之旅也，春秋失國之寓公，更數數矣。自文王旅于蕩陰，周公旅于飄摇，孔席不煖，東西南北之人也。商瞿卜之，歎以爲命，乃曰旅之時義大矣哉！大而曰小亨者，文王留獄之

〔一〕「□」，原本不清，依形似「及」。

時，深痛用刑之不明慎也。觀山上野燒之象，明于南者夷于西南之土，而即留于東北之土矣。止而麗明，其明何寓？蓋寓火于天地山水之間乎？其藏大于小乎？意曰：旅次豐，昃虧之消息也。得少喪多，婚友是違，而童僕是邇。位宜同上，義防與下，太察失于瑣，亟進失于焚，暫止失于不快，過極失于號咷。傳曰：親不在外，羈不在内，身雖外而心常中也。明慎而不留，此懷刑无訟者之因應歷然也。柔克麗中，而上中亦克，外順剛而内亦順焉。山變爲地，火化于天，尤與快，笑與咷，厲與譽，得與喪，皆不留者，順矣，貞矣。初四相綜，離離艮艮，非取災則不快，以在下者明不必留，在外者止不必留也。尾瑣流離，得失分焉。初其黎臣居衛，紀逢戍鄭時乎？裴潛免爲劉望之，猶許邵免爲寓士也，潛龍不可見能，明矣。四其叔婼之别館，子産之壞垣乎？伍員之旅不快矣，太伯之旅未爲快也，季札以旅避骨肉之難，亦未快也。荆臺爲土室，鑿坯者封還，何如贈策實褚之快乎？然蘇、張、范、蔡之快，正徐庶、韋憂之所不快也，況太伯季札耶？太公逆旅夜衣，黎明至國；重耳紀綱歸晉，犯、偃同艱，其二之鼎乎？五之嘉遯，其重泉釋後，賜鈇專征時乎？其狩河陽、降汜居龕者，成葵丘、踐土之上逮也。車攻、彤弓，是射雉譽命矣。後世楊、馬賦羽獵，魏舒因射棚，亦占此乎？桑弧蓬矢載文明之贄，貴知命耳，豈避存亡毁譽哉！三晉而上小過，或喪或焚，乾侯沙隨，夷儀居鄆乎？庾衮桓曄，王尼劉炫，喪亦義也。旅極者，欒盈既奔，復入曲沃，而晉殺之；慶封亡命，復富朱方，而吴殺之；楚懷不返，而汨羅掩涕。松耶柏耶？住建共者客耶？五國自送，辱于紇干青衣；孫皓錢俶，何優于劉禪閉目耶？皆焚巢喪易之笑咷也。後士至于區脱漂洋，猶欲飲牛扣角，其終與牽犬自弊何殊乎？終莫之聞矣。嗟乎！此不可以人生一旅，聊自慰解而已也。善旅者惟貞。智曰：天地旅于大一中，日月旅于於穆中，易旅于貞悔中，心旅于消息中。孔子篴蕢篴旅，一命也。喪家之狗，掩泣纍身，能免焚乎？損益百王，裁成後世之狂簡，猶童僕也。天時水土，詩書禮樂，其資斧也。盡大地是次也巢也，盡大地是山也火也，安所逃耶？明慎乎義大亨小之時，而不留得喪之獄，則生死之矢亡，即素王之譽命矣。又豈株守漆園之蘧廬，而枉撤安宅之祖廟哉！

周易時論合編卷之八

皖桐方孔炤潛夫論述

孫中德　中履　中通　中泰編録

巽☴兑

朱子外見内伏盡矣。元公曰：洛書卦位，震對兑而飛巽，兑對震而飛艮，四卦互爲伏現也。揆曰：思慮必伏于内，而謀幹之力在陽，特借〔一〕柔以善藏；喜悦必見于外，而舒散之實在陽，特因柔而溢發。筌曰：二陰一陽，陽爲主；二陽一陰，則陰非爲主，但爲陽之用耳。潛老夫曰：舊謂震、艮讓咸、恒而退首末十四卦，若爲父母繼志述事者然。吾亦曰巽、兑讓震、艮而自首末八卦，正所以成事悦志也。巽

〔一〕「借」疑爲「厝」或「借」之訛。

語以行法語，故人易入；習悅以成不愠，故時冠論語。二老六子之具體皆見，而神化者皆陰而皆陽矣。智曰：兑與乾同太陽，巽亦少陽，二象曰順剛，曰剛中，貴陽之用陰陽也。先天巽兑輔乾，後天巽艮輔震，而乾坤夾兑。蓋艮震自歲限，而合用，巽兑分用也；巽接艮震之春，而申之至兑成秋也。易妙以乾坤之純用六子之雜，又妙以坎離之中用震艮巽兑之偏，不偏則用不神。震巽，初用也；艮兑，究用也。人乃爲真動，悅乃爲真止，隨地倒，隨地起，即隨天伏，隨天見也。以剛自處，以柔化物，故震艮入巽兑而茹吐皆化，坎離中濟，乾坤純于雜中矣。行事講習之象著于八卦之成，因人而天。學從悅入，彼謂死心者，即以悅道死之。知而好，好而樂，非死心乎？孔之憤，顔之竭，孟之塞，是巽兑于震艮者，離用坎而乾藏坤中矣；其死灰者，艮限之暗癡也。

☴上下皆巽

説文：巽，具也，从二㔾从丌，即節也。古文作「𢁉」。徐鉉云：亦選具也。智按：巽選撰算同爲齒收，孫之去聲，故爲巽順巽入之義。因二節之，以用處下之基也。

巽，古文作「顨」。小亨，利有攸往，利見大人。

箋云：卦以柔爲主，然陰生而陽巽之，故小者能亨，所宜往宜見者可知矣。遡曰：巽以言其相入，則虛以受；言其伏，則安爲人下而沉潛之意多；沉潛剛克，是以利有攸往，利見大人。二五以陽剛居人位曰大人，有離曰見。惟二五下比二陰，居中得正，據用事之地，故初四利見，若三上則遠矣。朱子發云：若徒以一陰潛伏爲巽，而不究乎陽在二五之位，有順乎中正之德；陰在二陽之下，有順乎陽剛之象，則所以致亨者不可見矣。仲虎曰：上經乾坤坎震艮用事後，巽兑始見，小畜者小巽之一陰也；下經震艮重後，巽兑始重，巽繇小亨，亦小巽之一陰也。巽繼旅，旅曰小亨，小離之一陰也。一陰之萌，聖人每抑之如此，從陽則利，不從陽則不利，有繇然矣。意曰：君子德風，所及者遠，憂患九德，終之巽制。巽者，士人之資斧，旅无所容而受之，初用武人，所以資庚金之斧斷也。巽制行權，豈虛怯者哉！

象曰：重巽以申命。舉正下有「命乃行也」。剛巽乎中正而志行，柔皆順乎剛，是以「小亨，利有攸往，利見大人」。

宜曰：巽順而入，必究乎下。陰皆承陽，有命令下入之象。申命，重巽也。子發云：若剛不順乎中正，則將徧隘而爲邪；若柔不順乎陽剛，則將柔媚而爲諂矣。柔順剛，正剛志行處。筌云：人有思慮，必歛而向内，蓋陽之有謀，假陰之潛隱以爲用，思慮非出於陰也。别有喜悦，必見而在外，蓋陽之舒散，假陰之和柔以爲用，喜悦非由於陰也。

象曰：隨風，巽；君子以申命行事。

鄧綺曰：天地生成，萬物皆隨風順入之。生物者震，成物者巽，巽乃申震之命，以行其事者也。元公曰：風之行也无形，非若天地水火之有象，其相續不見先後之迹，而未嘗无先後，隨風之形容化氣也，神哉！隅通曰：驚蟄之節以雷得名，出乎震也；清明之節以風得名，齊乎巽也。隨言委曲入物，无所不順。意曰：天下有風，后所以施命，隨風則申命不一之象。行事即行其所命，蓋聖人非徒空言性道，不見行事也。卦爻陳列而揚遏知儆，典謨屢誥而帝化率俾，明五倫修六藝而後萬世安分樂生，各事事焉。坎巽皆以命教，以水與風皆漸而善入善習者也。風雨雷電皆命也，巽特申之耳。

初六，進退，利武人之貞。變乾爲小畜。

宜曰：六子重卦无正應，初承二而應四，進退不能自決。進退故疑，究躁故武，必以剛照其巽懦，然後得正，而向之志疑者可治矣。李泰伯曰：初未能服令則宜威武以整齊之乃能成命。周官凡出教令，必狥以木鐸曰：不用法者，國有常刑，乃其事也。軍法三令五申，鼓之進則進，鼓之退則退，怯可使勇，弱可使强，不疑則治，治則果於從陽，而无進退之惑矣。元公曰：世有治亂，心有治亂，心主得位，萬國晏然。淇澳曰：惟疑方能反復窮究，得人隱情，乾躍所以得力也。正曰：武人者，重巽之工繩也。意曰：震兑立東西而巽爲齊帝，與兑相望，取金制木庚，故屬金。履之武人取兑金，巽之武人取伏震之庚金。鳥附足以殺人，而收參苓之效，用之妙也。有引韓説救倪寬、辛慶忌救朱雲者，亦一象耳。

象曰：「進退」，志疑也；「利武人之貞」，志治也。

一曰：成巽在此，武人之貞，所以斷進退，而剛柔節于權中矣。通天下，成天下，惟此志耳。千聖立法設教，皆志治也。善疑善斷，乃能善更。學問講習，豈外此哉！

九二，巽在牀下，用史巫紛若，吉，无咎。變艮爲漸。積家。

宜曰：巽之亨在小，所以亨則二五，五君二臣。古尊者坐牀，卑者拜于牀下。史巫以歌舞悦神，臣以諷諫愛君。巷遇牖納，貴乎巽以用之。牀巽畫象，互睽鬼象。見兑爲史巫，見三女爲紛若。女曰巫，男曰覡。周官史掌卜筮，巫掌祈禱；史主記事，巫主祝禮。此係紛若，如楚辭之媚神，蓋通達誠意之象。淇澳曰：用史以是非得失道君子，用巫以利害禍福防小人。揆曰：兑巫如祭有祝，以孝上告；離史如祭有嘏，以慈下告。二四同功，傳上意以告初，達下情以告三也。

象曰：「紛若」之「吉」，得中也。

衆議紛然而能吉者，九二得中，謀斷當權。

九三，頻巽，吝。變坎爲渙。積益。

敬仲曰：巽不出于本心，勉强而行之，故曰頻。夫至不得已而後巽，是吝也。王伯厚曰：柔而剛則能遷善，剛而柔則能順理。復三柔不中，勉爲初之剛而屢失，故頻復；巽三剛而不中，勉爲初之柔而屢失，故頻巽。遡曰：三上既爲順陽之陰，又非爲陰所順之陽，巽以之成，三失之頻，上失之喪，終于巽而已。一巽再巽，頻象。訂詁取頻水涯，涉水者，頻蹙不前而止。正曰：三而瀆，五而玩矣。周以叔帶、子頹之亂告于諸侯，諸侯又以天子之號告于天下，汜與翟泉之役是也。

象曰：「頻巽」之「吝」，志窮也。

一曰：唯諸卑順而无學識，其志窮也。忍辱以煉心，豈以縱情乎？巽道在下，陽剛虛憍過中，故與上同窮。

六四，悔亡，田獲三品。變乾爲姤。積无妄。

宜曰：初四巽主，初進退，四究躁，躁能有爲，故四五吉獲三品，利三倍象。互離爲田，田有三品：上殺中心，供乾豆；中殺中髀骼，供賓；下殺中腹，供君庖。筌云：大臣謙恭下士，以人事君如此。三剛居剛，乾豆象；初四應，賓客象；三應五，充君庖象。易簡録曰：坤西南朋，統三女也。蠡曰：巽離坤兑，此巽之能用三陰也。

象曰：「田獲三品」，有功也。

初有摧陷廓清之功，所以四有烹飪乎鼎之功。重震初吉四泥，重巽初疑四功，以陰再入則謀審也。□□〔一〕曰：郄鑒三反，李嶠三戾，惟巽獲之則悔亡矣。

〔一〕「□□」，底本原爲空缺。

九五，貞吉，悔亡，无不利。无初有終。先庚三日，後庚三日，吉。變艮爲蠱。積嗑。

筌云：巽爲疑卦，九二中矣，猶以不正自疑，紛紛不決；九五中正，巽之疑悔至是盡亡，无不利者決之也。全卦惟此爻爲美，其多疑猶若此，巽所以小亨乎？凡事之變，必其初不善，故无初；變而歸善，故有終。既欲變更，必告人以欲變之意，先後反覆不一而足，所謂重巽申命也。先後庚詳見蠱矣。京傳曰：震巽之象配庚辛。程傳、蘇傳：六甲六庚，六爻周旋，此常理也。玄子曰：蠱以事壞造事，故言甲；巽以事權更事，故言庚。正曰：六甲，仁也。物將壞而幹之以仁，猶厦將顛而幹之以木，取材于木，至六甲而盡矣。木已壞而治之以金。六庚，義也。救仁用義，仁之于巽同幹，義之于巽不同幹也。治其已壞以成其不壞者，取材于金，至六庚而盡矣。故六甲之有孝子，先天之事，仁人任之；六庚之有忠臣，後天之事，義士任之。仁人所任，至于中田號泣而已矣；義士所任，蓋破斧鈌斨、剖肝瀝血而猶未已也。又曰：鐘者，六甲之所取衷也；吕者，六庚之所由舉也。三鐘之无六甲，三吕之无六庚，是仁人孝子所號籲于天地者也。主甲者賓己，主庚者賓乙，賓主合而君臣父子夫婦兄弟各有所措，故陰陽賓主交相爲取。鐘吕之取于乙己，猶其取于丁癸也。易言庚甲不言丁癸，何也？曰：以其義則亦兼取之矣。鐘呂之合言六間不言六正，何也？曰：六甲六庚則皆正也。黄鐘之爲主，蕤賓之爲賓，主鐘者賓義，主呂者賓仁，主仁者取于智，主義者取于禮。三鐘之取于三主，猶三呂之取于三賓也，故六甲六庚，全易之大義也。水火動繼之以木，木動嗣之以金，六府之要歸也。

象曰：九五之「吉」，位正中也。

一曰：巽、蠱之變在此一位，大用更變在乎正中。

上九，巽在牀下，喪其資斧，貞凶。變坎爲井。世。

曰：漢書王莽遣王尋屯洛陽，將發，亡其黄鉞，其士房揚曰：經所謂「喪其資斧」者也。古以資齊通轉耳。陽本能斷，二位不正，巽在牀下，猶賴其中；上不中正，故巽在牀下而有失斷之象。京傳曰：上爲宗廟居世，則是鬼神爲政，而斧斷之義乖矣。武人之貞爲利，喪斧之貞爲凶，四陰起巽終兑金，巽伏震之庚金，貫木爲斧也。

象曰：「巽在牀下」，上窮也；「喪其資斧」，正乎「凶」也。

一一曰：巽本善行，象故疑之，曰：得爲正乎？隨斷之，曰：乃凶也。訂曰：資以施德，斧以操權，兼德與權而後可以入人。見曰：二上同巽牀而異者，二臣也，上本无位，物外之人。徐文遠不拜李密而拜王世充，此二之无咎也；韋祖思不禮姚萇而禮勃勃，以致隕身，此上之貞凶也。郝解曰：詭隨者常虛張爲剛，順理者不欲多上人，則其爲資斧可知也。揆曰：魯歸政于三家，齊授政于田氏，皆喪其資斧者。

時論曰：卦名小者凡二，卦辭小者凡十，泰、否、賁、遯、睽、旅、巽、小過、既、未濟。而泰之小往則貶小也，九卦之小則勵小也，惟巽之小亨，三致意焉。曰利有攸往，又曰利見大人，小大並見，奮陰作陽，歸于申命行事。先天巽起西南，自姤一陰施命誥矣，盪至五而爲巽，大圓之位居申，故申其命焉。後天巽居東南，又次震而申其長養之命，是順剛而行也。柔之不足，其命申賊；剛之有餘，其命申堅，則小大之分也。象隨風者，巽居辰巳領此八風，拔木偃禾乎？吹棘漂籜乎？生殺之權，蓋隨入而起止不可得見者也。體陰用陽，扶搖上下，運皇極曰風教，變黎民曰風動，薰邦家曰風俗，叶律呂曰風雅，樹威儀曰風裁，君子法之，莫非命也。意曰：申命者，大君事也；爲大君申命者，相臣事也；爲君相申命者，立教之君子事也。五與蠱易，而庚與甲相申焉。蠱者有事也，終則有始，故屬之天；巽者行事也，无初有終，故屬之人。庚所以治辛，震巽所並納也。庚即加申，即以治甲；巽令化艮，即以終坤也。南北水火之用庚申，猶冬夏寒暑之用春秋也。曆律支干，易、範之表，大人建考質俟徵諸庶民，象魏挾日，申命更端，先庚後庚，豈漫然而習文告哉！今讀伊訓三篇，盤庚三篇，大誥、召誥、洛誥、多士、无逸、多方，愈重而愈申之，以入天下之肺腑，是日日又日之新命也。初陰而勇于人，二陽而格于神，以事神之道事人。二不素飽，五其更化，用譽乎？金縢元龜，紛若之吉也。車千秋以白翁感湖宮，劉向以洪範歎精忠，若後之以封禪天書自爲資斧者，殆巫風乎？又不如萬寶常、敬新磨之史巫輩矣。進退者觀信而巽疑，武人者履亂而巽治，志不同也。初之畜德變剛，保受威命矣。張説以宋璟決疑，吾愛郭子儀、張萬福，武人之志治也。四姤其順剛乎？包无魚，變柔之非命也；田有獲，變剛之行命也。公仲連進牛畜、荀欣、徐悅，而歌者之田且止；李泌宛陳府兵，而欲結回紇、黨項、大食，志與功俱矣。三不涣躬，應乘非志，新舊變法，惠卿最先，調停蜀、洛，説似可信，奈頻頻之吝何？夫剛取其巽乎中正也。井而巽則上出不窮，巽而井則牀掩其幕。以初爲牀乎？二處之安，上處之危矣。以五爲資斧乎？五用其斷，上則短綆矣。今命汝一，无起穢以自臭。上以苟全爲正乎？是靈壽杖，癡頑老子之窮凶也。斧者，鄙夫所鈍，而大人所硎也。牀者，小人所蔑，而大人所厚也。田者，畸人所荒，而大人所播也。武人史巫者，高士之所不屑，而大人所以陽治陰治也。權哉權哉！智曰：乾幹事，終日乾乾，行事也；坤發事業，坎習教事，震有事，巽申命行事，行何事乎？巽五首坎，同居少陽，而與震介爲横圖之中；方圖中惟恒、益、震、巽四卦，而巽應坤巳，即後天也。大圓巽去乾五，而恒、巽與益、震分處丑未，即小先天之申也。巽數得中五而自巽坎艮坤言之，巽且首帥坎艮向坤矣。洛書巽四坤二爲肩，以用中五，于數四五六。巳巽至亥乾爲獨順，故曰巽領八風，長柔順剛而申乾坤之命，行坎震之事，此其微也。乾統三陽由西北至東震，而巽帥三陰由東南至兑西。以剛内治，以柔外化，乾命震以剛克柔而成于兑，坤命巽以柔克剛而歸于乾。文王觀柔道之深幾，莫深于後天之位巽矣。九卦制權，以此終之，權者无我而隨事命則者也。權命于衡，衡命于平，平命于直。乾坤之直惟巽稱之，乾坤之氣惟風知之。勝牡之幾偏深于柔，陷虎之幾偏深煉剛，故見諸行事，不免偏礅矣。彖曰剛巽乎中正，是謂制巽，故曰利有攸往，利見大人。

☱上下皆兑

仝曰：篆兑爲㕣，从儿从人行，是分别人行爲悦也。言達之而心悦矣。説文从儿㕣聲，儿人也。徐鉉云：㕣即兖當从口，八氣分散也。舌頭聲，以對轉待，是對待而後發舒以悦也。兑爲鋭本，故悦從鋭轉聲。先儒取无言之説與无心之感，故卦詞與咸同。言即无言，則絶待在對待中明矣。

兑，亨，利貞。

一一集曰：入而後悦，言造化，言心學，莫不由此。蓋震兑爲春秋之平分，自巽至兑，别陽用陰之明用也。西成輔交乾坤，秋收合其義利，亨可知矣。柔在外爲利，剛在内爲貞。訂曰：咸以艮陽下兑陰，相感則亨，而感易失于不正；兑以二陽下一陰，相悦則亨，而悦亦易流于不正，故同以亨利貞藏其元焉。巽内柔外剛，其質柔也，故止小亨。兑内剛外柔，其用柔也，故亨。曰利貞，猶以内之剛爲主也。遡曰：仲尼憤以樂，顔子苦以卓，堯舜病以治，貞不貞之介，可无自考歟！三男卦不言利貞，剛故貞也。

彖曰：兑，説也。剛中而柔外，説以利貞，是以順乎天而應乎人。説以先民，民忘其勞；説以犯難，民忘其死；説之大，民勸矣哉！

程傳曰：陰悦于陽而爲陽所説，柔外而悦亨者也。外雖柔悦，中實剛介，説以利貞，豈徒甘言悦人，巧縱自媚乎？順天應人，一正盡之矣。上悦下爲順應，下悦上爲勞死。天道好生而秋殺，所以濟春生之窮；王道主仁而義正，所以濟仁育之窮。不勞无以逸，不死无以生，此之謂也。誠齋曰：湯之寬仁兆民，自不邇聲色始。天人胥悦，至使人不自知其勞且死。民勸與勸民遠矣，是以大之。元公曰：兑德説而象羊，羊物之好笑者也。故美善養義等字从羊。荀子云美意延年，近溪云好人多笑，莊子所謂使之和豫通而不失乎兑是也，而爻每善夫剛。西昌郭氏曰：説者，天地萬物之生機，而乾之性情也。回非助我，不違如愚，顔子以坐忘兑矣。天何言哉，時行物生，仲尼以默識兑矣。揆曰：皞皞驩虞，此以上説下之貞淫也。容説者，與安社稷爲説者，此以下説上之貞淫也。出見紛華美麗而説，入聞夫子之道而説，此學問之貞淫也。講習爲此，故曰利貞。

象曰：麗澤，兑；鄭作「離澤」。君子以朋友講習。

集曰：同門曰朋，同志曰友。兑兩口相對，講明義理，而習之不輟，如澤斯麗，交相浸潤也。淇澳曰：習義見坎。洊至則水之一生萬也，麗澤則水之萬歸一也，故朋友講習，獨取于兑，兑習以完坎習也。左忠毅曰：□〔一〕以木主起東向西，至周而成，故孔象順天應人，象曰朋友講習，以君道歸周，以師道自任也。蠡曰：五倫藏師弟于朋友，五倫皆朋友之交也。乾坤統六子，實如朋友耳。正曰：乾之惕健也，震以恐省，坎以常習，艮以位思；坤之厚順也，巽以申命，離以繼照，兑以講習，八卦皆學也。歸于講習，而六十四事遞起矣。意曰：發憤忘憂，而又以學不講爲吾憂，此即時習朋來之至悦也。士生禮樂大成之秋，何地非浴風？而乃坐負聖恩，逃之鬼窟獸埸，以藏荒陋，可不謂大哀乎！智曰：柴氏謂澤之止水爲㵎，㵎聲轉

〔一〕「□」，原本不清，依形似作「羲」字。

悦也。坎兑皆以漸泌取習，惟離言麗澤，此言麗澤，合止水于流水，藏火亩于水亩。轉風力木氣爲金聲，金石同體，金水相生，河圖四九，西金數足，義利成坤，而歸于乾剛。聖人之始終條理，振時習之鐸，此其象哉！否、泰交換，故以巽兑合坎習焉。涣明人倫本天之號，是講習所以發其汗也；節通度數德行之時，是講習所以甘其苦也。發散以和之，而節、孚寡過濟乾、坤矣。此八卦終兑夾乾坤，而旋乾之象也。履曰：伯敬謂好學多良師友是第一福，邴原曰一則羨其不孤，二則羨其得學，又況得訣歸來，不爲涓蜀梁與匿掃除者所惑，非更一福耶？所悲抱經桴鼓，漆書推車，包咸、張融諷誦自若，爲難耳。

初九，和兑，吉。變坎爲困。

宜曰：兑主説而爻以陽君子陰小人論之，和以德聚，六爻惟初不繫柔，初心未渝，廓然大公，發即中節，和而不和。子瞻曰：初遠于三而无嫌，至九二則疑之矣，必以自信于初九者而悔亡。元公曰：天地有太和爲樂氣，十二月辰應于律吕，故先王借樂器以寫之，正以暢吾心和氣也。塞兑，矯治也。太矯亦失和。

象曰：「和兑」之「吉」，行未疑也。

一曰：人心最初，自不知疑。

九二，孚兑，吉，悔亡。變震爲隨。積萃。

宜曰：孚取中實，三則其所孚也。二承比三，宜有悔矣。悦而不失剛中，故吉而悔亡。信志也，行不免于可疑矣。

象曰：「孚兑」之「吉」，信志也。

訂曰：初易二難，初遠于陰，不待志可信，而行亦未涉于可疑。二近三，則不免于疑，而志則可信。□□〔一〕曰：大疑乃能大信。荀子云：信信，信也；疑疑，亦信也。若恃初而竟无所疑，則亦終不信志矣。故知憤悱，正所以爲悦樂。

六三，來兑，凶。變乾爲夬。積咸。

舊説陰性下就初二曰來。揆曰：一兑既終，上兑又來，同類招來以兑口甘之。八純卦第三爻皆取重卦爲義。引兑媚君，來兑媚人。訂曰：弘霸嘗元忠之糞，彭孫濯李憲之足，丁謂拂萊公之鬚，至今遺羞，顧不凶耶！遡曰：三以内爲來，无術而

〔一〕「□□」，底本原爲空缺。

以我悦人；上以在外爲引，有術而令人悦我。悦人者淺，而在下位之君子孚之和之，未有變其悦者，是以小人凶而君子吉。四五則在上矣，在上者容悦多，而復值引兑之深奸。于是四眩其引，而疑是疑非，費商較而不定；五高其引，而相信相孚，墮術中而不悟。爻于四曰疾，于五曰剥。不言凶，能无凶乎？正曰：兑之夬悦，不可決也。白圭獻規則亦謂此。

象曰：「來兑」之「凶」，位不當也。

不能素位，安能得當？

九四，商兑，未寧，介疾有喜。「介」，徐作「戒」。變坎爲節。積蹇。

康成云：商，隱度也。當兩兑講習中，互巽不果，商象。變坎加憂，而互艮止，介陽象。或曰分限，季常云隔也。坎疾兑喜，疾喜相反，无妄之疾損其疾，皆以有喜言之，可悟疾喜同時。王注曰：三爲佞悦，四裁而抑之。元公曰：當國大臣致君澤民爲己任者，故躊躇商度，踧踖不定，蓋迫懼也。故聖人鼓之速決，以慰其喜心云。介疾，速也。本清云：四值正秋，律中夷則，商音用事，商本金氣，堅介勁疾，萬寶告成。有喜者，悦言乎兑也。喜而由于介疾，乃兑悦于正也。正曰：君子取剛氣以治口舌猶爲之商度，使萬物受節焉耳。節之介疾，萬物之所悦也。□〔一〕曰：汲黯曰臣雖不能以言屈陛下，然臣心猶以爲非。郅鄆曰夫婦之間，父不能得之子，況臣能得之君乎？然從來多以嫡庶禍亂，願陛下慎之。可謂善商。唐太宗曰：卿等欲人受諫，卿等亦受人諫否耶？可謂善商。

象曰：九四之「喜」，有慶也。

楊廷秀曰：三，君心之膏肓也；四，鍼艾也。三不喜，四有喜，非私喜也，天下國家之慶也。

九五，孚于剥，有厲。變震爲歸妹。積謙。

宜曰：上六兑秋之終，九月爲剥，又中陰變夬亦伏剥。不曰孚險而曰孚剥，著害也。剥以五陰消一陽，此指上六一陰，亦謂之剥者，君心一摇則衆正皆敗耳。

象曰：「孚于剥」，位正當也。

訂曰：與履同意。正則才足勝小人之奸，當則勢足制小人之命，兩有所恃，以爲自

〔一〕「□」，底本原爲空缺。

我用之，而不覺其孚于剥也。明皇孚林甫，高宗孚秦檜，非以恃耶？正曰：兑之歸妹也。信盜用暴，孔甘用餤，君子受説己之言，則盈庭皆婢婦人矣。

上六，引兑。變乾爲履。世。

□□〔一〕集曰：引兑機深，巧託无心，而人自説之。以位外爲引重者，子瞻謂六超然于外，不累于物。此小人之託于无求，以爲兑者。玄子曰：子瞻刺王介甫耳。劉薦叔曰時乘聖人，又何嘗不收來引之二法。无此二法，不成兑之用矣。勿執定陰爲小人。

象曰：上六「引兑」，未光也。

舊説以爲共驩巧容，故曰未光。揆曰：未光正發前有厲之意，與夬、萃九五同義。正曰：君子之説人若秋，使物成實，各得所欲而已。齊桓爲游士玩好周于天下，以觀其俯仰而時其喜怒，則是引兑之餌也。君子不爲。智曰：孫弘言非黠賢，布被何以得聞？姚崇于魏知古，林甫阻嚴挺之，皆引兑之術也。

〔一〕「□□」，底本原爲空缺。

時論曰：子夏曰兑剛内柔外，見其情以悦人也；巽剛外柔内，隱其情以巽物也。坤申轉秋，巽風交兑，西金肅殺，德以悦和，是以悦制義，以義全仁，行南禮而藏智信，轉乾坤之風輪者也。大學之以義爲利，文言之利物和義，有二乎？各正于論語之首章，保合于金聲玉振矣。和不疑行，孚乃信志，疑而信之，其悦始麗。不麗朋友，則土塊矣；不澤講習，猶死水也。孔之憤樂，顔之苦卓，時習之悦，我无所往，彼无所來，无所爲復，亦无所爲剥，是先天之悦體惟微也。至于商，如五音之未調，慮其章而陂也。疾喜同藏者存乎介，而内來外引，如持滿之未發，或罄控而内故，或縱逆而外馳，我善用其孚則悔可亡，誤用其孚則貞必厲，是後天之悦體惟危也。世運開平，即以講習藏天下矣。巽，伏也，貴其申；兑，見也，貴其勸。多士奔走，臣我多遜，忘勞矣；三千一心，忘死矣。曾知删述、講習之後，能使萬世忘勞忘死乎哉！然猶恐其敺于鬼敝，流于任俠，故以利貞勸之。意曰：和不貴從臾而貴相濟，孚不虞外合而虞中睽，故以此之介成彼之和，以陽之孚防陰之剥。始與困變，此最可疑人者也。初體行其赤子之心，和則太和也，直未疑世人之所疑耳。咸有一德，天祐民歸，此九二之孚也；惟其隨時之義而亡其係失也，此大疑大信者也。進厥良以率其或不良，九四有之，是其習介于兩陰之際，講喜于五二之交；惟其之節而議德行也，針艾其膏肓而苦可甘也，此非四之私喜，而天下之慶矣。麗兑秋成，悦中用義，來者一變，則伏剥矣。五之歸妹，當永終而知敝矣。入朝如入官之嫉，自古而然。五勿自恃其位，而剛愎待直心商酌之賢，則小人容悦之術不爲所中矣。然貫寵惑人，巧施兩舌，正當之位，才智自負，而諛根難除，一受其悦，必且護前，能不厲乎？之履則悦主也，考祥也。引君當道，惟上；引君雄當位之督責以爲容悦，亦惟上。其幸也習五，其不幸也習三矣。三爲兑疾，果能決乎？昵上下之際而欲來其黨類，餙賓媚人之容，騰中行氏之舌，其所習者凶也。庸違象恭，儆于喜起，此非唐虞講學之初政乎？朋友佞悦，愈引愈來，來者靦顔不惜，引者暗發其機，役人媚人，以悦爲囮，明君直臣，皆受其剥。此則君臣不麗澤講學之過也。德宗不覺奸邪，曲江猶喜軟美，疑信之間，必商乃決。後世以經筵爲容悦之階，而以誦讀爲容悦之資，于以勸民之忘勞忘死，豈不汎濫胥溺哉！

智曰：利物和義之旨，兑居西成，天道義利本一也。人道以義爲利，因事制之而實以和之。還男女之利而即以制男女之習，還禄養衣食之利而即以制其衣食之習，義其習而民愈和，講其習而習皆澤矣。此正所以養其義利爲一之天也。先天兑與乾同太陽之體，後天乾自亥始而於兑爲終。兑成坤養，而還乾體，□〔一〕巽體，倒錯震體，正錯艮體者也，是始終父母之事者也。忘勞忘死，豈煩苦逼哉！詩書禮樂，即收魂奪命之利器也。自問所讀何書，即已蹈湯火矣。投分一言，有幽明候素車者矣。孚生死，商勞逸，虚空一畫，蓍龜證之，不可思議矣。聖人于末貞悔之參中，著朋友之講習，贊其大勸，豈无謂哉！彼專講超出義利之外者，曾悟即在義利之中乎？刻執斷利標義之講，人不承睫即掉臂矣；旁聽无義无利之講，則習蒙冥應之皮矣。五倫終之以交，无非麗澤也。包蒙克家，師弟亦似續也。當知圓神悦決，兩□〔二〕是一。水火龍虎，深山野人，伐木許許，聲氣自勸；无言之孚，无心之悦，泯于絃歌談笑中矣。

〔一〕「□」，原本不清，依形似「旋」。

〔二〕「□」，原本不清，依形似「層」。

渙䷺節

訂曰：渙之使離，兑有所宣以无底滯；節之使止，氣有所聚以不散越。項平甫曰：渙、節伏疊井、困。以木出水，井塞能通；以水浮木，渙通而散也。澤上之水，居通能塞；澤下之水，塞極至困。揆曰：渙散互艮曰王居，節止互震曰通曰往，可見渙、節互根之意。潛老夫曰：内先天外後天而因重之，則困、井居西；外先天内後天而因重之，則渙、節居西。坤讓位與坎而兑居坎位，左右二老以主萬物之成，故困、井收四分用三之終，渙、節收通期之節。邵子所云六十四卦藏四者也。圓圖渙、坎與豐、離望，節、中孚與旅、小過望，居日月出入地；方圖二十卦之層，節、賁輔損、濟；十二卦之層，渙、解當午，此旁通可玩者。後天自坎而巽爲發散長養之時，名渙；自坎而兑爲斂省止限之時，名節，此本義也。智曰：此以渙、節收巽兑，而終六十卦也。渙如麻黄湯，節如枳朮丸，言怒飛，言空劫，皆寥闊以發汗者也；言守黑，言死心，皆暫歇以息喘者也。總在易籠，用藥制藥，變化无方，而汗下歸于調理，知調理者可以勿藥，即病亦自愈也。賣奇方者，巧求所以汗下迅捷者耳。

䷺風水渙

渙，説文流散也，奐聲。奐从夐，省聲。按：夐聲從烱來，冏爲窻之烱烱；夐，遠視而求也。禮記：輪奐贊屋。奐从⿱𠂊冂𠬞，乃上有飛甍，下有拱斗也。故輝煥、更換、渙散从之，具發表散越之義。與豁化同爲外喉聲。

渙，亨，王假有廟。利涉大川，利貞。

郝解曰：説散受渙，人情有鬱結，能悦則散，詩云泮渙爾遊矣。人身血氣不調則疾作，憒懣不舒則爭成，渙所以調適舒憒也。人心不渙則有固我，朝廷不渙則有朋黨，故銷天地之亂莫如渙。小罅可塞，大惑難解，聖人以不解解之，行无事則紛結自開，藏天下于天下而不得所遁，正善言无適无莫之妙義者也。遡曰：凡水涸于秋，冰于冬，中春東南風至，冰始解而流，故風水謂之渙。風過不留，水浮不溺，水遇風木而忘其險矣。故渙有二義，有民渙散而萃之義，假廟是也；有渙天下患難之義，涉川是也。假廟正涉川之實，涉即奔拯之謂。筌云：立廟于國東南，祭享必以血。易凡廟祭取巽坎，或取艮廟。坎巽隱伏象，祭求諸陰，必于陰卦取之。野同録曰：朋友講習，正所以發通其鬱結也，大號一涣，人人利此尊天敬祖、涉川濟世之貞，有不時成中節者乎！

象曰：「涣，亨」，剛來而不窮，柔得位乎外而上同。「王假有廟」，王乃在中也。「利涉大川」，舉正此下有「利貞」。乘木有功也。

宜曰：涣亨在二四同功，二以剛來在中，力能濟險；四得位，上同中正之五，以巽風解之，何險不濟哉！王乃在中，即不薦之孚，无言之奏，五爻所謂王居正位也。易以巽言涉川者三，益木道乃行，中孚乘木舟虚，此乘木有功。畫子曰：乾坤交而風水生，風水生而大號作。五居中出命，以樹風聲，而所以涣大號者，皆四爲之也。有此臣而始得恭己无爲耳。王乃在中，辰居星拱，號令所在，民皆順之。涉川舟楫，皆四巽以通天下之功也。淇澳曰：在中非收攝精神，乃處處散遍也。

象曰：風行水上，涣；先王以享于帝立廟。

宜曰：水之遇風涣然相變，陰陽相通，有合无間，先王法之以交鬼神。天至大无涯，神氣无不在，人死而魄降，魂氣无不之，涣也。汝中曰：萬物本天，人本祖。知祖則人思親，思親則不忍倍死而忘生；知天則人思尊，思尊則不敢以下而犯上。故舜受終于文祖，即類上帝而禋六宗；武王大告武成，即舉柴望而祀清廟。惟禮可以一天下之心，心一而後天下之事可從而理。平甫曰：享帝于郊，象巽之高；立廟于宫，象坎之隱。李子思云：萃因民之聚，立廟以堅其歸向之心，所以爲懷保之道；涣憂民之散，立廟以收拾其蕩析之心，所以爲招携之術。意曰：此尊天報本，知主宰之表法，散之天下之屋漏者也。正曰：涣者，文事所由興也。七世之廟，可以觀德。奏格无言，時靡有争，風行水上，聲容静而感被遠矣。君子觀嚴于廟，觀敬于廟，觀人心之聚散。陰陽之交會，鬼神之趨舍焉，精誠相通，以爲禮樂，交動甚微，文義備至，非聖人孰知之？潛録曰：萃以祀先，涣事上帝，儒者尊大原於穆之天，不得已而以人間之尊稱表之，曰上帝耳。謂天處色界者，指蒼蒼之天，而所以爲天者高一等焉，表法也，猶禮本大一分爲天地也。盲信者遂小視天，豈不誣哉！祭祀之禮，天子諸侯大夫士庶各有其分，諂瀆有戒，精氣乃一；自禮廢而越望移禜，貪福矯誣，反薄尊親，僭亂之端起矣，故先王立此義于涣。

初六，用拯馬壯，子夏作「抍馬」。唐楊於陵傳「抍贍貧民」。**吉。**變兑爲中孚。

宜曰：初獨不言涣，二始見端也。馬壯，坎象，指二也。贊出初六，見其才弱，順二以拯則吉，功何必自己出哉！詁曰：明夷之二，已受傷，所用以拯之者，必得馬壯如九三者乃吉；此乃陷九二者，故教之轉陷陽之念，以拯乎馬之壯者則吉。初與四應，正四涣小人以出君子于險處。

象曰：初六之「吉」，順也。

正曰：中孚所爲順也，風水相遇，敏于奔馬。詩曰「淠彼涇舟，烝徒楫之，周王于邁，六師及之」，同舟合體之信順也。八虞二虢之載文王，亦僅六師之力乎！

九二，涣奔其机，悔亡。變坤爲觀。積益。

程傳曰：机者，憑以爲安者也。遡曰：救涣在人心。甫涣時曰奔，壯其救之急也；若涣于國勢，救已无及。机，机桯也。二悔亡，初吉者，辨之早耳。奔震象，又坎馬亟心象，机坎象。訂曰：九二陽居陰位陷于險中，若无變計，如人據机而坐，自以爲安，悔其免乎？兹欲涣散險難，必自其机奔去之，然後吝悔可亡。昔重耳安于齊，有終焉之志，從者謀之，姜醉而行之，後伯晉國，皆子犯與姜氏之力。潛老夫曰：重耳自以安齊，藏其用，勿爲所識。

象曰：「涣奔其杌」，得願也。

全作机，音几。揆曰：巽木乘二偶，君尊凭几之象。二五同中，乘震力奔赴之，出危就安，豈不得願！入險之悔所以亡也。剛來不窮以此。舊以二就初爲奔杌，奔者向前，无奔初義。正曰：馬非舟也而壯于舟，杌非車也而壯于車，精誠所動，衆力附之。涉川假廟，同用此義。

六三，涣其躬，无悔。變重巽。積頤。

宜曰：六三不言奔拯言涣躬者，夫民之離心，皆自上各私其身始，老子所云大患也。三居險上，艮以反躬，憬然破其形骸，有何險乎？陸子曰：家天下，人中國，豈是身外對私已者言？則是身外耳。誠齋曰：君子當平世，爲霧中豹，淵中龍，酣寢不聞，非楊也；當亂世，爲決川之禹，爲救焚之僑，焚溺不避，非墨也。吉凶同患，惟時而已。正曰：木者水之魄，風者木之魂，何巽木爲風，坎水不得爲木耶？魂魄之交，或離或合，木生于水而載于水，長于風而揚于風，魄有形而魂无形，无形者易合，有形者易離，故涣之爲巽，水之爲風，猶魄于魂而魂合體也；木載于水而行以風，天子載于百姓而行以良臣，臣載于天子，猶天子載于百姓也。魂之魄之，一身而已，水渙風行，風渙而木行焉，渙躬之謂也。

象曰：「渙其躬」，志在外也。

意曰：志在外卦，志在君國，合外內者正謂外即是內，非如偏重內而流于爲我，偏舍身而流于空寂也。內經曰身與志不相有曰死，可執偏枯已甚之詞乎！履曰：嘗論戰國，渙躬以死遂志者，王蠋也；渙躬而躬存者，藺相如、樂毅也；渙躬以事外行其志者，魯連也；渙躬而汗號天下後世者，孟子也。

六四，渙其羣，元吉。渙有丘，姚信作「近」。匪夷所思。荀作「匪弟」。變乾爲訟。積无妄。

宜曰：坤衆爲羣，去坤就乾，渙羣象。所謂柔得位乎外，離□〔一〕二陰之類而上與九五同，故又爲渙有丘之象，小羣去而大羣來也。訂曰：元者陽德也，渙羣所以上同，與陽同德矣。丘，艮象。四人位，又心位，從人取曰夷，從心取曰思。人知羣不知渙，人知渙不知渙之爲聚，故曰匪夷所思。元公曰：渙其羣，不見人也；渙有丘，不見境也。

〔一〕「□」，原本毀缺，存目本作「去」。

象曰：「涣其羣，元吉」，光大也。

野同録曰：涣其羣，羣而不黨也。人豈无黨類，謂无偏黨耳。古云黨理不黨親。大臣既能涣躬，休休无娼，則自光大矣，光大則涣其羣而有丘矣。牛李蜀洛，紛紛起于偏見，後世恨背公死黨而遂不辨臧穀，此小人所以反借涣羣索疵君子，君子反避吐哺之嫌，甘荒廐館，私第謝客。因有惡人談經濟而獨命師表，自不學問而託言无技者，可謂光大乎？歐陽朋黨論、景逸朋黨説，正爲此耳。祁奚、謝安舉親，裴垍賞諫官，果其光大，又何避焉！聖人本天制禮，濟事辨才，使之講習所學，行其所命，即各羣其羣，而實則以正羣化邪羣而忘之。職業才能泯于道德，誰不出一身白汗耶！六四以乾體用柔正居心位，而平其勝心，上濟五德，下化隱陰，巽順剛來，大同内外，故以元合彖之亨利貞焉。

九五，涣汗其大號，涣王居，无咎。變艮爲蒙。積離。離世。

揆曰：所謂王乃在中也。坎汗巽號，五陽爲大。散人之疾者汗也，解天下而安者號令也。汗由中出，浹于四體；王者以天下爲一身，涣周身之汗必有大號，與天下浹而所涣之汗必出王居。王居艮止若北辰，中心无爲以守至止，而居本不動，號自風馳。書云大哉王言，一哉王心，是矣。四方風動，虞之涣也；恭己无爲，帝之居也；王居安然，過咎所不及也。象曰：「正位」，王位在德元也。宜曰：舊解涣散畜積，遡以爲建國遷都。彼以事取象，易自該之，但不必執。人五液皆不反，惟汗爲心液。互艮爲身，坎心水汗，以心王正位言之，是元公所謂尊貴也。

象曰：「王居无咎」，正位也。

郝解曰：居天位以涣大號，合則一體，散則萬方，故位者聖人之大寶也。野同録曰：王者以天所畀之位，公其恩以與天下共之，皆本其中心之正以申天命也。五教六經，時汗大號，人人享帝，素其正位，君師轉風，惟不息于正位居體之通理而已。

上九，涣其血去逖出，无咎。變重坎。

一集曰：變坎爲血卦，而上九以剛涣之。逖，遠也，超出生死而又遠出于无生死之外也。巽風高舉，出不内顧，遠害亨心之方便，雖過中窮上而涣之可也。然終以中五爲正位。

象曰：「涣其血」，遠害也。

郝解曰：世路无往非險，達人无地非涣，君子素位知命，无入不得。初見險能拯則順而吉，二避危就安則悔亡，三患身而忘其身，四爲臣不私，五爲君至公，涉世異趣，其爲涣同。若夫僻隱者，荒唐者，毀滅者，任放者，厭人世爲樊籠，毀衣冠爲牽纏，叛散禮樂，滅裂風雅，亦涣血逖出以遠害，而于聖人之教悖矣，易道所以包而化之也。野同録曰：聖人使人各安生理，自然无害，而不專以遠害甚其詞也；偏以遠害甚其詞，則老莊也，流至滅裂帝王矣。别傳加以煉狠，使其甘害不顧，其流荒于倫常，而誤任剛戾。確知已甚不可爲訓，故受之以節，節之以制度，制度使之安。

時論曰：旨哉孔子之以離説涣也！離言行散，則天人發越，上下相暢也；離言附麗，則幽明相依，内外相流也。蓋離宫之涣，往蒙來訟，而歸于同人，離乃所以同之，涣乃所以萃之，宜其同心同力矣。同心莫如假廟，同力莫如涉川，險初不避，皆先鞭杖策，破釜沉舟者矣。羣而不黨，則誓天歃血，雖立留臺可也。有刳木者即有乘木者，故拯也、奔也可以同舟；志在外者即在中者，故思也、逖也可以擊楫。涣亦在君相之風行水上耳，主涣者養正乎？王以天下爲居，定鼎輻凑，其一端也；散財發粟，其一端也。出綸敷教，是王中心之汗也；一渙再渙，是都俞之心學，即大號也。漢輪臺之悔詔，唐奉天之罪己，使人感泣，即是精一；彼新莽、宇文之誥，擬湯誓、武成乎？醜矣。相渙者思无訟乎？解其羣陰，附其陽丘，同寅吁咈，四方風動。武鄉曰：集衆思廣忠益，何慮牛李紹聖耶？聖教居業，四民百家各遊各泳，則渙萬古之羣，而聽其觀水學山矣。初乎涉川，二猶闕觀乎？順故壯者，賀循、祖逖、李綱、張浚之赴義也。有杌可安，願且猶豫，渙奔其杌則動矣。隨何坐叱羽使，昆陽一笑合營，雖欲不動也得乎？三上巽坎坎巽，執變則華歆、元積之頻吝，陸機、崔逞之纆棘；善變則戴淵、周處之申命，左原、賈淑之習亨。人果匪躬，血化爲汗，趙孝、姜肱能脱賊鋒，張綱、韓愈直馳虎穴，皆渙躬血去之道也。身心不二，窮上處中，合外以爲内順，身乃天下之身也。並逖亦出之，則利害皆付之東流矣。由此論之，渙散其我執，此六爻所以皆美也；渙發其懽心，正大象所以端本也。淵哉渙之享帝立廟乎！肸蠁縣誠，而旅助分辨矣；蕭光報徹，而神人合漠矣。先王之享天下，熏散之天下，使各享其本心者也；先王之濟天下，吹散之天下，使各濟其舞蹈者也，此即所以汗號渙王居也。稱廟者，言乎國之主也；稱帝者，言乎天之主也，此朱子之確于表法也。禮智曰：少陽巽坎之涣，與太陽乾兑之履相應，故言享帝立廟，禮之最大者也。禮所以化險，使人翕然而從風；禮亦所以設險，使人凛然而不犯。故曰雷雨沛灑，解以散天下之危，則貴无事；風水揚波，涣以生人心之險，則反水爲先也；蒸民立極，奏假无争，則以萃之者布濩之，而各享其帝矣。風水涣，舟象也。民爲水，國爲舟，尊天重本，先王之使風也。人心爲水，禮法爲舟，瀝誠正告，聖人之使風也。觀古誓誥，皆推此赤心之汗，浸人肺腑。稱天稱祖，天祖亦出汗；過告山川，山川亦出汗。柴望偃武，重食喪祭，則天下人人出汗矣。豈虚號文餙耶？漢高一爲義帝發喪，而天下奔机拯馬矣；以大牢祀孔子，此深于享帝者，而天下皆涣戰國之躬，出秦坑之血矣。然則配天嚴父之孝經，清廟、楚茨之雅頌，卜郊廟災之春秋，薰沐讀之，涣然流離，此聖人之汗號，與萬世出汗而假天者乎？

䷻水澤節

全曰：𥳑，禹碑節字，小篆从㔾从丂加竹，丂謂曲中合節也，人持之節象之。説文：節，竹約也。玄子以竹�;之匀有分限言之，遡以虚中節均，東氣生枝言之。肢節、時節、音節，皆此義也。與精盡同爲齊齒之聲。

節，亨；苦節，不可貞。

郝解曰：鬱結不可不散，散則不可不節。涣自否來，涣則否消；節自泰來，節則泰定。盈進坎止，水之節也；平受滿溢，澤之節水也。疊困伏旅，互震與艮，行止有節也；中互頤，以節飲食，養生之節也。金水相資，西北所以節東南也。卦數六十，週甲之節數也。子思合中和而言中節，正以發之未發爲節，還以過不及之節徵之。和貴禮節，内外通塞，有物有則，則即節也；從心而矩，矩即節也。孟子推時中爲大成，隘伯夷，蚓陳仲子，有以夫。觀我公曰：先時後時俱不名節，奏歌者太疾太徐俱不名節，此言適當也。遡曰：節无不苦，无不貞。聖人猶委曲焉，使君父之失不彰，如泰伯三讓，忠厚之至，則不可貞，是窮中之道也。野同録曰：强塞過當則苦，拂人之情，不可以貞。宋鈃、尹文五升之飯，强聒不堪，其能行乎？水不澄之不能清，鬱閉不流亦不能清。秦和曰：節之而已。倫蓺制度皆本然之品節也，節之即通之矣。甘苦之間，有適當于聖人之中正時宜者乎！

彖曰：「節，亨」，剛柔分而剛得中。「苦節不可貞」，其道窮也。說以行險，當位以節，中正以通。舉正下有「然後乃亨也」。天地節而四時成；節以制度，不傷財，不害民。

一一集曰：節從泰變，亦從渙反。在渙不得不同，在節不得不分，不分不可以爲節也，分而剛得中，中即節也。心縱難節，必和說以行之，說過則流，險則思止。左忠毅曰：禮和爲貴，而節在其中矣。凡人過心過形皆苦，去其太甚則甘，知窮而通，惟此中正，故舉當位之五以明中正之義。爻亦以當不當明之，上則窮耳。聖人曰：中正无形，節以制度；上下有分，名器有當。民自不識不知而由之，節何等甘耶！天地之數六十通期，爻日適符。天以五運，地以六制，五日爲候，三候一氣，氣六節而時成，節二十有四而四時成。冬後有春，剛節柔也；夏後有秋，柔節剛也。不然則大冬大夏而已，安能成四時乎？制度者，制爲長短大小之度。不傷財，量入爲出也。不害民，時使薄斂也。

象曰：澤上有水，「上」，一作「中」。節；君子以制數度，議德行。

侯果曰：澤以隄防節水，平則鍾，盈則溢，是通中有節，節中有通，不令汎濫，亦不苦遏抑也。君子觀六十卦通期之象，而知大一之即在萬中也。一必用二，旋四藏五，而八維十二宫周天俱環矣，五行五常莫不于此表法焉。因數起度以節之，由德爲行而倡之，約之于制，以爲節也。法不立不定，故貴制；學不講不明，故貴議。坎輮兑和，行止合頤，總歸中正以通而已。事之窮自不節始，節之窮自過于節始；節而信之，符節從此生焉，非節不相信也。元公曰：兑坎之交，秋冬之候，歸根復命，萬物于是正性命焉。度數始黄鍾，終應鍾，正秋冬之會。火金相尅爲革，則治曆以明之；金水相應爲節，則制律以成之。正曰：風行于水而天下稱文，水量于澤而天下歸質焉。以滿則溢，以困則涸，誰知之乎？不在九德而備九德之義者，節是也。虞之氏曰：品節節文，合外内之道也。頤鼎濟終，皆著節焉。頤爲三九，鼎爲五十，革當四十九，故曰天地革而四時成；節當六十，故曰天地節而四時成。聖人之節中甘苦，猶之冬飲湯夏飲水而已。

初九，不出户庭，无咎。變重坎。坎世。

宜曰：節之異于習坎者，惟下爻塞乎兑底，所以節坎之流則初二兩爻，竇爲水之門户。單者旁者爲門，猶水之竇，下流宜塞；兩者中者鴻門，猶水之道，中流宜通，故曰通塞。知通塞者，知通中之有塞。初則得正，所謂當其位以節者也。苟執禹稷之任而究顔子之隱，操之奇之諫而咎百里之默，則固矣。門内户外曰庭，艮門在三，故初二不出同然。初比奇而二比偶，門户象。户賤而門貴，以仕不仕别，而占辭辨焉。遡曰：士守道，臣守官，圭蓽有不賓之士可，官府有不賓之臣則不可。雲峰謂初爻兑始，兑時酉將闔户；二爻震始，震時卯將闢户，以此辨不出之吉凶。正曰：有位守官，无位守道，陋巷啜蔬，援琴而歌之。高忠憲曰：吾最取退之一室之中有以自娱一語。

象曰：「不出户庭」，知通塞也。

一一曰：二剛塞初之前，此其象也。知通塞之知，即通晝夜之道而知矣。一部易之時宜中節，具此初幾，故係傳以慎密指之。

九二，不出門庭，凶。變震爲屯。積比。

宜曰：天下有同事而異情者，惟時爲之節。子瞻曰：東方未明，刺无節也。不能晨夜，不夙則莫。節初則早，節三則暮，二當節會，不出失時。汝光曰：躬補綴奏牘之任而託括囊以固位，佞也；據開閣延賢之地而託寡交以逃訾，陋也；操決疑定難之權而託遜讓以避怨，奸也。變屯以經綸，可勿出乎？正曰：季札聘魯歷齊晉，禍平而後反，宗祏有主，則吾君也。獲節之心于山門庭乎？

象曰：「不出門庭，凶」，失時極也。

或曰：極者，時之中而通塞之幾也。通曰：伯喈欲逃不免，盧植詭道而出，士孫瑞先脱後陷，楊彪幸而老許，要貴乎知時耳。

六三，不節若，則嗟若，无咎。變乾爲需。積蹇。

子瞻曰：二節于未滿，節之者樂；三節于既溢，節之者嗟。内澤，節人者也；外澤，節于人者也。宜曰：三五互換而主五，故五吉。三以後言節，節不虚立，迫險始見。以澤節水，成卦在三。本悦以立節者，然水出澤泛變爲需泥。兑口向險，有自嗟自問之象，嗟正其鋭于節也。病病者不病，震恐坎憂，所以善補過也。遡曰：不節則嗟，節則不嗟，求仁得仁之无怨也，象傳反言以致美耳。正曰：韓宣子憂貧，叔向賀之，賀亦嗟也。存宗曰：劉伯龍營計，爲鬼揶揄，大宗師終以倚門之若歌若哭，皆此爻之真聲乎？知其无可奈何而安之若命，可不謂善嗟耶！

象曰：「不節」之「嗟」，又誰「咎」也！

訂曰：同人、解、節皆曰又何咎，程可久、王介甫皆云此與同人同。見曰：初作法于凉也，二猶足也。規模固陋，物極必反，反而太甚，以成六三不節之嗟。隋文之後，繼以煬帝，又何怪焉？二其公孫弘、盧懷慎乎？徐邈之通介，知時者也。五則文帝乎？此以節用言。浮山聞語曰：袁閎土室，范粲一車，此不出户庭之甚者也。張溶、司空圖，吾許之矣。恭世子、王裒之凶，是不出門庭者也。張儉、嵇含之出門庭，豈得已乎？顧榮恐題其首，仲理埋憂地下，是不節之嗟也。陳蔡彈琴而扢于者舞，是甘安者也。此以節難言。

六四，安節，亨。變重兑。積咸。

宜曰：水澤之交，就下應初入坎而静，當艮止中。安象下流有歸，乃有以承上流，故曰承上道。懷曰：伏湛謂妻子曰：今民皆饑，奈何獨飽？乃共粗糲，不苟爲儉者也。魯肅富而給客，張儉温而贍人，此不苟爲奢者也。

象曰：「安節」之「亨」，承上道也。

承五中正以通之道。

九五，甘節，吉，往有尚。變坤爲臨。積小過。

慈湖曰：莫險于嗜慾，五味令人口爽。甘與淡近，甘受和也。遡曰：是淡而不厭者，甘天下使知味也。上卦皆在險，四入險而安，五則通于險矣。從來无身名俱泰之節義，言通即喪守矣，言甘即計私矣。五之甘則委曲旁行，不見節而節，此精忠大孝之極思，非萬世嘉尚耶！爻曰甘節，中節之和也；象曰居位中，即未發之中也。以君論，五主節，天下甘之，化行俗美，故往有功；四近臣，安以承其道，變坤爲土，稼穡作甘。虞翻爲權筮取荆州事，得此爻，曰不出二日。

象曰：「甘節」之「吉」，居位中也。

意曰：克勤克儉，禹菲飲食，甘之至矣。日昃不遑食，无逸知艱難，執中即居中之道也。節文節序，節制節操，皆以中爲時，以時爲位，故承渙三王居正位而表之。

上六，苦節，貞凶；悔亡。變巽爲中孚。

遡曰：坎至上而通，通則用甘；爻至上而窮，窮則用苦。要以甘者百一，苦者十九，捐軀涉血，士所甘耳。荀氏曰：道曷有窮？節之苦者窮之。永叔曰：異衆以取名，貴難而自刻者，鮑焦、申徒狄之流也。炎上則苦，肖離變複離象，苦則入心，甘則歸脾，坎加憂，思則合矣。變巽終之，其憂患之道乎？正曰：君子不求信乎人，求信乎己；不求信己，求信乎理。道可該節，節不可該道，首陽荆蠻，已進乎道矣。抱石隕淵，是豚魚之信，君子不爲也。玄子曰：水已溢，澤而節之，如人放肆之後，驟繩束之，手足拘攣，見爲苦矣。苦不可久，故貞凶。

象曰：「苦節，貞凶」，其道窮也。

野同録曰：世味之甘苦與學道之甘苦，豈同味乎？如人飲水，冷煖自知。知甘苦之劑者，甘亦苦，苦亦甘矣。知極上之道窮即知窮通矣。變爲中孚，節而信之，亦可以過物而濟矣。易貴變通，故曰中正以通。□[一]曰：方慮人之不節，何暇慮其過節？事苦則矜憐之情薄，生厚故安全之慮深，彖苦之而乃甘，窮之而乃通，緩死三過交濟防慎，聖人之心苦矣。

時論曰：涣以能同爲功，節以能通爲位，故曰涣離也。已離者同之。節，止也，當

〔一〕「□」，底本原爲空缺。

止者通之；止而不通，行險而節苦；即通即止，説險而節甘。意曰：通塞者，甘苦之繇也。能塞而通，通不變塞，乃忘通塞，不則塞苦而通亦苦矣。當塞則塞，當通則通，此中正以通者也。財畀民而悦生，民敝財而險行。數度不制，德行必不能議，議必不能行也。曾知九命五禮六端六贄之末節，皆河、洛乎？曾知中五四破九宫十二律之度數，皆於穆乎？大傳曰：尊親有别，萬世不變，時中之節，乃至甘安者也。德行何可議乎？議之者爲天地四時表之也。君子于澤水水澤之交，知以困亨節矣。立節習坎，辭富居貧，難進易退，明哲之道，處塞之通，十畝閑閑，收天地焉。不出户庭，蓋半開也。行節之中，通悦之用，先民犯難，乃其時也。閉户踰垣，何自屯乎？君子將以和行世，期共出乎險節者也。三陽悦動，上比險情，跳于制度之外，需泥有寇，能節又何嗟乎？君子出門近君而中節也，不充詘，不隕穫，无以蕩陵，无以敝化。相三君者，掩豆雉肩；相魯者，不俎重肉，道豈在此乎？人臣患不節儉，生生自庸，安則悦其節矣。王制中正，當位以臨，菲飲食，惡衣服，卑宫室，寄歸之學，勤爲儉德，不自滿假，且忘其勤儉矣。文王受命惟中身，甘節之謂也。風雨如晦，雞鳴不已；中孚遘險，罪罟漫天。肥如之家，貞凶亦吉；荆蠻之往，雖悔亦亡。書云節性惟日其邁，苦何苦乎？蘇祭酒曰：自分已死久矣。來氏曰：學爲不陵節，禮爲節文，財宜樽節，信有符節，在臣爲名節，在君師爲節制。潛老夫曰：中即節矣，節即中矣。制議裁成，存乎聖人。

智曰：聖人非不謂一太極而已矣，爲前民用，故制數度，以議德行，使由之而中節，節自本然，而指之乃實徵焉。度數即德行，而日用不知，則徒法也，遂膠度數而逐物迷本矣。郊特牲所云祝史陳數其義，難知者也。貴與曰：流傳既久，訓詁襲義，而其數則湮。制氏之鏘，徐生之容，京費之占，无能言者，于是反恨義理之説太勝矣。智謂義何傷，傷其義非義也。畏數逃玄，守殘專己，吡所不知而託言渾淪，皆不知費隱无間，一多相貫之故也。窺見者又貪委化，而全廢差别矣。學安得而不荒乎？天地易準，河洛彌綸，亦曰注我。以洸洋自遁，方且象數降康節，台官鄙一行，況知聖人言先，以卦策禮樂表道，即以此藏道，即以此薪天下，即以此泯天下乎？禮運曰：本于大一，協于分藝。所謂協者，陰陽五行，自然皆協者也。人人安分食藝，即人人无聲无臭矣。是因天地自然之理，以補救天地者也。發而中節，如四時行焉，如音樂焉。氣本具五音六律，而人不知也。聖人紘之，而藏閏之徽與通期之數符焉，丈之尺之皆然，豈人力哉！然後節見而人始知所以中之，其不中者亦知之矣。時何必分七十二耶？卦何必應六十甲子耶？適如此而日夜，適如此而周天，其節自符，聖人因以節之，萬物皆漸熏于節中，且治天焉。性之品節，乃太極本有之律曆，而人不知也。聖人于事物節之而表矣，表即民公視聽，而治教得施矣。左右逢源，則急口曰節本自中可也，竊此而以溟涬廢法耶？學荒則教荒，彼不燒羶淫之薪，則燒狐鬼之薪，不則人牛而已，甘苦皆无當也。考亭于曆律名數无不研極，安定以實濟分科，皆以通節後世者也。謂不作偏上之隱語，而以陸掃朱耶？朱陸何分乎？人畏難而自匿所便耳。聖人終二篇曰：亦不知節也。人苦逐末，則以本節之；人苦小本，則冒本末以節之；人又執冒，則言細本末以當之。因便節其便，因難節其難，誰能滅吾四時之度數哉！

中孚䷼小過〔一〕

兑巽艮震合括二經，收坎離用六子。■〔二〕蕭説詳前。繹曰：上下之收，先之以二過，欲人損過就中也。訂曰：小過，過也；中孚，信也，蓋謂大過小，常也。小者過斯乃謂過，外相孚貌也；中心孚斯乃謂信。東坡曰：陰在外，據用事之地爲小過；陰在内，不據用事之地爲中孚。周省貞云：文序二十五，至无妄，以應河圖天數；恒爲中半，六十至中孚，以居干支會合之全數。物與无妄，天命也。久于其道，人心也。中孚，物理也。合一，誠也。又云：中孚象鳥未離殼，天真未散，小過反之，則孚亡矣。遡曰：二陰二陽互换，辨在三四，重在二五。中孚肖離，内陰外陽，象中柔外剛之卵，時則卵孚而雛始出。小過象坎，二陽體而四陰翼，時則雛出而飛矣。元公曰：頤、大過二陰二陽在外，氣分也；中孚、小過二陰二陽在内，氣

〔一〕原本如此，但據實則有誤。依全經之例，此當爲「中孚䷼ 小過䷽」。本書之目録同此。
〔二〕此爲底本原有。

合也；以應乾坤坎離之分、咸恒既未之合。郝解曰：肖離者伏則成中孚，是離來歸坎也；肖坎者飛則成小過，是坎往化離也。仝昌曰：歸魂六變，而偏者正无可綜矣，四偏之游是也。頤、大過爲坎離之似，中孚、小過爲坎離之複也。潛老夫曰：上以頤、大過、坎、離終，每卦合七卦，少陽數也；下以中孚、小過、既、未終，每合八卦，少陰數也。智曰：大圖中孚、小過終二分，八卦之限，而頤、大過終二至，中四卦之限；方圖中孚、小過居三層之子午，而十字雙縱横則頤、大過居東西。横圖中孚去乾十二，頤去乾三十，小過去坤十二，大過去坤三十，與關邵之用十二與三十者符，宜其游歸反復，貞悔迤互，皆此四卦不變也。

䷼風澤中孚

仝曰：〇一爲中，一乃所以然之理。䍉者，鳥孚卵也，誠之至矣。古孚包相通，脬即胞，枹即桴，故柴氏以泡字當之。中爲舌上穿齒聲，孚爲縫脣聲。易之爲易也，中而已矣。六十卦著節之後，以複離著中孚焉，示大中即在中節之中也。言卦氣者起中孚，豈偶然哉！

中孚，豚魚，吉，黄作「遯魚」。**利涉大川。利貞。**

宜曰：卦象三四中虚，二五中實，虚則无意，實則有主，虚實相貫，中孚之道。老子曰：窈兮冥兮，其中有信。程子曰：中虚，信之本；中實，信之質。存於中爲孚，見於事爲信。朱子曰：一念之間，中无私主，便謂之虚；事皆不妄，便謂之實。郝解曰：域外之郭曰郛，五穀果實甲内之膜亦曰孚，故郛内必虚，往來所以通也；孚内亦虚，生氣所以運也。實生于虚，虚以孕實。中庸誠明，誠實明虚也。鳥卵中黄爲陰，外白爲陽，魂魄相待，故曰中孚，昔謂天形如雞卵。太虚之中莫非信也，人體中孚本與天一。訂詁執坎有孚，凡卦爻稱孚，或以半體取，泥矣。遡曰：中孚之信，信在言前，待言而信，其信已晚。豚魚，江豚也。風將南北，先湧不爽，民之不知而信者似之。兑澤，巽魚象，謂二物者非。木在澤上，外實内貞，舟涉川象。貞本不在孚外，然任孚而不正者多矣。盜賊相羣，挑達相私，士夫相黨，小人出肝膽相示，孚則孚也，不分邪正，便禍斯世。巧其説則曰不正者不可謂之孚，聖人質論，乃可教人。潛艸曰：後天自巽以孳尾，及離坤兑而希毨也，鳴鶴翰音著矣；長統少陰，全體中女，藏坤母之抱伏焉。徐鍇曰：雌伏子如期不失信，豚魚知風，燕知春秋，鶴知夜半，雞知旦，皆信物，故取以爲象。

彖曰：「中孚」，柔在内而剛得中；説而巽孚，乃化邦也。古无「乃化邦也」。「豚魚吉」，信及豚魚也。舉正作「信及也」。「利涉大川」，乘木舟虚也。中孚以「利貞」，乃應乎天也。

京傳曰：九五履信，九二反應，氣候相合，内外相敵。子瞻曰：羽蟲之孚，有諸内而後能化也。張子厚曰：上巽施之，下悦承之，其中必有感化而出焉者，蓋孚者覆乳之象。有必生之理，故曰化邦。誠齋曰：海人未知客心而鷗先知之，可參信及豚魚矣；秦人未覺客心而白虹先覺，中孚之利貞，所以應天也。幼清云：二五中實，能孚三四，而三能悦，四能巽，以孚於二五。邦指三四之二民言。孚至化邦，方畢中孚，豚魚涉川，形容孚化之實也。河上丈人措身于波流，而吾不敢私，節而信之，本于中孚而已矣。省貞云：豚魚之象，貴信于己，非信于人。君仁臣敬，父慈子孝，天性中自有定則，當信及此，若豚魚之于風，有不容爽，且不自知也。豚魚爲魚，有二乎哉！乘木者，實才之應節也；舟虚者，无心而任運也。伯淳云：才不誠，猶不才也。才誠本一，天道自不容僞，故必中孚以利貞，乃應之。天機之動，如豚魚虚舟之于風澤矣。兑巽皆從乾變天象。郝解曰：自兑入乾，化機歛藏，貞固而成孚甲，漸至東南生氣；春夏之交，鳥雀新成，黄口習飛，所以兑巽合而成中孚也。

象曰：澤上有風，中孚；君子以議獄緩死。

元公曰：風感水受，疏義其精。風氣所蒸，水力俱變，如冬水之酒則味厚而清，春水之酒則味薄而酸，故釀家最忌東風。周禮王聽之，司寇聽之，三公聽之，議獄也，務求其入中之出；旬而職聽，二旬而職聽，三月而上之，緩死也，且求其死中之生。兑議巽緩，金殺風養，甘苦生死，節信之道，盡于巽兑之合矣。易惟噬嗑象獄，大象兼孚、豐、賁、旅以盡其義而主離。徐子與云：離明照得情實則刑不濫，噬嗑去間，豐當多故，非動无以致其决，故兼取震、賁、過於義；旅不留獄，非艮以止之，或輕于用刑矣，故取艮。中孚肖離而互震艮，兑議巽緩象，教深矣。見曰：善疑以成其信，正是係傳善慎之意。

初九，虞吉，有他陸、蘇作「它」。不燕。變坎爲涣。

遡曰：兩兑顛倒商確爲虞，猶重兑曰商也。君子自信乃能信人，度于理之謂虞，雜以私之謂他，虞而有他，已且不燕，又何信人之有。不燕者，反兑悦之象。慈湖曰：中孚之心人皆有之，而失在有他。老子曰：我則泊兮其未兆。未兆者，意未作，未有他之時也。誠齋曰：及初志之未變而閑其邪。揆曰：燕晏通。燕春去秋來，兑巽之象。巢于堂宇，忘機安寢，詩曰孔燕，又曰燕譽，需卦燕樂皆安義也。閑象閑心，皆在乎初，或取虞官在澤者，非。

象曰：初九「虞吉」，志未變也。

一曰：聖人立教，從志未變而虞之，故曰利貞應天，乃免无妄之眚。

九二，鳴鶴在陰，古「鶴」作「隺」。其子和之；我有好爵，吾與爾靡之。子夏作「摩之」。京房作「劘」，陸績作「緜」。一曰古作「摩」，一曰卜陸作「縻」，古音通也。變震爲益。積觀。

一曰：用修曰靡音磨，相觀而善，謂之摩。鶴鳴以相和成音，子夏説也。禽經鶴爲露禽，秋露警而鶴鳴在陰也。王會篇□[一]羽注：陰鶴也。震爲鵠，即鶴也。鶴爲風鳥，以澤爲家。相鶴經曰：髀頰骺耳，確然高舉之象，千六百年飲而不食，故古人貴之以比德焉。兑口相向，母子和鳴之象。爵，鳥雛也。其鳴節節足足，故象

〔一〕「□」，原本漫漶不清。

其形爲酌器。大夫以上與燕享，然後賜爵，因謂命秩爲爵。震，官象，以德言曰好爵。我有好爵，猶詩言「我有嘉賓」。舊作縻，繫巽象。我者二自謂，子、爾指五。凡爻應多有間，惟此同德相孚，中虛无阻，中心願象。訂曰：子謂三四，故係詞曰邇。由二積其誠，信乎三四以上應乎五而與之相繾綣。

象曰：「其子和之」，中心願也。

一一曰：係傳以善指樞機，正表中心之願。

六三，得敵，或鼓或罷，升菴音罄，與歌叶。易林罷叶他爲證。或泣或歌。變乾爲小畜。積漸。艮游世。

宜曰：三四主卦而志不相得。王注曰：三四同陰，金木異性，敵之謂也。三以震鼓，四以艮罷，巽入而伏者泣，兑見而悦者歌。或俱指三，謂四得正而上孚於五，二欲進而隔於四，故三之情狀无常如此。又三澤面與風交象。得敵者，外无賴而冥行不當，中无主而妄動也。親則子之，嫌則敵之，心本如風，虛則藏疑。

象曰：「或鼓或罷」，位不當也。

揆曰：三上應而云得敵，惟位不當，故虛者失其爲虛，上九窮高虛聲，實者失其爲實，何以爲乎！□〔一〕曰：觀四象曰絶類上，可知三四爲兑巽之敵。智曰：此艮之游持世，而積變爲漸歸也。其有欲語乎？其真不可測乎？術似窮而心良苦，參撾漁陽，熟讀九歌，許伯、唐衢何用更驅車耶？

六四，月幾望，京作「近望」，荀作「既望」。馬匹亡，无咎。變乾爲履。積遯。

虞傳以納甲取巽辛之月，四乃巽畫，上承九五，故不敢居于既望，而曰幾望。遡曰：月望亦敵意，從震東兑西取互震象。古駕四馬，不備純色，則兩服兩驂各一色。三四震之四陰，本四馬，變離去二，故馬匹亡。□□〔二〕曰：獨立馳駈，一身上報，何謂非善處功名者耶？

象曰：「馬匹亡」，絶類上也。

揭暄曰：類，三也。惟絶去同類而後能上孚中實之君，故无咎。中孚以柔内剛中取，彖傳尤貴柔内，故曰乘木舟虚，而爻若不足焉。蓋惟虚則信，亦惟虚則不信，

〔一〕「□」，底本原爲空缺。
〔二〕「□□」，底本原爲空缺。

合一卦則无實无虚，而偏舉二四兩爻，則倚虚爲病矣。故三與四敵，四亦與三抗，不信之合不如離，故解匹馬而亡之，使其從陽之實，則虚實合用而補過矣。觀二五之和攣，則孚貴中，中則孚卦自統言，爻乃差別。誠齋曰：盈自裕而盈即自仆，黨自助而黨即自蠹。子房師黄石，晚師赤松，月幾望也。退之前不污伾文，後不污牛李，馬匹亡也。

九五，有孚攣如，无咎。變艮爲損。積旅。

集曰：孚雖應二，然合九二爲一體，正包二陰成中孚，正所謂剛中悦而巽者。五既得四，四亦以初適五，如鳥外孚中化，至五期滿子成，故爻獨于五稱孚也。二在内象人性，三四中虚象心，五在外得中象情，四德之端也，故爲有孚。手相綰曰攣，互艮有手象。孚本无心，攣如有意，然善用情，自无咎也。匡章不欺死父，齊王必其不欺生君；諸葛瑾不强亮背蜀，大帝知其不背吴。

象曰：「有孚攣如」，位正當也。

舊義曰五爲中孚主，四比之，二應之，四五虚實得位，而皆有補過之辭；三四用虚，而三有不當之位，必曰閑邪乃存其誠，正恐人滿口本然，而訶學訶修也。正曰：五孚之損也，秦穆損其駿馬，趙孟畀其壺飧，涓埃之惠，猶或信之，況以爵禄而縻賢士乎！潛艸曰：金聲玉振，亦所以攣萬世，而容其鳴皋潛淵者也。

上九，翰音登于天，貞凶。變坎爲節。

集曰：雞鳴必先振其羽，故曰翰音。古詩云：膈膈膞膞雞初鳴。王注曰：音飛而實不從之謂。侯果云：中實内喪，虚聲不繼也。巽高上極，風體飛揚，登天象。玄同曰：震陰爲翰，震聲爲音，雖係詞巽爲雞，禮記以雞爲翰音，蓋飛伏合取也。

象曰：「翰音登于天」，何可長也。

一一曰：高自標榜，與空俱銷，以孚天下難矣。隅通曰：人之能信我者，以我之高而能自卑也；其不爲人信者，以我之卑而妄自高也。鶴鳴于九皋，聲聞于天，最高之物也，而今爲在陰之鳴，得无和乎？日之夕矣，雞棲于塒，最卑之物也，而今爲登天之音，能无凶乎？正曰：貞矣而有利不利。夫其時物也，豚魚之信及于淵，而翰音之信不及于天。世固有不恃其節而恃其才如此者乎？君子涼身而恕物，信己而及人，苟不拂于禮義，遠于經幅，則亦已矣。必自以爲獨往，抗駕于聖賢之前，亦聖賢之所畏也。雄雉能飛，不能晨夜；晨雞同夜，不能朝飛。使節必兼才，則世无完物；使有才之士必皆厲節，則潔身警露，共棲于櫟也。故節之上九自信其節，雖貞而无悔；中孚之上九欲用其才，雖不悔而終凶。筌云：儒者率以實訓誠，獨中庸以天道訓誠，以不思不勉爲天道，則虛之至也。野同録曰：虛正是實，儒者貴以質論鐸民，故止訓實耳。至體不落虛實而用則虛貫實中，卦體自象全孚而爻則分别善用，君子惟信素位，以中節爲應天，故係傳樞機特著善言善行焉。上九中孚之節，故受以小過，謂其不宜上宜下也。

時論曰：月令以物爲候，羽蟲居其大半，草木次之，陰陽又次之。如是者爲孚，不如是者謂過，是以孚、過反對，取象鳥焉。其爲鶴也，翰音也，豚魚也，馬也，飛走雖殊，總皆從類，不以寒暑霜露或爽其質。夫人也，首出三才，乃恢詭譎詐，鬭捷萬端，罔與窮詰乎？人之入于匪人，何若物之格乎天乎？意曰：實者孚，虛者亦孚，此无心之至，所以應天也。惟五係孚，剛得中而孚上下者也。心即中也，位類亦别，上孚五外，音宜下矣。有天道焉，爲月爲陰，兑生明，巽生魄，自弦徂望，將小畜疑陽之幾乎？抑歸妹應陽之幾乎？勿盈焉可孚也。二五者，陽風之遇陽澤，而三四者，化育之陰地也。月之所以敵日，而萬物之所鼓和也。月生于初，陰于二，登于上，則食矣。有人道焉，可虞而不可登也，可攣而不可他也，可和而不可敵也，可亡而不可望也。罷非鼓亦非也，泣非歌亦非也。孚之天之，曾知其變態耶？必曰變態不可謂天耶？將曰變態不礙天耶？似是而非耶？无妄災耶？何故曰利貞乃應耶？自問中心，信及豚魚耶？鶴鳴子和，二何心耶？五呼二而爾我之好爵之，又何心耶？損虛益實，損實益虛，悅斯鳴，入斯和，中心之願，何計天不天耶？三期乎五爲上畜，而四敵焉；四期乎五爲下履，而三□〔一〕焉。鼓歌則樂，罷泣則悲，何如亡其震焉？勿服兩□〔二〕，虧其巽月，而見顏色乎？或之者疑之也，幾之者絕之也。匹敵並消，天君見焉，而猶虞初之他燕耶。初志謂之虞，苟安謂之燕，渙惟拯焉，知一莫知他矣。鶴聲聞天，孚所通也；翰音登天，孚所苦乎？執極爲孚，⿰馬咸人應節，振羽擊節，夜鳴不長嗟乎？謂雞斯飛，高士作操，人不如鳥，大學哀鳴。衣食之地皆時也，聲名之場皆獄也。大象議緩

〔一〕「□」，底本原爲空缺。
〔二〕「□」，原本不清，存目本作「驂」。

獄成乃乎，易中五見，終此。死死者不死矣，夫子于室中得天地之樞機焉，信此甲子卦外之人天乎？雖聞荒雞，吾放吾鶴。

智曰：日中之旅，巽行兑言，涣而節之，則室中千里之樞機發即未發矣。惟其死中得緩，適還其爲天地卵而已耳。聖人猶虞之曰：中孚以利貞，乃應乎天也。不從涣、節之始終，知畜、履、損、益當不當之類變，而曰本无待議，則不分九皋，自謂登天，訶其孿靡，破此好爵，豚魚且吹浪焉，虚舟免汩没乎？故特舉之曰：善應遠邇榮辱之主也。嗟乎！凌霄之姿爲人所玩，豎子請鴈。役不能鳴，啞羊也，剪鳩也，介距也，駿骨也，皆敵生死之歌泣也。一執一愚孿死且不免，知不免而有免免者。隨此山川，剡其舟楫，節而信之，善相和焉，則鶵鶴豚魚，皆飛躍也。

䷽雷山小過

字義見前。養動受大過，信行受小過，過者行歷之迹，禀于中也。聖人信中而存神，行應而過化，藏大于小，寓理于事，世大執小，故爲過差，而窮大更成過差。故二過收上下經，而過繼中孚，文王著之曰宜，尤兢兢焉。

小過，亨，利貞。可小事，不可大事。飛鳥遺之音，不宜上，宜下，大吉。

一一集曰：有過勝之義焉，有過失之義焉，有過往之義焉。四陰過于二陽，而陰居用事地，此小者過勝以名卦也。頤貪口養而不慎節，則有大過之死喪；中孚恃天而忽下學，則有小過之災眚。雨過肖坎而複者尤險，小過之内互爲大過。不中不信，動而不止，同抵滅亡，非謂過不可大而但可小也。人宜收歛改悔，則自然亨通。氣質偏駁，不知學問，動而自恃，以希獨立不懼之勇，其咎反甚于大過矣。大過有陽剛之才，而小過陰柔，飛揚操擾，尤所深忌。由中孚來有鳥象，中身而四陰爲翼，有飛象。近下艮止，近上震動，可小不可大，亦以人事貴于分别合宜，教主中下，善止于貞，則大吉矣。鳥既横飛，身聽于翼，音之所遺，過而不留。費文偉曰：勢盛而其心小，乃大吉。遡曰：隱過可寬也，而不可不救也。能過而不留，如飛鳥之遺音乎？可矣。此過失宜補之義也。至于過時不遇，雖聖人不免焉。當小過之時，即以柔中藏剛爲平康矣。此爻中過往之義也。

彖曰：小過，小者過而亨也。過以「利貞」，與時行也。柔得中，是以「小事吉」也。剛

失位而不中，是以「不可大事」也。有「飛鳥」之象焉，一无此句。「飛鳥遺之音，不宜上，宜下，大吉」，上逆而下順也。

程子曰：矯枉而過正，過所以就中也。過以利貞，正過之時，當行之理。郝解曰：小過柔勝也，故柔道亨，事有待過而得正者時也。揆曰：小過之時，不容不小過二陽爲陰所包，宜主順主静，爲陰柔之事，所謂與時行也。三五得中，故可爲柔小之事；三四不中，故不可爲剛大之事。因孚雛成翰而象飛鳥，兑口震鳴，遺音順風而下，不能逆風而上。艮之二陰下止而順，震之二陰上動而逆，能下而順則不可大事，而實大吉矣。宜不宜，所以辨中節應天之時中也。淇澳曰：大者過曰剛過而中，小者過曰柔得中，皆有餘之詞。君子以天下萬世論，須是大過；以身與家論，須是小過。大過以剛大有餘，爲用剛中之能事；小過以柔小有餘，爲用柔中之能事。爾公曰：身當用大過之法，以發憤獨立；天下萬世當酌小過之法，以寡過宜民。夫小過者，大人之藏諸用也。不宜上宜下，言其與民同患善止于動中也。隅通曰：易以坎離二濟爲中行，以大過爲狂，小過爲狷，故獨立不懼，遯世无悶，狂者之事也；過恭過哀過儉，狷者之事也。野同録曰：狷可以礪風俗，而狂易蕩于規矩，故治教宜下不宜上，宜以小藏大，宜即事以明理，使民可由觀過知仁，小心乃大吉也。窮翻乾坤以先，總握六子在手，依然惟有申命講學乃能交濟耳。

象曰：山上有雷，小過；君子以行過乎恭，喪過乎哀，用過乎儉。

侯果曰：山大而雷小，山上有雷，小過于大，故曰小過。世治則反一无跡，以道爲功；世否則因二以濟，以過爲功。行喪用皆見于動，象震；恭哀儉皆止于節，象艮。關子明云：小過，一時之用也；大過，一世之用也。潛艸曰：悟盡萬世之用，總歸一時之用。閒居語禮樂，終于無服之喪，此以哀貫恭儉之中，何耶？哀以送死，即是生理，孝無終始，而慎終爲重，故曾子臨終，振鳴哀言善之鐸。中孚緩死，大過不懼，豈有異哉！凡人之哀，未有不善者也。哀則反本，萬念俱平。人誠知无服之喪乎？豈患不恭不儉耶！

初六，飛鳥以凶。變離爲豐。

子瞻曰：大過棟，小過鳥，皆一卦象，而寄之初上者，本末地也。宜曰：二過俱肖坎，爲亂世。大過陽得位，權在君；小過陰得位，權在初。在艮下宜止，應震故飛，飛喻小人得志。以凶者，以飛凶。卦與中孚貞悔，初則雛出而飛矣。四陰據用事之地爲翼，二陽囚于内爲腹背，飛鳥之制在翼，腹背不可如何。獨于初上言之者，鳥飛不在翼而在翰。翰，翼之鋭也，初上之象也。又變成離鳥，故兩爻象飛。元公曰：鳥以翼飛，而意南至南，意北至北，皆首尾爲之應。世謂公輸製舵，觀鳥之飛而有悟，故初上寄象以明其義。

象曰：「飛鳥以凶」，不可如何也。

野同録曰：飛鳥之凶，凶有以也。人知章蔡，以安石凶耳，彼敢以之凶者，天下非而不顧之一語也。人知胡紘、王沉劾趙朱，禁僞學，以侂胄耳，彼敢以之凶者，夷跖同盡之見地也。翰音登天，鶡鶴无别，反而拚飛；桃蟲亦鸇梟天，不可如何，豈不哀哉！

六二，過其祖，遇其妣；不及其君，遇其臣，无咎。變巽爲恒。積壯。

郝取輔嗣説，妣者居内履正之象，臣者以卑承尊之象。六二互巽主，在下得中，處小過之道也。仝曰：三象祖，四象妣，五象君，二象臣。訂曰：小過，陰過陽也，故三四稱弗過，而二與上稱過。陽在上者父象，尊于父者祖象，三父四祖，五陰而尊者妣也。妣在祖上，如周祖后稷，而以其母姜源〔一〕爲妣，故斯干云「似續妣祖」。春秋傳：我所欲曰及，不期而會曰遇。二五非正應而同類相求，越三而四，以應于五，是過其祖而遇妣也。然五雖德爲妣而位則君，三四居近君之位則皆臣，二未應五而先與近比之三四遇，故又有不及其君、遇其臣之象。卦初上，陷陽之甚者。二五柔中，二與陽遇，雖未能用陽，然猶知敬陽而身爲之下，若上六，則弗肯與二陽遇，而直過之矣。二惟承陽，故无咎。臣不可過，蓋勸之。引三四而與之共事，則福且及于君，惜乎其僅一遇而已，若季桓子之于夫子是也。遡曰：爻象以世人籠君子言之，自其籠之以恩曰遇，遇之逮下也便，有如當前取忌，或改遇而相戕；自其籠之以威曰過，過之姤上者多，有如處後不疑，或霽威而用遇。二戕三而三之防必周，五遇四而四之往必戒，易之爲君子謀者至已。初上喻小人之禍機，初則權奸始焰，隙或起于智昏；上則積久貫盈，災難弭于惡稔矣。

象曰：「不及其君」，臣不可過也。

〔一〕「姜源」，當作「姜嫄」。

見曰：世有嚴父而无嚴祖，祖雖嚴，僅可以比嚴母耳，故祖可過，君不可過。過其祖則以爲妣也，過其君則失所爲臣也，故不及之而後遇之。隅通曰：在大過則曰老夫女妻，過以相與也。夫之過妻，雖大過而无妨；臣之過君，雖小過而不可。陰陽之分嚴哉！潛艸曰：易隨人取，期于合義，據爻刻畫，則陰陽時位交綱而已。故尼山斷大義曰：臣无過君之理，過君則逆。士夫立訓持世，大端言臣道爲時宜，過皆見而更皆仰，過而遇之謂也。

九三，弗過防之，從或戕之，凶。變坤爲□〔一〕。積歸。兑遊世。

一集曰：陽亘陰前艮門止防之象，巽入從象，兑毁戕象。元公曰：二陽居四陰間皆弗過也，然四于陰遇，而三于陰防，蓋三爲艮主，欲止二陰而防之不深，反爲所害。古人之蹈此多矣。正曰：以爲小過之豫而不防，則戕我者至矣。日月之行，或遇或過，人猶知之，况于人事成敗得失魄兆先見者乎？書曰：怨豈在明，不見是圖，非防人也，防過而已。

〔一〕「□」，原本空缺，當作「豫」。

象曰：「從或戕之」，凶如何也！

智曰：此兑遊持世而積變歸妹者也。心世複險，才德皆爲妒怨之府，徒艮峻其門庭，而可豫處乎？二變巽隱，初變離戈，是同體之戕也。四則動矣，五以説感，上以旅焚，此外體之戕也。一念從之以飛，支離飄散，可不自防也耶！□〔一〕曰：蜀洛相戕，朱陸之門亦相戕，何謂夷惠有門人不相戕乎？楊畏、李定、陳賈、林栗之流，踵接今日，凶眚不必論矣，猶是門庭之未知時中也。

九四，无咎，弗過遇之；往厲必戒，勿用永貞。變坤爲謙。積臨。

一集曰：三凶而四无咎，以剛居柔也。然震性動，下應飛翰，上方弋取，往則厲矣。必當時時自戒者，勿用永貞，將以往遇之道爲可永貞乎？不貞惡其好上，自恃无過，則又恐其不知變，變而謙則可耳。三變由豫而反疑其動，以上則逆也；四變謙而暗得艮主，以下則順也。弗過遇之，與弗遇過之相反，俱對六五言，蓋四與五相遇，上與五則已過而不遇，同爲震體，而凶與无咎天壤矣。

〔一〕「□」，底本原爲空缺。

象曰：「弗過遇之」，位不當也；「往厲必戒」，終不可長也。

訂曰：孔子讀正月之六章，㦬然曰不逢時之君子，豈不殆哉！從上依世則廢道，違上離俗則危身，世不與善而己獨行之，故曰非其時恐不得終焉。此小過三四之當防戒也。位既不當，暫遇難免，終不可長。甚言往厲之不如止耳。

六五，密雲不雨，自我西郊；公弋取彼在穴。變兑爲咸。積節。

宜曰：卦上見重陰爲密雲，五變乾而天體全現爲不雨，兑爲西郊。弋取穴皆坎象，生絲繫矢曰弋，見巽也；取穴指二，其應也。卦惟小畜、小過以陰取，故五通小畜之象。遡曰：位卑則市恩，位尊則怙勢。二主遇，上主過，五兩操之而弋，則恩少威多矣。本以弋飛，顧取在穴，昏□〔一〕之世，所可得而生即其可得而殺者也。果冥冥乎？繒繳安施耶？已上即所謂上逆也。公指五。卦名小過，不可以小斥君，故隱而稱之。

象曰：「密雲不雨」，已上也。舉正作「已止也」，鄭作「已尚」。

〔一〕「□」，原本漫漶不清。

一一曰：小畜之既雨者，以有二陽畜之于上，故畜極成雨；今六五之上又有上六，陰太盛，陽不交，豈成雨乎？象曰終不雨也，歸咎上六也。兼明書曰：天氣下降，則雨風雷皆欲低。管公明占枝有少女風，當雨，風低也；小畜風行天上，高可知矣。殷其雷「在南山之下」，雷低也。小過雷在山上，高可知矣。

上六，弗過遇之，飛鳥離之，凶，是謂災眚。變雷爲旅。

一一集曰：六五已過曰已上，上六又過曰已亢。離者離網羅也。外災内眚，天人交厭，欲避无從，不期離而自離也。卦肖顛倒兩巽，結網之象。筌曰：四陰皆過，獨上曰過之，過者勢也，過之者心也。解曰：雖應三，而陽已失位，艮不能止，恣其躁動而過之，陰翰急隼，窮高瞰鷙，滅人亦自滅矣。

象曰：「弗遇過之」，已亢也。

正曰：位也時也，或遇或過，皆命也。命之所值，君子引爲己過，上不懟天，下以儆衆。詩曰天命不徹，我不敢傚，我友自逸，是猶過之而不敢避也。潛艸曰：已上又曰已亢，咎之矣。或曰魚網鴻離，客離于旅，雖然嵇康倨鍛，王澄探鷇，豈不自謂高亢出格乎？外雖散朗，内實動狹，才多識寡，苦不得薪，正惟薄棄禮法爲不學之眚也。寧與燕雀翔，不隨黄鵠飛，僅倖免耳。後世誤讀鵬怒劈翅，而亢用之凶眚一世者豈少哉！是以君子講學旋履，但言戒懼，恭儉惻怛，所以濟也。

時論曰：大而過者撓，小而遺音反吉，獨立不懼之詞壯，宜下可小之詞哀，蓋寡民之過惟慎小者。非常之事，功大過大，惟其時，惟其人，故與民宜之而已。意曰：弗可以過之從之之道施之，而可以防之遇之之道制之，无父君之世，有往必厲，勿用則貞可永也。然且存其空名，曰君，曰祖妣，曰公，曰臣，大小各恪其事，上下交辨其宜，庶幾小過而猶亨也。詩云「肇允彼桃蟲，拚飛維鳥」。物莫小于鳥，莫過于飛，飛者動，不飛者止。詩云「雄雌[一]于飛，下上其音」，言其舍逆而取順也。雷藏而先時聞者莫鳥若，止于丘隅莫鳥若，鷹化眼存，梟徙聲在，鳥且降凶，何況于人？春秋傳曰：志内之遇者四，而皆書及，若曰以此及彼然也；志外之遇者三，而皆以爵，若曰以尊及卑然也。内曰不及其君，外曰公弋，公乎？君乎？君何在，祖何在乎？幸二得中，猶肯奉空名于遇内也；不幸而五公也，幸陰已過若妣

〔一〕「雌」，當作「雉」。

然也。二恒五咸互見巽兑，有家門宗祧之規焉，家門宗祧則小人恒守，而易爲感動者也。過乎三四之祖，遇乎五之妣，是强宗之小事也。五雖君位，爲公所據，有寶玉大弓之竊焉。臣强君弱，既无及矣，故不及其三四浸上之陽君，而猶遇乎陽臣，是禄去公室之大事也。魯季田陳曷嘗不曰吾尊君耶，而倖門私植，家有凶臣矣。聖人救之曰臣不可過，墮三都，无咎也。是時天王若綴旒，公亦出遜于郊，取鄆取郈，終鬬穴中，踣于陪臣而已。子孫既微，祖妣不祀，故斥之曰已上也。三四互爲大過，則三撓而四隆也。豫則怠于防而盱于從，謙則施于遇而撝于戒。夫陰自下而上也，乃必過之物，三苟上乎其間。詩云「曰予不戕，禮則然矣」，迨其戕之，則大事已去矣。陰已上而不下也，有既過之勢，四動起乎其間。詩云「縱我不往，子寧不嗣音」，迨其遺音而勿用，則大事或猶可爲也。初豐上旅，變離爲網，過旬之災，初瞻鳥翼，焚巢厲吻，多參自墜。從古小人叛君滅祖，自快其鷙迅之毒，如鳥飛去，无不終凶者。大象申言三過，其曰行過乎恭，用過乎儉，則夫人知之矣；喪過乎哀，有餘泣焉。喪禮廢久矣，天王崩，諸侯不奔赴，則无君臣；桓公死，五公子争立，則无祖妣。及夫義渠柴煙，荼毘同熾，佞者藉遁，高言大事，死生可齊，實則荒其生事死事之禮節以自逃耳。通喪棄爲土苴，哭泣比爲濁識，宅兆燼于猛火，過乎忍矣。是亦大事之痛乎？彼其設此權也，蓋曰人世皆過也，皆可哀也。故用大過滅頂之法，充類懼人，而不暇爲人世君臣祖妣，生事死事，折中其節，徒以小事忽之耳。豈悟不宜上宜下，止當明此小過之法，以養斯民之孚乎？智曰：艮宮遊魂爲中孚，兑宮遊魂爲小過，孚遊曰死，過遊曰哀，哀過皆言生死也。孔子告子夏以五至而終之以哀，舉三无而終之以喪。孝經曰：孝无終始，有在髮膚之先、祭葬之後者矣。戒懼是終身之喪也。機心械事，罘罟彌天，无穴可居，疑之則舉，而猶侈然傲色乎？過而不留可矣，惟死養生，危辭怵戒，无非絶後，可怨乃興，雨雪之操，曾子所以感鵩梟也。荒壠遺音，一夜五起，將以荆蠻爲不見冥山耶？誦鳲鳩之章，能不一慟！兆湑九月二十日合明山孤哀子以智泣血識于欒廬。

既濟䷾未濟

易原論始終，前圖詳矣。乾鑿度曰：二濟者，所以明戒慎而全王道也。李子思曰：坎離以陰陽之中救大過，二濟以交中救小過。繹曰：水易流而難固，火好炎而難静，交勝交病，惜危守中，知終惟終，爲性命宗。章本清云：乾坤用坎而此終坎，卦各二濟亦因坎取義，蓋兩間險多，惟剛中濟，一念聖狂，在幾微矣。遡曰：以置換論，水火相爲用曰既濟，不相爲用曰未濟。六位皆當，故曰既濟定也。九五換陰，六二換陽，中女在外，中男在内，失婦茀之位，故曰未濟，男之窮也。伊川遇成都桶匠，言三陽失位，朱子曰火珠林已有。夫非三女失位乎？隅通曰：上經純坎、離，日月滿也，望象；下經既、未濟，日月合也，朔象。始乾、坤，天地開也；終既、未，日月合也。望爲月之半，經亦半也；朔爲月之全，經始全也。故曰日窮于紀，月窮于次，星迴于天，歲將更始，而貞下起元矣。以一月言之，坎、離爲望，既、未爲朔；以一歲言之，坎、離爲夏，既、未爲冬。當夏之時，井泉冷而日光烈，是水甚寒，火甚熱也。豈非坎離之兩分乎？兩分之，非純坎純離之卦乎？冬之時，日可愛而井泉温，是火反不熱，水反不寒也。豈非坎離之相合乎？相合之，非既濟、未濟之卦乎？野同録曰：分坎離爲南北二至，交二濟爲東西春秋分，取其和平也。既濟中互未濟，未濟中互既濟，三四主卦既上四換爲益，未初四換爲損，又二卦乃參錯之泰、否也。泰、否消長，損、益盈虛，易之大用，盡于二濟矣。潛老夫曰：圓圖三互得乾、坤居四正，既濟、未濟居四隅，此八卦縮象，即周易首終自然之序也。既濟居立春後三卦，未濟居立秋後三卦。方圖居寅申之線際，咸、恒、損、益之中，乃十二卦之層也，春後三，秋後三，用十二之半也。十二者，時法也。終此以起乾元，有以夫。智曰：因二以濟民行，以明失得之報，蓋非二不濟，不執兩端，不能用中，徹源徹流，惟曰不二不一，實則二即是一。君子曰二即一猶巔頂也，不可濟天下也。必著其交濟之首尾，思防慎辨，而二中貞一矣。不輪既、未，分而合之，合而分之，豈知其消息，而中節適當者乎？

䷾水火既濟

仝曰：既，食熟氣也，借爲已盡之詞。濟从𠫬，象禾黍之不齊而熟則齊熟也。加二作𠫬，象地上也。从水爲濟渡之義。楷隸作濟。既爲見轉腭聲，濟爲精轉齒聲，謂爲熟物齊物可也。二卦皆以坎水言，既濟、未濟有過物者必濟，涉險如過渡也。天一洩水，元氣化濕，人物受形，含虛生明，坎離交而因二以濟，始終濟此大一之用而已。

既濟，亨小，利貞；初吉，終亂。

一一集曰：易以二用一，坎離而已矣。一篇之中，示坎離之分體；二篇之終，示坎離之合體而已矣。既中互未，未中互既，又際換之損、益而參錯之泰、否也。泰、否、損、益交輪分合，而一在其中，苟欲相離，不能濟也。陰奉陽而化精，陽用陰而化神；火麗于空，水行于土，水火之用，相勝相資，心腎之交，以水降火；易之爲易，交濟而已矣。三才本交而人不明理，涉世成險，任心焚和；聖人以睿思和之，中虛外朗，即以潤生，即以濟世，明其初終，素其時位，因天下而轉之。水在火上，火怒陽奮，險難必通，是爲既濟。濟用柔中，故曰亨小。位雖各正，猶曰利貞。既濟即存已濟之心，故初吉而終亂。雖曰天行消息乎，文王于此儆之以亂，人可不戒慎，而反以知委之故，巧于自委，是趣亂也。

彖曰：「既濟亨」，小者亨也。郭京作「亨小，小者亨也」。「利貞」，剛柔正而位當也。「初吉」，柔得中也。「終」止則「亂」，其道窮也。

一一集曰：陰得位而陽能下之，小者在上，得遂而亨也。剛柔均正，二五位當，六十四卦之所少者，猶曰利貞，何耶？ 謂不可恃既濟之時，恃既濟之位，而肆既濟之心也。二柔得中，乘初剛而自吉，窮上執柔以爲濟定，終止於此，不復思患而亂矣。通而論之，潤生涉險，明理濟世，必以柔小用其剛大平康正直，妙在二克，此乾之所以濟也。民用之溥，莫如水火，而滔天燎原者，即水火可知治亂倚伏，偏正互變，窮通環應，得喪同門，惟在知其幾而善濟之，思防慎辨，烏可不講！ 訂曰：未濟險在上九一陽之内，有渡水未濟之象；既濟險在初九一陽之外，有渡水已竟之象。以小利貞爲句，陰利貞也。全曰：二濟權在二五。郝解曰：濟坎莫如離明，既二未五爲要。意曰：三四持世，克乃能生，故兩著伐鬼之象。以教言之，三代以後，在乎熄邪；以學言之，在乎克己復禮。

象曰：水在火上，既濟；君子以思患而豫防之。

宜曰：水在火上，各得其用。時无患乃生患，患生于无常，隱不及覺，故貴思；倉猝不及持，故貴防。廷秀云：泰，天地之明交也；既濟，水火之明交而天地之互交也。故泰者既濟之純，既濟者泰之雜。天地氣通，水火濟□〔一〕，此爲既濟，水在火上氣交濟也。神曰：水升火降，養生家法，此以固臍。易簡録曰：享水火之利，豈能不思水火之患而豫其防？意曰：惟豫則立，惟豫知戒，心官則思，土之濟水火也。察倫明物之思，即无思之思也。易豫知有混一冥應之患，故分別日月水火之理，使人惕而安之。人自以爲无患而患生，所立之禮法，皆天地之本然，因本然以爲防，故百家不得而壞之。

初九，曳其輪，濡其尾，无咎。變艮爲蹇。

宜曰：二濟初尾上首之濡，因濟而取象也。既初之濡，濡而濟者也。曳輪喻任事之鄭重，濡尾喻憂思之周密。老子曰與兮若涉冬川，涉則必涉，然畏寒耳。坎爲輪爲曳，指二應五。初以明體重剛，鋭于同濟，雖掇足沾尾之不恤，於人臣盡瘁之義何咎乎？初尾水下，初應四，濡象。易簡録曰：既初曳輪，當極治極安而故退故却；未二曳輪，當未治未安而持重填静。既初濡尾，入世本以經世；未初濡尾，

〔一〕「□」，原本不清，依形似作「飪」。誠齋易傳有「天地通氣，水火濟飪」語。

枉尺不可以直尋。正曰：尹鐸增晉陽之壘培，趙簡欲殺，而卒以免難之賞賞之，是濟之蹇，濟難不忘者也。

象曰：「曳其輪」，義无咎也。

一曰：行藏之无適莫，以其義也。魏相以丙吉之書爲霽威嚴，九齡與張説譜系而奪哀相，田疇因曹軍制烏桓而辭侯受郎，張翰遇賀循同載而首丘憶蓴，皆曳輪濡尾之近義者也。

六二，婦喪其茀，子夏作「髴」，荀爽作「紱」，董遇作「笄」。勿逐，七日得。變乾爲需。積井。

宜曰：離女應五，婦象。乘車以茀。爾雅輿革前謂之䩕，後謂之茀；竹前謂之禦，後謂之蔽，詩翟茀簟茀是也。晝雉其上，離象也。變乾，喪茀象。五上二下，男不下女，不以茀來迎，二不可行矣。然正應終合，六爻再輪爲七日周旋終始，以日統夜之表法也。子瞻作竊茀解，謂人之竊茀，將以間我，我疑而窮其事，則間行而墮小人之術中，勿逐則小人之術窮，茀可還矣。正曰：既濟之需，需以宴樂，樂而喪茀，左右之借，房闥之蔽，是可以勿逐也。君子濟難，去其瑣節，以惟大政，慎默以居之，寬綽以舒之，喜怒笑詈，不濫于僕御，如是則可謂知治者矣。晉文見勃鞮與里皃須，獲免于呂冀之難，故需而喪茀，喪又逐之，禍亂未平，而怨惡沓至，非内順之道也。君陳曰「寬而有制，從容以和」，是既濟之需也。

象曰：「七日得」，以中道也。

潛老夫曰：君臣朋友交感以濟，故取婦象。行車善藏，自重之道也；安心天運，用舍隨時之道也。心主思官，亦君臣也；北腎南心，亦伉儷也。君子惟素其中道之思，即不思而中矣。

九三，高宗伐鬼方，三年克之；小人勿用。變震爲屯。積坎。坎世。

筌云：上三爻猶泰有向衰之漸，故高宗不係五而係三。唐、虞以上曰熏鬻，夏曰淳離，殷曰鬼方，周曰玁狁。世本黄帝娶于鬼方氏。匡衡疏云：成湯化異俗而懷鬼方。西羌傳曰：殷室中衰，高宗征西戎鬼方，三年乃克。潛艸曰：竹書紀年：武丁三十五年，周王季伐西落鬼戎。皇極經世：高宗戊子□□[一]既濟值運，預司契耶！九三離日將昃，剛得中而位不中，應居卦外，九五所不臣，故取高宗伐鬼方

[一]「□□」，原本毀缺，存目本作「己丑」。

爲象。易于用兵，必戒小人。求功于外，不如彌隙于内，蔡邕以李牧、嚴尤爲中邊之要，正惜憊也。鬼居幽地，坎象。離明破暗，見離戈變坤，衆震動在大塗，伐象。至上三位，三年象。比人位之陰，爲小人象。變艮，勿用象。遡曰：既三未四爻同係同，未四自内而外，奉君命以出征，則曰伐，三年之賞，要既濟之終也；既三自外而入，報成功以振旅，則曰克，三年之憊，原未濟之始也。相因而見，學者言之，以中天之明破暗，以終日之戒濟時而已矣。

象曰：「三年克之」，憊也。陸績作「備也」。

郝解曰：既變風雷，未變山澤，遷改懲窒，正水升火降之理也。獨言憊者，坎水在上，防患制勝難，離明在上，居方辨物易；既濟即安而求益難，未濟履險而思損易。其以高宗武丁取象，不必也。正曰：屢稱帝乙高宗，何也？曰：君也，師也。成湯之永終知敝，武丁之思亂豫防，先王所貴也。然何以有小人？曰：帝乙之時而有女謁讒夫，況其中葉乎？君子以禮制其内，以義制其外，故爲歸妹以治女，爲既濟以治戎，女謁與戎兩者相爲倚伏，否泰治亂之所終始也。淇澳曰：一伐鬼方也，在未濟之四，方厲精有爲，三年不厭其久；在既濟之三，欲安静无爲，即三年已覺其德。故一宣王之身，而玁狁之伐，六月棲棲；徐方之定，王曰來歸，始終之義各有攸當也。野同録曰：水火之世，救民水火，兵威殺運，危位當之，無所避也。輪臺悔德而至今懾稱漢人，詎可責其喜功乎？最可歎者，鬼在人心，賊藏城社，洛閩之懼，上續鄒縣，而蔡韓禁學，亂法誣天，今日之言互濟者，何其德耶！

六四，繻有衣袽，子夏作「褐有衣茹」，説文作「需有衣絮」，周禮注作「襦有衣絮」，京作「繻有衣絮」。終日戒。

變兑爲革。積變困。

虞仲翔曰：繻者帛之末，事之末路不可知。繻有幸而補綴爲衣，有不幸而拭器爲袽。處多凶之地，貴賤无恒，不可以不戒也。絮袽古皆撮口聲，相通也。變互乾衣象，兑毁袽象。在離日後爲終，介兩坎隱盜之間，安得不戒？離惕象，疑坎象。郝解曰：將涉揭裳，爲見其袽，猶褸也。外繻内袽，亂伏于治，坎隱之象。

象曰：「終日戒」，有所疑也。

一一曰：陰柔不中，處多懼也。承乘皆剛，互坎雜離，一以爲水，一以爲火，一以爲生我，一以爲殺我，故疑而戒耳。陰善疑陽而陽乃用陰，因疑得戒，因戒乃孚，正是因革交濟之法，非曰衣袽苴漏已也。

九五，東鄰殺牛，不如西鄰之禴祭，漢郊祀志作「瀹」，王充論衡作「礿」。實受其福。禮記作「實」。

變坤爲明夷。積屯。

遡曰：五與四鄰，五陽爲東，四陰爲西；又五互離爲東鄰，四互坎爲西鄰。以日卯月酉取，或以二五言。子瞻謂東西猶言彼此，明初吉終亂意。此通論也。五坤牛斷于乾金爲殺，四坤帛斷于乾金爲繻。未濟以坤土裂于乾陽爲賞國象，取裁剪同。凡祭必殺牛，此爲持殺，故云。或取既濟坎刑坤牛。未濟離屬夏祭，春祠夏禴，秋嘗冬蒸，禴用聲也，蒸則百物皆備。離南坎北象。福指大夏時盛也。殺牛者修禳致禱，然雖禳无益，不如時祭之安常處順，雖薄而實受福也。時安不如危，時豐不如儉，人生于憂患，其象如此。于既濟之坎中君位言東西，不言南北，重春秋二分之和平，以藏寒暑。年日并舉，切用在時，此象外之象。

象曰：「東鄰殺牛，不如西鄰」之時也。「實受其福」，吉大來也。

一一曰：傳言天之所福不於其物，於其誠也，吉大來以時戒也。福不可求，亦不可避，止有一實，在人自受。崔憬曰：坎月出西方，離日出東方。尚書充殷之歲，厥四月哉生明，王來自商，至于豐，丁未祀于周廟，明西鄰之禴祭，得時受福也。正曰：小過之西郊，既濟之西鄰，文王用以自與也。淇澳曰：喪茀如玉門之閉，故示怯懦；禴祭如纖紅之世，力行節儉，皆所以善處既濟也。

上六，濡其首，厲。變巽爲家人。

宜曰：上在濟終，已出坎外，然終亂時一變，則首反向下，貞悔消息也。正曰：四方有敗，濡首以救之，未爲失也，然濡其身而有益于人則爲之，濡其首而厲于人則亦不爲也。

象曰：「濡其首，厲」，何可久也。

野同録曰：不必有常治不亂之運，而惟患此宴安酖毒之心。因有苟偷聽亂之心，因有荼毒貪亂之心，一有此心，冠履倒置，五方盡狐鬼矣，何可久乎？是聖人所防也。智曰：初言濡尾，上言濡首，可信首尾環應，龍狐在握。但知惕厲其久者，即常享其悠久无疆之水火矣。精一洋溢，至今膏人之首尾，豈治亂之所可變乎？桓寬曰：孔子灼頭濡足，庶幾世主之悟，知周道濟而不過者，非可執一論也。時論曰：一于二中者，交則濟也。四時冬水，熟于夏火，心與脈交，人身无病，世道之泰，君臣志通，治心之法，内外上下交格而已。子曰：其或繼周者，百世可知也。

秦水之滅周火也，劉石輩之擾華也，元之一統也，女主之臨朝也，无善无惡之宗，以總殺總赦之利器，縱詭隨也，是水運于北政也。皇帝王霸之輪也，吴楚入主會盟也，江淮被于海大川也，北輻日蹙，南服日廣也，文明之光不可濡也，是火運于南政也。故兩濟並見鬼方，同言用伐，聖人知之，繼周以後，伐鬼岌岌矣，道在防患辨方而已矣。剛柔正而位當，六十四卦惟既濟，而初吉終亂者，三陰乘三陽也。世以日行初終，有昏明寒暑，人明其中，則濟晝夜矣，故日陽水陰，而濟之者陽也。卦重三陽而柔中濟二，著七日之象焉。爻半，次舍，七周天行，四處兩戒，故曰終日。此前則旦午，此後則晡矣。既、未之間，四濡浹于首尾，而兩伐貫其中流，則以火爲水鬱，必達于上而水爲沸，故上濡也；水爲火蒸，必注于下而火爲之熄，故初濡也。干戈之事多起方中，鬼蜮之毒不在邊鄙，故征伐大權在兩濟之交焉。周公所引，其象其義，不在故事也。三之屯内難雖平，外難復起，天下所以治而伏亂者。小人以武功眩朝柄，連師以師老啓戎心，小人勿用，與師戒同。裴度出淮而退逢吉，寇準澶淵必退丁謂，然終不保矣。如憊民憊國何？初蹇未深，不以驟進爲義；二需自有喪得，而虚中必受實福也；四革則疑終亂之際也，戒能終日，自不顛倒衣袽矣；五之明夷則濟後艱貞，用晦久禱者也。東者離之鄰，西者坎之鄰，火牢在下，衆心易奢，明水夏禴，躬示節儉，喪茀者來，此明誠之吉幾也。上之家人，孚咸宜著，而弱終險止，濡□〔一〕之首，其被髪陸渾舞者乎？觀者更觸知來之逸象焉。上象髡，四象敗緇，五象戒殺崇幽。爲西方福田者，惑權乘而離倫之患尚小，倚寂樂而逞鋒之患滔天矣。用夏因時之道，能不自其教而思之乎？西乾之旨，本歸中道，而濡首亂尾，鬬已甚之迅，必有已甚之患，防之未嘗不早也。轉其輪而著其義，是在主幬者之濟水火矣。

智曰：聖人尊日統月，故離曰明而坎仍言洊，二濟則止著水火，而既濟兩表日象，未濟則表光暉，所同者三年也。夫易以日爲法，以年經世，十二時法即月法也，故无月象。中孚藏月，以末四卦爲閏，而閏以月紀也。藏南北于春秋二分，故既五示東西焉。春仁秋義，兩伐，義以爲仁者也。易象著分而藏合，易用自分體用以明交用，皆象則皆義也。故曰以壬胥濟丁心，以書克濟圖生，以北遊

〔一〕「□」，原本不清，依存目本似作「五」。

濟南冥。道家取坎填離，非表法乎？君臣也，文武也，心迹也，有无也，皆交濟也。以疑濟信，以戒濟福，以憊濟安，以喪濟得，皆濡首尾者也。君子憂患中，思兼而豫知之，即豫濟之矣。

䷿火水未濟

全曰：𣎴𣎵聲形相轉。生氣寓木，木生未央，而味出焉，故爲微脣聲。子午對衝，而未則爲未來未然之義。物不可窮也，以未濟終，至哉言乎！子思表未發于發先，而未發即在發中；文王表未濟于既濟後，而未濟即濟乾坤矣。玄以將擬之。

未濟，亨；小狐汔濟，濡其尾，无攸利。

一一集曰：坎險在内，故爲未濟；火在水上，不成烹功，其一端也。中女在外，中男在内，故曰男窮，此質象也。天地无全能，聖人无全功，以未濟之心處之，則无不亨，此本義也。坎爲隱伏，爲狐爲多心，疑象。卦終尾象。陰内三爻屬坎，而初六二三爲坎中之陰，坎之陰爲小狐象。汔，幾也。程傳曰：狐能疑，老狐履冰而聽，懼其陷也，小者未能。史記春申君説秦昭王，引易狐涉水濡其尾，言始之易，終之難也。韓嬰曰：官怠于宦成，病加于小愈，禍生于懈惰，孝衰于妻子，察此四者，慎終于始。易曰小狐汔濟，濡其尾，此濟世之正義也。隅通曰：六十四卦皆以盡變，至變莫如龍，故以龍始；三百八十四爻皆以決疑，善疑莫如狐，故以狐終。然龍首不用其亢，善始之始乎！狐濟莫濡其尾，善終之終乎！那谷曰：陰符云天有五賊，見之者昌。坎一之中有龍有狐，離二之中亦有龍有狐，善疑乃信，无所利而爲之志切濟世，龍狐自並用矣。郝解曰：既濟交致其用，未濟各安其宅，而待用无方，所以生不息也。坎精離神，坎形離心，坎隱在内，離明在外，日麗天，水行地，法象之居方也。玄同曰：中庸无聲无臭，未濟爲變化之本，惟无所利乃能利物。龍无首，狐濡尾，非觀玩言先者，能疑之乎？此未濟濟之通義也。潛老夫曰：善通未來未然以續中慎辨，則處乎利害之先，以應无窮矣。未濟之濟，猶无首之首出也。

象曰：「未濟，亨」，柔得中也。「小狐汔濟」，未出中也；「濡其尾，无攸利」，不續中也。雖不當位，剛柔應也。

宜曰：柔得中，六五也；未出之中，即柔得之中。緣有上九橫亘于上，不能成出險之功，故卦名未濟。未濟而得濟，謂之中未出，故不續終，惟失位爲未濟，然皆相應而得陽助，終必濟也。既、未之亨，皆以柔得中，故剛柔之應，亦惟柔中者，能知己不足資人之有餘耳。意曰：无利者畏險，能亨者離明。幾濟未濟，未出險中，若能續此回首惕厲之心，豈无終乎？不當之位，即具因應，亦在乎知極知節，光行其志而已。

象曰：火在水上，未濟；君子以慎辨物居方。

郝解曰：既濟交錯以致其用，而物類有方，不可移易。君子觀象于未濟，審慎以辨物之性，使各居其所，而不相雜揉，則羣分類聚，无侵陵剥蝕之患矣。正曰：辨物居方，易之知終義也。星麗河漢，兩濟首尾，入歷稽運地道由之，以司八方，五緯遞變，形象類居，聖人隨處尚象而制，別其剛柔，相其方位，以生萬物，而命六十四事，如星之在于天而水之在于地也。慎之如何？曰：察其義類而正之以禮，體剛而用柔，賤疑而貴斷。狐者物之善疑者也，龍者物之善斷者也，屈伸進退，斷之以道，得失憂虞，斷之以命，故曰樂天知命故不憂，安土敦仁故能愛，窮理盡性故不惑，獨立遂志故不懼。慎是四者，則可去小狐之恥，進于乾龍之用矣。慎者，易之大用也。易以誠始，誠故无息以慎終，慎故无患，惟其无患，故能與民同患。吾道最忌籠統，交盤不得。思防慎辨，兩者堅冰，龍戰之所不至也。心易曰：水下火上，方也；火下水上，居其方也。孰知水潤下，反以上爲方耶？辨物測其微，居方妙其用，君子知无方之方，而必慎之于有方之方。同睽，是類之異之而本合也；未濟，是辨之居之而自一也。野同録曰：水火共一太極之公性，而炎潤各一其性，體具同別而用中更具同別焉。方以類聚，圓在其中，若忌諱分辨，以圖渾噩，謂聞道乎？暗險極矣。五倫曰民，各安職業，以爲生理，猶百工之居肆以成其事也。豈患其缺少於穆哉！易始統天，終于防辨，所貴差別，乃能享其大本，可信格物如用水火，刻不可離。

初六，濡其尾，吝。變兑爲睽。

訂曰：甫問津而即濡尾者，謂之曰初，則非汔濟之時可知。遡曰：既初合曳輪濡尾爲妙用，未濟分之，二行中輪而初有吝尾。郝解曰：既初離下牛尾之象，已濟而登陸也；未初坎下狐尾之象，不濟而回首也。初思濟，二能濟不欲濟，三必欲濟而征則凶，猶之未嘗涉也。既濟明而誠，未濟誠而明。爻辭于初曰不知極，愚者不及也；于上曰不知節，智者過之也。二五爲中行致知明德之要。

象曰：「濡其尾」，亦不知極也。

潛老夫曰：君子无所不用其極，不知此，豈可言濟！非徒謂其柔在下而輕進也。以人事徵之，或謂蔡澤較李斯爲知極，賈詡較潘岳爲知極，此濡其骨矣，豈尾吝耶！崔篆到大尹而稱疾，朱穆受冀辟而發疽，皆濡尾者也。果其知極，太丘吊張讓喪，龜山爲蔡京引，何疑焉？平子、子固、康節皆歎服子雲，温公謂荀有二仁，吝又非所論矣。極者，進退之定則也。中節時行，又非執一，故合二知總是一知。

九二，曳其輪，貞吉。變坤爲晉。積噬。

筌云：初之濡尾，欲進不能；二之曳輪，能進不欲。郝解曰：坎爲中輪，既濟曳輪，將登岸也；未曳輪，止不行也。存宗曰：變則互艮，知止不濟，鄭重其載，可免漸帷濡軌之患。王良聞車聲，曰何僕僕不憚煩也，華歆觀車幰過，管寧與割席，行之正不正，辨其中耳。正曰：趙簡子將出，召董安于，三趨之乃至，至而後簡子有求于執事。三往三反，而安于皆備之，故安于之皆備，安于之所以後至也。人涉卬否，卬須我友，有是友也，以曳其輪，何遲之有！

象曰：九二「貞吉」，中以行正也。

野同録曰：以九居二非正矣，惟其時中，所以行未濟之正也。卓子康、杜伯山或乞骸歸，或推鹿車，而後應建武，人知其善曳輪矣。中公蒲輪，止有力行一語；石建數馬，亦以醇謹化俗，是非善曳輪者乎？

六三，未濟，征凶，利涉大川。正疏作「不利涉大川」。積巽爲鼎。積離。離世。

宜曰：獨表未濟者，三將出險而前猶有互坎在也。筌云：既濟登岸，乃可征行；未濟而行，有没身而已，故凶。然必涉大川，身在險中，即出險也。征者自征，涉者乘物，用人則裕之喻。

象曰：「未濟，征凶」，位不當也。

一曰：諸爻位皆不當位，在習坎之間，離之三變，此爻持世，正值二卦生克顛倒之地也。智曰：以征凶，則劉琨、殷浩矣；若知以利涉大川之心應此未濟不當之位，則聞鳴犢、舜華之凶而返，聞公山佛肸之召而躍，皆未濟之亨也。

九四，貞吉，悔亡。震用伐鬼方，三年有賞于大國。變艮爲家。積賁。

筌云：未濟爲卦，以水火不交，是以居中者責重；三出坎而求離，故以涉爲利；四居離而履坎，故以伐國爲功。三以位，四以才，拔難樹功，上下所倚藉也。以陽居陰，恐其不任變，則爲震伐者初也。畫子曰：震乃摯伯名，對高宗而言也。易簡録曰：兩伐鬼方，是原始要終，直窮險陷之窟穴而爲之掃蕩廓清。

象曰：「貞吉，悔亡」，志行也。

一一曰：以未濟爲志，何行而悔不亡耶？潛艸曰：光武自云柔能制剛，故終世北庭自服。裴度知蔡必平，決于君心耳。三蘇之策，不講于帷幄宥密之志，復何行乎？上經終于折首，下征〔一〕終于伐鬼，玄黄龍戰，兵革不免午運之憂，聖人知之，責在光乎上下之志而已。

六五，貞吉，无悔。君子之光，有孚，吉。變乾爲訟。積家。

一集曰：五柔得中而與剛應，貞所固有，悔其本无使武以文，御剛以柔，君子之光孚于四表上下矣。重言一吉，斯何時耶？干令升以爲周公攝位之爻。

象曰：「君子之光」，其暉「吉」也。又作「揮」。

〔一〕「征」，疑當作「經」。

公明曰：日中爲光，朝日則暉，夫中則日在上，朝則日在下，在上之光以在下之暉而獲吉也。郝解曰：此諸卦五位之終，乾飛爲五位之首，乾爲大人之見，此爲君子之光，離明即乾知，所慮上飲濡首，人心陷溺耳。潛老夫曰：禮樂干羽之時，明赫照臨，登車輝如，重輪歌日；桑扈、鴛鴦之詩，天子諸侯，互相稱爲君子，謂是繼明講學可也。

上九，有孚于飲酒，无咎；濡其首，有孚失是。變震爲解。

一集曰：孚同飲酒，以能信于物而不憂事之廢也。然高上則泰心易生，恃孚則不顧公是，濡首之失，更何如既濟濡首之厲乎？正曰：既濟殉物，濡首則已急；未濟殉身，濡首則已緩，深厲淺揭，各有節也。蘇穎濱謂既醉之詩，備五福焉，心和神安也。筌曰：有孚指三，三以坎從離酒，自下升而入于上，則飲食之象也。上自離入坎，首反向下，而入于酒，則濡首之象也。我飲食彼，則彼可出險而成既濟之功；彼濡我，則併我而入于險矣。舉動失節，天下從之，故君子謹于辨物居方之事。

象曰：「飲酒濡首」，亦不知節也。

郝解曰：莫靈于知，莫迷于酒，坎水險暗，故以象之。物欲迷心，莫非酒也，人能不爲酒困，則神明常主，故禹惡旨酒，公作酒誥。嗜慾溺心，甚于洚水，養心莫善于寡慾，知節之謂也。口腹喪志，无是非之心，非人矣。聖人豈責人絶飲食乎？野同録曰：聖人之裁成天地，知節而已矣。魯論終知，所貴確知其真是也。日之所之曰旹，日之正中曰是，是即時也。時有大節細節，各當其極，極即節也。當者曰是，節即是也。韓修武曰：堯舜以是傳之孔孟者也。自流連于偏上冥蕩之酒，專高狗竇盜釀之荒淫，姍温克揖讓爲顆劓，於是巧爲之詞，曰必失是而後可爲乎。聰明快口，醐全毒矣，聖人思而患之，飲人狂藥何以責人正禮乎？故以知節正之。首何以不尻？溲何以不釀？既已不能，何如享中庸之正味哉！可信辨物居方即是神化，水火至足，苦不自知。□□〔一〕曰：齊聖温克，千鍾百榼，貴知所以温克者耳。不則朱博之三盃，周澤之齋戒，豈知節乎？淡而不厭，是太和湯。未濟爻終，表此知節，誰知之耶？望道未見，是文王之温克也；我未能一，是孔子之

〔一〕「□□」，底本原爲空缺。

温克也。德曰：戴逵嘗云用譽以興賢也，失則色取，容貌相欺；去名欲篤實也，失則越檢，情禮俱虧。此弊者託二本以自縱也。道有常經，弊无常情，過當吹索，適以藏不情之弊，故政教必言名實而張弛因其時宜，防之辨之，且使无逃焉耳。適得而幾，是知節也。濡首失是者，專好寃賢以荒混爲高玄，非教逃乎！

時論曰：太極之變龍首而化狐尾也，龍陽而狐陰，龍大而狐小，龍御而狐疑，龍得天一之水爲潛爲躍，狐得地六之水爲濡爲汔，龍以无首而用神，狐以濡首而失節也。聖人類物之情，滔滔皆是矣，城社間盡狐屬也。西伯序卦于龍狐，尼山閣筆于麟狩，患而愼之極矣。物不可而受之未，曰男之窮也，窮與不窮，皆未也。考諸象緯，日月出之衝，分至啓閉之界，存乎兩濟。律中林鍾未地，則陽之所究而陰之所接也。交食曰既，食前曰未，日窮于次，月窮于紀，窮變則通。既濟之日在下，故九五尚神；未濟之日在上，故六五尚人。推廣其義，天人相與在交濟乎？意曰：水火之用互爲上下，治亂亦然。君子見其遠者大者，小人見其近者小者，舉世汔濟而不知極，不知節，將以續終責小狐乎？龍且化狐矣，鬼且名君子矣。予以三貞吉之路，示以兩悔亡之門，終以无咎之是而交以征凶之用，庶幾有曳有涉，是光是乎，盡振兩濡之頹風，而克舉三年之大賞。狐耶？鬼耶？明此一蔽，而震志行焉。震用與克賞，則人位交濟之勢，世轉征誅之運乎？安石曰：商荒湛于酒，周載錫之光，既濟憊商，未濟賞周，亦其象也。自此以降，首尾之濡，日有甚焉。剛尾柔首則首厲，剛首柔尾則尾吝。初曳則剛在輪表，濟有深涉之无咎也；二曳則剛在輪中，濟盈不濡軌之貞吉也。鬼方在既三，則内寧必有外憂；鬼方在未四，則攘外所以安内，猶夬、姤之臀膚，損、益之朋龜，交相濟也。未濟之中，鋭身求濟，三鼎且行蹇矣；志以未濟，震用恐懼，四蒙則亨行矣。出險入明，乘川近日，一怒而飛，莫不震疊，包荒所以馮河，養正所以禦寇也。五時一涉一代，天日自明，推轂任能，武以文御，治教光被，自无訟矣，誰其終曳賢者之輪也？二晉雖愁，而煉成濟險之剛臣矣。初狐疑于首尾之極，而藏首不顧其尾，宜喪逐之睽也。上則解矣，將以濡首失是爲大孚乎？聖人曰亦不知極也，亦不知節也，知極則知節，知節則知極矣。不慎辨而謂知乎？思患慎辨，无所不用其極，如寒暑之應節焉。此健息之交輪續也。人人在消息中，自忘其是，然豈可以舍是與非之説，藏酩酊之乾坤，而遂失其慎辨之公是哉！方安其方，方外无圓，通類之道全在分別，而法自相濟，中自相續矣。故曰坎居離辨，而天行地勢之道，終于繼明濟險之大人焉。

智曰：既濟而以未濟濟之，此所以交濟也。夫子兩稱柔中而歸于續，豈執一哉！兩輪兩首尾，地兩也；未濟之彖爲三尾，續天三也。周子知因二以濟之故，從剛柔分，善惡從此窮其交網。首尾皆濡，天三在地兩中，生剋同時，全存全泯，冒天下之道矣。治統心學，皆以伐鬼爲人爻之惕躍，既濟之克居惕，大師一用而不可黷也，小人不惜僨亂天下以自雄其濟，民豈堪之；未濟之克居躍，以上賞下，其志易行，行正者光也。正教貴光，鬼語貴暗，光統明暗方圓，而以辨爲用，暗則偏以无辨爲圓，故終之曰慎辨物，曰居方，所以伐萬世之鬼也。見飛交濟，潛亢交濟，亢龍兩聖人自交濟也。終以不失正之聖人正告者，勸天下飲知節之酒乎？圉噩冬除，浮山之孤智記。

周易時論合編卷之九

皖桐方孔炤潛夫論述
孫中德　中履　中通　中泰編録
西昌後學郭林再較

繫辭提綱〔一〕

潛老夫曰：易簡理得，觀玩三極，易道畢矣。開口舉當前之天地以定之，而不贅以天地未分之語，此彌綸變化，一在二中之準也。道在善成民用，存存智禮之門，會通其宜，參伍大衍，通變極數，約分辭變象占之四道，而通乎晝夜，爲格兩致知之端。器

〔一〕此部分原在卷八之末，今移於卷九之首。

即道也，藴此中而已矣，乃表太極，用於三極，生生不測，无方无體，知變化者知之。天下者，乃即感是寂之天下也，冒如斯，密如斯者也。惟深惟幾，乃能明其惟神，故末章立象盡意，歸神明默成焉。下篇言卦爻變動之辭象，見諸事占。人生不能不動，標貞一以善天下之動，四在其中，非成位其中乎？聖人安民之生而理之，利民之用而節之，思兼慮得，即所以泯何思何慮之天下也。徵引身心，皆以申明寂感，精入致一，因二以濟，而陰之一即陽之一，即貞一矣。三才雜而成文，不可爲典要而既有典常者也。故開乾坤之門以化裁其乾坤之藴，生于憂患，懼以終始，末章情辭盡變，歸于易簡知險阻，要无咎焉已耳。四易簡相應，兩贖動相應，震无咎要无咎相應。三引大有之大壯，以其揚遏履禮天祐尚賢，正申開章以德業託賢人之意，而窮變通久之衣裳垂拱矣。舍善成道義之門，又安用乾坤之門哉？居而安，樂而玩，兩間爲全易，全易爲我身，神明變化于其中，豈有聲臭乎？上收忘象即立象，下收得象即忘象也。象已言矣，言亦象也。論語尾之三知，收于知言，貴以善用傳其心也，言即无言已寓之矣。智曰：虚空不得不卦，卦不得不辭，猶大一之不得不天地也。費不得不貴賤剛柔，不得不類聚羣分，猶無在無不在者，不得不成象成形而在也。費象即隱無象，費形即隱無形，因知不落有無之太極，而太極即踐卦爻之形矣。總總之倫，無非陰陽之象；不知不能，藴于知能；以賢治愚，鼓德業爲飲食，至動至賾，兩端交網，聖人曰表之以理，而易簡如此矣。知易簡即知險阻，而險阻皆易簡矣。窮盡以至而天下者，洗藏之密也，成位乎中而泯理矣。

老父晚徑一紀，時論三易藁矣。中德持繫傳來，高座關中拜而讀之，誠萬法之統御包決也。午會當明，後世幸甚。甲午中夏日在參九，不肖男以智謹記。

繫辭上傳

上下彖傳、象傳爲四翼，上繫五翼，下繫六翼，文言七翼，説卦八翼，序九雜十也。田何所分也。文周繫詞，孔子傳之。説文：詞意内言外也。辝，不受也。辭，□〔一〕文也。智按：古以手治絲象形，而治詞之聲相通，出于寅方支攝之音，爲意思之用，後乃分别爲詞、辝、辭也。太史公受易楊何，何自著易傳，故稱孔子爲大傳。

天尊地卑，「卑」，一作「埤」。乾坤定矣。卑高以陳，「以陳」，鄭玄本作「已陳」。貴賤位矣。動静有

〔一〕「□」，原本不清，依形似作「籒」。

常，剛柔斷矣。方以類聚，物以羣分，吉凶生矣。在天成象，在地成形，變化見矣。

程子曰：繫詞之文，化工生物。子瞻曰：天地一物也，陰陽一氣也，或爲象爲形，所在不同，在者明其一也。形之精華，發于上爲象；象之體質，留于下爲形。人見上下，以爲兩矣，豈知其一耶！蒙引曰：天地間一部見成易經，開眼即見，不徒明周易之首乾坤，與夏商較。荀爽指否尤非。玄同曰：天地設位，易行其中，一奇即乾，一偶即坤，繫詞之乾坤皆自奇偶之一畫言之。元公曰：易皆對待法門，一形圖畫，便落兩矣。畫前之太極，孤而絶對者也。潛老夫曰：絶待即在對待中，聖人即形象之天地知無形象之天地，而以在在者示人，天統高卑故曰尊，地以卑藏高，一切歸之天，此乾坤之定位也。用則先卑後高，故畫自下而上。貴賤、動静、剛柔、方物、吉凶，就卦爻言，而天道物理人事皆然，心量即然，可悟無體之體，分立各體，而大用之變化見焉。位斷聚分，歷然寂然，天秩天叙，皆一切生成者也。智曰：妙以卑高爲旋轉天地之宰，妙以有常斷分别倫序之綱。康成謂漸改曰變，忽改曰化，聖人本贊易之變化而從方物指之，蓋即象形是變化者也。可信直下，乾坤在手，廣也包畛，纖也入蕆，隨指畫出，不差紫黍。

是故剛柔相摩，八卦相盪。「摩」，一作「磨」。「盪」，衆家作「蕩」。

全曰：中有太極爲主，乃能相摩，不即如空磨停住不行，天地亦相軋矣。此自一而剛柔之二，二而八而六十四，本而末也。鼓之三節，目六十四皆受于八，八受于一，末而本也。見曰：相倚而生曰摩，義易也；往返循環曰推，文易也。藏一曰：陰陽相生，摩盪其籥也。假手聖人，自非鏡中死影，又非摇目空華，歷歷當前，提撲不破。

鼓之以雷霆，潤之以風雨。樂記作「奮之以風雨」。日月運行，一寒一暑。姚信本「運」作「違」。

丘行可曰：剛柔是對待之陰陽，交易之體也；摩盪鼓潤是流行之陰陽，變易之用也。幼清曰：先天左起震而次以離，鼓以雷霆也。霆即電，穀梁稱電作霆是也。右起巽而次以坎，潤以風雨也。艮在西北爲寒，兑在東南爲暑，左離次以兑者，日之運行爲暑；右坎次以艮者，月之運行爲寒也。姜如須曰：寒暑神于錯行，齊則俱无力矣。程本曰：一開一斂，萬形相禪。全曰：先天乾坤寒暑，坎離日月，巽風兑雨，澤氣所升也；震雷艮霆，山石結聚，陽氣藴積，觸即上升，升則止也，故爲霆。

此虞翻説。□□〔一〕曰：巽兑輔乾，在南爲暑；艮震輔坤，在北爲寒。寒則日南陸而月北陸，暑則日北陸而月南陸，交運而行也；剛盛於南而自北中摩盪出，柔盛於北而自南中摩盪出，亦交運而行也。就此作解，見易無所不合耳。語收一寒一暑，猶言五行歸二行，萬法歸一而一用二也。

乾道成男，坤道成女。

全曰：成男成女，謂六子也，分言之也。知始作成，謂生物也，合言之也。元公曰：乾道坤道，俱就易言；三節皆提乾坤，但説易簡，認奴作郎。潛老夫曰：教須辨名當物，如未生前曰陰陽，既生後曰男女，男女合曰夫婦，生子則曰父母，均名之曰乾坤陰陽。導曰：物之有是道者，各自成形而歸之乾坤也。移孝曰：道一而用于二，有無者，費隱相攝之二也；陰陽，一氣分轉之二也；剛柔，立體相交之二也；揚善化惡，則宰物統對之二也。有無陰陽之名與質，不能不二，而善自貞一也，仁義則宰中互用之二也。窮之皆理也，用之皆象數事物也。雖泯忘之，而理

〔一〕「□□」，底本原爲空缺。

在象數事物中，常自森森歷歷也。必執一語以曼之，豈不白誤？

乾知大始，「大」，王肅作「泰」。坤作成物。「作」，虞姚作「化」。

全曰：上言六子皆乾坤所爲，此言坤之所爲，主乎乾也。訂曰：萬物始于坤，又始于乾，曰大始。潛老夫曰：無終無始者大始也，無象可見，知之而已。坤任成物之責，必有作爲，以成代終，則即坤之作，皆乾之知也。

乾以易知，坤以簡能；姚云：「能」當作「從」。易則易知，簡則易從；易知則有親，易從則有功；有親則可久，有功則可大；可久則賢人之德，可大則賢人之業。

輔嗣曰：天地易簡，萬物各載其形；聖人不爲，羣方各遂其業。德業既成，則入于形器，故以賢人目其德業。蘇傳曰：德業之名，聖人所不免，特无心耳。心易曰：聖賢一也，具體立法曰賢，神明變化曰聖，而聖人祇言賢人之言，其放曼憤激者，或其時地不同，然聖人終不以訓也。元公曰：易簡是心心無心，事事無事，天下玄同。有親者性命相連，有功者精神相應。

易簡，而天下之理得矣；天下之理得，而成位乎其中矣。

韓康伯曰：成位，況立象也。楊誠齋曰：易簡无它，因天地萬物之理順之耳。易意曰：不知易簡，智巧徒勞，然非苟荒爲易簡也，故曰天下之理得。潛老夫曰：首揭天下之理。説卦窮盡至順，即此理也。後世彌高流遁，偏愛埽理訶賢，荒我乾坤，能不防辨？故聖人以德業託賢人，後稱天祐以尚之。此明堂之正鐸，天地之生機也。統而言之，天地所以爲天地，人之所以爲人，即易之所以爲易也，而易即以治天地。其智力不及之寂然，即在以賢化愚之歷然中，舍歷無寂，是謂寂歷同時，豈容逃範蒙圍，屑越易準！

右第一章舉天地生成表法，而易簡之理在其中矣。用易在人，故次章舉三極藏太極，歸于君子觀玩。

聖人設卦觀象，繫辭焉而明吉凶。

邵子曰：易有意象，立意皆所以明象；有言象，不擬物而直言以明事；有像象，擬一物以明意；有數象，七日八月三年十年之類是也；有内象，理致是也；有外象，指定一物是也。朱隱老曰：一卦有一卦之理致，一卦有一卦之物宜，合通内外，則吾心即易，易即心也。元公曰：卦象象德，卦德象性，卦體象位，卦變象機，卦氣象時，卦名象事，皆象也。觀者，聖人之道眼觀之也。仝曰：貞悔序置之曰設卦。見曰：前章卦在象中，此章象在卦中。潛老夫曰：此章何不言太極而言三極乎？

蓋知太極之不可執以示人，故以三極用太極，而以吉凶用三極，使人明吉凶有二，而先見止有一吉。此用易之機也。

剛柔相推，而生變化。 虞本「變化」下有「悔吝」二〔一〕字。

京傳曰：天地若不變易，不能通氣。陰陽升降，相尅相生，反爲游魂，復歸本位，其言推生之理精矣。揆曰：如手之推，柔推去剛，剛變而化柔；剛推去柔，柔變而化剛。潛老夫曰：六種卦變皆生于推，而不出于貞悔之互相推也。朱子之變六十四，亦可曰貞推六十四變，悔推六十四變。京氏七變，亦可曰貞推七變，悔推七變也。

是故吉凶者，失得之象也；悔吝者，憂虞之象也。

訂曰：吉凶相對，而悔吝居其中間。兒易曰：悔，剛反也；吝，柔牽也。涕沱若，戚嗟若，悔也；不能遂，不能退，吝也。我心不快，悔也；其行次且，吝也。歸而逋，悔也；屯其膏，吝也。漢高刻印銷印，悔槩于此矣；項羽印刓不予，吝概于此矣。心易曰：得失未決則爲憂虞，及其已決則爲吉凶。

〔一〕「三」，疑爲「二」之誤。

變化者，進退之象也；剛柔者，晝夜之象也。六爻之動，三極之道也。虞本作「晝夜者剛柔之象」。

文中曰：易，聖人之動也，用以乘時矣。卦者，智之鄉也，動之序也。子瞻曰：剛柔之變本出于一，而摩盪无窮，人以爲有无窮之異也，聖人觀之，進退晝夜之間耳。今進非向之退乎？今明非向之晦乎？一觀立則无往不一也。見曰：立則成三才，動則爲三極。此生生不息之幾，一吸三呼，其吸亦動向于内，非有息時也。古人觀化推數，俱從動處得之。蒙引曰：太極推原于卦爻未立之先，三極推原于卦爻已動之後，分天地人。詳下繫十章。潛老夫曰：未生之先三極具矣，已動之後依然一太極也。四語指象，而約之三極，歸之一道，何二而非一乎？後曰通晝夜而知，正應此晝夜也。吾無已而圖三極以有无二極，而太極彌之，人彌天地乎？道彌晝夜乎？但請觀玩。

是故君子所居而安者，易之序也；所樂而玩者，爻之辭也。虞本「序」作「象」，「樂」作「變」。

一曰：居而安，樂而玩，善易者可以制禮樂矣，始信韶舞禹貢，吐哺編韋，總是浴沂風雩。

是故君子居則觀其象而玩其辭，鄭玄作「翫」。動則觀其變而玩其占。是以「自天祐之，吉无不利」。

訂曰：動静无非易，則无非天，天自祐矣。仝曰：静中无事則枯寂，故曰觀象玩詞，有動必差，故觀變玩占。程傳曰：不向動時勤猛省，更于何處覓真□〔一〕。邵子云物從動起數是也。潛老夫曰：此據可見之動静言，若大動静，則動中皆静也。仝曰：前言序亦兼爻，後言爻亦兼卦，此言居亦兼動，動亦兼居。上示吉凶悔吝，此獨言吉一者，欲學易者學此一也。動豈專玩蓍耶？占者明此理數而已。蒙引曰：卦圖反對，義占也；貞悔反卦，文占也。進退消長原无一息停。崑銅曰：論事之變，吉一凶三，徹乎幾先，惟有一吉。

右第二章藏一曰：剛柔兩者，如此通靈，一歸之道，而心通三極矣。學易得綱領，方能居安玩樂。潛老夫曰：君子以觀玩爲蔬水，先幾時措，謂之晝眠夜瞑，不知而然矣。但曰心即太極，并三極亦掃之，不許推明，止墮莽蕩之凶，故下章專提无咎，而幾希在悔。无咎者，吉凶之所不敢與也。

〔一〕「□」，原本不清，依形似「腰」或「腴」。朱子全書、晦庵集作「腴」。

彖者，言乎象者也；爻者，言乎變者也。

導曰：言乎者，因有繫而後著；存乎者，即有畫而已形。貴賤句明爻，小大句明象，俱是言之所存，後天之學也。仝曰：上章明羲易，此章明周易。元公曰：無言者卦也，有言者詞也。詞因卦繫，故有言不出無言之中。

吉凶者，言乎其失得也；悔吝者，言乎其小疵也；無咎者，善補過也。

訂曰：盡善則得，不善則失，小不善之謂疵，覺其不善而有悔，覺而不改則吝。此皆指卦爻詞之通例。自此以下則教人玩詞之法。仝曰：疵猶病也，始則小，久之則大。兒易曰：有吉无咎，有凶无咎，咎之難居甚于凶，无咎之可安甚于吉。夫咎非人之尤，而其神自責之也。潛老夫曰：下篇曰其要无咎，此曰震无咎者，存乎悔。咎者，各人自私而自口也，公則无咎矣。无咎者，安萬世人心之公符也。智曰：善補過，蓋補過而亦有不善者矣。告子亦自謂如此則无過，豈知其病正大乎？故貴明善。

是故列貴賤者存乎位，齊小大者存乎卦，辨吉凶者存乎辭。

訂曰：陽貴陰賤，亦有陽失位而反賤者，存乎所列之位也。項氏曰：象取主爻，有不論陰小陽大者，故謂之齊。潛老夫曰：此知一爻即具四千九十六爻，而不礙其爲此一爻也。其卦與爻位，則有時宜中節之素可以占矣。

憂悔吝者存乎介，陳云：「介」，徐作「芥」。**震无咎者存乎悔。**

朱子曰：吉凶悔吝震无咎，循環无端而其要在无咎，无咎又在震，震存乎悔。畊巖曰：洪範言貞悔，貞即正終之謂，悔即遷改之謂；易道貞正則一，不能正則遷也。全曰：三四曰介，亦以所應爲介。潛老夫曰：豫二亦曰介，介在初與三之間也，介之中即有節焉。肺憂勝怒，腎恐勝喜，此可徵震悔之幾。智曰：帝出之雷，與人无妄，此第一復命之幾也。止菴以存乎悔爲貞悔之悔，此不必也。天下非得即失，吉凶相對，而悔吝在其中間，間即介也。按：古介个間通聲，左个即左間，一个行李即一介行李，「考槃在干」即間。

是故卦有大小，辭有險易；辭也者，各指其所之。

朱漢上曰：之指動爻之變卦也。蘇傳曰：爻无常詞，隨其所適之險易，故曰爻者言乎變。同是人而賢于此愚于彼者，所適之不同也。

右第三章因詞發例，依然奇偶二畫，而推生之變如此。

易與天地準，故能彌綸天地之道。

姜居之曰：太史公叙孔子謂之贊易，聖人身即易準，一生言行，皆贊易也。元公曰：萬物在天地之包，天地在易之包，易在神之包，故結以神无方而易无體。詁曰：彌言萬合爲一，綸言一實萬分。潛老夫曰：訓詁膠泥，高者厭之，故得急口以言一，實則分即合也。必以質論正名，乃前民用而通自寓之。楊敬仲謂易即天地，何容曰與曰準？此僞書也。固哉人多執器而昧道，或見道而廢器，聖人即器是道，故以道制器而即以器制道，早知後世必遁洸洋，然奈此準何？智曰：彌其綸，綸其彌，範其圍，圍其範，以明準幽，以幽準明，即无□〔一〕明。神哉神哉！貫有无方圓體用而即彌即綸，分合同時者也。

仰以觀于天文，俯以察于地理，「察」，古作「觀」。是故知幽明之故；原始反終，故知死生之説；精氣爲物，游魂爲變，是故知鬼神之情狀。「反」，虞□〔二〕作「及」。

〔一〕「□」，原本爲壞字，依形及上下文意當作「幽」。
〔二〕「□」，原本不清，依文例當作「本」。

孔子謂宰我曰：氣者，神之盛也；魄者，鬼之盛也。衆生必有死，死必歸土，是之謂鬼。骨肉斃于下，陰爲野土，其氣發揚于上爲昭明焄蒿悽愴，此百物之精也，神之著也。大戴曰：明，孟也；幽，幼也，明幽雌雄也。關尹曰：升魂爲貴，降魄爲賤，靈魂爲賢，鈍魄爲愚。慈明曰：陰陽交合，物之始也；陰陽分離，物之終也。合則生，離則死。張子曰：聖人言幽明不言有无。散入无形，適得吾體；聚爲有象，不失吾常。精氣自无而有，神之情也；游魂自有而无，鬼之情也。文曰：海水凝則冰，浮則漚，然冰之才，漚之性，其存其亡，海不得而與焉。此足以究生死之說。子瞻曰：體魄則降，知氣在上，蓋精氣爲魄即鬼，志氣爲魂即神。衆人之志不出飲食男女之間，故氣勝志而爲魄。聖賢清明在躬，志氣如神，禄以天下，窮至匹夫，無所損益也，故志勝氣而爲魂。衆人死爲鬼而聖賢爲神，非有二知也，志之所在者異也。邵子曰：以形神體用言之，明則有日月，幽則有鬼神，魂隨氣而變，魄隨形而生。陰者陽之影，鬼者人之影，情者性之影也。陽性而陰情，性神而情鬼。天地之心，生萬物之本也；天地之情者，情狀也，與鬼神之情狀同也。人之耳目鼻口手足，草木之枝葉華實顔色，皆鬼神之所爲也。福善禍淫，主之者誰耶？聰明正直，有之者誰耶？不疾而速，不行而至，任之者誰耶？皆鬼神之情狀也。鄧綺引邵子曰：物之生也，陽必託陰。水氣生陽則爲火，黑氣生陽則爲白，猶魄氣生陽則爲魂也。黑者无也，无之變白者，天一之水也。火生于无，神也，是小一也；水生于有，精也，是小二也。先天以神生精，後天以精集精，精二而神一者，謂火託于木而生于水，神秉于氣而氣生于精也。精出于虚，虚生于誠，誠則心御氣而精神一矣。智按：此謂太極爲大一，而用時又分小一小二也，精神魂魄皆二而一也。不知一原一反而隨時宜之，則恃此太極亦暴棄也。有體物之鬼神，即有成能之鬼神，即有作怪之鬼神。愚人但駭作怪之鬼神，故魔外以此彈骨燃犀耳。一切鬼神皆如形影，而權在自己，一通晝夜而知，鬼神如我何哉！且能號令萬古之鬼神矣。朱子曰：陰陽之成象成形者明也，其象其形之不可測度者幽也，有所以爲象爲形者故也。程子所謂體用一原，顯微无間，其原无間處是故也。朱子此語最確。何玄子謂諸家失易之旨，是拘卦爻言魂魄也，曾知兩間盡卦爻乎？上蔡曰：鬼神是天地間妙用，祖考精神便是自家精神。玄同曰：兩間皆鬼神。七曜五行是精氣所爲物，聖賢如在之靈是游魂所爲變。精氣之感有象，象故曰狀；游魂之眄嚮有靈，靈故曰情。幽明之文理遠，而易以日月風雷山澤寓之；生死之終始微，而易以初終概之；鬼神之物變隱，而易以揲扐行之。蒼嶼氏曰：無神則無人，無鬼則無神矣。鬼神爲德，未嘗離鬼言神，其不離人言神可知矣。儒者恐人惑世矯誣，而忽于倫常，故略言之。今不明言其故，則良民信邪反深，蓋鬼神即夫婦，但盡倫常，則鬼神不能違，何必諱耶！

與天地相似，故不違；知周乎萬物而道濟天下，故不過；旁行而不流，「流」，京作「留」。樂天知命，故不憂；虞本「樂」作「變」。安土敦乎仁，故能愛。

導曰：首句冒也。知周而道濟，知不落玄疑；旁行而知命，行不墮冥趨；交養互發，安土敦仁，而天地之能事畢矣。上蔡曰：我自有命，若信不及，風吹草動，便生恐懼憂喜。安石曰：不違者，天地不能違也。知周道濟，是藏身于道法而不委之天地者，故過而无過。旁行不流即邊皆中，全眼用偏，通變而不變塞者也；不憂之委化，即以憂天下爲樂者也。安土敦仁，乾在坤中矣。□□[一]曰：與天地相似，

[一]「□□」，底本原爲空缺。

蓋謂易勝過天地，而勝則似有過矣，故又兩言不過。

範圍天地之化而不過，馬融、王肅作「犯違」。曲成萬物而不遺，通乎晝夜之道而知，故神无方而易无體。

邵子曰：滯于一方，不能變化，非神也；有定體，不能變通，非易也。易假象以見體，而本无體也。太極不動，性也，發則神，神則數，數則象，象則器，器則變，復歸于神也，則數象器即是神矣。天以氣爲質而以神爲神，地以質爲質而以氣爲神，惟人兼之。氣者神之宅，體者氣之宅，神无在無所不在，曰道與一神之强名也，以神爲神者至言也。幼清曰：日上爲晝，凡明生神皆是也；月上爲夜，凡幽死鬼皆是也，寒暑古今亦是也。濯舊曰：動静合一存夫神，兩可言，一不可言也。兒易曰：天地有過，聖人所必救也，聖人範之圍之而已。嬴縮不能以欺，陰陽豈有奔逸乎？遠公曰：易以感爲體，可知緣生无性，即易无體之旨。見曰：上文三知貫于此知。自无趨有曰易，自有趨无曰神。潛老夫曰：神通有无者也，易亦通有无者也。聖人以亥巳明子午之晝夜，而與百姓用卯酉之晝夜，知无晝夜之即在晝夜，則惟有善其晝行夜卧之易而已，此至神者也。智曰：表法言之，人在地上故有晝夜，而天无晝夜也。神貫費隱，易貫寂感，曰无方无體者，无奈何之形容耳，執无則遠之遠矣。其幾惟在損益盈虚，與時偕行。

右第四章導曰：聖人以神用易，上下法界皆是易理，皆是聖人之神。兩「易」字呼應，一「神」字點睛。

一陰一陽之謂道。

輔嗣曰：寂然无體，不可爲象。必有之用極，而无之功顯，至乎神无方，易无體，而道可見矣。故窮變以盡神，因神以明道。陰陽雖神，无一以待之不神。在陰爲无陰，陰以之生；在陽爲无陽，陽以之成，故曰一陰一陽也。張子曰：一故神，兩故化。兩不立則一不可見，一不可見則兩之用息。兩者，虚實也，動静也，聚散也，清濁也，究一而已。程子曰：道非陰陽，離陰陽便无道，所以陰陽者是道。截上下最分明。全曰：道一也，中不可言，即此一者，静生謂一陰，動生謂一陽，可言也。郝解曰：一非空虚也。元陽用偶，偶不離一，故曰一陰一陽；變不失初，兩不離一，故謂之道。三才之變莫非陽也，未動不得不謂之陰，動則依然謂之陽，乾元統乎陰陽而爲之主宰者也。潛老夫曰：隱老注邵子曰：亘古此一静，亘古此一動，蓋亘古此不落動静之一，即亘古此動静之一也。見曰：陰陽以上不容説，一陰一陽即用也。

繼之者善也，成之者性也。

朱子曰：繼善是公共者，成性是自家者，繼即不已不壞意，成即各正意。具乎陰而行乎陽，繼陽而成陰也。張子曰：語推行曰道，語不測曰神，語生生曰易，實一而指事異名耳。蒙引曰：語道體謂之太極，語太極流行則謂之道，道之妙則謂之神。元公曰：凡言道，皆從其已發言之也。一陰一陽，循環迭運，而天下之變勢全矣。繼者陰根陽，陽根陰，一屈一伸，聯續不已，所謂生生也。成則各成其性，如陽之性健，陰之性順是也。東坡曰：陰陽未交，廓然无物，此真道之似矣；交而道與物接而生善，物生而陰陽隱，善立而道不見矣。仁智善也。孟子于性，蓋見其繼者而已。郝解曰：三句雖序，實一也。高忠憲曰：或以氣爲性，或以空爲性，或以善爲念，或以善爲事，豈知孟子性善之旨？潛老夫曰：東坡自有而推之于无，遂驚絶頂爲奇，豈知頂不住頂乎？夫道即在繼善成性中矣。且以不可名之先天，欲稱其德，而不以人間之善名名之，將錮天乎！言繼善以明主宰，正所以傳萬古之心以凝德；就成性以明各正，乃所以化萬古之才以載道，此聖人作易體天以宰天之權也。即我固有之，非由外鑠者也。孟於易深，蘇公愛深而反淺，蓋充類盡盡之後，必須推倒虛空，還處適可，以揚遏正辭前用也。偏者匿掩二之一，以自魚鳥耳。智曰：憙口烏能盡乎？必三句乃圓耳。唯深唯幾唯神，與中庸首之三謂，孟子之備樂近，皆是也。此三句，所謂無上下者也。格踐則善生即善死，不知則偏見一邊，或偏于不落之半橛而已。先外祖曰：道之生物，非若祖父子孫也，生之而與之同時者也。道之成物，非若工于器也，成之而與之同體者也。道之函物，非若筐于實也，函之而與之同處者也，无先後能所内外而一者也。先祖曰：同時同體同處，則可名之善即不可名之善明矣。道蓋無先後，無能所，無内外，而又不妨歷歷可分合指數也。異端偏雄其宗，而不惜壞教，吾儒默成，即教是宗，深造自得，不揠奇苗，故曰非聞之以心，而聞之以氣，氣者陰陽也。一善繼道，而性之者得乎心，忘乎氣矣。是心而不必言心，是氣而不必言氣，各踐其親親長長，誦讀耕鑿之形，而舞蹈其陰陽矣。智又以火喻之，稱燈之體曰火，而稱火之德曰光，雖三而一而不壞三也。倚自然者，委之于造化之質而已。聖人因造化之薪，傳造化之火，爇造化之水，制造化之器，以熟造化之物，善成其燀物照物之性用，而教人勿受其燔暴之害。此蓋表造化之所以然，即以造造化之質，而造化不敢違。節其盈虛，妙其損益，轉之續之，而本無增減者即在此中，不必單舉以忽五常，荒三才也。故曰政府立而統君民矣，聖人作易而聖人主天地矣。易用反對之二，而貞一愈神矣。必欲一其稱，則理之皆理也，事之皆事也，心之皆心也。隨此時已辨之名，已當之物，而名字之，豈不大泯乎？搉名字以化膠見者耳，執搉則見更膠。

仁者見之謂之仁，知者見之謂之知，陳云：「知」，徐作「智」。百姓日用而不知，故君子之道鮮矣。鄭玄作「尠」。

全曰：仁智多一見，百姓少一知，然總在道中。潛老夫曰：意見最易偏，而執定無意無見者，即偏見也。以曲諱者汎愛者爲仁，偏見矣，專言墮肢黜聰，以爲反朴守誠之至道，此正非君子之仁也；以小察者鉤玄者爲智，偏見矣，單握總殺總赦，以爲絶待獨尊之見地，此正非君子之智也。君子與百姓同德，然有藏垢苟免，以委化爲媚世之方者，正非君子之與知不知，而安萬世之百姓也。太極以政託君子，故以天地表法，立綱著目，示民中節，而公容之，以知見化知見，歸于時中，則仁知百姓本一矣。智曰：不善起于偏執，偏執起于昏蔽，必不免于妙門禍門而乾彖智信同用，即合誠明，此致知貞一之道路也。下文申言道妙，而神于易中，望君子悟无知之知，故略智而表仁；望君子悟不住之一，故舍體而言用。自有易而萬世之善性道，泯于卦爻之時位，蓍龜之信智矣。

顯諸仁，藏諸用，鼓萬物而不與聖人同憂。盛德大業至矣哉！「藏」，鄭作「臧」。

元公曰：仁蘊于中而曰顯，用章于外而曰藏，正見陰陽互根。此贊陰陽也。蒙引曰：所藏乃有用者。見曰：前曰易无體，此曰藏諸用，日用藏用，有二用乎？智曰：繼善成性之道，于此參前，則知見冰消矣。

富有之謂大業，日新之謂盛德，

蘇傳曰：富有未嘗有，日新未嘗新，新者物耳。纂言曰：春生物之仁，及夏曰日新，自秋至冬而包括曰富有。□□[一]曰：此正見即有藏无，爲天地之德業，舍天地別無混沌，亦別无无混沌、无開闢之於穆也。

生生之謂易，

〔一〕「□□」，底本原爲空缺。

潛老夫曰：東坡以不生謂道，生生謂易。夫生生者即本不生，猶列子云聲聲者未始聲，色色者未始色也。聖人蓋曰一有易而道全在易中矣。憨山曰：儒者但知生生，不知滅滅，夫豈知但顯生生而滅滅與不生滅者即藏其中乎？但顯善而无善可名與善即未始名者即藏其中乎？宜顯者顯，而藏者寓焉，所以前民用也。告子一標无善无不善，而无忌憚者藏身矣。近日死標四无者執統壞辨非无妄之眚乎？易統而辨，即辨是統，无體藏用者也。儒爲黄葉所詭，而倣作死語耶？標性善者，生機也；標四无者，死語也。下學藏上，則死語即是生機。

成象之謂乾，效法之謂坤，「成」，蜀本作「盛」。「效」，蜀本作「効」，黄氏韻會作「爻」。

潛老夫曰：即一乾一坤，而貞夫乾坤之一者，是生其生者也。智曰：法生于道，而法能生道。淮南曰：是皆生一父母而閱一和也。仁破核而上生枝，下即生根，可悟聖人造造化之故。輔嗣曰資道而周乎道，亦此旨也。

極數知來之謂占，通變之謂事，

羅正芳曰：造化消息盈虛，其流行之漸便是數。極者，推極其數之根原。邵子云：一非數也，而數以之成，正是吾心微處，乃造化可見之迹。只于此一念發動處占。輔嗣曰：儀運物動，孰使之哉！造之非我，理自玄應；化之无主，數自冥運，故不知所以然而況之神。朱子曰：數者，氣之分限節度處，凡物皆然，圖書特巧著耳。畫卦勢不容已，不待安排也。陰陽交錯其間，長者爲主，消者便爲客，事遂當否，便爲善惡，即其變而吉凶見矣。全曰：九陽極，六陰極，自其盡處言也。理數一原，極數知來即是占，通變即是事。邵子思慮未起，其知來之先幾乎？元公曰：十百千萬皆一之積極而成也，無一則无數矣。□□〔一〕曰：曾知舍數別无一乎？

陰陽不測之謂神。

丘氏曰：生生者无體，不測者无方。潛老夫曰：凡可測知者非至也。容人測測，皆以神其不測，此所謂神冥于神也。

右第五章 潛老夫曰：以陰陽二字形容一字，上章神與易對言，此言易即神也。智曰：德業生生，粉碎虛空，總以神其首三句之爲一句也。易乾坤之三，神占事之三，猶之道性善之三也。發揮萬象而无一象，

〔一〕「□□」，底本原爲空缺。

三一一三，神之至矣。

夫易，廣矣大矣！以言乎遠則不禦，以言乎邇則静而正，以言乎天地之間則備矣。

韓康伯曰：乾統天首物，爲變化之元，通乎形外者也；坤則順以承陽，功盡于己，用止乎形者也。元公曰：乾坤就易説，生生之謂易，大生廣生，正是易之神化。

夫乾，其静也專，「專」，陸作「顓」。其動也直，是以大生焉；夫坤，其静也翕，其動也闢，是以廣生焉。

蘇傳曰：至剛之德果，至柔之德深。果則其静也絶意乎動，而其動也不可復回；深則其静也斂之无餘，而其動也發之必盡。潛老夫曰：古聖人之動静，實此道也。仁知偏見而不善用之，遂成悍決流遁之病，故聖人切切，欲有以善之。上章標繼善，此章復標陰陽之義，易簡之善。夫從本无名處而特標之，即此一標便已扶萬古之人心，參天地之德業。智曰：樂記云：一動一静者，天地之間也。百原山頂，吞吐熟矣。首章言動静有常，至此發之；大生廣生，易簡之善，即其所以有常也。于全動全静之大冒中，細徵其先静後動之幾，而始言邇之静正。周子主静，本此哉！

廣大配天地，變通配四時，陰陽之義配日月，易簡之善配至德。

蘇傳曰：此明乾坤也。兒易曰：一連二段，人見爲卦爻者，仲尼見爲天地；乾元坤元，人見爲天地者，仲尼見爲卦爻。見天地即見廣大，見卦爻即見易簡。潛老夫曰：天地四時，總此乾坤；乾坤，總此陰陽之義也。陰陽互用，莫著明于日月矣。收以至德一句，大學知止于至善，中庸至德凝道，畢矣。上、下繫傳四舉易簡，此以至德表善，下篇首以貞示，正謂理得而恒知也。

右第六章從上章「生生」三句發出「廣大備」三字，而指出陰陽之義，以表易簡之善，所以呼醒善成之道，而下章開成性道之門。

周易時論合編卷之十

皖桐方孔炤潛夫論述
孫中德　中履　中通　中泰編録

繫辭上傳

子曰：「易其至矣乎！夫易，聖人所以崇德而廣業也。知崇禮卑，崇效天，卑法地。

「禮」，蜀本作「體」。「卑」，徐作「埤」。

潛老夫曰：天地與人本一而爲形岐，得易爲之鼓鑄橐籥而兩相合矣。首言賢人之德業，又贊天地之德業，乃明聖人以易崇廣其德業。效法即其行，行即其成，成即其至也，吾故曰合易、禮而南北崇卑化矣。農父曰：德業聖人所自有而歸功于易，總見此理流行天地中，取之在人耳。智曰：仁義信智皆不可見，惟禮合通内外，故位南以顯仁。鑿度以信位北而智統之，與文王合。大學析心而三之，胡爲乎物？蓋三者皆虚而物通虛實也。禮運曰：禮本于大一而降命官天，列事從時，是復禮爲仁，信申于智而道以義用矣。非所謂用北于南，而濟坎離交天地者乎？上章言大生廣生之備至善，明動静之有常也；此言智崇禮卑，因卑高以陳之位也。崇所以大，卑所以廣，單言效法，藏崇于卑，洋洋優優泯見聞于日用，峻極敦厚，温知同乎與知。君子之道，合仁智百姓之道也。天地皆備于我矣，成乎性矣，善之至矣。

天地設位，而易行乎其中矣。成性存存，道義之門。」

元公曰：衆人是生性，聖人始是成性；君子之性可謂之存，聖人之性可謂之存存。見曰：道者義之體，義者道之用。聖人體天而用地。潛老夫曰：知設位而行中者之存其存乎？統存亡行止矣。道由出户，義比時宜，體天而用地，體地而用天，皆其大用也。浩氣配義與道，而後但言集義者，用此門也。玄者好離道義以言德業，離道義德業以言性，蓋急于按剔燈光之火，而聽者遂成虚蕩郛廓之恣矣。故彌其神以綸準，繼其善以成性，而開道義之門。隨萬古之出入易也者，徵合天地之關鑰也。

右第七章潛老夫曰：天地也，易也，人也，一矣。要歸于用易之人。故顔「道義」二字于乾坤之門，真繼善之孝子，豈得不爲天地理家事乎？下章言人在動賾中，貴得變化樞機，正示道義門中之事。

聖人有以見天下之賾，九家作「册」，京作「嘖」。而擬諸其形容，象其物宜，是故謂之象。詁曰：賾，頤中深處，或曰與嘖通，然義則奥也。元公曰：百家之言各隨其心地之光爲分量，聖人心光徧照，法位全彰，見天下之賾動，非卦爻之賾動也。潛老夫曰：人方爲賾所苦，或迷之，或避之，而聖人於雜亂深隱中，灼然宜統宜分，如手之指，故曰有以見。

聖人有以見天下之動，而觀其會通，以行其典禮，「典」，京作「算」，姚作「曲」。繫辭焉以斷其吉凶，是故謂之爻。兒易曰：學易必知會通，會通歸諸典禮。禮曰道德仁義，非禮不成，此言會也；順人情之大竇，此言通也。聖人以元錫易即以亨錫禮，以易侑天即以禮侑地。易以立我爲會，以交物爲通；禮以主義爲會，以極情爲通。導曰：象如水月鏡花，爻如提燈取影。潛老夫曰：上章藏智崇於禮卑，藏成象於效法；此以會通行其物宜，正以乾之嘉會而通用其元善和義貞幹也。此門一開，即用見體，易簡極矣。朱子舉庖丁解牛，會則其族，而通則其虚。此曝肰處總爲會通，所以見天下之至賾至動，皆至易簡而一貫也。

言天下之賾而不可惡也，荀爽本「惡」作「亞」。智按：家麻魚模古通，亞夫印作「惡」，可證。**言天下之至動而不可亂也。**鄭玄「動」作「頤」，九家作「册」，訛也。

導曰：兩「見」字、兩「言」字呼應。所謂其中有物，其中有精，是聖人見得到，言得透。黎美周曰：言掃除者，大是拙工。三一齋曰：人非迷賾動而狥之，即是惡賾動而避之；不墮解脱深坑，即是顢頇廢物。

擬之而後言，議之而後動，諸家及鄭本「議」作「儀」。**擬議以成其變化。**

潛老夫曰：天地至廣大，莫易簡於道義之門矣；即用是體，莫易簡於物宜典禮矣。精入研極，乃能存存，戒慎即飛躍也。樞機之發，惟禮可以已之；謙慎同心，則内外中節而解宥矣。機妙于悔而忌亢，聖人時乎亢而不失其正，豈以户責而廢謙慎之象魏乎？七爻諄諄，在會通行典禮，乃所以溥享其大一也。人情驚奇而暱庸，好捷而苟偷，何怪乎一聞漚泡，即以不容擬議壓理學侮聖賢耶？知其起處，即與儔侶而鐸理者，亦執倣酷殺荒世之空拳，盡糞參省博約之四科四道乎？是求火於不鑽之木，禁乳裸而望赤子之成人也。階亂誨盜，亢于此矣。擬議以成變化，變化總此慎謙，充類已甚之語，究成巧簧不決，而先壞正法，誤良藪奸，故終嘆曰：作易者其知盜乎？智曰：變化是學易之樞機，會通是變化之樞機。擬議正以會通，悱竭所以擬議，其曰不容擬議者，乃巧逼其擬議會通者也。乘物游心，即多是一，則任天下之動賾擬議，而不容擬議者正存存於其中。

「鳴鶴在陰，其子和之。我有好爵，吾與爾靡之。」古本又作「縻」，京房本作「劘」。子曰：「君子居其室，出其言善，則千里之外應之，況其邇者乎？居其室，出其言不善，則千里之外違之，況其邇者乎？言出乎身，加乎民；行下孟反，下同。發乎邇，見乎遠。賢遍反。言行，君子之樞機。樞機之發，榮辱之主也。言行，君子之所以動天地也，可不慎乎！」

易意曰：人身天地，互體交動，所貴知樞機也。知則慎，慎則知，不則混混不分，正墮苟道，故提一善以表發中之未發。象正曰：聖人擬議變化，皆指所之，而不著其賾，理象渾涵，非儒者所窺。此中孚之益，遷善改過。言行，君子之風雷也。兒易曰：君子以天地制其言行，故貴慎也。子之所慎，齋戰疾而祭福戰克，疾病不禱，其徵也。□□〔一〕曰：齋則洋洋格神而心空矣，然猶有懈者；戰則輪刀上陣矣，猶有免者；疾則生死無迴避處，百慮空矣。此門人所記，三形容其慎獨空空之心法也。聖人將以勞謙免亢悔而節解之，先就榮辱咷笑，指其發機，此亦教天下之齋戰疾也。

「同人先號石羔反。咷而後笑。」子曰：「君子之道，或出或處，或默或語。古本或作「嘿」。二人同心，其利斷金；同心之言，其臭如蘭。」

象正曰：同人之離，離之而同，其道益光；同之而離，不失其時。苟明在中，百世可以相諒。宗一公曰：出世入世，異迹同心，顧涇陽正欲分之而自合也。兒易曰：以朋黨誅君子，君子亦何能朋黨乎？喬、固入獄，聲氣滿朝，而救惟弟子與其故掾。膺、滂騈首，度遼激侃，亦徒自訟，不敢明言。唐介出貶，詩送傾都，上章争者，蔡襄而已。膺、固、喬、密並師朗陵，不言朗陵；房、杜、王、魏俱學河汾，不表河

〔一〕「□□」，底本原爲空缺。

汾。由此觀之，苟使君子能朋有黨，天下必定，惜乎其不然爾！潛老夫曰：禹、稷、史、蘧皆同此金蘭也。若執形迹以言同，豈是心同？故曰同不易識，君子亦豈易同？彼蕩不好學者，執論心略迹之便，則以夷跖爲臧穀之同矣。故先卿斷之曰：聖教講貞一，不講混一。

「初六，藉用白茅，無咎。」子曰：「苟錯諸地而可矣，古本亦作「措」。藉之用茅，何咎之有？慎之至也。夫茅之爲物薄，而用可重也。慎斯術也以往，古一作「順」，馬作「慎斯道也」。其无所失矣。

楊誠齋曰：非幣不親，非贄不見，非百拜不行酒，皆藉也，慎之至也。元公曰：藉茅者，潔清誠敬也。正消一世之苟可。導曰：善制用人，物無陋者。詁曰：大過、謙皆取卑下，若亢則兩爻之反也。潛老夫曰：大過之夬也。人情火炎，決以卑下爲基，乃能言行同心。藉茅者，慎獨之至也，一苟則茅塞天下矣。

「勞謙，君子有終，吉。」子曰：「勞而不伐，說苑作「不怨」。有功而不德，鄭、蜀本作「置」，云當作「悳」。厚之至也。語以其功下人者也。德言盛，禮言恭；謙也者，致恭以存其位者也。」

兒易曰：以李淵之英武，猶欲使李密喜之，曰唐公見推，卒降李密；以元載之庸，尚猶能使朝恩慮之，曰笑者難測，卒誅朝恩。知終終之聖人，所以吉謙悔亢也。潛老夫曰：厚者德禮之所以爲德禮也，不則聲音笑貌而已，然近信遠鄙，正是厚載。此謙之坤，不伐不德，无成有終之至順也。

「亢龍有悔。」子曰：「貴而无位，高而无民，賢人在下位而无輔，是以動而有悔也。」象正曰：是乾之夬。禄不施而德居已，行有夬夬之事，動有夬夬之言，是君子之所畏也。黄疏曰：前四段俱贊詞，此後言悔言亂言盜，反詞以見意也。

「不出户庭，无咎。」子曰：「亂之所生也，則言語以爲階。姚信本作「機」。君不密則失臣，臣不密則失身，幾事不密則害成，是以君子慎密而不出也。」邵子曰：晉狐射姑殺陽處父，春秋書晉殺其大夫陽處父，上漏言也。君不密則失臣，故書國殺。兒易曰：鄙夫婦念於牆陰，密矣，明日或揚其言矣。符堅議赦，猛融供侍，民間宣傳，諉諸蒼蠅，以易市之美當衆著之歸，雖微青蠅，保勿漏乎？原夫兑口介疾，坎耳蓁棘，金鍼不深，唾入必出，是則雍糾之所以尸，宋錫由茲而黜者耳。訂曰：唐高宗告武后以上官儀教我廢汝，此君不密則失臣也；陳蕃乞宣臣草示宦者，此臣不密失身也；寇準欲去丁謂，被酒漏言，此不密害成也。聖人雖甚易簡，亦甚謹密，第與陰謀秘計殊耳。象正曰：是節之坎。以心爲行，以節言語，何不密之有？

子曰：「作易者，其知盜乎？釋文作「爲易者」。易曰：『負且乘，致寇至。』「寇」，徐作「戎」。負也者，小人之事也；乘也者，君子之器也。小人而乘君子之器，盜思奪之矣；上慢下暴，盜思伐之矣。慢藏誨盜，虞作「悔」。冶容誨淫。鄭玄及諸家本作「野」，太平廣記作「蠱」。易曰：『負且乘，致寇至。』盜之招也。」

黄疏曰：俱先引易而以子曰解之，末先以子曰開言而以易詞作結。象正曰：聖人嚴解之恒也。雷恒風則萬物毁敗，故赦者，君子所不樂數試也。以爲解而可恒試，則貪暴者多，上慢下玩，盜心乃生。楊氏曰：知盜，知盜所由招也。司馬安能盜魏？操教之也；蕭衍安能盜齊？道成教之也。兒易曰：負而且乘，則匹夫曰吾何爲不神器！裔夷曰吾何爲不洛陽！擔夫一高車而神器中華溷矣。寇不由致，何能至哉！鴞以召鬼，倀以導虎。審欲禁鬼，何不殺鴞？審欲杜虎，何不滅倀？野同録曰：温陵之奪伐，標四无者招之也。潛老夫曰：七爻雖偶舉，非无謂也。始以言行樞機表中孚，而同人用物，合内外以會通行典禮矣。禮所以示中也，過中則亢，故窮上必反下，學以立中道，有餘不敢盡，蓋知盡而又盡者也。誰于此中會通乎？誰以擬議成變化乎？階亂誨盜，悔亦无及，且以譎伹負乘，驩門造毒，有一居室善言，千里下拜矣。履謙復禮，此聖人所以反復也。

右第八章全曰：係詞舉卦爻或十三卦、九卦，或七爻，或十一爻，其數皆奇，尊陽之義也。或曰：七者，用餘之六也；九者，十二之四分用三也；十三者，藏閏也；十一者，五六之合，而十二之藏于一者也。

此章大旨在約言動賾中之會通易簡。

天一，地二；天三，地四；天五，地六；天七，地八；天九，地十。古本在十一章首，班固、衛元嵩引合天數五之上，程子并以此二節移在大衍一節之前。

潛老夫曰：聖人舉十字示人，易簡極矣。吾十五年而乃豁然於象數之塞虚空也，必以覩聞表不覩聞，而象之分合即數也。動賾至於京垓秭溝，而不出此十也。十止是五，五藏四中，四用半爲二，二即藏三，三即一也。十不用，而金火易爲洛書。故但言五之圓，而八方在矣。朱子曰：一氣分爲二，而陰陽兩其五行也。五則萬理萬事備矣。

天數五，地數五，五位相得而各有合。天數二十有五，地數三十，今石經作「卅」。凡天地之數五十有五。此所以成變化而行鬼神也。

朱子啓蒙解之，已詳圖説矣。此言卦蓍之所本而天人萬理萬事備焉。導曰：相得則不害，有合則不背。氣化主張，物生消息，總不出此。作易順性命之理，成物通晝夜而知，即此數而變化從心，鬼神效靈矣。元公曰：天地間皆鬼神，鬼神亦不能逃數，故曰成變化而行鬼神。一即是五，千變萬化，皆五數所成。故言造化之樞要者，必本五行。此章有圖數，有蓍數。圖數先天也，蓍數後天也。顯道以此，神德行以此，成變化行鬼神以此。陳文莊曰：圖順書逆，順行者人與物之所同，逆行者聖人之所獨。全曰：相者以兩而言，得者有與而言，猶彼得此、此得彼之謂。左忠毅曰：外十括于中五，五括于中一，先天也。然落此一點，如人結胎之初已是後天，豈待□〔一〕地哉！又曰：內數五，外數十，五陽十陰，陽一陰二。五屬土，生於

〔一〕「□」，原本不清，依形似作「[illegible]」。

天，成於地，猶人生於父，成於母也。中五合四行而結土，無土則無四行矣。四行或有相離之時，决无離土之時，可見地外更无天也。故禽獸蠻貊，但知有母而不知有父。混沌亦然。聖人參天兩地，尊父次母，貴君統臣，重人輕禽，内中外狄，同信而分爲仁義禮智，以範圍曲成斯開闢矣。久之信失，而仁義禮智皆是假設，猶土潰川決而金木水火各各汩陳，欲還混沌非其時，欲從開闢非其人，所以五陰六陽，七差八錯，爲此十五點耳。農父曰：豈能抹撥此十五點乎？惟在因其差錯中，以正治僕而已矣。乾惕集曰：聖人財成之功全在分别，而於穆者自不已矣。不待夸護於穆，而痛埽聖人分别範圍之綱紀也。故以此點畫爲幽明費隱之公證。徐文長曰：天一生水，地六成之，猶言天以陽生，地以陰成。一二非有多寡，生成非有先後也。如盂泥焉，澄滓爲天之地，其清爲地之天；又如人焉，郛廓爲衛氣所充周者即天，五藏爲營脉之所藏絡者即地，本一身也。海際天而成地之大，不則地塊如豆耳。四行各得中五，天地適得其半，雖謂地二成火、天一生火可也。生成一時皆具，莫測何始何終。如分摘一行而言，單謂生可也，單謂成可也；若木生火等，但據形質而言耳。錯文自一至十，語似有漏。潛老夫曰：文長所見一端耳。

一時皆具者然也，如謂海際天，則陋甚矣。黄勉齋曾作生行無次序語，而李希濂辨之，至理皆无次第序列，而就中之次第序列原自森然。辨名當物，貴因其端而核其幾，不分析之，則人不能曉，故聖人明見以易立準，如數一二，无處非表法也。道在法中，以費知隱，序列其初分之定盤，交輪之槩屬，而變在其中矣。今人空疎躁陋，稍稍觀見全費全隱之通解，則愛匿漫汗，而禮運之五六十二，俱不必問，易之五六七八九，俱等糞土，此無所得之執一流弊也。五音全是宫商，商全是宫，固矣。然則位子之宫，變調之宫，當在何律，可不察乎？世間實學，何怪晨星？智曰：當分統本末與細本末以闡之。有質者皆地，而所以然者皆天，同時皆備，同時渾淪，此統本末也，幽明大小，皆交汁爲一者也。五行七曜，五方六矩，兩端交攝，相制相生，定盤推盤，有幾可研，此細本末也。統在細中，有統統，有細統，有統細，有細細，差别不明，則無以開物成務，而釋疑辨惑者無從徵焉，亦終歸於疑惑不盡，以堅僻强護之而已矣。然又非拘執名字者所能會通也。冒言天地，猶陰陽也；言一二，猶奇偶體用也；言參兩，言五六，言五十，猶言一二也；言中五，猶言天在地中也；言土，猶言中和也，沖氣也。要之，河洛象數，原自確然不易，原自變化不測。

大衍之數五十，其用四十有九。分而爲二以象兩，卦一以象三，揲之以四以象四時，歸奇于扐以象閏。五歲再閏，故再扐而後掛。京作「卦」。

輔嗣曰：一不用而用以之通，非數而數以之成，斯太極也。无不可以明无，故常於有物之極而明其所由之宗。邵子曰：五爲小衍，五十爲大衍，盤中球中，皆表之矣。以數倚之，參兩爲五而五爲之紀，十統于五，故曰五十以學易。理寓于縱衡之數，而數足于生成之終也。數度議德會通盈虛，悉以此徵消息焉。仝曰：象五者謂參兩中，一陰二陽而五爲陰陽之中，所以主乎陰陽者也。虛一卦一，與伏羲八卦之畫適符四十八，不惟得圓，且得方也。又曰：大衍五十，不言虛一，即言其用四十有九，則并虛一藏之矣。虛一爲太極，以統體言；掛一爲太極，以各具言，故于分二後言掛一，以別於虛一也。掛一者，欲人於陰陽既分之後求太極，知各具者如此，又于各具中知虛一爲統體者如此。幼光曰：執一以名太極，便非太極矣。此聖人立言之圓。既虛一，便不成十，不惟無首，且無尾矣。環中者圓也。四方衍體數視河圖損其五，用數視洛書益以四，揲不用五而用四，四即用五也。

旋而中央建，四時分而五行成矣。故五十虛一，不惟虛十，且虛五也。歸奇與策數不用五與十。揆曰：以虛一不用之母，衍爲十百千萬之子，有蓄衍之象焉。衍，水行也，以天一起而衍溢也。隅通曰：乾四德，坤四維，皆用方也。大匠之規矩準繩，以爲方圓平直，圓一而已，平與直皆方也。五行火有魂而无魄，其體用不可端倪。水之洒點成珠，圓也，而瀉之於地則平，平乃方矣。木之敷辨結核，其體圓也，而發幹抽條則直，直乃方矣。金之雜於砂，融于火，其體圓，而用以剛而方。土之柔爲泥，堅爲石，其體圓，而用以大而方。由是觀之，凡物之用，未有不方也。揲之安得不以四乎？智謂凡言方言圓，皆所謂方也，而圓皆寓焉。故曰方即是圓，用方乃所以圓。此神在智貢中之神方圓也。凡天下之數，既生而復減去之，以爲用也。方圓，乘除損益也。此臨用時之方圓相求也，而不可見之方圓亦可知矣。羽南氏曰：天數至九而全，陽用全，故用九；陰數二四六八十至六而半，陰用半，則用六矣。用全以陽策之九爲極，用半以陰策之六爲極，要本於河圓中之十五，爲陽九陰六也。邵子曰：陰陽各六，而陽又侵陰之半，凡用使地，故卦六爻，而蓍策以老陽之九統之。李存我曰：洛書用九，此明天分地爲十成之體，而天自爲之用也。左忠毅曰：孔不言數，孟不言易，數之所在，易之所在也。孟曰以其數則過矣。孔不言數而稱堯曰。天之曆數，曆以萬歸一，猶之易以一貫萬也。在帝曰曆，在師曰易，總不外數耳。夏子曰：時行物生，莫非象，即莫非數也。即此象數之數，而氣數之數自不能逃，因而謂之曰理。玄同曰：一切世道升降變遷皆生於積閏，閏爲天地不齊之氣，陽九百六所起，子以歸奇之扐當之，奇奇零也。掛象三者人也，取右策者人用右也。潛老夫曰：蓍法詳前圖矣。以邵、朱爲主，蓋不可數之天地，盡於可數之天地。而數盡於五，陽一五，陰二五，則三五矣，五與十相乘則五十矣。楚望取丁易東九十九而去五十之説，然猶不知爲十一其九，以應河圖十一其五也。今推併倚至百，亦萬而縮一也。卦以八八爲體，方圍八而藏九也；蓍以七七爲用，圓圍六而實七也；方八用半爲四，猶四用半爲兩也。總起於一，役二爲三，而兩其三爲六，又兩其六而三其四，則播五行於四時爲十二宫盤一周矣。兩其十二爲二十四，參其十二爲三十六，即老陰陽策也。四其十二爲四十八，五其十二則六十周甲也。大衍除虚一與掛一，則止用四十八，蓋六十四之四分裁一也，又八卦各六爻之數也。所謂藏五於四，即藏一于四也。以四會而十二堆之，用其三會共十二策爲老陽，則餘九堆三十六策矣；用四會十六策爲少陰，則餘八堆三十二策矣；用五會二十策爲少陽，則餘七堆二十八策矣；用六會二十四策爲老陰，則餘六堆二十四策矣。邵子去其三會四會五會六會之數，而用九堆八堆七堆六堆之策，用餘也。朱子用掛扐之會數，曰以寡御衆，然於坤則不合矣。蓋適用與用餘者相爲盈虚，本互用也。詳見卷首。全書曰：再扐後掛者，言第一變再扐畢則第二變又掛一，第二變再扐畢則第三變又掛一也。玄子譏小指掛一，此不必辨者也。五歲再閏，亦其槩耳，實則十九年七閏爲一章。其曰无餘分者，亦朱子用四分曆而洒派七閏月也。日法九百四十者，周日之朔分，周歲之閏分，與一章之弦、一蔀之月皆合焉，蓋取諸中率也。朱子約抄曰：天有三百六十五度四分度之一，歲之日亦如之；度爲九百四十分，一日如之。四分度之一則二百三十五分也。天一日一周而過一度，日一日一周天而不及天一度，積三百六十五日二百三十五分而與天會；月行每日不及日十二度三百四十六分半，積至二十九日四百九十九分，其不及日者三百六十五度二百三十五分。則日所進過之度適周本數，而月所不及之度亦退盡本數，適與日會而成一月。合十二回二十九日四百九十九分，通計三百五十四日三百四十八分，是于三百六十日内少五日五百九十二分也。故日與天會而多五日二百三十五分者爲氣盈，月與日會而少五日五百九十二分者爲朔虚，合氣盈朔虚而閏生焉。十九歲七閏爲一章，蓋一歲積氣朔之數計十日八百二十七分，積十九年得一百九十日零一萬五千七百一十三分，以日法九百四十分除之，通計全日之數共二百零六日六百七十三分，于十九年内分作七閏，當得二百一十日，内少三日二百六十七分，此閏月中三月小盡爲適合矣。故氣朔分齊，冬至定在十一月朔，是爲至朔同日，稱一章也。智按：三小月，月止得二十八日八百七十一分，又歲爲三百八十五日，不合具爻與權度法之公證，不如三大四小則每月得二十九日一百四十八分二釐五毫，其分盡一也。漢三統曆以八十一分爲日法，京房八十分；唐大衍曆以三千四十爲日法。邵子用三百六十分，授時曆用萬分，九執曆、回回曆、泰西曆皆用六十分。此隨人定，而今用萬者，以萬易算耳。授時之算章閏，仍有餘積矣，皆因求歲差而變其法也。虞喜以五十年差一度，何承天倍之，劉焯作七十五年，一行定八十三年，郭守敬以百年差度半，泰西以六十年八閱月而差一度，此屢改者也。易惟著其恒法而盈虚在其中，邵子據年月日時定元會，以十二與三十相乘，亦恒法也。三統、大衍无不符易，即其細差細積，亦可以易之交侵交追之數求之。歲差一分五十杪，則黄道内口外口俱移，十二次四正皆移。李淳風守漢曆以駁仁均，而一行笑之。近日襲守敬之捷法，臺司僅增閏應交應各二刻，减轉應十六刻而已，安得不舛耶！時无神明，未易語此。

乾之策馬作「荚」。二百一十有六，坤之策百四十有四，凡三百有六十，當期之日。徐作「朞」。

陸希聲曰：易以年統月，以歲統旬，以日統時。凡言月者，以一策當一月。一九之策三十有六，是爲三年，故日皆一九之策。一九之策三十六，二六之策四十八，共八十有四，是爲七日之八十四時，故七日者，一九二六之策也。言旬者，合七八之策而半之，以象一朔三十日也。再閏六十日，合九六而全之，凡六十策，故曰言歲者全之，以象再閏之日。月有朔虚，故半之；歲有中盈，故全之。一月三旬，八月二十四旬，而老陰之策二十四，故曰八月之旬，當極陰二十四也。乾坤之策當期之日，而少六日，故虚分包焉。二篇之爻三百八十四爻，多二十四日，故曰盈分萃焉。啓蒙曰：舉氣盈朔虚之中數而言也。藏一曰：象者意與之準，當者數與之符。梁父曰：上爲有用之用，此若爲無用之用，而一切之至理至用出焉。智曰：三微三著，六會參兩，十八會九六，兩其六而兩之爲老陰，參之爲老陽；兩其三十六，參其二十四，即七十二也。參之爲乾策，兩之爲坤策，九之六之，合千八十，即三其通期也。京、邵去四卦爲爻，合通期也。依老父之法曰具爻，曰通爻，曰貞悔爻，曰五十，曰四十九，曰四十八，曰三十六，曰二十四，曰三十，皆並與甲子同歷，而閏積合差在其中矣。

二篇之策萬有一千五百二十，當萬物之數也。

朱子曰：陽爻百九十二，得六千九百十二策；陰爻百九十二，得四千六百八策。二老合之固然，二少之策合之亦然。潛老夫曰：二少盈虚未極，故止舉二老。蓋三十二其六十四也。二老通爲六十策，二少亦通爲六十策，故言策分者，每策三十分也。天文微星萬有一千五百二十，權之一斤亦萬一千五百二十銖，莫非然也。吕氏所云三千八百四十者，六十四自乘爲四千九十六，而去乾坤坎離四卦則此數也。三其三千八百四十，則具策之數合矣。是知蓍策總歸陽□〔一〕。三統言五星會終之數，元包言先天生物之數，則十二此策也；易軌用四萬六千八十，則四此策也。會息八十六萬四千，即七十五此策也；具爻通期甲子之會，則半此策也。

是故四營而成易，十有八變而成卦，

潛老夫曰：朱子祖陸績以分二、掛一、揲四、歸奇爲四營。玄子謂揲四而老少之過策必以四求，全策亦以四求。乾以六九爲五十四，而四求之爲二百十六；坤以六六爲三十六，而四求之爲百四十四。合五十四與三十六爲九十，而四求之爲通期。陽九陰六，總計一爻之九六爲二千八百八十，而四求之爲全策。可知易用不出于四營也。天地藏五于四，即藏一于四，即藏六于四，即藏十二于四矣。引伸觸類，天奇以地偶爲體用，无所不藏矣。言四而五具，四用半爲兩，言上兩而參具矣。智曰：三變成爻，是一爻中即一卦也。石齋公極十八變以當六十年之曆，而四分之一即律兩之六萬五千五百三十六也。三統曆起七十二，是四其十八也；大

〔一〕「□」，原本不清。

衍曆起千二百，是四其三百也；一揲之分七十六而蔀法生，四其十九也，益證四營矣。蓋四營兩地法也。四用三猶之兩中三也。十八者，九六參兩交會之母也。一年十八候，每二十日爲一轉，則五其四營也。一用四，四藏一，猶之一因二而二即一也。五其三之十五，而伸爲六其三之十八，猶之五音而六律，六爻而五合也。數從二起，連太極爲十九而與章合，猶六爻連太極爲七也。縮二爲十六，猶六爻用四爻也。初上不歷事，而事備于中爻也。詳見蓍衍。

八卦而小成。

潛老夫曰：明一卦之成，各藏六十四卦，爲大成也。朱子曰：從蓍言，故謂内三畫成也。其云一爻成止有三十二卦，二爻成止有十六卦，三爻成止有八卦，四爻成止有四卦，五爻成止有二卦，此就大橫圖指之也。

引而伸之，古作「信」。**觸類而長之，天下之能事畢矣。**「長」上聲。

潛老夫曰：明謂天地間之萬理萬事，畢于象數，覩聞即不覩聞，誠一極深研幾而造化在手矣。苟且撥學，逃于无理无事之黄葉，以荒忽紿人，而人甘爲所紿。坐負天地，浪死人牛，豈不哀哉！

顯道神德行，去聲。是故可以酬酢，京作「醋」，説文作「醻醋」。按國策作「讐柞」，周禮注作「詶」，借聲也。可與祐神矣。荀爽「祐」作「侑」。

朱子曰：德行是人自成者，因數推出，方知不是人所强爲，而神所爲也。幽明相應，如賓主相交，方揲則人主而蓍賓，既揲則蓍主而人賓。又曰：神不能自説吉凶與人，必待蓍而後見，故蓍所以助神也。湯惕菴曰：以德而見諸事爲德行，皆指易言。然萬理散殊，何者非易？潛老夫曰：道前用而自顯，德以行而自神。言示乃顯，而象數乃深于言者。卦自相酬酢，蓍自相酬酢，人物與卦蓍相酬酢，精神與造化相酬酢，總此顯與密相酬酢，寂與感相酬酢，心與法、知與行、理與事相酬酢，則用與不用亦相酬酢，一神于二而已。護高執一以矜不落，而離屑事物象數者，豈知祐神之道？

子曰：吴幼清以後人分此節屬下章而增也。程朱俱屬上章。「知變化之道者，其知神之所爲乎？」舉正作「不爲」。

困知記曰：化乃陰陽之所爲，而陰陽非化也。爲之之言，莫之爲而爲也。導曰：道在天，德行在人，非顯不能得天下之理，非神不能成位乎其中。神之所爲在趍避之外，四字甚可畏。知此始不爲數所拘。心易曰：无非奇偶生成，无非進退往來，皆變化之道，神之所爲也。變化出于自然即神，非變化之外又有神也。□□〔一〕曰：无之非易，而不硋其就易言易也；无之非蓍策，而不硋其就蓍策言蓍策也。此聖人之變變化化而神神也。

右第九章數以立體，法以制用，神行乎法藪之間。聖人主天地而示人研極即知，知即唯神矣。章末呼出道字，故下章繼言聖人之道。

易有聖人之道四焉：明僧紹作「君子之道」。以言者尚其辭，以動者尚其變，古本此下三句或无一字。以制器者尚其象，以卜筮者尚其占。

蘇傳曰：聖人之道，求之而莫不皆有，取之而莫不皆獲也。以四者之各有獲於易也，故曰有聖人之道。而昧者指此爲道，則過矣。心易曰：必掃此而單守一暗癡影事爲道，其昧更甚矣。窮理盡至者，日在此四者中，隨用而皆道也；日在此四者中，而即謂之忘可也。玄子曰：四者並言而推本於神，見聖道非讖緯術數者比。

〔一〕「□□」，底本原爲空缺。

纂言曰：凡言性與天道，謀謨誨問，皆言也。蒙引曰：動是幾處，有善惡兩端之分，變即卦爻中往來之變。書曰慮善以動，動惟厥時是也。制器尚象，天地亦器也。渾儀以至禮樂日用什物，何處非表法耶？易可筮，亦可卜，雨霽蒙驛克，五行不出四象，即易道也。全曰：用易者用之臨時，故曰尚；學易者學之平時，故曰觀玩。潛老夫曰：何言非易之辭，何動非易之變，何器非易之象，何占非易之卜筮耶？智曰：皆幾也，皆深也，即皆神也。與萬世研幾而即泯萬世者，神所爲也。

是以君子將有爲也，將有行也，問焉而以言，其受命也如嚮，古作「響」。无有遠近幽深，遂知來物。非天下之至精，其孰能與于此！「與」去聲。

程子曰：所以爲卦，卦有吉凶，莫非此理，惟其有此理也，故問而應嚮矣。玄子曰：精謂卦象繫辭之精。潛老夫曰：道无所不在，命亦无所不在，此不硋其就占言占也。智曰：筮之告吾，三古俱斷，至誠塞乎天地，固所謂不以知，知而无所不知者也。

參伍以變，錯綜其數。通其變，遂成天地之文；古一作「天下」。虞翻、陸績「文」作「爻」。極其數，遂定天下之象。非天下之至變，其孰能與于此！

潛老夫曰：至精至神，妙於至變；問應寂感，妙於參伍錯綜。人多疑此，豈能會通？請列諸家之説。漢書引易參伍，而合三統五行、三德五事言之，極數入曆，以參御兩。仲翔曰：通數再扐卦爲三，以五歲再閏爲五。幼清曰：初揲左四右四，再揲三揲左四右三，左三右四，合卦而爲耦者，參以變也。初揲左二右一，左一右三，左三右一，再揲三揲左二右一，左一右二，合卦而爲奇者，伍以變也。逌曰：三變得一爻，此三之謂參也。反一也，分二也，卦一也，揲四也，歸奇也，五之謂伍也。玄子以分掛揲歸再扐爲五。王賓明曰：蓍除一，又除掛一，總以四而已，四之損益，即三五也。老陽用三其四，少陽用五其四，舉陽而統陰矣。見曰：初變通掛一之策，不五則九，而去掛數之則五變爲四，五變則九亦變矣；二變三變，去掛不三則七，而合掛數之則三變爲四，三變則七亦變矣。於是或三奇，或三偶，或兩奇錯一偶，或兩偶錯一奇，錯法也；於是綜三奇之數而得九，綜三偶之數而得六，綜二奇一偶而得八，綜二偶一奇而得七，皆綜法也。玄子又引參伍錯綜皆古語。史記引周書曰：必參而伍之。全曰：卦以兩而相對曰參伍，爻以兩而相互曰錯綜。成象謂乾，效法謂坤，象也；極數知來，數也；通變，變也。以象而見數、數而見變者言之。此節以變而後數，數而後象者言之。以羲易言，太極，理也；畫之圖之，象也；有一斯二，以至於十，數也；陰陽相交，自一變至六十四，變也。此羲易之變也。文本羲理而往來交錯更變之，兩卦爲變曰參伍，變也；十二位爲數曰錯綜，數也；通變、成文，極數而一卦二體成卦之象立焉，象也。此周易之變也。元公曰：三五數之宗，内三外三，天五地五，故道包三極，變主五行。通變成文，成天地之文也；極數定象，定天下之象也，不專以揲蓍言。三變爲爻，三畫爲卦，著數也；五生爲德，五克爲刑，龜數也。京房占卦以上爻爲不變之世爻，變者五，不變者一，而以一畫爲游魂，三畫爲歸魂，亦參伍之旁義也。三畫之卦亦有參伍義焉，如乾之初變爲巽，再變爲艮，三變爲坤，游魂爲離，歸魂爲乾，是也。陳高亦近此説。張文饒曰：小八卦三畫之變，天也，其變上而下；重六畫之變，人也，其變下而上。兒易曰：羲之制畫也，益奇以偶，以一參二，以偶五奇，一奇錯二偶，二偶綜一奇，爻象乃立，變化乃出，鬼神乃通。聖人之議道也，兩端之陳必介以一，所以明參也；四者之列必謀其中，所以示伍也；雖甚貴獨，必不離衆，所以致錯也；雖甚貴兼，必不弛獨，所以建綜也。制世之權，信必參疑，喜必伍怒，賞必錯罰，動必綜静。又曰：聚數注三，鼎而不可得孤也；完數注五，環而不可得破也。舜廷必有兩端，貴錯也；舜心必有一是，貴綜也。孔子游景山，子路賦勇，子貢賦辨，顔回賦德，三子言異者，錯也；孔子賞顔者，綜也。扁鵲起虢世子，砥箴礪石，子陽同藥，子明灸陽，子游按磨，子儀反形，子越扶神，五子，錯也；扁鵲，綜也。潛老夫曰：不硋就蓍言蓍，亦不硋通語也。抑知參伍錯綜之古語所自乎？天地之節，不得不中於數，而聖人即以數中天地之節，即明攝幽，養人寂感於研極，此卦蓍所從起也。凡天地之道，皆一在二中之參伍錯綜也，聖人借卦蓍以明其端耳。智曰：凡不可見之理寓可見之象者，皆數也；以數極數而知之，皆蓍也。言一必有二，此兩也；言二必有三，此參也；兩必有四，四必藏中五，而合參兩即爲五，此伍也。數必以二爲法而以三圓之，以四爲法而以五圓之。既以參兩爲追差損益之法，而以五十紀之，十乃五之節也。言一二三四五，而六七八九十具矣。五加一即六，五加二即七，五加三即八，五加四即九，五加五即十，滿十即成一，而一則无非一也。倚而積之，從此億萬損益，皆奇偶參伍也。數雖至多，无非一也。而一不獨用，故惟二三四五爲綱。而陽主變化之權，故法用二四而冒言參伍耳。兩中之一即參，四中之一即五，參伍所以用一也。就以蓍言，分象兩而掛以示用，此參也；合象兩參三即五也，四揲營之而四即藏一，此伍也。爻變蓍揲，總以四布，而三五藏其間，陽用九，參也，陰六，亦二參也；天數二十伍，伍也，地數三十，亦六伍也。圓圖除十六卦，用四十八，此用參也；除四卦，而六十卦爲六其五，此用伍也。方圖中四震巽主之，震巽各除本卦，參也；四而有中，五也。第二層十二卦爲四其三，此參也；第三層二十卦爲四其五，此伍也。君藏各十五，此參伍也。无往非此，舉大略耳。邵子一切舉四寓五，而四分用三，豈无故而破天荒哉！此其所以極數定象，而動賾皆易簡也。

易无思也，无爲也，寂然不動，感而遂通天下之故。非天下之至神，其就能與於此！

「故」，戴侗作「故」，以從久古爲故也。孟曰：言性則故而已矣，謂其所以也。所以者，本來久古而不變者也。曰幽明之故，曰天下之故，曰明于憂患與故，俱當參。

韓康伯曰：忘象以制象，遺數以極數。至精者无籌策而不可亂，至變者體一而无不周，至神者寂然而无不應，斯功用之母，象數所由立也。程子曰：老曰无爲，又曰无爲无不爲，當有爲而以无爲爲之，是乃有爲也。聖人於動靜之理，未嘗爲一偏之説。曾子固梁書序曰：无思无爲，循理應物而已。合内外，是其至神。朱子曰：寂然者，感之體；感通者，寂之用。觸手手知痛，觸足足知痛，便是神應。鄒忠介曰：體用一源，體在用中，感之中自寂也。廓然至公，物來順應，此真學易者。心統性情，神合精變，其名别，其實一也。神明湛寂，應變无方。心易衷訂詁曰：无思无爲者，愈索而不可得，不索而還自得者也，故名之曰神。彼一於无一於有，或執一有一无，或執非有非无，或執不落有无，皆非至神也。或問人不能如蓍之无思无爲，則感通奈何？曰：權无我而物有則，莫无思无爲于規矩矣。君子通天下之故，即理天下之故，此所以繼善成性也。任其无定而與一世同波，因執忘心即忘境之説，便曰忘惡不妨作惡，此洸洋所以邪淫害政也。朱子但以易言易，而分體用以指之，其本來之寂然，寧待曉曉乎？劉炫問无爲，邵子舉「時然後言」一節以答之，妙哉！周子曰：誠无爲，幾善惡，誠則无事矣。寂然不動者誠也，感而遂通者神也，動而未形有无之間者幾也。楊氏曰如言玉瑩，又言白，又言潤，非三也。周子又曰：動而无動，静而无静者，神也。又曰：洪範思曰睿。无思，本也；

思通，用也。无思而无不通爲聖人。不思則不能通微，不睿則不能无不通。思者聖功之本，而吉凶之機也。周海門曰：此言无思而未嘗不思，皆密旨也。張子曰：知太虚即氣則无无。故聖人之言性與天道，止此參伍之神，變易而已。言有无者，諸子之陋也。芝岳氏曰：言有則非有非非有，不必言而藏之，此所以神也。徐仲光曰：所以然者，不得已而曰神，曰天，曰性，曰理；其曰无者，謂其化也，猶言至也，太也。祁世培曰：塞乎天地之間謂之无天无地可也，是塞即无也。陶石簣曰：心无體而靡事不心，事何依而无心不事。樹頬運臂，輒造精微，加帚扱箕，直通神化。今則有畏溺而併畏江河、逃影而兼逃日月者矣。潛老夫曰：此是大本大用，物物皆然，聖人因贊易以示之。人間狗感者，偏寂者，皆病也，但作感即寂之急口，亦不可以立訓。故後提研極以用四道，而開成治教，不外乎此。所謂就造化之薪，燒造化之火也。一一曰：神貫寂感者也，不與聖人同憂，立於无而紗于有，可謂之神而不謂之至神。至神者，不无者也。聖人範圍曲成，則跡无非神，乃爲至神。

夫易，聖人所以極深而研幾也。蜀才作「𣁽」，鄭玄作「機」。

導曰：與深偕至謂之極，得幾先見謂之研，神正在此。下節贊深幾，徑以神終之。潛老夫曰：更端而曰夫易，蓋重在聖人用易也。即辭變象占，而深幾之神常明矣。

唯深也，故能通天下之志；唯幾也，故能成天下之務；唯神也，故不疾而速，不行而至。

蘇傳曰：深者其理，幾者其用也。至精至變者，以數用之也；極深研幾，以道用之也。止於積與變也，則數有時而差；止於幾深也，則道有時而變。使數不差、道不變者，其唯神乎？潛老夫曰：神非思爲所及，而神即在幾深中。人習于見成教養，便執淺見，而不肯深入，何能通志？因循事例，而不知其幾，何能成務？所以深幾者神也，能深能幾者神也，深而泯之乎淺、幾而泯之乎事者神也，貴在盡心。智曰：精、變、神，皆以天下言之。此言天下之志，天下之務，可知易之所以爲易也。聖人之所以用易也，藏天下於天下而已矣。一切人情物變，一切教養禮樂，俱是天下之故，通志成務，无非寂然者也。理泯于事，謂之无理无事可也；因天下通志成務之故，以泯天下之故，謂之超越世出世間可也。

子曰「易有聖人之道四焉」者，此之謂也。

一一曰：歸於通志成務，則神隨詞變象占而在也。有執此四道而不知其所以神者矣。天下之故，即此四者而藏之，又豈可輕視乎！

右第十章道无不在，神无不在，惟在所以用之。辭變象占，足盡天下之務，而實惟此易簡之理。故此章結以研極，乃知其神。而下章繼言開成玅于洗心，乃知神明咸用。易无體而貴用也。

子曰：「夫易何爲者也？夫易古一本无此二字。開物成務，王肅本作「闓物」。冒天下之道，如斯而已者也。」是故聖人以通天下之志，以定天下之業，以斷天下之疑。

導曰：通志三句不必頂，章中頻呼聖人處宜玩。潛老夫曰：極深研幾，貴知其冒，而後知一在二中，方生於圓，方即是圓，乃可明也。渾不礙倫，倫不礙渾，全有即全无，乃大冒也。標一太極，實不可以有无言，而直下之用，止有卦爻之大業，惟在善示善告善斷而已，即從蓍卦言而天下費隱之道冒焉。

是故蓍之德圓而神，卦之德方以知，去聲。六爻之義易以貢。京房、陸績、虞翻本作「工」，荀爽本作「功」。聖人以此洗心，石經、京、荀、虞、董、張、蜀才作「先心」。退藏于密，吉凶與民同患。神以知來，知以藏往，劉瓛本作「臧往」。其孰能與于此哉！古之聰明睿知神武而不殺者夫！

朱子曰：心中渾然此理，吉凶感于前，而趨避民之患也。聖人亦人也，人則有心矣，有心則亦好吉惡凶，是爲與民同患。孔穎達曰：凶雖民之所患，吉亦民所患者也。心易曰：以神行智，則心不爲事物所擾，使物自運而已不與。導曰：聖人看易，性情畢具。伐毛洗髓，我與易何分乎？退藏同患，知來藏往，不分兩侯。神如火之光，知如火之魄。來事紛紜，即從光中照出；往事羅列，光雖未炎，照體具足。元公曰：密者人心秘藏也，諸念不起，應用自圓。神應于耳目曰聰明，宅于心胸曰睿智。不殺者，神能威物而又善用其威也。玄子曰：即以吉凶威服天下而不用刑殺者，其羲皇乎？潛老夫曰：朱升作七七八八圖，蓋六進而圖七，九方而用八也。八八開方也，七七雖圓而開方亦方也。邵子以天爲用，地爲體，則大體自分卦以立體，而以蓍爲用，爻其應用者也，凡用皆方圓互用，以方藏圓，此所以爲大圓也。石齋作方圓相倚圖，真表法之玄要者乎？見云：方字疊見，圓字惟此章特見，藏密之體圓于同患之用。神武不殺，與酷剷斷滅者殊矣。智曰：洗心退密，而忽言神武，非倚天之長劍乎？乾居天門爲大始，所以用專直之大勇也；神武不殺，明察齋戒，所以統仁知之三達也。古云放之則彌六合，卷之則退藏於密；今曰放之則退藏於密，卷之則彌六合。

是以明於天之道，而察于民之故，是興神物以前民用。聖人以此齋戒，以神明其德夫！古一本无「夫」字。

導曰：而字分明指天道不出民故中，朱子以湛然肅然訓齋戒，則慎獨心法也。玄子曰：古之成亹亹者，必寄諸无心者而後神。故蓍卦既設而聖人冥諸洗心，使民用可前而聖人還以齋戒，此所以通神明之德也。揆曰：无思曰齋，无爲曰戒。

是故闔户謂之坤，闢户謂之乾，一闔一闢謂之變，往來不窮謂之通。見乃謂之象，「見」音現，下「見吉凶」同。形乃謂之器，制而用之謂之法，利用出入、民咸用之謂之神。

蘇傳曰：變者兩之，通者一之。仲虎以筮言。全曰：闔闢者，義之平變也；往來者，文之貞悔也。玄子曰：此一節就户以喻之。虛舟説亦然。程子謂見兔可以作易，張乖崖斷公事陰陽之説，皆當前引觸也。潛老夫曰：此重在制用咸用无非至體也，故下文聳一絶待之體，而要歸於大業之用。曰象謂可見者，曰形謂可見又可執者，曰器則用也。見器即見形，見形即見象，見象即見理。

是故易有太極，是生兩儀，兩儀生四象，四象生八卦，

潛老夫曰：禮運曰禮本於太一，分而爲天地，與此一語皆破天荒。邵子曰一无體

也，有无之極也。漢志曰函三爲一。總以兩儀而下，一有俱有謂之有極，即隱出一畫前之无極，雙推不落有无則强名曰太極。其實有極即无極，直下舍開闢之卦爻，豈復有不落有无之太極耶！則謂卦爻爲不落有无之卦爻，无不可者。鴻寶謂雖有太極，苟无其動，不能成用。吾故曰不可以有无言，而究用其有極者也。自儀象八卦以至四千九十六，皆大二也，大二即大一也。歷吉凶之寂場，安无咎之大業，則明其有極而玩占其當有者已矣。言无者，言不落者，非綴旒乎！止菴以丨指之，正謂太極有所以然之理，明其主統僕用，而不使竊混沌者壞教也。智曰：兩間皆氣也，而所以爲氣者在其中，即萬物共一太極，而物物各一太極也。儒者不得已而以理呼之，所謂至理統一切事理者也。有精言其理御氣者，有冒言其統理氣者。故老父分宰理、物理、至理以醒之，而宰即宰其物理，即以宰至理矣。此所以爲繼善成性之大業主也。

八卦生吉凶，吉凶生大業。

潛老夫曰：太極生兩以至大業，同時即具者也。生大業而太極在人日用矣。彼踞高者執一死太極耳，苟媮者護一荒太極耳。舊云志者業之主，疑者業之賊，業生則利害兼資，志疑咸定。即斗衡以藏平稱，即規矩以藏方圓，藏天下於天下之道也。生兩生四生八而不言生十六生三十二生六十四者，省文也。京山遂疑大橫圖爲希夷僞作，豈不蔽哉！加一倍法，乃象數之立方也，參圓即藏之矣，方圓參兩，併倚追倚，損益乘除，皆藏之矣。智曰：卦爻大業全備，而乃以用其太極，乃以理其太極。卦卦爻爻，時義各中其節，各指所之，相推即通其常。此知咸用之賴於制用也，此知制用之賴於研極辨當也。然不知有太極，不以函三明太極，不以二虛一實核太極，不以舉一明三用太極，不要歸于旋四藏一，四用其三，則太極不可得而知，知之猶无知也。度氏曰：大極者，所以發明此心之玅用也。當其適用，自然忘言。

是故法象莫大乎天地，變通莫大乎四時，縣象著明莫大乎日月，崇高莫大乎富貴。備物致用，立成器以爲天下利，荀悅漢紀作「立象成器」。莫大乎聖人。探賾索隱，九家作「探册」。鉤深致遠，以定天下之吉凶，成天下之亹亹者，莫大乎蓍龜。

易全曰：係詞指八卦，即六十四卦也。萬物皆具奇偶之法象，而天地其至大也；萬物皆縣縣象之著明，日月其至大也；萬物皆具九六之變通，四時其至大也，三者具而易道備矣。鄉國各有占，惟崇高之天子可以作易；巫祝皆能占，而具神明者惟聖人；筳篿皆可占，而探索鈎致，待聖用者惟蓍龜，三者具而易職行矣。白虎通曰：龜，壽考物也，蓍言長久。仲任引孔子曰：蓍舊也。明善公曰：蓍取東方之生，龜取北方之靈。劉存宗曰：以天道歸君師，以嚮威明繼善。本於大一而協于分藝，則夫遁上遁下之流，唾掃實業，欲逞虛談，而以神誣世者，自不得无故生端矣。潛老夫曰：覩聞即不覩聞，大業貴其可徵，則造化之三大如此矣。乘權者貴，故統治之大寶曰位。聖人爲立政府，成養之教之之器，則宰民並宰君矣，利人即制人矣。既以揚遏順天之休命，而即泯神聖於草骨，泯鬼神於夫婦，故以易託之蓍龜焉。此人道之三者，所以因天法天而理天也。智曰：聖人以萬世之心作易，即以易轉萬世之心，成其亹亹而心心无心，則寂感同時，至誠无息矣。一在二中之天地，惟此日月四時；處處表法，惟聖人乃能表之，以貴治賤，以德重位，以聖養凡，以器載道，以无私之象數主无咎之吉凶。大業至神，寧可離乎？可知應對詩書，皆揲灼也；玉帛鍾鼓，皆蓍龜也。有開必先，聖人因時宜之而已。

是故天生神物，聖人則之；天地變化，聖人效之；天垂象，見吉凶，聖人象之；河出圖，洛出書，王肅作「雒」。聖人則之。

朱子曰：四聖人承上聖人說，則之承上蓍龜說。圖書詳前。見曰：見吉凶非人見，順度見吉，逆度見凶也。

易有四象，所以示也；繫詞焉，所以告也；定之以吉凶，所以斷也。

蒙引曰：四象重就古易之陰陽老少言，文周辭以告之，斷則无疑，詔世詳矣。導曰：四象生而易理呈，太極之精，大業之用，昭然若指諸掌。下四語明前民之功。

右第十一章潛老夫曰：三才以用爲時，聖人以明用神。知天道之表法，因民之故以前民之用，即理民之用，而正辭禁非，通斷以定業焉。理民即理天矣。卦蓍以顯藏密，乃表法之約本通幾也。故收之曰天生神物，聖人則之。所以則之者全在洗心齋戒，神理通徹。斯能以自然而制用，使人中節，享大業之亹亹，故曰因二貞一，是其所以神。

易曰：「自天祐之，吉无不利。」子曰：「祐者助也。天之所助者順也，人之所助者信也。履信思乎順，又以尚賢也，「又」，鄭玄作「有」。是以『自天祐之，吉无不利』。」

象正曰：大有之大壯也。揚惡順天，大有元亨之順也。非禮弗履，大壯利貞之信

也。有順信之休，无用壯之失，合于乾者也。姜如〔一〕

鼓之舞之以盡神。

慈明曰：人心无疑，行事不倦，如以鼓聲作舞容，鼓聲愈疾，舞容亦愈疾，不知孰使者神也。漁仲曰：卦象言辭皆形也，即皆神也。兒易曰：聖人之御物，居理立教，皆有不盡者，以有不盡故求盡之，故可以極千世之才；皆求盡之，而皆无以盡其不盡者。見曰：既謂不盡言，又謂盡其言，何也？其盡也本不盡也，不盡也不妨盡也。朗三曰：本爲著書傳心發旨，而人情物理俱盡。潛老夫曰：言與无言之二，猶形與无形之二也；言即无言之一，猶形即无形之一也。此常一常二之中，有雅言其常言者，有罕言其所難言者，有餘不敢盡而以象盡之。一切表法，天地之无隱也；乾坤不毀，是易之无隱也。民事民業，即天視天聽也。日用飲食，雅皆罕矣。淺者不知聖人之神明默成，深者自以爲知聖人之神明默成，然終不知日用飲食之无非事業也，无非象也，无非乾坤也，无非道器也，无非頤動也，无非通變也，

〔一〕原本此下空缺一頁。

即无非神明默成也。豈獨卦爻立象爲不言之言哉！子貢不可得聞，其初悟乎！豈執文章非性道乎！欲人極深而神明耳。智曰：訓詁杜撰非文章，黑山影事非默成，无論矣。其固守繫表而執以爲一，破象倘徉而不詳其二者，皆非真知易之鼓舞者也。返聞自性，然後見其不見，仍與民忘其見不見，乃爲真見。果是探驪得珠，自能指月並忘矣。此章更端問答，而以盡不盡呼之，以見不見呼之，又以其謂呼之，又以其存呼之，天何言哉，時行物生！聖人之情見乎辭，同乎别乎！語乎默乎！象乎意乎！傳神寫照，總在裡許。

乾坤其易之緼耶！乾坤成列，而易立乎其中矣。乾坤毁，則无以見易；易不可見，則乾坤或幾乎息矣。

導曰：乾坤即象，成與毁對，皆從立字生。此明意與象非判然兩物也。潛老夫曰：凡舉陰陽，舉九六，舉奇偶，舉天地，皆乾坤也。不二不一，而必用一於二者也。前曰門，此曰緼，彌綸費隱，中旁森羅矣。本无息也，恐民不鼓舞，而事業不能信順，故必指其形而寓之。玩一立字，立三才之道，建極會歸，豈泛然之謂乎？

是故形而上者謂之道，形而下者謂之器，化而裁之謂之變，推而行之謂之通，舉而錯

之古作「措」。天下之民謂之事業。

或問朱子曰：上下何以形言？曰：此言最當。若以有形无形言之，則物與理相間斷矣。器亦道，道亦器，有分别而不相離也。張獻翼曰：孔之爲人也周，故示人以器而晦其道，使達者可見而未達者不眩也。老之自爲也深，故示人以道而略其器，使達者易入而不惜其未達也。見曰：形上二節，明易无可謂，從而謂之皆易也。極賾一節，明易无所存，隨其所存皆易也。導曰：聞鍾捫籥，誤以爲日，非泥器之過也，求道之過也。故下復以是故夫象提□〔一〕，遂證神明。玄子曰：形而上者不容説，輪扁所謂若有數存于其間，而不可傳於人者，亦自得於象間可耳。潛老夫曰：藏道於器，則乾坤道義之門，公之民視民聽矣。偏宕者不得糞治教壞事業，以駭民矣。而格物踐形，神化參贊，要不出此。彼自快其一往不反，欲雄孤宗，則有不顧虛民詒民者矣。起於毁器見道，又毁道以任器，又兩奪以顯迅勝，于是中間顛倒，言行矛盾，主尚賢之信順者，能不受其鑿喉剥瘕之冤乎？故重舉物

〔一〕「□」，原本不清，存目本作「宗」。

宜典禮，見賾動之易簡，歸鼓舞之事業。而至德凝道，其人其行，悱三竭兩，在自得之，非可强許河沙，適成暴棄也。智曰：森森者形乎？无形寓矣。不落二者之形无形，亦寓矣。象鼓言辭，猶是也。知之，但踐其森森而已矣。故曰太極踐卦爻之形，於穆踐禮樂之形，化裁推行即所以格致研極也，而蓍變卦變具其幾焉。移孝曰：民事民業，即時行物生也，即卦爻時位也。回示搜索虛无，不已贅乎？故合事業德行以歸實，而以象寓微言，何必雕鏤黄葉，以疑販世，而曰我不存軌則也，乃名神畸鼓舞耶？

是故夫象，聖人有以見天下之賾，而擬諸其形容，象其物宜，是故謂之象。聖人有以見天下之動，而觀其會通，以行其典禮，繫辭焉以斷其吉凶，是故謂之爻。

導曰：加四字於首以見象能盡意，迥别前文。此點化之妙。

極天下之賾者存乎卦，鼓天下之動者存乎辭，

胡雲峰曰：窮天下萬物之理而畫諸卦曰極，發天下萬物之理而見乎辭曰鼓，鼓者發揚之意也。潛老夫曰：謂之者，析微辨當，所以告民也；存乎者，表法會通，所以入神也。

化而裁之存乎變，推而行之存乎通，神而明之存乎其人，默而成之，不言而信存乎德行。「裁」，古一作「財」。「行」去聲。

仲虎曰：自形上而措諸事業，由微達著也；自極賾而極於德行，由著歸微也。楊誠齋曰：有天易，有竹易，有人易。神明默成，則易不在天不在竹，而在人矣。姚康伯曰：真默真神，又何礙天易竹易人易之共象其象乎？藏一曰：莫默于象，莫信于象。潛老夫曰：存乎其人，豈書言所能盡乎？有其人則書其書，言其言，猶之象其象，而形神自雙宜矣；无其人則各書其書，各言其言，各象其象，道原不息於兩間也。陽明曰：默有四僞，神明者象意書辭，皆默成也。近有尸祝无意者，睹盡意而亦欲攢眉；有尸祝四无者，覽一善字而若犯其諱，非詇坑乎？智曰：標季之語，傭語也。默亦傭默也。默僞難疵，語僞畢露。見聞陋習，汩没久矣。明傭僞語，默亦劑之。然道不載于語默，而兩間无非象，緼語之于默，猶感之即寂也。「存乎其人」一語，其信順凝道之符乎？正人説邪法亦正，況正人説正法乎？易是一音，隨類通解。爻策森羅，原超象始，莫非性命之飛躍也。經典如縞，本自忘言，莫非傳易之亹亹也。鼓德業爲節奏之器，舞神明於賾動之場，篴香不息，一際洋溢，何容復作形神覶縷乎？象而已矣。

右第十二章心易曰：十二章贊易之道即贊易之用。造化即心而不妨分析。就民質言，正其視聽也。理自會通，百物不廢，豈矜電拂之偏詞乎？此章總歸象教，而要重傳易在人。

周易時論合編卷之十一

皖桐方孔炤潛夫論述
孫中德　中履　中通　中泰編録

繫辭下傳

八卦成列，象在其中矣；因而重之，爻在其中矣。「重」平聲。

玄子曰：上篇言聖人作易之理備矣，此下篇之首專以動言。蓋易書之作，教人慎動，慎動莫若正，故獨提貞。潛老夫曰：冬煉三時，貞所以爲元亨利也。正真同聲，信智同位，以貞宰物，以信用智，必別必序，而後天下可得而理矣。故歷歷指之，不礙其同時皆備之寂然，正不礙其漸序統列之歷然也。象與像此象字應，爻與效此爻字應。智曰：易貴前用，故指其中而貞其動。此下繫之首旨，所以易簡其險阻，而消天下之情，相忘於天下之理也。淮南子、王弼、虞翻、孔穎達、陸震、陸德明以爲伏羲重卦，鄭玄、淳于俊以爲神農，孫盛以爲夏禹，馬遷、揚雄、皇甫謐以爲文王。蓋羲所重也，諸家紛紛耳。諸家又以十六、三十二疑邵子之大横圖者，是井蛙也。至理一合，无所不合。萬事萬理，以數爲徵，從此千萬，皆兩倍中用參，而乃信不及乎？朱子尊邵子，是真卓見。

剛柔相推，變在其中矣；繫辭焉而命之，動在其中矣。

全曰：上四句明羲畫，下四句明周易。下言生乎動，動以用言。即變之所之而變之，位有當否，故其詞有吉凶悔吝。人不動，何嘗差乎？一吉而已。導曰：四在其中皆推出一步。變在其中，未即變也；動在其中，未即動也。然物理隱括實盡。

吉凶悔吝者，生乎動者也；

導曰：遂承動字，急下轉語。聖人藏密與民同患，皆爲此字作計。周子言慎動，所以慎獨也。潛老夫曰：功業見乎變者，用也。而有不變之常，則雖在動中而常不動，元善易簡之理是也。在子曰孝，在臣曰忠，遇事物則理義始顯。而矯枉之流不言善動，遂欲禁動，蕩翻而言動本不動者，則埽理横行矣。

剛柔者，立本者也；變通者，趣時者也；

立本申象爻節，變通申變動節。全曰：羲易錯對，周易貞悔。天下賾動，一正一反盡之。

吉凶者，貞勝者也； 姚信本「勝」作「稱」。

兒易曰：貞禍亦吉，邪福亦凶。貞邪者，易之所以告確也；吉凶者，易之所以示疑也。確故愈神，疑故愈貞。潛老夫曰：聖人之情縕豈得已耶？人人趣時矣，假託變通以爲時中，而玄士又藉四无以詬分別，則磨掊克。聖賢縱舍盜賊之鋒傳，舍是與非苟可以免之秘，尚曰非狂泉乎？此一貞字，真大霹靂。

天地之道，貞觀者也； 「觀」去聲。 **日月之道，貞明者也；天下之動，貞夫一者也。**

兒易曰：莫貞於一，莫神於二。鏡鏡相照，百千无窮，以爲生生摩盪，烏知立本貞明，惟此兩鏡而已乎？潛老夫曰：神二即以貞一，非執於穆爲常不變也。貞觀貞明以可見藏不見者，常不變也。此曰貞夫一，豈顢頇不分之一耶？盈兩間皆氣，氣凝諸形而所以者亦彌之。遇事物而當然之節著焉，猶之卦爻之時位也。洞徹所以之用於當節，而直於時位也，則福不必倖，禍不必辭。豈非常操其勝乎？

夫乾，確然示人易矣；「確」，説文作「隺」。夫坤，隤然示人簡矣。「隤」，孟作「退」，陸、董、姚作「妥」。

潛老夫曰：此亦從動處見其確然隤然示人也。易簡之善，貞即一矣，一即貞矣。

爻也者，效此者也；象也者，像此者也。

潛老夫曰：效此像此，明其至一而不紛者也。智曰：於此悟得，始能自知本領不負乾坤，天下火坑，動如平地。然聖人告人，直是爻爻冰淵。

爻象動乎内，吉凶見乎外；功業見乎變，聖人之情見乎辭。

玄子曰：爻象動乎占，吉凶即見其際，故以爻象在書者爲内，吉凶在事者爲外。理有同然，觸之自應，功業立見，所謂變通盡利也。惟恐不與吉會者，聖人之仁；而惟恐不與正合者，尤聖人之義也。不論吉凶，惟以貞勝，而歸於一者，則繫辭覺民之本指也。故曰情見乎辭，不則瞽史耳。導曰：聖人善世本願，悽惻不禁，情動于中而形于言，言之不足，故嗟歎之。乃知太上忘情，非篤論也。象爻變辭吉凶字，逐一結之。潛老夫曰：不能不動即不能不功業，功業見乎變，能不嘆巢牧乎？聖人之情苦矣，故著大德之生，守位之仁，而詳理財禁非之正辭，爲萬世貞動之政府。

天地之大德曰生，聖人之大寶曰位。孟喜「寶」作「保」。何以守位？曰仁。朱子曰：今本作「仁」，吕氏從古作「人」。今按陸德明作「人」，王肅、王伯、王桓、玄明、僧紹本皆作「仁」。何以聚人？曰財。湛甘泉以「財」爲彖材之材，亦不必。理財正辭，禁民爲非曰義。

董子曰：天使陽布施于上，以生歲功；使陰伏于下，積于不用之處，而時佐陽。王者承天意以從事，故任德教也。韓康伯曰：无用而常足者莫妙乎道，有用而弘道者莫大乎位。正辭者，正名也。元公曰：乾坤示人以象，聖人示人以辭，然聖人覺世之情，正體天地好生之德也。蓋斯民以財爲命，隨財習非，以賊其生；聖人以義制利，而正辭禁之，然後民明于趨避，而免于不教而殺之虐矣。春秋爲刑書，大易亦禁書也。好生之德，得寶位而大行。包犧諸帝，皆得位聖人也。綱末等事，皆聖人理財也。玄子曰：天地惟以生物爲事，而又生合德之聖，居君師之位，而後天地所生得以各遂其生。陸績曰：人非財不聚，故聖人備物盡利以業萬民，而聚之也。理財者，備物致用，立成器也。以乾坤爲本，以陰陽爲端，以四時爲序，以日星爲紀，月以爲量，而五行皆可得而財也。既理其財，又爲之立名定分以正其辭，而勑法以禁其爲非。此義所以仁之，仁義即以利之，利之即以理之者也。潛老夫曰：大學格致，不過還民之好惡，而歸于理天下之財以義利之。此章揭明貞一，以善天下之動，已括盡矣。吾嘗曰各安生理之聖諭，是真聞道之歸實語。一部全易，萬世蓍龜，奉此聖諭而已。止有在世言世，出世原以經世，以敝屣而神其垂衣耳。彼希慕仙定以言性命者，不近人情而高自錯者，放言土木以委化者，大乘久呵，何況易準！然百物不廢，奚礙其一物耶？獨是不安于四民之列，而遁上遁下，勢必滅理逞獸，而樹幢阻教，是易之流涕防辯者，幾則在乎浚振執隨、危熏迷復之際矣。

右第一章導曰：在天下曰一，在聖人曰情。一主貞，易簡兼成；情主辭，吉凶同患。潛老夫曰：此承上篇富貴、聖人、蓍龜三段，而勉萬世之君師不必舍易簡而別求奇方也。善動以貞，貞勝以一，善一天下以易簡，善易簡天下以情，善以情貞天下之性命者，理財而已。極後世之高談大道、出格雙超者，无非取食也。任德不任刑，而即禁天下者，正辭而已。極後世之縱脱无憚，必巧爲説以自解，固无奈聖人之辭何也？辭之神也。在以卦爻示人，又在以蓍龜護貞勝之典謨，而辭象雙泯于萬世之魂夢矣。

古者包犧氏之王天下也，古作「包犧」，孟喜、京房作「伏戲」，馬作「虙羲」。或云庖犧以網獸爲食名。智按：古四聲通轉，包與孚通，胞作脬，捊作抱，莩即苞，浮通泡。隱公九年，盟于浮來，公、穀作包來，可證包羲即伏羲。孚俯付伏，蓋古呼包如孚也。「王」去聲。仰則觀象于天，俯則觀法于地，漢書作「察法，睹鳥獸之文」。觀鳥獸之文與地之宜，乾鑿度引孔子曰：「中觀萬物之宜。」王昭素謂是與天地之宜。司馬貞史記補引此，无「天」字。

近取諸身，遠取諸物，于是始作八卦，以通神明之德，以類萬物之情。

朱子曰：所取不一，不過以驗陰陽消息兩端而已。此承上言理財、備物致用、成器之事。導曰：觀者往別其倫，取者來比其類。聖心全體太極，猶然不廢觀取，自古无師心聖人。易簡録曰：世人但以塊然之形爲一身，俯仰不知所以觀，遠近不知所以取，作易者之憂患，何時而已哉！兒易曰：聖人窮觀極察，忽形一畫，一畫即包諸畫。後聖辨之，明其物始。兒初墮，得其氣，能回殊死；匠之魅者，木斧初謀，傳以符禁，則能禍福；蚖出蟄下噬，寄物爲毒；元鷤鴂乘春相目，不能先聲，聲者氣決立絶。凡物之怪皆聚于始，理之始者豈得不著異乎？集成曰：伏羲開天之聖，一曰食，順其自然；神農闢地之聖，二曰貨，順其自然；黄帝、堯、舜理人之聖，通變宜民乃作政事，云爲養生厚終等事。潛老夫曰：家羽南氏作十三卦應十二宫圖，而始子。吾撫楚時，見李愚公説，始帝出之卯，而乾坤合卦，則儼然于午矣。十三者，藏閏之表法也，絃徽其確徵也，乾合掛之用策也。朱子謂龜文十五而兩邊插八，外圍二十四。今按：中層乃五八相併爲十三也。月與天交十三，漳浦三乘八八以合甲曆，而立十三爻，皆有至理。謂爲觀取通類之一端何如？人不察，遂不信，反訕漳浦，是可歎也。既已格破全費全隱之物，神奇臭腐，何精何觕？何内何外？則在世言世，備物致用，以此徵質物理，窮年可也，薪火可也，等之博奕可也。刻意鉏抑窮理格物之質實飲食，以雄逞其虚滉詒人之炙影奇方耶？甘心狎侮，遂其固陋，哀哉！□〔一〕衍曰：未有天地前，先有圖書矣。聖人者，昆侖天地之傭書客也。智每歎虚空无非卦爻象數，聖人格通，處處表法。後人好徑苟偷，覸得電拂，非以空拳裨販，即踞荒高獨尊，況膠訓詁膏詞章乎？況世味乎？以故天地生成之實法差别開物成務，深幾神明，少有抉微示後者，此老父所以晚年摹据不休也。

作結繩而爲網罟，今石經作「罔」，古作「网」。以佃古作「田」。以漁，古作「魚䱷」。蓋取諸離。

胡雲峰曰：民以食爲先，自古未有耕種，鮮食乃其先也。南軒曰：古獸多民少，此非徒鮮食，所以防害安居。元公曰：制器尚象，始於離，終于夬，明決之爲用大矣

〔一〕「□」，底本原爲空缺。

哉！前言作結繩爲網罟，後言易結繩而爲書契，首尾相呼。畫卦之初，已開萬古文字之祖矣。誰言書契不包于易哉！離火，克物之尤也，内明炳焰，遂發殺機，甲胄戈兵皆從此起，所以除害而護生也。兒易曰：天予龜馬以圖書，即予禽獸以爪角，欲以卦畫事龜馬，不得不以網罟治禽獸。故曰太昊之世，鳥獸蟲蛇懷其所毒者，畏網罟也。潛老夫曰：鴻寶之痛深哉！如率獸焚網者何？遡曰：二巽顛倒爲結繩，兩目相麗爲網罟，兑兔巽魚爲網罟中佃漁。

包犧氏没，神農氏作，斲木爲耜，揉木爲耒，「揉」，食貨志作「煣」。耒耨之利，以教天下，蓋取諸益。

遡曰：益之坤爲田。巽，長木；震，剛木，長木進退于坤田之上，知爲耜。耜則柄而乾金剡之，剛木震動于坤田之上，下知爲耒。耒則貫鐵之曲木，艮手揉之，曲也。揆、涣之剡同。導曰：此粒食也。立教之大，无若耒耜，故申之曰教。攷曰：遂皇氏教人漁，東户氏耕者餘餼宿之隴首，大巢佚衣攣領，皆在羲前。

日中爲市，致天下之民，聚天下之貨，交易而退，各得其所，蓋取諸噬嗑。

鄭合沙曰：十三卦始離，次益，次嗑，所取食貨，生民之本也。玄子曰：周官三市，或初創日中耳。五十里市，各致其民是也。離日象，震足涉大塗，互艮徑路，致民象。坎水艮山，百貨所出，象以有易无，猶物間之齧合也。古說取音。隅通曰：復之雷在子半，則商旅不行；噬嗑之雷在日中，則交易而退。然則錙銖之算，通于天乎？故市之道不可論交，市之門不可論心也。濟民之用，无若交易，故曰得所。潛老夫曰：凡物理人事，用即是二，二无不以交易得所者，其幾可惕，故貴日中以照之。

神農氏没，黄帝、堯、舜氏作，通其變，使民不倦，神而化之，使民宜之。易窮則變，變則通，古一本无此三字。通則久。是以「自天祐之，古作「佑」。吉无不利」。黄帝、堯、舜垂衣裳而天下治，蓋取諸乾、坤。

孔仲達曰：黄帝即云堯舜，略舉五帝之終始。朱子發曰：二老合者，无爲也；六子，自用也。十三卦獨乾坤合爲一卦，上古衣裳相連，乾坤相依，君臣一體也。秦始離之，此服妖也。象則乾衣六幅，坤裳十二幅，義則尊卑，周易所首也。玄子曰：神農與民並耕，草衣，无辨貴賤之等。八代而始有典禮文物，禮達而分定，所以通變而神化也。尚賢揚善，不言而化，自天祐矣。導曰：兩使民字，靈光刓刓，乾坤交泰，黄帝、堯、舜，適乘斯運。合兩卦爲一義，合三聖爲一代，與他卦一時一事不同。仝曰：以下九事皆黄帝始，併言堯舜者，肇始于黄帝而備極于堯舜也。易淇澳曰：聖人不待其窮而變，則爲神化；五伯出于力之一途，不免顛倒衣裳。易簡録曰：堯學曆象日月星辰，天學也；舜學封山肇州濬川，地學也。蓋取乾坤以此。文王時，將乾坤重一整頓。

刳木爲舟，陸德明作「挎」。**剡木爲楫，**陸作「掞」，古「楫」作「檝」。**舟楫之利，以濟不通，致遠以利天下，**古一本无此一句。**蓋取諸渙。**

詁曰：巽木在坎水上，又上五畫中虚，舟象；初偶，楫象。川塗一通，則萬國通矣。

服牛乘馬，説文作「□〔一〕牛」。**引重致遠，以利天下，**古一本无此四字。**蓋取諸隨。**

遡曰：隨以巽繩御坤牛，曰服；坎臀加乾馬，曰乘。牛後見乾，馬前見兑，乾重而兑開道，引重致遠也。凡陽陰即乾坤也。以變言之亦可，謂震本坤來、兑本乾來亦可。下動上説，輪轡從此馭矣。隅通曰：牛生望前，則子行母前；牛生望後，則

〔一〕「□」，原本不清，依形似作「犕」。

子行母後，隨其天也。馬劣喜前，駑者喜後，隨其性也。聖人絡馬口，穿牛鼻，隨其性而已。

重門擊柝，說文作「㯳」，又作「㰌」。**以待暴客，**鄭本作「虣」。**蓋取諸豫。**

豫一陽界于五陰之間，闢象也。坤爲闔，互體爲艮，艮有闕義焉。柝以威耳，象雷震善鳴也。中爻坎盜。詁曰：川塗通而暴客至矣，故言禦警。

斷木爲杵，掘地爲臼，臼杵之利，萬民以濟，蓋取諸小過。

詁曰：粒而不脫粟，故使精之。震木艮土，上動下止，互兑毁折，肖坎陷臼，艮手舂之。此亦小事之過精者。

弦木爲弧，剡木爲矢，弧矢之利，以威天下，蓋取諸睽。

黄疏曰：兑金離火，相克殺幾也。兑金射離甲而穿其中心，故睽有張弧象。後世聖人，猶是聖人也，而世已後矣。聖无污隆，世有升降矣。馬六初曰：物皆自具爪牙之利，人安得无弧矢之備？上古人爲獸食，人去獸亦不遠，自聖人出而人異獸矣。然而世降化衰，人心奸險則甚獸也。況有教率獸者乎？故聖人終以明辨爲威行其恩。

上古穴居而野處，後世聖人易之以宮室，「世」，説文作「後代」。上棟下宇，以待風雨，蓋取諸大壯。

潛老夫曰：營窟橧巢之爲四阿兩下也，法象備于居矣。考工謂棟尊宇卑，則吐水疾而霤遠，以隤下爲宇也。四剛而上二柔象之。風雨動于上，棟宇健于下，大壯也。此一宇内也，故並大過之死事與書契之夬決同收焉。

古之葬者，厚衣之以薪，「衣」去聲。葬之中野，漢書作「藏之」。不封不樹，喪期无數，後世聖人易之以棺槨，蓋取諸大過。

淇澳曰：石槨者愚，裸葬亦矯，延陵之葬其子，高致也。詁曰：有虞瓦棺，夏堲，周殷人以棺槨。蓋古有木制，而歷代雜用也。事莫大于送死，故取大過。遡曰：兑毁巽木，中堅外方，納枯老于中，二巽長木顛倒爲棺槨云。

上古結繩而治，後世聖人易之以書契，百官以治，白虎通作「理」。萬民以察，蓋取諸夬。

遡曰：書契所以決小人之奸。乾兑爲金能斷，亦決義也。下長剛而上柔，亦筆象。全曰：書古以刀筆竹簡，契以木刻一二三四五六之數，而中分之，各執其一，合以爲信也。自一畫至五則爲乂，至五而變。夬有五奇而變上畫，故象之。淇澳曰：

自乾、坤至夬，又一乾坤也。易簡録曰：天王書即位崩，垂治統也。兹叙通統，非伏羲、神農、黄帝、堯、舜不書作與殁；若湯、武竟入革命，亦嚴矣哉！黄疏曰：蓋者非先有易書而必取此也。易爲物理盡變之書，萬世莫有外者耳。陰符曰：食其時，百骸理；動其機，萬化安。其易之謂乎？十三卦中乾、坤而終夬，雜卦始乾、坤而終夬，寓意深矣。綱罟、耒耜、衣裳、舟車、杵臼、弧矢、宫室、棺槨，皆木之功用也。故震巽先乎六子，而春木王于四時。潛老夫曰：十二環圖始卯，而乾坤居午，終以書契，決于寅方，爲人事之權，信有寓旨。

右第二章

是故易者，象也；象也者，像也。孟、京、虞、董、姚「像」亦作「象」。

邵子曰：假象以見體而本无體也。郭子和曰：易指理言，象指畫言，像指天地人物言。蘇傳曰：像之言似也。其實有不容言者，故以其似者告也。達者因似以識真，不達則又其似似者而口遠矣。朱子曰：三百八十四皆自然之象，如鏡相似，物來能照。即如潛龍，亦一象也，自天子至庶人，隨來皆得。元公曰：前章皆尚象制器之事，故此章直以象明之。六經皆象教也。潛老夫曰：南華寓言，窺易之似而駘蕩之者也。榆欓海函，文加廓焉，因而爲讔語雹激，因而競新逃玄之流，專護之而唾正告，賤徵質，則失聖人之旨遠之遠矣。玄子憂人以得象忘言之解，遂併倫常綱紀，指爲魚兔筌蹄。此與子輿同懼乎？智曰：象也，如也，寓也，皆明其二而一也。又能明此表法，則上下貴賤，一切歷然，皆是冒象，皆是實象，豈容執全有全无之大冒，而荒人倫事物之貞邪主僕耶？文、周、孔子以辭正之，賴此公證。

象者，材也。

導曰：似以立體，真待自得。彖譬則木，花實殊根，故曰材，不同質也。爻譬則水，方圓肖物，故曰效，无自體也。

爻也者，效天下之動者也。

胡仲虎曰：卦者象之質，動者象之變。潛老夫曰：細分材效，以直民用，原不容人漫汗也。聖人作易，不假一毫智力，而即足以窮萬世之智力而收之，即足以養萬世之智力而泯之。

是故吉凶生而悔吝著也。

全曰：吉凶由此出曰生；悔凶本微，於此而顯曰著。潛老夫曰：易本生成之道，而節民理民之法詳盡，易簡極矣。易因吉凶之二，乃貞太極之一；範因嚮威之二，乃會皇極之一。而一即二，二即一，不待説也。説之亦以醒綴旒求道之妄耳。□□〔一〕曰：懼以終始，全在悔吝之著；撥轉其幾，便知不離吉凶之場，而即出乎吉凶之世。

右第三章 潛老夫曰：縣空作易，偕奇偶以前民，而吉凶是非如列眉然。以象教垂目手，真信聖人，毫非强設。

陽卦多陰，陰卦多陽。

詁曰：此解六子之卦。導曰：從卦畫看出无義之義。隅通曰：火不明于日而明于夜，陰盛而陽始盛也；泉不寒于冬而冽于夏，陽多而陰乃貴也。

其故何也？陽卦奇，陰卦耦。

輔嗣曰：少者多之所宗，一者衆之所歸。朱子謂陽卦五畫，陰卦四畫，以偶作一畫也。隅通曰：月盛而水之勢進，陰愛其類也；日中而火之光微，陽專其權也。其

〔一〕「□□」，底本原爲空缺。

在于天，月初起而星隨，日方登而星退矣。陽專其權，故陽奇；陰愛其類，故陰耦。

其德行何也？去聲。陽一君而二民，仲長統傳引「民」作「臣」。君子之道也；陰二君而一民，小人之道也。

邵子曰：萬物皆以陽來則生，陽去則死，故陽爲貴。詁曰：陰陽雖相勝而无兩大，陽爲君道，陰爲民道，不可易也。人盡民也，君一而已。主必致一，民无二王。宋史姦臣傳曰：君子雖多，小人用事，其象爲陰；小人雖多，君子用事，其象爲陽。兒易曰：陽陰亦韋弦也。一王二輔則輔有功，以其王正而權獨，雖輔過之，亦不能姦也。然易防六子而不防乾坤。六子，學乎乾坤者也，不可以恣其情。乾坤者，易之所不疑耳。先天六子，三陰者位皆親乾，三陽者位皆親坤。觀所親，則知所救也。又曰：凡卦主獨，陽獨則奇爲令，偶爲氣，陰獨反是。冬春水木，陽生陰成，故卦陽而氣陰，而陽月多寒。月令冬數六，春數八，從偶也。夏秋火金，陰生陽成，故卦陰而氣陽，而陰月多熱。月令夏數七，秋數九，從奇也。故筦三男之氣者皆陰，筦三女之氣者皆陽。卦分二氣，爻分三候，是七十二候之歲德也。潛老夫曰：未嘗不互用也。而陽明與陰暗，純德與疵行，中和與畸矯，時乘與譎蕩，忠恕與已甚，王霸正偏，豈可不辨！

右第四章朱子曰：陰陽二氣，而聖人扶陽，故槩舉之。潛老夫曰：總爲貞動而著德位仁義之政府，故引聖人之成器立法，皆象教提撕萬世之幾者也。幾分爲君子小人，故自爲問答，于此无情之象數中，指明至理，即此宰理，使人不疑。

易曰：「憧憧往來，京作「種」。智按：古重童通用。朋從爾思。」子曰：「天下何思何慮？天下同歸而殊塗，一致而百慮。天下何思何慮？

焦弱侯曰：上繫七爻起中孚，下繫十一爻起咸。卦氣圖自復至咸八十八陽、九十二陰；自姤至中孚八十八陰、九十二陽。咸至姤六日七分，中孚至復亦六日七分，自然之數也。益信往來一切見成矣。知其同，殊塗皆同也；得其一，百慮皆一也。余馳求多年，而始寤本心之自无，皆譚者誤之。王陽明答陳九川曰：實无无念時，念如何息？只是要正，静亦定，動亦定。定字主其本體也。張二无曰：息念乃奪人之藥，故貴活句。黄元公曰：此章發明心學，以見下經首咸、恒之義，前後連貫。先説何思何慮，中説知幾致一，末説立心勿恒，或正言以明宗，或反言以盡用，總是闡明心地法門。夫无心非一无所用，特无妄心耳。即此知幾，即此致一，即此恒，但下已往之工，自有將來受用，何消籌計乎？精義利用至于窮神知化，真无心矣，動念便爲陰陽吉凶所拘。學者未能當下无心，且就動念微處收攝精神，則介石之貞，不俟終日而可識矣。中間節節相關，發揮精義入神，利用安身，而首咸結恒，其旨明矣。陳卧子曰：聖人體无，未嘗求无，无者求之而益有者也。彼渺然静寂而常苦幾之欲發，則危矣。豈若夫子本无意之可去哉！易意曰：思慮二字，安天下上，便自渾忘。潛老夫曰：全易皆心學也，天下皆心學也。此十一爻，隨舉造化人事，莫非精義入神之何思何慮也。開口兩呼天下何思何慮，豈離事物而守質影者耶？緒山曰：既曰百慮，則所謂何思何慮，非絶去思慮之謂也。千思萬慮，而一順乎不識不知之則，是千思萬慮謂之何思何慮也。汝中偏標四无，則毁象魏而倣雷拂。先岳深于别傳，尚且笑之。聖人曰无非道體也，何象非无隱乎？不用標也。生老病死，必不免者；不孝不弟，乃當免者。教養互通，内外交治，故言省克，言循序，言職業，言勤儉，言學問。士倡四民，文傳四教，勞之始安。即薪傳火，乃以備物致用，就人飲食，任人損益，以爲往來，而享此本无增減者也。孟子舉不學不慮，而即表仁義爲家督，總以善天下之用，安天下之身，而各正性命矣。彼借鬼窟之盌，懸无上之幢，其迹嫌于偏僻，不得不隱劣而顯勝，以圓語護之。而大成爲天日治教之正牙視事者，偏上則惑民藏奸，豈得專以掃踪滅跡，諱善諱理，訶抑聖賢，倣哮吼，夸總殺耶？如此章善不積不足以成名，亦諱之删之耶，況人世卦卦爻爻之踪跡，本不待掃，掃即滅帝王矣。蟄存爲窮神之入徑，室中之煆煉也。身裡出門，亦不守也。聖人明合造化人事爲圖書，明示辭變象占之研極，處此尊親有别之爻位，俱所以精入致用。而時措之宜，如丁牛輪扁，即謂之无法可得可也。豈以充類壞日星之法哉！充類致盡，何者非妄？欲逃乾坤之外，其妄更甚，必曰舍妄无真，不分皂白。此詖邪之流所以敢于冤賢縱惡之根也。豈可訓乎？聖人知往來屈伸藏一之理，故不繹悟字，惟繹學字。各安生理，是何思何慮之天下也，故首示以即感是寂之咸。惟以精義爲窮理之飲食。而知化還之未知，故曰慎思之，曰思无邪，曰研諸慮。蓋謂與知不知之費隱，飛躍塲正，當使之由所當由，知所當知，而神化在中矣。人爲身累，不能窮此精入之理，故示之以困而以危與死□〔一〕之。又醒其非所困而困焉名必辱，則喪偶无家，終何益乎？身以動爲括，而道不離器，故示之以解。解其已甚者，公用射隼于高墉之上，則康莊平坦矣。物理以獲爲用而利福祇以獲禍，故利器藏之君子，而小人不可盡解，於是示之以噬嗑。耻畏勸懲，所以爲小人造福也，故又示以噬嗑罪凶之法，揚其善名，而起于積小。又有詬名以捷于取名，大言貶孝義爲小者，民爲所愚，相習大惡而无忌憚，竟不自知，誠可哀矣。人何苦罪君子，罪仁義，罪名教，以自掩乎？正其良心，必不能自掩而姑爲此洸洋也。又或无身家，而輕爲行險以驚愚也。嗟乎！名教至安，常使家給人足，而勤生食力，各自冰淵，故即以身家之累而繫之，是否所以保泰也。此帝王以戒懼之中庸爲比饙菽粟，而行所无事者也。平居惰學掠虛，出則折足覆餗，皆无忌憚之餘風，荒人以洗不學之耻，而兒佷貪逞不反者也。故示之以鼎，貴用又貴慎也。困非所據，不耻不畏，縱惡忌善，强任敗鼎，而巧遁交匿，世道交喪，致使名教大賤，陰氣奪人，責在知幾之君子矣，故示之以豫。

〔一〕「□」，底本原爲空缺。

不諂不瀆，有介石之幾焉！　微彰剛柔，貴乎知耳。　幾微于括，復以自知，故示之以復。　能知不善，則得一善矣。　參兩之中即以致一，損益之用妙于得友，此百慮而一致之所以知化也，故示之以損。　精入神化，始終在乎立心。　安身、易心、定交，此天人内外往來屈信之大幾括也，故終之以益，而藏恒以應咸焉。　窮神知化，豈外此倫類推感而别有奇異哉！　損益益損，適還其何思何慮之天下而已矣。　往來生死，屈即是伸。　狗往來者憧憧，絶往來者又憧憧，始於不精入以窮理，而遂有掃理以爲直快者，忌諱脩省、勉强、徵考等言，而專以通冒之虚語，號爲聞道。　奮髯矜詆，豈非聖人之所憂乎？　朱子曰：時時窮理之謂居敬。　夫參悟誦讀，操履事業，皆學也；塞古今可言不可言者，皆理也。　立志好學，切己憤竭，則窮理乃琢磨也；徹上徹下，而立于下學上達之中道，則窮理乃茶荈也。　適生于知父事君之天地，適爲此土此時之士夫，誦法周孔，範俗誨後，乃欲混人禽爲一，以反戈明善之君子乎？　散木逸人，必不臧否。　而圓成一實者，正宜聽金玉條理之節奏，所貴明善則咸以虚受，立心之恒不恒于偏僻矣。　是主教者所宜知。　作易之幾，在乎轉此薪火，使人享其何思何慮之天下也。　豈曰本自如此而委之云乎？　不如不言。

「日往則月來，月往則日來，日月相推而明生焉。寒往則暑來，暑往則寒來，寒暑相推而歲成焉。往者屈也，來者信也，姚作「伸」。智按：古人信伸同聲，同聲即有其義。洪澳公曰：信者時至而應也。竟作「信」字解。朱子從韋昭讀。屈信相感而利生焉。

蘇傳曰：皆二也而以明一，惟通二爲一，然後其一可必，故曰成象成形。又曰進退晝夜，又曰闔户闢户，皆所以明一也。全曰：有感之往而屈者，必有應之來而伸者，伸復爲屈，互相爲感，而功用不息，故曰利生。正曰：此咸之蹇。人目多難多思，蹇之屈伸，通于龍蠖，譬反連碩，五言往來。聖人不舉蹇卦，而但言往來之義，使人感歸于无感，思歸于无思，反身體虚以受天下，是神化崇致之旨也。易簡録曰：孔子釋咸四初，不言如何應感，但言日月寒暑，尺蠖龍蛇，使人自得之。際天蟠地，惟一感應，非在外也。屈之尺蠖末也，又蟄之以龍蛇。□□〔一〕曰：言往來屈伸而无往來屈伸者，一其中矣，元會猶是也，生死猶是也，鬼神猶是也。以槎枒荆棘之天下，而舉此何思何慮，即大地无寸土矣。孟子曰：故者以利爲本，然必絶

〔一〕「□□」，底本原爲空缺。

後重甦，乃能知幾一致。伸卦爻于天下，屈今古于環中，精義研幾，推生而已。是易固天地之利器也。

「尺蠖之屈，以求信也；龍蛇之蟄，陸作「□」〔一〕。以存身也。陸、董、姚作「全身」。精義入神，以致用也；利用安身，以崇德也。

蘇傳曰：精義者，窮理也；入神者，盡性至命也。辟之于水，知所以浮所以沉，盡水之變而有以應之，精義者也；知所以浮沉而與之爲一，不知其爲水，入神者也。自善游矣，況操舟乎！　此謂致用也。心閒體舒，則用利身安也，物我莫測而德崇矣。淇澳曰：神无方无體，義則有方有體，故必精義而神可入。入以義合神，窮以神合化，化則造化往來屈伸，皆由我矣。導曰：則者理所必至，指方來之應；以者理所自具，指見在之感。見曰：龍能爲蛇，是其蟄也。智曰：非倚何思何慮之天下，而奢談極則也。蟯蟆之愚乎？　蝴蝶之蕩乎？　蝸升見日，渴且遇寒，能不喪身失命乎？　冥諦神我，彼亦自有其屈伸也。義一不精，終身誤用矣。邵子曰寒

〔一〕「□」，原本不清，依形似作「虵」。

變物之情，大屈即是大伸，必先死心深參切己。人爲安樂所埋，何能自知煆煉？甚矣，困阨疢疾之能蠖蟄，君子也！蟄能小大其身，精能錯綜其變；不蟄不專，不精不化。鵾鵬之錯綜雲海，猶馬龜之刻畫天地也。幽明之幾如數一二，何用不利？陰陽鬼神莫能移我，身安極矣。聖人于一切理能善用之，是琉璃瓶貯獅子乳。故講屈伸自由之學，而以天下萬世爲一身，時時安頓天下萬世之屈伸而痛癢之；以適用其性命，爲各正其性命，无天下不堪之已甚，故不待破壞天下以自尊。至蟯愚蝶蕩，蝸升寒號，聖人容之，而必精其義，以易範圍曲成之，恐誤天下也。至于因病下藥，亦不執方。

「過此以往，未之或知也。窮神知化，德之盛也。」

潛老夫曰：徑言不知，不得也；徑言可知，不得也；徑言知即无知，不得也。故曰未之或知，即曰知化。其教人致知之，則曰：可知者，知之以可知；不可知者，知之以不知；善會通者，即可知知不可知。猶形影也，往來也，豈驟以不可知者駭奪而建鼓揠苗乎！化則化其高下，又化其无高下，而漸序歷歷，甲乙還其甲乙，仍與百姓同此利用安身之德而已。此所以爲神化之盛德也，有何思慮？智曰：知幾致一之知，即未之或知之知。凡思慮中，皆有何思何慮之天下焉，謂日月寒暑爲朋從可也。

易曰：「困于石，據于蒺藜，入于其宮，不見其妻，凶。」子曰：「非所困而困焉，名必辱；非所據而據焉，身必危。既辱且危，死期將至，陸德明「期」作「其」。妻其可得見耶？」象正曰：困之大過也。當困而困，當失據而失據，聖人亦不之非也。各非其所則雖不懼无悶，聖人亦哀之矣。兒易曰：萬物皆以剛據柔，蒺藜與石，豈柔可得據者哉！是小人悍然而思竊據也。辟諸人妻，假夫衣冠，以號于人曰吾即夫也，誰爲其妻乎？罌之冕郊，天地之痛。元公曰：困爻反明利用安身，解爻正明利用安身。噬嗑二爻反言見身之不能安也，否爻言身安以保國家，鼎折則身不安之象也。豫復提幾，以應精入致一，應一致，恒應咸。天下无深淺，總以明心學耳。竹西曰：火性向上，故名爲萬物之喜機；水恐勝喜，故死爲養生之毒藥，皆往來屈伸之至理，聖人因以拔人生死者也。心學全在困亨，而三爲惕位，取此爻者，示處困非其道者深可憫耳。

易曰：「公用射隼于高墉之上，獲之，无不利。」子曰：「隼者，禽也；弓矢者，器也；射之者，人也。君子藏器于身，待時而動，何不利之有？動而不括，是以出而有獲，語成器而動者也。」

象正曰：解之未濟也。以射隼者解狐，可謂慎于辨物者矣。利與不利，疑信之間。淇澳曰：不器之器，是以可藏，鬼神莫窺，動則恢恢乎有餘地矣。兒易曰：縱隼養奸，不斷反受其亂矣。鄧侯違諫，國移楚甥；守珪失刑，禍延唐祚；五王墜謀，亂生几肉；汝愚遺慮，權歸閤門。詩曰「墓門有棘，斧以斯之」，此譽斧也；「墓門有梅，有鴞萃止」，此咎梅也。意曰：政者，聖人所以藏身之固也。世言權謀者下矣。潛老夫曰：何思何慮者一也，而因二貞一之權，惟在以正宰餘，所謂首統足之无首足也。困解二噬否鼎，伸宰理以彰之，豈可緩哉！解象赦宥，而此獨取射高之上爻，何耶？撥亂射一渠隼，而脅從盡赦矣。中庸射一无忌憚之隼，而參贊矣。鄉愿乃拇也。人禽之别，能不悚然？世且欲焚赤紱之器，是何心行？危矣哉！主此器者，安可不精龍蛇之義！

子曰：「小人不耻不仁，不畏不義，不見利不勸，舉正作「動」。不威不懲。說苑作「不威小，不懲大」。小懲而大誡，此小人之福也。易曰：『屨校滅趾，无咎。』此之謂也。「趾」，一作

「止」。

象正曰：噬嗑之晉也。德明則刑息，小人用其畏，君子用其明。有不用法而得用法之意者，晝日三接是也。兒易曰：聖人爲小人明疑而作易，爲易釋懼而教小人，是故戎之、狐之、牛之、豕之、莧之、瓜之、塗之、臭之，而射而獲，而豶而牿，而滅而劓。聖人以此爲正名厲威、以毒攻毒之器。小人知之，必怒易，易于是可得而懼小人矣。易懼小人，小人于是可以學易矣。張説巽床，幾于誣善。宋璟震之曰：名義至重，鬼神難欺。周處升陵，幾于爲寇，父老夬之，曰淵蛟山虎與子爲三。鬼神之説，原諸享祀；蛟虎之義，等于豕牛。二子聞之，卒爲君子。此懲戒之福也。韓子曰：法行狗信，虎化爲人。聖人以虎制狗，以狗誡人，懼其心使知悔，留其身使補過，聖人之仁也。

「善不積，不足以成名；惡不積，不足以滅身。小人以小善爲无益而弗爲也，以小惡爲无傷而弗去也，故惡積而不可掩，今石經作「揜」。罪大而不可解。易曰：『何校滅耳，凶。』」

「何」，上聲。

象正曰：噬嗑□〔一〕震也。晉用其明，震用其威，君子不獲已也，故又以恐懼修省。兒易曰：夫小人之罪惡，欲待其貫盈，則□〔二〕其以宗社盈貫也。潛老夫曰：聖人以繫小人之權，歸諸國法，而即以國法藏諸天下之耳。李林甫震死于雷州之冢，猶之楊釗之殪于馬嵬也。秦檜之鐵耳，可勝擊乎？涑水考亭，善治校哉！噬嗑取初上，法明始終也。

子曰：「危者，安其位者也；亡者，保其存者也；亂者，有其治者也。是故君子安而不忘危，存而不忘亡，治而不忘亂。是以身安而國家可保也。易曰：『其亡其亡，繫于苞桑。』」

象正曰：否而晉也。危亡之形不蔽于上，豐豫之言不蔽于下，可謂大人之智矣。易簡録曰：凡禍福安危利害絶不並對，程子所謂天下事物止有一路。導曰：其亡其亡，心口相語也。聖人善于痛發，首三語造化无權，後三語天命可畏，見得氣數

〔一〕「□」，原本毀缺，存目本作「之」。

〔二〕「□」，原本殘損。

在人事中。治亂相尋，惜不早見。潛老夫曰：養生者因而塊其國家，出世者因而泡其身，皆甚甚之吹毛耳。善取以盡心者，亦安身保國家之苞桑也。惑者便以塊泡視之，而滅耳折足矣。

子曰：「德薄而位尊，知小而謀大，陳曰：「知」，徐作「智」。力小而任重，鮮不及矣！「鮮」，陸作「尠」。易曰：『鼎折足，覆公餗，馬作「粥」。其形渥，凶。』言不勝其任也。」「勝」音升。

象曰：鼎之蠱也。人求舊器不求舊夫，亦德智力三足而已矣，缺一不可。□□〔一〕曰：世人不能精此利害屈伸之義，以崇其何思何慮之德，故往往好居第一，雄其迅機，智力自負，事業兼收，寔則不能澹泊，而色厲怗羶耳。非以忠信篤敬之鼎，而烹州里蠻貊之火，其不折足覆餗者鮮矣。困石至此，字字哭世終日憧憧，知幾者誰？

子曰：「知幾其神乎！君子上交不諂，下交不瀆，其知幾乎！幾者，動之微，吉之先見者也。漢書引此有「凶」字。君子見幾而作，不俟終日。易曰：『介于石，諸家作「砎」。不終

〔一〕「□□」，底本原爲空缺。

曰，貞吉。』介如石焉，寧用終日，斷可識矣！君子知微知彰，知柔知剛，萬夫之望。」

輔嗣曰：幾者，去无入有，不可名尋形覩者也。伊川曰：先見則吉，不見則凶。衆人不識而君子識之，君子不識而氣機識之。蘇傳曰：忽者失于太早，畏者失于太後，失而矯之，終身不及事會矣。介也如石，上交无畏，下交无忽，事至則發而已。楊誠齋曰：知幾最微，而盡于不諂瀆者，欲心一動，諂瀆生焉，此捷徑而禍胎也。李斯上督責之書，張湯摩謁居之足，自謂深于取容，巧于自託，而適足自禍耳。動莫小于風雷，而欲心爲最大；吉莫重于不失其身，而崇高爲至輕。誰先見耶？易簡録曰：空洞虛明，幾便是我，我便是幾。念庵曰：周子謂動而未形，有无之間，若以念初動當之，遠矣。正曰：豫之解也。貴夙也，先覺也。元公曰：雷地豫，地雷復，坤震之際，動静之交也，故皆以幾言。豫二貞吉，坤道也；復初元吉，乾道也。二節總是貞吉悔亡，與咸四爻詞相應。潛老夫曰：坤震在圓圖之下，邵子所謂不用之用也。豫二貞而復初二，可悟南旋翔易之幾。智曰：老子云萬物並作，吾以觀其復。邵子知牡丹于未蓓蕾之先，善喻也。冬至子半，一蓓蕾之幾也。當午知夜，何俟終日？知微彰剛柔之精義一致者，烏有不知幾者乎？斷可識矣，言其斷斷然也。臨事揣摩，相去徑庭。

子曰：「顏氏之子，其殆庶幾乎！有不善未嘗不知，知之未嘗復行也。易曰：『不遠復，无祇悔，元吉。』

虞仲翔曰：幾者陽也，陽在復初稱幾。老子曰：自知者明。輔嗣曰：在理則昧，造形而悟，顏子之分也。蘇傳曰：不食烏啄者，知之審也。顏子不及聖人，猶待知也。玄子曰：擇一善于不善之中。易簡録曰：言未必不有不善，但未嘗有不知。百僞千邪，在知上消。象正曰：復之坤也。萬物之所還元也。智曰：原无肯路，故曰庶幾何必軒輊耶？貴自知而已矣。知即致一，即百慮而一致之道也。知至至之，知終終之，無非不識不知之帝則也。

「天地絪緼，虞姚作「氤氳」，説文作「壹壼」，班固典引作「烟熅」，戴侗曰：昷常從日。萬物化醇。男女搆精，鄭作「覯」，徐作「搆」。萬物化生。易曰：『三人行則損一人，一人行則得其友。』言致一也。」

王柏曰：相因曰氤，相温曰氳。正曰：損之大畜也。三陰則損，兩陰則畜，致一以畜兩，是萬物所從出也。元公曰：澤山山澤，化醇化生，正與知化之化相應，損益盛衰之始也。此段與憂患章互舉。潛老夫曰：矯厲豫、復者，遂有冥感却應之病，故以三二致一示之；咸、損疊轉，故咸曰一致，損曰致一。在乎損益益損，而无損无益者，不待思議也。泰、損藏寅艮之幾，三與上易，故聖人精義而研出，以盡天人之道。智曰：一不能致一，惟二乃神。二與一爲三，錯綜具矣。舉一而反三，即舉一而明三矣。一必益一而二之，二必益一而三之，損一則仍二也。二即一也，三亦一也。三因歸一，寔之表法也。何處不然？格物踐形妙于得友，當其致也；兩意未忘，不能致也；即一意未忘，亦不能致也。

子曰：「君子安其身而後動，易其心而後語，「易」，去聲。定其交而後求。君子修此三者，故全也。危以動，則民不與也；「與」，舉正作「輔」。懼以與，則民不應也；無交而求，則民不與也；莫之與，則傷之者至矣。易曰：『莫益之，或擊之，立心勿恒，凶。』」

兒易曰：陳仲舉曰：一庭之臣，如河中木，流泛東西，此言陰陽多端心不恒也。反復之徒，脂丸蓬轂，物惡而擊之，此其道，自賊而已。易簡録曰：勿恒者不一也。

正曰：益之屯也。益者，損己以益人；屯者，求人以益身。故益有不可聚，屯有不可益，然亦不可以危懼而輕與民，則險難雜生，傷之者至矣。此君子所終始慎其言行也。潛老夫曰：咸恒損益爲人道之交幾，舉益上以藏恒，而損三咸四之人爻交際，在乎豫二復初而已。其知彌高，其行彌下，貴旋高于下也。智曰：首三句，是涉世之龍蛇也。生此陰阻之世，舍外無内，安往非傷？上窮空悍，詒世託身，人擊鬼擊，詎能免耶？精入致一，則天道人事往來之理本恒而不變者也。一龍一蛇，其恒蟄于何思何慮之天下乎？

右第五章 潛老夫曰：上篇引七爻，此篇引十一爻者，皆所以劑量天下。而以咸恒損益明中孚，精豫復之義，明謙禮也。處處呼應，故後復以九卦明之。聖人苦心本在言先。

子曰：「乾坤其易之門邪！桓虞「門」下有「户」字。乾，陽物也；坤，陰物也。陰陽合德而剛柔有體，以體天地之撰，以通神明之德。

雲峰曰：乾坤以卦言，物指畫言。蒙引曰：撰如雷起風散之類，德如健順動止之類。在天地爲撰，在萬物爲情。賡之氏曰：無形之易括于兩畫之中，謂之緼，故兼形上之稱；有象之易闢于兩畫之後，謂之門，故及合德之事。前以神明之德先萬物，明作易之兼該；此以神明之德承天地，明作易之斷報。潛録曰：下繫言貞動理治，申言吉凶，申示君子小人，因言人心感應屈伸一致，故此章明易之體與通，以明失得之報，二即一也。體撰承有體言，通德承合德言。邵子以百姓爲體，聖人爲用，可知立準爲體而以道爲用，此體用皆用也。世衰矣，豈得執上古之渾淪治之耶？

「其稱名也，雜而不越，說文作「𧾷戉」。於稽其類，其衰世之意邪？

雲峰曰：義之卦名自然有序，至文王稱卦名而序之，則雜而非羲舊矣，然未嘗遠于義也。世之衰也，有不得不然者矣。全曰：類有義類、世類二意。

「夫易，彰往而察來，而微顯闡幽。開而當名辨物，正言斷詞則備矣。

朱子曰：往，已定之變；來，方來之變。變之顯者微之，推本其所從出也；變之幽者闡之，究極其歸處也。此以二卦之互變言也。孔穎達謂開釋也，正言即同而斷則就其詞斷之，法家所謂前案後斷也。此以二卦互變之詞言也。蘇傳曰：道之大者未始有名，而易寔開而賦之以名，以名爲不足，而取物以寓其意，以物爲不足而正言，以言爲不足而斷以辭，則備矣。名者，言之約者也；辭者，言之悉者也。玄子曰：人事顯，易則以天道而微妙人事之顯；天道幽，易則以人事而闡發天道之幽。□□〔一〕曰：總以明合德立體而通之也。夫易特立槩論，蓋世以時開，易道愈明，皆物也，則皆名也，當之辨之，渾淪必用于分别矣，即卦爻而一切可知矣。「其稱名也小，其取類也大；其旨遠，其辭文，其言曲而中，其事肆而隱。因貳以濟民行，去聲。以明失得之報。」鄭云：「貳」當作「式」。

蘇傳曰：道一而已，易必因二，而内外好惡因有失得。易興於中古者，以因二也，一以自用，二以濟民。明善公曰：上古何得不因二乎？自用何嘗能離二乎？篆取文茂，故貳即二，以爲副貳，亦二意也。一有天地，一即在二中矣。以小通大，猶以有知無也。時至事起，何得不名以正之耶？全書謂因爲重卦，貳爲貞悔，就一端而論也。六十四始乾坤，終二濟，易以濟爲始終之義是也。一有天地，一有卦象，上古亦必有以呼之，呼即名矣。玄士諱名，必以羲卦无名，可發一嘆。夏彝仲曰：相持相濟，相反相因，妙于執兩，歸于用中。宗一公曰：造物之報人也，不報其人而報其人之天。一念萌而吉凶之報伏矣，人不知易，故諱言報應。然盛德

〔一〕「□□」，底本原爲空缺。

不期報，言報，是衰世矣，而不得不言也。□□〔一〕曰：濟民行明失得之報，乃能享其何思何慮之天下，蓋所以小德川流者，即大德之敦化，對治與絶待，本合德也。

右第六章明失得之報，則凡民皆可體天地之撰，通神明之德，故論世知言，推明後天之事。

〔一〕「□□」，底本原爲空缺。

周易時論合編卷之十二

皖桐方孔炤潛夫論述
孫中德　中履　中通　中泰編録

繫辭下傳

易之興也，其于中古乎！作易者其有憂患乎！孔穎達曰：上古質素，觀象足以垂教；中古須繁文詞，如連山起神農，歸藏起黄帝，乾坤起文王。身既憂患，須示人以處憂患之道。蠡曰：憂悔吝者存乎介，吉凶與民同患，合此發嘆。作易深心，情見乎辭。潛録曰：精屈伸之義而致一知幾，濟得失之報而體通合德，故復循上下經而三陳九卦焉。

是故履，德之基也；謙，德之柄也；復，德之本也；恒，德之固也；損，德之修也；馬融

「修」作「循」。

益，德之裕也；困，德之辨也；井，德之地也；巽，德之制也。

史繩祖本括蒼龔氏之旨曰：三陳，初德也，次體也，次用也。胡雲峰曰：夫子偶即九卦言之，然上經自乾至履九卦，下經自恒至損益亦九卦；上經履至謙五卦，下經益至困井亦五卦；上經謙至復又九卦，下經井至巽亦九卦；上經自復而八卦爲下經之恒，下經自巽而未濟亦八卦，轉爲上經之乾，非偶然者，于此見文王之心焉。凡十卦置乾不言，乾爲君也；无離而互離，用悔而明也。朱升曰：前三卦，危行也；後六卦，言孫也。上經取履于乾，先天乾父，叙巽離兑者在履矣；取謙于坤，先天坤母，叙震坎艮者在謙矣。復卦乾陽，反動于坤之下，復禮爲仁之本也，而三才之道備矣。恒爲下經巽體之首，下經十一卦有巽體，惟益反爲損，井反爲困，名義相形，可以表巽道之用，故並取四卦以見意。益巽于外，井巽于內，而又以重巽終焉。馮時可曰：九卦所以釋天下之憂患也，重在于復，而先之以履與謙，則有意乎言之也。夫道器神迹，不相離也。然道自命者，率以器爲拘；以神爲玩者，率以迹爲滯，易變動不居者也。故掠虛樂肆者依焉。此聖人所深憂也，以禮勗之而已。兒易曰：以易王天下，則易常乘陽而盡利；以易禦憂患，則易常保陰而退藏。

故履亨必擇有功之卦，此十三者決驟敢岸，其音角徵，則以奉諸上古王天下之聖人；處困必擇无過之卦，此九卦者刻堅隱循，其音羽角，則以授諸中古憂患之聖人。潛老夫曰：上經取五，下經取六，上奇下偶也。邵子十二用九者，三也，三即偶錯奇也。非三不圓，而恒三恒一，何往不然？上經天道，舉一陰一陽之用于人爻惕位者，下經皆三陽三陰，而巽讓一陽，總明履謙復禮，而恒用損益，巽于困井也。謙制禮，即巽之制也；禮終于稱，即巽之權，而謙之平稱也。蓋履謙相伏之卦，而復則一陽，復禮爲仁，見天地之心者也。上三貞悔，履爲初周之終，復爲三周之首，謙則九貞悔之終也。下經人事，以咸恒損益爲首六貞悔之一周，故損益而以恒貫之。下經九貞悔之終爲困井，而以末貞悔中之巽收之，皆三其圓三之旨也。智曰：精其義者，入德先從復禮始。禮者，安上下，合外内，而用北于南者也。世蓋肩道多亢，故履以旋元，謙以平施，而復乃无悔矣。復得本心，而恒以固之。多以我本自恒，而鄙懲窒遷改爲下乘者，不知損修益裕，乃恒之消息盈虚，如人終日之飯泄也。自謂聞道矣，歷困而後辨焉。金以治煆而益精也，困自能通井爲用地。彼徒株守而无用者，豈所貴于復禮之仁哉？故巽以轉風之權終焉。自制制世，要莫精于制禮之稱物矣。文王得其權柄，于牖里序卦；老子窺其權柄，故以謙爲主；大學格其權柄，以自謙平天下。嗟乎！人生即憂患之場也。造化爲爐，素履自煉，呂梁出入，是我輿衡，疾熖過風，何用躍冶？老父每以九卦爲訓，反復一過，痛哭加錐。易之言險阻，詩之誦冰淵也，空生涕泣，桑户一聲，不容思慮。

履，和而至；謙，尊而光；復，小而辨於物；恒，雜而不厭；損，先難而後易；益，長裕而不設；困，窮而通；井，居其所而遷；巽，稱而隱。

韓康伯曰：和而不至，從物者也；和而能致，故可履也。憂患之中，何所不有，雜可至矣。導曰：而字有紬繹不盡意，以字有責成學者意。小而辨于物，所謂萬象光中，獨露者也。張獻翼曰：損，先難而後易，顏子也。易簡録曰：履謙，乾坤人位之爻，人道之立，一齊至矣。一陰一陽，以正翻動，无有不自知者，無非夜半雷聲也。次恒損六卦，俱三陰三陽，无用不平。終之以巽，完結謙終以明天澤之分。蔡虚齋曰：井居其所而遷，安然而能轉物也。來俊臣誣搆梁公獄，令誣引楊執柔，公曰：天乎！以頭觸柱，血流被面，彼懼而謝焉。范文正曰：陷阱之中，不義不爲，況在廟堂，豈可謂憂患中无及物之功！兒易曰：時不可設，必不得設，故義前无易，周公後無禮樂，前後非无聖人，惟中裕爲不慙耳。學誠顏淵，學即不在仕；道誠仲尼，道即不在作；德誠文王，德即不在王。信其裕，不疑其所不設者耳；潛而設躍，潛惡其非龍也。

履以和行，謙以制禮，復以自知，恒以一德，損以遠害，益以興利，困以寡怨，井以辨義，巽以行權。

朱子謂巽入細説，在九卦之後。弱侯曰：三陳皆有辨，困辨于己，復辨于物，井則人己兩極其辨。此九卦挈要微言，望人辨之。兒易曰：取十三卦于八宫，惟坎不取，明上古之聖人不嬰憂患也。此綜九德備七无離，乾坤六子，惟巽獨出，爲中古以後言也。文王之莘女，周公之鴻遵乎？文王曰明夷，周公歌陰雨，苟用乎巽，又安得離？潛老夫曰：後天乾起亥而坎艮震左行以上，巽起巳而離坤兑右行以下，半剛半柔，依洛書四五六之順綫而司亥巳之天門地户焉。巽當風起，方圖坤位，而四月純乾之候也。亥至巳爲體藏用，以剛自制，起西北而至東出帝；巳至亥爲用藏體，以柔制物，起東南而西成夾乾坤焉。剛柔有體而陰陽合德，則剛柔即通體也。體在用中，无非權也。終巽者，貴用也。又曰：履不著禮，而謙制著禮，巽乃著制，制可知矣。謙能稱物，而巽曰稱隱，禮終于稱可知矣。自制妙于三辨，困主憂患，故曰德辨。復以小照萬物之大，井以義顯復禮之仁，知損益之利害而二恒一矣，知謙之有終而巽上行矣。卑即尊矣，真自知者知至知終于和之中矣。之者，體也；而者，幾也；以者，用也。可知禮即大權，知乃可與，正苦不知，故爲之辨正權奇權冥權焉。不則藉口滅禮以談權變，而自陷憂患矣。下章遂明變與常之故，有度有方以行之。□□〔一〕曰：漢儒以反經合道爲權，程子非之，而邵子曰得一端者也。心迹之間，有權存焉。聖人行權輕重合宜而已，蓋因物中節者也。義之觀取，舜之明察，皆精義格物而應事无私者也。故以平直制權，以權制用，而即以用制權。知易、禮之不二，即知謙復之爲大權矣。立禮與權，何遠之有？

右第七章潛老夫曰：孔子學瑟而曰吾得其人矣。三陳九卦寫其羹牆，反復讀之，方知憂患全是德性學問，方知轍環删述，發憤至老，全感憂患之恩。

〔一〕「□□」，底本原爲空缺。

易之爲書也不可遠，爲道也屢遷。變動不居，周流六虚，上下无常，剛柔相易，不可爲典要，唯變所適。

蘇傳曰：其書指見口授，不可遠索也，道則遠矣。詁曰：易書以前民用，豈可遠索？元公曰：易无定位，定位皆虚。法界玄義，惟易包之。兒易曰：知至至之，有神所謂適也。王者有身適，巡狩是也；有以權適者，予欲宣力四方，汝爲是也；有神適者，淮南曰意有所至而神渭然在之，是也。乾適坤曰否，坤適乾曰泰，此自適也。乾授三男以一陽而其治皆乾，坤授三女以一陰而其治皆坤，此以權適者也。乾坤陰陽極而皆變，人見乾，莫知其由坤來；人見坤，莫明其自乾至，此以神適者也。全曰：内外二體爲上下，内而往外，外而來内，亦曰上下；内之外而内，外之内而外，亦曰上下，故无常也。剛易柔，柔易剛者，望對也；或剛易剛，柔易柔者，顛對也。潛老夫曰：象山句句翻之，舉反因耳；新建謂是良知，指公因也。此章承行權而言。權變莫神于易，然權即德之制，變即有其度，故首末以道呼之。道本至變，道又有方，不明其故，非滯則蕩。道之于方，權之于制，隨在有費隱適當，无過不及之中節焉，名之曰度。著其度曰方，列之辭曰典，其所以然曰故，由之曰道。道難盡而因槩其典之所載以爲要，以爲常。不定之宜，隨時而遷，如冬則宜寒，夏則宜暑，故要不可執也。然不定之中即有一定者，歲歲如此冬，如此夏，是大常也。況事事物物之細常變乎？離方非也，執方亦非也，故屬之神明德行之人焉，行道之人亦非求方于易外也。明其故，明其度，明其適焉，則變亦常矣。人心即物理也，造化也。聖人才三而宰之，以心制法，以法制心，互相制，互相泯者，即造造化之大物理也。故度也者，制變宰物之大權即大經也。天地鬼神不能違，而況人乎？呼父母則適，此變不變之度也；孝父母則適，此變不變之度也，是大常也。易故定聖人表理之度，爲天然之符，豈无故而當名辨物乎？然且執無名之朴，欲混貞邪；襲變滅度，蝕我倫典；將謂商臣宋邵，亦是太極所包，而與曾參、孝己同一倏乎？一倏獸天下，是萬古獸天下也。聖人不煩多辭，而但曰如臨父母，則民視民聽，公爲天討无父之猰貐矣。莽蕩之肆，萌于偏託虛无；卦爻森然，惟此秉時中節。故明知卦爻即无卦爻之故，而聖人不贅言无也；明知卦爻即心之故，而聖人不數數言心也。就易有四道而言四道已耳，惟恐百姓之惑亂而深望師保之精義，則聖人之情也。仲翔言日度，謂一切陰陽五行皆有度數，而變在其中，所以即在其中。聖人制度數，以議德行，表于甲曆之節。卦皆其本然，而聖人表之，即以節天地矣。制度通變，皆不離度，後之矜神明者全厭差別，曾知別即是同乎！或曰聖人不贅言數言，而今何以言耶？曰時當諸家紛紜，不得不一正告，以救我子弟耳。果是其人，則飛舞于易中，左畫圓，右畫方，不妨能事。

其出入以度外内，使知懼。

韓康伯曰：明出入之度，使物知内外之戒。出者度其内之應，入者度其外之應，非有脱誤。朱子發曰：出自内卦而往外，入自外卦而來内。潛老夫曰：蓍遇卦爻，猶人遇事勢也。時位自有内外出入，憂悔吝者存乎介，而吉凶同患，善不善必使知之。變亦有素，適亦有素，素之中節，則其度也。知則素矣。懼以終始，是中庸之素也。

又明于憂患與故，无有師保，如臨父母。舊本无「无」字。

干寶曰：易道戒懼爲本，雖无師保切磨之訓，其心敬戒，常如父母之臨己也。蘇傳曰：爻所以有出入者，爲之造憂患之端，懼而後用法也。易明憂患，又明其所以致之之故，不明其故則苟免矣。智曰：孝經、春秋，蓍龜守之，豈兵刑地獄所能比其迅利者哉！人痛則呼父母，可知日誦夜夢之交相臨也，覩聞與不覩聞交相懼也。率者揆者，中其適度，明其適常，則鬼魅獸逞之不能勝我蓍龜明矣。是爲貫常變之大要。四十二章經曰：人事天地鬼神，不如事其二親，二親最神也。

初率其辭而揆其方，既有典常。苟非其人，道不虛行。

文中子曰：通其變，天下无敝法；執其方，天下無善教，故曰存乎其人。招隱曰：易，无方者也，无方而有方，不可執而可揆，故曰先聖後聖，其揆一也。藏一曰：味「虛行」二字，拘方不可，襲變又非，福始禍先，倖獲苟免，俱不中用。潛老夫曰：言變而即言度，言方而即言人，謂聖人爲隨立隨掃可也。

右第八章潛老夫曰：上繫已言書不盡言，此則三章皆言易書，言神明之人貴行其道，故曰變易從道。此是胎骨。

易之爲書也，原始要終以爲質也。六爻相雜，唯其時物也。

全曰：原始要終，以正卦言；原始反終，以反對言，然可通也。觀于始終而卦體見，觀于時物而爻體見。先儒謂六位時成，人日用間觀自己所居之位何在，即以此位處之，所謂素位而行。易意曰：承上章道不虛行，而即六位以示素位之時中也。潛老夫曰：舊言陰陽爲位，剛柔往來居之爲質，此一端也。聖人因權變常度之難明，恐高者蕩之，拘者泥之，故前常曰通，此特言質。吾故分一切語皆有質論、通論、隱論、費論。時乘之變適其度，即此時此物而宜之矣。合觀六爻于相雜時，其宜乃辨。辨六爻而彖爲統，辨六十四而八卦爲統，辨乾坤統六子而太極爲統，執一太極爲執統，惡别之疣矣。執一切皆太極，亦荒冒而義不精也。孔子曰不過乎物，必以雜時而物之，即質知通。故示以居要，而要以善用。

其初難知，其上易知，本末也。初辭擬之，卒成之終。

纂言曰：初與終對，擬之與卒成之對，顛倒句也。仝曰：初微未用，故乾初謂潛；上極當變，故乾上先位〔一〕。諸卦遇初上皆无當位不當位之詞，初不言一與下，上不言六與終，大過本末弱也。乾象陽在下也，則上爲末可知，互文以見也。明善公曰：本涵意而未形，末則見成理事，故初難上易，不指繫詞聖人説。以通論之，則初辭之擬，君子樂玩；卒成之終，百姓與能。

〔一〕「先位」無解，似當作「无位」。

若夫雜物撰德，鄭玄「德」作「筭」。辨是與非，則非其中爻不備。

魯岳公曰：漢儒以中爻論互體，邵子亦有六爻用四爻之論，在此本解謂六爻備爲始終，析初上爲本末，合中爻曰備，物指陰陽，德指健順也。然王弼闢互，正見其礙。觀三互圖，易簡精藴，下文三〔一〕四相得正成下互之功，三五相得正成上互之功。三四爲一卦全體之中，二五爲上下二體之中，雜言盡變原具至理。吴觀我公曰：聖人无是非而因天下之是非，即以轉天下之是非，而即以藏天下之是非，皆本然而使人明其時位之當然也。往謂麟經象魏，上律龜馬之時，于此可悟。

噫！亦要存亡吉凶，則居可知矣。知者徐作「智」。觀其彖辭，則思過半矣。

潛老夫曰：聖人發此一噫，爲人不知居要。而玄者又執不可典要之脂丸，豈不誤乎？故就一卦以彖全之，約六爻之義而豫定其居也。然離六爻之雜，而彖亦隱矣。故曰度與變，物與時，皆費而隱也。易之爲道，不留存亡吉凶，而善示存亡吉

〔一〕「三」，依上下文當作「二」。

凶。窺日月于容光，測天樞于北極，則其要无咎，乃真典要哉！用半圜全，一在二中，過半之思，似乎有餘不敢盡也，實則盡而又盡而衹宜如是耳。

二與四同功而異位，其善不同，二多譽，四多懼，近也。舉正无「近也」二字。柔之爲道不利遠者，其要无咎，其用柔中也。

蘇傳曰：有善之名而近于君則懼矣，故二善宜著，四善宜隱。柔者有依而立，二遠无依而无咎者中也。全曰：五爲一卦之尊，故遠近自五而言。見曰：君臣之間，近者狎與畏，非比昵則震主矣。古人使其君敬信之，久而思之，遠也。五臣皆隨重耳，而趙衰能善後；張、霍同輔宣帝，而富民獨自全，善于遠也。

三與五同功而異位，三多凶，五多功，貴賤之等也。其柔危，其剛勝邪？

侯果曰：邪者不定之辭。或柔居而吉，得其時也；剛而凶，和其應也。韓康伯曰：所貴剛者，閑邪存誠，動不違節也。貴柔者，含弘居中，順不失貞也。剛以犯物，柔以卑佞，豈其善耶？楊誠齋曰：易有體用，君子通其變而得常，極其用而得體，是善學易。纂言曰：二多譽之上，有其善不同，此節无之。蓋譽懼雖不同，皆可謂之善，凶則不可爲善矣，故不言也。明卿曰：學易必原始要終，細□〔一〕研究，明物察倫，非空口玄妙也。

右第九章此舉居要善用，以明其常度也。道不虛行，即質知通，亦不離此。

易之爲書也，廣大悉備，有天道焉，有人道焉，有地道焉。兼三才而兩之，「才」，今石經作「材」，下倣此。故六。六者非他也〔二〕。

邵子曰：一役二以生三，而一役三，三復役二也。二以一爲本，三以二爲本，四以三爲本，六以五爲本，故一極三而兩其三爲六，又兩之爲十二，陽六而兼陰半爲九，即四分用三也。以二卦言之，陰陽各三；以六爻言之，天地人各二也。陰陽之中，各有天地人；天地人之中，各有陰陽，皆有无之極也。石齋以三成十八變當天地人，合六爻爲一爻，以悉而等之也。易意曰：上係三極之道本之動，即卦以才其太極也；此明三才之道歸諸六，即爻才以顯太極，入用示體之道也。潛老夫曰：

〔一〕「□」，原本不清，依形似爲「細」。

〔二〕此下脱「三才之道也」。

爻，古交字，從二中五而交之也。一以二用，道以用顯，用以交幾，序人于天地之中而三俱成才，是聖人之才也。聖人而不著書，則天地亦不成其才矣。才言用也，用即道也，貴適變而中常度之道也。兩爻介之，遞分三才，此從上而下數也。內外卦各三才，而上天下地，人才其中。通而言之，未成，天也；既立，地也；變通，人也。皆地皆天，則皆人也。廣大備，上繫因生生而三舉之，此復因論質要，悉之于書。書與意，象與神，神與明，猶費與隱之二而一，故示兼焉。猶以爲未悉也，故因時物之雜而辨等焉，因質而文著焉。可見之文質皆質也，兼文質而費如是，隱亦如是者，道也。因其變動以名道，而凡言有即无者，未可以辨是非而要无咎也，故著其當焉。前開而當名，此悉而當理也。兩无不兼矣，三无不才矣，一又何待言乎？

道有變動，故曰爻；爻有等，故曰物；物相雜，故曰文；文不當，去聲。故吉凶生焉。

朱子曰：文不當，非當則吉，不當則凶，不當內自有吉凶也。纂言曰：三畫不謂之爻，惟六而陰陽往來于其上，此交錯而變變者也。元公曰：率性之謂道，凡道皆指已發言之，稱道則動在中矣。潛老夫曰：等者，等而不等之謂也。萬有不齊，故表道以齊之。各物其物，等其等，則于道似不齊也。而即以齊之矣，明不齊齊之之度，而不齊之變亦常，則謂之聽其不齊可也。目以視爲道，手以持爲道，其道不一，即其所以一也。中庸辨等殺，易卦當時物，始信道不虚行。我故曰純亦不已，雜亦不已。

右第十章潛老夫曰：物以實其虚，文以形其質，但論爻位即以彌綸虚空。故惟此一道，而繁稱以悉之，正所謂動賾皆易簡也。三言易之爲書，可知讀書之士讀其合外内之書，即是真易矣。尋行習詁，不知廣大悉備者，非讀書者也，徒爲固陋言掃除者所唾。智曰：善能分别于第一義而不動，畏落階級，翻是贅語。

易之興也，其當殷之末世，周之盛德邪！當文王與紂之事邪！是故其辭危，危者使平，易者使傾。其道甚大，百物不廢，懼以終始，其要无咎。此之謂易之道也。

子瞻曰：得其大者，縱横順逆，无施不可，而天下无廢物也；得其小者，懼以終始，猶可以免咎。野同録曰：東坡意在偏愛玄蕩，而反高其地步，故取理之近似，而寔誣聖人甚矣。天地賴聖人爲政府，此天地所以享一切現成也。聖人賴此无咎爲符，此聖人所以享一切現成也。末流掠虚誣易，藉此不廢一語，以藏其罔寔之肆，乃欲以罔寘廢揚遏、廢道理耶！　既有塗毒之流，容作硝黄之藥而誦法者，乃欲廢理廢經以從之。孟子曰能言距者，聖人之徒，懼而嚼齒矣。懼以終始，其要无咎，所以能百物不廢也。聖人不住至人，亦不住聖人，而託法賢人，止言无咎，此聖人所以神。若住至人，寔廢物耳。導曰：其衰世之意耶，同患之情也。其有憂患乎，反身之要也。當文王與紂之事耶，主文譎諫之旨也。于紂不爲親諱，于文而考其王，即作麟經之義，文成數萬，其指數千。此以數語，上下二代，其筆削微權乎？兩使字，有從我則治，易我則亂意。章教于身，垂誡萬世，歸于懼終始，要无咎而已。龍惕曰：在水不知水，上岸然後知爲水。聖人終身在戒懼中，故不知有不戒懼處；常人放肆，故覺戒懼而又畏之。其寔天下乃惕海也。潛老夫曰：上言憂悔吝存乎介，震无咎存乎悔，此正呼應。帝出東方，恐居北位，貞元之道，聖人握龍之首尾也。懼即其飛躍矣。易无非費隱彌綸之至理，即藏于動蹟屈伸之物理，要用于繼善安心之宰理，三而一也。其道甚大，百物不廢，而存乎无咎之人，神明之，時指之，明示洸洋玄解，不可謂道，故曰此之謂易之道也。智曰：各安生理之聖諭，正是百物不廢，其要无咎，可悟乾坤乃鄉約之都亭也。喜懼相泯，是讀法振鐸之大權。

右第十一章　賡之氏曰：詩教曰思无邪，易道曰要无咎，无此會心，悟道正是大病。潛老夫曰：貞一善動，至此懼終始、要无咎，而易簡決矣。然以死懼人，則狗苟避縮者、狼悍不顧者，不成二險阻乎？故總提健順之德行。恒易恒簡，以悦心研慮爲何思何慮之成能，方能情僞盡知，而繫詞即寓知言之用焉。揀邪辨異，人心常正，乃完懼要之責，而險阻皆易簡矣。

夫乾，天下之至健也，德行恒易以知險；夫坤，天下之至順也，德行恒簡以知阻。

朱子曰：自上視下見險，自下升上見阻。其後以象證之，莫險于水，莫阻于山。後天乾順行，遇坎艮，故知險；先天坤逆行，見艮坎，故知阻。蘇傳曰：處下以傾高，則高者必赴；用晦以求明，則明者必見。易簡而觀險阻，則險阻無隱情矣。張獻翼曰：材之自然，鳥飛魚游也；然飛困于弋，游困于網。健順亦不可恃，貴得天下之理，則險阻在前无不知矣。潛老夫曰：一繫四舉易簡：首言易簡得天下之理，次言易簡之善，下篇言貞動而乾坤以確隤示人，末章備言德行恒易簡以知險阻。而示人研悦知言，則以苟且爲易簡者，不善明矣。要惟天下之理得，則動賾象數皆易簡也，研極精入，正所以易簡也。上下傳兩收德行，貴在乾坤之純，惟至惟恒則用六子、六十四之雜而皆純矣。本自易知簡能者，先天也；善用其知能者，後天也。先在後中，止有善用，故易示人善用之方，即是貞一，而易之所以爲易，即在其中，豈憂缺少哉！首節言乾坤之知即能也，次節言體乾坤之聖人，説心研慮，定吉凶之二端，歸无咎之一吉，成亹亹之不已，任變化之云爲，即事用知成能與能，是聖人教人之善用知能也。象告復以情言。所貴純者，爲其知雜而不爲雜所險阻也。易惟无情能窮天下之情，法易者公，公乃大集。聖人忘情而性其情，故无不近情而能因險阻以轉天下之情。此所以代天憂患而即樂其天，因情知僞而嘿成德行。聖人之情見乎辭，天下之情亦見乎辭。修詞立誠，人文惕業，知命知禮，結以知言。鼓舞在辭，時有罕雅，道藏象教，舉措時義。孟子之學得之于此。總是用天下之知能，泯天下之知能，貴善用也。天下之情得，天下之理得矣；先天後天之理得，則用先後无先後之理得矣。此易簡之善也。立乎其中，行乎其中，成位乎其中矣。□□〔一〕曰：中庸以費隱素三字畢時中之旨。造察鳶魚，无非卦

〔一〕「□□」，原本漫漶不清。

爻，則易簡得矣；素貫寂感，有何險阻，則易簡恒矣。精致研説，即是何思何慮。必濟水火以善民用，知味嘗毒，乃爲不負乾坤。寧可委不知即與知之一語，而暴棄知能飲食乎？

能説諸心，能研諸侯之慮，王略例曰：「侯之」二字衍文。韓注不衍者非。**定天下之吉凶，成天下之亹亹者。是故變化云爲，吉事有祥；象事知器，占事知來。**

東坡謂定天下吉凶二句爲重見之誤，非也。導曰：者字急接是故字。易簡與人同，研説與人異。具此能者，吉凶劃然，鼓舞不倦，不問造化人事。吉之先見，經其神眼，藏往知來，判如黑白，蓋極贊法乾坤之功。兩節一分，者字落空，語意遂晦。虚舟曰：高流愛言何思何慮，便諱言精入研説，不知已屬兩撅，乃自便其肆情惰陋之意見耳。聖人无假于蓍龜，而具足于研悦，發憤至老，韋編三絶，知器知來，差别无逃。彼掃器事云爲，以言本體，乃激權耳。教人但言不失本心，亦是舉因切要，歆人直奮耳，非入用詳别之質論也。

天地設位，聖人成能。人謀鬼謀，百姓與能。

蘇傳曰：萬物自生自成，天地設位而已。聖人无能，因天下之已能者而遂成之。

故人爲我謀之明，鬼爲我謀之幽，百姓之愚可與知焉。導曰：天尊地卑，乾坤定矣，必待聖人以有功成能，即知器知來，承上兩能字來。人謀鬼謀，指揲蓍事。百姓與能，无研説之功，分易簡之理。阮堅之曰：一切皆有當然之位，雖虚流變化而確有節序。直下惟有天地，則曰此天地之所設也。易準天地，即才天地，即以主天地。天地不能違，而況人鬼乎？潛老夫曰：與能不可能之語，知之則高閣耳，當别其有能有不能者，有能而自以爲不能者，不能而望人之成能者。序倫列事，協藝食力，无非悦也，无非洋溢也。言道德以化天下之能，使天下自成其能，而即以養其道德。此所以成位其中，鼓舞不倦也。但曰无見即无險阻，急口休心耳，其流必有藐廢帝王之患；但曰本自无見，仍是巧言，豈與民同患之告耶？故下文又申象告情言，方可以公民之視聽而轉其好惡之天。

八卦以象告，爻彖以情言。剛柔雜居，而吉凶可見矣。

詁曰：八卦即六十四，以畫象示人也。情言，爲繫詞也。潛老夫曰：先天不能不後天，純不能不雜居。此吉凶同患者，所以神明乎天道民故也。純在雜中，譬之水焉。水之味甘，水彌此盂，甘亦彌此盂也。必知其甘之所在，而水味得矣。因凝而冰，冰亦此盂水也。因加温焉，温亦彌此盂也。因甘之宜人而潔則宜，穢則不宜，此不可不知也。少穢而以礬澄之，味變而以火洗之，加味而鹽汁之，解毒而以蜜飲之，皆不可不知也。聖人知器知來，皆以易簡知險阻之理而知之也。知雜之即純，而又知雜中之純焉，又知純在雜中之善不善焉，皆以知易簡之善知之也。易以變動爲用，人以變動分幾，悉其情僞不得不然。易固如鏡，照用同時者也。

變動以利言，吉凶以情遷。是故愛惡相攻而吉凶生，遠近相取而悔吝生，情僞相感而利害生。凡易之情，近而不相得則凶。或害之，悔且吝。

略例曰：合散屈伸，與體相乖。形躁好静，質柔愛剛。巧歷不能筭也，陵三軍者或懼朝儀，暴威武者困于酒色。近不必比，遠不必乖。聲應不均高下也，氣求不齊體質也。召雲者龍，命吕者律。隆墀永歎，遠壑必盈。投戈散地，則六親不能相保；同舟而濟，則胡越何患乎異心。苟識其情，不憂乖遠。睽知其類，巽知其通，唯研説明爻者乎！故有善邇而遠至，命宫而商應，脩下而高者降，與彼而取此者服矣。比復好先，乾壯惡首；明夷務闇，豐尚光大。犯時之忌，罪不在大；失其所適，過不在深。動天下，放君主，而不可危也；侮妻子，用顔色，而不可易也。邢璹曰：正應相感是實情，蹇之二五也；不正相感是僞情，頤之三上也。有應雖遠相追，睽之三上也；无應近則相取，賁之二三也。蘇傳曰：以利言之，則有變動而道固自如也。順所愛則謂之吉，犯所惡則謂之凶。我愛而彼惡，則我謂吉者，彼〔一〕謂凶矣，故曰情遷。自近觀之則遠，自遠觀之則近；信其人則以爲利己，不信其人則以爲害己。此情僞之蔽也。近不相得，非我之罪也，然亦有以致之矣。全曰：剛柔往來乎位，故曰雜居。以變而成卦，則以成卦爲利，利見利涉之類是也。相感者情之始交，故以利害言之。取猶求也，資也。相取則有事，故以悔吝言之。相攻則事極矣，故以吉凶言之。遠近，指爻之上下同體及比應是也。下近字專指比爻。又曰：情專曰攻。有相攻而吉者，專於所當愛當惡者也；有相攻而凶者，專於不當愛不當惡者也。相取如一爻或爲卦主，或爲應比，遠取之，近亦取之，不能皆遂其所取，則悔也吝也。愛惡、遠近、情僞之情，日用常見，隨其所居之位，而常自考其情，是學易者也。兒易曰：疚攻其中，自作之孽。天凶可謝，曰非我孽

〔一〕「略例曰」至此，底本誤爲小字注文。

也。是故易不惡凶，惡吝也。訟惕于隱，補過于功。夫吉不可矜曰我功也，是故易不喜吉，喜悔也。潛老夫曰：大學格致，惟此民之好惡；易知天地萬物之情，而類情即以通德。彼酷禁无情之科，與滅理縱情之禍，皆相沿相伏之攻取也。吹毛索僞，何者非僞；動訶勉强，則悍惡爲真，故君子最妨不情之僞。而窮理能消已甚之情，折中之曰適得而幾矣。然誰不曰自適哉！此時措宜民者，必表度以適變，而立仁與義，乃能順理也。近而不得，仇與忌隨，危哉！人我之間，幾從近始。聖人以卦爻示人，人能以卦爻視物，則邵子所謂以物觀物，安有我于其間哉！易簡知險阻，而險阻皆易簡矣。智曰：狥之，是險阻也；逃之，亦險阻也；求免于狥逃，亦險阻也。篤士之堅忍苦獲，達士之儵忽委蛇，所逃非所狥乎？好學明理，强恕反身，是皆備之飲食也。正用即得，泯于時宜。聖人因愛惡以轉愛惡，而即以藏天下之愛惡矣，是恒易簡之知而无知、能而无能也。

將叛者其辭慙，中心疑者其辭枝，吉人之辭寡，躁人之辭多，誣善之人其辭游，失其守者其辭屈。

仲翔曰：叛者，坎人之辭也；坎爲隱伏。枝者，離人之辭也；火性炎上。寡者，艮人之辭也；言有序。躁者，震人之辭也；笑言啞啞。游者，兑人之辭也；兑爲口舌。屈者，巽人之辭也；史巫紛若。上傳終乾坤，下傳終六子。玄子曰：七國上書斬錯，慙也；商鞅説孝公，枝也；中公劉昆之對，寡也；淳于髡見梁惠，連語三日夜，多也；公孫弘讃董、汲，游也；夷之見孟子，屈也。郝京山曰：詩書論世，可知其人。聖人有言，百家亦有言。若不能知，豈能教學善治？自荒宕隱怪，縱横飛箝，士争詭辨以相高媚世，而六經薄蝕，龐雜呶聒，秦畀之火，有激而然，漢時粗誦一經，則安車造門矣。沿此訓詁拘牽，詞藻浮靡，矯成枯陋，放則洸洋，割聖道以奉二氏，而又襲偏上廢事之談鋒，皆不盡情僞，不知言也。故易終六辭，論語終三知。陳幾亭曰：聖人删述，欲學者之易簡博約也。故經秦火而道法流傳，此修詞立其誠之大業也。觀聖人之情見乎辭，則知衆辭之情僞矣。馮恭定曰：象告情言，則微言大義、罕言雅言具矣。既盡情僞，自然知言。潛老夫曰：末舉諸辭，六惟一吉，應上傳之默成立象也。時然後言，言即无言。文周正當午運，繫詞知言爲盡情僞，表治教之大槖籥焉。述傳于删，辯非得已，坐視率獸而畏禍縮首耶？此必无所避者。漆吏媢貪生之情，毁聖人爲大謾，而又以謬悠藏其狎侮。使人憐才，以憤激護之，誰得其情乎！孟子功不在禹下，而世之訕孟者非若荀況也，暗惡其鬬也。六者恒情，而首末有奇情焉。凡欲自餙其慚，而以屈人鬬勝者，多寡枝游，皆其術也。深餂設伏，詭隨釣奇，或尸不言以糞謨典，或椎白挺以鞭天地，先唾理障以塞正論，酷搜屠勦，使人自顧不暇，而彼乃冥肆，誰能難之。此其詖遁巧僞，豈不百倍孟子時乎？易合理象數爲費隱一貫之書，善全民用，適中于時。神也，準也，變也，度也，皆因二貞一之幾，隨物徵驗者也。諸子百家豈能逃此恒易簡知險阻之範圍哉！神哉夫子！蓋以知言微權，望不惑之後學云。

右第十二章 詁曰：上篇多談理，下篇多釋義，而始終易簡。司馬談謂儒者博而寡要，皆不知聖學之易簡也。藏一曰：上繫終篇以立象明乾坤，而歸諸嘿成，貴忘象所以立象也，是先天之學。下繫此篇以象告明乾坤，而終于六辭，貴立象以盡情變，而知言爲命禮之符，是後天之學。潛老夫曰：後天之學固後天，先天之學亦後天也。止盡後天，即是先天，无先无後，无容辭矣。又曰：二繫傳各十二章，時也；二十四章，節也，无非表法。

周易時論合編卷之十三

皖桐方孔炤潛夫論述
孫中德　中履　中通　中泰編録

説卦傳

隋志：秦後易失説卦三篇，宣帝時河内女子發老屋得之。今説卦止一篇，而别出序卦、雜卦二篇，蓋隋志混言之。潛録曰：吕東萊定爲十二篇時也，本義分説卦十一章，十一所以用一也；序一章，一所以用十一也；雜一章，中藏閏也，奇令掛也，天交月也。研極者自與數合，无所不寓。然隨人觀大略者，置之自可。

昔者聖人之作易也，幽贊于神明而生蓍，徐、陸作「幽讚」。

乾鑿度曰：垂皇策者羲。博物志：蓍以老知吉凶，生千歲，三百莖同本，有黄雲覆之。天子蓍九尺，諸侯七尺，大夫五尺，士三尺。龜策傳曰：王道得而蓍長丈，叢生百莖。荀慈明曰：神者在天，明者在地。神以夜光，明以晝照。蓍者策也，上配列宿，下副物數。生蓍者，謂蓍從爻中生也。干令升曰：聖人用明于幽，以求萬物之性，乃得自然之神物。能通天地之精，始爲天下用蓍之法。龔深甫曰：賓主之儀，贊者通之；神明之德，聖人通之。潛老夫曰：帝出乎震，蓍蒼莨萑葦之象，春生植本，直而全用，竹則必折之矣。羲以木德王，是以取此。楚辭之筳篿，蓍之類變也。

參天兩地而倚數，「兩」，說文作「㒳」；「倚」，蜀本作「奇」，周禮注同。

漢志具其槩矣。關子明言一未可用，而生于二，成于三，蓍策其徵也。孔仲達曰：兩，偶之始；參，奇之始。不以一目奇者，三中含兩，天包地也。蘇傳曰：以蓍龜介紹傳命，謂之贊。自一至五，天數三，地數二；自五以往，非數也，相因而成者也，故曰倚數。朱子以圓圍全，方用半，明蓍立法，而又云一畫中有三畫參之則爲九。陽道常饒，地止于兩，而兩三爲六。隱老注邵子，所謂偶缺奇之中段者也。潛老夫曰：一二三，陽九也，天三也；二四，陰六也，地二也。此十五生數以起數，二三爲五之數本也。河圖去十，而金火易位爲洛書。陽正陰隅，則以三倍之，不出于一三九七之四正；以二倍之，不出于二四八六之四隅，此參兩之用始也。邵子言一極三而兩之爲六，兩六爲十二，即參四之十二也。自此千萬互用損益，卦蓍律曆，无往不然，此參兩之正用也。智曰：總是一以二用，兩即藏參，倍二旋四，而中五彌綸矣。約而言之，交倚而得，邵子所謂倚者擬也。今立併倚、追倚、損益倚、比推倚諸法，具詳圖説。冒言之，理與數相倚也，无理數與理數亦相倚也，猶夫一與二之相倚也。立卦生爻，依數而理寓焉。盡性至命，則超于一切而依然一切也。此節序森列之理數，分毫不壞也。示人研極，則倚數窮理，即逆是順。聖人開成，則倚數窮理，是飲食耳。故會通者以爲象數，一切是象數；以爲道理，一切是道理。

觀變于陰陽而立卦，馬作「觀變化」。發揮于剛柔而生爻，釋文作「發輝」。和順于道德而理于義，窮理盡性以至于命。

關子明曰：聖人知命適時，必先天理，故曰窮理；順天立性，故曰盡性；時止，故曰至命。程子曰：木可爲柱，理也；其直，性也；其所以直者，命也。一也，在物爲理，處物爲義。蘇傳曰：道者，其所行也；德者，行而有成者也；理者，道德之所以然；而義者，所以然之説也。行道德而不知所以然之説，則役于其名而爲之，豈能和順？全曰：未入用，謂陰陽；已入用，謂剛柔。和順句，從合而分；窮理句，從分而合。朱子云上一句離合言之，下一句淺深言之。道德義理性命，同出而異名也。統言謂道，得之謂德，適于事物之宜則曰義。理者，共一理，而物物各有一理；性則理之極處，故曰盡；命則性之所自來處，故曰至。見曰：觀變陰陽，即立天道也；發揮剛柔，即立地道也；和順句，立人道也；窮理句，即順性命之理也。劉還素曰：性宜率矣，而有純有偏，執定格限，稱率性者果哉！然縱意任情而號曰率性者多矣。故君子從窮理盡性以至于命，乃曰率性。潛老夫曰：語必三而後顯，諸家立幟，飛箝紛拏，故析爲至理、物理、宰理，公性、獨性、習性之説，而後和順時中之正令始明，寔則一也。平心降氣以和順于道德，而條理于宰制之宜，一切皆吾性也。不知其然而然，則至命矣。豈恃天无不包而發狂哉！故下學而上達，止言窮理，是以下章言順性命之理。智曰：公容代錯之大幬，本不變也，然不從三畏三知，會三謂三唯之旨，豈得漫言和順？邵子曰：命必知而至，知至則踐形而已矣。謂之无知无所不知可也。易是誠明合一之寂場，格致開門，隨根自入；人非曝地，信必不真，要當以薔香熏之。

右第一章聖人寔詔天下以道德性命之理，而因蓍數卦爻以示之。

昔者聖人之作易也，將以順性命之理。是以立天之道曰陰與陽，立地之道曰柔與剛，立人之道曰仁與義。兼三才而兩之，故易六畫而成卦。分陰分陽，迭用柔剛，故易六位而成章。馬作「六畫」。

鑿度曰：天動而施曰仁，地静而理曰義。仁成而上，義成而下，上者專制，下者順從。仲翔曰：以陽順性，以陰順命。崔憬曰：天道雖剛，亦有柔德；地道雖柔，亦有剛德。沉濳剛克，高明柔克。人兼仁義，受天地之中也。子瞻曰：饑渴之所從出，不有未嘗饑渴者存乎？是性可見也。有性者，有見者，能一之則至命矣。此謂逆泝其所以然。聖人既得性命之理，則順而下之，開生生之門。五音六律之初，哮然而已；哮然之初，寂然而已。作樂者其立于寂然之中乎？朱子曰：子雲謂仁柔義剛，此不可以一定名之。仁體剛而用柔，義體柔而用剛。幼清曰：位无質，故以陰陽名之；畫有質，故以剛柔名之。元公曰：圖有天五，則有地五以配之；律有陽六，則陰六以間之，未有孤而无與者。參天兩地，即兼兩也。象正曰：命出于天，爲陰陽仁義剛柔之本；已入于卦，則氣質雜焉，不謂之命。然而情見于爻，才見于象，才情氣質存于爻象，則天命之理亦因之以見。鄭維嶽曰：自一而至紛錯雜用，皆所以順性命之理也。逆收之則一而已，聖人必順之者，明性命之理，非淪于无也。易簡録曰：聖人將三才爲一塊，分之合之，立之用之，造化在手，正見其順性命之理，爲作易之能事，非造化之自兼自兩也。郝京山曰：三才同體，而發竅在人。人者，天地之心，顯仁和義，所以立禮而藏其智用也。達道即大本，原順性命之天然，而偏言人發殺機，逆流寂滅，舍達道求大本，遺顯見而索隱微，反成逆天之命，豈中和禮運之大順哉！馮恭定曰：順人情而節適之，逆其幾而反塞之，皆大順中之用也。此言順理乃統體用，和順逆者，非可雄已甚之逆機，而縱成篾倫悖理之叛逆，混不許擇，猥曰此逆數也，能无懼乎！魯嶽公曰：破斗折衡之説，猶棘子成之憤激耳。聖人法度皆合天地，如罪聖人，當罪天地。天地從混沌生混沌，爲罪本矣。竊仁義猶有揜著之良，竊混沌則公然亂堯舜之法，而混人禽矣。既已開闢，混沌即化爲天地，豈能舍天地别有混沌可守哉！仁義則天地可宰也，聖人于用中表此名焉。執无名，則廢表而民倀倀矣。罪之，是不教而殺矣。竊者，意見之病也。不能節慾，而立意見以縱慾，乃以總殺總赦，冤賢賞奸，爲足奪人而自解耶。聖人知人必不免，故因意見消意見，使之各安生理，好學食力，樂其天倫，自可不欺。故以卦蓍禮樂，傳其薪火，而天下相忘于所立之道矣。神而明之存乎其人，善世爲願，究不出此。總之立法不能无弊，弊有輕重，惟此罪仁義罪勉强之高談，必至率獸。較其分數，相去天淵。孟子提不學不慮之良而以仁義寔之，存異獸之幾希，而曰由仁義行，蓋本諸此。浩氣配道而言集義，貴用也，用在義精仁熟耳。集大成，是集義也；始終條理，是集也；假名以蓋身，而不用格致之功，是襲也。聖人不爲已甚，豈刻天下以不堪？故以易簡斷焉。毋自欺而尊所聞，行所知，則就事遵法，不爲義襲也。專取洸洋□〔一〕狠，以護尊欺世，是爲獸襲，豈特義襲云爾哉！成章乃達，以日統夜，光明正大，廓然至公。彼隱居放言，縱才偏宕，曼衍窮年，自謂詒人過世焉，已矣，非可訓也。潛老夫曰：三立神于三與。董子謂仁，人也；義，我也。顧端文曰義非外，仁亦非内。吾嘗觀禮運之轉陰陽，而用二之貞一也。陽本无而轉用有，陰本有而轉用无，故曰陽統陰。陽而止

〔一〕「□」，原本不清，依形似作「講」。

有一用，用則必分，分又用迭，爾卓所謂天用地，即邵子之以天爲用也。柔有陰陽，剛亦有陰陽；仁有柔剛，義亦有柔剛。下傳曰天道、人道、地道，序人居中，此以人終者，以仁義之用宰其陰陽剛柔也。東坡以未嘗饑渴者喻性，然豈能絶人之飲食哉！所以善其飲食即仁義也，而仁義即飲食矣。五音六律，即哮即寂，惟在明其節奏，使人和平耳。感通即仁也，時宜即義也。是順性命之理，即因其陰陽剛柔而各順以逆之，即逆以順之，寧可破廢五音六律，守其寂然，乃爲雲門韶濩耶！聖人化逆順之因，歸于大順，故立内聖外王官天繼善之經，使萬世各正性命。有異此者謂之邪外，非若充類壞法者揮兩儀爲異端也。智曰：費天地人而立一切法，所以安之也；隱天地人而泯一切法，所以深之也；合費隱之天地人而統一切法，所以貫之也。非三而三，豈得已哉！一用于二，二必代明錯行，以不息此貞觀貞明之一。故掩立見泯、掩立與泯而見統者，權也。統在泯與立中，而泯在立中者，寔也。偏立者拘循，偏泯者頑石，偏統者顢頇。聖人前民，民之視聽即天。故以立寓泯，而即爲善用費隱之統法矣。午會之時，乘一貫也。人非深造，鎔盡偷心。前聖微言，總成雲霧。

右第二章下繫已言三才，此重人道以宰爲統。三立三與，體用同時者也。順理之中有先逆後順，以順用逆，以逆用順，即无順逆之理。故下文就先天圖指造化自然之交幾以示之。

天地定位，山澤通氣，雷風相薄，水火不相射，音石。八卦相錯。

朱子曰：文王八卦，長少非偶，必羲圖長合長、少合少，爲得其偶。又答袁樞云：看圖方知六十四卦全是天理自然，不用一毫智力。某看康節易圖，即看別人不上。龍溪曰：天地之上爻相錯，便是山澤通氣；天地之下爻相錯，便是雷風相薄；天地之中爻相錯，便是水火不相射。即六子已盡易矣。天地定位，天定于上而錯于下交，地位于下而錯于上交。錯者未嘗不定，逆者原成其順。潛老夫曰：後天八圓乃瘅觀之，先天八圓當橋起而立輪觀之，不則乾南當在下，坤北當在上矣。此蓋以乾午在上而坤子在下，如人之身，故曰定尊卑之位也。艮山結金石之氣于下，而泉脉從此出；兑澤通雲雨之氣于上，而土石因此潤，是通氣之至静也。震雷從地起，由内而動于外；巽風自天行，由外而入于内，是氣之至動互相激發者也。水火本相制，今一左一右，在于天地之間，其質各處而其氣濟用，不相侵克也。日月亦東西旋轉在二極之腰，光相用也。人身五行惟水火時時相交，不交則害矣。證知此是橋起而上下觀之。後天八卦則環地盤爲羅經，以四時加四方者也。兩間皆氣，散殊適用，天地但定位耳。其所以爲氣者於穆其中，故曰太極。所以者即在氣中。如一壺水，即一壺潤，潤與水不可分。而明理者必知其潤，猶之剔心于緣外也。知其所以而表之，信此入用，然後隨氣而不爲氣質所轉。今之漫然者，任太極爲大脬而委之，是以荒治廢教，而治教之大用與本體反二橛矣。智曰：上四句表圖也。易變神于相錯，知所以相錯，則八卦亦枯蓍化身耳。大圓紐半以相錯對，猶之人身向背，上下相轉，即可見以窮不可見之理，可知一神于二，无不如此錯行交幾者。

數往者順，知來者逆，是故易逆數也。

蘇傳曰：自性命言之，以順爲往，以逆爲來，三百八十四爻，皆逆而返求其本者也。自此而之彼謂往，自彼而之此爲來。朱子既依左旋已生之卦曰往，右行未生之卦曰來；又曰數往猶今日追數昨日也，知來猶今日逆計來日也。蔡氏曰：順者馴其舊道，逆者迎于未形。全書曰：坤復之下爲數之始，故曰數；乾姤之上爲數之主，故曰知。知，主管也。合而觀之，陽在陰中，陽逆行，陰在陽中，陰逆行，則全順全逆寓之矣。念庵曰：易有太極，逆也；生兩儀，則順矣。龍谿曰：日光普照，必得月魄爲之收攝，其幾在晦明之變。自朔至望，性歸于命；自望至晦，命伏于性。深得往來順逆之旨。元公曰：理主順，數主逆，順其體也，逆其用也。順則成凡，逆則成聖。如道家還丹，形家相地，皆以逆用爲奇。淇澳亦然。見曰：知來即在數往内。潛老夫曰：諸家各執一見，蓋依象而得表法，即可知盡人還天之用與天人必用之用矣。天道自順，人道貴逆。然天道自有順逆逆順之幾，人道亦有順逆逆順之幾。兩語序其交錯之用，而末語斷之曰易逆數也，貴人用也，貴致知也，貴先幾也。至于順逆俱忘，止有一順，則謂之和順而不言委順。言委則學无權，不偏于蠢然无知，則偏于縱欲爲順矣。果其素位自得，發憤至老，謂之真委順可也，謂之逆數可也。智曰：泝知天地未分，則以泉出爲來；坐照萬世之下，則以明日爲來。來有殊稱，而知則必逆；數則自知，知則能數，故末句合數順知逆而撮之曰逆數也。逆以知順逆之理，而順以和逆順之用。魚逆流而上，鳥迎風而立，神哉！此深幾乎！

右第三章數者，氣化分限節度也。八卦相錯，惟以數行，而理寓之。不倚則窮，不逆則散。倚以寄體，逆以神用。主張氣化，先天弗遠。人不深幾，何堪語此。

雷以動之，漢書作「靁」。風以散之，雨以潤之，日以晅之，徐虞作「暅」，舉正作「烜」，韻注云古文又作「暈」。艮以止之，兑以説之，乾以君之，舉正作「居之」。坤以藏之。

邵子曰：先天圖皆自中起，萬事萬化生于心也。全曰：此方圖也。圖不傳，而天下後世不知羲易矣。此邵、朱有功于易，遠繼羲、文、周、孔者也。本横盪之序而疊之，而雷風中起以生物，是初畫也；坎雨離日以長物，是中畫也；艮兑以成物，是三畫也。乾主之，坤收之而已。項平甫曰：乾坤六子，初爲氣，末爲形，中爲精。雷風，氣也；山澤，形也；水火，精也。蒙引曰：自動至晅，物之出機；自止至藏，物之入機。出无于有，氣之行也，故以象言；入有于无，質之具也，故以卦言。乾君三陽，坤藏三陰。潛老夫曰：乾无所不君，坤无所不藏也。六合七尺，何處非易？而先後方圓諸圖，刻鏤虚空，費隱變化，不可思議。京山信後天，不信先天；玄子信圓圖，不信方圖；乃是信河洛不及，乃是信六合七尺不及耳。

右第四章見曰：圓圖用順，方圖用逆。蓋謂圓乾在上，而方則乾在西北也。潛老夫曰：二章既環而列對，矩而開方，則物圍物範，歲功消息皆在其中，皆有大順逆、細順逆，而言通用莫如時。羲以木王，堯欽曆象，舜巡應時，夏正建寅，无非乾之元亨利貞，坤之西南東北也，至文王而闡之耳。先後方圓諸圖，俱詳圖説。

帝出乎震，齊乎巽，相見乎離，致役乎坤，説言乎兑，戰乎乾，勞乎坎，成言乎艮。

黄帝曰：帝无常處也，有處者乃无處也。孔子曰：乾坤陰陽之主也。陽始于亥，形于丑，乾位西北，陽祖微據始也。陰始于巳，形于未，據正立位，故坤位在西南，陰之正也。君道倡始，臣道正終。邵子曰：坤統三女居西南，乾統三男于西北。乾坤交而爲泰，坎離交而爲既濟也。其得天地之用乎？程子曰以主宰言謂之帝，朱子取之。易簡録曰：出震之半屬陽，屬生，長男女用事，便代父母；入兑之半屬陰，屬殺，須得乾坤夾之。物物皆有一震以爲之主宰。潛老夫曰：時行物生，萬古當前，羲易一有俱有。或文王闡而著之，建寅首春，稱爲帝出，所謂太極莅皇極之任，而出巡无所不用其極之天下也。智曰：播五行于四時，言環中必輪用也，以歲爲徵，寔則大而元會，小而呼吸，皆此輪也。箕子以五行著于北一，則一行之中各有五行明甚矣。正以立處即真，乘時者貴耳。

萬物出乎震，震，東方也。齊乎巽，巽，東南也。齊也者，言萬物之絜齊也。今石經作

□〔一〕。離也者，明也，萬物皆相見，南方之卦也；聖人南面而聽天下，嚮明而治，蓋取諸此也。坤也者，地也，萬物皆致養焉，故曰致役乎坤。兑，正秋也，萬物之所説也，故曰説言乎兑。戰乎乾，乾，西北之卦也，言陰陽相薄也。坎者，水也，正北方之卦也，勞卦也，萬物之所歸也，故曰勞乎坎。艮，東北之卦也，萬物之所成終，而所成始也，故曰成言乎艮。

孔子曰：歲天氣周，八卦用事各四十五日。此言八卦旋十二宫，陽正一而陰隅二也。二十四則一卦各三矣。洪範傳云雷以長子首長萬物爲出入也。雷出地百八十三日而復入，入則萬物入；入地百八十三日而復出，出則萬物出。息齋曰：出震齊與木氣極也。風木相感，火德始彰，故見乎離。火氣成塵，塵結生土；火非生土，火息而土自成，故致役乎坤。土結爲澤，澤潤生金，金剛有聲，故説言乎兑。金土相配，金爲水母，水土之氣，互相克賊，故戰乎乾。乾金既純，水出金母，流而不息，故勞乎坎。水既盈溢，將反于土；木爲水子，母往就子；風水相和，水返于

〔一〕「□」，原本漫漶不清。

風，復歸元貞，故始終盛艮。八用縱橫，帝自震出，周遊八極，元始之妙，故曰象帝元遊。項氏玩詞曰：木金土各二者，以形王也；水火各一者，以氣王也。坤陰土，故在陰地；艮陽土，故在陽地。震陽木，故正東；巽陰木，故近南而接乎陰。兑陰金，故正西；乾陽金，故近北而接乎陽。坤之季夏，義在中央，故言地而不言西南；兑以物成爲説，故言秋不言西。蘇傳曰：艮從坎。傳曰水土衍而用也。誠者物之終始，死生終始之際，其情必得，艮不容僞也。蒙引曰：萬物出乎震，以萬物之出入見帝之出入也。或言位，或言象，或言德，或言時，錯互不一，猶乾言圓而坤不言方，可以類推也。全曰：帝不可見而物可見，即中庸不可揜之意，故以萬物言之。七者皆言萬物，惟戰則曰陰陽相薄。吴因之曰：坎勞艮成，全賴一戰。收歛堅固，造化人事，莫不皆然。元公曰：先天藏坤，後天成艮。張行成謂太玄日始于寅，祖連山；元包卦首坤，祖歸藏也。元包本京氏游歸之變。九星以艮居丑寅之間，終始之際，而其數合于洛書之九疇，則後天之以艮震爲經，固神禹叙疇之旨也。參同契曰天道之行始于東北，難經百刻圖，一歲陰陽升降會于立春，一日陰陽昏曉會于艮時，皆會寸口。此夏所以首連山也。坎離，水火之盛也，和之艮坤之土，而後木金之氣乘□〔一〕。仲虎曰：土金順以相生，所以爲秋之克；水土逆以相克，所以爲春之生，不克不生也。潛老夫曰：天一極應地一極，而腰輪爲黄赤道，故先天坎離即後天之南北。諸卦皆不交錯，而惟南北正偶者，水火寒暑，二至之正氣也。震兑皆首西而相錯者也。亥巳寅申，四維□〔二〕四立也。智曰：坤艮應河洛二矩曲，乾亥巽巳爲天門地户，應陰陽六律吕之始。東二木發生之，西二金收堅之。兑以西成報母歸父，表利物之義，以收其智信。艮震猶貞悔之震艮，所以歷歲限而終始顯仁于禮也。内經臟絡之勝濟，聲音開閉之出入，鄉飲之位，樂縣之設，凡有表象，何往不然。四用三而一煉三，時輪槖籥，誰握其首尾乎？微哉！

右第五章潛老夫曰：後天八卦方位先以帝言，而再以萬物言。朱子以爲萬物隨帝出入，然即謂帝隨萬物可也。

〔一〕「□」，原本爲壞字。

〔二〕「□」，原本不清，依形似「則」字。

動萬物者莫疾乎雷，撓萬物者莫疾乎風，燥萬物者莫熯乎火，徐「熯」作「暵」，説文作「莫暵乎離」，呼但反。説萬物者莫説乎澤，潤萬物者莫潤乎水，終萬物始萬物者莫盛乎艮。故水火相逮，陸本作「不相逮」。雷風不相悖，山澤通氣，然後能變化，既成萬物也。

關子明曰：六卦用則乾坤何爲乎？垂衣裳而天下治，六官用而我无爲矣。楊誠齋曰：六子之功即乾坤之功也。幼清曰：神无迹可見而不離物。歸震川曰：一動一静，出死入生，能識歸根，則愈應愈寂，乃能玅萬物而不物于物。全曰：五卦皆象，艮獨言卦主者，終始萬物之事，非山所能盡也。此言後天之位。簡端曰：先天乾坤縱而六子横，後天乾坤神而六子化。神一也。乾坤兩在，六子六在，萬物无不在。无不在，乃見其爲一也。象旨曰：三章以山澤風雷水火相次，未入用也。此以水火雷風山澤相次者，入用也。未用者尚其體，入用者尚其氣。氣莫先于水火，行者爲風雷，凝者爲山澤，皆水火之氣也。易意曰：衆妙從之，即一其妙之妙也。天機不張，五官皆備，目視耳聽，手持足行，本不相謀，各效其用，何所命之乎？故謂之神。至命者踐形，形即神矣。

神也者，玅萬物而爲言者也。王肅「玅」作「眇」。董云：眇，成也。

右第六章潛老夫曰：三、四章皆言先天，五、六章皆言後天，此因卦位而分指之也。其寔落一畫後即後天矣。其行于先天後天之中者，所謂神也。神即謂之先天可也。究竟无先无後，惟有此時。六紀妙字，獨見于此。

乾，健也；坤，順也；震，動也；巽，入也；坎，陷也；離，麗也；艮，止也；兑，説也。

全東坡曰：循萬物之理，无往而不自得曰順；執柔而不争，无往而不見納曰入。詁曰：自此以下，皆以陰陽純卦及初中終爲序，又非上先後天之序矣。動陷止皆屬健，入麗説皆屬順。凡物健則能動，順則能入。健順，其體也；動入，其用也。健遇順則陷，順遇健則麗；陷内健而善藏，麗内順而盡物。陷麗者，其勢也。健者始于動而終于止，順者始于入而終于説。陽之動，志于得所止；陰之入，志于得所説。此就物情言之，而至健至順，攝此八者，終不變也。薛敬軒以先天左半健説明動屬陽，右半入陷止順屬陰。易意曰：此萬事權輿，萬物根抵也。空言神妙，恐落儱侗，故就卦而名其德。潛老夫曰：天地未分前即具此八理，而統于健順二理，健在順中，止有一理。用中貴乎習明，而不言者總用之也。智曰：一皆攝七，七皆攝一。以先後天八卦環重列之，一皆攝十五，十五皆攝一。左右旋轉，衡射隨舉，无不各具其理，无所不習，則无所不明。此以物格物之理也。十六卦互相攝入，萬理具備謂之大二，其彌之者謂之大一。然舍大二，豈有大一哉！譬之兩鏡相照，鏡各含鏡，所含之中又有所含之鏡，无量鏡，不可以指數矣。況十六鏡之光光攝入耶？立壇建化，俱此表法，本自洋溢彌綸，人不知耳。陷其中則洊而習，麗于物則熇而明，動乃知止，入乃知説，説止動入，互用其偏，而神其中。即不習之至順，順于大明終始之至健不息矣。過此知化，未之或知。

右第七章雲峰曰：欲言八卦之象，故言性情如此。象者其似，性情者其真。象傳于巽不言入而直言巽，坎不言陷而言險，離不言麗而言明，得其真矣。蒙引曰：六十四卦所説卦德，槩是説情，然情无不出于性者。潛老夫曰：惟知物之理者得物之情，故善因物轉物而盡物之性，是謂各正性命，又安有我與无我哉！天下歸仁，萬物皆備，此舉因見體耳。

乾爲馬，坤爲牛，震爲龍，虞翻作「駹」，引爾雅顙皆白曰駹。巽爲雞，坎爲豕，京房作「彘」。離爲雉，艮爲狗，兑爲羊。

造化權輿曰：馬陽，起先前足，臥先後足；牛陰，起先後足，臥先前足。陽病則陰，馬疾則臥；陰病則陽，牛疾則立。顔質卿曰：乾數奇而行不息，馬蹄圓而能致遠也；坤數偶而順以載，牛蹄圻而馴伏任重也。幼清曰：動奮之身，息重陰下，與地雷同其寂者，龍也。溽蒸則飛，飛而復下。以入伏之身而出聲于天，與地風同感者，雞也。鳴丑半，重陽之時也。雞不能飛，爲入爲伏。九家云：應八風也。二九十八，主風精爲雞，故雞十八日剖而成雛。二九順陽歷陽，故知時而鳴也。六九五十四，主時精爲豕，豕胎四月而生。七九六十三，三主斗，斗爲犬，犬胎三月而生。斗運行十三時日出，犬十三日而開目。犬精畏水，故以舌舐，鬭灌水則解也。孔仲達云：坎主水瀆，豕處汙濕，前後濁而中躁也。象旨曰：雉化蜃，内外㲉爲離，蓋前後文明而中心柔怯者雉也。埤雅云高一丈長三丈爲雉，雉飛如此。書稱夏翟重陽文也，故以爲贄。遡曰：外剛止物而中柔可馴者，狗也；柔毛外説，善觸内狠而難牽者，羊也。項氏玩辭曰：狗直戌而艮在寅，火墓戌而生寅也。羊直未而主兑，金生土也。羊屬土，土生金，故角觸。羊屬土，故土怪爲羵羊。左子厚曰：今以未爲白羊宫。牛食草如澆，羊食草如燒。死則不怖，以其決也。元公曰：異物相禪，莫得其倫。然有其氣者有其類，如子鼠丑牛、角蛟亢龍之屬。潛老夫曰：兩間无非易也，无非物也，爲之云者，不礙乎以此爲彼，則格通之，而因彼即此矣，即无彼此矣。无彼此而隨其彼彼此此，此易之道也。智曰：乾爲馬，馬不可以爲乾，此以明本統明末者也。引觸而極之，狗一太極也。豈特馬不可以爲乾乎？此无本无末之荒冒也。聖人虞其荒，故以通論貫質論，而不執以壞質論。果大通乎？隨物現形，藏通于質，任其分別，即是渾侖。何容復贅一渾侖之詞耶！

右第八章雲峰曰：乾龍而此爲馬，坤馬而此爲牛。雙湖曰：大畜乾爻稱馬，大壯以兑爲羊。中孚巽爻稱雞，睽稱豕，而餘惟説卦始見。即前聖未言，要无非象，則隨其其〔一〕所取，皆太極之理所生也。潛老夫曰：此遠取諸物也。當知隨物即形，故後復廣之。

乾爲首，坤爲腹，震爲足，巽爲股，坎爲耳，離爲目，艮爲手，兑爲口。

麻衣、圖南皆以艮爲鼻，面之山也。傳曰鼻起而止山也。風能鼓舞萬物，手所以舞也。乾首坤腹，天地定位也。坎耳離目，水火相逮也。艮鼻兑口，山澤通氣也。巽手震足，雷風相薄也。管輅語何晏，亦以鼻爲面山。王太古曰：羲卦乾在上三卦，中爲首；坤在下三卦，中爲腹；震在下三卦而向右，故足力在左；巽在上三卦

〔一〕此處似衍一「其」字。

而向左，故手力在右。以易證之，觀盥者手從巽也，豐九三折其右肱，豈非二三四互巽乎？姚氏嫌无艮，故依康成改肱爲股，未達也。艮在下三卦之後而爲股，在艮初六曰趾，二曰腓，咸三曰股，而不以爲手，此明證也。説卦偶顛倒舉之耳。朱子發曰：經脈十二，手足各六。動于足者，震陽自下而升；動于手者，艮陽自上而止。震艮相反，疾走者掉臂，束手者緩行。幼清曰：坎耳水内景，陽在内；離目火外景，陽在外。耳外内皆凹，陰也；中凸而寔者，陽也。目上下皆白，陽也；中黑而虚者，陰也。腎開竅于耳，心開竅于目。神易曰：耳聽以竅空屬陽，坎也；目視以珠黑屬陰，離也。陽氣无盡，故聽可穿墻；陰形有盡，故視不洞垣。元公曰：人身八卦，悟者知之。乾首，諸陽所聚也；坤腹，諸陰所積也。震足艮手，兩陽卦對也；巽下開股，兑上開口，兩陰卦對也。素問曰清陽出上竅，濁陰出下竅，其斯謂乎？潛老夫曰：邵子以兑，月也，月爲膽，膽發爲耳，故耳屬兑。乾，日也，日爲心，心發爲目，故目屬乾。震，辰也，辰爲腎，腎發爲口，故口屬震。離，星也，星爲脾，脾發爲鼻，故鼻屬離。艮，火也，火爲神。坤，水也，水爲精。巽，石也，石爲骨。坎，土也，土爲肉。又曰陽與剛交而生心肺，陰與柔交而生肝膽，柔與陰交而生腎與膀胱，剛與陽交而生脾胃。此以乾巽居上，故心肺亦居臟腑之上；坤震在下，故腎胱亦居臟腑之下也。心生目，膽生耳，脾生鼻，腎生口，肺生骨，肝生肉，胃生髓，膀胱生血。故乾爲心，兑爲脾，離爲膽，震爲腎，此則與前兑膽離脾又互用也。坤爲血，艮爲肉，坎爲髓，巽爲骨，此則與前艮神坎肉又易用也。泰爲目，中孚爲鼻，既濟爲耳，頤爲口，大過爲肺，未濟爲胃，小過爲肝，否爲膀胱，則交合之取又易矣。人之呼吸經脈與時旋轉，子時注膽，丑注肝，寅注肺，卯注大腸，辰注胃，巳注脾，午注心，未注小腸，申注膀胱，酉注腎，戌注包絡，亥注三焦。舊以十二辟卦配之，亦可以大圓圖配之，可見善觀物理者自有取法，不拘一説也。蓋取象亦有先後天之分，邵子總以陰陽剛柔位定，故一切分之，自然配合，而用處又圓，豈拘拘耶？如五行有數十種，而不出水火，水火一土也，土一氣也，氣一天也。智曰：人知此身之官骸皆八卦也，時乘六龍以御天矣。關尹子曰：歸五藏于五行則孰能痛之？又曰：厭生死，超生死，是大患也。生死之説，馬手牛翼，此无入不自得之點睛筆耳。劍舟者尚執之，豈非田駢、慎到之死灰乎？聖人寂然歷然不相壞也。首目在上，手足在下，各盡其職，思官爲宰，歷然咸宜，而寂然自在也。是神化治教同時，而封濬命官即垂拱矣。聖人示萬世，有親切于各人之身者哉！並所謂寂歷不相壞之説，亦縣疣也。

右第九章潛老夫曰：此近取諸身也。可悟當身具足，而天下爲吾身矣，踐形而已矣。

乾，天也，故稱乎父；坤，地也，故稱乎母。震一索而得男，故謂之長男；巽一索而得女，故謂之長女；坎再索而得男，故謂之中男；離再索而得女，故謂之中女；艮三索而得男，故謂之少男；兑三索而得女，故謂之少女。

朱子語録謂不當專作揲蓍，仲虎是之。柴氏曰：往不以此章並諸象，是但知男女爲人，而不知物物皆男女象也。何子元曰：尚書序八卦曰八索，言八八相索也。袁臨侯曰倫序分明，垂訓凜然。莊子自放而必曰人倫相齒，身毒割愛而必曰孝名爲戒，況中土秉鐸，而好偏言，无分別以相詭溷耶？錢國端曰：人人皆有此乾父坤母，何不一索？耿天台曰：吾嘗舉聖人人倫之至，以爲天地未分之大父母，不外于當前父母，我輩止當以此示人，就其所近所明，是以易簡。卓吾以此見詬，彼自諱此，以快其泡電之簧説耳。姚有僕曰：子索母，女索父，陽裏陰爲女，陰裏陽爲男，此是氣質之物理。聖人以天命之理宰之，故因其生機而當其名。此一稱之，即是帝出之震。兌易曰：三女親乾，日麗于天，而風澤天降也；三男親坤，山附于地，而水雷地居也。又曰：求媚于乾者，不事其子而事其女；致敬乎坤者，不畏其女而畏其子。此句踐之蠱吳，因嚭而不因胥；淮南之事漢，憚黯而不憚弘也。蠡曰：人知此身爲父母之身，即自知此身爲天地之身，豈容逞私而暴棄耶？盡其當然而太和充兩儀矣。潛老夫曰：渾渾之中，名分截然如此，聖人因其固有者一表出之，故曰當名，豈强設哉！人生家庭間，蒸蒸然一太極也。資父事君而父天母地，即此位育。孝无終始，通于神明，爲乾坤克家者能不凜凜，尚欲夸玄潑嫚以踐蹋經義耶？

右第十章□□[一]曰：猶是陰陽也，聖人因人而倫之。此天之倫也，即身之倫，即心之倫也。怵其生所自來，即怵其心所自來矣。兩曰稱乎，六曰謂之，一稱謂間，便已萬代秩然。直下安分，豈不省力？

乾爲天，爲圜，爲君，爲父，爲玉，爲金，爲寒，爲冰，爲大赤，爲良馬，爲老馬，爲瘠馬，京、荀作「柴馬」。爲駁馬，釋文作「驡」，通作「駮」。爲木果。

[一]「□□」，底本原爲空缺。

荀九家有爲龍，爲直，爲衣，爲言。淮南聘九人撰道訓二十篇，號九師易，荀爽集之。玄同補象曰：乾爲元，爲元永貞，爲光，爲終日，爲三人，爲大首，爲顒，爲頎，爲福祉慶祥，爲道，爲德，爲惠心，爲誠，爲習，爲載，爲大車，爲金車、金柅，爲輻，爲輪，爲戰，爲行師，爲遄，爲飛，爲行，亦爲石，爲重象；以其體圓爲旋，爲瑰，爲鼎腹。淇澳曰：廣八卦之象，最爲精微。莊生出于機入于機，亦微窺矣。乾方爲寒，爲冰，墮指裂膚；隨爲大赤，流金焦石；方爲良馬，和鸞節奏；隨爲駁馬，鋸牙食虎。坤之爲文，萬象昭回，黑于何隱；五色既黑，文于何藏。方其爲均，楊朱慚其一毛；隨是吝嗇，墨氏慚其頂踵。八卦皆然，可以類推。易意曰：易經少言圜字，惟蓍圓神與此爲天爲圜，言其无所不包、无所不在也，故以二象爲首句。莫尊于君父，故表之；莫貴于金玉，故表之；莫肅于寒冰，故又表之。乾居西北，侯凛天門，其義微矣。顏質卿曰：玉粹則孚尹，金剛而能變也。余岸少曰：陽之始，寒冰在亥子；陽之終，大赤在巳午。農父曰：朱漢上以坎中陽爲赤，極于巳，純陽也，故乾爲大赤。而奇門作兑赤，謂其成熟剥落，歸乾之大赤也。大赤歸于大白，故乾爲三白之首。升庵以明堂位、商之大白、周之大赤皆旂名，亦取色耳。集詁曰：

乾馬加良、老、瘠、駁四字，見其純異于震坎。而首以良，純善之至也。老馬取其能知。瘠非陽弱也，骨屬陽，純陽骨多也。山海經駁如馬，鋸牙食虎豹；師曠對晉平者，謂其健之最威猛也。宋衷曰：天有五行之色。詩東山騂白爲駁，玄同以爲連錢之驄，其文圓。程沙隨曰：以實承實，員在上爲木果；若艮爲果蓏，則下柔也。玄子曰：木上果，生氣完也。果中有仁，生理具也，生生不已之象。乾无其于，其究之詞，尊乾也。藏一曰：小正合冰必南風，解冰必南風。生收皆然，乾南統天也。潛録曰：乾无所不在，特在天、圜、君、父、玉、金統物。而寒冰則十月煉性之候也，大赤則乾南大用之地。四馬一用四也，以西獸藏東龍之象，圖負豈偶然哉！木果則剥葉貞幹，後仁出帝之象也。智曰：乾聲轉爲乾濕之乾，故又爲幹，天干亦取其幹也。木果爲貞下起元之象，可乾而藏之。與離飛伏，故離爲乾卦。贛州亦名處州，可證也。聲古以乾當先真侵寒四韻，古天真同韻，華嚴可考。易韻盡然。旋韻侵閉口值後天乾，此心音也。乾本音爲角屬腭送氣聲，以類萬物之情，何者非五行干支，三式星禽，軌革卦影，以類變生克，氣光形聲，索之舉无逃矣。

坤爲地，爲母，爲布，爲釜，爲吝嗇，京作「遴嗇」。爲均，禮記注作「旬」。爲子母牛，爲大輿，爲文，爲衆，爲柄。其于地也，爲黑。

荀九家有爲牝，爲迷，爲方，爲囊，爲裳，爲黄，爲吊，爲漿。補象曰：坤爲霜，爲西南，爲野，爲國，爲邑，爲階，爲城，爲墉，爲丘，爲次，爲荒，爲虚，爲户，爲地南北之經，爲十年、十朋，爲臣，爲有土之公，爲女子，爲小人，爲匪人，爲疇，爲億，爲師，爲羣，爲夷。夷者，衆也，平也。于德爲安，爲寧，爲燕，爲承，爲智，爲允，爲敦，爲章，爲惠，爲含括，爲裕，爲遲，爲冥。于物爲彙，爲大牲，爲蕃庶。于器爲輿，爲缶，爲匕鬯。于味爲甘。樸庵曰：鑿度曰坤爲人門，作成物爲母。一切治教，乾總寓乎坤體，以布大輿。故五十三中多表母儀，爲其主教養也。全詁曰：邊幅廣平爲布，或以泉布爲地貨布行。釜者，容物熟物以養也。釜出金而冶成，示效法也。項氏曰：六十四升曰釜，坤容六十四卦也。静翕，故吝嗇。均，旋瓦者也。徐乾若曰：均，鍾木爲衆樂之母也。牛順物而母滋子，益順矣。乾馬老瘠，故坤牛牸犢，其蓍□〔一〕也。麻孟璿曰：乾，圓輪也。坎爲輿始，坤爲大輿，皆爲乾轉輪也。屈子言呈輿，光武披輿圖。爾雅：權輿，始也。權，天之始；輿，地之始也。猶堪天輿地，而皆以地用天也，直以輿呼地矣。戴敬夫曰：奇用偶而成文，文表中理，乃統衆業。天理在地，地又歸天，故下有其物，上爲星光。臣職安民，釜養輿載，知黑嗇而可以文布，爲衆柄而均此方直，蓋人道也。吴次尾曰：洛書坤土居西南，其色黑，爲死門。當萬物極盛，交秋之候即爲死門，危哉！潛録曰：邵子以无萬數爲坤，草類亦屬坤。凡物之渾舉難名者皆乾，其細賾難名者皆坤。此象外之象也。智曰：乾不言性情，而坤以吝嗇畫其性情。乾資始而已，一切皆坤所生成，而歸其主之者于乾也。表人道也，談玄牝守黑之學，其偏持此柄乎？俞氏柄作枘，以方直配圓曲也。智按：周禮枋即柄，古方丙通聲。爲功于物，不居其名者也。聲占主真文恩韻，旋韻坤值麻陽末方，成物之地，聲大開也。坤字角腭送氣聲。

震爲雷，古文作「爲長子，爲玄黄，爲旉，爲大塗，爲駹，爲決躁」。下同。**爲龍**，虞、干作「駹」。李鼎祚作「駀」，乃

〔一〕「□」，原本漫漶不清。

「駹」訛。爲玄黃，爲旉，虞、姚、李作「専」。爲大塗，爲長子，爲決躁，爲蒼筤竹，徐「筤」作「琅」。爲萑葦。荀「萑」作「荻」，石經作「藋」。其于馬也，爲善鳴，爲馵足，京作「朱足」，荀同。爲作足，爲的桑。說文作「旳」，爾雅作「馰」。其于稼也，爲反生，虞作「坂生」。陸云作「阪」。其究爲健，爲蕃鮮。

荀九家有爲玉，爲鵠，爲鼓。幼清云王當爲圭，鵠當爲鶴。智按：古隺鵠通聲，黃鵠磯即黃鶴樓，足徵也。國語震爲車，左氏亦云震爲土車。補象曰：震爲斗，爲陵，爲九陵，爲高陵，爲易，即埸也。爲百里，爲侯，爲官，爲好爵，爲中行，爲言，爲笑言，爲大作，爲耕穫菑畬，爲夙，爲假，爲至，爲往，爲升，爲躋，爲興，爲擊，爲撝，爲薦，爲災眚，爲震驚，爲失喪，爲渝，爲虩，爲杌。于物爲車，爲柝，爲篋，爲筐，爲茅，爲朵，爲鳥隼，爲鴻，爲翩，爲翰，爲鳴。在上爲籓蔀，合巽則爲帝。鑿度曰：雷木震。日月出入門，日出震，月入震。二陰一陽，不見其體，假自然之氣，順風而行，成勢作烈，盡時而息。集詁曰：萬物用于聲，左爲青龍，東方之宿皆然。二老始交生震，兼有天地之色。旉即荂，又作華，古不字，「鄂不韡韡」是也。塗者，帝萬物所出也。家督至重，故明一索之長。陽動必不免躁，與兑順首向西而伏，故曰決躁也，而又藏巽究矣。蒼、青，震色。筤，箹也。萑，似葦而大。合溪曰：萑，荻也；葦，蘆也。與竹皆下本實而上幹虚之象也。朱漢上曰：萑葦，震之發氣善陽，陽聲自内而開。爾雅馬後右足白驤，左足白馵。陸佃云：上絆其足，今字書一絆作馵，二絆作馬作足，即詩思馬斯作也。的□〔一〕顙有旋毛，昭烈呼的盧是也。陽動必反下而上，萌芽皆然。究爲純陽之健，究其前之所進也。蕃鮮，究其後之所變也。三變爲二巽，繼震爲木，爲餘氣，故曰震。花變巽爲草，震龍變巽爲魚。一曰帝之出齊，蕃鮮而盛明也。一曰鮮爲魚。景純曰：魚，震之廢氣也。容齋説巽爲魚，甚詳。潛録曰：雷行而物與无妄，此聲教之象也。西方用聲，乾爲聲主，至震而發，其聲奮，故爲雷爲善鳴。兑爲口舌，言語則其聲和。六子惟震巽言究者，長子用事，長女代母，乾坤始交，各有其究也。智曰：芭蕉聞雷而長，剥芭蕉者聞之乎？聖人曰恐懼修省，是返聞也。聲占震巽皆真韻，正東方也。旋韻震主皆真韻，巽主安灣韻。震爲徵，舌上初發聲，知母通照者也。巽爲商，齊齒聲，心母也，忍收聲也。

〔一〕「□」，原本爲一墨丁。

巽爲木，爲風，爲長女，爲繩直，爲工，爲白，爲長，爲高，爲進退，爲不果，爲臭。王肅作「爲香臭」。玄子云虞翻作「嗅」，李鼎祚本同。今按：李本作「臭」。其于人也，爲寡髮，古本作「宣」，云黑白雜爲宣。釋文作「蒜」。升庵引考工記半矩謂之宣，注頭髮顥落曰宣。爲廣顙，鄭作「黃顙」。爲多白眼，爲近利市三倍，其究爲躁卦。

荀九家有爲楊，爲鸛。幼清曰：當爲鴻。補象曰：巽爲月幾望，爲廟，爲處，爲居，爲命，爲戒，爲大號，爲富，爲富以其鄰，爲盥，爲浚，爲渫，爲牽，爲繫，爲攣，爲縻，爲繘，爲紱。于體爲肱，亦爲泣。于器爲舟，爲床，爲資斧。于物爲莽，爲茅，爲杞，爲桑，爲瓜，爲魚，爲鮒，爲豚魚，爲羸豕。其德入，故爲損，爲攉，爲不薦。巽臭也，故爲否。鑿度曰：巽爲風門，亦爲地户。乾坤成器。風行，天地運動，由風氣成也。張子曰：陰氣凝聚，陽在外者不得入，則周旋不舍而爲風。集詁曰：偶下入者木根，奇上升者幹也。又其性有曲直，繩柔達直，工以入巧。居純陽之巳位曰白。中陽積而達于上，故爲長，爲高。風行无常，故進退。或東或西，故不果。爲臭者，以風傳。陰血盛，髮多陽，血盛髮少也。廣顙，陽體盛。白眼者，上中白，而黑者在下也。巽順而多有入，故爲近利市三倍。南方日中爲市，巽居東南，與離相近，變至三而坤，則利成而多。甚矣！利之善入人也。究變爲震，不變坤，震究爲乾巽者，喜陽之還純陽也。潛録曰：風聲主教，震決躁巽進退，一過一不及，必明善以轉風聲。此東方之仁，所以用西方之義，而即以利之也。誰非臭乎？誰非市乎？市心危哉！君子觀乎繩直，故貴其制權焉。智曰：先天陰儀，巽坎艮坤，以巽爲首；後天南西之半，巽離坤兑，亦巽首也。乾首坎艮震爲剛，内制而出震長仁，以柔用之；巽領離坤兑爲柔制物，而兑收和義利物。以剛決歸乾，故巽以風門地户司純乾四月之命。而先天之申巽節後天之申坤，因物、利物以制物，養物、成物以究物。此三倍所以獨著于巽也。天地是大欲鈎，天地是大理障，惟以天而理之，斯无聲无臭矣。法語肅然，豈可少巽語之入人深乎！木從繩正，工居肆成，曲直半矩，進退隨風，惟開全眼用半眼者知之。

坎爲水，簡輔本「爲月」在此下。爲溝瀆，爲隱伏，爲矯輮，古「矯」一作「橋」。宋衷、王廙「輮」作「揉」，京作「柔」，荀作「橈」。爲弓輪。姚信本作「倫」。其于人也，爲加憂，爲心病，古文「爲多眚」在此下。爲耳痛，爲血卦，爲赤。其于馬也，爲美脊，爲亟心，荀作「極心」，云中也。爲下首，爲薄蹄，爲曳。其于輿也，爲多眚，爲通，爲月，爲盜。其于木也，爲堅多心。

荀九家有爲宫，爲律，爲可，爲棟，爲叢棘，爲狐，爲蒺藜，爲桎梏。朱鬱儀曰：可，古呵字，心氣爲呵。補象曰：坎爲雲雨，爲膏，爲□〔一〕，爲沐，爲井，爲川，爲涉，爲濡，爲拯，爲戎，爲鬼，爲鬼方。　于體爲心，爲中，爲心不快，爲有言不信，爲臀，爲股，爲朵，爲血，血即朵也。于德爲歸，爲反，爲歸，爲敬，爲勞惻，爲疑，爲得獲，爲納約，爲險，爲亂，爲毒，爲眚，爲疾，爲樂，爲憂，爲漣沱，爲惕恤，涕洟，泣血。于食爲酒。于事爲筮，爲原筮，爲包，爲結繩，爲拘繫，爲弧，爲弋，爲引，引弓也。爲田，爲即鹿，爲三驅，爲狩，爲刑，爲獄。于物爲乘馬壯馬。其中陽爲金，爲水泉，爲不盈之平流，爲不通之室。其陰爲巷，爲桶，爲穴，爲窞，爲幽谷，爲泥塗。鑿度曰：坎者水，天地脈周流无息。月，坎也；水，魄也。坎不平月，水滿而圓，水傾而昃。關尹曰：水可折可合，精无人也。火因膏因薪，神无我也。朱子雲谷記曰：飛雲所沾，衣濕如沫。可見雲雨非二物矣。小畜密雲不雨，爲風所散，退之所謂雲軿軿兮風以漓之也。全詁曰：凹象水流，故爲溝瀆。一曰矯輮水之性而爲溝，

〔一〕「□」，原本爲殘字。

亦猶矯輮木之性而爲弓輪也。巽亦隱亦伏者，得坎下半體也。曲直可矯，所以習之，弓輪中勁也。素問金在志爲憂，水在志爲恐，恐甚于憂曰加憂。莊子曰：上而不下，便人善怒；下而不上，使人善忘；不上不下，中身當心，則爲病。升庵曰：坎中一畫即心體，腎皆屬坎，水火未嘗離也。離中虚，心之用，有孚則亨，是盈科成章而達也。加憂則病，是饑渴害心者也。腎竅耳，腎傷則耳痛。血在身，水屬也，赤其色也。道藏曰真陽之火，在此精一之水中，故爲赤血。坎得乾中爻爲美脊。馬亟心，内剛躁也。前畫柔，故首不昂；下畫柔，故蹄不厚。曳則陷，失健也。輿積才而不勝，故爲多眚。一曰心病目傷，古本故在心病之下。流自常通，月水同德，方諸取水于月。險伏藏盜。堅多心，棘棗屬，剛中也。潛録曰：坎受乾爲體，月受日之光，天凝精于日，日非離所私有也。舊以月爲山河内景，實測之，其質凹凸耳。又曰太玄以水爲盜，陰陽家以玄武爲盜，坎主智而即爲盜。危哉！心病之險乎？邵子以智爲衰德，故以信合之。充類矯枉，心即是病，制心使无其病加憂。習坎之亨，在不失信，斯易簡矣。以險習盜，而反以矯輮倫物，謂高組長蹐者不愁行地，而驅百姓習之，豈不痛哉！大學正心，論語學習，所以救行險之痛也。智曰：道書丙火藏于壬水，此天地之精神也。精自伏神，神自盜精，耳目盜心，心曳耳目，皆病也。病不得其所喜故憂，而以恐勝喜，以思勝恐，亦其迅不停幾之輪也。不知其故而心耳相痛，正痛而目眚耳。惟勞以習之，而憂喜恐皆泯矣。輿自通，水自流，本忘勞也。驟曰不習，以徑偷安，豈知設險守法之不得已哉！三百八十四爻即三百八十四險關也。聲占坎主閉口，而用在東冬。旋韻三閉，正應三□〔一〕，貞下元之候也。坎字角腭送氣聲。

離爲火，爲日，爲電，爲中女，爲甲胄，爲戈兵。其于人也，爲大腹，爲乾卦，「乾」音干。古作「乾掛」，董作「幹卦」。爲鼈，爲蟹，爲蠃，京作「螺」，姚作「蠡」。智按：東方以蠡測海，原讀作螺，古通也。爲蚌，古作「蜯」。爲龜。其于木也，爲科上槁。虞作「析上槁」，鄭作「槀」，干作「熇」。荀九家有牝牛。補象曰：離爲晝日，爲日中，爲巳日，爲旬，爲南，爲牖，爲明，爲光，爲見，爲覿，爲窺，爲彭，爲嗃嗃，爲災，爲樊。于人爲惡，爲戚，爲不朵，爲血去，爲惕出。于德爲畜，爲言，亦爲敬，爲失得，爲慍，爲恤惕，號咷，涕嗟。于事爲

〔一〕「□」，原本不清，依形似作「灣」或「溥」或「滂」。

食，爲餗，爲褕，爲征伐。于物爲馬，爲鳥，爲雉，爲飛，爲貝，爲靈龜朋龜。于器爲輪，爲茀，爲矢，爲弦，爲瓶。其中陰爲饋，爲黄，爲輿，爲牛。其不正爲眇。鑿度曰：日離火宫，正中而明。二陽一陰，虚内寔外，明天地之目。集曰：火麗木，日麗天，電麗雲。大明者日，而蹔明者電也。王逵言鹵薄旗電母像取此，中女也。上剛冑，下剛甲，中人也。上剛刃，下剛鐏鐓，中柔，其秘也。荃曰：坎離得乾坤中氣，乾爲首，坎爲下首，坤爲腹，離爲大腹，然此疾證也。火熯日燥，故爲乾卦。鱉蟹蚌龜，二剛象前後介，中柔肉也。皆滋生之物，而中含火性，故入水不寒。其靈智藴珠者，則離之明德也。科，空也。木空中者上必槁。張子曰：附而燥也，科巢之附木上者。程可久曰：大琴謂之離，小罍謂之坎，見于他書，則凡物皆象也。潛録曰：介蟲之伏，隨日光而以影加其上；蟹螺蚌龜，與月盛衰。離南朱雀，而小過省坎，亦取飛鳥。坎位龜統介蟲而離取之，坎離爲偶，无相離者，因其麗而名之曰離。離麗一聲二義，分合同見。日中三足烏，射取酉雞；月中兔，射取卯象，皆離而麗也。鄭厚之以日抱一，月抱二，作篆文而合二字爲易，不足奇矣。又曰心即火也，而甲冑戈兵之大腹藏焉，何時浄耶？科又槁矣，電光乎？吾安吾之白日而已。智曰：周禮二燧，皆鏡也。火滿空，水亦滿空，鏡因乾金以光相取；削冰圓，亦取日火，乾爲冰也。水火精神，同在光明鏡中明矣。聲占離主支韻，旋韻值先天韻，來字母，半喉舌聲。

艮爲山，爲徑路，爲小石，爲門闕，爲果蓏，京作「墮」。爲閽寺，儉作「閹」。爲指，爲狗，虞作「拘」。爲鼠，爲黔喙之屬。「黔」，鄭作「黚」，云虎豹貪冒之類。其于木也，爲堅多心〔一〕。陳氏考異云古一本无「多」字，玄子云无「堅」字。

荀九家有爲鼻，爲虎，爲狐。補象曰：艮爲東北，爲磬，爲廬，爲家，爲舍，爲闕庭，爲丘圜，高尚。于人爲君子，爲童蒙、臣僕，爲子，爲瑣瑣，爲躬，爲背，爲生，爲不死，爲執，爲握，爲禦，爲罷，爲已事，爲損疾，爲有終。于物爲豕。其上陽爲白，爲革；下陰爲膚。鑿度曰：艮爲鬼冥門。物之生于冥昧，氣之起于幽蔽。艮止諸物，太齊而出，出後至于中呂，艮靜而冥昧不顯其路，故曰鬼門。筌曰：大而山，微而小石，皆堅而止者也。集詁曰：震陽始出爲大塗，艮陽上窮高山之上。右錞

〔一〕「心」當爲「節」之誤。

曰：艮處水土石之間，故爲蹊也。剛上求直，故爲徑路；雙峙爲門闕。二皆行止相兼，終始出入之象也。植木曰果，蔓地曰蓏；或以核分，純乾爲木果，艮則兼蓏。震旉草木之始，艮爲草木之終，終而又始矣。外一剛，閽人无足而禦止于外；内二柔，寺人无陽給使于内也。屈指互用者，指也；四支之末，能止者也。一陽二陰其宅，時以爲客，時以爲主人。狗鼠之屬，用靈于夜者也；黔喙之屬，茹精于晝者也。郭子和曰：坎在君子爲隱，在小人爲盜；艮之利則狗，害則鼠，皆一義而二象者也。鳥喙多黔，馬融以爲獸皆前剛也。艮不言馬，其用偏上，故无行健之功，徒有囓嗑之象耳。巽曲直，幹陽根陰，爲木全材；坎内陽，爲堅多心；離中陰虚，爲科上槁；艮陽在上，爲堅多節。木枝在上方有節。二少當于微處取。潛録曰：指之爲用，末而著之爲其指之而節見也。狗守鼠盜，人間之常，然何得榮人間之熏鼠畜狗者乎？閽者閽，寺者寺，聖人之指始終因物中節而已。智曰：皆庭皆艮也，而此表門焉。鑿度以歲限稱鬼門，實寅方之人門也。震塗艮路，始終時其行止，則徑與朋皆可敦，皆可指矣。人未登峰，豈知平地即是耶？聲占艮主真庚龍，旋韻艮值支開之寅。艮爲角腭初發聲。

兑爲澤，爲少女，爲巫，爲口舌，爲毁折，爲附決。其于地也，爲剛鹵，爲妾，爲羊。鄭玄作「陽」，陽，養。无家女賃炊爨，賤于妾者。郭璞引魯詩「陽如之何」，又曰巴濮自稱阿陽。升庵引後漢西南夷女爲煬徒。古文作「爲少女爲妾爲煬爲巫」。虞作「爲羔」。考異載鄭魯作「爲養」者誤。

荀九家有爲常，爲輔頰。陸德明曰：常，西方神。草廬曰：九旗之一。熊南沙定常作府非。補象曰：兑爲雨，爲陰，陰，秋也。爲西山，岐山，爲武人，幽人，祝史，爲面，爲言，爲譽，爲拘，爲跛，爲劓刖，爲羸，爲虞，爲素，素，常也。得所則爲悦，爲笑，爲和；失所則爲號，爲咨嗟。于事爲酒食。于物爲虎豹。陰居上爲莧，爲葛藟，爲虪虒。而兑爲鳴，爲和，爲商。鑿度曰：澤金兑，日月往來門。月出澤，日入澤。萬物燥，澤可及；天地怒，澤能説；萬形惡，澤能美。澤者，天地之和氣也。朱子取仲翔川壅成澤、澤決成川之説，謂坎下畫閉合也。幼清曰：巫，少女，以口悦神者，幽也；言悦人爲口舌者，顯也。皆上折象。金殺毁折，夬必附而決之。震決燥，兑附剛而決也。張子曰：物成則上柔者必折也。是仲達所謂稟稈則毁折，果蓏則附決也。説文曰：東方曰斥，西方曰鹵。鹵在燥地則剛。鄭少梅曰：剛者出金，鹵者出鹽，雖不生五穀，而實藏興焉。徐子與曰：剛鹵地不生物，鹵者水之死氣也。澤在上而下絶于泉，爲鹵而已。項平甫云：外潤霜露則爲鹵。按今取鉛霜、秋石霜，皆此類也。妻，齊也，奔則爲妾。妾，接也，接之而已。潛録曰：八卦終兑，八宫之魂歸于歸妹，甚矣少女之能説人，能殺人乎？震鳴兑口，後天首西相錯，甚矣口舌之毁折乎？天一生水，而潤澤萬物，在此海中，盥飲此水。聖人因而用之，即以説者節之，蓋天地之出入機也。智曰：此以老長中少爲序。而用半之乾巽爲亥巳門户；此用半之坎兑，適收西北。禮記所云右義偕藏者也。習坎心亨，而兑終講習，天地終始于説，以衍生機。納音自西起北，而東奮出，南施命焉。言即无言矣，毁即不毁矣。聖人觀象畢，而一語決此，元會之時宜也。神哉！聲占兑主皆來韻，旋韻值庚。兑爲徵，舌頭聲，皆本于◎，用于餘聲。邵子以開發收閉，闢翕清濁分之，是其槩也。

右第十一章仲虎曰：廣八卦之象百十有二，有相對取象者，乾坤天地，震決躁巽進退，艮指兑舌是也；有相因取象者，震坎得乾馬，坎得二坤爲輿是也；一卦自因者，隱伏爲盜，繩直爲工是也；有不言互見者，言君見臣，言圜見方，坎血見離氣，離乾見坎濕，巽臭見震聲，二長爲究見艮兑之窮是也。詁曰：震巳爲長男，又言長子，干陽之長者尊之也。三女言之，明女子各當外成也。少女爲妾，于陰之少者卑之也。雞豕雉不言，躁血乾獨言卦，皆互文也。柴中行曰：八卦之象反而求之，不出吾身。孰知天之與我者有如是至精至妙、至廣至大之理？大而天地，微而蟲魚草木，幽而鬼神，明而事變，皆然也。一太極也，反誠默識，豈直俟不惑而已耶！聖學宗傳曰：此深明臭腐神奇渾无二致。八卦之用充滿宇宙，太極之妙普現目前，故有所謂道在瓦礫，在矢溺，在揚眉瞬目者，略似乎此。野同録曰：萬即一也，必曰一統萬，必曰一不住一，必曰就在萬之一以理其萬者，何也？先天後天止有一用，用必不離事物，物必有親疎貴賤，必以親先疎，貴治賤，卦爻因此而列，禮樂因此而宜。此費即隱之道體也。聖人首表天地君父名以爲教，豈得瓦礫其君而矢溺其父，以夸平等乎？无怪闇君寺父，而人且不若狗，盜且不若鼠矣，奪世而尊出，隱劣而顯勝，乃掛旛之曼陀飲耳。至人得意之泯盡，聖人更以爲矢溺，而惟安頓萬世之矢溺于厠，以之糞田。勿恃嬰兒，穢我堂榻，此格物時措，所以爲大泯也。偏驕矢溺，即非至人，寧許奪我帝王，而偏詞詒人過世乎？陋者聽之，惰匿猶可言也；詭隨睨之，縱悍不可言也。故聖人作易，神于分别物宜，會通典禮。以民視爲蓍龜，而寂然垂衣，何容說耶？專取罕言者而嘖嘖然自矜其譎智，擅引一羣苟偷黠才，肆口狎侮，荒蔑招盜，而隱揉舜禹，伏纂聖宗，更不如死浸苦行者遠矣。君子觀此象，曰各形其形，各聲其聲，各才其才，各力其力，親治相服，他山攻玉，是因物而善用其物之大成於穆也。善用之皆藥，不善用之皆病。禍先防大，時以序安，故言貞一而不倚混一。請讀序卦傳，自有天地而言，則舍天地人倫无太極明矣。請讀雜卦傳，終決以君子道長。讀聖人書，受聖人恩，何苦不自決乎。潛老夫曰：邵子觀物，朱子格物，始是陸子注我。隨虛實頻漸之相格，猶雷山風澤之歸水火，純乾坤也。穎人格一大冒之物，而倚瓦甓以餙說，即已孤負瓦甓矣。不知細格，善用物宜，則蠻橫一萬物皆備之我，忌諱强恕精義，正是情霧毒煙，安知如何注我耶？智曰：冒格爲紀格之竿頭，細格又爲冒格之竿頭。觀物篇曰：物覩物而已，安有我于其間哉！則謂我注我，物注物，六經注六經可也。適當太極現卦爻之身，以注天地萬物之時，安得不溫本注！

周易時論合編卷之十四

皖桐方孔炤潛夫論述

孫中德 中履 中通 中泰編録

環山後學方兆兗較

序卦傳

文中子讀至序卦曰：大哉！時之相生也，達者可與幾矣。朱子曰：周子言精與緼甚分明。蕭景元易原以卦畫指其序，楊、鄧、何、黄闡之精矣。易意曰：令升言有先天地者矣，今正取始于天地，此黄帝所云太古斷元也。穀梁傳曰：不求知所不可知者，智也。太極既生儀象，則止有儀象，即太極矣。儀象森然，即有序矣。人人知天地，可不言乾坤矣。申言天地表人倫，則人道即天道矣。凡以徵民而安之也。潛老夫曰：聖人因物理而時宜之，即所以然之精理也。蘊必有精，精藏于蘊，隨舉一端，精蘊皆寓焉。智曰：息于明一，則姑置覩聞之天地倫物，而會通不覩不聞之天地倫物耳。歸實，則止有此天地倫物之森然序列也。雖一元會之內，自分夜旦午昏，而一元會之午如此，萬元會之午即如此。此則森然序列者，即萬元會不壞者也。世象常住，何容汝一絲毫迴避耶？即欲不在序中，亦是畫地作餅。

有天地，然後萬物生焉。盈天地之間者惟萬物，故受之以屯。屯者，盈也；屯者，物之始生也。物生必蒙，郭京作「始生」。故受之以蒙；蒙者，蒙也，郭京作「蒙昧也」。物之穉也。古或作「稚」。物穉不可不養也，故受之以需；需者，飲食之道也。飲食必有訟，故受之以訟。僧一行易纂引孟喜序卦曰：陰陽養萬物必訟而成之，君臣養萬民亦訟而成之。訟必有衆起，故受之以師；師者，衆也。衆必有所比，故受之以比；比者，比也。郭京作「親比也」。比必有所畜，徐作「蓄」。故受之以小畜。物畜然後有禮，故受之以履。幼清曰：韓注有「履者禮也」四字。今按：王弼略例引此，蓋是後人誤以正文書作注字。履而泰，朱子引晁氏曰：鄭无「而泰」二字。然後安，故受之以泰；羽南氏曰：朱子于序卦分三節有寓旨焉。天地二而一于人也。潛録曰：禮本大一，而運于操履，所以合外内也，故特著之。而下篇又申禮義有所指，此序卦之斷案也。其六貞悔，三十陰陽而天地交之義已詳前矣。自泰而下，蓋多故哉！上第四曰穉，下第四曰壯，示物候也。

泰者，通也。物不可以終通，故受之以否。物不可以終否，故受之以同人。與人同者，物必歸焉，故受之以大有。有大者不可以盈，故受之以謙。有大而能謙必豫，故受之以豫。豫必有隨，故受之以隨。以喜隨人者必有事，故受之以蠱；蠱者，事也。

有事而後可大，故受之以臨；臨者，大也。物大然後可觀，說文引：地可觀者莫可觀于木。故受之以觀。可觀而後有所合，故受之以噬嗑；李本疊「噬嗑者合也」。嗑者，合也。物不可以苟合而已，故受之以賁；賁者，飾也。致飾然後亨則盡矣，李作「而後」。故受之以剝；剝者，剝也。物不可以終盡剝，窮上反下，故受之以復。淮南子引云：剝之不可遂盡也。復則不妄矣，故受之以无妄。有无妄然後可畜，故受之以大畜。物畜然後可養，故受之以頤；頤者，養也。不養則不可動，李作「以動」。故受之以大過。物不可以終過，故受之以坎；坎者，陷也。陷必有所麗，故受之以離；離者，麗也。鄭本引鑿度云乾起于子，陰起于午。天數天分以陽出離，以陰入坎，坎爲中男，離爲中女。太乙之行，出從中男，入從中女，因陰陽男女之偶爲終始也。王昭素謂丽必有所感，故受之以咸；咸者，感也。晁以正〔一〕古易取之。

蘇傳曰：雜卦皆相反，序卦皆相因。此理也，即數也。步曆而曆協，吹律而律應，考之人事而人事契，循乎天理而行，无往不相值也。世之所有，莫不咸在焉。象正曰：聖人意不可見而序可見，後人不知其意而亂其序，則先後中天之序可一一

〔一〕「晁以正」當作「晁以道」。

代也。反復，體也；對化，用也。以乾坤涵乾坤之用，屯蒙涵鼎革之用，需訟涵晉夷之用，因而乾乾涵[一]坤坤之用，坎坎離離猶是也。後之人必以是一反一對者爲序也，故顯其反者而藏其對者。乾坤之從屯蒙，顯反而從對，猶父母之從子，立子而隱婦也。荃曰：陰陽之氣專，則生化之理滅。故陽中陰，陰中陽，肅肅出乎，赫赫發乎。此至理也。來矣鮮曰：物不可以終通、終否、終盡、終過，以理之自然言也，造化也。有大者不可以盈，不養則不可動，以理之當然言也，人事也。潛老夫曰：聖人因物明物，而因以理之，因立宰理而即以物理藏之，此至理也。故所序立，造化不違。畜禮畜養，不可苟合，復則不妄，貫終始矣。放者廢宰理而任自然，早已不知物理矣。有守宰理而不窮物理者，觸途跛挈，固所不免。然藏感于恒，正賴學者之陷麗以濟，此貞勝之至理也。究竟一理，寧可分乎？究竟一理，即在事物時措之宜中，寧有荒一可執乎？居而安者，素其序而已矣。

有天地，然後有萬物；有萬物，然後有男女；有男女，然後有夫婦；有夫婦，然後有

[一] 此上二「涵」字，似爲「涵」字之誤。

父子；有父子，然後有君臣；有君臣，然後有上下；有上下，然後禮義有所錯。荀爽傳引易云：「禮義備則人知所厝。」夫婦之道不可以不久也，故受之以恒；恒者，久也。物不可以久居其所，故受之以遯；遯者，退也。物不可以終遯，故受之以大壯。物不可以終壯，故受之以晉；晉者，進也。進必有所傷，故受之以明夷；夷者，傷也。傷於外者必反其家，故受之以家人。家道窮必乖，故受之以睽；睽者，乖也。乖必有難，故受之以蹇；蹇者，難也。物不可終難，故受之以解；解者，緩也。緩必有所失，故受之以損。損而不已必益，故受之以益。說苑孔子告子路則此語而不同，蓋自周末引語，嘗引其意而自爲詞，南沙遂謂序卦有經師之說，亦膚末矣。益而不已必決，故受之以夬；夬者，決也。玄子依時本作「決」，訛。決必有所遇，李本无「所」字。故受之以姤；姤者，遇也。物相遇而後聚，故受之以萃；萃者，聚也。聚而上者謂之升，故受之以升。升而不已必困，故受之以困。困乎上者必反下，故受之以井。井道不可不革，虞无「道」字。故受之以革。革物者莫若鼎，故受之以鼎。主器者莫若長子，故受之以震；震者，動也。物不可以終動，李本下有「動必」二字。止之，故受之以艮；艮者，止也。物不可以終止，故受之以漸；漸者，進也。進必有所歸，故受之以歸妹。得其所歸者必大，故受之以豐；豐者，大也。窮大者必失其居，故受之以旅。旅而无所容，故受之以巽；巽者，入也。入而後説之，故受之以兑；兑者，説也。説而後散之，故受之以涣；涣者，離也。物不可以終離，故受之以節。節而信之，故受之以中孚。有其信者必行之，故受之以小過。有過物者必濟，故受之以既濟。物不可窮也，故受之以未濟終焉。

程子曰：易者，變易而不窮也。晁氏云未濟之終，復始于乾坤。玄以將準未濟。韓康伯曰：三才必備，豈有天道人事偏于上下哉！元公曰：上經主天地言，多以君道相配；下篇主夫婦言，多以臣道相配。麻衣、參同取卦位與丹候相應，无物不具此理，聖人隱而盡之矣。胡庭芳曰：上天道而具人道，下人道而具天道。易意曰：統言三才，分言天人，皆不相壞也。令升以殷末妲禍，周盛關雎，故備論禮義所由生。吾歎聖人以天地代乾坤，重叙天地託夫婦，天地倫于人，倫選其倫，即序選其序矣。曰然後，曰不可，曰必有，要惟隨時處中已耳。淇澳言居安易序，即此六十四卦相承，確然不可移。萬古人物宇宙，皆在此六十四德中，生成變化，雖欲不安，亦不可得。吾身體會，方覺居安實地，所謂思不出其位者此也。潛録曰：三十六貞悔，十二之，九之，六之，三之，兩之，又以十卦周之，末震領十四，皆詳前矣。平心静氣，一誦此序，言外會通，風行電轉，真千古大文章，非執一所可行數者也。蒙引謂物不可窮也，一言括盡全經，然哉！智曰：東坡謂若賦詩斷章，不可以一理論。愚曰此正其所以一也。有知反因即公因者乎！聖人隨觸而是，即隨受而素矣。摩尼寶珠，五色四射，日輪塞空，豈容正視耶？後士執訓詁以贊聖人，西向而笑耳。

周易時論合編卷之十五

皖桐方孔炤潛夫論述
孫中德　中履　中通　中泰編録
子壻左國鼎再較

雜卦傳

仲翔曰：聖人因時而作，于時王道踳駁，故次序以雜。曰非敢爲侫也，疾固也。其有損益之思乎？令升曰：既序之，又雜之，明道非常道也。化裁存變，終之以決，明能決斷其中，惟陽德之主也。禪征伊周，遭遇異時也。夏野殷鬼周文，春秋取三代而損益之，以授顔子，故聖人于天下同不是，異不非，一以貫之矣。明善公曰：蔡介夫謂序爲流行之易，雜爲對待之易。吾謂有雜而不雜者存，一貫以決，決于君子之道而已。易意曰：乾兑同爲太陽，坤艮同爲太陰。乾上兑下，順則爲履，履即伏坤艮之謙。兑上乾下，交則爲夬，夬即伏山地之剥。大橫首乾兑而終坤，雜卦首乾坤而終夬，明決于陽之治陰，而乃能用陰也，決于禮教而已矣。謙平復禮，豈憂剥哉？潛老夫曰：知六十四之即二十六萬二千一百四十四也，知三十六之即十八也，皆九六也，皆參兩也，皆一也，則序雜皆純矣。虛舟孔易衍有精義，別載于後。智曰：帝網之珠，光光相攝，然不序之雜之，豈知反因之有公因？又豈知公因即在反因中，而決于善用乎？序雜皆純者，大受也。序之，使知適當時位之正受也。雜之，使知變中之正猶適當也。大過末後之錯綜旁舉也，其深思乎？勞之乃安，顛乃知決。惟易簡知險阻，惟險阻乃知易簡。後世習流照見，遂欲委之自然，以陷民于過。夫聖人之反復困□〔一〕人，以使寡過也，即天地自然之消息也。惟其不得自然，乃所以善享其自然。故先爲決其因二貞一之綱宗，然後使之研極以自決焉。自決自信，始信聖人。不信聖人，誰能決志？故陷于庸俗者死于安樂，不自決志之過也。陷于鬼窟、陷于莽蕩者，爲過當不決之語，誤成其大過者也。是以聖人終一決之。匹夫決志，天地鬼神不能違，況聖人之所決乎？

乾剛坤柔，比樂師憂。

潛老夫曰：言剛者，天在地中也；言憂樂者，人道在因好惡以決之也。以憂善其樂，而即可樂以忘憂矣。人心比昵于柔，則樂而過多。乾剛師克，則憂而過少。末一憂字，正相應也。憂以終始，其要无過，孔易之旨夫！

〔一〕「□」，原本不清，依形似作「衡」。

臨觀之義，或與或求。

或之者，教思亦物所自求也，設教亦己所與也。人間兩端，皆此與求生憂樂也。

屯見而不失其居，蒙雜而著。舉正作「稚而著」。

動乎險中，經綸貴乎張主也。亨行時中，教法貴乎因而表之也。教所以爲治，君道明于師道，故雜著與雜傳相應。

震，起也；艮，止也。損益，盛衰之始也。

憂樂之情盡乎與求，隱則難以治教，故表法必貴見著。要歸動静盈虚，而起止見于始幾，又特著之。關子明曰：損益，盛衰之始。聖人推時運，施典禮，必濟其衰，戒其盈，行乎易中。因夏因殷，損益可知。後王不能應其數者，禮不行于易中也。

此以世論也，心法亦然。

大畜，時也；无妄，災也。

始幾惟此无妄，然必大畜以學問，乃以時其无妄。若徒恃本自无妄而莽莽然，則主僕不分，成荒蕩之災眚矣。

萃聚，而升不來也。謙輕，而豫怠也。「怠」，京作「治」，虞作「怡」。

萃聚而來，升往不退，此學問之始幾，貴乎向上也。而益妙于損，惟謙以自牧，則身世頓輕，然豫圖其樂，則頽然怠矣。此不可不知也。

噬嗑，食也；賁，无色也。

脱累能輕，入德妨怠，必去其間而逢物化物，即可謂之正命食矣。色色者未嘗色，而即費是隱，倫物踐形，皆食色也。

兑見，而巽伏也。

見與伏同時，猶費隱也。乾坤統四偏于上，而留坎離二濟于下。

隨，无故也；蠱則飭也。王肅本「飭」作「節」。

寂感大隨，本无故也。而隨即生蠱，飭必有事，豈可坐无事乎？

剥，爛也；復，反也。

馳外閉内，病在生事。而執離兩途，又墮无事，故必過剥爛復反之關。

晉，晝也；明夷，誅也。孫奕以「誅」當作「昧」。升庵云「誅」有之由切，晝亦音周。

晝言明德，夷言用晦。自昭之幾，在自誅其隱微之私，所謂洗心齋戒神武不殺也。貞其剥復之一，則通晝夜而知矣。通晝夜之道，不過一通一塞之間。塞則自通，即无通塞，故繼困、井。

井通，而困相遇也。

本通塞之幾，而言相遇，何也？遇此，始知憂樂之起止損益，皆一于二中也，則可隨感而久矣。此爲上經三十卦。

咸，速也；恒，久也。

天地人倫，在上下經之首，終不以雜而變。

涣，離也；節，止也。解，緩也；蹇，難也。睽，外也；家人，内也。否泰，反其類也。

咸感恒立之道，即速即久，然必涣汗以離之，乃中節以止之，則難可緩而外内咸宜矣。其幾止于否泰之類，不可不知其反因也。上下經原以否泰損益爲首六貞悔之限，今兩處易而連稱之。心學貴乎知始而入用貴乎類情，反否其類昌，反泰其類敗。邵子曰：水受火則温，火受水則滅。所以泰則小人皆爲泰，否則君子惟有否而已，不能從小人亂其羣也。泰則君子養小人，否則小人傷君子，故云反其類。

大壯則止，熊氏作「上」。遯則退也。

人世莫重于出處進退之幾，玩二則字，則反類之學精矣。

大有，衆也；荀作「終也」。同人，親也。革，去故也；鼎，取新也。小過，過也；中孚，信也。

類情通德則衆親，新故之際，可以過物而信行矣。乾至此四十八卦，四分用三也。觀過知仁，故二過皆于下經言之。

豐，多故；親寡，旅也。王、韓作「豐，多故也」。荀以「豐多故親」爲句。

上危之，下惜之，反出旅字。知旅于豐，則人世真咸恒矣，可以蹈水火矣。

離上而坎下也。

坎離，造化之門户，炎上潤下，順乎數也。君子反之，火降而水升，取離中之陰以制火，取坎中之陽以制水，是爲逆數。此天人身世之要幾也。

小畜，寡也；履，不處也。

聖人所以善世者禮也，故以此用水火，而先以寡御衆，即旅其豐之道也。不處，所以著其履之善也。上言大畜其无妄，此言小畜于履。

需，不進也；訟，不親也。

依然此飲食之訟場，豈能免哉？能自訟，則不進不親，皆畜寡不處之善用也。不明憂樂之始幾反因，則談性命，超生死，亦教訟而已矣，豈能顛轉大過而決之乎？此下卦不反對，有深幾焉。黄帝曰聖人索顛作天，顛，頂也。惟亢上頂，惟頂即顛，顛必倒矣。此顛連之理也。

大過，顛也；姤，遇也，柔遇剛也。漸，女歸待男行也。古「歸」作「婦」。頤，養正也。既濟，定也。歸妹，女之終也。未濟，男之窮也。夬，決也，剛決柔也；君子道長，小人道憂也。

此取三互，仲虎言之矣。四十八卦，言小過，過也；中孚，信也。餘十六卦，又餘其半，而舉大過顛也。不即言頤而□〔一〕姤遇，何耶？人所以過，皆遇之爲也。以憂樂知損益之始，是困相遇而通也。否泰反類，當小過之後，豐族于水火之中，畜履于需訟之埸，則大過之顛矣。危哉！故包遇合飲食男女于中，而顛其終窮，決其養正焉。顛所以轉全剛全柔之故，以亢而惕而飛躍，利見之潛，決所以斷扶陽化陰之理。以君子申一中制命之一，豈得不爲乾坤名之，而一望其道長，一以憂爲

〔一〕「□」，原本不清，存目本作「舉」。

道哉！小人能憂即君子矣。聖人正憂後世之君子，不知不覺而近小人也。況有无忌憚者，竊偏高之奇兵，雄洸洋之巧護，而貪以蓬轂不決之語，誤人入穽乎？然彼亦以悍然不反爲剛也，何以決之？潛老夫不得迴避而歎曰：真剛惟言貞一，邪剛託于溷一；真剛歸于中和，邪剛助以狠僻。故曰吾未見剛者，以剛干欲之非剛也。然人又曰何者非欲，故又曰剛健中正，純粹精也。正用之即非欲矣。至曰本无剛柔之至體，何容嘖嘖乎？鼓天下之動存乎辭，敢快口于所不必言者哉！人惕修辭立誠之位，所以居繼善官天之業也。人而生矣，體在用中，用在雜中，必決于擇善得一善，乃止至善。諸家徵攷，謹列左方。

胡雲峰曰：易終雜卦。一卦反覆爲兩，此變易也。乾坤至困三十卦當上經數，而雜下經十二卦于其中；自咸至夬三十四卦當下經數，而雜上經十二卦于其中，此交易也。坎離交之中者，本居上經三十卦內，今附于下；震艮巽兑交之偏者，本下經三十四卦內，今附于上。其无反對者，上經六卦，下經二卦，今附于上者二卦，附于下者六卦，皆交易之義也。十二辟卦，除乾坤外，上經否泰臨觀剥復，陰多于陽者十二；下經遯壯姤夬，陽多于陰者十二；今雜卦移否泰于三十四卦之中，而陰陽之多少復如之。特在上經者三十六畫，在下經者二十四畫；今附于上者二十四畫，附于下者三十六畫，愈見其交易之妙爾。若合六十四卦論之，上經三十卦，陰爻之多于陽者八；下經三十四卦，陽爻之多于陰者亦八。今則附于三十卦者陽爻七十二，陰爻一百八，而陰多于陽者三十六；附于三十四卦者陽爻一百二十，陰爻八十四，而陽之多于陰者亦三十六。以反對論，上經陰之多于陽者四，下經陽之多于陰者亦四；今則附于上者陽爻二十九，陰爻五十七，而陰爻多于陽者十八；附于下者陽爻六十九，陰爻五十一，合而陽爻多于陰者亦十八。或三十六，或十八，互爲多少，非特見陰陽交易之妙，而三十六宫之妙愈可見矣。◯又曰：雜物撰德，原指中爻互體。先天三互圖，左互復、頤、既濟、家人、歸妹、睽、夬、乾八卦，右互姤、大過、未濟、解、漸、蹇、剥、坤八卦。此則于右取姤、大過、未濟、漸四卦，于左取頤、既濟、歸妹、夬四卦，各舉其半，可兼其餘。雜卦中取肖體，又其最雜者也。上三十卦終困，柔揜剛；下三十四卦終夬，剛決柔。柔揜剛，君子不失其所亨；剛決柔，君子道長，小人道憂矣。雜卦之末，特別君子小人，其意徹矣。始乾終夬，一陰決盡則乾也。考皇極經世，乾巳會之終，當堯世。欲自夬而乾如堯世任賢去邪，疑謀勿成，以爲夬耳。蘇東坡、蔡節齋之改，徒多事矣。又何如朱子之疑耶！黄疏曰：六十四卦皆從乾坤交變得之，凡剛皆乾，凡柔皆坤，剛柔雜居，而吉凶遂判矣。全章俱明剛柔雜居之義，非錯舉其名也。乾坤，純之純者也；乾坤之外，則以剛柔之專者爲純。一者衆之所宗，少者多之所貴也。師比一剛居上下之中，臨觀二剛統上下之始終，皆主剛而言也。屯蒙二剛分位于外内，震以剛起，艮以剛止，其常與萬物出入之門乎？損益三剛三柔，或得或失，盛衰之際也。大畜艮剛止于乾上，无妄震剛動于乾下，時與災分焉。萃升以二剛與柔應，或聚于上，或止于下。謙豫一剛爲主，而不當乎位之中。噬嗑與賁以震艮從離，是陰柔爲政矣。兑陰外見，巽陰内伏，主柔而用事也。隨剛下柔，蠱剛上柔，剥柔變剛，復則剛反，天地之心見焉。晉夷則坤離相錯，陰卦也；二剛麗上則明，二剛囚下則暗。井通以剛中之得，而困以剛揜故窮。○咸恒居下篇之首，三剛三柔；柔上剛下則氣通，剛上柔下則位定。渙與節以巽兑從坎，陽用事于中也。蹇解以艮震從坎，陽卦也；剛動于險外則解，剛止于險中則蹇也。睽離之柔居外，家人離之柔居内，親疎分矣。否泰剛柔相稱而小大分焉。大壯剛止于上，遯剛退于下。大有同人五剛用事，非族衆而情親乎？革鼎以兑巽合離，陰卦也；離柔中用事，有去故取新之功焉。二剛制四柔，小過也；二柔順四剛，中孚也。豐旅以震艮從離，柔爲主也。離主柔，坎主剛，水火之勢分矣。小畜一柔爲寡，履以一柔履剛爲不處。需剛不進，險在外也；訟剛不親，險在内也。大過剛勝矣，囚于二柔之内，非顛乎？姤有五剛，柔爲主也。漸先剛而柔後。頤四柔主中，二剛用事于外，皆不失其正焉。既濟三剛得位矣。歸妹柔乘剛，女不善其終者也。未濟三陽失位，非男之窮乎？夬以剛決柔，變爲純乾之卦矣。六十四卦不過剛柔相推，聖人于剛柔損益之際，恒致意焉。扶抑之情見于互舉，非錯陳也。○孫文介曰：從乾坤以下，比師是一乾坤，剥復是一乾坤，大壯遯又一乾坤。從大壯前，乾坤合終之否泰；大壯以後，有乾无坤。坎是天一本體，故乾坤繼以師比；離是用九歸還，故大壯下連繼以離，而終既未濟。夫澤水之滙以比水始，以夬澤終，合離之成效也。震艮兑巽以佐乾坤始用，離以還乾坤成用。一中氣也，始之成之也。比師繼以臨觀者，陽行陰即輔之，臨觀陰陽自相求與。屯蒙皆爲坎用，震艮陽之起止也。損益山澤、雷風合，故曰盛衰之始。其乾坤始造時一消息也。大畜，時也，陽畜之也。无妄曰災，戒陽也。萃升萬物之情，謙豫一人之情。隨蠱合雷澤、山風，乾坤始造，至此一週也。晉明夷，火一升一降；井困，水一升一降。解、蹇、睽、家人、否、泰，即八卦之全，故云反其類。是乾坤中用時一消息也。小畜履皆乾爲主，故曰寡，曰不處也。畜之大，則承震艮；畜之小，則承巽離。時言周遍，寡言精微也。既濟定矣，次歸妹未濟，男女有離合之義焉，合水火之成效也。是乾坤終用時一消息也。終之以夬，剛決爲柔；君子常不敗，小人道憂。返无忌憚爲戒懼。乾坤調燮，在吾手矣。如是而乾坤始完。首乾，中大畜亦乾，終大壯亦乾。剛柔雖二，而所以爲剛柔者一耳。先之以比，剛中有柔；終之以夬，柔中有剛。震艮剛而柔，巽兑柔而剛，離坎而剛柔始中。乾坤之後首比，其是乎？師一陽曰師憂，夬一陰曰小人道憂，乾剛坤柔，義于是備。易簡録曰：憂己之爲小人，而使世之不得爲君子也。○更生曰：趙文敏得定武禊帖，臨玩不盡，有十三跋，十七跋。夫子贊易，説而又説，亦懼後世學人未必皆耳順，故叮嚀反覆耳。○虚舟子曰：文王合義易爲貞悔，既序之矣。尼父重爲孔易，號曰雜卦，豈得已哉！始乾終訟者，體對待也。知大過終夬者，用流行也。合之則始乾終夬，而以訟大過爲轉關。子蓋曰人具乾體，本來无過，而乾體晦蝕，乃有大過。有大過以復于无過，則訟寔開之，而夬寔竟之。故提大過以承訟，而留夬以結乾，益昭然矣。不則易无二理，何必更爲易也。乾純陽，夬五陽，大過四陽，以四陽而過大，初上之陰實蔽之，乃其中之乾體固在也。一決再決，夬其陰而純陽之體復。故曰「五十學易，可以无大過矣」之言也。孔易既成，寄慨以示弟子志之，以明此旨也。余因次第之，且置其義，論其序曰：孔易反對五十六，合先後天，起北始坤，右行，週北而復終于南。卦有本宫，有對宫，每互取；有正位，有隅位，每交取。其尊先天之大，乾藏而不用，用後天西北之乾，貴用也。自剛柔分體，而无體之乾化爲乾坤，以統諸卦矣。首比師者，主後天坎以合先天坤，自北方而東，亦天陽起北之理也。于是取北方之坤坎以合四隅之偏卦，而坤合少長女之偏爲臨觀，坎合少長男之偏爲屯蒙。每至隅卦必相交，取東南之隅，震艮在焉，其本卦也。艮交兑則損，震交巽則益，由本宫艮翻則震，對宫巽錯則兑，故交取之。隅卦每交乾坤，大畜无妄，艮震交乾；萃升，兑巽交坤；夬姤，兑巽交乾。交附隅見，故次東北。今取大畜、无妄、萃、升、謙、豫而遺姤、夬，將留以殿諸卦也。正東先天離位，離交震艮，以合偏陽，則噬嗑賁爲貞悔云。東南之隅，兑巽爲本卦，兑交震有隨，巽交艮有蠱。又以四隅之交取之，乾當正南離位。聖人尊乾不舉，且以用時，大乾宜藏，故舉對宫之坤，交艮震爲剥復；再取後天離，交坤爲晉明夷；俱有坤者，避正則取對□〔一〕也。正南卦乾可取坤，則離可取坎，故以坎交巽兑爲井困，則亦對宫卦也。此上經也。周易前陽後陰，孔易前陰後陽，故乾坤外上卦合坤者十二，合乾者二；下卦合乾者十二，合坤者二。其它妙叶，胡氏言之矣。咸恒轉西南，故四隅之卦又一交焉。正西坎位，先以坎交巽兑爲涣節，繼以坎交震艮爲解蹇，亦主坎也。坎合四偏也，睽家人次之，取坎對宫之離交兑巽，合偏陰也。是南正西卦也。西北之隅，後天之乾所起，故乾坤交而否泰立。至此始取乾者，先天之乾，天也；後天之乾，乃人也。否泰雖天，實關人事，故于後天之位見之。繼此則乾，合偏陽矣。乾交震艮爲壯遯，壯遯亦人事，故附否泰後。再轉正北師起處，前未取互，乃取對宫離乾爲貞悔，又取對宫離交兑巽以補前所未備云。再于西北隅補互震艮，取本位，巽兑取對宫也。再

〔一〕「□」，原本爲壞字，存目本作「宫」。

轉正東離位，交震艮，因以離坎次之。東南先天兑位，近乾，故以巽兑交乾爲畜履，巽則兑之反也。正南乾交對宮之坤坎，于是以水地地水起者以水天天水終，而五十八卦如循環矣。後不對之八卦，以三互取。前五十六卦天而人，是以先後天參用，起北終南，其行逆；後八卦人而天，本體漸復，純先天，不參後天，始南終北，右旋一週，其行順也。舍其已用而舉之，頤未濟一遞，而四卦各十四陽以勝十陰。總在提出大過，明乎決之可復乾體也。詳具圖説。藏一曰：吾師先言大本領，而後舉象數之淆訛處，雜徵之，亦見理无所不在也。○潛老夫曰：胡、孫、黄、王就序徵之，各有天巧。玄子謂微言妙道，盡于陰陽乘錯，毋爲舍玄珠而抱赤櫝也。吾以爲此各不相硋者也。豈可曰人用官骸而已，遂惡指上之節與經絡之尺寸耶？道理光光相入，隨舉皆得，故備收之，君□□□□□[一]則退，小人之道使之憂則樂矣。○智曰：舊以八經卦提綱，愚謂用四偏以用坎離之中，即乾坤之純也，雜而不越，純于雜中也。故以二老用四偏，表于上篇；以坎離用中，表于下篇。

〔一〕「□□□□□」原本毁缺，存目本作「子之道不長」。

置陰陽而言剛柔，正謂落于體質，方可論決。貴知心法，故示憂樂；以明表幽，故貴見著。起止見伏，互爲損益，而終困者，生安歸于困勉也。一知其始，則樂憂通矣，无非相遇也。下篇正以人事之用徵之，貴習坎明離之用中也。飲食男女内外人我，无非上下相濟而已。上下者，否泰之反因通類也。坎爲心病，而心之所遇，憂樂皆過，故□〔一〕過皆肖坎。孔易首師比，首習險也；中井困，入悦乎險也；轉關以需訟，健于險也；末合二濟于夬以終，留心于坎，所以決雜而不越之心學也。困通決能知始，而自訟決能反類，顛其所遇，則舉世皆險阻之藥。而我心養易簡之正，頓定于漸，終窮亦无終窮矣，決矣。嗟乎！人生不能不動，動與物遇，遇无非過，女禍口禍，聖人深憂。總殺之，過矣；總赦之，更過矣；惟漸養而正定之已耳。本无終窮，此時但當善濟。二互之終，惟有四乾坤四既未，則周易之定符，治教之定符。本非可造作也，朔易冬關以小始知大始，則繼善成性。剛決柔而用柔，故曰冷火燒空，熱冰凍日，必以子先西北之乾金至剛。險止而震出，則神武不殺；入明順悦，奉我而行矣。辟之指南

〔一〕「□」，原本毀壞，存目本作「二」。

車焉，子午鍼正，而七十二龍旁羅皆正，爲有挾磁矯引者，遂焚指南以泛溟渤耶！

□〔一〕移孝曰：利用厚生而倫藝居業，以養正也。人不決志好學，則温飽葬人久矣。故以不耻惡衣惡食決之，知其苟免也。故以憂患疢疾決之，浮雲蔽屣，孔孟決人之靈丹也。卦爻詩書，養人自決之目手也。君平之簾下，與人子言孝，與人友言信，是善用時中之決者也。虞稷曰：莊生云别墨倍譎，至今不決，今遂有以不決之突梯藏身者矣。天地決生聖人，賴聖人決天地之理也。故十三卦與雜卦皆終以夬。隅通云：終未濟猶貞元之虚意，終夬則貞元之實事也。倪文正謂春秋律易，瞿虞山謂孝經決易，愚謂六經所以決天也。

〔一〕「□」，底本原爲空缺。

附録

明史方孔炤傳

方孔炤，字潛夫，桐城人。萬曆四十四年進士。天啓初，爲職方員外郎。忤崔呈秀，削籍。

崇禎元年，起故官。憂歸。定桐城民變，還朝。十一年，以右僉都御史巡撫湖廣，擊賊李萬慶、馬光玉、羅汝才於承天，八戰八捷。時文燦納獻忠降，處之穀城。孔炤條上八議，言主撫之誤，不聽，而陰厲士馬備戰守。已而賊果叛，如孔炤言。賊故畏孔炤，不敢東，文燦乃檄孔炤防荆門、當陽，龍永防江陵、遠安，秦、蜀各嚴兵。崇儉主合擊，孔炤乃請專斷德、黄，守承天，護獻陵；而江、漢以南責龍永。會嗣昌代文燦，令孔炤仍駐當陽。惠王常潤言：「孔炤遏獻忠，有來家河、神通堡之捷，射中賊魁馬光玉，陵寢得無虞。請增秩久任。」章下部，未奏，而部將楊世恩、羅安邦奉調，會川、沅兵剿竹山寇。兩將深入，至香油坪而敗。嗣昌既以孔炤撫議異己也，又忮其言中，遂因事獨劾孔炤，逮下詔獄。子檢討以智，國變後，棄家爲僧，號無可者也，伏闕訟父冤，膝行沙堰者兩年。帝爲心動，下議，孔炤護陵寢功多，減死戍紹興。久之，用薦復官，以右僉都御史屯田山東、河北。馳至濟南，覆命兼理軍務，督大名、廣平二監司禦賊。命甫下而京師陷，孔炤南奔。馬、阮亂政，歸隱十餘年而終。

清史稿方以智傳

方以智，字密之，桐城人。父孔炤，明湖廣巡撫，爲楊嗣昌劾下獄，以智懷血疏訟冤，得釋，事具明史。以智，崇禎庚辰進士，授檢討。會李自成破潼關，范景文疏薦以智，召對德政殿，語中機要，上撫几稱善。以忤執政意，不果用。京師陷，以智哭臨殯宮，至東華門，被執，加刑毒，兩髁骨見，不屈。

賊敗，南奔，值馬、阮亂政，修怨欲殺之，遂流離嶺表。自作序篇，上述祖德，下表隱志。變姓名，賣藥市中。桂王稱號肇慶，以與推戴功，擢右中允。扈王幸梧州，擢侍講學士，拜禮部侍郎、東閣大學士，旋罷相。固稱疾，屢詔不起。嘗曰：「吾歸則負君，出則負親，吾其緇乎？」

行至平樂，被縶。其帥欲降之，左置官服，右白刃，惟所擇，以智趨右，帥更加禮敬，始聽爲僧。更名弘智，字無可，別號藥地。

康熙十年，赴吉安，拜文信國墓，道卒，其閉關高坐時也。友人錢澄之，亦客金陵，遇故中官爲僧者，問以智，澄之曰：「君豈曾識耶？」曰：「非也。昔侍先皇，一日朝罷，上忽歎曰：『求忠臣必于孝子！』如是者再。某跪請故，上曰：『早御經筵，有講官父巡撫河南，坐失機問大辟，某薰衣，飾容止如常時。不孝若此，能爲忠乎？聞新進士方以智，父亦繫獄，日號泣，持疏求救，此亦人子也。』言訖復歎，俄釋孔炤，而辟河南巡撫，外廷亦知其故乎？」澄之述其語告以智，以智伏地哭失聲。

以智生有異稟，年十五，羣經、子、史，略能背誦。博涉多通，自天文、輿地、禮樂、律數、聲音、文字、書畫、醫藥、技勇之屬，皆能考其源流，析其旨趣。著書數十萬言，惟通雅、物理小識二書盛行於世。

子中德，字田伯，著古事比。以智搆馬、阮之難，中德年十三，撾登聞鼓，訟父寃。父出亡，偕諸弟徒步追從。中通，字位伯，精算術，著數度衍，見疇人傳。中履，字素伯，幼隨父於方外，備嘗險阻，著古今釋疑。

四庫全書總目提要

周易時論合編二十二卷。安徽巡撫採進本。

明方孔炤撰。孔炤字潛夫，號仁值，桐城人。萬曆丙辰進士，官至右僉都御史，巡撫湖廣。爲楊嗣昌劾罷逮治，謫戍，久之釋歸。崇禎末起故官，屯田山東、河北，兼理軍務。事蹟附見明史鄭崇儉傳。是書即其罷官後所著。凡圖像幾表八卷、上下經繫辭説卦序卦雜卦十五卷。其立説以時爲主，故名時論。蓋孔炤初筮仕，即攖璫禍。及膺封疆之任，值時事孔棘，又遭齮齕，有所憂患而發於言，類多證據史事，感慨激烈。其講象數，窮極幽渺，與當時黄道周、董説諸家相近。孔炤自著凡例，稱少侍先廷尉，教以三陳九卦。案孔炤父大鎮，字君静，萬曆己丑進士，官大理寺少卿，著有易意四卷，載朱彝尊經義考，則易固其家學也。是編刊于順治庚子，前有李世洽序。經義考作十五卷，或朱彝尊所見之本無圖像幾表歟！